# 유럽인의
## 역사

# 유럽인의 역사

## 1

송규범 지음

한울
아카데미

# 차례

제**2**권
차례

# 머리말

이 책은 흔히 말하는 서양사 개설서이다. 그런데 지역을 뜻하는 명칭을 피하고 군이 제목으로 '유럽인'이라는 표현을 쓴 것은 서양사라는 용어가 약간의 오해를 불러일으킬 수 있기 때문이다. 우리는 흔히 서양을 유럽과 더불어 아메리카를 포함하는 말로 사용한다. 그런데 서양사를 유럽과 더불어 아메리카의 역사를 포함하는 용어로 사용한다면, 이는 사실을 왜곡하는 일이 된다. 왜냐하면 '서양사 개설서'에서 아메리카는 콜럼버스의 이른바 '신대륙의 발견' 이후의 아메리카만을 가리키기 때문이다. 유럽인이 이주하기 전의 아메리카는 서양사의 범주에서 원천적으로 배제된다. 그럴 뿐만 아니라, 또한 그 이후라 하더라도 아메리카의 역사는 유럽에서 건너간 유럽인의 이야기일 뿐, 그 땅의 원래 주인인 원주민의 이야기는 아니다. 한마디로 말하자면, 서양사에서의 아메리카는 거의 전적으로 유럽인의 나라인 미국을 의미할 뿐이다.

그런가 하면 이베리아반도는 일찍이 로마제국 시대에 유럽의 역사 무대에 등장했으나, 8세기 초에 무슬림의 지배 아래 들어간 뒤로는 5세기 이상 동안 유럽의 역사에 명함을 내밀지 못했다. 이베리아반도가 유럽 역사에 다시 편입된 것은 이른바 '리콩키스타Reconquista', 즉 기독교도 유럽인이 무슬림을 물리치고 반도를 재정복한 이후부터이다. 『유럽인의 역사』는 이러저러한 사정을 감안하여 붙인 이름이다.

역사는 변화에 대한 설명이다. 이 책을 쓰면서 저자는 시간의 흐름에 따라 일어난 변화를 드러내는 데 특히 많은 신경을 썼다. 물론 그 변화는 저절로 일어나는 것이 아니라 역사적 인물들의 생각과 결단이 만들어낸 결과일 터이다. 정치적 발전을 줄기로 삼아 사회·경제·문화 등 제반 현상을 종합하여 역사 현상이 단절되거나 파편화하지 않도록 나름대로 최선을 다했다. 그러면서 저자는 개설서에서 다룰 법한 역사적 사건이나 인물은 될 수 있는 대로 모두 언급하고, 또한 언급한 사항에는 최소한의 설명을 곁들이려 했다. 그리고 한정된 지면을 가진 개설서의 성격상 어쩔 수 없이 유럽사는 사실상 서유럽사이기 마련이지만, 저자는 제한된 범위에서나마 역사 무대를 서양사의 주변부 취급을 받는 지역까지 확대하고자 했다. 그와 더불어 저자는 또한 원천적인 한계가 있기는 하지만, 일반 개설서에서 역사의 조명을 거의 받지 못한 여성에게도 최소한의 지면이나마 할애하려고 노력했다.

이런 노력의 성과 여부와는 별개로, 어쨌든 그 결과 분량이 엄청나게 늘어났다. 이는 당연히 독자에게 부담으로 남게 되겠지만, 부족한 것보다는 넘치는 것이 더 낫지 않느냐고 변명해 본다. 그 대신 항목마다 세부 주제를 표시해 두었기 때문에, 관심사에 따라 필요 없는 부분은 건너뛰어 읽기로 분량에서 오는 부담을 줄일 수 있을 것이다. 역사 이해에 필수적인 역사 지도나 도해가 분량의 문제 등의 이유로 생략되었는데, 그런 부분은 발달한 검색 기능을 활용함으로써 독자가 충분히 보완할 수 있으리라 믿는다. 한편 20세기는 전체 체계에서 차지하는 비중이 지나치게 큰 느낌이 있다. 그러나 과거의 탐구가 현재를 이해하기 위한 노력의 일환이라면, 현재와 가장 가까운 과거가 상대적으로 후한 대접을 받는 일이 크게 부당하지는 않으리라 생각한다.

흔히 말하듯이 오늘날은 지구촌 시대이다. 게다가 한국은 경제 규모 세계 10위의 문턱에 올라선 경제 대국이 되었다. 동아시아 작은 반도에 갇혀 있는 우물 안 개구리가 되지 않으려면, 시야가 세계를 향해 열려 있어야 한다. 세계가 한국인의 활동 무대가 된바, 서양 문명에 대한 더욱 폭넓은 이해가 요구되는 시점이다. 가진 능력은 생각하지 않고 감당하기 버거운 욕심을 내는 바람에 참으로 오랫동안 저술에 매달려야 했는데, 부족하지만 이 글이 서양 문명을 알고 싶어 하는 독자에게 조금이나마 도움이 되기를 기대해 본다. 끝으로 책의 출간을 위해 애써주신 출판사 관계자 여러분에게 감사의 인사를 드린다.

2022년 3월

송규범

# 유럽의 정체성

❖

에우로페Europe는 오늘날의 레바논 지역에 있었던 페니키아Phoenicia의 공주였다. 그녀는 어느 날 해변에서 시녀들과 놀고 있었는데, 신 중의 신 제우스의 눈에 띄었다. 아리따운 에우로페의 모습에 춘심이 동한 희대의 난봉꾼 제우스는 아내 헤라의 눈을 피하려고 하얀 황소로 변신하고 공주를 꼬였다. 제우스의 꼬임에 빠진 공주는 황소 등에 타고 바다를 건너 크레타Creta섬으로 갔다. 거기서 에우로페는 제우스와의 사이에서 크레타의 왕 미노스Minos를 낳았다. 한편 에우로페의 오빠 카드무스Cadmus는 동생을 찾아오라는 아버지의 명을 받아 유괴된 누이를 찾아서 온 세상을 헤매고 다녔다. 그러다가 델포이Delphoi의 신탁에 따라 테바이Thebai로 가서, 그곳에 도시를 건설했다. 그는 그 과정에서 페니키아의 문자를 그리스에 전해주었다.

에우로페 신화에는 여러 함의가 있다. 오리엔트 출신의 공주가 그리스 최고의 신 제우스에게 유괴되어 크레타로 와서 크레타 문명 최전성기의 왕인 미노스를 낳았다는 이 신화는 오리엔트 문명이 그리스 역사에 미친 영향을 말해 준다. 페니키아는 이집트의 영향 아래 있었는데, 그래서 이 신화는 고대 그리스가 고대 이집트와도 관계가 있음을 암시한다. 게다가 그 신화에 덧붙여진 카드무스 이야기는 문명의 핵심인 문자를 그리스나 유럽이 오리엔트에 빚지고 있음을 강력하게 웅변하고 있다.

유럽이라는 지명이 문헌에 처음 나타난 것은 기원전 8세기 그리스 시인 헤시오도스Hesiodos의 작품에서다. 에우로페가 어떤 연유로 유럽을 가리키는 지명이 되었는지는 알 길이 없다. 그리스인들은 '에우로페'를 오리엔트의 좀 더 오래된 땅과 구별되는 것으로서, 에게Aegea해 서쪽에 있는 자신들의 영토를 가리키는 이름으로 사용했다. 에우로페는 페니키아어의 '저녁' 혹은 '서쪽'을 의미하는 말에서 유래했다는 설이 있는데, 이 설은 유럽 역사의 여명기에 아침의 문명 세계는 동쪽에 있고 어둠에 싸인 서쪽 세계는 아직 문명의 빛을 기다리고 있었다는 것을 의미한다고 볼 수 있을 것이다. 기원전 5세기에 헤로도토스Herodotos는 이미 유럽이라는 용어를 그리스인의 활동 무대인 에게해 북쪽과 흑해 북쪽 지역을 모두 아우르는 지명으로 사용하면서, 유럽을 에게해 동쪽의 아시아로 불리는 지역과 구분했다. 그리고 에게해 남쪽 지역에는 리비에Libya라는 이름이 붙여졌다. 고대 그리스인은 그들이 아는 세계를 이렇게 유럽·아시아·리비에의 세 지역으로 구분했다.

유럽은 사실은 하나의 대륙이 아니라 거대한 유라시아 대륙의 서쪽 끄트머리에 붙어 있는 커다란 반도에 지나지 않는다. 지리학적으로 말하자면 유라시아의 아대륙인 것이다. 유럽의 지리적 형태는 오랜 세월 동안 지금과는 달랐다. 현재의 벨기에 위도까지의 유럽 북부는 오랜 시간 얼음에 뒤덮여 있었다. 유럽의 서쪽 변경은 마지막 빙하가 1만 2000년 전 북쪽으로 물러나면서 현재와 같은 모습을 띠게 되었으며, 그 윤곽은 대부분 길고 긴 해안선으로 이루어졌다. 그러나 육지 쪽의 변경은 오랜 과정을 거쳐 형성되었다. 고대인이 생각한 유럽과 아시아의 경계선은 헬레스폰트Hellespont에서 돈Don강까지였고, 그것이 중세까지 그대로 지속되었다. 이후 18세기를 지나면서 경계에 대한 인식이 우랄산맥Ural Mountains까지 확장되었고, 19세기 초에는 '대서양에서 우랄까지의 유럽'이라는 관념이 널리 받아들여졌다.

유럽은 크고 작은 여러 반도가 바다로 튀어나가 있어서, 면적에 대비하여 해안선의 길이가 대단히 길다. 그리고 유럽의 내륙 어떤 지점도 해안에서 500km 이상 떨어진 곳이 없다. 따라서 유럽인은 바다와 떼려야 뗄 수 없을 만큼 밀접한 관계를 맺으며 살아왔다. 유럽 지형의 또 다른 특색은 평야의 비율이 매우 높다는 것으로, 고도 200m 이하의 평지가 전체 면적의 절반 이상에 이른다.

그런데 지리적 유럽은 오랫동안 문화공동체로서의 유럽이라는 개념과 다투어 왔다. 종종 유럽은 통일성과 일체감을 갖추지 못했다는 주장이 제기되었기 때문이다. 말하자면 '유럽'은 추구해야 할 이상이요 목표였다는 것이다. 1876년 비스마르크Bismarck는 유럽을 '지리적 개념'에 지나지 않는다고 깎아내렸다. 70년 뒤에 '유럽의 아버지' 장 모네Monnet는 "유럽은 결코 존재한 적이 없다. 우리는 순전히 유럽을 창출해야만 한다"고 주장했다.

문화공동체로서의 '유럽'은 비교적 근대적인 개념이다. 그것은 14세기에서 18세기 사이에 복잡한 지적 과정을 거쳐 형성된 개념으로서, 차츰 이전의 '기독교 세계Christendom'라는 개념을 대체했다. 민족국가가 기독교공동체를 대체하고, 그에 따라 기독교적 정체성이 약해지면서 좀 더 중립적 함의를 지닌 명칭이 필요해졌는데, '유럽'이 그 필요를 채우게 된 것이다. 1713년의 위트레흐트 조약 Treaty of Utrecht은 기독교공동체를 공적으로 언급한 마지막 주요 기회였는데, 그 이후로는 유럽인이라는 자각이 기독교공동체보다 우위를 얻게 되었다.

근대사에서 유럽을 정의할 때, 핵심 쟁점은 러시아를 제외하느냐 아니면 포함하느냐 하는 문제였다. 16세기 초만 해도 돈강을 경계로 하는 전통적 태도가 견지되어서, 폴란드-리투아니아는 경계 안에 그리고 모스크바는 밖에 있었다. 그러나 1767년 예카테리나Ekaterina 여제는 러시아는 유럽 국가라고 선언했다. 러시아는 사실 11세기 이래 기독교 세계의 불가결한 일부를 이루고 있었고, 러시아제국은 유럽의 외교 무대에서 중요한 일원으로 역할을 해왔다. 러시아를 유럽의 일원으로 간주하는 일반적 합의는 19세기 초에 나폴레옹을 무너뜨릴 때 러시아가 수행한 역할과 톨스토이Tolstoy와 차이코프스키Tchaikovsky의 시대에 러시아가 화려하게 꽃피운 문화 덕분에 크게 강화되었다.

오늘날 흔히 '서양적western, occidental'인 것은 곧 문명화되고 좋은 것으로, 그리고 '동양적eastern, oriental'인 것은 막연히 후진적이고 열등한 것이라는 인상이 널리 퍼져 있다. 이런 '서양'의 관념은 '그리스'만큼이나 오래된 것이어서, 그리스인들은 자유 그리스를 동양의 전제국가 페르시아와 대비해서 생각했다. 이것은 유럽 안에서도 마찬가지다. 서양 문명 혹은 유럽 역사는 유럽 전체의 이야기가 아니라 서부 유럽, 그것도 서부 유럽의 특정 지역, 이를테면 영국·프랑스·독일 그리고 대서양 너머 미국에만 한정되는 것이 일반적이다. 유럽 중세사에서는 러시아는 말할 것도 없고, 비잔티움의 역사는 배제되고, 에스파냐조차 무시된다.

사실 유럽을 서부와 동부로 나누어 보는 선이 여럿 있다. 가장 오래 유지된 선은 로마가톨릭의 기독교와 그리스정교의 기독교를 나누는 선이다. 로마제국의 영토였던 지역과 그 바깥 지역을 나누는 선, 그리고 서로마와 동로마를 가르는 선도 매우 중요한 역할을 했다. 좀 더 근래의 것으로는, 여러 세기 동안 무슬림 지배 아래 있었던 발칸Balkan 지역을 유럽에서 떼어내는 오스만 선Osman line도 있었다. 그리고 가장 최근의 것으로는 제2차 세계대전 종전과 더불어 쳐졌다가 1989년에 거두어진 철의 장막이 있다.

고대 오리엔트에서 3000년에 걸쳐 문명의 역사가 흐르는 동안, 문명 생활을 한 사람은 전 인류 가운데 극소수에 불과했다. 인류 대부분은 아직도 선사시대의 촌락 생활을 벗어나지 못했다. 유럽 땅에 거주하는 사람들 역시 그러했다. 유럽에서 문명은 궁극적으로 선사의 유럽과 오리엔트의 위대한 문명이 만나는 데서 탄생했다.

물론 오리엔트 문명과 만나기 전에도 유럽인의 생활 방식은 많은 변화와 발전을 거듭했다. 기원전 4000년 무렵에는 농경과 촌락 생활이 대륙 전역에 널리퍼졌다. 그와 더불어 인구와 부가 증가하고, 기술적 발전도 이루어졌다. 기원전 3500년 무렵에 이르면, 서유럽에는 거석기념물을 축조하고 거대한 흙무덤과 성채를 쌓을 수 있을 만큼 많은 수의 조직화한 사람들이 있었다. 지금도 영국 서남부의 솔즈베리Salisbury 평원에 우뚝 서 있는 스톤헨지Stonehenge는 그 시절 사람들의 지혜와 힘을 여실히 보여주고 있다. 기원전 2000년을 전후한 수백 년에 걸쳐 그곳의 신석기인들은 최고 50톤에 달하는 무거운 돌을 수십 킬로미터 떨어진 곳에서, 혹은 200km도 더 떨어진 웨일스에서 옮겨와 이 놀라운 기념물을 세웠다.

오리엔트의 문명인도 그러했지만, 유럽의 촌락민은 외래 민족의 잦은 침입을 겪었다. 이 침략자는 주로 유라시아의 대초원 지대에서 살던 유목민이었다. 이 유목민이 몰고 온 전차와 기병은 유럽의 촌락민으로서는 대적하기가 불가능했다. 기원후 17세기에 이르기까지 수천 년 동안 유목민 침입자들, 이를테면 훈족 Hun·아바르족Avar·마자르족Magyar·튀르크족Türk·몽골족 등은 유럽의 역사에 짙은 공포의 그림자를 남겼다.

유럽에 가장 심대한 영향을 끼친 유목민은 선사시대의 이른바 인도-유럽어를 쓰는 인종 집단이었다. 원래 남부 러시아의 대초원 지대에 살았던 이들은 기원전 4000~1000년 사이에 간헐적으로 초원 밖으로 퍼져나갔다. 일부는 남쪽으로 문명화한 서아시아에, 일부는 동쪽으로 인도까지 갔다. 이 지역으로 이동해 간 민족들, 이를테면 히타이트인Hittite과 메디아인Mede 그리고 페르시아인은 그들이 만난 문명의 생활 방식에 적응했다. 또 다른 일부는 서쪽 유럽으로 들어갔고, 기원전 1000년 무렵에는 그 지역 대부분을 차지했다. 이동해 간 모든 곳에서 인도-유럽어계 민족들은 커다란 변화를 일으켰다. 특히 그들은 만난 사람들의 언어에 영향을 미쳤는데, 유럽과 아시아의 드넓은 지역에서 주민들은 원래의 언어를 버리고 인도-유럽어를 사용하게 되었다. 영어와 벵골어Bengali, 러시아어와 스페인어만큼 서로 다른 언어가 모두 선사시대 인도-유럽인이 사용하던 방언에서 파생되어 나온 언어이다.

인도-유럽어계 유목민이 유럽의 신석기 촌락민에게 미친 영향은 더욱 심대했다. 유럽인은 언어뿐만 아니라 생활 방식과 사회조직도 중요한 변화를 겪었다. 전차병과 기마병 같은 전사 엘리트 계층이 출현했다. 유럽 민족들은 대부분 지모신地母神, mother goddess이나 풍요의 신을 섬겼는데, 이에 더하여 전사들은 또한 남성인 천둥의 신과 전쟁의 신 등을 섬기게 되었다. 유럽에서도 이제 금속가공 기술이 발달하고, 교역 역시 큰 규모로 이루어졌다. 전사들의 지배 아래 사회는 잘 조직된 부족 집단을 형성했다. 그러나 아직 도시도 없었고, 문자도 없었으며, 통치 조직도 발달하지 못했다.

유럽의 신석기인은 수천 년의 오랜 세월에 걸쳐 문명과 접촉하면서 문명의 궤도 안으로 조금씩 들어갔다. 그 접촉은 한 민족 한 민족씩, 그리고 때로는 교역과 같은 평화적 방법으로, 때로는 전쟁과 정복의 과정을 통해 이루어졌다. 유럽 땅에서 문명과 최초로 접촉한 민족은 그리스인이었다. 기원전 2000년 무렵부터 오리엔트의 문명 민족과 접촉한 결과, 그리스인은 서양 문명의 창시자가 되었다.

제1장

# 원시사회와 최초의 문명

원숭이에서 분화한 사람과Hominid의 생명체가 지상에 처음 나타난 뒤 현생인류로 진화하기까지는 수백만 년이 걸렸다. 그 과정에서 이 인류 조상들은 두 발로 이동하는 덕분으로 자유로워진 앞발, 즉 손으로 도구를 만들 수 있었다. 물론 도구는 손으로만 만들 수 있는 것이 아니었다. 슬기사람Homo sapiens이 될 능력, 즉 두뇌의 발달이 함께 함으로써 가능한 일이었다. 인간의 진화는 곧 두뇌 용량의 확대 과정이라 할 것이다.

도구를 만들고 쓰는 능력이야말로 결정적으로 사람과 동물을 갈라놓은 특징이어서, 인류의 긴 역사는 흔히 그들이 쓴 도구의 종류로 시기를 구분한다. 그 첫 시기인 석기시대에는 거의 전 기간에 걸쳐 사람들은 돌을 떼어내어서 만든 뗀석기를 사용하다가, 마지막 6000년쯤 동안은 갈아서 정교하게 만든 간석기를 사용했다. 앞부분을 구석기시대, 뒷부분을 신석기시대라 부르는데, 구석기인은 사냥·채집·어로를 하면서 소규모 공동체를 이루고 살았다. 그러다가 신석기시대에 이르러 인류 역사상 위대한 혁명이 일어났다. 사람들이 곡물을 재배하고 가축을 기르면서 마을을 형성해서 정착 생활을 하게 된 것이다.

신석기시대의 원시생활에서 벗어나 최초로 문명을 탄생시킨 사람들은 메소포타미아인과 이집트인이다. 그들은 도시를 발달시키고, 청동기를 사용했으며, 문자를 발명했다. 인류의 문자 생활은 또한 역사시대로의 전환을 의미했다. 주로 문헌 사료를 중심으로 역사를 연구하는 역사가들은 그런 사료가 없는 문자 이전 시대를 역사 이전의 선사시대로, 문헌 사료가 있는 시대를 역사시대로 분류하기 때문이다. 이런 대전환은 그리스 고전 문명의 형성보다 거의 3000년이나 앞서 일어났다. 그러니까 인류가 문명 생활을 영위한 것이 대략 5500년쯤 되는데, 그러나 이는 사실 수백만 년에 이르는 인간 진화의 대장정과 비교하자면 찰나와 같은 것이다.

메소포타미아 문명과 이집트 문명의 창조적 힘은 기원전 제2천년기millennium 중반에 이르러 쇠퇴하기 시작했다. 기원전 1200년경 제국이 사라진 힘의 공백 속에서 군소 국가들이 난립했는데, 그들 중 페니키아Phoenicia인과 헤브라이인Hebrews은 서양 문명의 발달에 독특한 공헌을 했다. 페니키아인은 유럽에 문명의 필수품인 문자를 제공했고, 헤브라이인은 민족종교인 유대교를 통해 유럽 문명의 핵인 기독교의 발생에 이바지했다.

기원전 제1천년기 전반기에는 다시 제국이 출현했다. 이때 나타난 아시리아는 고대 오리엔트 거의 전역을 통일하고 효율적 행정 체제를 확립한 최초의 세력이었다. 그러나 페르시아제국은 그보다 훨씬 더 컸다. 페르시아제국은 효율적 행정 기술을 도입하여 일정 기간 역내에 평화와 안정을 가져오고, 다양한 문화를 융합했다. 오랜 세월 성장해 온 다양한 문화 전통으로 풍요로워진 페르시아제국은 오리엔트 3000년 문명의 총결산이었다.


## 1. 원시사회

### 1) 인류의 출현

**오스트랄로피테쿠스**　　진화의 긴 연쇄에서 인류가 첫발을 내딛는 일은 원숭이들이 나무에서 내려와 두 발로 걷기를 시도함으로써 시작되었다. 아마도 아프리카의 밀림이 기후변화로 조금씩 사라지면서 원숭이들이 나무에서 내려와 초원에 적응해야 했기 때문일 것이다. 그렇게 하여 원숭이에서 벗어난 인류의 조상이 처음으로 출현했는데, 그 유골이 처음 발견된 것은 1924년 남아프리카에서였다. 이들은 겉모습이 원숭이에서 크게 벗어나지 못했는데, 그래서 남방의 원숭이라는 뜻의 오스트랄로피테쿠스Australopithecus라는 이름이 붙여졌다. 그중 가장 많이 알려진 것은 루시Lucy라는 애칭을 얻은 여성으로서, 1974년 에티오피아 아와시Awash강의 아파르 삼각지대Afar triangle에서 발견되었다. 키 110cm와 몸무게 29kg의 작은 몸집에, 외모는 침팬지처럼 생겼을 것으로 짐작되는 이 여성은 대략 320만 년쯤 전에 살았을 것으로 추정된다.

그때까지만 해도 루시가 가장 오래된 인류 조상으로 여겨졌지만, 그 뒤 아프리카 동부와 남부 여러 곳에서 다양한 오스트랄로피테쿠스가 발견되면서 인류의 조상과 침팬지의 진화적 분화 시기는 점점 더 거슬러 올라갔다. 1994년 미국 발굴단이 역시 에티오피아에서 440만 년 전의 것으로 추정되는 유골을 발견했고, 최근 2001년 7월 영국 과학전문지 ≪네이처Nature≫는 미국 고고학 연구단이 루시가 발견된 곳에서 90km가량 떨어진 곳에서 520만~580만 년 전의 것으로 확인된 직립보행 동물의 화석을 발굴했다고 발표하기도 했다.

오스트랄로피테쿠스에 대해서 우리는 아는 것이 거의 없다. 그들은 아직 손가락이 길고 휘어서 나무를 타는 데 유리했고, 어깨도 나무에 매달리거나 올라타기 좋은 구조였다. 그리고 그들은 땅 위에서 생활하고 걸을 수는 있었지만, 아직 도구를 이용하는 삶과는 거리가 멀었다. 직립보행을 한다고 해서 곧장 도구를 만들 수 있을 만큼 손놀림이 능숙해진 것이 아닐뿐더러, 도구를 만들고 사용하기 위해서는 무엇보다 두뇌가 좀 더 발달해야 하기 때문이었다. 털북숭이에 등도 구부정해서 외모가 유인원에 더 가까운 오스트랄로피테쿠스는 남방의 원숭이라는 뜻의 그 이름에서 알 수 있듯이, 아직은 사람속屬, 즉 호모Homo의 단계에 이르지 못했다. 진화의 연쇄에서 인류로의 첫발을 뗀 오스트랄로피테쿠스가 호모의 문턱을 넘기 위해서는 수백만 년의 세월을 더 견뎌야 했다.

**호모 하빌리스**    1960년대에 영국의 고인류학자인 리키Leakey와 그 가족이 탄자니아와 케냐 등 동아프리카에서 놀라운 화석을 많이 발견했다. 부부와 아들들을 포함한 이 가족은 탄자니아 올두바이 협곡Olduvai Gorge에서 남방의 원숭이보다 진화한 유골을 발견했다. 180만 년 전의 이 유골은 돌로 된 조악한 도구와 함께 묻혀 있어서 그들은 이 유골에 손재주가 있는, 혹은 도구를 사용하는 사람이라는 의미의 호모 하빌리스Homo habilis, 즉 손쓴사람이라는 이름을 지어주었다. 이들은 250만 년 전 무렵부터 살았는데, 이전의 원인原人보다 두뇌가 50% 정도 더 커졌다. 이들 손쓴사람이 빠르게 남방의 원숭이 계통의 원인을 밀어낸 것은 바로 이 커진 두뇌 덕분이었다. 이들은 좀 더 발달한 손과 두뇌로 도구를 만들고 쓸 수 있었기 때문이다. 물론 이들의 도구는 매우 조악해서, 동물의 뼈나 나뭇가지 그리고 정교한 것이라고 해야 고작 쪼갠 돌조각 정도였다. 그렇기는 하지만 이런 도구들은 손쓴사람들이 식량을 조금 더 쉽게 얻는 데 도움이 되었다. 도구를 만들고 썼다는 점을 제외하면, 이들에 대해서도 우리가 아는 것은 별로 없다. 이들이 진화 과정에서 어떻게 사라졌는지도 우리는 모른다. 좀 더 많은 것을 알 수 있는 흔적을 남긴 사람은 이들 다음에, 이들을 대체하면서 등장한 사람들이다.

**호모 에렉투스**　　이르면 200만 년쯤 전부터 아프리카에서 살기 시작한 사람들에 관해서 우리는 훨씬 더 많은 것을 알고 있다. 곧은 등을 하고 있어서 호모 에렉투스erectus 이른바 곧선사람이라 불리는 이들은 신체적으로 볼 때, 선조인 손쓴사람과는 큰 차이를 보였다. 손쓴사람은 키가 150cm 정도였는데 곧선사람은 현대인보다 오히려 더 컸고, 두뇌의 용량은 40%가량 더 커져서 현대인의 70% 정도가 되었다. 곧선사람은 목 아래는 현생인류와 별로 다르지 않았지만, 목 위로는 아직도 원숭이처럼 이마가 뒤로 납작하게 눌려 있었다. 이들이 처음 발견된 것은 1891년 자바에서였고, 그 이후 1927년에는 베이징에서도 발굴되었다. 이들은 늦어도 50만~60만 년 이전부터 그곳에서 살고 있었다. 그래서 한때 인류의 기원이 동남아시아인 것으로 인식되기도 했다. 그러나 1950년대 이후 곧선사람의 유골이 아프리카 여러 곳에서 발견되었고 그 생존 연대도 위로 훌쩍 거슬러 올라가게 되면서 '인류의 요람'은 아프리카가 되었다. 유럽에서는 곧선사람이 1907년 독일 하이델베르크Heidelberg 부근에서 처음 발굴되었다. 곧선사람은 환경에 적응하거나 그것을 극복하는 재능을 발휘하여, 극히 이질적인 환경 변화에도 살아남았다. 그래서 그들은 이곳저곳을 활발하게 돌아다녔고, 마침내 유럽과 동아시아 등 지구의 곳곳으로 퍼져 나간 것이다. 그들은 이미 150만 년

전에 유럽 남부 일대에 흩어져서 살고 있었던 것으로 보인다. 곧선사람은 아프리카를 벗어난 최초의 사람이었다.

곧선사람은 돌을 쪼개서 주먹도끼를 만드는 등, 몇 가지 다용도 도구나 무기를 제작하고 활용하는 능력도 지녔다. 그러나 아마도 그들의 가장 빛나는 발명품은 언어라고 할 것이다. 그들은 언어를 통해 의사소통을 원활하게 할 수 있게 되어, 집단으로 큰 사냥감도 잡을 수 있었고 사냥으로 얻은 식량을 사이좋게 서로 나눌 줄도 알았다. 그리고 늦어도 40만 년 전까지는 불을 이용할 줄 알았다. 불을 붙일 줄 알았는지는 말하기 어렵지만, 그들은 분명 보온을 하고, 동물로부터 자신을 보호하고, 음식을 익히기 위해 불을 통제할 수 있었다. 이 불의 통제력은 근대의 산업혁명만큼, 아니 그 이상으로 이들 초기 인류의 삶을 바꾸어놓았다.

**현생인류**   이런 눈부신 발전을 이룩한 곧선사람은 30만 년 전 무렵 마침내 현생인류로 진화하기 시작하면서 차츰 무대에서 사라졌다. 그러면서 인류 발달의 결정적 단계가 찾아왔다. 사고하는 능력과 슬기를 가진 호모 사피엔스sapiens-슬기사람의 시대에 접어든 것이다. 어느 때쯤 한 종이 사라지고 다른 종이 시작되었는지는 말하기 어렵지만, 대략 20만 년 전에 네안데르탈인Neanderthals이 유럽과 인근 아시아 그리고 아프리카에 살고 있었다. 이 인종은 1856년 독일 네안데르Neander강의 네안데르탈 계곡에서 처음 발견되었다. 이들에게 나타난 가장 뚜렷한 신체상의 변화는 머리 부분이었다. 곧선사람의 원숭이 비슷한 얼굴에서 현대인의 모습으로 바뀌었는데, 그러나 아직 이들은 눈두덩과 턱이 더 튀어나와 있었다. 이론이 없지는 않지만, 이들은 호모 사피엔스의 아종亞種으로 분류되어 호모 사피엔스 네안데르탈렌시스라는 학명을 얻었다.

네안데르탈인은 숙달된 도구 제작자요 능숙한 사냥꾼이었다. 곧선사람이 한두 개의 만능 도구에 의존했던 데 비해, 이들은 수십 가지 특수 용도의 도구를 만들어냈다. 이 도구들은 대부분 돌로 된 것이지만, 아주 정교한 작업에 쓰는 도구는 뼈를 사용했다. 그들은 주로 동굴에서 살았는데, 때로는 나뭇가지와 짐승 가죽 등으로 얽은 움집에서 살기도 했다. 그들은 또한 단순한 물질적인 생존 이 상의 그 무엇을 위해 집단으로 시간과 노력을 바친 최초의 인종이었다. 그들은 사후의 삶에 대한 관념도 갖고 있었던 듯하다. 그들은 음식과 기타 물품을 껴묻 는 등 의식을 갖추어 죽은 이를 묻었는데, 이는 분명 저승 가는 길에 도움이 되 라는 뜻이었다.

네안데르탈인은 두뇌의 용적으로도, 해부학적 신체 구조로도 현생인류와 비 슷했지만, 우리의 직계 조상은 아니었다. 마지막 빙하기에 옷을 만들어 입고 불 을 사용하면서 동굴에서 혹한에 적응했던 그들도 4만 년 전 무렵 자취를 감추었 다. 길고 긴 인류 진화의 마지막 단계에 나타난, 현 인류의 직접적인 조상은 슬 기사람의 다른 한 갈래인 호모 사피엔스 사피엔스, 이른바 슬기슬기사람이었다. 네안데르탈인을 밀어내고 지구를 차지한 슬기슬기사람은 사람속屬 가운데 유 일하게 살아남은 인류이다. 이들이 유럽에 나타난 것은 대략 4만 년 전이었다. 1868년 프랑스 서남부 도르도뉴Dordogne의 크로마뇽Cro-Magnon이라는 마을의 동 굴에서 이들의 삶의 흔적이 처음 발견되었고, 그래서 그들에게 크로마뇽인이라 는 이름이 붙여졌다. 이후에 남아프리카와 에티오피아 또 이스라엘 등지에서 현 생인류의 유골이 발견되었는데, 이들은 모두 10만 년 전 이내의 것이었다. 이들 과 오늘날 전 세계에 흩어져 살아가고 있는 인류는 어떤 관계인가? 인류는 누구 의 후손인가 하는 문제가 세기를 넘어 고고학계의 뜨거운 쟁점이 되고 있다. 이 른바 아프리카 기원설과 다지역 기원설이 그것이다.

**인류 기원설**    아프리카 단일기원설에 따르면 20만~15만 년 전에 에티오피아 나 탄자니아에서 슬기슬기사람이 처음 출현하여, 10만 년 전 무렵부터 아프리카 에서 아라비아를 거쳐 유럽과 아시아로, 아시아를 거쳐 북아메리카로, 그리고 동남아시아를 거쳐 오스트레일리아까지 퍼져나갔으며, 그 과정에서 덜 진화한 네안데르탈인은 결국 소멸했다는 것이다. 이 가설은 지난 20여 년 동안 분자생물학의 도움을 얻어 학계의 폭넓은 지지를 받아왔다. 이 가설에 따르면 미토콘드리아mitochondria 유전자는 여성을 통해서만 전달되는데, 미토콘드리아 측정법으로 유골과 현대 인간을 조사한 결과, 지구상의 모든 종족과 인종 사이에 유전적 차이가 극히 미미하다는 것, 결국 모든 인류의 어머니는 '아프리카의 이브' 하나라는 사실이 드러났다는 것이다. 그렇지만 이 가설을 뒷받침해 줄 실제 화석 증거가 마땅찮았다. 그런데 최근 2003년에 ≪네이처≫는 1997년 에티오피아에서 16만 년 전의 현생인류 유골이 발견됨으로써 아프리카 기원설이 화석을 통해 입증되었다고 보고하기도 했다. 이 유골에는 호모 사피엔스 이달투idaltu라는 학명이 붙었는데, 이달투는 현지어로 조상을 뜻한다.

그러나 반론도 만만치 않다. 다른 인류학자들은 인류의 조상이 200만 년 전 지구 각지로 퍼져나간 뒤 각자 독자적으로 서서히 오늘날의 인간으로 진화했다고 주장한다. 이를테면 중국의 곧선사람은 오늘날의 중국인이, 원시 유럽인이 오늘날의 유럽인이 되었다는 것이다. 2001년에 오스트레일리아 과학자들은 1974년 발견된 6만 년 전 두개골의 유전자를 분석한 결과 그것이 아프리카에서 왔다는 증거를 보여주지 않는다면서, 오스트레일리아에는 아프리카와 관련 없는 현생인류가 있었다고 주장했다.

인류의 출현과 관련한 우리의 지식은 오로지 산발적으로 발굴되는 화석 유골에 의존하는 것으로서, 매우 단편적이고 지극히 가변적인 것이다. 유골의 발굴에 따라 인류의 기원은 계속 시기적으로 소급해 왔고, 그에 따라 설명의 틀도 바뀌어 왔다. 아직도 진화의 온전한 그림을 그리기에는 퍼즐의 빈 구멍이 너무나 크다. 오스트랄로피테쿠스-호모 하빌리스-호모 에렉투스-호모 사피엔스라는 대략적인 연쇄도 임시적이거니와, 그에 대해 학자들 사이에 완전한 합의가 이루어진 것도 아니다. 최근에만 해도 독일 막스플랑크Max-Planck 진화인류학연구소가 이끈 국제공동연구진은 2017년 6월 ≪네이처≫를 통해 모로코 제벨 이르후드Jebel Irhoud에서 발견된 화석이 30만 년 전의 호모 사피엔스임을 확인했다고 발표했다. 지금까지 현생인류 화석으로 가장 오래된 것은 에티오피아에서 발굴된 것으로서 대략 20만 년 전의 것으로 알려졌는데, 이 연구 결과가 학계에서 받아들여진다면 현생인류의 출현 시기는 10만 년쯤 앞당겨지게 되는 것이다.

## 2) 구석기 문화

**구석기인의 일상생활**　　　인간은 '도구를 제작하는 동물'이다. 도구를 만들고 쓴 일은 인간이 문제를 해결하기 위해 두뇌의 능력을 발휘한 최초의 경험이었다. 인류는 체구가 작지만, 도구를 사용함으로써 자연의 엄혹한 생존 경쟁에서 살아남을 수 있었다. 자연석에서 떼어낸 돌을 그대로 도구로 사용한 것이 초기 인류 문화의 가장 뚜렷한 특징이었기 때문에, 그 첫 단계를 흔히 구석기시대라 부른다. 그 시대 인류는 사냥과 채집으로 살아갔다. 그들은 오랜 세월을 거치면서, 어떤 동물을 사냥하고 어떤 식물을 채집할 것인가를 알게 되었다. 그런 사냥과 채집 생활은 어느 정도 삶의 방식을 규정했다. 구석기인들은 이곳저곳 떠돌이 생활을 했다. 동물의 이동과 채소나 열매의 주기에 따르는 것 외에 다른 선택의 여지가 없었기 때문이다. 사냥은 집단적 노력이 필요한 일이어서 구석기인들은 20~30명의 소규모 집단을 이루며 살았을 것으로 짐작된다. 남녀 모두 식량 마련의 책임을 나누어 가졌다. 여성은 임신과 자녀 양육 때문에 대체로 주거지 근처에서 채집 활동을 하고, 먼 곳까지 가서 야생동물을 사냥하는 일은 남자의 몫이었다. 남녀 모두 생존을 위해 중요한 역할을 감당했기에 중요한 의사결정에 함께 참여하는 등, 남녀가 상당한 정도로 평등했던 것으로 보인다.

유럽에서 구석기시대 끝 무렵에 나타난 크로마뇽인들은 이전의 거주자들보다 더 다양하고 정교한 도구와 무기를 만들고 쓸 줄 알았다. 그들은 창과 활 같은 무기를 발명하여 좀 더 쉽게 사냥했고, 뼈나 상아로 만든 작살과 낚시로 물고기도 더 쉽게 잡을 수 있게 되었다. 그들은 동굴에서 나와 나뭇가지와 동물 가죽으로 움집을 마련함으로써, 더 쉽게 순록과 들소 무리를 쫓을 수도 있게 되었다. 그러나 그들은 여전히 사냥과 채집과 어로, 그러니까 전적으로 자연이 제공해 주는 식량에 의존해 삶을 영위했고, 작물을 재배하거나 동물을 기를 줄은 몰랐다.

**크로마뇽인의 예술**    그러나 크로마뇽인은 단순히 생존만 한 것이 아니었다. 그들은 문화 활동을 했으며, 또한 빼어난 예술가였다. 이전의 거주자들보다 훨씬 정교한 손놀림을 할 수 있었던 그들은 동굴의 벽에 미학적으로 빼어난 미술 작품을 남겨 놓았다. 그들은 남부 프랑스와 북부 스페인의 200여 개나 되는 동굴 벽에 들소·순록·말 등 많은 동물을 다채로운 색깔로 사실적으로 그렸는데, 그것들은 인류의 가장 위대한 예술의 하나로 손꼽힌다. 수많은 동굴 가운데서도 특히 프랑스의 라스코Lascaux 동굴과 스페인의 알타미라Altamira 동굴의 벽화가 가장 유명하다. 2만 8000~1만 년 전에 그린 것으로 추정되는 이 동물 그림은 사냥의 성공에 삶을 의존했던 크로마뇽인의 염원을 반영한 것이었다. 그러니까 그림 그리기는 그들에게는 일종의 주술 행위였다. 먹이 동물을 그림으로써 그들은 사냥감이 풍성해지기를, 그리고 그것을 넉넉하게 잡을 수 있기를 기원했을 것이다. 인간만이 구사할 수 있었던 언어는 모든 협동적 활동에 크게 도움이 되었지만, 또한 추상적 관념, 이를테면 수호 정령·주술·저승의 삶 같은 관념을 형성하는 데에도 도움이 되었다. 이러한 그들의 정신세계가 동굴 벽화에 구현되었다.

그런데 1994년 프랑스 동남부 아르데슈Ardèche에서 쇼베Chauvet가 발견한 동굴에는 300개 이상의 사자, 코뿔소, 올빼미, 표범 및 다른 여러 동물의 그림이 있다. 3만 수천 년쯤 전에 그린 것으로 추정되는 이 이른바 '쇼베 동굴화'의 동물은 대부분 크로마뇽인이 사냥하지 않았던 동물인데, 이는 그것들이 어떤 종교적 목적뿐 아니라 장식적 목적을 위해 그려졌음을 암시한다. 그들이 남긴 유물에는 조개로 만든 팔찌와 목걸이 같은 것도 있는데, 이런 유물도 그들이 장식적 효과를 노리거나 즐겼음을 보여준다. 그들은 또한 단순한 피리나 호각으로 음악을 즐기기도 했다.

구석기 말기 크로마뇽인이 그린 벽화에는 사람이 거의 등장하지 않는다. 그런데 그림이 아닌 조각품으로는 많은 인물상이 발견되었다. 1908년 오스트리아 빌렌도르프Willendorf에서 발견되어 '빌렌도르프의 비너스'라는 이름을 얻은 여인 조상影像은 인류 최초의 조형물에 속한다. 2만 4000~2만 2000년 전으로 추정되는 지층에서 출토된 이 11cm의 자그마한 조상은 커다란 유방, 굵은 허리, 불룩한 배, 발달한 엉덩이, 강조된 성기 등으로 미루어 생식과 다산의 상징으로 주술적 숭배의 대상이었던 것으로 추측된다. 그런가 하면 이 비너스는 풍요의 여신, 혹은 고대 유럽인의 이상적인 여성을 나타낸 것이라거나, 높은 계층의 성공과 안녕의 상징이었다는 등 다양한 해석을 낳고 있다. 부적처럼 몸에 지니고 다녔을 수도 있는 이 작은 조상과 달리, 암벽에 새긴 돋을새김도 있다. 프랑스 도르도뉴의 한 동굴 벽에 네 개의 여성 돋을새김과 한 개의 남성 돋을새김이 새겨져 있는데, 이 '로셀Laussel의 비너스' 역시 비슷한 시기의 '빌렌도르프의 비너스'처럼 가슴과 허리 그리고 성기 등을 강조한 '비너스'의 전형적인 모습을 하고 있다. 기껏해야 투박한 뗀석기를 만드는 기술 수준의 구석기인이 정교한 석상을 조각했다는 것이 의아하긴 하지만, 유럽 일대에서 이러한 여인 조각상이 200개가 넘게 발견되었다. 그러나 크로마뇽인의 위대한 동굴 예술 창작은 빙하기가 끝나면서 함께 끝났다. 기후가 한결 온화해지자, 그들이 동굴 밖으로 나와 생활하게 되었기 때문이다.

그런데 최근에 유럽 크로마뇽인의 벽화보다 훨씬 더 일찍이 동굴 벽화가 제작되었다는 주장이 제기되었다. 오스트레일리아 그리피스Griffith대학교 연구진은 2019년 12월 ≪네이처≫에서 인도네시아 술라웨시Sulawesi섬의 한 석회암 동굴에서 사람과 동물이 함께 그려진 벽화를 발견했다고 밝혔다. 4만 4000년쯤 전에 그려진 것으로 확인된 이 그림에는 멧돼지 두 마리와 들소 네 마리가 그려져 있고, 그 앞에는 사람이 여럿이 창과 밧줄을 들고 동물을 마주하고 있다. 연구진은 사람과 동물의 배치로 볼 때 이 그림은 사냥 장면을 그린 것이라고 주장했다. 그들의 주장이 사실로 확인된다면, 길이 450cm의 이 벽화는 인류의 가장 오래된 사냥도가 되는 셈이다.

## 3) 신석기 혁명

**간석기와 농업혁명**　　1만 2000년 전 빙하가 마지막으로 물러나면서 유럽은 삼림으로 빽빽하게 덮였다. 추운 날씨에 적응되었던 순록은 북으로 이동하고, 매머드와 몇몇 동물은 멸종했다. 그러나 인류는 새로운 환경에 잘 적응하면서 살아남았다. 그 과정에서 인류는 도구 제작 기술을 비약적으로 발전시키면서 생활 방식의 심대한 변화를 겪었다. 300만 년의 기나긴 세월 동안 써오던 조악한 뗀석기가 아니라, 돌을 갈아서 매우 정교하고 질이 훨씬 뛰어난 간석기를 만들어 쓰는 시대, 이른바 신석기시대로 접어든 것이다. 이 위대한 변화를 흔히 신석기 혁명이라 부르지만, 그러나 신석기시대라는 명칭은 새로운 시대의 특징과 의미를 나타내는 데는 다소간 부적절한 면이 있다. 비록 신석기인이 새로운 유형의 좀 더 정교한 간석기를 만들어냈지만, 이것은 기원전 1만 년 이후에 일어난 가장 중요한 변화는 아니었다. 최대의 변화는 식량 채집에서 식량 생산으로의 전환, 바로 농업혁명이었다. 그 변화는 서아시아에서 가장 먼저 일어났다.

　순전히 연대학적 관점에서 보자면, 지구에서 인간이 살아온 거의 모든 기간은 구석기시대에 해당한다. 인간이 곡물을 재배하고 동물을 기르는 등 식량을 생산하는 삶을 살아가기 시작한 것은 기원전 1만 년 이상을 거슬러 올라가지 못한다. 그 위대한 첫걸음은 서아시아 지역에서 내디뎌졌다. 유럽을 뒤덮고 있던 마지막 빙하가 차츰 북쪽으로 물러가면서 서늘하고 습기가 많았던 북아프리카는 마르기 시작했고, 유럽은 여전히 춥고 비가 많이 왔다. 그와 달리 소아시아를 포함하여 지중해 동부 해안에서 이란에 이르는 고원지대는 토양이 비옥했고, 곡물이 자라기에 적당한 정도로 비가 내렸다. 중앙아시아와 남부 러시아 그리고 북부 아라비아의 드넓은 초원 지대에는 가축을 먹이기에 풍족한 풀이 있었다. 이 지역 사람들은 야생의 밀과 보리를 거두어 재배하기 시작하고, 야생동물을 사냥해 잡아먹는 대신 사로잡아 길들였다. 이미 개가 구석기 말기부터 길들여져 사람과 함께 살고 있었는데, 이에 더하여 이제 양·염소·돼지·소 등이 주요 가축이 되었다. 이렇게 발달한 농경과 목축을 통한 식량 생산 경제는 차츰 사방으로 퍼져나갔다. 그 전파는 매우 느렸지만, 구석기시대에 일어난 변화와 비교하면 어지러울 만큼 빠른 것이었다. 농경문화는 기원전 6500년 무렵에는 발칸반도로, 4000년에는 프랑스 남부와 중부 유럽 및 지중해 연안에, 그리고 3000년 무렵에는 영국 등지에 넓게 퍼져나갔다. 다른 한편으로 농경문화는 6000년 무렵에 이집트의 나일Nile강 유역으로, 그리고 거기에서 나일 상류의 수단과 에티오피아로도 확산했다.

**공동체의 형성**    농업혁명은 사람들의 사회적 삶에 심대한 변화를 가져왔다. 곡물 재배와 가축 사육으로 인간과 자연 간에는 새로운 관계가 형성되었다. 사람들은 어느 정도 안정적으로 식량을 확보할 수 있게 되어, 자연의 변덕에 휘말리기보다 환경을 좀 더 통제할 수 있게 되었다. 그리고 식량 생산 활동으로 인간의 삶은 좀 더 안정적이고 안전하게 되었다. 정기적인 곡물 재배로 이전보다 많은 인구가 생계를 유지할 수 있게 되고 정착 생활이 이루어졌으며, 그래서 차츰 소규모이기는 하지만 씨족 단위의 마을 공동체가 형성되었다. 이전에 사냥으로 살아갈 때는 20~30명의 소규모 집단을 이루며 살았는데, 이제 공동체의 규모가 열 배 정도로 커졌다.

이미 기원전 8000년에 팔레스타인에는 예리코Jericho가 생겼는데, 그것은 인구가 2000명이 넘는 큰 공동체였다. 신석기시대의 가장 크고 유명한 마을은 소아시아 남부의 차탈회위크Çatalhöyük로, 기원전 6700~5700년의 최전성기 때 인구가 수천에 이르렀을 것으로 추정된다. 이 마을은 도기, 직물, 흙벽돌집, 사당, 벽화, 돋을새김으로 장식된 회반죽 담장 등 신석기 문화의 매우 선진적인 특성들을 갖추고 있었다. 사당에는 남녀 신상이 안치되어 있었는데, 상당히 큰 가슴과 엉덩이를 가진 지모신은 풍요를 기원하는 신석기인의 염원을 반영하는 것으로 짐작된다. 이런 신상과 사당은 신석기인의 삶에서 종교의 역할이 커졌음을 말해 준다.

신앙과 종교의식은 식량 생산과 밀접하게 연관되어 있었다. 구석기시대에 수렵인은 사냥감을 추적할 때, 동물의 정령에 대한 존중심을 드러냈었다. 농업인으로서 신석기인은 대지의 정령, 풍성한 곡식을 가져다줄 위대한 지모신을 숭배했다. 지모신의 숭배는 재빨리 널리 퍼졌고, 지모신의 호의를 얻기 위해 신관 계급이 생겨났다. 지모신과 더불어 다른 많은 정령과 신들이 숭배되었다. 특히 중요한 것이 하늘의 해와 달이었다. 달이 차고 이지러지는 순환은 달력 구실을 했다. 달력은 농사 절기의 정확한 측정에 필수불가결한 것이었다. 그리고 신석기시대의 일부 무덤에는 부장품이 함께 묻혀 있는데, 이는 그들이 사후의 삶을 믿었음을 말해 주고 있다.

신석기인은 일단 정착을 하자, 기거할 집뿐만 아니라 식품을 보관할 구조물도 지었다. 공동체의 규모가 커지면서 협동 작업을 위해 조직화의 필요성도 증가했다. 조직화한 생활로 잉여 산물이 가능해지고, 식량을 저장하고 물자를 비축하면서 초보적인 교역도 이루어졌다. 그리고 특정 기능이 전문화하고, 분업이 발달하기 시작했다. 도공은 음식을 만들고 식량을 저장하는 데 쓸 여러 가지 토기를 만들고, 직조공은 아마나 양모 혹은 면화를 이용해서 옷감을 짜서 옷을 만들고, 돌을 다루는 기술이 발달하여 석수장이는 괭이·낫·도끼·가래와 같은 세련된 석재 농구를 만들었다. 특히 나무를 베는 데 주로 쓰인 돌도끼는 신석기인의 대표적 도구로 꼽힌다. 나무를 베어내고 밭을 일구기 위해서는 도끼가 필수적이었기 때문이다. 신석기인은 그 외에도 다양한 형태의 도구와 더 나아가 여러 가지 무기도 만들었다. 어떤 마을은 주위에 울타리를 쳐서 요새화하기도 했다. 뼈에 화살촉이 박힌 유골이 발견되기도 했는데, 이는 신석기시대의 전쟁을 증언하고 있다.

농경 생활로의 전환으로 남녀 관계에도 변화가 일어났다. 남자는 일차적으로 밭일과 가축 몰이의 책임을 맡는 바람에 오랜 시간 집에서 멀리 떨어져 있게 되었다. 여자는 집에 남아 아이를 돌보고, 옷감을 짜고, 한군데에서 할 필요가 있는 다른 일들을 수행했다. 차츰 바깥의 일이 집 안에서 하는 일보다 중요하게 여겨지면서 남자가 사회에서 지배적인 역할을 하게 되었는데, 이런 양상은 오늘날까지도 이어지고 있다.

한편 신석기 말기에는 거석구조물을 축조하는 문화가 발달했다. 이들 구조물은 단순한 고인돌이나 선돌에서 거대한 석실 무덤과 환상열석環狀列石에 이르기까지 다양하다. 유럽 곳곳에 수많은 구조물이 남아 있는데, 고인돌만 하더라도 프랑스에 5000기, 영국에 2000기나 남아 있다. 환상열석 또한 영국과 프랑스 서북지역 곳곳에 세워졌는데, 그 가운데 단연 가장 크고 유명한 것은 기원전 2000년 전후로 오랜 세월에 걸쳐 축조된 것으로 추정되는 스톤헨지Stonehenge이다. 영국의 솔즈베리Salisbury 평원에 우뚝 서 있는 이 거대한 구조물은 그 용도가 무엇인지 잘 알 수 없지만, 종교의식과 관계있을 뿐 아니라 돌의 배열로 미루어볼 때 천문 관측과도 관련이 있는 것으로 짐작된다.

**신석기시대 말기**　　　기원전 4000년을 넘어서면서 신석기인은 몇몇 지역에서 중요한 기술적 발전을 이룩했다. 이미 그 전에도 광석에서 금속을 추출하는 방법이 알려져 있었는데, 구리는 도구를 만드는 데 이용된 최초의 금속이었다. 그러나 시간이 지나면서 장인들은 구리와 주석을 혼합하면 구리보다 훨씬 더 단단하고 내성 있는 금속이 된다는 것을 알아냈다. 이런 금속의 이용으로 환경과 자원에 대한 인간의 통제력은 획기적으로 높아졌다. 부가 증가함에 따라 사람들은 군대를 만들고 성곽도시를 건설하기 시작했다. 그렇지만 신석기의 마을은 그다음 단계의 문화적 도약, 진정한 문명사회로의 도약을 이루지는 못했다. 문명은 신석기 마을보다 훨씬 더 큰 규모의 생활공동체, 이른바 도시의 출현과 더불어 비로소 태동했다. 문명civilization이라는 용어가 도시civitas에서 비롯했다는 사실은 의미 깊다 할 것이다. 도시의 출현에 더하여 문자를 발명하여 자신의 삶을 기록할 수 있게 될 때, 그때 인류는 비로소 원시사회에서 문명사회로, 선사시대에서 역사시대로 넘어가게 되었다.

키가 110cm 정도의 '남방의 원숭이'가 뒤뚱거리며 땅 위에 첫발을 내디딘 때로부터 현재까지를 1년으로 친다면, 6월 하순쯤 그는 키가 150cm 정도로 커지고 등도 곧게 펴진 곧선사람으로 진화했다. 우리의 직접적 조상인 슬기슬기사람이 태어난 것은 12월 중순으로 접어들 무렵이고, 크로마뇽인이 동굴 벽화를 그린 것은 크리스마스를 2~3일 지난 때였다. 그리고 한 해 마지막 날인 12월 31일 오전이 신석기시대이며, 그리고 인간의 문명시대는 그날 점심시간쯤 시작되었다.


## 2. 메소포타미아 문명

무리를 이룬 인간이 서로 비슷하게 행동하고 하나의 제도와 생활양식을 공유할 때, 그들은 공동의 '문화'를 가졌다고 말할 수 있다. 한 문화는 한 인간 집단의 고유한 생활 방식과 관행의 총체이다. 그것은 학습되고 표준화된 모든 행동 양식을 포함한다. 문명은 문자 사용, 도시 및 정치조직의 존재, 직업의 전문화 등을 포함하고 있는 그런 종류의 문화다. 그런 요건이 가장 먼저 이루어진 곳은 문명의 발상지, 메소포타미아Mesopotamia와 이집트의 나일강 유역이었다.

초기 문명이 발전하고 있을 때 그 발상지 바깥, 그러니까 중앙아시아의 대초원 지대에도, 아라비아반도에도, 그리고 사하라에도 사람들의 삶이 꾸준히 변하고 있었음을 상기할 필요가 있다. 그들 중 다수는 교역이나 유목으로 생존하려고 노력했다. 그런 유목민과 정착 문명인 간의 접촉은 시간이 흐르면서 더욱 잦아졌다. 서로 다른 삶의 방식을 가진 이 두 사회 간의 역동적 관계는 이후의 역사 과정에서 줄곧 핵심적 문제가 되었다. 그 관계는 상호 접촉을 통해 사상과 기술의 교환이 촉진되었다는 점에서 일면 유익한 것이었다. 다른 측면에서 그 관계는 갈등과 파괴로 얼룩졌다. 유목민 전사는 정착 사회를 주기적으로 습격했고, 정착 사회는 원정대를 파견하여 유목민을 진무하고 통제하려 애썼다.

대부분의 고대 제국이 끝장난 것은 두 사회가 우호 관계를 유지하지 못했기 때문이다. 고대 메소포타미아와 이집트는 모두 유목민에게 멸망되었다. 한참 뒤의 일이기는 하지만, 로마제국 역시 같은 운명을 맞았다. 그러나 이들 고대 문명은 다른 지역에 문명을 확산하는 한편, 새로운 형태의 사회가 탄생케 할 유산을 남겼다.

## 1) 수메르 문명

**메소포타미아의 자연환경**　　농업혁명으로 정착 생활이 가능해지고 마을이 형성되기는 했지만, 신석기 영농 방식으로는 아주 많은 인구가 한곳에 항구적으로 정주하여 도시를 건설하고 문명의 꽃을 피우는 일이 가능하지 않았다. 신석기 농부들의 주된 작물이었던 밀은 영양분이 매우 풍부한 곡물로, 단백질 함량은 쌀보다 훨씬 높다. 그렇지만 밀은 토양을 빠르게 황폐하게 만든다. 그래서 그들은 반복된 경작으로 지력이 고갈되면 새로운 땅으로 옮아갔다. 가까운 곳에 좋은 땅이 없으면 마을 전체가 짐을 싸서 비옥한 땅이 있는 곳으로 이동했다. 토양의 지력을 유지하거나 회복하기 위해 거름을 준다거나, 윤작을 한다거나, 혹은 땅을 한 번씩 놀린다거나 하는 영농 기술은 아직 알려지지 않았다. 그래서 해마다 홍수가 토양을 비옥하게 만들어주는 큰 강 유역에서만 계속 농사를 지을 수 있었다. 그러한 조건을 갖춘 곳이 티그리스Tigris와 유프라테스Euphrates 두 강 유역과 나일Nile강 유역이었다.

　문명으로의 일대 전환이 최초로 일어난 곳은 티그리스와 유프라테스의 두 거대한 강 사이에 펼쳐진 광대한 평원이다. 이 쌍둥이강은 소아시아에서 발원하여 페르시아만에 이르기까지 장장 960km가량을 멀어졌다 가까워졌다 하면서 짝을 지어 흐른다. 그 지역을 고대 그리스인은 메소포타미아, 즉 '강potamos 사이meso의 땅'이라 불렀다. 평원의 하류 지역, 그러니까 두 강이 거의 마주치듯이 가까워진 지점 부근에서 시작하여 그 아래 지역을 바빌로니아라 부르는데, 이는 다시 두 부분, 북부의 아카드Akkad와 남부 삼각주의 수메르Sumer로 나뉜다.

메소포타미아는 비가 아주 적은 지역이다. 그러나 두 강이 실어 나른 침적토로 남부 지방은 비옥한 평원을 이루고 있었다. 늦봄에 강물이 넘치면서 비옥한 침적토가 쌓이는데, 그러나 이 홍수는 강이 발원하는 북쪽 산악 지대의 눈이 녹아내려 생기는 것이어서 불규칙하고 때로는 재앙이 되기도 했다. 수메르는 엄청난 농업상의 잠재력이 있었지만, 그 잠재력이 발현되기 위해서는 반드시 제방과 저수지의 건설, 늪의 물을 빼내기, 인공 수로로 강물을 끌어들이기와 같은 인위적인 작업이 이루어져야 했다. 신석기의 농부들은 이곳으로 들어온 이후 몇 차례 문화적 발전 단계를 거치면서 이러한 문제들을 해결했다. 그들은 대규모 관개와 배수 시설을 갖추어 농업을 확장하고 식량을 풍족하게 생산함으로써, 문명의 발생을 위한 물적 토대를 마련했다. 그 결정적 계기가 수메르인의 도래였다.

**수메르인 사회의 발전**　　　이른바 수메르 문명을 창출하여 수메르인이라 불리는 사람들은 기원전 3500년경 이전에 이곳 수메르로 이주하여, 이미 번영하는 공동체를 형성하고 살던 이전의 거주자들을 정복하거나 혹은 흡수했다. 아마도 중앙아시아 고원지대 어딘가에서 왔을 이 새 이주민들은 수메르에 정착하면서 각지에 독립적인 도시를 세우고 발전시켰다. 이후 수메르인은 1000년이 넘게 바빌로니아의 남부를 지배하고, 때로는 북부의 넓은 지역도 지배했다. 그들은 정치·경제·사회·종교·예술상의 기본적인 사상과 제도를 형성했는데, 이는 서아시아 지역에서 페르시아제국에 이르기까지 그 뒤를 잇는 모든 문명의 기초로 작용했다.

　기원전 3200년 무렵에 이르면 수메르에 문명이 동틀 여러 조건이 갖추어졌다. 인구가 증가하여 도시가 형성되고, 초보적인 문자가 만들어졌다. 문자는 처음에 아마 신전의 재물을 셈하고 관리할 필요에서 고안되었을 것인데, 신전 재산의 회계 기능을 넘어서서 사람의 생각과 감정을 표현하는 데까지 발전한 것은 2600년 무렵에 와서의 일이었다. 수메르인이 발명한 인류 최초의 문자는 구체적인 사물의 그림이었다. 그런데 그것은 사물뿐 아니라 추상적 관념도 표현할 수 있었다. 예를 들어 입의 그림과 물의 그림을 결합하면 마신다는 것을 의미했고, 발의 그림은 걸음의 관념을 표상했다. 이 초기의 상형문자는 단순화하고 양식화한 부호를 거쳐 추상적 관념을 표현할 수 있는 표음문자로 발전했다. 갈대펜으로 진흙판에 쓴 이 문자는 쐐기 모양을 했기 때문에 쐐기문자로 불렸다. 기원전 2500년 무렵에는 주로 신전과 궁전 그리고 정부에서 일할 서기를 양성하기 위한 학교가 세워졌다. 쐐기문자를 습득하는 데는 오랜 시간이 걸렸기 때문이다. 문자는 사회가 기록을 유지하고 이전의 관행과 사건에 관한 지식을 보전할 수 있기에 대단히 중요했다.

수메르인이 처음 발명한 쐐기문자는 나중에 바빌로니아인, 아시리아인Assyrian, 히타이트인Hittite 그리고 페르시아인 등을 포함하여 다른 여러 민족이 차용하여 자신의 말을 표현하는 데 이용했다. 그런데 수메르어는 나중에 나타나는 주요 어족인 셈어족이나 인도-유럽어족에 속하지 않을 뿐만 아니라, 지금까지 알려진 어떠한 언어와도 관계가 없다. 셈어를 쓰는 민족의 원 고향은 아라비아이고, 인도-유럽어 민족은 기원이 모호하고 다양한 인종 집단으로 구성되었지만, 그중 메소포타미아로 온 집단은 흑해와 카스피해Caspian Sea 북쪽 지역에서 이주해 온 것으로 보인다. 이 쐐기문자의 영향은 이들에게만 한정되지 않았다. 후대에 들어와 페니키아인이 이것을 바탕으로 훨씬 더 간결한 문자를 만들었고, 또한 그리스인은 이 페니키아 문자를 응용하여 자신들의 더욱 효율적인 문자를 고안해 냈다.

기원전 3100년 무렵에는 수메르의 금속공이 구리와 주석을 합금하여 구리보다 훨씬 단단한 청동을 만드는 기술을 발전시켰다. 그리하여 수메르에서 청동기 시대가 열리기 시작했다. 이후 한 세기쯤 지나면 수메르에서는 황소가 쟁기를 끌었다. 농사에 황소의 힘을 이용함으로써 인간은 이제 인력 이외의 동력을 통제할 수 있게 되었다. 그뿐만 아니라 바퀴가 발명되어, 당나귀가 끄는 바퀴 달린 수레가 나타났다. 메소포타미아에는 사실 돌도 금속도 목재도 없었기 때문에 이 자재들을 시리아와 소아시아에서 운송해 와야 했는데, 양대 강을 이용한 수상

운송으로 이 문제가 해결되었다. 바퀴는 또한 녹로轆轤로 도자기를 만드는 데도 매우 유용하게 쓰였다. 수레와 녹로를 포함하여 수메르의 몇몇 기술적 발명은 나일강과 인더스Indus강 유역으로 전파되었다.

　도시가 출현하기 위해서는 앞에서 살핀 여러 기술적 개선만이 아니라 사회의 재조직도 필요했다. 제방을 쌓거나 관개 시설을 건설하는 등 치수를 위한 대규모 토목 사업을 추진하려면, 많은 사람의 협력을 끌어내고 노동력을 조직할 수 있어야 하기 때문이다. 그 과정에서 정치권력이 형성되었고, 그래서 수메르 사회는 크게 세 개의 신분 집단, 즉 귀족과 평민 그리고 노예로 분화되었다. 국왕의 관리와 신관 집단 그리고 부유한 지주들이 귀족층을 형성했으며, 평민으로는 궁전과 신전에 딸린 영지에서 일하는 사람들과 다른 자유인, 즉 농민·상인·어부·장인 그리고 서기가 있었다. 아마도 9할 이상이 농민이었다. 남성 노예는 궁전 관리에게 소속되어 주로 건축 사업에 동원되었으며, 여성 노예는 신전 관리에게 소속되어 옷감을 짜거나 곡식을 갈았다. 부유한 지주가 노예를 소유하여 농사일이나 가사 노동에 이용하기도 했다.

**도시국가의 출현**　　수메르인은 그들이 이룬 다양한 발전을 바탕으로, 기원전 3000년 무렵에 우르Ur·우루크Uruk·라가시Lagash·에리두Eridu 등과 같은 많은 독립적 도시국가를 세웠다. 도시 규모가 커지면서 주변을 둘러싼 농촌 지역에 대해 정치적·경제적 지배권을 행사하게 되면서 도시국가를 형성한 것이다. 그래서 그것은 보통 해자와 성벽이 둘러쳐진 중심부 도시 공간과 그 주위를 둘러싼 농촌 지역으로 구성되었다. 우루크의 경우, 도시 공간은 대략 4km² 규모였고, 그 주위를 길이 9km의 성벽이 둘러쌌다. 이런 도시국가는 수메르 문명의 기본 단위였다.

　주거는 햇볕에 말린 흙벽돌로 지었다. 메소포타미아는 금속뿐 아니라 건축용 석재나 목재가 거의 없었으나, 그 대신 진흙이 풍부해서 쉽게 흙벽돌을 만들 수 있었다. 메소포타미아인은 이 벽돌로 거주용 집을 지었을 뿐 아니라, 세계에서 가장 큰 벽돌 건축물을 축조했다. 수메르의 도시에서 가장 중요한 건축물은 도시 수호신을 모신 신전이었는데, 도시 중앙에 지구라트ziggurat라는 거대한 계단식 피라미드 탑을 쌓고, 그 꼭대기에 신전을 지어 수호신을 안치했다. 이 지구라트는 구약성서에 나오는 바벨탑의 본보기로 추정된다.

수메르인은 신이 그 도시를 지배하고 있다고 믿었고, 그래서 많은 재화가 신전을 짓는 데 쓰였거니와, 또한 신전은 많은 토지와 가축 등 큰 재산을 소유했다. 신전과 그 재산을 관리하는 신관은 큰 권력을 행사했다. 특히 도시국가의 초기 단계에서 신관은 고유 기능인 종교적 역할뿐 아니라, 정치·경제·사회적으로도 중요한 역할을 담당했다. 그러나 시간이 지나면서 군사력에 기반을 둔 또 다른 지도자 집단이 등장했다. 한정된 자원을 두고 도시들 사이에 분쟁이 빈발하면서 각 도시에 군대가 생기고 군사 지도자들이 권력을 장악하게 되었는데, 이들이 왕이 되었다. 도시 지배권을 놓고 한때 신관들과 왕이 경쟁했다. 그렇지만 결국에는 지배 권력이 세속적 직책인 왕의 수중으로 넘어가고, 왕은 신정정치체제를 수립했다. 수메르인은 왕은 신의 대리자이며 왕권은 신에게서 나온 것이라고 보았다. 왕은 군대를 거느리고, 법정을 관장하고, 법안을 발의하고, 공공 토목공사를 감독하고, 관개 사업을 위해 노동력을 조직했다. 군대와 관료 조직 그리고 신관은 모두 왕의 통치 업무를 보조하는 역할을 맡았다.

수메르는 물론 농업이 주된 생업이었지만, 상업과 공업 역시 중요해졌다. 주요 공산품은 모직물과 도자기류 그리고 금속세공품 등이었다. 대외 무역도 활발했는데, 그것은 기본적으로 왕실 독점사업이었다. 왕의 관리가 사치품·구리와 주석·방향 나무·과일나무 등을 수입하고, 건어물·양모·보리·밀·금속 제품 등을 수출했다. 물물교환이었지만, 은 막대가 지불수단으로 사용되기도 했다. 상인들은 서쪽으로는 육로로 지중해까지, 동쪽으로는 바다로 인도까지 갔다. 당나귀가 끄는 수레로 상품 수송이 한결 수월해졌다.

**종교와 문화**　　수메르인은 수많은 신을 믿었다. 그들의 신은 세상과 인간의 운명을 지배한다고 믿은 자연현상이나 천체를 의인화한 신, 즉 성격과 형상의 면에서 인간과 닮은 신이었다. 신은 영생불사의 존재이며 사람의 눈에 보이지 않을 수 있다는 점을 빼면 인간과 다르지 않았다. 수메르인이 특히 숭배한 위대한 신은 바람과 폭풍을 주관하는 엔릴Enlil, 하늘의 신 안An, 땅과 물의 신 엔키Enki, 태양의 신 우투Utu, 달의 신 난나Nanna, 금성의 신으로 다산과 풍요를 상징하는 이난나Inanna 등이었다. 섬기는 신들의 중요도나 우선순위는 각 도시국가에 따라 혹은 시기에 따라 조금씩 달랐는데, 수메르인이 만들어낸 정교한 신화는 그들이 멸망한 뒤에도 서아시아의 여러 민족에게 계승되면서 다양하게 변주되었다. 언어 체계가 다른 셈어계 민족인 아카드Akkad인과 바빌로니아인은 수메르의 신들을 받아들이면서 셈어로 개명했다. 이를테면 안은 아누Anu, 우투는 샤마시Shamash, 난나는 신Sin, 이난나는 이시타르Ishtar가 되었다.

한편 수메르인은 훌륭한 문학작품을 많이 생산해 냈다. 그들이 낳은 가장 위대한 걸작은 기원전 2700년경 도시국가 우루크의 전설적인 왕 길가메시Gilgamesh의 영웅적 업적을 기린 서사시이다. 이 『길가메시의 서사시』는 불사의 비밀을 찾으려는 길가메시의 노력이 완전히 실패로 끝나는 것을 보여줌으로써 인간의 삶의 유한함을, 그리고 영생불멸의 삶은 오직 신들만의 것임을 분명히 한다. 이 서사시는 다른 많은 신화와 더불어 그 이후의 여러 문명에 풍성한 문화유산을 남겨주었다. 문자 발명의 또 하나의 열매는 성문법이었다. 이미 기원전 2500년 무렵이 되면 대부분의 도시국가는 법전을 펴내기 시작했다. 이 성문법 체계는 이후에 함무라비 법전Code of Hammurabi의 주요 원천이 되었거니와, 이는 수메르인이 이룩한 수많은 문화유산 가운데서도 가장 위대한 업적이다. 이집트인도 비슷한 시기에 문자 생활을 했지만, 끝내 수메르인에 비길 만한 법률 체계를 발전시키지는 못했다.

수메르인은 문자, 종교, 문학, 법률 등의 분야를 개척한 공헌에 더하여 수학과 천문학의 기초도 확립했다. 그들은 곱하기와 나누기뿐 아니라 제곱근과 세제곱근도 계산할 수 있었다. 그들은 태음력 역법을 확립했고, 10진법과 함께 60진법을 사용했는데 하루를 24시간, 1시간을 60분, 1분을 60초로 나누는 시간 계산법은 오늘날에도 그대로 사용되고 있다. 이러한 업적은 특히 관개와 곡물 재배 그리고 상업상의 실제적 필요에 대응한 결과인 동시에, 천체의 신을 믿은 종교적 관념의 결과이기도 했다. 밭을 측정하고 건물을 세우는 과정에서 기하학이 발달했다. 그리고 수메르인은 천체가 인간의 운명을 지배한다고 믿었기 때문에 천체 관측은 매우 중대한 일이었고, 그 관측 결과를 기록하고 계산하는 과정에서 달력을 만들고 수학과 천문학의 발달을 이루게 된 것이다.

수메르에 도시국가가 늘어나면서 도시들은 땅과 물의 지배권을 놓고 끊임없이 서로 싸웠으며, 세월이 지나면서 여러 도시가 부침을 거듭했다. 그뿐만 아니라 메소포타미아는 사방이 탁 트인 지형 탓으로, 외부 세력이 침입하기가 아주 쉬웠다. 남쪽과 서쪽 사막지대에서 온, 그리고 북쪽과 동쪽의 산악 지대에서 침투해 온 유목민과 기타 여러 민족이 주기적으로 수메르의 부유한 도시들을 위협하고 괴롭혔다. 도시국가 간의 분쟁과 외세의 침략에 의한 흥망성쇠가 메소포타미아의 가장 두드러진 정치적 특징이었다. 최초의 문명을 꽃피운 수메르인은 자신이 침입자였지만, 그들 역시 외부에서 침입해 온 민족에게 정복당하는 운명을 겪었다.

**수메르 문명의 멸망**    수메르 북쪽 아카드에는 셈족Semite 계통의 아카드인이 오랜 세월에 걸쳐 아라비아에서 이주해 와 정착하고 있었다. 오랫동안 수메르 문화를 흡수해 오던 아카드인은 기원전 2350년경 군사 지도자 사르곤Sargon의 지휘 아래 수메르 도시들을 정복했다. 역사상 최초의 위대한 정복자라고 할 사르곤은 나아가 메소포타미아뿐 아니라 서쪽으로 지중해에 이르는 지역도 정복하여 제국을 수립했다. 사르곤은 제국에 질서와 평화를 확립하고 번영을 이룩했지만, 이 첫 제국은 오래가지 못했다. 사르곤의 계승자들은 수메르 도시들의 독립 욕구를 제어하지 못했고, 결국 2150년경 아카드 제국은 무너졌다. 메소포타미아는 다시 여러 도시국가가 난립하는 상태로 돌아갔다.

수십 년의 혼란 뒤 우르의 우르남무Ur-Nammu(2112~2096 B.C.)가 메소포타미아를 재통일해서 질서와 번영을 되찾고, 수메르 문화를 부흥시켰다. 우르남무는 중앙 집중화된 행정 체계를 수립하고, 이전의 도시들은 총독이 다스리는 지방 행정단위로 편입했다. 그리고 그는 30m 높이에 3층 구조의 지구라트를 축조하고, 꼭대기에 달의 신 난나를 모신 신전을 지었다. 그리고 그는 법전도 편찬했다. 이는 함무라비 법전보다 250년쯤이나 앞선 것으로서, 알려진 인류 최초의 법전이다. 우르남무 법전은 '동해보복同害報復'을 원칙으로 하는 함무라비 법전과 달리, 금전적 보상을 위주로 하고 있다. 그러나 기원전 2000년경 지금의 이란에서 쳐들어온 엘람인Elamite에게 정복되어 우르는 철저하게 파괴되었다. 이로써 수메르의 시대는 끝나버렸고, 수메르인은 두 번 다시 역사의 주인공이 되지 못했다. 우르가 파괴된 뒤 메소포타미아는 한 세기 이상 분열과 혼란을 겪었다.

## 2) 통일 제국의 등장: 바빌로니아

**바빌로니아왕국**　　수메르가 파괴된 이후 메소포타미아의 주인공은 아모리인 Amorite이었다. 이들은 아카드인에 이어 아라비아에서 이주해 온 셈족 계통의 유목 민족이었다. 아모리인은 기원전 2000년 무렵 아카드 지역의 바빌론에 둥지를 튼 이후 차츰 세력을 확장하면서 바빌로니아왕국을 세웠다. 그 뒤에 제6대 왕인 함무라비Hammurabi(1792~1750)는 이전에 아카드의 사르곤이 정복했던 옛 영토를 대부분 재통일하고 새로 바빌로니아 제국을 창건했다. 함무라비는 수메르인이 이루어놓은 문화를 받아들였고, 그리하여 수메르인은 정치적 실체로는 사라졌음에도, 그들이 수립한 문화는 거의 그대로 존속하게 되었다.

함무라비의 오랜 치세 동안 바빌로니아왕국은 학문과 예술이 발달하고 상업이 융성하는 등 최고 전성기를 누렸다. 함무라비는 중앙집권적 행정제도를 정비하여 광대한 제국을 효율적으로 다스렸다. 그는 특히 법률을 정비하여 그 유명한 법전을 편찬했다. 원형 그대로 발견된 함무라비의 법전은 225cm 높이의 검은 돌기둥에 쐐기문자로 새겨져 있는데, 기둥 윗부분의 돋을새김은 정의와 법을 관장하는 태양신 샤마시가 함무라비 왕에게 법률을 구술하는 모습을 보여주고 있다. 이 장면은 야훼Yahweh, Jehovah가 모세에게 시나이Sinai산에서 10계명을 전수하는 구약성경의 장면을 연상케 한다. 함무라비의 법은 메소포타미아 사회에서 오랜 세월 동안 성장해 나온 법적 개념과 관행의 종합이었다. 형벌 체계는 오늘날의 것과는 판이했다. 강제노동도 징역도 없었고, 처벌은 신체적 조치의 형태로 시행되었다. 그 형벌의 원칙이 나중에 헤브라이인에게 전해져 『출애굽기』에서 "눈에는 눈, 이에는 이"로 표현된 이른바 '동해보복'의 원칙이었다.

함무라비 법전은 바빌로니아가 엄정한 사법제도를 가진 사회임을 보여준다. 형사 범죄의 처벌은 가혹했고, 같은 범죄라도 피해자의 신분에 따라 처벌은 차별적으로 시행되었다. 법전에 따르면 바빌로니아에는 세 신분이 있었다. 위에는 정부 관리와 신관 및 전사를 포함하는 귀족, 그 밑으로 상인·장인·전문직·농민 등으로 구성된 자유민, 그리고 사회의 바닥에는 노예가 있었다. 노예는 대체로 궁전이나 신전에 소속되거나, 부유한 지주가 소유했다. 이러한 신분 구조는 수메르인의 사회와 별로 다르지 않다. 범죄를 처벌할 때, 높은 신분에 대한 낮은 신분의 범죄는 같은 신분, 혹은 그 반대의 경우보다 훨씬 가혹하게 처벌되었다. 사법 체계의 기본 원칙인 동해보복은 귀족 사이에 저질러진 형사 범죄나 낮은 신분이 귀족에게 저지른 범죄에 적용되었고, 그 외의 경우에는 벌금형이 적용되었다. 그 법은 공적 업무와 관련하여 관리에게는 매우 엄격하게 책임을 물었다. 이를테면 강도를 잡지 못하면 책임을 맡은 관리가 피해자가 잃은 재산을 물어내도록 규정했다.

법전의 가장 큰 범주는 결혼 및 가족과 관련한 것이다. 거기에는 자녀의 결혼은 부모가 정한다든가, 아내가 가사를 제대로 돌보지 못하거나 아이를 낳지 못하면 이혼 대상이 된다거나 하는 내용이 포함되었다. 함무라비 법전은 결혼과 이혼, 직업의 수행, 범죄의 처벌에 이르기까지 사실상 삶의 모든 측면을 규정했다. 심지어 남녀의 성적인 문제도 규제해서 근친상간은 엄격하게 금지되었고,

남편은 혼외정사가 허용되었으나 간통하다 붙잡힌 아내는 강물에 던져졌다. 그래서 이 법들이 실제 얼마만큼 적용되었는가 하는 점에서는 의문의 여지가 있지만, 어쨌든 이 법전은 메소포타미아 사회에 대해 수많은 정보를 제공해 준다.

**바빌로니아의 경제**　　　바빌로니아는 기본적으로 관개농업에 기초한 경제체제였지만, 수공업과 상업 또한 매우 번성했다. 수메르인에게서 넘겨받은 금속 세공술과 직조 그리고 도자기 제조 기술이 계속 발전했고, 몇몇 기술 분야에서는 수메르인의 업적을 뛰어넘었다. 특히 금속도구 제조 분야에서 진전이 이루어졌다. 용광로와 합금술 등의 향상으로 청동 주조 기술이 한층 더 발달하여, 기원전 1700년 무렵에는 매우 높은 수준에 이르렀다. 이후 청동은 기원전 1000년경 철제 도구와 철제 무기 제조 기술이 널리 퍼질 때까지 금속의 왕 노릇을 했다.

상업과 원거리 무역도 바빌로니아인의 생활에서 매우 중요한 부분을 차지했다. 지리적으로 지중해와 페르시아 및 인도 간의 교역로에 자리를 잡고 있어서 상업이 크게 융성했다. 정부와 법의 보호를 받으면서 상인들은 자유롭게 상업 활동을 할 수 있었다. 함무라비 법전이 상업 활동과 관련한 수많은 규정을 담고 있는 것으로 미루어보더라도 상업이 차지하는 중요성을 짐작할 수 있다. 구리를 포함하여 자연 자원이 별로 없었기 때문에 외국과의 교역은 특히 중요했는데, 물길과 수레가 그런 활동을 비교적 수월하게 해주었다. 금속과 목재 그리고 다른 여러 원료가 시리아, 키프로스Cyprus, 소아시아 그리고 때로는 더 먼 지역에서 수입되었다. 사르곤 시대에는 교역 거점이 저 멀리 흑해에까지 세워졌고, 교역로를 열거나 보호하기 위해 전쟁을 벌이기도 했다.

## 3) 메소포타미아의 문화

가혹한 자연환경과 끊임없는 정치적 혼란으로 불안하고 불안정한 삶에 내몰린 메소포타미아 사람들은 자신의 운명을 미리 알고 싶어 했고, 불행한 운명을 피하고자 주술에 의존하려 했다. 그래서 메소포타미아에서는 점술이 발달하고 주술이 성행했다. 수메르 시대 이래에 천체가 인간사에 미치는 영향에 관한 관심이 계속 이어지고, 인간의 운명을 점치는 점성학이 더욱 발전했다. 그리고 점성학뿐만 아니라 갖가지 방식의 점술이 성행했다. 일반적으로 왕이나 신관은 양이나 염소 같은 동물을 죽여, 그 간이나 다른 장기의 형태를 보고 나라의 앞날을 예견하려 했다. 보통 사람들은 좀 더 값싼 방법을 썼는데, 불타는 향의 연기나 물에 떨어뜨린 기름이 만드는 모양을 보고 길흉화복을 점쳤다. 좀 더 새로운 기술은 꿈의 해몽이었다. 이 모든 점술은 인간의 운명을 지배하는 신의 의도를 발견하고자 하는 욕망에서 생겨났다.

바빌로니아인은 수메르인으로부터 호메로스Homeros의 서사시에 견줄 만한 영웅서사시부터 구약성경 「욥기」와 「잠언」에 상응하는 작품에 이르기까지 다양한 문학도 물려받았다. 오랜 세월에 걸쳐 전승되어 온 다양한 이야기가 기원전 2000년 무렵 편집된 『길가메시의 서사시』는 다른 모든 초기 서사시처럼 영웅시대의 가치를 반영한다. 거기에 반영된 최고의 가치는 영웅적 행동을 통해 얻은 명성이다. 길가메시의 서사시에 나타난 것처럼, 메소포타미아인은 불멸성이 오직 신들만의 것이라고 생각했다. 이집트인과 달리 그들은 지상에서의 선행에 대해 저승에서 좋은 삶을 보상받는다는 믿음을 발전시키지 못했다. 그들은 도덕적 행위에 대한 신의 보상이라는 관념에 이르렀으나, 그 보상은 재물과 장수 혹은 후손의 번창처럼 이승에서 누리는 것이었다. 이런 내세관은 다른 많은 것과 마찬가지로 수메르인 때부터 전해져 온 것이었다. 바빌로니아인은 메소포타미아로 이주해 왔을 때, 자신의 고유한 문화라고 할 만한 것이 거의 없었다. 그러므로 바빌로니아 시대의 문화는 본질적으로 수메르 문화의 계승에서 크게 벗어나지 못했다.

메소포타미아인은 영생도, 사후의 보상이나 처벌도 기대하지 않았다. 그들은 죽은 이의 영혼은 어두운 지하세계로 내려가 잠시 머물다 결국은 소멸한다고 믿었다. 그들은 내세의 삶이나 부활에 대한 희망을 품지 않았기 때문에 주검에 대해 별 관심을 기울이지 않았다. 그들은 사후 세계를 위해 미라를 만든다든가, 주검을 위해 호화로운 무덤을 만들어 부장품을 함께 묻는다든가 하지 않았다. 그들에게 유일한 진짜 삶은 지상의 삶뿐이었다. 영생불사를 찾아 헤매는 길가메시는 한 주막 여주인에게 "부질없이 불사를 찾아 헤매는 일을 그만두고 먹고 마시고 즐겁게 지내라"는 말을 듣는다. 이러한 현세주의는 메소포타미아 문화의 기본 특징이었다.

그러나 현세의 삶은 짧고 고달프고 불안정한 것이었다. 이런 비관적 인생관은 어느 정도 메소포타미아의 자연환경의 산물이었다. 사나운 홍수, 타는 듯한 가뭄, 오랜 가뭄 끝에 찾아온 폭우, 뜨거운 바람, 숨 막힐 듯한 습기, 이 모든 열악한 기후 조건 속에서 사람들은 자연 앞에 선 인간의 무력함을 쉬이 느꼈다. 특히 예측할 수 없이 닥치는 홍수는 엄청난 재앙을 몰고 오는 공포의 대상이었다. 여기에서 오는 일상적 실존의 우울성은 홍수 신화에 투영되었는데, 이 신화는 신의 자비에 맡겨진 인간의 운명을 보여준다. 대홍수 이야기는 길가메시 서사시에도 등장하는데, 그것은 구약성경의 '노아의 홍수' 이야기와 상당히 비슷하여 그 원형이 된 것으로 보인다.

바빌로니아인은 이름을 셈어로 바꾸기는 했지만, 대체로 수메르인의 신들을 그대로 받아들였다. 이는 로마인이 그리스의 올림포스 12신을 라틴어로 개명해서 그대로 수용한 것과 같은 현상이다. 물론 받아들인 새 신과 바빌로니아인의 옛 신이 서로 융합되고 조정되는 과정은 거치게 마련인데, 그 과정에서 바빌론의 수호신인 마르두크Marduk가 메소포타미아의 최고신으로 등장했다. 그는 보통 바알Ba'al(창조주)로 불렸는데, 이후 창조신화의 개작 과정에서 헤브라이 저자들은 이 창조주를 이스라엘의 수호신 야훼와 동일시했다.

법과 기술 그리고 경제적 번영 등 다방면의 발전도 함무라비 사후 그가 세운 제국의 붕괴를 막아주지는 못했다. 북쪽과 동쪽의 문명이 뒤떨어진 민족들이 메소포타미아의 부를 탐냈고, 제국은 기원전 1550년대에 동북쪽 고원지대에서 온 유목민인 카시트인Kassite의 침입을 받아 멸망했다. 인도-유럽어계의 카시트인은 기원전 1200년 무렵까지 메소포타미아를 지배했다. 그들이 몰락한 뒤 그 지역은 많은 군소 국가로 쪼개졌다. 이후 수백 년 동안 메소포타미아는 거의 아무것도 알 수 없는 암흑시대가 지속되었다. 그렇기는 하나, 수메르인과 바빌로니아인이 남긴 문화유산은 살아남았다.

## 3. 이집트 문명

### 1) 나일강의 선물

**나일강과 지리**    메소포타미아와 비슷한 시기에 이집트에서도 문명이 발생했다. 이집트에서 메소포타미아의 쌍둥이강과 같은 역할을 한 것은 나일강이다. 이집트 문명은 고대 그리스 역사가 헤로도토스가 말했듯이 그야말로 '나일강의 선물'이었던 것이다. 나일강은 아프리카 동부를 6700km 가까이나 북으로 달려 지중해로 흘러드는, 아마존Amazon 다음으로 긴 강이다. 그중에서 이집트를 지나는 하류의 계곡은 비옥한 땅을 형성하고 있다. 나일강이 준 선물이란 매년 찾아온 홍수였다. 그 강은 중앙아프리카에서 내리는 비로 여름에 수위가 올라 이집트에서는 9월과 10월에 최고 수위에 이르러, 해마다 기름진 침적토를 날라와 토양을 비옥하게 해주었다. 메소포타미아의 사나운 홍수와 달리 나일강의 홍수는 급작스럽게 닥치지 않았고, 언제나 정확하게 예측을 할 수 있었다. 홍수 자체가 삶을 위협하는 공포의 대상이 아니라 오히려 삶을 북돋아주는 신의 은총이어서, 이집트인은 나일강의 은혜에 감사하며 그에 송가를 바쳤다.

이집트는 지리적으로 서로 구분되는 두 지역, 상이집트와 하이집트로 나뉜다. 상이집트는 너비가 평균 20km를 넘지 않고 길이는 1000km가 넘는 남쪽의 좁고 긴 지역이고, 하이집트는 강이 지중해에 이르기 전 160km쯤에서 두 갈래로 갈라지면서 퇴적토를 쌓아 이루어진 넓은 삼각주이다. 이집트 문명은 강의 양편에 좁은 띠 모양의 지역을 따라 형성된 수많은 소규모 마을을 바탕으로 태어났다. 이집트는 농민들이 비옥한 땅에서 생산한 풍부한 생산물로 번영했다. 그런 가운데 중요한 도시들이 삼각주의 꼭짓점 부근에서 발달했다. 나일강은 또한 이집트를 통합하는 요인으로도 작용했다. 고대에 그 강은 먼 거리를 오가는 가장 빠른 길로서, 운송과 교류를 쉽게 해주었다. 북쪽에서 부는 바람은 강물의 흐름을 거슬러 돛배를 남으로 밀어주고, 강의 물길은 돛배를 북으로 데려다주었다.

이집트의 지리와 지세는 이 나라의 초기 역사에서 매우 중요한 역할을 담당했다. 이집트 문명의 전개는 메소포타미아와는 사뭇 달랐다. 사방이 트인 지형에서 끊임없이 외침에 시달렸던 메소포타미아와 달리, 이집트는 자연 방벽의 혜택을 입었다. 강 양쪽의 사막은 외부의 침입을 어렵게 했을 뿐 아니라, 강 상류에 있는 여러 개의 큰 폭포는 이집트를 그 상류의 고원지대로부터 어느 정도 격리해 주었다. 이와 같은 이집트의 지리적 고립과 나일 홍수의 규칙성은 이집트인의 삶에 안전감과 안정감을 심어준 한편, 무변화의 느낌을 수반했다. 이집트 문명은 수천 년에 걸쳐 상당한 정도의 연속성을 유지했다. 이집트의 역사는 흔히 고왕국, 중왕국, 신왕국의 세 시기로 나뉜다. 이 시기들은 강력한 왕권, 유능한 관료제, 외침으로부터의 안전, 거대한 건축물의 축조, 상당한 지적·문화적 활동 등으로 대변되는 장기적 안정기였다. 그러나 각 안정기 사이에는 또한 취약한 정치 구조와 격심한 권력투쟁 그리고 외세의 침략 등으로 인한 정치적 혼란이 끼어들었다.

**통일 왕국의 출현**　　이집트인은 여러 민족이 뒤섞인 혼성 민족이라고 할 수 있다. 남쪽으로 지금의 에티오피아인 누비아Nubia에서, 서쪽으로는 리비아Libia에서, 북으로는 팔레스타인과 시리아에서, 그리고 동쪽 아라비아에서 나일강 유역으로 흘러들어 간 사람들이 이집트 민족을 구성했다. 그래서 이집트인은 백인종과 흑인종이 다 있는데, 백인종은 주로 북부에서, 흑인종은 주로 남부에서 다수를 이루고 있다. 그들은 처음에 강변을 따라 곳곳에서 부족 단위의 집단을 이루어 살다가, 나일강을 통제하기 위해 둑과 운하를 건설하기 시작했다. 이 과업은 방대한 노동력을 조직할 중앙 권력이 필요했고, 결국 상·하 이집트에서 각각 왕국이 출현했다. 그러다가 기원전 3100년경 나르메르Narmer라고도 알려진 메네스Menes 왕이 두 왕국을 통일, 최초의 단일 왕국을 건설했다. 메네스는 두 왕국의 접경지이자 전략적 요충지인 삼각주의 꼭짓점 남쪽의 멤피스Memphis에 수도를 건설했다. 멤피스는 '백색의 벽'이라는 뜻으로, 죽음과 부활을 관장하는 오시리스Osiris 신이 묻힌 곳이었다. 그러나 메네스가 세운 제1왕조와 그다음 왕조에 대해서는 알려진 것이 거의 없다.

이리하여 소규모의 많은 독립된 도시국가와 더불어 문명이 시작된 메소포타미아와는 달리, 이집트 문명은 거의 처음부터 단일 통치자 치하의 단일 국가로 출발했다. 왕은 이후에 파라오Pharaoh라고 불렀는데, 그것은 메네스의 아들이 궁전을 지으면서 이름 붙인 '대궐-큰집'이라는 뜻의 말에서 유래한다고 전해진다. 이집트가 유구한 세월 동안 계속 통일성을 유지할 수 있었던 데는 파라오에의 믿음이 크게 작용했다. 메소포타미아에서 왕은 신의 대리자였던 데 비해, 이집트인은 파라오를 신이 권력을 부여한 존재로 여겨 복종했을 뿐만 아니라 신 자체로 믿고 숭배했다.


### 2) 정치적 변천

**고왕국**　　이집트는 외침에서 벗어나 비교적 안정을 누렸지만, 정치 및 사회체제가 항상 부드럽게 굴러갔던 것은 아니다. 다른 세습 군주정과 마찬가지로 이집트 역시 때때로 무능한 파라오와 왕위계승 분쟁, 그리고 불충하고 야심만만한 신하 등등의 사유로 혼란을 겪었다. 후사를 생산하지 못하거나 때로는 폭력적 찬탈로 인해 자주 왕조가 단절되어, 3000년 넘는 기간 동안 적어도 30왕조가 명멸했다. 심지어는 나라가 풍비박산하는 총체적 붕괴의 시기도 있었다. 그러나 이런 혼란 사태는 긴 안정과 조화의 역사에 끼어든 짧은 막간극에 불과했다.

수백 년에 걸친 초기 국가 건설 시기를 지나, 기원전 2700년경 시작되는 이른바 고왕국(c. 2700~2200)의 시대에 와서 파라오의 권력은 처음으로 절정에 이르렀다. 제3왕조에서 제6왕조의 왕들은 질서와 안정을 확립하는 한편, 이집트 문명의 기본 요소들을 발전시켰다. 귀족은 독립성을 잃고, 모든 권력은 파라오에게 집중되었다. 파라오를 불사의 신으로 믿는 믿음은 그의 몸을 영구히 보존하기 위한 미라 제작과 거대한 왕릉인 피라미드의 건설로 이어졌다. 특히 멤피스 인근 기자Giza에 있는 제4왕조의 피라미드는 고왕국 파라오의 막강한 권력과 부를 증언한다. 이집트의 신으로서 파라오는 왕국의 모든 토지를 소유하고 사회의 모든 분야를 통제했으며, 막대한 왕실 수입으로 관료·신관·서기·예술가·장인·상인 등 모든 전문가 집단을 지배했다. 그 결과 이집트는 메소포타미아에서는 보기 드문 안정을 유지했다.

파라오는 이론상 권력이 절대적이었지만, 실제로는 독단적으로 지배하지는 않았다. 제4왕조에 이르러 관료제가 발달해서 경찰·사법·수로 운송·공공사업 등을 담당하는 부서가 있었고, 수상vizier이 왕에게 책임을 지면서 이들 관료 조직을 관장했다. 농업은 물론 이집트 번영의 근간이었고, 세금은 현물로 징수되었다. 지방은 상이집트는 22개, 하이집트는 20개의 행정단위로 나뉘었는데, 이를 나중에 그리스인은 노메Nome라 불렀다. 각 노메의 수장인 장관은 왕과 수상에게 책임을 졌다. 그러나 장관은 그의 노메 안에서 방대한 토지와 권력을 축적하고 왕의 잠재적 경쟁자가 되었다.

**중왕국**    고왕국의 안정과 번영은 기원전 2200년경 제6왕조의 몰락과 함께 끝났다. 각 왕을 위한 피라미드 건설 비용 때문에 왕국의 재정이 고갈되었다. 흉년으로 소출이 줄어도 세금은 늘었다. 나라와 왕은 신뢰를 잃고, 각 지역이 다시 독자 세력화했다. 귀족들이 왕권을 잠식하고, 자신들도 불멸의 존재라고 주장하면서 미라를 통한 영생을 추구했다. 제1차 과도기, 혹은 과두정적 봉건시대로 알려진 기원전 2050년까지의 한 세기 반 동안 왕위를 노리는 자들 간의 내란이 빈발하고, 외부 세력이 침투해 들어왔다. 당연히 일반 백성들의 삶은 고달프기 짝이 없었다.

이집트를 과두정과 무정부적 혼란에서 구해낸 것은 상이집트의 테바이Thebai에 기반을 둔 새 왕조였다. 이 제11왕조의 파라오는 나라를 재통일하여 이른바 중왕국(c. 2050~1800)을 세우고, 수도를 상이집트의 테바이로 옮겼다. 중왕국은 노메 구조를 재조직하고 국가에 대한 노메의 의무를 분명하게 규정하는 등 행정 제도를 정비했다. 한편 고왕국의 파라오는 일반 백성이 근접할 수 없는 신성불가침의 신-왕이었는데, 중왕국의 파라오들은 목자로서의 역할을 강조하면서 짓밟힌 민중의 복지를 증진하기 위해 노력했다. 국부가 이제 피라미드에 낭비되지 않고, 대규모 관개 공사와 같은 공공사업에 쓰였다. 이 시기에 이르러 이집트는 이전의 고립 상태에서 벗어나, 크레타·시리아·페니키아 등지와 활발하게 교역 활동을 벌였다. 이집트는 점차 경제적으로 부유해지고, 이를 바탕으로 예술과 문학이 융성해졌다. 그리고 일종의 '저승의 민주화'가 이루어져, 하층계급도 파라오나 귀족처럼 미라를 만들어 영생불사를 누릴 권리가 허용되었다.

기원전 1800년경 이집트는 노메의 장관들이 왕위를 다투면서 다시 내부 갈등이 불거졌는데, 이로 인해 이집트는 1570년 신왕조가 수립될 때까지 200년 이상 지속한 제2차 과도기로 접어들게 되었다. 이 무렵 서아시아에서는 셈족 계통의 민족들이 퍼져나가고, 여러 강국이 성장하고 있었다. 그 하나인 힉소스Hyksos가 1720년경 혼란을 틈타 팔레스타인 쪽에서 이집트를 침입했다. 원래 아라비아반도에 거주하던 이 민족은 나일 삼각주를 거쳐 이집트 대부분을 정복했고, 이로써 중왕국은 종말을 고했다. 상대적으로 고립되어 안전하던 이집트 사회가 외래 민족의 침입으로 무너진 것이다. 이 무렵에 헤브라이 민족의 일부는 요셉을 중심으로 기아를 피해 이집트로 이주하여 삼각주 지역에 정착했다.

**신왕국**　　이집트인은 외래인 힉소스의 정복을 혐오스러운 야만인에게 당한 모욕으로 받아들였다. 이에 대한 반응으로 테바이의 토착 세력을 중심으로 차츰 공격적 민족주의가 나타났다. 나무와 뿔을 혼합해 만든 활과 말이 끄는 전차를 포함해 정복자가 전해준 새 무기로 무장한 이집트인이 힉소스를 몰아내고, 나아가 팔레스타인까지 뒤쫓았다. 테바이를 기반으로 한 제18왕조의 파라오들은 다시 이집트를 통일하여 신왕국(1570~1090 B.C.)을 창건하고, 중앙집권 체제를 확립했다.

신왕국은 군국주의적이고 제국주의적인 길로 접어들었다. 많은 파라오가 대외적으로 군사 정복을 감행하여, 신왕국 시대 동안 이집트는 오리엔트 지역에서 가장 강력한 나라가 되었다. 새로 등장한 제국 이집트의 빼어난 대변자는 투트모세 3세Tutmose III(1503~1450)였다. 후궁 소생으로 어린 나이에 파라오가 된 그는 부왕 투트모세 2세의 왕비로서 공동 파라오였던 하트셰프수트Hatshepsut(1503~1482)가 죽은 뒤 비로소 친정을 시작할 수 있었다. 이후 그는 수많은 군사작전을 감행, 북으로는 시리아까지 진출하여 속국으로 삼고, 서쪽으로는 리비아까지 진출했으며, 남으로는 누비아와 북수단을 복속시켰다. 그는 팔레스타인·페니키아·시리아의 왕조는 유지했지만, 왕자들을 인질로 데려와 이집트화 교육을 해서 파라오의 충성스러운 신하로 만들었다. 그래서 그는 '이집트의 나폴레옹'이라는 별명을 얻었다. 투트모세 3세는 자신의 치적을 기념하고 이름을 후대에 영원히 남기기 위해 오벨리스크Obelisk를 여러 개 세웠다. 위로 올라갈수록 가늘어져 끝이 뾰족하고 네모난 이 긴 돌기둥은 여러 왕이 많이 세웠는데, 그중 여러 개가 지금은 로마·파리·런던 등 유럽의 여러 도시에서 관광객의 눈길을 끌고 있다.

이집트 제국은 아멘호테프 3세Amenhotep III(1402~1363 B.C.) 때 전성기를 맞이했다. 룩소르Luxor와 카르나크Karnak에 태양신 아몬Amon을 위한 거대한 신전이 건설되었고, 테바이는 당시 세계에서 가장 장엄한 도시가 되었다. 그러나 뒤를 이은 아멘호테프 4세(1363~1347)는 아몬과 다른 모든 신의 숭배를 폐지하고, 다신교 사회에서 새로운 유일신 아톤Aton의 숭배를 도입했다. 그는 자신의 이름을 아톤에게 바친 자라는 뜻의 아케나톤Akhenaton, Ikhnaton으로 바꾸고, 아톤의 아들을 자처했다. 그는 다른 신의 신전을 파괴하고, 카르나크에 아톤 신전을 건설했을 뿐만 아니라, 아몬의 도시 테바이를 파괴하고 수도를 아마르나Amarna로 옮겼다. 아몬-레Re의 신관들은 18왕조의 제국적 팽창의 결과 부와 권력이 비대해졌는데, 아멘호테프 4세의 이러한 종교개혁은 막강한 권력을 휘두르던 아몬 신관들의 힘을 빼고 왕권을 더욱 강화하려는 의도에서 추진된 것으로 보인다.

권력이 일방적으로 전통적 신앙을 버리라고 요구하는 것은 애당초 무리였다. 아케나톤의 종교개혁은 특히 신관들의 완강한 저항에 부딪혔다. 종교 문제에 매달려 대외 문제에 소홀히 하는 바람에, 이집트는 히타이트인에게 팔레스타인과 시리아를 잃었다. 이런 내우외환 가운데 제국이 쇠퇴하기 시작했다. 아멘호테프 4세가 죽고 9세의 투탕카멘Tutankhamen이 왕위에 올랐지만, 그는 신관들의 꼭두각시가 되어 옛 신들을 되살리고 테바이로 돌아갔다. 한바탕 소란 끝에 종교개혁은 없던 일이 되었다. 이 시점에서 군의 장군들이 권력을 장악했다.

한 군사 지도자가 세운 제19왕조(1305~1200 B.C.)는 이집트의 세력을 회복하고, 아시아에 대한 지배를 다시 시도했다. 그 결과 소아시아에서 시리아로 남하한 히타이트인과 오랜 투쟁을 벌이게 되었다. 이 싸움은 람세스 2세Ramses II(1290~1224) 때 절정에 이르렀다. 그때 모세의 지도 아래 헤브라이인이 이집트를 탈출했다. 람세스 2세의 긴 치세는 이집트 민족의 위대함이 발현된 마지막 시기였다. 그가 세운 기념물들은 그 장대함에서 피라미드 시대에 필적했다. 그 대표적인 것이 카르나크에 세워진 열주 양식의 거대한 아몬 신전과 암벽 전면에 22m 높이의 람세스 거상 네 개를 새긴 아부심벨Abu Simbel 암굴 신전이다. 그러나 그가 죽은 뒤 아몬 신관들의 권력이 커지면서 파라오의 위상은 점점 쇠락하게 되었다.

신왕국은 제20왕조 때 다시 상·하로 분열되었다가, 기원전 1090년 분열을 틈타 서쪽에서 침입한 리비아인에게 멸망당했다. 리비아인은 940년경에 자신의 왕조를 세웠다. 그러다가 2세기쯤 뒤인 8세기 말에는 남쪽 누비아의 쿠시트인Cushite이 이집트를 정복하고 제25왕조를 세웠다. 그러나 쿠시트인의 지배는 671년 메소포타미아에서 침입한 아시리아인에게 정복됨으로써 끝났다. 그러나 아시리아의 이집트 지배는 8년을 넘기지 못했다. 이집트인은 제26왕조(663~525) 시대에 아시리아인을 몰아내고 짧은 회복기를 누렸다. 그러나 팔레스타인을 다시 차지하려다가 실패한 뒤, 이집트는 두 번 다시 그 땅 밖으로 진출하지 못했다. 그리고 2500년 이상 존속했던 이집트 왕조들은 기원전 525년 페르시아가 이집트를 정복함으로써 끝내 종말을 맞이했다.

왕국은 멸망했지만 이집트 문명은 계속 발전했다. 리비아와 누비아 정복자들은 이집트 문화에 크게 영향을 받았으며, 순전히 이집트의 파라오로서 통치했다. 이후의 정복자들도 비록 다른 문명에 속했지만, 이집트의 전통적 신앙과 관습에 따라 다스렸다. 그리하여 민족적 운명의 흥망성쇠에도 불구하고, 이집트의 핵심 제도는 로마제국 아래에서 마침내 쇠퇴할 때까지 본질적으로는 변하지 않은 채 그대로 남아 있었다. 기원 이전의 3000여 년에 이르는 그 긴 세월 동안 이집트 전체는 단일한 문명을 누렸다.

### 3) 이집트의 종교와 문화

**이집트인의 종교**　고대 이집트인에게는 종교에 해당하는 단어가 없었다. 그들이 사는 세상에서 종교는 곧 존재 그 자체와 불가분의 요소였기 때문이다. 메소포타미아처럼 이집트에는 천체 및 자연력과 결부된 수많은 신이 있었다. 그런데 메소포타미아의 신들이 인간의 모습을 갖춘 의인화한 신인 데 비해, 이집트의 신들은 종종 동물의 머리를 가진 반인반수半人半獸의 모습이나 비인간적 모습을 띠었다. 태양신 아툼Atum은 숫양의 머리를 하거나 뱀으로 나타나기도 하고, 레Re, Ra는 매의 머리에 코브라가 둘러싼 태양 원반을 쓰고 있으며, 호루스Horus 역시 매의 머리를 하고 있다. 그런가 하면 아케나톤이 도입했던 유일신 아톤Aton, Aten은 태양 원반으로 형상화되었다.

많은 신 가운데 이집트인에게는 태양의 신과 땅의 신이 특별히 중요하게 여겨졌다. 태양신은 많은 이름을 지녔는데, 때로는 아툼으로, 때로는 레로, 때로는 호루스로 숭배되었다. 레는 고왕국 시대부터 숭배되던 태양신이었다. 파라오는 '레의 아들'이라는 칭호를 가졌는데, 그는 레의 지상의 화신으로 여겨졌기 때문이다. 레는 나중에 중왕국 때에 이르러 수도 테바이의 수호신인 아몬Amon과 결합해서 아몬-레가 되었다. 이렇게 서로 다른 두 신이 하나의 신으로 합해져서 숭배되는 것은 이집트가 통합되는 과정에서 지역적 신들이 자연스럽게 서로 결합한 결과였다. 강과 땅의 신에는 오시리스Osiris와 아내 이시스Isis 그리고 아들 호루스Horus가 있었다. 그중에서 오시리스는 부활의 상징으로 이집트인의 삶에 특히 중요했다.

고왕국 시대의 이집트 종교는 윤리적 내용을 간직하고 있지 않았다. 이집트인은 원래 신들이 인간에게 덕행을 요구한다고 생각하지 않았으며, 신은 단지 제물을 바치는 자에게 보상을 베풀 뿐이라고 믿었다. 그러나 1차 과도기 동안 이집트인이 삶의 고통을 겪으면서 종교 사상에 일대 혁명이 일어나, 윤리적 관념이 차츰 종교 안으로 스며들어 왔다. 그들은 이제 신들은 제물 대신 착한 성품과 이웃에의 사랑에 관심이 있다고 믿게 되었다. 레와 같은 주요 신들은 진리와 정의의 이상과 결부되었다. 이러한 사고의 변화는 특히 오시리스에 대한 관념의 변화에서 확인할 수 있다.

원래 오시리스는 나일강의 신이었는데, 동생인 세트Seth에게 살해되어 주검이 여러 조각으로 찢어졌다. 그러나 아내 이시스가 모든 조각을 찾아내고, 이를 미라로 만들어 부활시켰다. 그러자 나일강이 홍수를 되찾고 초목이 되살아났다. 이집트인들은 자신을 오시리스와 동일시함으로써 오시리스처럼 새 생명을 얻기를 기대했다. 죽은 이는 미라로 만들어져 무덤에 안치되고, 주술적 동일화 과정을 통해 오시리스가 되었다. 그럼으로써 그는 혼령이 되돌아와 오시리스처럼 부활하게 되는 것이었다. 나일강의 홍수와 그것이 이집트에 가져다준 새 생명은 오시리스의 주검 조각을 모두 한데 모은 이시스에 의해 상징되었으며, 이집트인은 매년 봄에 축제를 열어 이를 경축했다.

그런데 나중에 오시리스의 죽은 자의 심판관 역할이 강조되고, 영생불사의 관념이 발전하면서 도덕이 강조되기 시작했다. 이집트인은 차츰 사람이 죽으면 누구나 그 혼령이 이승에서의 행위에 대해 저승의 지배자 오시리스 앞에서 심판을 받아야 한다고 믿게 되었다. 그래서 오시리스 앞에서 진리의 저울에 혼령의 무게를 달아 오직 죄 없는 영혼만이 영생을 얻는다는 믿음이 생겨났다. 이집트인은 인간은 육신과 그들이 카Ka라고 부른 혼령을 가졌는데, 육신이 사망하더라도 미라와 같은 방법으로 적절히 보존된다면 카가 육신으로 되돌아와 삶을 지속할 수 있다고 믿은 것이다. 처음에는 신인 파라오만 불사의 존재로 여겨졌다가, 차츰 미라를 만드는 데 드는 엄청난 비용을 감당할 수 있는 최고 부유층도 불사의 존재가 되었다. 그러다가 중왕국 시대에 이르러 미라 제작은 저승의 삶을 염원하는 모든 사람에게 확대되었다.

**문자와 학문**　이집트에서 글자는 기원전 3100년 무렵에 쓰이기 시작한 것으로 보인다. 나중에 그리스인이 신성문자hieroglyphics라 부른 데서 짐작할 수 있듯이, 이집트 문자는 수메르처럼 종교적 목적을 위해 고안되었다. 이집트에서도 글자는 사물을 나타내는 그림 부호로 시작되었으나, 차츰 단순해지면서 추상적 개념을 나타낼 수도 있었다. 나중에는 음절을 나타내는 문자도 고안되고 자음을 나타내는 기호도 만들어졌으나, 이런 것이 독립된 문자 체계로 발달하지는 못했다. 그러나 이집트의 이런 문자는 나중에 심대한 결과를 가져왔다. 그것은 기원전 1700년경에 시리아에 있는 셈어 계통의 민족에게 영향을 주어 글자가 만들어지게 되고, 이는 다시 페니키아의 표음문자 형태로 발전하여 유럽 문자의 선조가 되었다.

이집트인은 처음에는 글을 돌에 새겼지만, 나중에는 파피루스에 적었다. 파피루스를 만드는 기술은 이집트인이 끼친 중요한 문화적 공헌으로서, 파피루스 두루마리는 고대 세계의 책이 되었다. 쉽게 쓸 수 있는 파피루스의 이용으로 이집트인의 문학 창작열이 고무되었다. 주로 종교적 목적의 글이 많았지만, 철학적 글이나 모험담, 혹은 사랑 이야기 등 다양한 주제와 형식의 문학작품이 생산되었다. 소위 지혜의 교과서Wisdom Texts는 가장 높게 평가되는 문학작품이다. 아버지가 아들에게 주는 가르침의 형식으로 쓰인 이 작품은 전통과 세상 경험에 기초한 견실한 충고를 담고 있다. 그런데 작품의 범위와 양은 수메르인보다 압도적으로 많았으나, 이집트인은 길가메시의 서사시에 필적할 만한 걸작을 만들어내지는 못했다.

이집트인은 수학에서는 메소포타미아인보다 훨씬 뒤처졌다. 산수는 덧셈과 뺄셈 수준에 머물렀고, 대수학의 이해도 초보 수준을 넘어서지 못했다. 그러나 그들은 실천적 기하학에서는 상당한 지식을 가졌다. 기하학은 나일강의 범람으로 없어진 농지의 경계를 다시 구분한다든가, 피라미드를 축조한다든가 할 때의 필요 때문에 발달했다. 이런 종류의 토목 사업에서는 이집트인이 같은 시대의 메소포타미아인보다 훨씬 뛰어났다. 그들은 아직 사고방식이 신관의 지배와 종교의 굴레에서 크게 벗어나지 못해 진정한 과학을 발전시키지는 못했다. 그렇지만 메소포타미아인처럼 이집트인도 진정한 과학적 방법의 발달 없이 필요한 기술을 습득했다. 이집트인은 우리의 역법의 직접적 선조가 되는 태양력을 세계 최초로 만들어냈다. 그들은 고왕국 초기에 이미 나일강을 면밀하게 관찰하고 기록한 결과, 홍수 범람의 평균 주기가 365일임을 밝혀낸 것이다.

이집트인은 천문도를 그리기는 했으나, 메소포타미아인과 달리 천문학에의 관심은 별로 없었던 듯하다. 반면에 의학에의 관심은 매우 높아서, 그들은 질병을 다루는 체계적인 방법을 발전시키고, 의학 학교도 설립했다. 이는 나일 계곡의 기후 때문에 창궐하는 질병에 대한 대응이기도 했다. 이집트도 메소포타미아처럼 질병에 대한 주술적 퇴치 방법이 널리 시행되기는 했지만, 그에 더하여 여러 가지 치료 약물도 개발되고 숙련된 의사도 있었다. 특히 미라 제작과 관련해서 해부학 지식이 발달했는데, 의료 기술은 이에 힘입은 바가 컸다.

**미술**　'이집트' 하면 무엇보다 피라미드가 먼저 떠오르게 마련이다. 거대하고 인상적인 피라미드와 신전 때문에 이집트인은 역사상 가장 위대한 건설자라는 말을 들어왔다. 최초의 피라미드는 흙벽돌 무덤이었으나, 제3왕조에 들어서면서 돌이 벽돌을 대체했다. 그것은 독자적 건축물이 아니라 죽은 이들에게 바쳐진 더 큰 복합구조물, 즉 그의 가족과 신하들의 무덤을 포함하는 사실상 죽은 이들의 도시로 기획된 거대 구조물의 일부로 지어진 것이었다. 80개에 달하는 피라미드 중 제일 많이 알려진 것은 제4왕조 때 건설되었다. 그 가운데 가장 크고 장엄한 것은 쿠푸Khufu 파라오를 위해 지은 것인데, 기자에 있는 이 피라미드는 바닥의 한 변 길이가 230m, 높이가 146m에 이른다. 그 옆에는 또 다른 유형의 거대한 기념물인 스핑크스가 웅크리고 있다.

피라미드가 고왕국의 영광을 보여주듯이, 테바이의 아몬 신전들은 신왕국 시대의 제국의 부와 힘을 과시한다. 람세스 2세가 세운 카르나크의 아부심벨 신전은 특히 그 위용을 자랑한다. 이집트인은 그 정복자들조차 감탄을 금할 수 없게 하는 문화를 창조한바, 그들이 이런 거대한 건축물에서 이룬 기술적 성취 하나만 하더라도, 당시의 세계에서 어느 누구도 감히 넘볼 수 없는 수준을 보여주었다.

이집트 미술은 본질적으로 종교미술이었다. 왕릉과 신전의 그림이나 조각은 엄격하게 영적 목적에 이바지했고, 종교의식 수행의 일부였다. 왕릉의 그림과 돌을새김은 죽은 왕이 저승에서도 계속 누리고 싶어 하는 일상생활을 묘사한 것이고, 조상彫像은 신-왕의 불멸성을 기리는 것이었다. 이집트 미술은 표현 기법이 정식화되어 있었다. 특히 그림과 부조에서 독특한 점은 신체의 각 부분을 정확하게 나타내기 위해 그 특징이 가장 잘 드러나는 각도에서 묘사한 것이다. 그러니까 정면과 측면의 모습을 합성해서 표현했는데, 흔히 머리와 팔다리는 옆모습으로 표현하면서, 눈·어깨·가슴은 앞모습으로 나타냈다.

## 4) 사회와 경제

**이집트 사회**　　고대 이집트는 파라오를 정점에 두고 계층적으로 조직된 단순 구조의 사회였다. 파라오를 중심으로 신관과 고위 관리가 일종의 귀족 신분을 형성해서 나라를 지배하고, 그 아래로 하급 관리와 병사 그리고 상인·장인·농민 등이 평민층을 형성하고 있었다. 사회 하층에는 주로 전쟁 포로인 소규모의 노예가 있었다. 이집트는 신분 사회이기는 했지만, 그 분화가 엄격하지 않아 능력 있는 사람은 높은 신분으로 오를 수 있었다. 인구 중에서는 농민이 단연 수가 가장 많았다. 이론상으로 이집트의 모든 땅은 왕의 재산이었다. 귀족과 신전은 넓은 땅을 하사받아 보유하고, 농민들은 단지 임대 형식으로 농지를 경작할 뿐이었다. 자기 땅을 가진 자유농민이 한때 있었지만, 이 집단은 고왕국 말기에 사라졌다. 이는 토지의 사적 소유권이 완전히 인정된 함무라비 시대의 메소포타미아와는 날카롭게 대조되는 것이다. 농민은 대부분 농노이거나 자신이 경작하는 토지에 얽매여 있으면서, 곡물로 지대 혹은 세금을 내고 강제 노역과 군역에 시달렸다.

　　고대 이집트인은 매우 적극적인 생활 태도를 지녔고, 비교적 젊어서 결혼했다. 결혼은 부모가 주선했다. 결혼의 주요 목적은 자녀, 특히 아들을 얻는 것이었으며, 아들만이 성을 지닐 수 있었다. 그렇다고 딸이 무시되었던 것은 아니다. 일부일처제가 일반적 관행이었지만, 자녀가 없을 때 남편은 둘째 혹은 셋째 아내를 얻을 수 있었다. 파라오는 후궁들을 둘 수 있었지만, 왕비는 후궁보다 높은 지위를 누렸다. 일반적으로 남편이 가정의 주인이었지만, 아내는 매우 존중받았고 가사와 자녀 교육을 맡았다. 여성은 재산을 소유할 수 있었고, 일부 여성은 사업을 경영하기도 했다. 상층 신분 여성은 드물게는 여성 신관이나 관리가 될 수 있었고, 예외적이기는 하지만 파라오가 되기도 했다. 신왕국의 하트셰프수트는 어린 투트모세 3세와 공동 파라오가 되어 죽을 때까지 20여 년간 실권을 휘두르며 나라를 다스렸다.

**경제**　　파라오는 모든 토지를 소유했을 뿐 아니라 상업과 공업 또한 독점했기 때문에, 이 집단주의적 경제는 '신정적 사회주의'라 일컬어지기도 한다. 그래서 이집트에는 메소포타미아와 같은 수준의 부유하고 독립된 사업가 계층이 나타나지 않았다. 그뿐만 아니라 이집트에는 상업 도시가 발달하지 못하고, 도회지는 기본적으로 행정 도시나 광대한 신전 구역으로 머물렀다. 이집트는 쌍방향 항해가 아주 쉬운 나일강에다 지중해와 홍해가 가까이 있어서, 교역은 주로 배로 이루어졌다. 왕의 명을 받아 상인들은 목재·구리·주석·향료·올리브유 등을 수입하고, 풍부한 금광에서 나는 금·아마포·밀·파피루스 두루마리 등으로 값을 치렀다. 장인들은 아주 높은 수준의 솜씨를 보여주었고, 돌 접시·채색토기 상자·목제 가구·금제 및 은제 용기·아마포·파피루스 밧줄 등을 포함하여 놀라울 만큼 다양한 제품을 생산했다.

## 4. 문명의 계승과 확산

### 1) 히타이트 제국

이전에도 이따금 이동이 있었지만, 기원전 2000년 무렵에는 거대한 인도-유럽어 계통에 속하는 민족의 대대적인 이동의 물결이 일었다. 중부 유럽과 남부 러시아 어딘가에서 유목 생활을 하던 사람들이 유럽, 서아시아, 페르시아 그리고 인도 등지로 대거 퍼져나가기 시작한 것이다. 이들의 기원은 자세히 알 수 없지만, 분명 다양한 인종이 뒤섞여 형성된 집단이었다. 그들은 청동 도끼로 무장하고, 그때까지 오리엔트에는 알려지지 않은 말과 전차를 갖추어서 기동력이 뛰어났다. 게다가 잘 짜인 조직까지 갖춘 그들은 많은 지역에서 토착 주민을 지배하는 데 성공했다. 문명이 발달한 지역에서는, 시간이 지나면서 침략자들이 토착 주민에 흡수되거나 아니면 쫓겨났다. 그러나 아직도 신석기시대를 벗어나지 못한 유럽에서는 인도-유럽어계 민족이 기존 주민에게 자신의 언어를 부과하는 데 성공했다. 그 결과 근대 유럽의 거의 모든 언어가 인도-유럽어족에 속하게 되었다.

그 한 갈래가 기원전 1800년경 소아시아로 들어가 토착 민족과 혼합하여 히타이트왕국을 건설했다. 이 히타이트왕국은 20세기 초에 고고학자들이 그 유적을 발굴함으로써 비로소 존재가 드러났다. 초기의 왕들은 강력한 귀족을 상대해야 했고, 안정적 계승 체계를 확립하기 힘들었던 것으로 보인다. 그러다가 기원전 1600년 무렵 이후 일련의 정력적인 왕들이 나타나 귀족을 제압하고 강력한 중앙정부를 수립했다. 그들은 밖으로는 이집트의 시리아 지배에 도전했다. 그리하여 이집트 람세스 2세와의 기나긴 싸움이 이어졌고, 결국 서로 국력을 소모하여 두 제국 모두 붕괴의 위기에 몰리게 되었다. 이 무렵 새로운 인도-유럽어계 민족의 침략 물결이 닥쳤고, 해상 민족Sea Peoples이라 불리는 정체불명의 집단이 약탈을 일삼으며 떠돌아다녔다. 기원전 1200년 이후 히타이트는 이런 혼란 속에서 멸망하고 말았다.

히타이트인은 철제 무기를 만든 최초의 인도-유럽어계 민족이었는데, 그들이 멸망할 때까지도 제철 기술은 널리 보급되지 못했다. 그들은 메소포타미아의 쐐기문자를 채용하고, 바빌로니아의 몇몇 문학작품을 받아들였다. 히타이트 제국의 법체계는 함무라비 법체계와 어느 정도 비슷한 면도 있지만, 그보다는 처벌이 덜 가혹했다. 히타이트 법전은 동해보복 대신 보상과 회복을 훨씬 더 중요시했다. 히타이트 문화는 프리기아인Phrygian과 리디아인Lydian이, 그다음에는 이들을 통해 소아시아 연안에 정착한 그리스인이 물려받았다. 예를 들어 히타이트의 여신 쿠바바Kubaba는 프리기아의 위대한 지모신인 키벨레Cybele가 되었는데, 이의 숭배는 로마 시절에 널리 퍼졌다.


## 2) 군소 국가의 시대

기원전 1200년 무렵 약속이나 한 듯 대제국들이 사라졌다. 히타이트왕국과 카시트왕국이 멸망하고 이집트의 신왕국은 쇠퇴기로 접어들었다. 이렇게 오리엔트 세계에 힘의 공백이 생기는 상황에서 새롭게 민족 이동이 일어났다. 북쪽에서는 인도-유럽어계 야만인들이 문명 지역으로 침입해 왔다. 도리아인Dorian이 그리스로, 프리기아인이 소아시아로, 메디아인과 페르시아인이 이란으로 밀고 들어왔다. 한편 남쪽에서는 셈계의 새로운 침략자들이 찾아왔다. 헤브라이인은 팔레스타인으로, 아람인Aramaean은 시리아로, 칼데아인Chaldean은 바빌론으로 왔다. 이러한 이동은 약 200년에 걸쳐 일어나면서 신·구 민족 간의 광범한 혼합과 2차적 민족 교체를 가져왔다. 이와 같은 상황에서 잠시 군소 국가의 시대가 찾아왔다. 메소포타미아와 동지중해 해안 지대에는 수많은 군소 국가가 올망졸망 생겨났다. 히타이트가 해체된 소아시아도 여러 소국이 할거했다. 이들 많은 소국 가운데 셈족에 속하는 페니키아인과 헤브라이인이 세운 소국들이 서양 문명의 발전에 특별한 자취를 남겼다.

**페니키아**　　이 가운데 페니키아인은 대체로 오늘날의 레바논 지역에 터를 잡은 사람들이었다. 동으로는 레바논산맥으로 둘러싸인 지형에서 페니키아인은 메소포타미아와도 활발하게 교역했지만, 일찍부터 해안 도시를 건설하고 바다로 나아갔다. 이집트인과 그 뒤에 크레타인이 바다를 지배하는 동안 페니키아인은 마음껏 해상 활동을 펼치지 못하다가, 기원전 12세기부터는 외국의 지배를 벗어던지고 강력한 해상 세력으로 발돋움하기 시작했다.

　다음 세기에 이르러 페니키아인은 지중해를 주름잡는 최고의 무역인과 항해자가 되었고, 차츰 키프로스와 시칠리아, 그리고 저 멀리 에스파냐 남부 해안과 서지중해 쪽의 아프리카 연안 곳곳에 무역 기지와 식민지를 건설했다. 그 가운데 기원전 800년 무렵에 건설된 식민지인 카르타고Carthago는 훨씬 나중인 기원전 3세기에 로마의 최대 경쟁자가 되었다. 페니키아인은 기본적으로 무역인이었지만, 빼어난 공산품을 생산하기도 했다. 가장 유명한 수출품은 모직물이었으며, 또한 레바논 삼나무로 만든 가구와 철물이나 유리 제품 또한 질 좋은 수출품이었다.

페니키아인은 활발한 해상 활동을 펼치면서 문화를 전파하는 데 큰 역할을 했지만, 그 자신이 문화의 창조자는 아니었다. 그들은 아무런 문학작품도 남기지 못했으며, 예술작품을 창작한 것도 거의 없다. 그렇지만 그들은 서양 문명의 발달에 한 가지 매우 중요한 공헌을 했다. 기원전 1800~1600년 사이에 가나안Canaan의 여러 민족이 이집트 문자를 바탕으로 좀 더 단순한 문자를 발전시켰는데, 그런 가운데 페니키아인이 소리를 나타내는 22개의 부호를 고안함으로써 표음문자를 완성하고, 이를 그리스인에게 전해준 것이다. 페니키아인은 나중의 그리스인처럼 티루스Tyrus·시돈Sidon·비블로스Byblos와 같은 여러 독립된 도시국가를 형성하고 살았는데, 이를 하나로 통합한 강력한 단일 국가를 수립하지는 못했다. 그들의 도시들은 기원전 8세기 후반에 티루스를 제외하고 모두 아시리아에 정복되었고, 티루스 역시 571년 마침내 칼데아인에게 무너졌다.

**이스라엘의 정치적 발전**     페니키아의 남쪽에는 또 다른 셈족인 헤브라이인이 자리를 잡고 있었다. 그들은 북부 아라비아 초원 지대에서 서아시아 지역으로 흘러들어 온 많은 셈족 중의 하나였다. 그들은 기원전 1900년 혹은 1800년경 씨족장 아브라함Abraham을 따라, 잠시 머물던 수메르를 떠나 나중에 팔레스타인이라 불린 가나안 땅으로 이주했다. 그 뒤 기원전 1700년 무렵 그들 중 일부가 가뭄과 기근을 피해 이집트로 들어갔다. 그 무렵 이집트는 같은 셈족인 힉소스가 지배하고 있어서 헤브라이인은 비교적 괜찮은 처지에 있었다. 그러나 한 세기 반쯤 뒤 힉소스가 쫓겨난 다음, 그들은 차츰 노예로 전락하여 건설 사업의 노역에 동원되었다. 그러다가 헤브라이인은 13세기 전반기 람세스 2세 때 모세의 지도력 아래 이집트를 탈출한 뒤, 오랜 세월 시나이Sinai반도의 광야를 헤매었다. 그때 그들은 민족 수호신 야훼와 계약을 맺었다. 이 무렵 헤브라이인은 이스라엘인으로 형성되었다.

이스라엘인은 기원전 1220년 무렵 옛 거주지 팔레스타인에 다시 돌아가 그곳에 남아 있던 다른 헤브라이 부족과 결합하여 12부족 연합체를 결성했다. 그들은 사사土師, judge라는 이름의 전쟁 지도자를 중심으로 그곳의 원주민인 가나안인과 오랜 싸움 끝에 그들을 복속시키고, 그 땅을 차지했다. 그러나 그다음 이스라엘은 새로운 적을 만났다. 팔레스타인이라는 지명을 낳은 필리스틴인Philistine이 기원전 12세기 초에 바다에서 침입해 와서 팔레스타인 남부 해안 지역에 정착하기 시작한 것이다. 해상 민족의 한 갈래인 이들은 철제 무기에 힘입어 착실하게 세력을 넓혀갔다.

느슨한 연합체로는 이들에 맞설 수 없었던 이스라엘인은 사울Saul(1020~1000 B.C.)을 중심으로 통일 왕국을 수립했다. 그러나 그는 군주정에 반대하는 보수파의 반발에 부딪혀 중앙집권 체제 구축에 실패했다. 뒤이은 다윗David(1000~961 B.C.)은 필리스틴인을 좁은 해안 지역으로 몰아내고 가나안인을 압박하면서 영토를 한껏 확장했다. 그리고 그는 독립적인 12부족 체제를 극복하고, 어느 정도 중앙집권적 정치조직을 확립했다. 아들 솔로몬Solomon 왕(961~922)은 더 나아가 정치 및 군사 조직을 확장하고, 예루살렘의 시온Zion산 위에 웅장한 야훼 신전과 거대한 궁전을 건설했다. 그리하여 시온은 유대인의 정신적 고향이자 정치와 종교의 중심이 되었다. 솔로몬의 치세 동안 이스라엘은 동양적 군주국으로서 세력과 영화가 절정에 이르렀다.

그러나 솔로몬의 영화를 유지하기 위해서는 큰 대가가 필요했고, 그에 따른 높은 세금과 강제 노역 등으로 불만이 높아졌다. 중앙집권적 군주정 체제가 옛 헤브라이인의 부족적 유대를 해친다는 우려도 커졌다. 솔로몬이 죽은 뒤 북부 부족과 남부 부족 간의 갈등으로 이스라엘왕국은 결국 두 동강이 나서, 열 개 부족으로 이루어진 북의 이스라엘왕국과 두 개 부족으로 이루어진 남의 유다Judah 왕국으로 갈라졌다. 이스라엘인의 독립국가는 오직 대국이 사라진 뒤 힘의 공백 속에서 가능했던 일이었다. 그런데 이제 분열로 약해진 두 왕국은 메소포타미아에 강력한 새 제국이 다시 일어났을 때, 스스로를 지킬 힘이 없었다. 북부 이스라엘왕국은 기원전 9세기 말경 강국으로 떠오른 아시리아에 시달린 끝에 결국 기원전 722년에 정복당하고, 수만 명이 각지로 흩어졌다. 이렇게 흩어진 이른바 '잃어버린 열 부족'은 이웃 민족과 뒤섞이면서 차츰 정체성을 잃어버렸다. 따라서 이들은 이후 이스라엘의 역사와 종교에 아무런 공헌도 하지 못했다.

남부의 유다왕국 역시 조공을 바쳐야 했지만, 아시리아가 쇠퇴하면서 그럭저럭 독립을 지킬 수 있었다. 그러나 새로운 강적이 나타났다. 바빌로니아에서 칼데아인이 흥기하여 아시리아를 무너뜨리고 신바빌로니아를 건설했다. 이 신바빌로니아의 네부카드네자르Nebuchadnezzar 2세 왕은 기원전 586년에 유다왕국을 점령하고, 수도 예루살렘을 철저하게 파괴했다. 이때 유다의 상류 계층 1만 5000명 정도가 바빌론에 포로로 잡혀갔는데, 이들은 새로운 정복자 페르시아가 칼데아인을 정복한 538년에야 비로소 유폐에서 풀려났다. 이 사건은 역사에서 흔히 '바빌론 유수幽囚'라고 불린다. 오랜 시간을 두고 여러 차례에 걸쳐 예루살렘으로 돌아온 그들은 파괴된 도시와 신전을 재건했다. 이 재건된 유다왕국은 페르시아가 멸망할 때까지 그 지배 아래 있었다.

페르시아의 지배 아래에서 유다왕국의 백성들은 정체성을 지키면서 살아남았고, 그들은 이후 유대인으로, 그리고 그들의 종교는 유대교라는 이름으로 불리게 되었다. 헤브라이인에서 이스라엘인을 거쳐 유대인으로 이어져 온 그들의 역사는 그야말로 고난으로 점철되었다. 이집트와 메소포타미아의 두 세력 사이에 끼인 그들은 여러 강대국의 지배를 받으면서도 그들에 동화되기를 거부했다. 그러나 그들은 또한 정치적 독립을 유지하기에는 너무나 소수였고, 힘이 약했다. 그렇기는 하지만 수많은 민족이 명멸하는 가운데서, 그들은 정체성을 잃지 않으면서 질긴 생명을 이어갔다.

**유대인의 종교**    헤브라이인은 정치적으로는 미미한 존재에 지나지 않았지만, 종교적으로는 이후의 역사에 엄청난 영향을 미쳤다. 그들은 초기의 다신교적 전통에서 벗어나 일찍이 아브라함 때부터 냉엄하고 호전적인 야훼를 부족신으로 섬겼는데, 모세 5경이 보여주듯이 헤브라이 종교는 구원의 방법보다는 도덕적·사회적 행동 규범을 가르쳤다. 어느 정도 함무라비 법전의 영향을 받았을 모세의 율법은 극도로 가혹하기는 하지만, 형평과 정의의 감각도 드러낸다. 그러나 그것은 사후의 삶에 대한 아무런 보상도 약속하지 않는다. 그 종교는 야훼를 헤브라이인의 단 하나의 신으로 선언하지만, 아직 다른 민족의 다른 신들의 존재를 부정하지는 않았다.

헤브라이인은 자신과 야훼가 특수 관계에 있다고 믿었다. 시나이 광야를 헤맬 때 야훼와 계약을 맺은바, 그들은 야훼를 섬기고 그의 법을 따를 것이며, 그에 대한 보상으로 야훼는 그의 선민을 특별히 보살펴 주기로 했다는 것이다. 헤브라이인은 그들이 계약을 충실하게 이행하지 않을 때, 야훼가 그의 뜻을 전할 의인인 선지자를 보낸다고 믿었다.

헤브라이인이 이집트에서 가나안으로 들어가 농경 생활을 하게 되면서 가나안의 다른 신들, 이를테면 풍요의 신이나 대지의 신을 섬기려는 경향이 생겼을 때, 선지자들이 소리 높여 야훼의 징벌을 경고했다. 그리고 기원전 750~550년 사이에 아시리아와 칼데아의 위협이 고조되고 사회적 모순과 갈등이 커질 때, 일련의 위대한 선지자들이 연이어 나타났다. 그들은 야훼의 이름으로 이스라엘인의 계약 불이행과 사회적 불의를 질타하고, 때로는 왕국의 멸망을 경고했다. 그들은 이스라엘의 역사 과정이 야훼의 섭리적 의지에 지배되는 것으로 보고, 아시리아인과 칼데아인은 완고하고 불경한 이스라엘 백성을 응징하는 '야훼의 분노의 매'라고 설명했다. 그들은 또한 메시아의 강림이라는 사상을 발전시켰는데, 메시아는 '의義의 왕'으로서 평화와 정의의 지배를 수립하리라는 것이었다. 이 이상은 여러 세기 동안 이스라엘인의 희망을 자극했다.

이러한 선지자들의 말을 통해 조금씩 유일신 사상이 성장하기 시작했다. 그래서 야훼는 이스라엘 민족의 수호신에서 우주의 유일한 신으로 발전했다. 세상에는 오직 하나의 신 야훼만 존재할 뿐, 다른 민족의 모든 신은 그냥 우상일 뿐이었다. 야훼는 온 우주의 창조주요, 세상의 절대적 주권자였다. 이 신은 또한 초월적 존재로서, 자연을 창조했지만 자연 안에 있지 않았다. 태양과 달, 그리고 강과 바람 등 자연현상은 오리엔트의 다른 민족들이 믿는 것 같은 신적 존재가 아니라, 오직 유일신 야훼의 피조물일 뿐이었다. 이 전능한 창조주는 세상사에 개입하고, 모든 인간이 그의 뜻에 복종할 것을 요구했다. 인간은 도덕적 자유가 있지만, 선을 무시하는 선택을 했을 때는 징벌이 따를 것이었다. 야훼는 두려움과 외경의 대상이었지만, 동시에 긍휼과 사랑의 신이기도 했다.

특히 바빌로니아에서 유폐 생활을 하는 동안 유대인의 종교는 더욱 큰 변화를 겪었다. 바빌로니아 문명과의 접촉으로 유대교에 비관적 운명론의 색채가 더해지는 한편, 유일신 사상이 강화되었다. 그러면서 민족 중심의 편협한 관점을 넘어서서 인류 전체를 조망하는 보편주의적 관념과 사회정의에 대한 갈망이 생겨났다. 유대교의 신은 특정 민족과 지역에 한정된 존재가 아니라 전 세계의 창조주라는 신념이 더욱 강화되었다. 유수에서 풀려나 돌아온 이들은 스스로 고난을 통해 정화된 야훼의 '의로운 종'임을 자각하고, 세상을 인도하여 존엄한 유일신을 섬기도록 할 운명을 지니고 있다는 새로운 신념을 갖게 되었다. 그리고 그들은 고난을 견디고 때가 차면, 메시아가 구원의 은총을 가져오리라 기대했다. 메시아는 누군가에게는 사라진 다윗의 왕국을 재건할 인물로, 다른 누군가에게는 지상에 신의 왕국을 건설할 초자연적 존재로 여겨졌다.

### 3) 후기의 제국들

군소 국가의 시대는 오래가지 못했다. 기원전 1000~500년 사이에 아시리아인과 칼데아인 그리고 페르시아인이 각각 광대한 영토를 차지한 제국을 수립했다. 각 제국은 힘과 부를 과시하는 장엄한 수도를 건설하고 새로운 행정 기술을 개발함으로써, 일정 기간 평화와 질서를 가져왔다. 오리엔트 세계에 일대 변화를 일으켰지만, 이들 제국은 서양 문명에 끼친 영향의 면에서 보자면 약소민족인 유대인보다 훨씬 덜 중요했다. 인류 역사에서 사상과 종교의 힘은 종종 제국의 힘보다 더 크고 심대했다.

**아시리아 제국**　　기원전 700년 무렵 군소 국가의 시대는 아시리아 제국의 등장으로 끝이 났다. 아시리아인은 기원전 3000년경 아라비아반도에서 티그리스 강 상류의 구릉 지역에 이주해서 정착했다. 셈족에 속하는 아시리아인은 오랫동안 소왕국을 이루며 살아오다가 기원전 1200년 이후 강성한 세력이 사라진 틈을 타 힘을 길렀다. 그들은 마침내 9세기에 먼저 지중해 쪽으로 진출하기 시작했다. 그리고 8세기에는 바빌로니아를 복속시키고 7세기 전반기에는 이집트를 병합하여, 그들은 마침내 최초로 고대 오리엔트 세계를 통합한 대제국을 수립했다.

아시리아인은 기원전 2000년을 전후한 수백 년 동안 바빌로니아의 지배를 받았고, 이후에도 오랫동안 이웃 여러 민족으로부터 끊임없이 침략을 당했다. 그 과정에서 아시리아인은 잘 훈련되고 조직된 강력한 군대를 육성해 왔는데, 그것은 보병을 핵심으로 하고 이에 더하여 기병과 전차도 갖추고 있었다. 아시리아 군은 최초로 철제 무기로 무장한 대병력의 군대였다. 히타이트인이 최초로 철제 무기를 개발하기는 했지만, 실제 철제 무기로 무장할 수 있는 사람은 매우 제한된 범위에 한정되었다. 철기가 광범하게 사용되어 철기시대로 넘어간 것은 그보다 1000년이나 더 지나, 철을 좀 더 단단하게 단련하는 제련 기술이 널리 보급된 이후의 일이었다.

아시리아인은 군사 전술을 구사하는 능력 또한 탁월했다. 그들은 평지 전투뿐 아니라 산악에서의 게릴라전에도 능했고, 특히 공성전에 뛰어났다. 위력적인 공성 망치로 성벽을 부수고, 성벽 아래로 굴을 파 그걸 허물어뜨렸다. 도시를 포위하고 보급로를 차단하여, 굶어 죽지 않으려면 항복하지 않을 수 없게 만들었다. 아시리아 군대는 고대 세계에서는 무적의 군대였다. 어떤 군대와 성벽도 아시리아 군대에 오래 버티지 못했다. 아시리아인은 테러 전술로도 악명을 날린 바, 전쟁 수단으로 필요하면 테러도 서슴지 않았다. 피정복민 지배도 폭압적 방식을 택했다. 특히 반란을 일으킨 사람은 사지를 절단하고, 피부를 벗기고, 산 채로 불태우는 등, 극도로 포악한 행위를 저질렀다. 이스라엘의 경우에서 보듯이, 대대적인 추방 정책도 민족 감정을 파괴하는 효과적인 수단으로 행해졌다.

절정기에 아시리아 제국은 효율적인 행정 체제를 발달시켰다. 왕은 정복한 땅을 속주로 편성하고, 총독을 통해 제국 전역을 장악했다. 총독의 주된 임무는 공물 징수와 병력 차출이었다. 아시리아인은 또한 신속한 연락망을 확립하는 방안의 하나로 역참제도를 시행했다. 그들이 수립한 이 제도는 매우 효과적이어서, 이집트를 제외하고는 광대한 제국 어디에서든 속주 총독이 일주일 안에 왕에게 보고서를 보내고 회신을 받을 수 있었다. 아시리아의 행정 체제는 나중에 페르시아와 알렉산드로스Alexandros 제국에서 행정 체제의 기초가 되었다.

통치 방식이 어떠했든, 아시리아는 광대한 영토를 정치적으로 통합함으로써 지역 간의 교류를 엄청나게 증진하고, 상업과 도시의 성장을 자극했다. 제국 체제는 정치적 안정과 광범한 교역 공간을 원하는 상인 계층으로서는 더할 나위 없는 활동 무대였다. 제국은 또한 오리엔트의 문명 지역 거의 전부를 통합함으로써 문명의 융합에 크게 이바지했다. 아시리아인은 문학과 예술 그리고 기술 등 여러 분야에 신선한 활력을 불어넣었다. 그렇지만 사실 군사 문제와 행정 기술 면을 제외하면, 정작 아시리아인 자신이 독창적으로 기여한 것은 거의 없다.

아시리아 제국의 문화는 본질적으로 혼합 문화였다. 아시리아인은 다른 민족의 문화를 기꺼이 받아들이고, 그 요소들을 혼합하여 새로운 것을 만들어냈다. 아시리아 왕들은 메소포타미아 문화의 수호자로 자처하면서, 니네베Nineveh에 커다란 도서관을 지었으며 수메르와 바빌론의 문학 유산을 수집하고 보존하기 위해 노력했다. 그때 수집된 점토판 문헌 중 2만 2000점이 니네베의 궁전 폐허에서 발견되었고, 그리하여 우리는 길가메시 서사시를 포함하여 메소포타미아 문학을 기록한 상당한 양의 문헌을 얻게 되었다. 아시리아인은 종교에서도 다른 신들을 받아들였다. 그들은 민족의 주신인 아슈르Ashur가 있었지만, 사실 그들의 나머지 신들은 모두 메소포타미아의 신이었다.

아시리아인의 특징적인 건축은 신전보다는 궁전인데, 그들은 궁전을 바빌로니아 건축의 아치와 기둥을 구조적으로 이용해서 건설했다. 그리고 그들은 궁전을 전사인 왕의 영광을 기리기 위해 화려한 돋을새김으로 장식했는데, 이 조각은 왕을 둘러싸고 거행되는 의식 장면과 왕과 전사들이 전투나 사냥에 몰두하고 있는 장면을 묘사했다. 아시리아의 가장 유명한 예술작품으로 꼽히는 이 조각은 엄격한 규율, 거친 힘과 용맹 등 군국주의적 군주정의 가치를 표현하고 있다.

아시리아는 소규모 민족이 감당하기에는 너무나 큰 제국을 건설했다. 오랜 전쟁으로 병력이 줄어들자, 아시리아는 점점 더 예속민에서 차출한 군사력에 의존하게 되었다. 잔혹한 공포 통치는 일시적 효과를 거둘 수는 있었지만, 장기적으로는 역효과를 가져왔다. 그들은 결국 스스로 불러일으킨 증오의 폭풍으로 몰락했다. 광대한 제국을 유지하느라 힘이 고갈되었을 때, 아시리아는 폭압적 지배와 과도한 공물의 징수에 대한 예속민의 반란을 피할 수 없었던 것이다. 기원전 7세기 중엽에 전성기를 누린 이후, 불과 반세기 만에 제국은 결국 급속히 해체되기 시작했다. 이집트는 제26왕조 때 아시리아를 몰아내고 독립을 되찾았다. 메소포타미아에서는 아시리아와 오래도록 대립해 왔던 바빌로니아의 칼데아인이 기원전 7세기에 세력을 확장하면서 반란을 일으켰고, 612년 이란고원의 메디아인Medes과 손잡고 수도 니네베를 함락했다. 칼데아인과 메디아인은 이집트를 제외한 아시리아 영토를 나누어 가졌다. 그것으로 오리엔트 세계를 최초로 통일하는 위업을 이루었던 아시리아 민족은 역사의 무대에서 사라져, 다시는 나타나지 못했다.

**신바빌로니아**    아시리아를 멸망시킨 칼데아인은 바빌론을 수도로 메소포타미아의 주인이 되었고, 팔레스타인과 시리아를 놓고 이집트와 다투었다. 기원전 604년 즉위한 네부카드네자르 2세는 1000년이 넘게 쇠망의 세월을 보낸 바빌로니아에 다시 한 번 빛나는 시대를 열었다. 그는 시리아에서 이집트인을 격퇴하고 그들의 제국 창건의 꿈을 끝장냈다. 이미 보았듯이 그는 예루살렘을 파괴하고 수많은 유대인을 포로로 끌고 갔다. 그는 바빌론을 재건하여 당대 가장 위엄 있는 도시로 가꾸었다. 동물 문양의 타일로 화려하게 장식된 이시타르 문Ishtar

Gate은 바빌로니아 건축의 가장 훌륭한 예이다. 네부카드네자르의 장엄한 궁전은 테라스 위에 또 테라스를 겹겹이 쌓았는데, 각 테라스는 꽃과 나무로 아름답게 가꾸어놓았다. 멀리서 보면 공중에 떠 있는 듯이 보이는 이 유명한 '바빌론의 공중정원'은 너무나 아름다워 그리스인들이 고대 세계 7대 불가사의의 하나로 꼽았다.

네부카드네자르는 또한 웅대한 지구라트를 재건축했는데, 이는 성서의 바벨탑으로 추정된다. 그는 메소포타미아의 마지막 위대한 통치자였다. 기원전 562년 그가 죽은 뒤, 칼데아는 급속하게 쇠퇴했다. 칼데아의 신관들은 점성학에 관심이 많아 천문학 지식의 양을 크게 늘렸으나, 다른 한편으로 꾸준히 군주정의 토대를 무너뜨렸다. 538년 마침내 그들은 페르시아인에게 바빌론의 문을 열어주었고, 그로써 잠시 빛났던 신바빌로니아의 광휘는 사라졌다.

**페르시아제국**　　　이집트, 신바빌로니아, 메디아Media 삼국의 정립은 그리 오래 가지 못했다. 새로운 정복자 페르시아의 키루스Cyrus(559~530 B.C.)가 등장했기 때문이다. 페르시아인은 인도-유럽어를 쓰는 유목 민족으로서, 기원전 2000년 무렵 인도-유럽어를 쓰는 민족의 대대적인 이동 물결이 일었을 때 현재의 이란 서남부로 이주해 와서 메디아의 지배를 받았다. 그들의 사회는 부족 단위로 조직되어 있었는데, 전사 집단이 귀족계급을 형성했다. 그러다가 그들은 기원전 7세기 초에 처음으로 통일 왕국을 수립했다. 이후 6세기 중엽 키루스는 서아시아의 정치 지형을 바꾸어놓았다. 기원전 550년에 먼저 북으로 쳐들어가 종주국 메디아를 점령하고 속국으로 삼았다. 3년 뒤에 키루스는 소아시아 서부의 번영하는 리디아Lydia왕국을 함락하고, 이어서 이오니아Ionia 해안으로 진격하여 그리스 도시국가들을 정복했다. 그다음 키루스는 동으로 방향을 틀어 이란 평원을 거쳐 인도 접경 지역까지 세력을 확대했다. 동부 변경을 확보한 다음, 그는 기원전 538년 마침내 메소포타미아로 들어가 바빌론을 함락했다.

페르시아제국을 창건한 키루스는 참으로 위대한 정복자요, 대왕이라는 칭호를 들을 만한 비범한 지도자였다. 그는 제국을 건설하는 데에서 지혜와 열정을 증명해 보였다. 그는 메소포타미아를 매우 절제되고 지혜로운 방식으로 처리하여 바빌로니아인의 충성을 확보하고, 유폐되어 있던 유대인에게는 예루살렘으로의 귀환을 허용했다. 그는 피정복민에게 상당한 수준의 종교적 관용을 보임으로써 신관 계급의 환심을 사고, 정복지를 다스리는 데 토착 주민을 관리로 등용함으로써 민심을 얻었다. 이전의 아시리아 통치자들과는 달리, 포용과 관용의 정책으로 피정복민의 복종을 끌어낸 것이다. 메디아인, 바빌로니아인, 유대인은 모두 그를 자신의 정당한 지도자로 받아들였다.

키루스의 후계자들은 제국의 영토를 더욱 확장했다. 아들 캄비세스Cambyses는 이집트와 리비아를 정복했고, 그다음 다리우스Darius(521~486 B.C.) 1세는 동으로 인도의 편자브Punjab 지역을 정복하고, 서쪽으로는 유럽 본토로 건너가 트라케Thrace를 제국의 강역에 보탰다. 키루스 때부터 이어지는 페르시아의 정복은 극적일 만큼 신속했고, 그 영토는 놀라울 만큼 광대했다. 이로써 페르시아인은 그때까지의 세계 역사상 가장 큰 제국을 건설했다. 그들은 일단 제국을 수립한 뒤에는 침략 전쟁을 벌이지 않았다. 피정복민의 반란도 거의 없었다. 그런데 기원전 499년 이오니아 지역의 그리스 도시국가들이 반란을 일으키면서 페르시아는 그리스 세계와 한판 전쟁을 치르게 되었다.

페르시아의 성공은 아시리아와 극단적으로 대비되는 유화정책이 중요한 요인이었지만, 사람들이 아시리아의 성취 속에서 통일의 이점을 배운 것 또한 그에 못지않게 중요한 요인이었다. 많은 사람이 당시의 경제적·문화적 현실에 정치적 현실이 일치하게 되는 상황을 인정할 준비가 되어 있었다. 그들은 제국이 제공하는 통일된 정치체제를 기꺼이 받아들인 것이다. 페르시아제국은 질서와 평화를 바라는 당시 사람들의 바람을 만족시켜 주는 동시에, 예속민들에게 자신의 정체성을 유지하도록 허용해 주었다.

페르시아는 제국의 통치를 위해 아시리아의 행정 체제를 따와서 좀 더 효율적으로 개선했다. 페르시아는 정복지를 20개쯤의 속주로 편성하고, 총독을 파견하여 통치하도록 했다. 총독의 기본 임무는 공물을 징수하고 병사를 징집하는 일이었다. 각 속주에는 총독을 감독할 관리가 임명되고, 그에 더하여 '왕의 눈과 귀'인 특별 감찰관이 제국 전역을 순찰했다. 다리우스 때부터 총독은 왕족이나 귀족이 차지하고 세습화했다. 페르시아는 또한 아시리아를 본떠 역참제를 도입하여 주요 도시 간의 신속한 연락망을 확립했다. 잘 정비된 도로망 덕분에 군대와 정부 인사들이 신속하게 파견되고 배치될 수 있었다. 페르시아제국은 수많은 인종 집단과 민족을 동등한 책임과 권리라는 원칙 위에서 다스리기를 시도한 최초의 제국이었다. 예속민이 세금을 바치고 질서를 지키는 한, 정부는 그들의 종교나 관습 혹은 교역에 개입하지 않았다. 다리우스는 리디아에서 기원전 7세기 초에 발명된 주화를 본떠서, 금화와 은화의 통일된 통화제도를 도입하여 교역을 촉진했다.

**조로아스터교**　　　페르시아인은 오리엔트의 선진 문명 세계로 침입해 들어온 외래자로서, 기존의 문화에 특별히 새로 보탠 것이 많지 않다. 그런 중에도 그들의 가장 독창적인 문화적 공헌은 조로아스터교Zoroastrianism라는 종교였다. 기원전 6세기에 조로아스터교가 생기기 전에 페르시아의 민중 종교는 오리엔트의 다른 민족과 크게 다르지 않아, 태양·달·불·바람 등과 같은 자연의 힘을 숭배했다. 그중 특히 인기 있는 미트라Mithra는 빛과 전쟁을 관장하는 신으로서, 태양신으로 숭배되었다. 사람들은 마기Magi(Magus의 복수형)라 불리는 신관의 도움을 받아 이들 자연의 힘에 예배하고 희생을 바쳤다.

　　조로아스터Zoroaster는 페르시아 예언자 자라투스트라Zarathustra를 그리스인이 그리스어로 바꿔 부른 이름인데, 그는 기원전 660년에 태어난 것으로 전해지는 반半전설적 인물이었다. 전승에 따르면 그는 열두 살에 집을 떠나 오랜 방황 끝에 서른 살에 아후라 마즈다Ahura Mazda로부터 계시를 받는 신비 체험을 하고, 이후로 계시받은 진리를 가르치기 시작했다. 그는 윤리적 가르침과 무관한 마기 중심의 전통적 다신교 신앙을 개혁하여, 유일신 아후라 마즈다를 중심으로 한 종교로 대치하고자 했다. 그의 가르침에서 기원하는 조로아스터교의 경전인 『아베스타*Avesta*』는 기원후 3세기에, 그러니까 창시자의 가르침이 있은 지 거의 1000년이나 지나서 경전으로 편찬되었기 때문에, 조로아스터의 원래 가르침이 무엇이었는지는 정확히 알기 어렵다. 전통적인 태양신 미트라는 조로아스터교와 결합하면서 아후라 마즈다의 신성의 한 분신으로 여겨지기도 했다.

조로아스터의 가르침은 일신론에 토대를 둔 것으로 보인다. 아후라 마즈다는 페르시아인에게 새로운 신이 아니었지만, 조로아스터는 이를 유일신으로 내세웠다. 아후라 마즈다는 온 세상을 있게 한 창조주요 최고의 존재였다. 그런데 조로아스터의 가르침은 이후에 복잡한 진화 과정을 거치면서 일신론에서 이원론적 신앙으로 바뀌어간 듯하다. 이는 조로아스터가 악령이라 부른 것을 마기가 앙그라 마이뉴Angra Mainyu, 혹은 중기 페르시아어의 아흐리만Ahriman이라는 강력한 악의 신으로 탈바꿈해서 아후라 마즈다의 경쟁자로 만듦으로써 이루어졌다. 조로아스터의 가르침은 이런 변화를 거쳐 빛과 선의 신인 아후라 마즈다가 어둠과 악의 신인 아흐리만과 필사적인 싸움을 펼치고 있다는 이원론적 신앙이 되었다.

조로아스터교에 따르면 이 선과 악의 싸움은 끝이 있으며, 궁극적으로 아후라 마즈다가 아흐리만을 이기게 되어 있다. 인간은 옳음과 그름 간에 선택할 자유의지가 있는데, 선과 악의 투쟁이 끝나는 최후의 심판의 날에 각 개인은 자신의 선택에 대해 심판을 받게 된다. 선의 편에 선 영혼은 낙원에 들 것이며, 악의 편에 선 영혼은 나락에 떨어질 것이다. 이런 죽은 이의 부활과 최후의 심판 같은 말세 교의와 이원론적 관념은 유대교와 기독교에 영향을 주었다. 그리고 악의 신 아흐리만은 사탄의 원형이 되었다.

제2장

# 그리스 문명

❖

그리스에서 문명이 발생하기 전, 에게해의 수많은 섬은 크레타를 중심으로 일찍이 오리엔트의 영향을 받아 화려한 해양 문명을 꽃피웠다. 그리스는 그 문명의 혜택을 받아 야만에서 문명의 세계로 나왔다. 그리스 역사의 초기 시대, 그러니까 기원전 2000년경부터 7세기 말까지는 대부분 신화로 덮여 있다. 그 시대 역사는 고고학적 자료와 호메로스의 전설 그리고 헤시오도스의 시가 작품에, 그리고 7세기부터는 약간의 단편적인 서술 자료에 의존해야 한다.

고대 그리스인이 역사 무대에 처음 등장한 것은 기원전 2000년 무렵이었다. 그때 그리스인이 북쪽에서 반도로 남하하여 정착을 시작한 것이다. 그들은 크레타를 중심으로 발달한 미노스 문명의 영향을 받으면서 이른바 미케네Mycenae 문명을 발달시켰다. 그러나 1200년께 그 문명이 멸망하면서, 이후 4세기 동안 그리스의 역사는 어둠에 싸였다. 그러다가 8세기경에 고대 그리스인의 힘이 분출했다. 이때에 이르러 그리스인은 폴리스polis라는 독특한 정치체제를 반도와 에게해의 많은 섬에 수립하고, 나아가 지중해 전역을 무대로 교역과 식민 활동을 펼쳤다. 그리스 문명은 폴리스를 기반으로 계속 번성하여 기원전 5세기의 고전기에 아테네에서 절정에 이르렀다. 짧은 존립 기간 동안 아테네 제국은 그리스 세계에 평화와 번영을 가져다주었다. 그리고 아테네는 민주주의를 완성하면서, 또한 예술·문학·철학의 황금시대를 열었다.

그 과정에서 그리스의 폴리스들은 대동단결하여 대제국 페르시아의 침입을 물리치는 저력을 발휘하기도 했다. 그러나 그리스 세계는 폴리스 상호 간의 고질적인 분열을 극복하지 못하여 델로스 동맹과 펠로폰네소스 동맹으로 갈라지고, 기원전 5세기 후반기에 끝내 참혹한 동족상잔의 비극을 겪었다. 이를 계기로 쇠퇴의 길에 접어든 그리스는 전쟁을 시작한 지 한 세기 뒤 결국 북쪽의 마케도니아Macedonia 왕국에 무릎을 꿇었다. 독립적인 폴리스로 이루어진 그리스 세계가 종말을 맞이한 것이다.

폴리스가 멸망했다고 해서 그리스인의 역할이 끝난 것도, 그들의 문화가 사라진 것도 아니다. 마케도니아의 알렉산드로스는 페르시아를 정복하고 그리스 문화를 고대 오리엔트 세계 전역에 전파했다. 그리스인들은 정복한 땅으로 관료, 상인, 군인, 학자로서 물밀 듯 들어갔다. 알렉산드로스의 정복은 일련의 새 왕국을 낳았는데, 이 왕국들은 서아시아와 이집트의 옛 문명의 성취들을 그리스의 것과 혼합했다. 그렇게 해서 탄생한 이른바 헬레니즘 세계는 폴리스 중심의 편협한 인식과 사고를 넘어 좀 더 보편적 세계관을 지닌 문화를 창출했다.


## 1. 선행 문명: 에게 문명


### 1) 미노스 문명

그리스에 고전 문명이 발달하기에 앞서 오리엔트 세계와 유럽의 그리스 사이에 있는 바다, 에게해에서는 화려한 문명의 꽃이 피었다가 졌다. 에게해의 수많은 섬과 해안에 흩어져 사는 사람들은 오리엔트의 영향을 받아 기원전 제3천년기를 거치면서 독창적인 청동기 문명을 발전시켰고, 그 문명은 기원전 2000년 즈음에 이르면 제우스의 탄생지로 알려진 크레타섬을 중심으로 활짝 꽃을 피웠다. 크레타인은 그렇게 꽃피운 크레타 문명을 그리스로 전해주었다. 에게 문명의 이 첫 단계는 그 전성기를 이루었던 전설적인 왕의 이름을 따서 흔히 미노스Minos 문명이라 부른다.

에게해의 남쪽에 10~56km의 너비에 250km 길이로 기다랗게 가로로 뻗은 크레타섬은 유럽과 아시아와 아프리카를 잇는 징검다리 구실을 한다. 크레타는 동쪽으로 서아시아의 해안 지역과 남쪽으로 이집트, 그리고 서쪽으로는 그리스를 넘어 저 멀리 시칠리아Sicilia에 이르는 광범한 지역과의 해상 교역을 바탕으로 번영을 누렸다. 무역은 강력한 전제적 통치자의 지배 아래 효율적 관료제를 갖춘 정부가 독점했는데, 주로 올리브유·포도주·철물·도자기 등을 수출했다. 미노스인은 그들의 삶을 점토판에 처음에는 상형문자로, 나중에는 선문자 A Linear A로 알려진 문자로 기록해 놓았다. 그러나 이 문자는 아직도 해독하지 못해서, 미노스 문명에 대한 지식은 발굴한 유물에 거의 전적으로 의존할 수밖에 없다.

그 존재가 호메로스의 서사시와 우두인신牛頭人身의 괴물 미노타우로스Minotauros와 관련한 전설에서만 암시되던 이 문명은 영국의 고고학자 아서 에번스Sir Arthur Evans가 처음으로 그 모습을 햇빛에 드러냈다. 20세기 초에 에번스는 크레타의 크노소스Knossos에서 거대한 궁전을 발굴했다. 면적이 거의 2만 4000㎡에 이르는 이 '미노스 궁전'은 벽돌과 석회암으로 지어졌는데, 수많은 방이 딸린 왕실 거처·저장실·작업장·복도·정원·수세식 위생 시설·넓은 계단 등을 갖춘 그야말로 미궁이었다. 방들은 밝은 색채의 프레스코 벽화로 장식되었는데, 그 그림 속의 미노스인은 춤과 축제 그리고 체육시합을 즐기는 평화로운 모습의 사람들이다. 벽화로 미루어보아 여성은 오리엔트나 고전 그리스에서는 볼 수 없는, 자유와 품위를 누린 것으로 보인다. 그리고 벽화에는 자연 풍경도 묘사되어 있는 것으로 보아, 미노스인은 자연을 대단히 사랑한 듯하다.

미노스인의 인종적 배경이 무엇인지는 밝혀지지 않았다. 초기에는 이집트의 강력한 영향 아래 있었을 것이며, 이후 여러 차례 이주민의 침략이 있었던 것으로 짐작된다. 아마도 그중에는 소아시아에서 온 히타이트인이 큰 몫을 차지했을 것이다. 그런 가운데 크레타에서는 많은 소왕국이 서로 대립하고 있었는데, 기원전 16세기 무렵 크노소스를 중심으로 한 세력이 크레타섬 전체를 통일하고, 강력한 함대를 보유한 세계 최초의 해양 제국을 건설했다. 장인들은 정교하고 세련된 보석류, 청동기, 채색 도기 등을 생산했다. 바다를 장악한 힘과 번영에 대해 자신감에 차 있어서인지, 미노스 문명은 요새와 같은 군사시설을 거의 갖추지 않았고 전사 계급도 없었다.

종교가 미노스인의 삶에서 중요한 역할을 했겠지만, 그에 대해서는 알려진 게 별로 없다. 크레타에는 거대한 신전이나 독자적인 신관 계급이 없었고, 이렇다 할 신상도 발견되지 않았다. 중요한 종교의식은 최고 신관으로서 왕이 주재했다. 주요 숭배 대상은 대지의 여신인데, 그 여신은 아마도 나중에 제우스의 어머니인 레아Rhea의 원형이 된 것으로 보인다. 미노스 문화의 밝고 자유분방한 특징이 가장 잘 드러난 분야는 예술이었다. 오리엔트 세계와는 달리, 미노스인에게 예술은 신의 위엄이나 지배자의 영광을 드러내기 위한 것이 아니었다. 궁전 벽화에서도 볼 수 있듯이, 그들이 즐겨 표현한 소재는 주로 일상생활과 관련된 것이었다. 주로 프레스코 기법으로 그려진 궁전 벽화는 크레타 예술의 빼어난 수준을 증명하고 있으며, 아름다운 문양이 새겨진 채색 도기 또한 세련된 조각 기법을 보여준다.

기원전 2000년 무렵부터 문화의 황금시대를 이어가던 미노스 문명은 1450년 무렵 급작스러운 붕괴를 맞았다. 대파국의 원인은 아직도 활발한 논쟁의 대상이지만, 대체로 그리스 본토 미케네인Mycenaean의 침략과 관련된 것으로 보인다. 미케네인이 크노소스를 쉽게 점령할 수 있었던 것은 화재로 크노소스 미궁이 파괴된 탓도 큰 듯하다. 이 불은 추정컨대 크레타 북쪽 130km쯤에 있는 작은 화산섬인 테라Thera(지금의 산토리니Santorini)의 폭발로 야기된 거대한 쓰나미 때문에 일어난 것이었다. 한때 추측한 것처럼 테라의 화산 분출로 크노소스가 멸망한 것은 아니지만, 그 문명의 종말이 촉진된 것은 분명해 보인다. 그로 인해 물질적 파괴와 인구 감소가 극심했던 것이다(그러나 고고학적 발굴을 토대로, 화산 폭발은 도시 파괴보다 200년쯤 앞서 있었던 일이었다는 지적도 있다). 그렇게 취약해진 크레타는 미케네인 전사들에게 내맡겨졌고, 이후 철저하게 그리스화 과정을 거치게 되었다.


## 2) 미케네 문명

미케네 문명은 독일의 아마추어 고고학자 하인리히 슐리만Heinrich Schliemann이 1876년 발굴을 시작하면서 처음으로 그 존재가 드러났다. 발굴 과정에서 미케네의 왕궁에서는 엄청난 양의 금과 은 그리고 상아가 쏟아져 나오기도 했는데, 그 유물의 양이 투탕카멘 무덤의 발견 이전의 것으로는 최대 규모였다.

미케네인이 그리스의 역사 무대에 등장한 것은 기원전 2000년 무렵 이후이다. 이때 인도-유럽어계 민족들이 파상적으로 대이동을 해나갈 때, 그 한 갈래인 아카이아인Achaean이 1900년경 도나우Donau강 하류에서 그리스반도로 들어와 여러 곳에 정착하면서 원주민을 지배했다. 그들은 기원전 1600년 무렵에 이르러 크레타의 세력권에 들어가면서, 그 선진 문화를 대거 받아들여 번성하기 시작했다. 그들은 미케네·티린스Tiryns·필로스Pylos·테바이 등 여러 강력한 왕국들을 세웠는데, 이들 독립된 나라는 최강국인 미케네를 중심으로 느슨한 연합체를 형성하고 있었던 것으로 보인다. 이들이 발달시킨 문명은 처음 발굴된 유적지의 이름을 따 미케네 문명이라 부르고, 그 사람들은 통칭해서 미케네인이라고 부른다. 이들은 1450년경 크노소스를 정복했고, 이후 에게 문명의 중심은 그리스 본토로 옮겨갔다. 이로써 에게 문명의 첫 단계인 미노스 단계가 끝나고, 두 번째 단계인 미케네 단계가 시작되었다.

크레타와는 대조적으로 이들 미케네 문명의 각 나라는 언덕 위에 요새화한 궁성을 짓고, 그 둘레는 거대한 돌로 벽을 쌓았다. 나중에 그리스인들은 그런 석조 건축물을 키클로프스Cyclops 같은 반半신적 존재의 것으로 돌렸다. 보통 사람은 그런 거석을 다룰 수 없었을 거라 보였기 때문이다. 많은 그리스 전설은 미케네 시대의 역사적 사건에서 유래했다. 이를테면 아가멤논Agamemnon과 오이디푸스Oedipus 혹은 트로이아Troia 전쟁 같은 이야기가 그렇다. 그것들은 나중에 호메로스의 서사시와 아티카Attica 지역 극작가들의 비극을 위한 소재가 되었다. 이들 전설에서 무엇이 사실이고 무엇이 윤색인지는 가려내기 어렵다. 그렇기는 하지만 호전적이고 반半야만적인 사회, 미케네의 아가멤논 왕의 영도 아래 느슨하게 연합한 사회에 대한 호메로스의 묘사는 후대의 것을 반영한 부분도 있지만, 발굴된 유물과 상당히 정확하게 들어맞는다.

미케네인은 미노스의 선문자 A와 다른 체계인 선문자 B를 사용했다. 그들은 이 문자로 기록한 행정 문서와 물품 목록을 남겼는데, 다행히 1952년에 이를 해독함으로써 미케네인의 삶에 대해 좀 더 많은 것을 알 수 있게 되었다. 미케네의 왕들은 이후의 호메로스 시대의 왕들보다 더 강력한 권력을 갖고 있었을 뿐 아니라, 광대한 토지도 보유했다. 강력한 국왕의 지배 아래, 미케네 사회의 상층부는 귀족 전사 계층과 그다음으로 신관 및 기록을 담당하는 서기가 차지했다. 자유로운 시민층에는 농민·병사·상인·장인 등이 있고, 사회 밑바닥에는 예농과 노예가 있었다. 미노스인과 달리, 미케네인은 무엇보다 호전적인 전사 민족으로서 전투에서의 영웅적 행위를 자랑으로 여겼으며, 바다에서는 교역뿐 아니라 약탈도 서슴지 않았다.

요새화한 궁전과 행정을 중심으로 한 미케네는 크레타와 같은 진정한 도시는 아니었다. 기본 산업이 농업과 목축으로서, 인구 대부분은 이곳저곳 흩어져 있는 농촌 마을에 살면서 공동체 토지나 아니면 귀족이나 왕이 보유한 토지에서 일했다. 왕의 행정 문서에는 곡물과 포도주를 임금으로 지급하고 현물로 세금을 거둔 사실들이 상세하게 기록되어 있다. 왕의 가장 중요한 소득 항목은 올리브유였는데, 이는 국왕 독점으로 시행되던 미케네 무역의 주된 품목이었다. 미케네의 왕국들은 활발한 무역 활동을 펼쳤다. 미케네의 도자기는 동쪽의 이집트와 시리아에서 서쪽으로 남부 이탈리아에 이르기까지 지중해 도처에서 발견되었다. 기원전 1250년경 아카이아의 왕들이 미케네 왕 아가멤논의 지휘 아래 강력한 상업 경쟁자를 제거하기 위해 그 유명한 트로이아 원정을 감행한 것도 그들의 상업적 이해관계가 크게 작용했을 것이다.

트로이아는 헬레스폰트Hellespont(지금의 다르다넬스Dardanelles) 해협의 전략적 위치를 차지하고 있었다. 그래서 트로이아는 아시아와 유럽을 오가는 해협을 통한 해상 교역과 육로의 대상隊商 양쪽을 통제할 수 있었다. 호메로스의 서사시에서만 존재하는 것으로 생각되던 트로이아를 실재한 도시로 밝혀낸 사람 역시 슐리만이다. 그는 미케네 유적을 발견하기 수년 전 전설의 유적지에서 층층이 포개진 아홉 개의 도시를 발굴했는데, 서사시의 트로이아는 아마도 그중 트로이아

IV인 것으로 추정된다.

미케네가 에게해의 주인 행세를 하면서 황금기를 구가한 지 2세기 반쯤 지나, 새로운 인도-유럽어계 민족의 대대적인 이동의 물결이 그리스를 덮쳤다. 기원전 1200년 무렵 도리아인Dorian이 철제 무기를 앞세우고 그리스를 침입하여 미케네인의 성채들을 하나씩 약탈하고 파괴했다. 미노스 문명이 갑작스러운 붕괴를 겪었듯이, 미케네 문명 역시 그렇게 갑작스럽게 무너진 뒤 망각 속으로 사라졌다. 미케네 문명의 붕괴와 함께 그리스 역사에 암흑의 장막이 드리워져, 이후 4세기 가까이 그리스에서 무슨 일이 일어났는지 우리는 잘 알지 못한다.

### 3) 암흑시대

암흑시대의 혼란 속에서 수많은 그리스인이 본토를 떠나 에게해의 여러 섬과 소아시아의 서부 해안 지대로 이주했는데, 그 과정에서 이루어진 인구 혼합으로 고전 고대의 그리스인이 형성되었다. 그렇게 형성된 그리스인은 신화적 선조 헬렌Hellen을 따라 스스로를 헬레네Hellene라 부르고, 그들이 차지한 땅을 헬라스Hellas라고 불렀다. 헬레네는 크게 아이올리아인Aeolian, 이오니아인, 도리아인의 세 집단으로 이루어졌다. 아이올리아인은 대체로 펠로폰네소스Peloponnesos반도 서북 지역과 코린토스Korinthos만 북쪽의 본토 그리고 소아시아 서해안의 북부에 자리를 잡았다. 이오니아인은 소아시아 서해안 중부의 이오니아와 에게해 대부분의 섬, 그리고 본토의 아티카를 차지했다. 그리고 도리아인은 펠로폰네소스반도의 대부분과 소아시아 서해안의 남부 그리고 에게해 남쪽의 몇몇 작은 섬과 크레타를 점령했다. 이러한 구분은 기본적으로 언어에 근거한 것인데, 그들 집단은 각각 뚜렷이 구분되는 그리스어 방언을 사용했다.

암흑시대가 끝나면서 도리아인은 점령한 땅에 스파르타Sparta와 코린토스 같은 강력한 폴리스를 수립했다. 그리고 이오니아인은 가장 위대한 폴리스, 아테네Athenai를 건설했다. 그러나 그리스 역사의 초기에는 이오니아 지방의 밀레토스Miletos와 다른 폴리스가 아테네보다 훨씬 더 중요했다. 사실 폴리스의 여명기에 그리스의 경제와 문화를 일으킨 선도자는 도리아인 침략자를 피해 소아시아의 이오니아 지방으로 도망가 정착한 미케네인의 후손이었다. 이오니아 지방은 오리엔트 문명과 좀 더 쉽게 접촉할 수 있어서 문화가 본토보다 먼저 발전했기 때문이다. 그들은 다른 그리스인보다 앞서 페니키아 무역상들과 접촉하면서 글자를 배우고, 이웃 리디아로부터 주화를 도입했다. 세 집단 가운데 아이올리아인은 고전 문명에서 별다른 역할을 하지 못했다.

암흑시대의 그리스인은 거칠고 야만적이었다. 그때 제작된 도자기 양식이 지역에 따라 서로 다른 점으로 미루어볼 때, 지역 간의 접촉이 활발하게 이루어지지는 않았던 것으로 보인다. 해양 활동이 위축되고, 바다의 지배권은 페니키아인에게 넘어갔다. 문명의 쇠퇴는 모든 면에서 이오니아보다 유럽 쪽인 그리스에서 훨씬 더 두드러졌다. 그러나 오랜 암흑시대가 지나는 동안 차츰 그리스 고전 문명을 위한 기초가 형성되었다. 헬레네는 미노스인과 미케네인이 이룩한 문화유산을 물려받는 한편 오리엔트와의 접촉으로 새로운 문화를 섭취함으로써, 독자적 문화를 만들어내는 데 성공했다. 교역과 경제활동이 되살아나고, 철제 도구와 무기가 널리 보급되면서 미케네 시대의 청동기를 대신했다. 철은 청동보다 값이 쌌고, 용도에서는 청동보다 더 나았다. 상대적으로 값싼 철의 보급으로 가능해진 가장 중요한 기술 진보는 철제 보습의 도입이었다. 철제 보습은 땅을 갈 때, 나무 쟁기와는 비교할 수 없을 만큼 효율적이었다. 철제 보습과 더불어 돌아가며 땅을 묵히는 영농 방법 또한 일반화되었다. 그 문화는 기원전 8세기 무렵 그리스 본토와 에게해의 많은 섬 그리고 소아시아의 이오니아 등지로 퍼져나갔다.

그리고 기원전 8세기 어느 때쯤 그리스인은 페니키아 철자를 채택하고, 획기적 혁신을 통해 자신의 새로운 문자를 갖게 되었다. 그즈음 호메로스의 위대한 서사시, 『일리아스Ilias』와 『오디세이아Odysseia』가 탄생했다. 이들 서사시는 왕과 귀족의 여흥을 위해 직업적 방랑 시인들이 오랫동안 암송해 온 미케네 시대 영웅들의 이야기를 각색해서 문자화한 것으로 보인다. 아마도 원래는 별개였던 여러 이야기가 시간이 지나면서 특정 영웅을 중심으로 합쳐졌을 것이다. 그리고 저자에 대한 논란과는 별개로, 이 서사시들은 특징적인 방언으로 미루어볼 때 기원전 8세기 어느 때쯤 이오니아 지방에서 최종적 형태가 다듬어진 것으로 짐작된다.

호메로스의 서사시는 기원전 13세기 미케네 시대의 영웅들을 다루었지만, 사실은 상당한 정도로 호메로스 자신의 시대인 암흑시대 말기의 사회 상황을 묘사했다. 그 시대를 엿볼 수 있는 유일한 문헌이 그의 서사시여서 그 시대는 흔히 호메로스의 시대로 일컬어지기도 한다. 호메로스에 따르면 암흑시대의 그리스는 농업에 기반을 둔 사회로서, 지주인 전사-귀족이 큰 부를 소유하고 상당한 권력을 행사했다. 왕은 전형적인 원시 군주로서 본질적으로 전쟁 지도자였으며, 귀족 지도자들 가운데 하나에 지나지 않았다. 동료 귀족은 왕이 주재하는 회의에 참석하여 조언하는 한편, 왕의 자의적 권력 행사를 견제했다. 그리고 무장한 모든 전사의 민회가 있어서, 전쟁이나 새 왕의 선출과 같은 사태가 발생하면 민회의 동의가 필요했다.

한편 호메로스의 세계는 귀족 전사의 가치를 반영한다. 과거를 전설적 영웅들의 시대로 이상화한 그의 걸작들은 그리스 남성의 교육을 위한 표준적 교재로 사용되었다. 그가 내세우고자 했던 가치는 본질적으로 용기와 명예라는 귀족적 가치였다. 전사-귀족의 세계에서 그 가치는 싸움에서 얻었다. 기꺼이 싸우고자 하는 의지를 통해 전사는 자신과 가족의 명예를 지키고 명성을 얻었다. 그러나 시간이 지나면서 폴리스라는 새 세계가 등장함에 따라 협동과 공동체라는 새로운 가치가 우위를 차지하게 되었다.

## 2. 그리스의 정치적 발전

### 1) 그리스의 자연환경

**지리적 조건**　　헬라스는 대부분이 산악으로 뒤덮인 그리스반도뿐 아니라 에게해 곳곳에 흩어져 있는 수백 개의 섬들로 구성되어 있었다. 그리스는 한반도의 절반 조금 넘는 크기의 작은 반도로서, 경작에 적합한 땅으로는 강 유역의 좁은 땅과 호수 주변 그리고 해안의 평원이 거의 전부이다. 사방으로 뻗은 험한 산줄기가 평지와 평지를 갈라놓고, 지역 간 교류를 어렵게 만들었다. 그 결과 바다가 통행의 주된 통로였다. 그런데 서부 해안 지대는 산줄기가 해안 가까이까지 내려와 경작 가능한 평지나 항구가 거의 없다. 그 대신 다른 곳에서는 깊게 들쭉날쭉한 긴 해안선이 이어져 곳곳에 깊은 만과 곶이 만들어지고, 그래서 무수히 많은 항구가 들어설 수 있었다. 그리고 에게해 곳곳에는 수많은 섬이 떠 있어서 비교적 안전하게 항해할 수 있었다.

삼면이 바다로 둘러싸인 비좁고 척박한 땅은 그리스인들을 일찍부터 바깥 세계로, 특히 바다로 나가게 했다. 그들은 과감하게 바다로 진출하여 해적이나 무역인이 되고, 혹은 곳곳에 식민지를 건설했다. 마찬가지로 삶의 공간인 평지가 산악으로 인해 서로 격리된 상황은 소규모의 독립적인 도시국가들이 형성되는 요인으로 작용했다. 지역적으로 격리된 그리스인은 제각각 독자적인 길을 걷고, 제 나름의 생활 방식을 발전시키게 되었다. 시간이 지나면서 이들 공동체는 좀 더 큰 단위의 조직체로 통합되지 못하고, 각각 독립된 정치 조직체로 성장한 것이다. 그리고 산맥이 이들 독립적인 정치 단위 간의 자연적 경계가 되었다.

고전 그리스 문명은 해안과 밀접하게 연결되었고 결코 내륙 깊숙이까지 침투하지 않았다. 보이오티아Boeotia의 이북과 이서 지역은 아테네와 스파르타가 발전의 정점에 도달했을 때에도 반ﾈ야만적 상태를 크게 벗어나지 못했다. 반면에 그리스 문명은 에게해를 따라 소아시아 해안 지대와 흑해까지, 그리고 서쪽으로는 이탈리아를 넘어 저 멀리 에스파냐 해안까지 널리 퍼졌다. 소아시아 연안은 그리스 본토보다 자연환경이 좋았다. 폭이 넓은 강 계곡은 소아시아의 내륙 깊숙이 들어갈 수 있어서 오리엔트와의 자연적 교역로가 되었다. 남부 이탈리아와 특히 시칠리아 역시 그리스 자체보다 더 넓은 평원과 더 나은 지형을 제공했다. 고대에 이 지역은 수출용 곡물을 대량으로 생산했으며, 농업적 부로 이름을 떨쳤다.

**기후와 경제생활**   지중해 지역은 계절이 아주 뚜렷한 편이다. 이 지역은 겨울이 우기이다. 겨울에는 중위도의 편서풍이 불어와 기후가 비교적 온난하면서, 바닷바람의 영향으로 비가 많이 내린다. 반면에 여름에는 아열대 고기압의 영향 아래 들기 때문에, 고온의 맑고 건조한 날씨가 이어져서 4~10월 사이에는 비가 거의 오지 않는다. 이 기간에는 맑은 날씨가 사람들을 야외로 끌어냈다. 사람들이 낮에는 뜨거운 태양을 피해 실내에 머물다가, 서늘한 저녁이 되면 바깥 생활을 즐긴 것이다. 지중해 기후의 이러한 특성 속에서 그리스 도시국가의 특징이었던 잦은 야외 공공 회합과 공연을 즐기는 생활 문화가 생겨났다.

농사는 강우에 맞추어야 해서, 가을에 심고 초여름에 거두어들이는 밀이 주된 곡물이 되었다. 그리고 오직 뿌리를 깊이 내리고 잎이나 껍질이 두꺼운 식물이 여름의 고온 건조한 날씨를 견딜 수 있어서, 포도나무와 올리브 나무가 밀과 함께 그리스 세계의 기본 농작물이 되었다. 한편 고대 시대에 말의 소유는 언제나 엄청난 부의 상징이었는데, 마초가 자라기 위해서는 습한 여름이 필요해서 여름에 가끔 비가 내리는 북부 테살리아Thessalia에서만 말을 쉽게 기를 수 있었다. 그래서 수분이 좀 적은 건초로도 살 수 있는 황소와 당나귀가 그리스의 대표적인 역축役畜이었다. 암흑시대에는 곡물 재배와 가축 사육이 토지 이용의 기본 방식이었는데, 땅이 부족해지면서 방목지도 경작지로 개간되고 산비탈만 목초지로 남게 되어 산비탈에 쉽게 방목할 수 있는 양과 염소가 중요한 가축이 되었다. 그리스인은 이들 가축으로부터 고기와 젖 그리고 양털과 모피를 얻었다.

포도와 올리브 재배는 인구 압력이 커지면서 확산했다. 이오니아의 폴리스들이 이런 특화 농업의 선구자 역할을 했는데, 그것은 기원전 500년 이후 아티카에서 최고조에 이르렀다. 이곳에서는 경작 가능한 땅을 모두 이용해도 충분한 곡물을 얻기가 어려워지자, 농업을 특화함으로써 어려움을 해결한 것이다. 포도주와 올리브유는 같은 땅에 곡물을 재배할 때 수확할 양보다 더 많은 곡물과 교환할 수 있었다. 그럴 수 있었던 것은 이들 작물이 온화한 겨울 기후에서만 잘 자랄 수 있기 때문이었다. 예를 들어 흑해 연안은 겨울이 너무 추워 포도나 올리브가 잘 자라지 못했다. 게다가 올리브는 곡물 경작지로는 거의 사용할 수 없는 돌투성이 산비탈에도 충분히 재배할 수 있었다. 그래서 사실 잠재적 경작 면적이 그만큼 늘어났다. 차츰 올리브-포도 농업은 지중해 세계 대부분으로 퍼져 나갔다.

포도주의 용도는 우리가 익히 아는 바이지만, 고대의 생활에서 올리브유는 오늘날보다 훨씬 더 중요하고 다양하게 사용되었다. 무엇보다 그것은 식용 지방의 주요 원천이었다. 게다가 그것은 동물성 기름이 귀했던 고대 세계에서 비누 대용으로 쓰이고, 등불을 밝히는 데도 쓰였다. 이런 다용도 때문에 올리브유는 고대를 통틀어 문명 생활의 필수품이 되었다. 시장을 위해 올리브유와 포도주를 생산하는 지역과 곡물을 생산하는 지역 간의 교역은 고전 세계에서 경제적 유통의 기본 형태가 되었다. 이런 유형의 경제는 오리엔트 문명의 지배적 경제 형태와는 달랐다. 오리엔트의 도시들은 정상적 상황에서는 식량을 해외에서 구하지 않고, 주위의 가까운 농촌에서 얻었다.

그리스는 광물자원이 풍부하지 않다. 고전 시대에 약간의 금과 은이 트라케Thrace와 아티카에서 채굴되는 정도였다. 그리스인은 몇 가지 기본 원료를 전적으로 외국 자원에 의존해야 했고, 철과 구리는 수입으로 부족한 양을 보충해야 했다. 그리고 인구가 증가하고 해운업이 발달한 기원전 5세기에 이르러서는 목재, 아마, 곡물을 해외에서 들여왔다. 그 대신 대리석과 양질의 도토陶土는 어디에나 풍부하게 있었다.

## 2) 그리스 세계의 발전

**폴리스의 형성과 그 성격**　　　폴리스polis의 기원은 불분명한데, 암흑시대에 단순한 혈연 조직에서 서서히 발전해서, 기원전 8세기 무렵이 되면 그리스인의 독특하고 기본적인 정치제도로 등장했다. 그것은 소규모의 독립된 정치 단위였는데, 처음에 주로 높은 언덕을 요새화한 아크로폴리스acropolis를 중심으로 형성되었다. 아크로폴리스는 외적의 침입 시 피난처로서 최후의 보루 구실을 했는데, 나중에 이 방어 공간에 신전이 건립되어 종교적 기능을 더하면서 폴리스의 핵심 요소가 되었다. 아크로폴리스 밑에는 광장과 시장의 역할을 하면서 시민 생활의 중심이 된 아고라agora라는 공간이 형성되었다. 시민들은 이곳에 모여 세상사를 이야기하기도 하고, 또 물건을 사고팔기도 했다.

이 두 핵심 공간을 중심으로 형성된 도시 구역과 이 도시 구역을 둘러싼 주위 농촌 지역이 합쳐져서 이른바 폴리스를 구성했다. 폴리스의 크기는 지형에 따라 천차만별이었는데, 아주 큰 것은 대체로 합병의 산물이었다. 일례로 아티카 지역은 한때 12개의 폴리스가 있었지만, 통합의 과정을 거쳐 결국 하나의 폴리스가 되었다. 그렇게 생겨난 것이 아테네로서, 기원전 5세기에는 인구 30만 명에 성인 남자 시민 4만 명 이상의 거대 폴리스로 성장했다. 그러나 대부분의 폴리스는 그보다 훨씬 작아, 인구가 보통은 고작 수천 정도였고 심지어 수백에 지나지 않는 폴리스도 있었다.

폴리스 주민은 시민과 거류외인 그리고 노예로 나뉘는데, 그중 성인 남자 시민만이 완전한 정치적 책임과 권리를 누렸으며, 미성년자는 물론 여성도 정치적 권리가 없었다. 폴리스는 기본적으로 혈연 공동체였다. 폴리스 시민 정신의 원천은 그들이 폴리스를 구성하는 씨족의 일원이라는 사실에 있었다. 그래서 노예는 물론이고, 다른 도시에서 온 거류외인居留外人 역시 그 수는 매우 많았으나 공동체의 완전한 구성원으로 여겨지지 않았다. 해외에 식민지를 개척했을 때에도, 새 정착지는 모국과 별개의 독립된 공동체가 되었다. 그리고 한 폴리스가 다른 폴리스를 점령했을 때에도 지배권만 확장했을 뿐, 시민권을 확장해 주지는 않았다.

거류외인은 상공업과 문화 분야 등에서 능동적으로 활동할 수 있었으나, 정치 참여도 토지 소유도 할 수 없었다. 노예는 그리스 사회의 경제적 기반을 유지하는 주된 노동력으로 존재했을 뿐, 사회적으로 아무런 발언권도 갖지 못했다. 그들은 주로 비非그리스인으로서, 통상적으로 전쟁 포로였다. 아리스토텔레스 Aristoteles에 의하면, 노예는 '우월한 사람'이 필요할 때 사용할 '도구'였다. 그들은 힘들고 따분한 일을 떠맡음으로써 주인이 좀 더 자유롭게 여가와 문화를 즐길 수 있게 해주는 존재였다. 노예는 법적으로 소유주의 재산이었다. 노예들은 스파르타나 다른 많은 폴리스에서 반란을 일으키기도 했는데, 노예가 비교적 인도적 대우를 받은 아테네에서는 노예 반란이 일어나지 않았다.

그리스인은 독립 폴리스를 고수하여 정치적으로는 분열을 극복하지 못했지만, 문화적으로는 동질적인 단일 문화를 발달시켰다. 그들은 공통의 언어를 사용하고, 올림포스Olympos의 신들을 포함한 수많은 공동의 신을 섬기고, 호메로스의 영웅들과 역사를 공동으로 상속하고, 그리고 공동의 혈통을 나누어 가졌다. 범汎그리스적 신탁 관습 역시 그리스인을 하나로 묶는 데 큰 역할을 했다. 가장 유명한 것은 델포이Delphoi의 아폴론의 신탁이었는데, 그 신탁소에서는 여사제 피티아Pythia가 환각 상태에서 신탁을 구하는 사람에게 아폴론의 예언을 전해주었다. 그리스인은 전 지중해에 널리 분산되었음에도, 자신을 주위의 이방인 barbaroi과 구별하여 헬레네라 부르며 동포 의식을 나누어 가졌다.

폴리스들은 그토록 자주 서로 싸우면서도 유대를 강화하기 위해 몇몇 공동 행사를 발전시켰다. 일찍이 그리스인은 폴리스가 형성될 무렵인 기원전 776년에 처음으로 펠로폰네소스반도의 올림피아Olympia에서 주신인 제우스를 기리기 위해 범그리스 종교 제전을 거행했다. 이 제전에서 여러 종교 행사에 곁들여, 여흥으로 각 폴리스의 대표들이 여러 가지 운동경기를 펼쳤다. 처음에 올림픽 경기Olympics는 달리기와 씨름이었는데, 나중에 권투와 창던지기 혹은 다른 여러 시합이 추가되었다. 이 첫 올림픽이 열리던 무렵에 단순한 부족 조직에서 폴리스라는 도시국가가 출현하기 시작했다. 올림픽 축제는 이후 4년마다 개최되어 헬레네의 동포 의식과 결속을 다지는 기능을 했으며, 축제 기간에는 폴리스 간의 싸움이 자주 중단되었다. 올림픽 외에도 그와 비슷한 경기 대회가 많았으며, 델로스Delos 축제에서는 운동경기에 음악 경연과 무용 경연도 함께 행해졌다. 또한 인보隣保 동맹을 위해 1년에 두 번, 각 폴리스 대표가 모여 공동 관심사를 논의하기도 했다.

'정치politics'라는 말이 폴리스polis에서 나왔지만, 폴리스는 단순한 정치제도를 훨씬 넘어서는 것이었다. 그것은 무엇보다 시민 공동체로서, 정치·경제·사회·문화·종교 등 시민의 모든 생활의 중심이었다. 한마디로 폴리스는 그리스인의 삶의 기초였다. 이탈리아반도에서 로마가 반도를 통일하는 정복 전쟁을 계속하고 있을 때, 그리스에서는 문명의 최전성기에 이르렀어도 폴리스의 틀은 그대로 유지되었다. 폴리스의 관념과 이상은 그리스 문명 그 자체와 분리할 수 없으며, 그리스 문명은 곧 폴리스에 꽃핀 문명이었다. 그리스인은 여러 공동의 신을 믿었지만, 각 폴리스는 특정 신을 특별히 섬겼다. 그들은 그 신이 특별히 자기 도시를 사랑하고 보호한다고 생각했다. 예를 들자면, 아테나Athena 여신은 아테네의 수호신이었다. 그리고 신관은 국가와 별도로 독자적 계급을 형성한 것이 아니라 국가의 관리였다.

**귀족 과두정 시대와 식민 활동**　　　그리스의 폴리스는 정치적으로 발전하면서 원시 군주정, 과두정, 참주정 그리고 민주정 등 온갖 형태의 정치체제를 다 경험했다. 폴리스는 처음에 원시 군주정으로 시작했는데, 왕의 일차적 역할은 군을 지휘하는 것으로서 권력은 절대적이지 못했다. 게다가 군주정은 오래가지 못하고, 기원전 8세기 중반에 권력이 소수의 지배적 귀족의 수중에 넘어감으로써 과두정이 들어섰다. 귀족들은 권력을 무자비하게 휘둘러 민회를 폐지하고, 좋은 땅을 독점하고, 많은 평민을 사실상의 예농으로 전락시키거나 쓸모없는 땅으로 몰아냈다.

　과두정 아래에서 평민들이 내몰린 고된 운명은 기원전 700년경 헤시오도스Hesiodos의 작품 『일과 나날Works and Days』에서 그들의 고통에 찬 항의로 표현되었다. 헤시오도스는 도덕화한 신의 관념과 새로운 사회정의의 시대를 알리는 예언자였다. 그는 정의로운 사회를 확립하기 위해서는 사람들이 모든 면에서 중용을 추구해야 하며, 신들이 악한 자를 벌하고 의로운 자를 보상한다는 사실을 깨달아야 한다고 주장했다. 호메로스가 귀족적 영웅의 용맹과 명예를 내세우는 것과 대조적으로, 헤시오도스는 보통 사람들의 의로움과 노동의 가치를 내세웠다.

　기원전 8세기 중엽부터 2세기 동안 그리스인은 대규모로 고향을 떠나 낯선 땅에 정착했다. 사회 발전의 자연스러운 결과인 인구 과잉과 그에 따른 식량과 토지의 부족, 그리고 점점 커지는 빈부 격차에 의한 빈곤 등이 그들이 그리스 밖으로 내몰린 요인이었다. 그들은 농사지을 좋은 땅을 찾아 지중해 세계의 광범한 지역으로 진출했다. 식민지 개척에 특히 적극적이었던 폴리스는 밀레토스와 코린토스였다. 특히 밀레토스의 경우는, 그 자신 식민도시이면서 자신의 식민지를 건설하여 수십의 식민지 가족을 구축했다. 그리스인들은 언제나 해안에 정착하면서 원주민들을 내륙으로 몰아넣었다. 그런 한편 그리스의 식민도시들은 지중해의 광범한 지역에서 후진적 원주민에게 문명을 전달하는 역할을 했다.

　그리스인은 서쪽으로는 이탈리아 남부를 거쳐 저 멀리 프랑스 남부 해안의 마실리아Massilia(오늘날의 마르세유Marseilles)와 에스파냐 동부해안까지 진출했다. 특히 이탈리아 남부와 시칠리아 동부에는 많은 그리스인이 이주하여, 그 지역은 마그나 그래키아Magna Graecia, 즉 대그리스로 불렸다. 그들은 북으로 흑해 연안과 에게해 북쪽 여러 섬에도 정착하고, 특히 트라케에서는 곡물을 재배하기 좋은 넓은 농경지를 확보했다. 남으로는 리비아 이외에 나일 삼각주에 나우크라티스Naucratis 식민지를 세웠는데, 이 식민지를 통해 그리스인은 이집트 문명과 직접 접촉하면서 많은 것을 배웠다. 그러나 다른 많은 곳에서 그리스인은 적대적 민족, 이를테면 동쪽에서는 페니키아에 그리고 서쪽에서는 카르타고에 밀려났다. 그리스 식민지는 통상적으로 모국과 사회·경제·종교적 유대 관계는 유지했지만, 정치적으로는 독립된 폴리스를 형성했다. 그래서 식민 활동으로 인해 식민제국이 생겨나지는 않았다.

기원전 550년경에 이르러 대규모 식민 운동이 끝이 났다. 그것은 비옥하고 방어가 허술한 해안 지역이 부족해진 탓이기도 했지만, 또한 과잉 인구를 국내에서 흡수하는 것이 가능할 만큼 폴리스의 대내적 발전이 이루어진 덕분이기도 했다. 식민지 건설이 차츰 그리스의 사회적·경제적 문제들을 개선했기 때문이다. 초기에 그리스 무역상들은 페니키아인과 경쟁하면서, 주로 선진 오리엔트 문명 중심지와 후진 지역 간의 중개상으로 활동했다. 식민 활동으로 무역과 산업이 번성하면서 장인들은 재빨리 오리엔트의 기술을 배워 도자기, 모직물, 금속도구와 무기, 장식품 등을 만들어냈다. 그리하여 그리스의 모국들은 특화한 상품, 이를테면 도자기·금속 제품·직물·올리브유·포도주를 식민지에 수출하는 대신, 부족한 식량과 목재 그리고 노예 등을 수입했다. 기원전 650년 즈음에는 리디아인에게서 배워 화폐를 쓰기 시작함으로써 교역이 한결 편리해졌다. 은화의 사용으로 그리스의 폴리스 안에서 시장경제의 발달이 더욱 촉진되었다.


**상공업 계층과 중장보병의 대두**     무역과 산업의 팽창과 더불어 많은 폴리스에서 부유한 상공업 계층이 두텁게 형성되기 시작했고, 이들은 자신의 부에 걸맞은 정치적 권리를 열망했다. 물론 장인과 상인계급의 출현이 모든 폴리스에서 정치적 영향을 크게 미쳤던 것은 아니다. 많은 경우 장인은 노예였고, 상인은 다른 폴리스나 심지어 비그리스 공동체 출신의 외래인이어서, 이들 집단이 정치적으로는 별 의미가 없었기 때문이다. 그러나 부유한 시민 계층이 형성된 도시에서는 정치 지형의 변화가 일어나기 시작했다.

부유한 상공업 계층의 출현은 먼저 전쟁 방식과 군사 제도의 변화를 가져왔다. 호메로스 시대에 전투는 주로 전차를 몰고 출전한 개인 전사들에 의해 치러졌다. 나중에 도리아인의 침입 이후에는 중무장한 기병이 더 큰 역할을 했는데,

그러나 전투는 여전히 개별 전사들이 혼잡한 백병전을 벌이는 양상으로 전개되었다. 그러한 전쟁에서는 귀족 기병이 주도적 역할을 담당했고, 지주인 이들 귀족은 군사적 역할을 바탕으로 폴리스의 정치권력을 독점했다.

그러나 기원전 7세기 중엽으로 넘어가면서 부유한 시민이 주축인 중장보병을 중심으로 한 새로운 전법이 도입되었다. 이들은 투구·가슴받이·정강이받이를 착용하고, 둥근 청동 방패와 짧은 칼 그리고 긴 창을 휴대했다. 중장보병은 보통 8열로 이루어진 팔랑크스Phalanx라는 밀집방진密集方陣 대형을 형성하여 하나의 전투 단위로 움직였다. 이 전술의 요체는 적진으로 진격할 때, 중장보병이 끝까지 밀집대형을 유지할 수 있느냐 하는 것이었다. 대형을 깨뜨리지 않고 유지하는 한, 그 군대는 승리를 얻거나 적어도 큰 피해를 당하지는 않았다. 그러나 대형이 무너지면 그 군대는 쉽게 유린되었다. 밀집방진은 개별 기병의 분산 공격을 무력화할 수 있음이 드러났다. 그 결과 중장보병이 전투의 주력이 되고, 기병은 전투에서 보조적 역할을 맡는 것으로 전락했다. 기병 이외에 때로는 경무장 보병이 밀집방진의 측면을 엄호하기도 했다.

그리스의 밀집방진은 약점도 있었다. 그것은 쉽게 방향을 선회하지 못했고, 특히 대형을 유지할 수 없는 경사가 급한 곳에서는 효율적으로 작전을 수행할 수 없었다. 그 결과 그리스의 정규적인 전투는 평원에서 치러졌다. 그리고 접전을 하기 전에 적이 대형을 전개하도록 허용하는 것이 일종의 관례가 되었다. 접전 끝에 대형이 무너져 패한 병사는 통상 무거운 방패를 버림으로써 비교적 큰 피해 없이 도망칠 수 있었다. 승자는 자신의 안전을 위해 대형을 흐트러뜨릴 수 없었기 때문이다. 마케도니아의 필리포스Philippos 시대까지는 그리스 전쟁에서 패주하는 적을 추적하여 살육하는 일은 거의 없었다.

중장보병의 등장은 군사적 영향뿐 아니라 정치적으로도 엄청난 파장을 몰고 왔다. 귀족 기병은 이제 구시대의 유물로 밀려나고, 전쟁의 승패가 중장보병의 활약에 달리게 되었다. 중장보병은 자신의 재력으로 전쟁 장비를 마련했기 때문에, 중장보병이 되어 폴리스를 위해 싸울 수 있는 경제적 여유가 있는 계층이 이제 귀족의 정치적 지배에 도전할 수 있게 되었다. 그런데 전쟁 장비는 시간이 지날수록 저렴해져서 더 많은 시민이 무장하고 중장보병이 될 수 있었다.

**참주정의 출현**　　한편 상공업 발전의 이면에서는 토지를 갖지 못한 농민들의 토지에 대한 갈증이 증대하고 있었고, 이들의 불만이 사회적 변화를 추구하는 요인으로 작용했다. 자신의 역할에 상응하는 권리를 요구하는 신흥 부유층의 열망과 가난한 농민의 토지에 대한 갈망이 기원전 7세기 중엽 이후 많은 폴리스에서 참주Tyrant 출현의 문을 열었다. 참주는 불만에 찬 농민과 상승하는 상인 계층의 지지를 얻어 귀족을 누르고 정권을 장악했다. 그들은 또한 신흥 중장보병의 지지도 받았다. 고대 그리스 역사에서 친숙한 존재인 이 참주는 오늘날 그 용어가 함의하는 것만큼 반드시 압제적이거나 포악한 '폭군'이었던 것은 아니다. 그는 초법적 수단으로 권력을 장악하거나 선동적 방법으로 대중에 호소함으로써 지배자가 된 정객이었다. 참주는 대부분 귀족 출신이었으나, 그 지지는 귀족 과두정에 반발하는 신흥 부유층과 가난한 농민에서 나왔다.

참주는 흔히 쿠데타로 권력을 찬탈하고 용병을 이용하여 권력을 유지했다. 일단 권력을 잡으면, 그들은 새로운 시장이나 신전 혹은 성벽 등을 축조하는 대규모 공공사업을 시행했다. 이런 사업은 폴리스의 영광을 드높일 뿐 아니라 가난한 사람에게 일자리를 제공함으로써, 참주의 대중적 인기를 높이고 지지 기반을 튼튼하게 해주었다. 참주는 또한 땅 없는 농민에게 땅을 분배했을 뿐 아니라, 식민 활동과 상공업을 더욱 진흥하여 상공업자의 이익을 옹호해 주었다. 참주 자신은 거의 모두 귀족이었지만, 동료 귀족에게 등을 돌리고 민중의 대의를 옹호했다.

오랫동안 성공한 참주정은 거의 없었다. 참주정은 소아시아 해안 지역과 시칠리아 그리고 남부 이탈리아 등지에서는 한참 더 존속했지만, 그리스 본토에서는 기원전 6세기가 끝날 즈음 참주는 모두 축출되었다. 많은 경우 참주들은 그들이 참주가 된 요인이었던 사회적 모순을 해결하지 못했고, 그래서 민심은 곧 그들에게 등을 돌렸다. 무엇보다 참주정은 그리스 사회의 법치의 이상에 배치되는 것이었다. 그렇지만 참주는 귀족 과두정을 끝장냄으로써 그리스 역사 발전에서 중요한 역할을 했다. 그리고 일단 참주가 제거되고 난 다음에는, 좀 더 많은 사람이 공동체를 다스리는 일에 참여하는 길이 열리게 되었다. 이런 경향은 몇 표 폴리스에서 민주정의 발전으로 절정에 이르렀지만, 다른 폴리스에서는 이런저런 종류의 확대된 과두정이 그럭저럭 지속했다.

### 3) 아테네와 스파르타

수많은 폴리스 가운데 가장 강력한 세력을 확립하고 자웅을 겨루던 경쟁자는 아티카반도의 아테네와 펠로폰네소스반도의 스파르타였다. 그리스 역사에서 흔히 고전기라 불리는 기원전 5세기와 4세기에 그리스 세계를 지배한 이 두 폴리스는 특정 제도와 생활 방식에서 판이하게 대조를 이루었다. 아테네인과 스파르타인은 서로 다른 방언을 쓰고, 상이한 정치제도를 발전시켰다. 아테네는 활발한 해상 무역을 펼치고 막강한 해군을 보유했던 반면, 스파르타는 농업국으로 가공할 육군을 육성했다. 아테네인이 개인의 차이를 허용하고 자유를 소중하게 여겼던 데 비해, 스파르타인은 안정과 단합을 추구하고 질서를 강조했다. 아테네의 정치 및 사회제도는 대다수 폴리스의 전형이었던 반면에 스파르타는 아주 독특한 생활 방식을 낳았다. 그리스 역사의 대부분을 아테네인이 쓴 때문이기도 하여, 그리스 문화에 대한 우리의 이미지는 대체로 아테네를 중심으로 형성되었다.

**아테네의 초기 발전**    아테네는 기원전 800년 무렵 오랜 시간에 걸쳐 아티카 지역의 여러 공동체가 뭉쳐 폴리스로 성장했다. 이 느리고 순탄한 발전은 스파르타와 같은 격렬한 긴장이 없는 안정적 사회 여건을 가져왔다. 초기 폴리스가 형성될 무렵부터 아테네에서는 왕이 이미 귀족들에게 권력을 잃기 시작했다. 8

세기가 지나가면서 왕위는 세습이 중단되고 사실상 일정 기간만 차지할 수 있는 관직이 되었다. 귀족에서 뽑힌 관리가 사법권을 행사하고 군대를 지휘하는 등, 왕과 정치권력을 공유하기 시작했다. 나중에는 왕의 기능이 주로 종교에 국한되고, 정치적으로는 중요하지 않게 되었다. 그리하여 아테네는 귀족 과두정 체제가 되었다. 비슷한 변화가 다른 폴리스에서도 일어났겠지만, 자세한 것은 알 수가 없다.

기원전 7세기를 지나면서 아테네는 귀족회의Areopagos가 최고 권력기관이 되었다. 민회는 거의 아무런 권한도 없었으며, 또한 개최되지도 않았다. 이전에 왕이 가졌던 권력은 해마다 귀족회의에서 선출되는 9인의 아르콘Archon에게 맡겨졌다. 이들 아르콘은 임기를 마치면 자동으로 귀족회의의 구성원이 되었다. 귀족은 좋은 땅을 차지하면서 번영했지만, 소농과 소작농은 어려움에 내몰렸다. 흉년이 들면 가난한 농민은 땅이나 몸뚱이를 담보로 식량과 종자를 빌렸고, 빚을 갚지 못하면 땅을 잃거나 노예로 팔렸다. 소농의 부채 말소와 부채 노예의 폐지를 요구하는 외침에다, 토지 없는 농민의 토지 재분배를 요구하는 혁명적 목소리가 터져 나왔다. 이렇게 사회적 갈등이 고조되면서, 자의적 지배에 대한 보호 수단으로서 법과 정의가 강조되었다. 마침내 기원전 7세기 말에 드라콘Drakon이 귀족 판관이 자의적으로 법을 해석할 권력을 축소하는 법을 제정했다. 그리스 최초의 성문법인 이 이른바 드라콘법은 자력구제에서 국가의 공적 사법체제로 나아가는 한 단계를 보여준다. 그러나 엄한 중벌주의에 입각한 드라콘법은 사회적 갈등을 해소하지는 못했다.

개혁의 실패로 한 세대쯤 뒤에 참주 등장의 우려가 커지자, 귀족들은 개혁 성향의 귀족인 솔론Solon에게 위기를 해결해 주기를 기대했다. 기원전 594년 솔론은 단독 아르콘으로 선출되어 사회 갈등을 해소할 폭넓은 권한을 부여받았다. 그는 중용과 정의의 이상을 바탕으로 해서 중도적 사회개혁을 추진했다. 그는 부채를 말소하고, 인신 담보를 금지했으며, 부채에 의한 노예를 해방했다. 그러나 그는 토지 재분배 요구는 지나치다고 거부했다. 경제문제 해결을 위해서는 통상과 산업을 장려하여 완전고용을 추구했다. 이를 위해 아테네에 정착한 외래 장인에게 시민권을 허용하고, 수출을 위한 올리브유 생산을 장려했다.

솔론의 정치개혁 역시 중용에 입각한 것이었다. 그는 모든 시민을 토지 재산을 기준으로 대지주 귀족·중소 귀족인 기사·농민·노동자의 네 계급으로 나누고, 계급별로 각각 다른 정치적 권리와 군사적 의무를 부여함으로써 이른바 금권정치체제를 수립했다. 이를테면 민회에는 네 계급 모두 참석할 수 있었지만, 신설된 4백인회에는 상위 세 계급만, 그리고 아르콘에는 상위 두 계급만 뽑힐 수 있었다. 군사적 의무에서는 상위 두 계급이 기사로 복무할 수 있었고, 해군의 노군橫軍은 최하 계급에서 충원되었다. 아테네를 구성하는 네 부족에서 각각 100명씩 선출된 위원으로 구성되는 신설 4백인회는 솔론이 되살린 민회를 운영하고 그 의안을 준비하는 일을 맡았다. 정치적 권리가 출생이 아니라 재산에 따라 결정됨으로써, 자연히 귀족의 권력은 줄어들고 부유한 평민은 완전한 정치적 평등을 얻었다. 게다가 민회는 아르콘의 결정에 대한 상소법정 역할을 할 수 있고, 아르콘이 직무상 비행을 저질렀을 경우에는 그들을 재판할 수 있었다. 그러나 실제 운용에서는 민회가 귀족 지도자들에게 쉽게 조종되었다.

**아테네의 참주정**    그러나 불행하게도 중도 개혁이 대체로 그렇듯이, 솔론의 온건한 개혁은 문제를 근본적으로 해결하지 못했으며, 어느 쪽도 만족시키지 못했다. 가난한 농민은 토지도 정치적 평등도 얻지 못했고, 귀족은 계급을 배신한 급진파라고 솔론을 비난했다. 갈등을 극복하지 못한 아테네는 결국 솔론이 그토록 피하고자 했던 참주정을 맞이하게 되었다. 오랜 혼란기를 거쳐 기원전 560년 페이시스트라토스Peisistratos가 권력을 찬탈하고 처음으로 참주가 되었다. 그는 살라미스Salamis섬의 영유권을 놓고 아테네가 메가라Megara와 오랫동안 벌인 전쟁에서 승리를 거둔 군사적 영웅이자 평민의 옹호자였다. 그는 이후 두 번 추방되었으나 그때마다 권좌에 복귀했으며, 도합 23년을 참주로서 아테네를 지배했다.

권력을 잡은 페이시스트라토스는 대규모 공공사업을 일으켜 가난한 사람에게 일자리를 만들어주는 한편, 많은 반대파 귀족을 추방하고 그들의 토지를 몰수하여 땅 없는 사람에게 나누어 주었다. 그는 또한 올리브와 포도를 심는 농민에게 자금을 장기대출해 주어서, 첫 소출이 날 때까지 생계를 이어가도록 도왔다. 이 조치는 아테네 농업을 혁신하는 데 크게 이바지했다. 페이시스트라토스 치하에서 아테네는 압도적으로 소규모 농장의 나라가 되어, 그 소유주는 가족과 몇 명의 노예나 임금노동자의 도움을 받아 직접 땅을 경작했다. 이 농장에서 나오는 올리브유와 포도주를 수출하고 그 대신 흑해 연안과 트라케의 곡물을 수입함으로써, 아테네를 괴롭혀 왔던 식량 부족 문제가 약간은 완화되었다. 올리브유와 포도주 수출은 또한 도자기 산업을 자극했다. 도자기가 이들 상품의 용기로 사용되었기 때문이다. 그래서 아테네는 페이시스트라토스와 그 아들 시대에 도자기 제조의 최고 중심지가 되었다.

　페이시스트라토스는 또한 문화를 후원함으로써 아테네가 그리스 세계에서 문화적 지도권을 잡는 길로 접어드는 데 크게 이바지하기도 했다. 대규모 신전들이 지어지고, 많은 조상이 아크로폴리스 위에 세워졌다. 호메로스 서사시의 유권적 정본이 정립되어 이후 모든 그리스인이 받아들인 표준이 되었다. 디오니소스Dionysos 축제를 위시한 여러 축제가 장려되기도 했다. 그가 취한 많은 개혁으로 기원전 6세기 초에 심각했던 사회적 갈등이 상당히 완화되었다. 그래서 "페이시스트라토스 치세에서의 삶은 지상천국이었다"라는 속담이 생겨나기도 했다. 그러나 참주정은 특히 망명 귀족 사이에서 강력한 정적을 낳았다. 527년 페이시스트라토스가 죽자 장남 히피아스Hippias가 뒤를 이었다. 그러나 그는 동생이 반대파에게 암살당하자, 관련 혐의자에 가혹한 탄압으로 대응하다가 결국 510년에 민심을 잃고 쫓겨났다. 이로써 아테네에서는 반세기에 걸친 참주정이 막을 내렸다.

**아테네의 민주개혁**　　스파르타 군대의 지원을 업고 히피아스를 몰아낸 귀족들은 과두정을 되살리려 했다. 그러나 또 다른 귀족 개혁가 클레이스테네스Cleisthenes가 시민의 지지를 얻어 기원전 508년 권력을 장악하고, 입헌적 개혁을 밀어붙여 귀족의 남은 권력을 무너뜨렸다. 귀족 가문의 권력은 주로 혈연을 토대로 한 전통적인 부족의 종교적·정치적 지도자로서의 특권적 지위에 근거했다. 그는 혈연에 토대를 둔 전통적인 4대 부족 체제를 전혀 새로운 구조의 10개 부족 체제로 개편해서 귀족의 권력 기반을 허물어뜨렸다. 새 부족은 각각 농촌 지역과 해안 지역 그리고 도심 지역 등 세 유형의 지역을 아우르도록 구성되었는데, 그럼으로써 각 부족은 기존의 혈연적 혹은 지연적 이해관계에서 벗어나 폴리스 전체의 이익을 앞세우는 행정단위가 되었다.

클레이스테네스는 4백인회를 폐지하고, 5백인회를 신설함으로써 또 하나의 중요한 정치적 변혁을 이룩했다. 신설된 10개 부족에서 각각 해마다 50명씩 추첨으로 뽑은 사람들로 구성되는 5백인회는 전반적인 국사를 담당하는 한편, 민회가 다룰 안건을 준비했다. 그는 또한 모든 성인 남자 시민으로 구성되는 민회에 중요한 국사를 결정하고 법률을 제정할 권한을 부여함으로써, 민회를 아테네의 주권적 권력기관으로 만들었다. 통상 10일마다 열리는 아테네의 민회는 평균 출석 인원이 5000~6000명 정도였으며, 표결은 단순 과반수로 이루어졌다.

클레이스테네스가 이룬 개혁으로 공직자의 권력이 크게 약해졌다. 5백인회를 포함하여 공직이 선출되지 않고 제비로 뽑히게 되자, 그들의 영향력은 더욱 약해졌다. 그런데 군사 문제는 그런 공직자에게 맡길 수 없었기에 새로 장군Strategos위원회가 설치되었다. 이 위원회는 해마다 민회가 각 부족에서 한 명씩 선출한 열 명의 장군으로 구성되었다. 이 새 관직은 곧 전시나 평시 가릴 것 없이 가장 강력한 관직이 되었다. 그리고 장군직은 횟수와 관계없이 무제한으로 다시 선출될 수 있었기 때문에, 이 관직을 통해 정책의 연속성이 유지될 수 있었다.

클레이스테네스의 마지막 개혁은 도편추방제ostracism로서, 해마다 한 번씩 민회에서 민주정에 위협이 된다고 생각되는 인물을 가려내어 10년간 추방할 수 있었다. 이때의 민회는 정족수가 6000명 이상이어야 했는데, 추방자의 결정 방식이 어떠했는지는 명확하지 않다. 최다 득표나 단순 과반수에 의하거나, 혹은 6000표 이상으로 결정되었을 가능성도 있다. 클레이스테네스의 개혁으로 아테네의 민주정이 크게 진전되었다. 그렇지만 실질적으로 혜택을 본 사람은 중무장 보병으로 근무할 수 있는 중간층이었고, 하층민은 아직 온전하게 참정권을 행사할 만한 경제적 여유를 갖지 못했다.

**스파르타의 초기 발전**　　　스파르타인은 그리스 본토 남부를 정복했던 호전적인 도리아인의 주된 후예로서, 민족 이동 때 펠로폰네소스반도 동남부의 라코니아Laconia 평원에 자리를 잡았다. 스파르타는 초기 군주정의 틀을 계속 유지했는데, 이는 독특하게도 두 명의 서로 다른 가문 출신의 세습 군주가 권력의 균형을 이루면서 다스리는 복수 군주제였다. 그러나 왕의 주된 권한이 전시에 군대를 지휘하는 역할로 한정되고, 행정의 실권은 귀족이 독차지한 5인의 에포로이ephoroi에게 넘어갔다. 그래서 스파르타의 정치체제는 군주정에 귀족 과두정이 가미된 혼합 체제가 되었다. 임기 1년의 에포로이는 최고 행정관으로서 국가 행정을 관장하는 한편, 왕을 감독하고 원로회와 민회를 주재했다. 한편 두 왕과 60세 이상의 유력 가문 출신 28인의 종신직 원로로 구성되는 원로회gerousia는 최고 재판소의 역할을 담당하고, 민회에 상정할 안건을 작성했다. 30세 이상의 모든 남자 시민이 참석하는 민회는 국가의 주요 정책을 최종적으로 의결하는 기구였다. 그러나 민회는 독자적 발의권을 갖지 못하고 원로회가 상정한 의안에 토론 없이 찬반 의사만 표시할 수 있었으며, 그것도 개별 투표가 아니라 소리로 외쳐서 표결했다.

　　기원전 8세기에 이미 스파르타인은 성인 남자가 1만 명도 채 안 되는 소수로서 다수의 예속민인 헤일로타이heilotai를 지배하고 있었다. 스파르타는 원래 네개의 마을이 통합해서 단일 공동체를 형성한 폴리스였는데, 이 통합으로 스파르타는 일찍이 강력한 폴리스로 성장해서 이웃 라코니아인을 정복할 수 있었다.

그 과정에서 많은 라코니아인이 스파르타의 지배를 받아들이고 페리오이코이
perioikoi가 되었다. 주변인이라는 뜻을 가진 이들은 자유로운 주민으로서 상공업
에 종사하는 한편, 세금 납부와 하급 병사로서 군 복무의 의무를 지고 있었다.
물론 이들에게 시민의 특권인 정치적 권리는 허용되지 않았다. 끝까지 저항한
다른 라코니아인은 포로를 뜻하는 말에서 나온 헤일로타이의 신분이 되어 토지
에 얽매인 채, 전사로 살아가는 스파르타 시민을 위해 농사일이나 고된 노역을
떠맡았다. 아테네의 노예가 주로 시민이 소유한 개인 재산이었던 데 비해, 이들
헤일로타이는 국가에 소속된 노예였다. 그러나 이때까지만 해도, 스파르타의 사
회체제는 어느 폴리스와 크게 다르지 않았다.

스파르타 역시 인구 과잉과 그에 따른 토지 부족 문제에 직면했는데, 이를 해
결하기 위해 스파르타인은 그리스인의 통상적인 방식대로 해외로 주민을 내보
내는 대신 이웃을 정복하는 길을 택했다. 기원전 740년 무렵 스파르타인은 서쪽
에 있는 드넓고 비옥한 메세니아Messenia의 평원으로 쳐들어가기 시작했다. 20년
에 걸친 오랜 전쟁 끝에 스파르타는 마침내 같은 도리아계인 메세니아인을 정복
할 수 있었다. 정복 후 그들은 인구가 자신들보다 일곱 배나 많은 이들을 헤일로
타이로 삼았다. 그래서 스파르타는 비시민에 비해 시민의 수가 1/10도 되지 않
았다. 아테네가 끊임없이 식민지를 확장하고 지중해 세계에서 지적 및 정치적
지평을 넓혀갔던 반면, 스파르타는 식민지와 상업 혹은 해군과 관련한 관심을
버리고 펠로폰네소스반도에 전념함으로써, 결국 육상 일변도의 세력이 되었다.
아테네가 열린 폴리스라면, 스파르타는 닫힌 폴리스가 되었다.

기원전 650년경 메세니아인이 반란을 일으켰는데, 거의 30년 가까이 이어진
이 참혹한 전쟁은 스파르타의 국가 체제를 근본적으로 바꾸어놓았다. 전쟁이 진
행되는 과정에서 스파르타는 군대 편제를 중장보병의 밀집방진 대형으로 전환
했다. 그래서 중장보병으로 복무하는 평민의 도움이 절대적으로 필요할 수밖에
없었다. 그래서 결국 귀족은 평민에게 토지 분배와 정치적 평등이라는 대가를
내어주었다. 개인의 토지 소유권이 폐지되고, 국가 소유의 토지가 모든 시민에

게 공평하게 분배된 것이다. 아테네 시민이 여러 계층으로 분화한 데 비해, 스파르타 시민은 정치 및 경제적으로 서로 평등하게 되었다. 이에 더하여 귀족은 30세 이상의 모든 시민으로 구성되는 민회에 에포로이와 원로를 선출할 권한과 원로회의 제안을 찬성하거나 거부할 권한을 부여했다. 그리하여 스파르타는 군주정과 귀족정과 민주정이 혼합된 헌정 체제를 갖게 되었다.

**스파르타의 병영국가 체제**　　한편 비록 진압에 성공했지만, 너무나 길고 힘든 전쟁을 치러야 했던 스파르타인은 압도적 다수의 헤일로타이에 대한 지배를 공고히 하기 위해서는 강력한 군사 국가를 확립할 필요를 느꼈다. 기원전 7세기 말경 스파르타는 리쿠르고스Lycurgos로 알려진 전설적인 입법자와 연관된 일련의 개혁을 단행했다. 그리하여 6세기를 거치면서 스파르타는 병영국가로 변모하고, 시민집단은 정복지를 억압하는 상비군 같은 존재로 탈바꿈해 갔다. 아테네는 청년에게 2년의 군사훈련을 요구했던 데 비해, 스파르타는 이제 모든 시민을 평생토록 직업군인으로 살게 하고 상시 전쟁 대비 태세를 갖추었다. 스파르타는 국가의 의지에 대한 개인의 절대 복속을 강요했다.

　국가가 새로 태어난 모든 아기의 생존 적합성을 심사하고, 불구이거나 병약한 아기는 죽게 내버려두었다. 소년은 7세에 가족을 떠나 국가의 통제 아래 들어가, 엄한 규율 아래 고된 훈련을 받고 국가에 헌신하도록 교육받았다. 그는 20세가 되면 병적에 오르고, 30세까지 병영에서 생활했다. 그 시기에 결혼은 허용되었으나, 병영 생활은 계속해야 하며 밤에만 부인을 방문할 수 있었다. 그는 서른이 되어서야 완전한 성인으로 인정되어 민회에 참석하고, 저녁을 가족과 함께 보낼 수 있었다. 그러나 그는 60세까지 군사훈련을 하며 군대 동료와 공동으로 저녁 식사를 해야 했고, 60세 이후에야 비로소 병영에서 완전히 벗어나 가정에서 가족과 생활할 수 있었다. 스파르타 시민은 복종과 준법의 정신 속에서, 사생활의 의지 없이 오로지 공동체의 유기적 일부로 존재했다. 전사-시민 가족의 생계는 헤일로타이가 떠맡았다. 이들은 국가가 시민의 몫으로 분배한 토지를 경작해 주었다.

　소녀도 용맹한 전사 아들을 낳을 건강한 어머니가 되기 위해 결혼하기 전까지 국가의 훈련을 받았다. 그녀들은 남자처럼 나체로 혹은 짧은 겉옷을 걸치고 달리기, 씨름, 창던지기, 원반던지기 등 운동경기에 참여했다. 남편이 서른 살까지 병영 생활을 해야 했으므로, 여성은 결혼 후에도 남편과 떨어져 홀로 가정을 꾸려야 했다. 그래서 스파르타 여성은 다른 폴리스보다 비교적 더 많은 행동의 자유와 가사 문제를 관장할 권리를 누렸다. 그들은 또한 남편과 아들이 전쟁터에서 용감하게 싸우는 전사가 되기를 기대하면서, 엄격한 스파르타적 가치를 몸에 익혔다. 스파르타의 여성들은 남편이나 아들이 전쟁에 나갈 때, 방패를 건네면서 "방패를 들고 돌아오든가, 아니면 그 위에 실려 돌아오라"라고 작별인사를 했다.

　스파르타는 그리스에서 가장 앞선 군사 조직을 발달시킨 반면, 문화와 예술의 면에서는 거의 아무것도 이루지 못했다. 정부는 시민이 철학이나 문예 혹은 국가의 안정을 해칠 새로운 사상을 조장할 수 있는 그 어떤 주제도 탐구하지 못하도록 막았다. 마찬가지로 정부는 외래 사상이 침투해서 상무 정신을 흩뜨려 놓을 것을 우려해 외래인의 방문도, 스파르타인의 외국 여행도 억제했다. 교역 역시 최소화되었다. 정복자는 자신의 정복을 지키기 위해 스스로 그 성공의 포로가 된 셈이다. 스파르타는 지적 정체停滯가 어떻게 경직된 사회적 순응주의 및 군사적 통제와 함께하는지를 보여주는 고전적 사례이다.

　한편 스파르타는 펠로폰네소스의 다른 폴리스들의 과두정파와 동맹을 맺고, 참주들을 타도하거나 과두정파가 정적인 민주정파를 억압하는 일을 도왔다. 스파르타는 민주적 운동이 헤일로타이를 부추길 것을 우려하여, 이웃 나라가 그런 움직임에 물들지 않게 하려 한 것이다. 스파르타가 다른 나라, 특히 아테네와 벌이는 전쟁은 단순히 경제적 경쟁이나 영토 획득 욕망 때문만이 아니라, 종종 이데올로기적 색채를 띠었다. 스파르타는 하층계급 세력의 성장을 막기 위해, 혹은 민주적 경향을 발휘하는 참주를 무너뜨리기 위해 타국 문제에 개입한 것이다. 그래서 스파르타는 기원전 6세기에 가공할 군사력을 바탕으로 펠로폰네소스반도의 거의 모든 폴리스를 규합하여 동맹을 맺고, 그 지배권을 장악하여 동맹의 정책을 좌지우지할 수 있었다. 스파르타를 중심으로 한 이 과두정 국가의 동맹은 6세기 말엽에 효율적으로 작동하여, 이후 아테네 주도의 민주적 국가들의 동맹과 대립하게 되었다.

## 3. 고전기 그리스의 영광과 쇠망

### 1) 그리스-페르시아 전쟁과 아테네 제국주의

**그리스-페르시아 전쟁: 제1차전**　　그리스 고전기는 그리스 역사에서 기원전 500년경에서 338년 마케도니아에 멸망할 때까지의 시대를 일컫는 이름이다. 그것은 빛나는 성취의 시대였는데, 그 대부분은 사실 페리클레스Pericles 영도하의 아테네에서 민주정이 활짝 꽃핀 것과 관련되었다. 그리스인이 이룩한 많은 항구적 공헌들은 이 시기에 이루어졌다. 서양 문명은 분석적인 자연 탐구와 인간 본성에 대한 예리한 통찰 등과 더불어 그리스인의 합리적 정신을 그토록 찬미해 왔는데, 사실 그리스의 그러한 이미지는 기원전 5세기에 일군의 아테네인들이 이룩한 성취에 불과하며, 이는 그리스 전체 역사의 주된 흐름에서는 예외적인 것일 수도 있다. 어쨌든 그 시대는 그리스의 폴리스들과 거대한 페르시아제국 간의 대접전과 더불어 시작되었다.

　　일찍이 페르시아가 소아시아로 확장해 와서 기원전 547년 리디아를 정복했을 때, 리디아의 명목상의 지배 아래에 있던 이오니아 지방 역시 페르시아의 지배 아래 들어갔다. 그리하여 그리스 세계는 에게해 맞은편 해안에 가공할 제국을 맞이하게 되었다. 이때부터 그리스와 페르시아 간에 갈등이 시작되어 이후 거의 2세기 동안 이어졌다. 당대 그리스 역사가 헤로도토스Herodotos는 그 속에서 동서 간의 상징적 투쟁을 보았다. 그 긴 투쟁은 알렉산드로스Alexandros 정복 이후 헬레니즘Hellenism 시대 동안에 두 문명의 통합으로 귀결되었다.

1차 그리스-페르시아 전쟁의 발단은 기원전 499년에 일어났다. 페르시아에 정복된 지 반세기쯤 뒤인 이때 이오니아 지방에서 밀레토스를 비롯하여 여러 폴리스가 반란을 일으키고, 같은 이오니아인인 아테네인에게 도움을 호소했다. 아테네는 배 20척을 파견해 지원에 나섰다. 페르시아는 그사이에 유럽으로 건너와 트라케도 손에 넣고 있었는데, 이 지역은 아테네의 주요 곡물 공급지로서 페르시아의 세력 확장은 아테네의 안위에도 매우 중요한 문제였기 때문이다. 페르시아인이 방심한 상태에서 일으킨 반란은 처음에는 성공적이었다. 이오니아인들은 리디아의 수도였던 사르디스Sardis를 포위, 함락했다. 그러나 494년 다리우스Darius 1세가 주력군을 동원하여 반란 도시들을 하나씩 분쇄하고, 가장 오래 버틴 밀레토스는 철저하게 파괴해 버렸다.

폴리스 역사의 초기부터 이 시기에 이르기까지 이오니아 지방의 폴리스들은 그리스 문명의 선도자로서, 기원전 6세기에는 자연철학을 꽃피우는 등 그리스인의 지적 생활의 중심 구실을 해왔다. 그러나 이오니아는 이때의 타격에서 결코 완전히 회복하지 못했다. 그리스 문화의 중심은 이후 서쪽으로, 처음에는 잠시 이탈리아 남부와 시칠리아로, 그다음에는 다시 동쪽 아테네로 옮아갔다.

반란을 진압한 다리우스는 이오니아의 배후 세력인 아테네를 응징하기 위해 그리스 본토를 침공하기로 작정했다. 기원전 492년 페르시아 함대가 트라케 해안을 거쳐 그리스 본토로 가다가 폭풍을 만나 함대가 큰 피해를 입자, 다리우스는 침공을 포기하고 철수했다. 2년 뒤에 그는 2만 병력을 이끌고 아테네에서 추방당한 히피아스를 앞세우고 에게해를 건너 아테네 인근의 마라톤Marathon 평원에 상륙했다. 그는 추방당한 히피아스를 참주로 복귀시켜 아테네에 친페르시아 정부를 세우고자 했다. 아테네는 투항파와 주전파가 논란을 벌인 끝에 주전파가 주도권을 장악했고, 그 지도자 밀티아데스Miltiades가 장군으로 선출되었다. 아테네군의 병력은 페르시아군의 절반밖에 안 되었다. 그러나 밀티아데스가 지휘하는 아테네의 중장보병군은 스파르타의 지원군이 도착하기를 기다리지 않고 선공하여 페르시아 대군에게 참담한 패배를 안겨주었다. 마라톤 전투는 역사상 결정적 전투의 하나였다. 그것은 페르시아가 무적이 아님을 증명했고, 헤로도토스의 표현을 빌리자면 "자유인은 노예보다 더 잘 싸운다"는 사실을 보여주었다.

**그리스-페르시아 전쟁: 제2차전**　　10년 뒤 다리우스의 뒤를 이은 크세르크세스Xerxes(486~465 B.C.)가 이번에는 전 그리스를 복속시킬 것을 목표로 대군을 이끌고 다시 그리스를 침공했다. 그는 15만 명에 육박하는 육군과 700척에 달하는 함선, 그리고 수백 척의 보급선을 동원했다. 배로 이동하기에는 너무나 대군이어서 수년에 걸쳐 미리 헬레스폰트 해협에 설치해 놓은 배다리를 건넌 페르시아군은 해안을 따라 행군하고, 함선과 보급선이 바다에서 동행했다.

　페르시아의 사절단이 항복을 요구하자, 많은 도시가 도저히 저항할 수 없어 보이는 군대에 굴복했다. 델포이의 신관도 저항을 단념케 하는 점괘를 내놓기 시작했다. 스파르타를 위시한 펠로폰네소스 동맹의 폴리스들과 아테네는 굴복하기를 거부했다. 아테네에서는 그사이에 테미스토클레스Themistocles가 장군으로 선출되어 새로운 지도자로 떠올랐다. 그는 우선 재침에 대비하기 위한 방책의 하나로, 당파 싸움을 완화하기 위해 민주화를 진전시켰다. 그래서 최고 정무관인 아르콘조차 추첨으로 선출하게 되었다. 그리고 테미스토클레스는 아티카 동남부의 라우리온Laurion에서 새로 발견된 은광을 개발, 그 자금을 투입하여 3단 노를 장착한 군선을 건조했다. 이 조치는 아테네가 페르시아의 2차 침략을 격퇴하는 데 결정적 공헌을 했을 뿐 아니라, 노를 젓는 가난한 시민의 힘을 크게 증대했다.

　페르시아군이 남쪽으로 진격해 오자, 그리스군은 중부 그리스로 들어오는 길목인 테르모필레Thermopylae의 협로에서 페르시아군을 저지하려고 했다. 스파르타 왕 레오니다스Leonidas를 총사령관으로 하여 300명의 스파르타 중장보병을 포함한 7000~9000명 규모의 그리스 연합군이 3일 동안 페르시아군의 진로를 막았다. 그러나 그 지역의 한 그리스인이 페르시아군에게 그리스군을 우회할 산길을 알려주었다. 앞뒤 양쪽에서 협공당할 처지에 놓이자 레오니다스는 결사대만 남기고 대부분의 그리스군을 철수시켰다. 레오니다스 자신은 결사 항전 끝에 스파르타 전사 300명 및 다른 700명의 그리스군과 함께 장렬한 최후를 맞았다.

이후 아무런 저항을 받지 않고 아티카까지 진격한 페르시아군은 아테네를 유린했다. 아테네인은 도시를 버리고 도망쳐야 했고, 도시가 불타 무너지는 것을 지켜봐야 했다. 그러나 아테네 주축의 그리스 함대가 바다에서 전세를 뒤집었다. 테미스토클레스의 지휘 아래 살라미스 해협에서 격전을 벌인 아테네 해군은 수적으로 열세였음에도 페르시아 해군의 참전 350척 중 200척을 격침하는 대첩을 거둔 것이다. 참패를 당한 크세르크세스는 후일을 기하기 위해 일부 군대를 남겨둔 채 일단 소아시아로 퇴각했다. 그리스의 땅이 척박해서 대군을 유지하기에는 군량이 넉넉하지 못한 탓이 컸다.

이듬해인 479년 봄에 페르시아는 다시 아티카를 침략했다. 아테네가 무너지면 펠로폰네소스가 공격당할 것을 우려한 스파르타와 펠로폰네소스 동맹은 전력을 다해 페르시아군을 밀어냈다. 스파르타군을 선봉으로 한 그리스 연합군이 플라타이아Plataea에서 다시 한 번 중장보병의 우수성을 증명했다. 페르시아군은 참패를 당하고, 일부만 간신히 아시아로 돌아갈 수 있었다.

**아테네 제국주의**　　페르시아에 대한 승리는 그리스인의 단결 때문에 가능했다. 그러나 스파르타가 노예 반란과 외부 세계와의 폭넓은 접촉에서 올 시민 정신의 훼손을 우려해 군대를 불러들이고 고립정책으로 돌아갔다. 이후 수십 년 동안 펠로폰네소스 동맹은 그리스 세계의 국제 정치에서 적극적 역할을 하지 못했다. 이오니아의 폴리스들이 여전히 페르시아의 지배 아래 있고, 재침의 가능성도 있었다. 그래서 아테네는 기원전 478년 에게해의 섬과 인근 해안의 폴리스 대부분을 규합하여 델로스Delos 동맹을 결성했다. 처음에 델로스 동맹은 펠로폰네소스 동맹과 매우 비슷하게 운영되었다. 각 나라 대표들은 정기적으로 델로스

섬에 모여 공동의 관심사를 논의했다. 함대 200척 규모의 해군을 유지하기 위해 각 폴리스는 국력에 비례해서 인력과 선박을 분담했다. 아테네는 처음부터 동맹을 주도했고, 함대는 언제나 아테네인이 지휘했다.

델로스 동맹의 노력에 힘입어 에게해 연안의 폴리스가 하나씩 페르시아의 지배에서 벗어났다. 기원전 468년에 이르러 이오니아의 폴리스들이 페르시아의 지배에서 벗어남으로써, 사실상 거의 모든 그리스계 폴리스가 페르시아에서 해방되었다. 페르시아의 위협이 커 보이는 동안은 폴리스들이 기꺼이 사람과 배를 보냈지만, 이제는 돈으로 동맹의 의무를 대신하고 싶어 했다. 사람과 배 대신 돈을 내는 경향은 페르시아에서 해방된 폴리스들이 새로 동맹에 가입함으로써 더욱 강화되었다. 아테네는 동맹 기금으로 전함을 건조하고 아테네 선원으로 병력을 충원함으로써 막강한 해군력을 보유하게 되었다.

아테네 세력이 지나치게 비대해지자 일부 회원국의 우려가 커졌다. 몇몇 폴리스가 동맹을 탈퇴하려 하자, 아테네는 모든 탈퇴 시도를 강제로 막았다. '탈퇴 불가'가 아테네의 동맹 정책이 되었다. 아테네는 동맹을 유지하면서 제국 체제를 구축했고, 델로스 동맹은 아테네 제국의 핵심이 되었다. 아테네는 동맹국에서 귀족 과두정파 세력을 억압하고 민주정파가 권력을 잡도록 지원함으로써 민주적 국가의 지도자로 군림했다. 많은 그리스인, 특히 스파르타의 펠로폰네소스 동맹국과 아테네 제국 내의 억압받는 귀족 과두정파에게 아테네는 '참주 도시'였다.

페리클레스 시대(461~429 B.C.)에 이르러 아테네는 제국 정책을 더욱 강화했다. 델로스 동맹의 자발적 동맹국이 차츰 아테네 해상 제국의 비자발적 종속국으로 전락해 갔다. 아테네는 회원국 영토에 수비대를 주둔시키고, 내정과 외교 정책에 개입하고, 그들의 송사를 아테네 법정으로 이관하기도 했다. 그런 가운데 페르시아와의 전쟁은 곳곳에서 단속적斷續的으로 이어졌다. 기원전 460년 이집트가 페르시아에 반란을 일으켰을 때, 아테네는 이를 지원하기 위해 대규모 원정군을 보냈으나 페르시아에 참패했다. 그러자 아테네는 454년에 안전을 핑계로 동맹 금고를 델로스에서 아테네로 옮기고는, 마치 자기 금고인 양 동맹 기금을 마음대로 전용했다. 파르테논Parthenon 건축 자금도 동맹 금고에서 나왔다. 회원국은 동맹에 분담금을 내는 것이 아니라, 사실상 아테네에 조공을 바치는 꼴이 되었다. 회원국이 정기적으로 회합을 하는 관행도 차츰 사라지고, 아테네는 동맹의 지도자라기보다는 제국의 지배자가 되었다. 이런 아테네의 오만한 제국주의는 많은 폴리스의 반발을 샀고, 그 결과 전 그리스 세계는 또다시 거대한 전쟁의 격랑 속으로 빠져들게 되었다.

### 2) 황금시대의 아테네

**황금기의 아테네 사회**　　동방의 대제국에 승리를 거두는 데 주도적 역할을 했던 아테네인은 사기가 충천했다. 위기를 극복한 뒤 아테네인은 일찍이 없었던 만큼 내부적으로 통합되었으며, 넘치는 힘과 자신감으로 그리스에 황금시대를 활짝 열 태세를 갖추게 되었다. 예전에는 오리엔트의 경이로운 문명과 부와 지혜가 그리스인에게 깊은 감명을 주었고, 그리스 문화의 많은 요소가 오리엔트의 모방에서 왔다. 그렇지만 이제 그들이 거둔 승리는 그리스인의 우월 의식을 확인했다. 페르시아와의 전쟁은 자유인과 노예, 자유와 전제정 간의 싸움으로 여겨지게 되었다. 이것이 헤로도토스의 『역사Historiai』의 중심 주제였다. 이러한 이분법은 지극히 주관적인 것이었다. 그러나 그것은 서양에서 끈질기게 '문명'을 유럽 혹은 서양과 동일시하고, 동양은 무지나 야만과 동일시하는 전통의 토대를 제공했다.

　아크로폴리스에 신전을 재건하면서 아테네인들은 일찍이 없었던 만큼 장엄하게, 그들의 자유 체제에 대한 자신감과 사명감을 느꼈다. 파르테논을 포함하여 그들이 세운 건축물은 그들의 예술적 천재를 보여준다. 똑같은 정신이 조각과 연극 그리고 철학에 영감을 불어넣었다. 참으로 아테네의 황금시대는 오랫동안 잉태해 있었겠지만, 그 화려한 탄생을 가져온 것은 위기의 성공적 극복과 승리로 얻은 자신감이었다.

아테네는 전쟁의 상흔에서 빠르게 회복되었고, 이후 반세기 동안 경제적 번영을 누렸다. 라우리온 은광에서 생산된 양질의 은으로 주조한 은화는 국제통화구실을 했다. 아테네는 흑해 지역 폴리스들과의 수지맞는 무역을 거의 독점했다. 전쟁으로 크게 인명이 손실되었음에도, 인구는 계속 늘었다. 제국적 정책으로 생긴 많은 행정 및 군사적 직책과 상공업의 팽창으로 많은 사람이 생계를 꾸릴 기회를 얻었고, 식민지는 과잉 인구를 흡수했다. 그 결과 기원전 6세기에 아테네를 괴롭혔던 빈곤과 극심한 사회적 갈등이 대체로 사라졌다.

아테네는 노예와 거류외인의 수가 늘었다. 번영기 아테네의 총인구는 30만~40만 명 정도로, 대략 15만 명이 시민, 10만 명이 노예, 그리고 나머지가 거류외인이었다. 가족은 아테네에서 매우 중요한 제도였다. 친척과 노예가 가족의 일부로 여겨지기도 했지만, 가족은 기본적으로 남편과 아내 그리고 자녀로 이루어졌다. 가족의 기본적인 사회적 기능은 새 시민을 생산하는 것이었다. 기원전 5세기의 엄격한 법은 아테네 시민의 자격을 시민인 부모에게서 태어난 두 남녀 시민의 합법적 결혼에서 태어난 자식이어야 한다고 규정했다.

노예는 대체로 전쟁 포로이거나 그 자녀들이었는데, 대부분이 그리스 바깥에서 노예상을 통해 팔려온 사람들이었다. 노예제는 고대 세계에 공통된 제도였다. 수많은 노예를 거느린 시민도 있었지만, 극빈자를 제외한 대다수 시민은 보통 한두 명씩 노예를 소유하고 있었다. 은광에서 일하는 노예는 사슬이 채워지고 가혹하게 다뤄졌지만, 시민이 소유한 일반 노예는 복장이나 생활의 면에서 보통의 시민과 크게 다르지 않았다. 이들은 주인을 도와 밭일을 하거나 가사를 도왔다. 때로는 장사를 배우고 사업에 성공한 노예도 있었으며, 그런 노예는 돈을 모아 자유를 살 수도 있었다. 노예는 자연에 반하고 모든 사람은 평등하다는 소수의 목소리도 있었지만, 그리스 세계는 대체로 아리스토텔레스의 견해에 동의했다. 아리스토텔레스는 일부 인간들, 특히 비그리스 사람들은 완전한 인간 이성을 갖추지 못했고, 따라서 본성상 주인의 지도가 필요한 노예라고 주장했다.

　아테네에 거주하는 5만 명쯤의 거류외인은 주로 상공업에 종사했다. 아테네의 장인은 아마도 대부분이 거류외인이었던 듯하다. 그들은 법의 보호를 받으면서, 군사적 의무와 축제의 재정 분담 등 시민의 책무 일부도 분담했다. 그들 중 일부는 부를 얻었고, 귀족 가문과도 친밀한 유대를 맺었다. 그들은 정치적 권리가 없었지만, 아주 예외적으로 아테네 시민이 될 수도 있었다.

　노예와 거류외인뿐 아니라 아테네 시민인 여성도 정치적 발언권이 없었다. 정치는 오직 4만 5000명 정도의 성인 남자 시민의 전유물이었다. 아테네는 남성 중심 사회였다. 여성은 법적으로 처음에는 아버지의, 다음에는 남편의 재산이었으며, 자신의 이름으로 재산을 가질 수 없었다. 여성은 보통 14세나 15세쯤에 결혼했는데, 결혼한 여성의 기능은 자식을 낳고 가정을 꾸리는 것이었다. 가난한 여자는 때때로 바깥일을 하거나 장사를 했으나, 부유한 집 여자는 종교 행사 참석 외에는 거리를 잘 나다니지 않았다. 여성은 대체로 그들의 지위를 받아들였고, 결혼 생활은 일반적으로 안정되고 화목했다.

　아테네는 도덕 기준도 남성 중심적이었다. 남편이 바람피우는 것은 사회적 비난의 대상이 아니었다. 아테네에는 상류층 남성의 필요와 욕구를 만족시켜 주는 여성 '동료', 말하자면 고급 창부hetaerae가 있었다. 이들은 보통 거류외인이었고, 따라서 아테네 여성에게 부과되는 사회적 제약을 받지 않았다. 페리클레스의 정부였던 아스파시아Aspasia 같은 소수의 창부는 정치와 문화계의 주요 인사들이 자주 드나들던 사교 모임에서 그들을 접대하던 교양 있는 여성이었다.

　남성 동성애 또한 아테네 생활의 두드러진 현상이었다. 사회적으로 용인된 것은 성인 남자와 미성년 소년 간의 동성애였는데, 이는 귀족적 이상으로서 보통 사람의 관행은 아니었던 것으로 보인다. 이 관계는 물론 육체적인 것이었지만, 그와 동시에 교육적인 것으로 여겨졌다. 어떤 의미에서 이 애정 관계는 청소년을 정치적 혹은 군사적 지배의 남성 세계로 들어가게 하는 한 방법으로 여겨졌다. 그렇지만 성인 남자 간의 동성애는 자연에 반한 것으로 여겨져, 법으로 엄격하게 금지되었다.

**페리클레스와 아테네 민주주의**     탁월한 지도력으로 30년 이상 아테네를 이끌면서 그리스의 황금시대를 연 지도자는 페리클레스였다. 그가 아테네를 이끌었던 시기에 정치, 경제, 군사, 문예 등 모든 분야에서 아테네의 힘은 정점에 이르렀다. 그의 이름은 곧 아테네의 황금시대와 동의어가 되었다. 아테네의 영광을 상징하는 파르테논 신전의 건립을 기획하고 주도한 것도 페리클레스였다. 그리고 아테네의 황금시대는 곧 찬란한 그리스 문명의 황금시대였다.

페리클레스가 아테네를 지배한 것은 장군이라는 직책을 통해서였다. 그의 시대에 실제의 행정 권력은 추첨으로 뽑힌 아르콘이 아니라, 투표로 선출된 열 명의 장군으로 구성된 위원회에 있었다. 이 위원회는 근대 영국의 내각과 비슷하게 작동했다. 1년 임기의 장군들은 추진한 정책의 성과에 재선 여부가 달려 있었는데, 페리클레스는 딱 한 번 재선에 실패했다. 그는 부유한 귀족 가문 출신으로, 기질상 서민적이기보다는 귀족적이었다. 그러나 그는 위대한 웅변으로 대중을 사로잡아, 그리스인 가운데 가장 오래 권좌를 차지할 수 있었다. 그의 영향이 워낙 커서 투키디데스Thucydides는 페리클레스의 정부를 "명목상으로는 민주정이나 실제로는 가장 위대한 한 시민의 정부였다"라고 평했다.

페리클레스는 대외적으로 스파르타와 경쟁하면서 제국주의적 영향력 확장을 도모하는 한편, 대내적으로는 민주주의를 확대하는 정책을 추진했다. 클레이스테네스의 개혁으로 토대가 확립되었던 아테네 민주정은 페리클레스 시대에 이르러 완성되었다. 재산과 관계없이 모든 성인 남자 시민이 참여하는 민회가 전쟁과 외교정책에 관한 최종 결정을 내리고 법률을 제정하는 등 최고기관이 되었다. 아르콘에 뽑힐 수 있는 자격이 제3계급인 농민까지 확대되었는데, 얼마 지나지 않아 최하층인 제4계급에도 사실상 아르콘 자리가 허용되었다. 귀족 과두정파의 아성이었던 귀족회의는 살인 관련 사건에 대한 사법권을 제외하고 모든 권력을 민회로 넘겨야 했다. 재판도 일반 시민들이 직접 담당했다. 아테네에는

10개 부족에서 각각 600명씩 추첨으로 뽑은 6000명의 배심원단이 있었는데, 법정은 보통 그중에서 선정된 500명가량의 배심원으로 구성되었다. 판사와 같은 전문 법관이 따로 없이, 유무죄 판정과 처벌 유형 등 모든 절차가 다수결로 결정되었다. 전문 변호사도 없어서 피고는 스스로 변론해야 했다. 아테네의 민주 체제에서는 대중을 설득하는 언변이 무엇보다 중요했다.

페리클레스는 또한 법정에 출석하는 배심원, 5백인회 위원 그리고 공직자에게 수당을 지급하는 제도를 도입했다. 공직을 담당하는 정치적 권리가 그림의 떡이 아니라, 가장 가난한 시민도 실제 누릴 수 있는 권리가 되게 하기 위해서였다. 반대파는 이를 정치적 뇌물이라 비판했지만, 페리클레스는 그것이 민주정의 성공에 필수적이라고 주장했다. 오랫동안 배심 수당은 더는 함대에서 노를 젓지 못하는 나이 든 빈민을 위한 일종의 노령연금 구실을 했다. 페리클레스는 정치 개혁뿐 아니라, 하층민을 위한 다양한 사업도 펼쳤다. 그는 공공사업, 특히 도시 재건과 미화에 막대한 재정을 투입하고, 축제에 참석하는 빈민에게도 수당을 지급했다.

기원전 5세기 내내 아테네 정치는 과두정파를 누르고 전반적으로 민주정파가 주도권을 장악했는데, 그 결과 꾸준히 더 많은 권력이 가난한 시민에게까지 넘어가 결국 민주주의의 완성을 보게 되었다. 그리고 가난한 시민은 민회에서 표로써 민주정파를 뒷받침해 주었다. 아테네인은 이제 스스로 그들이 수립한 제도를 표현하기 위해 '민주주의democracy'라는 단어를 사용하기 시작했다. 민주주의는 국민을 뜻하는 데모스demos와 권력을 뜻하는 크라티아kratia를 결합한 말로서, 국민이 권력을 가진 정치를 가리켰다.

그런데 민주정파가 정국의 주도권을 쥘 수 있었던 중요한 요인의 하나는 함대의 노군이 빈민 계층에서 충원되었다는 사실이었다. 아테네의 힘과 부가 상당한 정도로 제해권에 달려 있는 상황에서, 함대는 민주주의의 보루가 되었다. 그와 반대로 중무장 보병은 대체로 온건한 과두정으로 기울었다. 델로스 동맹 초기의 일정 기간은 민주정파와 과두정파가 합심하여 해외 군사작전을 지원했다.

그런데 나중에 페르시아의 위협이 약해지고 해군력과 민주주의의 관계가 명백해졌을 때, 과두정파는 제국주의적 모험에 반대하기 시작했다. 반면 민주정파는 제국주의적 팽창 정책을 추구했던바, 그렇게 해야만 가난한 시민은 꾸준히 고용과 벌이 혹은 전리품이 보장될 수 있었기 때문이다. 전성기 아테네에서는 민주주의와 제국주의가 긴밀하게 결합되어 있었다.

고대 아테네에서 완성을 본 민주주의와 오늘날 유럽의 민주주의의 연관성은 매우 희박하다. 사실 민주주의는 그 탄생지인 그리스에서조차 지배적이지도, 오래 실현되지도 못했다. 그리스 문명을 상속한 로마의 사상가들도 민주주의를 찬미하지 않았고, 근대에 이르기까지 그것은 까맣게 잊혔다. 오늘날 유럽의 민주주의 관행의 기원은 중세 봉건 군주가 소집한 신분회에, 그리고 중세 도시 공화국에 거슬러 올라간다. 다만 계몽사상가들은 고대 그리스에 대한 낭만적 환상을 그들의 입헌적 개혁 운동과 연결 짓기는 했다.


### 3) 펠로폰네소스 전쟁

**전쟁의 원인과 발단**　　아테네의 영광은 그리 오래가지 못했다. 일치단결하여 침략자를 격퇴한 그리스 세계는 반세기도 지나지 않아 두 적대 진영으로 갈라졌다. 한편에는 민주정파들이 정부를 주도하는 아테네와 그 제국의 종속적 동맹국들이, 그와 대립해서는 과두정의 수호자인 스파르타가 지도하는 펠로폰네소스 동맹이 버티고 있었다. 판이한 사회체제를 가진 두 진영은 서로 상대 체제를 관용할 수 없었다. 기원전 431년 마침내 스파르타 동맹과 아테네 제국 간에 전쟁이 터졌다. 그것은 과두정 진영과 민주정 진영 간의 싸움이었고, 그런 점에서는 이데올로기 투쟁이었다. 한편 그 대결은 공포가 어떻게 피차 원치 않은 전쟁을 일으킬 수 있는가의 고전적 사례였다. 역사가 투키디데스는 전쟁의 근본 원인은 스파르타 동맹국이 아테네 제국의 성장에 대해 가졌던 두려움이었다고 지적했다.

어떤 면에서는 펠로폰네소스 전쟁뿐 아니라, 그 이전과 이후의 끊임없는 전쟁의 근원적인 원인은 그리스의 폴리스 체제 자체에 내재해 있었다. 각 폴리스는 자신의 군사력을 보유하고, 어떠한 상위 권위도 인정하지 않는 완전한 독립을 고집했다. 합의로 해결되지 않는 이견이 생길 때면, 흔히 어느 쪽이든 전쟁에 호소했다. 어떤 폴리스가 이웃을 일시 무력으로 복속시키기도 하지만, 패한 폴리스는 흡수되기를 거부하고, 기회를 노리면서 참을성 있게 기다리다가 결국 독립을 되찾았다. 따라서 그리스 세계는 항시 전쟁 상태에 있었다. 그리스-페르시아 전쟁 때와 같이 외적에 대항하여 함께 뭉칠 필요가 있는 경우에만 상호 간의 싸움을 삼갔을 뿐이다.

　　이미 양 진영을 갈라놓은 이데올로기적 긴장에 불을 붙인 것은 스파르타의 주요 동맹국인 코린토스와 아테네 간의 싸움이었다. 앙숙인 이 두 나라는 지중해의 무역로를 지배하기 위해 경쟁을 벌여왔는데, 기원전 433년부터 아테네가 좀 더 노골적으로 코린토스의 상업적 생명선을 위협했다. 코린토스는 펠로폰네소스 동맹 회의를 소집하고, 아테네에 선전포고할 것을 스파르타에 요구했다. 외교적 협상이 실패하자, 431년 봄에 스파르타가 '공격자' 아테네에 전쟁을 선포했다. 마침내 전면전이 터진 것이다. 양대 동맹이 맞선 상황에서 대부분의 폴리스는 중립을 지키기가 사실상 불가능했으며, 결국 모든 폴리스는 어느 한편에 서야 했다. 더욱이 각 폴리스 안에서 정파 투쟁이 너무나 격심해져서 종종 폴리스의 공동체 의식이 허물어졌다. 정파에의 충성이 폴리스에의 충성심을 넘어서는 경향이 나타난 것이다.

**전쟁의 경과**　　개전 초기에 육군의 열세를 잘 알고 있던 페리클레스는 시민을 성안으로 철수시키는 한편, 해군을 동원하여 식량을 수입하고 펠로폰네소스 해안을 약탈하는 전략으로 대응했다. 스파르타 동맹군은 속수무책이었다. 그리스 군대는 석조 성벽을 무너뜨릴 공성 무기나 장치가 없었다. 그들은 그냥 아테네를 포위하고 농토를 쑥대밭으로 만들었을 뿐이다. 그러나 사태 진전에 운명의 손길이 개입했다. 전쟁 2년 차에 무시무시한 페스트가 인구 과밀한 아테네를 덮쳐 인구 1/3을 쓸어갔다. 다음 해에는 페리클레스 자신이 페스트의 제물이 되었다. 페리클레스의 죽음은 아테네에 치명적인 타격이었다. 그의 죽음은 곧 아테네 황금시대의 종언을 고하는 것이었다.

역병의 재앙을 겪으면서도 페리클레스를 이은 아테네의 지도자들은 오히려 적극적인 공세 정책을 펼쳤다. 전쟁은 시칠리아에서 트라케와 소아시아에 이르는 광범한 지역에서 벌어졌다. 어떤 폴리스는 도시 전체가 파괴되고 전체 주민이 죽임을 당하거나 노예로 팔렸다. 많은 폴리스는 내부에서 민주정파와 과두정파가 격렬한 내전을 벌이기도 했다. 전쟁은 상호 파괴만 가져올 뿐, 결판이 나지 않은 채 8년을 더 끌었다. 그러다가 양 진영의 호전파가 전사하고 화평파가 주도권을 잡자, 기원전 421년 비로소 강화가 체결되었다.

이후 아테네의 정책은 중심을 잡지 못하고 흔들리다가, 기원전 416년 페리클레스의 조카 알키비아데스Alcibiades가 제국주의를 추구하는 강경파의 지지를 업고 지도자로 떠올랐다. 뒤이은 시기 동안 아테네 제국주의는 최악의 모습을 드러냈다. 416년 아테네는 전쟁 중 중립을 지킨 멜로스Melos섬을 응징하러 원정을 가서 성인 남성을 학살하고, 여성과 어린이를 노예로 팔아넘겼다. 이듬해에는 아테네가 알키비아데스의 주도 아래 스파르타의 동맹국인 시칠리아의 시라쿠사Syrakusa에 대대적인 원정을 감행함으로써 평화가 깨어지고 전쟁이 재개되었다. 그러나 원정은 재앙으로 끝났다. 원정 도중 정적들의 부추김을 받은 민회가 알키비아데스를 소환하자 알키비아데스는 스파르타로 도망가 버렸고, 무능한 지도력에 불운이 겹친 아테네 원정군은 스파르타의 지원을 받은 시라쿠사에 참패를 당한 것이다. 아테네의 배 100척 이상이 파손되고, 수천 명의 원정군은 모두 죽임을 당하거나 노예 신세가 되었다.

아테네 최정예 함대와 병사가 투입된 시라쿠사 원정의 실패는 아테네로서는 엄청난 타격이었다. 더구나 그사이에 라우리온 은광의 노예들이 스파르타 진영으로 도망쳐 은광이 멈춰 섰고, 그에 따라 세입의 주요 원천 중 하나가 말라버렸다. 국내 정치 또한 어지럽기 그지없었다. 스파르타로 도망간 알키비아데스는 그곳에서 왕비를 유혹하다가, 이번에는 소아시아의 페르시아 진영으로 피신해서 아테네의 과두정파와 거래를 했다. 그러다가 그는 기원전 410년에는 아테네 함대 선원들의 지지를 업고 아테네로 귀환하여 민주정을 회복했다. 전쟁이 끝난 404년 알키비아데스는 다시 페르시아로 도망갔는데, 적국인 스파르타와 페르시아를 넘나들며 현란한 줄타기를 했던 그는 그곳에서 암살로 파란만장한 삶을 마감했다.

전쟁의 마지막 8년은 거의 전적으로 바다에서 치러졌다. 질질 끌던 전쟁은 기원전 405년 아테네 함대가 헬레스폰트에서 스파르타 함대에게 괴멸됨으로써 사실상 끝이 났다. 스파르타의 함대는 소아시아 해안의 폴리스들을 페르시아가 점령하도록 묵인하는 대가로 페르시아에서 받은 돈으로 건설한 함대였다. 이 패배로 곡물 보급로를 차단당한 아테네는 이듬해에 포위 공격을 받고 함락되었다. 패전의 대가는 가혹했다. 아테네의 성벽은 허물어지고, 함선은 모두 폐기되었다. 아테네 제국은 사라졌다. 한때 위대했던 폴리스는 억지춘향으로 스파르타의 동맹이 되어 그의 속국이나 다름없는 신세로 전락했다.

### 4) 그리스의 쇠퇴와 폴리스의 몰락

**전후의 그리스 사회**     패배한 것은 아테네만이 아니었다. 승자 역시 인적·물적 자원의 상실로 피폐해졌다. 펠로폰네소스 전쟁은 승자와 패자 가릴 것 없이 그리스의 주요 폴리스들을 취약하게 만들고, 그들이 상호 협력할 가능성을 완전히 없애버렸다. 스파르타가 잠시 주도권을 행사하는 동안 거의 모든 곳에서 민주정이 무너지고, 스파르타 군대의 지원 아래 귀족 과두정이 수립되었다. 그러나 과두정 지배자들의 잔학 행위로 곧 아테네를 위시하여 여러 곳에서 민주혁명이 일어났다. 이때 회복된 아테네의 민주정은 약간의 변화는 있었으나 마케도니아가 도래할 때까지 존속했다. 그 변화의 하나는 전투가 점점 직업적 병사들의 일이 되어가면서 장군위원회의 정치적 위상이 약해지고, 그 대신 직업적 웅변가와 행정가들이 국가의 통제권을 쥐게 되었다는 점이다.

전쟁이 끝난 뒤 스파르타가 그리스 세계의 패권을 차지했지만, 아테네와 코린토스 그리고 테바이 등이 스파르타의 패권에 도전했다. 그에 따라 다른 폴리스들도 이들 도전국과 이리저리 어지럽게 동맹 관계를 바꾸면서 끊임없이 전쟁을 벌였다. 이런 동맹은 언제나 그리스를 분열시켜 약화하려는 페르시아가 배후에서 뒷돈을 대고 있었다. 기원전 371년에 이르러 패권은 신흥 강국 테바이로 넘어갔다. 테바이는 펠로폰네소스로 쳐들어가, 메세니아를 스파르타 지배에서 해방하고 독립국으로 만들었다. 그리하여 스파르타는 거의 절반의 영토와 절반 이상의 헤일로타이를 잃어버렸다. 스파르타의 군사력은 괴멸되었고, 스파르타는 이 타격에서 결코 회복하지 못했다.

테바이의 패권 역시 오래가지 못했다. 아테네와 같은 경제력도, 문화적 역량도 갖추지 못한 테바이는 얼마 가지 못해 쇠퇴한 뒤, 아테네가 잠시 지도력을 되찾았다. 그러나 어느 한 폴리스가 확실하게 패권을 장악하지 못하는 정치적 혼돈 상태에서, 폴리스들은 여전히 이리저리 합종연횡을 거듭하면서 잦은 전쟁으로 자원을 소진했다. 그들은 동족상잔의 싸움에 빠져 북쪽에서 마케도니아가 힘을 키워가고 있다는 점을 미처 알아차리지 못했다. 그리하여 그리스 세계는 결국 강성한 국가로 발돋움하기 시작한 마케도니아의 군침 도는 먹잇감이 되었다.

확실히 그리스인의 천재는 정치에 있지 않았다. 그러나 문화는 전혀 다른 이야기였다. 아테네는 다시 민주정을 회복하고, 기원전 5세기에 이어 4세기에도 문화적 지도력을 행사했다. 그리스의 문화적 영향은 많은 곳으로 퍼져나갔는데, 그러나 그 확산은 식민화를 통해서보다는 야만 민족이 그리스 방식을 모방함으로써 일어났다. 로마를 비롯하여 라티움Latium의 이탈리아인들이 그리스에서 많은 것을 배웠다. 5세기만 해도 야만상태에 머물러 있던 발칸반도의 북부 및 서부 지역에도 그리스의 제도와 사상이 퍼져나갔고, 마케도니아왕국은 문화적으로 그리스화했다. 그렇기는 하지만, 페리클레스 시대에 아테네가 보여주었던 그런 그리스적 삶의 방식을 재현하지는 못했다. 전체적으로 그리스 문명은 치명적인 전쟁의 상처에서 결코 완전하게 회복되지 못했다.

기원전 4세기의 정치적 불안정은 또한 경제적·사회적 병폐를 낳았다. 그리스의 영향이 지중해 세계에 사방으로 퍼져나갔으나, 정작 그리스 자체는 심각한 쇠퇴를 겪었다. 상공업이 쇠퇴하고, 독립적 소농들도 혹독한 고통을 겪었다. 전쟁이 끝난 뒤 그들 중 일부는 포도와 올리브를 심으려는 대농장주에게 땅을 팔아넘겼다. 대농장은 이전보다 더욱 일반적이게 되었는데, 그것은 주로 노예노동으로 경작되었다. 이후에 계속 시민인 농민의 수는 점점 더 줄어들었고, 그 결과 그리스 문명의 성격은 더욱더 도시화했다. 그와 같은 변화는 도시 거주자 사이에서도 일어났는데, 그들은 이전 세기보다 훨씬 뚜렷하게 부자와 빈자로 나뉘게 되었다. 부유한 자들은 점점 더 반동과 비타협으로 기울었고, 실업자들은 부의 재분배를 약속하는 선동가에게 귀를 기울였다. 그리스 사회의 이런 변화는 해묵은 계급 전쟁을 더욱 부추겼고, 많은 폴리스에서 유혈의 혁명과 반혁명이 되풀이되었다.

수백 년에 걸쳐 그리스 사회의 뚜렷한 특징이었던 인구 증가는 확실히 느려지거나 정체되었다. 노예노동에 의존한 대농장 경영의 확산으로 많은 농민이 농토에서 내몰렸고, 반복되는 정치혁명으로 많은 시민의 삶의 기반이 허물어졌다. 이들 뿌리 뽑힌 사람들에서 용병 군대의 병력이 충원되었고, 용병이 점점 더 이전 시대의 시민군을 대체하게 되었다. 그뿐만 아니라 격심한 계급투쟁으로 인해 정파에의 충성이 폴리스에의 충성보다 우위에 놓이게 되었다. 그래서 과두정파가 민주정파에 맞서 다른 폴리스의 과두정파와 동맹을 맺는 것이, 혹은 거꾸로 민주정파가 그렇게 하는 것이 흔한 일이 되었다.

예술 역시 삶에 대한 태도에서 페리클레스 시대와는 상당히 다른 태도를 반영했다. 시민적 의무감과 폴리스의 일체감이 약해지고, 개인주의 성향이 다양한 형태로 성장했다. 그리스-페르시아 전쟁이 그리스인에게 자신감과 영광을 가져왔는데, 펠로폰네소스 전쟁은 환멸과 쇠퇴를 가져온 것이다. 플라톤Platon과 아리스토텔레스를 포함한 대다수 지식인조차 민주주의에 대한 신뢰를 잃고, 부유층의 편에 서서 질서와 안정을 가져다줄 강력한 지도력을 갈구했다. 그들은 마침내 마케도니아 왕에게서 그것을 찾았다.

**마케도니아의 그리스 정복**　　　그리스 북쪽에 자리한 마케도니아는 그리스 문명의 변방으로서, 문화 발전의 면에서 아테네에 수백 년이나 뒤처져 있었다. 같은 그리스어를 쓰는 민족이었지만, 마케도니아인은 남쪽의 이웃에게는 이방인으로 보였다. 마케도니아는 기본적으로 농업 사회였고, 폴리스가 아니라 부족 단위로 조직되어 있었다. 거기서는 국왕이 강력한 귀족과 강건한 농민을 지배하고 있었는데, 이 왕국은 기원전 5세기 말까지만 하더라도 주목할 만한 세력이 되지 못했으며, 왕권 역시 강력하지 못했다. 그러나 유능하고 영민한 필리포스 2세Philippos II(359~336 B.C.)의 치하에서 마케도니아는 막 강력한 중앙집권적 국가로 떠오르고 있었다. 필리포스는 빼어난 장군에, 노련한 외교관이자 무자비한 지배자였다. 그는 정예 귀족 기마병과 테바이의 중장보병 밀집방진을 결합하여 가공할 상비군을 육성했다. 그는 그에 필요한 재원을 일찍이 그가 병합한 암피폴리스Amphipolis의 금광에서 캐낸 금으로 충당할 수 있었다. 젊은 시절 그는 테바이에서 인질 생활을 했는데, 그때 그리스 문화를 이해하는 한편, 그리스의 정치적 취약성을 간파했다. 그리스 문화를 선망한 필리포스는 곧 그리스인들의 상호 투쟁의 장으로 발을 들여놓았다.

　필리포스는 뇌물과 술책 혹은 군사력 등을 활용하여 짧은 기간 안에 영토를 두 배나 확장하면서, 그리스의 주요 폴리스들과 곳곳에서 상업적으로 혹은 정치적으로 충돌을 빚었다. 그에 대한 그리스인의 반응은 복합적이었다. 일부는 그를 위험한 이방인으로, 일부는 같은 혈족의 그리스인으로 보았다. 일찍이 폴리스 상호 간 전쟁의 중단과 페르시아에 맞선 그리스인의 단결 및 공동전선을 촉구했던 아테네의 웅변가요 철학자인 이소크라테스Isocrates는 공공연하게 필리포스에게 그리스의 패권적 폴리스들을 화해시켜 줄 것을 호소했다. 그러나 또 다른 아테네의 위대한 웅변가요 민주 지도자인 데모스테네스Demosthenes는 필리포스를 잔인하고 거짓되고 야만적인 인물로 보았다. 그는 아테네인에게 필리포스의 위험성을 누차 경고하고, 그에 맞서 싸울 것을 호소했다. 그러나 그리스인들은 사태의 심각성을 깨닫지 못하고, 오랜 반목에서 벗어나지 못했다.

해안 지역의 그리스 식민지들을 포함하여 마케도니아 전역을 통일한 뒤, 필리포스는 그리스로 밀고 들어갔다. 그는 폴리스 상호 간의 전쟁을 틈타 그리스에 개입하고, 폴리스를 차례차례 정복했다. 뒤늦게 아테네와 테바이가 손잡고 그를 저지하러 나섰으나, 기원전 338년 카이로네이아Chaeroneia에서 패하고 말았다. 그리스인들은 분열과 대립의 해결책을 찾지 못하고 결국 정치적으로 종말을 고했다. 이후 그들의 운명은 처음에는 마케도니아인에게, 그다음에는 로마인에게 맡겨졌다. 그러나 그들은 문화적 지도력은 유지했던바, 새 헬레니즘 세계와 그 계승자인 로마 세계의 문화는 대체로 그리스적인 것이 되었다.

폴리스가 옛 의미를 잃었을 때, 그리스적인 삶은 핵심 그 자체가 산산조각이 났다. 폴리스는 시민의 충성심과 자존감 그리고 애착심의 초점이었기 때문이다. 이후 그리스인들은 내면으로 관심을 돌렸고, 정치와 공적 문제를 자신 및 가족과는 별개의 것으로 느끼게 되었다. 일반 시민은 폴리스의 종교적·도덕적 원리에 대한 신뢰도 잃었다. 올림포스의 신들도, 다른 어떤 신도 그리스인을 상실감에서 구해주지 못했다. 시민들은 전통적인 종교에서 거의 아무런 위안도, 더 나은 세계의 도래에 대한 어떠한 희망도 찾지 못했다. 많은 시민은 이제 좀 더 개인적이고 희망적인 믿음, 이를테면 신비적 제의祭儀나 외래의 신에게로 향했다. 폴리스가 주권국가로서는 몰락했으나, 도시 자체는 이후에도 여러 세기 동안 통치와 공동체 생활의 기본단위로 남아 있었다. 헬레니즘 시대에 그리스인 이주민이 세운 새 도시들이 이집트와 서아시아 전역에 걸쳐 생겨났다.

## 4. 그리스의 문화

### 1) 문화의 일반적 성격

고대 그리스 문명은 서양 문화의 원천이었다. 그리스인은 정치, 철학, 과학, 예술 등 제반 분야에서 서양 세계의 많은 기본 개념을 정립한 최초의 민족이었다. 비교적 소수인 그들이 어떻게 그러한 문명의 유산을 남길 수 있었을까? 확실한 대답을 찾기는 어렵지만, 설명의 상당 부분은 환경적 및 사회적 요인에 있다. 오리엔트의 군주정과 달리 폴리스는 신적 지배자가 다스리지 않았으며, 시민의 사상과 행동이 강력한 신관의 지배를 받지도 않았다. 많은 그리스인, 특히 아테네인은 대화를 좋아하고, 토론과 논쟁을 즐겼다.

그리스인은 자연과 인간의 삶 양면 모두에서 질서와 의미를 발견하고 싶어 했다. 이는 과학과 철학 혹은 예술에서 비상한 결과를 낳았다. 헤시오도스를 시작으로 그리스인은 행복하고 올바른 삶으로 나아갈 열쇠로 중용 혹은 절제의 미덕을 강조했다. 그 반대에는 교만이 있었다. 개인의 불행과 사회적 불의의 뿌리에 놓여 있는 교만은 어김없이 인과응보를 가져왔다. 그리스인은 교만한 자는 누구든 냉혹한 법이 몰락이나 치욕을 가한다고 생각했다. 아테네 극작가들은 비극에서 이 주제를 채택했고, 헤로도토스는 페르시아의 패배를 크세르크세스의 지나친 자만심 탓으로 돌렸다. 그는 "제우스는 그 자신 외에 다른 누구의 자만심도 용납하지 않는다"고 평했다. 한편 그리스인은 인간적 결함과 실수도 드러냈으며, 때때로 비합리적이고 잔인하고 양심에 사로잡히기도 했다. 그러나 최선의 상태일 때, 그들은 지적 및 예술적 유산에 녹아들어 있는 이상에 따르고자 했다. 소피스트sophist인 프로타고라스Protagoras(485~414 B.C.)는 "인간은 만물의 척도이다"라고 말했는데, 이 격언은 그리스인의 사상과 예술의 인간 중심적 성격을 요약한다.

기원전 5세기를 지나는 과정에서 아테네의 문화적 지배권이 그리스 세계 전역에 걸쳐 뚜렷해지면서, 각 폴리스의 문화적 자율성이 사라졌다. 아티카 방언이 그리스의 광범한 지역에서 고등교육과 교역의 언어 매체로 통용되었다. 그리스 세계의 문화는 이런 과정에서 더욱 동질화했고, 아테네 문화는 그리스 문화와 거의 동의어가 되었다. 이후에도 수 세기 동안 아테네의 문화적 패권은 거의 도전을 받지 않았으며, 정치적으로나 경제적으로 중요성을 잃고 난 오랜 뒤에도 아테네는 계속 학문과 예술의 위대한 중심 구실을 했다.

## 2) 종교와 철학

**그리스의 종교**    그리스인은 일상생활의 거의 모든 측면에서 종교와 복잡하게 연결되어 있었다. 종교는 국가의 안녕을 위해 필요한 시민적 제례였고, 신에게 바쳐진 신전은 폴리스의 중심 건물이었다. 그러나 그리스 종교는 어떤 공식적 교리나 신의 가르침도 없었고, 특별한 조직이나 사제 계급도 없었다. 신전을 포함한 종교 시설을 관리하는 신관이 있기는 했으나, 종교 의례는 대부분 민간인이 사제 역할을 맡아 주관했으며, 신관은 관리에 지나지 않았다. 내면적 믿음보다는 의례가 그리스 종교의 핵심 부분을 차지했는데, 의례나 축제는 오랜 옛날부터 전해오는 관습에 뿌리를 두었다.

   그리스인은 이전의 앞선 문명들로부터 다신론적이고 신인동형神人同形적인 종교의 기본 관념을 물려받았다. 그래서 도덕화 이전의 모든 하등 종교처럼, 초기 그리스인의 종교는 자연의 힘을 의인화한 신들로 넘쳐났다. 신들은 대부분 그들 가까이에서 살고, 위대한 신들은 헬라스의 최고봉인 올림포스산 정상에서 살고 있었다. 하늘의 신으로 번개를 관장하는 제우스는 그곳에서 그의 가족인 다른 11명의 신의 도움을 받아 세상을 지배했다. 호메로스의 신들은 때로 변덕스럽고, 악의를 품고, 편애하고, 질투하며, 인간들처럼 행동했다. 그러나 그리스에는 사람들의 깊은 공포를 먹이로 하는 어둠과 죄악의 신 혹은 악마는 없었다. 난봉꾼 제우스는 마누라 헤라Hera의 잔소리를 피해 혼외정사를 일삼았다. 그 덕분에 그리스인이 가장 사랑한 디오니소스가 생겨나기도 했다. 그들은 단지 불멸성에서만 보통의 사람과 달랐을 뿐이다.

일정한 기간이 지나면서 모든 그리스인이 공통의 올림포스 종교를 받아들였다. 기원전 700년경 헤시오도스의 시대에 이르면 종교의 일대 개혁이 일어나기 시작해서, 호메로스의 복수와 변덕의 신들이 선한 사람을 포상하고 사악한 자를 벌하는 정의의 심판자로 바뀌었다. 제우스는 운명의 신비로운 힘과 결합하면서 그 위상이 고양되었다. 저 유명한 델포이 신탁소의 아폴론의 신탁은 그리스인에게 중용의 이상을 따를 것을 요구했다.

올림포스의 12신은 모든 그리스인의 공동의 신이었지만, 각 폴리스는 통상적으로 그 가운데 하나를 선택하여 폴리스의 수호신으로 섬겼다. 그러나 폴리스에는 또한 각 지역의 신들도 있었고, 각 가정 역시 수호신들이 있었다. 그리스인은 신전 앞의 제단에, 혹은 가정집 앞의 작은 제단에 동물이나 곡물 등을 올려놓고 태워 수호신에게 희생으로 바쳤다. 그들은 어떤 신에게, 그리고 언제 희생을 바칠지를 표시한 희생 목록인 종교 달력을 갖고 있었다. 축제 역시 신을 즐겁게 할 방법의 하나로 발달했다. 그중 일부는 범그리스적으로 중요해졌고, 특정 장소에서 개최되었다. 이를테면 제우스 숭배에 바쳐진 축제는 올림피아에서, 아폴론 축제는 델포이에서 거행되었다.

올림포스의 공식 종교는 신탁을 통해 신의 뜻을 전하고 신의 도움이나 가호를 얻는 수단을 알려주었다. 특히 델포이의 아폴론 신탁은 영험하기로 소문이 났다. 그의 신탁은 몽환 상태에 있는 여사제의 입을 통해 늘 귀에 걸면 귀걸이, 코에 걸면 코걸이 식의 표현으로 전달되어 점괘가 틀리는 법이 별로 없었다. 그러나 그 종교는 삶이 힘겹다고, 혹은 사회가 불의로 가득하다고 생각하는 사람에게 아무런 위안도 주지 않았다. 그것은 또한 이 세상 이외의 삶에 대해서는 아무런 약속도 하지 않았다. 그것은 단순히 거칠고 반야만적 시대에 체험했던바, 인간 삶의 예측 불가능한 변전을 설명하는 데 그쳤다. 이런 공백을 메웠던 것이 공식적 종교에 병행해서 자라난 다양한 신비 신앙이었다. 그러한 신앙 대부분은 디오니소스 숭배와 관련이 있었다.

기원전 7세기가 지나가면서 오르페우스Orpheus 숭배와 엘레우시스Eleusis 숭배가 그리스 사회에 널리 퍼졌다. 그 입문자는 이전에는 소수의 영웅만이 사후에 머무는 곳이었던 엘리시온Elysion에서 지복至福의 삶을 누릴 것을 약속받았다. 오르페우스 숭배의 기초는 제우스의 아들 디오니소스의 옛 신화였다. 디오니소스는 악한 티탄Titan들에게 살해되어 잡아먹혔는데, 뒤늦게 현장에 도착한 제우스가 번갯불로 그들을 태워 잿더미로 만들었다. 전설적 인물 오르페우스는 제우스가 티탄의 재로 인간을 만들었다고 가르쳤다. 그래서 인간의 본성은 두 이종 요소, 악한 티탄의 요소인 육체와 신성한 디오니소스의 요소인 영혼으로 구성되어 있다. 죽음에서 다시 살아난 디오니소스는 부활의 상징으로서, 디오니소스 추종자는 광적인 의식에 참여하여 무아경의 체험을 통해 디오니소스와 일체가 되고, 그리하여 그의 부활을 공유할 수 있다고 믿었다. 엘레우시스 신비 의식은 지하 세계의 여신 페르세포네Persephone의 죽음과 부활을 경축하고, 그녀의 어머니이자 풍요의 여신 데메테르Demeter의 슬픔과 기쁨을 경축했다.

기원전 5세기 아테네 대중 사이에서는 여전히 지역적 신앙과 미신이 성행했고, 국가적 종교 축제는 전 아테네 주민의 애국적 결속의 진심 어린 표현으로 남아 있었다. 그렇지만 다른 한편으로, 바로 전 세기에 이오니아 철학자들이 착수한 합리주의적 비판이 적어도 교육받은 계층 사이에서는 영향이 없지 않았다. 헤로도토스는 신들이 인간사에 개입한다는 것을 의심하지 않았음에도, 어떤 특정 사태를 특정 신의 탓으로 돌리는 것을 매우 경계했다. 더 나아가 한 세대 뒤에 투키디데스는 더 깊은 종교적 회의주의를 품고, 역사의 인과적 요소로서 신을 언급하기를 철저하게 배제했다.

**자연철학**　　그리스 문명의 다른 수많은 요소가 그렇듯이, 사변적 사고에 대한 자극은 오리엔트와의 접촉을 통해 그리스로 왔다. 기원전 7세기에 이르러 그리스인은 이집트인의 기하학과 바빌로니아인의 천문학을 배웠다. 그렇지만 오리엔트인의 과학 지식이 배어 있는 종교적 관념이나 신화는 받아들이지 못했다. 그런 한편 그리스인 전래의 종교는 세계에 대한 일관성 있는 설명을 제공하지 않았다. 상충하는 다양한 신화와 종교적 믿음을 통일성 있는 하나의 체계로 융합할 권위를 가진 사제 계급도 존재하지 않았다. 그래서 처음부터 그리스 사상가들은 어떤 권위 있는 종교적 전통에서도 벗어나서 독자적으로 자신의 사상을 형성할 수 있었다.

그리스의 철학philosophia, 즉 '지혜sophia의 사랑phil'은 자연에 대한 호기심에서 시작되었다. 초기 그리스 철학자들은 피지코이physikoi, physicians라 불렸는데, 그들의 주된 관심이 물질계physical world를 연구하는 데 있었기 때문이다. 그들은 모두 이오니아 태생으로서, 물질은 무엇으로 구성되었는가, 물질의 근본 요소는 무엇인가라는 물음의 답을 구하고자 했다. 나중에 소크라테스에게 와서야, 철학의 주된 관심이 자연이 아니라 인간에 있게 되었다.

그리스인들은 옛 메소포타미아인처럼 자연 혹은 천문 현상을 신의 행동 탓으로 여겼다. 그러나 초기 그리스 철학자들은 기원전 600년경 밀레토스의 탈레스Thales를 시작으로, 우주의 현상을 초자연적 원인보다 자연적 원인으로 설명할 수 있다고 주장함으로써 인식의 틀을 바꾸어놓았다. 이렇게 신화적 설명을 거부하고 자연현상의 설명에 이성을 적용한 일은 '그리스의 기적'이라 불려왔다. '철학의 아버지' 탈레스는 우주 만물을 구성하는 기본 실체를 물이라고 주장했다. 그는 오랜 고찰 끝에 세상의 온갖 것에 다양한 형태로 물이 존재한다는 사실에서, 물이야말로 서로 다른 상태에서 존재하고 유기체의 유지와 성장에 필수불가결한 실체라는 결론에 이르렀다. 물의 철학자 탈레스는 공교롭게도 우물에 빠져 죽었다.

탈레스 이후 이오니아의 철학자들은 다양한 견해를 제시했다. 누구는 공기가 희박해지거나 응축하는 과정에서 만물이 생겨난다고 주장하고, 누구는 불·흙·공기·물의 4대 요소가 만물의 근원이라고 주장했다. 만물의 제1 원리 혹은 제1 원리로서의 물질의 실체에 관한 이와 같은 탐구는 탈레스 이후 두 세기 뒤에 데

모크리토스Democritos의 원자론에서 절정에 이르렀다. 그는 볼 수도 쪼갤 수도 없는 아주 작은 입자의 다양한 결합으로 만물이 형성되었다고 주장하면서, 이 입자를 원자라고 불렀다.

이들과 기타 초기 그리스 철학자들은 어떤 형태의 물질을 자연에서의 기본 요소로 제시했다. 이에 대해 사모스Samos의 피타고라스Pythagoras(582~500 B.C.)는 만물의 근원은 비물질적 요소인 수numbers라고 반론을 제기했다. 진동하는 끈으로 실험한 결과 피타고라스는 음악의 화성이 산술적 비례에 기초함을 발견하고, 직관적으로 우주는 수와 수의 상호 관계로 구성되어 있다고 결론지었다. 그뿐만 아니라 그는 이른바 피타고라스의 정리를 발견하는 등, 수학의 발달에 크게 이바지했다. 한편 그는 남부 이탈리아로 이주하여 비밀 조직을 설립하고, 아마도 오르페우스 숭배와 관련된 종교적 교의를 가르친 듯하다.

불이 만물의 근원이라 주장한 에페소스Ephesos의 헤라클리토스Heraclitos(549~476 B.C.) 역시 추상적이고 보편적인 문제에 눈을 돌려, 항구성과 변화라는 쟁점과 씨름했다. 그는 만물은 정지하고 있는 것이 아니라, 끊임없이 유전流轉한다고 주장했다. 그는 사람은 같은 강에 두 번 발을 담글 수 없다고, 아니 강은 발을 담그고 있는 동안에도 변하고 있다고 주장했다. 엘레아Elea 학파의 창시자 파르메니데스Parmenides(515~445 B.C.)는 이에 대해, 변하는 것처럼 보이는 것은 감각의 착각일 뿐이며 우주의 실재는 영원불변이라고 주장했다. 이와 같은 초기 그리스의 철학적 사유의 중대한 결과는 종래의 믿음과 전통의 붕괴였다. 예를 들어, 아낙시만드로스Anaximandros는 천둥과 번개는 제우스가 사용하는 천둥-번개라는 도구 때문이 아니라, 바람의 돌풍 때문에 일어난다고 주장했다.

**고전기의 철학** 기원전 5세기가 지나가는 동안 사상가들은 물질계 혹은 항구성이나 변화 같은 난해한 문제에서 좀 더 구체적인 인간 생활의 문제로 눈을 돌리기 시작했다. 세기 후반에 들어와 일군의 직업적 교사들이 이런 변화를 주도했는데, 이들은 학생을 지혜롭게 만들어준다고 주장하여 소피스트sophist라고 불렸다. 그들에게는 개인이 각자 자신을 향상하는 일이 더 중요했고, 그래서 연구의 가치가 있는 유일한 대상은 인간이었다. 그들은 다양한 주제, 특히 오늘날의 예술과 학문의 핵심에 해당하는 것을 가르쳤는데, 가장 인기 있는 과목은 수사학, 즉 설득의 기술이었다. 이는 정치 지도력이 대중을 설득하는 능력에 의존하는 민주주의 체제의 폴리스에서는 정치적 성공을 위해 반드시 필요한 기술이었다. 최초의 소피스트는 시칠리아에서 나타났는데, 아테네가 재빨리 이들의 활동 중심지가 되었다.

소피스트에게 진리는 상대적일 뿐, 절대적으로 옳거나 그른 것은 없었다. 전통적 관습과 윤리적 원칙에 합리적 비판의 잣대를 들이대고, 인간의 행위를 인도할 도덕적 표준의 존재를 부정하는 그들의 가르침은 당시로는 매우 급진적이었다. 몇몇 소피스트는 공공연하게 신의 존재에 대해 의문을 제기하고, 정의란 단지 합의된 관례일 뿐이라고 주장했다. 소피스트는 이렇게 서양 문명에서 처음으로 진리와 도덕의 기준에 상대성의 개념을 도입했다. 이들의 가르침이 특히 젊은이들에게 퍼지자 보수적인 시민들은 충격을 받았다. 그들의 사상은 신성모독의 냄새를 풍기고, 법과 도덕을 뒤집어엎을 위험이 있다는 비난을 받았다.

고전기 아테네에서 위대한 철학의 시대를 연 인물은 소크라테스Socrates(469~399 B.C.)였다. 그는 아무런 저술도 남기지 않아, 우리가 그에 대해 아는 것은 오직 제자들, 특히 플라톤을 통해서이다. 소피스트와 동시대인으로서, 소크라테스는 소피스트처럼 관심을 우주에서 인간사로 돌렸다. 회의적 접근법과 인간사에 대한 일차적 관심 때문에 종종 소피스트라는 오해를 받기도 했지만, 그는 소피스트의 견해를 비판하고 그 천박성을 공격했다. 소크라테스는 끊임없이 질문을 던졌으며, 그에 대한 대답을 논리적으로 분석함으로써 참된 윤리적 표준과 진리의 인식에 이를 수 있다고 믿었다.

소크라테스는 델포이의 아폴론 신전의 유명한 명문銘文, "너 자신을 알라"를 좌우명으로 삼으면서, '올바른 생각의 탄생을 돕는 산파'를 자처했다. 그에게 인간의 덕성은 호메로스의 영웅적 행동도, 헤시오도스의 도덕적 성품도 아니었다.

그것은 바로 지적인 활동 곧 지식이었으며, 악과 잘못은 무지의 소산이었다. 소크라테스는 권위에 도전하고 사람들의 무지를 까발림으로써 그들의 원성을 샀다. 그뿐만 아니라 그는 아테네 민주정을 비판했다. 그는 그것이 사람들의 타락한 욕망에 영합하는 무지한 사람들에 의해 운영되고 있다고 믿었다. 이러한 언행으로 그는 결국 파멸을 자초했다. 펠로폰네소스 전쟁의 패배에 낙담하고 경직되어 있던 아테네인들은 소크라테스를 또 하나의 전복적 소피스트로 보고 그를 재판에 넘겼다. 그가 국가가 인정하는 신들을 믿지 않고 젊은이를 타락시킨다는 이유였다. 간발의 다수로 시민 배심원은 사형을 선고했고, 소크라테스는 운명을 받아들였다.

소크라테스가 죽은 뒤 철학의 지도력은 그의 제자 플라톤(427~347 B.C.)에게 넘어갔다. 소크라테스처럼 그는 진리가 존재한다고 믿었지만, 그것은 단지 사상의 영역 안에, 관념의 세계 안에서만 존재한다고 생각했다. 우리가 감각으로 인식하는 물리적 세계는 관념적 형상形相, form의 불완전한 반영에 지나지 않는다. 그래서 그것은 그림자에 불과하고, 실재實在는 형상 자체에서 발견된다. 인간의 과제는 이 불완전한 반영의 배후에 있는 진정한 실재인 영원한 이데아idea의 인식에 이르는 일이었다. 플라톤은 이 일은 오직 영혼과 '영혼의 조종사'인 이성만이 해낼 수 있다고 믿었다. 플라톤의 이런 견해는 몇 세기 뒤에 기독교의 가르침과 결합했다.

플라톤은 펠로폰네소스 전쟁에서 아테네를 파멸로 이끈, 그리고 소크라테스에게 사형을 선고한 민주주의에 환멸을 느꼈다. 그는 정치학에 관한 최초의 체계적 논고인 『국가Politeia』에서 이상 국가에 관한 그의 생각을 개진했다. 정의의 관념에 입각해서 설립된 국가의 기본 기능은 공동선의 실현이었다. 그는 일종의 '정신화한 스파르타'를 묘사했는데, 거기에서 국가는 사상을 포함한 삶의 모든 측면을 규제했다. 그리하여 무가치하다고 여겨진 시인과 음악의 형식들은 국가에서 추방되었다. 이기심을 낳는다는 이유로 사유재산은 폐지되었다. 플라톤은 남녀 사이에 본질적인 차이는 없다고 믿었다. 여성은 남성과 똑같이 교육을 받고, '전쟁 기술'을 포함하여 똑같은 직업을 가졌다. 그의 이상 국가는 세 계급으로 구성된다. 상층에는 지혜로 인민에게 최선의 이익을 가져다줄 저 유명한 철학자-왕과 지배 엘리트 계급이, 가운데는 용기로써 국가를 지키는 전사 계급이, 그리고 하층에는 생활의 필수품을 생산하는 노동자 계급이 있다.

플라톤은 아테네에 아카데메이아Akademeia라는 학원을 설립, 제자를 가르치고 격려했다. 이 학원은 기원후 529년 유스티니아누스Justinianus 황제가 폐쇄할 때까지 9세기 가까이 존속하면서 학문의 중심 역할을 했는데, 플라톤의 제자 아리스토텔레스(384~322 B.C.)는 이 학원에서 20년 동안 수학했다. 아리스토텔레스는 마케도니아에서 알렉산드로스의 가정교사로 활동하다가 기원전 335년 아테네로 돌아와 자신의 학원인 리케이온Lykeion을 세웠다. 플라톤이 말하는 이데아의 존재를 인정하기는 했지만, 그는 관념은 물질적인 질료matter와 동떨어져 독자적으로 존재하지 않는다고, 질료 역시 실재의 일부라고 주장했다. 그리고 그는 보편적 관념의 인식은 개별 사실들의 수집과 조합의 결과라고 주장했다. 따라서 그의 학원은 학문의 많은 분과에서 얻은 자료의 분석을 위한 중심이 되었다.

오늘날 우리에게 가장 의미 있는 아리스토텔레스의 논고는 『윤리학Ethika』과 『정치학Politika』이다. 이 둘은 이른바 '인간 문제의 철학'을 다루는데, 그 목적은 인간 행복의 획득과 유지이다. 두 종류의 덕성, 즉 두 유형의 행복을 낳는 지적 덕성과 도덕적 덕성은 『윤리학』에서 묘사되었다. 지적 덕성은 이성의 산물로서, 오직 철학자와 과학자 같은 사람들만 갖추었다. 사회의 선을 위해 훨씬 더 중요한 것은 도덕적 덕성, 즉 정의와 용기 그리고 절제와 같은 성격상의 덕성이다. 그런데 이것은 이성보다는 습관의 산물이어서, 모든 사람이 획득할 수 있는 덕성이었다. 이와 관련해서 아리스토텔레스는 훌륭한 행동의 안내자로 중용을 제시했다. 그는 모든 도덕적 덕성은 극단 사이의 중간이라고 생각했다. 이를테면 용기는 비겁과 무모함의 중간인 것이다.

아리스토텔레스는 『정치학』에서 국가는 선한 삶을 위해 필요하다고 보았다. 왜냐하면, 법과 교육제도는 도덕적 덕성의 획득에, 따라서 행복의 획득에 필요한 가장 효율적인 훈련을 제공하기 때문이라는 것이다. 따라서 오늘날 널리 퍼져 있는 견해, 곧 국가는 개인의 대척점에 서 있다는 견해는 아리스토텔레스로서는 수긍할 수 없는 것이었다. 그러나 그는 플라톤처럼 이상적 국가를 추구하지 않고, 현존하는 정부를 합리적으로 검토함으로써 최선의 정부 형태를 찾으려고 노력했다. 그는 정부 형태를 1인 지배(군주정), 소수 지배(귀족정), 다수 지배(민주정)의 세 기본 유형으로 분류했다. 이들 각 유형은 일반 복지에 헌신만 한다면 모두 좋은 정부이다. 그는 그러나 그 각각은 참주정, 과두정, 중우정으로 쉽게 전락할 수 있다고 경고했다.

아리스토텔레스만큼 관심의 폭이 넓은 천재는 아마도 거의 없을 것이다. 그는 생물학, 수학, 천문학, 물리학, 문학비평, 수사학, 논리학, 정치학, 윤리학, 형이상학 등과 같은 수많은 분야를 탐구했다. 그의 지식은 너무나 백과사전적이어서, 오늘날 대학의 교과과정 가운데 아리스토텔레스가 다루지 않은 주제가 거의 없을 정도이다. 그 모든 분야에서 서양 문명에 끼친 그의 영향은 과장하기가 거의 불가능할 지경이다. 비록 자연과학에 관한 그의 저작이 오늘날에는 역사적 호기심의 대상에 지나지 않지만, 16, 17세기의 과학혁명 때까지는 논란의 여지가 없는 권위를 누렸다.

아리스토텔레스의 죽음과 더불어 고전 그리스철학의 위대한 시대는 막을 내렸다. 그때에 이르면 소규모 폴리스의 세계 역시 종말을 고하고, 새로운 제국의 시대가 도래했다. 그와 더불어 철학 사상은 새로운 방향으로 이동하기 시작했다. 그 대전환을 이룩한 인물은 아리스토텔레스에게서 그리스 문화를 익혔던 알렉산드로스였다.


### 3) 역사와 문학

**역사의 탄생**   과거 사건에 대한 체계적 탐구로서의 역사는 이오니아 출신의 헤로도토스(c. 484~c. 425 B.C.)와 더불어 시작되었다. 그는 그리스-페르시아 전쟁의 전말을 다룬 『역사』를 저술했다. 이는 서양 최초의 역사서로서, 그런 의미에서 헤로도토스는 '역사의 아버지'라 불릴 만하다. 그가 저서의 표제로 단 'historiai'라는 용어는 원래 '연구'나 '조사'를 의미했다. 그는 사실을 전설에서 분리하고, 직접적 관찰과 증거에 기초한 설명을 시도했다. 때때로 믿기 어려운 이야기들을 담기도 했지만, 다른 한편 그는 다루는 자료에 대해 비판적 태도를 견지할 줄 알았으며, 또한 그리스인과 페르시아인에 대해 매우 공평하게 묘사했다. 헤로도토스는 그리스-페르시아 전쟁에서 그리스와 아시아 문명의 충돌, 그리스의 자유와 동양적 전제정의 투쟁을 보았다.

최초의 진정한 과학적 역사가는 한 세대 뒤에 나타났다. 투키디데스Thucydides (c. 460c. 400 B.C.)는 아테네인으로, 펠로폰네소스 전쟁에 장군으로 직접 참전했다. 그는 전투에서 패한 뒤 추방당했는데, 이것이 그가 그 전쟁에 관한 『역사 Historiai』를 쓰는 기회가 되었다. 그는 역사의 설명 요인으로서 초자연적인 혹은 신적인 힘의 작용에 관심이 없었다. 그는 정치와 전쟁을 순전히 이성적 관점에서, 인간 자신의 주체적 행위로 파악했다. 그리고 그는 사실의 정확성과 엄밀성을 강조하면서 펠로폰네소스 전쟁의 원인을 객관적인 방법으로 검토했다. 그는 직접 참전하기도 한 충직한 아테네인이었지만, 독자는 그가 아테네 혹은 스파르타 어느 쪽을 두둔했는지를 거의 알아채지 못한다. 투키디데스는 그의 『역사』가 사람들이 장차 일어날 비슷한 사태에 대처하는 데 도움을 줄 수 있는 '영원한 재산'이 될 거라고 자부했다.

**서사시와 서정시**　　　그리스 문학의 발달은 세 단계로 구분할 수 있다. 첫 단계는 위대한 서사시의 시기이고, 그다음에 서정시, 그리고 마지막으로 희곡의 시대가 뒤를 이었다. 기원전 8세기 어느 때쯤 이오니아에서, 호메로스의 작품으로 전해지는 두 위대한 서사시 『일리아스』와 『오디세이아』가 현재의 형태로 정착되었다. 그리스인과 트로이아인의 무력 충돌을 묘사한 『일리아스』는 인간사에 대한 신의 개입을 배경으로 영웅적 용맹과 무용을 찬미한다. 『오디세이아』는 이타카Ithaca의 왕 오디세우스Odysseus가 트로이아를 함락한 뒤, 그리스로 돌아가는 길에 겪는 온갖 모험에 관한 이야기이다. 이 모험담은 오디세우스가 수많은 위험에서 벗어나고 왕국을 되찾는 과정에서, 신의 개입보다는 이 영웅의 냉정한 기략과 책략에 더 큰 강조점을 둔다. 이들 감동적인 서사시는 서양 세계에서 지혜의 샘으로 존중되었고, 세대를 이어 작가들에게 영감과 소재를 제공해 왔다. 한편 헤시오도스는 『일과 나날』에서 일상적 농경 생활을 묘사하면서 노동의 가치를 강조했다.

그리스 사회가 좀 더 세련되어 감에 따라 새로운 유형의 시, 칠현금 연주에 맞춰 노래하기 위해 쓴 시가 이오니아의 그리스인 사이에서 생겨났다. 호메로스와 달리 이 서정시의 시인들은 전설적 영웅의 행위를 이야기하는 대신, 보통 사람의 삶과 사랑을 노래했다. 이 새로운 개인적이고 정열적인 음조는 기원전 7세기 파로스Paros섬의 아르킬로코스Archilochos의 행동에서 찾아볼 수 있다. 서사시의 시대를 끝장내고 서정시의 시대를 열어젖힌 그는 호메로스의 영웅들과는 달리 수치를 느끼지 않고 방패를 내던지고 전장을 떠난다. 그의 시에서는 이른바 그리스의 르네상스라 일컫는 바의 새로운 가치와 호메로스의 영웅시대의 가치가 날카로운 대조를 드러낸다. 기원전 6세기에 최초의 위대한 여류 시인인 레스보스Lesbos섬의 사포Sappho 역시 영웅의 용맹 대신 아름다운 사랑을 노래했다. 그녀의 로맨틱한 감정은 그녀가 사귄 아름다운 소녀에 의해 유발된 것으로 보인다. 후대인은 '레스보스인, 곧 레스비안Lesbian'이란 말을 사포의 성적 기질을 가진 여성을 지칭하는 데 사용하곤 했다.

**연극**　　연극은 기원전 6세기에 대규모 합창가무단과 그 지휘자가 노래하고 춤추는 디오니소스 봄 축제에 기원을 둔 것으로 짐작된다. 축제에서 신들을 기리기 위해 부른 합창의 노래에서 새 문학 형식인 비극이 발전해 나왔다. 솔론 시대에 이르러 히포크리테스Hypokrites라는 '화답자'가 등장하여 합창가무단과 대화를 하게 되었는데, 현 'hypocrite'(위선자)라는 단어의 어원인 이 히포크리테스의 등장으로 대화가 이루어지면서 연극이 탄생했다. 연극 공연은 모든 시민이 무료로 관람할 수 있었는데, 비용은 국가로부터 책임을 할당받은 부유한 개인이 부담했다. 이후 기원전 5세기에 이르러 아테네에서 연극의 양대 형식인 비극과 희극이 발전했다. 비극 작가는 줄거리를 옛 친숙한 신과 영웅의 전설에서 차용해 와서, 그것들을 그의 시대의 가치와 문제의식의 관점에서 재해석했다. 비극은 단순한 여흥 이상의 것으로서 시민 교육에도 이용되었고, 그래서 국가의 지원도 받았다. 흔히 그리스의 3대 비극 작가로 손꼽히는 인물들이 모두 5세기에 아테네에서 활동했다.

작품이 알려진 최초의 비극 작가는 아이스킬로스Aeschylos(525~456 B.C.)이다. 영웅시대의 옛 전설을 재가공하면서, 아이스킬로스는 도덕화 이전의 옛 신앙을 따르는 것이 어떻게 고난을 가져오는가를 보여주었다. 그는 그렇게 함으로써 헤시오도스에서 처음 표현된 종교개혁의 새로운 가치를 확산하고자 했다. 온전하게 남아 있는 유일한 삼부극인 『오레스테이아Oresteia』에서 그는 트로이아 전쟁에서 돌아온 영웅 아가멤논Agamemnon 왕가에서 아내와 아들 그리고 딸 사이에서 연쇄적으로 벌어지는 가족 간의 복수혈전을 그리면서, 이 모든 범죄와 고통이 도덕질서 파괴에 대한 신의 처벌이라고 말한다. 그러나 결국 아테나 여신의 개입으로 범죄와 처벌의 악순환의 고리가 끊어지고, 정의가 세워지는 것으로 대단원의 막이 내린다.

한 세대 뒤 소포클레스Sophocles(496~406 B.C.)는 대체로 신의 정의를 찾으려는 아이스킬로스의 관심을 포기하고 인물의 성격 창출에 집중했다. 소포클레스에게 어느 정도의 고난은 삶에서 불가피한 것이었다. 누구도 완전하지 않은바, 아무리 훌륭한 사람도 비극적 결함은 있어서 실수를 저지르게 된다. 소포클레스는 주로 인간이 고난에 반응하는 방식에 천착했다. 그의 대표작 『오이디푸스 왕 Oedipus Rex』에서는 운명을 피하기 위한 모든 노력에도 불구하고, 비극적 사태는 기어이 아폴론의 신탁대로 실현되고 만다. 그러나 신이 정한 운명의 희생자임에도, 오이디푸스는 또한 그 자신 자유인으로서 자신의 행위에 대한 책임을 져야 한다는 점을 받아들인다.

위대한 아테네 비극 작가 중 마지막 작가인 에우리피데스Euripides(480~406 B.C.)는 기원전 5세기 말의 합리주의와 비판 정신을 반영한다. 그는 비극 작가 중 인간의 성격에 대해 가장 깊은 통찰력을 지녔다. 소포클레스의 이상화된 인간관은 사라졌다. 그는 전통적인 도덕과 종교의 가치에 의심을 품은 회의론자였다. 그는 노예제를 반대하고, 전쟁의 이면을 보여주었다. 서사시는 트로이아 전쟁의 용맹한 전사들의 빛나는 위업을 찬미했지만, 에우리피데스의 『트로이아 여인들 Troiades』에서 전투는 한 상심한 늙은 여인이 죽은 아이를 끌어안고 땅바닥에 주저앉아 있는 장면으로 끝난다. 그에게 인간의 삶은 애처로운 것이었고, 이 때문에 그는 '세상의 슬픔의 시인'이라 불려왔다.

그리스 비극은 오늘날에도 여전히 의미 있는 보편적 주제를 다루었다. 그것은 선악의 본질, 정신적 가치와 세속적 요구 간의 갈등, 개인의 권리, 신이나 인간의 본성 등과 같은 문제를 탐구했다. 비극은 인간은 자유롭기는 하나 신이 설정한 한계 안에서만 움직일 수 있다는 점, 인간의 진정한 과제는 자신의 참된 위상을 깨닫게 해줄 균형과 중용의 미덕을 함양하는 일이라는 점을 끊임없이 일깨운다.

비극보다 나중에 발달한 희극은 외설스럽고 활기찼다. 희극은 디오니소스 축제의 또 다른 측면에서 발전해 나왔다. 그 축제는 음울한 춤과 노래뿐 아니라, 무질서한 행진과 광란의 술판을 포함했다. 아테네 희극이 탄생한 것은 이러한 유쾌한 행사에서였다. 초기의 희극은 조악하고 익살스러운 공연이었으나, 차츰 날카롭고 재치 있는 풍자극으로 발전했다. 그것은 주로 정객이나 지식인을 공격하고 우스갯거리로 만드는 데 이용되었다. 아테네에서는 명예 훼손을 처벌하는 법이 없었다.

희극 작가 아리스토파네스Aristophanes(445~385 B.C.)는 사상과 정치 분야의 혁신을 비웃은 강고한 보수주의자였다. 그는 아테네 민주주의를 선동가들이 이끄는 체제로, 소피스트를 불온분자로, 소크라테스와 에우리피데스를 시민 정신과 전통 신앙의 파괴자로 신랄하게 풍자했다. 아리스토파네스는 후기 작품에서는 개인에 대한 공격보다는 시대적 문제를 다루었다. 펠로폰네소스 전쟁 말기에 아테네가 패전의 위기에 몰렸을 때, 그는 『리시스트라타Lysistrata』에 코믹하면서도 효과적인 반전 메시지를 담았다. 거기에서 아테네와 스파르타의 아내들은 성 파업을 일으켜 전사 남편들을 굴복시키고 전쟁을 끝내도록 만들었다. 그의 풍자의 또 다른 단골 대상은 아테네의 젊은이였다. 그는 그들을 고수머리에 옷차림이나 신경 쓰고 남색질이나 하는 유약한 젊은이라고 비아냥거렸다.

### 4) 의학

그리스에서 의학은 인간의 육체에 대한 미신 때문에 오랫동안 발달이 가로막혔다가, 기원전 420년에 이르러 비로소 질병의 관찰과 치료의 합리적 체계가 발달하기 시작했다. 이 무렵에 '의학의 아버지' 히포크라테스Hippocrates(c. 460~377 B.C.)가 학교를 설립하고, 증상의 세심한 관찰과 해석의 가치를 가르치면서 의학을 종교와 마법의 영역에서 끌어냈다. '위험기crisis', '급성acute', '만성chronic'과 같은 오늘날의 의학 용어는 히포크라테스가 처음 사용했다. 그는 질병이 초자연적 원인이 아니라 자연적 원인에서 온다고 확신하고, 질병은 자연적 원인을 찾아 자연적 방법으로 치료해야 한다고 강조했다.

경험적 접근에도 불구하고 히포크라테스는 '체액humor' 이론을 전개했다. 그는 육체에는 네 가지 체액, 즉 혈액·점액phlegm·흑담즙black bile·황담즙yellow bile이 있다고 믿었다. 그는 이 네 체액이 적절한 균형을 이룰 때 건강이 유지되며, 의사의 역할은 이 균형이 깨어졌을 때 그것을 회복하는 일이라고 주장했다. 히포크라테스 학파는 외과 의술을 크게 발전시켰지만, 증명되지 않은 체액 이론은 18세기에 이르기까지 널리 받아들여지면서 의학의 진보를 방해했다. 한편 히포크라테스 학교는 인류에 대한 봉사라는 의미를 의학에 부여했으며, '히포크라테스 선서'는 오늘날에도 의사의 윤리 규범으로 통용되고 있다.

## 5) 미술

**건축**　　그리스 미술의 고졸기古拙期, archaic period(c. 700~480 B.C.) 동안에 건축은 이오니아와 그리스반도, 그리고 시칠리아 및 남부 이탈리아의 그리스 식민지 등지에서 발달했다. 기원전 6세기 이전만 해도 중요한 건물조차 통상 나무로 지어졌다. 그러나 차츰 공공건물에서 석회석과 대리석이 목재를 대신했다. 이는 자연스러운 발전인바, 숲이 점차 없어지는 한편, 석재 공급이 풍부해졌기 때문이다. 그리스인들은 기본적인 석공업 기술을 이집트인에게서 배운 뒤, 곧 일취월장해서 자신의 독자적 양식을 발전시켰다.

그리스에서 가장 중요한 기념비적 건물은 신전이었다. 식민 활동으로 이룩한 번영을 반영하여 거석 신전이 축조되었는데, 신전의 양식은 미케네 궁전 유적의 영향을 받은 단순한 목조 건물에서 발전해 나온 것이었다. 그리스인은 공동체 활동을 개인사보다 훨씬 더 중시해서 공공건물에는 최선의 노력을 기울였지만, 개인 주택은 별 관심이 없어서 작고 단순했다. 야외극장과 경기장 그리고 연무장과 같은 다른 유형의 건물들 역시 그러한 그리스 정신과 생활 방식을 표현했다. 야외극장에서 원형의 객석과 오케스트라 자리의 구도는 오늘날까지도 남아 있는 양식이다.

그리스 건축의 고전 단계는 기원전 5세기 후반기에 아테네에서 정점에 이르렀다. 파르테논을 비롯하여 아크로폴리스의 여러 신전은 고도로 발달한 양식을 과시한다. 기둥의 높이와 간격 그리고 지붕 선의 완만한 곡선 등 모든 부분이 구조적으로든 시각적으로든 완전한 균형을 이루도록, 놀라울 만큼 정확하게 설계되고 시공되었다. 그리스 신전은 이집트 신전과 흥미로운 대조를 보여준다. 이집트 신전은 벽으로 둘러싸였고, 오직 사제와 왕족만 내부로 들어갈 수 있었다. 반면에 그리스의 종교의식은 제단을 설치한 신전 바깥의 개방 공간에서 거행되었기에, 신전은 굳이 벽으로 둘러쌀 필요가 없었다. 신상은 신전 안쪽에 별도로 설치된 직사각형 방의 안쪽에 안치되었다. 이 방을 기둥들이 둘러싸고 있어서,

그리스 신전은 기본적으로 개방 구조로 되어 있었다.

　　그리스 신전에서 가장 중요한 양식적 요소는 기둥의 모양과 크기, 그리고 기둥의 머리와 받침의 생김새였다. 그래서 건축 양식은 흔히 기둥의 특징을 기준으로 도리아, 이오니아, 코린토스의 세 양식으로 구분된다. 펠로폰네소스의 도리아인에서 처음 발전한 도리아 양식은 기둥받침이 없고 기둥머리가 단순하며 세로로 홈이 파진 굵은 기둥으로 구성되어 있어서, 장중하고 남성적이다. 이오니아 양식은 소아시아 이오니아 지방에서 처음 발달했는데, 정교한 받침돌과 소용돌이 모양의 기둥머리가 딸린 날씬한 몸체의 기둥으로 구성되었다. 이 양식은 우아하고 여성적인 느낌을 준다. 가장 나중인 기원전 5세기 말엽에 나타난 코린토스 양식은 기둥머리가 아칸서스acanthus 잎 모양으로 장식된 것을 제외하면, 이오니아 양식과 대체로 비슷했다. 아테네에서는 델로스 동맹의 재정을 기금으로 한 재건 계획에 따라 아크로폴리스에 여러 훌륭한 건물이 축조되었는데, 그중 고전 그리스의 가장 위대한 건축으로 꼽히는 것이 도리아 양식의 파르테논 신전이다.

**도자기와 조각**　　그리스인이 거보를 내디딘 또 하나의 미술 분야는 도자기였다. 가장 오래된 그리스 미술인 도자기 제작은 암흑시대가 시작하는 기원전 1150년 무렵에 미케네 문명 말기의 모형을 조악하게 모방하는 것으로 출발했다. 곧이어 미케네식 주제가 쇠퇴하고, 그 대신 추상적인 기하학적 디자인의 도자기가 등장했다. 이후에 고졸기의 도래와 함께 이오니아와 코린토스의 도자기에는 신화에서 따온 장면과 일상생활에서 나오는 풍경화가 나타났다. 기원전 6세기가 지나가면서 아테네의 도공들이 그리스 최고의 장인으로 성장했고, 5세기에는 그들이 만든 고급 채색 도자기가 수출 시장에서 이오니아와 코린토스의 제품을 밀어냈다. 그림의 경우는, 그리스인이 벽화를 그렸으나 원작이 전해오는 것은 없다. 그래서 그림은 도자기에 그려진 세밀화 이외에는 남아 있지 않아, 도자기를 통해 지금은 없어진 그리스 그림이 어떠했는가를 짐작할 수 있을 뿐이다.

고졸기의 그리스 조각은 인체 묘사의 면에서 조악했지만, 초기의 참신함과 활력을 지니고 있다. 남자 나신은 그리스 조각가들이 즐겨 다루었던 주제였다. 그러한 관습은 승리한 운동선수를 찬미하는 데서 나왔을 것이다. 그리스인은 올림픽을 위시한 여러 운동경기에서 승리한 선수를 기리기 위해 그들의 조상을 세웠는데, 선수들은 나체로 경기했기 때문에 조상 역시 나체상이었다. 고졸기에 만들어진 알몸의 청년과 옷을 걸친 처녀의 조상은 주먹을 꽉 쥐고 한 발을 어줍은 듯 앞으로 내민 채 딱딱하게 서 있는데, 이는 이집트의 영향을 여실히 보여준다. 그리고 고정된 미소, 머리카락과 옷차림의 형식화한 처리는 기법을 숙달하려는 조각가의 노력을 드러낸다.

5세기의 고전기에 접어들면 조각은 좀 더 자연스러워졌다. 얼굴은 자신감이 묻어나고, 몸매는 유연하며, 근육은 부드러워졌다. 그런데 인체가 자연스러운 모습을 띠기는 했으나, 그리스 조각가들은 사실주의보다 인체의 이상적인 아름다움을 추구했다. 건축에서처럼 조각가들은 수학적 비례를 이용하여 이상적인 인간 형상을 창조하려 했는데, 이는 피디아스Phidias가 파르테논 신전의 소벽小璧, frieze과 박공pediment에 새겨 넣은 인물들의 위엄과 몸가짐에서 그 정점에 도달했다. 소벽의 조각은 수호여신 아테나를 기리기 위해 4년마다 개최하는 행사에서 행진하는 아테네 시민들을 묘사했다. 이 파르테논 신전의 전체 조각을 책임 맡은 감독이 페리클레스 시대에 가장 존경받는 조각가였던 피디아스로서, 신전에 안치된 거대한 목조 아테나 여신상을 조각한 사람도 바로 그였다. 여신상은 오래전에 사라졌지만, 그가 기획하고 감독한 조각들은 오랜 전란 속에서 상처를 입었는데, 그나마 지금은 그 대부분이 신전에서 뜯겨 나가 브리튼 박물관British Museum에서 제국주의 약탈의 야만성을 말없이 증언하고 있다.

고전기의 조상은 원작이 훼손된 채 몇 점만 남아 있을 뿐이다. 그러나 로마 시대에 그리스 장인들이 생산한 복제품이 수백 점 남아 있어서 원작의 대용품 구실을 하고 있는데, 아쉽지만 이들 모작을 통해서도 고전기 그리스 미술의 진가를 충분히 맛볼 수 있다. 피디아스와 같은 시대의 미론Myron은 많은 작품을 제작했으나, 고대 문헌에 기록으로 남아 있을 뿐 원작은 하나도 남아 있지 않다. 그는 특히 청동 조각에 조예가 깊었는데, 〈원반 던지는 사람Diskobolos〉과 〈아테나와 마르시아스Athena and Marsyas〉는 많은 대리석 모작이 만들어진 덕분에 그 모습을 엿볼 수 있다. 이 작품들에서 미론은 순간적인 움직임을 포착하여 잘 표현했다.

기원전 4세기의 좀 긴장이 풀린 듯한 조각은 여전히 고전적이라고 간주되기는 하나, 5세기 미술의 장엄함과 위엄을 어느 정도 잃어버려서 오늘날의 미적기준으로 볼 때 여성적이고 유약하다는 인상을 준다. 이 세기의 가장 유명한 조각가 프락시텔레스Praxiteles의 작품 특징은 매력과 우아함 그리고 개성에 있는데, 이런 특성은 유일하게 남아 있는 원작인 아기 디오니소스를 안고 있는 〈헤르메스Hermes〉와 욕장으로 들어가는 〈아프로디테Aphrodite〉의 유연한 신상들에서 볼수 있다. 〈아프로디테〉는 여신을 전라의 모습으로 표현한 최초의 것으로서, 이후 여성의 나체 표현의 원형이 되었다. 이 작품은 로마 시대의 모작이 여럿 남아있다.

## 5. 헬레니즘 문명

### 1) 알렉산드로스제국

**알렉산드로스의 페르시아 정복**　　그리스를 정복한 필리포스는 재빨리 모든지역 동맹체를 해체하고, 스파르타를 제외한 모든 폴리스를 마케도니아의 지배아래 범그리스 동맹으로 통합했다. 그리하여 그리스는 마침내 통일된 것처럼 보였지만, 각 폴리스는 실제로는 마케도니아왕국의 조공국이 되었다. 그러나 필리포스는 외교정책 이외에 각 도시의 내부 문제는 스스로 처리하도록 허용하는 등, 그리스를 관대하게 처우했다. 체제를 정비한 그는 곧 다음 단계로 페르시아 정복이라는 담대한 야망을 기획했다. 많은 그리스인이 북에서 온 덜 문명화한 상전에게 종속되기를 거부했으나, 필리포스는 그들을 페르시아와의 전쟁에 동맹자로 끌어들였다. 그러나 2년 동안 만반의 준비를 끝낸 뒤 소아시아로 막 출항하려는 그 순간, 그는 암살을 당했다. 그 바람에 페르시아 정복의 과업은 약관의 아들 알렉산드로스에게 유업으로 남겨졌다.

기원전 336년 왕위를 계승한 알렉산드로스의 첫 과제는 북쪽 변경 부족들의 반란을 진압하는 일이었다. 이들은 필리포스의 사망 소식을 듣고 반란을 일으킨 것이다. 그리스에서는 테바이가 반란을 일으켰다. 알렉산드로스는 전광석화처럼 남으로 진격, 본보기로 테바이를 완전히 파괴하고 주민을 노예로 팔아버렸다. 그는 곧 이 잔학 행위를 후회했지만, 그리스인은 공포에 떨었다. 이런 일을 거쳐 기원전 334년 봄에야 알렉산드로스는 페르시아 원정을 재개할 준비를 마쳤다. 알렉산드로스는 기동타격대 역할을 할 기병 5000명을 포함하여 3만 7000명 규모의 마케도니아와 그리스 연합군을 이끌고 소아시아로 진격했다. 첫 교전인 그라니코스Granicos강의 전투에서 그는 하마터면 죽을 뻔했으나, 결국은 큰 승리를 거두었다. 이듬해 봄에 이르면 소아시아의 서부 절반이 그의 수중에 들어갔고, 이오니아 해안의 그리스 도시들은 페르시아에서 해방되었다. 알렉산드로스 군대의 진격을 막기 위해 다리우스 3세는 수적으로 훨씬 우세한 병력을 동원했으나, 이소스Issos 전투에서 다시 참패했다. 전쟁터가 좁아 수적 우세의 이점을 살리지 못한 탓이 컸기 때문이다. 사실 페르시아제국은 군사력이 이미 상당히 쇠퇴하기는 했지만, 알렉산드로스는 예상을 훨씬 뛰어넘는 대담무쌍한 용맹과 빼어난 군사 지도력을 보여주었다.

이소스의 승리 이후 알렉산드로스는 남진하여 이듬해인 기원전 332년 겨울까지 시리아, 팔레스타인, 이집트 등 페르시아의 조공국들을 차례로 정복했다. 그는 이집트에서 스스로 파라오에 오르면서 암몬Ammon 신의 아들을 자처했다. 그리고 그는 나일강 하구 부근에 자신의 이름을 딴 도시 알렉산드리아를 건설하고 이집트의 행정수도로 삼았다. 이 도시는 같은 이름의 많은 도시 가운데 첫 도시로서, 곧 헬레니즘 세계에서 가장 크고 중요한 도시가 되었다.

기원전 331년에 알렉산드로스는 진격을 재개했다. 그는 티그리스강 상류의 가우가멜라Gaugamela에서 수적으로 열세였음에도 다리우스 3세의 마지막 강군을 결정적으로 쳐부수었다. 판세를 장악한 그는 한달음에 바빌론을 거쳐 페르시아의 수도들인 수사Susa와 페르세폴리스Persepolis를 함락하고, 막대한 양의 금은보화를 약탈했다. 이듬해에 도망을 다니던 다리우스가 부하에게 살해되자, 알렉산드로스는 페르시아의 왕위를 차지했다. 그러나 만족을 모르는 정복욕에 그는 내처 동으로 진격해서 지금의 파키스탄을 차지하고, 기원전 327년 여름에 저 멀리 인도의 인더스강에 다다랐다. 인도 접경까지 거침없이 쳐들어가는 동안 아무도 알렉산드로스의 발길을 막지 못했다. 그 이상의 진격을 막은 것은 오직 그의 부하들이었다. 기나긴 원정길에 지친 병사들은 드디어 계속 앞으로 나아가기를 거부하고, 그에게 회군을 요구했다. 325년에 그는 발길을 돌려 바빌론으로 돌아와 새로운 작전을 구상했다. 그러나 323년 6월, 알렉산드로스는 한바탕의 과음 뒤끝에 찾아온 알지 못할 열병으로 갑작스레 삶을 마감하고 말았다. 그의 나이 32세였다.

오리엔트 세계를 정복하는 과정에서 알렉산드로스와 휘하 장병들 사이에는 틈이 벌어지기도 했다. 그는 페르시아 복식을 착용하면서 동양적 전제군주에 대한 예절을 요구하고, 신적 지배자의 대권을 장악했다. 이러한 비그리스적 신격화와 전제적 권위에 이의를 제기하는 막료를 그는 반역죄로 처형했다. 알렉산드로스는 『일리아스』의 영웅 아킬레우스Achilleus를 닮고자 했으며, 또한 신으로 숭배된 그리스인의 영웅 헤라클레스Heracles의 후손을 자처했다. 그는 신의 영광을 열망하여, 파라오로서 이집트의 전통에 따라 살아 있는 신이 되었고, 한 번은 그리스 도시들에게 자신을 신으로 투표하라고 지시하기도 했다. 그러나 그의 이상이나 동기와는 별개로, 한 가지 뚜렷한 사실은 그가 새로운 시대 곧 헬레니즘 시대를 열었다는 점이다. 알렉산드로스는 낭만적 이상주의자와 냉철한 현실주의

자의 양면을 겸비한 인물이었다.

알렉산드로스 대왕의 정복 사업은 고전 문명에 새로운 국면을 마련해 주었다. 그리스 문화는 급속히 오리엔트의 광대한 지역에 퍼져나갔다. 그리하여 정복자인 그리스의 문화와 기존의 오리엔트 문화가 상호작용하고 융합하는 과정을 통해 새로운 문화, 이른바 헬레니즘 문화가 형성되기 시작했다. 그리고 이제 그리스인이 오리엔트의 새 주인이 되어 이 헬레니즘 시대를 열어가게 되었다. 알렉산드로스는 고작 13년을 지배했을 뿐이지만, 세계는 이제 이전과 같지 않았다. 그 시대는 로마의 아우구스투스Augustus가 등장할 때까지 300년 동안 지속했다. 이 헬레니즘 시대는 경제적 팽창, 세계시민주의, 놀라운 지적 및 예술적 성취, 그리고 그리스 문화의 광범한 전파의 시대였다.

**알렉산드로스제국의 분열**　　알렉산드로스는 대제국을 건설했으나 그것을 공고하게 다질 시간을 얻지는 못했다. 그가 후사를 남기지 못하고 급작스럽게 죽은 뒤 휘하 장군들은 곧바로 권력투쟁에 몰두했고, 유복자로 태어난 아들은 결국 기원전 310년 권력투쟁에 희생되고 말았다. 그 이후로는 중앙권력을 유지하려는 노력마저 없어지고, 오랜 혼란을 겪은 끝에 결국 제국은 해체되고 말았다. 그리하여 280년 무렵에 이르러, 주변의 많은 지역이 떨어져 나간 제국의 남은 터에 프톨레마이오스Ptolemaeos 장군과 그의 계승자가 지배한 이집트, 셀레우코스Seleucos가 수립한 왕조가 옛 페르시아제국의 아시아 쪽 영토 대부분을 차지한 시리아, 그리고 애꾸눈 장군 안티고노스Antigonos가 세운 왕조가 지배한 그리스를 포함한 마케도니아 등 세 왕국이 나타났다.

이들 헬레니즘의 세 왕국은 세력 확장을 위해 수시로 서로 전쟁을 벌였는데, 그 주된 초점의 하나는 그리스였다. 왜냐하면, 동쪽의 헬레니즘 왕국들의 안전과 국력은 상당한 정도로 그리스인 용병과 행정관의 안정적 공급에 의존했기 때문이다. 특히 마케도니아와 이집트는 그리스에 대한 영향력을 확보하기 위해 자주 싸움에 빠져들었다. 한편 이집트와 시리아는 팔레스타인과 남부 시리아의 지배권을 놓고 오랫동안 다투었다. 그러나 세 왕국은 정치적으로는 분열했지만, 알렉산드로스가 수립한 정치체제를 유산으로 함께 물려받았다.

알렉산드로스는 군사 및 행정 정책을 통해 정복한 영토를 통합하고 군사력과 신적 권위에 기반을 둔 군주정을 수립했는데, 헬레니즘의 세 왕국은 과거의 그리스와 단절하고 이 새로운 군주정 체제를 유지했다. 마케도니아의 안티고노스 왕조는 알렉산드로스의 부왕 필리포스의 본을 따라, 군대에 의해 선출된 국민적 국왕이라는 외형을 취했다. 그와 달리 프톨레마이오스 왕조는 신적 권위의 파라오로서 이집트를 통치했고, 셀레우코스 왕조의 몇몇 왕은 신격화한 지배자가 되었다. 그리스인에게 군주정은 이방인을 위한 제도였고, 이방인이란 그들의 마음속에서는 페르시아인과 연결되었다. 그래서 그리스인들은 자신의 도시에서는 여전히 폴리스의 이상을 고수하여 민주적 혹은 과두적 정부 형태를 유지하려고 애를 썼다. 그렇지만 동방의 헬레니즘 왕국으로 이주한 그리스인들은 군주정을 새로운 정치 현실로 받아들이지 않을 수 없었다.

헬레니즘 왕국들은 서로 죽기 살기로 싸우는 한편, 대내적으로 토착민의 반란, 왕조적 불화, 내란 등에 시달리기도 했다. 다루기 힘들고 반항적인 그리스의 폴리스들은 끊임없이 마케도니아의 지배에 맞섰고, 결국 마케도니아는 기원전 250년 무렵 그리스에 대한 효율적 지배력을 상실했다. 이때 아테네는 독립을 주장하고, 다른 대다수 폴리스는 아카이아Archaea 동맹과 아이톨리아Aetolia 동맹을 결성하여 마케도니아의 지배에 저항한 것이다. 특히 스파르타는 마케도니아의 지배에서 벗어날 요량으로 로마와 동맹을 맺었다. 그리하여 동쪽으로 이끌려온 로마는 기원전 215~146년 사이에 네 차례나 전쟁을 치른 끝에 마케도니아를 복속시키고 속주로 편입했다. 이 전쟁의 과정에서 그리스의 거의 모든 폴리스는 불가항력적으로 팽창하는 로마제국의 판도 속으로 빠져들어 갔다.

마케도니아보다 오래 버티기는 했으나, 셀레우코스왕국 역시 해체 과정을 겪었다. 서북부 인도는 일찍이 찬드라굽타Chandragupta와 아들 아소카Asoka의 영도 아래 왕국에서 떨어져 나갔고, 박트리아Bactria와 파르티아Parthia도 기원전 3세기 중엽 셀레우코스 왕조의 지배에서 벗어났다. 소아시아 서북부의 페르가몬 Pergamon 역시 독립 왕국으로 떨어져 나갔는데, 이 왕국은 저명한 예술가와 학자들로 문화의 꽃을 피웠다. 안티오키아Antiochia에 수도를 둔 셀레우코스왕국은 기원전 3세기 후반 잠시 부흥하는 듯했으나, 그 이후 변방의 이탈과 끊임없는 전쟁으로 서서히 위축되었으며, 마침내 기원전 69년에 역시 로마에 멸망한 뒤 속주로 편입되었다. 헬레니즘 세계의 마지막 남은 프톨레마이오스 왕조는 한 세기 동안이나 로마의 영향 아래 있다가 마침내 기원전 31년에 로마에 복속되었다. 이로써 300년 이어온 헬레니즘 시대가 종말을 고했다.

### 2) 헬레니즘 세계의 사회와 경제

**헬레니즘 사회**    알렉산드로스가 창건한 제국은 덧없이 사라졌지만, 그가 남긴 자취는 깊고 폭넓었다. 그의 제국에서 그리스의 언어, 예술, 문학, 철학이 오리엔트 세계 전역에 퍼졌다. 그리스화의 과정은 주로 도시적 현상이었기에, 새로운 그리스 도시의 건설은 특히 중요한 과제였다. 알렉산드로스와 그의 계승자들이 건설한 많은 도시는 그리스 문화를 확산하는 발판이 되었다. 특히 알렉산드로스는 전략 지점을 지키고 넓은 지역을 관리하기 위해 알렉산드리아라는 이름의 많은 도시와 군사 식민지를 건설했다. 그 정착민 대부분은 그리스인 용병이었다. 그는 전쟁을 치르면서 6만 5000명가량의 용병을 추가로 동원했는데, 그중 적어도 절반 이상이 요새와 새 도시에 정착한 것으로 추산된다.

새 도시는 헬레니즘왕국의 통치자들에게는 매우 긴요한 것이었다. 그들은 알렉산드로스에 이어 계속 수많은 그리스 도시를 건설하고 이를 통치 기구로 이용했는데, 그들은 도시를 통해 방대한 관료 조직을 동원하지 않고서도 드넓은 영토를 지배할 수 있었다. 헬레니즘 세계의 도시는 비그리스인의 바다에 떠 있는 그리스 문화의 섬이어서, 도시의 그리스인 주민 또한 왕의 지원이 절실한 터였다. 그러므로 통치자와 도시는 공생의 관계였다. 그래서 헬레니즘 왕국의 통치자들은 그리스인의 대규모 이주를 적극 권장했다. 마케도니아인을 포함하여 그리스인은 군대에 충원할 자원뿐 아니라, 행정과 기타 다양한 분야에 종사할 인력으로 필요했기 때문이다. 군인과 관리 외에도 상인, 건축가, 엔지니어, 극작가, 배우 등 온갖 배경의 그리스인이 대이동의 물결을 타고 인도 접경지까지 퍼져나갔으며, 이 물결은 기원전 250년 즈음에 이르러서야 줄어들기 시작했다. 이들 그리스인은 그들의 문화를 오리엔트에 전파하면서, 그들 역시 불가피하게 현지의 영향을 받게 마련이었다. 그리하여 헬레니즘 세계는 서로 다른 문화의 충돌과 융합이라는 기본적인 특성을 갖게 되었다.

알렉산드로스는 그리스인과 동양인을 융합함으로써 그가 세운 제국이 하나의 세계국가가 되기를 희망했다. 그래서 그는 동양인을 군대에 충원하고 행정관으로 채용했으며, 병사들이 동양인과 결혼하도록 권장했다. 그 자신이 솔선하여 두 명의 동양 공주와 결혼하기도 했다. 그렇지만 생전에 이미 반발에 부딪힌 그 정책은 그가 죽은 뒤 폐기되었다. 헬레니즘왕국의 그리스인 군주들은 새 지배 집단을 형성하면서 그리스인과 마케도니아인에 거의 전적으로 의존했다. 셀레우코스왕국에서는 지배 계층의 2.5%만 비그리스인이었고, 그것도 대다수가 지역 군대의 지휘관이었다. 모든 정부 업무가 그리스어로 처리되어, 동양인으로서 행정의 요직에 진출한 자는 당연히 그리스어를 배웠고, 문화적 의미에서 철저하게 그리스화했다. 소아시아의 일부 지역에서는 그리스의 습관과 문명이 시골 지방까지 전파되기도 했다. 그렇지만 전반적으로는 농촌 인구와 도시 노동인구의 대부분이 그들의 옛 언어와 관습, 그리고 생활 방식을 끈질기게 고수했다. 그리하여 동방의 두 왕국에서는 지배 계층과 피지배 계층 사이에, 그리고 주로 도시에 거주하는 그리스화한 지배 집단과 도시를 둘러싼 주위 농촌의 오리엔트 주민 사이에 거대한 간격이 생기게 되었고, 그리스-마케도니아 지배계급과 토착 주민 사이에는 그 밑바닥에 언제나 긴장감이 흐르고 있었다.

헬레니즘 세계의 사회생활에서 좀 더 뚜렷한 특징의 하나는 여성, 적어도 상층계급 여성에게 특히 경제 분야에서 새로운 기회가 열렸다는 점이다. 여성이 점점 더 많이 노예 관리와 재산 매각, 혹은 자금 대여 등에 관여했다. 그렇기는 하나 여성이 관련된 법적 계약에는 그들의 공식적인 남성 보호자가 있어야 했다. 다만 스파르타에서는 여성이 자신의 경제적 문제를 자유롭게 처리했다. 많은 남편이 출타하거나 전쟁으로 죽었기 때문에 스파르타 여성은 부유했으며, 여성이 스파르타 토지의 40%를 소유했다.

그러나 스파르타 여성은 특히 그리스 본토에서는 예외적 경우였다. 아테네 여성은 여전히 많은 제약을 받고 있었다. 소수의 철학자가 여성의 사회 참여를 환영했으나, 많은 철학자는 남녀의 평등을 거부하고 전통적인 아내와 어머니의 역할이 여성의 몫이라고 주장했다. 그렇지만 철학자들의 이런 견해가 상층계급 여성이 경제 이외의 몇몇 영역에서 어느 정도 지위의 향상을 이루는 일을 막지는 못했다. 교육이 여성에게 새로운 기회를 제공해 주었다. 헬레니즘 세계의 일부 지역에서 여성에게 문학과 음악, 심지어 체육 분야의 교육을 허용함으로써 여성을 위한 새로운 가능성이 열린 것이다. 기원전 3세기에 여성 시인이 다시 등장했고, 학문과 예술 활동을 하는 여성들이 나타났다.

**헬레니즘의 경제**　　헬레니즘 세계에서 경제의 가장 큰 특징은 생산과 분배에 대한 국가 통제였다. 특히 이집트에서는 철저한 통제가 이루어진바, 관료가 생산을 계획하고, 많은 생산품의 가격을 정부가 정했다. 일부 상품은 정부가 유통을 독점했을 뿐 아니라, 국가가 직접 수백 개의 공장을 소유했다. 그 덕분에 프톨레마이오스 왕가는 당대에 가장 부유한 지배자가 되었다. 이집트에 비길 바는 못 되지만, 셀레우코스 왕조 역시 교역에 적극 참여했다. 왕의 수입 상당 부분이 현물이었는데, 정부는 그것을 국내 판매나 수출을 통해 현금으로 바꾸었다. 마케도니아와 그리스는 오리엔트의 국가들보다 경제적으로 훨씬 덜 부유했다. 그들의 강점은 주로 인력 분야에 있었다.

헬레니즘 세계에서도 농업은 여전히 제일 중요한 생업이었다. 그리스 도시는 그들의 옛 농업 방식을 계속 이어갔다. 전형적 시민은 토지를 소유하고, 노예의 도움을 받아 경작했다. 그러나 그들의 농장은 토착 소작농이 경작하는 국왕 소유지나 대농장의 방대한 농토에 둘러싸인 고립된 섬과 같았다. 전반적으로 볼 때 농업은 농업 형태이든 영농 방식이든 별다른 변화를 겪지 않았다. 이 시대에 그리스 도시를 위한 제1의 곡창지대는 이집트였는데, 그 곡물은 공산품과 더불어 저 멀리 로마까지 공급되었다.

제조업에서도 새로운 제품이나 제조 방법은 거의 도입되지 않았다. 그러나 알렉산드로스가 정복한 길을 따라 수많은 그리스인이 동쪽으로 몰려들면서 제조업의 중심지는 그리스에서 동쪽으로, 특히 소아시아와 로도스Rhodos섬 그리고 이집트로 이동했다. 로도스는 제조업뿐 아니라 그리스와 오리엔트 간의 화물 집산지로서, 무역에도 중요한 구실을 했다. 안티오키아와 페르가몬이 직물업의 새로운 중심이 되었고, 시리아는 유리 제품과 은 가공의 중심이 되었다. 그러나 모든 도시 가운데 공산품의 최대 산지는 알렉산드리아로서, 파피루스·직물·아마포·금속세공품·유리 등의 제품이 이 도시에서 쏟아져 나왔다.

상업은 엄청나게 팽창했다. 헬레니즘 시대는 아마도 고대 세계에서 지역 간의 경제적 상호 의존과 전문화가 최고 수준으로 발전한 시기라 할 것이다. 정치적 통합으로 동서양 간의 교역이 자유로워졌다. 게다가 알렉산드로스가 방대한 분량의 페르시아 금과 은을 유통하고 단일 화폐를 도입함으로써 교역이 더욱 촉진되었다. 그리고 헬레니즘 왕들은 서로 싸우기는 했으나, 그들의 정책은 동서양 간의 교역을 더욱 확대했다. 믿을 수 없을 만큼 다양한 제품, 이를테면 에스파냐의 금과 은, 소아시아의 소금, 마케도니아의 목재, 이집트의 파피루스, 인도의 상아·향료·흑단·보석, 아라비아의 유향, 트라케·시리아·소아시아의 노예, 시리아·서부 소아시아의 고급 포도주, 아테네의 올리브유, 다마스쿠스Damascus의 자두를 포함한 수많은 식품 등의 상품이 거래되었다. 물론 단연 최대의 교역품은 삶의 필수 식량인 곡물이었다.

헬레니즘 세계의 최대 상업 중심지는 그리스의 어떤 도시보다 훨씬 더 큰 북부 시리아의 안티오키아와 이집트의 알렉산드리아였다. 인도, 페르시아, 아라비아, 그리고 비옥한 초승달Fertile Crescent의 부가 지중해의 이 두 항구도시로 운송되었다. 특히 100만 인구를 자랑하는 알렉산드리아는 경제뿐만 아니라 문화와 정치 등 모든 분야의 중심으로서, 그리스인·마케도니아인·유대인·이집트인 등 수많은 사람으로 넘쳐났다. 다른 모든 헬레니즘 도시처럼 알렉산드리아에서는 그리스인과 마케도니아인이 특권계층으로 사회적 사다리의 꼭대기를 차지했고, 토착민 대중은 바닥에 있었다. 꽤 큰 규모의 유대인 주민은 따로 떨어져 살면서 높은 수준의 자치를 누렸다. 노동은 너무나 싸서, 헬레니즘 시대 이집트에서는 노예가 거의 존재하지 않았다. 그 결과 노동자들의 파업이 빈번하게 일어났다.

### 3) 헬레니즘 문화

헬레니즘 세계는 광대한 영토와 다양한 민족을 포괄했음에도 어느 정도 동질적인 문화가 형성되었다. 그것은 동서양 융합 정책으로 그리스 문화가 제국 전역에 널리 퍼지고, 오리엔트의 사상 역시 그리스로 전해진 결과였다. 헬레니즘 문화는 근본적으로 그리스 문화와 오리엔트 문화의 융합을 통해 형성되었다. 그 시대는 철학, 과학, 문학, 예술 등 많은 분야에서 상당한 수준의 문화적 성취를 보았다. 이런 발전이 헬레니즘 세계 전역에서 일어나긴 했지만, 특히 알렉산드리아와 페르가몬이 단연 그 중심지 역할을 했다. 이들 두 도시에서는 통치자들이 문화 활동을 적극 장려하고, 또한 경제적으로 통 크게 후원했다. 헬레니즘 시대에는 도서 출판이 정규 사업이 되었다. 도서는 양피지나 파피루스의 두루마리 형태로 만들어졌는데, 복사하는 일은 주로 노예 필경사들이 맡았다. 그리고 수많은 대형 도서관이 세워져서, 학자들이 그곳에서 그리스 세계의 거의 모든 학문적 유산을 접할 수 있었다.

**철학**    헬레니즘 시대의 철학은 변화한 상황을 반영했다. 동양적 전제군주정 체제에서 폴리스의 공동체적 이상은 질식하고, 그 대신 한편으로는 세계시민적 감정이, 다른 한편으로는 개인주의적 경향이 발달했다. 거대한 제국 안에서 지역적 소속감을 상실한 채, 한 점 미미한 존재에 지나지 않게 된 개인들은 점점 더 사회 혹은 종교 조직을 찾게 되었다. 역동성이 넘치는 한편으로 사회적 불안정이 만연한 가운데, 철학자들은 궁극적 진리나 추상적 이론보다는 개인의 처세나 행복에 더 큰 관심을 기울였다. 불안정한 사회에 살고 있는 사람들이 마음의 평화를 찾고자 하는 현실에서 헬레니즘 철학의 4대 학파가 등장하게 되었는데, 이들은 모두 아테네에서 시작되었다. 플라톤과 아리스토텔레스가 세운 학교를 찾아, 혹은 자신의 학교를 세우고자 걸출한 철학자들이 꾸준히 아테네를 찾아왔다.

회의학파skeptikoi와 키니코스학파Cynics는 그 시대의 회의와 불안을 가장 분명하게 반영했다. 피론Pyrrhon(360~270 B.C.)에서 유래한 회의학파는 진리를 발견할 가능성을 부인했다. 피론은 지식의 유일한 원천인 감각 경험이 믿을 수 없는 것이기 때문에, 판단을 유보하고 독단적으로 단정하지 말아야 한다고 주장했다. 회의론자들은 확실성 대신 개연성을 말하고, 그 개연성도 반박의 여지를 남겨두어야 한다고 주장했다. 피론은 변하는 현상을 영원한 실재로 착각하는 데서 영혼의 고뇌가 시작된다고 주장하면서, 영혼의 안주를 추구하는 실천적 관점에서 회의론을 펼쳤다. 그런 면에서 그의 회의는 후대의 인식론적 회의 혹은 방법적 회의와는 구별되는 것이었다.

소크라테스의 제자인 안티스테네스Antisthenes가 창설한 키니코스학파는 회의적 태도를 한 발 더 끌고 나아갔다. 그들은 사회적 가치와 인습에서 벗어나 단순한 삶을 살고자 했다. 남루한 옷을 걸치고 스스로 개를 자처하면서 세상의 모든 질서를 조소했던 거지 철학자 디오게네스Diogenes는 키니코스적 삶의 전형을 보여주었다. 흔히 견유학파犬儒學派라고 불리는 이 학파의 명칭은 '개 같은 삶kynicos bios'에서 유래한 것으로 알려졌다. 디오게네스는 대낮에 등불을 켜 들고 거리를 떠돌며 '정직한 인간'을 찾아다니는 등 기행을 일삼았다. 기원전 3세기에 융성한 이 학파의 생활 방식은 나중에 스토아학파에도 영향을 주었으나, 이후 쇠퇴했다가 기원후 1세기에 로마제국에서 다시 융성했다.

좀 더 현실적이고 대중적이었던 것은 에피쿠로스철학Epicureanism과 스토아철학Stoicism이었다. 에피쿠로스Epikuros(341~270 B.C.)는 어떻게 하면 개인이 행복을 얻을 수 있는가의 문제에 모든 관심을 기울였다. 그는 신의 존재를 부정하지 않았으나, 신들이 인간사에 어떤 적극적 역할을 한다고는 믿지 않았다. 그러므로 인간은 스스로 자유롭게 인생의 목표인 행복을 추구할 수 있는 존재였다. 그는 아테네에 학교를 세우고, 행복은 쾌락을 추구함으로써 얻을 수 있으며, 쾌락이야말로 진정한 선이라고 가르쳤다. 그러나 그가 말한 쾌락은 감각적이거나 무절제한 육체적 쾌락을 의미하는 것이 아니었다. 그는 진정한 쾌락은 오히려 그러한 감각적 쾌락을 피하고 정서적 혼란과 근심 걱정에서 벗어남으로써, 그리고 죽음의 공포에서 해방됨으로써 얻을 수 있다고 주장했다. 에피쿠로스는 최상의 쾌락은 지적인 것이라고 믿었다.

키프로스 출신으로 아테네에 정착한 제논Zenon(335~263 B.C.)은 스토아철학을 창시했다. 제논이 아테네에서 가르쳤던 회당의 복도를 뜻하는 스토아stoa에서 그 명칭을 얻은 스토아철학은 에피쿠로스철학과 마찬가지로 개인은 어떻게 행복을 얻을 수 있는가에 관심을 두었다. 그런데 스토아학파는 그 문제에 전혀 다르게 접근했다. 그들에게 최고의 선인 행복은 오직 덕성을 통해서만 얻을 수 있는 것인데, 이때의 덕성이란 근본적으로 욕망을 버리고 신의 의지와 조화를 이루며 사는 것을 의미했다. 그들에게 신의 의지란 곧 자연의 의지와 같은 것이었다. 왜냐하면, 자연은 곧 신의 현현顯現이었기 때문이다.

스토아학파는 신의 원리가 우주에 편재되어 있다고 믿었고, 이는 인류가 하나이며 자연적 도덕법, 즉 자연법의 지배를 받는다는 믿음으로 이어졌다. 그들은 모든 인간은 이성의 빛을 공유하고 있기 때문에 내적으로 평등하다고 믿었다. 그들이 보기에 세계는 평등한 인간으로 이루어진 단일 사회이며, 인간 사회의 법은 자연법과 일치해야 했다. 에피쿠로스학파가 현실 세계에서 한 발 뒤로 물러선 반면에, 스토아학파는 현실과 정치에 대한 참여를 주장했다. 스토아철학은 헬레니즘 세계에서 가장 영향력이 큰 철학이 되었고, 나중에는 로마제국에서도 주류 철학의 자리를 차지했다.

에피쿠로스철학과 스토아철학이 많은 사람에게 호소력을 지녔다는 것은 곧 그리스인의 생활 방식에 근본적인 변화가 일어났음을 뜻하는 것이었다. 고전 그리스 세계에서 개인의 행복과 삶의 의미는 폴리스의 삶과 긴밀하게 결합해 있었다. 사람들은 공동체 안에서 삶의 실현을 추구했다. 그러나 헬레니즘 왕국에서는 폴리스 안에서 만족을 얻고 삶의 의미를 실현할 수 있다는 믿음이 약해졌다. 이제 개인들은 그에게 행복을 제공해 줄 새로운 철학을 추구했을 뿐 아니라, 다른 한편으로 헬레니즘의 세계시민적 사회에서 보편성의 사상을 추구하는 새로운 지향이 나타날 수도 있었다. 많은 사람에게는 스토아철학이 이런 보편적 공동체의 이상을 구현하는 것으로 보였다.

**종교**　　종교 생활 면에서 그리스인은 오리엔트에 영향을 준 것보다는 받은 것이 더 많았다. 그리스인이 오리엔트의 헬레니즘 왕국으로 퍼져나갈 때, 올림포스의 신들도 함께 갔다. 그러나 시간이 흐르면서 공공 의식을 중심으로 한 전통적인 종교 관행이 점점 사람들의 정서적 욕구를 만족시켜 주지 못했고, 그에 따라 올림포스 종교의 활력은 눈에 띄게 쇠퇴했다. 교육받은 계층의 그리스인은 에피쿠로스철학과 특히 스토아철학에서 그 대안을 찾기도 했지만, 일반 대중은 주로 신비 종교에서 삶의 위안을 찾았다. 그리스인은 종교에 매우 관용적이어서, 헬레니즘 도시에서는 그들의 전통적 신 이외에도 수많은 오리엔트의 신이 숭배되었다. 알렉산드리아에는 그리스의 신들, 오시리스와 이시스 같은 이집트의 신들, 가나안의 풍요의 여신 아스타르테Astarte, 시리아의 아타르가티스Atargatis, 페르시아의 미트라Mithra 등의 신들이 공존했다. 수많은 종교 가운데 그리스인을 가장 사로잡은 것은 신비 종교였다.

비밀 입회식과 개인 구원의 약속이 있는 신비 종교는 그리스 세계에서 새로운 것이 아니었다. 동방의 신비 종교는 오르페우스 숭배나 엘레우시스 숭배와 닮은 점이 많았으나, 이들 그리스의 신비 종교보다 유리한 점이 있었다. 그리스 신비 종교는 보통 특정 장소와 연결되어 있어서, 신입자가 입회 의식에 참여하기 위해서는 순례를 해야만 했다. 그와 달리 동방 신비 종교는 신전이 곳곳에 있었기 때문에 쉽게 의식에 참여할 수 있었다.

모든 신비 종교는 하나같이 개인의 구원을 약속했다. 거기에서 개인들은 죽음에서 부활한 구세주 신과 합일을 이룸으로써 구원의 길을 찾고 영생을 얻을 수 있었다. 가난한 대중은 그들의 비참한 삶이 언젠가 끝나고 영원한 복락의 세계로 들어갈 수 있다는 희망 속에서 위안을 얻었다. 특히 신입자가 신과 합일하는 입회 의식은 고도의 정서적 체험이었다. 이시스 숭배는 가장 인기 있는 신비 종교였다. 그것은 아주 오래된 것이었지만, 헬레니즘 시대에 와서 진정으로 보편적인 종교가 되었다.

그러한 신비 종교는 권위적인 사제 계층과 정교한 의식을 발전시켰으나, 추종자에게 윤리적 가르침은 거의 심어주지 못했다. 신비 종교의 추종자는 주로 도시의 하층계급에서 나온 데 비해, 교육받은 사람들에게는 스토아철학과 같은 철학이 이전보다 더욱 품행의 전범을 제공하고 또한 종교의 대체물이 되었다. 한편 구원과 부활을 약속하는 이시스 숭배와 기타 신비 종교는 기독교의 도래와 그 성공을 위한 먼 길을 예비하는 데 이바지했다.

그리스인과 동양인은 그들의 신의 상호 유사성을 관찰하면서, 그 신들이 서로 다른 이름을 가진 동일 존재라 여기는 경향이 있었다. 그러나 유대인은 달랐다. 그들의 종교는 배타적이었고, 그들의 유일신 야훼는 다른 어떤 신과도 겹쳐지지 않았다. 그러나 헬레니즘 시대에 그리스의 영향은 유대인에게 지속적으로 작용했다. 유대 땅 바깥의 유대인 대부분은 그리스어를 사용했고, 헤브라이 성경의 그리스어 번역본, 소위 70인 역 성경Septuaginta이 기원전 250년경 알렉산드리아에서 제작되었다. 그리고 그리스의 영향은 유대 땅에 있는 유대인들 간에 파벌 싸움을 부추겼다. 그들의 땅은 기원전 200년까지는 프톨레마이오스 왕조의 지배를 받다가 그 후 셀레우코스 왕조의 지배 아래로 들어갔는데, 급진적이고 매우 경건한 집단이 셀레우코스 왕조의 애호를 받는 귀족적이고 친親그리스적인 사두개파Sadducees와 다투기 시작했다.

기원전 168년 이 내분에 안티오코스 4세Antiochos IV(175~163 B.C.)가 개입했다. 헬레니즘의 왕들은 대체로 종교에 관용적이었으나, 그는 헬레니즘화 정책을 강화하면서 문화와 종교의 통일 정책을 추진했다. 그는 유대인의 야훼 숭배를 금지하고, 예루살렘 신전을 제우스 신전으로 돌렸다. 그러자 유대인은 164년 유다스 마카바이오스Judas Maccabaeos의 영도 아래 봉기하여, 예루살렘 신전을 되찾아 야훼에 바쳤다. 이후 유대인은 해마다 이를 하누카Hanukkah(봉헌절) 축일로 삼아 촛불을 켜고 빛의 축제로 기념하고 있다. 그리고 그들은 2년 뒤에는 셀레우코스의 지배에서 벗어나 독립을 획득했다. 마카바이오스와 바로 뒤이은 후계자들은 대제사장이라는 칭호를 가졌지만, 나중의 계승자들은 왕을 자칭했다. 이들 지배자는 차츰 세속화하고 타락했다. 분파주의가 다시 살아나고, 탄압과 유혈이 뒤따랐다.

많은 유대인이 그 뒤로는 유대 땅에 살지 않았다. 이집트, 특히 알렉산드리아에 많은 유대인이 살았을 뿐만 아니라, 소아시아와 시리아 전역의 중요 도시에 유대인 공동체가 있었다. 사방에 흩어진 유대인들은 예루살렘 신전과 율법에 정신적 유대로 연결되어 있으면서, 각 도시에서 그들의 회당인 시나고그synagogue를 세우고 독자적인 종교 집단을 형성했다. 일부 도시 당국은 그들에게 정치단체 결성도 허용했는데, 이로써 그들은 자신의 법과 사법 체계에 따라 살 특권을 누릴 수 있었다.

**자연과학**   헬레니즘 시대는 실용주의의 시대로서, 사변적 지식보다는 실용적 지식을 더 중요하게 여겼다. 그래서 헬레니즘 시대에는 의식적으로 자연과학을 철학에서 분리하려는 노력이 이루어졌다. 고전 그리스에서는 자연의 탐구가 철학적 탐구의 한 분야였다. 그렇기는 하나 아리스토텔레스 때에 이르면, 그리스인은 이미 경험적 연구와 체계적 관찰이라는 과학적 연구의 중요한 원칙을 확립했다. 그리고 헬레니즘 시대에 들어와서는 과학이 독자적 영역으로 연구되면서 과학의 황금시대라 이를 만큼 눈부신 발전을 이루었다. 아테네가 여전히 철학의 중심인 반면, 헬레니즘 세계의 양대 문화 중심지라 할 알렉산드리아와 페르가몬은 과학의 중심지 역할을 담당했다.

알렉산드리아에는 방대한 장서를 가진 도서관과 더불어 거대한 박물관이 프톨레마이오스 왕조의 재정 지원 아래 그리스 문화의 수집과 보존 및 연구에 이바지하고 있었다. 박물관museum이라는 용어 자체가 학문과 예술을 관장하는 뮤즈Muse 여신들의 신전을 뜻했다. 과학 연구는 이 박물관을 중심으로 이루어졌는데, 오리엔트의 축적된 천문학과 수학의 지식을 바탕으로 과학은 기원전 3세기에 놀라운 수준에 이르렀다. 그러나 과학자들의 이론과 발견은 기술 개선으로 이어지지 못했고, 그 대부분이 로마제국 후기와 중세 시대 동안 잊혀버렸다. 그래서 유럽의 과학은 근대 초에 이르기까지도 기원전 3세기의 헬레니즘 과학의 수준을 넘어서지 못했다.

지리학과 천문학에서는 알렉산드로스의 정복으로 인한 지리적 지식의 확장에 자극받은 과학자들이 정확한 지도를 제작하고, 지구의 크기를 측정하고, 월식에 있는 지구 그림자의 관찰을 통해 지구가 구형임을 밝혀내는 등 큰 발전이 이루어졌다. 그 세기의 빼어난 지리학자 에라토스테네스Eratosthenes는 세계지도를 작성하고, 그 위치를 위도와 경도로 표시하는 방법을 고안했다. 그리고 그는 아스완Aswan과 알렉산드리아에서 정오의 태양 그림자의 각도를 측정하고 그 차이를 이용하여 지구의 둘레를 계산했는데, 오차가 불과 1%에 지나지 않았다. 한편 아리스타르코스Aristarchos는 지구는 자신의 축을 중심으로 자전하면서 태양의 주위를 궤도에 따라 돈다는 태양중심설을 제시했다. 그러나 대다수 동시대인은 지구중심설을 믿었으며, 이는 다음 기원전 2세기에 히파르코스Hipparchos의 주장으로 더욱 굳어졌다. 아리스타르코스의 태양중심설은 기원후 16세기에 코페르니쿠스Copernicus가 되살릴 때까지 잊혔다.

수학 역시 기원전 3세기에 거대한 진전을 보았다. 에우클레이데스Eukleides는 평면 및 입체 기하학을 체계화했고, 그 뒤에 시라쿠사 출신의 아르키메데스 Archimedes(287~212 B.C.)는 원주율을 계산하고 구면기하학을 발전시키는 등 수학을 더욱 진전시켰다. 그리고 천문학자 히파르코스는 천문 연구에 필요한 삼각법을 확립했다.

아르키메데스는 수학뿐 아니라 부력의 원리를 발견하는 등 물리학의 발전에도 비상한 공헌을 했다. 그뿐만 아니라 그는 투석기와 지금도 쓰이는 양수기와 겹도르래 등 수많은 실용적 발명품을 고안한 발명가였다. 그는 특히 지레의 원리를 응용하는 데 뛰어난 기술자로서, 지레의 중요성을 강조하여 시라쿠사 왕에게 지렛대와 지렛목만 있다면 지구도 움직여 보이겠다고 말했다는 일화를 남기기도 했다. 이에 더하여 그는 이른바 아르키메데스 원리의 발견에 흥분하여 "유레카 Eureka(나는 발견했다)"를 외치면서 발가벗은 채 목욕탕에서 뛰쳐나왔다는 일화도 남기는 등, 반半전설적 이야기를 풍성하게 낳을 만큼 많은 업적을 이루었다. 아르키메데스는 단연 헬레니즘 시대의 가장 저명한 과학자였다.

**미술**　헬레니즘 시대에 우후죽순처럼 생겨난 수많은 도시는 그리스 건축가와 조각가에게 어마어마한 기회를 제공했다. 헬레니즘 군주들은 도시를 미화하고 가꾸는 데 아낌없이 돈을 쏟아부었고, 그에 따라 그리스 건축가와 조각가에게는 엄청난 기회의 문이 열렸다. 신도시는 도시계획에 따라 직사각형 모양으로 구획되어 도로가 사방으로 뻗었으며, 경기장·목욕탕·극장·신전 등 그리스 본토의 건축물이 대로변에 늘어섰다. 신전은 주로 화려한 장식의 코린토스 양식으로 지어졌다. 그리고 많은 건물의 마루와 벽은 이집트인에게 배운 모자이크 세공으로 장식되었다.

조각가들은 왕과 부유한 시민의 후원을 받아 수천 점의 조상을 헬레니즘 세계 곳곳의 도시에 세웠다. 그들은 부유한 후원자가 제공하는 보상에 이끌려 곳곳을 다녔고, 그 덕분에 알렉산드리아·페르가몬·로도스에서 서로 다른 양식이 발달했음에도 조각은 상당한 정도로 통일성을 갖고 있었다. 헬레니즘 시대 조각가들은 고전 시대의 기법을 유지하는 한편, 고전 시대 말기에 나타나기 시작한 사실적이고 극적이며 주정적主情的인 접근법을 계승·강화했다. 그들은 이상적 아름다움을 추구하기보다는 격렬한 몸짓, 몸부림치는 모습, 극적인 자세를 묘사함으로써 기술적 기교를 과시했다. 그리고 그들은 영웅보다 노파, 술주정뱅이, 어린이 등을 즐겨 조각했다. 이 시대 조각에는 고전기 조각의 균형과 절제의 미가 거의 남아 있지 않았다. 유명한 〈라오콘 부자Laocoon Group〉의 뒤틀린 자세와 일그러진 얼굴, 그리고 울퉁불퉁한 근육은 17세기 유럽의 바로크Baroque 조각을 연상케 한다. 한편 19세기 초에 발견된 〈밀로의 비너스Venus de Milo〉의 고전적 자태는 헬레니즘의 극단적 사실주의에의 반동으로 태어난 걸작이다.

**문학**　　문학은 일반적으로 그리스 시대보다 수준이 크게 떨어진 반면, 군주들의 후원에 힘입어 엄청난 양의 작품이 생산되었다. 특히 이집트의 프톨레마이오스 왕조 통치자들은 문학적 재능을 높이 평가하여 작가들을 통 크게 지원했다. 그들의 아낌없는 후원과 50만 편 이상의 두루마리 장서를 소장한 도서관에 이끌려 수많은 학자와 작가가 알렉산드리아로 몰려들었다. 이들은 그리스 고전문학의 보전에 크게 이바지하는 한편, 호메로스를 모방한 서사시를, 날씨 같은 주제에 관한 지루한 장시를, 그리고 재치 있는 짧은 풍자시를 지었다. 이들 현학적인 작가들은 또한 새로운 유형의 낭만적이고 도피주의적인 문학, 이를테면 목동과 시골 처녀의 사랑과 삶을 상찬하는 전원시를 읊조렸다. 시칠리아 출신의 테오크리토스Theokritos(315~250 B.C.)는 이러한 새로운 풍의 전원시를 쓴 최고의 시인으로 꼽힌다. 소박한 전원생활의 매력을 찬미하는 이 헬레니즘 전통은 나중에 로마와 근대 초의 시인들이 이어받았다. 그러나 헬레니즘 시대에 생산된 방대한 문학작품 중 지금까지 전해진 것은 거의 없다.

아테네는 여전히 연극의 중심이었다. 비극이 시들해지면서 작가들은 정치적 주제를 거부하고 오로지 여흥과 재미만 좇는 '신희극'을 추구했다. 신희극의 대표 작가는 메난드로스Menandros(342~291 B.C.)인데, 그의 희곡에서는 합창이 완전히 사라졌다. 그의 희곡이 온전하게 남아 있는 것이 하나도 없기는 하지만, 그의 희곡 줄거리는 그야말로 단순하기 짝이 없다. 그것은 전형적으로 한 영웅이 썩 나쁘지 않은 창녀와 사랑에 빠지고, 그녀는 결국 이웃 부자의 잃어버린 딸임이 드러나고, 영웅은 그녀와 결혼하여 행복하게 잘 산다는 식으로 전개되었다. 신희극 역시 로마 작가들에게 모방되고, 그들을 통해 근대 초의 극작가에게 전해졌다.

헬레니즘 시대에는 역사와 전기문학이 대거 쏟아져 나왔다. 투키디데스 이후 최고의 역사가로 손꼽히는 폴리비오스Polybios(203~120 B.C.)는 아카이아 동맹의 정치 지도자였는데, 17년을 로마에서 인질로 보냈다. 그 인연으로 그는 도시국가에서 제국으로 성장해 가는 기원전 264~146년 시기의 로마의 역사를 쓰면서, 로마의 비약적 발전의 원인과 과정을 탐구했다. 폴리비오스는 투키디데스의 전통을 이어 역사 사건의 합리적 동기를 추구하는 한편, 문헌 사료를 비판적으로 이용함으로써 역사 연구 수준을 한 단계 끌어올렸다.


### 4) 헬레니즘의 공헌

마케도니아가 그리스인가 하고 묻는 것은 프로이센Preussen이 독일이었나 하고 묻는 것과 비슷하다. 먼 기원을 말한다면, 대답은 두 경우 모두 '아니다'일 것이다. 고대 마케도니아는 일리리아Illyria나 트라케 문명의 궤도 안에서 역사 무대에 등장했다. 그러나 마케도니아는 필리포스 왕이 그리스를 정복하기 전에 이미 고도로 그리스화 되어 있었다.

알렉산드로스는 역사상 그 누구보다 문명과 민족들의 관계를 크게 바꾸어놓았고, 이후의 고전 문명과 서양 문명의 발달에 심대한 영향을 주었다. 그가 열어놓은 헬레니즘 시대는 찬란한 고전 그리스 문명에 뒤이은 정체기로 여겨지기도 하고, 그리스 문명이 비그리스 문명과 융합함으로써 나타난 퇴폐적 요소 때문에 때로는 경멸의 대상이 되기도 했다. 이를테면 학문과 예술의 애호가요 후원자로 이름난 프톨레마이오스 왕조는 왕실 혈통의 순수성을 지키기 위해 근친상간의 파라오 전통을 유지했다. 그렇지만 이는 퇴폐 문화로 비난받았다. 특히 프톨레마이오스 8세는 형이 죽은 뒤 누이이기도 한 형수와 결혼한 뒤, 다시 아내의 딸, 그러니까 질녀 겸 의붓딸과 재혼했다.

그렇지만 헬레니즘 시대는 활력이 넘치는 시대였다. 새 도시들이 출현하여 번영했으며, 알렉산드리아는 고전 그리스에서 아테네가 누렸던 것과 같은 위상을 얻었다. 새 철학 사상이 많은 사람의 마음을 사로잡고, 문학과 예술과 과학 분야에서 중요한 성취가 이루어졌다. 그 시대가 역사에 끼친 최대의 공헌은 무엇보다 그리스 문화를 고대의 문명 세계 전역과 서쪽에서 새로 등장하는 로마에 퍼뜨린 것이다. 동방에서는 알렉산드로스와 그의 계승자들이 건설한 도시가 헬레니즘 문화를 에게해에서 인도까지 전파한 주역이었다. 아시아의 식자층은 그리스 문학을 읽고 통상을 촉진하기 위해 그리스어를 배웠다. 팔레스타인에서 상류 계층 유대인은 그리스 극장과 체육관을 짓고, 그리스식 말투와 복장, 심지어 이름을 채용했다.

일시적으로 셀레우코스제국은 광대한 지역을 헬레니즘화하는 데 필요한 평화와 경제적 안정을 제공했다. 그러나 그토록 넓은 지역을 식민화하기에는 그리스인의 수가 너무나 불충분했기 때문에, 그리스 도시들은 아시아라는 대양의 섬으로만 머물렀다. 시간이 지나면서 이 대양은 헬레니즘화한 지역을 조금씩 잠식해 들어갔다. 느슨하게 결합한 셀레우코스제국이 점점 쇠약해지면서, 헬레니즘 세계의 가장자리에는 독립된 왕국들이 생겨났다.

기원전 3세기 중엽에 페르시아인의 후예로 자처하는 한 유목민 족장이 셀레우코스왕국에서 독립하여 파르티아 왕국을 건설했다. 중국인이 안식국安息國이라 부른 파르티아는 세력을 확장해서, 기원전 130년에 이르러 셀레우코스로부터 바빌로니아를 탈취했다. 파르티아는 본질적으로 토착 이란인 국가였지만, 그 주민은 어느 정도 헬레니즘 문화를 흡수했다. 파르티아와 같은 시기에 셀레우코스 왕조의 지배에서 벗어나 독립 왕국이 된 박트리아는 그리스계 왕국으로서,

기원전 138년 멸망할 때까지 동방에서 헬레니즘의 기수가 되었다. 중국이 대하
大夏라고 부른 박트리아는 인도로 가는 대상 무역로를 장악했고, 기원전 183년에
는 간다라Gandhara 지방을 정복했다. 그 결과의 하나로 인도 미술이 그리스의 강
력한 영향을 받았다.

프톨레마이오스 왕조의 멸망으로 헬레니즘 시대는 끝났지만, 로마의 정복으
로 헬레니즘 문화가 크게 달라진 것은 없었다. 정복자인 로마인은 철학·종교·
과학·문학·예술 등 헬레니즘 문화의 거의 모든 분야를 받아들였고, 제국의 정
치체제 역시 헬레니즘의 신격화한 군주정을 모방했다. 로마제국 안에서 헬레니
즘 세계는 여전히 그리스 문명이 지배하는 독자적인 문화 지역으로 남아 있었
다. 그리고 로마제국이 종당에 두 쪽으로 갈라지고 서부 반쪽이 멸망한 뒤에도,
헬레니즘의 유산은 동부 반쪽인 비잔티움Byzantium제국 안에서 1000년이나 더 보
전되었다.

# 제3장

# 로마 문명

❖

로마의 역사는 기본적으로 로마인들이 처음에 라티움, 그다음에 반도, 마지막으로 전 지중해 세계를 정복하는 이야기이다. 그것이 가능했던 것은 무엇보다 로마인이 고도의 정치적 지혜를 지닌 덕분이었다. 초기에 로마인들은 질박한 농민이면서 애국적 전사였다. 그들은 안으로 신분 투쟁을 벌이는 가운데서도 시민 공동체의 결속을 다지고, 그를 바탕으로 끊임없이 전쟁을 벌이면서 밖으로 뻗어 나갔다. 그들은 전투에서는 이기기도 하고 지기도 했지만, 전쟁은 반드시 이겼다. 그리하여 기원전 270년 무렵에 이르러 포Po강 이남의 이탈리아 전역을 차지했다. 더욱 극적인 것은 로마가 기원전 264~133년에 동서로 뻗어 나가 지중해의 주인이 된 일이었다. 그사이 로마인들은 지중해 서부에서는 패권국 카르타고를 멸망시키고, 동부에서는 헬레니즘 세계 대부분을 차지한 것이다. 이후 기원전 31년에는 이집트마저 정복함으로써, 그들은 대서양에서 홍해에 이르는 지중해의 전 해안 지역과 갈리아를 제국에 편입했다. 이제 지중해는 로마인의 호수가 되었다.

그러나 기원전 133년 이후 공화정 체제는 제국을 통치하는 과업에는 부적절함이 드러났다. 일련의 유혈의 내란을 겪은 뒤 옥타비아누스가 마침내 로마를 평정하고, 제국을 효율적으로 통치할 새 체제를 창출했다. 이따금 내란이 터졌지만, 그가 건설한 새 제국은 200년간 괄목할 만한 안정을 누렸다. 그러나 기원후 3세기에 이르러 잦은 정변, 경제적 혼란, 외침 등을 겪으면서 로마는 쇠퇴하기 시작했다. 3세기 말에 질서가 재확립되었지만, 쇠퇴는 단지 잠깐 멈추었을 뿐이었다. 기원후 476년, 제국은 결국 서부에서 해체되었다.

그리스인과 달리 로마인은 추상적 사고의 재능을 타고나지 못했다. 그들은 자신의 고유한 철학 체계를 구축하지 못했고, 새로운 문학 형식을 개발하지도 못했으며, 빼어난 과학적 발견도 이루지 못했다. 로마인은 지적 분야에서 그리스인보다 열등하다는 것을 자각했고, 그들로부터 사상과 문화를 배우는 데 망설이지 않았다. 그 대신 로마인은 또한 매우 실용적 특성을 가진 사람들이었다. 매우 폐쇄적이었던 그리스인과 달리 로마인은 종종 시민권을 피정복민에게도 허용했고, 그리하여 강력하고 통합된 제국의 토대를 놓았다. 로마인의 힘은 통치와 법, 그리고 공학기술에 있었다. 그들은 수백 년 존속한 세계국가를 창건했고, 행정 체제 및 법질서의 확립과 대규모 토목건설 등 실제 문제에서 천재적 재능을 발휘했다.

그리스인이 서양 문명의 가장 빛나는 창조자였다면, 로마인은 그 가장 빼어난 수용자요 전파자요 또한 보전자였다. 군사력과 정치적 수완의 힘으로 로마인은 자랑스러운 동방 헬레니즘 문화를 덜 선진적인 서지중해의 문화와 결합했다. 알렉산드로스의 꿈을 자신의 유산으로 삼으며 그들은 '하나의 세계'의 이념을 현실로 만들었다. 그리고 그들이 사라진 뒤에도 그들이 이룬 위업은 유산으로 남아 뒤이은 문명에서 중요한 역할을 담당했다.

한편 기독교는 제국의 기초가 놓이던 시기에 등장하여 그 쇠퇴기에 성숙해서 콘스탄티누스 황제에 이르러 진정 보편적인 신앙이 되었다. 기독교가 인류의 정신적 평등과 인간의 삶의 존중 등의 새로운 이상을 지니며 성장함에 따라, 로마 세계는 서서히 변모하게 되었다. 게르만족의 전면적 침입은 이 과정을 크게 촉진했다. 그리고 제국이 5세기 말에 서부에서 멸망했을 때, 기독교는 문명의 부활과 지속을 위한 토대로 살아남았다. 기독교회는 제국이 붕괴한 뒤에 남은 조각들을 주워 모으고, 새로운 중세 문명의 알맹이를 마련하는 역동적인 제도로 발전했다.


## 1. 로마 공화정의 발전

### 1) 이탈리아의 지리와 초기 정착민

**이탈리아의 지리**　　　이탈리아반도는 남북으로 길게 뻗은, 길이가 약 1200km에 너비가 약 190km의 장화 모양으로 생긴 반도로, 면적은 대략 그리스의 다섯 배이다. 거대한 등뼈 같은 아펜니노Appennino산맥은 거의 반도 전체를 북에서 남으로 내달리며 동부와 서부로 갈라놓는다. 아펜니노산맥이 이탈리아를 동서로 갈라놓았지만, 그리스 산들만큼 험준하지 않아 반도를 여러 작고 고립된 공동체로 나누지 않았다. 그뿐만 아니라 이탈리아에는 가장 비옥한 농업지대인 포강 유역을 비롯하여 로마가 위치한 라티움Latium 평원과 라티움 남쪽의 캄파니아Campania, 그리고 남쪽 시칠리아섬 등 농사에 적합한 상당히 넓고 비옥한 평원이 있어서 그리스보다 훨씬 많은 인구를 부양할 수 있었다.

이탈리아의 좋은 계곡과 항구는 아펜니노산맥의 서쪽 기슭에 있다. 반도는 동쪽이 아니라 서쪽을 향해 있고, 그래서 이탈리아는 오리엔트 문명과의 접촉이 오랫동안 지체되었고, 그리스에 뒤처졌다. 라티움 평원과 도시 로마는 전략적 요충지를 차지하고 있었다. 그곳은 반도의 중앙으로서 방어하기 쉬울 뿐 아니라, 사방으로 뻗어 나가기 좋은 곳이었다. 게다가 반도 자체가 지중해의 중간 지점에서 바다로 뻗어 나와서, 지중해의 동부와 서부 간의 교차로 역할을 할 수 있다. 일단 반도 전체가 통일되면 이탈리아는 전 지중해 세계를 지배할 유리한 지점에 있었다.

**이탈리아인의 민족 이동**　　지중해 서부 지역은 동부보다 문명의 발달이 한참 뒤처졌다. 로마인은 그리스인과 마찬가지로 인도-유럽어계의 민족으로서, 두 민족은 각각 이탈리아와 그리스 두 반도로 대체로 비슷한 시기에 이주해 갔다. 기원전 2000년경 인도-유럽어계 민족의 한 무리가 에게해 세계에 침입할 때, 이들의 서쪽 날개는 알프스산맥을 넘어 이탈리아반도로 들어간 것이다. 그때 그곳에는 신석기 문화의 사람들이 살고 있었다. 이들 청동기 문명의 침입자는 이탈리아 중부의 비옥한 계곡에 정착하면서 조금씩 남쪽으로 퍼져나갔다. 그 1000년쯤 뒤에는 철제 무기와 도구를 갖춘 또 다른 인도-유럽어계 이주민이 밀려들었다. 시간이 지나면서 앞뒤의 두 정착민은 서로 섞이면서 반도 전역으로 퍼져나갔다. 그 가운데 한 집단이 티베리스Tiberis강 하류의 라티움 평원에 정착해서 로마라는 작은 공동체를 수립했다. 로마는 라티움 지역에서 라틴어를 사용하는 많은 공동체 중 하나에 불과했다.

**에트루스키인과 그리스인**     오랜 시간 동안 역사는 서지중해를 피해갔지만, 기원전 800년 무렵 이 지역 역시 마침내 역사 무대에 등장하기 시작했다. 이 무렵 소아시아에서 온 비인도-유럽어계 민족으로 짐작되는 에트루스키인Etruscii이 이탈리아에 처음으로 도시국가 문명을 가져왔다. 이들은 로마 북쪽 지금의 토스카나Toscana 지방에 여러 도시국가를 세우고, 이를 중심으로 기원전 7세기 이후 급속히 세력을 확장했다. 북으로 포강 계곡까지, 남으로는 라티움을 넘어 나폴리Napoli만까지 팽창하면서 에트루스키인은 후진적인 이탈리아인을 도시국가들의 느슨한 연합으로 조직하여 지배했다. 이때만 해도 로마는 에트루스키인의 그늘에 있는, 티베리스 강변의 별 볼일 없는 작은 마을에 지나지 않았다.

에트루스키인은 더욱 남하하여 남부 이탈리아에 있는 그리스 식민지들과 직접 부딪치게 되었다. 그들의 세력은 기원전 6세기에 정점에 올랐다가 5세기 초부터 쇠퇴하기 시작했다. 나중에 그들은 갈리아Gallia인의 침략을 받았고, 그런 다음 로마에 정복되었다. 그들은 그렇게 역사의 무대에서 사라졌지만, 큰 자취를 남겨 놓았다. 남부 이탈리아에서 그리스인이 도시 문명을 전하는 동안, 에트루스키인은 북부와 중부에서 도시화를 가져다주었다. 그들은 선박 건조 및 항해 기술, 금속 세공술, 도자기 제작 기술, 도로 건설과 같은 토목 기술, 석조 아치의 건축술, 신상을 만드는 관행, 검투사의 검투 공연 등 고도의 선진 기술이나 관행을 이탈리아인에게 전해주었다. 그들로부터 가장 큰 문명의 혜택을 입은 도시가 로마였다.

한편 그리스인은 에트루스키인보다 조금 늦게 남부 이탈리아 해안 지역과 시칠리아로 이주해 와서 식민지들을 건설했다. 그들은 올리브와 포도를 재배하고, 문자를 전파하고, 올림포스의 신들을 소개하고, 미술과 문화의 본보기를 제공했다. 로마는 처음에 에트루스키인을 통해 간접적으로 그리스 문화에 접했지만, 나중에 남부 이탈리아와 시칠리아를 정복하면서 그리스인과 직접 접촉하게 되었다. 이 식민지들은 그 전인 기원전 800년 무렵 페니키아인이 북아프리카에 건설한 식민지인 강력하고 번영하는 카르타고에 대한 완충지 역할을 했다.

## 2) 로마 공화정의 정치체제

**도시 로마의 건설**　전설에 의하면 로마는 기원전 753년 쌍둥이 형제 로물루스Romulus와 레무스Remus가 건설했다. 이들은 이웃 왕의 딸이 전쟁의 신 마르스Mars에게 겁탈당하고 낳은 쌍둥이였는데, 티베리스강에 내던져진 이들을 암컷 늑대가 구해서 젖을 먹여 키웠다.

　　민족 이동 과정에서 라티움에 도래한 부족 중 일부가 티베리스강 하구 부근에 강을 따라 낮게 누운 일곱 언덕에 정착해서 작은 마을을 형성하고, 농사를 짓거나 양을 치면서 살았다. 이들이 기원전 8세기 중엽에 이르러 하나의 공동체로 통합하여 공동의 회합 장소인 광장-포룸forum을 세우고, 그것을 중심으로 도시 로마를 건설하기 시작했다. 로마가 터를 잡은 곳은 전략적으로 매우 유리했다. 그곳은 해안에서 불과 30km 정도 떨어져 있어서 쉽게 바다로 나갈 수 있으면서도, 해상 공격으로부터 안전할 만큼 충분히 내륙으로 들어와 있었다. 60~90m 높이의 일곱 언덕과 습지 역시 로마를 침입자로부터 지켜주었다. 게다가 로마는 걸어서 강을 건너기 편한 곳에 자리해서, 서부 이탈리아에서 남북 왕래를 위한 건널목 구실을 할 수 있었다. 기원전 625년경 로마는 에트루스키인에게 정복되었는데, 그 지배 아래에서 로마는 농촌 사회에서 도시국가로 발전했다.

**군주정**　일찍이 로마인들은 빼어난 정치적 재능을 보여주었다. 로마의 정치적 발전은 현실적 문제에 대한 실용적 대응의 결과였다. 로마인은 이상적인 정부의 건설에 관심을 둔 게 아니라, 그때그때 발생하는 사회문제를 해결해 가는 과정에서 법과 제도를 만들어냈다. 로마의 정치체제는 그리스의 폴리스와 비슷하게 원시 군주정-과두정-민주정의 과정을 따랐다. 그런데 로마인은 과두정에서 민주정으로의 이행 과정에서 참주정이라는 중간 단계를 피하기는 했지만, 대신 민주정은 결국 제정으로 귀결되고 말았다.

군주정 시대에 왕의 권력은 임페리움imperium이라 불렸다. 이는 무기를 소지한 모든 시민으로 구성된 민회가 부여하는 것으로서, 통수권 곧 군대를 지휘할 권리를 의미했다. 임페리움은 한 묶음의 막대fasces로 묶은 도끼로 상징되었는데, 이 막대 묶음은 기원후 1920년대에 무솔리니Mussolini의 정치 신조인 파시즘fascism 의 상징과 그 명칭으로 이용되었다. 왕은 임페리움을 행사할 때 주요 귀족 가문의 우두머리로 이루어진 원로원senatus의 조언을 들었다. 로마는 군주정 시대에 일곱 왕을 거쳤는데, 그 가운데 후대의 세 왕은 에트루스키인이었다. 로마는 한 세기 남짓 에트루스키인의 지배를 받다가, 기원전 509년 귀족들이 마지막 왕 타르퀴니우스 오만왕Tarquinius the Proud을 축출하고 권력을 장악했다. 그들은 군주정을 폐지하고 과두정을 수립했는데, 평민을 달래고 그들의 지지를 얻기 위해 귀족들은 그것을 공화정res publica이라고 불렀다. 공화정에서 임페리움은 최고 정무관인 두 명의 집정관consul에게 넘어갔다.

**공화정의 정무관**　　집정관은 쿠리아회comitia curiata라 불리는 민회가 해마다 귀족계급 중에서 선출했는데, 그들은 합의를 통해 정부를 운영하고 전시에 군대를 지휘했다. 두 명의 집정관은 서로 상대가 제안한 법안을 거부할 수 있었는데, 이런 견제와 균형의 제도는 비교적 매끄럽게 잘 작동했다. 그러나 전쟁이나 대내적 비상사태 때에는 신속하고 효율적인 대처를 위해 독재관dictator이라 불리는 특별 정무관이 집정관을 대체할 수 있었다. 다만 독재관의 임기는 6개월을 넘을 수 없었다. 로마는 이런 장치로 참주의 출현을 방지할 수 있었다.

기원전 6세기 초엽에 에트루스키인의 영향 아래 농촌 공동체에서 도시국가로 변모하기 시작한 로마는 공화정으로 넘어갈 무렵에는 라티움에서 가장 강력한 세력으로 성장했다. 로마가 팽창하면서 처리해야 할 국사가 늘어나자, 5세기 중엽에 감찰관censor이라는 정무관직이 신설되었다. 임기가 18개월로 5년

마다 두 명씩 선출되는 이들은 처음에 선거와 징세 및 징병을 위해 인구조사 census를 하여 시민 명부를 작성하는 일을 맡았다. 그러나 나중에 그들은 국고와 관계있는 청부사업의 감찰과 시민의 풍기 단속도 담당하고, 원로원 의원을 지명하고 품행이 나쁜 의원을 원로원에서 제명하는 권한까지 갖는 등, 아주 광범한 영역에 걸친 업무를 담당했다.

기원전 366년에는 정무관에 법무관praetor이 추가되었다. 법무관은 집정관과 함께 임페리움을 가져 군대를 지휘할 수 있고, 집정관들이 로마를 떠나 있을 때 로마를 통치할 수 있었다. 그렇지만 법무관의 일차적 기능은 사법의 집행이었다. 그는 로마 시민에게 적용될 경우의 시민법을 담당했다. 그 뒤 242년에 로마의 성장을 반영하여 또 다른 법무관이 추가로 설치되었는데, 그는 소송의 한쪽 혹은 양 당사자가 시민이 아닌 사건의 재판을 맡았다. 그 외에도 재정 문제를 관리하는 재무관quaestor, 공공건물을 관리하고 공공 경기와 축제를 관장하는 아이딜레aedile 등 많은 정무관이 있었다. 이들의 권한은 대부분 원래 집정관에 속해 있던 것이었는데, 국무가 복잡다기해짐에 따라 전문화되어 분산된 것이었다. 독직責職을 방지하기 위해 모든 정무관은 원칙적으로 복수로 선출되었으며, 감찰관을 제외하고 임기는 1년이었다.

**원로원과 민회**   귀족의 회의체인 원로원은 로마 공화정에서 특별히 중요한 위상을 차지했다. 300명 정도의 종신직 의원으로 이루어진 원로원은 입법 기구가 아니라 단지 정무관에게 조언만 할 수 있었다. 그러나 원로원의 조언은 가벼이 취급될 수 없었고, 기원전 3세기에 이르러서는 사실상 법의 효력을 지니게 되었다. 물론 퇴임 집정관이나 명문 귀족 가문 출신의 원로원 의원의 위세가 이런 발전을 촉진했다 그렇지만 고위 정무관은 해마다 바뀌고 민회는 정기적으로만 회합하여 작동이 느린 데 비해, 원로원은 계속 열린다는 사실 역시 이런 발전에 이바지했다.

로마에는 여러 민회가 있었다. 왕정 시대부터 있었던 최초의 민회가 쿠리아회였는데, 이 민회는 로마의 세 부족을 구성하는 혈연 조직인 30개의 쿠리아로 이루어진 회의체로서 혈통 귀족의 지배를 받았다. 왕정 시대에는 왕을, 공화정 시대에는 집정관을 선출했으나, 켄투리아회comitia centuriata가 생긴 뒤 기능이 약해지면서 유명무실하게 되었다. 켄투리아회는 전승에 의하면 기원전 6세기 중엽 왕정 시대에 창설되었다고 하나, 실질적 기구로는 기원전 5세기 초에 팔랑크스 전법이 도입되고 군제가 개편되면서 성립되었다.

켄투리아회는 본질적으로 정치적 역할을 수행하는 로마 군대였다. 로마 시민은 신분과 관계없이 토지 재산의 크기에 따라 차등적 병역의무가 부과되는 여섯 등급으로 나뉘고, 각 등급은 일정 수의 켄투리아, 즉 백인대百人隊로 편성되었다. 그리하여 켄투리아회는 모두 193개의 백인대로 구성되었으며, 백인대 단위로 표결을 했다. 부유한 상위 두 등급에 속한 백인대가 98개로 총 193개 백인대의 과반수를 차지해서, 상정된 안건은 으레 이 상위 두 등급의 의사에 따라 가부가 결정되게 마련이었다. 켄투리아회는 쿠리아회의 기능을 넘겨받아 공화정 내내 집정관을 선출하고, 전쟁과 강화의 결정을 내리고, 또한 법률을 제정하는 등 광범한 권한과 기능을 가졌다. 그리하여 켄투리아회는 정치권력의 기초를 가문과 혈연에서 재산으로 옮아가게 하고 귀족의 권력을 약화하는 데 이바지했다.

또 다른 민회인 평민회concilium plebis는 평민들만의 회의체로서 기원전 471년 신분 투쟁의 결과로 생겼다. 평민회는 트리부스라는 지리적 행정단위로 구성되고 표결이 이루어져 흔히 트리부스회comitia tributa로 일컬어지기도 했는데, 사실이 두 민회의 관계는 명확하지 않다.


### 3) 평등을 위한 평민의 투쟁

**신분 투쟁**　　초기의 로마 시민은 혈통 귀족patrici과 평민plebs의 두 신분으로 나뉘어 있었다. 귀족은 공동체 형성 초기의 군사적 우두머리와 부유한 대토지 소유자의 후손 가문으로, 강력한 혈연 조직을 통해 부와 권력을 독점했다. 전체 인구의 1할에 불과한 그들은 대지주로서의 부를 바탕으로 지배계급을 형성했으며, 그들만이 집정관을 위시한 고위 정무관과 원로원 의원이 될 수 있었다. 그들은 또한 다수의 피보호민client에 대한 후견권을 통해 민회와 사회의 다양한 측면을 통제했다. 평민은 혈통 귀족이 아닌 지주와 상인·장인·소농, 그리고 독립적인 가난한 사람들 등 다양한 계층으로 구성되었는데, 이들은 대체로 이러저러한 방식으로 혈통 귀족의 영향 아래 놓여 있었다. 이들 평민과 귀족 사이에는 엄격한 신분 장벽이 가로놓여 있어서 상호 간의 결혼이 엄격하게 금지되었다.

공화정 수립 이후 2세기가 넘는 기간 동안 평민은 정치적·사회적 평등을 위해 귀족과 싸웠다. 이 오랜 싸움은 계급 전쟁에 흔히 수반되기 마련인 폭력 사태 없이, 법과 질서의 테두리 안에서 수행되었다. 그것이 내란으로 비화하지 않은 것은 마지못해서이기는 하지만, 귀족이 필요한 때에 적당한 선에서 타협하고 양보한 덕분이었다. 이는 그리스의 폴리스와 달리 로마에서 참주가 등장하지 않은 이유이기도 하다. 귀족이 때맞게 타협을 택한 것은 평민의 협력이 절실하게 필요한 상황이 계속되었기 때문이다. 안으로 신분 투쟁이 이어진 시기는 또한 로마가 밖으로 끊임없이 정복 전쟁을 치른 시기이기도 했는데, 전쟁을 수행하기 위해 귀족들은 어떻게든 평민의 도움을 끌어내어야만 했던 것이다. 어쨌거나 로마인의 정치적 조정 능력과 법질서의 감각이 빛을 발한 셈이다.

**투쟁의 성과들**　　평민들이 거둔 첫 성과는 호민관의 설치였다. 이 성과는 기원전 494년 그들이 로마에서 철수해서 다른 곳에서 새로운 도시를 세우겠다고 위협한 후, 귀족으로부터 얻어낸 것이었다. 평민의 생명과 재산을 보호하는 것을 기본 임무로 하는 호민관은 집정관과 원로원의 부당하고 압제적인 조치를 거부할 권한을 부여받았다. 호민관은 처음에 두 명이었는데, 나중에 다섯 명으로, 그다음에는 다시 열 명으로 늘었다. 호민관제의 약점은 만장일치제라는 점이었다. 그중 어느 한 명이라도 다른 모두의 결정을 무효로 만들 수 있었다. 나중에 원로원과 귀족은 필요할 때 적어도 한 명의 동조자를 확보할 수 있었고, 그의 거부권을 통해 호민관의 권력을 무력화할 수 있었다.

기원전 471년에는 평민회라 불리는 평민만으로 구성되는 새 민회가 창설되었다. 평민회는 호민관을 선출하는 한편, 호민관은 평민회를 소집하고 안건을 상정하는 책임을 맡았다. 호민관의 주재 아래 평민회가 채택한 조치를 플레비시타plebiscita라고 하는데, "그것은 평민의 의견이다"라는 뜻의 이 플레비시타는 평민에게 구속력을 지닌 일종의 평민 법령이었다. 구속력이 평민에게 한정되기는 했지만, 평민회는 입법적 권력을 획득함으로써 평민에게 상당한 정치적 힘을 부여해 주었다.

20년쯤 뒤 평민은 또 하나의 성과를 쟁취했다. 전통적인 관습법은 법정에서 흔히 귀족인 재판관에 의해 귀족에 유리하게 적용되었기 때문에, 평민은 그것을 문자화할 것을 요구했다. 그 결과 기원전 450년 성문화한 법이 12개의 청동판에 새겨져 누구나 볼 수 있게 포룸에 세워졌다. 이 12동판법은 로마법의 오랜 발전 과정의 첫 이정표였다. 머지않아 평민은 집정관이 내린 사형선고를 민회에 상고하여 재심을 받을 권리를 확보했다. 그리고 445년에는 12동판법이 금지한 귀족과 평민의 통혼이 합법화되어, 두 신분 간의 사회적 구분이 느슨해졌다. 평민은 조금씩 정부 쪽으로도 진출했다. 367년 리키니우스Licinius법으로 집정관 자리 하나가 평민에게 할당되었고, 이후 약간의 시차를 두고 평민은 하나하나 신설된 다른 정무관직도 차지할 수 있게 되었다. 리키니우스법은 또한 시민 한 명이 공공 토지를 보유할 수 있는 한도를 제한했다.

평등을 위한 오랜 투쟁은 기원전 287년 독재관 호르텐시우스Hortensius가 제정한 법으로 평민회가 입법 기구로 인정되고, 플레비시타가 평민뿐 아니라 귀족도 포함하여 모든 시민을 구속하는 법률이 됨으로써 비로소 완료되었다. 이후 평민회는 흔히 트리부스회로 불리게 되었다. 그 투쟁이 비록 길었지만, 로마인들은 폭력혁명이 아니라 타협과 양보로 갈등을 처리했다. 287년 이후에는 이론적으로는 모든 시민이 법 앞에 평등하고, 누구든 관직을 얻으려 애쓸 수 있었다. 로마 공화정은 이제 최소한 형식적으로는 민주정이었다.

그러나 실제 현실에서는 새로운 지배계급에 의한 과두정이 계속되었다. 평민 출신의 정무관이 임기를 마치면 원로원에 진입했고, 거기서 그들은 곧 옛 귀족 집단과 결합했다. 다른 한편으로는 혈통 귀족과 평민의 통혼이 합법화된 결과, 혈통 귀족과 부유한 평민 가문이 결합하기도 했다. 그렇게 해서 그들은 더 강력해진 새로운 귀족계급인 노빌리타스nobilitas를 형성했고, 이들 과두 세력이 로마를 지배했다. 정치적·사회적 평등을 획득한 평민은 이후로 끊임없이 계속되는 전쟁의 시기에 좀 더 경험이 많은 원로원이 정부를 운영하는 것을 기꺼이 용인하고자 했다. 원로원은 막강한 위세와 영향력으로 공화정이 끝날 무렵까지 로마를 확고하게 지배했다.

## 4) 이탈리아의 통일

공화정 로마의 역사는 안으로 신분 투쟁이 전개되는 가운데서도 시민공동체의 결속을 다지고, 그와 동시에 그를 바탕으로 끊임없이 전쟁을 벌이면서 밖으로 팽창해 나간 역사였다. 로마는 기원전 6세기 말 작은 도시국가로 시작해서 400년도 채 안 되는 사이에 지중해 세계의 최강국으로 눈부시게 성장했다. 기원전 270년에 이르러 팽창의 첫 단계가 끝났다. 북쪽으로는 에트루스키인, 중부 이탈리아에는 약탈적인 산악 부족들, 남부에는 그리스인 등 적대적 민족에 둘러싸인 로마는 오래고 힘든 싸움 끝에 이들을 모두 복속시키고 포강 유역 이남의 이탈리아 전체의 주인이 되었다.

**라티움의 통일**　기원전 509년 에트루스키인 상전을 몰아낸 뒤, 로마는 493년경 라티움의 다른 부족들로 구성된 라티움 동맹과 에트루스키에 대한 방어동맹을 맺었다. 이 새 동맹은 주변 적대 세력으로부터 라티움 평원을 성공적으로 지키면서 4세기 초에는 중부 이탈리아에서 강력한 세력이 되었다. 그러나 바로 그 무렵에 하마터면 로마 역사를 거의 끝장낼 뻔한 큰 재앙이 로마를 덮쳤다. 로마인이 갈리아인이라 부르던 켈트족Celts의 한 갈래가 알프스 이북에 살면서, 5세기에 북이탈리아에 진출하고 이어서 5세기 말에는 포강 유역에서 에트루스키인을 몰아냈다. 그런데 이들이 더욱 남진하여 390년에는 드디어 로마를 침입하여 도시를 불태우고 많은 지역을 약탈한 것이다. 전승에 따르면 원로원 의원들은 학살을 당하기 전에 위엄을 갖추고 운명을 기다리며 앉아 있었다. 카피톨리움Capitolium 언덕의 수비대만이 포위 속에서 버텼다. 마침내 일곱 달 뒤, 갈리아인은 막대한 양의 금을 배상받고서야 물러갔다.

이 시련은 로마인을 단련했다. 그들은 도시를 재건하고 견고한 석벽을 쌓았다. 로마가 점점 강성해지자 라티움 동맹은 경계심이 커졌고, 결국 기원전 340년 양자 간에 전쟁이 일어났다. 승리한 로마는 338년 라티움 동맹을 해체하고, 각 도시국가와 개별적으로 세 가지 유형의 동맹을 맺었다. 첫 번째는 5~6개의 특권적 도시에 해당하는데, 이들 도시는 완전히 로마에 통합되고, 모든 시민이 완전한 로마 시민권을 부여받았다. 두 번째 동맹은 해당 도시에 자치도시의 지위를 부여했다. 그 도시의 시민은 로마 법정에서 재판을 받거나 로마인과 결혼할 권리를 허용받았지만, 로마 민회에서 투표에 참여하거나 관직을 보유하는 등의 정치적 권리는 없었다. 나머지 도시는 로마와의 관계를 구체적으로 규정하는 특별 조약에 의해 동맹을 맺고 로마와 결합했다. 세 종류의 도시들은 모두 자체 문제에 대해서는 상당한 자치권을 누릴 수 있었다. 그리하여 마케도니아가 그리스에 대한 지배권을 확립한 바로 그때 이탈리아에서는 새로운 강자가 등장했다.

로마가 라티움의 여러 도시국가와 맺은 이와 같은 동맹체제는 이후 이탈리아 반도를 통일해 가는 과정에서 그대로 적용되는 모델이 되었는데, 이러한 동맹체제는 이탈리아와 그리스의 정치 생활의 근본적 차이를 보여준다. 그리스에서는 그토록 뚜렷한 특징이었던 폴리스 독립주의가 이탈리아에서는 확립되어 있지 않았던바, 이탈리아에서는 부족 간의 연합이나 도시 간의 동맹이 아주 이른 시기부터 있었다. 그래서 로마인은 다른 도시국가를 합병할 때 그에 따른 저항을 덜 받았을 뿐 아니라, 합병된 도시 주민들은 로마 시민이 된 것을 오히려 특권으로 여기고 환영했다. 로마인들 또한 스스로 제한적이지만 로마 시민권을 다른 도시에 기꺼이 확대하려 했다. 이는 아테네 제국과 같은 그리스의 폴리스 세계에서는 볼 수 없는 양상이었다.

**반도의 통일**　로마가 그다음 마주한 것은 중남부 고지대인 삼니움Samnium의 도시국가들이었다. 이 호전적인 부족들과 기원전 326~290년 사이 세 차례에 걸쳐 격렬한 전쟁을 벌인 끝에 승리한 로마는 그들을 동맹국으로 통합했다. 이 도시들은 로마에 기병과 보병 등의 군사력을 제공하고, 로마가 그들의 외교정책을 통제하는 것에 동의했다. 그들은 그 대신 내부 문제에서는 자치가 허용되어 자신의 법과 제도를 유지할 수 있었다.

　로마군은 삼니움인과 전쟁을 치르는 과정에서 획기적으로 개편되었다. 로마군은 그동안 에트루스키인과 그리스인으로부터 전수한 장창의 중장보병 밀집방진 전술을 채용해 왔다. 그런데 이 밀집방진이 폐기되고, 군대는 양날의 단검과 투척용 창으로 무장한 120명 규모의 보병 중대를 중심으로 한 소규모 전술 집단으로 재조직된 것이다. 이 보병 중대는 밀집방진보다 기동력이 훨씬 뛰어나고 자유롭게 작전을 수행할 수 있었다. 이런 개편으로 로마 군대는 그리스나 마케도니아 군대보다 훨씬 더 유연해졌다. 평지에서는 옛 밀집방진이 더 우월했지만, 구릉이나 산악 지역에서는 로마의 보병 중대가 적의 밀집방진을 깨뜨릴 수 있었다. 지중해 주위의 땅이 대부분 구릉지대여서, 이에 대한 적응력이 뛰어난 로마 군단은 엄청난 전술적 이점을 누릴 수 있었다. 로마인은 또한 이 무렵 라티움 동맹의 반란을 겪은 것을 계기로 지역에서 발생하는 사태에 신속하게 대응하기 위해 그 유명한 도로망을 건설하기 시작했다.

　삼니움을 정복하자 로마는 드디어 남부 이탈리아의 그리스 식민도시와 직접 접촉하게 되었고, 곧 그들과 충돌했다. 로마를 경계한 타렌툼Tarentum은 전쟁에 대비하면서, 헬레니즘 세계의 에피루스Epirus왕국의 피루스Pyrrhus 왕에게 도움을 요청했다. 피루스 왕은 제2의 알렉산드로스 대왕이 되기를 꿈꾸는 야심가였다.

로마인은 피루스와 싸우면서 처음으로 마케도니아의 전쟁 방식과 접촉하게 되었다. 피루스는 이탈리아에는 알려지지 않은 코끼리 부대를 동원하여 로마인에게 두 번이나 참패의 쓴맛을 보게 했다. 그러나 그 승리의 대가는 너무나 커서 보람 없는 그런 승리는 지금도 '피루스의 승리'라 불린다. 3차 전투에서 패한 피루스는 결국 그리스로 물러났고, 타렌툼은 10년에 걸친 전쟁 끝에 기원전 272년 결국 항복했다.

기원전 265년에 이르러 로마군은 남부 이탈리아의 그리스 폴리스들을 모두 복속시켰다. 로마와 그들의 관계는 다른 이탈리아 동맹국들과 마찬가지였는데, 다만 군사 지원의 면에서 기병과 보병 대신에 전함과 수병으로 해군을 지원해야 하는 점만 달랐다. 북쪽에서는 264년에 나머지 에트루스키인 국가들을 처부수었다. 이로써 로마는 정복 전쟁에 나선 지 불과 230여 년 만에 반도의 최북단을 제외한 이탈리아 전역을 통일했다.

로마인이 그토록 큰 성공을 거둔 데에는 무엇보다 그들의 정복 정책이 큰 요인으로 작용했다. 그들은 정복-약탈-대량학살과 노예화라는 고대 세계의 일반적 방식 대신 개선된 방식을 선택했다. 그들은 이전의 적을 항구적 노예로 만드는 것보다 우방으로 만드는 게 훨씬 더 유익하다는 것을 알았다. 그들은 저항과 반란에 대해서는 단호하고 무자비하게 응징하고 분쇄했으나, 협력과 충성에 대해서는 보호와 자치 혹은 시민권 허용으로 보답했다. 정복자 로마는 피정복자의 법이나 관습 혹은 종교에 대해 아무런 간섭도 하지 않았다. 로마는 단지 그들이 대외 관계에서 로마의 방침에 복종하고 로마에 일정 규모의 병사를 제공할 것만 요구했다.

피정복민도 로마 지배의 이득을 맛보았다. 유혈의 혼란 대신에, 승자는 평화와 질서 그리고 번영을 가져다주었다. 그뿐만 아니라 그들은 로마와 함께 싸움으로써 로마의 성공에서 한 몫을 나누어 가질 수도 있었다. 상호 이익, 상호 혜택의 정책으로 로마는 이탈리아반도 전역에서 로마에 대한 강한 충성심을 끌어낼 수 있었고, 그리하여 정복된 도시들은 로마에 견고하게 결합했다. 로마인은 또한 정복해 나가면서 라티움 바깥에 새로 식민지를 건설하여 로마인과 라티움인을 정착시켰다. 반도 통일이 완료될 무렵 로마인은 정복한 땅의 1/5가량을 합병하고, 모든 전략적 요충지에 거의 30개의 식민지 곧 요새화한 도시를 건설했다. 그리고 도로를 건설하여 이 요새 도시를 연결함으로써, 로마인들은 반도 전체를 좀 더 효율적으로 그리고 공고하게 지배할 수 있었다.

## 2. 지중해 세계의 정복

### 1) 카르타고와의 쟁패

**제1차 로마-카르타고 전쟁**　끊임없이 남진하여 반도의 남쪽 끝까지 다다른 로마는 이제 필연적으로 서부 지중해의 지배자 카르타고와 마주치게 되었다. 카르타고는 페니키아인이 기원전 800년 무렵 북아프리카에 설립한 식민도시였다. 그래서 로마인은 카르타고를 페니키아Phoenicia를 뜻하는 라틴어 포에니Poeni라고 불렀으며, 카르타고와의 전쟁을 포에니전쟁이라 했다. 카르타고는 모국이 아시리아의 지배 아래 떨어지고 뒤이어 페르시아에 정복된 뒤에는 독자적으로 발전하고 번창해 왔다. 로마와 유사한 과두 공화정으로 조직된 카르타고는 막강한 해군력으로 서부 지중해의 제해권을 장악하고, 기원전 3세기에 이르러 아프리카 북부 해안과 히스파니아Hispania반도의 남부 일대, 사르데냐Sardegna와 코르시카Corsica, 그리고 서부 시칠리아 등지를 포함하는 거대한 제국을 건설했다. 카르타고는 서지중해 일대의 무역을 독점한 상업제국이었는데, 로마보다 훨씬 더 부유하고 인구도 더 많았다. 겉으로 보기에 로마는 전혀 카르타고의 상대가 아니었다.

　기원전 3세기 중엽에 이탈리아를 통합하기는 했지만, 로마는 카르타고나 헬레니즘 왕국들보다 후진국이었다. 그러나 로마는 충직한 동맹국을 바탕으로 무적의 군사력을 보유했다. 무엇보다 애국심과 사회적 유대감이 넘치는 견실한 시민단을 자랑하고 있었다. 그러나 카르타고는 상업적 과두정 체제를 유지하면서 군사력을 주로 용병에 의존했다. 장기적으로 볼 때, 로마와 같은 강건한 시민과 충성스러운 동맹이 없다는 점이 카르타고의 치명적 결함이었다.

카르타고가 이탈리아 장화의 발끝 앞에 놓인 시칠리아의 서부를 장악하고 있어서 로마와 카르타고의 대립은 피할 수 없어 보였다. 두 나라는 결국 기원전 264년 첫 대결을 벌였다. 카르타고는 서부 지중해의 패권국이었고, 로마는 도전자였다. 흔히 포에니전쟁이라 부르는 로마-카르타고 전쟁은 이 해에 로마가 시칠리아의 동북 끄트머리에 있는 메시나Messina를 점령하고 있던 카르타고 군대를 몰아내려고 하면서 터졌다. 로마인이 보기에 메시나는 이탈리아로 건너올 징검다리와 같은 것으로서, 그들로서는 결코 카르타고가 그것을 확보하도록 내버려둘 수 없었다. 전쟁 과정에서 로마는 함대를 건조하고 해양 세력으로 발돋움했다. 로마는 충각衝角으로 들이박는 전통적인 전술 대신, 적선에 올라타서 육박전을 벌이는 전술을 도입하면서 카르타고 해군에 놀라운 성공을 거두었다. 오랜 전투를 치른 끝에 로마 함대가 시칠리아 앞바다에서 카르타고 해군을 격파하자, 카르타고는 마침내 241년에 화평을 청했다. 엄청난 희생을 치렀으나 로마는 첫 대결을 승리로 끝냈다. 이로써 서지중해의 제해권은 결정적으로 로마의 수중으로 넘어갔다.

로마는 시칠리아를 합병했으나, 이탈리아 본토에서처럼 동맹체제 안에 받아들이지 않고 속주로 편입했다. 해외 제국의 첫 속주가 된 시칠리아는 로마가 파견한 총독의 지배를 받고, 로마에 병력을 공급하는 의무 대신 공납의 의무를 졌다. 그 주민은 곡물 수확의 1할과 다른 모든 생산물의 2할을 로마에 바쳐야 했다. 시칠리아는 로마가 이후에 모든 새로운 정복지에 적용하는 선례가 되었다. 속주가 로마의 질서가 가져다주는 혜택에 동참하기 시작한 것은 아우구스투스Augustus 시대부터였다.

**제2차 로마·카르타고 전쟁**　전쟁이 끝난 직후 카르타고는 심각한 용병 반란에 시달렸다. 로마는 이 위기를 이용하여 카르타고로부터 사르데냐와 코르시카를 탈취하고, 히스파니아반도의 사군툼Saguntum과 동맹을 맺는 등 활발하게 팽창 정책을 이어갔다. 기원전 238년 반란을 수습한 뒤, 카르타고는 쪼그라든 판도를 만회하기 위해 히스파니아반도 동부에서 영토를 확장하는 데 힘을 쏟았다. 그곳에서 젊은 장군 한니발Hannibal은 충성스러운 정예 육군을 육성했다. 이에 위협을 느낀 로마는 219년 사군툼을 부추겨 카르타고에 반기를 들게 했다. 이에 한니발 장군이 사군툼을 공격하자, 이를 빌미로 로마는 이듬해 카르타고에 전쟁을 선포했다. 제2차 로마·카르타고 전쟁이 터진 것이다. 이로써 로마는 역대 최대의, 가장 힘든 전쟁을 치르게 되었다.

기선을 잡은 한니발은 약 3만 명의 보병과 9000명의 기병, 그리고 약 6000필의 말과 코끼리 부대로 편성된 군대를 이끌고 히스파니아에서 남부 갈리아를 지나 알프스를 넘어 이탈리아 북부로, 이를테면 로마의 뒤뜰로 침입했다. 알프스산맥을 넘느라 보병 절반쯤과 거의 모든 코끼리를 잃었지만, 탁월한 군사 지휘관이자 전략가인 한니발은 3년 안에 세 차례나 로마군을 크게 쳐부수었다. 한니발 군대는 수적으로는 열세였으나, 로마는 그의 적수가 되지 못했다. 기원전 216년의 칸나이Cannae 전투만 하더라도, 한니발은 겨우 5만의 군대로 약 7만의 로마군을 거의 괴멸하다시피 했다.

로마는 벼랑 끝에 몰린 듯했다. 그러나 로마인은 완강하게 저항했다. 한니발이 반도를 종횡으로 누비는 동안 그들은 농성 투쟁으로 버텼다. 이런 농성 전술로 인한 오랜 교착상태는 로마 동맹국들의 충성도를 시험하는 기회가 되었다. 몇몇 도시가 한니발에게 문을 열어주었지만, 대부분의 동맹국은 확고하게 충성을 유지했다. 그리고 로마는 바다를 장악했기에 한니발은 본국에서 지원을 거의 받지 못했고, 그의 군대는 차츰 지쳐갔다. 그는 반도를 이리저리 휩쓸고 다니면서 농토를 망가뜨렸지만, 로마에 치명타를 가하지는 못했다. 로마에서는 때마침 스키피오Scipio 장군이 등장했다. 나중에 아프리카누스Africanus라 불린 그는 군사

전략 면에서 한니발의 맞수였다. 스키피오가 기원전 204년 과감하게 북아프리카를 침공, 카르타고의 지배 아래 있던 사람들 사이에 반란을 부추겼다. 이탈리아에서 15년 세월을 보낸 한니발은 소환을 받고 본국으로 돌아갈 수밖에 없었다. 서둘러 귀국한 한니발은 202년 자마Zama에서 스키피오 군단과 결전을 벌였으나 참패를 당하고 말았다. 이로써 전쟁은 사실상 끝났다.

이듬해 맺은 가혹한 강화조약으로 카르타고는 다시는 회복하지 못할 만큼 타격을 입었다. 카르타고는 로마의 허락 없이는 전쟁하지 않기로 약속했을 뿐 아니라, 막대한 배상금을 지급하고, 또 히스파니아의 영토를 로마에 넘겨야 했다. 로마는 시칠리아, 코르시카, 사르데냐에 이어 히스파니아를 속주에 추가하고 제국의 기초를 마련했다. 한니발은 헬레니즘의 셀레우코스왕국에서 도피처를 구해, 거기에서 권토중래捲土重來의 기회를 노렸다. 그러나 그런 기회는 전혀 오지 않았으며, 결국 그는 이역만리에서 한을 안고 자결로 생을 마감했다.

**카르타고의 멸망**    한때 서지중해를 호령했던 대제국은 쉽게 몰락하지 않았다. 시간이 지나면서 카르타고가 빠르게 번영을 되찾자, 위기를 느낀 로마는 카르타고를 아예 없애버리기로 작정했다. 로마의 북아프리카 동맹국 중 하나인 누미디아Numidia가 카르타고 영토를 침범하자, 카르타고는 이에 맞서 전쟁을 벌임으로써 강화조약을 어긴 꼴이 되었다. 로마는 이를 빌미로 기원전 149년 카르타고를 공격했다. 이번에는 카르타고가 로마의 적수가 되지 못했다. 카르타고는 3년이나 버티며 결사적으로 저항했지만 결국 146년에 무너지고 말았다. 로마는 다시는 일어나지 못하도록 카르타고를 철저하게 파괴했다. 로마는 농사를 짓지 못하도록 농토에 소금을 뿌리고, 폐허 위에 감히 도시를 재건하려는 자에게는 저주를 내렸다. 그리고 그 영토는 아프리카라는 이름의 속주로 편입됨으로써 카르타고는 역사의 무대에서 사라졌다.

## 2) 헬레니즘 세계의 정복

기원전 215년, 그러니까 로마가 칸나이 전투의 참패 이후 가장 암담한 처지에 몰려 있을 때, 서쪽에서 떠오르는 새로운 거인에 대해 두려움을 느끼던 마케도니아의 필리포스 5세는 카르타고와 동맹을 맺었다. 카르타고와의 싸움에 온 힘을 쏟아야 했던 로마는 그저 동지중해 세계를 예의 주시하기만 했다. 한니발을 제압하고 난 뒤, 로마는 비로소 마음 편하게 동쪽으로 방향을 틀어 필리포스 5세에 대한 해묵은 원한을 풀고자 했다. 때마침 에게해로 진출하려는 필리포스에게 위협을 느낀 로도스와 소아시아로 진출하고 있는 셀레우코스왕국에 위협을 느낀 페르가몬이 소국들을 보호해 달라고 호소하자, 로마는 기다렸다는 듯이 헬레니즘 세계에 발을 들여놓았다. 마케도니아의 중장보병 밀집방진은 기동력 있는 로마 군단의 적수가 되지 못했고, 197년 필리포스 5세는 크게 패했다. 로마가 그의 전함과 군사기지를 탈취하면서 그의 제국의 꿈은 산산조각이 났다. 이듬해 로마는 그리스 도시들의 독립을 선언하고 아무런 보상도 요구하지 않은 채 철수했다.

몇 년 뒤 셀레우코스왕국이 한니발의 권유와 몇몇 그리스 도시국가의 요청에 따라 그리스로 진출하자, 로마는 셀레우코스에 전쟁을 선포했다. 로마는 셀레우코스가 그리스와 소아시아에서 물러나고, 엄청난 배상금을 물고, 전함과 전쟁용 코끼리를 포기하게 했다. 로마인은 동방에서 한 번에 영토를 정복하고 속주로 합병하지 않았다. 그 대신 그들은 무거운 배상금을 거두었고, 우호적인 국가에는 적에게서 빼앗은 영토로 보상해 주었다. 로마는 헬레니즘 세계에서는 점진적인 과정을 거쳐 세력을 확장했다. 셀레우코스왕국은 기원전 168년 이집트 침공을 시도했으나, 로마가 이를 중단시킴으로써 다시 한 번 쓴맛을 보았다. 그때 로마의 특사가 진격하는 셀레우코스 군대를 만나서 왕의 주위에 동그라미를 그리고, 동그라미 밖으로 나오기 전에 로마와의 전쟁과 평화 중 택일하라고 최후통첩을 한 것이다. 이집트는 결국 로마의 보호령으로 선포되었다.

기원전 148년 마침내 로마는 마케도니아를 속주로 편입했다. 이제 동부 지중해 세계 대부분 지역이 로마의 지배 아래 놓이게 되었다. 그러나 그리스 여러 도시에서 로마에 대한 반발이 널리 퍼졌다. 2년 뒤 몇몇 그리스 도시가 마케도니아의 부흥 시도를 지원하며 로마의 억압 정책에 반기를 들자, 로마는 본보기로 반대 세력의 온상인 코린토스를 쑥대밭으로 만들어버렸다. 그런 다음 로마는 모든 그리스 도시국가에서 과두정파를 지원하면서, 그리스를 속주 마케도니아 총독의 지배 아래 두었다. 그해는 또한 카르타고가 종말을 고하고 로마의 속주로 합병된 해이기도 했다.

　로마는 기원전 133년에는 드디어 유럽을 넘어 아시아에서 처음으로 속주를 얻게 되었다. 후사가 없던 페르가몬의 왕은 죽은 뒤 불만에 찬 대중이 반란을 일으킬 것을 두려워했다. 그래서 그는 로마가 유산계급의 이익을 위해 법과 질서를 유지해 줄 것을 다짐받고, 그해에 죽으면서 왕국을 로마에 바친 것이다. 로마는 그 유산을 받았고, 그다음 3년이 걸려 아시아라는 이름의 이 새 속주에서 반란을 진압했다. 몇 세기 전만 해도 별 볼일 없던 자그마한 농업 국가가 이제 유럽, 아프리카, 아시아의 세 대륙에 속주를 거느리면서 전 지중해에 걸친 대제국을 건설했다.

　로마제국은 미리 마련된 설계도에 따라 건설된 것이 아니라 그때그때 닥친 상황에 능동적으로 대처하면서 생긴 결과물이었다. 로마인은 일단 자신의 안보를 위협하는 상황을 만나면 행동하기를 주저하지 않았다. 그리고 팽창하면 할수록 더 많은 위협이 떠올랐고, 그래서 더 많은 전쟁에 빠져들었다. 로마인은 언제나 그들의 전쟁은 방어전이라고 주장했다. 그들은 처음에는 라티움에서, 그다음에는 반도에서, 또 그다음에는 지중해에서 로마의 안전을 위협한다고 생각한 상황에 적극적으로 대처했을 뿐이라는 것이다. 그러나 이는 사실의 일부에 불과했다. 어느 시점에선가 로마의 지배 집단은 팽창이 제공하는 경제적 이득과 영광을 위해 팽창을 도모했다. 그들에게 정복과 팽창은 속주 지배가 가져다주는 엄청난 부, 전쟁이 안겨주는 값비싼 전리품, 자신의 대농장에 필요한 풍부한 노예를 얻을 새로운 기회 등을 의미했다. 카르타고와 코린토스의 파괴는 로마의 제국주의가 더욱 오만하고 잔인해졌음을 가리키고 있다.

### 3) 속주의 통치

처음에 로마는 시칠리아와 히스파니아의 통치를 위해 해마다 특별 법무관을 선출해서 파견했다. 그러나 기원전 146년 카르타고 정복 이후 속주가 늘어나자, 로마는 이런 관행을 바꾸어 임기가 끝난 정무관을 총독으로 선임하여 속주 행정을 맡겼다. 총독의 일차적 임무는 속주를 방어하고 치안을 유지하는 것이었다. 이를 위해 그는 로마 수비대를 지휘했지만, 평시의 주된 업무는 사법적인 것이었다. 임기 중에 총독은 고소를 당하지 않기 때문에 그의 권력은 사실상 거의 절대적이었다. 세금은 징세청부업자가 징수했다. 속주에서 거두는 세금이 엄청났기 때문에, 기원전 167년 이후로 이탈리아에서는 모든 직접세가 폐지되어 로마의 군대와 행정을 위한 재정 부담을 속주가 떠안았다.

징세청부업을 독점하면서 부를 불렸던 사람은 에퀴테스equites라 불리는 기병 계층이었다. 이들은 군대에서 기병으로 복무하면서 그렇게 불렸는데, 로마-카르타고 전쟁 기간과 그 이후에 징세 업무를 포함하여 국가의 많은 하청사업을 따내어 부를 쌓았다. 속주가 하나씩 병합되면서 그들의 사업 무대도 그만큼 확대되었다. 에퀴테스는 기원전 1세기에 로마 정치에서 매우 중요한 역할을 담당했다.

로마는 각 속주의 지역 행정은 대체로 원래 상태 그대로 두었다. 도시국가가 수립되어 있는 지역에서는 지역 정부가 매우 폭넓은 자치를 누렸고, 지역 관리들이 일상 행정 업무를 처리했다. 그들은 또한 도시에 할당된 세금을 징세청부업자에게 납부하거나 때로는 총독에게 직접 납부하기도 했다. 로마는 도시국가가 발달하지 않은 후진 지역에서는 부족이나 다른 정치적 단위를 통해 비슷한 방식으로 지배했다.

## 4) 사회와 문화

**그리스의 영향**　　사회와 문화의 측면에서 로마의 괄목할 현상의 하나는 그리스인의 영향이었다. 로마인은 일찍부터 남부 이탈리아의 그리스 식민도시들을 통해 그리스의 영향을 받아왔다. 그런데 기원전 3세기 말에 이르러 그리스 문명은 좀 더 폭넓게 영향을 미치기 시작했다. 그리스의 상인과 예술가 혹은 외교사절이 로마로 여행하고, 그리스의 문물을 전파했다. 헬레니즘 왕국들을 정복한 뒤 로마의 군사령관들은 그리스의 필사본과 예술품들을 로마로 실어 날랐다. 그리스의 사치스러운 복식과 풍습이 귀족들 사이에 널리 퍼지고, 약탈품으로 로마에 흘러들어 간 그리스의 수많은 조각품이 상류 계층의 저택을 장식했다. 그리스 철학자와 작가들이 새로운 세계의 수도로 찾아와 지혜와 수사법 등으로 로마 귀족을 사로잡았다. 부유한 시민은 자녀 교육을 그리스인 가정교사에게 맡기는 것을 당연하게 여겼으며, 아들은 아테네에 유학을 보내기도 했다.

공화정 말기의 시인 호라티우스Horatius의 말마따나 "사로잡힌 그리스가 거친 자신의 정복자를 사로잡았다". 그리스의 사상은 로마인의 마음을 사로잡았으며, 로마인은 그리스 문화의 수용자가 되었고, 이후의 시대에 넘겨주는 전달자가 되었다. 그렇기는 하나 약간의 저항이 없었던 것은 아니다. 일부 로마인은 그리스의 정치를 경멸하고, 그리스의 문화가 옛 로마의 가치를 훼손할까 두려워하기도 했다. 그리스 문화를 애호한 사람조차 사치와 동성애 풍조를 포함한 새로운 악덕에 대해 그리스인을 비난했다.

**로마의 가족**　　로마 사회의 기본단위는 가족이었고, 그 안에서 부권은 절대적이었다. 로마인들은 자녀에게 충성심, 용기, 절제, 법과 관습의 준수 등과 같이 특별히 중요하게 여기는 여러 덕성을 주입하기 위해 엄격한 규율을 부과했다. 그들은 근엄하고, 열심히 일하고, 실제적이었다. 그리스인처럼 로마인은 여성에게는 남성의 보호가 필요하다고 믿었다. 가장은 그 권위를 행사했고, 죽은 뒤에는 아들이나 가장 가까운 남자 친척이 보호자의 역할을 맡았다. 그러나 이 남자 보호자의 권리가 공화정 말기에도 법적으로 남아 있기는 했지만, 상류계급 여성들은 여러 방법으로 보호자의 권력에서 빠져나갈 수 있었다. 한편 딸의 결혼은 아버지의 주관 아래 이루어졌는데, 결혼하면서 여성의 법적 지배권이 아버지에서 남편으로 넘어갔다. 그러나 기원전 1세기 중엽에는 지배적 관행이 바뀌어, 결혼한 딸의 법적 지배권이 공식적으로 아버지에게 남아 있었다. 그런데 결혼한 여성의 아버지는 대부분 먼저 죽었기 때문에, 여성은 남편의 법적 지배 안에 있지 않음으로써 독립된 재산권을 가질 수 있게 되었다.

결혼은 원래 평생을 함께하는 것으로 여겨졌지만, 기원전 3세기에 이르러 이혼 제도가 도입되었다. 이혼은 양쪽 모두가 요구할 수 있었고, 결혼의 파탄을 증명할 필요가 없었기 때문에 비교적 쉽게 이루어졌다. 이혼은 기원전 1세기에 특히 성행했는데, 이때는 정치적 혼란기로서 결혼이 정치적 동맹을 위해 이용된 탓도 컸다. 여성은 조혼이 널리 행해졌다. 소녀의 법적 최소 결혼 연령이 12세였는데, 흔히 14세쯤에는 떠밀려 결혼을 했다. 키케로Cicero의 딸은 공화정 말기 로마 상류사회 여성의 일생을 보여주는 한 사례이다. 그녀는 16세에 결혼한 뒤, 22세에 과부, 일 년 뒤 재혼, 28세에 이혼, 29세에 다시 재혼, 33세에 다시 이혼, 그리고 34세에 삶을 마쳤다. 로마 사회에서 이는 여성으로서 드물지 않은 일이었다.

**노예제도**      노예제는 고대 세계에 보편적인 제도였다. 그렇지만 어떤 민족도 로마인만큼 많은 노예를 갖거나 노예의 노동에 의존하지는 않았다. 기원전 3세기 이전에 로마의 농민은 한두 명의 노예를 소유했고, 이들이 농사일과 집안 허드렛일을 도왔다. 이들 노예는 대부분 이탈리아에서 나왔고, 대체로 가솔의 일부로 여겨졌다. 그러다가 로마가 지중해를 정복하면서 노예 사용과 관련하여 큰 변화가 일어났다. 주로 전쟁 포로인 수많은 노예가 해외에서 이탈리아로 쏟아져 들어왔다. 일부 장군들은 노예를 들여와 공공 재정을 충당하기 위해 팔아넘겼지만, 기원전 1세기에 폼페이우스Pompeius와 카이사르Caesar 같은 야심가 장군들은 포로로 잡은 노예를 사유재산으로 취급하여 치부의 수단으로 삼았다.

노예는 여러 방법으로 사용되었다. 공화정 말기에는 많은 노예를 대동하는 것이 위세의 증표가 되었다. 그리스인 노예는 가정교사로, 음악가로, 의사로, 예술가로 수요가 많았다. 사업가는 노예를 가게 보조원이나 장인으로 고용했다. 그들 가운데는 부유하고 유복한 노예도 있었고, 때로는 돈을 벌어 자유를 사서 자유인이 되는 이도 있었다. 그러나 많은 노예가 주로 대농장인 라티푼디움latifundium에서 일하면서, 거의 마소나 다름없는 취급을 받았다. 도로나 수도교水道橋, 기타 공공시설도 노예 노동으로 건설되었다. 전체 노예 규모는 정확하게 알기 어려운데, 공화정 후기에 이탈리아에서 노예가 전체 인구의 거의 1/3을 차지한 것으로 추정된다. 노예의 수는 제국 초기에 최고조에 달했다. 그러다가 아우구스투스 이후 로마가 추구한 방어정책으로, 비로소 정복을 통한 노예 공급이 줄어들기 시작했다.

도망친 노예를 돕는 것은 법으로 엄격하게 금지되었다. 노예의 주인 살해는 다른 모든 동료 노예의 처형을 의미할 수 있었다. 노예에 대한 가혹한 처우는 공화정 말기 불과 반세기 남짓 사이에 세 차례나 대규모 노예 반란을 불러왔다. 기원전 135년에 대규모 노예 반란이 시칠리아에서 발생했다. 그들은 대농장에서 낙인이 찍히고, 매를 맞고, 제대로 먹지 못하고, 사슬에 묶이고, 그러면서 혹사당한 것이다. 노예 7만 명의 반란을 진압하는 데 3년이 걸렸다. 104년에 시칠리아에서 다시 대반란이 일어났을 때는 그 섬 대부분이 반란에 휩쓸렸고, 진압하는 데 17만 명의 군대가 동원되었다. 이탈리아 본토에서 일어난 가장 유명한 노예 반란은 기원전 73년 트라케 출신의 노예 검투사 스파르타쿠스Spartacus가 7만 명의 노예를 이끌고 일으킨 반란이었다. 이 반란은 71년 스파르타쿠스와 동료 노예 6000명이 전통적인 노예 처형 방식인 십자가형을 당함으로써 끝났다.

**종교**   초기의 로마인들은 세상이 각각 독특한 기능을 가진 신령numina으로 가득 찬 것으로 생각했다. 부엌에도, 주택에도, 들판과 전장에도 신령이 있었다. 로마에서 종교는 아직 윤리적 관념과는 거의 관련이 없었고, 사후세계에 관한 로마인의 생각은 매우 모호했다. 그들은 의례나 기도 혹은 희생을 바침으로써 신령들의 도움을 구했고, 통상적으로 가장이 사제 역을 맡았다. 그리고 점복이 종교 생활에서 중요한 역할을 담당했다. 군사적 혹은 정치적 기획을 감행하기 전에 정무관은 희생의 내장을 검토하거나 새가 나는 모양을 관찰해서 신들의 뜻을 묻곤 했는데, 이런 관행은 에트루스키인에서 온 것이었다. 로마인들은 에트루스키인과 접촉하면서 그들의 영향을 많이 받았는데, 사람의 형상과 특성을 가진 신들을 믿은 에트루스키인의 영향 아래 로마의 주요 신령들은 인격화되었다. 하늘 신령 유피테르Jupiter는 로마의 수호신이, 초목의 신령 마르스Mars는 전쟁의 신이 되었다. 군대가 전시에 출정하고 없을 때는 신전 문이 열려 있는 야누스Janus는 원래 도시 성문의 신령이었다. 공식적인 국가 종교는 유피테르를 주신으로 하는 만신전Pantheon의 남녀 신들의 숭배를 중심으로 이루어졌다.

로마가 발전하고 다른 민족의 신들과 접촉하게 되면서 새로운 신들을 수용하게 되었는데, 특히 기원전 3세기에 이탈리아 남부의 그리스인과 접촉하면서 로마의 신들은 그리스의 신들과 겹치게 되고, 로마와 그리스의 종교는 거의 완전하게 합쳐졌다. 그리하여 유피테르는 제우스와, 유노Juno는 헤라와, 베누스Venus는 아프로디테Aphrodite와 일치하게 되었다. 로마의 신들이 그리스의 올림포스 신들과 닮았지만, 그리스 종교에서 그토록 중요한 역할을 한 신화가 초기 로마인에게는 없었다.

초기 로마의 종교는 도덕과는 거의 관계가 없었던 반면, 가족의 유대를 강화하고 국가에 대한 애국적 헌신을 고취했다. 그러나 근면과 검약, 신들의 숭배 등과 같은 태도는 로마가 이탈리아반도와 지중해 지역으로 팽창해 가는 과정에서 차츰 무너졌다. 한편 종교 축제는 로마의 종교 관행에서 매우 중요한 부분을 차지했다. 축제는 개인과 가족이 행하는 사적 축제와 국가가 주도하고 비용을 부담하는 공공 축제의 두 종류가 있었다. 기원전 2세기 중엽에는 공공 축제 여섯 개가 해마다 거행되었고, 각각 며칠씩 계속되었다.

**문학**　　　로마인들은 도로와 교량 건설 등 건축과 공학 분야에서는 매우 높은 독창성을 보여주었지만, 철학과 예술 같은 문화 분야에서는 그렇지 못했다. 그런 가운데 로마인의 가장 의미 있는 문화 활동은 문학 분야에서 이루어졌다. 그들이 문학을 생산하기 시작한 것은 기원전 3세기 중엽에 이르러서였는데, 문학 역시 그리스의 영향을 강하게 받으면서 출발했다. 먼저 발달한 것은 희곡으로, 그것은 공공 축제에서 상연될 연극의 필요에 부응한 것이었다. 이때 그리스 출신 노예였던 안드로니쿠스Livius Andronicus가 호메로스의 『오디세이아』와 몇몇 그리스 희곡을 라틴어로 번역했다. 가장 저명한 극작가는 플라우투스Plautus(254~184 B.C.)로서, 그리스의 신희극을 번안한 21편의 작품을 남겼다.

그 이후 기원전 1세기 동안에 라틴어는 그리스 세계에서 확립되었던 문학적 표현에 충분히 적응했다. 로마인이 새로운 문학 형식을 개발하지는 못했으나, 라틴 문학은 단순한 그리스 모델의 모방에서 벗어나 성숙한 단계에 접어들었다. 이제 시인들은 인간과 사회 혹은 사랑에 대한 그들 자신의 감정을 서정시에 담아 표현했다. 로마가 낳은 최고의 서정 시인이라는 평가를 받는 카툴루스Catullus는 10년 연상의 방종한 귀족 여성과 격렬한 애정 행각을 벌인 한량으로서, 사랑의 고뇌를 포함한 다양한 주제의 시를 지었다. 자신과 세계에 대한 강렬한 느낌과 호기심을 간결한 형식에 담아 표현하는 재능으로 그는 이후의 시인들에게 뚜렷한 영향을 끼쳤다. 한편 같은 시대의 루크레티우스Lucretius는 서사시 형식을 띤 장편의 철학시 『사물의 본성에 대하여De Rerum Natura』를 썼는데, 거기서 그는 탐욕에 눈이 멀어 타인의 피눈물을 자아내는 로마 시민을 비판하면서 에피쿠로스철학을 설파했다.

산문은 키케로와 함께 눈부신 발전을 보았다. 산문의 발달은 웅변의 도움을 크게 받았는데, 웅변은 위대한 웅변가인 키케로 같은 인사들에 의해 문학으로 승격되었다. 키케로는 자신의 연설문을 많이 출판했고, 그중 일부는 정치 책자

구실을 했다. 그는 또한 수많은 편지를 썼다. 그의 편지 중 800통 이상이 그의 사후 출판되었는데, 그것들은 교양 있고 애국적인 한 로마 시민의 깊은 심리 상태를 보여준다. 이러한 작품으로 그는 공화정 말기의 가장 위대한 산문작가가 되었다. 키케로는 또 다른 분야에서도 빼어난 성취를 이루었다. 정국의 혼란으로 정치에서 은퇴한 뒤에 그는 대화 형식으로 된 많은 철학적 논고, 특히 플라톤과 스토아철학에 관한 논고를 저술했다. 그는 독창적 사상가가 아니었고, 그 저술의 대부분은 그리스 원전의 번안에 지나지 않았다. 그렇지만 그것을 통해 키케로는 고전의 지적 유산을 서양 세계에 전파했을 뿐 아니라, 그리스철학 사상을 담을 수 있도록 라틴어를 확장했다. 그는 라틴어를 훌륭한 학문과 문학의 언어로 만드는 데 누구보다 큰일을 했다. 그를 통해 어휘가 풍성해진 라틴어는 중세와 근대 초기에 유럽인들의 지적 담론의 매체 구실을 했다.

**미술**　　미술 분야에서도 초기에 로마인은 에트루스키인의 영향을 많이 받았지만, 기원전 3세기와 2세기에 들어와서는 헬레니즘 미술에서 강한 예술적 영감을 얻었다. 로마인은 그리스 미술에 열광하여 부호들의 저택은 그리스에서 약탈한 조각으로 장식되었고, 그리스 원작의 수요가 넘쳐 공급이 달리게 되자 원작의 모작이 유행하기도 했다. 그러면서 로마인들은 매우 강한 사실주의를 특징으로 하는 그들 나름의 조상을 만들어냈다. 이는 아마도 주요 가문들이 두상을 밀랍으로 제작, 보존한 초기 관행에서 연유한 듯하다. 그러나 인물 조각은 제국 시대로 넘어가면서 사실주의를 포기하고 황제들의 모습을 이상화하는 경향을 띠었다. 그림은 거의 남아 있지 않지만, 부호들 저택의 벽화와 프레스코화는 신화에서 따온 풍경과 인물상, 장면 등을 사실주의적으로 묘사했다.

## 3. 공화정의 위기와 붕괴

### 1) 팽창의 사회적 결과

**소농의 몰락과 대농장 경영**   로마의 대외적 성공은 또한 공화정의 대내적 발전에 심대한 반향을 불러일으켰다. 지중해 세계의 주인으로 등장하면서, 로마는 그 팽창의 결과 기원전 2세기 중엽쯤 사회적으로나 경제적으로나 심각한 문제에 봉착한 것이다. 가장 절박한 문제는 자영농의 수가 줄어들고, 또한 그만큼 군대에 충원할 사람의 수가 줄어든 것이었다. 이들이야말로 군대의 근간으로서, 로마를 위대하게 만든 장본인이었다. 그런데 그들이 오랜 군대 복무로 농토를 제대로 돌보지 못했고, 또한 수많은 사람이 아예 돌아오지 못했다. 전쟁이 장기화하자 로마는 복무 기간을 2년에서 6년으로 늘렸는데, 그동안 방치된 농토는 황폐해져 버렸다. 그에 더하여 멀쩡한 농장도 한니발 군대에 짓밟혔고, 그나마 농사를 짓던 농민들도 시칠리아와 다른 속주에서 들어오는 값싼 곡물과 경쟁할 수 없었다. 많은 제대군인과 소농들이 결국 땅을 팔고 도시 로마로 흘러들어 갔으며, 그곳에서 재산 한 푼 없는 일용 노동계급을 형성했다. 이들 불만에 찬 무산대중이 수도 로마 주민의 다수를 차지하면서, 도시의 안정을 위협할 잠재 세력이 되었다.

수도 로마는 모리배와 수입된 노예, 땅 없는 농민과 불만에 찬 제대군인으로 넘쳐나게 되었다. 다수의 빈곤은 소수의 풍요와 겹쳐 옛 로마 시민의 검소하고 질박한 품성, 규율과 권위를 존중하는 시민의식과 같은 옛 공화정의 덕성을 잠식했다. 정부의 부패 또한 공화정의 위기를 키우는 데 한몫했다. 로마의 신흥 사업가 계급인 에퀴테스는 속주에서 군납이나 세금 징수를 위한 계약, 혹은 국유림과 국유 광산의 임대를 위한 계약을 따내기 위해 다투었고, 그런 만큼 속주 관리들은 수뢰의 기회를 노렸다. 상층에서의 덕성의 붕괴는 하층으로 전파되어 애국심과 준법정신이 일반 시민 사이에서 무너지고, 병사들은 규율과 용맹함보다 보급품과 전리품에 안달했다.

독립적인 소농민이 몰락하는 한편, 자본주의적 농업이 급속히 확산했다. 그리스인과 카르타고인에게 배운 개량된 농법에 고무되어 부유한 귀족과 에퀴테스들은 몰락한 농민의 땅을 대거 사들이거나 공공 토지를 임대하여 대농장을 조성했다. 토지 문제는 로마가 이탈리아반도를 정복할 때 획득한 토지 일부를 정부가 개인에게 임대하는 관행 때문에 한층 복잡해졌다. 부유한 계층만이 이 공공 토지를 대규모로 임대할 여유가 있었는데, 그들은 차츰 그것을 마치 정부에서 불하받은 개인 재산인 것처럼 취급했다. 평민의 항의로 한 개인의 공공 토지 보유 한도를 제한하는 법이 제정되기도 했으나, 그 법은 사문화되고 말았다.

이런저런 방법으로 대농장, 이른바 라티푼디움을 조성한 부호들은 곡물 대신 대규모로 올리브와 포도를 재배하거나 양과 소를 사육했다. 이런 변화는 지주에게 아주 높은 이윤을 가져다주었다. 특히 헬레니즘 세계와 카르타고에서 수입되는 다양한 사치품을 사기 위해서는 현금이 필요했기 때문에, 그들은 더더욱 환금성 작물로 눈을 돌린 것이다. 값싸고 풍부한 노예를 동원한 라티푼디움 경영은 이탈리아반도의 많은 지역, 특히 한니발 군대의 파괴가 극심했고 올리브 나무가 잘 자라는 이탈리아 남부 지역에서 널리 시행되었다. 라티푼디움이 발달할수록 소농의 수는 줄어들었고, 도시의 무산대중은 늘어났다.

**과두정의 강화**　　기원전 2세기 중엽의 로마는 형식적으로는 민주정이었지만 실제로는 원로원의 과두정이었다. 많은 대농장이 원로원 의원의 소유였기 때문에, 이 새로운 형태의 농업은 점점 커지는 원로원 귀족 세력의 경제적 기반이 되었다. 그리고 끊임없는 전쟁으로 국가의 행정권은 강화되었고, 원로원이 그 권력을 장악하여 전쟁을 지휘하고 국내 및 외교정책을 집행했다. 특히 2차 로마-카르타고 전쟁이 터졌을 때, 나라를 이끌었던 민주적 지도자가 한니발에게 수치스러운 패배를 당하고 몰락했다. 그 뒤 로마를 구한 것은 두 명의 귀족, 파비우스 막시무스Fabius Maximus와 스키피오 아프리카누스였다. 두 장군은 모두 오랜 원로원 의원 가문 출신으로, 그들의 위세를 총동원해서 그 전쟁 이전에 그토록 강력했던 민주화 경향에 맞서 귀족의 영향력을 떠받쳐 왔던 인물들이었다. 그 결과 원로원의 우위는 굳건하게 다시 확립되었다.

속주의 통치 역시 원로원 과두정을 강화했다. 퇴임 정무관 중에서 속주 총독을 선임할 권력이 원로원 수중에 들어갔는데, 이 권한은 원로원 권력의 핵심이 되었다. 이로써 정무관들은 사실상 원로원의 통제 아래 들어가게 된바, 그들이 어느 속주를 할당받을지가 원로원에 달렸기 때문이다. 평민의 수호자인 호민관조차 대체로 원로원의 꼭두각시가 되었다. 게다가 원로원과 고위 정무관직은 점점 더 소수의 권문세가, 소위 노빌리타스에 지배되었다. 이들은 신분 투쟁이 완료된 이후 전통적인 혈통 귀족이 평민 중 부유한 최상층을 흡수하여 새로 형성된 지배계급이었다. 기원전 133년 이전 100년 동안 집정관의 절반이 단 열 가문에서, 8할이 스물여섯 가문에서 나왔다. 이처럼 이 새로운 성격의 귀족인 노빌리타스가 과두정을 구성하여 정무관직과 원로원 의원을 독차지하다시피 하면서 로마의 운명을 좌지우지했다.

기원전 2세기 말경에 이르러 귀족 지도자들은 벌족파optimates(최선의 사람들)와 평민파populares의 두 정파로 나뉘어 대립하게 되었다. 벌족파는 원로원을 지배하고 자신의 과두적 특권을 유지하기를 원했던 반면, 평민파는 벌족파의 지배력을 깨기 위해 대체로 평민회를 이용했다. 이 두 정파 간의 투쟁이 기원전 1세기의 정치적 혼란을 물들였다.


## 2) 그라쿠스 형제의 개혁 운동

로마가 안고 있는 심각한 사회적·경제적 문제를 누구보다 심각하게 느꼈던 인물은 젊은 귀족 티베리우스 그라쿠스Tiberius Gracchus였다. 명문가 출신의 티베리우스는 로마 사회의 근간이었던 소농 계층을 되살려 로마의 쇠퇴를 막으려 했다. 그는 몇몇 개혁 지향의 원로원 의원의 지지를 얻어 기원전 133년 29세의 나이에 호민관으로 선출되었다. 그는 토지개혁 법안을 평민회에 상정했는데, 이 법안의 골자는 시민 1인당 공공 토지 보유 한도를 제한하는 사문화한 리키니우스법을 되살려서, 대지주가 규정 이상 착복한 토지를 회수하여 토지 없는 농민에게 분배하는 것이었다.

문제의 공공 토지 대부분을 보유하고 있던 원로원 의원의 강력한 방해 공작에도 법안이 통과되자, 티베리우스는 개혁을 실행하기 위해 1년 임기를 마친 뒤 관습을 어기고 재선에 도전했다. 그러나 이로써 그는 정적에게 공격의 빌미를 제공했다. 티베리우스가 왕이 되려 한다고 비난하며, 일부 원로원 의원이 폭도를 사주하여 티베리우스와 추종자 300명을 살해했다. 이로써 사회적 갈등을 피를 흘리지 않고 평화적으로 해결해 온 공화정의 개혁 전통이 무너졌다. 정치적 암살의 시대가 시작된 것이다.

10년 뒤 동생 가이우스Gaius가 호민관이 되어 형의 과업을 물려받았다. 공공 토지를 토지 없는 농민에게 분배하는 것에 더하여, 가이우스는 남부 이탈리아와 카르타고에 로마의 식민시를 건설하여 농민을 이주시킬 것을 제안했다. 그는 또한 곡물 시장의 투기에서 빈민을 보호하기 위해, 정부가 밀을 구매해서 시장가의 절반 정도의 가격으로 도시 민중에게 공급하도록 했다. 가이우스의 또 다른 제안은 이탈리아의 동맹국에 로마 시민권을 허용하자는 것이었다. 이 제안으로 그는 로마 무산대중의 지지를 잃는 대가를 치러야 했다. 이들은 시민권이라는 특권을 더 많은 사람이 나누어 갖거나, 평민회에서 자신들의 통제력이 약해지는 것을 바라지 않았기 때문이다. 원로원은 이 전략적 실수를 십분 활용했다. 그 결과 가이우스는 기원전 121년에 세 번째 호민관 피선에 실패했고, 원로원은 다시 폭력에 호소했다. 가이우스의 추종자 3000명이 체포되거나 처형되고, 가이우스는 자결로 이런 운명을 피했다.

사적 이익과 특권 추구에 빠진 원로원은 개혁을 추진할 의사가 전혀 없으며, 또한 어느 누가 그렇게 하는 것을 용납할 의사도 전혀 없음을 분명하게 보여주었다. 그리고 그라쿠스 형제의 죽음은 앞으로 로마 공화정이 갈등을 해결하는 방식을 보여주는 불길한 전조였다. 사실 로마가 직면한 사회적 혹은 정치적 문제가 이제는 타협과 양보라는 전통적 방식으로는 해결할 수 없는 것이 되어버린 것이다. 대외 문제에서도 원로원은 곧 무능함을 드러냈다. 시민권 확대를 요구하는 이탈리아 본토 동맹국들의 불만을 원로원이 제대로 다루지 못해, 동맹국들이 기원전 91~88년에 반란을 일으킨 것이다. 로마는 결국 모든 동맹국 시민에게 시민권을 허용할 수밖에 없었다. 그뿐만 아니라 원로원의 또 다른 실책들이 결국 공화정을 파괴할 내란을 초래했다.

그라쿠스 형제의 개혁안은 사실 로마의 역사 시계를 거꾸로 돌리려는 헛된 시도에 지나지 않았다. 비록 그 개혁이 성공했더라도, 그것은 기껏해야 공화정이 안고 있던 문제 중 일부를 해결하는 데 그치거나, 문제의 절박성을 일시적으로 유예하는 데 그쳤을 것이다. 어쨌거나 로마가 직면한 내적 문제는 근본적으로 로마가 방대한 해외 제국을 건설하면서도, 그에 걸맞게 정치체제를 바꾸지 못하고 도시국가 체제에 머물러 있었던 데 기인하는 것이었다.


### 3) 내란과 공화정의 붕괴

**마리우스의 병제 개혁**　　원로원은 북아프리카의 동맹국 누미디아 왕국에 있는 로마인 자본가들을 보호하기 위해 기원전 111~105년 사이에 군대를 파견했지만 실패했다. 그들은 게르만 부족들이 로마의 속주인 남부 갈리아를 침략하고 나아가 이탈리아 자체를 위협하는 것도 막지 못했다. 대외 문제에 제대로 대처하지 못하는 원로원의 무능과 무기력에 대해 민중의 비난과 분노가 쏟아지는 가운데, 가이우스 마리우스Gaius Marius가 군사적 명성을 얻었다. 에퀴테스 출신의 마리우스는 잔존 그라쿠스 지지자와 손을 잡았다. 이 정파는 평민파로 알려졌고, 벌족파로 불리는 원로원 지지파와 대립하게 되었다.

기원전 107년 집정관에 선출된 마리우스는 평민회가 군대를 일으키고 지휘할 권한을 위임하자, 군대를 이끌고 북아프리카를 평정했다. 그 뒤 그는 104년에 다시 집정관에 선출되었고, 헌정을 크게 위배하는 일임에도 그는 다음 4년을 내리 집정관직을 차지하면서 게르만족의 위협을 분쇄했다. 그는 게르만족을 물리치는 과정에서 새로운 성격의 군대를 창설했는데, 이 군대는 공화정 말기의 혼란스러운 정치 무대에서 핵심 역할을 수행했다. 원래 로마군은 자신의 토지를 소유하고 자비를 들여 스스로 무장한 시민에서 징집한 군대였다. 이와 달리 마리우스가 새로 창설한 군대는 땅 없고 가난한 시민 지원자에서 모집하고, 국가 재정으로 무장시킨 직업군인으로 구성되었다.

새 유형의 군대는 곧 전쟁터에서 훨씬 효율적임을 증명했다. 장기 복무하는 직업군인들은 시민병과 달리 고향에서 멀리 떨어져서 오래 싸우는 것에 반대하지 않았고, 엄격한 규율과 훈련을 곧잘 감수했다. 그러나 이 군사개혁은 또 다른 결과를 낳았다. 군 복무에서 벗어났을 때, 새 유형의 병사들은 돌아갈 농토가 없었고, 그래서 정부가 보상으로 줄 금품이나 토지에 전적으로 의존하게 되었다. 그러나 원로원은 종종 그러한 보상을 제공할 의사나 혹은 능력이 없었기 때문에, 병사들은 오로지 그들의 장군에게 희망을 걸 수밖에 없었다. 그리하여 그들은 자신의 이익을 사령관의 이익과 일치시켰던바, 사령관에 충성을 맹세하고 토지나 전리품을 보상으로 기대했다. 그리하여 군대의 성격이 국가에 충성하는 공적 기구에서 사령관 개인에 봉사하는 사적 조직으로 변질되었다. 그것은 결국 원로원 과두정에 대한 결정적 위협이 되게 마련이었다.

마리우스 시대 이후에 권력에 이르는 가장 쉽고 확실한 길은 전쟁에 승리하는 일이었다. 승리하고 돌아온 장군은 그의 야망을 이룰 위상을 확보할 수 있었다. 게다가 정치적 야심을 가진 장군이 승리의 공을 세울 기회가 계속 마련되었다. 시칠리아에서의 노예 반란(104~101 B.C.), 로마와 이탈리아 동맹국 간의 분쟁과 그에 따른 전쟁(91~88 B.C.), 아시아 속주의 반란(88~84 B.C.) 등이 연이어 발생하여 로마의 지배를 위협한 것이다.

**술라**　　마리우스가 도입한 새로운 군사 제도의 이점을 챙긴 그다음 장군은 코르넬리우스 술라Cornelius Sulla였다. 기원전 1세기로 넘어가면서 아시아 속주와 그리스에서 부패한 총독과 징세 청부업자 혹은 냉혹한 대부업자 탓으로 로마에 대한 반감이 커졌다. 그러자 이에 힘입어 소아시아 흑해 연안에 있는 폰토스Pontos 왕국의 야심적인 왕 미트리다테스Mithridates 6세가 기원전 88년에 로마에 전쟁을 선포했는데, 원로원은 원로원 대권의 군건한 지지자인 벌족파 술라에게 정벌을 명했다. 그러자 이에 대한 대항 조치로 평민회가 동부 지역 사령관으로 평민파 마리우스를 선택했다. 원로원과 평민회가 서로 국가의 최종적 권위라고 주장했다. 그 결과 각자 원로원 혹은 평민회의 대변자라 주장하는 경쟁 장군들 간에 몇 차례 내란이 벌어졌다. 1차 내란은 술라의 완승으로 끝났다. 아시아 속주의 반란을 진압하고 개선장군으로 돌아온 그는 기원전 82년에 원로원에 의해 오랫동안 시행되지 않던 특별 독재관, 임기 무기한의 '헌정체제 교정을 위한 독재관'에 임명되었다.

3년 연속 독재관직을 차지한 술라는 공포정치를 통해 평민파 세력의 뿌리를 뽑고 원로원의 최고 권력을 재건하기 시작했다. 그는 반대파 수천 명을 학살하면서 정적의 재산을 몰수하여 그 일부를 그의 제대군인에게 분배했다. 그리고 호민관과 평민회의 권력을 대폭 축소하고, 원로원이 200년 전 갖고 있던 입법 통제권을 되살려주었다. 술라는 원로원이 지배하는 전통적인 공화정의 기초를 다시 공고하게 다졌다고 확신하고, 기원전 79년 독재관직에서 물러났다. 그렇지만 그가 세운 체제는 오래가지 못했다. 권력을 잡기 위해 군대를 이용한 그의 선례가 자신이 확립한 체제를 무너뜨리게 된 것이다.

**제1차 삼두정**　　1차 내란과 그 여파는 분파주의를 낳고, 권력을 탐하는 야심가들의 야욕을 북돋웠다. 기원전 73년 스파르타쿠스의 지휘 아래 노예 반란이 일어나 남부 이탈리아 일대를 휩쓸었다. 이는 최근 반세기 사이 세 번째이자 공화정 최후의 노예 반란이었다. 이 심각한 변란을 로마 최고의 부자로 알려진 크라수스Crassus와 히스파니아에서 군사적 성공을 거두고 돌아온 폼페이우스가 3

년 만에 가까스로 진압했다. 이 공으로 명성을 더 보탠 두 장군은 70년에 함께 집정관에 선출되었다. 폼페이우스는 원래 술라의 도당이었지만, 호민관과 평민회의 권력을 축소한 술라의 법을 폐지하여 평민의 환심을 샀다. 이후 그는 10년 동안 로마 정치를 좌지우지했다. 폼페이우스는 야심에 방해가 된다면 원로원이든 법적 장애든 망설임 없이 무시했다. 그러면서 그는 해적의 발호, 폰토스 왕의 지속적인 위협, 셀레우코스왕국의 극심한 혼란 등으로 야기된 동부의 무정부 상태를 종식시켰다. 그가 수립한 새 속주들과 속국들이 동쪽에서 유프라테스까지 질서와 안정을 가져왔다. 한때 광대했던 셀레우코스제국의 마지막 남은 부분으로서 오늘날의 터키를 포함하는 시리아도 이때 속주가 되었고, 한 세기 동안 독립을 누려온 유대왕국도 기원전 63년 속주 시리아의 총독이 감독하는 속국이 되었다.

기원전 60년에 또 한 명의 강자, 정계 입문 때부터 평민파의 대변자를 자처한 율리우스 카이사르Julius Caesar가 등장했다. 크라수스의 지원을 받으며 성장한 카이사르가 이 해에 크라수스와 함께 폼페이우스를 끌어들여 정치적 동맹을 맺고, 이른바 제1차 삼두정Triumviratus을 수립했다. 제국 삼분지계三分之計에 입각한 권력 담합을 통해 폼페이우스는 이탈리아에 남아 로마제국 전반을 통괄하면서 히스파니아 속주의 지배권을 행사하고, 크라수스는 동방의 지배권을, 그리고 카이사르는 갈리아의 지배권을 차지했다. 이후 이들 세 장군은 어마어마한 부와 군사력을 바탕으로 정치 무대를 지배했다.

삼두정을 배경으로 기원전 59년 집정관에 오른 카이사르는 군사적 명성과 충성스러운 군대를 얻기 위해 군사적 모험을 감행했다. 그는 이듬해 갈리아 원정길에 올라 7년 만에 갈리아 전역을 정복했다. 이로써 그는 라인강과 대서양 사이의 광대한 땅을 로마의 영토로 편입하고, 또한 브리타니아Britannia를 두 차례 침공했다. 그는 눈부신 전공으로 명성을 얻고, 약탈로 한 재산을 모았으며, 게다가 충성스럽고 경험이 풍부한 정예 군대를 보유했다. 카이사르는 자신의 군사적 위업을 설명한 『갈리아 전기Commentarii de Bello Gallico』를 출간하여, 로마를 떠나 있는 동안 로마 시민 사이에 자신의 이름이 오르내리게 했다. 그의 갈리아 정복은 서양 문명의 역사에서 엄청난 결과를 가져왔다. 그 주민들이 재빨리 로마 문화에 동화했기 때문이다. 그래서 기원후 5세기에 서부에서 로마제국이 붕괴했을 때, 로마화한 갈리아가 오래지 않아 중세 문명의 주인공이 되었다.

**카이사르의 독재**      삼두정은 기원전 53년 크라수스가 메소포타미아에서 파르티아Parthia인과 싸우다가 전사함으로써 갑자기 끝났다. 이제 남은 두 강자가 권력을 반분하며 서로 경쟁하게 되었다. 그런데 평민파의 대변자를 자처한 카이사르의 세력이 커지자, 이에 두려움을 느낀 원로원 지도자들이 그동안 대립해 왔던 폼페이우스와 손잡고 카이사르를 제거하고자 했다. 이는 결국 내란을 불러왔다. 원로원이 기원전 49년 카이사르에게 군대 지휘권을 내려놓을 것을 요구하고 로마로 소환하자, 카이사르는 관행을 어기고 군대를 이끌고 로마와 갈리아의 경계인 루비콘Rubicon강을 건넜다. 이로써 그는 사실상 폼페이우스와 원로원에 전쟁을 선언한 것이었다. 폼페이우스는 그의 적수가 되지 못했다. 카이사르는 로마로 진격했고, 폼페이우스와 대다수 원로원 의원은 그리스로 달아났다. 뒤쫓은 카이사르는 그리스에서 그들을 분쇄했다. 폼페이우스는 이집트에서 도피처를 구했으나 그곳에서 끝내 살해되었다. 반대 세력을 모두 굴복시키고 기원전 46년 로마로 개선한 카이사르는 마침내 최후의 승자로서 로마제국 최고의 권력자가 되었다.

카이사르는 집정관과 독재관 그리고 호민관 등의 자리를 차지하면서 광범한 개혁을 단행했다. 그는 무엇보다 이탈리아와 속주 간의 장벽을 낮춤으로써 로마와 속주를 단일한 정치 공동체로 통일하는 역사적 과업을 선도했다. 그는 수많은 갈리아인에게 시민권을 부여하고, 원로원 의원을 900명으로 늘려 그의 지지자와 많은 속주 주민으로 채워 넣었다. 그리하여 원로원은 이제 좀 더 많은 주민의 대표 기구로 거듭남과 동시에 카이사르의 정책을 위한 거수기로 전락했다. 그리고 그는 북아프리카·갈리아·히스파니아의 세 속주에 식민지를 건설하고,

이탈리아의 도시 무산대중을 대거 이주시켜 이들 지역의 로마화 과정을 촉진했다.

　카이사르는 또한 가난한 시민의 빚을 줄여주고, 공공 토목공사를 시행하여 일자리를 제공하고, 이탈리아에 있는 라티푼디움의 노동자 1/3을 자유인에서 고용하도록 했다. 그 결과 인구 50만 명가량의 도시 로마에서 공짜 식량을 받는 사람 수를 32만 명에서 15만 명으로 줄일 수 있었다. 한편 카이사르의 조치 중 아마도 가장 지속적인 것은 역법의 개혁일 것이다. 그는 이집트의 태양력을 도입했는데, 1년 365와 1/4일의 이 역법은 약간의 보완을 거쳐 오늘날도 쓰이고 있다.

　카이사르는 공화정이 사실상 사멸했다고 느끼면서, 호의적인 전제정만이 로마를 끊임없는 내란과 붕괴에서 구할 수 있다고 생각했다. 그러나 그는 많은 사람, 특히 그를 공화정을 파괴한 참주로 본 사람들의 적의를 샀다. 기원전 44년 그가 종신 독재관이 되자, 마침내 브루투스Brutus를 중심으로 한 일단의 공화파 원로원 의원이 의사당에서 카이사르를 암살했다. 암살자들은 카이사르의 죽음으로 공화정이 전통적인 위상을 되찾으리라 생각했다. 그러나 카이사르가 사라졌다고 공화정이 되살아나는 것은 아니었다. 시민들은 "자유! 자유! 참주정은 죽었다"라는 공화파의 외침에 호응하지 않았다. 그들은 오히려 암살자들에게 등을 돌렸다. 대다수 시민은 왕에 버금가는 권세를 확립했던 카이사르의 후계자를 받아들일 용의가 되어 있었다. 문제는 누가 그의 후계자가 될 것인가라는 것이었다. 카이사르의 암살은 새로운 내란을 예고했다.

**옥타비아누스의 승리**　　카이사르가 죽은 뒤 그의 먼 손자뻘로서 상속권자인 18세의 옥타비아누스Octavianus와 카이사르가 폼페이우스를 격퇴할 때 부장副將으로 함께 싸웠던 집정관 마르쿠스 안토니우스Marcus Antonius가 손잡고 공화파와 원로원에 맞섰다. 이들은 역시 카이사르의 부장이었던 레피두스Lepidus를 끌어들여 제2차 삼두정을 결성했다. 그들은 기원전 42년 마케도니아로 도망간 공화파 군대를 격파했고, 위대한 웅변가요 원로원 수호자인 키케로는 안토니우스에게 피살되었다. 그 후 10년 이상 옥타비아누스와 안토니우스는 독재 권력을 장악하고 로마를 둘로 나누어 지배했다. 이들과 대등하게 경쟁하기에는 능력이 떨어진 레피두스는 곧 권력투쟁에서 탈락했다. 그러나 권력은 오래 나눌 수 있는 게 아니었다.

제국의 동부를 차지한 안토니우스는 이집트 프톨레마이오스 왕조의 여왕 클레오파트라Cleopatra에 매혹되었다. 그는 제국 영토의 일부를 여왕의 지배에 넘기기까지 했다. 서부를 차지한 옥타비아누스는 이 독단과 횡포를 기회로 안토니우스가 로마의 영토를 '동방의 매춘부'에게 넘겨주었다고 비난하면서 그를 동양적 전제군주가 되려는 야심가로 공격하는 한편, 자신을 로마의 방식과 전통의 수호자로 포장하는 선전전을 펼쳤다. 이후 벌어진 둘 사이의 권력투쟁은 서방 로마와 동방 오리엔트의 전쟁으로 여겨졌다.

최후의 결전은 기원전 31년 그리스 서북 해안의 악티움Actium 앞바다에서 벌어졌다. 양쪽 함대가 충돌하고, 참패한 안토니우스와 클레오파트라는 이집트로 도망갔다. 그러나 패장 안토니우스는 자결로 권력투쟁을 끝냈고, 이듬해 알렉산드리아가 함락되자 클레오파트라도 그의 뒤를 따랐다. 이집트는 정복자 옥타비아누스의 사유재산으로 전락했다. 내란이 끝나고, 공화정도 끝났다. 이제 옥타비아누스는 전 지중해 세계의 유일 지배자로 우뚝 섰다. 그의 나이 32세, 알렉산드로스가 삶을 마친 나이였다.


## 4) 공화정 말기의 로마 사회

**사회적 변화**     로마가 지중해 전 지역에서 정치적 패권을 차지함에 따라 수도 로마는 공물과 약탈로 엄청난 부를 그러모았다. 흥청망청한 소비와 사치가 귀족과 에퀴테스의 특징이 되었고, 경제적으로 로마는 기생적 도시가 되었다. 속주는 식량과 공산품을 제공하고, 로마인은 징세와 약탈품으로 그 값을 치렀다. 제국의 동부 지역은 로마 군대와 징세청부업자의 강탈에도 놀라울 만큼 성공적으로 살아남았다. 그리스는 헬레니즘 시대에 시작된 인구 감소와 경제의 쇠퇴로 인해 고전 문화의 중심지 역할이 계속 줄어들었다. 그러나 소아시아와 시리아, 그리고 이집트의 번영하는 헬레니즘 도시들은 그리스적 삶의 전통을 유지했다.

로마가 새로운 부를 얻고 좀 더 개화된 사람들과 접촉하면서, 옛 로마의 가족 제도와 공민 생활은 거의 파괴되다시피 했다. 여성은 거의 완전히 아버지와 남편의 통제에서 벗어났다. 이혼은 쉽고도 흔한 일이 되었고, 성적 문란이 만연했다. 공화정이 끝날 즈음에는 귀족이 혈통을 잇지 못해 많은 옛 원로원 의원 가문이 사라지고, 에퀴테스 계층이 진출하여 그 자리를 채웠다. 수도 로마에는 국가의 보조금에 생계를 의존하는 가난한 이들의 수가 착실하게 늘어났다. 수도에 거주하는 시민에게 배급하는 곡물은 기원전 58년 완전 공짜가 되었다. 가난뱅이를 돈으로 구워삶기가 정치적으로 큰 역할을 하게 되고, 이는 도시 무산대중의 중요한 소득원 구실을 했다. 게다가 그들의 호의를 사기 위해 정무관들은 풍성한 구경거리를 제공했다. 그리하여 민중의 지지를 얻기 위한 저 유명한 공식, '빵과 서커스panem et circenses'가 생겨났다.

계속된 전쟁으로 노예 공급이 크게 늘었다. 귀족들은 엄청난 수의 노예를 거느렸고, 노예 노동을 이용한 대농장은 특히 남부 이탈리아에서 점점 더 널리 시행되었다. 아마도 가장 중요한 사회적 변화는 로마 시민권의 획기적인 확대일 것이다. 기원전 91~88년의 이탈리아 동맹국들의 반란 이후 거의 모든 이탈리아인에게 로마 시민권이 허용되었고, 그들은 조금씩 로마의 애국심을 공유하게 되었다.

**종교와 철학**　　　로마의 공식 종교는 기원전 1세기에 급속하게 쇠퇴했다. 몇몇 신전은 파괴되고, 관리하는 사제조차 없는 경우가 종종 있었다. 그 대신 하층계급 사이에서 헬레니즘 동방에서 온, 죽음과 부활을 주제로 하는 다양한 구세 신앙이 뿌리를 내렸다. 특히 소아시아의 위대한 지모신인 키벨레와 이집트의 여신이시스, 그리고 페르시아의 태양신 미트라는 수많은 추종자를 끌어들였다. 내세를 강조하는 이런 종교는 억압받는 계층에 호소하는 한편, 그 정서적 의례는 현실에 대한 불만의 출구를 제공했다.

주로 하층계급이 홍수처럼 밀려오는 동방의 다양한 신비 종교에 빠져든 반면, 좀 더 현학적인 사람들은 인생의 안내자로서 스토아철학이나 에피쿠로스철학을 위시하여 이런저런 학파의 헬레니즘 철학에 눈을 돌렸다. 그러나 공화정 말기에 로마의 많은 귀족과 에퀴테스는 그리스의 학문을 경멸하면서, 탐욕과 이기심 혹은 야망을 삶의 길잡이로 삼았다. 공화정이 몰락하고 난 뒤 제국 초기에 이르러서야, 철학 교육이 지배계급 사이에 보편화하고 그와 더불어 지배계급의 몰염치한 탐욕이 완화되었다.

로마에서 에피쿠로스철학의 가장 중요한 해설자는 루크레티우스였다. 그는 『사물의 본성에 대하여』에서 에피쿠로스철학에 따라 유물론과 원자론에 입각하여 사물의 본성을 설명했다. 그는 사람들에게 죽음과 내세의 공포에서 벗어나라고 주문했다. 영혼은 육체처럼 원자로 구성되어 있어서 죽음과 함께 산산이 해체될 뿐, 죽음은 결국 아무것도 아니라는 것이었다. 그는 또한 독자에게 쾌락을 철학 공부에서 찾고, 물질적 이득이나 사랑과 같은 감각적 자극에서 구하지 말라고 호소했다. 그는 무엇보다 마음의 균형과 평정을 최고의 가치로 쳤다. 그러나 로마인 대다수는 고상한 쾌락보다는 투기장과 연회가 제공하는 거친 자극과 육체적 탐닉을 더 추구했기 때문에, 에피쿠로스의 윤리적 가르침은 널리 호소력을 발휘하지 못했다.

로마에서 가장 영향력 있는 철학은 스토아철학이었던바, 그 윤리 규범이 전통적인 로마의 덕성과 맞았기 때문이다. 로마에서 스토아철학은 올바른 삶, 의무에의 헌신, 역경에서의 용기, 인류에의 봉사 등을 강조했다. 그것은 노예제 관행을 비판하고, 사람을 서로 형제자매처럼 대하며 사랑해야 한다고 가르쳤다. 자연법과 모든 인간의 형제애와 같은 개념의 도입으로, 스토아철학은 로마법을 보다 인간적인 법으로 만드는 데 영향을 미쳤다. 에피쿠로스철학이 주로 상층계급에서 추종자를 얻은 데 비해, 보편적 호소력을 지닌 스토아철학은 모든 계층의 사려 깊은 사람을 매혹했다. 로마의 빼어난 스토아철학자 세네카Seneca는 전지全知의 신을 강조하고, 사람들은 각자 신성을 한 조각씩 갖고 있다고 믿었다. 그의 철학은 종교적 신조의 외양을 띠었기 때문에 초기 기독교 지도자들은 그를 매우 호의적인 눈으로 보았다.


## 4. 로마의 평화


### 1) 아우구스투스의 시대: 제국의 기초

**제일 시민정의 수립**　　내란을 평정하고 로마로 개선한 옥타비아누스는 공화정을 재건할 것이라고 선언했다. 그는 공화정에 대한 애착심이 강하게 남아 있음을 잘 알고 있었다. 그러나 그는 자신의 강력한 개인적 지배권을 공화정 제도와 결합함으로써 오직 겉보기로만 그렇게 했다. 공화정을 외형으로만 회복하면서, 그는 사실상 제국을 창건한 것이다. 어쨌거나 그는 평화와 공화정이라는 로마인의 두 가지 열망을 만족시킬 수 있었다. 그는 기원전 27년에 원로원과 합의하여 원로원에 이탈리아 지배권과 속주 절반의 총독을 임명할 권한을 부여하고, 그에 더하여 거의 유명무실해진 트리부스회의 입법 기능도 넘겨주었다. 원로원은 그 보답으로 옥타비아누스에게 아우구스투스Augustus라는 존칭을 바쳤다. '존엄한 분'이라는 뜻의 이 칭호는 이전에 신들에게 사용하던 것이었다.

　　그리고 원로원은 아우구스투스에게 시리아와 히스파니아 그리고 갈리아에 대한 총독 권한을 10년간 부여했다. 이로써 아우구스투스는 로마 군대 거의 전부에 대한 통수권을 확보했는데, 기원전 23년에는 마케도니아와 아프리카의 두 군단에 대한 통수권도 차지했다. 그리하여 로마 전군의 통수권은 사실상 아우구스투스 한 사람에게 집중되었고, 그만큼 내란의 위험이 줄어들었다. 한 나라가 다른 나라를 지배한다는 소박한 의미에서 로마는 이미 이탈리아를 넘어 지중해에 진출하면서 제국이 되었지만, 최고 권력이 단일 지배자 수중에 장악된 통치 체제라는 의미에서 로마는 기원전 27년에 진정한 제국으로 접어들었다.

아우구스투스는 언제나 공화정의 정무관을 자처했지만, 실제 그의 권력은 군주권이었다. 그는 기원전 23년까지 연이어 집정관직을 차지했고, 그 이후에는 어쩌다 한 번씩 재선출되는 데 그쳤다. 집정관이 아닐 때, 그의 합법적 권력은 주로 호민관과 군사령관의 권력에 토대를 두었다. 그는 호민관으로서 법안 발의권과 다른 정무관의 입법 및 행정 조치에 대한 거부권을 행사할 수 있었다. 무엇보다 그는 자신의 통제권 아래 있는 속주뿐 아니라 원로원이 임명한 총독도 실제로 통제할 수 있었고, 그래서 단일한 제국 정책을 수립할 수 있었다. 군 통수권자로서 그가 얻은 칭호가 임페라토르imperator였는데, 이 칭호는 그의 계승자에게도 적용되었고, 여기서 황제emperor라는 용어가 나왔다.

아우구스투스 자신은 임페라토르보다 '동등자 중의 일인자' 혹은 '제일 시민'을 의미하는 프린켑스princeps라는 부드러운 칭호를 선호했다. '제일 시민'이라는 칭호 자체는 아무런 권력을 수반하지 않았지만, 그래서 그의 위장된 독재 체제는 흔히 '제일 시민정principatus'으로 불린다. 이 새 헌정 질서에서 정부의 기본 구조는 표면상 '제일 시민'과 원로원으로 구성되었다. 원로원은 국가의 최고 심의 기구로서, 원로원의 포고령은 '제일 시민'의 사전 검토를 거쳐 법률의 효력을 갖게 되었다. 아우구스투스는 이리하여 제국의 수장인 군주의 필요성과 동시대 로마인의 마음에 간직된 공화정에 대한 향수 사이에 타협을 이룰 수 있었다. 그는 근본적으로 새로운 세계 질서를 창출한 혁신가이면서도, 그 자신의 시대에서는 공화정 전통을 회복하고 보전한 인물로 통했다.

아우구스투스가 수립한 이러한 제일 시민정의 권력 구조는 이후 두 세기 동안 대체로 만족스럽게 작동했다. 로마 공화정을 그토록 괴롭혔던 내란이 사라졌다. 그리고 그 시기 동안 대부분의 전쟁은 먼 변방에서 직업군인들이 수행했으며, 따라서 전쟁은 로마 세계의 일반 주민의 삶에는 거의 영향을 미치지 않았다.

아우구스투스가 수립한 정치체제가 가져온 상대적 평화는 그 이전의 끊임없는 혼란 및 그 이후에 찾아온 파괴적인 전쟁과 뚜렷하게 대비된다.

**행정 개혁**    아우구스투스는 안토니우스와 대결할 때 로마와 이탈리아인의 민족 감정에 호소했는데, 승리한 뒤 사회와 정부를 재조직할 때도 주로 이탈리아인의 지지와 협력에 의존했다. 공화정 말기에 내란으로 많이 몰락한 원로원 계급을 재건하면서 그 수를 600명으로 제한하고, 재산 및 도덕적 자격을 엄격하게 제한했다. 원로원 계급은 제국의 지배계급으로서 고위 정무관직과 군대 최고 위직을 차지하고, 속주의 절반을 지배했다. 이론상 원로원은 이전의 모든 권리를 되찾았으나, 아우구스투스가 총독 권한을 가진 속주에 대해서는 아무런 권한도 행사하지 못했다. 옛 공화정의 정무관직은 전과 마찬가지로 선출되었지만, 아우구스투스는 특정 후보를 추천하는 방식으로 선출을 좌지우지했다. 그의 추천은 사실상 선출과 맞먹었던바, 아무도 감히 그의 뜻을 거스르려 하지 않았다. 그는 또한 정기적으로 원로원 의원을 자신의 소관 아래 있는 군사령관과 속주 총독에 임명했다.

공화정 말기에 또 하나의 계층을 형성했던 에퀴테스 역시 통치 업무에 참여했다. 정부 관리직과 하급 군사 지휘권이 그들에게 제공되었고, 속주의 행정장관은 대체로 그들의 몫이었다. 행정장관들은 대부분 속주에서 징세 업무를 맡았다. 그 외에도 로마시를 위한 곡물 공급 행정, 이탈리아에 주둔한 친위대의 지휘, 아우구스투스가 최초로 조직한 도시 경찰의 지휘 등과 같은 특수한 업무 역시 에퀴테스의 수중에 있었다. 에퀴테스는 원로원의 경쟁자였고 원로원 반대 정파를 지지했는데, 이제 그들은 정부 관리와 지주의 집단이 되었다. 공화정 말기에 그토록 첨예했던 정치적 갈등이 사라졌다. 그들이 통치 업무에 대거 진출하여 권력의 한 몫을 나누어 가지면서, 이전에 그들이 맡았던 은행업이나 무역업 혹은 기타 상공업이 외래인에게, 특히 제국의 동부에서 들어온 이주민에게 넘어갔다.

자유 시민의 압도적 다수를 차지하는 하층 신분은 평민회가 유명무실해짐으로써 이전에 공화정에서 가지고 있던 정치적 권력이 모두 없어졌다. 그 대신 이들 중 많은 사람에게는 불만 무마용의 공짜 곡물과 공적 유흥거리가 제공되었다. 그러나 그들의 신분이 묶여 있었던 것은 아니다. 계급은 부에 따라 엄격하게 규정되기는 했으나, 결코 닫혀 있지 않았다. 상층계급이 재생산을 해내지 못하는 경우가 있었기 때문에, 언제나 그곳에는 진입해 들어갈 공간이 있게 마련이었다. 이탈리아에서 태어난 자유로운 시민은 누구나 노력과 능력에 따라 신분 상승을 기대할 수 있었다. 그들은 군단에서 백인대 대장의 지위에 오르면 복무를 마친 뒤 통상 에퀴테스의 반열에 오를 수 있었다. 그다음 그의 아들은 더 고위직에 오르고, 운과 능력이 따른다면 원로원에도 들어갈 수 있었다. 그리고 누구에게나 열려 있는 유급 문관직이 설치되어 공화정 말기에 성행했던 부패가 획기적으로 줄어들었다.

**사회 개혁**  아우구스투스는 당장 한 세기 동안의 내란이 낳은 상처를 치유해야 하는 문제에 직면했기에, 사회적 개혁에 온 힘을 쏟았다. 그는 사회적 병폐를 뜯어고치고 많은 로마인이 느끼는 상실감을 없애려고 노력했다. 그는 입법과 홍보를 통해 사회적·도덕적 쇠퇴를 막고 옛 로마의 이상과 전통을 되살리는 데 어느 정도 성공했다. 세법을 개정해서, 독신자를 처벌하고 출산을 장려하는 정책도 펼쳤다. 공화정 말기에 간통이 만연하여 이혼의 주요인이 되었는데, 그는 가족적 유대를 재확립하기 위해 간통을 불법화했다. 간통으로 유죄 판결을 받고 로마에서 추방된 사람 중에는 아우구스투스 자신의 딸과 손녀도 있었다.

아우구스투스는 또한 공화정 시대의 덕성을 되살리고 애국심을 고취하기 위해, 외래 종교의 전파를 억제하고 쇠퇴한 국가 종교를 되살리려고 애썼다. 그는 퇴락한 신전을 재건하거나 새로 신전을 건설하고, 전통적인 종교 축제를 되살렸다. 그러나 정서적 호소력을 갖지 못한 전통 신들은 좌절감과 무력감에 빠진 하층계급의 욕구를 달래주지 못했고, 그래서 구원과 영생을 약속하는 헬레니즘의 신비 종교가 계속 민중 속으로 파고들었다. 그렇기는 하나 전반적으로 아우구스투스의 개혁은 새로운 낙관주의와 애국심을 낳았는데, 이는 그의 시대의 예술과 문학에 여실히 반영되었다.

시간이 지나면서 속주에서 아우구스투스 숭배 현상이 나타났다. 특히 동부 지역에서는 그를 신적 존재로 여겼다. 거기에서는 사람들이 이집트의 파라오와 헬레니즘의 군주처럼 신-왕, 혹은 반신반인을 숭배하는 오랜 전통에 익숙해 있었다. 아우구스투스는 헬레니즘 세계의 수많은 신의 반열에서 한 자리를 차지했다. 동부 속주 곳곳에 그를 모신 사당이 건설되었다. 로마의 상류계급은 개인숭배에 대한 거부감이 강해서, 그는 이탈리아에서 황제 숭배를 금지했다. 그렇지만 그는 동부에서는 이를 용인했을 뿐만 아니라, 서부 속주에도 전파되도록 권장했다. 그리하여 황제 숭배는 갈리아와 히스파니아, 그리고 서북 아프리카까지 확산했으며, 이윽고 국가 종교의 한 부분으로 확립되었다. 아우구스투스는 이 강력한 종교적 감정이 제국 전역에 걸쳐 충성심과 일체감을 강화할 것으로 기대했다. 아우구스투스 이후에는 죽은 황제들이 신격화되어 공식적인 숭배의 대상이 되었다.

**변경 정책과 군사 제도**     아우구스투스는 오랜 전쟁을 통해 영토를 크게 넓혔다. 그는 발칸반도에서 로마의 변경을 도나우강까지 확장하고, 히스파니아에서도 서북쪽으로 세력을 확장했다. 그러나 그는 갈리아에서 라인강을 넘어 엘베 Elbe강까지 진출하는 데는 실패했다. 그 이후 로마인은 라인강과 도나우강을 로마와 게르만 사회를 가르는 경계로 삼는 데 만족했다. 아우구스투스는 이후 변경을 안정시키고 제국 전역에 평화를 유지하는 데 힘썼다. 제국의 기본적인 대외 정책이 정복에서 수성守城으로 바뀐 것이다. 그리고 그는 군대가 개인적 야망과 출세의 수단이 되지 못하도록 변경 속주에만 주둔케 하고, 그 역할을 변경을 지키는 것에 한정했다.

내란이 끝났을 때 로마의 군대는 약 60개 군단에 병력이 대략 30만 명 규모였는데, 이들은 내란의 와중에서 지휘관 개인을 위해 싸웠고, 전리품과 정치적 영향력에 입맛을 들였던 병사였다. 한마디로 그들은 평화와 질서에의 잠재적 위험 요소였다. 아우구스투스는 신속하게 군 병력을 절반 이상 줄여 25개 군단으로 편성하고, 군단이 이탈리아에 주둔하는 것을 금지했다. 정규 군단병은 복무 기간이 20년이었는데, 로마 시민권자에게만 복무 자격이 주어졌다. 군단 외에 비슷한 규모의 보조군이 있었는데, 이들은 속주민에서 충원되었으며 25년을 복무했다. 군대는 가난한 시민에게 출세의 길과 제대 수당을 제공했으며, 보조병은 만기 제대 때 로마 시민권을 얻을 수 있었다. 아우구스투스는 변방에 주둔하는 이들 군대 외에 자신과 로마시를 수호할 친위대를 창설했다. 9000명 규모의 정예 병사로 이루어진 친위대는 이후 황제를 옹립하고 폐위하는 데 막중한 영향력을 행사했다.

### 2) 기원후 1세기의 정치적 발전

**율리우스-클라우디우스 왕조**      아우구스투스는 로마 세계를 45년이나 통치했다. 그가 죽을 때에는 자신이 창출한 새 질서가 공고하게 확립되어 대안을 선동하는 사람이 거의 없었다. 공화정은 이제 한갓 추억 속의 일이었을 뿐이다. 그러나 공화정 재건을 기치로 내건 아우구스투스로서는 후계 계승을 혈통적 상속으로 할 야심을 가질 수는 없는 노릇이었다. 그가 세운 체제의 심각한 결함은 바로 질서 있고 확실한 계승 장치가 없다는 점이었다. 그러한 문제는 군주제라는 '사실'과 공화정이라는 '형식' 간의 상충에서 나온 것이었다. 아우구스투스는 그 자신의 사적 상속인만 지정할 수 있을 뿐이었다. 그는 친아들이 없어 의붓아들 티베리우스 클라우디우스Tiberius Claudius를 양자로 삼고 일련의 주요 관직에 임명했다. 기원후 14년 아우구스투스가 죽자, 원로원은 그가 기대한 대로 티베리우스를 새 제일 시민으로 선포했다. 그리하여 율리우스-클라우디우스 왕조가 수립되어 아우구스투스 이후 네 황제는 자신의 가문이거나 아내의 가문 출신이었다.

이 첫 왕조의 55년의 치세 동안 황제들은 제일 시민의 가면을 벗어던지고 공공연하게 진짜 황제로 행동함에 따라, 공화정의 이상을 고수하려는 원로원과 자주 갈등을 빚었다. 3대 칼리굴라Caligula 황제는 자신을 신으로 숭배하기를 요구하고 애마를 원로원 의원으로 삼는 등 광인처럼 굴다가, 불과 재위 5년 만에 친위대에 암살당했다. 5대의 네로Nero는 거추장스러운 인물을 제멋대로 제거해 버리고 어머니와 아내를 살해하는 등 부도덕과 악행을 일삼은 데다가, 기독교도를 박해한 바람에 이후 기독교 세상에서 더욱 악명을 날리게 되었다. 기원후 64년 대화재가 발생해서 9일이나 타오르면서 수도의 절반 이상을 삼키는 참화로 발전하자, 네로는 기독교도를 희생양으로 삼아 수많은 교도를 참혹하게 처형했다. 마침내 원로원이 그를 공공의 적으로 선언하고 군대가 반란을 일으키자, 68년 네로는 "세상이 나와 같은 예술가를 잃는구나"라는 말을 내뱉으며 자결했다.

네로의 치세 말기에는 유대인들의 반란이 일어났다. 유대인 중에는 '신의 땅'에서 로마인을 몰아내기 위해서는 폭력 사용도 주저하지 않는 열심당파Zealots라 불리는 열렬한 유대 민족주의 집단이 있었다. 이들이 66년에 예루살렘에 주둔하고 있던 소규모 로마 수비대를 학살한 사태가 벌어졌는데, 이 폭동이 결국 전쟁으로 비화했다. 70년에 5개월에 걸친 포위 끝에 예루살렘은 거의 폐허가 되었다. '통곡의 벽'이라 불리게 된 신전 시설의 아주 작은 일부만 남았다. 비록 사해 Dead Sea 인근의 마사다Masada 요새가 2년을 더 버티기는 했지만, 이때의 예루살렘의 전면적 파괴는 유대인 민족국가의 종말을 고하는 것이었다.

이 시기에 가장 주목할 만한 정책은 4대 황제 클라우디우스(A.D. 41~54)가 시민권을 히스파니아와 갈리아 등 로마화한 서부 속주의 주민에게 확대한 일이었다. 그는 더 나아가 갈리아인을 원로원 의원으로 임명하기도 했다. 그의 이런 정책은 아마도 속주를 제국 통치의 적극적 동반자로 끌어들이려는 의도였던 것으로 보인다. 한편 그의 치세 동안에 원로원의 기능이 하나씩 황제의 소관으로 이관됨에 따라, 제국의 관료제가 엄청나게 방대해졌다. 클라우디우스는 영토 확장에도 적극적이어서, 브리타니아를 정복하기 시작하고 트라케를 속주로 삼았다.

**플라비우스 왕조**　　네로의 자결로 율리우스-클라우디우스 왕조가 막을 내리고, 이듬해 유혈의 제위 다툼에서 베스파시아누스Vespasianus가 승리함으로써 플라비우스Flavius 왕조가 뒤를 이었다. 베스파시아누스는 이탈리아 작은 도시의 비교적 미천한 가문 출신으로, 관료제를 통해 입신한 인물이었다. 그와 두 아들을 합해 기원후 96년까지 제위를 차지한 플라비우스 왕조의 황제들은 제국을 효율적으로 통치하는 한편, 공화정 체제의 허울을 벗고 사실상의 군주정을 수립했다.

차남 도미티아누스Domitianus(81~96) 시대에 이탈리아반도에 처음으로 경제 침체의 조짐이 나타났다. 포도주 가격이 폭락한 것이다. 이탈리아 포도주가 갈리아와 히스파니아 등 서부 속주에서 수출 시장을 잃어버렸기 때문이다. 이들 서부 속주는 포도나무 재배가 전파되어 포도주를 자급자족해 가고 있었다. 그리하여 서부 속주의 적어도 지배계급은 번영을 누린 반면, 이탈리아 자체에서는 경제가 현저하게 쇠퇴했다. 도미티아누스는 과잉생산을 억제하기 위해 이탈리아 안에서 추가로 포도나무를 심는 것을 금지하고, 속주의 포도밭 절반을 갈아엎도록 명했다. 그러나 이 칙령은 제대로 시행되지 않은 듯 보인다. 어쨌든 이탈리아에 번영이 되돌아오지는 않았다. 인구는 줄어들거나, 기껏해야 제자리걸음을 했다. 충분한 수의 이탈리아인 병력이 확보되지 않게 되자, 군대는 점점 더 로마화한 서부 속주에서 충원되었다.

### 3) 5현제 시대

**'양자 입양과 후계 지명'**　　플라비우스 왕조 이후 2세기의 황제들은 이전과는 달리 후계자를 가족 바깥에서 발탁했다. 이들 각자는 '양자 입양과 후계 지명'의 절차를 통해 전임 황제의 생전에 후계자로 지명되었다가 제위를 계승했다. 로마의 평화가 끝나는 180년까지 이 관행을 통해 제위를 차지한 이른바 '5현제賢帝'는 아우구스투스가 수립한 제일 시민정을 재건했다. 그들은 지배계급을 존중하고 원로원과 협력했다. 그러나 현제들의 치하에서 황제의 권력은 계속 확대되었던 반면, 원로원 권력은 축소되었다. 점점 황제가 임명한 제국 관리들이 정부 운영권을 넘겨받았다. 검증된 능력을 바탕으로 선택된 이들 다섯 '현제'의 치하에서 제국은 세력과 번영의 정점에 이르렀다.

다섯 현제의 시대에 제국은 긴 평화를 누렸다. 유사 이래 지중해 지역은 전쟁과 혼란으로 요동쳤는데, 이제 제국 전역에는 상대적 안정이 유지되었다. 그 덕분에 사람들의 경제활동이 활발하게 전개되고, 혼란 없이 생산력이 향상될 수 있었다. 로마의 시민권이 서부에 이어 동부 속주에도 확장되었고, 이후 212년에는 카라칼라Caracalla 황제가 칙령으로 자유민으로 태어난 제국의 모든 주민에게 시민권을 부여했다. 그에 따라 사람과 물자뿐 아니라, 사상과 관념의 교류가 크게 고취되었다.

양자 입양과 후계 지명의 관행을 도입한 황제는 네르바Nerva였다. 세습 권력에 대한 원로원의 반대에도 불구하고 베스파시아누스는 장남 티투스Titus에게 권력을 물려주었는데, 형에 이어 동생 도미티아누스마저 제위를 차지하자 원로원의 반대는 더욱 격렬해졌다. 도미티아누스는 저항하는 의원들에게 처형으로 대응했다. 그러나 어떤 의미에서는 원로원의 반대는 성공을 거두었다. 도미티아누스가 암살당한 뒤로는 세습 원리가 작동하지 않게 되었기 때문이다. 여러 곳에서 소요가 일어난 끝에 원로원 의원 네르바가 원로원의 추대로 제위를 계승한 뒤, 트라야누스Trajanus를 발탁하여 양자 겸 후계자로 삼은 것이다.

**트라야누스**　늙은 네르바가 불과 2년 만에 죽고, 98년 제위에 오른 트라야누스는 히스파니아 출신의 성공한 군사령관으로서 최초의 비非이탈리아인 황제가 되었다. 그의 제위 계승은 제국 정부에 일어난 변화를 반영한 것이었다. 제국은 이제 이탈리아인만이 아니라 서부 속주 지주들의 충성심에도 크게 의존했다. 트라야누스는 교량과 도로, 수도교 등 대규모 건설사업을 추진하는 한편, 정복 전쟁에도 나섰다. 그는 가까스로 다키아Dacia를 정복하여 속주로 만들었다. 다키아에는 주로 로마의 전역 장병들이 대거 정착했는데, 근대의 루마니아Romania 국민은 자신이 그들의 후손이라고 생각한다. 그리고 트라야누스는 동방에서는 파르티아와 싸운 끝에 메소포타미아를 병합했다. 그리하여 그의 치하에서 제국의 영토는 최대에 이르렀다.

트라야누스는 역시 히스파니아 출신의 유능한 장군 하드리아누스Hadrianus(117~138)를 차기 황제로 선택했다. 황제와 원로원 간의 기나긴 알력이 네르바와 트라야누스의 치세와 더불어 해소되었다. 세습이라는 문제가 뜨거운 쟁점으로 떠오르지 않았을 뿐 아니라, 뒤를 이은 황제들의 면모가 원로원에 전혀 불만의 소지를 주지 않았기 때문이다. 다행히 트라야누스는 아들이 없어 쉽게 선례를 따를 수 있었다.

**하드리아누스**    하드리아누스는 무엇보다 제국의 변경을 안정시키는 데 역점을 두었다. 그는 제국이 지나치게 팽창했다고 생각하고 트라야누스가 정복한 메소포타미아를 포기하고, 라인-도나우강을 연결하는 선을 따라 요새를 강화했다. 브리타니아에는 스코트족Scots의 침입을 막기 위해 북부 접경 지역 130km를 가로지르는 6m 높이의 장대한 성벽을 쌓았다. 그의 시대 이후 로마군은 대체로 방어로 돌아섰다. 병사들이 이따금 변경을 넘어 군사작전을 벌이기는 했지만, 이제 팽창의 시대는 끝났다. 하드리아누스는 새 도시를 건설하고, 낡은 도시는 재건하고, 로마에 만신전을 비롯하여 많은 공공시설을 축조했다. 그리고 그의 치세기에 황제의 칙령이 입법의 원천이 되었는데, 이로써 황제의 말이 법의 효력을 갖는 시대가 열렸다.

하드리아누스는 그리스 문화의 예찬자였다. 그리고 그는 누구보다 속주의 복지에 더 많은 관심을 기울였으며, 제위 중에 모든 속주를 순방했다. 그러나 그는 유대인의 반란에는 가혹했다. 네로 때 일어난 제1차 유대인 반란(66~70)이 베스파시아누스에 의해 진압되었는데, 132년에 유대인이 다시 반란을 일으켰다. 그러자 하드리아누스는 4년에 걸쳐 무자비하게 반란을 진압한 뒤, 예루살렘을 파괴하고 유대인을 완전히 이산시켜 버렸다. 이때 완료된 유대인의 디아스포라 diaspora는 20세기 중엽에 이스라엘이 건국될 때까지 지속되었다.

유대인들은 로마제국뿐 아니라 제국 바깥 페르시아 지역까지 널리 흩어져 각 도시에 유대 공동체를 형성했다. 그들의 종교 생활은 율법학자 랍비rabbi가 주재 하는 시나고그synagogue를 중심으로 이루어졌다. 그러므로 예루살렘이 파괴되고 농민들이 뿌리 뽑힌 2세기부터 유대교는 거의 전적으로 상공업에 종사하는 도 시 집단의 종교가 되었는데, 이들은 모세 율법의 의례를 지키고 이교 신의 숭배 를 철저히 거부함으로써 주위 주민으로부터 격리되었다.

의례를 집행하고 성서를 해석해 온 제사장단이 붕괴하고 신전이 파괴됨으로 써 유대교는 내부 권위의 기초에 변화가 일어났다. 각지에 흩어져 있는 유대인 공동체에서는 시나고그를 주재하는 랍비의 영향이 무엇보다 중요해졌다. 랍비 들은 오랫동안 토라Torah 곧 모세 5경의 주석을 통해 종교의식과 관행뿐 아니라 일상의 행동에 적용될 신의 뜻을 발견하고자 노력해 왔다. 이들의 해석이 차츰 『탈무드Talmud』안에 통합되었는데, 그 가장 권위 있는 편찬은 5세기에 로마제국 바깥 바빌로니아의 랍비들에 의해 이루어졌다. 많은 랍비 학교 중 가장 중요한 학교가 바빌로니아에 있었다. 『탈무드』는 유대인의 일상생활을 매우 세세하게 규정한 일종의 법체계였는데, 그것의 준수 여부가 유대 공동체를 나머지 인류와 구별하는 기준이 되었다.

**마르쿠스 아우렐리우스**    원로원으로부터 경건한 자라는 의미의 피우스Pius 라는 칭호를 받은 안토니누스Antoninus 피우스는 23년의 태평성대 뒤에 다섯 현 제 중 마지막인 마르쿠스 아우렐리우스Marcus Aurelius(161~180)에게 제위를 넘겼 다. 아우렐리우스는 플라톤의 '철학자 왕'의 이상에 가까웠고, 스토아철학적 삶 에 가장 근접하게 살았던 로마인이었다. 그의 『명상록Meditation』은 고매한 스토 아철학의 이상주의와 인류에 대한 사랑을 표현했다. 그는 전쟁터를 누비는 것보 다 조용히 명상하고 저술을 구상하기를 더 좋아했지만, 그의 치세에는 동방과 발칸반도에서 끊임없는 전투가 이어졌다. 변경에 대한 야만인의 점증하는 압박은 그 이후 세기에 찾아들 제국의 점차적인 쇠락을 예고하는 것이었다. 게다가 역병이 제국을 휩쓸어 인구의 2할 이상을 앗아갔다.

활력 있고 성장하는 사회라면 아우렐리우스 시대에 몰아친 그런 전쟁과 질병의 충격에서 재빨리 회복할 수도 있었을 것이다. 그러나 2세기 후반의 로마제국에서는 그런 일이 일어나지 않았다. 인구는 줄어들고, 경제 또한 심각한 취약성을 드러냈다. 특히 제국의 명운이 달린 서부 속주의 지주계급은 점점 위축되어서, 제국을 수호할 의사도 능력도 잃어가고 있었다. 표면의 평화와 번영의 이면에서 심각한 쇠퇴의 조짐들이 자라나고 있었다.

'철학자 왕'을 이어 제위를 계승한 인물은 그의 친아들 코모두스Commodus였다. 이로써 다섯 현제를 배출했던 관행이 막을 내렸고, 그와 더불어 제국의 번영기도 종말을 고했다. 양자 입양을 통한 제위 계승 관행은 법으로 제도화되지 못했고, '로마의 평화' 시대 이후에는 무시되었다. 아마도 단일 요인으로는, 확고하고 공인된 제위 계승 원칙이 확립되지 못한 점이 로마제국의 궁극적 몰락을 가져온 가장 큰 요인일 것이다.


### 4) 경제와 사회

**제국의 경제**　　　제국의 초기는 상당한 번영의 시대였다. 로마의 평화 아래 통행세와 기타 인위적 장벽이 제거되고, 해적과 노상강도가 줄어들고, 믿을 만한 통화가 주조되었다. 그와 같은 요인은 고대 세계가 일찍이 누려본 적 없는 오랜 평화와 더불어 제국 초기 두 세기 동안 상업이 엄청나게 팽창하는 데 크게 이바지했다. 제국 전역에서 상인들이 이탈리아의 주요 항구인 나폴리만의 푸테올리 Puteoli(현재의 포추올리Pozzuoli)와 티베리스 하구의 오스티아Ostia로 몰려들었다. 교역은 제국의 경계를 넘어 광범하게 이루어졌고, 저 멀리 중국에서 비단도 흘러들어왔다. 그러나 무역의 양상은 어느 정도 불균형을 이루었다. 엄청난 양의 곡물과 다량의 사치품이 이탈리아로 수입되어 금화와 은화가 착실하게 동부로 빠져나갔다.

무역의 증대는 제조업을 자극했다. 동부의 도시들은 여전히 헬레니즘 시대에 만들던 제품을 생산했다. 이탈리아는 '로마의 평화' 시대에 공업 발달의 전성기를 맞이했다. 몇몇 공업은 특정 지역에 집중되었는데, 청동 제품은 카푸아Capua에서, 도자기는 아레티움Arretium에서 생산되었다. 그러나 부가 소수에 집중되고 공산품에 대한 대중 수요가 창출되지 않아, 상품 생산은 비교적 소규모에 머물렀고 대체로 노예나 해방 노예인 장인에 의해 이루어졌다. 기원후 한 세기가 지나가면서 이탈리아 공업은 점점 더 속주와의 경쟁에 내몰리기 시작했다.

정치에 관한 한 제국의 서부가 동부를 지배했다. 제국의 관료와 군대는 주로 이탈리아와 로마화한 서부 속주에서 충원되었기 때문이다. 그렇지만 경제적으로는 동부가 서부보다 훨씬 더 활발했다. 교역과 제조업은 서부 도시에서 결코 동부 도시와 같은 규모로 번성하지 못했다. 도시 생활과 장인의 기술이 고대 문명 지역에서 훨씬 더 뿌리 깊게 확립되어 있었다. 동부는 원거리 무역을 위한 상품을 제조하고 사치품을 공급했다. 도시 중심과 주위 농촌 간의 지역적 교역 역시 서부보다 동부에서 훨씬 큰 규모로 번성했다. 그래서 3세기로 넘어가면, 우월한 경제 조직을 바탕으로 동부는 정치적 자율성을 되찾았다. 경제구조가 그러했기 때문에 히스파니아와 남부 프랑스 그리고 이탈리아에서 도시의 지배계급은 언제나 상인이나 제조업자가 아니라 지주였다. 그러나 동부에서는 지주들이 서부에서처럼 동료 시민을 사회적으로나 경제적으로 의존적 지위로 떨어뜨릴 수 있을 만큼 우월한 지위를 확립하지 못했다. 동부에서는 제국의 관료 체제가 어떤 의미 있는 수준만큼 지주 계층에서 충원되지 않았다.

무역과 상업이 광범하게 이루어졌지만, 농업은 여전히 대다수 사람의 주된 생업이자 로마 번영의 기본 바탕이었다. 라티푼디움이라는 대농장이 아직도 특히 이탈리아 남부와 중부에서 지배적 농업이었지만, 포강 유역 등 북부에서는 소규모 농업이 존속했다. 번영의 이면에는 빈부 간에 큰 격차가 놓여 있었다. 도시의 발달은 상당한 정도로 농촌의 잉여 농산물에 의존한다. 그러나 고대에는 각 농민이 생산한 잉여의 폭이 작아서 상층계급과 도시 인구를 부양하기 위해서는 많은 수의 농업 생산자가 필요했고, 잉여 농산물이 없는 흉년에는 결국 그 고통이 농민에게 전가되기 마련이었다.

한편 제국 전반의 경제와는 별도로, 이탈리아는 계속 포도주 과잉 생산으로 초래된 경제적 침체에서 벗어나지 못했다. 네르바와 트라야누스는 이탈리아의 경제적 쇠퇴를 막기 위해 여러 정책을 시행했다. 궁핍해진 소지주에게 자금을 대여해 주고, 소비자에게는 구매력을 높이기 위해 보조금을 지급했다. 그러나 이런 조치는 이탈리아 농업의 쇠퇴를 막지도, 인구 감소를 억제하지도 못했다. 또 다른 요인도 경제 침체에 영향을 미쳤다. 비단과 향료 같은 사치품을 수입하느라 화폐가 꾸준히 동부로 흘러나간 것이다. 2세기의 이탈리아는 기원전 3세기의 그리스처럼 빈곤에 짓눌리고, 인구 감소에 고통받는 땅이 되어갔다. 이와 같은 쇠퇴의 조짐은 3세기의 경제 위기를 예고한바, 3세기에는 정치적 혼란과 인플레이션으로 제국의 경제가 무너져버렸다.

**제국의 도시**    제국 행정은 약 40개의 속주를 통해 이루어졌지만, 통치와 사회생활의 기본단위는 도시civitas였다. 사실 로마제국의 구조는 도시국가의 기초 위에 놓여 있었다. 로마인들은 정복 지역에 도시가 있으면 그것을 강화하여 인근 지역을 통제하는 중심으로 삼았고, 없는 곳에는 로마를 본떠 새 도시를 건설했다. 특히 갈리아와 히스파니아 그리고 아프리카 등 제국의 서부에서는 도시가 로마시를 본보기로 조성되어, 도시마다 포룸·원로원 의사당·대형 공중목욕장·원형경기장·신전 등의 시설을 갖추었다. 도시 생활을 훨씬 오랫동안 지속해 왔던 오리엔트와 그리스에서는 도시 조직이 서부보다 훨씬 더 다양했다. 동부에서는 상공업 종사자의 수도 더 많았고, 그들의 사회적 영향력도 더 컸다.

수도 로마 외의 다른 도시는 대부분 그리 크지 않았고, 서부의 도시는 보통 고작 수천 명 규모에 지나지 않았다. 크든 작든 제국의 도시들은 정치적·사회적 조직이 서로 비슷했다. 각 도시는 무보수 명예직으로 봉사하는 선출된 관리가 도시 원로원의 도움을 받아 지역 문제를 처리했으며, 원로원은 보통 지역의 지주들로 구성되었다. 중앙정부의 관점에서 시 정부의 가장 중요한 기능은 세금 징수였다. 한편 속주의 로마화 과정은 제국의 지배계급에 심대한 변화를 가져왔다. 1세기가 지나가면서 이탈리아 출신 원로원 의원 수가 눈에 띄게 줄어들어, 2세기 말이 되면 그 수는 전체의 절반이 채 되지 못했다. 원로원은 점점 더 속주의 부유한 에퀴테스 가문에서 충원되었다. 속주는 또한 로마군에 많은 군단병을 제공했고, 트라야누스를 시작으로 많은 황제도 배출했다.

2세기의 전성기에 제국의 심장인 수도 로마는 거의 인구 100만 명의 거대도시였다. 이미 아우구스투스 시대에 수많은 신전과 공공건물 그리고 욕장과 수도교 등이 세워졌고, 로마는 동방의 어느 도시 못지않게 장엄한 도시로 탈바꿈했다. 아우구스투스는 벽돌의 도시를 대리석의 도시로 바꾸어놓았다고 자랑했다. 제국의 온갖 곳에서 온갖 민족의 사람들이 수도로 몰려들었고, 일부 특정 집단은 독자적 구역을 형성했다. 대제국의 중심이었으나, 로마는 또한 거대한 기생寄生 도시였다. 아우구스투스 때부터 황제들은 주민에게 식량을 제공할 책임을 받아들였는데, 약 20만 명의 빈민이 무상으로 곡물을 배급받았다. 공짜 식량에 더하여 로마 주민에게는 구경거리도 대규모로 제공되었다. 국가가 거행하는 대축제가 1년에 100일 이상이나 펼쳐지고, 이때 연극이나 전차 경주 혹은 검투사 시합이 구경거리로 곁들여졌다.

**콜로누스의 출현**　　5현제 시대에 노예제 쇠퇴 현상이 일어났다. 대규모 전쟁의 종식과 더불어 노예 공급이 줄어들었고, 그에 따라 노예 가격이 올랐다. 그러자 노예 소유주는 노예가 재생산될 수 있게 그들이 결혼하고 가족을 거느리도록 허용할 필요를 느꼈다. 노예를 부당한 대우에서 보호하는 조치도 취해져서, 하드리아누스는 노예의 사적 감금과 사법적 승인 없이 노예를 죽이는 것을 금지했다. 게다가 1세기 말엽과 2세기 내내 진행된 이탈리아의 농업 위기로 인해,

노예 노동에 의존한 대농장제가 전반적으로 유익하지 않게 되었다. 이탈리아산 포도주와 올리브유 시장이 공급과잉 상태가 되었기 때문이다. 지주들은 이 곤경에 대처하기 위해 대규모 생산을 포기하고, 농장을 작은 규모로 쪼개어 노예나 자유민에게 임대하고 현물이나 노동 혹은 현금 형태로 지대를 받았다. 그런 전환의 결과 농업 노예의 지위가 상승하여 보통의 소작농과 별로 차이가 없게 되었다.

그렇지만 그와 동시에 자유롭고 독립적이었던 농민은 차츰 대지주에 의존하는 존재로 전락해 갔다. 서부 속주에서 이런 의존적인 소작농은 원래 노예였든 자유민이었든 콜로누스colonus로 불렸다. 그 변화는 매우 점진적이었다. 그것은 2세기에 일부 지역에서 시작되어 이후 차츰 널리 퍼졌다. 이들 콜로누스의 삶은 물론 고달프고 힘들었지만, 그에 대해서는 알려진 게 별로 없다.

서부에서 대농장이 대규모 시장생산에서 좀 더 자급자족적 경제로 전환하는 경향을 띠면서 사치품 수요가 줄어들었다. 대지주조차 소득이 줄어 동부 도시의 숙련 장인이 생산한 귀중품을 대량으로 살 수 없게 되었다. 그리하여 원거리 무역량이 줄어들고, 서부 지역은 더욱더 자급자족적이게 되었다. 그에 따라 지역적 교역 역시 제자리걸음을 하거나 오히려 줄어들기 시작했다. 바꾸어 말하면 많은 장인이 도시 중심지에서 대농장 지역으로 이주하여, 그곳에서 현물 지급을 위해 일했다. 화폐경제의 이러한 퇴행이 2세기에 얼마만큼 진행되었는지는 가늠하기 어렵다. 다만 지역에 따라 그 양상이 서로 달랐다. 이탈리아가 이미 경제적 쇠퇴의 고통을 겪고 있을 때, 갈리아와 히스파니아의 속주들은 주로 주둔군에 상품을 판매하는 데 힘입어 여전히 시장경제로 발전하고 있었다.

**가족과 여성**　2세기에 이르면 가족제도에 심대한 변화가 일어나고 있었다. 이미 공화정 말기에 약해지기 시작한 가장의 권위가 이때에 이르러 더욱 무너졌다. 가장은 이제 자녀에 대한 절대적 권력을 갖지 못해, 그들을 노예로 팔거나 죽음에 처하게 할 수 없었다. 게다가 아내에 대한 남편의 절대적 권위 역시 사라졌는데, 이 추세도 공화정 말기에 시작된 것이었다. 제국 초기에 남자 보호자의 관념은 계속 약해졌고, 2세기 말에는 보호권이 폐지되지는 않았으나 형식에 불과하게 되었다.

　로마의 상류계급 여인들은 상당한 정도로 자유와 독립을 누렸다. 그들은 재산을 소유, 상속, 혹은 처분할 권리를 획득했다. 그들은 별도의 여성 좌석에 앉아야 했지만, 극장과 원형극장의 행사에 참석할 수 있었다. 그러나 그들은 외출할 때 여전히 하녀나 동료와 동행했다. 여성은 정치에 참여할 수 없었으나, 제국 초기에는 많은 여성이 남편을 통해 영향력을 행사하기도 했다. 아우구스투스의 아내 리비아Livia, 네로의 어머니 아그리피나Agrippina, 트라야누스의 아내 플로티나Plotina 같은 여인들이 그러했다.

**로마의 군대**　　두 세기에 걸친 평화로운 세월 동안 로마군은 유동성을 상당 부분 잃어버렸다. 항구적인 요새가 변경의 전략 거점에 건설되었고, 그 주위에서 도시가 성장했다. 이탈리아인의 병사 충원은 1세기 이후로는 중요하지 않게 되었고, 2세기에는 속주 도시민 역시 군단병으로 유입되지 않게 되었다. 그들의 자리에 콜로누스의 아들들이 갔고, 신병은 점점 더 각 군단 병영이 있는 그 지역에서 모집되는 것이 일반적이게 되었다. 사병은 결혼이 금지되었으나 많은 사병이 편법으로 결혼 생활을 했으며, 그들의 아들들이 신병 충원의 중요한 원천이 되었다.

　군대 규모는 거의 일정했으나 군사적 효율성은 떨어졌다. 더욱 중요한 것은 사병들과 지배계급인 도시 지주들 사이에, 또 변경 군대와 중앙정부 사이에 심리적 유대가 이완되었다는 점이다. 병영에서 태어나 그 지역에서 입대한 병사들은 필연적으로 이탈리아에서 와서 제대한 뒤에는 다시 고향으로 돌아가 자리를 잡을 기대를 안고 있는 병사들과는 사뭇 다른 생각을 갖게 마련이었다. 3세기 로마제국에 닥친 동란을 재촉한 것은 무엇보다 바로 군대의 이러한 심리적 변화였다.

## 5) 문화

**문화의 지리적 차이**　　제국의 주민은 문화적으로 크게 세 집단으로 나뉘었다. 첫째로 제국 동부의 이집트인과 유대인 그리고 시리아인을 중심으로 한 집단은 로마 지배의 영향을 깊게 받았다. 이를테면 파라오를 중심으로 한 신앙체계에 토대를 둔 이집트의 고대 문명은 로마 황제들의 통치 아래 결국 사라지기 시작했다. 그렇기는 하지만 이들 어느 민족도 로마 문화에 동화되지는 않았다. 로마의 특징적인 태도나 문화는 이들에게 의미 있는 수준만큼 침투하지 못했다. 그 대신 동부 전역에 걸쳐 지배적이었던 국제 문명은 헬레니즘 시대부터 전해 내려온 그리스 문명의 전통이었고, 언어도 그리스어가 국제어로서 통용되었다. 이 문화 전통은 로마제국 자체보다 더 오래 살아남아 그 제국의 동부 계승자인 비잔티움제국에 계승되었다.

두 번째는 그리스인이 다수 인구인 에게해 지역을 중심으로 그리스 문화를 계승한 집단이었다. 제국 동부의 절반인 이곳에서는 로마의 영향을 아주 가볍게 받았을 뿐, 오히려 로마인이 그리스인으로부터 문화 전반의 영향을 받았다. 로마인은 또한 이곳 그리스인을 통해 페르시아인과 이집트인의 신성한 군주정의 관념, 많은 종교적 숭배와 신앙, 그리고 기독교 등 동부의 영향을 흡수했다.

세 번째 문화 집단은 지리적으로 가장 넓은 지역, 즉 이탈리아에서 북으로는 브리타니아까지, 서쪽으로는 히스파니아, 남쪽으로는 북아프리카에 걸치는 지역을 차지했다. 이 제국의 서부는 가장 로마화한 지역으로서, 전 지역에 로마의 군대와 관리 혹은 식민자들이 들어가 도시와 정부와 문자, 이를테면 문명의 기본 요소를 전해주었다. 북아프리카의 베르베르Berber 부족은 정복자의 문화에 강력하게 저항했는데, 그러나 상류 계층과 도시들은 차츰 로마화했다.

기원전 2000년대 초에 오스트리아와 보헤미아에 처음 나타나 이후에 차츰 서부 유럽 대부분을 차지하고 있던 켈트족은 이미 로마의 정복 이전에 문명 단계에 접어들고 있었다. 부유한 족장들과 지주 전사들은 쉽게 로마의 언어와 생활 방식에 적응했고, 시간이 지나면서 일반인도 스스로 로마인으로 자각하고 라틴어를 사용했다. 이들이 쓴 라틴어에서 이후에 중세 및 근대 유럽의 로망스어가 발전해 나왔다. 그러나 고대 문명의 기초가 되는 도시 생활은 미미하고 빈약했다.

**법률**　　로마인이 가장 독창성을 발휘한 분야이자 이후의 유럽 역사에 항구적으로 끼친 중요한 공헌은 법률 체계였다. 로마법은 약 1000년에 걸쳐 서서히 발전했는데, 기원전 450년에 기존의 관습적 법들이 12개의 동판에 기록됨으로써 로마법이 최초로 성문화되었다. 이후에 이 법전은 시대가 지나면서 부적절해졌으나 공식적으로 폐지된 적은 없으며, 기원전 1세기에도 여전히 학생들이 배우고 있었다. 기원전 366년에는 법무관이 새로 선출되어 로마 시민에 대한 사법을 담당했는데, 그는 12동판법을 적용할 때 바뀐 상황에 따라 재량권을 가지고 해석함으로써 법률의 영역을 확장했다. 법무관은 취임하면서 종류가 서로 다른 소송을 다루기 위한 지침을 포고령으로 반포했다. 법무관은 포고령을 준비할 때 법률가에게 자문을 구했는데, 종종 그 포고령에서 구현된 법률가의 해석은 일군의 법적 원리를 창출했다.

　기원전 242년에 신설된 제2의 법무관은 소송의 한쪽 혹은 양 당사자가 로마 시민이 아닌 사건의 재판을 담당했는데, 이 법무관은 다양한 외국의 법을 이용함으로써 법을 해석할 때 좀 더 폭넓은 기초에 근거했다. 그리하여 시민법jus civile과 만민법jus gentium이라는 두 구별되는 법체계가 생겨났다. 만민법, 즉 제 민족의 법은 시민법보다 더 폭넓은 법원法源에 근거하기에 법무관들은 로마 시민의 재판 때에도 점점 더 많이 만민법을 참조하게 되었다. 기원후 1세기가 되면 두 법체계의 기본 규정이 서로 가깝게 접근했고, 제국의 모든 자유로운 주민이 로마 시민이 된 212년 이후에는 양대 체계가 사라지고 단일 법체계가 제국 전역을 지배하게 되었다.

　한편 공화정 말기에 법률가들은 스토아철학의 영향으로 자연법jus naturale, 즉 올바른 이성에서 유래한 보편적 신법神法이라는 관념을 발전시켰다. 그들은 여러 나라의 법들이 많은 공통 요소를 갖고 있으며, 그것이 점점 제국의 단일한 법으로 융합해 가는 것을 보았다. 제국 여러 민족의 법 관념상의 이런 유사성이 자연에 하나의 법, 즉 이성의 법이 있다는 스토아철학 사상에 부합되었고, 이를 바탕으로 법률가들은 자연법의 교의를 발전시켰다. 그들은 만민법을 이 자연법에서 파생되거나 그것과 일치하는 것으로 보게 되었고, 그리하여 로마의 법률가들은 자연법 교의에서 로마법의 정당성의 근거를 찾았다. 키케로에 따르면 자연법은 "우리 법의 기초가 되어야 할 합리적 원리"의 원천이었다. 그는 이성에 부합하지 않은 법은 진정한 법이 아니며, 복종할 가치가 없다고 주장했다. 이 교의는 서양의 법 이론에 깊은 영향을 미쳤다.

제국 초기에 법의 연구와 법전화에 큰 진전이 이루어졌다. 기원후 2세기와 3세기 초는 '로마법의 고전 시대'에 해당하는데, 그 시기에 수많은 위대한 법학자들이 기본적인 법 원리들을 분류하고 편찬했다. 2세기 전반기에는 황제의 칙령이 곧 법이 되었는데, 대부분의 법학자는 황제를 법의 유일한 원천으로 강조했다. '로마법의 고전 시대'에 만민법과 자연법의 동일시가 자연권 개념으로 나아갔다. 법학자 울피아누스Ulpianus는 자연권이란 모든 사람은 평등하게 태어났고 따라서 법 앞에 평등해야 한다는 것을 의미한다고 주장했다. 그 원리가 실제 적용되지는 않았지만, 로마인은 모든 사람에게 적용될 수 있는 정의의 표준을 확립했다. 피의자가 유죄로 증명되기까지는 무죄로 간주되었고, 기소된 사람은 재판관 앞에서 자신을 변호하는 것이 허용되었다.

1000년에 걸쳐 발전해 온 방대한 분량의 로마법은 최종적으로 6세기에 동로마의 유스티니아누스 황제가 집대성하여 완전한 법전으로 편찬했다. 유스티니아누스의 이 위대한 『로마법대전 Corpus Juris Civilis』은 이후 전 유럽에서 발전한 법체계의 기초가 되었고, 오늘날 전 세계 수많은 사람이 이 법전에 담겨 있는 로마법을 본보기로 한 법체계 아래 살고 있다.

**건축**     로마인은 또한 위대한 건축가였다. 로마인의 예술 활동은 고도로 실제적인 예술이라 할 건축에서 가장 빼어났다. 로마의 건축가들은 처음에 에트루스키인에게 아치와 같은 기법을, 이어 그리스인으로부터 열주와 기둥-상인방 구조 등의 건축 기법을 배웠다. 이를 바탕으로 그들은 이탈리아에서 쉽게 구할 수 있는 다양한 건축 자재로 건축술의 혁신을 이루었다. 이탈리아는 벽돌을 만들 양질의 찰흙과 콘크리트를 만들 용암과 모래뿐 아니라 목재와 석재가 풍부했다. 장식용 대리석 같은 다른 자재는 종종 수입했다.

로마인은 그리스인보다 훨씬 큰 규모로 건축했고, 장엄함과 우아함 혹은 과시의 취향을 건축물에서 드러냈다. 그들은 대형 건물을 짓기 위해 그리스의 정적인 기둥-상인방 구조를 좀 더 동적인 아치와 궁륭 및 교차궁륭, 그리고 반원형의 돔 등의 곡선 구조로 대치했다. 터널 모양의 궁륭은 일련의 연결된 아치이고, 교차궁륭은 직각으로 교차하는 두 개의 궁륭으로 이루어졌는데, 이는 빛이 양쪽에서만 들어오는 궁륭의 단점을 보완하기 위해 고안된 것이었다. 로마인은 또한 고대 시대에 콘크리트를 방대한 규모로 사용한 최초의 민족이었다. 그들은 콘크리트와 곡선 형태를 결합함으로써 공중목욕장과 원형경기장 같은 대형 건물을 지을 수 있었다.

그리스에서 가장 중요한 공공건물은 신전이었는데, 로마에서는 신전이 그렇게 빼어난 지위를 차지하지 못했다. 가장 인상적인 신전은 로마의 만신전인데, 하드리아누스 황제의 명으로 불에 타 파괴된 신전을 재건축한 것이다. 콘크리트로 둥글게 둘러싼 두꺼운 벽 위에 육중한 돔 지붕을 얹은 이 건물은 돔 양식의 선구적 건물로서, 7세기에 기독교의 교회로 전용된 덕분에 이교 시대 건물 가운데 가장 잘 보존되었다. 법정이나 상업거래소 혹은 공공집회장 등으로 사용된 건물은 흔히 바실리카basilica로 불렸는데, 직사각형 모양의 이 바실리카는 그리스식 기둥 위에 주로 가벼운 나무 지붕을 이고 있었다. 건물 내부는 양쪽으로 늘어선 기둥이 양옆의 좁은 회랑과 가운데의 본당을 구분하는 구조로 되어 있었다. 이런 건물 구조는 4세기에 기독교가 공인된 이후 기독교도들이 예배당을 지을 때 필요에 맞게 변용하며 이용함으로써 초기 교회 건축의 주된 양식이 되었다.

레크리에이션은 로마의 사회생활에서 핵심적 역할을 했기에, 그를 위해 많은 시설이 지어졌다. 일반 대중의 도락을 위해 가장 인기가 있었던 건물은 공중목욕장이었다. 부자든 빈자든 목욕을 엄청나게 좋아해서 제국 초기에 공중목욕장이 수도에만 800개를 헤아렸다. 대목욕장은 열탕과 온탕, 냉탕으로 이어지는 방들뿐 아니라, 정원·산책로·체육관·도서관·유명 예술작품 등을 갖추고 있었다. 로마인이 가장 즐긴 오락거리는 전차 경주와 검투사 시합이었다. '빵과 서커스'의 요구가 빗발쳐, 1세기의 달력에는 휴일로 제쳐둔 날이 100일이나 되었다.

가장 장관인 구경거리는 전차 경주였다. 로마에서 가장 큰 경주장은 여섯 개 경주로를 갖춘 대원형경주장Circus Maximus이었는데, 이는 관중석이 무려 15만 석이나 되는 거대 건축물이었다. 이 경주장의 행사는 황제나 그 대리인이 주재했다. 전차 경주에 못지않게 인기였으나 반反문명적이기 짝이 없는 것이 검투사 시합으로, 황제나 개인 흥행주가 조직했다. 다른 문명에서는 찾아볼 수 없는 이 잔인한 구경거리는 원형극장에서 개최되었다. 원형극장은 크기는 천차만별이었지만 제국 곳곳에 건설되었고, 대다수 도시에서 가장 큰 건물이었다. 가장 크고 유명한 것이 로마에 있는 콜로세움Colosseum이었는데, 관중석이 무려 5만에 달했다. 시합은 여러 형태가 있어서, 검투사가 사자와 같은 사나운 동물들과 싸우거나, 서로 다른 무기로 무장한 검투사끼리 죽을 때까지 싸우거나, 혹은 야생동물들끼리 싸웠다. 많은 로마인이 이를 비난했지만, 기독교가 이를 금지한 5세기에 이르기까지 이 잔혹한 시합은 계속되었다.

로마인들은 실제 필요에 이바지하도록 건축물을 설계하는 데 아주 뛰어났다. 멀리 떨어진 산에서 도시로 물을 끌어들이기 위해 지형에 따라 2층 혹은 3층 구조의 거대한 수도교를 건설했다. 로마시에는 총 길이 420km에 달하는 14개 수도교가 100만 주민에게 물을 공급했다. 그들의 건설사업 중 가장 인상적인 것은 사통팔달한 도로망이다. 도로 건설 면에서 로마인은 그 어떤 민족보다 단연 뛰어났다. 잘게 부순 돌과 자갈로 기반을 다지고, 그 위를 두껍고 단단한 돌로 덮었다. 이 포장도로를 로마의 군대와 사자使者가 신속하게 오갔다. 최초의 간선도로는 기원전 312년 감찰관 아피우스Appius가 주도하여 건설하기 시작한, 로마와 남부의 카푸아를 잇는 아피우스 가도Via Appia였다. 이를 시작으로 로마인은 수백 년에 걸쳐 수도에서 제국의 각 지역 변경에 이르는 약 8만km의 도로를 건설하거나 개량했다. 이 로마의 도로망에 비견할 만한 도로 체계는 20세기 이전에는 어디에서도 시도되지 못했다.

**문학**　　로마의 문학은 아우구스투스 시대에 이르러 활짝 꽃을 피워 이른바 라틴 문학의 황금시대를 맞이했다. 아우구스투스는 절친한 조언자 가이우스 마이케나스Maecenas를 통해 문학과 예술을 적극 지원함으로써 그의 치세기를 황금시대로 만드는 데 이바지하고, 작가들도 옛 시대의 덕성을 되살리고 애국심을 불러일으키려는 그의 정책에 호응했다. 마이케나스는 베르길리우스Vergilius(70~19 B.C.)와 호라티우스Horatius를 중심으로 문학 단체를 결성하고 후원을 아끼지 않았다.

이 시대의 가장 위대한 시인으로 칭송받는 베르길리우스는 아우구스투스의 이상과 희망을 자신의 시에 구현함으로써 호의에 보답했다. 그는 걸작 서사시 『아이네이드Aeneid』에서 아우구스투스의 위대한 업적을 칭송하고, 세계를 정복하고 지배할 로마의 거룩한 사명을 찬미했다. 호메로스의 『오디세이아』를 본보기로 한 이 서사시는 트로이아의 멸망 뒤 살아남아, 모험 끝에 라티움에 정착한 라틴 민족의 전설적 건설자 아이네아스Aeneas의 운명을 이야기하는데, 그리하여 베르길리우스는 로마 문명을 그리스 역사에 결부시켰다. 그의 아이네아스 묘사는 로마인 기질의 어떤 표준적 이상형이 되었다. 그의 시들은 엄청난 인기를 누렸으며, 이후의 시대에 로마인다운 태도를 형성하는 데 중요한 역할을 했다.

아우구스투스의 계관시인으로 베르길리우스의 친구인 호라티우스는 『서정시집Odes』에서 주로 보통 사람들의 일상적 관심과 다양한 기분이나 정서를 서정시로 표현했다. 그리고 다양한 주제를 다룬 시들을 모은 『풍자시집Satires』에서 그는 냉철하게 인간의 결함을 지적하고, 시대의 악덕과 어리석음을 까발렸다. 현재를 즐기라Carpe Diem는 그의 권고는 오늘날에도 널리 회자되고 있다.

황금시대의 마지막 위대한 시인 오비디우스Ovidius(43 B.C.~A.D. 17)의 작품에서는 전혀 다른 정신이 숨 쉬었다. 그는 옛 로마의 가치를 조롱하고, 가벼운 사랑의 시들을 썼다. 그의 『사랑의 기술Ars Amatoria』은 일종의 여성 유혹에 관한 안내서인데, 관능적인 사랑을 노래함으로써 경박한 귀족의 취향에 영합했지만, 도덕의 회복을 추구하던 시대에 부도덕하다는 비난을 받고 금서로 지정되었다. 게다가 그는 아우구스투스의 손녀 율리아Julia와의 불륜 문제에 휘말렸고, 결국 흑해 연안으로 추방당했다. 그러나 그는 또한 빼어난 이야기꾼이었다. 그의 『변신Metamorphoses』은 신들의 삶에 대한 그리스인의 이야기를 재치 있게 취합한 것인데, 가히 그리스 신화에 관한 정보의 보고라고 할 만한 저술이었다. 오늘날 우리가 알고 있는 그리스 신화는 대부분 이 작품에 실려 있는 것이다.

문학의 황금시대는 역사에서도 괄목할 작품을 산출했다. 티투스 리비우스Titus Livius(59 B.C.~A.D. 17)는 동시대인인 베르길리우스처럼 로마의 위대함을 찬양했다. 그는 걸작 『로마사』에서 공화정의 위대한 날들과 로마를 위대하게 만든 덕성을 드러내 보이고, 이상화한 과거에서 도덕적 교훈을 끌어내고자 했다. 그러나 거기에는 사라진 과거의 영광과 덕성에 대한 깊은 향수의 분위기가 배어 있다. 본래 제목이 『도시의 건설로부터Ab Urbe Condita』인 이른바 『로마사』는 아이네아스가 로마를 건설한 기원전 753년부터 아우구스투스 시대인 기원전 9년까지의 로마의 역사를 편년체로 서술한 것인데, 142권의 방대한 분량 중 35권만 현존한다. 리비우스의 역사는 그리스의 역사 서술만큼 객관적이지 못하다. 그는 고대 영웅의 전설에 많이 의존하면서, 사실의 정확성에의 관심이 부족하고 사료에 대한 비판적 태도도 부족했다.

흔히 백은 시대로 불리는 아우구스투스 사망 이후 하드리아누스 사망 때까지의 기간에 문학은 대체로 좀 더 비판적이고 부정적인 정신이 앞 시대의 애국심과 낙관주의를 대체했다. 이 시대에는 스토아철학자로서 네로의 스승이기도 한 세네카가 세련된 서한을 통해 유럽의 수필 문학 형식을 개척했다. 그러나 그의 삶은 지행합일과는 거리가 멀었다. 그는 스토아철학의 가르침에 따라 단순성의 미덕을 설교하면서도 재산을 그러모았고, 그것을 지키기 위해 때로는 무자비하기까지 했다. 1세기 말에서 2세기 전반기에 활동한 유베날리스Juvenalis는 초기 로마의 옛 좋았던 시절을 그리워하면서 상류사회의 도덕적 타락, 여성의 사악함, 대도시 로마의 삶의 구차함 등을 날카롭게 풍자했다. 로마의 가장 위대한 풍자 시인이라 평가받은 그는 후대의 풍자 시인에게 큰 영향을 미쳤다.

백은 시대의 위대한 역사가 타키투스Tacitus는 제국 초기에 관한 역사서를 두 권 썼는데, 『연대기Annales』는 아우구스투스 사망에서 네로의 몰락까지, 『역사Historiai』는 그 이후 96년 도미티아누스의 암살까지의 시대를 다루었다. 그는 원로원 가문 출신으로, 옛 공화정을 이상화하고 황제를 폭군으로 봄으로써 황제 정부의 긍정적 측면을 정당하게 평가하지 못한 측면이 있다. 이후 그는 『게르마니아Germania』에서는 게르만족을 고상한 야만인으로 묘사하고, 이상화한 그들의 단순하고 소박한 삶을 타락하고 부도덕한 로마의 상류사회와 대비했다. 그리스인 플루타르코스Plutarchos는 『삶의 대비Bioi Paralleloi』에서 서로 짝을 지은 46명의 그리스와 로마의 정치가 및 장군들의 삶을 대비해서 보여준다. 이 영웅들의 짧은 전기는 전기문학의 금자탑이자 역사가에게는 매우 귀중한 정보의 원천이다.

**과학**　　　로마인은 과학적 호기심이 거의 없었지만, 헬레니즘 과학의 발견들을 실용적으로 이용함으로써 공학과 응용의학 혹은 공중보건 분야에서 괄목할 업적을 쌓았다. 그들은 공중보건 사업 분야를 개척하여 제국 초기부터 의사가 진료소에 고용되었고, 거기서 군인과 관리 그리고 빈민이 무료로 치료를 받을 수 있었다. 감탄할 만한 상수와 하수 시설 역시 로마인의 공중보건에 관한 관심을 보여준다.

과학에 대한 실용주의적 접근의 특성은 대규모 백과사전을 편찬하는 열정에서도 드러났다. 그 가운데 가장 중요한 것은 노老 플리니우스Plinius the Elder가 편집한 『박물지Historia Naturalis』였다. 이 저서는 천문·지리·인문·자연학 등 다방면에 걸친 지식을 집대성하고, 풍속에 관한 잡다한 설명을 곁들인 백과전서이다. 이는 별다른 분류 방법 없이 사실과 설화를 그러모아 놓은 것이지만, 제국 시대와 중세 초기에 가장 널리 읽힌 과학 저작이었다.

고대 세계에서 최후의 위대한 과학자는 2세기에 살았던 두 그리스인, 프톨레마이오스와 갈레노스였다. 알렉산드리아에 살았던 클라우디오스 프톨레마이오스Klaudios Ptolemaeos는 천문학자 겸 지리학자였다. '가장 위대한 책'이라는 뜻의 아랍어 번역본 『알마게스트Almagest』로 더 잘 알려진 그의 『천문학 대집성Megale Syntaxis tes Astronomias』은 지구를 우주의 중심에 놓았는데, 이런 우주관은 과학혁명이 일어날 때까지 유럽의 우주관을 지배했다. 그가 작성한 지도는 아시아의 크기를 과장했고, 이 잘못에 따라 콜럼버스Columbus는 인도를 찾아가는 항해를 할 때 대서양의 너비를 지나치게 좁게 계산했다. 한편 수학자이기도 한 프톨레마이오스는 삼각법을 발전시키기도 했다.

소아시아 페르가몬에서 태어난 클라우디오스 갈레노스Galenos는 검투사 학교 의사 생활도 하다가 나중에 로마로 불려가 아우렐리우스를 포함하여 이후 여러 황제의 주치의가 되었다. 그는 생리학과 해부학의 발달에 크게 이바지했는데, 당시에는 인체 절단이 금지되어서 그는 동물로 실험을 했다. 그는 히포크라테스를 이은 고대 최고의 의학자로서 그리스 의학 성과를 집대성하여 해부학과 생리학 등의 체계를 세웠다. 300여 권에 달하는 방대한 그의 의학 저술은 17세기에 이르기까지 유럽뿐 아니라 이슬람 세계의 의학에도 절대적 영향을 끼쳤다.

## 6) 기독교의 발생과 성장

**예수 이전의 유대교**　　　로마 군단이 유대 땅에 처음 모습을 드러낸 것은 유대인들이 내란을 벌이던 와중이었다. 소아시아와 시리아의 평정을 완료했던 폼페이우스는 유대 민족 한 분파의 지원 요청을 기화로 유대인의 내란에 개입, 기원전 63년에 내란을 종식시켰다. 그런 뒤 그는 유대를 속주 시리아의 총독에 예속시켰다. 그 뒤 남부 에돔Edom 출신의 헤로데Herodes가 기원전 37년 안토니우스의 후원으로 왕위에 올라 기원전 4년까지 재위했다. 헤로데가 죽자 유대는 총독이 지배하는 작은 속주가 되었다. 예수가 활동하던 무렵에는 폰티우스 필라투스Pontius Pilatus가 5대 총독으로 지배하고 있었다.

고난과 포로 그리고 예속으로 점철된 여러 세기를 거치면서 유대인은 선지자와 제사장으로부터 야훼와의 언약을 엄수하고 종교적 유산을 지키라는 가르침과 경고를 받아왔다. 예수 탄생 전후의 세기에 유대인은 여러 분파로 나뉘어 그 유산을 서로 다른 방법으로 추구했다. 제사장직을 독차지한 귀족적인 지배계급인 사두가이파Saddoukaioi는 모세 5경만을 정경으로 인정하고, 그에 근거가 없는 사자의 부활이나 영혼의 영생불멸을 믿지 않았다. 그리고 그들은 로마인과 기꺼이 협력하고자 했다. 좀 더 수가 많은 바리사이파Pharisaioi는 모세 5경 외의 구전된 율법도 정경으로 받아들이면서 율법의 엄격한 준수를 고수하고, 부활과 영혼의 존재를 인정했다. 이들에게서 율법을 해설하고 현 상황에 적용하는 율법학자 랍비가 나왔다. 그들은 로마의 지배에서 벗어나기를 원하지만, 이 목적을 달성하기 위해 폭력 수단을 쓰려 하지는 않았다.

에세네파Essenes에 관해서는 1947년 사해의 서안 부근의 동굴에서 발견된 이른바 사해문서Dead Sea Scrolls를 통해 좀 더 자세히 알게 되었는데, 기원전 1세기의 에세네파에 관해 기술하고 있는 이 문서는 유대교와 기독교 사이의 종교적 관념의 발전을 엿볼 수 있는 문서이다. 주로 하층민의 지지를 받은 에세네파는 신의 백성의 진실한 잔존자로 자처했다. 황야에서 은둔의 공동생활을 하던 그들은 다른 많은 유대인처럼 메시아가 나타나 민족을 압제에서 구하고, 참된 지상 낙원을 건설할 때를 참을성 있게 기다렸다. 일부 학자들은 에세네파와 기독교도의 믿음과 관행상의 공통 요소에 큰 의미를 부여해 왔다. 예수에게 세례를 주고, 예수를 신의 사자로 본 세례자 요한Ioannes Prodromos은 에세네파의 일원이었던 듯하다. 마지막으로 열심당파라 불리는 열렬한 유대 민족주의 집단은 로마 지배를 폭력을 통해 무너뜨릴 것을 주장했다. 그들은 기원후 66년 봉기를 일으켰으나 4년 만에 분쇄되었다.

**예수의 생애와 가르침**　　우리가 흔히 부르는 예수Jesus라는 이름은 헤브라이어 여호수아Joshua의 라틴어 이름이다. 그는 헤로데의 치세기에 베들레헴Bethle-hem에서 태어났다. 따라서 그는 헤로데가 사망한 기원전 4년 이전에 태어났을 것이다. 그는 호전적인 열심당파의 중요한 중심지였던 갈릴리Galilee에서 자랐으며, 성년기 초기 수년을 나사렛Nazareth에서 목수 생활을 한 다음 3년의 공적 활동을 시작했다. 예수는 이웃에 대한 사랑의 복음을 설파하고, 천국이 가까웠으니 죄악에서 벗어나라고 외쳤다. 그는 산상 설교에서 겸손과 자선 그리고 형제애라는 윤리 개념을 제시했다. 이는 서양 중세 문명의 가치 체계의 기초가 되었는데, 이런 것은 고전 그리스-로마 문명의 가치는 아니었다. 그러나 그는 많은 유대인 교사나 설교사 중 한 명에 지나지 않았다. 그가 시작한 운동은 고향 갈릴리의 농민과 어민들 사이에서 유대교 개혁 운동의 하나로 아주 초라하게 출발했다.

　예수는 율법의 엄격한 준수를 강조하는 바리사이파를 비판하고, 삶을 온통 권력과 부의 추구에 바치는 동료 유대인을 비난했다. 그는 마음이 가난한 사람, 올바르게 살려고 애쓰는 사람, 온유한 사람은 복이 있을 거라고 설교하면서, 고대 전사들의 이상과는 전혀 다른 가치를 내세웠다. 그가 보기에는 의로움과 사랑이 세속적 성공이나 명예보다 신의 눈에는 더 귀중했다. 예수는 율법과 십계명을 지키는 것만으로는 충분하지 않다고, 이웃을 사랑할 뿐 아니라 원수도 사랑하라고, 부의 추구를 단념하는 데 그칠 게 아니라 가진 것 모두를 내어주라고, 오른쪽 뺨을 맞으면 왼쪽도 내어주라고 가르쳤다.

　예수와 열두 사도가 유대 땅 마을 마을을 돌아다니는 가운데 그의 가르침과 기적에 관한 이야기가 유대인들 사이에 널리 퍼졌다. 그가 유월절을 지키려 예루살렘에 왔을 때, 거대한 군중이 그를 약속된 메시아로, 유대를 압제에서 구하고 지상에 신의 왕국을 건설할 이로 생각하며 열광적으로 환영했다. 그러나 예수는 지상의 왕국이 아니라 천상의 왕국을, 마음속에 있는 천국을 말했다. 열심당파들이 그가 로마를 상대로 민족해방운동을 이끌 의사가 없음을 알게 되자 그에게서 등을 돌렸다. 그러자 그의 적들, 곧 그가 비난한 대금업자, 율법의 자구에 얽매이는 것을 거부한 그에게 분개하던 바리사이파, 그를 현상 교란자로 생각하던 보수파, 그리고 그를 야훼에 불경한 자로 보던 사람들이 전면에 나섰다. 팔레스타인의 로마 당국으로서는 예수가 메시아에 대한 유대인의 기대를 로마에 대한 반란으로 바꾸어놓을 수 있는 잠재적 혁명가였다.

제자인 유다Judas의 배신으로 예수는 율법을 시행하는 유대의 최고법정인 산헤드린Sanhedrin에서 신의 아들을 자처했다는 이유로 독신죄의 판결을 받았다. 그런 다음 로마의 법정에 넘겨진 예수는 유대인의 왕을 자처했다는 이유로 반역 혐의로 기소되었고, 유죄 판결을 받았다. 예수는 결국 반역자에게 부과하는 형벌로 십자가에서 처형되었다.

**바울로와 초기 기독교**　　예수의 죽음으로 그의 대의는 사라진 것처럼 보였다. 그의 가르침이 기록으로 남은 것은 아무것도 없고, 소수의 충직한 제자들은 낙담에서 헤어나지 못했다. 그러나 그의 순교로부터 그의 복음은 오히려 새로운 추진력을 얻었다. 예수가 죽음을 이기고 부활했으며, 여러 차례 제자들에게 나타난 뒤 승천했다는 이야기가 널리 퍼졌다. 예수의 부활을 목격한 제자들은 심기일전하여 "너희는 온 세상을 두루 다니며 모든 사람에게 복음을 전파하라"는 스승의 마지막 지령을 실천에 옮기기 시작했다.

처음에 팔레스타인 안에서는 개종자가 별로 없었다. 그러나 예수의 가르침은 팔레스타인 바깥의 헬레니즘 도시에 사는 유대인에게 퍼졌다. 이들 그리스화한 유대인들은 전통적인 유대교 교의에 덜 얽매였다. 그리하여 새로운 신앙은 다마스쿠스·안티오키아·코린토스·로마와 같은 도시에 사는 유대인 공동체에서 조금씩 추종자를 확보했을 뿐 아니라, 비유대인들 사이에서도 조금씩 개종자를 얻었다. 그리스어를 쓰는 이들 개종자는 예수를 가리켜 '기름 부음을 받은 이'를 뜻하는 헤브라이 단어 '메시아' 대신 같은 뜻의 그리스어 그리스도Christos로 불렀다. 그리고 그리스인들이 안티오키아에서 처음으로 그리스도를 따르는 추종자를 그리스도교도라 불렀다.

비유대인 개종자가 늘어나면서 유대교와 새 신앙의 관계에 심각한 문제가 생겼다. 일부 유대인 추종자들은 그 스승과 마찬가지로 유대교와 결별할 생각이 별로 없었다. 예수는 율법과 선지자를 폐하러 온 것이 아니라 완성하러 왔다고 주장하기도 했었다. 그들은 유대 율법의 준수를 고수했기 때문에, 그들의 새 메시지는 비유대인이 선뜻 받아들이기 어려웠다. 그러나 다른 사람들은 신의 뜻이 그리스도를 통해 새롭게 계시됨으로 해서 모세의 율법은 폐기되었고, 따라서 이방인은 유대 율법을 지키지 않아도 된다고 믿었다.

이 문제를 좀 더 자유주의적이고 세계시민적인 관점을 통해 해소한 인물이 사도 바울로Paulos였다. 그는 그리스도교와 유대교의 차이를 분명히 하는 데 앞장섰다. 그는 누구도 율법으로 구원받을 수는 없다고, 복음이 율법을 대체했다고 주장했다. 그는 율법의 장벽을 걷어내고, 유대의 울타리를 넘어 이방인에게 다가가 '이방인의 사도'가 되었다. 선교 사업의 과정에서 바울로는 예수 가르침의 해설자가 되었다. 그는 예수가 신의 아들이라고, 죄의 짐을 진 인간을 구제하기 위해 이 땅에 내려온 메시아라고, 세상 모든 사람의 죄를 대속代贖하기 위해 죽었다고 가르쳤다. 유대인과 이방인 모두 구원을 받는 데 필요한 것은 오직 예수를 구원의 권능을 가진 메시아로 받아들이는 믿음뿐, 복잡다단한 유대 율법의 준수는 필요가 없었다. 바울로는 마침내 기독교를 유대교의 한 신흥 분파에서 독자적인 종교로, 유대인의 종교에서 인류의 보편적 종교로 탈바꿈시키는 데 결정적 역할을 했다. 그가 끼친 이런 영향 때문에 그는 제2의 기독교 창시자로 여겨져 왔다.

소아시아의 국제도시 타르소스Tarsos 출신인 바울로는 유대인이지만, 로마 시

민으로서 헬레니즘 문화의 세례를 받은 박학다식한 지식인이었다. 그는 그리스
도교도를 율법의 배신자로 여기는 엄격한 바리사이파였고, 누구보다 그들을 박
해하는 데 앞장섰다. 그런데 기원후 33년경 어느 날 기독교도를 박해하려고 다
마스쿠스로 가는 길에서, 그는 삶을 온통 바꾸어놓는 체험을 했다. 하늘에서 빛
가운데 예수가 나타나 그에게 말을 거는 체험을 한 뒤, 그는 박해자에서 가장 위
대한 예수의 사도로 변신했다. 소아시아 전역과 에게해 해안 지역에 많은 기독
공동체를 수립한 사람은 주로 바울로였다. 그는 자신이 세운 이 초기 신앙공동
체에 설교나 서신을 통해 새 종교의 기본 신앙을 가르쳤다. 그가 곳곳의 기독공
동체에 보낸 서신은 나중에 수집되어 신약성경에 수록되었다. 1만 3000km를
돌아다니며 정열적인 선교 활동을 펼친 끝에, 바울로는 65년을 전후한 무렵 네
로의 기독교 대박해 때 로마교회 설립자 베드로Petros와 마찬가지로 로마에서 처
형되었다.

**기독교 성공의 요인**　　바울로가 처형될 무렵에는 이미 기독공동체가 제국 동
부의 주요 도시 대부분과 로마에 형성되었다. 그리고 2세기로 넘어갈 즈음에는
서부의 몇몇 지역을 포함하여 50개 이상의 공동체가 세워졌으며, 그다음 100년
동안에 복음은 제국 모든 속주에 퍼졌다. 초기의 기독교도는 대부분 헬레니즘화
한 유대인과 제국 동부의 그리스어를 사용하는 사람들에서 나왔다. 그러나 2세
기 이후에 점점 더 많은 개종자가 라틴어를 쓰는 서부의 주민들에서 나왔다. 3
세기에 들어서서 그리스어 신약성경이 라틴어로 번역되면서 이 과정은 더욱 촉
진되었다. 그러나 팔레스타인의 유대인 사이에서 예수의 가르침은 별로 큰 성공
을 거두지 못했고, 오히려 적대감을 유발했다. 그리하여 두 종교는 차츰 갈라지
게 되었다. 유대인은 기독교를 유대교의 이단 종파로 보고, 기독교도는 유대교
를 예수 그리스도가 전한 새 계시로 수명이 다한 종교로 여겼다.
　　로마제국에서 수많은 종교가 경쟁하는 가운데, 기독교가 가장 눈부신 성공을
거둔 것은 기독교 나름의 여러 장점 덕분이었다. 로마 공화정의 마지막 세기에

그리스와 오리엔트에서 건너온 여러 신비 종교는 제국 초기에 서부 세계로 홍수처럼 밀려 들어와, 국가 종교의 의례 위주의 예배 형식이 주지 못했던 정신적 만족을 주었다. 프리기아의 위대한 지모신 키벨레, 이집트의 여신 이시스, 로마인이 바쿠스Bacchus라 부른 그리스의 디오니소스, 페르시아의 태양신 미트라와 같은 여러 신이 로마의 고달픈 민중의 마음을 어루만져주었다. 이들 모든 신비 종교에 공통된 것은 신의 구원과 내세에서 누릴 영생불멸의 약속이었다.

많은 신비 종교가 민중을 사로잡기 위해 서로 경쟁하는 가운데, 가장 중요한 것은 태양신을 믿는 미트라교였다. 조로아스터교에서 분화한 미트라교는 기원전 1세기에 서부로 전해져 기원후 2세기에 이르러 로마와 서부 속주들에서 급속히 퍼졌고, 3세기에는 기독교의 가장 강력한 경쟁자로 성장했다. 미트라교는 특히 미트라를 전쟁에서 승리하게 해주는 수호신으로 여긴 병사들 사이에 널리 퍼져 거의 군사 종교가 될 지경이었다. 미트라교도는 한 주의 첫날인 태양의 날sunday에 태양에게 숭배의 예를 바치고, 낮이 길어지기 시작하는 동지를 미트라의 생일로 기념했으며, 또한 성찬 의식도 거행했다. 미트라교의 이런 많은 관행이 기독교가 로마의 국교로 된 뒤 의례를 정비하는 과정에서 기독교로 흘러들어 갔다. 크리스마스가 동지가 아니라 25일로 된 것은 약간의 착오를 거친 탓이었다.

이런 신비 종교 숭배자들은 기독교의 신앙과 관행이 받아들이기에 쉽고 친숙하다고 느꼈다. 기독교는 사랑의 하느님이 인류의 죄를 대속하기 위해 독생자를 보냈고, 죄를 씻고 부활할 기회와 영생의 전망을 제공했다고 가르쳤다. 육신을 쓴 신인 창시자의 죽음 및 부활과 관련한 이야기를 담고 있는 기독교는 죽음과 부활을 주제로 한 또 하나의 동방 신비 종교로 보일 수 있었다. 게다가 기독교는 신비 종교가 제공하는 것 이상을 갖고 있었다. 그 창시자는 미트라를 포함한 신비 종교의 여러 신과 같은 신화적 존재가 아니라 실재 역사적 인물이었다. 그리고 그의 고매한 도덕적 가르침은 보편적 호소력을 지니고 있었으며, 인간의 삶에 현세의 단순한 물질세계를 넘어선 의미와 목적을 부여했다. 게다가 기독교는 단순히 세례로 입교가 완료될 뿐, 다른 신비 종교처럼 고통스럽거나 값비싼 입교 의식을 요구하지도 않았다.

그뿐만 아니라 기독교는 교도들에게 강력한 소속감을 심어주었다. 기독교도는 서로를 끈끈하게 묶어주는 공동체를 형성했으며, 그 안에서 그들은 서로 돕고, 병들거나 가난한 자 혹은 과부나 고아를 돌보는 자선의 의무를 기꺼이 감당했다. 기독교는 거대하고 비인격적인 로마제국이 결코 할 수 없는 방식으로 소속감을 만족시켰다. 자선의 가르침과 실천, 그중에도 병약자 돌보기는 선교 사업에 크게 이바지했다. 기독교도는 고대 세계에서 공공 병원에 해당하는 것을 제공한 유일한 집단이었다. 이 의료봉사는 제국에 전염병이 창궐했던 200년을 전후한 시기에 특히 중요해졌다. 죽음의 위험이 널리 퍼진 때에 교회는 병자에게는 구호의 손길을 내미는 한편, 사후에는 영원의 삶을 약속했다.

교회는 또한 경쟁 신앙의 한계와 결함에서 득을 보았다. 대부분의 신비 종교는 지역적이거나 인종적이었다. 그러나 기독교는 보편성을 지향했다. 그것은 부자와 빈자, 남자와 여자, 자유인과 노예를 구별하지 않았으며, 모든 사람은 평등하다고 주장했다. 다른 종교가 조직과 열정을 갖추지 못한 데 비해, 기독교도는 위계적인 행정조직을 갖추고 공격적이고 열정적으로 포교 활동을 펼쳤다. 그들은 궁극적 승리에 대한 굳건한 믿음을 품고 고난의 박해 시대를 헤쳐 나갔으며, 박해와 죽음에 직면하여 보여준 용기에는 그들의 적도 감동했다.

**신약성경의 편찬**　　기독공동체가 지중해 세계에 퍼져나가면서 불가피하게 교리 문제가 대두했다. 이 문제를 해결하기 위한 첫 조치가 구전을 권위 있는 문자 형태로 정착시키는 일이었다. 70년경에 예수의 행적과 말씀이 처음으로 마르코Marko 복음서에 기록되었다. 그 뒤 한 세대 남짓 사이에 루카Luka와 마태오Mattaeo와 요한Ioannes에 따른 다른 복음들이 그리스어로 문자화되었다. 이들 네 복음서는 바울로의 서신들과 함께 신약성경에 포함되었다. 신약성경은 200년경에 기본 형태가 갖추어졌고, 많은 경전을 정비하여 오늘날의 형태로 정경正經이 확정된 것은 397년 카르타고 공의회에서였다.

**기독교의 박해**　　기독교의 세력이 커지면서 교회와 제국 간의 관계가 중요한 문제로 떠올랐다. 다신교 사회인 로마제국에서, 정부는 제국의 안전과 평화를 위협하지 않는 한 어떠한 종교도 관용했다. 로마는 속주 전역에서 토착 신들의 숭배를 옹호했으며, 더 나아가 일부 지역 신들을 받아들이기도 했다. 기독교의 기본 가치 일부가 로마의 전통적 가치와 현저하게 달랐음에도, 로마인들은 처음에 기독교를 단순히 유대교의 한 종파로 여기고 크게 관심을 두지 않았다.

그러나 시간이 지나면서 기독교는 차츰 사회 안정을 해칠 위험 요소로 인식되었다. 로마인에게 기독교도는 지나치게 배타적이었다. 그들은 스스로 담을 쌓으면서 이교도와 교류하기를 꺼리고, 그들끼리 비밀회합을 했으며, 다른 신을 용납하지 않아서 그 신들을 기리는 공공 축제를 기피했다. 그들은 대부분 군 복무를 거부하는 평화주의자들이었고, 국가 안의 국가를 형성하는 자들이었다. 기독교도는 무엇보다 국가 신을 숭배하기를 거부하고, 황제를 위해 거행하는 국가 제전에 제물을 바치기를 거부했다. 그들에게는 오직 하나의 신만 존재했고, 다른 모든 신은 우상에 불과했다. 그런데 국가 제사에 제물을 바치는 행위는 모든 로마 신민을 제국 정부에 대한 충성 속에 통합하는 애국적 의례로 여겨져 왔기 때문에, 이의 거부는 곧 반역 행위에 해당하는 것이었다.

그렇지만 기독교도가 비교적 소수이고 거의 도시 빈민층에 한정되는 한, 정부는 크게 신경을 쓰지 않았다. 예수 처형 이후 첫 두 세기에 있었던 박해는 단지 기독교도에 대한 민중의 반감이 심할 때나 정치적 희생양이 필요할 때 산발적으로 그리고 지역적으로 이루어졌을 뿐, 결코 제국 차원에서 체계적으로 시행되지는 않았다. 기독교를 처음 박해하기 시작한 것은 네로 때의 일이었다. 그러나 그것은 로마 대화재가 불러온 정치적 곤경을 벗어나기 위해, 네로가 기독교도에게 방화 혐의를 뒤집어씌워 잔인하게 처형한 사건이었다. 기독교도가 대화재의 속죄양이 된 것이다. 2세기에 들어오면 기독교도는 대체로 해롭지 않은 소수 집단으로 여겨져 무시되었고, 로마의 평화 말기에 이르러 기독교도는 상당한 힘을 가진 집단이 되기는 했지만, 여전히 소수에 지나지 않았다.

**교회 조직의 발달**　　현 세상이 임박한 예수의 재림 및 최후의 심판과 더불어 곧 끝날 것으로 생각한 초기 기독교도들은 공식적인 종교 조직을 건설할 필요를 느끼지 못했다. 그러나 재림이 임박한 게 아니라는 점이 분명해진 뒤, 신앙을 유지하고 전파하는 일상적 업무를 처리하거나 혹은 박해에 효율적으로 대처하기 위해 교회 조직이 생겨났다. 처음에는 평신도와 성직자의 구별이 없었다. 순회사가 기독공동체를 방문해서 설교하고 조언했다. 그러나 신도의 수가 꾸준히 늘어나자 교회 사업, 이를테면 교리를 가다듬고, 공동 예배를 주재하고, 자선사업을 위해 돈을 거두는 등의 일에 자신의 시간을 온전히 바칠 수 있는 교회 관리가 필요했다. 그리하여 각 지역은 스스로 교회를 조직하고, 교회 업무를 맡은 관리인 성직자와 일반 신도인 속인의 구분이 생겼다.

　최초의 관리는 장로 혹은 주교라고 불렸다. 그러다가 2세기에 이르러 이 두 명칭이 분화되면서 성직 위계제가 발달하기 시작했다. 원래 기독공동체는 도시에 집중되어 있었지만, 차츰 농촌 주민이 개종하면서 도시 주변에도 교회가 생겼다. 그러면서 주교는 통상적으로 도시에 있는 교회를 관리하는 사제를 지칭하게 되었는데, 그리스어로는 '감독'을 의미하는 에피스코포스episkopos라고 불렸다. 그 반면에 장로는 도시를 둘러싼 인근 마을에 있는 교회를 운영하며 주교의 감독 아래 있는 일반 사제가 되었다. 그리하여 주교의 관할권 아래 있는 행정 구역인 주교구diocese가 형성되었고, 이는 많은 기초 교구parish로 나뉘었다.

　주교는 주교구 내의 모든 기독공동체에 대해 감독권을 가졌다. 주교제도가 확립된 이후 기독공동체의 지배권이 주교의 수중에 있었기 때문에, 이 제도는 교회 정부의 근간이 되었다. 이 감독 체제는 로마 가톨릭교회와 그리스정교회뿐만 아니라, 영국 교회에서도 여전히 유지되고 있다. 그것은 종교개혁 때 대부분의 개혁 지도자가 장로제를 채택할 때까지 별다른 도전을 받지 않았다. 주교는 주교구 사제들에 의해 선출되어 다른 주교에게 안수례按手禮를 받았다. 주교의 그런 안수례는 열두 사도의 계승자 자격으로 행하는 것이었는데, 주교는 사도들의 직접적 계승자로 여겨져서 그들만이 다른 주교를 임명할 권한을 가졌다고 인정되었다. 기독공동체에서 예수의 열두 사도들은 특별한 지위를 지녔다. 『사도행전』 2장에 따르면 사도들은 성령강림절Pentecost에 성령을 받고 특별한 지혜와 치유의 권능을 얻었다. 이 권능은 안수례를 통해 다른 사람에게 전해질 수 있다고 믿어졌는데, 주교들은 그들만이 사도의 계승자로서 사도의 권능을 온전히 물려받았으며, 다른 사제와 하급 성직자는 자신들을 통해 그런 권능의 일부를 부여받는다고 가르쳤다.

2세기 초까지만 해도 각지의 기독공동체는 각각 주교의 감독 아래 자율적으로 운영되었으나, 이후에 차츰 이들 간에 느슨한 결합이 이루어지게 되었다. 주교들은 서로 방문하거나 서신을 교환하고, 공동의 문제를 협의하기 위해 합동회합을 갖기 시작했다. 그런 과정에서 교회의 조직 문제가 대두하고, 점차 위계적 교회 구조가 발전했다.

**교리 논쟁: 그노시스파**　　교세가 확장해 가면서 교회는 자주 심각한 교리 논쟁에 휩싸였으며, 성경의 편찬으로는 해석과 교리의 차이가 해소되지 못했다. 논쟁은 광범한 분야에서 일어났지만, 교회를 가장 곤혹스럽게 한 최초의 논쟁은 그노시스파Gnostics가 불러일으켰다. 2세기에 최고조에 이르렀던 그노시스파는 지식이나 깨달음을 뜻하는 그리스어 그노시스gnosis에서 그 이름을 얻었는데, 흔히 영지靈知주의로 알려진 그들의 사상은 그리스철학과 오리엔트 사상의 기묘한 혼합이었다. 원래 기독교와는 별개의 종교-철학적 집단이었던 그노시스파가 기독교로 흘러들어와 독자적 분파를 형성했다.

그노시스파는 정신과 물질을 엄격하게 구분하고, 오직 영혼만이 참된 선이며, 육체는 영혼을 가두는 악의 근원이라고 믿었다. 그들은 그리스도는 인류를 육체의 감옥에서 해방해 줄 구세주요 순수한 선의 존재이기 때문에 육체를 가질 수 없다고 주장했다. 그래서 그리스도의 육체는 그들에게는 그렇게 보인 허상일 뿐이었다. 그들은 또한 구원에 이르는 지식을 추구했는데, 이 지식은 오직 신비한 통찰로만 얻을 수 있다고 믿었다. 그노시스파의 사상은 명백히 기본 교리에 어긋났고, 결국 이단으로 규정되었다. 그러나 세력은 쇠퇴했지만, 그들의 핵심 사상은 여러 형태로 되살아나 두고두고 교회를 괴롭혔다.


## 5. 제국의 쇠퇴와 멸망

### 1) 3세기: 총체적 난국

**세베루스 왕조**　　양자 입양을 통한 제위 계승 관행을 깨고 제위를 차지한 마르쿠스 아우렐리우스의 아들 코모두스는 결국 실정으로 친위대에게 살해당하고 말았다. 그러자 속주 군대들이 반란을 일으켰으며, 세 명의 장군이 각각 군대를 동원하고 스스로 황제임을 선포했다. 4년의 내전 끝에 197년 세베루스Septimius Severus(193~211)가 승자로서 제위를 차지했다. 세베루스는 아프리카 태생으로, 로마의 문화를 체득하고 동화한 인물이 아니었다. 그러나 그는 유능한 장군이었고, 자신을 황제로 옹립해 준 병사들에게 통치를 전적으로 의존했다. 그는 원로원을 무시하는 한편, 병사들에게 호의를 베풀어 봉급을 올려주고 결혼을 합법화했다. 장교는 정부 요직에 중용되었다. 그리고 그는 입법권을 장악하여, 원로원의 동의라는 형식을 거치지 않고 황제 칙령만으로 법을 만들 수 있게 되었다. 원로원은 입법권뿐 아니라 속주 지배권도 잃었다. 세베루스 왕조 치하에서 원로원은 단지 도시 로마의 참사회 정도로만 존속했다. 그렇지만 의원들은 제국 관료제 최상층부에 부여되는 높은 특권은 계속 누렸다. 제일 시민정의 체제가 다시 흔들리기 시작했다.

　세베루스 가문은 235년까지 황제의 자리를 지켰다. 그사이에 군대 규율은 착실하게 퇴락했고, 세베루스 이후의 모든 황제가 군대에 의해 암살당했다. 세금 징수가 점점 더 어려워지면서, 병사들은 군사 활동을 수행하지 않을 때 토지를 분배받아 농사를 짓게 되었다. 이런 변화로 군단은 차츰 사실상 변경의 민병이나 다름없게 되었다.

한편 세베루스 왕조 치하에서 로마법이 중대한 발전을 보았다. 일군의 법학자들이 로마 법정에서 확립된 판례들을 수집하고 그것을 사건 유형에 따라 분류한 법률서를 편찬했다. 6세기에 유스티니아누스 황제가 로마법을 집대성하여 법전을 편찬한 것은 주로 이 법률가들의 저술을 기초로 한 것이었다. 로마법의 중요성이 커진 것은 212년 카라칼라 황제가 포고령으로 제국의 모든 자유인에게 로마의 시민권을 부여했기 때문이다. 이 포고령의 의도는 더 많은 사람에게 로마 시민에게 부과하는 상속세를 부과하려는 것이었다. 그렇지만 법적 절차와 관계를 표준화하는 데 그것이 미친 효과는 매우 중요했다. 서부 속주에서는 이미 1세기와 2세기에 시민권이 널리 확대되었는데, 이 포고령은 동부의 속주들을 그러한 서부 속주들과 법적으로 동등한 지위에 올려놓는 효과가 있었다. 그리하여 동부 속주가 서부 출생 인사들의 지배에서 벗어나는 길이 열리게 되었고, 더 부유하고 그리스어를 사용하는 제국의 절반에서 정치적 자치가 되살아나게 되었다.

**병영 황제의 시대**　235년 이후 반세기는 그야말로 무정부적 혼란의 연속이었다. 그 시기 동안 제위를 차지하는 거의 유일한 길이 뇌물로 병사를 구워삶는 것일 만큼, 제국은 끊임없는 내란을 겪으며 혼란의 진구렁에 빠졌다. 제위는 야심가 장군의 전리품이 되었다. 이 반세기 동안 26명의 황제가 병영에서 왔다가 사라졌고, 그중 오직 두 명만 비명횡사를 면했다. 이들 이른바 병영 황제barracks emperor들은 끊임없이 군대의 폭동이나 반란의 위협에 시달렸다. 로마는 내란에 허덕이느라 수비에 소홀할 수밖에 없었고, 이 틈을 타서 외적은 변경에서 괴롭혔다. 도시들은 파괴되고 속주들은 강탈당했다.

동방에서는 227년에 파르티아를 멸망시키고 창건한 사산왕조Sassanid의 페르시아가 변경을 침입하면서 로마를 수시로 괴롭혔다. 황제 발레리아누스Valerianus (253~260)가 페르시아에 사로잡혀 죽임을 당하는 사태까지 벌어졌는데, 이는 로마 역사에서 전대미문의 사건이었다. 게르만족 역시 제국으로 몰려들었다. 고트족Goths이 발칸반도로 쏟아져 들어와 그리스와 소아시아로 들어갔다. 프랑크족Franks은 갈리아와 스페인까지 진출했다. 오직 아프리카만이 전란에서 벗어나 있으면서, 다음 한 세기 동안 다른 지역에 비해 번영을 누렸다. 아우렐리아누스Aurelianus(270~275) 치세 때가 되어서야 제국 전역에 대한 지배권이 재확립되고, 대부분의 변경이 회복되었다.

**사회 및 경제 상황**    내란과 외침에 기근과 역병까지 겹치면서 제국 인구가 거의 3할 정도나 줄었는데, 이로 인한 노동력 부족은 병력 충원과 경제에 악영향을 미쳤다. 3세기에 경제는 오랜 침체 끝에 거의 무너질 지경에 이르렀다. 토지가 소수의 수중에 집중되어 대농장, 이른바 라티푼디움이 증가했다. 그에 따라 소규모 자영농 계층이 무너지고, 소작농인 콜로누스의 수가 증가했다. 농민들은 또한 게르만족에게, 그리고 그보다 더 자주 기강이 문란해진 로마군에게 약탈당했다. 농촌의 과세 기반이 무너지자 그 부담이 상공업으로 전가되었다. 교역과 제조업이 눈에 띄게 쇠퇴했다. 화폐제도는 불량 화폐와 심각한 인플레이션의 결과로 붕괴 조짐을 보이기 시작했다. 2세기 말에 이미 정부는 세금을 화폐로 받기를 거부하고 현물과 용역으로 바치기를 요구했다.

전보다 군대의 필요성이 더 커졌지만, 인구 감소로 병사의 충원이 어려워진데다 재정적으로 쪼들리는 바람에 병사의 봉급 지급도 힘들어졌다. 3세기 중엽이 되면 군대는 게르만 용병에 크게 의존해야 했다. 이 병사들은 로마의 전통에 대한 이해가 없었을 뿐만 아니라, 제국과 황제에 대한 애착 또한 없었다. 세금 징수가 조직화한 도둑질에 지나지 않을 정도가 되어, 병사들은 되는 대로 현물을 차지해서 서로 나누어 가졌다.

## 2) 제국의 재건: 전제군주정의 확립

**디오클레티아누스 황제**　　제국을 붕괴의 위기에서 구한 것은 거친 군인이자 기민한 행정가였던 디오클레티아누스Diocletianus(284~305)였다. 달마티아Dalmatia(오늘날의 크로아티아 서남부)에서 해방 노예의 아들로 태어난 그는 사병으로 입대한 뒤, 황제 친위대장까지 오른 입지전적 인물이었다. 거기에서 한발 더 나아가, 그는 284년 모든 경쟁자를 제압하고 마침내 또 한 명의 병영 황제로 제위에 올랐다. 그러나 그는 빼어난 재능과 행운으로 전임자들의 전철을 밟지 않을 수 있었고, 그리하여 비전과 결단력으로 기울어가는 제국을 구하는 과업을 떠맡았다.

디오클레티아누스는 먼저 군사정변의 악순환의 고리를 끊기 위해 황제의 위상을 신성한 군주로 신격화하는 일에 착수했다. 그는 수도를 비잔티움 맞은편 소아시아 쪽에 있는 니코메디아Nicomedia로 옮겨, 2000개의 방이 있는 동양풍의 화려한 궁전을 지었다. 그리고 거창한 옥좌와 그 위의 닫집, 빛나는 태양 휘장, 장엄한 복식 등 옛 페르시아제국의 황실 복식과 궁정 예식 등을 모방했다. 게다가 그는 이집트에서는 파라오처럼 행세했다. 그는 이제 동등자 중의 일인자가 아니었다. '제일 시민'이라는 칭호 대신, 그에게는 '주군과 신dominus et deus'이라는 칭호가 주어졌다. 황제가 원로원과 권력을 공유하는 아우구스투스의 이를테면 입헌군주정은 황제가 군부의 뒷받침을 받고 원로원의 영향력을 용인하지 않는 전제군주정으로 바뀌었다.

인간으로서 디오클레티아누스는 많은 신전을 건설하고 제국의 모든 시민이 유피테르를 섬기기를 기대하는 한편, 신으로서 디오클레티아누스는 그 자신이 인간의 형태로 나타난 유피테르라고 주장했다. 그는 전통적인 신들을 중심으로 시민을 결집함으로써 신들의 가호를 받을 수 있으리라 기대했으며, 치세 말기에는 기독교에 대한 조직적 박해를 단행하기도 했다. 디오클레티아누스는 황제의 권위를 재확립하는 데 성공했는데, 그리하여 3세기에 진행되어 오던 동양적 전제군주정 체제로의 추세가 완성되었다.

**디오클레티아누스 황제의 개혁**　　　디오클레티아누스는 대대적인 행정 개혁을 단행했다. 그는 한 사람이 효율적으로 통치하기에는 제국이 너무 크다고 판단했다. 그래서 그는 제국을 동서로 나누어 자신은 수도가 있는 동부를 담당하고, 서부는 286년에 공동 통치자로 임명한 막시미아누스Maximianus에게 맡겼다. 그리하여 제국의 동부와 서부가 행정적으로 분리되기 시작했다. 아우구스투스라고 불린 이 둘은 293년 이후에는 각자가 카이사르라는 칭호의 부황제에게 다시 절반 지역의 통치를 맡겼다. 이렇게 4인 지배 체제가 등장했지만, 디오클레티아누스는 군사적 선임의 우월적 지위를 확보하여 제국 전체에 궁극적 권위를 행사할 수 있었다.

디오클레티아누스는 또한 속주의 크기를 줄여 101개로 나누고, 이것들을 12개의 관구diocese로, 관구들은 다시 네 개의 대관구prefecture로 묶었다. 대관구는 네 명의 통치자가 각각 하나씩 관할했다. 관료제도가 크게 확대되고 강화되면서 문관과 무관이 엄격하게 분리되었다. 관료제도가 이원화된 결과, 속주 총독은 행정권만 보유하고 군대 지휘권은 박탈당했다. 이런 행정 개편으로 지방정부에 대한 중앙정부의 엄격한 통제가 가능해졌고, 덕분에 3세기에 만연했던 속주의 반란 가능성이 크게 줄었다.

군사 체제도 이원적으로 개편되었다. 주로 현지 주민에서 충원된 변경 주둔군은 규모가 감축되어 국경 수비 임무를 맡았다. 그리고 필요한 작전에 신속하게 출동할 태세를 갖춘 기동 군대는 고도의 훈련을 받은 정예 병사로 구성된 군대로서, 동서 양쪽 수도 인근의 전략적 지점에 주둔했다. 군의 총병력은 50만 명 규모로 확대되었다. 그러나 인구가 줄어드는 상황에서 군대는 갈수록 게르만인으로 충원되었으며, 또한 많은 게르만인이 고위 지휘관으로 올라갔다. 그런데 이들은 디오클레티아누스 시대만 하더라도 아직 집단적 자의식이 거의 없었고, 지휘관으로 출세한 사람도 전적으로 로마와 일체감을 형성했기 때문에, 게르만족의 진출로 군대의 신뢰성이 크게 손상되지는 않았다.

디오클레티아누스는 쇠퇴하는 경제도 되살려야 했으나, 그를 포함한 군인 지배자들은 사실 깊이 있게 문제를 다룰 수 있을 만큼 경제를 제대로 알지 못했다. 물가를 잡기 위해 디오클레티아누스는 최고가격제를 시행했으나, 가혹한 처벌에도 불구하고 그 정책은 제대로 시행되지 못하고 부작용만 낳은 채 실패하고 말았다. 그의 세제 개혁은 사실상 앞선 반세기의 무정부상태 시대에 일상화되었던 강제 징수의 합법화에 지나지 않았다. 세금은 현물로 징수되었는데, 매우 억압적이었고, 종종 폭력적으로 이루어졌다. 화폐 납부는 사라지지 않았지만, 교환경제의 쇠퇴와 제국의 전반적인 궁핍화로 현금 납부는 점점 더 찾아보기 어려워졌다. 장기적인 면에서 가장 큰 후유증을 남긴 것은 직업의 세습화 정책이었다. 어려운 경제와 가혹한 세금에 떠돌이 유랑민이 늘고 이들이 많은 사회문제를 일으키자, 디오클레티아누스는 주요 직업을 세습화하고 모든 사람을 자신의 직업에 고착시키는 칙령을 내렸다. 이 칙령은 노동력의 이동을 막았고, 그나마 남아 있던 개인의 창의적 의지를 꺾었으며, 노동자를 사실상 자기 직업의 노예로 만들었다. 이 정책을 엄격하게 시행하는 것은 당시의 관료 체제로는 불가능했으나, 이 조치는 단기적으로는 경제가 무너지는 것을 잠시 멈추게 하는 효과를 가져왔다.

디오클레티아누스는 약 20년간의 치세 뒤 305년 양위하고, 고향 스플리트Split로 은퇴하여 여생을 그곳에서 보냈다. 스스로 제위에서 물러나는 일은 로마 역사에서 참으로 희귀한 경우였다. 그는 아우구스투스가 퇴위하거나 사망하면 카이사르가 계승하고, 그가 다시 자신의 카이사르를 임명하는 그런 계승 방식을 구상했다. 그러나 그의 바람과 달리 4인 지배 체제는 지배자들 간의 권력투쟁을 막는 안전판이 되지 못했다. 디오클레티아누스가 사라지자 곧 다시 오랜 갈등과 내란이 벌어졌다. 여러 경쟁자 중 마침내 콘스탄티누스Constantinus가 최후의 승자로 등장했다.

**콘스탄티누스 황제의 개혁**　　　콘스탄티누스(306~337)는 312년 정적을 물리치고 제국 서부의 지배권을 확립했는데, 그는 그 전투에서 기독교의 신이 그를 도왔다고 믿었다. 그래서 그는 그 보답으로 기독교를 적극 지원했다. 324년에 이르러 그는 모든 경쟁자를 물리쳤고, 그리하여 일시나마 다시 하나의 제국에 하나의 황제가 있게 되었다. 콘스탄티누스는 330년 옛 그리스 식민지 비잔티온에 새도시를 건설하고 수도를 옮겼다. 그의 이름을 따 콘스탄티노폴리스Constantinopolis로 개명한 새 수도는 방어 목적으로 추진한 것으로서, 탁월한 전략적 요충지에자리를 잡았다. 그 탓에 옛 수도 로마는 게르만족의 약탈에 방치되고, 제국의 분할은 더욱 촉진되었다. 그 대신 제국 정부는 좀 더 안전한 곳에서 1000년 이상을 더 존속할 수 있게 되었다.

콘스탄티누스가 취한 통치행위 중 가장 중요한 것은 단연 기독교를 합법화한일이다. 전임자는 제국의 재건을 위해 전통 신들의 가호를 구하면서 기독교를박해했지만, 콘스탄티누스는 전통의 신을 버리고 기독교 신에 의지했다. 그가기독교를 받아들인 것이 정치적 계산 때문만은 아니었겠지만, 황제 권력을 공고하게 하고 제국의 활력을 되살리는 데 그 종교의 엄청난 잠재력을 동원하려 한것 또한 사실이다. 그는 병사들이 선택한 '병영 황제'가 아니라, 전능한 신의 선택을 받은 통치자로 나설 수 있었다. 그는 자신이 신으로 숭배되기를 기대할 수는 없었지만, 그 대신 주교들이 그를 신이 선택한 도구요 교회의 수호자로 떠받들었다. 이제 교회와 국가는 긴밀한 관계를 맺고 상호 지원을 주고받게 되었다.이런 제휴는 로마 문명 자체의 성격에 근본적인 변화가 일어나는 출발점이 되었다. 그러나 기독교는 노쇠한 제국을 소생시키는 묘약이 되지는 못했다. 교회 자체가 박해에서 벗어나자 통일성을 잃어버렸다. 4세기에 기독교는 격렬한 교리논쟁으로 분열되었다. 교리 분쟁이 서방에서는 4세기 말경에 가까스로 해결되었으나 동방에서는 몇 세기나 더 지속했으며, 황제들은 이 분쟁을 해결하기 위해 많은 노력을 기울여야 했다. 기독교의 수용은 제국에 새로운 불화의 씨를 뿌린 셈이다.

콘스탄티누스는 사회 및 경제정책에서는 전임자의 개혁 노선을 대부분 계승하면서 더욱 강화했다. 그는 직업 세습화 정책을 강화하여 콜로누스를 토지에 결박하고, 세금 징수 책임을 맡은 도시 참사들이 도시를 떠나는 것을 금지했다. 그리하여 조금씩 세습 카스트caste를 닮은 제도가 제국 안으로 스며들어 왔다. 이러한 정책의 의도는 세금을 보다 효율적으로 징수하려는 것이었다. 정부는 세금을 내는 사람을 일정한 곳에 묶어둠으로써, 세원을 정확하게 파악하고 정기적으로 징수하려 한 것이었다.

콘스탄티누스 황제 시대를 지나면서 게르만족의 로마제국 잠식 현상이 한층 뚜렷해졌다. 군 복무 대가로 '야만인'에게 제국 안의 정착을 허용하는 것은 오랜 관행이었다. 그러나 3세기와 4세기에 인구가 줄어들어 넓은 땅이 빈터가 되어가면서, 야만인의 정착은 엄청나게 증가했다. 이들 새로 정착한 야만인은 전통적인 로마 문화에 거의 동화되지 않았다. 그런데도 그들은 로마군에 편입되었고, 군대의 고위직에도 오를 수 있었다. 5세기에 황제를 만든 사람들은 거의 모두 그런 야만인 모험가들이었다. 야만인 병사와 지휘관에 대한 의존이 커지는 것은 로마의 장래에 매우 나쁜 조짐이었다.

콘스탄티누스 황제 시대에 시작해서 이후 꾸준히 중앙정부를 해친 또 하나의 나쁜 조짐은 유력 인사들이 소유하거나 점유한 토지에 면세 특권을 허용한 관행이었다. 현금 유통이 어려워진 상태에서 관리들은 대체로 현물로 보수를 받았으며, 때로는 토지를 받기도 했는데, 그런 토지에는 면세 혜택이 주어졌다. 그런데 면세 토지는 일반 토지를 희생시키면서 점점 규모가 커졌다. 그렇게 된 것은 그 소유주가 폭력이나 부정한 방법으로 땅을 늘렸기 때문이기도 하지만, 사실은 세금 때문에 끊임없이 시달리던 많은 군소 지주와 농민이 자기 땅의 법적 권리를 자발적으로 면세 토지를 가진 '지주lord'에게 넘겼기 때문이다. 그 '지주'는 그들을 제국의 징세 청부업자의 강탈로부터 보호할 수 있었다. 그 대신 그는 소작인, 이른바 콜로누스가 된 농민에게 법적으로는 지대이지만 실제로는 보호의 대가로 대금을 거두었다. 콘스탄티누스가 세금 확보를 위해 면세 토지에 특별세를 부과하기도 했지만, 그 부담은 일반 토지보다 훨씬 가벼웠다. 이런 과정을 거쳐 농민들이 조금씩 유력 지주들에게 사적인 예속과 복종으로 얽매이게 되었다.

중앙의 고위관직에서 배제된 제국 서부의 유력 지주들은 많은 경우 도시의 주교직을 차지했는데, 도시의 주교들은 조금씩 정부 행정의 공백을 메우면서 도시의 지도력을 발휘해 가고 있었다. 그렇게 해서 지역의 지주와 주교는 제국 서부의 넓은 지역에 걸쳐 서로 맞물리는 엘리트층을 형성하게 되었다. 이들은 제국의 이상을 소중하게 간직했지만, 그들에게 현실적으로 중요했던 것은 자신의 지역적 권력과 책임이었다. 중앙정부의 손길이 제대로 미치지 못하게 되면서 점점 더 제국 서부의 일반 주민들이 도움과 보호의 손길을 구했던 것은 바로 이들 지역 엘리트였다.

**개혁의 결과**    3세기 말과 4세기 초에 두 강력한 황제가 질서와 안정을 회복하려고 노력한 덕분에 제국이 새로운 활력을 얻은 것은 사실이다. 로마제국은 사실상 새로운 국가로 탈바꿈했다. 새로운 정부 조직과 엄밀한 사회 및 경제 제도를 갖추고 기독교와 긴밀하게 제휴한 제국이 탄생했다. 그러나 정치 및 군사 개혁으로 관료 조직과 군대의 두 기구가 대폭 확대되었는데, 이는 국가 재정을 고갈시켰다. 봉급 지급을 위해 더 많은 세입이 필요했으나, 인구는 증가하지 않고 그래서 과세 자원이 확대될 수 없었다. 이런 재정 문제를 해결하기 위한 두 황제의 정책은 모두 강제와 개인 자유의 제한에 기초를 둔 것이었다. 과세 기반을 확보하기 위해 두 황제는 거주와 직업을 통제하는 정책을 시행했는데, 그렇게 함으로써 많은 기초 직업이 세습화되었다. 자유 소작농은 꾸준히 쇠퇴하면서 대지주의 농장에 묶이게 되었다. 전반적으로 볼 때 통제와 강제에 기초한 사회 및 경제정책은 단기적으로는 성공했지만, 장기적으로는 제국 말기에 절실히 필요했던 바로 그 활력을 질식시켜 버렸다. 두 황제의 개혁은 제국을 되살리기보다는 몰락을 잠시 유예했을 뿐이다. 로마의 쇠퇴는 일시적인 회복기를 거치는 피할 수 없는 과정이었다.

## 3) 기독교의 발전

**박해와 공인**　　기독교가 아직 소수 세력에 머문 한 정부는 크게 신경을 쓰지 않았으나, 3세기 말과 4세기에 들어와서는 사정이 달라졌다. 제국이 3세기에 끝날 줄 모르는 제위 계승 싸움과 막을 길 없어 보이는 야만족의 침략으로 신음할 때, 교회는 엄청난 성장을 보았다. 이 험난한 세상에서 많은 사람이 전쟁과 재앙은 구세주 예수의 재림을 알리는 예고라는 교회의 목소리에 귀를 기울였다. 개종자가 급격히 늘어났다. 한때 어렵고 가난한 사람에 한정되었던 교도가 점점 교육받은 중간계급, 군대의 사병과 장교, 나아가 부유하고 힘 있는 귀족에게까지 확산했다. 4세기로 넘어갈 즈음 기독교도는 대략 인구의 1할 정도가 되었다.

3세기에 제국이 붕괴 위험에 처했던 반면에 기독교 세력은 무시할 수 없을 만큼 성장하자, 제국 전역에 걸쳐 조직적 탄압이 가해졌다. 데키우스Decius 황제는 250년에 모든 시민에게 국가의 신들에게 제사를 지낼 것을 명하고, 이를 거부하는 기독교도를 색출하여 처형했다. 그러나 기독교도에게는 다행하게도 데키우스가 이듬해 전사함으로써 대대적인 박해 정책은 오래 이어지지 못했다. 가장 길고 체계적인 탄압은 303~311년 사이에 실시되었는데, 디오클레티아누스 황제가 시작해서 갈레리우스Galerius(305~311) 황제가 이어받았다. 디오클레티아누스는 로마의 신들에게 희생을 바치기를 거부하는 자를 사형에 처했다. 그러나 죽음을 불사하는 순교자들의 저항을 꺾을 수 없었다. "순교자의 피는 교회의 씨앗이다"가 기독교도의 구호가 되었다. 박해는 교회에 분명 큰 충격을 주었지만, 결과적으로 기독교의 성장을 막기보다 오히려 도운 것으로 보인다. 모진 박해에도 불구하고 기독교도는 살아남았고, 로마가 건설한 사통팔달한 도로망을 따라 신앙을 전파하고, 로마 시민을 개종시켰다. 로마제국 바깥 아르메니아Armenia에서는 이미 300년에 기독교가 최초로 국교가 되었다.

정부는 기독교를 근절할 만큼 끈질기게 박해 정책을 이어갈 만한 힘과 여유가 별로 없었다. 동로마의 갈레리우스 황제는 311년 결국 박해가 실패했음을 인

정하고, 동로마에서 기독교를 합법적 종교로 인정하는 관용 칙령을 반포했다. 2
년 뒤에는 서로마의 콘스탄티누스 황제가 동로마의 리키니우스Licinius(308~324)
황제와 함께 지금의 밀라노Milano인 메디올라눔Mediolanum에서 밀라노 칙령Edictum
Mediolanense을 선포하여 기독교도에게 제국 전역에서 예배의 자유를 허용했다.
콘스탄티누스 자신이 죽음에 임박하여 세례를 받았고, 이후 단 한 명을 제외하
고 모든 황제가 기독교로 개종했다. 유일한 예외인 율리아누스Julianus(361~363)
황제는 콘스탄티누스의 조카로서 이교의 부활을 도모했지만, 그 시도는 단명했
고 실패로 끝났다. 그 때문에 제국 후반기의 황제로서는 참으로 드물게도 학식
과 인품이 빼어났던 율리아누스는 기독교도에게 배교자로 낙인찍혔다.

콘스탄티누스 치세기와 그 이후에 교회는 급격한 변화를 겪었다. 무엇보다
교회와 성직자에게 세속의 많은 권력과 이권이 주어졌다. 콘스탄티누스는 교회
건물을 짓는 데 국가 재정을 할당하고, 성직자에게 세금을 면제해 주고, 교회 업
무로 여행하는 성직자에게 파발마를 공짜로 이용할 수 있게 했다. 그는 또한 교
회를 법인격체로 인정하여, 개별 교회가 재산을 소유할 권리를 갖게 해주었다.
그 결과 교회는 매우 빠르게 방대한 토지 재산 소유자가 되었다.

테오도시우스Theodosius 황제는 392년에 기독교를 제국의 공식 종교로 삼았다.
이후 이교는 금지되고 박해를 받았으며, 올림픽 경기조차 금지되었다. 교회는
이제 국가와 손잡고 이교 박해에 나섰다. 이 박해의 희생자 중 유명한 한 예는
철학자이자 수학자인 히파티아Hypatia였다. 그녀는 20대에 이미 동로마 전역에서
명성을 날렸다. 그녀의 명성과 미모가 알렉산드리아 대주교 키릴로스Cyrilos의 적
개심을 불러일으켰다. 키릴로스는 415년 추종자를 부추겨 그녀를 유괴하도록
했고, 그녀는 교회로 끌려가 난도질을 당한 채 살해되었다. 히파티아의 죽음은
헬레니즘의 자유로운 학문 전통의 종언과 중세 암흑시대의 도래를 예고하는 사
건이었다. 이를 계기로 많은 학자가 학문의 자유가 사라진 알렉산드리아를 떠나
기 시작했고, 이후 알렉산드리아는 학문의 전당이라는 명성을 다시는 되찾지 못
했다.

테오도시우스의 국교화 조치는 국가와 교회의 상호 관계라는 매우 심각하고 예민한 문제를 제기했다. 기독교가 국가 종교가 됨으로써, 황제는 교회를 자신의 책임 아래 있는 국가 기구로 간주하려 했다. 이에 성 암브로시우스St. Ambrosius (340~397) 주교는 "황제는 교회 위가 아니라 안에 있다"고 경고했다. 테오도시우스 황제가 난동을 부린 테살로니키Thessaloniki 주민을 학살하는 사태가 일어났을 때, 암브로시우스는 그 책임을 물어 황제에게 공개적으로 참회할 것을 요구하여 뜻을 관철하기도 했다. 그렇게 함으로써 그는 정신적 혹은 도덕적 문제에서 국가에 대한 교회의 우위를 주장하고 실현한 최초의 인물이 되었다.

**교회 조직의 발전과 교황의 대두**     서부 속주들에서 행정조직이 무너지면서 교회가 많은 정부 기능을 떠맡게 되었다. 그에 따라 주교는 제국 주민의 지도자로서 차츰 중요한 정치적 인물이 되었다. 교회는 면세와 같은 특권을 얻고, 주교는 사법적 권한도 획득했다. 주교는 처음에는 교회와 관련한 사법 업무만 관장했으나, 차츰 민사 문제와 관련된 성직자를 재판할 권리도 획득했다. 5세기에 여러 게르만족이 이곳저곳에 할거하여 왕국을 세웠을 때, 그 왕들이 읽기와 쓰기의 능력이 필요한 과업을 수행하기 위해 종종 성직자에게 의존했다.

교회가 성장하면서 교회 조직도 그만큼 복잡해졌다. 교회의 행정은 자연스럽게 제국의 행정제도를 따라 형성되었다. 여러 교구가 속주 단위로 합쳐져서 대교구province를 구성하고, 속주 수도의 주교는 대주교로 불리면서 대교구를 관할했다. 그리고 4세기를 지나면서 차츰 로마·콘스탄티노폴리스·알렉산드리아·안티오키아·예루살렘의 다섯 대교구는 다른 대교구보다 우위성을 인정받았으며, 그 대주교에게는 더 높은 총대주교patriarch라는 칭호가 주어졌다. 더 나아가 시간이 흐르면서 로마 주교는 교회 행정조직에서 가장 높은 지위를 차지하게 되었다. 처음에는 다섯 총대주교 가운데 하나에 지나지 않았던 로마 주교는 차츰 전 기독교의 최고 지도자로 인정받게 되었고, 5세기 무렵 아버지를 뜻하는 그리스어 파파papa에서 나온 포프pope(교황)라는 칭호가 주어졌다. 그리하여 기초 교구의 말단 사제에서 최고위의 교황에 이르는 성직 위계 체제가 완성되었다.

로마의 주교가 교황의 지위에 오른 데에는 많은 요인이 작용했다. 로마는 제국의 수도이자 최대의 도시로서의 위세가 있었고, 이 위세가 로마 주교에게 전이되었다. 로마 주교의 우위는 대교황 레오 1세Leo I(440~461)의 재위 기간에 아주 확고해졌다. 레오는 452년 이탈리아를 침입한 훈족Hun의 아틸라Attila를 설득하여 로마를 위기에서 구하는 지도력을 발휘함으로써 로마 주교의 위상을 한껏 드높였다. 그뿐만 아니라 그는 모든 교회에 대한 로마 주교의 우위를 뒷받침하기 위해 그 이전 세기부터 운위되어 오던 베드로 이론을 체계화했다. 마태오 복음에 따르면 예수는 반석 곧 베드로 위에 그의 교회를 세웠으며, 으뜸 사도인 그에게만 하늘나라의 열쇠를 맡겼다. 베드로 이론은 로마교회가 이런 베드로가 세운 교회이며, 로마 주교는 베드로의 계승자이기 때문에 모든 교회에 대한 그의 권위가 로마 주교에게 상속되었다는 것이다.

5세기에 서로마에는 강력한 황제가 나타나지 않은 바람에 로마 주교들은 좀더 많은 세속 권력도 얻게 되었다. 특히 황제가 요새화한 라벤나Ravenna에 숨어 있는 사이, 게르만족이 로마를 위협하면서 그런 경향은 강화되었다. 유능하고 노련한 레오 1세 교황은 이런 사태 발전을 로마 주교의 권력 강화에 십분 활용했다. 그는 다른 주교들의 다툼을 판결할 권한을 주장하고, 지역 교회의 상소를 기꺼이 받아들였다. 그는 근대적 의미의 최초의 교황이었다.

그런데 동로마의 총대주교들은 모든 사도의 평등을 주장하면서, 베드로 이론을 부정하고 로마 주교의 권위를 거부했다. 그렇지만 로마 주교는 기독교 세계에서 차츰 우월한 지위를 얻었다. 다른 총대주교들은 로마 주교를 동등자들 가운데 첫째로 인정하는 양보를 했지만, 궁극적 권력은 주교들의 전체 회의에 있다고 주장했다. 특히 동로마 수도 콘스탄티노폴리스의 주교는 로마 주교의 강력한 경쟁자가 되었다. 그러나 경쟁자가 없는 서부에서 로마 주교는 차츰 교황으로서 최고의 지위를 확고하게 수립했다. 그리하여 교회가 두 주교를 구심점으로 로마교회와 그리스교회로 갈라질 가능성이 생겼다. 실제로 5세기 이래 두 교회는 서로 다르게 발전했으며, 교황의 지배권은 서부 교회에 한정되었다. 동부에서는 황제가 실질적으로 교회를 통제했고, 교회는 국가 정책의 수동적 도구가 되었다.

**이단 운동과 교리의 발달**　　박해받는 처지에 있는 동안은 기독교도들 사이의 분열과 차이점이 크게 드러나지 않았다. 그러나 박해의 압박이 사라지자, 곧 교리와 기타 문제에 대한 심각한 분쟁이 교회를 여러 분파로 갈라놓았다. 2세기에 최고조에 이르렀던 그노시스파의 위협이 조금씩 사그라졌는데, 4세기 초에 서부 아프리카에서 도나투스Donatus를 중심으로 새로운 집단이 나타났다. 이들은 기본 교리보다는 교회의 조직과 기능을 위협했다. 카르타고의 주교 도나투스는 죄를 지은 사제가 집전하는 의례의 유효성을 문제 삼았다. 디오클레티아누스 황제의 박해 때 일부 아프리카 주교는 로마 당국에 굴복하고 목숨을 구했다. 나중에 참회한 이들을 로마 주교가 다시 서임했지만, 많은 아프리카 교회는 이들을 받아들이기를 거부했다. 게다가 도나투스와 그 지지자들은 악행을 저지른 주교가 집전하는 모든 의례는 무효라고 주장했다.

313년 교회는 도나투스의 주장을 공식적으로 부정했다. 교회는 한 번 사제는 영원히 사제이며, 사제가 집전한 의례의 효험은 그 개인의 죄의 유무에 아무런 영향을 받지 않는다고 선언했다. 교회 당국은 새로 개종한 기독교도 황제의 지원을 받아 도나투스파를 탄압했다. 최초로 기독교도에 의한 기독교도의 체계적 박해가 자행된 것이다. 이 박해로 도나투스파는 지하로 내몰렸지만, 7세기에 이슬람의 물결이 북아프리카에 밀려올 때까지 완전히 사라지지는 않았다.

이러한 이단 운동으로 야기된 교리 논쟁은 한편으로 정통 신학의 발달에 촉매 역할을 했다. 신학 토론의 중심은 늘 알렉산드리아였다. 거기에는 교사와 사제를 위한 교리학교가 2세기 말경에 세워졌다. 정통 교리는 새로운 종파와 이단이 나타나면서 치열한 논쟁을 거쳐 좀 더 정교하고 정확하게 다듬어졌다. 그 과정에서 나타난 가장 중요한 것은 도나투스 사태와 비슷한 시기에 예수의 본성,

그리고 그와 신의 관계를 둘러싸고 벌어진 논쟁이었다. 오래전에 그노시스파는 예수를 순수한 영으로 믿고, 그의 인간 본성을 부정했다. 그 정반대의 견해는 예수가 비록 신에게 선택받은 인물이기는 하지만 오직 인간일 뿐이라는 것이다. 이 양극단 사이에는 수많은 견해가 있었는데, 4세기 초에 이르러 두 주요 견해로 수렴되었다. 알렉산드리아 부제副祭 아타나시우스Athanasius는 성부와 성자는 두 동등한 존재이면서 또한 동일 본질이라고 주장했다. 이에 대해 역시 알렉산드리아의 사제인 아리우스Arius는 예수가 여인을 통해 태어난 존재이기 때문에 피조물일 뿐, 창조주와 동일체가 아니라고 주장했다. 이 두 상반되는 견해 간의 논쟁은 교회를 두 쪽으로 갈라놓았다.

기독교에서 제국을 통합할 힘을 기대한 콘스탄티누스는 교회의 분열 상태를 두고만 볼 수는 없었다. 제국의 동부는 대부분 아리우스로 기울었고, 서부는 아타나시우스를 지지했다. 이를 해결하기 위해 황제가 직접 나서서 325년 최초로 전 기독공동체 대표의 총회를 소집했다. 황제가 주재한 이 니케아 공의회Council of Nicaea는 아타나시우스의 손을 들어주었다. 공의회는 아리우스의 교설을 이단으로 규정하고, 예수는 인간임과 동시에 신과 동일 본질임을 분명하게 규정하는 신조를 작성했다. 이 니케아 신조는 성령을 포함하여, 성부와 성자와 성령의 세 신위가 동일체라는 기이한 개념을 확립함으로써 삼위일체설이 공식 교리가 되었다. 아타나시우스는 아리우스의 교설을 논파한 공으로 알렉산드리아의 주교가 되었고, 대표적인 그리스 교부로서 끊임없는 도전으로부터 삼위일체 교리를 수호했다.

그러나 니케아 공의회는 삼위일체 논쟁을 완전히 잠재우지 못했다. 아리우스와 일부 사제는 니케아 신조에 서명하기를 거부했고, 이단으로 단죄되어 추방당했다. 그러나 나중에 황제는 아리우스파로 돌아섰고, 동부의 교회에 이를 채택하도록 강요했다. 그리고 아리우스는 얼마 후 사면되어 논쟁을 재개했으며, 그의 사후에도 논쟁은 끈질기게 이어지면서 교회를 분열시켰다. 양 진영의 운명은 이 논쟁에 대한 황제들의 견해에 따라 서로 엇갈렸다. 아타나시우스는 다섯 번 추방당하고, 17년이나 유배 생활을 했다. 그러다가 381년 테오도시우스 황제가 소집한 콘스탄티노폴리스 공의회가 니케아 결정을 재확인하고 아리우스파의 박멸을 선언하고 나서야, 가까스로 기나긴 소모적 논쟁이 일단 끝이 났다.

그렇지만 교회의 분열은 끈질기게 이어졌다. 아리우스파는 오랫동안 제국 일부 지역에서 살아남았을 뿐 아니라, 아리우스파 선교사들은 그들의 신앙을 변경 바깥 게르만 사회로 가져갔다. 그래서 콘스탄티노폴리스 공의회가 열리던 무렵에는 이미 도나우강 건너편 고트족 대부분은 아리우스파로 개종한 상태였다. 이들이 결국 민족 이동 과정에서 서부 속주들을 차지했다. 이 게르만 정복자들이 최종적으로 로마 주민의 신앙으로 개종한 것은, 그리하여 서부 유럽 전체의 기독교도가 하나의 신앙으로 통일된 것은 600년 무렵에 와서의 일이다.

다른 한편 제국의 동부에서는 교회의 통일이 결코 달성되지 못했다. 5세기에 그리스도의 신성과 인성 상호 간의 정확한 관계에 관해 새로운 논쟁이 발생했다. 알렉산드리아 주교 디오스코로스Dioskoros를 중심으로 한 단성론자Monophysite는 그리스도는 단 하나의 본성인 신성만 가진다면서 그의 인성을 부정했다. 이에 반해 네스토리우스Nestorius를 중심으로 한 안티오키아 학파는 알렉산드리아를 중심으로 한 단성론자를 비판하면서 그리스도의 인성을 강조했다. 네스토리우스는 431년 에페소스 공의회에서 이단으로 단죄되어 콘스탄티노폴리스 주교에서 해임되고 난 뒤 추방되었다. 그리스도의 인성 논쟁은 451년 로마 교황 레오 1세가 콘스탄티노폴리스 교회와 함께 개최한 칼케돈Chalcedon 공의회에서 양쪽 견해를 모두 이단으로 단죄하고, 그리스도는 양성을 겸비한다는 정통 신조를 재확인함으로써 종결되었다. 레오 1세의 이런 성과로 로마 주교의 위상은 더욱 탄탄해졌다.

제국에서 쫓겨난 네스토리우스파는 페르시아에서 상당한 성공을 거두었다. 페르시아에 뿌리내린 그들은 그곳을 근거지로 하여 아시아 곳곳으로 퍼져나갔다. 그들은 635년에는 당나라 장안까지 진출했는데, 당나라 사람들은 그들의 신앙을 경교景敎라고 불렀다. 단성론은 이후 이단으로 동로마의 박해를 받으면서 이집트와 시리아 등지에서 오래 살아남았으며, 이집트에서 단성론은 콥트교 Coptic Church의 형태로 이슬람의 지배 아래서도 소수 종교로 명맥을 유지했다.

**신플라톤주의의 영향**　　로마 사회에서 고전 전통을 이어가던 계층이 3세기를 거치면서 무너지고, 그에 따라 고전 문화도 사실상 끝장이 났다. 중요한 이교 철학 중 마지막이라 할 것이 신플라톤주의Neo-Platonism였다. 이 철학은 고전 사회에 닥친 변화, 이를테면 한편으로는 이성이나 이 세상에 대한 절망과 다른 한편으로는 신과의 신비적 합일에 대한 갈망을 반영한 것이었다. 그것은 플라톤의 사상을 신비적이고 반半종교적인 교의에 접목했는데, 이는 기독교 신학에 매우 큰 영향을 미쳤다. 북아프리카 태생의 플로티노스Plotinos(205~270)는 흔히 신플라톤주의의 창시자로 여겨진다.

　고전 문화의 맥은 끊겼지만, 기독교 문화는 3세기의 사회 해체 과정 동안 더욱 풍요로워졌다. 알렉산드리아의 오리게네스Origenes(182~251)는 이교도 철학자들과 활발하게 토론하며 그들의 공격으로부터 기독교를 변호했다. 그는 기독교를 지적인 면에서 이교와 대등하거나 혹은 더 우월하게 만들었다. 기독교 최초의 체계적 신학자로 평가받는 오리게네스는 성서를 비유적으로 해석하면서, 기독교와 그리스철학을 융합하려고 노력함으로써 이후의 신학 발전을 위한 기초를 닦았다. 이후 기독교가 공인되면서 위대한 교부들의 시대가 열렸다.

**교부철학**　　생활로써 신앙의 본을 보이고 저술로써 정통 교리를 정립하는 데 크게 이바지한 사람들을 교부라고 하는데, 특히 4세기에 위대한 교부들이 대거 등장했다. 그들의 저술은 성경과 더불어 기독교 가르침의 기본 바탕이 되었다. 그들 대부분은 신플라톤주의와 스토아철학에 정통한 지식인들이었는데, 그들은 그리스철학과 기독교가 양립 가능하다고 주장했다. 그들은 이성과 진리는 신에서 나오는 것이기 때문에, 철학은 신의 이성의 완벽한 현현인 그리스도를 향해 나아가는 길을 닦는 일이라고 생각했다. 그리하여 기독교는 모든 이교 철학과 종교를 대체할 수 있는 최고의 철학으로 여겨졌다.

삼위일체설을 둘러싸고 벌어진 활발한 신학 논쟁과 더불어 여러 교리 논쟁이 주로 제국의 동부 지역에서 많은 저술을 낳았다. 동부에서 위대한 그리스 교부요 설교사는 성 바실리오스Basilios(330~379)와 성 크리소스토모스Chrysostomos(347~407)였다. 바실리오스는 그리스철학에 대한 깊은 소양을 바탕으로 기독교 신앙을 설명했으며, 또한 수도원 규칙을 제정하여 '수도 생활의 아버지'로 불리기도 했다. 크리소스토모스는 그 이름이 '황금의 입'이라는 뜻인데, 그의 설교가 명쾌하고 호소력이 있어서 얻은 이름이었다. 안티오키아 학파에 속한 그는 성경을 비유적으로 해석하는 알렉산드리아 학파와 달리, 성경의 자구적 해석과 문법적·역사적 연구에 치중했다.

제국의 서부에서는 4세기에 기독교의 발전 과정에서 심대한 변화가 일어났다. 서부의 초기 기독공동체는 주로 그리스어 사용 이주민 집단에 국한되었는데, 기독교는 아주 조금씩 이들 이민자나 노예 인구를 넘어 라틴어 사용 주민에게 퍼져나갔을 뿐이다. 다만 아프리카에서는 라틴형 기독교가 아주 일찍 뿌리를 내리고 있었다. 콘스탄티누스의 개종은 이런 상황을 급격하게 바꾸어놓았다. 수많은 사람이 한꺼번에 개종하고, 모든 사회계급의 사람들이 교회에 모여들기 시작했다. 교회 위상이 변해서 4세기 말경에는 뚜렷하게 라틴형 기독교의 발전이 이루어졌다. 이런 발전 뒤에는 세 위대한 라틴 교부가 있었다.

성 히에로니무스St. Hieronimus(340~420)는 로마에서 문학 공부를 했으며, 라틴 산문의 대가가 되었다. 그러다가 영적 체험을 한 뒤, 그는 좀 더 충실하게 예수에게 헌신하기로 마음먹었다. 그는 이교 세계의 문학을 정화하고, 그런 다음 그것을 기독교 신앙을 북돋우는 데 사용함으로써 타협점을 찾았다. 히에로니무스는 헤브라이어와 그리스어에 대한 해박한 지식을 바탕으로 성경의 번역에 헌신했다. 그는 그리스어로 된 신약성경을 라틴어로 번역하고, 구약성경은 헤브라이어 원본을 70인 역 그리스어 번역본과 대조해 가면서 라틴어로 번역했다. 그가 5세기 초에 완성한 이 이른바 불가타Vulgata 성경은 약간의 개정을 거쳐 지금도 가톨릭교회의 공식 성경으로 쓰이고 있다.

성 암브로시우스는 정부 고위관직에서 물러나 밀라노 주교가 되었는데, 비상한 행정 능력을 발휘하여 밀라노를 모범 주교구로 확립했다. 그는 동부에서 형성된 세부 의례들을 밀라노의 예배 의식에 수용하여 교회의 전례 확립에 크게 이바지했다. 그리고 그는 그리스철학과 기독교 사상을 조화시키려고 노력했으며, 오리게네스의 영향을 받아 성서의 비유적 해석을 라틴어 세계에 도입했다. 비유적 해석은 성서의 진술을 철학적 혹은 종교적 진리의 상징으로 취급함으로써, 이교 철학자의 지혜와 학문을 기독교 전통 속으로 끌어들일 수 있게 해주었다. 이 비유적 해석 방식은 이후 모든 중세 기독교의 기본이 되었다.

성 아우구스티누스St. Augustinus(354~430)는 북아프리카 히포Hippo의 주교로서, 모든 교부 중에서도 가장 위대한 교부였다. 그의 저작은 기독교가 어떻게 이교 문화를 흡수했는지를 보여주는 가장 좋은 사례였다. 그는 젊은 시절 변덕스러운 충동에 따라 쾌락에 탐닉하고, 또 한때는 마니교Manicheism에 빠져드는 등 오래 방황하는 삶을 살았다. 그러다가 그는 뒤늦게 32세나 되어 암브로시우스에게 감명을 받고, 그에게 세례를 받으면서 기독교에 귀의했다. 비상한 지적 능력을 타고난 그는 고전 철학을 기독교 신앙과 융합하여 기독교 신학의 기초를 놓는 데 결정적으로 이바지했다. 젊은 시절 겪은 체험의 영향으로 그는 육체적 쾌락을 악으로 규정하고, 모두가 원죄의 짐을 지고 있다고 생각했다. 그는 가족과 재산도 포기하고 수도사처럼 살았다. 그는 또한 바울로의 예정론 교의를 받아들여, 주님은 구원받을 자를 미리 선택한다고 믿었다.

젊은 시절 심취했던 마니교의 영향으로 아우구스티누스는 세계와 역사를 이원론에 입각해서 이해하고 설명했다. 그의 이원론적 사고는 『신국론De Civitate Dei』에 잘 드러나 있다. 그는 이 기념비적 저서에서 세상을 '신국'과 '지상국'으로 나누었는데, 역사는 신이 계획한 드라마이며, 이 드라마는 그 두 나라 간의 끊임없는 투쟁으로 얽혀 있다고 보았다. 그가 천지 창조에서 최후의 심판에 이르기까지의 유장한 시간을 포괄하는 기독교 역사철학을 펼친 이 저서를 집필한 계기는 이른바 '로마의 약탈' 사건이었다. 게르만족의 한 갈래인 서고트족Visigoth이 410년 로마를 약탈하고 쑥대밭을 만들었다. 기독교가 국교가 된 지 20년도 채 되지 않아 일어난 이 재앙은 모든 사람을 충격에 빠뜨렸다. 기독교도는 낙담했고, 이교도는 그 재앙을 그들의 전통적 신을 버리고 기독교를 받아들인 데 대해 이교 신들이 내린 벌이라고 주장했다.

아우구스티누스는 『신국론』에서 이러한 이교도의 주장을 논박하면서 호교론을 펼쳤다. 그는 로마의 재앙이 만일 처벌이라면, 그것은 로마가 이전에 저지른 온갖 범죄 때문이며, 또한 기독교 때문이 아니라 기독교를 받아들였음에도 불구하고 피하지 못한 것이라고 주장했다. 그는 로마제국의 몰락을 좀 더 큰 틀에서 보았다. 그는 역사는 신의 섭리에 따라 전개되며, 로마의 멸망은 그 섭리에서 아주 사소한 사건일 뿐, 신국의 승리를 위해 오히려 필요하고 다행스러운 일이라고 주장했다. 한때 아무리 강성하더라도 지상국은 조만간 멸망할 수밖에 없으며, 그래서 지상국인 로마는 결코 '영원한 나라'일 수 없음이 드러났다는 것이다. 그에게는 지상에서 나타나는 역사의 모든 것은 지나가는 것일 뿐, 진정 영원한 나라는 오직 신의 나라뿐이었다.

이들 라틴 교부의 시대 이전에 서부 기독교는 그리스적 동부 기독교보다 이교 철학에 대해 훨씬 더 미심쩍어하거나 적대적이었다. 그리고 그 가르침에서 임박한 세상의 종말에 대한 예상이나 기대가 동부에서보다 훨씬 더 중요했다. 그런 가운데 암브로시우스와 아우구스티누스는 동부 신학자들의 견해를 받아들이는 한편, 독자적인 지적 발전을 이룸으로써 서부 교회의 교리를 한층 풍요롭게 하고 지평을 넓혔다.

**기독교 역사 서술**　　기독교적 역사 서술은 그리스 교부로서 소아시아 카이사레아Caesarea의 주교인 에우세비오스Eusebios(264~340)로부터 시작되었다. 콘스탄티누스 황제의 자문관으로 일한 그는 기독교의 공인으로 역사가 새로운 시대로 접어들었음을 느끼고, 지난 과거를 돌아보고 정리할 역사적 시점에 서 있다고 생각했다. 그러한 문제의식에서 그는 사도 시대부터 밀라노 칙령의 시기까지 교회가 성장한 과정을 설명한 『교회사Ekklesiastike Historia』를 써서 '교회사의 아버지'가 되었다. 이 저술은 고대 기독교사 연구에 가장 중요한 사료 구실을 하고 있다. 그리고 신의 섭리와 관련하여 이교 세계의 역사를 어떻게 다룰 것인가 하는 문제도 생겼다. 그의 『연대기Chronicon』는 고대 이교 세계의 역사를 구약성경에 기록된 섭리의 역사와 조화시키려고 한 것으로서, 이전의 사료들을 종합하여 연표 형식으로 정리한 '최초의 체계적인 세계사'인 셈이다. 『연대기』는 이후 중세 역사 서술 방식의 본보기가 되었다.

**초기의 수도원 제도**　　수도원monastery이나 수도사monk라는 단어는 원래 '하나'를 뜻하는 그리스어 모노스monos에서 나온 말이다. 수도사의 기본 동기는 사회에서 떨어져 나와, 홀로 기도하고 명상하며 영성적 목표에 다가가고자 하는 것이었다. 그런 고독한 수행 생활은 기독교 이전에 이미 있었다. 고대 이집트와 그리스에는 은자들이, 그리고 팔레스타인에는 에세네파와 같은 금욕적 고행 공동체가 있었다. 은둔자로 살기 위해 세속 생활을 포기한 기독교도 고행자는 제국의 동부에서 이미 3세기에 찾아볼 수 있었다. 그들은 단식을 하거나 스스로 육체에 고통을 가함으로써 정신적 완성을 추구했다. 알렉산드리아의 은자 안토니오스Anthonios는 마르코복음이 전하는 예수의 권고에 따라 가진 것을 모두 가난한 사람에게 나누어 주고, 영성의 이상을 추구하기 위해 사막으로 들어가 혹독한 규율로 육체를 벌하며 여생을 보냈다. 시리아의 한 고행자는 20m 높이의 나무 기둥 위에 33년을 앉아 수행했다.

기독교가 공인되기 전에는 신앙을 위해 죽고 영생을 얻는 순교자가 기독교도의 삶의 한 본보기였다. 그러나 4세기가 지나가면서, 세상을 버리고 고행과 신비 체험을 통해 영성을 추구하는 수도사의 삶이 기독교도의 새로운 이상으로 떠올랐다. 그러나 세상과 절연한 은둔의 수행이 오래 지속될 수 없는 경우가 생겼다. 은둔 수도사의 영성에 대한 열망은 곧 수많은 따르는 무리를 낳게 마련이기 때문이다. 그래서 이집트의 수도사들이 4세기 초에 처음으로 수도원 생활을 개발했는데, 그들은 영성적 목적을 추구하면서 엄격한 규율 아래 함께 공동생활을 했다. 사막의 은자 파코미오스Pachomios는 323년 나일강의 타벤니시Tabennisi에 합숙소를 짓고, 그의 명성을 찾아 모인 교도들에게 수도 규칙을 작성하여 엄격한 일과와 규율을 부과했다. 타벤니시에서 시작한 그의 수도원은 급속도로 확산해서 큰 세력을 형성했다. 나중에 카이사레아의 주교이자 저명한 그리스 교부인 성 바실리오스가 파코미오스의 규칙을 채택하고 약간의 수정을 가했는데, 노동과 자선을 기초로 하는 이 바실리오스의 규칙은 동방 수도원의 표준이 되어 오늘날까지 그대로 시행되고 있다.

여성 역시 초기 수도원에서 중요한 역할을 했다. 원래 수도사는 남자였으나, 여성이 곧 선례를 따라 신에게 자신을 온전히 바치기 위해 세속을 떠났다. 이집트에서 5세기 초에 한 주교가 여성 2만 명이 수녀로 사막 공동체에서 생활하고 있다고 했는데, 이는 남성의 두 배나 되는 수였다. 서부 로마에서는 일부 귀족 여성들이 4세기에 그들의 저택을 수녀원으로 만들고 운영했다. 유럽 여성을 위한 최초의 수도원 규칙은 5세기에 아를의 카이사리우스Caesarius of Arles가 누이를 위해 작성한 것이다. 그것은 수녀를 위험에서 보호하기 위해 엄격하게 수도원 안에 은둔하게 하는 것을 강조했다.

동부의 금욕주의적 수행의 열정은 시간이 지나면서 지중해를 건너 서부로 전해졌다. 기독교가 공인을 넘어 제국의 공식 종교가 되면서 종교적 심성이나 진실성이 모자라는 사람도 대량으로 개종했다. 당연히 기독교는 점점 세속화하고, 성직자조차 부와 권력의 욕심에 빠지기 시작했다. 세속화에 상심하고 예수와 사도를 닮고 싶은 많은 사람이 4세기 이후 수도원을 찾았다. 라틴 교부들은 이런 경향에 따뜻한 지지를 보냈다. 성 아우구스티누스는 북아프리카에 수도 공동체를 설립하고, 스스로 엄격한 절제 생활을 실천했다. 성 히에로니무스는 베들레헴에 여러 수도원을 설립하고, 수사와 수녀를 학문 사업에 종사하게 했다. 수도원의 역량을 생산적인 학문 활동에 돌리게 함으로써 그는 중요한 선례를 세우게 되었다. 그가 세운 선례에 따라 중세에 들어와 수도원은 고대 문헌을 보전하고 필사함으로써, 그리고 성직자들에게 기초 교육을 제공함으로써 서양의 문화유산을 지키고 발전시키는 데 크게 이바지했다.

### 4) 게르만족의 침입과 서로마제국의 멸망

**로마제국의 분할**    3세기가 지나가면서 그리스어를 사용하는 동부와 라틴어를 사용하는 서부 간의 분열이 점점 더 뚜렷해졌다. 그리고 디오클레티아누스가 수립한 분할 체제는 제국의 양쪽에 독자적인 정치조직을 가져왔다. 서부 속주들은 내란과 외침의 고통을 훨씬 더 크게 받았고, 사회 및 경제적 쇠퇴도 더욱 심했다. 그에 따라 제국의 무게중심은 눈에 띄게 동부로 이동했다. 북이탈리아의 전략 지점에 자리한 도시로서 처음에는 밀라노가, 그다음에는 라벤나가 서부 황제의 통상적 거주지가 되면서, 도시 로마는 제국의 서부에서조차 수도의 구실을 하지 못했다. 그렇지만 로마는 통치의 실질적 업무가 동부로 옮아간 뒤에도 오랫동안 제국의 상징으로, 이를테면 감상적인 수도로 남아 있었다.

콘스탄티누스 이후 제국은 다시 동부와 서부로 갈라졌다. 그는 제국을 세 아들에게 나누어 물려주었는데, 곧 그들 사이에 내란이 벌어졌다. 그러나 그 가문은 내란을 벌이면서도 363년까지 제국을 통치했다. 4세기 후반기를 거치며 정부의 통제력은 특히 서부에서 더욱 약해졌다. 중앙권력이 일부 속주에서 뜻을 관철하지 못하는 사태가 자주 벌어졌다. 때로는 공동으로 통치하는 복수의 통치자가 서로 다른 정책을 추진하기도 하고, 권력을 놓고 서로 전쟁을 벌이기도 했다. 그뿐만 아니라 그들은 동부 변경에서는 페르시아인과, 북부 변경에서는 게르만족과 만성적으로 전쟁을 벌여야 했다. 정치 및 군사적 무질서 속에서 강도 떼가 활개를 치고, 약탈적 징세 청부업자에 대해 민중은 절망적 반란으로 대응했다.

제국은 테오도시우스(379~395) 황제 때 아주 잠깐 재통합되었다. 동부의 황제였던 그는 394년 제국을 재통일했으나 제국 전체를 통치한 황제로서는 그가 마지막이었다. 392년 기독교를 국교로 삼은 그는 죽으면서 두 아들에게 제국을 나누어 물려주었는데, 이 395년의 분할 이후 제국의 양쪽은 서로 제 갈 길을 갔다.

**게르만족**　　역사 이전 시대에 게르만족은 스칸디나비아반도와 북부 독일 일대에서 살았다. 그러다가 카이사르 시대에 남하하여 라인-도나우강 이동의 넓은 지역으로 퍼져나가고, 기원후 3세기에는 동부 유럽으로도 뻗어 나갔다. 로마인들은 그들 부족 중 하나인 게르마니Germani를 부족 전체를 지칭하는 용어로 썼고, 그들의 본거지를 게르마니아Germania라고 불렀다. 기원 전후에 로마인에게 처음 관찰되었을 때 게르만족은 부족사회를 이루고 있었으며, 농사와 사냥 혹은 가축 사육을 하며 살았다. 그들 대부분은 농민이었으나, 필요할 때는 전사였다. 그들은 서로 다른 여러 집단을 포괄하는 사회구조를 발달시켜, 출생에 의한 귀족이 상층부를 차지했고, 아래에는 부채 때문에 남을 위해 노동을 해야 하는 사람도, 전투에서 생포된 노예도 있었다.

로마인들이 카이사르의 정복 이후 갈리아로 진출하면서 이들 게르만 부족들과 접촉하게 되었다. 그들은 많은 게르만인을 군대에 받아들였고, 꽤 큰 집단이 국경 안에 정착하는 것도 허용했다. 여러 세기에 걸쳐 로마와 접촉하면서 게르만 사회는 많은 변화를 겪었다. 게르만 전사들은 제국의 전투 방식을 배우고, 그 무기를 채용했다. 교역과 약탈 등으로 게르만 사회는 부유해졌고, 또한 강력한 전사들이 성장했다. 전사들은 코미타투스comitatus라는 소규모 전사 집단을 형성하여 활동했는데, 그것은 수장과 그에게 사적 충성으로 결합한 일단의 종사從士로 구성되었다.

2세기 말경부터는 부족들이 좀 더 큰 연맹을 형성하기 시작했다. 부족연맹은 개량된 무기로 무장하고 대부대를 운용할 전술 능력을 갖추는 등 엄청난 전쟁 수행 역량을 발전시켰다. 로마의 영향 아래 좀 더 발전할수록 게르만족은 제국에 좀 더 큰 위협이 되었다. 병영 황제 시대에는 게르만족이 제국의 모든 변경 지역을 괴롭혔을 뿐 아니라, 내륙 깊숙이까지 침입하여 이곳저곳을 약탈하기도 했다. 반면에 다른 한편으로는 많은 게르만인이 로마의 초청을 받아 제국 내의 빈 땅에 정착하기도 하고, 군대에도 흡수되었다. 4세기에 이르면 제국의 서부에서는 사병뿐 아니라 지휘관도 상당한 부분이 게르만인으로 채워졌다.

넓게 흩어진 게르만 부족 중 서쪽에 자리 잡은 프랑크족Franks, 앵글족Angles, 수에비족Suevi, 작센족Sachsens은 3세기와 4세기 초를 거치며 정착하여 농경 생활을 했다. 그와 달리 고트족Goths, 반달족Vandals, 부르군트족Burgundians, 랑고바르드족Langobards 등 동게르만족은 대체로 대초원 지대에서 유목 생활을 했다. 이들 중 특히 고트족은 접경한 로마와의 교류를 통해 상대적으로 진보한 정치조직을 발달시켰다. 게르만 사회는 상업이 거의 발달하지 않았으며, 가축이 충분히 가치 척도 구실을 했다. 그런데 4세기에 이르러 게르만 사회는 토지 부족 문제에 직면하게 되었다. 토지의 상당 부분은 숲과 늪으로 덮여 있고 영농 기술은 낙후를 면치 못한 상태에서, 인구는 착실하게 증가하고 있었다.

**게르만족의 침입**　　4세기 후반기에 들어와 북부 변경 지역에서 여러 게르만족의 압박이 부쩍 거세졌다. 부족연합으로 좀 더 큰 정치적 단위를 형성한 그들은 이전보다 훨씬 더 가공할 세력으로 발전했다. 그러나 디오클레티아누스와 후임자의 개혁 덕분에 제국은 4세기 말기까지는 게르만족의 공격을 그럭저럭 막아냈다. 이 기간에 로마인과 인접 게르만족 사이에 수많은 전쟁이 있었으나, 그 과정에서 양자는 서로 영향을 미치면서 여러 면에서 서로 닮아가기도 했다. 로마 지도자는 게르만족의 관습을 채택하기 시작해서, 황제조차 전통적인 토가 toga 대신 망토cloak를 포함하여 게르만 족장들의 복장을 착용했다. 게르만 족장들도 족장으로 추대되었을 때 방패 위에 올려져 전사들의 환호를 받았는데, 이는 로마 군단이 새로 옹립한 황제에게 행하던 관습이었다. 고트족처럼 제국 가까이 사는 게르만족들은 비록 이단으로 규정된 아리우스파이기는 하지만, 기독교를 받아들이기도 했다. 그러면서 로마와 게르만의 '합병'이라는 역사적 단계가 준비되었다. 그 합병은 오랜 세월에 걸쳐 때로는 유혈의 정복이라는 형태로, 때로는 평화적인 접촉의 형태로 전개되었다.

불안정한 균형을 깨뜨린 것은 중앙아시아의 유목민 훈족이었다. 그들은 중국의 지원을 받은 또 다른 유목 민족에게 패해 서쪽으로 밀려났는데, 372년에 볼가Volga강을 건너와 흑해 서북 해안 지역의 동고트족Ostrogoth을 복속시켰다. 그들은 빼어난 기마 전사들이었다. 이전에도 유목민 정복자들이 동유럽 일부를 지배한 적이 있었지만, 누구도 훈족만큼 잘 조직되고 잔인하고 야심적이지는 않았다. 이후 훈족은 약 80년 동안 동부 및 중부 유럽을 누비면서 대제국을 건설했다.

훈족의 진격 길에 놓여 있던 서고트족은 놀라 로마에 제국 영토에서의 정착을 청원했고, 허가를 받자 376년 부족 전체가 도나우강을 건너 로마로 들어왔다. 그러나 곧 로마인 상인과 부패한 관리들이 서고트족을 속이고 학대하자, 서고트족은 결국 무기를 들었다. 동로마 황제 발렌스Valens(364~378)가 진압에 나섰으나, 378년 아드리아노폴리스Adrianopolis 전투에서 참패하고 전사했다. 이로써 제국의 둑이 무너졌다. 이후 무너진 둑을 넘어 게르만의 여러 민족이 물밀듯이 로마의 경내로 몰려들었다. 서고트족이 발칸반도 거의 전역을 약탈을 일삼으며 돌아다니자, 후임 황제 테오도시우스는 382년 그들과 화평을 맺었다. 황제는 이들과 동맹을 맺어 트라케를 내어주고, 그 대신 서고트족은 제국을 지키는 데 그들의 군대를 내어주기로 했다. 자신의 지도자를 가진 조직화한 외래 세력에게 제국의 영토 일부를 넘긴 것은 위험한 선례가 되었다.

테오도시우스가 죽은 뒤, 서고트족은 알라리크Alaric의 지휘 아래 후임 황제를 압박하여 더 많은 땅과 이권을 얻어냈다. 알라리크는 401년에는 이탈리아를 침략했으나 군사령관 스틸리코Stilicho의 방어망에 막혀 2년 뒤 퇴각했다. 테오도시우스로부터 제국 서부를 물려받은 호노리우스Honorius(395~423)는 무능한 인물로, 실질적 권력은 반달족 출신의 군사령관 스틸리코가 장악하고 있었다. 스틸리코는 알라리크뿐 아니라 또 다른 방향에서 오는 침략도 저지해야 했다. 프랑크족,

수에비족 그리고 반달족이 406년 라인강을 건너와 갈리아를 약탈했다. 몰려오는 게르만족을 막기 위해 각지를 전전하며 고군분투하던 스틸리코는 황제와 불화를 겪다가, 알라리크와 내통했다는 혐의를 받고 408년 반역죄로 처형당했다. 그러자 알라리크는 곧바로 이탈리아로 진격했다. 그는 호노리우스 황제에게 토지와 관직을 요구했으나 거절당하자, 410년 도시 로마를 점령하고 약탈했다. 이 '로마의 약탈Sacco di Roma'로 서부 로마는 사실상 멸망한 것이나 다름없었다. 서고트족은 호노리우스로부터 남부 갈리아를 할양받아 그곳에 서고트왕국을 건설하고, 이어서 히스파니아에서 반달족을 몰아내라는 황제의 요청을 빌미로 히스파니아까지 세력을 확장했다.

서고트족에 이어 일찍이 이동을 시작했던 반달족은 갈리아를 거쳐 히스파니아에 정착했는데, 이제 서고트족의 압박에 밀려 다시 북아프리카로 건너갔다. 제국의 곡창지대인 속주 아프리카에 정착한 그들은 고대 카르타고를 중심으로 광대한 왕국을 건설했다. 그들은 해적 선단을 꾸려 서지중해 해안 지역을 약탈하고, 급기야 455년에는 도시 로마를 약탈하고 파괴했다. 도시 로마는 반세기쯤 만에 다시 한 번, 처음보다 더욱 혹독하게 야만족에게 짓밟혔다. 그리하여 반달족은 야만적인 문화 파괴 행위를 뜻하는 영어 반달리즘vandalism으로 역사에 그 이름을 남겼다. 그사이 부르군트족은 론Rhône 계곡에 정착했고, 프랑크족은 차츰 갈리아로 팽창해 나갔다. 이렇게 5세기의 한 세기 동안 게르만족의 끊임없는 이동과 약탈이 계속되었다.

그러나 게르만족 침략자들은 애써 제국을 전복하려 들지는 않았다. 그들은 로마 사회의 부와 물질적 혜택을 누리려고 왔지, 제국을 파멸시키려고 오지 않았다. 그들이 제국의 강역 안에서 터를 잡고 정착하면서, 그 지배자들은 자신의 이름에 로마제국의 관직 칭호를 붙이고, 속주를 다스리는 로마의 합법적 관리로 행세하고, 종종 콘스탄티노폴리스의 황제로부터 승인을 얻고자 애썼다. 5세기 전반기에 게르만족은 거의 모두 황제와 동맹 관계를 맺었지만, 반달족만은 예외였다. 그들은 시종일관 로마와 적대 관계를 유지했다.

**서로마제국의 멸망**　　서로마의 몰락은 테오도시우스 이후 일련의 무능한 황제들이 로마를 버리고, 요새화한 라벤나의 늪지대 뒤에서 안전을 구하면서 촉진되었다. 게다가 동부의 황제는 대체로 서부가 침략당하는 사태를 강 건너 불 보듯 했다. 테오도시우스 이후 5세기 전반기 동안 서로마제국은 호노리우스와 발렌티니아누스Valentinianus 3세의 허약하지만 긴 두 치세를 겪으면서 최소한 외형상의 연속성은 유지했다. 그러나 세기 후반기에는 빈번하게 황제가 교체되었다. 주로 게르만족 출신인 제국 군대 지휘관들이 여차하면 꼭두각시 황제를 세우기도 했다. 최후의 황제 역시 그런 인물이었다. 475년 게르만족 출신 군사령관 오레스테스Orestes가 16년 만에 여섯 번째 황제였던 네포스Nepos를 쫓아내고, 어린 아들 로물루스 아우구스툴루스Augustulus(어린 아우구스투스)를 황제 자리에 앉혔다.

이듬해 또 다른 게르만인 사령관 오도아케르Odoacer가 오레스테스를 살해하고 황제를 폐위했다. 참으로 역설적이지만, 도시국가 로마의 전설적 건설자와 로마제국 창건자의 이름을 한꺼번에 가진 이 소년의 폐위는 흔히 서로마제국의 공식적인 종말로 여겨진다. 여러 게르만족이 제국의 영토 대부분을 나누어 차지한 판에, 오도아케르는 굳이 빈껍데기에 불과한 황제 칭호를 차지할 필요를 느끼지 못했다. 스스로 즉위하거나 꼭두각시를 세우는 대신, 그는 이탈리아 지역 정부의 왕을 자처했다. 그는 황제 표장標章, emblem을 동로마 황제에게 보냈고, 황제는 그에게 이탈리아 지배권을 인정해 주었다. 이 일 이후 서부에는 공동 황제가 임명되지 않았다. 500년을 이어온 대제국치고는 그 최후가 참으로 허망했다. 그것은 굳이 말하자면 타살이라기보다는 스스로 숨을 거둔 자살이었고, 비장하기보다는 한 편의 소극笑劇이었다.

서로마에 황제가 존재하지 않게 되고 황제 표장이 콘스탄티노폴리스로 넘어간 일은 이론상으로는 단일 황제 아래 제국이 재통일되었음을, 따라서 476년의 사건은 단지 서부에서 공동 황제의 자리가 비게 되었음을 의미할 뿐이었다. 콘스탄티노폴리스의 관점에서는 황제가 제국 전체를 계속 지배하고 있으며, 서부 속주들의 상실은 일시적인 정치 혹은 군사적 후퇴일 뿐이었다. 그렇지만 현실은 물론 달랐다. 게르만족은 서로마 사회에 새로운 요소를 불어넣었고, 침략의 충격과 이후의 혼란 속에서 고전 문명과 로마적인 삶은 서서히 사라졌다.

로마제국의 마지막 장면을 '붕괴' 혹은 '몰락'과 같은 용어로 표현하는 데는 오해의 소지가 있다. 왜냐하면, 그런 표현은 어떤 파국적 변화의 느낌을 불러오기 때문이다. 그러나 로마는 갑자기 무너진 게 아니다. 오랜 세월에 걸쳐 조금씩 경제는 쇠퇴하고, 재정은 말라가고, 행정은 부패하고, 국경은 시달리고, 신비 종교가 범람하는 가운데 지적 생활은 뒷걸음질하고, 야만족이 침투하여 군대와 정부를 차지했다. 그렇게 로마가 종말을 맞이하는 데는 2~3세기가 걸렸다. 그러나 제국의 몰락이 고전 문명의 종말을 의미하는 건 아니었다. 제국의 동부 절반은 강력한 문명국가로 살아남았고, 서쪽 절반에서는 로마의 국교인 기독교와 라틴어 문화를 게르만 지배자들이 받아들였다. 그리스-로마 문명은 사라지는 대신 변화하고 게르만인에게 확산하면서, 중세 유럽 문명으로 발전했다.

**제4장**

# 중세 유럽 문명의 형성

❖

역사의 시대구분과 관련하여 고대와 근대의 중간에 있는 시대라는 의미로 '중세'라는 용어가 처음 쓰이기 시작한 것은 17세기부터였다. 그러다가 19세기에 들어와 낭만주의 역사가들이 '중세적medieval'이란 형용사를 시대구분의 의미에 더하여, 특정 형태의 문명을 지칭하는 것으로 쓰기 시작했다. 고전 문명은 기본적으로 지중해 해안 지역에서 발생하고 또한 번성했으며, 유럽은 수백 년 동안 로마제국의 변방으로 남아 있었다. 중세 유럽 문명의 등장은 지리적으로는 지중해를 둘러싼 지역에서 알프스산맥을 넘어 서유럽으로 문명의 중심이 이동한 것을 의미한다.

기원 800년 크리스마스에 카롤루스 마그누스는 교황으로부터 서로마 황제의 제관을 받았다. 이즈음에 이르면 서유럽에서 새 유럽 문명의 윤곽이 뚜렷하게 드러나기 시작했다. 그 문명은 게르만 전통, 고전 문명, 기독교의 3대 요소의 융합을 통해 형성된 것인데, 그 세 요소 가운데 기독교는 새 중세 문명의 가장 두드러지고 강력한 요소였다. 교회는 멸망한 로마제국의 가장 중요한 생존자가 되었다. 그 교회가 고전 전통을 흡수했고, 성직자 특히 수도사를 통해 기독교화한 고대 문명을 게르만족에게 전해주었다. 기독교의 금욕적이고 내세 지향적 견해는 고대 그리스-로마인의 좀 더 현세적인 태도를 대체했다. 로마제국의 황혼기에 이루어진 이 변화는 로마가 기독교를 받아들인 이후 불가역적인 것이 되었고, 금욕주의 이상은 유럽에서 1000년을 지속했다.

역사의 대전환은 매끄럽고 질서정연하게 진행되지 않는 법이다. 종종 무질서와 혼돈이 새 문명이 탄생하는 터전이었다. 410년 알라리크의 '로마의 약탈' 이후 다섯 세기 동안 훈족, 게르만족, 아랍인, 마자르족, 노르만족 등 수많은 외래 집단이 침략자로, 정복자로, 때로는 정착민으로 로마의 서부였던 지역을 휩쓸었다. 민족의 이동과 상당한 정도의 혼합이 일어났으며, 여러 왕국이 일어났다 빠르게 사라졌다. 침략의 물결이 닥칠 때마다 유럽 주민의 경제는 지역적 자급자족으로, 문화의 수준은 야만으로 더욱 빠져들었다. 로마의 도시 문명은 농촌 문화 속으로 사라졌다.

교육·학문·예술은 수도원 울타리 안에 갇히고, 위대한 정치 지도자조차 까막눈이 되었다. 로마 문명의 빛이 깜박거리다가 이른바 암흑시대에 사그라지기도 했다.

그러나 유럽은 그 도전을 이겨냈다. 이름이 그러해도 '암흑시대'는 사실 독특한 유럽 문명이 처음으로 생겨난 시대였다. 혼란과 외침의 중압 아래 새로운 사회제도가 형성되어 어느 정도 효율적인 통치제도로 성숙했다. 카롤루스제국의 해체와 더불어 새 유형의 정치제도가 발전하기 시작했다. 정치권력의 분권화에 기초한 새로운 정치·군사적 질서가 진전되어, 봉건제도가 중세 정치 세계의 근간이 되었다. 중세 1000년의 거의 전 기간에 유럽의 세속사는 지주와 전사가 지배했다. 이들 지주-전사 계급이 정치적 및 군사적 권력을 독점했으며, 그들의 최고 우두머리인 왕들은 지주-전사 계급의 협력 없이는 효율적으로 통치할 수 없었다.

봉건사회가 확립되면서 유럽에서 도시는 쇠퇴하거나 소멸했다. 그 결과 자유로운 농민이 경제적·군사적 압력에서 살아남지 못했듯이, 도시민 역시 거의 사라졌다. 그리하여 기본적으로 두 신분이 남았다. 하나는 토지를 경작하고 온갖 부담을 안고 사는 대다수 농노이며, 또 하나는 지배하고 싸우고 여가를 즐기는 소수의 전사귀족이었다. 이들 너머 성직자 집단이 있었는데, 이들은 농노와 별 차이 없는 고된 생활을 하는 하급 기초 교구 사제와 귀족 못지않은 풍요로운 삶을 즐긴 고위 성직자로 나뉘었다. 1000년 무렵에 이르면 서유럽은 이러한 봉건사회의 안정을 바탕으로 약동하는 생명력과 팽창의 시대를 열 준비가 되었다.


## 1. 게르만 왕국들

5세기 이후 서로마의 옛 영토에는 이런저런 게르만 민족들이 각 지역에 할거하여 자신의 왕국을 건설했다. 게르만 여러 민족의 정착 형태, 혹은 그들과 로마인의 융합은 왕국에 따라 서로 다른 양상을 띠었다. 일반적으로 도나우강을 건너온 민족은 라인강을 건너온 민족보다 문명에 더 깊숙이 젖어 있었다. 그래서 고트족은 프랑크족보다 더 잘 정비된 통치 제도를 갖추고 있었다. 그러나 여러 게르만 민족 가운데 궁극적으로 살아남아, 로마제국의 계승자로서 중세 유럽 문명의 진정한 주인공이 된 것은 프랑크족이었다. 앵글로색슨족을 제외하고 다른 게르만족은 늦어도 8세기 초까지는 역사의 무대에서 사라졌다.

## 1) 단명한 왕국들

**서고트왕국**　　가장 먼저 로마제국으로 들어와 남부 갈리아에 자리를 잡았던 서고트족은 이베리아Iberia반도의 지배권을 놓고 반달족과 접전을 벌인 끝에, 반달족을 바다 너머로 몰아내고 그곳까지 왕국의 영토를 넓혔다. 그러나 그들은 507년에 프랑크족에게 남부 갈리아에서 쫓겨나고, 왕국의 중심이 툴루즈Toulouse에서 톨레도Toledo로 옮아갔다. 서고트족은 전사로서 로마 원주민과의 공존을 추구하면서, 자신들보다 훨씬 많은 토착 인구를 지배해야 했다. 그들은 대체로 로마인을 권력에서 배제하는 한편, 로마의 정부 구조를 많이 존속시켰다. 그리고 시간이 지나면서 서고트족과 이베리아 원주민이 서로 섞이기 시작하고, 양쪽 주민에게 공통되는 새로운 법체계가 발전했다.

　서고트왕국은 치명적 약점이 있었다. 새 지배자를 선출하는 절차가 확립되어 있지 않았던 것이다. 그래서 힘 있는 인물들이 왕위를 차지하기 위해 끊임없이 싸웠다. 교회가 질서를 유지하기 위해 노력했으나 반목을 해소하지 못했다. 암살이 삶의 한 방식인 양 빈번하게 일어나고, 내부의 분란으로 왕국은 쇠퇴했다. 서고트왕국은 비록 명목상에 불과했지만, 유스티니아누스 시대까지 동로마 정부와 공식적으로 종속적 관계를 유지하다가, 결국 711년 무슬림Muslim 침략자에게 멸망했다.

**반달왕국**　　서고트족에게 밀려나 북아프리카에 자리 잡은 반달왕국은 5세기 중엽에는 꽤 공고해 보였다. 반달족은 코르시카Corsica와 사르데냐Sardegna를 정복하고, 442년에는 서로마 황제로부터 독립 왕국의 지위를 획득했다. 그러나 그들은 끊임없이 베르베르족Berber의 침략에 시달렸을 뿐 아니라, 아리우스파 신앙을 신봉했기 때문에 그 지역 로마 가톨릭교도 주민들에게 배척을 당했다. 그러다가 반달왕국(429~534)은 로마제국 고토의 재정복을 추진한 유스티니아누스 황제에게 허망하게 무너지고, 불과 한 세기 남짓 만에 역사에서 사라졌다.

**훈족과 아틸라**　　서고트족을 압박해서 도나우강을 건너게 한 훈족은 5세기 초반에 헝가리 평원의 초원 지대에 중심부를 둔 광대한 제국을 수립했다. 도나우강 중류에 있는 이 평원은 중앙아시아의 대초원 지대Steppes의 서쪽 끝자락이었다. 훈족 시대 이전에도, 그 이후에도 말을 타고 유럽을 침입한 초원의 민족들은 그 평원으로 침입했고, 대체로 거기에서 멈추었다. 유럽 세계가 완강하게 침략에 저항하기도 했지만, 숲과 산악 또한 침략자들이 서쪽으로 계속 진출할 수 없게 했다. 그런 지역에서는 일 년 내내 말을 먹일 꼴을 쉽게 구할 수 없었기 때문이다. 중앙아시아 기마 유목민의 침입이 갖는 이런 지리적 한계는 유럽의 역사 진행을 결정하는 중요한 요인으로 작용했다. 아시아 침략자들의 물결이 계속해서 헝가리 쪽으로 밀려오고 유럽의 서부까지 들이닥쳤지만, 그들은 군사적으로 우월했음에도 서부 유럽의 삼림 지역에 항구적으로 정착하려고 하지는 않았기 때문이다.

　5세기 중엽에 이르러 훈족은 유럽 깊숙이까지 침입했다. '신의 징벌'로 불린 아틸라Attila의 지휘 아래, 이 기마 유목민은 451년 라인강을 건너 갈리아 동북 지역까지 쳐들어갔다. 그러나 그들은 갈리아의 잔존 로마군과 서고트족 그리고 프랑크족의 연합군에게 카탈라우눔Catalaunum 혹은 샬롱Châlons 전투에서 패했다. 그러자 아틸라는 말머리를 돌려 북이탈리아를 침략했다. 그는 로마를 탈취할 계획이었으나, 질병과 보급 부족으로 어려움을 겪었다. 그러다가 레오 1세 교황의 극적인 회유를 받아들여 헝가리 평원으로 돌아갔다. 그가 왜 발길을 돌렸는지는 알 길이 없다. 그는 중세 서사시에서 중요한 인물로 등장할 만큼 유럽에 큰 충격을 주었다. 그는 부르군트의 한 공녀와 결혼한 첫날밤에 급사했는데, 이 공녀는 전설적 인물이 되어 『니벨룽의 노래Nibelungenlied』에서 크림힐트Kriemhild로 나타났다. 453년 아틸라의 사망과 더불어 훈족의 위협은 사라졌다. 아틸라가 죽자 얼마 지나지 않아 훈제국은 해체되었다. 그들에게 복속되었던 게르만과 슬라브의 부족들이 그들을 볼가강까지 몰아냈고, 그중 일부는 오늘날의 헝가리에 그대로 정착했다.

**동고트왕국**　　　훈족이 물러가자 그 지배에서 풀려난 동고트족이 정력적인 국왕 테오도리쿠스Theodoricus의 통솔 아래 이동을 개시했다. 테오도리쿠스는 오도아케르가 지배하고 있는 이탈리아에 황제의 권위를 재건하라는 동로마 황제의 명을 수용, 488년 이탈리아반도로 진격했다. 힘든 싸움 끝에 그는 오도아케르를 죽이고, 493년 이탈리아에 동고트왕국을 수립하고 라벤나를 수도로 삼았다. 테오도리쿠스는 젊은 시절 콘스탄티노폴리스에서 인질 생활을 한 적이 있는데, 그때 로마의 교육을 받았고, 그곳에서 본 문화에 깊이 동화되었다. 그래서 그는 다른 어떤 게르만 왕국보다 더 로마의 전통을 유지하려고 애쓰고, 고전 문화를 보존하기 위해 많은 노력을 기울였다.

이탈리아의 지배권을 장악한 뒤, 테오도리쿠스는 열성적으로 동고트와 로마의 관행을 종합하고자 온힘을 기울였다. 제국의 통치 구조를 그대로 유지하려는 데 더하여, 그는 동고트인과 로마인을 위해 별도의 통치 제도를 수립했다. 이탈리아 주민은 로마인 관리가 집행하는 로마법 아래 살고, 동고트인은 그들의 관리와 관습의 지배를 받았다. 사적 반목이 폭력을 통해 해결되고 무장 집단이 이리저리 휩쓸고 다니며 약탈을 일삼는 동시대 프랑크왕국과 달리, 동고트왕국은 치안이 훨씬 더 잘 유지되고 효율적인 통치가 이루어졌다. 그러나 동고트왕국은 그 창건자 이후 오래 존속하지 못했다. 526년 테오도리쿠스가 남자 상속자 없이 죽자 내란이 일어났고, 이후 동로마 유스티니아누스 황제가 535~554년의 20년에 걸친 오랜 전쟁을 통해 이탈리아를 대부분 재정복했기 때문이다. 그리하여 동고트왕국은 게르만의 여러 왕국 가운데 가장 단명한 왕국이 되었다. 동로마의 재정복 전쟁은 매우 파괴적이어서 이전의 그 어떤 무질서보다 더 반도 안의 로마 문명을 부수어놓았으며, 이탈리아는 황폐해졌다.

**랑고바르드왕국**    게르만족 대이동의 마지막 물결을 탄 민족은 랑고바르드족 Langobard이었다. 서고트족이 훈족에 밀려서 로마로 이주했듯이, 두 세기쯤 뒤 랑고바르드족은 훈족이 개척한 길을 따라와 헝가리 평원을 장악한 또 다른 유목민인 아바르족Avar에게 쫓겨 이주를 시작했다. 그들은 568년 도나우 지역으로부터 동로마제국이 장악하고 있던 이탈리아반도로 밀고 들어와 북부 지역을 차지하고, 그곳에서 왕국을 건설했다. 이후 오랫동안 랑고바르드족은 이탈리아를 두고 동로마제국과 싸웠다. 랑고바르드족은 모든 게르만 민족 중 가장 거칠고 사나웠다고 일컬어지는데, 동로마 황제는 이들의 침략으로부터 간신히 이탈리아 남부와 라벤나 그리고 베네치아Venezia를 지켜냈다. 그 와중에서 교황은 동로마 황제의 그늘에서 벗어나 로마 지역의 실질적 지배자가 되었다. 랑고바르드왕국은 774년에 프랑크왕국에 복속되었다.

**게르만 사회**    게르만 왕국의 왕들은 거의 모두 동로마 황제로부터 일정한 인정과 관직을 받았으며, 그래서 이론상 황제의 신하였다. 그러나 실제로는 그들은 모두 독자적으로 행동했고, 게르만어로 '왕'의 칭호를 갖고 있었다. 그들은 정복한 땅을 따르는 무리에게 나누어 주었다. 물론 지도적 전사에게는 드넓은 땅이, 일반 전사에게는 작은 농장이 배당되었다. 대부분 지역에서 게르만 정착민들은 원주민보다 아주 작은 소수로서, 이웃 로마인들과는 다른 자신의 관습과 법을 가지고 살았다. 게르만의 왕들은 대체로 그들의 관습에 따라 그들 민족을 다스렸고, 로마 주민들은 로마법과 선례에 따라 다스렸다. 사실상 두 개의 법체계와 두 개의 사회가 왕을 법적인 연결 고리로 삼아 함께 병존했다. 그런 점에서 원주민을 동화시키거나 쫓아낸 앵글로색슨왕국은 예외적 경우였다. 프랑크왕국에서는 로마인과 프랑크족 간의 분리가 그렇게 엄격하지 않았다. 로마인도 관직에 임명되었고, 게르만인과의 통혼도 자주 있었다.

게르만인이 무력을 가진 난폭한 소수로서 힘없는 로마 주민을 괴롭히는 일이 드물지 않았지만, 게르만 사회에서 로마인이 피정복민으로 취급되지는 않았다. 정복자 지도자들은 로마 문화를 존중했고, 그 자신은 문맹이었을지라도 자녀들은 라틴 문화를 배우게 했다. 로마의 지주들은 권력과 신분을 유지했으며, 비록 상당히 많은 땅을 정복자에게 빼앗겼지만, 여전히 매우 부유했다. 그리하여 세월이 지나면서 게르만 정복자들은 로마 주민 속으로 흡수되었다. 그렇기는 하지만 그들의 법률과 관습 그리고 전통 등은 새로 등장하는 중세 초기 유럽 사회에 깊은 영향을 끼쳤다.

전체적으로 게르만 왕국들은 제국 말기에 진행된 궁핍화와 쇠퇴의 추세를 되돌리지는 못했다. 도시 생활은 계속 사라져가고, 폭력과 파괴적 전쟁이 끊임없이 삶을 위협하고, 지주와 주교의 권력과 영향력이 정부 권위를 갉아먹으며 계속 성장했다. 그러나 쇠락의 와중에도 상당히 많은 문화와 문명이 살아남았으며, 이후에 중세 문명의 기초가 될 새로운 제도들이 발전하고 있었다.

게르만족의 종교는 다른 고대인과 마찬가지로 다신교였는데, 신인 동형의 많은 신이 있었다. 기독교를 받아들인 뒤 그들은 전통 신들을 버렸으나, 이교 전통이 많은 민간전승 속에 남았다. 그래서 전쟁의 신 티우Tiu, 게르만족의 주신인 위든Woden, 천둥의 신 토르Thor, 풍요의 신 프리그Frigg가 영어의 화요일Tuesday, 수요일Wednesday, 목요일Thursday, 금요일Friday 등 한 주 4일의 이름으로 기려지고 있다.

관습법이 지배하는 게르만의 사법 체계는 로마와는 사뭇 달랐다. 재판에서 피고가 무죄 판결을 받기 위해서는 선서로 자신의 무죄를 증언할 일정 수의 증인을 확보해야 했다. 그렇지 못하면 피고는 '시련 재판trial by ordeal'에 의한 재판을 받게 되는데, 이는 신이 결코 결백한 사람이 육체적 시련에서 해를 입도록 내버려두지 않을 것이라는 믿음에 기초했다. 이 재판은 다양한 방법으로 시행되었다. 피고는 끓는 물속에서 작은 돌을 집어내어야 하는데, 덴 팔이 정해진 날짜

안에 낫지 않으면 유죄로 판결되었다. 혹은 손을 묶인 피고가 축성한 물속에 던져져서 가라앉으면 무죄, 떠오르면 유죄였다. 신성한 물이 죄인을 받아들이지 않을 것이기 때문이었다. 피고가 눈을 가린 채 맨발로 달군 쇠붙이 조각이 널려 있는 바닥을 건너가기도 했다. 쇠붙이를 무사히 피하는 것은 결백의 징표로 여겨졌다. 시련 재판은 13세기 이전까지 시행되었는데, 이때에야 인노켄티우스Innocentius 3세 교황과 여러 세속 지배자들이 이를 불법화했다.

**게르만 왕국들의 멸망의 원인**　　앵그로색슨왕국들과 프랑크왕국을 제외하고, 다른 모든 게르만 왕국은 앞서거니 뒤서거니 하면서 역사의 뒤안길로 사라졌다. 부르군트왕국과 랑고바르드왕국 같은 작은 왕국은 그렇다 치더라도, 반달·서고트·동고트왕국 같은 큰 왕국들은 왜 오래 살아남지 못했을까? 지정학적 요인이 중요하게 작용했다. 이들은 동로마제국이나 이슬람제국 같은 대제국에 가까이 있어서 상대적으로 쉽게 희생될 수 있었던 것이다. 그러나 그렇게 말하는 것만으로는 충분하지 않다.

중요한 요인의 하나는 종교적인 것인데, 멸망한 왕국이 모두 아리우스파 기독교를 받아들인 나라였다. 4세기 후반에 아리우스파인 울필라스Ulfilas 주교가 선교사로 도나우강을 건너 처음으로 고트족에게 기독교 신앙을 전해주었다. 울필라스는 그리스문자와 라틴문자 그리고 고대 게르만문자인 룬Rune문자를 혼합하여 고트문자를 만들어주고, 성서를 고트어로 번역했다. 아리우스파 기독교는 고트족으로부터 도나우강 유역의 모든 게르만 부족에게 급속도로 퍼져나갔다. 그들 교회는 로마교회 조직 바깥에 있으면서, 제 나라의 말로 예배를 보고, 제 나라 지도자의 지배를 받았다. 따라서 이들 게르만족은 로마의 땅에 발을 디딘 순간부터 로마교회의 조직적 저항에 직면했다. 로마인은 대부분 그들을 단순히 침략자만이 아니라 이단자로 보았다. 게다가 그들은 지역 주민과 거의 섞이지 않은 채 식민지 지배자처럼 살았다. 그들은 대체로 자신의 법에 따라 살려고 했고, 그들의 군대는 점령군처럼 행동했다.

그들의 수가 상대적으로 적은 점도 주목할 만한 부분이다. 각 민족이 이동할 때 평균적 규모는 부녀자와 아이들을 포함하여 대략 10만 명 정도로 추정된다. 그들이 전투에서 승리한 것은 수적 우위보다는 빼어난 기병 덕분이었다. 프랑크족과 앵글로색슨족이 얇은 인구층으로도 살아남은 북부 갈리아 및 브리타니아와 달리, 이탈리아·이베리아·북아프리카 등, 제국에서 가장 로마화하고 로마 주민의 비중이 상대적으로 훨씬 더 높은 지역에서 게르만 왕국들이 자신의 정체성을 유지하지 못한 것은 우연이 아니다.

## 2) 프랑크왕국

**메로베우스 왕조**　　옛 서로마제국 영토에 자리 잡은 남부의 세 왕국은 사라진 반면, 북서 유럽에 본거지를 둔 프랑크왕국은 오래 살아남아 중세 문명의 주역이 되었다. 프랑크족은 인구는 많았으나, 문명의 중심부와 멀리 떨어져 있어서 상대적으로 후진적 민족이었다. 브리타니아로 간 앵글로색슨족을 제외하고, 로마제국을 침입한 다른 게르만족들이 이미 대부분 기독교로 개종했지만, 그들은 아직 이교도로 남아 있었다. 게다가 프랑크족은 통일 국가를 조직하지 못하고 여러 작은 부족으로 나뉘어 있으면서, 오늘날의 벨기에와 남부 네덜란드의 해안 지대에 거주한 살리족Salii과 라인강 중류 지역에 거주한 리푸아리족Ripuarii의 두 큰 집단으로 느슨하게 결합해 있었다. 프랑크족은 4세기 말 이후 조금씩 라인강을 건너 로마제국을 침입하기 시작해서 5세기 후반에는 갈리아 북부를 차지하기에 이르렀다.

　　프랑크족이 통일 왕국을 수립한 것은 클로도베우스Clodoveus, Clovis(481~511) 때였다. 그는 잔인하고 교활했지만, 또한 매우 유능했다. 살리족에 속해 있던 클로도베우스는 분열된 부족들을 모두 하나의 프랑크왕국으로 통합하여 메로베우스Meroveus왕조를 창건했다. 그는 먼저 갈리아 북부에서 중부로 세력을 확장했다. 서로마가 멸망한 이후에도 갈리아의 중부 지역은 로마제국 최후의 갈리아 총독 시아그리우스Syagrius 장군의 지배 아래 있었다. 클로도베우스는 486년 시아그리우스의 잔존 로마 세력을 쳐부수고 갈리아 중부를 왕국에 편입하고, 그 10년쯤 뒤에는 라인강 중부의 알라마니족Alamanni을 정복했다. 그리고 그는 507년 서고트족을 이베리아로 밀어내고 남부 갈리아까지 영토를 넓혔다. 이후 그의 아들들은 부르군트왕국을 정복하여 갈리아 거의 전역을 차지했을 뿐 아니라, 동으로는 옛 로마의 경계를 넘어 독일 깊숙이까지 프랑크왕국의 세력을 확장했다. 그리하여 6세기 중엽에 이르면, 프랑크왕국은 서로마를 계승한 여러 게르만 국가 중에서 단연 가장 크고 강력한 국가가 되었다.

클로도베우스는 496년 세례를 받아 로마교회로 개종하고 그의 민족도 그 뒤를 따랐는데, 그로써 프랑크왕국의 기반이 더욱 튼튼해졌다. 프랑크왕국은 교회의 적극적 지지와 로마 주민의 호의를 얻을 수 있었기 때문이다. 로마 주민에게 프랑크족은 이단의 위협에서 자신을 지켜줄 구원자로 비쳤고, 프랑크족이 아리우스 신앙을 가진 부르군트족이나 서고트족과 벌인 전쟁은 이단과의 전쟁이 되었다. 물리적 힘을 가진 프랑크왕국과 정신적 혹은 문화적 힘을 가진 로마교회의 제휴는 양자 모두의 생존과 발전에 크게 이바지했다. 프랑크족은 라인강 하류의 본거지를 버리지 않았는데, 이 점도 그들이 살아남는 데 크게 도움이 되었다. 그들은 원래의 거주지에서 인근 지역으로 조금씩 확장함으로써, 그 정착지에서는 상대적으로 많은 인구수를 유지했다. 그리고 그들은 알라마니와 부르군트 등 다른 게르만족을 융합함으로써, 로마 원주민 속에 잠기게 되는 사태를 피하면서 정체성을 유지할 수 있었다.

갈리아를 정복한 클로도베우스는 게르만의 관습에 따라 휘하 전사들에게 정복지를 분배했다. 지주와 귀족 그리고 주교 등 기존 로마 지배층은 말살하는 대신, 그는 그들 재산의 상당 부분과 지위를 유지해주면서 왕국을 다스리는 데 그들의 힘을 이용했다. 그리하여 프랑크왕국의 지배 집단은 클로도베우스의 유력 전사와 갈리아의 옛 로마 지배층에서 서서히 성장해 나왔다. 지주로서 그들은 소작농의 보호자 겸 지배자의 권력을 가졌으며, 전사로서 그들은 충성과 복종의 의무를 지고 자신을 위해 싸우는 부하를 보유했다. 프랑크의 왕들은 왕국을 효율적으로 다스리기 위해서는 이들 유력자의 협력이 필요했다. 이들의 협력을 얻기 위해 왕은 그들에게 때때로 관직을 맡기거나, 혹은 왕의 개입 없이 그들의 영지를 지배할 권리를 주어야 했다.

프랑크왕국은 정치적 통일을 유지하지 못했다. 다른 많은 게르만족도 마찬가지였지만, 프랑크족은 로마와 달리 국가나 공화국 같은 개념에 익숙하지 않았고, 사적 영역과 공적 영역을 구분하는 관념이 발달하지 않았다. 메로베우스왕조의 지배자들은 왕국을 사적 소유물처럼 생각하는 경향이 있었고, 그래서 제자諸子 분할상속의 관습에 따라 나라를 아들들에게 나누어 물려주었다. 클로도베우스가 죽은 뒤 프랑크왕국은 네 아들에게 분할 상속되었고, 이 관행은 다음 세대에도 되풀이되었다. 그 결과 왕국의 통일성은 느슨해졌고, 상속자들은 더 큰 몫을 차지하기 위해 이전투구의 싸움을 벌였다. 그들 사이에 살인, 음모, 배신이 난무했다. 잦은 내란 속에서 왕국의 권력은 왕의 수중에서 유력 귀족들에게로 조금씩 빠져나가고, 낮은 차원에서 분권화가 이루어졌다. 백count과 공duke 같은 지역 관리들과 주교들이 이른바 불입권immunity, 즉 왕의 간섭을 받지 않고 지배할 권리를 얻었고, 차츰 사법적 및 군사적 권한을 장악하기 시작했다.

그 결과 악순환이 일어났다. 왕들은 힘이 약해지면서 유력 귀족들에게 더욱 의존하게 되고, 그럼으로써 그들에게 더욱 많은 땅과 권력을 양보하게 되었다. 그리하여 7세기 말경이 되면 프랑크왕국의 왕은 왕실을 관장하는 수장인 궁재majordomus의 꼭두각시 처지가 되었다. 궁재 자리는 보통 유력 귀족파당의 우두머리가 차지했다. 그러나 이들 귀족은 서로 피 터지게 싸웠고, 그 결과 중앙정부의 권위는 점점 더 취약해져서 각 귀족 가문은 독자적 권력을 행사했다.

**프랑크왕국의 사회**　　분열과 통합을 반복하면서 두 세기가 지나는 동안 프랑크왕국은 대체로 왕국의 서부인 북부 갈리아의 네우스트리아Neustria와 왕국의 동부인 라인강 양안의 옛 프랑크족의 본거지인 아우스트라시아Austrasia, 그리고 왕국의 남부인 이전의 부르군트왕국 등 꽤 뚜렷하게 구분되는 세 지역으로 나뉘었다. 네우스트리아에는 로마 주민과 관습이 많이 남아 있었고, 주로 라틴어가 주민들의 일상적인 언어로 쓰였다. 그런 데 비해 아우스트라시아는 주민이 대부분 게르만인이었으며, 네우스트리아보다 문화적으로 뒤떨어졌다.

한편 이 기간에 갈리아의 로마인과 프랑크인이 서로 섞이고, 그들의 문화가 서로 융합되었다. 그리고 그 과정에서 로마의 표준적 문명과 상업 활동이 현저하게 쇠퇴했다. 프랑크인은 전사로서 도시 생활이나 교역 활동을 거의 하지 않았다. 사회는 점점 농촌화해서 8세기 중엽에 이르면, 프랑크왕국의 갈리아는 기본적으로 농업 사회가 되었다. 로마 시대 말기에 콜로누스가 경작하는 대농장이 농업 조직의 일반적 형태가 되었는데, 이런 체제는 게르만족의 침입 이후에도 별로 바뀌지 않았다. 이전에 로마인 지주가 소유했던 농장 일부는 게르만 귀족에게 고스란히 넘어가 전과 마찬가지로 운영되었고, 나머지는 그대로 소유주의 수중에 남았다. 그리고 원래 게르만족의 거주 지역에서도 비슷한 영지가 성장하기 시작했다.

**프랑크족의 가족제도**　　게르만족의 사회적 유대의 근간은 가족이었다. 그들의 가족은 부부·자녀·형제자매·조부모 등으로 이루어진 가부장 체제의 대가족이었고, 프랑크족 역시 대가족은 사회조직의 중심에 있었다. 가족은 함께 땅을 가꾸면서 살아가는 생활공동체인 것에 더하여, 민족 이동의 대혼란과 폭력적 환경에서는 절대 필요한 보호막 구실을 했다. 가족의 중요한 문제는 모두 남자인 가장이 결정했다. 여성은 결혼 전까지 아버지에게 예속되고, 결혼 뒤에는 남편의 법적 지배권 아래 놓였다. 그러나 과부는 남성 보호자 없이 재산을 가질 수 있었다.

결혼은 대가족 집단에 영향을 미치기 때문에 아버지가 자녀의 의사를 고려하지 않고 결혼을 주선할 수 있었다. 약혼식은 매우 중요했는데, 이때 사윗감은 신부에 대한 아버지의 권한을 매입하는 것을 상징하는 보상을 했다. 초혼에서는 아내가 처녀임이 중요하게 여겨졌는데, 이는 자녀가 남편의 자식임을 보장하는 것이었다. 부정한 아내는 혹독한 처벌을 받았으나, 부정을 저지른 남편은 아무런 처벌도 받지 않았다. 이혼은 비교적 간단해서 일차적으로 남편이 주도하고, 이혼당한 아내는 친정으로 돌아갔다.

**자연환경과 농업**　　　갈리아 지방은 지중해 지역보다 강우가 좀 더 풍부하다. 대서양에서 불어오는 편서풍 영향으로 비가 자주 내리기 때문이다. 그리고 그곳은 같은 위도의 북아메리카보다 기온이 상대적으로 온화한 편인데, 바닷바람이 육지보다 여름에는 시원하고, 겨울에는 따뜻하기 때문이다. 게다가 북대서양을 건너 밀려오는 따뜻한 멕시코 만류는 온난 효과를 더욱 높여준다. 이런 대서양 효과는 당연히 동쪽으로 갈수록 약해진다. 겨울은 더 추워지고, 여름은 더 더워진다. 그리고 강우는 줄어들어, 도나우강 하류와 남부 러시아에 이르면 초원 지대 상태가 형성된다.

엘베강 이동 지역은 온난한 서유럽 기후와 혹독한 동유럽 기후 사이의 중간 지대이다. 기후가 혹독한 데에 더하여 그곳의 토양은 주로 모래흙이어서, 서부 유럽의 찰흙 토양만큼 비옥하지 못하다. 이러한 사실은 중세 유럽인이 12세기 이후 엘베강 너머에서 식민 활동을 하는 데 제약 요인으로 작용했다. 그 이후 여러 세기에 걸쳐 좀 더 효율적인 영농 방법이 발달하고 새로운 작물이 도입됨으로써 비로소 이 지역이 서유럽 지역과 거의 나란히 할 수 있었다.

갈리아 지방은 토양은 비옥했지만, 지중해 지역 토양에 적합한 농업기술이 북쪽의 조건에는 잘 맞지 않았다. 삼림과 늪은 경작지로 개간하기가 매우 어려웠고, 지중해 지역의 특징적인 일부 작물은 겨울이 더 냉혹하고 구름이 많은 북쪽에서는 잘 자라지 않았다. 그래서 로마제국 시대 동안에는 갈리아의 비옥한 평원과 골짜기의 땅이 충분히 개발되지 못하고, 대부분 숲으로 빽빽하게 덮여 있었다. 해안 평원의 드넓은 지역은 거의 평평했기 때문에, 곳곳에는 수많은 늪과 질퍽한 곳이 생겨났다. 평원의 굉장히 넓은 공간이 인위적으로 물을 빼지 않으면 봄갈이하기에 충분할 만큼 땅이 마르지 않았다. 만일 이른 봄갈이를 하지 않으면, 가을비와 서리가 닥쳐 농사를 망쳐버릴 수 있었다.

이와 같은 상황이 로마 시대나 더 이른 시대에 갈리아 지방의 비옥한 땅을 농사에 이용하는 데 심각한 장애가 되었다. 그래서 농업은 특별히 유리한 위치, 즉 배수가 아주 잘 되는 언덕배기나 석회암 혹은 황토 토양, 그리고 숲이 빽빽하게 자라지 않은 곳에 국한되었다. 그렇지 않은 평원 지역의 개간은 수 세기가 걸리는 오래고 느린 과정이었다. 광대한 삼림지대는 14세기 말에 이르러서야 비로소 서유럽 대부분 지역에서 사람들의 삶의 공간으로 바뀌었다.

중세 농민이 확립한 농업제도는 유럽의 기후 조건으로 인해 고대의 지중해 농업과는 몇 가지 측면에서 의미 있는 차이점을 보였다. 비교적 풍부한 강우 때문에 연중 매우 오랫동안 목초가 수분을 많이 함유할 수 있었고, 그래서 지중해 지역의 주된 가축이었던 당나귀·양·염소 대신 소와 말이 유럽의 주된 가축이 되어 역축役畜으로 이용되었다. 광대한 오크 숲에서 나는 풍부한 도토리는 돼지 사료로 쓰였고, 그래서 고대에 숲이 대부분 파괴된 남부 유럽의 경우와는 달리 돼지가 일반적인 가축이 되었다.

올리브 나무는 북유럽의 추운 겨울을 견딜 수 없었기 때문에, 버터와 동물성 지방이 지중해의 필수 식품인 올리브유를 대신했다. 포도나무는 북유럽의 많은 지역, 특히 라인강 상류 계곡에 성공적으로 이식되었다. 그러나 서유럽에서 포도 재배는 결코 지중해 지역에서만큼 중요성을 갖지 못했다. 곡물은 지중해 지역과 마찬가지로 밀이 제일 중요한 식량이었다. 그러나 어떤 지역에서는 습하고 찬 기후 때문에 밀에 의존할 수 없었으며, 그런 곳에서는 호밀과 귀리가 밀 대신 재배되었다.

지중해 기후에서는 가을에 곡물을 심고, 이듬해 여름 가뭄이 시작될 때 거두어들여야 했다. 그러나 북유럽은 여름에 긴 건기가 없고, 그래서 봄에 파종하고 가을에 추수하는 것이 가능했다. 이러한 사정은 농업 노동을 연중 좀 더 고르게 펼치는 효과가 있어서, 농민 한 사람이 좀 더 많은 토지를 경작할 수 있었다. 예를 들어 중세 잉글랜드에서는 토지 30에이커가 농민 한 사람이 경작하기에 적당한 크기로 여겨졌다. 그런데 고대 아테네에서는 농민 한 가족이 경작할 수 있는 경작지가 보통 잉글랜드의 1/3 정도였다. 아테네의 주요 작물인 올리브나 포도의 재배는 괭이질같이 시간이 오래 걸리고 품이 많이 드는 작업이 필요하면서도, 쟁기질하고 추수할 기간이 짧았기 때문이다.

**농업기술의 발달**　북유럽에서는 봄에 빨리 마르지 않는 땅은 농사에 별로 소용이 없었다. 그러므로 북유럽 평원이 광범한 규모로 농업 생산에 이용되기 위해서는 배수가 잘되게 하는 일이 필요했다. 이런 필요를 충족시킨 것이 발토판쟁기mouldboard plow의 도입이었다. 무거운 발토판쟁기로 길게 평행으로 달리는 고랑을 깊이 파고 두둑을 높이 쌓으면, 고랑을 따라 물을 빼내고 봄에 일찍이 파종할 수 있었다.

발토판쟁기는 게르만족이 민족 대이동 시대 이전에 발명했다. 그러나 그들의 반半유목 생활 습성에다가 농업을 위해 숲을 개간하는 과정이 늦추어진 바람에, 새 발명품은 오래도록 널리 보급되지 못했다. 그리고 로마화한 지역에서는 사회적 관념 때문에 발토판쟁기의 보급이 지연되었다. 로마의 사유재산 관념은 발토판쟁기의 요구와 잘 어울리지 않았다. 그 무거운 쟁기를 끄는 데는 여러 마리의 견인용 가축이 필요했는데, 그만큼의 역축을 소유한 농민은 거의 없었기 때문이다.

중세 농민은 쟁기질을 위해 여러 주민의 가축을 연결해서 공동으로 작업했다. 그런데 역축이 여러 마리 동원되었기 때문에 쟁기와 역축들의 방향을 바꾸는 일이 매우 어려웠다. 이 때문에 자주 방향을 바꾸지 않고 쟁기질을 할 수 있도록 경작지를 좁고 길쭉한 지조 형태로 조성해서 쟁기질하는 관습이 생겨났다. 그래서 북유럽 평원 지대에서는 10세기에 이르면 발토판쟁기에 기초한 농업이 일반화했다.

게르만족이 거주하는 북유럽 지역은 발토판쟁기의 보급과 더불어 새로운 땅이 개간되어 농토가 늘어났으며, 인구도 꾸준히 늘었다. 그러나 로마의 영농 방법과 작물이 그대로 사용된 루아르Loire강 이남의 남부 유럽에서는 북부에 상응하는 농업기술의 발전이 일어나지 않고, 오히려 기술 수준이 퇴보했다. 그리고 산악 지역은 무거운 쟁기 사용이 불가능했다. 전쟁과 기근 그리고 질병으로 이전의 로마인 지역에서는 인구가 줄어들고, 넓게 펼쳐졌던 경작지가 다시 삼림으로 바뀌는 곳도 많았다. 로마제국 시절에 인구 희박한 변두리 지역에 불과했던 북유럽의 평원이 지중해 지역의 부와 경쟁하고, 결국에는 그를 능가한 농업 생산 중심지로 탈바꿈한 것은 바로 지리적 조건에 적응한 기술 발전 덕분이었다.

교회, 특히 수도원이 소유한 토지에서는 로마식 영농 방법이 남아 있었다. 예를 들어 갈리아에서 포도 재배는 주로 수도원 소유 영지에서 이루어졌다. 포도주는 수도원의 특산품이었는데, 몇몇 수도원은 멀리 잉글랜드와 비잔티움까지 포도주를 수출했다. 그러나 이러한 국제무역은 흔하지 않았다. 게르만 왕국의 지속적 무질서와 각 영지의 자급자족적 구조 때문에 교역은 성장하지 못하고, 국제무역은 소규모 사치품을 제외하고는 거의 사라졌다. 원거리 통상은 대체로 행상인의 수중에 떨어졌는데, 이들 가운데 다수는 시리아인이나 유대인이었다. 상공업이 쇠퇴하는 가운데, 제국의 옛 도시들은 주로 주교의 거주지와 주교구 행정의 중심지 기능을 했다. 활기찬 중간계급이 소멸해감에 따라, 사회는 대규모 영지를 소유한 두 지배계급인 전사-귀족 및 고위 성직자와 그 땅에 얽매인 채 농사로 삶을 이어가는 대다수 농노로 나뉘게 되었다.

**앵글로색슨 왕국들**　　프랑크족과 더불어 중세 유럽 문명의 주인공이 된 또 다른 게르만족은 브리타니아로 간 앵글로색슨족이었다. 브리타니아에서는 로마의 지배가 420년경 끝났다. 로마는 대륙에서 게르만족의 압박이 심해지자, 이 무렵 브리타니아를 포기하고 군대를 철수했다. 이를 계기로 지난 시절에 약탈을 일삼던 덴마크 지역의 앵글족과 유트족Jute 그리고 북독일 지역의 작센족Sachsen이 북해를 건너와 브리타니아에 정착하기 시작했다. 로마의 지배에서 풀려났던 켈트족Celt 원주민은 새로운 침략자와 맞서 싸웠다. 아서Arthur왕과 그의 기사들의 이야기가 바로 이 시기를 배경으로 만들어졌다. 그러나 그들은 자신의 땅을 오래 지켜내지 못했다. 침략자들은 한꺼번에, 혹은 대규모 집단으로 온 게 아니었다. 그들은 두 세기에 걸쳐 소집단으로 와서 차츰 켈트족을 섬의 서쪽으로 콘월Cornwall과 웨일스Wales까지 몰아내고, 일곱 개의 독립된 소왕국을 세웠다. 그들은 잉글랜드만 차지했을 뿐, 스코틀랜드까지 진출하려 하지는 않았다.

## 2. 가톨릭교회의 발전

게르만족의 지배 아래에서 교회는 살아남았을 뿐 아니라 더욱 번성했다. 특히 프랑크족처럼 민족 이동 전까지는 이교도로 남아 있던 정복자들이 서로마의 정통 기독교로 개종했다. 서고트족처럼 이미 아리우스파 기독교로 개종한 게르만족은 수 세대 동안 자신의 신앙을 고수했는데, 이는 그들과 로마 원주민 간의 갈등의 주된 원천이었다. 그러나 이 갈등에서 굴복한 것은 정복자들이었고, 그들도 결국 정통 로마교회로 개종했다. 그리하여 600년 무렵이 되면, 제국은 사라졌지만 교회가 서유럽의 여러 민족과 왕국들을 하나로 묶는 핵심 세력으로 떠올랐다. 불안한 시대에 팍팍한 삶을 살아가는 사람들에게 위안과 피난처를 제공하면서, 교회는 정치적으로나 경제적으로나 강력한 힘을 가진 기구로 발전했다.

### 1) 수도원제도

**베네딕투스 수도원**　　성직자의 도덕적 수준이 급격히 떨어지던 5~6세기에 수도사들의 경건한 품행으로 수도원이 교회 조직에서 별도의 성직자 조직으로 확립되었다. 수도사는 수도원 안에서 수도원의 규칙regula에 따라 사는 성직자라고 해서 규칙 성직자regular clergy라고 불리고, 일반 성직자는 세상seculum을 자유롭게 돌아다닌다고 해서 재속 성직자secular clergy로 불리게 되었다. 6세기에는 교회의 존재 자체가 수도원에 크게 의존했고, 수도사는 성직자의 양심으로 행동하면서 영성적 엘리트로 자부하기 시작했다.

교회 조직에서도 수도원은 특히 신성하게 여겨졌고, 수도원의 땅과 건물은 중세 초기의 끊임없는 전란과 소소한 폭력에서 비교적 벗어나 있었다. 그 결과 수도원은 야만과 혼란의 시대에 피난처가 되었고, 기독교 및 이교의 수많은 저작이 수도원 도서관에서 필사되고 보존될 수 있었다. 암흑시대에 학문이 있었다면, 그것은 통상 수도원학교에서 이루어졌다. 제국이 붕괴된 뒤 서양 문명의 생존 자체가 대체로 교황청과 재속 성직자 그리고 수도회 등 기독교의 세 조직에 달려 있었다. 역설적이지만, '이' 세상의 문명을 지키는 과업이 '저' 세상의 길을 여는 일을 주된 사명으로 하는 교회에 떨어졌다.

유럽 수도원 제도의 발달에 가장 크게 기여한 인물은 성 베네딕투스St. Benedictus (480~543)이다. 베네딕투스는 529년경 한 무리의 추종자를 이끌고 로마와 나폴리 중간쯤에 있는 몬테카시노Monte Cassino에 올라가 옛 아폴론 신전 터에 수도원을 세웠다. 그는 이 수도원의 규칙을 작성했는데, 독거獨居의 묵상과 집단생활의 균형을 잡은 이 규칙은 이후 모든 서양 수도회의 모델이 되었다. 그 수도사들은 청빈과 순결과 순종을 서약하고 수도원에 들어간 뒤, 일상생활을 세밀하게 규제받았다. 베네딕투스 규칙은 중용의 이상을 추구했다. 수도사들은 지나친 음주도, 극단적 고행이나 중노동도 피했다. 그들은 하루에 일고여덟 번 함께 모여 기도하고, 예닐곱 시간 밭이나 작업장에서 일하고, 두세 시간쯤 독방에서 책을 읽거나 묵상하며 지냈다.

베네딕투스는 육체노동이 지적·정신적 활동에 건전한 균형을 제공한다고 생각하고 근면을 강조했다. 그에게 게으름은 '영혼의 적'이었다. 수도사들은 새 농지를 개간하고, 농사를 지으면서 좀 더 효율적인 농기구와 영농 기술을 개발하고, 포도주를 양조하고, 작업장에서 직조나 도자기 제작 혹은 금속공예 등 유용한 공예를 보존했다. 그들은 또한 병원이나 구호소를 운영하면서 고아와 병자나 빈자를 보살폈다. 그뿐 아니라 그들은 선교사로 활동하고, 고대 저술을 보전·필사하고, 히에로니무스의 예를 따라 학문적 과업을 수행함으로써 서양 중세 문명 발달에 엄청난 공헌을 했다. 8세기가 되면 베네딕투스 수도원은 유럽 기독교 세계 전역에 퍼졌다. 베네딕투스 수도회는 6~12세기 사이 중세 유럽에서 가장 역동적인 문명화 세력이었다.

**병립 수도원**    수도원의 선교 활동과 게르만족의 개종에는 여성 또한 중요한 역할을 담당했다. 수녀는 수녀원뿐 아니라 이른바 병립 수도원double monastery에 소속되기도 했다. 병립 수도원은 일찍이 4세기부터 동방교회에서 설립되어 널리 퍼졌는데, 잉글랜드와 갈리아 지역에는 7세기에 성 콜룸바누스St. Columbanus의 선교 활동 이후 많은 곳에 세워졌다. 이 수도원은 수도사와 수녀가 별개의 건물에서 생활하지만, 같은 규칙을 지키며 한 원장의 감독 아래 공동의 성당에서 함께 예배를 보았다. 원장이 여성인 경우도 흔했다. 잉글랜드 노섬브리어Northumbria왕국의 성 힐다St. Hilda는 657년 휘트비Whitby 수도원을 설립했다. 수도원장으로서 그녀는 수도원의 중요한 역할인 학문을 제공할 책임을 충실히 이행하고, 주교를 다섯 명이나 배출했다. 병립 수도원과 수녀원은 여성들에게 그 시대 사회의 다른 어디에서도 찾아볼 수 없는 교육과 학문의 기회를 제공했다.

## 2) 교황권의 확립

**교회의 세속 권력**    중세 문명의 형성 과정에서 핵심적인 요소의 하나는 교회의 세속 권력이 크게 성장한 일이었다. 로마제국의 행정 체계가 비틀거리기 시작하면서, 변두리 속주의 주교들이 정부 관리의 역할을 떠맡았다. 주교들은 도시의 제반 행정 업무를 처리하고, 심지어 공동체 방위를 위해 군대도 지휘했다. 이탈리아에서는 선출된 관리와 그 지역 주교가 도시 정부의 특권과 책임을 분장하는 것이 상례가 되었다. 교회는 또한 서부 유럽에서 주요 지주가 되었다. 신심 깊은 교도가 교회에 토지를 헌납하고, 사회적으로 약한 처지에 있는 사람들은 평생 경작하고 교회의 보호를 받는 조건으로 토지를 교회에 위탁했다. 이런 토지는 흔히 프레카리움precarium이라 불렸다. 교회가 방대한 토지를 보유함에 따라 더욱 큰 행정기구가 필요하게 되었다. 교회는 농노와 노예, 토지 관리인과 감독관, 재정 책임자, 나아가 때로는 방위를 위한 군대를 통할했다. 그리하여 주교와 수도원장은 중세로 이행하는 과정에서 엄청난 세속적 권력을 장악하게 되었다.

**그레고리우스 1세**　한편 5세기에 레오 1세가 확립했던 교황의 지위는 6세기 중엽에 유스티니아누스 황제의 이탈리아 재정복으로 위태로워졌다. 유스티니아누스는 교황을 휘어잡았고, 이후 비잔티움 황제들은 동부에서처럼 교황을 황제 권력에 예속시키려 했다. 교황권은 바닥을 헤맸다. 그러나 랑고바르드족의 이탈리아 침입이 교황에게는 권력을 회복할 기회가 되었다. 대교황 그레고리우스 1세Gregorius(590~604)는 랑고바르드족과 황제를 대립시켜 상당한 행동의 자유를 되찾고, 교황권을 재확립했다. 탁월한 통치 및 행정 능력을 지닌 그는 중부 이탈리아에서 교황의 세속 권력을 크게 증진했다.

그레고리우스는 국가권력의 공백 상태에서 로마와 그 주변 지역의 세속 행정을 책임진 사실상의 지배자가 되었는데, 이러한 교황의 세속 권력은 좀 더 복잡미묘한 문제를 일으켰다. 교황이 이 지역을 단지 황제를 대신해서 지배하는가, 아니면 로마교회의 주교 자격으로 지배하는가 하는 문제가 제기되었다. 교황들은 동로마황제의 모호한 명목상의 권리만 인정하면서, 중부 이탈리아에서 주권적 지위를 주장했다. 그리하여 로마교회는 단순히 국가 속의 제도 중 하나라는 지위를 넘어서서, 그 자신이 국가가 되는 길로 나아가고 있었다.

그레고리우스 1세는 또한 서방에서 모든 주교에 대한 교황의 지배권을 크게 강화했다. 이탈리아 전역에서 교회의 갈등에 개입하고, 프랑크왕국에서는 갈리아의 교회를 개혁하도록 영향력을 행사했다. 그뿐만 아니라 그는 정력적인 선교 활동을 펼쳤다. 그는 선교사를 파견하여 잉글랜드의 남부를 기독교로 개종시키는 데 결정적인 역할을 했으며, 대륙의 게르만족을 개종시키는 데도 열성적이었다. 이러한 활동을 통해 그는 전체 서방교회에 대한 교황의 지배권을 공고하게 확립했다. 그가 선교 활동에 동원한 기본 인적 자원은 수도사였다. 베네딕투스 수도회 수도사였던 그는 수도원 제도의 잠재적 가치를 깨닫고, 수도사들을 교황의 통제 아래 두려고 노력했다. 그 결과 수도사들은 교황의 세력 확장을 위한 유용한 도구가 되었다.

그레고리우스 1세는 또한 위대한 교부이기도 했다. 그는 흔히 마지막 교부로 평가되면서, 로마제국 말기의 3대 라틴 교부와 더불어 4대 라틴 교부로 손꼽혔다. 그는 강론 모음집을 펴내고, 사제의 책임과 의무를 논한 『사목司牧, Cura Pastoralis』과 구약성서 「욥기」에 대한 주석인 『도덕Moralis』 등 많은 책을 썼다. 이들 저서는 중세 시대에 폭넓은 인기를 누렸다. 그는 미사 전례를 개혁하고, 또한 많은 미사용 노래를 작곡하고 각 지방의 성가들을 정리해서 오늘날까지 사용되는 『그레고리오 성가Gregorian chant』를 펴내기도 했다. 그리하여 그는 이후 7~8세기에 게르만족이 기독교로 개종하고 새로운 유럽 문명이 태동하는 데, 교회가 핵심적 역할을 수행할 수 있는 기틀을 마련했다. 그는 중세 전반기에 가장 영향력 있고 강력한, 위대한 교황이었다.

그레고리우스 대교황은 또한 성가집을 펴냄으로써 고대의 음악 유산 일부를 유럽에 전하는 중요한 공헌을 했다. 사실 음악은 서양 문화의 중요한 일부를 구성하면서도 미술과 달리 고대와 중세의 것은 남아 있는 것이 거의 없다. 그레고리오 성가의 음악은 다양한 오리엔트 원천, 그 가운데 특히 헤브라이에 기원을 둔 것이었다. 전적으로 성악인 이 단선율 성가는 오직 미사와 성무일과聖務日課에만 사용되었으며, 사제와 합창단 혹은 회중이 노래를 불렀다.

## 3) 아일랜드와 잉글랜드의 개종

**아일랜드의 개종**    켈트족이 살고 있는 아일랜드는 5세기 중엽에 성 파트리키우스St. Patricius가 기독교를 전파했다. 그는 동북 잉글랜드에서 살았으나, 아일랜드 해적에게 잡혀가 노예 생활을 하다가 갈리아로 도망갔다. 거기서 이집트 계통의 수도원을 전전하다가 주교가 되어 아일랜드로 돌아왔다. 파트리키우스가 전한 아일랜드의 기독교는 게르만족 대이동의 혼란 속에서 대륙에서 격리되었고, 로마교회의 지배 체계에서 벗어나 독자적으로 발전했다. 로마의 지배를 받은 적 없는 아일랜드는 도시도, 로마와 같은 행정조직도 없었다. 그래서 아일랜드에서는 주교를 중심으로 한 위계 체계가 발전하지 못하고, 각 부족 단위의 수도원이 교회의 기본단위가 되고 수도원장이 교회를 관장하는 독특한 교회 조직이 생겨났다. 이후 수도원이 부족민의 삶을 지배하게 되었다.

**아일랜드 수도사의 활동**    베네딕투스 수도원과 달리 아일랜드의 수도원은 동방 수도원의 전통에 따라 매우 금욕적이었다. 수도사들은 자주 단식을 하고, 극단적인 고행을 일삼았다. 학문에의 정진 또한 아일랜드 수도원의 특징이었다. 신기하게도 서유럽에서 그리스어 지식이 거의 사라진 때에 아일랜드의 수도사들은 그리스어를 알았고, 라틴 학문은 유럽 본토보다 훨씬 뛰어났다. 그들은 그리스-로마 고전을 연구하고, 또 그것을 필사하면서 여백에 삽화를 그려 넣기도 했다. 그로 해서 새로운 기독교 미술이 발달하게 되었는데, 현존하는 것으로 가장 빛나는 필사본은 『켈스의 책Book of Kells』으로서, 이는 중세 기독교 미술의 가장 주목할 만한 작품으로 꼽힌다. 그 책갈피를 수놓은 장식들은 놀라울 만큼 다양한 문양과 빼어난 예술성을 지니고 있다. 아일랜드 국보이기도 한 이 필사본은 그 역사적 가치를 인정받아 2011년 유네스코 세계기록유산으로 등재되었다.

아일랜드 수도사들은 또한 고행의 일환으로 이교 사회에 뛰어들어 열정적인 선교 사업을 펼쳤다. 그들은 565년 스코틀랜드로 가서 수도 공동체를 설립하고 스코트족을 개종시켰으며, 6세기 말에는 그곳에서 북부 잉글랜드로 내려가 앵글로색슨족을 개종시키기 시작했다. 그뿐만 아니라 그들은 대륙에도 진출하여 수많은 수도원을 세우고, 게르만족 이교도를 개종시키는 데 앞장섰다. 특히 성 콜룸바누스는 갈리아뿐 아니라 독일과 이탈리아까지 돌아다니며 수십 개의 수도원을 세웠다. 아일랜드 선교사들이 세운 수도원은 그 자리가 어디이든 학문의 중심이 되어, 카롤루스Carolus왕조 시대에 서방교회의 지적 수준을 높이는 데 중요한 역할을 했다. 아일랜드교회는 또한 고해성사 관행을 처음 도입함으로써, 로마교회에 또 하나의 뜻깊은 공헌을 했다. 이 관행은 나중에 로마교회 전체로 퍼졌고, 로마교회가 공식 성사로 채택함으로써 7성사 — 세례·성체·견진·고해·병자·성품·혼인성사 — 체계가 완성되었다. 성사는 인간에게 신의 은총이 내리는 절차로 믿어졌다.

로마 문명의 세례를 받은 적이 없으면서, 그리고 게르만족이 아닌 켈트족으로서, 중세 초기 기독교 문명의 발달에 크게 이바지한 민족으로는 아일랜드인이 유일했다. 문명 발달에 기여한 아일랜드인들은 그러나 정치적으로는 후진적 상태에 머물러 있었다. 그들은 여러 부족이 할거한 상태를 벗어나지 못한 채, 통일 왕국을 건설하는 데까지 이르지는 못한 것이다.

**앵글로색슨족의 개종**　　잉글랜드는 로마의 지배 아래에서 기독교가 침투했지만, 로마인이 철수한 뒤에는 이교가 다시 회복되었다. 그리고 기독교를 접해본 적 없는 앵글로색슨족이 잉글랜드의 주인이 된 뒤, 그 땅은 이교도의 세계가 되었다. 그러다가 6세기 말경에 아일랜드 선교사들이 북부 지역에서 활발하게 선교 활동을 펼쳤다. 한편 그레고리우스 1세 교황이 596년 선교사로 파견한 수도사 아우구스티누스가 캔터베리Canterbury에 선교회를 설립하고 포교 활동을 벌이면서, 잉글랜드 남부가 차츰 기독교화했다. 교황은 이교도가 새 신앙에 설복되도록 기꺼이 옛 이교 관행들을 흡수하려 했다. 우상은 파괴되었지만, 신전은 교회로 전용되었다. 마찬가지로 옛 이교 축제에는 새 이름이 주어지고, 그 신들은 기독교 달력 안에 편입되었다.

로마교회가 북으로 뻗어 나가자, 노섬브리어왕국을 발판으로 남으로 퍼져오는 아일랜드교회와 마주쳤다. 로마 선교사와 아일랜드 선교사는 수십 년 동안 주도권 다툼을 벌였으나, 7세기 말에 잉글랜드의 교회는 로마의 주도 아래 재조직되었다. 그 이후 아일랜드 선교사는 철수했으나, 잉글랜드의 교회에는 학문과 선교 사업을 특별히 강조하는 아일랜드 수도원 문화가 강하게 남았다. 7세기 중엽 이후 잉글랜드에서는 학문이 크게 성장했으며, 이미 8세기 초에 잉글랜드의 교회는 대륙보다 훨씬 높은 수준의 학문을 발전시켰다. 그래서 카롤루스왕조 시대에 교회 개혁을 추진한 선교사와 학자는 주로 잉글랜드에서 나왔다.

특히 요크York는 8세기에 유명한 학문 중심지가 되었다. 그곳에서 높은 학식을 가진 수도사 비드Bede는 그리스어와 헤브라이어를 가르치고, 많은 성서주해서를 썼다. 그 외에도 그는 자연과학, 음악, 수사학, 천문학 등 광범한 분야에 걸쳐 약 40권의 책을 썼다. 그중에서도 그의 대표적 저서인 『영국인의 교회사 Ecclesiastical History of the English People』는 앵글로색슨의 초기 역사를 파악하는 데 필요한 귀중한 사료이다. 그는 또한 연대기에 관한 저작을 통해 예수의 탄생 시점부터 사건의 연대를 매기는, 오늘날 우리가 사용하는 서력기원 연대 체계를 처음으로 대중화하기도 했다. 그는 당대 유럽에서 가장 위대한 학자의 반열에 올랐다.

기독교의 달력은 발달하는 데 오랜 시간이 걸렸다. 초기 기독교인들은 그들 지역의 로마나 그리스 역법을 따르다가, 나중에는 천지창조(처음에 B.C. 5499년에서 나중에 B.C. 4004년으로 바뀜)나 노아 홍수의 해를 기원 원년으로 삼았다. 4세기에 에우세비오스는 『연대기』에서 아브라함의 탄생(B.C. 2016)을 기준으로 연도를 표시했는데, 그의 이 용법은 근대 초까지 기독교의 연대 계산에 널리 쓰였다. 그러다가 예수의 탄생을 기준으로 하는 새로운 관행이 6세기에 도입되어, 8세기에 비드에 의해 좀 더 폭넓게 쓰이게 되었다. 그러나 이 체계도 결함이 없지 않은 것이, 예수는 실제로는 기원전 4년에 태어났을 것이기 때문이다.

아일랜드의 예를 따라 잉글랜드의 수도사들 역시 8세기 초 이후 유럽 대륙으로 활발하게 진출했다. 그들은 갈리아에서 교회 개혁을 주도하고, 라인강을 넘어 독일까지 나아가 활발한 선교 사업을 펼쳤다. 특히 성 보니파키우스St. Bonifacius는 바이에른Bayern과 작센 등지에서 게르만 이교도를 개종시키는 데 헌신하여 '게르만인의 사도'로 불렸다. 갈리아에서 그는 교회를 개혁하는 데 앞장서는 한편, 교황과 카롤루스왕조가 손을 잡는 데도 크게 이바지했다. 그는 755년 프리슬란트Friesland에서 선교 활동을 하다 살해당했다. 보니파키우스는 지칠 줄 모르는 열정으로 유럽을 로마가톨릭 신앙의 성채로 만든 수많은 아일랜드와 잉글랜드 수도사 가운데 가장 빛나는 사례였다.

## 4) 중세 초기의 문화

**교회의 야만화**　　한편 수많은 수도사와 아일랜드 선교사의 노력에도 불구하고, 서유럽의 교회는 6세기와 7세기에 지적으로나 도덕적으로나 심대한 쇠퇴를 겪었다. 프랑크족과 다른 게르만족 사이에 많은 이교 관념과 관행이 남아 있었다. 그리고 교육받은 로마 주민이 거의 전부 사라졌다. 그런 상황에서 많은 미신적 관행이 기독교 의례에 스며들었으며, 이교의 신들이 드물지 않게 기독교 성인으로 재등장했다.

교회의 부패를 조장한 중요한 요소는 주로 유산 상속과 기부를 통해 교회가 방대한 토지와 기타 형태의 부를 취득한 일이었다. 교회의 부가 증가하면서 교회 고위직이 난폭한 귀족에게 매력적인 것이 되었고, 귀족 가문의 차남 이하가 성직을 차지하는 일이 다반사가 되었다. 그런 많은 고위 성직자가 계속 방탕하고 폭력적인 삶을 살았고, 그들의 행실은 세속 귀족의 행실과 별로 다르지 않았다. 참으로 교황의 자리 자체가 지역 로마 귀족들의 반목과 파벌 다툼의 대상이 되었으며, 많은 교황이 지적 및 도덕적 면에서 다른 주교들보다 낫지 못했다. 레오 1세와 그레고리우스 1세 같은 교황은 그런 점에서 더더욱 눈부신 발군의 인물이었다.

**학문과 문화**    혼돈이 만연한 생활환경에서도 학문 활동이 완전히 사라지지는 않았다. 일련의 저술가들이 이교 학문의 단편들을 모아 초급 독본을 지었고, 이는 수백 년 동안 수도원학교와 성당학교에서 교재로 사용되었다. 세속 학문은 7교양학liberal arts으로 분류되었다. 그러나 이교 세계의 학문은 이러한 분류 체계 아래에서 단편적으로만 살아남았다.

교육은 보통 라틴어의 불완전한 습득에 그쳤으며, 더 높은 수준의 학문은 수박 겉핥기 수준에 머물렀다. 민중의 구어는 변하고 단순해졌다. 그래서 라틴어 문어는 학자들의 언어가 되었고, 옛 로마 속주에서조차 일반 민중은 알아먹지 못하게 되었다. 일반 민중의 구어인 통속 라틴어Vulgar Latin에서 시간이 지나면서 프랑스어, 에스파냐어, 포르투갈어, 이탈리아어와 기타 수많은 지역 방언을 포함한 다양한 로망스어가 분기되어 나왔다.

지적·문화적 삶이 전반적으로 쇠퇴하는 가운데서도 소수의 학자가 나타나서 이후 세대에 중대한 영향을 미쳤다. 고대 로마에서 중세로 넘어가는 전환기적 위치는 철학자 보에티우스Boëthius(480~524)에서 잘 드러났다. 그는 손꼽히는 로마 귀족 출신으로, 동고트 테오도리쿠스 왕의 최고위 관리로 일하다가 동로마제국과 동고트왕국의 대립 사태에 휘말려 반역 혐의로 처형되었다. 처형되기 전 감옥에서 죽음을 기다리며 쓴 『철학의 위안De Consolatione Philosophiae』에서 그는 고전의 교양을 바탕으로 기독교 사상과 플라톤 철학을 융합하려 했다. 이 저작은 나중에 중세의 철학 교과서 구실을 했다. 그는 스토아적 전통을 유지하면서 사라져가는 로마 귀족계급을 대변해서 '최후의 로마인'으로, 혹은 아리스토텔레스의 저작을 번역하고 그의 논리를 기독교의 여러 문제에 응용하려고 시도해서 '최초의 스콜라철학자'로 불리기도 했다.

테오도리쿠스의 또 다른 고문인 카시오도루스Cassiodorus(480~575)는 전형적인 중세 지식인의 선구자였다. 그 역시 남부 이탈리아 명문가 출신으로 테오도리쿠스가 죽은 뒤 귀향하여 수도원을 세우고, 수도 생활을 하면서 저술에 전념하여 많은 저서를 남겼다. 그의 수도원의 수도사들은 문헌을 수집하고, 그리스 고전을 필사하거나 라틴어로 번역하는 등, 중세 수도원의 학문 활동의 모범을 보여주었다. 카시오도루스는 지식을 주제 중심으로 분류하는 고대의 전통을 따라 세속 지식을 일곱 교양학으로 분류했다. 그것은 두 단계로 나뉘었는데, 첫 단계인 3학과trivium는 문법·수사학·논리학으로 구성되었고, 그다음 단계인 4학과 quadrivium는 산수·기하·천문학·음악으로 구성되었다. 이 7교양학은 중세를 넘어 17세기까지 교육의 기본이 되었다.

최초의 수도사 출신 교황으로서 그레고리우스 1세는 『사목』과 『도덕』 등을 포함하여 많은 저술을 남겨 최후의 교부로 평가되었다. 그의 저술은 앞 시대 교부인 아우구스티누스의 저술과 비교하면, 고전 학문에 대한 태도의 변화를 드러냈다. 아우구스티누스는 학문의 가치가 구원을 얻는 것을 돕는 데 있다고 주장하면서도, 여전히 그리스-로마 사상에 대한 깊은 존경심을 품고 있었다. 그러나 그레고리우스와 동시대인들은 이교 학문에 대한 불신과 탐구에 대한 거부의 태도를 드러냈다. 정교한 논리와 논증이 물러나고, 믿음과 우화적 설명이 그것을 대신했다.

투르의 그레고리우스Gregorius of Tours는 『프랑크족의 역사Historia Francorum』에서 5~6세기 갈리아의 흥미로운 삶의 모습을 생생하게 묘사했다. 그의 책갈피에서 떠오르는 것은 야만적이고 잔인하고 미신적인 사회이다. 그레고리우스 자신이 그 시대에서는 훌륭한 교육을 받은 인물이었지만, 고전 라틴어를 정확하게 쓰지 못했다. 그러나 그의 문체는 키케로 언어의 엄격한 문법에서 어느 정도 벗어난 덕분에 좀 더 활력이 있었다.

미술 영역에서는 거의 아무것도 생산된 것이 없었다. 석조 건축은 거의 중단되었고, 몇몇 교회만이 이탈리아에서 비잔티움 양식으로 비잔티움 노동자들에 의해 세워졌을 뿐이다. 그림은 필사본의 삽화 형식으로 아일랜드 수도사들에 의해 대단히 세련된 필치로 제작되었다. 예배 의식에서 음악의 사용은 찬송과 기도를 통해 확대되었다.

### 5) 동서 교회의 분열

5세기 이래로 로마교회와 그리스교회는 조금씩 서로 다르게 발전했다. 서로마제국이 사라진 뒤, 로마교회는 국가와는 별개의 독립적 기구로 발전했다. 6세기에 유스티니아누스 황제가 이탈리아를 재정복함으로써 한때 로마 주교인 교황은 비잔티움 황제의 직접적 지배를 받기도 했지만, 곧 독립적 지위를 회복했다. 그러면서 교황은 새로 유럽의 주인이 된 프랑크왕국과 제휴하고, 주교들은 광범하게 왕국의 행정에 참여했다. 교황 권력은 이 서유럽 기독교 세계에 국한되었다. 한편 동방에서는 비잔티움 황제가 실질적으로 그리스교회를 통제하는 수장이었고, 교회는 국가의 한 기구로서 국가 정책의 수동적 도구가 되었다. 7세기에 무슬림이 유럽 쪽을 제외한 비잔티움제국의 영토를 대부분 정복한 뒤, 안티오키아·예루살렘·알렉산드리아의 세 총대주교는 우위 경쟁에서 탈락하고, 비잔티움 총대주교가 그리스교회의 최고 지도자가 되었다. 로마교회는 모든 교회를 두루 아우른다는 의미로 보편교회Catholic Church를 자처했고, 그리스교회는 스스로를 옳고 바른 정통파 교회라는 의미로 정교회Orthodox Church라 불렀다.

서로 다른 길을 가던 두 교회가 결정적으로 갈라지게 된 계기는 비잔티움의 레온 3세 황제의 성상 파괴 정책이었다. 레온이 726년 성상의 파괴를 명하자 격렬한 논쟁이 벌어졌고, 특히 서방교회는 강력하게 반발했다. 성상 파괴 논쟁이 계속되면서 로마교회와 그리스교회 간의 분열이 더욱 커졌다. 경쟁과 갈등에도 불구하고, 두 교회는 그 이후 수백 년 동안 서로를 단일 교회의 동료 구성원으로 받아들였다. 그러나 교황과 서유럽은 자신의 견해를 비잔티움에 힘으로 강요할 수 있을 만큼 세력이 커졌다. 그런 시도를 한 결과 돌이킬 수 없는 분열이 일어났다. 1054년 교황 사절단이 비잔티움에서 총대주교를 공식적으로 파문했고, 이에 총대주교는 파문장을 불태우고 거꾸로 사절단을 파문했다. 이로써 양 교회는 오랜 갈등 관계를 청산하고 공식적으로 결별하게 되었다. 1054년의 파문들은 1965년 양쪽이 서로 거두어들였지만, 분열을 해소하는 것과는 관계가 없었다.


## 3. 카롤루스왕조

### 1) 카롤루스왕조의 등장

**카롤루스 마르텔루스 궁재**　　7세기가 지나가면서 메로베우스왕조의 왕들은 차츰 명목상의 우두머리로 전락하고 실권은 궁재의 수중에 들어갔다. 귀족들은 세 쪽으로 갈라진 각 영토의 궁재직을 차지하기 위해 서로 다투었다. 그러다가 687년 아우스트라시아의 궁재 피피누스Pippinus가 네우스트리아의 경쟁자를 물리치고 궁재직을 통합함으로써 일단 이런 혼란스러운 상황을 끝장냈다. 그리하여 카롤루스가※는 왕국을 실질적으로 지배하면서 궁재직을 가문의 세습적 관직으로 만들었다.

　714년에 피피누스가 죽자, 서자였던 카롤루스 마르텔루스Martellus는 격렬한 권력투쟁 끝에 719년 모든 경쟁자를 분쇄하고 유일한 궁재가 되어 왕국을 확고하게 장악했다. 이후 그는 프리슬란트를 정복하고, 바이에른과 그 주변 지역을 다시 복속시켰다. 수많은 정복 전쟁을 치르는 가운데, 그는 732년 무슬림이 이베리아반도에서 북으로 휘몰아 프랑크왕국을 침입했을 때 역사적 도전에 직면했다. 이들 무슬림은 711년 아프리카에서 이베리아반도로 건너와 7년 만에 서고트왕국을 무너뜨렸다. 그런 다음 그들은 피레네를 넘어 프랑크 남부 일대를 점령하고, 마침내 이때 남부 갈리아 깊숙이 투르까지 쳐들어온 것이다. 마르텔루스는 보르도Bordeau를 점령하고 투르로 진격해 오는 이슬람 군대를 투르-프와티에Poitiers 전투에서 궤멸시켰다. 큰 타격을 입은 무슬림은 이베리아로 물러났다. 이로써 그는 서유럽 기독교 세계를 이슬람의 위협으로부터 지켜냈다. 마르텔루스는 망치를 뜻하는데, 그가 군사적 용맹으로 얻은 이름이었다.

마르텔루스는 무슬림과 싸우는 과정에서 매우 중요한 군사적 혁신을 이룩했다. 프랑크왕국의 군대는 주로 칼과 방패를 가지고 싸우는 자유인 보병으로 구성되어 있었는데, 기동성이 뛰어난 무슬림 기병을 보고 그는 기병을 대규모로 육성할 필요를 느꼈다. 이 무렵 기병의 전투력은 등자 도입으로 크게 향상되었다. 등자는 두 세기쯤 전에 중앙아시아 초원에서 온 유목민 침략자를 통해 유럽에 전해진 것이었다. 이 새 발명품으로 기병은 말 등 위에서 안정된 자세를 유지하면서 무기를 휘두를 수 있었다. 마르텔루스는 그동안 전비 마련을 위해 자주 교회 재산을 빼앗았는데, 이번에도 기병 육성에 필요한 엄청난 재원을 마련하기 위해 교회와 수도원의 토지를 몰수하여 귀족 전사들에게 분배했다. 토지를 받은 전사는 그에게 일단의 무장 기병을 제공할 의무를 졌다. 이 새로운 유형의 기병은 중세 기사의 원형이 되었다.

그로부터 한 세기 안에 프랑크 군대는 기마전사-기사의 군대로 전환되었다. 특히 카롤루스 마그누스Magnus● 때 그 과정은 더욱 빨라졌다. 그가 끊임없이 수행한 장거리 원정에는 농민에서 징집한 보병보다 직업적 기마전사가 훨씬 더 효율적이었기 때문이다. 보병은 차츰 사라졌고, 이후 수백 년의 긴 세월 동안 전쟁은 대체로 기사의 몫이 되었다.

마르텔루스는 충성스럽고 막강한 기사 군대를 확보함으로써 왕국에서 떨어져 나간 바이에른과 알라마니에 대한 지배권을 되찾을 수 있었다. 그리고 그는 이전보다 훨씬 더 강력한 정부 아래 왕국 전체를 재통일했다. 메로베우스왕조 말기에 그토록 두드러졌던 권력의 분권화 현상이 마르텔루스가 이룩한 정치 및 군사 개혁으로 억제되었으며, 프랑크왕국은 다시 활기찬 팽창과 군사적 성공의 시대로 접어들었다.

**카롤루스왕조와 교황의 제휴**    마르텔루스의 아들 '키 작은' 피피누스는 왕국의 실질적 권력이 법적 권력으로 인정받을 때가 되었다고 생각했다. 거의 3/4세기 동안 카롤루스가는 왕국의 방위와 행정을 책임져 왔다. 그러나 왕위를 차지하는 것은 간단한 문제가 아니었다. 클로도베우스의 후손은 허수아비에 불과했으나, 모든 유력자가 충성을 서약한 정통성을 가진 왕이었다. 혼란과 정통성 시비를 피하고 싶은 피피누스는 주교의 지지를 얻고자 했다. 그러나 마르텔루스가 교회 토지를 빼앗은 것에 분개한 주교들은 그의 아들을 지지할 마음이 없었다. 그러자 피피누스는 교황과 직접 거래했다.

이 무렵 교황은 랑고바르드족에게 심한 압박을 받고 있었다. 이탈리아 북부를 차지하고 있던 랑고바르드왕국은 세력 확장을 도모하면서 라벤나를 정복하고, 교황에게 공납을 요구하고, 로마를 심각하게 위협했기 때문이다. 한편 교황은 성상 사용 문제로 비잔티움 황제와도 첨예하게 대립하고 있었다. 그래서 도시 로마와 그 주변 지역은 명목상 여전히 비잔티움제국의 영토였지만, 교황은 비잔티움이 로마를 군사적으로 통제하는 것을 바랄 수도 없었다. 프랑크왕국의 실질적 지배자인 피피누스의 도움이 절실하게 필요했던 교황은 왕위 찬탈을 정당화해 주었다.

751년 피피누스는 왕관을 차지했고, 폐위된 왕은 수도원에서 여생을 마쳤다. 피피누스는 풀다Fulda의 대주교로부터 도유식을 받았는데, 이는 프랑크왕국 역사에서 국왕이 교황을 대리하는 성직자가 거행하는 도유식과 더불어 치세를 시작한 최초의 일이었다. 그 의식은 구약성서에 묘사된 이스라엘 왕의 축성祝聖의식을 본뜬 것으로, 피피누스는 클로도베우스 후손의 세습 정통성 대신 신의 재가를 정통성으로 내세운 것이다. 머지않아 성직자가 거행하는 대관식 및 도유식이 전 유럽에 정통성 있는 국왕의 즉위식이 되었다. 이 의례가 품고 있는 관념, 이를테면 왕권은 신에게서 나온다는 관념은 이후 오래도록 왕권을 강화하는 역할을 하는 한편, 또한 국왕의 정통성은 교회의 승인을 통해 확인되어야 한다는 전통을 낳았다. 어쨌거나 왕과 교황 모두 이득을 챙겼다.

교황 스테파누스Stephanus 2세는 754년 피피누스의 궁정을 방문, 그에게 직접 기름을 부어 축성함으로써 왕위 찬탈을 공식 인정했다. 키가 작아 단신왕이란 별명을 가진 피피누스는 이에 대한 보답으로 2년 뒤 알프스를 넘어 이탈리아로 진격, 랑고바르드를 무찌르고 라벤나를 빼앗아 교황에게 기증했다. 이 기증으로 유럽의 가장 강력한 두 세력, 프랑크왕국과 교황의 제휴가 더욱 공고해졌다. 이러한 제휴로 이전에 랑고바르드의 위협에 대한 주된 보호자였던 비잔티움제국의 자리를 서방 세력이 대신 차지함으로써, 로마교회와 그리스교회의 분리가 더욱 빨라졌다. 그리고 이른바 이 '피피누스의 기증'으로 북부에서 중부로 이탈리아를 대각선으로 가로지르는 교황 국가Status Pontificius가 주권적인 정치적 실체로 출현하게 되었다. 이 국가는 1870년 이탈리아 통일 때까지 1000년을 훌쩍 넘어 존속했다.

그런데 교황은 훨씬 과감한 주장으로 이 영토에 대한 통치권을 정당화했다. 그는 콘스탄티누스 황제가 콘스탄티노폴리스로 옮겨갈 때 제국의 서부를 당시 교황과 그 계승자에게 물려주었다고 주장했다. 이 주장을 증명하기 위해 교황청은 황제가 서명했다는 문서를 만들었다. 이 이른바 「콘스탄티누스의 기증장 Donatio Constantini」은 르네상스 시대에 위조임이 밝혀졌지만, 그동안 그것은 교황의 야망을 증진하는 데 이용되었다.

### 2) 카롤루스 마그누스

768년 피피누스가 죽자 왕국이 두 아들에게 나뉘었는데, 그러나 3년 뒤 동생이 죽고 형인 카롤루스 마그누스가 왕국을 재통일했다. 기골이 장대한 카롤루스 마그누스는 중세 초기 역사에서 가장 빼어난 인물로 꼽힌다. 그의 치세기에 프랑크왕국은 힘이 절정에 이르렀다. 거의 반세기에 이르는 긴 치세를 통해 그는 유럽의 운명에 엄청난 영향을 미쳤다. 무질서와 혼란에 가까운 상태가 수 세기나 이어진 끝에, 그는 유럽 기독교 세계의 통일을 어느 정도 회복하고 사방으로 영토를 확장했다. 그는 무려 55회에 이르는 군사 원정으로 왕국의 영토를 거의 두 배로 넓혔다.

카롤루스 마그누스는 게르만적·로마적·기독교적 요소의 융합을 온몸으로 구현한 인물이었다. 교회의 옹호자로서 카롤루스 마그누스는 강력하게 교회 개혁을 추진하는 한편, 군사력으로 기독교의 경계를 동쪽으로 크게 확장했다. 그는 법과 정의 그리고 보편성이라는 로마의 이상을 실현하고자 노력했다. 그가 세운 제국은 사후에 곧 사라졌으나, 그는 강력한 중앙집권 국가의 이상을 되살리고, 유럽의 많은 정치제도의 기초를 놓았다.

**정복 전쟁**　　용맹한 전사인 카롤루스 마그누스는 거의 전쟁터에서 살다시피 했다. 전투에서 무자비했던 그는 약탈과 전리품을 위해서가 아니라, 기독교의 더 높은 목표와 보편 질서를 위해 싸웠다. 랑고바르드왕국이 다시 교황 영토를 위협하자, 그는 774년 랑고바르드왕국을 완전히 정복하고 이탈리아의 상당 지역까지 영토를 확장했다. 그리하여 교황 국가가 프랑크왕국의 영향권 안에 들어가고, 그런 만큼 비잔티움의 통제에서 더욱 벗어나게 되었다.

30년 넘게 이어진 작센족과의 전쟁(772~804)은 카롤루스 마그누스에게는 가장 힘든 싸움이었다. 거친 작센 전사들은 라인강과 엘베강 사이, 즉 프랑크왕국 동북쪽 지역에 거주하고 있었는데, 프랑크왕국에 복속되지 않은 마지막 게르만족이었다. 오래고 격렬한 전쟁 끝에 카롤루스 마그누스는 마침내 작센족을 정복하고, 완강하게 이교 전통을 고수하는 그들을 개종시키는 데 성공했다. 이로써 기독교 세계가 엘베강까지 확장되었다. 그러나 그것은 전쟁에서의 죽음은 말할 것도 없고, 그 삶의 터를 황폐하게 하고, 수많은 포로를 학살하고, 수많은 주민을 왕국의 다른 곳으로 이주시키고 나서야 얻은 성공이었다. 프랑크 성직자들이 교회와 수도원을 설립하기 위해 옮아갔다.

정복 전쟁으로 영토를 확장한 뒤에, 카롤루스 마그누스는 정복 지역을 지키기 위해 변경령mark이라 불리는 요새화한 군사 지대를 설치했다. 작센을 정복함으로써 왕국의 경계는 데인족Dane 및 슬라브족과 인접하게 되었다. 그는 데인족과의 변경에 데인마르크Danemark를 설치했는데, 기독교와 이교 간의 이 방벽은 한 세기 이상 유지되었다. 그러다가 11세기에 데인족 왕이 개종한 뒤, 그 왕국은 덴마크Denmark로 알려지게 되었다. 그리고 슬라브족과 접한 변경에는 북방변경령Nordmark이 설치되었는데, 이는 나중에 브란덴부르크Brandenburg 공령이 되었다.

한편 카롤루스 마그누스는 787년에는 동남쪽으로 진출하여 바이에른 공국을 병합했다. 이로써 남슬라브족 및 아바르족과 접하게 되자, 그는 791년에 아바르족을 공격했다. 수년의 전쟁 끝에 그는 아바르족을 무찌르고 도나우강 유역에 동방변경령, 즉 오스트마르크Ostmark를 설치했다. 이곳에서는 나중에 오스트리아Austria 공령이 생겼다. 아바르족은 6세기 이래 중부 및 동부 유럽의 넓은 지역을 지배해 왔는데, 이전의 훈족처럼 패배한 아바르족은 중앙아시아 쪽으로 사라졌다. 그러나 그 자리는 아바르족에게 예속되어 함께 정복 전쟁에 참여했던 슬라브족이 차지했다. 프랑크왕국은 이제 북방변경령에서 동방변경령에 이르는 동부 변경에서 적으로든 이웃으로든 슬라브족과 마주하게 되었다. 슬라브족은 지금의 러시아로부터 민족 이동 이전 게르만족의 옛 거주지로 조금씩 이주해 와서 자리를 잡아갔다. 그래서 7세기 중엽쯤이 되면 서부 슬라브족이 엘베강에 도달했고, 거기서 게르만 사회를 침략하기 시작한 것이다.

프랑크왕국은 남쪽으로도 세력을 확장했다. 카롤루스 마그누스는 778년 피레네산맥을 넘어 카탈루냐Cataluña까지 쳐들어갔다. 그러나 그 이상의 진격이 좌절되자, 그는 그곳에 무슬림에 대한 방벽으로 히스파니아변경령Marca Hispanica을 설치하고 퇴각했다. 이 정복 전쟁에서 중요한 중세 문학작품 하나가 생겨났다. 카롤루스 마그누스는 돌아오는 길에 산악에 거주하는 바스크족Basque의 매복 공격을 받았다. 그가 퇴각하는 동안, 조카 롤랑Roland의 지휘 아래 군대 후위의 전사들은 추격하는 적에 맞서 용맹하게 싸우다가 모두 전사했다. 그들의 영웅적 행위는 전설과 담시로 전해졌으며, 최종적으로 서사시 『롤랑의 노래Chanson de Roland』로 정착되었다.

**내치**　카롤루스 마그누스는 군사 정복 못지않게 내치에도 힘을 쏟았다. 카롤루스 마그누스는 교회법과 칙령 이외에 전국적 법령을 제정하지 않았다. 그는 기존의 제도를 그대로 받아들여 프랑크족, 랑고바르드족, 작센족, 로마인 등이 각각 그들 자신의 법에 따라 살도록 허용했다. 그는 제국을 약 300개의 주county로 나누고, 각 주를 백count의 관할 아래 두었다. 백은 왕의 대리인으로서 치안을 유지하고, 한 달에 한 번 열리는 법정을 주재하고, 벌금을 거두고, 전시에는 기사를 소집했다. 변경령에는 특별히 변경백markgraf, margrave 혹은 공duke이 임명되었는데 이들은 왕국의 방위를 위해 폭넓은 사법권과 매우 큰 권력을 위임받았다.

그러나 카롤루스왕조 왕들은 이전 왕조 후기 때보다 백에 대해 훨씬 더 강력한 지배권을 확립했다. 카롤루스 마그누스는 백의 권력을 제한하기 위해 평생 한 주에만 머물지 못하게 정기적으로 이동시키고, 세습화하는 것을 막았다. 그는 또한 이들을 감독하기 위해 순찰사missi dominici를 두었다. 이들은 속인 귀족과 성직자가 한 짝이 되어 일 년에 한 번 전국을 순회하면서 백과 변경백의 왕명 이행 사항을 조사하고 왕에게 보고했다. 이 정보 보고에 신속하게 대응함으로써 카롤루스 마그누스는 왕국 전역을 효율적으로 장악할 수 있었다.

카롤루스 마그누스는 또한 왕국을 통치하는 데 교회의 힘에 크게 의존했다. 그는 기독교 세계의 지배자로서, 교회의 수장으로 행동해야 한다고 믿었다. 그는 교회를 왕국 행정의 일부로 보고, 주교와 수도원장을 정부 관리로 취급했다. 그는 고위 성직자를 행정 체계 안에 끌어들였고, 그리하여 국가와 교회가 서로 밀접하게 얽혔다. 그는 주교를 임명하고, 수도원장 선출을 통제하고, 성직자에게 개혁 명령을 내리는 등, 전반적으로 로마교회에 대해 그리스교회에서 비잔티움 황제의 지위와 같은 지위를 확립했다.

사회적 혼란 속에서 7세기 말엽에 이르러 교회 행정 체제가 상당히 무너지고, 많은 주교직이 비었거나 무자격의 왕실 관련자들이 차지하고 있었는데, 카롤루스 마그누스는 교회를 개혁하여 교회 정부를 재건하고, 주교에게 폭넓은 왕권을 위임했다. 새로 기독교화한 독일 지역에서 특히 그러해서, 독일의 주교들은 넓은 영역을 지배하는 소제후가 되었다. 그들은 거기에서 중앙정부의 대리인 역할을 했다. 주교들은 또한 순찰사의 일원으로 왕국의 통치 업무에 참여하기도 했다.

프랑크왕국은 공적 과세제도가 확립되어 있지 않았으며, 국가 관련 기능과 왕실 관련 기능을 구분하는 관념이 발달하지 않았다. 그래서 카롤루스 마그누스는 제국 통치에 필요한 재정을 거의 왕령지에서 나오는 왕실 소득으로 충당해야 했다. 그의 수입은 때로는 법정의 벌금이나 전쟁의 약탈에서 얻은 수입으로 보충되었다. 특히 약탈한 재화를 두둑이 쌓아둔 아바르족에게서 빼앗은 수입은 매우 풍성했다. 그는 광대한 영지가 있었는데, 대부분 센강과 라인강 사이에 분포했다. 이런 왕령지로 둘러싸인 옛 프랑크 영토의 심장부에 엑스라샤펠Aix-la-Chapelle, Aachen이 자리 잡고 있었다. 프랑크왕국은 원래 수도 개념이 없었으며, 국왕은 일정한 거주지 없이 필요에 따라 이리저리 옮아 다녔다. 그러다가 8세기 말에 카롤루스 마그누스는 엑스라샤펠에 큰 궁전과 궁전예배당을 건설하여 왕국의 행정 중심으로 삼았는데, 그럼으로써 이후 그곳은 사실상 수도가 되었다.

**'카롤루스왕조의 르네상스'**  카롤루스 마그누스는 또한 교육과 학문에 깊은 관심을 기울였다. 그의 시대에 서유럽은 학문 수준이 형편없이 떨어져 있었다. 글을 아는 많은 수도사와 성직자조차 성서와 교부들의 저술을 아주 단순한 우화적 수준에서 이해했을 뿐이다. 그는 주교와 수도원장에게 성직자의 지적 수준을 향상시킬 것을 명했다. 그리고 그는 780년경 엑스라샤펠에 왕실의 교육과 왕국의 학문 진작을 위해 궁정학교를 세우고, 당대 석학인 요크의 수도사 앨퀸Alcuin을 초빙하여 이 학교를 맡겼다.

앨퀸은 전문 필사자를 양성했다. 이들이 고대 문헌을 재생산하는 수도원 전통을 되살렸는데, 이것이 서양 문화에 대한 그의 가장 귀중한 공헌이었다. 지금 남아 있는 고대 라틴어 저작은 대부분 앨퀸의 궁정학교 출신 수도사들이 만든 필사본이 수도원 도서관에서 보존되어 전해진 것이다. 앨퀸은 또한 수도원학교와 성당학교의 과정을 기초로 해서 젊은 프랑크 귀족을 위한 교과과정을 수립했다. 엑스라샤펠 궁정학교 교사진은 유럽 각지에서 초빙한 빼어난 학자로 구성되었다. 그들의 많은 제자가 훌륭한 교사가 되어 유럽 곳곳의 교육기관에서 가르쳤다.

고전의 필사는 유럽의 문화 발달에 또 하나의 귀중한 공헌을 했다. 그것은 오늘날 유럽에서 쓰이고 있는 글씨체의 발달이다. 로마 시대에 글은 대문자로 썼다. 그러다가 로마 말기에 다양한 형태의 소문자가 도입되었는데, 메로베우스 시대에 쓰인 글자체는 판독하기가 매우 어려웠다. 그런데 궁정학교에서 고전을 필사하는 과정에서 읽기가 쉬운 글자체가 고안되어 이전의 글자체를 대체하게 된 것이다. 오늘날 유럽의 글자체는 모두 이 '카롤루스 소문자'에서 발전해 나온 것이다.

아인하르트Einhard 역시 문화의 꽃을 피우는 데 크게 이바지했다. 카롤루스 마그누스의 깊은 신임을 받은 그는 『카롤루스 마그누스의 생애Vita Karoli Magni』를 저술했는데, 생생한 필치와 사실의 정확성으로 인해 중세의 가장 뛰어난 전기문학으로 손꼽힌다. 이 시기 철학 분야에서 가장 빼어난 학자는 요하네스 스코투스 에리우게나Johannes Scotus Eriugena였다. 그는 아일랜드인으로서 당시 유럽에서 그리스어에 능통한 몇 안 되는 학자였다. 그는 샤를 대머리왕의 초청으로 파리 궁정학교 교사로 있으면서 많은 고대 그리스 저작을 라틴어로 번역했는데, 이러한 작업은 고대 철학이 중세로 이어지는 데 큰 역할을 했다. 그는 또한 『자연의 구분에 대하여De Divisione Naturae』를 저술하면서 기독교 교리와 신플라톤주의를 조화시키려고 했다. 그는 신플라톤주의 경향 때문에 이단으로 몰리기도 했지만, 고대 교부와 중세 스콜라철학Scholasticism의 중간에 위치한 독창적인 철학자로서 스콜라철학 형성에 크게 이바지했다.

한편 카롤루스 마그누스는 장인과 미술가를 이탈리아에서 불러들여 북유럽에서 미술이 발달하는 계기를 마련했다. 그는 특히 건축에 관심이 많아서 왕국 곳곳에 그가 거처할 궁전을 지었다. 지금도 서 있는 엑스라샤펠의 궁전예배당은 로마제국 멸망 이후 알프스 이북에 세워진 최초의 중요한 석조 건물이다. 이 도시는 원래 이름이 엑스Aix였는데, 이 유명한 예배당chapelle으로 인해 다른 여러 엑스와 구별해서 그렇게 불리게 되었다. 카롤루스 마그누스의 학문과 예술 진흥 정책이 가져온 이러한 성과는 흔히 '카롤루스왕조의 르네상스'로 일컬어졌는데, 그의 제국은 곧 사라졌지만, '카롤루스왕조의 르네상스'는 유럽의 문화 발전에 항구적인 자극을 제공했다.

**카롤루스왕조 시대의 사회생활**　　카롤루스왕조 시대에 이를 무렵, 교회는 결혼과 가족생활에 커다란 영향을 미치기 시작했다. 프랑크족의 사회에서 결혼은 대가족제도의 속성상 아버지나 삼촌이 주선했다. 아내는 남편에 충실할 것이 요구되었지만, 귀족은 종종 첩실을 두었다. 카롤루스 마그누스는 다섯 번이나 결혼하고, 많은 후궁을 거느렸다. 그런 성적 방종을 제한하기 위해 교회는 점점 결혼의 기독교화를 시도했다. 교회는 또한 일부일처제와 결혼의 영속성을 강조하기 시작하고, 카롤루스 마그누스를 계승한 루도비쿠스Ludovicus 경건왕 치세 때 공식적으로 이혼을 금지했다. 교회의 결혼관이 널리 퍼지면서, 대가족이 축소되고 소가족이 발전했다. 혈족 관계가 여전히 사회적으로 큰 힘을 미쳤지만, 차츰 부부 중심의 소가족이 사회의 기본단위로 여겨지게 되었다.

　초기 교부들은 독신과 완벽한 금욕을 이상적 상태로 강조했다. 그래서 교회는 점점 성직자의 독신을 위한 주장을 발전시켰다. 중세 초기 교회에서는 결혼이 성교의 권리를 부여한다는 것이 인정되었으나, 그것은 쾌락이 아니라 출산만을 위한 것이었다. 교회는 피임과 낙태를 비난했지만, 그것을 막지는 못했다. 교회의 혼외정사 비난은 동성애도 포함되었다. 로마제국은 동성애와 이성애의 실질적 차이를 인정하지 않고, 성인의 동성애에 대해 아무런 법적 제재도 가하지 않았다. 중세 초기에 교회는 동성애를 비난했지만, 동성애자에게는 유연하게 대했다. 나중에 비잔티움제국에서 유스티니아누스 황제는 동성애를 비난하면서 거세로 처벌해야 한다고 주장했다.

이 시대의 기본 식품은 빵이었다. 때때로 농민의 식탁에는 빵 대신 보리와 귀리로 만든 묽은 죽이 올라왔다. 여기에 유제품이 곁들여졌다. 우유는 치즈와 버터로 만들어 장기 보존할 수 있었다. 닭은 달걀을 위해 사육되었다. 채소 역시 식단의 핵심 요소였다. 이것에는 콩이나 완두 같은 콩류와 양파와 당근 같은 뿌리채소류가 포함되었다. 당연하지만 상류층은 농민보다 훨씬 다양한 식품을 즐겼다. 가장 일반적 육류는 돼지고기였다. 숲에 풀어 키운 돼지는 가을에 잡아 겨울에 먹기 위해 훈제하고 소금에 절였다. 귀족들은 특히 구운 고기를 좋아해서, 사냥이 매우 즐기는 활동이 되었다. 그들은 소고기나 양고기는 별로 먹지 않았다. 암소는 젖을 위해, 황소는 쟁기질을 위해, 양은 양털을 위해 길렀기 때문이다.

수도사든 일반 사제든 가릴 것 없이 모든 사람이 술을 많이, 때로는 지나치게 마셨다. 술집은 삶의 일상적 모습이 되어 어디에든 있었고, 술 시합은 드문 일이 아니었다. 귀족과 수도사들은 다른 어떤 음료보다 포도주를 좋아했고, 특히 수도원은 포도주 생산에 많은 정성을 쏟았다. 맥주는 왕국의 북부와 동부 지역에서 인기가 있었다.

의료 시술에는 약초와 사혈瀉血이 많이 이용되었다. 많은 의사가 성직자였고, 수도원은 자체 의사를 양성했다. 수도원은 고대 의학 저술을 베낀 필사본을 보유했고, 약초를 재배했다. 의사들은 그들의 의술에 신앙의 치유력을 보완했다. 게르만족은 이교 시대부터 주술적 치료법을 사용해 왔는데, 기독교로 개종하면서 예수와 성자의 개입을 통한 기적의 치유가 이교의 주술적 관행을 대체했다. 중세의 연대기는 성자의 몸을 만짐으로써 치유를 받은 사람들의 이야기로 넘쳐난다.

**'로마제국'의 부활**   카롤루스 마그누스의 통치에서 가장 극적인 사건은 아마도 황제 대관식일 것이다. 그 사건은 800년 카롤루스 마그누스가 로마를 방문하여 정통성 시비로 쫓겨난 교황을 복귀시키고, 그해 크리스마스에 성베드로 성당에서 미사에 참석했을 때 일어났다. 사전에 계획이 없었는데, 그때 레오 3세 교황이 예고 없이 그에게 제관을 씌우고 그를 '로마인의 황제'로 선포했다. 그곳에 모인 사람들은 그를 카이사르, 아우구스투스, 콘스탄티누스의 계승자로 환호했다. 그리하여 서로마제국이 멸망한 지 300여 년 만에 이론상으로 되살아났다. 카롤루스 마그누스는 이제 비잔티움 황제와 동격이 되었다. 이 대관식 의례는 로마제국의 기억이 여전히 의미 있는 전통으로 살아남아 있다는 것을 보여주었다.

교황이 이런 역사적 조치를 한 데에는 그 나름의 계산이 있었다. 비잔티움 황제와의 관계가 점점 멀어지면서, 그는 유럽에서 강력한 보호자가 필요했다. 물론 피피누스와 카롤루스 마그누스가 전에 랑고바르드의 위협에서 보호해 주었지만, 교황은 앞으로의 보장이 무엇보다 절실했던 것이다. 교황은 기습적인 대관식으로 부활한 로마제국과 로마교회의 제휴 관계를 공고하게 하는 데 성공했다. 그리고 그는 제관을 수여한 자로서의 우월한 위치를 차지했다. 그뿐 아니라 그 행위는 나중에 교황이 자신이 준 것을 회수할 권리가 있다는 주장에 힘을 실어주었다. 이후에 교황들은 여차하면 이 주장을 내세우며 황제를 내쫓으려 했다.

어쨌거나 카롤루스 마그누스의 제국은 중세 문명의 3대 요소인 로마적·기독교적·게르만적 요소를 융합했으며, 황제 대관식은 그것을 상징했다. 제국의 강역은 옛 로마제국 서부 반쪽보다 작았지만, 다른 한편 로마가 한 번도 지배한 적 없는 라인강 동부의 땅을 포함했다. 그러나 카롤루스 마그누스의 제국은 단명했다. 효율적 행정 체제가 미비한 상태에서 제국의 영토는 너무 광대했고, 그 계승자들은 창건자가 사라진 뒤에도 함께 하기에는 너무나 반목과 알력이 심했다. 게다가 사방에서 외적이 침입하여 혼란이 더욱 심해졌다. 제국은 단일한 시민도, 통일된 법도, 로마제국에 견줄 만한 관료 조직이나 전문 관리도, 효율적 조세제도도, 상비군도 없었다. 옛 도시는 거의 사라지고, 경제는 지역적 농업경제로 바뀌었다. 사실 제국은 거의 카롤루스 마그누스 개인의 힘으로 통합이 유지되었다. 814년 통합의 버팀목이 사라지자, 제국은 채 30년도 버티지 못하고 혼란스러운 내란과 파괴적인 외침 속에서 갈라지고 말았다.

### 3) 카롤루스제국의 해체와 이민족의 침입

9세기는 서부 유럽에서 유례없는 싸움이 벌어진 시대였다. 카롤루스왕조가 이룩한 질서와 안정은 재개된 내란과 외침의 풍파 속에 사라졌다. 카롤루스 마그누스가 잠시 혼란의 기운을 억제했으나, 그가 죽자 억눌렸던 기운이 되살아났고, 계승자들에 의해 제국은 해체되고 말았다. 그러나 붕괴에 수반하는 상황으로부터 중세 유럽의 독특한 제도가 생겨나, 중세 말까지 사람들의 삶과 사상을 지배했다.

**제국의 분열**　　9세기의 혼란은 한편으로는 프랑크왕국의 내적 취약성으로, 다른 한편으로는 외세의 침략으로 야기되었다. 카롤루스 마그누스는 많은 개혁을 했지만, 분할상속 관행은 손대지 않았다. 그러나 제국으로서는 다행하게도, 여러 아들 중 한 명만 제외하고 모두 아버지보다 먼저 죽었다. 그래서 유일하게 살아남은 넷째 아들 루도비쿠스 경건왕은 제국을 온전하게 물려받을 수 있었다.

루도비쿠스는 매우 독실하고 선량한 인물이었으나, 혼란의 시대에 유능한 군주는 아니었다. 그는 메로베우스왕조의 전철을 밟지 않기 위해 제위와 영토 대부분을 장남 로타리우스Lotharius, Lotario에게 넘기려 했으나, 죽기 전에 이미 세 아들 간에 격렬한 대립과 분쟁이 터져 나왔다. 복잡하게 얽힌 싸움 끝에 세 형제는 마침내 843년 베르됭Verdun 조약으로 합의를 보았다. 이로써 제국은 세 왕국으로 갈라졌다. 로타리우스는 황제 칭호와 북해에서 이탈리아 중부에 이르는 제국 가운데의 길쭉한 부분을 차지했다. 루트비히Ludwig 독일 왕은 제국의 라인강 동부를 차지했으며, 이는 나중에 독일이 되었다. 샤를Charles 대머리왕은 제국 서부를 차지했고, 그의 나라는 나중에 프랑스가 되었다.

그리하여 세 형제는 각각 나중에 출현한 이탈리아, 독일, 프랑스 왕국의 첫 왕이 되었다. 고대 로마제국의 영토였던 제국의 서부에서는 라틴어에서 유래한 로망스어가, 그리고 로마제국 바깥이었던 제국의 동부에서는 게르만 방언이 사용되는 등 각 지역은 이미 문화와 언어의 분화 현상이 나타나고 있었는데, 세 왕국의 출현은 이를 정치적으로 확인한 셈이었다. 그러나 베르됭 조약은 세 형제 간의, 그리고 그 후손들 간의 싸움을 막지 못했다. 중프랑크왕국은 855년 로타리우스가 죽으면서 다시 세 아들 사이에 알프스 북쪽의 로타링기아Lotharingia, Lorraine, Lothringen와 남쪽의 이탈리아 그리고 가운데의 부르군트로 나뉘었다. 그런데 로타링기아는 서프랑크왕국의 샤를과 동프랑크왕국의 루트비히가 870년 메르센Mersen 조약으로 절반씩 나누어 가졌다. 이후 로타링기아는 오래도록 동·서두 프랑크왕국의 잦은 전쟁터가 되었다.

**무슬림과 마자르족의 침입**　카롤루스제국의 붕괴는 사나운 외적의 침략으로 더욱 빨라졌다. 갈라져서 서로 싸우느라 무력해진 프랑크왕국들은 외적의 침입에 제대로 대처할 수 없었다. 침략의 한 갈래는 무슬림이었다. 그들은 8세기 이래 북아프리카를 근거지로 해서 서부 지중해의 해상권을 장악하면서 선박을 공격하고, 프랑스 남부와 이탈리아의 해안 곳곳을 약탈했다. 프랑크왕국을 침략했다가 732년에 마르텔루스에게 패퇴한 뒤 주춤했던 그들은 9세기에 새로이 일련의 공격을 개시했다. 중엽에 그들은 시칠리아와 사르데냐를 점령했으며, 로마를 점거하고 인근 지역을 유린하기도 했다. 무슬림 침략자들은 프랑스 남부 론Rhône강 하구에 세운 요새로부터 내륙 깊숙이 침투하여 알프스 산길의 대상들을 공격하기도 했다. 베네치아와 다른 몇몇 이탈리아 도시가 수행하는 무역을 제외하면, 그나마 이어오던 서유럽과 동지중해 간의 무역은 거의 완전히 중단되었다. 무슬림의 침략은 10세기 초까지 이어졌다.

동부 변경에는 또다시 아시아계 유목 민족인 마자르족Magyar이 나타났다. 이들은 이전에 훈족과 아바르족이 그랬던 것처럼 도나우 중부의 판노니아Pannonia 평원을 점거하고, 899년 중부 유럽에 처음 나타났다. 이후 그들은 동프랑크왕국을 약탈하고, 때로는 저 멀리 라인강 유역과 북부 이탈리아까지 침투하면서 10세기 중엽까지 중부 유럽을 괴롭혔다. 그러던 마자르족은 955년 레흐펠트Lechfeld 전투에서 독일의 오토Otto 1세에게 참패한 뒤, 잠시 비잔티움을 공격했지만 다시는 서유럽을 공격하지 못했다. 이로써 훈족에서 시작된 아시아계 유목 민족의 오래고 끈질긴 유럽 침략이 마침내 끝이 났다. 그렇지만 마자르족은 이전의 유목민들처럼 다시 초원 지대로 퇴각하거나 사라지지 않았다. 그들은 정복한 영토를 고수했고, 10세기 말경에는 기독교로 개종하고 헝가리왕국을 건설했다. 헝가리 북쪽에서 중부 유럽의 넓은 지역을 장악해 왔던 슬라브족인 체크족Czech과 폴란드인 역시 기독교 세계의 일원이 되었다.

**노르만족의 침략**　가장 광범하고 파괴적이며 지속적인 침략은 북쪽 스칸디나비아Scandinavia에서 왔다. 흔히 바이킹Viking이라고 불리는 그곳의 사나운 노르만족Norman 전사들은 저 먼 시대에 게르만족과 같은 조상에서 갈라진 민족이었다. 기독교와 로마 문화가 북쪽으로 퍼진 지금, 그들은 게르만족이 주인공인 문명 세계의 가장자리에 처하게 되었다. 9세기에 이르러서도 여전히 문자 생활을 하지 않았지만, 그들은 빼어난 항해자요 상인이었다. 이 무렵 인구가 빠르게 증가하면서 그들은 심각하게 식량 부족을 겪었다. 그들은 결국 해외 진출을 추구했는데, 이는 그들의 뛰어난 조선술과 항해술 때문에 가능했던 일이기도 했다. 그들은 나침반 없이도 밤에는 달과 별을 보고, 낮에는 해를 보고 항해할 수 있었다. 그들의 대대적인 침략은 문명 유럽에 대한 야만인 최후의 침략이 되었다.

8세기 말부터 노르만의 길고 날렵한 배가 유럽의 해안 전역에 출몰하기 시작했다. 노르만 전사들은 해안 지역뿐 아니라 강을 타고 내륙 깊숙이까지 들어와 닥치는 대로 약탈해 갔다. 그들의 배는 흘수가 얕아서 강의 상류까지 거슬러 올라갈 수 있었다. 해안이든 내륙이든, 어디도 그들의 공격에서 안전하지 못했다.

빼어난 기동력을 자랑하는 그들은 군대가 출동하면 재빨리 철수해 버렸다. 그들의 이러한 '치고 튀기' 작전에 대해 프랑크왕국의 군사 체계는 거의 무용지물이었다. 처음에 그들은 주로 추수철에 침략하여 털어가곤 했는데, 9세기 중엽부터는 아예 영토를 점령하여 항구적 거점을 마련하는 쪽으로 나아갔다.

서쪽의 노르웨이 바이킹은 주로 '바깥 항로'를 택해서, 스코틀랜드와 아일랜드를 침략했다. 그들은 9세기에 꾸준히 아일랜드를 약탈했으며, 9세기 후반 무렵부터는 섬을 점령하기 시작했다. 이들 야만 전사의 침략은 아일랜드에서 꽃피던 켈트 문명에는 그야말로 재앙 그 자체였다. 수도원들은 거의 모두 파괴되었고, 학문의 전통이 온통 뿌리 뽑혔다. 그로 인해 서유럽에서 그리스어 지식이 르네상스 때까지 거의 사라졌다. 많은 수의 침략자가 아일랜드에 정착했는데, 시간이 지나면서 그들은 차츰 원주민에 동화되었다. 그들의 한 갈래는 10세기 말엽에 대서양을 건너 아이슬란드Iceland와 그린란드Greenland까지 갔으며, 더 나아가 북아메리카에도 발길을 내디딘 것으로 보인다.

동쪽의 스웨덴 바이킹은 '동쪽 항로'를 취했다. 흔히 바랑고이Varangian라 불리는 이들은 때로는 상인으로 그리고 필요하면 전사로, 발트Balt해를 지배하고, 동으로 슬라브족 지역으로 진출했다. 그들은 비잔티움으로 통하는 육상 교역로를 개척하기 위해 강을 타고 남하해서 9세기 중엽에 노브고로드Novgorod에 기지를 건설했다. 그들은 곧 흑해까지 진출하며 동슬라브 지역을 정복했는데, 그들이 정복한 땅은 정복자의 한 집단인 루스Rus의 이름을 따서 루스의 땅, 곧 러시아Russia로 알려지게 되었다. 이 바랑고이 정복자들은 9세기 말 상업 중심지인 키예프Kiev를 중심으로 최초의 러시아 국가, 키예프 공국을 건설했다. 그러나 그들은 곧 슬라브인의 언어와 관습을 받아들이고, 그들에게 흡수되었다.

남쪽 덴마크의 바이킹인 데인족은 대체로 '가운데 항로'를 따라 북해 해안 지역, 프랑스 서북 해안과 이베리아 해안 그리고 잉글랜드를 약탈했다. 그들은 8세기 말부터 잉글랜드를 산발적으로 약탈하다가, 9세기 중엽부터 본격적으로 이주하여 정착하기 시작했다. 이후 그들은 잉글랜드 전역을 휩쓸고, 마침내 멀리 서남쪽에 떨어져 있는 웨식스Wessex왕국마저 공격하기 시작했다. 그러자 웨식스왕국의 앨프레드Alfred(871~899) 왕이 앵글로색슨족을 규합하여 침략자에 강력하게 저항했다. 그는 오랜 싸움 끝에 침략자를 몰아내고 영토를 상당히 되찾은 뒤, 잉글랜드의 동북부 지역을 그들에게 양도하고 화평을 맺었다. 그곳은 데인족의 법이 지배한다고 해서 데인로Danelaw로 불렸다. 앨프레드가 죽은 뒤 그의 계승자들은 약 반세기 동안 잃은 영토를 완전히 되찾고, 최초로 잉글랜드에 통일국가를 건설했다. 잉글랜드에서는 외적의 침입이 오히려 통일 왕국의 창건을 촉진한 셈이 되었다. 데인족과 앵글로색슨족은 서로 섞이면서, 몇 세대 만에 언어와 관습이 서로 구별하기 어려울 만큼 두 민족 간의 차이가 대부분 사라졌다.

데인족은 또한 라인, 스헬데Schelde, 센, 루아르강을 거슬러 올라가 프랑크왕국의 내륙 곳곳을 약탈했다. 이들의 공격에 속수무책이었던 서프랑크의 샤를 3세 왕은 911년에 센강 하류를 장악한 그들에게 영국해협에 면한 넓은 반도를 떼어주어 정착하게 하고, 그 우두머리를 공으로 봉했다. 이후 이들 노르만인이 차지한 땅은 노르망디Normandie로 불리게 되었는데, 그곳에서 첫 정착민의 자녀들은 이미 프랑스어를 쓰기 시작했다. 유럽 기독교 문명이 데인로와 노르망디 등, 노르만인이 정착한 지역으로부터 그들의 본거지로 전파되었고, 1000년 무렵이 되면 노르웨이와 덴마크 그리고 스웨덴은 기독교 왕국으로 나아가고 있었다.

바이킹 정복자들 가운데 특히 노르망디에 정착한 노르만인은 서유럽 역사에서 매우 중요한 역할을 수행했다. 1066년 노르망디 공 기욤Guillaume, William이 영국을 정복하고 노르만왕조를 창건했다. 새 왕조는 행정과 사법제도를 혁신하고, 영국 역사의 주역이 되었다. 한편 다른 일군의 노르만인은 지중해로 진출, 무슬림이 지배하고 있던 시칠리아를 정복하고 시칠리아왕국을 창건했다. 그들은 더나아가 프랑스의 다른 지역 전사들과 힘을 합쳐, 이베리아반도를 재정복하려는 기독교 세계의 노력에 활력을 불어넣었다. 이런 방식으로 야만 정복자의 후손들은 기독교 전사가 되어, 유럽 문명이 이슬람 세력에 공세를 취하는 데 일조했다.

**기독교 세계의 확대**　　이민족의 침입을 받고 이를 물리치는 과정에서 결과적으로 기독교 세계의 지리적 경계가 확장되었다. 무슬림을 제외한 야만 민족들은 유럽과의 접촉 과정에서 결국 유럽 문명에 동화된 것이다. 그러나 그들의 문명 수용 과정은 대체로 평화적인 것과는 거리가 멀었다. 그들 중 일부 지도적 전사들은 변화를 반대하고, 전통 신앙을 고수했다. 스칸디나비아반도 전역과 폴란드 및 헝가리에서 기독교의 수용은 내란을 유발했으며, 새 종교의 승리는 정신적이면서도 군사적이었다. 폴란드와 헝가리보다 더 동쪽으로는 슬라브 계통의 여러 부족이 산재해 있었는데, 이들이 문명과 접촉한 것은 주로 비잔티움제국을 통해서였다. 그리하여 1000년경에 러시아를 비롯하여 동남부 유럽을 차지한 슬라브 부족들은 그리스정교회를 받아들이고, 비잔티움의 종교적 혹은 문화적 영향 아래 들어갔다.

이렇게 하여 9~10세기의 혼란은 놀라운 결과를 가져왔다. 유럽에서 3000년에 걸쳐 문명인과 야만인 간에 일어난 길고 긴 상호작용의 역사가 기원 1000년 무렵에 이르러 마침내 막을 내렸다. 발트해의 바로 밑과 동쪽에는 이교도 부족이 살고 있었다. 그러나 그들은 문명 세계에 위협이 될 만큼 강하지도, 수가 많지도 않았다. 이들을 제외하면 전 유럽은 문명의 궤도 안에 들어왔고, 이 문명은 이미 그 뚜렷한 특징을 발전시키고 있었다.

**이민족 침입의 결과**　　사방에서 몰려오는 이민족의 침략에 카롤루스제국의 계승자들은 무능함을 드러냈다. 마자르족의 침략에 대처하는 과정에서 강력한 왕권이 수립된 동프랑크-독일과 달리, 노르만족의 침략에 노출되었던 서프랑크-프랑스는 사실상 중앙정부가 무너지고 정치적으로 빠르게 분열했다. 강을 따라 내륙 구석구석 침투한 바이킹 앞에 주민의 삶은 일상적으로 폭력과 위험에 내맡겨졌다. 사람들은 무력한 데다가 멀리 있는 중앙정부보다 가까이에서 약간의 보호라도 제공할 힘센 사람에게 손을 내밀었다. 자유로운 농민이 스스로 지역 유력자의 보호 아래 들어가 노역이나 농산물을 바치는 예속민이 되었다. 그와 동시에 전사들 사이에 게르만족의 탁신託身, commendatio 관행이 널리 퍼졌다. 하급 전사들은 토지를 안전하게 소유하기 위해 더 힘센 전사의 종사從士가 되기를 자청했다. 그리하여 각 지역에서 강력한 전사귀족이 권력을 장악하고, 하급 전사들을 한껏 수하에 모았다.

유력 전사귀족들은 하급 전사에 대한 지배권을 확립하는 한편, 프랑크왕국 통치자들의 권력을 잠식했다. 그들은 무력한 왕으로부터 왕령지를 넘겨받고, 국왕의 사법 기능을 대신 행사했다. 하급 전사를 거느리고 일정 지역의 지배권을 확립한 유력 전사귀족은 영주로 불렸다. 그들은 또한 백이나 공과 같은 관직을 차지하고, 차츰 그것을 세습 지위로 만들었다. 동과 서 두 프랑크왕국에서 왕위 계승 자체가 대영주들의 선출을 통해 결정되었다. 동프랑크왕국에서 911년, 서 프랑크왕국에서 987년에 카롤루스가의 직계 후손의 혈통이 끊겼을 때, 대영주 들은 그들 가운데서 비교적 힘없는 영주를 새 왕으로 선택했다. 그러한 과정에 서 천천히 봉건제도feudalism가 생겨났다. 그리고 봉건제도가 발달하고 이민족의 침입이 사라지면서 유럽 사회는 조금씩 되살아나기 시작했다. 1000년 즈음에는 중세 유럽 문명이 뚜렷하게 형성되기 시작했다.


## 4. 봉건사회의 형성

### 1) 봉건제도

**기사 계급의 등장**　　카롤루스 마그누스 때만 해도 아직 군대의 주력은 칼과 방패로 무장한 보병이었지만, 곧 기사가 그들을 대신했다. 이전에 기마병은 주로 투창병이었는데, 이제 더 큰 말과 등자의 도입으로 그들은 무거운 갑주를 입고 장창을 휘두를 수 있었다. 보병과 달리 이들은 전쟁을 전업으로 하는 직업 전사였다. 기사의 장비를 유지하는 데는 매우 큰 비용이 들었다. 그래서 카롤루스 마그누스의 조부 마르텔루스는 군 복무의 대가로 그들에게 영지를 수여하는 관행을 도입했는데, 이후 이 관행이 확대되면서 군사 귀족인 기사 계급이 생겨났다. 이후 거의 5세기 동안 유럽의 전쟁은 기사들의 전유물이 되었다.

**봉건제도의 개념**　봉건제도는 중세 시대에 유럽의 거의 모든 지역에서 지배계층인 전사들 사이에 존재했던 사회-정치적 관계와 통치제도의 유형을 가리키기 위해 역사가들이 고안해 낸 용어이다. 봉건제도는 북부 프랑스에서 9세기에서 10세기로 넘어가면서 카롤루스제국이 붕괴함에 따라 처음 생겨났다. 그 뒤그것은 프랑스와 노르만 전사들의 정복 전쟁을 통해, 또는 다른 나라 전사들의모방을 통해 본고장에서 밖으로 퍼져나갔다. 그리하여 12세기가 되면 프랑스뿐아니라 잉글랜드, 신성로마제국, 이베리아반도, 시칠리아, 심지어 비잔티움제국까지 봉건적 원리에 따라 통치했다.

봉건제도는 국가권력이 중앙정부의 공적 기구가 아니라 사사로운 개인에 의해 지역적으로 행사되는 제도라 할 수 있을 것이다. 그러나 그것은 체계적이고통일된 하나의 제도가 아니며, 일상적 의미에서 '제도'라고 말하기 어렵다. 봉건적 장치들은 일률적인 것이 아니라 시간과 장소에 따라 뚜렷한 차이를 보였다.봉건적 관행은 이민족들의 침입에 대해, 그리고 국내적 무질서와 혼란에 대해각 지역이 임시변통으로 대처하면서 생긴 것이기 때문이다.

그렇지만 모든 경우에 봉건적 제도와 관계는 전쟁과 봉토라는 두 축을 중심으로 작동했다. 봉건제도 안에서 지주이기도 한 전사들은 상호 신뢰와 충성을바탕으로 사적으로 결합했는데, 하급 전사는 봉신이 되어 주군인 상급 전사에게충성을 바치고, 이에 대해 상급 전사는 하급 전사를 보호하고 봉토를 수여했다.그리하여 전사들은 서로 간에 주군과 봉신의 주종 관계vassalage를 형성했다. 봉신은 봉토를 실제 '소유'하는 것이 아니라, 주군에게 군사적 복무와 기타 봉사를제공하는 조건으로 '보유'했다. 봉토 보유는 원칙상 주종 관계를 맺은 당사자에한정된 조건부 보유였으나, 실제로는 그 조건이 충족되는 한 주군은 봉신에게 봉토를 세습적으로 보유하도록 보장해 주었다. 그리고 봉토는 봉신이 임의로 분할할 수 있는 것이 아니었다. 그래서 차츰 재산을 자식들에게 나누어 주는 게르만 관습에서 벗어나서, 봉건제도에서는 봉토를 한 명의 자식에게 물려주는 장자상속제가 확립되었다.

봉건적 관계의 정점에는 국왕이 있었다. 그는 공이나 백과 같은 대영주를 봉신으로 확보하기 위해, 왕국을 봉토라는 작은 지역으로 나누어 그들에게 수여했다. 이들 대영주 역시 왕으로부터 받은 봉토를 자신의 몫을 제외하고 더 작은 조각으로 나누어 재분봉함으로써 자신의 봉신을 확보할 수 있었다. 이런 방식으로 재분봉 과정은 자신의 밑에는 아무런 봉신도 없는 단순 기사에 이르기까지 연쇄적으로 이루어졌다. 이렇게 하여 지배계급인 기사들은 국왕을 정점으로, 여러 층위의 영주를 거쳐 단순 기사에 이르는 피라미드 형태의 방대한 위계 체제를 형성했다. 모든 층위에서 주군과 봉신의 관계는 자유 전사들 간의 명예로운 계약관계로서, 어떠한 종류의 예속도 의미하지 않았다. 봉건제도는 이론상 위계 체제의 정점에 국왕이 자리함으로써, 비록 국왕이 명목상의 우두머리에 지나지 않더라도 군주제의 외형은 유지되었다.

이와 같은 봉건적 유대를 통해, 왕과 대영주는 기사들에게 부와 사회적 지위를 보장하여 지배계급이 되게 함으로써 그들의 충성을 확보할 수 있었다. 국왕과 대영주의 관계 역시 마찬가지였다. 대영주는 왕권의 상당 부분을 넘겨받았는데, 국왕이 나라를 다스리는 것이 이러한 유대 관계를 통해서였기 때문이다. 그러므로 봉건왕국은 각 지방을 지배하는 대영주가 군주를 중심으로 해서 봉건적 유대 관계로 느슨하게 결합한 체제였다. 분권적으로 움직임에도 불구하고, 봉건왕국은 어느 정도 안정과 질서를 제공할 수 있었다.

**봉건적 계약**   봉건 관행에서는 누구든 남에게 영지를 수여하는 사람은 주군의 입장에 서고, 그것을 받는 사람은 그의 봉신이 되었다. 처음에 주군과 봉신이 봉토와 군사적 복무를 주고받는 관행은 구두 합의로 이루어져서, 서로의 권리와 의무가 매우 모호했다. 그러다가 11세기에 이르러 봉건 계약이 꽤 표준적 형태로 발전했다.

봉신에 대한 주군의 기본 의무는 부양의 책임을 지는 것인데, 그 책임은 통상 영지를 수여함으로써 이행되었다. 주군이 수여한 영지를 봉토라 불렀는데, 봉토는 봉신의 소득 원천이었다. 그뿐 아니라 봉토는 경제적 혜택과 함께 정치적 지배권을 수반했다. 봉신은 봉토에 대해 배타적 권력을 행사했으며, 주군의 간섭을 받지 않을 불입권不入權, immunity을 누렸다. 그는 봉토 주민을 보호하고, 지대를 거두고, 사법 업무를 관장했다. 그리하여 봉건제도 아래에서 정치권력은 봉토 보유와 결합했다. 오직 전사만이 물리적 보호를 제공하고 봉토 보유의 의무를 이행할 수 있었기 때문에, 정치적·경제적 힘은 전적으로 전사 귀족 수중에 놓였다. 부양의 책임에 더하여 주군은 봉신을 보호할 의무를 졌다. 주군은 전투에서 위험에 처한 봉신을 보호해야 하며, 봉신이 송사에 몰리면 법정에서 변호해 주어야 했다.

봉토와 보호를 받는 대가로 봉신이 주군에게 지는 기본적 의무는 군역이었다. 봉신은 봉토의 크기에 따라 그에 상응하는 규모의 전사를 대동하고 군사 임무를 맡아야 했다. 상비군을 유지할 수 없는 상황에서 왕과 대영주는 이런 봉토 수여를 통해 군사력을 확보할 수 있었다. 봉신의 의무는 처음에는 무제한이었으나, 차츰 1년에 40일 정도의 군역으로 관례화되었다. 봉신은 또한 주군이 소환하면 주군의 궁정에 출석하여 조언할 의무도 있었다. 소송 사건이 있으면 재판에 참여할 것도 요청되었다. 이 법정은 흔히 토지와 봉건적 권리에 관한 봉신들 간의 분쟁을 다루었는데, 봉신에 대한 재판은 같은 동료peer인 봉신들만이 서로 재판할 수 있었기 때문이다. 주군은 봉신들의 조언을 받아 분쟁을 해결했다. 그런데 만일 어느 한쪽이 판정에 불복하면, 궁극적인 해결책은 물리적인 힘에 호소하는 것뿐이었다.

봉건적 사법제도에서는 서로 다른 주군의 봉신들 간에 일어나는 분쟁을 신속하게 해결할 아무런 장치도 없었다. 그래서 봉신들 간의 사소한 다툼에 자신의 봉신을 보호할 의무가 있는 각자의 주군이 개입하는 일이 벌어졌다. 이런 연유로 봉건사회에서는 영주들 간의 소규모 전쟁이 빈번하게 일어났다.

봉신은 다른 여러 부수적인 의무도 졌다. 봉토 수령 후 첫해 소득을 주군에게 바쳤는데, 이것은 일종의 상속세였다. 그는 또한 '환대'의 의무도 있었던바, 해마다 일정 기간 자신의 영지를 방문한 주군과 그 수행원에게 식사·숙박·여흥 등을 제공해야 했다. 그 외에도 봉신은 주군 장남의 기사 서임과 장녀의 결혼 등 특별한 경우에는 축의금을, 주군이 전투에서 사로잡혔을 때는 석방을 위한 몸값을 내야 했다. 이들 의무는 참으로 성가신 것이었으나, 그 대신 주군은 봉신의 대의를 옹호하고, 부당한 침해에서 그를 지켜주었다. 그 난폭하고 위험한 세월에 봉건 계약은 생명과 재산의 보호를 위해 필요한 동맹의 기능을 했다.

**신종의례와 기사 서임**　　　주군과 봉신의 주종 관계는 보통 신종의례臣從儀禮, homage 를 통해 공식적으로 수립되었다. 이 의례에서 봉신은 주군 앞에 무릎을 꿇은 다음, 두 손을 주군의 두 손 사이에 넣고, 자신을 주군의 '사람homo'으로 받치기로 서약했다. 이에 주군은 봉신을 일어서게 하고 그를 포옹했다. 그런 다음 봉신은 추가로 기독교적 충성 서약을 하는 것이 관례였는데, 자신은 주군에게 충실할 것임을 성서나 다른 성물聖物을 두고 맹세했다. 그러고 나면 주군은 통상 봉신에게 봉토의 상징으로 흙 한 덩어리나 다른 물건을 수여함으로써, 그를 봉신으로 서임했다. 봉건 계약은 주군과 봉신이 상호 의무를 준수하는 한 유효했다. 그리고 장자상속 관습에 따라 장자가 봉토와 관련하여 아버지의 지위를 계승할 권리를 누리게 되었는데, 봉토 승계가 이루어질 때도 언제나 새 신종의례와 새 봉토수여 행위가 필요했다.

그런데 봉건제도는 13세기에 이르면 고도로 구조화되고 의례화된 사회-정치적 제도로 발전했다. 이중 삼중의 주종 관계와 중첩된 관할권 그리고 연속적인 재분봉 등을 통해 그 제도는 엄청나게 복잡해졌다. 한 봉신이 주군 두 명과 주종 관계를 맺은 경우, 그 봉신의 두 주군이 서로 싸우면서 한 봉신에게 동시에 군사적 의무를 요구할 때는 매우 곤란한 문제가 일어날 수밖에 없었다. 이런 난감한 사태를 예방하기 위해 어느 한 주군에게만 군사적 의무를 지는 우선적 신종의례 liege homage라는 궁색한 방안이 고안되기도 했다.

이제 기사라 불리는 직업 전사만 봉신과 봉토 보유자가 될 수 있었다. 기사의 아들이 기사의 삶을 살기 위해서는 일고여덟 살쯤에 다른 기사 집안에 시동page으로 보내졌다가, 14세쯤부터는 기사의 종자squire로서 혹독한 기사 훈련 과정을 거쳐야 했다. 그런 다음 성인이 되어 군사적 능력과 용기를 시험받아서 통과하면, 그는 기사 서임 의례를 받았다. 11세기 이전에는 기사 서임 의례에 관한 기록이 없다. 서임 의례는 한 젊은이가 전문적 전사 신분으로 들어가는 통과의례로서, 통상 자격을 갖춘 기사가 칼을 증정하는 방식으로 이루어졌다.

그런데 기사 서임 의례는 차츰 종교적 색채가 가미되었다. 12세기 중엽에 증정용 칼은 통상적으로 사전에 교회 제단 위에 놓아두었는데, 이는 그 기사가 교회를 보호할 의무가 있음을 의미했다. 13세기가 되면 그 의례는 영주관이나 영주의 성이 아니라 교회에서 거행되었다. 입문자는 의례 전날 철야 기도의 밤을 보내고, 서임 의례를 통해 '그리스도의 병사'가 되었다. 그렇지만 기사의 역할에 관한 이전의 세속적 관념이 사라진 것은 아니며, 전사의 행위가 교회의 이상에 맞추어 평가되는 일은 거의 없었다.

봉신이 기사 상속자 없이 죽으면 특별한 조치가 마련되어야 했다. 대체로 상속자가 미성년 아들이면, 주군은 그가 기사 자격을 얻어 자신의 봉신이 될 때까지 그의 보호자 역할을 했다. 상속자가 딸이면, 주군은 그녀가 기사 남편을 얻을 때까지 보호자 역할을 하고, 그녀 남편은 신종의례를 통해 주군의 봉신이 될 수 있었다. 봉신이 아무런 상속자 없이 죽으면, 주군은 봉토를 환수하고, 자신이 보유하거나 새 봉신을 찾아 수여할 수 있었다.

## 2) 장원제도

**중세의 장원**　　중세 초기 유럽은 상업 활동이 완전히 사라지지는 않았지만, 급격하게 쇠퇴했다. 같은 시대의 비잔티움제국이나 이슬람 세계에 견주면, 서부 유럽은 저개발의, 압도적인 농업 사회였다. 자유롭든 자유롭지 않든 간에, 주민은 대부분 농사를 지으면서 살았다. 그러나 그들은 대체로 각자의 개인 농장에서 일하지 않았는데, 왜냐하면 농업 생산의 기본단위가 대규모 영지인 장원이었기 때문이다. 장원의 기원은 로마 시대의 대농장인 라티푼디움으로 거슬러 올라간다. 특히 갈리아에서 이 대농장들은 게르만 침입 이후에도 살아남아, 로마인 소유주의 후손, 게르만의 왕족과 귀족, 혹은 교회가 보유해 왔다.

10세기 무렵이 되면 서유럽 대부분 지역에서 이런 대농장들이 장원이라는 단위로 형성되었다. 영주가 보유한 봉토는 큰 것은 보통 수백 개의 장원으로 이루어졌는데, 그 장원은 또한 사회의 기본단위이기도 했다. 장원은 지역에 따라 크기가 다양했다. 한 장원에 평균 30가구 정도가 살았는데, 각 가구는 대략 30에이커 정도의 경작지를 보유했다. 그리고 영주는 장원 전체 경작지 중 1/3 정도, 심지어는 절반 가까이를 자신의 몫으로 보유했다. 이런 장원을 토대로 형성된 경제 및 사회제도를 장원제도라고 부른다.

**장원의 사회계급**　　13세기 이전 장원의 마을 생활에 관해서는 기록이 별로 없다. 그러나 그 기간에 농촌 생활 관습이 형성되었을 것인데, 13세기에 드러난 농촌 생활은 이후 수백 년 동안 거의 변하지 않고 그대로 유지되었다. 장원에서 가장 기본적인 사회적 구별은 땅을 경작하는 농민과 그들로부터 다양한 형태의 소득을 취할 수 있는 장원 영주 간의 구별이었다. 참으로 장원 공동체의 다양한 구성원의 사회적 지위는 일반적으로 그들이 영주에게 지는 의무로 규정되었다. 그 의무가 무엇이었는가는 일반적 용어로 정확하게 표현하기는 불가능하다. 그 의무는 장원의 관습에 따라 끊임없이 변했고, 때로는 개인이나 특정 토지에 따라 서로 달랐다.

장원에서 영주와 농민의 관계는 단순히 지주와 소작농의 관계가 아니었다. 지주이자 전사인 영주는 장원 주민에 대한 정치적 지배자요, 외부 공격에 대한 보호자였다. 장원 안에서 영주의 말은 곧 법이었다. 그는 법정을 열어 주민 간의 분쟁과 관습의 위반을 다루어, 사건을 해결하고 처벌했다. 단순 기사든 높은 귀족이든 영주들은 자주 장기간 집을 떠나 있었다. 그렇지 않은 평소에 그들은 오락거리로 주로 사냥을 즐겼으며, 경작지 관리나 장원의 제반 업무는 청지기에게 맡겼다.

영주의 주된 소득은 영주 보유지에서 나는 생산물이었다. 그 땅의 경작은 영주에 대한 의무의 일부로서 농노가 담당했다. 이 보유지에서 나오는 소득에 더하여, 영주는 농노로부터 상속세와 인두세 등 다양한 명목으로 소득을 거두었다. 그 외에도 영주는 중요한 소득원이 더 있었다. 그에게는 시설독점권이 있어서 제분소, 빵 굽는 화덕, 포도 압착기 같은 시설을 설치하고 사용료를 받았다. 그리고 장원 법정에서 부과하는 벌금 역시 영주의 몫이었다. 이 모든 것을 합치면, 영주의 소득은 장원 전체 생산의 거의 절반이나 되었다.

농민은 대부분 부자유스러운 신분의 농노로서, 그의 지위는 세습되었다. 중세의 농노는 대부분 옛 로마제국 시대에 대농장에서 일했던 콜로누스의 후손이었다. 그리고 중세 초기 격동의 시기에 자유로운 농민들이 스스로 강력한 전사의 보호 아래 들어가 예속적 농민이 되기도 했다. 장원에서의 영주의 권리는 곧 농노의 의무였다. 농노의 가장 큰 봉건적 부담은 노동지대로서, 그들은 보통 매주 3일 정도를 영주를 위해 노역을 해야 했다. 그들은 농사철에는 영주 보유지를 경작하고, 그 외에도 도로 보수나 하천 정비 등, 영주가 요구하는 일을 해야 했다. 그뿐만 아니라 농노는 재배하는 농산물의 일정 몫을 현물지대로 바쳐야 했다.

영국의 윌리엄 정복왕 때 작성된 『둠즈데이 북*Domesday Book*』에 따르면, 장원에는 농노뿐 아니라 소수이긴 하지만 다양한 지위의 주민이 있었다. 영주에게 약간의 정해진 의무만 지는 자유인이 있는가 하면, 경작지에 대한 아무런 권리도 없이 품팔이 노동을 하면서 사는 사람도 있었다. 게다가 다양한 변화가 있어서, 특히 후대에 가면 농노가 '자유로운' 토지를 보유하거나, 자유인이 '예속적' 토지를 경작해서 노동지대의 의무를 지기도 했다. 바꾸어 말하면 장원 주민의 의무나 권리는 그의 지위보다는, 어떤 성격의 토지를 경작하고 있느냐에 달려 있었다. 농민 중 일부는 대장장이나 제화공 같은 장인이 되었다. 중세 말까지 장원은 교환을 위한 잉여상품을 거의 생산하지 못하고, 거의 모든 필요 물품은 가내 제조에 의존했다.

장원은 영주에게는 기본적으로 소득의 원천이었지만, 농민에게는 모든 삶의 터전이었으며, 또한 장원의 테두리가 그들 세계의 한계였다. 농노는 법적으로 토지에 묶여 있는 신분으로서, 영주의 허락 없이는 장원을 떠날 수 없었다. 그래서 그들은 영주의 승인 없이는 장원 밖의 사람과 결혼할 수 없었다. 한편 토지에 묶여 있는 신분이기 때문에, 그들은 물려받은 보유지에서 쫓겨나지도 않았다. 장원 주민은 장원 바깥으로는 이따금 가까운 읍이나 시장에 가는 것이 고작이었다. 어떤 지역에서는 농민이 일 년에 한 번 기독교 성지를 순례할 권리가 있었으나, 여행은 위험해서 실제 이루어지는 일은 드물었다. 도로는 불편하고, 여관은 별로 없고, 도둑은 곳곳에서 나타났다. 교육을 받지 못하고 문맹인 그들은 영주나 사제 혹은 행상이 전해준 소식 외에는 바깥세상에 대해 거의 아무것도 몰랐다.

장원 공동체에서 제3의 요소는 교회였다. 종교적 축일, 일요 미사, 세례, 결혼, 장례 등 이 모든 일에서 농민들은 장원 교회와 관련을 맺었다. 교회는 장원 생활의 핵심적인 부분을 차지했다. 모든 장원이 상주하는 사제나 교회 건물이 있었던 것은 아니다. 그러나 농민은 교회의 지원을 위해 소출의 1할을 내야 했다. 장원의 사제는 영주에게 임명을 받았다. 그들은 농민에게 기독교의 기본 요소를 가르쳐서 구원이라는 궁극적 목적을 이루도록 돕는 인물이었으나, 실제로는 그 자신이 교육을 제대로 받지 못한 경우가 흔했다. 게다가 그들은 귀족만큼 강력하고 영향력 있는 고위 성직자와 달리, 실제 생활에서 장원 농민과 별반 다르지 않았다. 그렇기는 하지만 교회는 10세기와 11세기 동안 농민들에게 남아 있는 이교적 관행을 제거하는 노력에서 착실한 성과를 거두었다.

**장원의 농업제도**　　중세의 농업은 목재 대신 철재 농구가 도입되는 등 농기구가 개량되면서 생산성이 크게 향상되었다. 가슴걸이와 철제 편자가 널리 보급된 12세기 이후에는 역축으로 느린 소 대신 말이 일반화되어 쟁기질의 속도가 빨라졌다. 무엇보다 중요한 혁신은 특히 유럽 북부에서 9세기에 처음 도입된 뒤 차츰 널리 시행된 삼포제 농법이었다.

　장원 농민들은 농지를 흔히 세 개의 경포耕圃로 나누어 돌아가며 경작했는데, 이는 토지의 지력을 유지하기 위한 것이었다. 한 경포에 밀이나 호밀 같은 가을 곡물을, 봄에는 다른 한 경포에 보리와 귀리 같은 봄 곡물과 콩류 같은 채소를 파종하고, 나머지는 놀린다. 이듬해에는 놀린 땅에 가을 파종을, 추경지였던 땅에는 봄 파종을 하고, 춘경지였던 땅은 놀린다. 그런 방식으로 돌아가며 경작하여, 해마다 경작지의 2/3가 이용되었다. 이는 이전에 경작지의 절반을 경작하고 절반은 놀리던 2포제 농법보다 그만큼 경지가 늘어난 셈이었다. 게다가 삼포제 농법으로 고단백질 식품인 콩류 재배가 가능해져서 농민의 영양 상태가 크게 개선되었다.

　중세 경작지 보유의 또 다른 독특한 특징은 '지조地條, strip' 제도였다. 농민들의 경작지는 각 경포에서 어느 한 곳에 모여 있는 것이 아니라, 좁고 길쭉한 지조 단위로 이곳저곳에 분산되어 있었다. 각 농민의 지조는 이웃 농민의 것과 서로 섞여 있었기 때문에, 각자의 보유지는 원천적으로 울타리를 둘러칠 수 없었다. 그래서 중세의 경작지는 기본적으로 개방 경지 체제였다. 경작지가 분산되어 있어서 농사를 망쳤을 때 위험이 분산될 수 있었으며, 장원 농민 사이에 좋은 땅과 나쁜 땅이 고르게 분배될 수 있었다. 중세의 농업 생산성은 근대에 비하면 턱없이 낮았다. 중세 최성기인 13세기에도 종자 대비 수확량은 다섯 배 정도에 불과했으며, 이는 근대의 1/4에도 미치지 못했다.

지조의 모양과 크기는 쟁기질과 관련이 있었다. 배수를 위해 무거운 발토판 쟁기로 땅을 깊이 갈아엎기 위해서는 중세의 덩치 작은 황소가 6~8마리나 필요했다. 따라서 밭을 갈 때 자주 방향을 바꿀 수 없었고, 자연히 밭이랑이 길어지게 마련이었다. 그래서 효율적인 쟁기질을 위해 자연스럽게 형성된 것이 지조로서, 전형적인 지조는 폭이 약 20m에 길이 약 200m의 길쭉한 땅이다. 이것은 오전이나 오후 한나절 동안 쟁기질하기에 알맞은 크기로서, 이 지조가 1에이커에 해당하는 땅이다. 영주 보유지 역시 지조 형태로 농민의 것과 함께 섞여 있었지만, 때로는 따로 떨어져 있기도 했다. 쟁기질은 휴경지도 잡초가 번지지 않도록 1년에 두 번씩 해야 했기 때문에, 거의 일 년 내내 해야 하는 고된 작업이었다.

보유지에 대한 농민의 권리는 장원 공동체의 제약을 크게 받았다. 농민은 쟁기질과 파종, 그리고 추수 등 모든 농사일을 관습에 따라야 했다. 농사와 관련한 어떤 것도 이웃과의 협력 없이 혼자 할 수 없었기 때문이다. 비싼 철제 발토판쟁기와 그것을 끄는 데 필요한 6~8마리의 소를 소유할 수 있는 농민은 아무도 없었다. 작물도 선택의 여지가 없었다. 만일 어떤 농민이 이웃보다 늦게 여무는 작물을 심었다면, 추수 끝난 밭에 방목한 가축으로부터 자신의 곡물을 지킬 방법이 없었다. 그리고 그는 지조 단위로 서로 섞여 있는 이웃의 밭을 넘나들며 짓밟지 않고서는 이웃보다 먼저 추수할 수도 없었다. 사람들은 관습에 따라 농사를 지었고, 여러 세대에 걸쳐 변화나 혁신을 시도할 꿈조차 꾸지 않았다.

경작지 이외의 땅은 장원 주민 공동의 것이었는데, 농민의 삶에서 경작지 못지않게 중요한 것이 목초지였다. 목초지에서 거두는 건초는 농사에 불가결한 가축인 소나 말에게 겨울 동안 먹일 사료였다. 중세인은 아직 건초를 재배할 수 있다는 데 생각이 미치지는 못했다. 그들은 그것을 전적으로 자연의 목초지에 의존할 수밖에 없었다. 당연히 많은 장원이 건초 부족의 위험에 시달렸다. 나뭇잎과 밀짚이 부족한 사료를 보충했지만, 견인용 가축은 종종 겨울에 거의 굶어 죽을 지경이었다. 그래서 목초지가 경작지보다 더 귀하게 여겨진 경우가 없지 않았다.

방목지에서는 다양한 가축이 함께 어울려 풀을 뜯었고, 어린이나 보조 인력이 이들을 돌보고 감시했다. 장원을 둘러싼 삼림에서 주민들은 땔감과 건축용 목재를 얻었을 뿐 아니라, 호두나 꿀 혹은 액과berry를 얻어 식품을 보충했다. 삼림은 또한 장원의 가장 흔한 가축인 돼지를 방목하는 데도 유용하게 이용되었다. 당연하게도 개울이나 연못 같은 수원은 필수불가결한 것이었다.

**농민의 일상생활**　　농민의 생활공간인 마을은 보통 식수원이 가까이 있는 장원의 중심부에, 그리고 외부 세계로 통하는 도로변에 자리했다. 성과 같은 영주의 저택이나 장원청은 통상 농가에서 조금 외진 곳에 자리 잡았다. 장원에는 교회와 사제관도 있었다. 농가는 대개 초가지붕의 오두막집이었다. 근대와 대비되는 장원 농민의 생활 모습의 하나는 전반적으로 사생활이 거의 없다는 점이다. 가난한 농민의 집은 요리하고 식사하는 공간을 제외하면 흔히 단칸방이어서, 부모와 자녀 그리고 가축이 종종 한 지붕 아래 밤을 지냈다.

농민의 일상 식단은 아주 단순했다. 기본 식품인 빵은 집에서 밀가루를 이긴 뒤, 장원 영주 소유의 화덕에서 구웠다. 빵에 곁들여 채소와 우유나 염소젖으로 만든 치즈, 숲에서 채취한 식품 등이 식탁에 올랐다. 그들은 오두막집 주위에 작은 텃밭이 있어서 여러 가지 채소를 재배하고, 약간의 닭이나 돼지 혹은 염소를 길렀다. 음료는 보통 집에서 담근 맥주나 포도주를 즐겼다. 맥주는 가난한 사람들이 가장 즐기는 음료로서, 그들은 엄청난 양의 맥주를 마셔댔다. 당연히 상당한 양의 곡물이 맥주 제조에 소비되었다. 장원 농민의 생활은 힘들고 고달팠다. 그러나 고되고 단조로운 삶에서도 농민은 레슬링, 닭싸움, 공놀이 같은 오락에서 약간의 즐거움을 얻었다. 그리고 교회가 주최하는 수많은 축제는 주민 모두가 음주와 가무를 즐길 수 있는 기회였다.

### 3) 교회와 봉건사회

**교회의 봉건화**　봉건제도가 발달하면서 교회와 교황은 점점 더 봉건적 사회
구조와 긴밀하게 결합하게 되었다. 광대하고 비옥한 토지가 수도원과 주교의 관
할 아래 있었다. 9세기와 10세기의 혼란스러운 상황에서, 그런 땅들은 힘 있고
탐욕스러운 자들의 군침 도는 먹잇감이었다. 평화와 질서를 유지할 효율적인 공
적 기구가 없는 상태에서 수도원장과 주교는 스스로 가진 것을 지키기 위해 할
수 있는 일을 해야 했다. 그래서 그들은 국왕이나 대영주의 봉신이 되어, 그들에
게 충성을 맹세하고 교회 토지를 봉토로 보유했다.

　고위 성직자들은 봉건체제에 편입됨으로써 군역을 포함한 봉신의 통상적 의
무를 수행해야 했다. 그러면 성직자들은 어떻게 군사적 의무를 수행했나? 사실
수도원장과 주교는 대체로 공이나 백과 같은 봉건 영주의 차남 이하 자제들이었
으며, 전쟁에 친숙한 사람들이었다. 9세기와 10세기에 그들은 종종 직접 전쟁에
참여했다. 그러나 그들은 기사들에게 교회 토지를 봉토로 수여하여 봉신을 확보
함으로써, 이들을 통해 군사적 의무를 이행할 수 있었다. 이러한 조정은 봉건제
가 어떻게 일련의 상황에 대한 적응을 거쳐 유효한 통치제도로 발전했는지를 보
여준다. 세속 영주와 종교 영주가 국가권력의 모든 수준에서 서로 긴밀하게 결
합하게 되었다. 그렇게 해서 교회는 철저하게 봉건화했다.

　성직자는 교회법상 결혼할 수 없었기 때문에 그들의 지위는 자식에게 세습될
수 없었다. 그래서 주교와 수도원장과 같은 고위 성직을 임명하는 권력은 매우
중요한 권력이었다. 독일에서는 10세기 후반기부터 오토 1세와 그 계승자들이
성직 임명권을 행사했고, 또한 제국의 행정을 주로 성직자에 의존했다. 성직자
들은 주권적 권력의 존엄성과 공공 행정이라는 로마의 관념에 친숙했기 때문에
황제에게는 특별히 소중한 존재들이었다. 성직자들은 또한 글을 읽고 쓸 수 있
는 거의 유일한 집단이었기 때문에 행정을 담당하는 관리는 그들 중에서 충원되
게 마련이었다. 프랑스는 사정이 아주 다양했다. 노르망디 공은 공령 안에서 성

직 임명을 통제했고, 다른 봉건영주들도 자신의 영지 안에서 비슷한 권력을 행사했다. 그러나 몇몇 주교구와 수도원은 이웃하는 야심만만한 귀족 가문들 간의 쟁탈 대상이었으며, 랭스Reims 대주교구는 국왕의 영향 아래 있었다.

**클뤼니 수도원**　　봉건적 상황 속에서 교회는 드물지 않게 도덕적 타락을 겪었다. 영주들은 종종 정치적 이해관계 때문에 영성적 책임에 대해서는 별 관심 없는 세속적 인물을 주교나 수도원장으로 선택했다. 교황 자신이 권력과 신망을 잃고, 도시 로마 귀족 가문들의 지배 아래 떨어졌다. 많은 주교와 수도원장이 행동에서 동료 귀족과 거의 구별이 되지 않았다. 그들은 영성적 문제보다 정치에 더 관심이 많았다. 일부 장원의 기초 교구 사제들은 교회법의 금지에도 결혼하여 아내와 자식을 두었고, 읽고 쓸 줄도 몰랐다. 수도원의 이상 역시 손상을 입었다. 베네딕투스 수도원은 기독교적 삶과 학문의 중심 역할을 해왔지만, 외적의 침입으로 많은 수도원이 파괴되었다. 그리고 일반 교회가 그러하듯이 많은 수도원이 영주의 지배 아래 들어갔다. 수도원의 규율은 무너지고, 영성과 학문의 명성 역시 쇠퇴했다.

　많은 경건한 사람들이 교회의 이러한 부패하고 부도덕한 모습에 고통을 받았으며, 마침내 이를 시정하려는 노력이 기울여졌다. 그런 노력 가운데 가장 중요한 것이 910년 아퀴텐Aquitaine 공 기욤Guillaume이 부르고뉴Bourgogne의 클뤼니Cluny에 수도원을 설립한 일이었다. 기욤 공은 특허장으로 클뤼니 수도원이 그 어떤 외부의 지배도 받지 않을 독립성을 보장해 주었다. 클뤼니의 수도사들은 세속의 간섭을 전혀 받지 않고 스스로 수도원장을 선출하고, 오직 교황에게만 예속되었다. 그들은 엄격한 베네딕투스 규칙의 최고의 영성적 이상을 되살렸다.

　클뤼니 수도원은 곧 열광적 반응을 불러일으켰다. 그 수도사들은 빠르게 경건함과 거룩함의 명성을 확립했기 때문에, 개혁 운동은 엄청난 성공을 거두었다. 기존의 많은 수도원이 클뤼니와 결합하여 분원分院 혹은 소수도원priory이 되고, 클뤼니의 대수도원장abbot이 임명한 수도사를 그들의 소수도원장prior으로 받아들였다. 그리하여 클뤼니 수도원은 프랑스에서 시작하여 서유럽 전역으로 퍼져나가 한 세기도 안 되어 300개가 넘는 소속 소수도원이 생겼다. 이전의 베네딕투스 수도원은 각각의 수도원이 독립적이었으나, 클뤼니 수도원은 본원과 분원의 관계로 맺어졌다. 이는 개별 수도원이 그 지역의 정치적 영향 아래 떨어지지 않게 하기 위해서였다.

수도원이 불러일으킨 경건의 기풍은 교회 전반의 개혁을 자극했다. 클뤼니 개혁가들은 성직매매를 공격하고 성직자 독신주의를 강력하게 옹호했다. 그리고 그들은 무엇보다 교회를 세속의 영향에서 해방하는 데 관심을 집중했다. 그러나 그 개혁 운동은 주로 수도원 문제에 한정되었다. 클뤼니 수도원에서 수련한 몇몇 수도사는 주교가 되었고, 그들의 원칙을 일반 교회에 적용하려고 애썼다. 그렇지만 그런 노력은 크게 성공하지 못했는데, 속인이 성직 임명권을 통해 얻을 수 있는 권력과 부수입을 포기하는 경우는 매우 드물었기 때문이다. 그리하여 클뤼니 수도원의 개혁 운동은 초기에는 수도원 울타리 바깥에서는 거의 성과를 거두지 못했다.

그런데 10세기와 11세기가 지나가는 동안 많은 경건한 사람들은 속인이 고위 성직자를 임명할 권력을 가지는 한, 특히 그들이 그런 성직을 자격 없는 인물에게 파는 한, 교회의 만연한 부패와 타락은 시정될 수 없다고 믿게 되었다. 그리하여 클뤼니 수도원의 개혁 운동은 11세기에 들어와 차츰 수도원의 울타리를 넘어서기 시작했고, 세기 후반기에는 교황청의 개혁과 재조직에 커다란 영향을 미쳤다.

### 4) 문화 부흥의 조짐

기원 1000년 이전에 서유럽에서 문화 부흥의 결정적 조짐은 많지 않았지만, 11세기 전반기에 교육·건축·음악 등에 대한 새로운 관심과 활동이 이후 두 세기에 올 훨씬 더 큰 성장을 예고했다. 10세기가 완전히 불모였던 것은 아니다.

1000년 무렵까지 선교사들은 스칸디나비아의 통치자들을 기독교로 개종시키는 데 성공했으며, 헝가리에서도 비슷한 성공을 거두었다. 이전에는 빼어났던 수도원학교가 차츰 주교가 조직한 성당학교에 밀려났다.

**석조 건축의 재등장**    문화 부흥을 알리는 최초의 표현 중 하나는 석조 건물의 재등장이었다. 게르만족의 서유럽 침입 이후 수백 년 동안 불안정한 사회 상태는 넓게는 미술, 좁게는 건축 활동을 위축시켰다. 10세기까지 알프스 이북의 새 건물은 대부분 목재로 지어졌다. 최초의 중요한 석조 건축물은 800년경 완공된 엑스라샤펠의 궁전예배당이었다. 11세기에 들어와 부가 증가하고 기술이 향상하면서 유럽 양식의 건축이 등장하기 시작했다.

석재를 다루는 기술은 무엇보다 튼실하고 정교한 요새의 축조를 위해 발달했다. 전쟁이 기사 중심으로 치러지면서 9세기 후반부터 10세기 전 기간에 걸쳐 옛 프랑크왕국 전역에는 수많은 요새가 세워졌는데, 그런 요새는 처음에는 아주 단순한 시설이었다. 이중으로 나무 울타리가 둘러쳐진 작은 둔덕의 중앙에 망루 역할을 하는 목탑이 있고, 저장 시설을 갖춘 정도가 고작이었다. 그런데 11세기 동안에 둔덕과 목책은 신속하게 견고한 석조 성채로 대체되었고, 이 성채는 때때로 해자로 둘러싸였다. 봉건귀족의 세력과 안위는 흔히 우세한 적의 공격을 받았을 때, 물러나 방어할 그런 성의 보유 여부에 달렸다. 그들은 너나없이 견고한 피난처 혹은 보루를 경쟁적으로 건설했다. 그 결과 11세기 초에 수백 개의 석조 성채가 건설되었다.

석조 건축은 또한 기념비적 교회 건물에도 나타났다. 많은 초기 문명이 부와 기술을 장엄한 신전 건설에 투입했듯이, 유럽인은 그것을 교회 건설에 투입했다. 물론 교회는 이교의 신전과는 그 성격이 크게 달랐다. 신전은 일반 예배자가 들어갈 수 없는, 신이 거주하는 집이었다. 이교 신은 오직 신전을 통해 그 공동체 가운데 살고, 공동체를 보호할 수 있었다. 그러나 기독교의 신은 거주할 집이 필요한 게 아니었으며, 건물이 필요한 건 예배자였다. 그리하여 11세기 초엽에 최초의 유럽 건축양식인 로마네스크Romanesque 양식이 발달하기 시작했다.

**음악과 문학**      수도원과 교회를 중심으로 이루어진 또 다른 성과는 다성 음악의 발달이었다. 음악과 가창은 예배의 중요 부분이었는데, 수백 년에 걸쳐 노래는 제창으로 이루어졌다. 그러다가 10세기쯤에 독립된 선율을 가진 여러 성부로 구성된 음악이 발달하기 시작하고, 이후 좀 더 넓고 충분한 변화가 이루어졌다. 문학 활동은 11세기 중엽 이전에는 오랫동안 침체 상태를 겪었다. 그렇지만 성자의 삶에 관한 이야기와 연대기가 많이 남아 있다. 물론 구전의 서사시들이 봉건귀족의 궁정과 바이킹 후손들 사이에서 번성했지만, 그런 시들이 문자로 정착한 것은 12세기나 그 이후의 일이다.

# 제5장

# 형제 문명들

비잔티움 문명과 이슬람 문명

❖

서로마제국의 멸망과 8세기 사이의 기간은 혼란과 파괴의 시대인 동시에 새 문명 창조의 시대였다. 로마제국이 구축한 '하나의 세계'는 7세기 이후에 세 개의 독자적인 문명 세계로 나뉘었다. 이베리아와 북아프리카와 서아시아 지역은 이슬람의 아랍인이, 소아시아와 발칸반도와 남부 이탈리아는 그리스정교회의 비잔티움인이, 그리고 서유럽은 로마 가톨릭교회의 라틴 및 게르만인이 차지했다. 그중에 서유럽이 경제적 침체와 지적 무기력에서 벗어나지 못하고 있을 때, 비잔티움제국과 이슬람제국은 경제적 번영과 수준 높은 문명을 구가했다.

서유럽의 게르만 왕국들과 동부의 비잔티움제국은 기독교 안에서 유대 관계를 유지했다. 그러나 신앙이 그 둘을 정치적으로 묶어주지는 못했으며, 오히려 신앙상의 차이와 함께 그 둘은 서로 다른 문명으로 멀어져 갔다. 비잔티움제국은 서유럽과 같은 봉건제도가 발달하지 않았고, 따라서 '중세' 단계를 거치지 않았다. 경제적으로는 상공업이 발달하고, 도시 생활과 화폐경제가 쇠퇴한 적이 없다. 방대하고 복잡한 관료 조직이 발달하여 강력한 중앙집권체제를 유지했다. 한편 비잔티움제국의 정치사는 그야말로 흥망성쇠가 이어진 역사였다. 몇 번이나 외세의 침략으로 나라가 곧장 망할 것처럼 보였으나, 제국은 번번이 유능한 황제를 만나 적을 물리쳤다.

한편 서유럽 처지에서 보자면, 비잔티움은 수백 년 동안 무슬림의 유럽 침투에 대한 방파제 구실을 해주었다. 그리고 비잔티움은 고전 문명의 유산을 보전 및 확장하고, 그것을 서유럽에 전해주어 유럽 중세 문명의 형성에 크게 이바지했다. 한편 비잔티움인은 동유럽의 슬라브 민족들을 문명화하는 데 주역으로 활동했다. 그들은 슬라브인을 기독교로 개종시키고, 문자를 전수하고, 로마의 정부-통치 관념을 가르쳐주었다.

4세기에서 9세기 사이에 슬라브족이 동유럽 쪽으로 이동함에 따라 문명 세계와 접촉하게 되었다. 러시아와 발칸반도에서 비잔티움의 문화와 전통이 그들의 삶에 크나큰 영향을 미쳤다. 러시아 역사의 첫 단계인 키예프 시대에 블라디미르가 그리스정교회로 개종함으로써, 러시아는 비잔티움 문명권으로 편입되었다. 이후에 러시아는 오랫동안 몽골의 지배 아래 있었고, 그동안 정치 및 종교의 중심이 모스크바로 이동했다. 15세기에 몽골의 굴레에서 벗어난 러시아인은 비잔티움 멸망 이후 그 계승자를 자임하고 나섰다.

* * *

아랍인은 인구 대부분이 아라비아반도 사막 지대에서 수천 년 동안 유목 생활을 하면서 세계 역사의 중심에서 비켜서 있었다. 그러던 아랍인이 7세기에 들어와 갑자기 이슬람의 깃발 아래 들불처럼 빠르게 퍼져나가, 북아프리카와 서아시아의 옛 로마 영토를 집어삼키고 로마제국보다 더 큰 제국을 건설했다. 그들은 서로마의 영토를 차지한 게르만족과 달리, 정복한 주민에 동화되거나 그들의 종교로 개종하지 않았다. 오히려 그들은 피정복민을 그들의 종교로 개종시키고, 고도로 발달한 피정복민의 문화를 흡수하여 자신들의 고유한 문명을 창출했다.

아랍인들은 처음의 네 할리파와 우마이야왕조 시대에 짧은 시간 동안 대제국을 건설했다. 그러나 그것은 아랍인이 지배하는 제국이었고, 그래서 비아랍인 사이에 형성된 분노를 바탕으로 바그다드Baghdad에 새로운 압바스왕조가 들어섰다. 압바스왕조 초기에 이슬람은 지리적 팽창과 문화적 성취에서 정점에 도달했다. 그러나 비할 바 없는 번영에도 불구하고, 이슬람 세계는 정치적으로 분열했고, 여러 작은 국가로 쪼개졌다. 무함마드의 가르침이 세계 많은 지역에 전쟁과 정복을 일으켰지만, 그것은 또한 수백만 명의 사람들에게 희망과 정치적 안정을 제공했다. 이슬람은 법전과 문자가 없던 사회에 법전과 문자를 전해주었다. 그리고 서아프리카에서 동아시아에 걸친 교역망을 재건함으로써, 수많은 사람에게 부와 물질적으로 더 나은 삶을 가져다주었다.

그뿐만 아니라 이슬람은 광대한 영토 안의 다양한 문화유산을 훌륭하게 상속한 바탕 위에 새롭고 독특한 학문과 예술을 발전시켰다. 그것은 다양한 문화를 종합하는 무슬림의 빼어난 재능의 산물이었다. 그들이 수립한 학문은 서유럽에 전해져서 중세 문화와 르네상스를 꽃피우는 데 결정적 역할을 했다. 무슬림이 유럽에 끼친 영향은 영어에 남아 있는 수천 개의 아랍어가 증언하고 있다. 그러나 역설적이지만 유럽에서 학문과 예술이 다시 꽃피게 되었을 때, 이슬람 문명은 쇠퇴의 길에 빠져들었다.

## 1. 비잔티움 문명

### 1) 유스티니아누스 대제

**재정복 사업**　　유스티니아누스(527~565) 황제만 하더라도 옛 로마제국의 이념을 고이 간직했다. 그는 치세 말기까지도 고토를 수복하고 옛 제국의 영광을 재현하려는 꿈을 버리지 않았다. 여장부 황후 테오도라Theodora와 일군의 유능한 인재들의 도움을 받아, 유스티니아누스는 그 꿈을 실현하는 데 일생을 바쳤다.

　　유스티니아누스는 치세 초기에 엄청난 정치적 위기에 몰렸다. 비잔티움 시민이 가장 열광하는 오락인 전차 경주가 원형 전차 경주장인 히포드롬Hippodrome에서 열리는데, 선수가 청팀과 녹팀의 두 팀으로 나뉘어 시합을 벌였다. 이와 관련하여 그들을 응원하는 청파와 녹파라는 대중 집단이 형성되어 막강한 영향력을 행사했다. 청파는 주로 대지주와 귀족의 후원을, 녹파는 상인 같은 중간 계층의 후원을 받았다. 그들은 자주 충돌하고, 길거리에서 패싸움을 벌이기도 했다. 그런데 유스티니아누스가 치안을 위해 이들을 억압하는 정책을 펼치자, 이 두 집단이 532년에 유스티니아누스를 몰아내기 위해 손을 잡았다. 그들은 5일 동안 도시에 불을 지르고 궁전을 공격했다. 폭도들이 외친 '승리nika'라는 함성을 따라 이름 붙여진 이른바 '니카 반란'은 거의 성공할 뻔했다. 폭도들이 황궁을 포위한 채 새 황제를 선출한 절망적인 순간, 겁에 질려 도망가려는 황제를 돌려세운 사람은 황후였다. 서커스 곰 조련사의 딸로 매춘부 출신이었던 황후 테오도라의 결연함에 황제는 마음을 다잡을 수 있었고, 벨리사리우스Belisarius 장군에게 명하여 마침내 반란을 진압했다.

5세기에 동로마 황제들은 책략과 보조금 혹은 군사력 등을 적절하게 구사하여 게르만족을 서부 속주로 돌려 제국을 지켰는데, 6세기에 들어와 비잔티움은 게르만족에게 잃은 서부 지역을 되찾는 과업에 착수했다. 유스티니아누스는 먼저 제국의 안위를 위협하는 사산왕조 페르시아Sassanian Persia의 왕과 외교와 뇌물로 화평을 맺어 동쪽 측면의 안전을 확보한 뒤, 벨리사리우스에게 반달왕국을 공격하라고 명령했다. 당대에 가장 빼어난 장수로 손꼽히는 벨리사리우스는 그 임무를 훌륭하게 완수했다. 그는 533년 북아프리카로 건너가 신속하게 반달왕국을 정복하고, 시칠리아를 포함하여 서지중해의 섬들을 탈환했다. 그다음에 그는 이탈리아에 투입되었다. 군대를 이끌고 이탈리아로 쳐들어간 벨리사리우스는 동고트왕국에 큰 승리를 거두었다. 그런데 반달왕국과는 달리 동고트왕국을 정복하는 것은 훨씬 더 험난한 일이었다. 동고트왕국은 완강하게 저항했으며, 유스티니아누스는 20년에 걸친 힘든 전쟁을 치르고서야 간신히 이탈리아반도를 되찾았다. 그러나 그는 승리를 위해 국고의 고갈과 반도, 특히 로마와 라벤나의 황폐화라는 값비싼 대가를 치러야 했다. 그의 장군들은 서고트왕국으로부터 이베리아 남부 지역도 빼앗았다. 지중해는 다시 한 번 로마의 호수가 되었다. 그렇지만 그는 갈리아를 포함한 다른 지역은 엄두를 내지 못했다.

**내정 개혁**　　유스티니아누스는 즉위하자마자 법학자들을 동원하여 법률을 정비하고 집대성하는 과업을 야심 차게 추진했다. 방대한 분량의 법령이 쌓여, 서로 상충하거나 시대에 적합하지 않은 것이 많아 정비가 필요했기 때문이다. 법전 편찬 사업은 황제의 절대 권력을 강화하기 위한 것이기도 했지만, 또한 로마제국의 재건이라는 꿈을 실현하려는 노력의 일환이기도 했다. 이 사업은 『로마법대전Corpus Juris Civilis』, 혹은 『유스티니아누스 법전』의 편찬으로 결실을 보았는데, 이 법전의 편찬은 그가 역사에 남긴 가장 중요하고 항구적 가치를 지닌 공헌이었다. 이 법전은 중세 교회의 교회법canon law의 모델이 되었을 뿐 아니라, 서유럽에 전수되어 근대 유럽 국가들의 법체계의 기초가 되었다. 오직 영국만 로마법 체계와 다른 독자적 법체계를 발전시켰다. 『유스티니아누스 법전』은 라틴어로 기술된 동로마제국 최후의 문화 산물로서, 이후 라틴어는 곧 그리스어로 대치되었다.

유스티니아누스는 정부 개혁도 추진해서 매관매직을 금지하고, 뇌물 수수를 처벌하고, 행정제도를 정비했다. 서유럽 게르만 사회가 중앙권력이 무너지고 관료 기구가 사라졌을 때도, 비잔티움에서는 한 번도 관료제도가 무너지지 않았다. 고도로 발달한 관료 조직이 교육과 종교 그리고 경제 등 국가의 모든 분야를 세밀하게 관리하고 통제했다. 황제의 절대 권력을 떠받친 것은 문민 관료였다. 비잔티움제국이 자주 음모와 반란으로 극심한 정치적 혼란을 겪었음에도 그토록 오래 존속했던 것은 효율적인 행정제도 덕분이기도 했다. 정치적 혼란 속에서도 관료 기구는 크게 흔들리지 않고 잘 작동한 것이다.

유스티니아누스는 또한 콘스탄티누스처럼 13번째 사도로 자처하면서 종교 문제에도 적극 개입했다. 그는 슬라브 세계와 아프리카의 아비시니아Abyssinia에 선교사를 파견하여 기독교를 전파하는 데 힘을 기울였다. 그리고 그는 제국 내의 이교를 박멸하려고 노력하고, 도나투스파와 아리우스파 같은 이단을 가혹하게 법으로 다스렸다. 그러나 그는 교황과 이집트에 널리 퍼진 단성론자들을 화해시키려 했지만 성공하지 못했다. 그는 교황과 주교를 수하로 취급했는데, 이는 서방교회와 동방교회의 분열을 조장하는 셈이 되었다. 동부의 주교는 황제의 직접적 감독에서 벗어날 수 없었지만, 이탈리아에 자리 잡은 교황은 재정복 이후에도 거의 독립적 지위를 누렸다. 그래서 황제에 의존하는 동부의 주교와 반독립적인 서부의 교황 사이에 거리가 더욱 벌어졌다.


**도시정비 사업**　　532년 일어난 니카 반란으로 비잔티움이 상당 부분 파괴된 뒤 유스티니아누스는 대대적인 도시재생 사업을 추진하여 수도의 모습을 일신했다. 비잔티움은 이때 정비한 기본 골격을 거의 1000년 동안 유지했다. 수도를 방어하는 방벽이 강화되고, 거대한 궁전복합 건물, 수많은 교회 건물, 그리고 거대한 히포드롬이 들어섰다. 그의 공공 토목 및 건설 사업은 도로, 교량, 공중목욕탕, 거대한 지하 저수장, 병원, 학교, 수도원 등 다방면에 걸쳐 시행되었다. 히포드롬은 대리석으로 덮어씌운 벽돌로 축조되었는데, 4만~6만 명의 관람객을 수용했다. 그곳에서는 검투사 시합이 있기도 했으나, 주된 행사는 전차 경주였다. 시민들은 전차 경주의 열광적인 팬이었으며, 승리한 선수는 영웅으로 대접받았다.

유스티니아누스의 최고의 건축적 성취는 단연 '성스러운 지혜'의 교회, 성 소피아Hagia Sophia성당이다. 537년 완공되어 지금도 건재한 이 기념비적 건물은 지붕이 거대한 돔으로 되어 있고, 그 밑 부분을 40개의 아치형 창문이 빙 둘러싸고 있다. 그런데 이 창문을 통해 들어오는 햇빛 때문에, 마치 천장이 공중에 떠 있는 듯한 환상을 느끼게 된다. 그리고 이 빛은 예배자에게 신을 떠올리게 해주었다. 그들은 안 보이는 빛이 어둠을 밝히듯이, 안 보이는 영혼이 세상을 밝혀준다고 믿었다. 이 성당이 완성된 뒤 유스티니아누스는 유대인의 첫 성전을 세운 솔로몬을 떠올리며, "솔로몬이여, 내가 그대를 이겼노라"라고 하면서 감격했다고 한다.

## 2) 동로마제국에서 비잔티움제국으로

**비잔티움제국**　　동로마제국은 사실 제국 영토의 서부 반쪽을 잃은 로마제국 그 자체였다. 그렇지만 제국의 서부와 동부 간에는 처음부터 문화적 차이가 있었고, 서로마제국이 사라진 뒤 동로마제국은 오래 살아남으면서 사회적으로나 문화적으로 심대한 변화를 겪었다. 시간이 흐르면서 동로마제국은 서유럽과는 다른, 독특한 특성을 지닌 문명으로 발전했다. 이 변화를 겪은 제국과 문명은 로마의 고전 고대와 구별하기 위해 통상 비잔티움제국, 비잔티움 문명으로 불린다. 그러니까 콘스탄티노폴리스로 개명되기 전의 그리스어 이름인 비잔티움이라는 용어는 비잔티움제국의 사회와 문화가 근본적으로 그리스적 성격임을 말해 준다.

유스티니아누스는 라틴어를 사용하고 아우구스투스의 계승자로 자처했지만, 그의 치세기에 이미 '로마적'이라기보다는 '비잔티움적'인 사상과 예술이 뚜렷하게 나타났다. 이후 제국은 그리스 및 오리엔트적 요소가 강화되면서 서유럽과는 다른, 독특한 비잔티움 문명을 형성하는 쪽으로 빠르게 나아갔다. 7세기부터는 비잔티움에서 그리스어가 제국의 공식적이고 통상적인 언어가 되면서 라틴어는 차츰 쓰이지 않게 되었다.

서부와 동부의 차이는 단순히 언어의 다름 그 이상이었다. 동부는 서부보다 사고가 좀 더 사변적이고 추상적이었으며, 이런 차이는 로마 가톨릭교회와 그리스정교회에 반영되었다. 가톨릭교회에서는 성자와 순교자들의 조각상이 숭배되었던 데 비해, 정교회에서는 평면의 모자이크와 그림들이 신자와 신 사이에 아무런 매개 기능도 갖지 못하는 단순한 상징에 불과한 것으로 여겨졌다. 가톨릭교회는 십자가에 처형당한 그리스도와 심판관 그리스도를 강조했는데, 정교회는 그리스도의 부활을 묘사하는 데 더 관심을 두었다. 가톨릭교회 신도는 선행을 통해 구원을 얻으려 한 데 비해, 정교회 신도는 구원은 영적 각성을 통해 얻을 수 있다고 믿었다. 관습과 의식에서도 차이가 나타났다. 가톨릭교회는 점점 성직자 독신주의를 강조했지만, 정교회는 독신주의를 시행하지 않았으며, 가톨릭교회보다 좀 더 정교하고 신비주의적인 예배 의식을 발전시켰다.

콘스탄티누스 대제가 로마의 새 수도를 건설한 비잔티움은 세 면이 절벽으로 된 천혜의 요새지였는데, 황제들은 제4면에 삼중의 방벽을 쌓아 철옹성을 구축했다. 첫 두 세기 동안 서고트족·훈족·동고트족이 위협했으나 실패하고, 그다음 7, 8, 9세기에 페르시아와 무슬림 그리고 불가리아가 비잔티움을 포위했으나 함락하지 못했다. 제4차 십자군에 농락당한 것을 제외하면, 1453년 최종 함락될 때까지 1100년의 세월 동안 수도 비잔티움은 그야말로 난공불락의 요새였다.

제국이 그토록 오래 지탱할 수 있었던 데는 당연히 강력한 군대를 보유한 덕분이기도 했다. 병력 충원은 시대에 따라 달랐지만, 대체로 모병제와 용병제가 함께 운용되었다. 군대의 주축은 전체 병력의 절반 정도를 차지한 중무장 기병이었다. 그들은 철제 투구와 갑옷을 착용하고 칼과 창 혹은 활로 싸웠으며, 종자들이 그들을 보조하기 위해 따라다녔다. 보병은 경보병과 중장보병으로 구성되었다. 갑옷을 입지 않은 경보병은 주로 사거리가 긴 장궁의 궁수였으며, 중장보병은 투구와 미늘갑옷 그리고 방패를 착용하고 칼과 창 혹은 도끼와 같은 무기로 싸웠다. 기병대의 지휘관은 거의 모두 귀족이었으며, 일반 병사는 대개 군역의 대가로 국유지를 보유한 소규모 자영농 출신이었다.

비잔티움제국은 결코 화폐경제가 소멸하지 않았다. 서유럽에서 수백 년 동안 상업이 거의 사라지고 도시 생활이 쇠퇴했지만, 비잔티움에서는 상공업 인구를 가진 도시가 쇠퇴하지 않고 계속 상당한 규모로 번영했다. 정부는 이들로부터 화폐로 세금을 거둘 수 있었고, 그 돈으로 방대한 관료 조직을 유지했다. 그리고 비잔티움의 문화가 유럽으로 침투해 간 것도 대부분 도시 상인의 무역 활동을 통해서였다.

12세기까지 수도 비잔티움은 유럽 최대의 상업 중심지로서, 동양과 서양의 물산이 교환되는 주된 시장이었다. 중국의 비단, 동남아시아와 인도의 향료, 인도의 보석과 상아, 남부 러시아의 밀과 모피 등, 많은 동방물산이 비잔티움을 통해 지중해 지역과 서유럽으로 운송되었다. 제국은 그 부와 세금으로 강력한 군사력과 효율적 정부를 유지했다. 유럽에서 5만 명 이상의 인구를 부양할 수 있는 도시를 찾아보기 어려울 때, 이집트와 아나톨리아Anatolia에서 나오는 곡물과 에게해의 생선으로 식량이 풍족했던 비잔티움은 100만 명의 인구를 먹여 살렸다.

서유럽의 게르만 사회와 달리, 비잔티움은 여러 산업이 발달하여 사치품·군수물자·금속 제품·직물 등 다양한 상품을 생산했다. 유스티니아누스 대제 때부터는 비잔티움에서 견직물 공업도 크게 발달했다. 그 이전에는 명주실과 비단을 중국에서 수입했는데, 경교景敎라는 이름으로 당나라에 전해진 네스토리우스파의 두 수도사가 550년경 중국에서 누에를 몰래 들여온 덕분이었다. 높은 수요 때문에 비단은 가장 수지맞는 제품이 되었으며, 견직물 공업은 국가독점산업이 되어 국고를 튼실하게 하는 데 크게 도움이 되었다.

비잔티움제국은 로마 말기의 경제정책을 이어받아 통제경제정책을 시행했다. 정부는 길드 체제를 통해 임금, 이윤, 노동시간, 물가 등 경제를 전반적으로 통제했다. 모든 직업이 길드로 조직되었으며, 심지어 은행가와 의사도 길드에 소속되었다. 발달한 관료 조직이 경제활동을 강력하게 통제함으로써, 경제가 안정되는 한편, 기술혁신은 지체되었다. 전체적으로 볼 때, 서유럽에서는 일정 기간 사라졌던 능동적이며 활력이 넘치는 시민 계층이 비잔티움 사회에서는 항상 존재했다. 비잔티움제국에서는 중세 서유럽과 달리 상업적 부와 부의 추구가 결코 비난의 대상이 되지 않았다.

**비잔티움 문화**　　도시 생활과 경제적 번영을 바탕으로 비잔티움제국은 화려한 문화를 꽃피웠다. 사상과 학문에서 위대한 혁신은 이룩하지 못한 대신, 비잔티움은 헬레니즘의 문화유산을 지키고 가꾸면서, 고전 그리스 문화의 관리자로서 역할을 충실히 수행했다. 유스티니아누스는 기독교도 황제로서의 사명감에, 플라톤이 세운 아카데메이아를 포함하여 아테네에 있는 철학학원들을 폐쇄하기도 했다. 그러나 비잔티움인은 성실한 기독교도였지만, 결코 그리스의 문화유산을 소홀히 하지 않았다. 그들은 고대 그리스 문학을 도서관과 문서고에 고이 보존했으며, 학자들은 고전에 자신의 주석을 보탬으로써 그 유산을 더욱 풍요롭게 했다. 고전 그리스어가 여전히 문어로 쓰였고, 교회에서 사용하는 약간 다른 그리스어가 이를 보완했다. 일상에서 사용하는 말은 이런 문어와는 달랐으며, 그래서 교육은 학문 언어를 습득하는 데 적지 않은 노력이 할당되었다. 이 언어는 습득되면 주로 고대의 저작을 해설하고 주석을 다는 데 사용되었다.

신학 분야에서는 사변적 논쟁의 취향 때문에, 그리스인은 꾸준히 치열한 신학 논쟁을 벌였다. 그 과정에서 네스토리우스파, 단성론자, 성상파괴론자 등이 출현했다. 비잔티움인의 삶에서 가장 큰 비중을 차지한 것은 종교였다. 그들은 걸핏하면 종교적 논쟁을 벌였으며, 난해한 신학 쟁점을 놓고 감정이 격해지곤 했다. 황제교황주의 체제에서 정부에 대한 반대는 종종 종교적 형태를 띠었고, 그래서 신학적 쟁점과 정치적 쟁점은 불가분리의 관계로 서로 얽혔다. 그리고 많은 반란과 박해 혹은 폭동이 종교와 관련해서 일어났다.

학문 분야에서 고전의 보전과 주석의 수준에 머문 데 비해, 비잔티움인은 미술 분야에서는 자신의 독창적인 양식을 발전시켰다. 장인들은 빼어난 금은 세공품과 밝고 세련된 색채와 디자인의 에나멜 제품을 생산했다. 성 소피아성당은 로마의 건축 원리를 페르시아의 화려한 장식과 결합한바, 거대한 돔 지붕의 구조와 모자이크로 화려하게 장식된 내부는 교회 건축의 백미였다. 성 소피아성당이 구현한 비잔티움 양식은 이후에 정교회 건물 대부분이 따르는 모델이 되었다. 한편 회화 분야에서는 거의 전적으로 성상을 그리는 데에 그 노력이 한정되었는데, 그것을 위한 회화학교가 발달했다. 그러나 조각은 우상숭배에 가까운 것으로 간주되어 금기시되었고, 그래서 사라졌다.

**영토의 상실과 외적의 침입**　　　서유럽이 혼란 상태에 빠져 있을 때, 유스티니아누스는 지중해 일대를 재정복하고, 비잔티움을 활력 넘치는 제국으로 바꾸어 놓았다. 그러나 그의 서로마 영토 재정복은 덧없는 것으로 드러났다. 비잔티움은 재정복한 지역을 오랫동안 지켜낼 힘이 없었다. 멀리 떨어진 비잔티움에서 효율적으로 지배하기에는 영토가 너무 넓은 데다가, 병력은 불충분하고 국고는 텅 비었다. 그뿐만 아니라 동쪽에서 호시탐탐 노리는 페르시아의 위협에 대처해야 했다. 비잔티움이 재정복 사업에 힘을 소진하는 동안, 페르시아는 꾸준히 세력을 확장한 것이다.

유스티니아누스가 죽은 지 불과 3년 뒤에 랑고바르드가 이탈리아 북부를 정복했다. 이베리아 남부는 7세기 초에 서고트왕국에게 다시 빼앗겼고, 그 조금 뒤 북아프리카는 무슬림에게 함락되었다. 물론 유스티니아누스의 정복이 무의미했던 것은 아니다. 비잔티움은 이탈리아의 상당 지역을 수백 년 동안 지배했고, 그곳에서 어느 정도의 영향을, 특히 건축과 미술에서 괄목할 만한 영향을 미쳤다. 게다가 황제들은 교황에게 이따금 압력을 행사할 수 있었고, 교황은 나름 대로 비잔티움을 다른 위협에 대한 보호막으로 이용하기도 했다.

유스티니아누스 이후 비잔티움은 정복지를 잃었을 뿐 아니라, 여러 외적의 위협 앞에 놓였다. 북쪽에서는 헝가리 평원에 제국을 수립한 아바르족이 발칸반도를 수시로 침략했다. 슬라브족은 처음에는 아바르족의 예속민으로 서부 발칸반도로 침투하기 시작했는데, 아바르족이 사라진 뒤에도 그대로 남아 북부 발칸에 정착했다. 이들은 대체로 평화적이기는 했으나, 비잔티움과 서유럽 간의 육상 교통로를 차단하고, 때때로 심각하게 군사적 긴장을 불러일으켰다. 무엇보다 위협적인 것은 페르시아의 공격이었다. 오랜 적인 페르시아가 다시 비잔티움을 위협하면서, 이후 반세기나 이어질 싸움의 시동을 걸었다. 페르시아는 614년 시리아를 거쳐 예루살렘을 점령하여 승리의 기념으로 '진짜 십자가True Cross'를 탈취하고, 이어서 이집트를 점령했다. 이집트의 상실은 비잔티움으로서는 주요 곡창지대를 잃는 것이었다. 엄청난 영토를 상실한 제국은 운이 다한 듯해 보였다.

**헤라클레이오스 황제**  위기에 처한 제국을 구한 것은 헤라클레이오스Heracleios (610~641) 황제였다. 북아프리카 총독이었던 그는 610년 포카스Phocas 황제를 몰아내고 제위를 차지했다. 극히 위중한 상황에서 헤라클레이오스는 국가 구조를 근본적으로 재조직할 필요를 느꼈다. 헤라클레이오스는 군대를 강화하고 좀 더 효율적인 행정 체계를 수립할 새로운 제도를 도입했다. 비잔티움의 군대는 주로 용병으로 구성되었는데, 그는 군 병력의 원천을 용병이 아니라, 각 지역에 거주하는 자유로운 농민에서 구하고자 했다.

헤라클레이오스는 페르시아의 위협을 받고 있는 곡창지대 아나톨리아를 네개의 테마thema라고 하는 행정구역으로 나누고, 각 테마를 스트라테고스strategos의 지배 아래 두었다. 스트라테고스는 장군이란 뜻으로, 고대 아테네에서는 군사와 정치 양면의 권한을 가진 최고 지도자였다. 헤라클레이오스는 스트라테고스에게 일반 행정권과 군권을 통합해서 부여함으로써, 디오클레티아누스의 행정개혁의 핵심인 문관직과 무관직을 엄격히 분리한 속주 체제를 폐기했다. 그리고 그는 새로운 형태의 군대를 창출했다. 그 군대는 각 테마 안에서 군역에 대한 보상으로 국가가 제공하는 둔전에서 농사짓고 사는 자유로운 토착 농민-병사로 구성되었다. 이러한 개혁을 통해 헤라클레이오스는 견실한 군사력을 확보했을 뿐 아니라, 대규모 농장을 소유한 귀족과 수도원의 토지 겸병을 막고, 자영농 계층을 육성했다. 농업이 경제의 근간인 사회에서, 이는 국가의 안위와도 관계되는 매우 중요한 변혁이었다.

아나톨리아에 처음 설치된 이 테마 체제는 이후 두 세기에 걸쳐 제국 전역으로 확대되었으며, 제국의 제2 전성기인 10세기 말을 전후한 시기에는 모두 40개가 넘는 테마가 있었다. 정부는 이 체제를 통해 이전의 절반의 재정으로 견실한 행정과 효율적 국방을 확보할 수 있었다. 비잔티움제국은 자립적이고 자유로운 농민층을 근간으로 하는 테마 체제가 제대로 작동하는 동안은 튼튼하고 강력했다. 그러나 11세기 후반에 자유농민층이 무너지고 테마 체제가 흔들렸을 때, 제국은 허약해지고, 외침에 무력하게 노출되었다.

헤라클레이오스는 제국의 비잔티움화도 강화했다. 그는 언어 정책을 혁신했다. 그동안 제국 정부와 군대에서는 라틴어를 써왔지만, 그리스어를 사용하는 일반인들은 라틴어를 거의 알지 못했다. 그는 소통의 비효율성을 제거하기 위해 제국의 공식 언어를 그리스어로 단일화하고, 라틴어를 폐지했다. 고위 관직의 명칭 또한 그리스식으로 바뀌어, 황제 칭호도 임페라토르 카이사르 아우구스투스에서 그리스어로 왕을 뜻하는 바실레오스Basileos로 바뀌었다. 헤라클레이오스와 더불어 진정한 비잔티움 문명의 시대가 시작되었다고 할 것이다.

개혁의 성과로 국력을 강화한 헤라클레이오스는 페르시아군과 아바르군의 포위 공격에서 수도를 지켜내고, 627년 페르시아에 반격을 가했다. 그는 620년대에 빼앗겼던 영토를 회복하고, '진짜 십자가'를 되찾은 뒤 628년 비잔티움으로 개선했다. 2년 뒤 그는 '진짜 십자가'를 예루살렘에 되돌려주었다. 그러나 그는 승리를 오래 즐기지는 못했다. 군대가 너무 기력을 소모한 상태에서, 이번에는 좀 더 가공할 위협인 이슬람 세력이 등장했기 때문이다.

**아랍인과 불가르족의 침입**　헤라클레이오스는 아랍의 침략을 막기 위해 대규모 원정군을 파견했으나, 636년 야르무크Yarmuk에서 참패를 당하고, 4년 뒤에는 팔레스타인과 시리아를 잃었다. 이듬해에 아랍인은 이집트마저 점령했다. 천년에 걸친 그리스-로마의 동지중해 지배가 불과 5년 만에 끝장이 났다. 곧이어 소아시아의 동부 일부도 아랍인의 수중에 들어갔다. 이제 비잔티움제국은 서부 소아시아와 발칸반도로 축소되었다. 아랍인의 전광석화와 같은 정복은 이집트와 서아시아에 널리 퍼져 있던 단성론자들에 의해 촉진되었다. 이들은 무슬림의 도래에 저항감을 별로 느끼지 않았는데, 이슬람교의 엄격한 유일신 사상이 정통 기독교의 삼위일체론이나 예수의 양성론 교리보다 그들에게 더 호소력이 있었기 때문이다.

이제 지중해 세력으로 발돋움한 아랍인은 해상을 통해 수도 자체를 위협했다. 그러나 비잔티움은 견고한 성벽과 재정비된 국가 체제로 674~678년과 717년의 두 번의 포위 공격을 버텨냈다. 비잔티움은 특히 '그리스의 불' 같은 신무기를 개발하여 해상 공격을 막아냈다. 그리스의 불은 중세판 네이팜탄이라 할 만한 것이었다. 그것은 물과 접촉하여 점화되고 잘 꺼지지 않는데, 아랍의 목선 선체에 달라붙어 배를 불태우고 아랍군을 공포에 떨게 했다.

무슬림이 남쪽에서 위협하는 동안, 북쪽 변경에서는 또 다른 세력이 제국을 위협했다. 6세기 무렵 중앙아시아 쪽에서 발칸반도로 침투해 온 불가르족Bulgar이 697년 비잔티움 군대를 물리치고 도나우 하류 지역을 차지한 뒤, 강력한 불가리아왕국을 건설했다. 그들은 이후 4세기 동안 크고 작은 수많은 전쟁을 벌이면서 끈질기게 제국을 괴롭혔다. 슬라브족 역시 끊임없이 위협을 가했다. 헤라클레이오스의 계승자들은 그가 다진 토대 위에서 테마 체제를 확대하고 세금과 병력의 원천인 자유농민을 보호하면서 외적의 침입을 막아냈다.

헤라클레이오스 이후 제국은 이따금 혼란에 빠져들곤 했다. 황제가 자주 군대에 의해 옹립되었다. 그런 상황에서도 제국이 살아남을 수 있었던 것은 우수한 문민관료와 통치제도의 탄력, 경제적 번영, 적절한 인력의 충원, 난공불락의 수도 등의 덕분이었다. 수도 비잔티움은 여러 번 포위되었으나 결코 함락되지 않았다. 게다가 제국에는 활동적인 중간계급과 상업귀족이라 부를 만한 계층이 있었으며, 이들이 제국에 활력을 불어넣었다.

### 3) 성상 파괴와 교회의 분열

**레온 3세**　　　비잔티움제국에서는 황제가 절대적 권위를 누렸다. 황제는 신의 선택을 받은 존재로 여겨져 성스러운 의식으로 대관식이 거행되었고, 신민은 동방군주적 위엄을 갖춘 황제에게 부복俯伏의 예를 갖추어야 했다. 그의 권력은 절대적이어서 오직 폐위나 암살로써만 제어되었다. 황제는 교회의 수장인 비잔티움 총대주교의 임명권자였기 때문에, 국가와 교회 모두에 대해 지배권을 행사했다. 그래서 황제는 처음부터 공의회를 소집하고 정통 신앙을 결정하는 데 능동적인 역할을 담당했다. 외적이 침입했을 때는 국가와 교회가 일치단결하여 강력한 힘을 발휘했다. 그러나 8~9세기에 성상 파괴와 관련한 위기 동안에 신앙 문제에 대한 황제의 개입은 국가의 안위를 해쳤다.

717년 비잔티움이 아랍인·아바르족·불가르족으로부터 한꺼번에 침입을 당했을 때, 또 다른 강력한 황제 레온 3세Leon(717~741)가 나타났다. 소아시아에서 가장 큰 테마인 아나톨리콘Anatolikon의 스트라테고스였던 레온은 선임 황제를 몰아내고 제위를 차지했다. 그러나 그는 즉위하자마자 크나큰 시련에 부딪혔다. 아랍인이 대규모 함대를 동원하여 비잔티움을 포위하고 대대적인 공격을 해온 것이었다. 레온은 일 년을 버틴 끝에 마침내 적을 물리쳤다. 40여 년 전처럼 이번에도 '그리스의 불'이 큰 위력을 발휘했다. 위기를 극복한 그는 더 나아가 아랍인에게 빼앗겼던 소아시아 동부 지역도 되찾았다. 한 세기 전에 헤라클레이오스가 페르시아로부터 제국을 구했듯이, 이번에는 레온이 아랍인으로부터 비잔티움을 지켜냈다.

**성상 파괴 정책**　　한편 레온 3세는 종교 지도자로서의 소임을 진지하게 받아들였다. 그는 이단과 유대인을 박해했다. 그리고 그는 예수와 성인 형상의 사용이 우상숭배라고 생각했는데, 이는 우상숭배를 철저히 배격하는 이슬람교의 영향도 있었다. 726년 그는 성상 사용을 금지하고, 성상 파괴를 명했다. 그때까지 비잔티움인이 만들어낸 수많은 기독교 예술품이 무참하게 파괴되었다. 아나톨리아를 중심으로 한 제국의 동부는 성상 파괴를 지지했으나, 제국의 서부 지역과 특히 수도원은 성상 파괴에 격렬하게 반발했다. 정부는 이에 무자비한 탄압으로 대응했다.

　성상 파괴 정책은 사실은 단순히 종교 정책에 한정된 것이 아니었다. 당시 비잔티움 사회는 대토지 겸병이 확산하면서 제국 군대의 주력인 소규모 자영농이 몰락하는 현상이 벌어졌는데, 그 대토지 겸병의 중심에 귀족과 더불어 교회와 수도원이 있었다. 교회와 수도원은 방대한 토지를 보유하면서 면세특권을 누릴 뿐 아니라, 일정한 사법권도 행사했다. 이는 제국의 재정을 축나게 하고, 황제의 권력을 갉아먹는 일이었다. 이에 레온 3세는 불복하는 수도원의 토지를 몰수하여 재정을 확보하고, 비대해진 수도원 세력을 제어한 것이었다. 그는 정부 조직을 정비하고 테마 체제를 강화하여, 안정과 질서를 회복했다.

　한편 레온 3세는 성상 파괴 정책으로 지난 4세기 동안 서로 사이가 멀어져 온 로마 가톨릭교회와 그리스정교회를 결정적으로 갈라서게 했다. 그레고리우스 2세 교황은 성상 파괴를 강력하게 비난했다. 레온의 계승자들이 그의 정책을 이어가자, 스테파누스 2세 교황은 프랑크왕국의 피피누스 왕과 754년 동맹을 맺었다. 787년에는 이리니Irene의 섭정 아래 성상 사용을 부활하려는 짧은 시도가 있었다. 797년 이리니는 무능한 황제인 아들의 눈을 멀게 한 뒤 권력을 장악, 제국 최초의 여제가 되었다. 그러나 그녀의 친親성상 정책은 광범한 지지를 얻지 못했으며, 카롤루스 마그누스와의 결혼동맹도 성사시키지 못했다. 국고를 탕진하여 파산 상태에 이르자, 802년 그녀는 결국 폐위되었다.

성상 파괴 논쟁과 이리니 여제의 어리석음으로 제국은 다시 위험에 빠졌다. 여제를 몰아내고 제위에 오른 니키포로스Nikephoros는 성상 파괴 정책을 다시 추진했으나, 그 정책은 처음과 같은 활력을 잃었다. 그는 811년 불가르족과의 전투에서 사로잡혀 참수된 뒤, 두개골이 물잔으로 만들어지는 수모를 당했다. 성상 파괴 정책은 842년 최종적으로 폐기되었으나, 비잔티움제국의 황제들은 우상숭배를 엄격하게 금지하는 이슬람 문화의 영향을 크게 받았다. 예를 들면 테오필로스Theophilos(829~842) 황제는 치세 내내 이슬람 세력과 싸웠지만, 또한 이슬람의 예술과 문화의 예찬자였다. 비잔티움의 미술과 학문은 활기 넘치는 이슬람 문화에 많은 빚을 졌다.

## 4) 비잔티움 문명의 전성기

**마케도니아왕조**      7세기와 8세기를 거치면서 비잔티움제국은 슬라브족과 불가르족 그리고 아랍인에게 많은 영토를 잃었다. 8세기 중엽에 이르면 제국의 영토는 소아시아와 발칸반도의 일부 그리고 이탈리아 남부 해안만 남았다. 그러나 9세기에 비잔티움은 외침뿐 아니라 내분에도 시달렸지만, 시련을 견뎌냈을 뿐아니라 오히려 밖으로 뻗어 나갔다. 그리하여 비잔티움은 10세기에는 이른바 '비잔티움 문명의 황금시대'를 맞이했다.

새로운 왕조인 마케도니아왕조(867~1057) 황제들은 제국이 처한 난제들을 효과적으로 수습했다. 전반적으로 볼 때 이 왕조 황제들은 외적을 구축하고 나아가 대외적으로 팽창을 도모했으며, 국내적으로는 질서와 안정을 재확립했다. 마케도니아왕조의 치세기와 대략 일치하는 2세기 남짓 동안, 비잔티움은 동쪽과 서쪽의 경쟁국보다 정치적으로나 문화적으로나 우월한 수준을 유지했다. 서유럽은 사방에서 침입하는 이민족 때문에 허우적거렸고, 이슬람제국은 두 세기 동안이나 팽창해 오던 동력을 잃어버렸다. 그와 달리 비잔티움은 상대적으로 안정과 번영을 누렸는데, 이는 테마 체제가 제대로 작동하고 일련의 강력한 통치자가 제국을 효율적으로 이끈 덕분이었다. 지주 귀족들은 끊임없이 토지를 겸병하여 농장을 확장하려 했으나, 황제들은 이들의 시도에 위협을 느낀 자유농민-병사들을 보호해 준 것이다. 제국은 테마 체제를 유지함으로써 안정적으로 군사력을 확보할 수 있었다.

이 시대 황제들은 또한 서유럽과의 교역을 확대하고, 특히 비단과 금속 제품을 수출함으로써 경제적 번영을 크게 증진했다. 그 덕분에 수도 비잔티움은 번영을 구가했다. 외래 방문객들은 그 도시의 규모와 부 그리고 물질적 환경에 감탄을 금치 못했다. 1453년 마지막으로 함락될 때까지 비잔티움은 수많은 침략자와 상인 모두를 매혹했으며, 서유럽인에게 그 도시는 전설과 설화의 소재였다. 이렇게 번영하는 가운데, 비잔티움의 문화적 영향은 활발한 선교 활동을 통해 확산했다.

비잔티움 궁정은 이따금 폭력적 정치 전통을 이어갔다. 정통성이 부족한 방법으로 제위를 차지한 로마노스 리카페노스Romanos Lecapenos(920~944) 1세는 제위 승계 과정에서 두 아들에게 폐위당했고, 11세기에는 제위 계승이 문민 귀족과 군사 귀족 간의 권력투쟁으로 전락했다. 그렇지만 정치투쟁과 관계없이 대학은 번성했으며, 황제들은 예술을 적극 후원했다.

마케도니아왕조를 연 바실레이오스 1세Basileios(867~886)와 후임 레온 6세(886~912)는 법전을 집대성했다. 유스티니아누스 대제 이후 가장 많은 법을 제정한 레온 6세는 비잔티움제국 최대의 법전 집성을 추진했는데, 이 작업은 전 유럽의 사법에 영향을 미쳤다. 일곱 살에 제위에 오른 콘스탄티노스 7세(912~959)는 오랫동안 꼭두각시 노릇을 해야 했다. 그러나 39세에 단독 황제가 된 이후에는 빼어난 군사 지도자로서 제국의 각 지방을 면밀하게 감독했을 뿐 아니라, 또한 서적 애호가로서 백과전서 편찬을 적극 지원했다. 서유럽에서 학문이 거의 존재하지 않았던 바로 그때, 비잔티움 사회에서는 남녀를 불문하고 다양한 계층의 사람들이 풍성한 문화생활을 누렸다. 비잔티움이 이룩한 교육과 탈문맹의 수준은 서유럽에서는 18세기 파리에서나 가능한 것이었다. 이 시기는 위대한 전사들의 활약만큼이나 뛰어난 예술가와 학자 그리고 신학자의 활동으로도 빛난 시기였다.

비잔티움인이 이룩한 황금시대의 학문은 서유럽 문명의 형성에 엄청난 영향을 미쳤다. 그들이 보기에 서유럽은 아직도 거칠고 야만스러운 벼락출세자에 지나지 않았다. 비잔티움은 서유럽에서 거의 사라지다시피한 고대 학문, 특히 로마법, 그리스의 과학과 문학, 플라톤과 아리스토텔레스의 철학 등을 온전하게 보전했다. 1200년까지는 성직자가 학문을 전담하고 속인 지식인이 전무하다시피 한 서유럽과 달리, 비잔티움에서는 속인 지식인이 철학과 과학 그리고 문학 분야에서 그리스 전통을 계승하고 발전시켰다. 비잔티움의 수도원은 많은 성자와 신비주의자를 배출했으나, 교육과 학문에는 거의 무관심했다.

**불가르족과 슬라브족의 개종**　　이와 같은 황금시대 동안 비잔티움은 특히 동유럽과 러시아에 큰 공헌을 했다. 선교사들이 860년대에 불가르족과 슬라브족을 개종시키는 사업에 착수했다. 그 과정에서 선교사들은 이들 민족의 종교와 더불어, 언어·법·정치·윤리를 재조직했다. 그러나 이런 활동은 로마교회와 경쟁하면서 갈등을 빚었다. 이 갈등의 대표적 예가 9세기 중엽, 정교회의 포티오스Photios 총대주교와 니콜라우스Nicolaus 1세 교황의 경쟁이었다. 포티오스는 종교 지도자에 더하여 빼어난 학자로서, 정교회의 영향력을 증대하기 위해 노력했다. 니콜라우스 1세 교황은 야망과 지성에서 포티오스에 필적했다. 니콜라우스 교황이 포티오스가 총대주교에 선임된 것을 문제 삼자, 포티오스는 교황이 니케아 신조를 어겼다면서 이단자라 비난하고 파문했다. 이리하여 소위 '포티오스 분열Photian schism'을 낳았다. 분쟁은 나중에 얼버무려졌지만, 이와 관련한 논쟁은 동방 기독교와 서방 기독교의 분열을 더욱 촉진했다. 그들은 불가르족과 같은 이교 민족을 개종시키는 노력에서도 서로 충돌했다.

불가리아의 칸Khan인 보리스Boris는 매우 영민한 지배자였다. 6세기 이래 유럽에서 전개되고 있는 개종의 추세를 보고, 그는 교회의 지지로 권력을 강화할 수 있음을 깨달았다. 그는 더 나은 조건을 제공하는 쪽과 거래하려 했다. 864년부터 866년까지 그는 세 번이나 마음을 바꾸었다. 마침내 비잔티움이 독립적 교회를 약속했고, 불가리아는 비잔티움의 문화적 궤도 안으로 들어갔다. 기독교를 받아들인 불가리아는 10세기에 들어와서는 그 지배자가 차르tsar를 자칭할 정도로 강력해졌다. 그러나 아시아계의 불가르족은 나중에 결국 다수를 차지한 토착 슬라브 주민에게 동화되었다.

비잔티움의 선교 사업 가운데 가장 빛나는 업적을 이룩한 선교사는 키릴로스Kyrillos와 메토디오스Methodios 형제였다. 비잔티움은 863년 라스티슬라프Rastislav 대공의 요청을 받아들여, 이들 형제를 모라비아Moravia로 파견했다. 라스티슬라프는 인근의 강력한 동프랑크왕국의 압력에 직면하여, 할 수 있는 한 독립을 유지하고 싶어 했다. 그래서 그는 그리스정교회로 개종하고, 멀리 떨어져 있는 비잔티움의 궤도 안으로 들어가기를 원했던 것이다. 선교 활동을 하면서 동생 키릴로스는 그리스 문자를 슬라브 말에 맞게 개량하여 슬라브 문자, 이른바 키릴로스 문자를 창안했다. 형제는 성서와 기도서를 포함하여 많은 기독교 서적을 키릴로스 문자로 번역하고, 슬라브식 예배 의식을 만들었다. 비잔티움의 그런 노력에도 불구하고, 나중에 모라비아인들은 독일 선교사들의 힘에 밀려 결국 가톨릭교회로 개종했다. 그렇지만 키릴로스 형제는 키릴로스 문자를 통해 모든 슬라브 민족의 삶에 심대한 영향을 끼쳤으며, '슬라브족의 사도'가 되었다.

**영토의 회복**　　비잔티움은 종교적 역동성뿐 아니라 군사적 역동성도 유지했다. 아랍 군대는 끊임없이 위협을 가했고, 비잔티움은 904년에 테살로니키Thessaloniki에서 2만 2000명이 목숨을 잃었다. 그러나 10세기에는 무슬림의 호전성이 약해지고 비잔티움의 방어가 견고하여, 무슬림과의 격렬한 충돌의 시대가 일단 끝이 났다.

10세기 말에 이르러 바실레이오스 2세(976~1025)는 강력한 팽창정책을 추진했다. 988년 키예프의 블라디미르Vladimir 대공이 정교회로 개종함으로써 슬라브 세계에 대한 비잔티움의 영향력이 커졌다. 바실레이오스 2세는 995년 시리아로 출정하여 무슬림 군대를 격파하고 시리아를 다시 제국에 병합한 다음, 유프라테스 상류까지 제국 영토를 확장했다. 서아시아에서 군사적 성공을 거둔 그는 11세기에 들어와서는 발칸반도 원정에 나서서, 반도에서 착실하게 세력을 확대했다.

바실레이오스 2세는 1014년에 마침내 테살로니키 북쪽 클레이디온Kleidion 전투에서 발칸반도에서 가장 강력한 왕국인 불가리아의 군대에 결정적 승리를 거두었다. 이 전투에서 그는 수많은 불가르인을 잔혹하게 학살했으며, 그로 인해 그는 '불가르인의 학살자Bulgaroctonos'라는 별명을 얻었다. 이후 그는 불가리아왕국을 제국에 병합했고, 이로써 300년이 넘게 이어져 온 불가리아의 도전은 마침내 끝장이 났다. 바실레이오스 2세의 치세 말기에는 제국의 영토가 7세기 초 이래 최대가 되었다. 불가리아가 독립을 되찾은 것은 13세기 초의 일이었다. 그동안 여러 차례 반란을 일으켰던 불가리아는 1204년 제4차 십자군이 비잔티움을 점령했을 때, 교황의 도움을 받아 완전한 독립을 되찾고, 이른바 제2차 불가리아왕국을 수립했다.

### 5) 제국의 쇠퇴와 십자군

**테마 체제의 붕괴**    제국은 외부의 정복보다는 내부 불안정 때문에 무너지는 경우가 많은데, 비잔티움 역시 그런 경우였다. 비잔티움이 헤라클레이오스 황제가 다진 기초, 즉 자유로운 농민-병사 중심의 테마 체제를 강화하는 한, 제국은 당대 최강 군대의 공격도 능히 막아냈다. 그러나 그 기초가 무너졌을 때, 제국은 사소한 압력도 버텨내지 못했다. 물가 상승과 가진 자들의 욕심이 테마 체제를 잠식했다. 황금시대 동안 너무 많은 돈이 소수의 특정 상품에만 몰렸다. 토지는 부자들의 가장 탐나는 투자 대상이 되었고, 대토지를 소유한 거물들은 노동력이 필요했다. 물가 상승은 세금 인상을 초래했는데, 농가는 세금 납부를 공동으로 책임졌다. 많은 지역에서 무거운 세금 부담을 이기지 못한 농민이 스스로 대지주의 보호 아래 들어가 세금의 굴레에서 벗어났다. 그만큼 자유로운 농민-병사의 수가 줄어들었다. 그 결과 정부 재정은 궁핍해지고, 군대는 위축되었다.

마케도니아왕조 황제들은 바실레이오스 2세 이전까지는 입법을 통해 농민층을 보호하려 했지만, 이런 추세를 뒤집지는 못했다. 자유농민층이 완전히 사라지지는 않았지만, 경제적·사회적 압력 속에서 테마 체제는 무너졌다. 교회 토지의 증대와 과세 대상에서 제외되는 성직자의 높은 인구 비율 역시 제국 쇠퇴의 한 요인이 되었다. 1014년 바실레이오스 2세가 불가리아의 위협을 제거한 뒤에는, 기회주의적 문민 귀족들이 평화가 확립되었다는 환상에 사로잡혀 반세기 이상 군대를 약화시키고, 지역 방어를 소홀히 하는 경향을 보였다. 그러나 11세기 후반에 막강한 적이 새로 나타났고, 이번에는 비잔티움을 구할 지도자는 나타나지 않았다.

**외부의 도전과 4차 십자군**　　셀주크 튀르크Seljuq Türk인이 처음 서남아시아에 나타난 것은 6세기 무렵이었다. 이 유목민은 이후 이슬람으로 개종하고, 페르시아·비잔티움·아랍과 차례차례 싸우면서 세력을 확장했다. 비잔티움은 1071년 아나톨리아 동부에 나타난 술탄sultan 알프 아르슬란Alp Arslan('승리의 사자')과 만치케르트Manzikert 전투에서 맞섰으나 참패했다. 이후 10년 동안 튀르크는 아나톨리아를 대부분 석권했으며, 비잔티움은 전혀 그들을 저지하지 못했다. 비잔티움은 4세기 동안이나 제국을 지탱해 온 것들, 식량·병사·세금 등의 공급지를 잃었다. 비잔티움제국은 만치케르트 참패 이후에도 4세기 가까이 더 존속했지만, 결코 이전과 같은 활력을 되찾지는 못했다.

비잔티움제국은 서쪽에서는 베네치아의 도전에 직면했다. 5세기 훈족의 침입 시기에 난민들이 처음 건설하기 시작한 베네치아는 비잔티움의 지배를 받으면서 빠르게 해상무역의 본거지로 성장했다. 이후 강력한 상업 경쟁자일 뿐 아니라 정치적 경쟁자로 성장한 베네치아는 11세기 말 아드리아해에서 확고한 교역상의 우위를 확립하고, 관심을 동지중해로 돌렸다. 비잔티움은 노르만족의 공격도 받았다. 노르망디 출신 로베르 기스카르Robert Guiscard는 11세기 중엽에 이탈리아 남부 지역의 비잔티움 영토를 점령하고, 1071년에는 남아 있는 마지막 보루인 바리Bari마저 탈취했다.

1081년에 아나톨리아의 한 군사 귀족 가문이 마케도니아왕조 말기의 혼란을 수습하고 콤니노스Comnenos왕조를 수립했다. 그러나 한 세기 남짓 제위를 차지한 이 왕조는 국난을 헤쳐 나갈 힘이 없었다. 새 왕조의 첫 왕 알렉시오스Alexios 1세는 우르바누스Urbanus 2세 교황에게 튀르크의 위협에 대해 도움을 호소했다. 그는 유럽 군사력의 도움을 받아 튀르크를 아나톨리아에서 몰아내고, 그 땅을 되찾을 생각이었다. 1096년 1차 십자군이 비잔티움에 나타났다. 그런데 숙련 용병의 파견을 기대하고 있던 알렉시오스는 통제 불능의 난폭한 무리를 보고는 충격을 받았다. 그는 십자군과 협상도 하지 않고 서둘러 해협을 건너 튀르크와 싸우도록 유도했다. 소아시아로 건너간 십자군은 안티오키아에서 예루살렘에 이르는 해안 지역을 정복하여 여러 라틴 국가를 건설했다.

그 뒤에도 여러 차례 십자군이 찾아왔으나, 그것은 동서 사이의 우호 관계를 가져오지 않았다. 오히려 유럽인은 종종 무슬림인 튀르크인들보다 더 고약한 적으로 여겨졌다. 사실 비잔티움은 때로는 십자군이 세운 라틴 국가와도 다투어야 했으며, 1187년 예루살렘왕국이 이집트 술탄 살라흐 앗딘Salah ad-Din에게 재정복되었을 때는 비잔티움 황제가 새로운 십자군이 올 것을 대비해서 이교도 술탄과 동맹을 맺기까지 했다. 결국 4차 십자군 때 비잔티움으로서는 최악의 사태가 벌어졌다.

베네치아인은 4차 십자군의 재정과 선박을 대고, 그들에게 자라Zara와 비잔티움을 공격하도록 설득했다. 달마티아Dalmatia에 있는 기독교 도시인 자라는 베네치아의 주된 무역 경쟁자였다. 베네치아는 무슬림과의 전쟁보다는 동지중해의 무역 독점을 원했던 것이다. 비잔티움이 파벌 다툼으로 혼란한 가운데, 1204년 최초로 외래 침략 세력이 이 난공불락의 도시를 점령했다. 비잔티움으로서는 고양이에게 생선 가게를 맡긴 꼴이었다. 십자군은 비잔티움에 라틴제국Imperium Romaniae을 수립하고, 250년 뒤 오스만Osman 튀르크인이 했던 것보다 훨씬 더 잔혹하게 기독교 도시를 약탈하고 파괴했다. 베네치아인은 확실하게 그들 몫의 전리품을 챙겼다.

비잔티움제국은 거의 사라질 뻔했다. 플랑드르Flandre 백이 라틴제국의 제위를 차지하고, 여러 십자군 지도자들이 영토를 나누어 차지했다. 그중에서 베네치아는 가장 큰 몫의 영토를 차지했다. 쫓겨난 비잔티움의 황족들은 소아시아의 니케아제국을 위시하여 여러 망명정권을 세우고 라틴제국과 맞섰다. 정복자들은 오래도록 비잔티움을 지배하지는 못했다. 비잔티움인들은 1261년 국가와 교회에 대한 지배권을 되찾고, 마지막 왕조인 팔라이올로고스Palaeologos왕조를 수립했다.

부활한 비잔티움제국은 이후 두 세기 동안 이따금 정치적으로 중요한 역할을 하고 경제적으로 번영하는 시기를 누리기는 했으나, 제국의 옛 영광을 되살리지는 못했다. 강성했을 때는 별로 위협이 되지 않았던 불가르족과 슬라브족이 이제는 위협이 되었다. 14세기 전반기 동안 비잔티움은 유럽 쪽 영토의 절반 이상을 불가리아와 세르비아Serbia에 잃었고, 소아시아에 남아 있던 영토는 오스만튀르크에 잃었다. 1261년 이후 비잔티움은 사실 이름만 제국일 뿐, 영토와 세력이 꾸준히 줄어들어 실제로는 그리스 일대에서 간신히 명맥만 유지했다.

**비잔티움의 함락**　　13세기 말엽에 몽골에 밀려 기력이 쇠한 셀주크 튀르크를 이어 좀 더 가공할 세력인 오스만튀르크가 등장했다. 오스만튀르크는 아나톨리아의 서북 변경에 있던 여러 이슬람 전사 집단 중 하나였는데, 13세기 말 이후 아나톨리아에서 급속히 세력을 확장하고 독자적인 전사 국가를 수립했다. 나라를 처음 세운 오스만 1세(1299~1326)에서 이름을 얻은 오스만튀르크는 14세기 중엽에 해협을 건너 유럽으로 진격하여 발칸반도를 휩쓸었다. 연이어 나타난 유능한 술탄의 지휘 아래 그들은 우수한 보병과 기병으로 트라키아·불가리아·마케도니아를 정복하고, 세르비아를 복속시키고, 14세기 말에는 마침내 북쪽에서 수도 비잔티움을 봉쇄했다. 군사적 승리를 거둔 오스만튀르크는 또한 효율적인 행정으로 정복 지역을 공고하게 지배했다. 그들은 조세를 줄여주고, 기독교도에게 신앙의 자유를 허용해 줌으로써 정복지 주민의 민심을 얻었다.

비잔티움 황제는 유럽에 거푸 도움을 호소했다. 오스만튀르크의 진출에 위협을 느낀 유럽은 그 무렵 유럽의 수호자 역을 자임하고 나선 헝가리를 도와 다시 대대적인 십자군 원정을 감행했다. 그러나 이 원정은 참극으로 끝났다. 중세 기사의 전법과 장비로는 튀르크군을 대적할 수 없었다. 1396년 도나우강 유역의 니코폴리스Nicopolis에서 1만 명의 기사와 그 수행원이 살육당하거나 생포되었다. 그때 비잔티움을 구한 것은 전혀 엉뚱한 세력이었다. 중앙아시아에서 갑자기 흥기한 튀르크-몽골 지배자 티무르Timur의 막강한 군대가 1402년 오스만튀르크 군대를 분쇄한 것이다. 비잔티움은 그 덕분에 비로소 한숨을 돌릴 수 있었다. 그렇지만 그것은 일시적 유예에 불과했다.

분열되었던 튀르크제국은 1430년 재통일되어 비잔티움 공격을 재개하기 위해 전열을 가다듬었다. 1439년 비잔티움 황제가 서방의 도움을 얻기 위해 피렌체 공의회에 참석했는데, 그곳에서 그리스정교회를 가톨릭교회와 통합하고 동방교회를 교황에게 예속시킨다는 결정이 이루어졌다. 그러나 이 결정은 비잔티움을 강화하기는커녕 오히려 분열시켰다. 1204년 4차 십자군의 재앙 이후 정교회 교도는 대부분 가톨릭교회를 적으로, 기독교의 배신자로 여겼다. 그들은 만일 택해야 한다면, 교황보다는 차라리 술탄을 택하려 했다.

1453년 마침내 비잔티움에 종말이 찾아왔다. 마지막 황제 콘스탄티노스 11세가 상당수의 제노바인을 포함한 8000명의 군대를 지휘하면서 열 배가 넘는 적군의 포위 공격을 7주 동안이나 막아냈다. 그러나 메흐메드Mehmed 2세 술탄의 오스만튀르크 군대는 투석대포를 동원하여 마침내 철옹성을 무너뜨렸다. 마침내 5월 29일, 1123년 동안 수많은 외적을 물리쳐 왔던 그 난공불락의 요새는 결국 무슬림에게 함락되었다.

비잔티움이 멸망한 1453년은 때때로 중세의 종말을 가리키는 연도로 사용된다. 그해는 또한 헬레니즘 시대의 진정한 종말을 의미하기도 했다. 헬레니즘은 기독교의 덮개가 씌워진 채 비잔티움 문명에서 살아 있었는데, 튀르크인의 지배에서는 달랐다. 그들은 성 소피아성당을 모스크로 탈바꿈시켰다. 그들은 곧 새 모스크와 궁전을 짓고, 그들 자신의 이슬람문화를 발달시켰다. 이제 고전 유산의 상속과 계승은 유럽에서 르네상스 운동으로 일어난, 고전에 대한 되살아난 관심에 더욱 의존하게 되었다.

**비잔티움 문명의 영향**　　서유럽은 비잔티움에 그 존립 자체에 대한 빚을 졌다. 7세기에서 11세기에 이르기까지 비잔티움제국은 이슬람 세력의 유럽 침입을 막는 방파제 구실을 했다. 그리고 비잔티움은 서유럽에 꾸준히 문화적 영향을 미쳤지만, 특히 1200년 무렵에 유럽인들이 비잔티움 학자들이 보전해 온 고전의 유산을 적극 수용함으로써 그 영향은 더욱 중요해졌다. 그리고 13~15세기 사이에 유럽인은 비잔티움과 아랍을 통해 그리스 고전을 재발견함으로써, 중세 성기와 르네상스의 문화 발전을 이룩할 수 있었다. 미술 분야도 마찬가지였다. 베네치아의 성 마르코성당은 대표적인 비잔티움 양식의 건물이며, 회화 역시 비잔티움 양식이 이탈리아 르네상스의 회화에 자극을 주었다.

비잔티움의 영향은 서유럽에 국한된 것이 아니라, 동유럽과 슬라브 세계에 더 큰 영향을 끼쳤다. 발칸반도에 정착한 슬라브 민족들은 대부분 9세기가 지나는 과정에서 그리스정교회로 개종했다. 그리고 선교 과정에서 키릴로스는 슬라브 말을 표기할 수 있는 문자를 고안함으로써 슬라브족은 문자 생활의 길이 열렸다. 이 문자는 약간씩의 개량을 거쳐 현재까지 여러 슬라브 국가에서 쓰이고 있다. 중부 유럽에서는 비잔티움의 영향과 서유럽의 영향이 서로 충돌했으나, 동쪽의 러시아에서는 비잔티움의 영향력이 거의 아무런 도전도 받지 않았다.

10세기 말에 키예프 공이 정교회로 개종하고 러시아를 이끌고 비잔티움의 문명권으로 들어갔다.

## 6) 비잔티움과 슬라브족: 동유럽과 러시아

**동유럽의 자연환경과 민족들**　　동유럽의 지리는 이 지역의 다양한 인구 구성의 한 요인이었다. 기후는 극지의 추위에서 지중해의 온난에 이르는 극단의 차이를 보인다. 토양 역시 우크라이나나 도나우 평원의 비옥한 땅에서 디나르 알프스Dinaric Alps의 바위투성이의 메마른 땅에 이르기까지 다양하다. 도나우강과 비스툴라Vistula강이 동유럽에서 바다로 나가는 주된 통로인데, 몇몇 나라는 바다로 나가는 통로가 없다. 기후와 토양, 혹은 수로가 각 민족의 삶을 크게 좌우했다.

　러시아의 역사 역시 대체로 지리의 영향을 크게 받았다. 광활한 대지에 상대적으로 적은 인구 때문에 지주 이익집단이 농민을 지배해 왔는데, 이는 러시아 역사의 지속적 특징의 하나이다. 러시아는 바다로의 접근이 어려운 연고로 상인 계급의 성장이 지체되고, 주민의 내부 지향적 성향이 형성되었다. 러시아의 강은 외적의 침투로뿐 아니라, 교역과 문화 교류의 통로 구실을 해왔다. 북쪽으로나 남쪽으로 흐르는 강은 서유럽과 연결되지 않아 초기 러시아의 상인들은 주로 비잔티움과 교역을 했다.

　한편 러시아 역사에서는 숲과 초원 지대가 중요한 구실을 했다. 러시아인은 숲에서 모피와 벌꿀 등 중요한 생계 수단을 얻었을 뿐 아니라, 권력의 압제에서 도망갈 도피처를 구하기도 했다. 초원 지대의 매우 비옥한 땅은 농업적 부의 원천이자 정치적 통제의 대상이 되었으며, 유목민 침략자들에게는 시원하게 뚫린 초원길이 되었다. 이 숲과 초원이 합쳐진 곳이 초기 러시아 역사가 주로 이루어진 곳이었다.

　게르만족과 마찬가지로 슬라브족은 인도-유럽계 언어와 관습을 가진 민족 집단이었다. 그들이 처음 문명 세계, 즉 로마인에게 알려진 것은 2세기 즈음에 게르만족의 동쪽 어딘가에 살고 있는 종족으로서였다. 게르만족이 서로마 쪽으로 빠져나간 뒤, 슬라브족은 그 공간을 차지하면서 오늘날의 폴란드 동쪽에서 흑해 북쪽 해안 지역까지 뻗친 지역에 널리 퍼졌다. 이곳은 숲과 초원으로 이루어진 곳으로서, 슬라브족은 사냥을 하고, 모피와 꿀 혹은 밀랍 등 숲에서 얻는 산물로 교역을 했다. 그들은 농사도 지었는데, 숲을 베어내고 경작하다가 지력이 고갈되면 다른 지역으로 옮겨갔다. 비잔티움과 비교할 때 그들의 사회적 및 경제적 삶은 원시적이었으며, 정치적 및 군사적 구조는 매우 후진적이었다.

비잔티움인, 게르만족, 아바르족, 마자르족, 몽골족, 튀르크족 등 다양한 외래 민족이 이따금 이런저런 슬라브 집단을 지배했다. 이들 지배 민족은 각자의 문화·경제·정치·사회적 특성을 슬라브 집단에 부과했다. 그러나 슬라브족은 정체성을 잃지 않았다. 그들은 여러 상전을 섬기면서 전시에는 그들 밑에서 싸웠고, 동부 유럽 전역에서 상전들의 정복사업에 참여했으며, 마침내 그들의 정복지를 물려받았다.

슬라브족은 6세기와 7세기에는 아바르족의 지휘 아래 정복사업에 참여했다. 슬라브족의 한 갈래는 남쪽으로 이동하여 도나우강을 건넜고, 비잔티움의 방어망을 분쇄했다. 그들은 동남부 유럽에 있는 비잔티움제국의 속주 대부분을 접수했다. 같은 시기에 슬라브의 다른 부족은 북쪽과 서쪽으로 이동하여 발트해까지 도달했고, 프랑크왕국의 동부 변경을 위협했다. 또 다른 부족은 동북쪽으로 수백 마일 펼쳐진 삼림 지역에 조금씩 평화적으로 정착했다. 그리하여 900년 무렵에 이르면 그들은 중부 및 동부 유럽의 거의 전부를 차지했다.

여러 게르만 민족이 이주해 간 거의 모든 곳에서 정체성을 잃고 원주민에 흡수된 반면, 슬라브족은 원주민을 동화하거나 아니면 축출했다. 그들은 또한 한때 자신을 지배했던 아시아인과 게르만 상전들, 이를테면 아바르족·불가르족·노르만족을 흡수하거나 무너뜨리고 자신의 국가를 건설했다. 이러한 인종적 혼합으로 오늘날의 동유럽과 러시아의 다양하고 복잡한 슬라브계 민족들이 형성되었다.

**기독교의 확산**　　한편 다른 많은 이교도 야만 정복자의 경우처럼, 슬라브족의 성공은 그 자체가 그들의 전통적 가치와 생활 방식이 뿌리 뽑히는 결과를 가져 왔다. 비잔티움 문명과의 접촉은 슬라브 사회에 갈등을 유발했다. 일부는 접촉이 가져올 변화, 즉 비잔티움의 영향을 두려워했다. 그러나 지배층은 대체로 비잔티움의 영향을 환영했다. 이전의 게르만족과 달리 그들은 문명국을 전복할 의사가 없었다. 오히려 그들은 비잔티움에게 인정받기를, 그 호사와 사치를 함께 누리기를, 전문 행정가의 도움으로 자신의 힘을 키우기를, 궁극적으로는 그 생활 방식을 공유하기를 원했다. 비잔티움의 군대는 아무리 해도 슬라브의 위협을 없애지 못했으나, 기독교와 그리스의 유산은 그들을 황제의 정신적 혹은 문화적 통제 아래 넣을 수 있었다. 슬라브족의 지배자들은 세례를 받기 위해 비잔티움 선교사를 초청하거나 직접 비잔티움으로 갔다.

　비잔티움의 활발한 선교 사업에 자극받은 서유럽은 적극 경쟁에 뛰어들었다. 그 결과 가톨릭교회는 서쪽 끝의 슬라브 부족들을 그들의 궤도 안으로 끌어들이는 데 성공했다. 동유럽 민족 가운데 폴란드인, 체크인, 슬로바크인, 헝가리인, 슬로베니아인, 크로아티아인은 로마 가톨릭교회를 받아들였다. 이 문화공동체를 결합하는 공동의 끈은 라틴어와 교황권에의 믿음이었다. 독일의 선교사들이 9세기 말에 보헤미아Bohemia의 체크인을 개종시켰고, 10세기에는 프라하Praha에 체크인 주교의 주교구가 설치되었다.

　헝가리왕국은 슬라브계가 아닌 마자르족이 955년 독일의 오토 1세에게 레흐펠트에서 격퇴된 뒤, 헝가리 평원에 정착하여 세운 왕국이었다. 이후 헝가리는 독일 선교사들의 노력으로 가톨릭교로 개종함으로써, 그 역사는 중부 및 서부 유럽의 역사와 긴밀하게 엮이게 되었다. 교회는 번영하는 거대 기관이 되었고, 부유한 주교들은 대영주와 더불어 강력하고 독립된 정치적 존재가 되었다. 헝가리는 잠시 동유럽에서 지배적인 강국으로 등장했다. 마티아스 코르비누스Matyas

Corvinus(1458~1490) 왕은 영주들의 세력을 제압하고, 잘 조직된 중앙행정을 정비했다. 까마귀 문장紋章의 방패를 사용해서 '까마귀(코르비누스) 왕'이라 불린 그는 중세 헝가리 최고의 군주로서, 정치·군사·문화 등 모든 면에서 헝가리왕국의 전성기를 이루었다. 그러나 그가 후사를 남기지 않고 죽은 뒤, 헝가리는 곧 왕권이 취약해졌고, 까마귀 왕의 업적은 대부분 없던 일이 되었다.

슬라브족에 속한 폴란드인은 10세기 말까지도 기독교로 개종하지 않았는데, 기원 1000년에야 수도 그니즈노Gnizno에 독자적 대주교구가 세워졌다. 폴란드는 사방으로 자연 경계가 없었다. 그래서 독일인들이 그 영토 안으로 침투해 들어왔고, 그 결과 슬라브족과 게르만족 간에 상당한 통혼이 이루어졌다. 그러나 13세기에 동유럽의 게르만족과 슬라브족의 관계가 튜턴기사단Ordo Theutonici, Deutscher Orden의 공격으로 인해 험악해졌다. 튜턴기사단은 12세기 말에 성지 수호와 순례자 보호를 위해 설립된 종교기사단이었다. 그러나 그들은 1226년 이후에는 독일로 돌아와, 주로 동프로이센Ostpreussen 지방을 개척하고 슬라브족을 개종시키는 임무를 수행했다. 튜턴기사단이 세력을 확대하자, 폴란드는 불가피하게 이들과 발트해 연안의 지배권을 놓고 오랫동안 다투었다.

국내 정치에서 폴란드 역사는 15세기 말까지 국왕과 지주 귀족 간의 격렬한 투쟁을 둘러싸고 전개되었다. 그러다가 이 무렵에 이르러 국왕이 보헤미아 및 헝가리와의 문제에 직면하고, 이에 더하여 러시아 및 튀르크와의 전쟁에 몰두하는 바람에, 귀족들이 권력을 재확립할 수 있게 되었다. 대영주들이 폴란드 의회인 세임Sejm을 장악하면서 1511년에 이르러 농민을 농노로 전락시키고, 국왕을 선출할 권리를 확보했다. 그리하여 폴란드 국왕은 강력한 왕권을 확립하는 데 실패했다.

한편 세르비아인, 몬테네그로인, 루마니아인, 러시아인은 비잔티움제국과의 근접성 때문에 9세기와 10세기에 그리스정교회의 문화공동체 안으로 들어갔다. 그들은 정교회의 분권화된 종교 구조 아래에서 자신의 언어로 예배를 보았다. 가톨릭교회는 라틴어 성경을 고수하고, 예배를 반드시 라틴어로 시행하도록 했으나, 비잔티움은 키릴로스 문자를 만들어주고, 종교의식에서 그리스어를 고집하지 않았기 때문이다. 유럽의 동쪽 변두리에 자리 잡은 이들은 몽골과 튀르크의 지배를 받았는데, 이 두 아시아계 전제국가는 정치적으로 권위주의 국가의 성장을 조장했지만, 정교회 신앙을 억압하지는 않았다. 그중 러시아는 15세기에 이르러 제3의 로마를 자처할 만큼 강력한 세력으로 등장했다.

비잔티움이 각 나라가 종교의식에 자신의 언어를 사용하도록 허용한 정책은 러시아 역사에 이중적 영향을 미쳤다. 러시아교회가 자신의 언어를 사용함으로써, 러시아인은 자신의 정체성을 유지하고 고유한 문화를 더 잘 보전하고 발전시켜 나갈 수 있었다. 그러나 그와 동시에 그리스어를 배우지 않아도 되었기 때문에, 러시아인은 그리스 학문과 사상을 직접 흡수해서 자신의 문화를 좀 더 높은 수준으로 발전시킬 기회를 얻지 못했다.

**키예프 러시아**　　러시아의 역사는 9세기 중엽 바랑고이가 동슬라브 지역으로 들어오면서 시작되었다. 전승에 따르면, 반半전설적 인물인 루리크Rurik가 862년에 노브고로드에서 왕조를 수립했다. 그와 동료 바랑고이들은 루스Rus라 불렸는데, 그래서 그들이 차지한 땅이 루스의 땅, 곧 러시아라는 이름을 갖게 되었다. 루리크보다 좀 더 분명한 인물은 그의 추종자인 올레그Oleg였다. 올레그를 지도자로 한 정복자들은 9세기 말 숲 지역과 초원 지대를 아우르는 곳에 자리한 키예프를 중심으로 최초의 러시아 국가를 건설했다. 키예프 공 올레그(873~913)는 키예프와 노브고로드 양쪽의 지배권을 장악했으며, 그의 후계자들은 영토를 확장하여 발트해와 흑해 사이, 그리고 도나우강과 볼가Volga강 사이의 땅을 아울렀다. 그러나 바랑고이들은 곧 다수인 슬라브인의 언어와 관습을 받아들이고, 그들에게 동화되었다. 러시아인의 주된 교역 상대이자 잦은 침략의 희생자는 비잔티움제국이었다. 그러나 러시아 지배자들은 제국의 문명을 존중하고 그 생활 방식을 찬미했다.

키예프 공국이 역사적 전환기를 맞이한 것은 블라디미르 대공(980~1015) 때였다. 처음에 그는 이교 신앙 세력에 지지 기반을 두고, 최고의 신인 천둥의 신 페룬Perun과 부의 신 볼로스Volos 등의 신상을 세웠다. 그러나 그는 주위의 민족들이 이런저런 종교로 개종한 사실에 주목했다. 그는 여러 종교의 실상을 알아보기 위해 각 나라에 사절을 파견했는데, 비잔티움을 방문한 사절은 그 도시의 번영과 성 소피아성당의 아름다움에 매료되었다. 그들은 정교회를 선택하도록 천거했다. 블라디미르는 988년 비잔티움 황제 바실레이오스 2세의 누이와 결혼하고, 그리스정교회의 세례를 받았다. 그는 이교 신상을 파괴하고, 많은 후궁을 수녀가 되게 했다. 그리하여 러시아는 비잔티움의 종교적·문화적 유산을 공유한 가장 동쪽의 나라가 되었다. 초기에 키예프 주교는 비잔티움 황제가 그리스인으로 임명했지만, 러시아교회는 얼마 지나지 않아 정교회 안에서 독립성을 누릴 수 있었다.

키예프는 블라디미르의 아들 야로슬라프 1세Yaroslav(1019~1054) 치세 때 번영의 정점에 이르렀다. 키예프 사회는 보야르boyar라는 귀족 계급이 지배했다. 상인들은 북으로 스칸디나비아, 남으로 비잔티움 및 이슬람 세계와 교역했다. 그러나 키예프는 장자 계승 원칙이 확립되지 않아, 야로슬라프 1세 이후 11세기 후반부터 후계 문제를 두고 정치적 알력이 심해져 내란에 시달렸다. 게다가 키예프는 동·서 양쪽에서 공격을 받게 되고, 노브고로드 같은 지방 세력의 도전도 받았다. 몽골이 1240년 키예프를 정복하기 이전에 이미 키예프가 지배하던 한 시대는 지나갔다. 이제 러시아인은 이른바 '타타르의 멍에Tartar Yoke'를 차게 되었다.

**노브고로드 공국**  노브고로드는 키예프 공국의 지배를 받다가 11세기 초에 야로슬라프로부터 상당한 자치를 부여받았다. 이후 노브고로드는 공화정 체제를 수립하여, 시민의회인 베체Veche가 최고 권력기구로서 입법권을 가지고, 노브고로드 공을 선출했다. 우랄산맥에서 발트해에 이르는 광대한 지역을 지배한 노브고로드의 활동적이고 번영하는 상인들은 게르만 상인과 경쟁하면서 자신의 상권을 지켰다. 13세기 중엽에는 노브고로드 공 알렉산드르 네프스키Aleksandr Nevskii(1236~1263)가 튜턴기사단과 스웨덴의 침략을 격퇴했으며, 몽골이 침입해 왔을 때도 비상한 외교적 노력으로 몽골의 환심을 샀다. 나머지 러시아가 몽골에 정복당해 그 지배 아래에서 고통을 겪을 때, 노브고로드는 모스크바와 더불어 반독립 상태를 유지했으며, 베체가 선출한 과두 체제가 계속 노브고로드를 다스렸다.

그러나 노브고로드는 계급 갈등 때문에 13세기와 14세기에 자주 폭력 사태를 겪었다. 그러다가 15세기에 교역로의 변화로 발트해의 상업이 쇠퇴하고, 노브고로드는 곡물 공급을 경쟁국인 모스크바Moskba에 의존하게 되었다. 내부 혼란에 경제적 쇠퇴까지 더해져서 어려움에 빠진 노브고로드는 급기야 1478년 모스크바 대공국에 병합되고 말았다.

**몽골의 지배와 모스크바 공국의 등장**　　1230년대에 유럽으로 진격하기 시작한 몽골은 볼가강 하류에 중심을 둔 킵차크 칸국Kipchak Khanate을 건설하고, 두 세기 이상 러시아를 지배했다. 몽골인은 방대한 러시아 땅에 정주할 만큼 인구가 충분치 않아 많은 지역을 간접 지배하는 것에 만족했다. 몽골 정복자는 종교에는 매우 관용적이어서 러시아인은 정교회 신앙을 온전히 지킬 수 있었다. 그러나 그들은 몽골 상전에게 공납의 의무를 졌다. 그 기간에 모스크바가 몽골 궁정에 바칠 공물을 징수하는 역할을 맡으면서 러시아에서 새로운 중심 세력으로 떠올랐다. 모스크바가 처음으로 기록에 언급되는 것은 12세기 중엽의 일인데, 그때 모스크바는 키예프의 세력권 안에 있었다. 이 요새 도시는 대체로 이 무렵부터 주위의 군소 제후들을 희생양으로 삼아 세력을 확장해 나갔다. 모스크바는 늪지대와 울창한 삼림 때문에 외부의 침입이 쉽지 않은 곳에 자리하고, 주위에는 교통로 역할을 하는 하천들이 발달했다.

모스크바는 13세기 말엽에 노브고로드 공 알렉산드르 네프스키의 아들 다니일 알렉산드로비치Daniil Aleksandrovich(1283~1303) 치하에서 모스크바 대공국이 되고, 몽골에 바칠 공물 징수 기능을 독점함으로써 다른 러시아인 사이에서 정치적 입지를 강화했다. 모스크바의 대공들은 엄청난 야심과 능력을 보여주었다. 이반 1세Ivan(1325~1341)는 다니일 알렉산드로비치의 둘째 아들로서, '돈주머니Kalita'라는 별명을 얻을 만큼 공격적인 세금 징수로 모스크바의 부와 권력을 크게 확장했다. 게다가 그는 1326년에 러시아 정교회의 대주교좌를 키예프에서 모스크바로 옮김으로써, 모스크바를 러시아 종교의 중심지로 만드는 데 결정적 역할을 했다. 모스크바 대주교가 지도하는 러시아교회는 그 이후 좀 더 민족주의적 색채를 띠고, 비잔티움으로부터 더욱 독립하기 시작했다.

부강해진 모스크바의 대공들은 공물 징수자의 역할을 혐오하기 시작했다. 이반 1세의 손자 드미트리 돈스코이Dmitri Donskoi(1359~1389)는 몽골을 물리칠 때가 되었다고 믿었다. 그는 마침내 1380년 돈강 인근 쿨리코보Kulikovo에서 몽골군을 대파했다. '돈스코이'는 이를 기념해서 돈강에서 따온 이름이라고 한다. 이 전투로 몽골의 세력을 무너뜨린 것은 아니지만, 그 승리는 러시아로서는 큰 상징적 의미가 있었다. 돈스코이는 모스크바 대공국을 중심으로 러시아를 통합하는 과업에 온 힘을 기울였다.

이후 러시아는 15세기 후반 이반 3세(1462~1505) 치하에서 마침내 근대 국가 건설의 거보를 내디뎠다. 이반 3세는 1478년 노브고로드를 병합하고, 2년 뒤에는 러시아인이 240년이나 차고 있던 '타타르의 멍에'를 마침내 벗어던졌다. 그런 다음 그는 튀르크와 몽골에 대항해서 남과 동으로 진출하기 시작했다. 그는 또한 리투아니아Lithuania와의 전쟁으로 서쪽에서도 얼마간의 영토를 획득했다. 이는 이후 여러 세기 동안 이어질 세력 확장의 시동을 건 것이었다. 이반 3세는 서유럽에 문호를 개방하고, 유럽 여러 나라와 외교 관계를 맺었다.

외세를 물리치고 영토를 통합한 이반 3세는 법률을 정비하여 중앙집권적 군주정의 토대도 다졌다. 1497년에 제정된 법전 『수데브니크Sudebnik』는 예속적 신분으로 전락해 가던 농민의 자유로운 이주를 제한하여 러시아에서 농노제의 법적 기초를 마련했다. 이반 3세는 농노제를 근간으로 하는 전제군주정의 기초를 닦았다. 그뿐 아니라 그의 치세에서는 건축 분야도 전성기를 맞이했다. 그는 이탈리아의 기술자와 건축가들을 불러와서 교회와 궁전 등을 짓게 했다. 그때 축조된 그라노비타야Granovitaya 궁전과 우스펜스키Uspensky 대성당과 같은 빼어난 건물은 왕조의 위엄을 드러냈다. 대제의 칭호를 얻은 이반 3세는 같은 시대에 서유럽에서 근대 국민국가를 수립하려고 애쓴 영국의 헨리Henry 7세와 프랑스의 루이Louis 11세 등과 맞먹는 역할을 했다.

러시아인들은 비잔티움이 함락되자, 자신들이 비잔티움 문명을 이어가도록 선택되었다고 믿기 시작했다. 그들은 모스크바가 제3의 로마, 기독교의 중심인 콘스탄티노폴리스의 논리적 계승자라는 이론을 신봉했다. 이반 3세는 교황의 주선으로 비잔티움의 마지막 황제의 조카딸과 결혼했다. 그는 비잔티움의 궁정 예법을 도입하고, 비잔티움제국의 상징이었던 쌍두독수리를 러시아의 문장으로 채택했다. 1492년, 그러니까 러시아 정교회 달력으로는 기원 7000년이자 새로운 천년이 시작하는 해에 모스크바의 수좌 대주교인 조시마Zosima는 이반 3세를 '새 콘스탄티노폴리스인 모스크바의 새 콘스탄티누스 황제'라 부르고, 최초로 모스크바를 제국 도시라고 불렀다. 프스코프Pskov 공국의 수도사 필로테우스Philotheus는 1510년에 바실리 3세Vasili III 대공에게 전한 서신에서 '제3의 로마' 이론을 개진했다. 그는 "두 개의 로마는 이미 멸망했고, 세 번째 로마가 이 땅에 새로 섰으며, 네 번째 로마는 오지 않을 것입니다"라고 주장했다.

## 2. 이슬람 문명

570년 아라비아의 메카Mecca에서 상인의 아들로 태어난 무함마드Muhammad는 세계사의 흐름을 바꾸어놓았다. 한때 서아시아를 호령했던 대제국들이 아련한 기억 속에 사라지고, 이제 그 지역은 많은 개별 국가로 쪼개져 있었다. 그런데 무함마드가 죽은 뒤 수십 년 만에 그곳은 다시 한 번 통일되었다. 처음에 그 통일은 기본적으로 군사적이고 정치적인 것이었다. 아랍의 군대는 서쪽으로 북아프리카를 가로질러 진격하고, 동쪽으로는 메소포타미아와 페르시아를 정복했다. 그리하여 아랍은 이베리아반도에서 인더스 계곡에 이르는 대제국을 건설했다. 그 아랍의 지배는 더 나아가 새로운 종교와 문명, 이슬람 문명을 가져왔다.

이슬람 신앙과 문화는 군대가 정복한 전 지역에서 강력한 영향력을 행사했다. 무함마드의 가르침을 바탕으로 형성된 아랍의 신앙과 관습은 새 제국 안에서 사는 사람들의 사회와 문화를 탈바꿈해 놓았다. 그렇지만 결국에는 서로 다른 특성을 가진 정치적 혹은 문화적 세력들이 다시 제 목소리를 내기 시작했다. 분파적 다툼으로 아랍제국은 쇠퇴하고, 종국에는 멸망했다. 중앙아시아의 침략 세력이 지역의 상업 도시들을 장악하는 한편, 서쪽에서는 기독교 십자군이 제국을 공격했다. 이베리아와 북아프리카 그리고 페르시아에 새 국가들이 들어서고, 그들 자신의 문화적 특성을 강화했다. 바그다드에 수도를 둔 아랍제국은 과거지사가 되었다.

그러나 아랍제국은 사라졌으나, 제국이 남긴 유산은 사라지지 않았다. 이슬람의 가르침은 아랍제국 전역에 확고하게 뿌리를 내렸으며, 아랍의 군대에 정복당하지 않은 지역, 인도·동남아시아·사하라 이남의 아프리카로 확산하기도 했다. 그와 동시에 비록 일시적이었지만, 이슬람의 정치적 통일은 고대의 제국 시대에 이루어졌던 원거리 무역과 문화 및 사상의 교류가 되살아나는 데 유리한 환경을 조성했다. 무함마드와 그 후계자들이 품었던 정치적 통일의 꿈은 실현되지 못했을지라도, 이슬람은 그 지역에 어느 정도의 종교적 및 문화적 통일을 제공하는 강력한 힘으로 남아 있다.

## 1) 이슬람 세계의 대두

**예언자 이전의 아라비아와 베두인족**　　아라비아반도는 세계에서 가장 큰 반도이다. 그러나 그 반도는 대부분 황량한 사막인 내륙과 무덥고 습한 해안 지대로 이루어져 있어서, 역사상 가장 역동적인 운동의 하나가 시작될 법한 장소는 아니었다. 지리적 여건은 유목민의 부족적 삶과 강한 개인주의를 부추겼을 뿐, 강력한 정부를 가진 정착 문명에 어울리지는 않았다. 아라비아 바깥에서 상업과 종교 혹은 군사적 지배가 교역로를 따라왔고, 다양한 방식으로 베두인족Bedouin 의 삶에 영향을 미쳤다. 아시아·유럽·아프리카의 교차로의 한가운데에서 무함 마드가 등장했다. 이 한 사람으로부터 개인의 삶과 공동체의 삶의 온갖 측면을 형성한 종교가 나왔다. 척박한 자연환경에서 발생한 이슬람이 한 세기 안에 그 힘을 인도양에서 태평양까지 떨치고, 오랜 정치적·지적·종교적 양태를 바꾸어 놓게 되었다.

아라비아반도는 대부분 메마른 사막이어서 농업에 적합한 땅은 극히 일부에 지나지 않는다. 상대적으로 비옥한 땅은 반도의 서남부인 오늘날의 예멘Yemen 지역으로서, 이곳에는 아득한 기원전부터 소왕국들이 유향과 향신료 무역을 통 해 번성했다. 반도의 북부와 동부에도 몇몇 아랍인의 공국들이 번성하면서 비잔 티움 및 사산왕조 페르시아와 교류했다. 그러나 내륙은 광대한 사막 이곳저곳에 오아시스가 점점이 박혀 있을 뿐이어서, 유목 생활만이 유일하게 가능한 생존 방식이었다.

'사막의 주민'인 베두인족은 유대 민족과 같이 셈어를 쓰는, 오랜 역사를 지닌 유목 민족이었는데, 시간이 지나면서 그들은 아랍인으로 불리게 되었다. 그들은 오아시스 주변에 조그마한 정착촌을 형성하면서 양이나 염소를 기르기 위해 목 초지를 찾아 이리저리 이동하는 불안정한 삶을 영위했다. 가축을 기르는 일 외 에 때로는 정착지에 대한 약탈이나 무역에 의존하기도 했다. 그들은 농경사회에 는 없는, 어느 정도의 자유를 누렸다. 베두인 사회에서 여성은 상당한 정도로 독 립성을 누렸다. 그들은 사업과 상업에 종사하는 것이 허용되었으며, 자신의 연 인을 선택할 수 있었고, 남편의 통제를 크게 받지 않고 삶을 영위할 수 있었다. 베두인의 자유와 독립성은 아랍인의 가치와 윤리가 그러하듯, 사막에서의 삶이 라는 현실에서 나왔다. 베두인의 중요한 행동 규율의 하나는 나그네에 대한 무조건적 환대였다. 그들은 언제 자신이 목숨을 구하기 위해 그런 보살핌이 필요한 나그네가 될지 알 수 없기 때문이었다.

베두인족은 수많은 신과 정령을 숭배했다. 그들은 나무나 돌, 혹은 샘 등 삼라만상에 정령이 깃들어 있다고 믿었다. 그리고 각 부족은 일반적으로 신성한 돌로 상징되는 자신의 신이 있었는데, 이 돌은 공동체의 희생을 바칠 때 제단으로 사용되었다. 그렇지만 모든 부족은 또한 공동으로 메카Mecca에 있는 카바Ka'aba라는 신전에 안치된 신성한 '검은 돌al-Hajar al-Aswad'을 숭배했다. 이 검은 돌은 알라를 상징했는데, 그들은 여러 신 가운데서도 알라Allah를 최고신으로 숭상했다.

내륙의 베두인족은 대체로 고립되고 원시적인 삶을 살았지만, 아라비아의 일부 지역은 이웃의 고도로 발전한 비잔티움과 페르시아 혹은 에티오피아 문화의 영향을 크게 받았다. 6세기 후반에 이르러 아라비아반도 곳곳에 기독교도와 유대인이 공동체를 이루며 살고 있었다. 그들의 종교와 철학적 입장이 분명히 베두인 주민에게 점점 더 큰 영향을 주고 있었다.

아라비아반도의 서부 홍해 연안 지방인 헤자즈Hejaz의 중간쯤에 오아시스를 중심으로 형성된 도시가 메카였다. 메카는 매우 깊은 우물이 있었고, 고대의 두 대상 무역로가 만나는 곳이었다. 동서 무역로가 아프리카에서 반도를 가로질러 이란과 중앙아시아까지 이어지고, 서북쪽에서 동남쪽으로 이어지는 무역로는 인도의 향신료를 지중해 세계로 날라주었다.

**메카**    지리적 이점을 바탕으로 메카는 일찍이 종교적 성지로서 명성을 얻었다. 메카의 우물 근처에 거의 정육면체 모양의 고대 석조 건축물이 서 있었는데, 카바라는 이 신전에는 수백 개의 신상과 더불어 동남쪽 모서리에 커다란 검은 돌이 안치되어 있었다. 수백 년 동안 카바는 아랍의 모든 부족이 해마다 순례하는 성스러운 장소로서, 문화적으로나 정신적으로나 아랍인의 구심점 역할을 했다. 검은 돌은 아마도 운석으로 짐작되는데, 무슬림들은 가브리엘Gabriel 대천사가 아브라함과 아들 이스마엘Ishmael에게 가져다주었고, 이들이 이 돌을 안치할 카바 신전을 세웠다고 믿는다.

6세기에 들어와 아라비아반도, 특히 메카의 경제적 중요성이 커지기 시작했다. 그 무렵 메소포타미아와 이집트에서는 정치적 혼란이 계속되었다. 특히 메소포타미아에서는 비잔티움제국과 페르시아제국이 끊임없이 전쟁을 벌였다. 그 결과 그 지역을 지나는 무역로가 점점 더 위험해졌다. 그래서 지중해에서 메카를 거쳐 예멘으로 가고, 거기서 배로 인도양을 건너는 무역로가 더 큰 인기를 끌게 되었다. 이러한 변화로 반도에서 그 무역의 길목에 있는 공동체들이 이득을 보았고, 지중해 쪽과 인도양 쪽에 있는 나라 간의 무역에서 중요한 몫을 차지했다.

6세기에 이르러 메카는 쿠라이시Quraysh 부족이 지배했는데, 그들은 남부의 아랍 부족과 홍해 건너편의 악숨Axum왕국뿐 아니라, 비잔티움인 및 페르시아인과도 활발하게 무역 활동을 벌였다. 그들은 메카의 상업적 영향력을 확장해 갔을 뿐 아니라, 카바의 종교적 성물을 보호하는 데도 특별한 관심을 기울였다. 해마다 행해지는 성지 순례는 메카의 상인들에게는 지속적으로 보장되는 큰 수입의 원천이었다. 그러나 이러한 번영의 결과, 점점 더 부유해지는 도시의 상인계급과 사막의 베두인족 사이에 긴장이 조성되기 시작했다.

**예언자 무함마드**　　이런 긴장이 감도는 세계에 무함마드Muhammad(570~632)가 등장했다. 메카에서 쿠라이시 부족에 속하는 하심Hashim 씨족의 한 상인 집안에 유복자로 태어난 무함마드는 여섯 살에 고아가 되어, 대상 무역을 하는 큰아버지를 도우며 자랐다. 청년이 된 그는 시리아를 상대로 대상 무역을 운영하는 부유한 상인 하디자Khadijah에게 고용되었다. 그는 25세에 과부인 15세 연상의 하디자와 결혼하고, 메카의 영향력 있는 인물로 입지를 다지기 시작했다.

무함마드는 풍채가 당당하고 용모가 준수하면서 또한 정력적이었다. 한편 그는 매우 내성적인 사람으로서, 베두인의 정직 및 후덕함의 가치와 도시의 유복한 상인의 물욕 간의 부조화 때문에 심적 갈등을 느꼈다. 그는 종종 세속적이고 물질주의적인 메카를 벗어나, 인근 산의 동굴에 들어가 명상을 하며 오랜 시간을 보내곤 했다. 그러던 가운데 나이 마흔인 그는 어느 날 신비로운 체험을 하고, 알라가 전하는 메시지를 들었다. 전승에 의하면 그 메시지는 가브리엘 대천사가 전했다.

무함마드는 유대교와 기독교에 대해 잘 알고 있었다. 상인으로 이곳저곳 다니면서 유대인과 기독교도들을 많이 접해본 그는 동료 아랍인의 다신교 생각이 틀렸으며, 신은 유대인과 기독교도가 믿는 신 하나밖에 없다고 확신하기에 이르렀다. 아라비아반도에는 오래전부터 많은 유대인이 살고 있었을 뿐 아니라, 이단으로 규정된 기독교 소수파인 네스토리우스파가 탄압을 피해 이주해 살고 있었다. 다신교 사회인 아라비아에서 그들은 유일신 신앙을 견지했다. 무함마드는 자신에게 계시를 보내는 알라가 유대인과 기독교도가 믿는 신과 같은 신임을 깨달았다. 그리고 그는 알라가 아브라함과 모세와 헤브라이 예언자들 그리고 예수를 통해 여러 번 자신을 드러냈는데, 이제 알라가 구원의 메시지를 완성된 형태로 계시할 최후의 예언자로 자신을 선택했다고 믿었다.

무함마드는 자신이 새 종교를 창시하는 것이 아니며, 자신의 과업은 옛 종교를 완성하는 것이라고 주장했다. 그가 이후 일생 동안 받은 계시에서 이슬람의 경전인 쿠란Qu'ran이 나왔는데, 그러니까 쿠란은 구약성경과 신약성경에 이은 성경의 완성본인 셈이었다. 그의 윤리적 가르침은 유대교와 기독교 전통의 연장선 위에 있으며, 쿠란은 기독교 성경의 많은 금언이나 이야기를 반복한다. 기독교처럼 쿠란 역시 최후의 심판과 부활의 믿음을 강조했다. 쿠란의 기본 메시지는 알라 이외에는 신이 없으며, 무함마드는 그의 예언자라는 것이다.

그러나 무함마드의 가르침은 결국 새 종교 이슬람을 낳았다. 무함마드가 설파한 종교인 이슬람은 '알라의 뜻에의 복종'을 의미하고, 그 종교를 믿는 사람인 무슬림은 '이슬람을 실천하는 사람'을 뜻했다. 그런데 유럽의 기독교도들에게 무함마드는 대체로 사탄의 도구로 비쳤고, 이슬람은 새 종교이기보다는 기독교의 이단으로 여겨졌다. 단테Dante는 『신곡La Divina Commedia』의 '지옥편'에서, 무함마드를 지옥 하층에 있는, 분열을 조장하는 사람들 가운데 집어넣었다.

**무함마드의 아라비아 통일**　무함마드는 받은 계시의 진리를 메카 주민에게 설파하기 시작했다. 그의 초기 메시지는 강렬하고 직설적이었다. 그는 알라 외에는 신이 없다고, 전능한 유일신 알라는 추종자의 진실한 믿음을 요구한다고, 그리고 자신은 그 알라의 선택을 받은 예언자라고 주장했다. 그는 메카 시민이 그토록 성스럽게 여기는 카바의 신들을 우상이라 비난했다. 그러나 무함마드는 아내를 비롯하여 가까운 소수의 사람 외에는 별로 추종자를 얻지 못했다. 많은 사람이 무함마드가 자신의 문학적 창작물을 신의 말로 받아들이게 하려 한다고 생각했다. 어떤 사람은 그가 허풍선이거나 악마에 사로잡혔다고 믿었다. 메카의 지도층 인사들은 전통 신앙과 부패한 사회에 대한 무함마드의 공격이 기존 질서를 심각하게 뒤흔들 것을 우려했다.

쿠라이시 부족 지도자들은 무함마드에게 활동을 중단하도록 설득했으나 소용이 없자, 박해를 가하기 시작했다. 박해가 심해지고, 나아가 살해 계획까지 알려지자, 무함마드는 622년 대다수가 자신의 하심 씨족에 속하는 200여 명의 지지자를 이끌고 북쪽에 있는 메카의 경쟁 도시인 야스리브Yathrib로 도피했다. 야스리브에는 유대인과 기독교인의 공동체가 형성되어 있었는데, 어느 정도 유일신 신앙에 익숙해 있던 야스리브 주민들이 이들을 통해 무함마드를 초청한 것이었다. 야스리브 주민들은 무함마드를 그들 부족 간의 갈등을 해결해 줄 강력한 지도자라고 판단했다. 그 도시는 나중에 메디나Medina, 즉 '예언자의 도시'로 개명되었다. 역사에서 히즈라Hijrah, Hegira로 알려진 이 '이주'가 행해진 해는 이슬람력의 기원 원년이 되었다.

무함마드는 메디나에서 서로 반목하는 부족들을 통합하고, 사막의 거친 베두인족과 도시의 세련된 상인 간의 적대감을 해소하기 위해 노력했다. 그는 마침내 일부 도시 주민과 주변의 베두인 부족들의 지지를 얻어 최초의 무슬림 공동체 움마ummah를 형성했다. 무슬림은 정치 권위와 종교 권위가 분리된다고 보지 않았다. 알라의 뜻에의 복종은 곧 그의 예언자 무함마드에의 복종을 의미했다. 무함마드는 곧 움마의 정치와 종교 양면의 지도자가 되었다. 그는 필요한 식량을 얻기 위해 때때로 추종자를 이끌고 대상들을 약탈했고, 개종자를 얻기 위해 점점 공격적인 활동을 펼쳤다. 투쟁을 뜻하는 지하드jihad라는 단어가 개종자를 얻고 자체의 충원을 강화하기 위한 움마의 초기 노력을 가리키는 데 쓰였고, 그래서 그 말에는 차츰 성전이라는 의미가 덧씌워졌다.

무함마드는 믿음직한 군대를 조직할 수 있었고, 629년 마침내 군대를 이끌고 고향으로 돌아와 메카에 무혈 입성했다. 메카의 옛날 적들은 결국 이슬람을 받아들여 움마의 구성원이 되었다. 그는 카바를 이슬람의 성전으로 선언하고, 검은 돌을 새 신앙의 상징으로 삼았다. 그리고 그는 전통 신앙의 우상들을 모두 파괴하도록 명했다. 무함마드의 가르침은 메카에서부터 빠르게 반도를 가로지르며 퍼져 나가고, 사막의 베두인 부족들은 그의 휘하에 결집하기 시작했다. 이제 부족적 충성은 알라에의 믿음으로 대체되었다. 632년 바야흐로 이슬람의 영향 아래 반도 전역이 종교적으로뿐 아니라 정치적으로도 통일될 무렵, 무함마드는 세상을 떠났다.

**이슬람 신앙**　유대교와 기독교처럼 이슬람은 일신교이다. 알라는 전능한 존재로, 우주와 그 안에 있는 만물을 창조했다. 쿠란의 많은 분량이 전지전능한 유일신인 알라를 묘사하고 찬미하는 데 바쳐졌다. 이슬람은 사후의 삶과 구원의 희망을 제공하는데, 그것을 얻기를 바라는 사람은 알라의 뜻에 복종해야 한다. 그런데 이슬람은 창시자의 신성을 부정한다. 그래서 이슬람에서는 기독교의 삼위일체론과 같이 신의 속성에 대해 복잡하기 짝이 없는 논란이 제기되지 않았다. 무슬림은 구약성경의 모세와 다른 많은 예언자처럼 예수 역시 한 사람의 예언자이며, 무함마드도 그 연장선에 있는 예언자, 다만 마지막의 가장 위대한 예언자라 믿는다.

마찬가지로 이슬람은 경전의 정본 여부에 대한 논란도 일어나지 않았다. 이슬람 경전인 쿠란은 예언자가 20년이 넘게 받은 알라의 계시이다. 예언자의 생전에 이 계시의 많은 부분이 보전을 위해 기록되었다. 무함마드 자신이 보전 작업을 시작했고, 초대 할리파khalifa, caliph 아부 바크르Abu Bakr는 추종자들이 기억하거나 구전되어 온 계시를 편집함으로써 보전 작업을 이어갔다. 쿠란은 3대 할리파 우스만Uthman(644~656) 시대에 모두 114장으로 구성된 완성본이 만들어졌으며, 이는 쿠란의 유일한 정본이 되었다. 쿠란은 이슬람의 종교 경전일 뿐 아니라, 무슬림의 윤리 지침서이자 법전과 정치 이론서이기도 하다.

무함마드는 실제적 사고방식을 가진 인물이었다. 그가 묘사한 모범적 삶은 신도들이 실천할 수 있는 한계 안에 있으며, 그는 일반인의 능력을 넘어선 극단적 금욕이나 극기를 요구하지 않았다. 그리고 원래 상인이었던 그는 이윤 추구가 정직하고 합리적인 한 알라의 뜻에 어긋난다고 생각하지 않았다. 그래서 이슬람에서는 중세 기독교인의 양심을 괴롭혔던, 이윤 추구와 신앙 간의 긴장이 생기지 않았다.

원래 '낭송'이라는 의미의 단어에 걸맞게 쿠란은 큰 소리로 낭송하게 되어 있으며, 그 호소력의 많은 부분은 사실 메시지를 매우 아름답고 특이한 리듬과 운율로 낭송하고 청취하는 체험에서 나온다. 무함마드가 사람들을 개종시킨 것도 이런 방법을 통해서였다. 쿠란은 예배를 위해 다른 언어로 번역해서는 안 된다. 무슬림은 쿠란을 아랍어로 배워야 했기 때문에, 이슬람의 전파로 엄청난 규모의 언어 통일이 이루어졌다. 아랍어는 많은 지역 언어를 대체했으며, 모로코에서 이라크에 이르는 무슬림 세계는 대부분 지금도 아랍어를 쓰고 있다.

이슬람은 알라의 뜻에 복종할 필요성을 강조하는, 소박하고 단순한 신앙이다. 이는 곧 이슬람의 기본적 윤리 규범인 '다섯 기둥'을 따르는 것을 의미했다. 신앙의 다섯 기둥은 첫째 알라는 유일한 신이며 무함마드는 그의 예언자임을 믿는 신앙고백, 둘째 메카를 향해 하루 다섯 번 정해진 시간에 올리는 기도와 금요일 정오에 모든 성인 남자가 참석하는 대중 기도, 셋째 가난하고 불쌍한 사람에게 베푸는 자선, 넷째 라마단Ramadan(성월) 한 달 동안 해 뜰 때부터 해 질 때까지 음식 섭취와 성행위 삼가기, 다섯째 가능하면 일생에 최소 한 번 메카 순례하기 등이다. 이 규범을 지키는 무슬림은 영원한 천국의 자리가 보장되었는데, 그곳은 아라비아 사막에서는 결코 누릴 수 없는 환희와 즐거움이 있는 곳이었다.

이슬람은 하나의 신앙체계이자 또한 생활 방식이다. 무함마드의 사후 울라마ulama라 불리는 율법학자들이 무슬림의 일상생활을 포괄적으로 규제하는 법전인 샤리아shari'ah를 작성했다. 샤리아는 알라의 계시인 쿠란을 기초로 하고, 예언자의 언행을 기록한 하디스hadith를 보충 자료로 해서 제정된 법으로서, 인간 활동의 모든 면을 규제했다. 이슬람법은 알라가 확립한 법으로 여겨지기 때문에 의문의 여지가 없이 옳은 것이며, 또한 인간 이성보다 더 위대하므로 사람이 이해할 수 없더라도 지켜야 하는 법이었다. 무슬림은 엄격한 행동 규범에 얽매여 있었으며, '다섯 기둥'은 무슬림에게 요구되는 최소 사항일 뿐이었다. 무슬림에게는 음주도, 돼지고기도 금지되었다.

이슬람은 기독교와 같은 '교회' 혹은 종교 조직을 발전시키지 않았다. 이슬람 신앙에서는 인간과 신을 매개하는 중개자가 필요 없으며, 따라서 사제 계급이 존재하지 않는다. 성사도 없다. 쿠란을 해석하는 일을 전문으로 하는 학자인 울라마와 모스크에서 예배 의식을 이끄는 지도자가 있기는 하다. 그러나 이들은 모두 세속 공동체의 일원일 뿐, 신도와 신 사이에서 매개 역할을 하는 성직자가 아니다. 그렇기 때문에 이슬람 세계에서는 국가와 교회의 결합이라는 현상이 원천적으로 있을 수 없다. 다만 무슬림의 대부분을 차지하는 수니파Sunnite와는 달리, 시아파Shi'a 무슬림은 성직자 제도를 만들었다. 오래도록 소수파로 박해를 받으면서 강력한 지도자가 필요했기 때문이었다.

## 2) 이슬람제국

**아랍의 초기 정복**　　무함마드는 여러 번 결혼했으나 아들이 모두 일찍 죽어

딸만 여럿 남겨놓은 채, 후계자를 지명하지 않고 죽었다. 남성 중심 사회에서 누가 무슬림 공동체를 이끌 것인가 하는 심각한 문제가 대두했는데, 움마의 장로와 지도자들이 무함마드의 장인 아부 바크르를 '후계자', 즉 할리파로 선출함으로써 이 문제를 해결했다. 아부 바크르는 예언자와 같은 쿠라이시 부족 출신으로 메카에서 대단히 존경받았던 부유한 상인이었는데, 무함마드의 최초 지지자 중 한 명으로서 고난의 과정에서도 변함없이 그의 곁을 지킨 인물이었다. 할리파가 된 그는 곧 무슬림 공동체의 결속을 다지고, 반도의 지배권을 공고히 다진 다음 이라크와 시리아의 정복에 나섰다. 그러나 그는 할리파가 된 지 불과 두 해 만에 사망하고, 2대 할리파로 우마르Umar(634~644)가 선출되었다.

일단 후계자들 아래 통일이 되자, 아랍인들은 이전에 서로를 향해 쏟았던 에너지를 이웃 민족들에게 분출하기 시작했다. 비잔티움과 페르시아가 제일 먼저 통합 아랍인의 힘을 느꼈다. 종교적 열정이 절정에 오른 우마르 휘하의 무슬림 군대는 636년 야르무크에서 저지하기 위해 나선 비잔티움 군대에 참패를 안겨 주었다. 그런 다음 우마르는 비잔티움으로부터 예루살렘과 시리아를 차례로 탈취하고, 641년에는 비잔티움의 곡창 이집트마저 정복했다. 동쪽에서 그는 637년 페르시아 수도 크테시폰Ctesiphon을 함락했다. 초기 아랍의 위대한 정복자 우마르는 그리하여 이슬람제국의 기초를 확립했다. 페르시아는 이후 651년 3대 할리파 우스만에게 완전히 정복되고 왕조가 멸망했다. 그리하여 비잔티움과 오랜 세월 다투면서 군사력을 소모한 사산왕조 페르시아는 400여 년의 역사를 접고 마침내 과거 속으로 사라졌다.

아랍인이 이런 엄청난 성공을 거둔 것은 주위의 정치적 및 군사적 환경에 힘입은 바 컸다. 비잔티움과 페르시아는 오래도록 서로 싸우면서 군사력이 고갈되었다. 게다가 시리아와 이집트 주민은 비잔티움제국이 그리스정교회를 강요하는 데 대한 종교적 반발심이 컸으며, 특히 이단으로 몰린 기독교도들은 비잔티움의 지속적 박해에 분개해 왔다. 그래서 피정복지의 많은 주민은 개종을 강요하지도 않고 세금도 적게 거두는 아랍 정복자를 오히려 해방자로 환영했다. 그리고 서양에서 널리 퍼져 있는 이미지와는 달리, 아랍인은 결코 무자비한 파괴자가 아니었다. 전쟁에서의 불가피한 경우가 아니고는 그들은 파괴를 일삼지 않았다. 한편 일련의 빼어난 장군의 지휘 아래 잘 조직된 무슬림 전사들은 승리할 경우 값진 전리품을 나누어 가질 기대로, 만일 전쟁터에서 죽는다면 영혼이 천국의 자리를 보장받는다는 믿음으로, 사기가 충천해 있었다. 아랍인은 이런 요인 덕분에, 모든 전투에서 수적으로 열세였음에도 좀 더 쉽게 승리하고 대제국을 건설할 수 있었다.

어떤 사람의 눈에는 아랍인의 정복 전쟁이 지하드, 즉 이교도에게 그들의 신앙을 강요하기 위해 광신적 무슬림이 이끄는 성전이었다. 사실 급속한 팽창 전쟁은 지하드 이념으로 무장한 무슬림의 헌신에 힘입은 바 컸다. 무슬림은 신앙을 전파하고 이슬람을 지킬 의무가 있다. 지하드에는 원래 공격 전쟁이 포함되지 않았지만, 무슬림은 사실 '성전'이라는 미명 아래 비무슬림을 공격하는 전쟁을 벌였다. 그러나 "한 손에는 쿠란, 다른 한 손에는 칼"이라는 표현이 의미하는 것과 같은 이슬람 신앙의 강요는 없었다. 아랍인은 초기에는 다른 민족을 개종시키기보다는, 피정복민으로부터 세금을 거두고 지배자로서의 위상을 확립하는 데에 더 많은 관심을 가졌다.

정복당한 주민들이 집단으로 이슬람을 받아들이기는 했지만, 사실 그들의 개종이 강제에 의한 것은 아니었다. 다만 개종하지 않은 사람은 공직 담당이 제한되었고, 모든 무슬림 남성에게 요구되는 군 복무를 면제받는 대가로 인두세를 바칠 것이 요구되었다. 그러나 그런 조건은 정복당한 주민에게는 비잔티움이나 페르시아의 지배보다 오히려 더 나은 편이었다. 정복 지역에 대한 아랍인의 행정은 적어도 당시 기준으로는 다른 어떤 경우보다 관대했으며, 많은 비무슬림인이 경제적으로나 사회적으로나 번영했다. 그리고 유대인과 기독교도는 그들의 신앙을 존중받았다. 그들도 무슬림과 같은 신을 믿는 것으로 인식되었기 때문이었다. 그런데 몇 세대 안에 피정복지의 기독교도는 대부분 이슬람을 받아들였다. 무슬림이 되면 사회적으로나 법적으로나 여러 혜택을 누릴 수 있기 때문이기도 했지만, 그에 못지않게 이슬람의 단순하고 명쾌한 교리가 모든 사람은 평등하다는 알라의 가르침과 더불어 매우 호소력이 있었기 때문이었다.

**우마이야왕조**    밖으로 급속하게 팽창했지만, 이슬람 세계는 할리파 자리를 두고 내분에 휘말렸다. 아부 바크르를 첫 할리파로 선출할 때, 일부는 예언자의 혈통에 의한 계승을 주장하면서 무함마드의 조카이자 사위인 무함마드 알리Ali를 밀었다. 그러나 알리의 정통성 주장은 다른 지도자에게 무시되었다. 그러다가 우스만이 알리와 갈등을 빚다가 656년 암살되고, 알리가 4대 할리파로 선출되었다. 그러나 알리의 경쟁자들은 알리가 우스만의 암살에 연루되었다고 믿었고, 우스만의 친척인 시리아 총독 무아위야Muawiyah 장군이 알리에 도전하여 군사 반란을 일으켰다. 그 반란은 진압되었으나, 661년 결국 알리 자신이 암살당했다. 그다음 할리파 자리는 무아위야가 차지했는데, 무아위야는 할리파직을 그의 가문인 우마이야Umayya의 세습으로 만들었다. 우마이야왕조는 수도를 메디나에서 시리아의 다마스쿠스로 옮기고, 한 세기 가까이 할리파 자리를 유지했다.

그러나 분파 간의 알력은 아랍 세계를 계속 괴롭혔다. 알리의 추종자들은 우마이야왕조의 정통성을 인정하지 않았다. 시아트 알리Shi'at Ali(알리의 무리), 혹은 시아파로 불리게 된 그들은 알리의 후손만이 참된 후계자가 될 수 있다고 주장했다. 그리고 그들은 쿠란만을 유일한 권위로 인정하고 엄격하게 고수했다. 이들과 달리 우마이야왕조의 정통성을 인정하는 사람들은 쿠란과 더불어 무함마드의 생활 관행과 습관인 수나sunnah의 권위 역시 받아들였다. 그래서 그들은 수나를 따르는 사람, 수니파로 불렸다.

시아파와 수니파가 서로 갈등을 빚는 가운데, 알리의 차남이자 무함마드의 외손자인 후세인Hussein이 결국 680년에 아랍인의 지배에 대한 비아랍인 계통 무슬림의 반감을 업고, 지금의 이라크에서 반란을 일으켰다. 그러나 그는 가족 및 추종자와 함께 무참히 살해되었다. 이 사건을 계기로 시아파는 독립된 이슬람 종파로 분리해 나와 수니파 무슬림과 대립하게 되었다. 시아파는 후세인이 순교한 날인 이슬람력 1월 10일을 기리는 '아슈라Ashura(열 번째 날)'라는 행사를 여는데, 이는 시아파 최대의 종교 행사이다.

내부 갈등을 겪으면서도 아랍인은 이전보다 속도가 느려지기는 했지만 계속 팽창해 나갔다. 그들은 키프로스와 로도스 그리고 에게해의 다른 몇몇 섬을 차지하고, 비잔티움에 대한 해상 공격의 기지로 활용했다. 그러나 비잔티움은 우마이야왕조의 끈질긴 공격을 막아냈다. 그러다가 아랍인은 8세기 초에 지중해 세계의 동쪽과 서쪽의 양 끝에서 새로운 공격을 개시했다. 아랍군은 북아프리카를 가로지르면서, 지중해와 사하라 사막 사이의 땅 마그레브Maghreb에 살고 있는 유목민인 베르베르족을 공격했다. 베르베르족은 완강하게 저항했으나, 결국 항복하고 이슬람으로 개종했다. 그다음 아랍군은 베르베르족을 동맹군으로 보강하여 710년경 이베리아반도로 쳐들어갔다. 그들은 서고트왕국을 무너뜨리고, 반도 대부분을 차지했다. 그들은 차지한 영토를 알안달루스Al-Andalus라 불렀다. 거기에서 더 나아가 아랍군은 732년 프랑크왕국을 침략했으나, 투르 전투에서 카롤루스 마르텔루스 군대에 패퇴했다. 투르 전투 이후 아랍은 더는 유럽을 침략하지 못했다.

한편 아랍군은 717년에 비잔티움제국을 무너뜨릴 희망으로 대규모 함대를 동원하여 수도를 포위, 공격했다. 그러나 함대가 비잔티움의 '그리스의 불'에 격침되면서 아랍인은 뜻을 이루지 못했다. 이로써 이슬람 세력의 동유럽 진격은 결정적으로 저지되었으며, 우마이야왕조는 큰 타격을 받았다. 이슬람제국과 비잔티움제국은 이제 소아시아 남부에서 불안정한 변경을 사이에 두고 대치하게 되는 한편, 두 세계 사이에 더욱 활발한 접촉이 이루어졌다. 두 제국의 관계는 전쟁으로 점철되었지만, 빈번한 문화적 혹은 지적 접촉은 두 사회 모두에게 유익한 것이었다.

한편 아랍인은 동쪽으로는 성공적으로 퍼져나가, 메소포타미아와 페르시아를 지나 중앙아시아까지 세력을 확대했다. 8세기 전반기에 이르러 우마이야왕조는 동쪽으로는 중앙아시아에서 중국과 국경을 맞대는 한편 인더스 유역까지 뻗치고, 서쪽으로는 대서양에 이르는 광대한 제국을 확립했다. 옛 로마제국의 절반이 아랍의 지배 아래 들어갔고, 고대 서아시아 문명의 전 지역이 다시 한 번 단일 제국으로 통합되었다.

**우마이야왕조의 몰락**　　　이론상으로 무슬림은 모두 평등하지만, 실제는 물론 그럴 수 없었다. 우마이야왕조에서 아랍인은 특권적 지위를 누렸다. 이슬람으로 개종한 비아랍인인 이집트인, 시리아인, 페르시아인, 베르베르인 등은 아랍인보다 수적으로 압도적 다수를 차지했다. 이들 민족은 대부분 아랍인보다 훨씬 더 발달한 문화를 가졌으며, 이슬람제국의 경제적 및 문화적 생활은 이들 비아랍 무슬림에 의해 통제되었다. 그렇기는 하나 그들은 열등한 지위의 시민으로 취급되었고, 정부 고위직에 이르는 길도 막혀 있었다. 그들은 아랍인보다 더 많은 세금을 냈으며, 병사로서는 더 적은 급료와 더 적은 전리품을 받았다. 자신의 열등한 지위가 평등을 옹호하는 이슬람법과 배치된다고 반발하는 비아랍 무슬림 가운데 불만이 착실하게 쌓여갔다. 그들의 분노가 마침내 우마이야왕조의 몰락을 가져오는 데 밑거름이 되었다.

이러한 사회적 및 정치적 분노는 종교 영역에서도 표출되었던바, 많은 비아랍 무슬림이 우마이야 가문에게 살해된 알리의 추종자인 시아파에 가담한 것이다. 우마이야 할리파의 정통성을 부인하는 시아파는 또한 수나에 지나치게 의존하는 것을 반대했다. 그들은 쿠란이 예언자의 삶과 가르침의 유일하고 의문의 여지가 없는 전거라고 주장했다. 시아파는 원래 아랍 세력의 일부였으나, 시간이 흐르면서 아랍의 우마이야왕조에 반대하는 이슬람 운동의 구심점이 되었으며, 이슬람의 양대 집단 중 하나로 성장했다.

시아파는 4대 할리파인 알리만을 정통 할리파로 인정하고, 알리의 혈통을 이어받은 후계자를 이맘Imam이라고 불렀다. 그들은 이맘을 신성한 존재로 여겼다. 이맘은 무오류의 초인적 존재로서, 이슬람법인 샤리아의 제반 문제에 대해 절대적 해석권과 판결권을 갖는다는 것이다. 그들은 우마이야왕조에 대항하여 여러 차례 무장봉기를 일으켰으나 실패하고, 좌절하고 박해를 겪으며 지하로 스며들었다. 오랜 좌절과 고난의 세월을 지나는 동안 시아파는 동방 기원의 이교 요소를 흡수하고, 수피즘Sufism과 같은 신비주의적 색채에 물들기도 했다. 아랍어로 파키르faqir, 페르시아어로 데르위시derwish라고 불리는 수피즘 수행자들은 철저한 금욕적 수행과 고행을 하면서, 무아지경 혹은 황홀경 상태에서 신과의 신비로운 교류를 추구했다. 시아파는 특히 이란과 이라크에서 다수를 형성하고 있다. 수나에 크게 의존하고, 할리파의 정통성을 고수하는 수니파 무슬림은 오늘날 무슬림 전체의 90% 정도를 차지하고 있다.

**압바스왕조**　　우마이야왕조는 다마스쿠스에 이슬람제국의 중심을 확립했다. 그러나 그 지배는 메소포타미아뿐 아니라 북아프리카에서도 반발을 낳았다. 북아프리카에서는 베르베르족의 저항이 계속되었고, 특히 산악 지역에서 저항이 심했다. 717년 비잔티움 대공세의 실패 이후 우마이야왕조는 급격히 힘이 빠졌다. 게다가 우마이야왕조는 퇴폐적 행태로 스스로 몰락을 재촉했다. 한 할리파는 포도주 수영장에서 수영하고, 그런 다음 포도주 수위를 상당히 낮출 만큼 그것을 마셔 재꼈다고 한다. 마침내 750년 무함마드의 숙부의 후손인 아부 알압바스Abu al-Abbas가 반란을 일으켜, 우마이야왕조를 쓰러뜨리고 압바스왕조를 세웠다. 그의 성공은 불만에 찬 비아랍 무슬림과 시아파에 힘입은 바가 컸다.

　　압바스왕조 할리파들은 정치, 경제, 문화 등 다방면에서 이슬람 세계에 많은 변화를 가져왔다. 무엇보다 우마이야왕조의 몰락은 이슬람 세계 안에서 아랍인 지배의 종말을 가져왔다. 압바스왕조 초기 할리파들은 아랍과 비아랍 무슬림 간의 구별을 허물고, 모든 무슬림을 평등하게 대하는 정책을 시행하기 위해 노력했다. 이제 모든 무슬림이 문무의 모든 관직을 가질 수 있게 되었다. 이전에 아랍 전사들이 차지했던 지배적 지위가 이제 안정적 정치 상황의 도래와 더불어 비아랍인 행정가와 상인 그리고 학자에게 주어졌다.

이러한 변화는 이슬람 문명이 피정복민의 문화를 받아들이는 데도 도움이 되었다. 많은 아랍인이 이제 피정복민과 결혼하기 시작했다. 유목 생활과 전쟁이라는 아랍인의 전통적인 행동 양식이 경제적 번영, 도시 생활의 성장, 상인계급의 대두에 밀려났다. 더 나아가 압바스왕조는 학문과 예술을 후원하고 장려하여, 당시 서유럽과는 비교할 수 없을 만큼 다채롭고 빛나는 문화를 창출했다.

762년에 압바스왕조는 저 멀리 티그리스강 유역의 바그다드에 새 수도를 건설하고, 이슬람의 중심을 현재의 이라크 지역으로 옮겼다. 페르시아어로 '신의 선물'이라는 뜻의 바그다드는 페르시아만에 이르는 수로의 이점을 누리면서, 동시에 지중해에서 중앙아시아로 가는 대상무역로에 걸쳐 있는 전략적 요충지에 자리 잡고 있었다. 이러한 지리적 이점을 바탕으로 바그다드는 가장 번성하는 도시의 명성을 놓고 비잔티움과 다투었다. 다마스쿠스에 수도를 둔 우마이야왕조는 지중해 지배와 비잔티움 정복에 온 힘을 쏟았다. 그런데 압바스왕조에서는 제국의 중심이 동쪽으로 이동함으로써, 페르시아의 영향이 두드러지게 되고, 그에 따라 새로운 문화적 지향이 고취되었다. 그 덕분에 서유럽인은 지중해에 대한 이슬람 세력의 압박을 훨씬 덜 느끼게 되었다.

바그다드의 할리파들은 좀 더 제왕적인 존재가 되었다. 그들은 페르시아의 전통적 유형의 군주를 자처하고, 제왕적 궁정 의식을 도입했다. 그들은 종교 지도자이기보다는 제왕이 되어, 이웃 문명의 왕이나 황제와 구별할 수 없는 통치자가 되었다. 관료 기구도 더욱 복잡해졌다. 할리파는 재상vizier이 주재하는 국무회의divan의 자문을 받았다.

**이슬람 세계의 전성기**    8세기에서 12세기 사이에 이슬람 세계는 엄청난 번영을 누렸다. 세 대륙과 활발하게 접촉하면서 무슬림은 중국에서 서유럽으로, 러시아에서 중앙아프리카로 상품을 실어 날랐다. 비무슬림 상인과 장인이 제국 영토 안에서 살도록 허용하고, 그들의 고국과 교역을 하도록 허용하는 할리파의 관용 정책으로 무역은 더욱 촉진되었다. 바그다드, 카이로Cairo, 코르도바Cordoba

같은 도시가 상업과 공업의 중심지 구실을 했다.

바그다드의 세계시민적 성격은 시장에서 분명히 드러났다. 인도에서 온 향료와 염료, 중앙아시아의 보석과 직물, 스칸디나비아와 러시아의 꿀과 밀랍, 아프리카의 상아와 사금 등 세계에서 온 온갖 상품이 바그다드 시장에서 거래되었다. 비단과 사향 그리고 도자기 등 중국 상품을 취급하는 특화 시장도 있었다. 그리고 노예시장에서는 스칸디나비아인, 몽골인, 아프리카인 등이 거래되었다. 지점을 거느린 은행 조직과 더불어 주식회사가 번영했으며, 수표도 사용되었다.

압바스왕조는 9세기가 한참 지난 때까지 빛나는 지배의 시대를 누렸다. 그 시대에 가장 빼어난 할리파는 하룬 알라시드Harun al-Rashid(786~809)로서, 그의 치세는 흔히 압바스왕조의 황금시대로 일컬어진다. 그는 동시대인인 카롤루스 마그누스보다 더 강력했고, 훨씬 더 선진적인 문화의 지배자였다. 그 두 군주는 각자의 이해를 바탕으로 우호 관계를 맺었다. 카롤루스 마그누스는 비잔티움 황제가 자신의 새 황제 칭호를 인정하도록 압력을 가하고 싶어 했다. 하룬 알라시드는 카롤루스 마그누스를 이베리아의 후기 우마이야왕조 지배자에 대항하는 동맹으로 보았다. 두 황제는 사절단과 선물을 교환했다. 압바스 할리파국과 비잔티움제국은 결코 우호적 관계를 이루지 못했다. 기독교도와 무슬림의 영토를 가르는 경계가 끊임없이 이동하는 것에 따라 두 제국 사이에는 자주 충돌이 일어났다.

하룬 알라시드는 학문과 예술을 장려하여 이슬람문화를 꽃피웠으며, 『천일야화Alf laylah wa laylah』의 등장인물로도 유명하다. 그의 아들 알마문al-Ma'mun(813~833) 역시 통 큰 학문의 후원자였다. 이복형을 죽이고 할리파가 된 그는 부왕의 학문 장려 정책을 이어받아, 천문관측소와 '지혜의 집Bayt-al-Hikma' 등을 설립했다. 지혜의 집은 번역 전문기관으로서, 이곳에서 다양한 학문의 도서가 아랍어로 번역되었는데, 특히 고대 그리스의 철학과 과학 분야 주요 저작들이 거의 모두 번역되었다. 이러한 도서의 번역과 출판 사업은 이 무렵 시작된 제지업의 발달로 더욱 탄력을 받았다. 지혜의 집은 이슬람문화의 황금기에 지혜의 보고 구실을 했다. 무슬림은 이런 노력을 바탕으로 10세기에는 번역에서 탈피, 독자적인 철학과 과학을 발달시키기 시작했다.

그러나 성취의 정점은 또한 쇠퇴로 접어드는 전 단계이기도 하다. 압바스왕조의 전례 없는 번영에도 불구하고, 번영의 이면에는 정치적 불안정의 요소가 잠복해 있었다. 할리파 지위의 계승을 두고 분쟁이 빈번했다. 하룬 알라시드가 죽었을 때 두 아들의 경쟁은 내란으로 이어졌고, 바그다드는 파괴되었다. 그리고 할리파들은 궁정 총신들에게 실권을 부여함으로써 스스로 권력 기반을 무너뜨리기 시작했으며, 결국에는 명목상의 지배자로 전락했다.

할리파를 포함하여 바그다드 지배 계층의 호사스러운 삶은 이슬람의 엄격한 도덕규범을 무너뜨렸다. 성적 문란에 대한 비난은 무시되었으며, 할리파가 후궁 수천 명을 거느리고 있다는 소문이 돌았다. 이혼은 다반사였고, 동성애는 널리 시행되었다. 한편 이슬람법에 음주가 금지되었음에도 술이 공공연하게 소비되었다.

군대와 관료제도에서 일어나고 있는 변화로 제국의 해체 과정이 더욱 빨라졌다. 군대와 행정부의 핵심 직위에 자격을 갖춘 아랍인이 부족해지자, 페르시아인과 튀르크인 같은 비아랍 민족에서 고위 장교와 관리가 충원되기 시작했다. 이들은 급기야 군대와 행정에서 지배적 세력이 되었다. 속주 통치자들은 결국 중앙의 통제에서 벗어나기 시작했고, 자신의 독자적 왕조를 수립하기에 이르렀다.

**이슬람 세계의 분열**　　이슬람 세계의 정치적 분열은 압바스왕조가 들어설 때 이미 시작되었다. 우마이야왕조가 타도되자, 왕자 아브드 알라흐만Abd al-Rahman이 756년 이베리아로 도망하여 남부를 장악한 뒤 차츰 세력을 확장했다. 그는 군사령관 혹은 총독을 뜻하는 아미르Amir라는 칭호를 차지하고, 코르도바를 도읍으로 후기 우마이야왕조를 수립했다. 이후 929년에는 아브드 알라흐만 3세가 할리파 칭호를 쓰기 시작하고, 왕조는 전성기를 맞이했다. 코르도바는 인구 30

만이 넘는 거대 도시로 발전하고, 예술과 학문의 위대한 중심의 하나가 되었다. 그리하여 이슬람 세계는 바그다드의 동할리파국과 코르도바의 서할리파국으로 나뉘었다.

알안달루스는 농업이 발달하고, 양질의 가죽·양모·비단·종이를 생산했다. 그리고 그곳에서는 기독교와 유대교 등 모든 종교가 아무런 제약 없이 관용되는 특이한 사회가 형성되었다. 코르도바를 중심으로 그리스와 로마의 고전과 아라비아의 귀중한 지식이 보전되고, 궁정은 작가와 예술가들을 적극 지원했다. 그러한 분위기에 힘입어 알안달루스에서는 다채로운 이슬람문화가 화려하게 꽃을 피웠다. 이슬람문화를 배우기 위해 유럽에서 많은 유학생이 알안달루스로 모여들었고, 그런 교류 과정을 통해 이슬람문화는 서유럽의 사상이나 문예에 커다란 영향을 미쳤다. 10세기부터 기독교도의 이슬람 정복 운동이 전개되었음에도, 두 세계 간에 문화와 경제의 교류가 유지되고 활발한 외교 관계가 수립되었다. 그러나 후기 우마이야왕조는 아브드 알라흐만 3세가 죽은 뒤 쇠퇴하기 시작하여, 11세기에 들어서면서 군소 세력이 난립하는 가운데 1031년 멸망했다. 이후 알안달루스는 수많은 소국으로 분열되었는데, 그러다가 모로코의 베르베르족이 알안달루스를 장악하고, 기독교 세력의 팽창에 맞섰다.

한편 압바스왕조는 10세기에 이르러 거의 파탄 지경에 빠졌다. 군소 왕조 혹은 할리파가 곳곳에 난립했다. 그 가운데 파티마Fatima왕조가 가장 강력했다. 4대 할리파 알리와 아내 파티마의 후예임을 주장하는 한 시아파 무슬림이 909년 북아프리카에 파티마왕조를 세우고, 전 이슬람 세계의 진정한 할리파임을 자처했다. 파티마왕조는 모로코를 위시하여 북아프리카 대부분을 장악하고, 969년에는 이집트를 점령했다. 그들은 이집트에 '승리자'라는 뜻의 성곽도시 알카히라al-Qahira, 곧 지금의 카이로를 건설하고 수도로 삼았다. 10세기 말에 이르면 압바스왕조의 할리파는 사실상 바그다드 주변 지역만 지배하는 통치자로 전락했다.

제국이 점점 더 혼란스러워지면서, 이슬람 세계는 단지 쿠란과 아랍어에 의

해서만 하나로 결합해 있었다. 이론상 바그다드의 할리파는 이슬람 세계 전역에서 최고의 권위를 가진 지배자였다. 그러나 현실적으로는 처음부터 제국 여러 지역에서 반란 세력이 저항했으며, 결국은 페르시아·이집트·북아프리카·이베리아 등지가 사실상 독립국가가 되어 할리파의 지배에서 떨어져 나갔고, 다시는 하나로 통합되지 못했다. 그러나 정치적 분열이 문화의 쇠퇴를 의미하는 것은 아니다. 13세기 중엽 압바스왕조가 몽골족에게 멸망할 때까지, 분열 속에서도 오히려 철학과 문학에서 미술과 건축에 이르기까지 제반 분야에 걸쳐 이슬람문화는 화려하게 꽃피었다.

**셀주크 튀르크의 흥기**　　　이집트의 파티마왕조는 번영을 구가하면서 바그다드의 압바스왕조를 능가했다. 나일 삼각주의 심장부에 자리 잡은 덕분에 파티마왕조는 지중해에서 홍해와 그 너머를 통과하는 지역 교역에서 주된 역할을 맡았다. 그들은 관용에 기초한 종교 정책을 채택하고, 다른 민족을 용병으로 고용하여 강력한 군사력을 구축했다. 그런 용병의 한 집단인 셀주크 튀르크족이 급속히 힘을 키워, 곧 파티마왕국 자체를 위협하는 세력으로 등장했다.

중앙아시아에서 온 유목민인 셀주크 튀르크족은 이슬람으로 개종하고 난 뒤, 압바스왕조의 용병으로 번성했다. 그들은 특히 기마 궁수의 재능으로 이름을 날렸다. 그들 중 일부는 군대 복무의 대가로 토지를 받았다. 압바스왕조가 약해지면서 조금씩 페르시아와 아르메니아로 이동한 셀주크 튀르크는 11세기에 이르러 인구가 크게 늘었고, 압바스제국의 동부 속주들을 점령하기에 이르렀다. 급기야 1055년에 튀르크족은 바그다드를 함락하고, 그 지도자가 술탄sultan이라는 칭호로 제국의 지배권을 장악했다. 술탄은 정치와 종교 양권을 장악한 할리파와 달리, 제국 일부를 통치하는 속권의 보유자를 가리키는 칭호로 사용되었다. 뒤이어 그들은 파티마왕조로부터 시리아와 팔레스타인을 탈취했다. 압바스왕조의 할리파는 명목상의 지배자로서 수니파의 종교적 권위를 대표하는 지위로 전락하고, 국가의 정치 및 군사 실권은 튀르크인 술탄에게 넘어갔다.

셀주크 튀르크족은 11세기 말엽에 이르러서는 비잔티움제국에 군사적 압박을 가하기 시작했다. 그들은 1071년 아나톨리아 동부 만치케르트에서 비잔티움 군대를 결정적으로 쳐부수고, 반도 대부분을 차지했다. 극도의 곤경에 빠진 비잔티움제국은 서유럽에 도움을 요청했고, 그에 응한 교황의 호소로 십자군 운동이 일어났다.

튀르크인의 흥기는 유럽인뿐 아니라 무슬림에게도 재앙으로 여겨졌다. 그들은 문명을 파괴하고 주민을 억압한 야만인으로 보였다. 그러나 실은 여러 면에서 튀르크의 지배는 이슬람 세계에 유익한 것이었다. 이슬람으로 개종한 튀르크 지배자들은 수니파를 지원하는 한편, 수니파와 시아파의 싸움을 일시적으로 종식시켰다. 그들은 무슬림의 법과 제도에 새로운 활력을 불어넣고 정치적 안정을 가져와, 이슬람제국이 번영을 회복하는 데 이바지했다. 그렇지만 한 가지 면에서 그들의 정책은 이후 이슬람의 발전에 해가 될 수 있었다. 그들은 쿠란과 샤리아의 편협한 해석을 채택함으로써 교리에 대한 완고한 태도를 조장했다. 그 결과 신앙심이 깊은 사람들이 이슬람 세계 안에서 일어나고 있는 사회적 변화에 효율적으로 대응하는 일이 어렵게 되었다.

**십자군의 침입**　　　셀주크 튀르크의 위협이 위험 수위에 이르자, 11세기가 끝나기 직전에 비잔티움의 알렉시오스 황제가 서유럽 기독교 국가에 다급하게 지원을 요청했다. 그는 무슬림이 성지에 있는 기독교 성물을 모독하고, 순례자를 괴롭히고 있다고 말했다. 이는 사실이 아니었다. 그러나 기독교 세계와 이슬람 세계 간에 긴장이 높아지고 있는 상황에서, 비잔티움 황제의 호소는 쉽게 반응을 얻었다. 1096년에 시작해서 두 세기 동안 이어진 일련의 십자군 원정은 성지 예루살렘과 그 인근 지역을 일시적으로 기독교의 지배 아래 돌려놓았다.

처음에 그 지역 무슬림 지배자들은 십자군의 침입에 당황했다. 십자군 기사들은 그들에게는 새로운 도전이었고, 그래서 그들은 효과적으로 대응하지 못했다. 그 시기 셀주크 튀르크인은 멀리 동쪽에서 일어나고 있던 사태에 전념하고 있어서 별다른 조치를 하지 못했다. 그런데 1169년에 살라흐 앗딘이 수니파를 이끌고 시아파의 파티마왕조를 무너뜨린 다음, 스스로 술탄이 되어 이집트와 시리아의 지배권을 확립했다. 유럽인이 살라딘Saladin으로 알아들은 살라흐 앗딘은 1187년에는 예루살렘왕국을 침공하여 기독교 세력을 쳐부수고, 뒤이은 군사작전으로 예루살렘왕국을 완전히 점령했다. 그러나 살라흐 앗딘 술탄은 이전 십자군과는 달리 민간인의 학살을 금하고, 점령 지역에서 기독교인의 예배를 허용해 주었다.

살라흐 앗딘이 예루살렘을 함락한 지 2년 뒤, 십자군이 다시 찾아왔으나 몇몇 해안 도시를 확보하는 데 그쳤다. 그들은 13세기 내내 해안 지역에 근거지를 유지했지만, 그 지역에서 의미 있는 세력이 되지는 못했다. 그러다가 1291년 십자군 최후의 보루인 아크레Acre마저 함락되었다. 돌이켜보면 십자군은 이슬람 역사에서 아주 사소한 요소에 불과했다. 그들보다 훨씬 더 큰 영향을 미친 것은 몽골족이었다.

**몽골족의 침입**　　셀주크 튀르크의 압바스제국 지배는 곧 중앙아시아 동북부 초원 지대에서 온 새로운, 좀 더 강력한 유목 민족의 도래로 위축되었다. 13세기 초에 고비사막을 휩쓸고 사방으로 뻗어 나간 몽골족의 일부는 중앙아시아를 넘었고, 칭기즈칸의 손자 훌라구Hulagu는 페르시아와 이라크를 휩쓸고 들어와 1258년 압바스왕조를 멸망시켰다. 그들은 할리파를 큰 자루에 넣고 밟아 죽였고, 바그다드는 잿더미가 되었다. 왕조만 멸망한 게 아니었다. 압바스왕조는 방대한 관개 사업을 추진하여 경작지를 증대하고, 곡물과 과일의 생산을 크게 늘렸었다. 그 엄청난 관개시설이 대부분 파괴되었고, 이라크는 수백 년 동안 그 피해에서 완전히 회복되지 못했다.

몽골족은 홍해까지 진격했으나 이집트 정복은 실패했다. 그 무렵 이집트를 지배하고 있던 맘루크Mamluk들이 완강하게 저항했기 때문이다. 맘루크는 포로로 잡힌 튀르크인 노예로서, 용병 훈련을 받고 이슬람으로 개종한 노예-전사 집단이었다. 그들은 파티마왕조에서 정예 수비대로 복무해 왔는데, 살라흐 앗딘이 파티마왕조를 무너뜨리고 수립한 술탄 정부에 대해 1250년 군사 반란을 일으키고, 이집트의 권력을 장악했다. 그들은 1291년 십자군의 예루살렘왕국에 남아 있던 마지막 거점인 아크레를 정복하고, 이어 팔레스타인과 시리아까지 차지했다.

이슬람 세계에 진출한 몽골족은 마침내 그들이 정복한 민족의 문물을 받아들이기 시작했다. 몽골 지배 계층은 이슬람으로 개종했으며, 페르시아의 영향이 궁정에서 지배적이게 되었다. 그러나 홀라구가 압바스왕조를 멸망시키고 세운 일칸국Ilkhanate은 한 세기도 존속하지 못하고 1335년 해체되었다. 그렇지만 그러는 동안 옛 이슬람제국 역시 종말을 고했다. 이슬람 문명의 중심은 이제 카이로로 옮아간바, 카이로는 맘루크의 후원 아래 이슬람문화의 르네상스를 준비하고 있었다. 그러나 맘루크 술탄국은 15세기 말 대서양 항로가 개척되어 이집트의 중계무역이 큰 타격을 입으면서 쇠퇴했고, 결국 1517년 또 다른 튀르크 세력인 오스만튀르크에게 병합되었다.

비잔티움제국을 정복하고 맘루크 술탄국을 집어삼킨 오스만튀르크는 여세를 몰아 1526년에는 헝가리마저 정복했다. 그러나 그들의 유럽 진출은 그 선에서 멈추었다. 그들은 이미 서아시아와 동부 및 남부 유럽, 그리고 북아프리카를 아우르는 대제국을 건설했다. 서유럽으로서는 참으로 다행하게도, 몽골제국이 그러했듯이 오스만튀르크제국은 이미 너무 비대해졌다. 그 두 제국은 모두 그들의 영토를 효율적으로 통제하기가 힘들다는 것을 느꼈고, 유럽 이외에 다른 많은 변경에서 전쟁을 치러야 했다. 그리하여 서유럽 나라들은 거의 아무런 노력을 기울이지 않고도 아시아 정복자들의 공격에서 벗어나 있었으며, 그동안 근대 유럽 문명을 창출할 혁신을 추구할 수 있었다.

오스만튀르크제국에 정복당한 민족들은 이슬람제국의 신민으로 살았지만, 거의 모두 그들의 민족 정체성을 유지했으며, 동남부 유럽 민족의 경우 그들의 기독교 신앙 역시 유지했다. 오스만튀르크제국은 18세기까지 유럽과 서아시아

일대에서 최강국의 위상을 구가하면서, 유럽의 외교 관계에서 두드러진 역할을 담당했다. 제국의 발칸반도 점령은 제1차 세계대전 직전까지 거의 그대로 유지되었는데, 자연히 그 지역의 발전에 깊은 자취를 남겼다. 유럽의 다른 지역과 달리, 그곳에서는 문화와 정치체제 등 여러 분야에 이슬람 문명이 깊이 새겨졌다.

### 3) 경제와 사회

이슬람 종교는 신앙과 더불어 행동 규범을 그 기초로 하고 있다. 무릇 주요 종교가 다 그러하지만, 이슬람은 특히 그러하다. 무슬림이 된다는 것은 단순히 알라를 섬기는 것에 그치지 않는다. 그것은 또한 쿠란에 계시된 알라의 법, 근본적이고 불변의 것이며 따라서 인간이 개정할 수 없는 알라의 법에 따라 산다는 것을 의미한다. 그리하여 이슬람 사회에는 다른 사회에 존재하는 종교와 정치 혹은 성과 속의 엄격한 구분이나 '도덕적 상대주의'가 없다. 알라가 명한 대로, 인간은 그렇게 살아야 한다. 그런데 사회조직과 인간 행동의 많은 문제가 쿠란이나 샤리아에 세세하게 규정되어 있지 않다. 그러므로 개인의 생각이나 지역의 관행에 따라 쿠란을 다르게 해석할 여지가 충분히 있었다. 그렇기는 하나 이슬람 세계는 정치제도와 사회적 관행 등과 관련해서, 동시대의 다른 문명들보다 더 동질적이었다.

**경제**　　이슬람제국은 정치적으로는 분열하고 때로는 피비린내 나는 전쟁이 벌어지곤 했으나, 경제적으로는 크게 번영을 누린 시대였다. 특히 교역은 이슬람 세계 안에서뿐만 아니라 비잔티움제국, 당·송 시대의 중국, 고려, 동남아시아 등지와도 활발하게 이루어졌다. 교역은 배로도, 사막을 가로지르는 대상隊商에 의해서도 수행되었다. 사하라에서 금과 노예가, 동아프리카에서 금과 상아와 코뿔소 뿔이, 중국에서 비단과 도자기가, 동남아시아에서 백단유와 향료가 들어왔다. 제국 내부에서는 이집트가 곡물을, 이라크가 아마포와 대추야자와 보석을, 서인도가 다양한 직물을 공급했다. 상품의 교환은 은행업의 발달과 화폐 및 신용장의 사용 등으로 더욱 편리해졌다.

왕성한 교역과 더불어 도시가 번성했다. 서유럽이 전체적으로 작은 마을로 이루어진 농촌 세계였을 때, 무슬림은 상업 요충지마다 새 도시를 건설하고 찬란한 도시문화를 창조했다. 압바스왕조 시대에는 바그다드가 제국 최대 도시였다. 그러나 이집트에서 파티마왕조가 흥기한 뒤에는 교역의 중심이 알카히라(카이로)로 이동했다. 인구 약 10만 명의 코르도바는 콘스탄티노폴리스 이래 유럽 지역 최대 도시였다. 그 외에도 다마스쿠스, 페르시아만 입구의 바스라Basra, 아라비아 남단의 아덴Aden, 모로코의 마라케시Marrakech 등도 흥성하는 상업 도시였다. 교역의 주역인 상인은 말할 것도 없고, 장인과 농민들도 전반적인 번영의 혜택을 나누어 가질 수 있었다.

아랍제국은 분명 동시대 세계의 다른 대부분 지역보다 더 도시화했다. 그렇지만 인구 대부분은 여전히 시골에서 농사를 짓거나 가축을 기르며 살았다. 초기 단계에는 농토 대부분을 독립 농민이 소유했으나, 나중에는 토지가 차츰 소수 부호의 수중에 집중되는 현상이 나타났다. 일부 토지는 국가나 궁정의 소유가 되어 노예 노동으로 경작되었다. 그러나 결코 대농장농업이 일반적이지는 않았다. 티그리스-유프라테스강과 나일강 유역에서는 농민의 다수가 독립 농민이었던 것으로 보인다.

**이슬람 사회**　　아랍제국은 아마도 그 시대에 가장 평등주의적인 사회였다고 할 것이다. 알라 앞에 모두가 평등하다는 이슬람의 원칙과 국가의 번영에 미치는 교역의 중요성이 이 평등주의에 기여한 듯하다. 정치적 지배 가문, 고위 관리, 부족의 엘리트, 부호 상인 등이 상층계급을 형성하기는 했으나, 아랍제국에는 그 시대 다른 많은 사회에서 있었던 세습 귀족은 없었다. 그리고 상인들은 유럽이나 중국 혹은 인도 등지의 상인은 누리지 못한 정도의 사회적 지위를 누렸다.

그렇지만 이슬람 세계에서 모두가 다 높은 수준의 사회적 유동성의 혜택을 입은 것은 아니었다. 그곳에서도 노예제는 널리 시행되었다. 무슬림은 노예로 삼을 수 없었기 때문에, 그 공급은 사하라 이남의 아프리카나 아시아의 비이슬람 인구에서 나왔다. 노예는 대부분 군대나 가사 노동에 고용되었는데, 전자의 경우는 맘루크처럼 때때로 권력을 장악하기도 하고, 후자는 가끔 자유를 살 수도 있었다. 대농장에서 일하는 노예는 최악의 상태에 처한 경우로서, 그들은 간혹 반란을 일으키기도 했다.

이슬람의 평등 원리는 또한 여성에게도 적용되지 않았다. 이슬람 세계는 기본적으로 가부장적 사회였다. 쿠란은 남성에게 여성을 존중하라고, 여성은 재산을 소유하고 상속받을 권리가 있다고 가르치지만, 무슬림 사회에서는 전반적으로 남성이 우월적 지위를 차지했다. 이혼의 권리는 사실상 남편에게만 있었으며, 여성의 간통과 동성애 같은 행위는 엄격하게 금지되었다. 이슬람의 관습으로는, 여성은 가정 안에 틀어박혀 있어야 하며, 가족 외의 남성과 접촉해서는 안 되었다. 그리고 도시 지역에서 여성은 공중 앞에 나타날 때 일반적으로 신체 전부를 가려야 했다. 그러나 이러한 관습은 쿠란보다는 아랍의 전통적 관행이 더 큰 요인이었으며, 이슬람 세계에서 여성은 노예처럼 취급되기도 했던 이전 시대보다 그 지위가 더 나았다는 점은 유의할 필요가 있다.

이슬람이 허용한 일부다처제 역시 그렇다. 베두인 사회에서는 일부다처제가 시행되고 있었는데, 이런 관습은 주로 베두인 사회의 남녀의 수적 불균형에 기인한 것이었다. 그 사회는 부족 간의 끊임없는 전쟁으로 인한 사망 때문에 만성적으로 남자 부족 현상이 일어났다. 그런 상황에서 남아도는 여성을 보호하는 조치의 하나로 한 남자가 여러 아내를 취하는 것을 허용한 것이었다. 그러나 그런 관행은 결국 성적 혼란을 가져오게 마련이었다. 이에 무함마드는 아내를 네 명으로 제한함으로써 그 관행을 통제하려 한 것이다.

## 4) 이슬람문화

이슬람 세계의 문화적 성취는 아랍인뿐 아니라, 페르시아·메소포타미아·튀르크·시리아·이집트·북아프리카·이베리아에서 이슬람 신앙을 받아들인 사람들의 공헌이 결합한 결과였다. 제국을 처음 수립할 때부터 아랍 무슬림들은 피정복민의 문화를 기꺼이 받아들이고자 했다. 아랍인은 진정 로마제국이 남긴 그리스-로마 문화의 많은 유산의 상속자였다. 마찬가지로 그들은 비잔티움 및 페르시아 문화 역시 동화했다. 압바스왕조의 세계시민적 풍조 속에서 특히 하룬 알라시드와 그 계승자의 시대에 그리스, 시리아, 페르시아 그리고 인도의 수많은 과학 및 철학 저작이 아랍어로 번역되었다. 이런 과정에서 축적된 지식이 쿠란의 가르침과 함께 무슬림 학문의 기초를 형성했다. 남부 지중해와 서아시아에서 아랍어는 진정 국제어가 되었다. 이슬람의 전파로 아랍제국 전역에 문학과 미술을 포함하여 모든 분야에서 새로운 문화가 등장했다.

**철학**　아랍제국이 흥기한 이후 수백 년 동안 고대 문명의 과학과 철학의 업적을 유지하고 전파하는 데 가장 큰 역할을 담당한 것은 이슬람 세계였다. 유럽에서 고대 그리스 철학자들이 대체로 잊혔던 때에, 플라톤·아리스토텔레스·플로티노스·에우클레이데스·프톨레마이오스 등의 핵심 저작이 아랍어로 번역되어 바그다드의 '지혜의 집'에 소장되었고, 무슬림 학자들은 그곳에서 그 저작들을 읽고 연구했다. 수학과 언어학의 교재는 인도에서 전해졌다. 그러한 과정은 751년의 탈라스Talas 전투에서 포로로 잡혀 온 당나라 기술자를 통해 전해진 제지술로 크게 진작되었다. 8세기 말엽 바그다드에 최초의 제지공장이 세워지고, 서점과 도서관이 곧 뒤를 따랐다.

　무슬림 철학은 기본적으로 그리스철학에 기원을 두었는데, 철학이 성직자의 영역이었던 유럽과는 달리 세속학자들에 의해 발달했다. 서양에서 라틴어 이름 아비첸나Avicenna로 잘 알려진 이븐 시나Ibn Sina(980~1037)를 포함한 중세 무슬림 사상가들은 유럽 중세 기독교 철학자들처럼 플라톤과 아리스토텔레스의 철학을 이슬람과 조화시키려고 노력했다. 아랍어로 철학자를 가리키는 파일라수프faylasuf는 그리스어 필로소포스philosophos를 음역한 것인데, 이것으로도 고전 그리스철학이 이슬람 세계의 학문 발전에 끼친 영향을 짐작할 수 있다. 파일라수프는 또한 오늘날의 과학자이기도 하고, 대부분 빼어난 의사이기도 했다. 페르시아인으로 '학문의 왕'이라 불린 이븐 시나는 다루지 않은 주제가 없을 만큼 거의 모든 분야의 학문을 연구하고, 수많은 저서를 집필했다. 철학자로서 이븐 시나는 절대적 일신교가 직면한 문제, 즉 유일신에 대한 절대적 믿음과 이성적 사고를 어떻게 조화시킬 것인가 하는 문제를 정면으로 마주했다. 그는 플라톤과 아리스토텔레스의 철학을 절충하고 종합함으로써 해결책을 찾고자 했다.

위대한 무슬림 철학자 이븐 루시드Ibn Rushd(1126~1198)는 코르도바에서 할리파의 주치의로 일한 의사이기도 했다. 유럽에서 라틴어 이름 아베로에스Averroës로 알려진 그는 아리스토텔레스 저작의 주석을 집필했다. 그 주석에서 이븐 루시드는 플라톤과 아리스토텔레스를 조화시키려는 이전의 모든 시도를 포함하여, 신앙과 이성의 궁극적 조화에의 믿음을 모두 거부했다. 그는 신앙과 이성은 서로 다른 차원에서 작용한다고 주장했다. 그의 주석은 라틴어로 번역되어, 파리대학이 아리스토텔레스를 되살리고 스콜라철학의 길을 닦는 데 아주 큰 영향을 끼쳤다. 아리스토텔레스가 우주는 언제나 존재했고 따라서 창조되지 않았다고 보았으며 인간 영혼의 불멸성도 부정했다고 이븐 루시드는 주장했는데, 이는 많은 기독교도를 당혹하게 했다. 그러한 견해는 성서의 창조 이야기 및 영혼 불멸성의 믿음과 어긋나기 때문에, 이븐 루시드의 아리스토텔레스 주석은 '이중 진리' 이론, 즉 철학의 진리가 종교의 진리와 일치할 필요는 없다는 이론을 낳았다.

기독교도에게 좀 더 편했던 것은 모세 벤 마이몬Moshe ben Maimon이었다. 이븐 루시드와 동시대인으로, 역시 이베리아에서 태어난 유대인 의사 모세 벤 마이몬은 유대교에 대한 박해를 피해 카이로에 정착했는데, 당대 유대인 사회에서 가장 큰 영향을 끼친 토라 연구자이자 유대공동체 지도자였다. 유럽에 모세스 마이모니데스Moses Maimonides로 알려진 그는 이븐 루시드와는 대조적으로 『방황하는 자들을 위한 안내서Moreh Nevukhim』에서 유대교와 아리스토텔레스 철학을 조화시키려 했다. 모세 벤 마이몬 역시 다른 많은 무슬림 사상가와 더불어 스콜라 철학의 발달에 크게 이바지했다.

**자연과학**    이슬람 학자들은 고전 학문을 보전했을 뿐 아니라, 또한 자신의 학문을 높은 수준으로 발전시켰다. 그 가장 두드러진 분야가 수학과 자연과학이었다. 무슬림은 수학 분야에서 그리스인뿐 아니라 인도인에게 크게 빚졌다. 그들은 에우클레이데스에게 기하학을, 프톨레마이오스에게 삼각법을 배웠다. 그리고 그들은 인도인으로부터는 영零을 포함하여 인도의 수 체계를 도입했다. 그것은 유럽에서 아라비아 숫자로 알려졌지만, 사실은 인도인의 위대한 발명품이었다.

페르시아 수학자 알크와리즈미al-Khwarizmi(800~847)는 아라비아 숫자를 이용하여 최초로 사칙연산을 개발하고, 대수학에 관한 저서를 저술하여 '대수학의 아버지'가 되었다. 영어로 대수학을 뜻하는 algebra는 그가 방정식을 설명한 책 제목의 일부인 *Al-Jabr*에서 나온 단어이고, 아라비아숫자 연산을 뜻하는 algorism은 그의 이름이 라틴어를 거쳐 영어로 표기되는 과정에서 생겨났다. 오마르 하이얌Omar Khayyam(1048~1131)은 대수학의 태두이며, 2차 방정식의 기하학적 및 대수학적 해법을 연구하고, 3차 방정식의 해법을 구하는 데서도 괄목할 업적을 이루었다.

천문학은 아직도 점성술의 영향을 크게 받고 있었지만, 천문학자들은 바그다드에 천문관측소를 세우고 별자리를 관측했다. 그들은 오랜 기간 관측 사항을 기록하고, 옛 그리스인보다 더 정확하게 지구의 공전주기와 일식-월식을 계산했다. 그들은 이미 지구가 둥글다는 것을 알았으며, 9세기에는 프톨레마이오스의 그리스-로마 전통에 기초한 세계지도를 제작했다. 이러한 천문지리의 지식을 바탕으로 무슬림의 함대와 대상들은 이슬람 세계와 다른 문명을 연결하는 새 교역로를 열고, 여행가들은 세계를 누비고 다녔다.

광학과 화학 분야에서도 큰 진전이 이루어졌다. 카이로의 알하젠Alhazen(965~1039)은 눈이 대상 물체에 가시적 빛을 보낸다는 프톨레마이오스와 에우클레이데스의 이론을 부정하고, 빛은 눈에 보이는 물체에서 온다는 광학 이론을 펼쳤다. 그는 프톨레마이오스 이후 광학 이론에 가장 중요한 공헌을 한 물리학자였다. 라틴어로 번역된 그의 『알하젠의 광학서 7권Opticae thesaurus Alhazeni libri vii』은 중세 서양 광학의 원천이었다. 연금술 학자들은 화학실험실을 만들고, 실험의 가치에 주목했다. 그들은 증발·여과·승화·증류와 같은 방법을 발전시키고, 황산을 포함하여 여러 화학물질을 조제했다. 그들은 800년경 개발된 증류 과정으로 알코올이라는 새로운 액체를 만들어내기도 했다.

무슬림 학자들은 의학을 독자적인 과학적 탐구 분야로 발전시켰다. 페르시아인 알라지al-Razi(865~925)는 임상 의사일 뿐 아니라 수많은 의학 논문에서 그리스 의학 지식을 요약하고, 자신의 임상 관찰을 추가했다. 서양에서는 주로 라제스Rhazes로 알려진 그는 중세 임상의학의 최고봉이었다. 한 세기 남짓 뒤에 위대한 철학자이기도 한 이븐 시나는 모든 그리스와 이슬람의 의학 지식을 체계화하여 방대한 분량의 의학 백과사전이라 할 『의학정전al-Qanun fi at Tibb』을 편찬했다. 거기서 그는 특정 질병들의 전염성을 강조하고, 그것이 어떻게 오염된 물을 통해 전염될 수 있는지를 보여주었다. 이 백과사전은 12세기에 라틴어로 번역되어 중세 유럽에서 의학도의 기본 의학 교재가 되었다.

**문학과 역사**   이슬람의 문학은 광대한 영토 안에 있는 많은 독자적 문화와 전통을 반영하여 매우 다채롭다. 그 가운데 특히 아랍과 페르시아의 작품은 세계의 문학에 매우 중요한 공헌을 했다. 이슬람 신앙은 문학에도 큰 변화를 가져왔다. 그리고 시적 형식을 띤 쿠란은 무슬림이 그들의 가장 위대한 문학작품이라 생각하는 것으로서, 모든 무슬림 작가들에게 영향을 끼쳤다.

피르다우시Firdowsi(940~1020)가 30여 년이 걸려 완성한 방대한 서사시 『왕들의 책(샤나메)*Shahnameh*』은 페르시아 문학의 가장 위대한 성취이다. 그것은 페르시아의 역사를 전설적 시대부터 이슬람의 도래까지, 네 왕조에 걸친 왕 50명의 치세를 중심으로 추적했다. 피르다우시는 『샤나메』를 순수한 페르시아어로 써서, 아랍어의 영향으로 혼탁해진 페르시아어를 되살리고자 했다. 이런 연고로 이란은 그를 '민족 시인'으로 치켜세운다. 그러나 좀 더 대중적인 것은 사랑을 노래한 시였다. 루다키Rudaki(858~941)는 사랑의 시에서 행복한 서정시풍을 보여주었다. 그는 페르시아의 시문학 전통에 충실해서, 그의 작품에는 쿠란의 구절이나 아랍어 문학의 영향이 거의 보이지 않는다. 알 무타나비al-Mutanabbi(915~965)는 여러 궁정을 드나들며 시를 읊고, 호족들을 위한 송시를 지었다. 아랍어에 통달하고 아랍 민족의 우월성에 강한 자부심을 가진 그는 가장 위대한 아랍 시인으로 손꼽히며 아랍인의 사랑을 받았다.

서양인에게 가장 유명한 이슬람 문학작품은 단연 오마르 하이얌이 페르시아어로 쓴 4행시rubai(복수형-rubaiyat) 시집 『루바이야트*Rubaiyat*』와 『천일야화』인데, 역설적으로 이 두 작품은 무슬림 독자에게는 그만큼 인기가 높지 않다. 수학자와 천문학자이면서 철학자이기도 한 하이얌의 시는 현실적이고 무신론적 색채가 배어 있다. 그의 핵심 주제는 삶의 덧없음, 신의 불가지성, 사후의 삶에의 불신이었다.

하이얌의 시들처럼 『천일야화』는 서양인의 취향에 맞추어 유럽 언어로 느슨하게 번역되었다. 그 이야기들은 각종 민간설화와 우화를 모으고, 인도 기원과 토착 기원의 로맨스를 합성하고, 자연적인 것과 초자연적인 것을 서로 엮은 것들이다. 그런 이야기들이 페르시아에서 오래도록 구전되어 오다가 6세기경 사산왕조에서 집성되고, 8세기 말엽에 아랍어로 번역되었다. 여기에 나중에 바그다드를 중심으로 한 많은 이야기가 추가되고, 이후 카이로를 둘러싼 이야기도 보태어졌다. 저 유명한 '알라딘Aladdin과 마술 램프'와 '알리바바Ali Baba와 40인의 도둑' 이야기는 18세기에 추가된 것이다.

페르시아의 셰익스피어로 일컬어지는 사디Sadi(1210~1292)는 소박한 문체와 유려한 표현으로 수많은 호소력 있는 시를 썼다. 그중에서 『장미정원Gulistan』과 『과수원Bustan』은 그의 대표 작품으로, 『장미정원』은 운문이 드문드문 섞여 있는 산문으로 된 이야기 모음집이다. 이 두 작품은 페르시아어를 배울 때 가장 중요한 교과서 역할을 했다.

일부 이슬람 문학은 쿠란의 깊은 영성적·윤리적 관심을 반영했다. 그러나 다른 한편으로는 많은 작가가 이슬람 사상을 새로운 방향으로 끌고 갔다. 예를 들어 13세기 시인 루미Rumi는 알라와 인간의 신비로운 관계를 추구하는 수피즘을 받아들였다. 페르시아의 신비주의 문학을 대표하는 그는 데르위시처럼 회전무로 얻는 황홀경을 통해 신에게 도달하고자 했다. 데르위시들은 격렬하게 빙글빙글 돌면서 황홀경 상태에서 춤추고 노래함으로써 알라와 신비적 결합을 이루고자 했다. 루미는 회전무를 추면서 즉흥적으로 열정적인 서정시들을 지었다. 그의 대서사시 『정신적인 마트나비Mathnavi-ye Ma'navi』는 수피즘의 교리와 역사 및 전통을 노래한 것으로, '신비주의의 경전', 혹은 '페르시아어의 쿠란'으로 불린다.

이슬람 세계는 또한 훌륭한 역사서도 낳았다. 최초의 위대한 이슬람 역사가는 알 마수디al-Mas'udi(896~956)로서, 서양 역사가들은 그를 '아랍의 헤로도토스'라고 불렀다. 바그다드에서 태어난 그는 널리 여행을 다니며 무슬림과 비무슬림 세계 모두에 관해 썼다. 그의 『황금 초원과 보석광Murūj al-dhahab wa-Ma'ādin al-Jawhar』은 실로 중세 이슬람 학문의 백과사전이라 할 만한 것으로서, 압바스왕조의 황금시대에 관해 우리가 알고 있는 거의 모든 지식의 원천이다. 재능과 명성에서 알 마수디와 맞먹는 역사가는 14세기 인물 이븐 할둔Ibn Khaldun(1332~1406)이다. 그의 방대한 분량의 『이바르의 책Kitab al-Ibar』은 아랍인과 페르시아인 그리고 베르베르인의 역사를 기록한 일종의 세계사이다. 이 저서의 앞부분에 해당하는 『역사서설Al-Muqaddimah(무깟디마)』은 일종의 역사철학서로서, 그는 여기에서 사회의 형성과 변화의 법칙을 고찰하고, 문화사의 근본 문제들의 해답을 부여하려고 했다. 여러 정부에서 고관을 지내며 파란만장한 삶을 살기도 한 그는 이 위대한 인류의 고전에서 역사를 사회와 제도가 계속 변해가는 진화 과정으로 인식했다.

세계 여행문학의 찬란한 금자탑도 이슬람 세계에서 세워졌다. 역사상 가장 위대한 여행가라고 할 이븐 바투타Ibn Batutah(1304~1368)는 14세기 전반기에 30년 동안 아시아·아프리카·유럽을 두루 돌아다녔으며, 아시아는 인도와 동남아시아를 거쳐 베이징까지 다녀갔다. 그 여행 동안 보고 듣고 겪은 것을 기록한 것이 『여러 지방의 기사奇事와 여러 여로의 이적을 목격한 자의 보록寶錄』, 이른바 『이븐 바투타 여행기Rihlatu Ibn Batutah』이다. 그야말로 세상 삼라만상이 다 들어 있다고 해도 과언이 아닐 이 여행기는 중세 이슬람문화 전반을 이해하는 데, 그리고 중세 동서 교류의 실상을 파악하는 데 매우 귀중한 자료를 제공하고 있다.

**미술과 건축**　　　이슬람 학문이 그렇듯이, 이슬람 미술도 다양한 원천에서 발전해 나왔다. 그것은 특히 아랍, 튀르크, 페르시아 전통의 혼합이다. 물론 이집트·아나톨리아·이베리아 기타 여러 곳에서 지역적 영향을 찾아볼 수 있고, 또한 몽골인이 13세기에 동아시아의 요소를 도입하기도 했다. 그렇기는 하나 오랜 세월 동안 이슬람 미술은 광범한 지역에 걸쳐서 괄목할 정도로 일관성을 유지하고 있었다. 무엇보다 아랍인은 이슬람 종교와 아랍문자에서 통일성을 유지하는 힘을 끌어냈다.

이슬람 미술의 궁극적 표현은 7세기 말엽에 건설되기 시작한 장엄한 건축물들에서 볼 수 있다. 건축은 이슬람 미술의 핵심이었다. 인간의 형상을 표현하는 것이 금지되었기 때문에 회화와 조각은 발전을 보지 못했다. 무슬림은 비잔티움과 페르시아의 건축양식을 결합하여 자신의 고유한 건축양식을 만들어냈다. 무엇보다 이슬람 건축은 모스크가 대변했다. 모스크는 돔 지붕, 아치로 이어진 회랑, 첨탑 등과 같은 전형적인 모습을 갖추었다. 말굽형 아치는 이슬람 건축의 또 하나의 특징이다. 무슬림은 건물의 벽과 천장에 한껏 화려하고 세밀한 장식으로 아름다움을 표현했다.

최초의 위대한 모스크는 691년 완공된 '바위의 돔Qubbaal-Sakhra'으로서, 새 종교의 정신적 및 정치적 정통성을 선포하기 위해 세운 것이다. 아브라함이 희생제를 올린 바위가 있고 또한 무함마드가 승천한 것으로 알려진 곳에 세워진 이 모스크는 8각형 형태로 축조되고, 내부는 페르시아 특성을 반영한 모자이크로 장식되었다. 여러 차례 파괴되고 재건되기는 했지만, 이 최초의 이슬람 기념물은 새 미술의 탄생을 알리는 것이었다. 한편 이 바위의 돔은 통곡의 벽 그리고 예수가 죽은 뒤 3일간 묻힌 장소에 세워진 성묘Holy Sepulchre교회와 함께 예루살렘의 심장부에 모여 있어서, 유대교·기독교·이슬람 세 종교의 친연親緣 관계를 증언하고 있는 듯하다.

처음에 사막의 아랍인은 메카 쪽으로 세워진 벽을 따라 종려나무 같은 나뭇잎으로 그늘을 만든 열린 마당에서 기도했다. 기도하기 전에 사막의 먼지를 씻을 수 있는 도랑도 있었다. 그러다가 차츰 모스크가 세워졌다. 그러나 초기의 모스크는 여전히 나무 지붕을 인 기둥으로 사방이 둘러싸인 열린 정원을 모델로 했다. 세계에서 가장 컸다는 사마라Samarra 대모스크는 9세기 중엽에 축조되었는데, 4만㎡ 크기의 안마당이 464개의 기둥으로 된 회랑으로 둘러싸여 있었다. 이 회랑은 13세기 몽골의 침략 때 파괴되어, 지금은 약 10m 높이의 외벽만 남아 있다. 이 모스크의 가장 유명한 부분은 미나레트minaret인데, 모스크에 딸린 이 첨탑에서 무에진muezzin이 하루 다섯 번 소리쳐 기도 시간을 알렸다. 이 첨탑은 높이가 27m쯤 되는데, 특이하게도 외부가 나선형 계단으로 되어 있다.

압바스왕조의 두 번째 수도 사마라에 굽지 않은 벽돌로 지은 사원과 궁전은 대부분 무너졌지만, 사마라 양식은 이후의 이슬람 건축에 상당한 영향을 미쳤다. 나중에 셀주크 튀르크인은 위대한 건축가로서, 11세기에 이스파한Isfahan에 있는 모스크와 같은 걸작들을 창건했다. 사원 내부는 반짝이는 타일과 벽돌로 장식되었는데, 이는 16세기에 매우 인기 있는 장식 방식이 되었다.

아마도 이슬람의 모든 종교 건축물 가운데 가장 인상적인 것은 코르도바의 대모스크일 것이다. 흔히 스페인어로 모스크라는 뜻의 메스키타Mezquita로 불리는 이 대모스크는 착공한 지 200년도 더 지나 987년에야 길이 179m, 너비 129m

의 건축물로 완공되었다. 메스키타는 거대한 말발굽 모양의 2층 아치가 856개의 기둥 위에 서서 모스크의 19개 네이브nave를 구성하는 모습을 하고 있는데, 어슴푸레한 빛 속에서 돌기둥은 마치 나무숲 같은 느낌을 주고, 그래서 가볍고 경쾌한 효과를 낸다. 2층에 메카 방향의 벽에 설치된 벽감壁龕인 미흐라브mihrab의 모자이크는 세계에서 가장 아름다운 모자이크의 하나로 꼽는다. 비할 바 없는 호화로움과 우아함으로 메스키타는 이슬람 미술을 넘어 세계 미술에서 경이의 하나가 되었다.

이슬람은 정신적 권력과 정치적 권력을 하나로 결합하기 때문에, 궁전 역시이슬람의 영광을 반영했다. 8세기 시리아에 건설되었던 장엄한 궁전은 불행히도 남아 있지 않지만, 압바스왕조 초기에 카르발라Karbala 부근에 세워진 우하이디르Ukhaidir 궁전은 지금도 그 장엄함과 방대함을 자랑하고 있다. 이슬람 궁전의백미는 13세기 중엽에서 14세기 중엽 사이에 무어인Moors 왕들이 이베리아에 건설한 알람브라Alhambra이다. 그라나다Granada 시내를 굽어보는 높은 언덕에 자리잡은 이 궁전은 외면이 꽃무늬와 반半추상적 문양으로 정교하게 장식되었는데, 장식은 대부분 석회 반죽에 새겼다. 유명한 공간의 하나인 '사자 정원'은 하얀대리석 사자 12마리가 물을 내뿜고 있는 '사자 분수'와 우아한 기둥으로 된 아치회랑으로 둘러싸여 있다. 알람브라 궁전은 빼어난 디자인과 정교한 장식으로 인해서 이슬람 미술의 가장 완벽한 표현으로 여겨진다. 이슬람 문명은 동화의 성과 같은 알람브라와 더불어 절정에 이르렀다.

한편 8~9세기에 튀르크인이 이슬람 세계에 전해준 모직 융단은 이슬람 미술의 뜻깊은 공헌의 하나가 되었다. 융단은 주로 기도할 때 깔개로 사용되었고, 또한 궁전 벽의 장식이나 무릎 덮개로 사용되었다. 융단의 장식 문양은 대부분 모든 이슬람 미술 형식에서와 마찬가지로 아랍문자, 식물의 꽃과 잎, 그리고 기하학적 문양으로 구성되었다. 아라베스크arabesque라 불리는, 자연주의적이거나 반추상적인 기하학 문양이 끊임없이 반복되는 이 장식은 표면을 완전히 덮고 여백을 전혀 남겨두지 않았다.

예언자 무함마드의 표상은 그림으로든 다른 어떤 예술 형식으로든, 전혀 모스크를 장식하지 않았다. 쿠란에 상을 묘사하는 그림을 금지하는 구절은 전혀 없지만, 예언자의 언행록인 하디스는 미술 작품이나 우상을 통해 신을 형상화하려는 시도에 대해 경고했다. 그래서 이슬람 종교미술에는 어떠한 인물 표상도 나타나지 않았다. 그렇지만 인간과 동물이 세속 미술에서는 표현될 수 있었는데, 극히 소수의 궁전 벽화를 제외하고는 초기 시대의 것으로 남아 있는 것이 거의 없다. 페르시아인은 책을 장식하기 위해 서예가와 미술가를 동원했으나, 아랍인은 회화의 전통이 없었다. 아랍인들은 단지 12세기 말엽에 고대 그리스 과학 저작의 번역본을 그림으로 설명하기 위해 삽화 예술을 발전시키기 시작했을 뿐이다. 대체로 보아 이슬람 회화의 의미 있는 역사는 몽골 시대까지는 시작되지 않았다.

13세기 중엽 압바스왕조를 무너뜨리고 카스피해Caspian Sea 서쪽 타브리즈Tabriz를 중심으로 일칸국을 건설한 몽골인이 이슬람 세계에 동아시아의 미술을 전해 주었다. 중국 화풍의 몽골 회화를 접하면서, 이슬람 화가들은 전통적 틀에서 벗어나 새로운 기법을 실험할 수 있었다. 타브리즈 화파의 가장 유명한 그림들은 피르다우시의 『왕들의 책』에 실린 삽화에서 볼 수 있다. 그 삽화는 새로이 사실주의적 세부와 인간 개개인의 특성을 표현했다.

중국 미술 또한 이슬람 미술에 영향을 주었다. 새로운 원근감이 이슬람 회화에 스며들어, 15세기에 티무르제국 치하에서 수도 헤라트Herat를 중심으로 위대한 그림들이 창작되었다. 헤라트 양식으로 작업한 화가들은 매우 세밀하게 묘사한 나무와 새를 배경으로 전투하는 마상의 전사들을 즐겨 그렸다. 이 세밀화들은 이후의 이슬람 회화의 고전적 본보기 구실을 했는데, 이슬람 회화는 16세기에 이란과 터키 그리고 인도의 영광스러운 미술 전통에서 전성기를 맞이했다.

제6장

중세 봉건사회의 성장

❖

수백 년에 걸쳐 조금씩 형성되어 온 유럽 문명은 봉건제도가 가져온 질서와 안정 속에서 11세기와 12세기에 본 모습을 갖추기 시작해서 13세기에 절정기를 맞이했다. 일반적으로 중세 성기라고 하는 1000~1300년의 시기에는 정치, 경제, 사회 등 모든 면에서 기사들의 지배권이 절정에 도달했다. 그러나 주군과 봉신들이 끝없는 상쟁 속에서 허덕일 것처럼 보였으나, 몇몇 왕국의 국왕들은 조금씩 중앙권력을 강화하기 시작했다. 도시의 성장, 상업의 부활, 화폐경제의 발달 등으로 왕들은 병사와 관리를 고용하고, 봉신들에게 덜 의존할 수 있게 되었다. 특히 잉글랜드와 프랑스의 왕들은 13세기쯤에는 강력한 왕권을 수립했고, 이베리아반도에서는 독특한 종교적 열정을 지닌 중앙집권적 국가가 형성되었다. 그러나 독일은 통일 왕국의 형성이라는 면에서는 아주 뚜렷하게 예외였다. 그곳 군주들은 제국의 영광을 추구하면서, 이탈리아반도와 시칠리아에 대한 지배권을 공고히 하기 위해 진력하느라 힘을 탕진했다.

교회는 봉건체제에 편입되면서 세속화의 길을 걷기도 했으나, 중세 성기에 종교적 열정이 되살아나면서 교황청은 일대 개혁을 맞이했다. 그 개혁으로 교황은 권력을 크게 강화했으나, 그 결과 국가권력과의 갈등을 초래했다. 이제 교황은 세속 지배자에 대한 우위를 주장하면서, 특히 성직 임명권을 두고 군주들과 다투었다. 특히 교황은 신성로마제국의 황제와 치열하게 싸웠다. 13세기에 신성로마제국과 교황청, 보편적 지위와 권력을 추구하던 이 두 기구는 모두 절정기를 넘어섰다. 제국은 그 세기 중엽에 해체 과정을 겪기 시작했으며, 교황은 그 세기 동안 세속권력의 강력한 도전을 겪고 난 뒤 보니파키우스 8세 이후 급속도로 쇠퇴의 길을 걸었다.

종교적 열정은 탁발수도회의 영성 운동을 낳은 한편, 표면 밑으로는 교회의 가르침과 관행에 대한 강한 불만 또한 자라나고 있었다. 이른바 이 이단의 움직임에 대해 교회가 탄압과 종교재판으로 대응함으로써 공포와 불관용이 널리 퍼졌다. 우리는 중세를 교회가 절대적으로 지배한 시기로 생각하는 경향이 있지만, 사실 그 절정기에도 중세인들이 오로지 영혼의 구제에만 매달리거나, 혹은 그들의 삶이 전적으로 영성의 고려만으로 영위되었던 것은 아니다. 13세기는 신비적이고 금욕적인 아시시의 성 프란체스코와 세속적이고 합리적인 프리드리히 2세 황제 같은 다양한 인물이 함께 섞여 있었다.

중세 성기에는 경제적으로 괄목할 성장이 이루어졌다. 영농 기술의 개선으로 식량 생산이 크게 늘었고, 이는 상업과 도시의 부활로 이어졌다. 그리고 상업과 도시는 이전의 상대적으로 정체된 장원제도에 새로운 역동성을 불러일으켰다. 사람들이 생계를 영위하는 새로운 방식과 삶을 확장하고 살찌울 새로운 기회의 문이 열렸다. 12, 13세기에 이르면 도시와 도시 인구는 상당한 팽창을 보였다. 새로운 형식의 문화적·지적 표현 또한 이 도시 세계에서 일어났다. 유럽이 아직 압도적으로 농업 사회에 머물러 있었지만, 화폐경제의 발달과 도시의 성장은 점점 더 많은 사람의 삶에 영향을 미치고 있었다.

중세 성기에는 또한 각 분야에서 문화의 꽃이 다시 피어났다. 이 개화는 새로운 학문의 중심인 대학의 출현, 고전 유산의 재발견, 이성을 통한 체계적 신학 연구, 기사와 도시민의 요구에 부응하는 국민문학의 발달, 교회 건축양식의 눈부신 발전 등으로 나타났다. 12세기에 시작된 이 거대한 문화 발전을 역사가들은 즐겨 '12세기의 르네상스'라 부른다. 12세기의 위대한 종교 지도자 성 베르나르는 자신과 동료 학자를 고대의 철학자 및 과학자와 비교하면서, "우리는 거인의 어깨 위에 서 있는 난쟁이와 같다"라고 말했다. 이는 겸손의 표현이었지만, 그 말에는 또한 자부심, 곧 그와 동료들은 그들의 지적 선조보다 약간 더 멀리 내다볼 수 있다는 자부심이 묻어 있다.

## 1. 봉건 왕국의 발전

봉건 국가에서 국왕은 형식적으로는 왕국의 최고 통치자였으나, 그가 실제 통치권을 행사할 수 있는 곳은 오직 세습 왕령뿐이었다. 이 왕령 바깥에서 통치권을 행사하는 사람은 대영주였다. 물론 모든 대영주는 국왕의 봉신으로서 봉건 계약의 의무 아래 있었다. 그렇지만 강력한 군사력과 부를 가진 그들에게 의무를 이행하도록 강제하기는 어려웠다.

그렇기는 하지만 봉건 군주는 권력을 유지하고 차츰 강화할 어떤 자산이 있었다. 모든 영주 혹은 전사 중에서 왕만이 거룩한 존재였다. 그는 신의 선택을 받고, 옛 다윗 왕처럼 도유塗油 의식을 받았으며, 심지어는 안수로 질병을 치유하는 권능을 가진 것으로 여겨지기도 했다. 대영주는 국왕과 전혀 관계없이 자신의 영토를 지배할 수 있고, 여차하면 국왕에게 도전할 수도 있었다. 그렇지만 봉건시대에 대영주가 고의적 살해는커녕 합법적으로 통치하는 국왕을 전복하는 일은 있을 수 없었다.

게다가 대영주가 자신의 독립을 지키려 해도, 유능한 국왕은 그들에게 영향력을 미칠 수 있는 많은 방법이 있었다. 그는 영주들 사이의 갈등을 해결하면서 영향력을 확대할 수도 있었고, 외적의 침입으로부터 그들을 보호해 줄 수도 있었다. 국왕은 또한 영주들을 이끌고 전쟁을 수행하고, 그 보상으로 전쟁에서 획득한 땅을 나누어 주어 그들의 충성을 끌어낼 수도 있었다. 영주들은 이런 혜택을 오직 주군에게 복종하는 만큼만 얻을 수 있었다. 그 외에도 왕은 권력을 증진하기 위해, 주군의 권리를 이용할 갖가지 방법이 있었다. 그뿐만 아니라 중세 성기에 상업의 부활, 도시의 성장, 화폐경제의 발달 등의 덕분으로 군주들은 병사와 관리를 고용하고, 봉신들에게 덜 의존할 수 있게 되었다.

봉건군주는 할 수 있는 모든 방법으로 직접 지배할 수 있는 영토를 늘리려 했다. 전쟁에서 정복한 땅, 반란자를 처부수고 몰수한 봉토, 결혼으로 상속받은 영지, 이 모든 것이 왕령이 되었다. 이런 방법으로 권력을 확대하는 데 성공한 봉건군주는 강력한 통치자가 될 뿐만 아니라, 그 권력이 사후에도 유지될 통치제도를 창출했다. 그렇게 해서 봉건제도 안에서 몇몇 효율적 정부가 발달했는데, 신성로마제국과 프랑스 그리고 영국이 그런 나라였다. 이들 나라는 모두 봉신의 저항과 반란, 교회와의 분쟁과 같은 여러 어려움을 겪었다. 그러나 신성로마제국만 항구적으로 이런 난관에 시달렸다. 프랑스와 영국은 이런 문제를 정부의 혁신으로 해결한바, 이 혁신으로 그 두 나라는 강력한 국가로 근대까지 살아남았으며, 유럽 다른 나라에 국가의 모델을 제공했다.

### 1) 프랑스의 카페왕조

**카페왕조**　　서프랑크 왕국에서 카롤루스왕조의 왕들은 9세기 말에 크게 무력해졌고, 이후 한 세기 동안 그들은 사실상 여러 영주 중의 하나에 지나지 않게 되었다. 그 시기에 서프랑크왕국에는 명목상 왕의 봉신이면서도 실제로는 왕의 통제에서 벗어나 있는 영주가 30명 이상이나 있었다. 987년 카롤루스왕조의 마지막 왕이 죽자, 영주들은 파리Paris 백 위그 카페Hugh Capet를 새 국왕으로 선출했다. 위그 카페는 서프랑크왕국의 국왕이 되었으나, 그가 실제 지배할 수 있는 영토는 원래 그의 백령이었던 일드프랑스Île de France뿐이었다. 프랑스의 섬이라는 뜻의 이 왕령은 파리를 둘러싼 지름 80km 정도의 땅에 불과했는데, 이후 카페의 왕들은 왕령 바깥에 대해서는 거의 아무런 권력도 행사하지 못했을 뿐 아니라 왕령 안에서도 영주들을 완전히 장악하지 못했다.

　카페왕조의 등장 이후의 서프랑크왕국은 프랑스라 불리는데, 프랑스에는 주군인 국왕보다 훨씬 더 강력한 대영주들이 여럿 있었다. 이를테면 왕령보다 훨씬 더 큰 공령을 가진 노르망디 공은 11세기 중엽에 영국의 왕이 되었으며, 플랑드르 백은 1차 십자군의 지도자가 된 뒤 예루살렘의 라틴왕국의 지배자까지 되었다. 이들 대영주는 왕권에서 벗어나 독자적으로 자신의 영지를 지배했고, 그들끼리 서로 싸웠다.

그러나 작은 왕령에 허약한 권력으로 초라하게 시작한 카페왕조 왕들은 차츰 영주들에 대한 통제권을 강화하여, 마침내 왕국 전역을 지배하는 꽤 강력한 군주정을 확립하는 데 성공했다. 이는 강력한 군주에서 출발하여 명목상의 군주로 전락해 간 독일 국왕의 운명과는 뚜렷한 대조를 이룬다. 이런 발전의 중요한 요인의 하나는 위그의 후손들이 1328년까지 14대 341년에 걸쳐 단 한 번의 중단도 없이 정통 후사를 낳았다는 점이다. 그리고 방계 왕조인 발루아Valois왕조까지 합하면 위그 카페의 후손은 600년 동안 프랑스를 지배했다. 이는 중세 유럽 어느 왕조도 이루지 못한 업적으로서, 이로써 프랑스는 적어도 왕위계승을 둘러싼 내란의 비극을 겪지 않을 수 있었다.

위그 카페가 국왕으로 선출되었을 때, 프랑스의 군주 선출제도는 독일과 조금도 다르지 않았다. 그렇지만 독일은 각 왕조가 불과 몇 세대를 넘기지 못하고 단절됨으로써, 세습 원칙을 확립하지 못했다. 반면 카페왕조 왕들은 장수하고, 죽을 때는 성인이 된 후계자를 남겼다. 성인 후계자의 반복된 계승은 세습 원리를 확고하게 뿌리 내리게 했는데, 이는 왕권 강화에 유리하게 작용했다. 자신의 권리로 정당하게 왕위에 오른 왕은 선출 과정에서 지지를 얻기 위해 봉신에게 이권을 양보해야 할 필요가 없었기 때문이다.

봉건영주들은 '국민' 의식을 지니고 있지 않았으며, 자신의 독립성을 지키는 데 더 열성적이었다. 그렇지만 그들은 외적과 싸울 때의 지도자와 그들 사이의 분쟁을 조정해 줄 판관이 필요하다는 것을 느꼈다. 그것이 카페왕조가 유지된 또 하나의 주요 요인이었다. 게다가 안정과 평화를 바라는 교회의 지지가 그들이 왕위를 유지하는 데 큰 힘이 되었다. 왕령의 지정학적 요인도 카페왕조 왕들에게 도움이 되었다. 일드프랑스는 왕국의 가운데에서 조금 북쪽에 놓여 있고 교통의 요충지를 차지하고 있어서, 상업이 발달하면서 왕에게 상당한 소득을 가져다주었다.

**왕권의 강화**    봉건제의 본고장인 프랑스에서 그 제도는 오랫동안 효율적인 왕권의 발전을 저해하는 방향으로 작용했다. 카페왕조 초기에 왕권은 썰물 빠지듯 빠져나갔다. 처음 네 왕의 주된 성취는 왕위를 지키고 유지한 것이었다. 썰물이 끝나고 간조에 이른 것은 11세기 말이었다. 12세기가 시작할 무렵부터 왕권이 조금씩 성장하기 시작했다. 제5대 뚱보왕 루이 6세Louis le Gros(1108~1137)는 교회의 적극적 지원을 확보하고 왕권 강화에 나섰다. 그는 왕령 안에서 왕권에 도전하는 군소 영주들의 성을 함락하거나 파괴하고, 그의 말을 법으로 만들었다.

프랑스 왕이 본격적으로 왕권을 강화하고 왕령을 크게 넓힌 것은 영국 왕과의 대결을 통해서였다. 1066년 노르망디 공 윌리엄이 영국을 정복한 이래, 그 후손들은 독립 왕국인 영국의 군주인 동시에 프랑스에서 방대한 영지를 보유한 프랑스 왕의 봉신이었다. 특히 영국 왕 헨리Henry 2세는 12세기 중엽 결혼과 상속을 통해 프랑스의 서부 절반을 지배하게 되었다. 봉신이기는 했으나 그는 주군을 쉽게 무너뜨릴 수 있을 만큼 세력이 막강했다. 그러므로 프랑스 왕은 왕권을 강화하기 위해서는 무엇보다 왕권에 대한 치명적 위협으로 성장한 영국의 왕을 제압하지 않으면 안 되었다.

이 일을 해낸 인물이 존엄왕 필리프 2세Philippe Auguste(1180~1223)였다. 부왕 루이 7세는 영국 왕 헨리 2세와 20년이나 싸웠지만 별다른 성과를 거두지 못했는데, 이제 노회한 필리프가 봉신에 대한 주군의 권리를 활용하여 왕권을 강화하고, 끈질기게 영국 왕을 제압하기 위해 노력했다. 그는 헨리 2세의 욕심 사납고 고분고분하지 않은 아들들을 부추겨 부왕에 반란을 일으키게 하기도 했다. 그는 헨리 2세와 왕위를 계승한 차남 리처드Richard 1세를 상대로 해서는 크게 성공하지 못했으나, 막내 존John 왕을 상대로 엄청난 성과를 거두었다. 필리프 2세가 존에게 결정적인 타격을 안긴 것은 1204년의 일이었다. 한 영주가 존을 국왕법정에 제소하자, 필리프는 존을 법정에 소환했다. 존이 소환에 불응하자, 그는 존이 봉신의 의무를 저버렸다고 주장하면서 프랑스에 있는 존의 모든 봉토를 몰수한다고 선언했다.

그런 법적 조치 자체가 어떤 성과를 가져오는 것은 아니었다. 문제는 필리프가 그것을 실행하기 위해 군대를 모을 수 있다는 사실이었다. 그는 존의 영지를 하나씩 점령하여 거의 모두 왕령에 편입했다. 그렇게 하여 필리프는 40년이 넘는 긴 치세 동안 왕령을 네 배로 늘렸고, 존엄왕이라는 별명을 얻었다. 영국 왕은 여전히 프랑스 서남부에 꽤 넓은 영지를 보유하고 있었지만, 그 이후 한 세기 이상 프랑스 왕에게 도전하지 못했다.

필리프 2세는 이제 왕국 안에서 어느 영주보다도 강력한 국왕이 되었다. 그러나 새로 획득한 영토에 대해 그는 대체로 그 지역의 법과 관습을 유지했다. 그래서 프랑스는 전국적으로 획일적인 사법 및 행정 체제가 발전하지 못하고, 다양한 법체계를 지닌 지방들이 모여 있는 왕국이 되었다. 그 대신 필리프는 원래의 왕령에서는 상당한 정도로 행정의 중앙집권화를 이룩했다. 그는 바이이bailli라는 지방관을 파견하여 지방에 대한 지배권을 강화하고 세입을 거두어들였다. 이들은 봉건귀족이 아니라 시민 계층에서 충원되었다. 그는 군사적 임무가 필요한 지역에는 세네샬sénéshal이라는 기사 출신의 지방관을 파견했다.

필리프 존엄왕은 또한 봉건적 공격이나 착취로부터 상인을 보호하는 정책을 시행했다. 그는 도시에 자치를 허용하고 도시 주민에게 어떤 특권을 보증해 주는 특허장을 발부했다. 성장하는 자치도시는 지역 영주들의 억압에 대해 국왕의 보호를 확보하고, 국왕은 그 대가로 도시로부터 재정적 지원을 얻었다. 그리고 국왕은 그 과정에서 영향력을 키워 영주들의 힘을 잠식했다. 국왕과 도시민 간의 이러한 제휴는 수 세기 동안 프랑스 정치의 중요한 요소였다. 파리가 프랑스에서 가장 중요한 도시로 발전하고 수도로서 기능하기 시작한 것은 필리프 존엄왕의 치세기 동안이었다.

그러나 프랑스의 왕권은 교황권을 넘어서지 못했다. 프랑스 왕들은 왕권을 강화하는 기간에 교황과 비교적 우호 관계를 유지했으나, 때때로 교황과 충돌했다. 필리프 2세는 프랑스의 주교가 자신의 결혼을 무효화하게 해서 왕비와 이혼함으로써, 인노켄티우스Innocentius 3세 교황의 권위에 도전했다. 그러나 교황이 프랑스에 성무 금지령interdict을 내려 모든 교회에 미사와 장례 등의 성사를 금지하자, 필리프는 결국 굴복하고 이혼한 왕비를 다시 받아들였다. 그러나 영국의 존 왕과 달리, 그는 교황과 잘 타협하여 교황의 봉신이 되는 신세는 면할 수 있었다.

알비주아 십자군 전쟁도 프랑스 군주정의 발전에 중요한 계기가 되었다. 12세기에 툴루즈Toulouse를 중심으로 카타리주의catharism가 남부 프랑스에 급속하게 퍼져나갔다. 알비Albi시에서 처음으로 대중에게 널리 알려져 알비주아파Albigeois로도 불리는 이들은 선악 이원론에 입각하여, 육체를 죄악시하고 성사를 배격했다. 이에 인노켄티우스 3세 교황은 카타리주의를 이단으로 규정하고 십자군을 선동하여, 1209년 여름 십자군 전쟁이 시작되었다. 잡다한 집단의 북부 귀족들이 툴루즈를 공격, 잔인하기 짝이 없는 전쟁을 벌였다. 나중에는 국왕 루이 8세가 직접 참여하여 툴루즈 백령을 거의 모두 점령했다. 이른바 알비주아 십자군 전쟁은 1229년 툴루즈 백이 항복함으로써 종결되었는데, 20년의 광기 어린 전쟁 동안 수많은 사람이 참혹하게 목숨을 잃었다. 이후 성왕 루이 9세Saint Louis (1226~1270)는 알비주아 십자군의 성과를 독점하여 툴루즈를 사실상 차지함으로써 왕권을 크게 강화했다. 툴루즈는 1272년 정식으로 왕령에 병합되었다.

필리프 2세의 아들 루이 8세의 짧은 치세 후, 열두 살에 왕위를 계승한 루이 9세는 반세기 가까운 긴 치세를 통해 조부와는 다른 방식으로 왕권을 강화했다. 간교한 기회주의자인 조부와 달리 그는 정치에서 도덕을 강조하고, 공정하고 정당하게 통치하는 것을 이상으로 삼았다. 그는 공정한 재판으로 국왕 법정의 명성을 크게 높여 봉건영주의 사법권을 흡수했다. 지역 영주 법정에서 국왕 법정에 상소한 사건을 처리하기 위해 파리에 항구적인 법정인 고등법원parlement이 설치되었다. 그 명성은 영국의 영주들조차 국왕 헨리 3세와의 분쟁 사건을 해결해 달라고 요청할 정도였다. 그의 정의에의 헌신은 전설이 되었다. 그리고 그는 순찰사를enquêteur를 파견하여 지방관을 감독하고, 지방행정을 개혁했다. 그의 치세 동안 궁정 기능의 전문화가 진척되고, 로마법 개념이 부활한 영향으로 국왕의 공적 문제와 사적 문제를 구별하는 의식이 성장했다.

한편 루이 9세는 병자를 돌보고, 자선을 베풀고, 금욕적 생활을 하는 등, 그 자신이 이상적인 기독교도의 삶을 실천했다. 그는 또한 기독교 전사의 미덕의 본보기였다. 교황청의 이단 박멸 요청에 성심껏 호응하고, 두 번이나 십자군에 참여했으며, 원정 도중에 사망했다. 그는 죽은 지 불과 27년 만에 국왕으로서는 유일하게 성자로 추존되었다. 그러나 독실한 신앙에도 불구하고, 그는 교회 및 교황과의 관계에서는 확고하게 국왕 대권을 지켰다. 루이 9세는 이상적 봉건군주였으며, 민중으로부터 가장 사랑받는 중세 프랑스의 위대한 국왕이었다.

**필리프 4세의 치세**　　필리프 4세(1285~1314)의 치세는 3세기 반에 걸친 카페왕조 시대의 정점을 장식했다. 성자인 조부와는 정반대 지점에 있는 필리프 4세는 유능한 만큼, 또한 미남왕le Bel이라는 별명과는 어울리지 않게 잔인하고 간계에도 능한 군주였다. 그는 십자군 운동과 함께 나타난 반유대주의 분위기를 한껏 이용하여, 유대인을 추방하고 그들의 재산을 몰수하여 왕실 재산을 불렸다. 이는 그의 정적인 영국 왕 에드워드Edward 1세가 이미 그전에 했던 짓이기도 했다. 그뿐만 아니라 그는 금융업 등을 경영하면서 엄청난 부를 축적한 신전기사단Ordo militum Templariorum, Ordre du Temple에게 큰 빚을 진 뒤, 돈을 갚지 않기 위해 그 지도자들에게 이단 혐의를 뒤집어씌우고, 고문으로 자백을 받아낸 뒤 모조리 화형에 처해버렸다. 기사단의 막대한 재산이 그의 금고로 들어갔다.

영국에서 에드워드 1세가 성직자에 과세하고 교회가 토지를 획득하는 것을 금지했는데, 그와 전쟁을 하면서 돈이 궁해진 필리프 4세 역시 1296년 전비를 마련하기 위해 성직자에게 세금을 부과했다. 이로써 그는 중세 최후의 위대한 교황과 정면 대결을 벌이게 되었다. 기존의 법과 관행에 어긋난 이 조치에 분노한 보니파키우스 8세Bonifacius(1294~1303) 교황은 프랑스 성직자에게 이를 거부할 것을 명했다. 그는 13세기 후반기에 실추된 교황의 권위를 다시 한 번 끌어올리고, 인노켄티우스 3세의 영광을 되찾으려고 애쓰던 참이었다. 이에 맞서 필리프는 프랑스로부터 귀금속과 화폐의 외부 유출을 전면 금지했다. 이로 인해 교황청의 수입이 심각하게 줄어들자, 교황은 한발 물러설 수밖에 없었다. 교황은 루이 9세를 성인으로 추대하고, 필리프와 화해했다. 쟁점은 흐지부지 수면 아래로 가라앉았다.

그러나 5년 뒤 주교의 처벌 문제로 분쟁이 재개되었다. 필리프가 왕명에 복종하지 않는 한 주교를 유죄 판결하고, 교황에게 그의 주교직을 박탈할 것을 요구함으로써 분쟁이 절정에 이르렀다. 보니파키우스 8세는 1302년 '유일한 성스러움Unam Sanctam'이라는 교서를 공포하여 필리프를 공격했는데, 그것은 역대 어떤 교황의 주장보다 강경했다. 그는 이 교서를 통해 모든 세속 통치자는 교황에게 예속되어 있으며, 만일 세속 권력이 잘못을 저지르면 영적 권력으로 심판을 받아야 하고, 교황은 오직 신에게만 심판받을 뿐이라고 주장했다. 그러나 이 교서는 명백히 시대착오적인 것이었다. 실제 권력이 어디에 있는지 금방 드러났기 때문이다. 국민적 군주정이 대두하고 있는 시대에, 보편적 권력의 우위를 내세우는 주장이 먹혀들 여지가 별로 없었다. 프랑스의 성직자들은 교황보다는 국왕 편에 서려고 했다.

민심의 향배를 읽은 필리프 4세는 최강으로 반격했다. 1303년 파문 방침이 결정되자, 그는 심복들을 이탈리아로 파견하여 보니파키우스 8세의 별궁이 있는 아나니Anagni에서 그를 납치해 버렸다. 프랑스로의 압송이 무산되고 곧 풀려나기는 했으나, 80세 고령의 교황은 이 모욕을 견디지 못하고 한 달 뒤 숨을 거두고 말았다. 이 사태를 계기로 교황권은 빠르게 허물어지고, 중세 교황은 다시는 지난날의 권위를 회복하지 못했다. 카노사Canossa 사건이 떠오르는 교황권의 상징이듯이, 아나니 사건은 교황의 정치권력의 몰락을 알리는 상징적 사건이다.

내정 면에서 필리프 4세의 치세의 중요성은 왕권을 강화하고 국왕 정부의 조직을 훨씬 전문화한 점에 있다. 그의 시대에 이르면 카페왕조는 상당한 정도로 관료제의 기초를 확립했다. 필리프 4세가 주로 중간계급에서 충원한 관료들은 왕권을 강화하는 데 능력을 발휘했다. 그들은 대학에서 로마법을 익히고, "무엇이든 군주를 즐겁게 하는 것이 법의 효력을 갖는다"는 로마법의 금언에 고무되어, 왕권을 절대적인 것으로 만들고자 힘을 쏟았다. 그들은 국왕 사법권을 확대하고, 재정 확충을 위해 새로운 명목의 세금을 고안해 냈다. 이러한 유능한 관료의 도움을 받아 필리프 4세는 프랑스를 당대 유럽에서 가장 강대한 국가로 바꾸어놓았다.

영국에서 에드워드 1세가 했던 것처럼, 필리프 4세는 국왕자문회의를 개편해서 신분 대표자들로 구성된 회의체를 구성했다. 그는 1302년 프랑스의 세 신분인 성직자, 귀족, 평민의 대표로 구성된 전국신분회Etát-Generau를 소집했다. 이는 그가 보니파키우스 8세와 싸우는 과정에서 민중의 지지를 끌어내기 위해 취한 조치였다. 신분회는 국왕을 적극 지지했다. 성공적이라고 판단한 필리프는 이후에도 자주 신전기사단을 공격하거나 영국 왕과 싸울 때 신분회를 이용했다. 그러나 그는 과세 조치에 대해 신분회의 동의를 구하지 않았으며, 그래서 영국의 의회와 달리 프랑스의 신분회는 국정의 일익을 담당하거나 왕권을 제약하는 기구로 발전하지는 못했다.

## 2) 영국의 봉건왕국

**초기의 잉글랜드왕국**      데인인을 물리치고 통일 왕국의 토대를 놓은 앨프레드 왕은 성공적인 전사였을 뿐 아니라, 빼어난 통치자이기도 했다. 그는 자유민으로 구성된 민병대를 조직하여 전쟁에 대비하는 한편, 데인인을 해상에서 격퇴하기 위해 함대도 건설했다. 그는 방위체제를 정비했을 뿐만 아니라, 파괴된 문명을 되살리는 과업에도 혼신의 노력을 다했다. 그는 카롤루스 마그누스의 선례를 따라 궁정학교를 설립하고, 대륙에서 학자들을 초빙하여 학문을 진흥시켰다. 위대한 업적을 쌓은 그는 영국에서 유일하게 대왕의 칭호를 얻었다.

앨프레드 대왕의 계승자들도 유능하여, 손자 때에 이르러서는 데인로를 완전히 정복하고 잉글랜드 전역을 통일한 왕국을 창건했다. 대륙의 군주들과 달리 그들은 효율적 지방행정 체제를 수립하고, 왕국 전체에 대해 상당히 강력한 지배력을 확립했다. 그러나 10세기 말엽에 이르러 중앙정부가 허약해지고, 외침을 격퇴하는 능력이 떨어졌다. 영국은 11세기 초에 다시 한 번 덴마크의 침략을 받았는데, 이번에는 왕국이 정복을 당했다. 덴마크 왕 크누트Cnut(1016~1035)는 영국을 지배했을 뿐 아니라, 노르웨이·스웨덴 일부·에스토니아Estonia를 통합하는 제국을 건설했다. 그렇지만 이 제국은 크누트가 죽자 곧 해체되었다. 1042년에 영국의 유력자들은 정복되기 전 마지막 왕이었던 에설레드Ethelred의 아들 에드워드 고해왕Edward the Confessor을 국왕으로 선출했다.

**노르만왕조**　에드워드 고해왕이 1066년 후사 없이 죽고 해럴드 고드윈선Harold Godwinson 백이 왕으로 선출되자, 노르망디 공 윌리엄William이 강력히 반발했다. 그는 고해왕이 생전에 자신에게 왕위를 넘기기로 약속했다고 주장하며 왕위를 요구한 것이다. 윌리엄은 노르망디에서 봉신들을 제압하고 효율적인 집권체제를 수립한 강력한 지배자였다. 그는 유럽 전역에서 그러모은 기사를 포함하여 5000명 규모의 병력을 이끌고 9월 말 영국을 침공했다. 그는 남부 해안의 헤이스팅즈Hastings에서 해럴드의 군대를 격파하고, 해럴드를 살해했다. 노르만 정복자는 잘 조직된 왕국을 획득했으며, 이로써 앵글로색슨의 지배는 끝이 났다.

정복왕 윌리엄 1세(1066~1087)는 대륙의 봉건제도를 영국에 도입했다. 영국도 신성로마제국과 마찬가지로 봉건제도가 수입품으로 들어왔다. 영국에서는 앵글로색슨 말기의 왕들이 조금씩 프랑스의 봉건적 관행들을 영국에 접목하기 시작했는데, 이제 윌리엄이 완전히 성숙한 봉건제도를 본격적으로 영국에 이식한 것이다. 그는 정복자로서 그 제도를 좀 더 강력하고 중앙집권적인 군주정을 수립할 수 있는 방식으로 시행했다. 그는 잉글랜드 영토의 1/6 이상을 왕령으로 차지하고, 정복 전쟁에 참여한 노르만 기사들에게도 대영주로 봉해서 넉넉하게 봉토를 수여했다.

그러나 그 봉토는 대부분 한 덩어리의 땅이 아니라, 작은 조각으로 여러 곳에 분산되었다. 그래서 영국의 대영주들은 현실적으로 국왕의 지배에서 벗어나서 독자적 세력을 형성하는 것이 불가능했다. 게다가 윌리엄은 그의 직접 봉신이든 봉신의 봉신이든 영국의 모든 봉토 보유자로부터 국왕에게 가장 우선적 충성을 바치도록 하는, 이른바 솔즈베리 선서oath of Salisbury를 받았다. 그리고 그는 치세 말에 전국적으로 방대하고 정확한 국세조사를 실시하여 『둠즈데이 북』을 작성했다. 그것은 봉건적 조세를 거두는 데 필요한 기초 자료를 망라하고 있으며, 그래서 중세 영국의 정보를 담고 있는 귀중한 사료이다.

한편 중앙정부를 좀 더 효율적으로 통제하기 위해, 윌리엄은 왕을 선출하고 자문하는 앵글로색슨의 기구인 위턴witan, witenagemot을 개편해서 국왕자문회의curia regis, royal council로 바꾸었다. 국왕의 직접봉신tenant-in-chief인 대영주와 고위 성직자를 구성원으로 하는 대자문회의great council는 이따금 소집되어 중대 사건을 재판하고, 주요 국사를 논의했다. 이와는 달리 일상적 행정 업무는 소수의 국왕 측근 인사와 왕실 관리로 구성된 소자문회의small council가 처리했다. 지방행정에서는, 앵글로색슨왕조 때부터 운영되어 온 상당히 효율적인 체제가 대체로 그대로 유지되었다. 전국이 주shire 단위로 나뉘었는데, 셰리프shire-reeve, sheriff가 국왕의 대리자로서 주의 업무를 담당했다. 셰리프는 주의 법정을 주재하고, 국왕의 세입을 징수하고, 공공질서 유지의 책임을 맡았다.

윌리엄은 교회도 지배했다. 그의 치세기에 강력한 개혁 교황 그레고리우스 7세는 교회에 대한 세속 권력의 영향을 배제하려고 애쓰고, 주교 서임권을 놓고 독일의 하인리히Heinrich 4세와 죽기 살기로 싸웠다. 그러나 윌리엄은 영국 교회의 주교와 수도원장의 임명권을 고수하고, 그들에게 그들의 토지에 상응하는 군사적 복무를 제공할 것을 요구했다. 그는 교회가 자체의 법정을 운용하는 것을 허용했으나, 그의 동의 없이 교황에게 사건을 상소하는 것을 금했다. 그리고 교황의 교서 역시 왕의 승인 없이는 영국 내에서 회람될 수 없었다.

정복왕이 죽은 뒤 장남 로버트Robert는 노르망디 공령을 물려받고, 영국 왕위는 차남 윌리엄 2세에게 돌아갔다. 윌리엄 2세는 무능하면서 냉혹한 왕으로,

폭정을 일삼다가 사냥 도중 화살에 맞아 죽었다. 고의인지 우연인지 확인할 수 없는 이 사고가 일어나자, 동생이 재빨리 왕위를 차지하고 헨리 1세Henry(1110~1135)로 즉위했다. 좀 더 계산적이고 신중했던 그는 봉신들을 제압하고, 맏형 로버트와 싸워 이기고 노르망디도 차지했다. 그의 치하에서 회계청Exchequer이라는 정부 부처가 생겨나 왕실 수입을 관리했다. 이 기구는 나중에 중요성이 커져서, 국왕 문서 출납을 관장하는 기능과 국왕 법정의 업무도 맡게 되었다. 순회재판 제도도 정착되었다. 이전에도 간혹 왕이 임명한 판사가 지방 법정에 파견되기도 했지만, 이제 순회판사가 주재하는 지방 법정이 국왕 법정으로서 정상적인 정부 기구의 일부가 되었다.

헨리 1세 시대에 봉건적 관행이 중대한 변화를 겪었다. 그는 프랑스에서 일어나는 군사적 사태에 대비하기 위해서는 장기적으로 복무할 군사력이 필요했고, 그래서 영국의 봉신들에게 군역 의무를 군역면제금scutage 납부로 대신하게 하는 관행을 도입했다. 그리하여 영국 왕들은 프랑스에서의 사태에 대처하는 데는 주로 용병에 의존하게 되었다. 윌리엄 1세의 정복 이래 영국의 왕들은 또한 프랑스의 영주였기 때문에, 그들은 중세 성기 내내 프랑스 문제에 깊이 개입했다. 그들은 사실 프랑스어를 쓰면서 영국보다 프랑스에서의 이해관계에 더 많은 관심을 기울였고, 영국보다는 프랑스에 더 오래 머물렀다.

**앙주제국-플랜태저니트왕조**    군주정을 강화하려는 헨리 1세의 노력은 사후 왕위계승을 둘러싸고 일어난 내란으로 거의 무효로 돌아갔다. 내란기 동안 영주들은 튼튼한 성을 지키면서 사실상 독자적 세력이 되었다. 이 무정부 상태는 헨리 1세의 외손자인 프랑스의 앙주Anjou 백 헨리 플랜태저니트Plantagenet가 헨리 2세(1154~1189)로 즉위하여 플랜태저니트왕조를 수립함으로써 끝났다. 그는 프랑스왕국의 서부 절반을 차지한 대영주였는데, 이는 노르망디와 앙주 등의 상속받은 영지에 더하여, 아퀴텐 공령을 위시하여 많은 영지의 상속권을 가진 엘러너Eleanor와 결혼한 결과였다. 그는 땅딸보의 별 볼 일 없는 풍채였지만, 당대 유럽의 어느 군주보다 깊은 학식과 빼어난 군사적 재능을 겸비한 인물이었다. 게다가 지칠 줄 모르는 정력의 소유자이기도 했던 헨리는 재빨리 외조부의 나라를 되찾고, 영국에서 무너진 왕권을 재건하기 시작했다.

헨리 2세는 혼란기 동안 성을 요새화하고 세력을 확대한 대영주들의 성을 허물게 하는 등 대영주들의 세력을 꺾었다. 그는 무엇보다 봉건 법정을 약화하고, 국왕 법정의 사법권을 강화했다. 국왕의 재판관이 정기적으로 지방을 순회하면서 법정을 열었는데, 전문 지식과 표준화한 절차 때문에 지방민들은 그 지방 영주의 법정보다 순회재판관의 법정을 선호했다. 그리하여 많은 소송이 국왕 법정으로 이관되고, 국왕 법정의 관할권이 확대되었다. 그리고 순회재판관은 왕국 전체에 공통되는 법적 기준을 적용했기 때문에, 그러한 판례에서 차츰 공통법 common law 체계가 발전했다. 국왕 법정의 판결이 각 지방의 다양한 사법 체계를 대체하게 되었고, 모든 영국민에 공통으로 통용되는 법이 되었다.

사법권의 확대는 왕권 강화뿐 아니라 국왕의 소득을 늘리는 데도 도움이 되었다. 고소인이 제소할 때 내는 수수료와 유죄 판결을 받은 피고가 내는 벌금이 왕의 금고로 들어갔기 때문이다. 국왕 사법 체계의 성장은 자유민의 처지에서는 봉건영주나 다른 유력자의 침해 행위에 대처할, 꽤 믿을 만한 수단을 갖게 되었음을 의미했다. 그리고 공통법은 전국적으로 획일적인 법체계를 확립함으로써, 나라 전체를 하나로 묶는 데 크게 기여했다. 한편 분쟁이 지역의 정보에 따라 결정될 경우 그 송사의 상황을 밝혀줄 지역민을 함께 부르는 것이 관례가 되었는데, 이 관례로부터 나중에 배심재판이 발전했다.

영국의 이와 같은 행정제도와 사법 체계의 획일적 발전이 프랑스에서는 일어나지 못했다. 카페왕조 왕들이 왕령을 확장한 방식이 그러한 획일화를 거의 불가능하게 했다. 백령이나 공령이 왕령에 병합될 때, 그곳에서 발전한 지역 제도가 크게 바뀌지 않은 채 그대로 온존했기 때문이다. 프랑스 왕은 단지 지역의 백이나 공이 이전에 누리던 권리와 소득을 넘겨받았을 뿐이다.

헨리 2세는 영주 법정을 희생시켜 국왕 법정을 강화했지만, 교회 법정을 통제하는 데는 성공하지 못했다. 교황이 영국의 교회에 대해 지배권을 장악하려고 노력하는 바람에, 영국 왕과 교회 사이에는 자주 말썽이 일었다. 특히 주교 서임권을 두고 분쟁이 일어났는데, 이는 1107년 헨리 1세와 캔터베리Canterbury 대주교 안셀무스Anselmus 간의 타협으로 일단락되었다. 이 타협은 그 뒤 독일에서 체결된 보름스협약Wormser Konkordat의 본보기가 되었다. 그런데 헨리 2세가 국왕 사법권을 확대하려고 하면서, 교회 법정의 전통적 관할권을 고수하려는 교회와 심각한 갈등을 빚었다. 그는 최소한 형사사건의 경우 성직자도 국왕 법정의 재판을 받아야 하고, 교황청에 상소할 수 없다고 주장했다.

이를 관철하기 위해 헨리 2세는 왕권 강화에 헌신한 심복 토머스 베케트 Thomas Becket를 캔터베리 대주교로 임명하여 교회 사법권을 장악하려고 했다. 그러나 기대와 달리 베케트는 완강하게 헨리 2세에게 맞서면서 교회 사법권을 수호했다. 그는 결국 성당의 성찬대 앞에서 왕의 기사에게 피살되었다. 이 살해에 대한 민중의 분노 때문에 헨리 2세의 야망은 결국 좌절되었다. 그는 교회 법정이 범죄 혐의로 기소된 성직자를 재판할 배타적 권리와 교황청에 상소할 권리를 인정할 수밖에 없었다. 베케트는 국민적 영웅이 되었고, 순교자로서 2년 뒤에 시성되었다.

헨리 2세가 35년의 재위 기간 중 영국에 있었던 것은 16년에 불과했다. 대륙에서의 이해관계에 매달리고 프랑스의 루이 7세와 싸우느라 세월을 다 보냈음에도, 그는 영국의 통치자로서 영국의 군주정을 건설하는 데 크게 이바지했다. 그러나 그의 업적들은 후계자들의 실정으로 훼손되었다. 일상적 통치 업무에 흥미가 없던 리처드 사자심왕Lion-Hearted은 재위 10년 중 영국에는 고작 다섯 달 머물렀다. 국사를 방치한 채, 그는 3차 십자군에 참여하여 기사로서의 명성을 추구하는 데 몰두했고, 원정에서 돌아온 뒤에는 프랑스에서 필리프 2세와 싸우느라 세월을 보냈다. 그러다가 그는 결국 전투에서 입은 부상으로 사망했다. 그러나 관료 체제가 잘 작동해서, 그의 부재가 왕국의 운명에 큰 문제가 되지는 않았다.

사자심왕에 이어 동생 존John(1199~1216)이 왕위에 올랐으나, 그는 부왕의 정치적 재능도, 형의 기사적 자질도 갖추지 못했다. 그런 존이 비열한 방식으로 왕권 강화를 도모함으로써, 영주들과 심각한 갈등을 빚고 끝내 정치적 위기에 내몰렸다. 그는 프랑스의 대영주로서, 필리프 2세와 싸우다가 루아르강 이북의 방대한 영토를 모두 잃었다. 그는 패배한 주군이 되어 영국에서 봉신들의 신뢰를 잃었고, 봉신들은 조롱하듯 그를 무지왕無地王, Lackland 혹은 물렁칼왕Softsword이라 불렀다. 앙주가와 카페가의 대립은 1259년 헨리 3세(1216~1272)와 루이 9세의 합의로 일단락되었다. 헨리 3세는 부왕 존이 잃은 봉토에 대한 권리를 포기했으며, 그래서 남부의 아퀴텐 공령 일부가 프랑스에 있는 영국 왕의 유일한 봉토로 남았다.

존 왕은 엎친 데 덮친 격으로 교황과의 싸움에서도 완패했다. 그는 캔터베리 대주교 선임 문제로 교황과 분쟁을 겪게 되었는데, 1208년 인노켄티우스 3세 교황은 영국에 성무금지령을 내리고, 존을 파문하고, 급기야 1212년에는 존의 폐위를 선언하고 영국의 봉신들에게 왕에 대항하도록 부추겼다. 영주들의 공격에 직면하자, 1213년 존은 결국 무조건 항복했다. 그는 영국의 교회가 국왕의 권력에서 벗어나 있다는 것을 인정했다. 그리고 그는 공식적으로 영국을 교황에게 바치고, 그것을 교황으로부터 봉토로 돌려받았다. 교황의 봉신으로서, 영국 왕 존은 교황에게 해마다 공납을 바쳤다.

위신이 여지없이 무너진 주군에게 영주들은 1215년 반란을 일으켰다. 힘으로 해결할 수 없었던 존은 영주들과 타협할 수밖에 없었는데, 그 타협은 저 유명한 문서인 대헌장Magna Carta으로 명문화되었다. 대헌장의 규정은 아주 사소한 행정 절차까지 세세하게 나열하고 있지만, 기본적으로 존은 봉건적 관습을 존중하고, 봉신에게 보조금을 거둘 때는 반드시 그들의 동의를 구하기로 약속했다. 그리고 그는 적법 절차에 의하지 않고는 자유인의 생명과 재산 등을 침해하지 않을 것도 약속했다. 그런데 위기를 벗어난 존 왕은 곧 약속을 무시하고 영주들과 다시 전쟁을 벌였고, 그런 종류의 충돌은 13세기에 꾸준히 발생했다. 그러나 왕과 봉신 간의 이런 충돌이 끝날 때마다 대헌장은 엄숙하게 갱신되었으며, 시간이 지나면서 헌정의 한 부분으로 자리를 잡았다. 대헌장은 기본적으로 왕과 봉신의 권리-의무 관계를 재확인한 봉건 문서였으나, 역사적으로 매우 중요한 의미를 담고 있었다. 그것은 국왕은 법 아래에 있으며 법적 절차를 엄격하게 지켜야 한다는 것, 그리고 신민은 왕이 국법을 준수하도록 힘으로 강압할 권리가 있다는 점을 확인했다.

**의회의 기원과 에드워드 1세의 통일 전쟁**    프랑스어를 쓰는 영국의 지배계급은 1240년 무렵부터 대자문회의를 의회parliament라는 용어로 부르곤 했다. 이 단어는 프랑스어의 '말하다parler'라는 동사의 영어식 명사형인데, '협의'나 '토론'을 의미했다. 그러나 역사학에서 의회라는 용어는 일반적으로 그 구성원이 획기적으로 확대된 1265년 이후의 대자문회의만 가리키는 것으로 사용된다.

확대 대자문회의라고 할 수 있는 의회가 처음 개최된 것은 헨리 3세에 대한 귀족의 반란 과정에서였다. 반란 지도자인 헨리 3세의 자형 시몽 드 몽포르Simon de Montfort 백이 민중의 지지를 끌어내기 위해, 1265년에 기존의 구성원인 대영주와 고위 성직자 외에 각 주의 대표로 기사 두 명과 각 도시borough의 대표로 시민 두 명을 대자문회의, 즉 의회에 소집했다. 그러나 의회가 진정 의미 있는 기구로 발전한 것은 헨리 3세의 아들 에드워드 1세(1272~1307) 치세 때의 일이었다. 1295년 에드워드는 새로운 세금 부과에 대한 동의를 얻기 위해 시몽 드 몽포르의 전례에 따라 의회를 소집했다.

국왕이 소집한 것으로는 최초인 이 이른바 모범의회Model Parliament에는 주와 도시의 대표 이외에 하급 성직자 대표도 소집되었다. 이후 에드워드 1세는 잦은 전쟁에 대한 지지와 재정을 확보하기 위해 자주 의회를 소집했는데, 그런 과정을 통해 의회는 차츰 국정 운영의 불가결한 기구로 발전하게 되었다. 의회는 시간이 지나면서 구성상의 큰 변화를 겪었다. 나중에 하급 성직자 대표는 별도의 회의체를 구성하고 스스로 의회에서 빠져나갔다. 그리고 주와 도시의 대표로 선출된 기사와 시민은 하나로 묶여 '평민commons'으로 불렸는데, 이들은 1341년에 기존의 당연직인 영주와 고위 성직자, 즉 성·속의 귀족들과 따로 회합을 갖기로 결의했다. 이 결정이 관행으로 굳어지면서 의회는 평민원-하원과 귀족원-상원의 양원 체제를 갖추게 되었다.

물론 국왕이 재정을 의회가 동의해 주는 과세에만 의존한 것은 아니었다. 통상적으로 국왕의 주된 수입은 왕령지에서 나오는 소득이며, 그 외에 국왕 법정에서 거두어들이는 수수료와 벌금, 그리고 관세와 특허장 판매에서 나오는 수입이 더해졌다. 그러나 그런 수입은 평상시의 수요를 충당했을 뿐, 전시나 기타 비상시의 특별한 지출을 감당할 수 없었다. 그래서 관료제도나 조세제도가 갖추어지지 않은 봉건왕정 체제에서, 영국의 왕은 특정 상황에 대처하기 위해 그때그때 담세 계층에게 직접 도움을 호소해야 했던 것이다.

의회 중에서 평민원이 납세자의 다수를 대변했기 때문에, 특히 과세 문제에서 평민원의 권한은 점점 더 중요해졌다. 과세는 한정된 기간에 그리고 특정 목적에 한정해서 허용되었기 때문에, 전쟁 등으로 정부가 재정 궁핍을 겪는 상황에서는 의회가 자주 열리게 되었다. 의회는 그들의 불만 사항을 국왕이 시정할 때까지 과세의 동의를 보류함으로써, 차츰 이 동의 절차가 왕권을 제약하는 의회의 중요한 권력이 되었다. 그뿐만 아니라 의회는 청원서를 국왕에게 제출하면서 그것의 법제화를 요구했으며, 그런 관행을 통해 조금씩 입법권을 획득해 갔다. 그리하여 유럽 여러 나라마다 비슷한 대의기구가 생겨났지만, 영국의 의회만 유일하게 군주의 권력을 견제하는 기구로 발전했다.

한편 영국의 왕이 대륙의 방대한 영지를 대부분 잃어버린 일은 그가 진정한 영국 왕이 되는 계기가 되었다. 존의 손자 에드워드 1세는 노르만 정복 이래 영국에서 태어나고 영어를 쓰는 첫 왕이 되었다. 그는 또한 브리튼 섬 전체, 그러니까 웨일스와 스코틀랜드 그리고 잉글랜드 전체의 지배자가 되기로 작정한 최초의 영국 왕이었다. 그는 5년간의 전쟁 끝에 1284년 웨일스를 정복했다. 나중에 그는 왕세자를 웨일스 공에 봉했는데, 이는 지금까지 이어지는 관행이 되었다.

1290년대에 스코틀랜드에서 왕위계승 분쟁이 일자, 에드워드는 이를 빌미로 스코틀랜드 사태에 개입했다. 그는 1296년 대군을 이끌고 스코틀랜드를 침공하여 일시 정복에 성공했으나 곧 물러나야 했다. 이후 그는 여러 차례 전투를 벌였으나, 스코트인은 완강하게 저항했다. 1307년의 마지막 침공으로도 에드워드는 정복의 꿈을 이루지 못했다. 에드워드 2세(1307~1327)가 부왕의 유업을 이어 1314년 대군을 이끌고 다시 스코틀랜드를 침공했으나, 배넉번Bannockburn 전투에서 로버트 브루스Bruce가 이끄는 스코트인에게 참패했다. 이후 두 나라는 앙숙으로 남았고, 스코트인은 영국과 대립하면서 자주 프랑스와 손을 잡았다.

### 3) 신성로마제국: 독일과 이탈리아

**작센왕조와 오토 1세**　　　프랑크왕국이 분화하면서 독일은 봉건제도가 발달한 프랑스와는 다르게 발전했다. 독일 지역에서는 카롤루스제국에 통합되었던 옛 게르만 여러 부족이 각자의 정체성을 어느 정도 유지하고 있었다. 그러다가 이후에 중앙정부의 힘이 쇠퇴하자, 옛 부족들이 독자적 정치 단위로 발전하기 시작했다. 그리하여 로트링엔Lothringen, 프랑켄Franken, 작센, 슈바벤Schwaben, 바이에른의 다섯 부족 공령이 생겨났다. 9세기 말과 10세기 초에 동프랑크왕국의 중앙정부가 마자르족의 공격에 제대로 대처하지 못했을 때, 방어의 책임을 맡고 나선 것은 각 부족의 지도자인 부족공들이었다.

동프랑크에서 카롤루스왕조의 마지막 왕이 911년 사망하자, 권력은 각 부족공에게 넘어갔다. 부족공들은 그들 중 가장 약한 프랑켄 공을 왕으로 선출했으나, 그는 명목상 우두머리에 지나지 않았다. 그는 죽기 전 강력한 작센 공 하인리히Heinrich를 후계자로 천거했다. 하인리히 1세(919~936)가 창건한 작센왕조는 한 세기 이상 존속하면서 독일을 강력한 국가로 발전시켰다. 하인리히 1세는 엘베강 이동의 슬라브족을 공격하고, 마자르족의 침략을 물리쳤다. 그러나 그는 자신의 공령 밖에서는 거의 아무런 통치권도 행사하지 못했으며, 그의 왕국은 거의 완전히 독립된 부족 공령들의 연합체에 지나지 않았다

그러나 오토 1세(936~973)가 왕위에 오르자 상황이 달라졌다. 그는 이름뿐인 군주로 만족하려 하지 않았다. 교회와의 제휴를 통해 오토는 강력한 군주정을 구축했다. 그는 주교와 수도원장들에게 보호를 약속하고, 그들의 방대한 토지 재산에 대한 권리를 보장해 주었다. 그 보답으로 교회는 오토의 자문에 응하고 재정과 병력을 제공했다. 오토는 독일의 주교와 수도원장에 대한 임명권을 행사했다. 그리고 그는 일련의 싸움 끝에 부족공들을 제압하고 강력한 왕권을 확립했다. 그렇다고 해서 부족공들이 항상 그에게 충직했던 것은 아니었으며, 따라서 그의 치세 내내 반란이 잦았다. 그러나 카롤루스왕조의 권력을 무너뜨리는 데 일조했던 이민족의 침략이 이번에는 새 형태의 중앙정부가 출현하는 데에 일조했다. 마자르족을 비롯한 이민족의 침략을 받고 있던 독일은 이에 맞설 강력한 지도력이 필요했기 때문이다.

오토는 동으로 슬라브족을 물리치고, 독일의 세력을 엘베강을 넘어 오더Oder강까지 확장했다. 그리고 955년에 그는 레흐펠트 전투에서 마자르족에게 결정적인 승리를 거두고 그들의 유럽 침략을 종결시켰다. 그는 독일 국민의 진정한 보호자가 부족공이 아니라 국왕임을 국민에게 각인시켰다. 그런 다음 그는 이듬해에 알프스를 넘었다. 그는 무정부 상태에 있던 이탈리아를 침략하고, 스스로 이탈리아 국왕임을 선포했다. 962년 오토의 2차 이탈리아 원정 때, 요한Joannes 12세 교황은 그에게 로마 황제의 제관을 씌워주었다. 그리하여 카롤루스 마그누스 사후 사라졌던 로마제국 황제 칭호가 되살아났다. 오토는 스스로를 로마제국 황제들과 카롤루스 마그누스의 계승자로 생각했다. 그의 제국은 나중에 신성로마제국Sacrum Imperium Romanum, Heiliges Römisches Reich으로 불리게 되었는데, 이후 수백 년 동안 독일의 왕은 교황이 주재하는 대관식을 통해 비로소 황제의 칭호를 얻는 것이 관례가 되었다. 이 교황이 집전하는 대관식은 14세기가 되어서야 사라지게 되었다.

제국의 창건으로 독일의 왕은 이탈리아의 중부와 북부를 지배하게 되었는데, 그럼으로써 독일과 이탈리아, 황제와 교황은 역사적으로 서로 결합하게 되었다. 이탈리아에 대한 지배권을 장악한 오토 대제는 이전의 카롤루스 마그누스처럼 교황 임면권을 장악하고, 교황을 폐위하거나 자신의 신하를 그 자리에 앉히기도 했다. 그의 계승자들도 여러 차례 비슷한 일을 했다. 그렇지만 교황에 대한 그들의 통제는 이탈리아에 대한 지배권과 마찬가지로 산발적이었으며, 오직 이따금 군사 원정을 통해 시행되었을 뿐이다. 이렇게 황제와 교황은 이해관계가 긴밀하게 얽히게 되면서, 서로 도움을 주고받는 한편 또한 충돌하기도 했다. 황제는 우호적 교황의 도움을 받아 독일 내의 주교를 더 잘 통제할 수 있었고, 교황은 황제의 군사적 보호를 누리고 동유럽에 가톨릭교를 전파하는 데 황제의 힘을 이용할 수 있었다. 그렇지만 황제는 다른 어느 나라보다 격렬하게 그리고 자주 교황과 충돌했으며, 또한 알프스 이남의 사태에 끊임없이 개입하게 되었다. 이는 독일 국민국가의 발전이라는 측면에서는 결코 바람직하지 않은 일이었다.

이러한 부자연스러운 결합의 역효과는 오토 3세(983~1002)의 치세에서 분명하게 드러났다. 오토 3세는 '로마제국의 재건'을 추진했다. 그는 권력의 원천인 독일을 무시하고, 로마를 수도로 삼아 그곳에 궁전을 짓고, 비잔티움풍을 도입하고, 로마인의 황제 행세를 했다. 그는 또 다른 칭호인 '예수 그리스도의 종'으로서, 로마에서 이탈리아인 아닌 인물을 교황으로 내세웠다. 그러나 그는 결국 반란을 일으킨 로마 민중에게 로마에서 쫓겨났다.

신성로마제국은 독일 왕국의 존재 때문에 그 성격이 복잡 미묘했다. 왜냐하면, 작센왕조 왕들은 왕국을 제국으로 전환하지 않고, 왕국과 제국이 나란히 병존하도록 내버려두었기 때문이다. 신성로마제국의 영토는 독일 왕국 외에 북부 및 중부 이탈리아를 포함했고, 나중에 동유럽의 영토와 오늘날 프랑스의 동남부에 있는 영토가 그에 첨가되었다. 독일 왕이 된 인물은 대부분 나중에 황제로 선출되기는 하지만, 독일 왕과 신성로마제국 황제는 별도의 선거를 통해 선출되었다.

오토 1세가 창건한 신성로마제국은 전 로마가톨릭 세계에 대해 막연한 정치적 지도력을 주장하는 의미가 내포되어 있었다. 제국의 황제들은 중세 후기까지 강력한 통치자로서 제국의 보편적 정치 이상을 실현하려 했다. 물론 영국과 프랑스는 황제의 어떠한 우월한 권위도 인정한 적이 없다. 황제의 권력은 사실 제국 안에서조차 불안정했다. 그렇지만 제국의 창건자인 오토 1세와 10세기의 계승자들은 진정 강력한 지배자로서, 처음부터 프랑스 왕이 여러 세대 걸려 얻은 그런 자산을 누리고 있었다. 황제들은 드넓은 직영 영토를 가지고 있었고, 무엇보다 대영주들은 슬라브족과 헝가리인 같은 외적에 대처할 황제의 지도력이 필요했다. 게다가 황제는 교회를 통제했다. 교회 지도자들은 황제의 행정관으로 복무하는 한편, 방대한 교회 재산과 대규모 기사단을 거느리면서 사실상 제국 전역에서 황제 권력의 대리인 역할을 했다.

**잘리어왕조와 서임권 투쟁**　　작센왕조를 이은 잘리어Salier왕조(1024~1125)의 황제들 역시 중앙집권적 군주정을 확립하려고 노력했다. 그들이 군주정을 확립하려고 노력하는 과정에서 행정상의 중요한 발전이 이루어졌다. 첫 황제 콘라트Konrad 2세(1024~1039) 때부터 그들은 주로 농노와 같은 비자유민 출신을 전사나 행정관으로 육성하여, 이들을 통해 제국의 직할 행정 영역을 확장하고자 했다. 미니스테리알레Ministeriale라고 불리는 이들 황제 직할 가신은 아무런 봉건적 매개 장치 없이 직접 황제를 섬겼는데, 황제들은 대제후들에 대한 대항 세력으로 이들을 활용했다. 이들 계층은 다음 왕조인 호엔슈타우펜Hohenstaufen왕조 시대에 그 역할이 더욱 확대되었다. 제국의 행정은 기본적으로 고위 성직자들에게 의존했는데, 11세기 후반의 성직 서임권 투쟁 이후 고위 성직자가 황제의 직접적 지배에서 벗어남으로써, 황제들은 성직자에게 행정을 의지할 수 없는 상황에 놓였다. 그러자 황제들은 미니스테리알레를 더욱 중용하여 제국 행정을 맡긴 것이다. 그들은 복무에 대한 보상으로 토지를 지급받았는데, 나중에 그것이 세습화하면서 차츰 봉건영주와 비슷한 지위로 신분이 상승했다.

잘리어왕조의 첫 두 황제의 치세에서 황제의 힘은 절정에 이르렀으나, 하인리히 4세(1056~1106)에 이르러 황제권이 결정적 위기를 맞았다. 새 황제가 여섯 살에 제위를 물려받음으로써 오랜 섭정 기간에 황제권이 크게 훼손되었다. 성인이 된 하인리히 4세가 무너진 권력을 다시 확립하려고 노력하는 가운데, 그는 봉건 제후뿐 아니라 교황이라는 강력한 적수를 만났다. 오토 대제가 확립한 체제, 그러니까 황제가 자신이 임명한 성직자를 통해 제국을 통치하는 체제는 한 세기 동안 비교적 잘 작동해 왔다. 그러나 11세기의 교회개혁 운동과 더불어 교황은 황제로부터의 독립을, 더 나아가 그에 대한 우위를 추구하기 시작했다. 그래서 하인리히 4세 치세 때 급진적 개혁 성향의 강력한 교황 그레고리우스 7세(1073~1085)가 등장하면서, 고위 성직자의 임명권을 두고 국가와 교회가 정면으로 부딪치게 되었다. 그 대립은 황제가 카노사Canossa에서 교황에게 용서를 비는 데서 절정에 이르렀다.

서임권 투쟁 동안 주교와 수도원장은 대부분 황제 편을 들었다. 그들은 황제가 임명했고, 교황이 추진하는 개혁으로 권력을 잃을까 우려했기 때문이다. 반면에 독일의 제후들은 황제의 권력 강화를 우려해서 교황을 지지하는 경향을 보였다. 투쟁 과정에서 그레고리우스 7세는 두 번 황제의 폐위와 파문을 선언하고 대립국왕을 지지하기도 했다. 그에 대한 대응으로 하인리히는 교황을 폐위하고, 대립교황을 옹립했다. 그는 이탈리아에서 3년간 전쟁을 벌였고, 마침내 1084년 로마를 점령하고 그레고리우스를 그 도시에서 축출했다.

하인리히 4세는 그레고리우스 7세보다 20년 이상을 더 살았지만, 황제 권력을 강화하려는 목표를 달성하지는 못했다. 그가 이탈리아에서 싸우는 동안 독일에서 새로운 반란이 일어났고, 그는 이탈리아 정복을 미완으로 남겨두고 서둘러 독일로 돌아가야 했다. 하인리히 4세가 죽을 때까지 독일에서는 산발적인 전쟁이 이어졌으며, 이탈리아에서 그의 지배권은 거의 사라졌다. 뒤이은 교황들이 독일의 반란 세력을 지원했고, 그는 결국 교황에게 파문을 당한 가운데 삶을 마감했다.

서임권 투쟁은 1122년의 보름스협약으로 일단락되었는데, 그 갈등을 겪으면서 독일의 군주정은 힘의 주된 원천을 잃어버렸다. 그 결말인 보름스협약은 교황의 제한된 승리였다. 이전에 황제가 당연한 것으로 행사해 왔던 서임권이 수중에서 빠져나가고, 교회에 대한 황제의 통제권이 치명적으로 훼손되었다. 독일교회의 충성이 이제 교황청으로 넘어가고, 제후들은 권력을 강화하면서 공공연하게 황제에게 반기를 들었다. 황제 권력의 주된 물적 기반인 왕령이 충성을 얻기 위해 제후들에게 하사됨으로써 크게 줄어들었다. 서임권 투쟁의 진정한 승자는 제후들로서, 많은 제후가 그 과정에서 세력을 확장했다.

**호엔슈타우펜왕조의 등장**　　신성로마제국의 치명적인 단점은 제위 세습이 원칙으로 확립되지 못하고, 대제후들이 황제를 선출하는 관행이 굳어졌다는 점이다. 작센왕조와 잘리어왕조는 각각 한 세기 남짓 동안 왕조를 이어갈 수 있었다. 그러나 그 이후 제위는 자주 이리저리 옮아갔으며, 많은 경우 대제후들은 자신들을 간섭하지 않고 내버려둘 허약한 황제를 선출했다. 그 결과 프랑스 왕들이 느슨한 봉건체제를 좀 더 중앙집권화한 왕국으로 개혁하는 과업과 씨름하는 동안, 신성로마제국의 황제들은 정반대의 방향으로 나아갔다. 차츰 각 봉토, 각 주교구, 각 도시가 독일 안에 있든 북이탈리아에 있든 사실상 작은 독립국가로 바뀌어간 것이다.

1125년 하인리히 5세를 끝으로 잘리어왕조가 단절된 뒤, 독일은 수십 년 동안 호엔슈타우펜가와 벨펜Welfen가를 중심으로 제위를 다투는 격렬한 내란에 휘말렸다. 양 세력은 황제와 교황이 다투었던 서임권 투쟁과 연결되었는데, 호엔슈타우펜파는 그 본거지 성채 이름을 따서 바이블링어Waiblinger로 불리면서 황제당을, 벨펜파는 교황당을 의미하게 되었다. 이 싸움은 이탈리아로도 번졌다. 이탈리아에서 바이블링어는 기벨리니Ghibellini로, 벨펜은 겔피Guelfi로 불렸고, 각각 황제당과 교황당을 지칭하는 이름으로 쓰였다. 그 혼란은 호엔슈타우펜가의 프리드리히 1세Friedrich I(1152~1190)가 황제로 즉위하면서 마침내 수습되었다. 붉은 수염Barbarossa이라는 별명을 얻은 그는 마침 그 무렵 이탈리아의 대학에서 되살아나고 있는 로마법의 이점을 십분 활용해서, 최고 주권자로서의 황제 권력을 강화했다. 그는 같은 시대의 프랑스의 필리프 2세나 영국의 헨리 2세에 필적하는 인물이었다.

독일에서는 그동안 황제와 제후의 관계는 엄격한 의미에서 봉건적 관계가 아니었다. 제후들은 그들의 영토의 직접적 지배자로서, 그것을 황제에 대한 군사적 복무를 조건으로 보유한 것이 아니었다. 그뿐만 아니라 그들은 신종의례를 통해 황제와 주종 관계를 맺고 있지도 않았다. 그런 상태에서 이제 프리드리히 1세가 본격적으로 봉건적 관행을 도입했다. 그는 지난 수십 년 동안 독일이 철저하게 분권화되었다는 사실을 현실로 인정했다. 그의 목표는 제후들이 그를 상위 주군으로 인정하게 만들어서 종주권을 확보하는 것이었다. 그는 제후들과 주종 관계를 맺고, 그들이 영지를 봉토로 보유하도록 했다. 그리하여 제국은 봉건 국가로 바뀌어갔다.

프리드리히 1세는 독일의 정세를 안정시킨 뒤, 이탈리아에 대한 지배권을 강화하기 위해 알프스 이남으로 여섯 차례나 군사 원정을 감행했다. 그는 이탈리아를 '신성제국'의 중심이라 했고, 그래서 신성로마제국이라는 국호가 생겼다. 그러나 그는 로마와 교황 국가가 제국에 편입될 것을 두려워한 교황의 완강한 반대에 부딪혔다. 이 무렵 교황에게는 강력한 동맹이 둘 있었는데, 하나는 최대한 황제의 간섭에서 벗어나려는 북부의 번영하는 도시들이었고, 다른 하나는 남부의 시칠리아왕국Regnum Siciliae, Regno di Sicilia이었다. 교황의 봉신이기도 한 시칠리아왕국 국왕은 신성로마제국의 이탈리아 지배를 강력하게 반대했다.

**이탈리아의 정치적 발전**　시칠리아왕국은 노르망디 출신인 오트빌Hauteville가의 로베르 기스카르Robert Guiscard와 동생 로제르Roger를 지도자로 한 노르만인이 나폴리를 비롯한 남부 이탈리아를 비잔티움에서 빼앗고, 시칠리아를 무슬림에게서 탈취함으로써 비롯되었다. 교황들은 이들 노르만 모험가들을 이탈리아에서 몰아내려다가 여의치 않자, 오히려 이들을 독일 황제에 대한 대항마로 활용하려고 했다. 로베르 기스카르는 이탈리아 남부 지역에 남아 있는 비잔티움 영토를 점령하고 사실상의 통치자가 되었지만, 그에게는 정통성이 필요했다. 한편 황제와 맞서야 하는 교황은 군사적 도움이 필요했다. 그래서 로베르 기스카르와 니콜라우스Nicolaus 2세 교황은 1059년 서로의 필요에 따라 봉건적 관계를 맺었다. 기스카르는 교황의 종주권을 인정하고, 그의 봉신으로서 남부 이탈리아를 공령으로 보유했다. 교황은 또한 그에게 무슬림에게서 시칠리아를 탈취하여 교황의 봉토로 보유하도록 권유했다.

로베르 기스카르와 동생 로제르는 1061년 시칠리아 정복에 착수했으나, 이 정복 사업은 수십 년이 걸려 기스카르가 죽은 뒤 1091년에야 완료되었다. 뒤에 로제르는 몰타Malta섬을 점령하고, 노르만의 지중해제국 건설을 꿈꿨다. 그 후 1130년에는 아들 로제르 2세(1130~1154)가 왕으로 인정받고, 그의 나라는 시칠리아왕국이 되었다. 영토가 로마 부근에서 시칠리아 남단까지 뻗친 이 왕국은 비록 봉건적 의상을 걸치기는 했지만, 상대적으로 중앙집권적이고 '근대적'이었다. 강력하고 부유한 이 왕국은 문민 관료 조직을 통해 탄탄한 행정이 이루어졌다.

시칠리아왕국은 유능한 지도자 로제르 2세의 통치 아래 눈부시게 발전하여 유럽에서 가장 부유한 국가의 하나가 되었다. 로제르의 궁정은 이베리아 다음가는 아랍 학문의 본거지로서 유럽 전역에서 지식인들이 찾아들었다. 노르만·비잔티움·이탈리아·아랍 등 다양한 요소가 융합된 시칠리아왕국의 삶과 문화는 참으로 다채로웠다. 게다가 시칠리아왕국은 그 지리적 위치 덕분에 이슬람과 비잔티움 문명의 예술과 사상이 서유럽으로 흘러드는 통로의 하나가 되었다. 노르만인이 세운 이 왕국은 중세 이탈리아 정치에서 중요한 역할을 담당했다.

이탈리아의 정치적 발전은 참으로 흥미롭다고 할 것인데, 그곳에서는 고대 그리스처럼 다양한 정치적 실험이 이루어졌다. 반도의 남부와 중부는 군주정으로 남아 있었지만, 북부에서는 과두정이나 전제정 혹은 공화정 등 다양한 체제가 등장했다. 북부에서 나타난 많은 나라 가운데, 베네치아와 밀라노 그리고 피렌체Firenze가 결국 가장 강성한 나라로 떠올랐다.

도시 베네치아는 아마 5세기에 훈족이 침입했을 때, 이를 피해 나온 난민들이 모여들면서 생겨난 듯하다. 그것은 해안의 늪지대에 형성되어 침략에서 어느 정도 안전한 이점을 누렸다. 이후 베네치아는 유스티니아누스 황제가 추진한 고토 수복 사업을 통해 비잔티움제국에 편입되었다. 베네치아는 9세기와 10세기를 거치면서 세력을 크게 확장하여 아드리아해의 지배자가 되었다. 상인들이 비잔티움의 경쟁자가 되고 하층민은 가톨릭교와 긴밀한 유대를 갖게 되면서, 베네치아는 비잔티움제국의 궤도에서 벗어나 독립국이 되었다.

이후 베네치아는 십자군이 제공한 기회를 잘 활용하여 동지중해 곳곳에 식민지와 무역 거점을 확보했다. 작은 도시국가였던 베네치아는 이렇게 거대 세력으로 성장함에 따라 비잔티움, 제노바, 나중에는 오스만튀르크 등 무역 경쟁자와 자주 전쟁을 벌였다. 그리고 베네치아는 무역과 해운 등으로 거대한 부를 축적했는데, 그 과정에서 성장한 상업귀족들은 13세기에 들어서서 세습 과두정을 수립했다. 부유한 가문 출신만으로 구성된 원로원과 평의회가 종신 선출직인 도제doge를 도와 국정을 운영했다. 이 과두정은 중간계급과 하층계급에 발언권을 전혀 허용하지 않은 압제 체제였으나, 정부는 상당한 안정을 누렸다.

밀라노는 베네치아와 상당히 다른 길을 걸었다. 이 도시는 알프스의 주요 통로 가까이에 있으면서 부유한 농업 지역에 둘러싸여 있었다. 그러나 밀라노는 또한 내륙에 위치해서, 제조업과 금융업에서 부가적인 부의 원천을 구해야 했다. 이미 로마제국 말기에 중요한 도시였던 밀라노는 중세 초기에는 가장 영향력 있는 주교구의 하나가 되었고, 도시 자체가 수백 년 동안 대주교의 지배를 받고 있었다. 그래서 주교가 지배하는 다른 많은 도시처럼, 밀라노의 정치적 발전은 부르주아와 하층계급의 연대 세력이 주교와 대립하는 양상을 띠었다.

북이탈리아의 다른 곳처럼 11세기가 지나가는 동안, 밀라노는 선출직 집정관consul이 평의회의 이름으로 운영하는 자치도시로 발전했다. 밀라노는 곧 붉은 수염 황제에게 맞선 강력한 롬바르디아 동맹Lega Lombarda의 지도자가 되었다. 1162년에는 황제군에 패해 철저하게 파괴되기도 했으나, 그 도시는 이웃 도시들의 도움으로 재빨리 재건되었다. 13세기에 이르러 크게 부강해진 밀라노는 인근 공동체들을 집어삼키며 팽창하기 시작했다. 한편 밀라노는 친황제파인 기벨리니와 친교황파인 겔피의 투쟁에 휘말렸고, 그와 동시에 거의 모든 북이탈리아 도시국가의 공통 현상이었던 귀족과 대중의 갈등을 겪었다. 이런 갈등을 이용하여 야심가들이 대중을 선동하여 권력을 잡았다.

역시 로마제국 말기의 도시였던 피렌체는 통상과 금융업으로 부강해지고, 이웃을 점령하거나 매입하면서 강력한 도시국가로 발전했다. 피렌체는 1115년에 귀족들이 선출하는 집정관이 지배하는 공화국이 되었다. 도시가 부강해지면서 상공업인과 금융인이 권력을 나누어 갖기 위해 길드를 조직하여 귀족과 다투었다. 12세기와 13세기에는 피렌체 역시 기벨리니와 겔피의 상쟁에 휘말렸는데, 기벨리니는 주로 귀족에서, 겔피는 주로 중간계급에서 나왔다. 사회적 갈등, 분파 투쟁, 국제적 분규 등의 요인이 서로 뒤엉키면서 피렌체는 정치적 혼란을 겪었다. 그러면서도 피렌체는 14세기 말에 이르러 지중해 국가 중 가장 부강한 나라의 하나로 발전했다.


**호엔슈타우펜왕조와 이탈리아**　　　프리드리히 1세는 1158년 이탈리아를 침공했다. 이후 18년 동안 황제와 교황은 치열한 싸움을 벌였다. 북부 도시들은 롬바르디아 동맹을 결성하고 황제에 맞섰다. 황제는 여러 번 군사적 승리를 거두었으나 이탈리아를 확실하게 장악하지 못하고, 결국 1176년 레냐노Legnano에서 롬바르디아 동맹군에게 결정적으로 패했다. 이 전투는 군사적 측면에서도 중요한 전투였는데, 그때 창과 쇠뇌crossbow로 무장한 보병이 중무장 기사에 맞설 수 있다는 것이 처음으로 증명되었다. 붉은 수염의 봉건 기사들은 손잡이를 땅에 단단히 박고 비스듬히 세워 놓은 무수한 창을 향해 헛되이 달려든 것이다. 그리하여 레냐노 전투는 전쟁터에서 기사가 누렸던 절대적 우위의 종말을 고하는 신

호탄이 되었다.

　레냐노 전투에서 패한 붉은 수염 프리드리히는 이탈리아에서 완전한 지배권을 재확립하려던 희망을 포기했다. 그는 이듬해 교황과 강화를 맺었고, 1183년에는 북부 이탈리아 도시들에 폭넓은 자치를 부여했다. 그리고 그는 3년 뒤 노르만인과도 타협을 보아, 후사를 시칠리아왕국의 상속녀와 결혼시키는 데 성공했다. 일찍이 부르고뉴의 상속녀와 결혼해서 부르고뉴왕국을 얻은 그는 군사작전 대신 이 결혼을 통해 이탈리아 남부까지 황제의 지배권을 확장할 토대를 마련했다. 시칠리아왕국은 실제로 1194년 호엔슈타우펜 왕가에 상속됨으로써 노르만왕국의 독립성을 상실했다.

　프리드리히 1세는 1189년 3차 십자군을 이끌었다. 두 해 전에 무슬림은 이집트 통치자 살라흐 앗딘의 지휘 아래, 1차 십자군이 팔레스타인과 그 이웃 지역에 수립한 기독교 국가들을 정복했다. 이에 자극을 받아 붉은 수염은 영국의 리처드 사자심왕 및 프랑스의 필리프 존엄왕과 함께 대규모 십자군을 일으킨 것이다. 그러나 그는 성지에 도달하기도 전에 소아시아에서 강을 건너다가 익사했다. 1차 십자군보다 규모가 더 컸고 리처드와 같은 용맹한 전사가 이끌었음에도, 3차 십자군은 예루살렘을 탈환하지 못한 채 결국 1192년 휴전협정을 맺었다. 기독교도가 예루살렘을 자유롭게 방문하는 것이 보장되었으나, 십자군은 그 이상은 아무것도 얻지 못했다.

　프리드리히 1세의 아들 하인리히 6세가 1197년 네 살 난 상속자 프리드리히를 두고 갑자기 죽자, 독일은 다시 한 번 두 경쟁 파당으로 갈라져 내란을 치렀다. 긴 내전의 시대를 거친 뒤 제위에 오른 프리드리히 2세(1215~1250)는 중세 황제 가운데 가장 교육을 잘 받은 인물로서, 높은 수준의 교양과 학식을 갖추었으며 외교에도 노련했다. 어린 나이에 고아가 된 그는 가장 강력한 중세 교황 인노켄티우스 3세의 후견 아래 양육되었다. 프리드리히 2세는 1198년에 시칠리아 왕, 1212년에 독일 왕, 그리고 1215년에 황제 피선을 확보하고 1220년에 이탈리아 왕과 신성로마제국 황제가 되었다. 다양한 민족과 언어 그리고 종교를 포괄한 시칠리아에서 태어나고 자란 그는 이슬람문화에 깊은 관심을 가졌으며, 아랍어에도 능통했다. 프리드리히 2세는 다른 황제들보다 더 크고 번영한 영토를 지배했다. 그는 모후로부터 물려받은 시칠리아왕국 이외에도 예루살렘왕국과 그의 치세기에 튜턴기사단이 정복한 동프로이센을 간접 지배했다.

그러나 그는 이탈리아 이외에는 큰 관심이 없었다. 그의 주된 목표는 이탈리아를 시칠리아왕국이 지배하는 강력한 중앙집권 국가로 건설하는 것이었다. 그는 시칠리아왕국을 활기 넘치는 나라로 만들었다. 유급 관료가 행정을 맡은 그왕국은 유럽에서 가장 중앙집권적이고 관료화한 나라였다. 게다가 그 왕국은 경제적으로도 다른 나라보다 훨씬 선진적이었다. 프리드리히 2세는 단일통화를 발행하고, 내국관세와 통행세를 폐지하고, 바다에서는 강력한 함대로 상업 활동을 보호했다.

그러나 프리드리히 2세는 이탈리아의 지배권을 장악하려는 열망 때문에 교황과 격렬한 싸움에 빠져들었다. 교황은 이탈리아의 북부와 남부를 한 사람이 지배하게 되면, 중부에서 교황의 세속 권력이 위태로워지게 될 것이라는 점을 잘 알고 있었다. 북부의 도시들 역시 그들의 자유를 포기하려 하지 않았다. 프리드리히는 힘든 싸움을 치렀고, 많은 전투에서 이겼지만 결국 전쟁은 졌다.

그는 세 번이나 파문당했다. 그는 교황의 요청으로 십자군에 참여했다가 병으로 중도에 귀국하는 바람에 처음 파문당했다. 그는 몇 달 뒤 십자군에 다시 참여했는데, 파문 기간에 허락 없이 참여했다고 두 번째 파문당하고, 협상으로 예루살렘을 획득한 뒤 무슬림에게 예배의 자유를 허용했다고 세 번째 파문을 당했다. 그러나 그는 파문을 당한 가운데서도 십자군을 성공적으로 이끌었다. 그는 외교와 단순한 무력시위만으로 무슬림 지배자를 설득하여 예루살렘 등지를 양도받았으며, 그리하여 기독교도의 성지 지배를 재수립했다.

한편 프리드리히 2세는 이탈리아의 과업에 몰두함으로써, 독일을 변방으로 방치했다. 그는 독일에는 거의 거주하지 않으면서, 이탈리아에서 벌이는 전쟁의 지원을 얻기 위해 많은 왕령과 국왕의 권리를 독일 제후들에게 양도했다. 그의 치세 동안 독일 제후들은 거의 사실상의 주권을 갖게 되었다. 그렇게 하여 그는 제국의 분권화와 해체 과정을 촉진했다.

프리드리히 2세가 살아 있는 동안 제국은 통합을 유지했으나, 그가 죽은 뒤 빠르게 해체되었다. 무능한 그의 아들은 4년 만에 사망했다. 교황은 그의 후손이 남부 이탈리아를 지배하지 못하게 하려고 프랑스 왕 루이 9세의 동생인 앙주의 샤를을 끌어들였다. 야심 많은 샤를은 교황의 이름으로 원정군을 조직하고, 십자군 성전의 명분으로 1266년에 시칠리아를 침공했다. 그는 2년 뒤 호엔슈타우펜왕조의 마지막 남은 상속자인 프리드리히 2세의 어린 손자를 참수하고, 시칠리아왕국의 왕관을 차지했다. 그리하여 황제와 교황의 싸움은 마침내 종지부를 찍었다. 그러나 호엔슈타우펜왕조 황제들에 대한 교황의 승리는 덧없는 것이었으니, 황제와의 투쟁에서 교황의 신망 역시 상당히 손상을 입었다. 교황들은 세속적 야망을 위해 정신적 수단을 이용하고, 경쟁하는 여러 군주 사이에서 외교 게임을 펼치면서 마치 이탈리아의 군주인 것처럼 행동했다.

한편 앙주의 샤를은 시칠리아왕국에 뿌리를 내리지 못했다. 시칠리아인들 사이에 무거운 세금과 가혹한 압제로 앙주가에 대한 반감이 고조되었다. 그들은 1282년 반란을 일으켜 프랑스인 지배자들을 학살하고, 왕국의 왕관을 프리드리히 2세의 손녀의 남편인 아라곤Aragon 왕에게 넘겼다. 그러나 시칠리아섬에서 쫓겨난 샤를은 남부 이탈리아를 지키는 데는 성공했다. 그래서 이후 왕국은 시칠리아왕국과 나폴리왕국으로 분할되어, 15세기 중엽까지 각각 아라곤 왕가와 앙주 왕가의 지배를 받았다. 그리하여 옛 노르만왕국의 부와 문화는 차츰 사라지고, 양 시칠리아왕국은 유럽 생활의 외진 지역으로 전락했다.

신성로마제국은 붉은 수염의 치세기에 누렸던 위엄을 두 번 다시 누리지 못했다. 호엔슈타우펜왕조의 황제들은 이탈리아에서 권력을 강화하는 데 너무나 많은 정력과 자원을 낭비했다. 호엔슈타우펜왕조의 실패 이후 신성로마제국 황제들은 독일에서도 이탈리아에서도 실질적 지배력을 갖지 못했다. 독일도 이탈리아도 통일된 군주국을 수립하지 못하고, 수많은 군소 제후국의 느슨한 연합체를 위한 지리적 명칭이 되어갔다.


## 2. 중세 성기의 교회와 교황 국가


### 1) 서임권 투쟁

**성직 서임권 문제**　　11세기에 이르러 교회 지도자들은 교회를 영주의 간섭에서 해방할 필요를 절실하게 느끼기 시작했다. 그리고 교회개혁 운동이 일어나면서 속인의 서임권 문제가 국가와 교회 사이에 쟁점으로 떠올랐다. 그런데 11세기 중엽부터 개성이 강한 교황들이 성과 속 양면에 대한 지배권을 내세움으로써, 쟁점은 새로운 양상을 띠게 되었다. 이 시기의 모든 교황이 교회 조직 전반에 대해 실질적 지배권을 장악하려고 애썼는데, 이 교회 조직은 주교와 수도원장이 굉장히 넓은 지역을 지배하고 있는 시대에 엄청난 정치적 및 경제적 힘을 지니고 있었다. 어떤 교황은 더 나아가 교황이 모든 기독교도의 정당한 주권자라고 주장하기도 했다.

고대 로마 황제와 카롤루스 마그누스의 합법적인 정치적 상속자를 자처하는 신성로마제국 황제는 기독교 세계에 대한 보편적 지도력을 내세우는 교황에 대해 다른 어느 나라 국왕보다 직접적인 경쟁을 느낄 수밖에 없었다. 게다가 독일에서는 교회에 대한 통제가 왕권의 기반이었으며, 독일의 교회는 기본적으로 국가교회였다. 주교와 수도원장은 방대한 토지를 보유했으므로 그들을 임명할 권리는 황제의 세입과 영향력에 매우 중요했다. 더욱 근본적인 것은 제국 행정이 거의 전적으로 성직자에 의존하고 있었다는 점이다. 황제는 그들의 충성을 확보하기 위해서는 무엇보다 그들에 대한 임명권을 장악하는 것이 필요했다. 그래서 서임권을 둘러싼 교회개혁 운동은 곧 황제 권력의 기초를 허무는 일이었다.

중세 교회의 가장 중요한 개혁은 교황 자체와 관련된 개혁이었다. 수백 년 동안 교황은 로마 지역의 귀족들이 벌인 권력투쟁의 소산이었다. 그래서 그들의 대립과 음모 속에서 자주 형편없는 교황이 선출되기도 했다. 귀족들은 오토 1세 이후에는 신성로마제국 황제들의 견제를 받았는데, 황제들은 이따금 자신이 천거한 인사를 임명하기 위해 선출 과정에 개입했다. 그렇기 때문에 교회 개혁이 제대로 이루어지려면, 무엇보다 먼저 교황직 자체가 기존의 선출 관행과 황제의 통제에서 벗어나는 일이 필요했다. 1059년에 이 일이 이루어졌다. 이 해에 개혁 성향의 니콜라우스 2세 교황이 라테라노Laterano 대성당에 소집한 주교회의synod 가 성직매매를 금지하고 성직자 독신을 촉구하는 한편, 추기경단이 교황을 선출할 것을 공포했다. 이로써 앞으로 교황은 황제의 지배에서 벗어나 교회의 진정한 수호자가 되는 길이 열렸다. 이후 13세기 말에는 추기경에 대한 외부 간섭을 원천적으로 차단하기 위해 선출 기간에는 추기경들을 비밀회의장conclave에 가두어두는 관습이 생겼다.

교황 선출제의 개혁과 더불어 니콜라우스 2세는 남부 이탈리아에 갑자기 나타난 노르만 정복자와 동맹을 맺었다. 로베르 기스카르는 침략과 약탈을 일삼다가 이탈리아 남부 지역의 비잔티움 영토를 점령하고 사실상의 통치자가 되었는데, 교황은 기스카르에게 칼로 얻은 것을 합법적으로 지배할 권리를 부여했다. 이 협정으로 교황은 장차 황제와 충돌할 경우 군사적 지원을 확보할 수 있게 되었다. 이 새로 얻은 지원 세력을 바탕으로 교황은 재빨리 북부 이탈리아에서, 그리고 더 나아가 독일 자체에서 황제의 권위에 도전할 수 있었다.

**그레고리우스 7세와 하인리히 4세**　　농민 출신으로 클뤼니 수도사인 급진개혁가 힐데브란트Hildebrand가 1073년 새 제도에 따라 두 번째로 그레고리우스 7세 교황에 선출되었을 때, 황제와의 갈등이 표면화했다. 불같은 성격의 소유자인 그는 한 세대 동안 교황들의 개혁 정책을 온몸으로 추동해 온 인물로서, 1059년의 교황 선출제도의 개혁도 그가 이끈 것이었다. 그는 교황은 신의 대리자로서, 성과 속을 아우른 전 기독교 세계의 지배자이며, 따라서 황제를 폐위할 권한도 갖고 있다고 주장했다. 그레고리우스 7세는 교황권에 관한 자신의 신념을 실현하기 위해 온 힘을 쏟았다.

그레고리우스 7세는 먼저 개혁을 통해 교회를 세속의 간섭과 부패에서 벗어나도록 하고, 교회 전체에 대한 교황의 지배권을 강화했다. 이것이 교회 개혁에 치중한 클뤼니 수도회 개혁 운동의 목표였다. 그러나 교황은 그보다 훨씬 더 나아가고자 했다. 클뤼니 수도회가 교회를 국가에서 떼어놓으려 한 데 비해, 그는 교회를 국가 위에 올려놓으려 했다. 그는 먼저 하인리히 4세를 공격했다. 그레고리우스는 1075년 속인의 성직서임 금지를 선언하면서, 만일 이를 어기면 파문할 것이라 협박했다. 속인 통치자의 성직자 서임은 카롤루스 마그누스 때부터 행해 온 것이어서, 그레고리우스의 이 행위는 사실상 유럽 통치자에게 전쟁을 선포한 것이나 다름없었다.

하인리히 4세는 교황의 조치를 단호하게 거부했다. 이에 대응하여 교황은 황제를 파문하고 폐위하여, 황제의 모든 봉신에게 충성 서약의 의무를 풀어주었다. 그 결과 독일에서 제후들의 반란이 일어났다. 반란을 진압하지 못한 황제는 화해의 길을 택할 수밖에 없었다. 하인리히는 1077년 한겨울의 눈길을 뚫고 알프스를 넘어, 그레고리우스 7세가 독일 방문 길에 머무르고 있는 이탈리아의 작은 도시 카노사에 닿았다. 그는 참회자의 복장으로 눈밭에서 맨발로 3일 동안 용서를 간청했다고 전해진다. 교황은 마침내 그를 맞이하고, 파문을 풀어주었다. 카노사의 이 극적인 장면은 교황의 위세와 권력의 상징이 되었다. 그렇지만 그것은 의심스러운 승리였다. 그레고리우스는 일시적 승리를 항구적 승리로 매듭지을 충분한 군사력을 확보하지 못했다. 교황이 파문을 거두고 하인리히를 복권하자, 반란을 일으킨 제후들이 위기에 빠졌다. 하인리히는 정적들을 분쇄하고, 1080년에 이르러 독일 전역에 대한 지배권을 되찾았다.

이후 하인리히 4세는 이탈리아로 관심을 돌렸다. 그는 1081년 새 교황을 세우고, 이탈리아의 지배권을 회복하기 위해 반도를 침공했다. 이후 반도에서 3년 동안 전쟁이 이어졌다. 하인리히는 1084년 몇 달 동안 로마를 점령하고, 그레고리우스 7세를 그곳에서 쫓아냈다. 그러자 남쪽에서 온 기스카르의 노르만 군대가 사태를 역전시켜 황제를 몰아냈다. 그런데 이들 노르만인은 로마에서 불을 지르고 약탈을 자행했다. 로마 주민들이 이들 교황의 보호자들이 저지른 난동에 너무나 분개해서, 그들이 떠난 뒤 그레고리우스는 감히 로마에 머물 엄두를 내지 못했다. 그는 살레르노Salerno로 옮아가, 그곳에서 이듬해 죽음을 맞이했다.

**보름스협약**　　서임권을 둘러싼 분쟁은 이후에도 계속되었다. 파스칼리스 Paschalis 2세 교황과 추기경들은 하인리히 5세 황제에게 체포당하고, 교황은 독일로 압송되기도 했다. 그러다가 1122년 하인리히 5세와 칼리스투스Callistus 2세 교황이 보름스협약을 맺음으로써 황제와 교황의 서임권 투쟁은 일단락되었다. 그 협약으로 독일의 주교 선출권은 교회가 보유하게 되었는데, 다만 그 선출은 황제나 그 대리인의 임석하에 실시해야 했다. 그리고 황제는 새로 선출된 주교에게 주교직에 딸린 토지와 세속적 권력을 부여할 권리를 가지는 한편, 교회는 그에게 종교적 권능을 부여하게 되었다. 그래서 주교로 선출된 인물은 황제에게 봉신으로서의 충성을 맹세하는 신종의례를 행하고, 황제는 그에게 세속적 사법권의 상징인 홀笏을 수여했다. 이 의식이 수행된 뒤에야 그는 교황 대리인에게 성직을 임명받았는데, 이때 교황 대리인은 그에게 정신적 권능의 상징으로 반지와 지팡이pastoral staff를 수여했다. 영국과 프랑스의 왕은 이전에 이미 이와 비슷한 타협을 했기 때문에, 이로써 서임권 문제는 일단 매듭이 지어졌다.

## 2) 교황권의 절정

**인노켄티우스 3세**　　13세기에 가톨릭교회는 종교 및 세속 양면에서 황금기를 맞이했으며, 특히 인노켄티우스 3세(1198~1216)에 이르러 교황의 위세와 권력은 정점에 도달했다. 수도사였던 그레고리우스 7세나 이전의 다른 개혁 교황과 달리 12세기 말과 13세기의 교황들은 교회법에 정통한 법률가요 행정가였다. 그들은 그레고리우스 7세의 개혁 이상을 버리지 않았으나 그보다는 덜 교조적이었으며, 권력을 공고히 하고 탄탄한 행정조직을 정비하는 데에 더 많은 노력을 기울였다. 인노켄티우스Innocentius 3세는 성·속 양면의 최고권을 주장하면서, 교황권을 해에 그리고 왕권을 달에 비유했다. 그는 달이 그 빛을 해에서 얻듯이, 국왕은 교황에게서 그 위엄과 광휘를 얻는다고 주장했다. 이러한 자신의 신념을 관철하기 위해 그는 여러 왕과 수시로 싸우고, 그들을 굴복시켰다. 그는 불복하는 국왕과 제후에게 85회나 성무금지령을 위협하거나, 실제 성공적으로 발동했다.

인노켄티우스 3세는 캔터베리 대주교 선출 문제로 영국의 존 왕과 분쟁을 벌인 끝에 굴복시키고, 존을 봉신으로 삼았다. 영국 이외에도 아라곤, 덴마크, 헝가리, 폴란드 기타 여러 나라가 그가 수여한 봉토가 되었다. 그리고 그는 프랑스의 필리프 존엄왕이 이혼한 부인을 다시 왕비로 받아들이게 함으로써, 왕이 교회의 도덕법전을 따르도록 하는 데 성공했다. 신성로마제국과 관련해서는, 제위를 다투는 경쟁 당사자들이 벌이는 내란에 개입해서 한 번은 이 후보를, 한 번은 저 후보를 지원하면서 그들을 통제했다. 그는 결국 1215년 그의 후견 아래 양육된 호엔슈타우펜가의 프리드리히 2세를 황제로 선출하게 하는 데 성공했다.

인노켄티우스 3세 치세에서 13세기 말경까지 교회는 드높은 위세와 힘을 자랑했다. 교황은 유럽 어떤 군주보다 월등하게 많은 세입을 누렸으며, 모든 세속 지배자와 고위 성직자는 교황의 권력을 인정했다. 교회는 곳곳에 광대한 땅을 보유했다. 그러나 교회의 부는 교육과 자선의 기능을 수행할 물적 기반이 되는 한편, 또한 성직자의 부패와 타락을 부추기는 요인이 되기도 했다.

**교황 국가의 행정 체제**      중세 성기에 교회가 가진 권력은 상당 부분 고도로 조직화한 행정 체제에서 나왔다. 교황청은 로마제국의 행정 체제와 법률에 관한 지식을 바탕으로 12세기와 13세기에 교황을 수장으로 하는 정교하고 복잡한 행정 체제를 발전시켰다. 교황청의 문서를 관리하는 부서인 상서원cancellaria apostolica, 재정 문제를 다루는 재무원camera apostolia, 신앙과 관련한 이른바 내적 사항에 대한 판결을 내리는 곳으로, 파문이나 성무금지령 등의 징계처분을 담당하는 내사원內赦院, poenitentiara apostolica, 교황이 추기경을 소집해서 여는 교황자문회의consistorium papale, 성직자가 관련된 민사 및 형사 소송을 다루는 최고법원인 교황청 로타법원sacra romana rota 등의 핵심 부서가 설치되었다. 그리고 그레고리우스 7세 때부터 관행화한 교황특사legate는 특정 사업에 관한 교황의 명령을 전 유럽에 전했는데, 교황은 이들을 활용하여 여러 층위의 교회 조직에 대한 지배권을 유지했다.

교황청의 행정 체제는 당대 유럽에서 가장 선진적이었거니와, 법정제도와 법체계의 발전에서도 유럽 모든 나라보다 앞섰다. 교회법은 성서와 교부들의 저술, 그리고 공의회와 교황의 교서를 바탕으로 발전했다. 12세기에 교회는 자체의 공식적인 법체계를 공포했는데, 교회 법정은 이에 근거해서 위증·신성모독·마법·고리대금·이단 등을 재판했다.

교황권이 정점에 이른 13세기에 교황청의 수입은 유럽 어느 나라 정부의 수입보다 많았다. 수입원은 다양했다. 이탈리아 중부 교황 국가의 통치자로서 교황은 그곳에서 세속 군주와 같은 수입을 얻었다. 영국처럼 교황의 봉토가 된 나라는 교황청 금고에 예속적 지위의 표시로 공납을 바쳤다. 주교와 기타 고위 관리들은 그들 직책의 첫해 수입을 교황에게 바쳤다. 로마를 방문하는 순례자와 참회자도 중요한 소득원이었으며, 교황 법정에서 부과하는 벌금 역시 교황청 금고로 들어갔다. 그런데도 불구하고 중세 모든 정부와 마찬가지로 교황청도 만성 적자에 시달렸고, 이탈리아 은행가로부터 돈을 빌렸다. 이들은 유럽 전역에서 교황의 세입을 징수하는 대리인이 되었는데, 많은 이탈리아 은행 가문들의 재산은 교황청을 대행하는 활동으로 그러모은 부를 바탕으로 형성된 것이었다.

교황이 기독교 세계에 대한 정치적 지도력을 주장하는 것은 이론상으로는 「콘스탄티누스의 기증장」과 '두 개의 칼'이라는 교리에 바탕을 두고 있었다. 「콘스탄티누스의 기증장」은 콘스탄티누스 황제가 콘스탄티노폴리스로 수도를 옮길 때, 서로마 황제의 권위를 교황에게 위임했음을 보여주는 문서였다. 그것은 위조문서로서, 8세기에 교황청 상서원에서 작성한 것이었다. 그러나 그 진위에 대해서는 15세기까지도 의문이 제기되지 않았다. 양검론의 교리는 루카복음 구절(룩 22: 36, 38)의 해석이었다. 사도들이 가진 두 개의 칼을 중세 주석가들은 세속적 권력과 정신적 권력을 상징하는 것으로 해석했다. 그런데 두 칼이 모두 사도의 수중에 있었으니까, 그 둘은 모두 사도의 상속자인 주교들에게, 그리고 그들의 우두머리인 교황에게 속한다는 것이었다.

교회 정부는 정부의 필수 요소의 하나인 군사력이나 경찰력을 갖추지 못했다. 그 대신 교황의 권력을 뒷받침하는 무기 가운데 가장 강력한 것은 파문이었다. 파문은 당사자를 기독교공동체에서 추방하는 저주이며, 파문을 당한 채 죽으면 기독교의 장례의식도 받을 수 없었다. 파문으로 통치자를 무릎 꿇리지 못하면, 교황은 성무금지령에 기댈 수 있었다. 파문은 개인에게 내리는 징계인 데 비해, 성무금지령은 불복종 통치자의 영토 내에서 세례와 병자성사를 제외한 모든 성사를 보류하는 징계 조치였다. 교황은 구원에 필수불가결한 성사를 받지 못하게 함으로써, 신민들이 지배자에게 등을 돌리게 할 수 있었다.

그리하여 교회는 세속 정부와 같은 물리적 강제력이 없어도 여러 방법으로 사람들의 충성심을 끌어낼 수 있었다. 그렇지만 권유·설교·교육·파문·성무금지령 등과 같은 방법으로 복종을 확보하지 못했을 때, 교황은 드물지 않게 '세속적 무기'에 의존하기도 했다. 교황의 용병 군대는 13세기 이래로 이탈리아 안에서 세력균형의 한 축을 담당했다. 특히 독일에서는 주교들이 종종 소규모 군대를 보유했고, 교회를 위해 세속 지배자가 군대를 사용하는 것에 동의했다.

교회 정부의 지방행정의 기본단위는 주교구였고, 그것을 맡은 행정가는 주교였다. 그들은 사제를 임명하고 감독했으며, 교육기관도 대체로 그들의 통제 아래 있었다. 교황은 서신을 통해 주교들과 꾸준히 접촉하고, 정기적으로 로마를 방문할 것을 요청했다. 그레고리우스 7세는 이탈리아 바깥에 영향력을 확대하기 위해 교황특사를 파견하는 관행을 시작했다. 이들은 다소간 항구적으로 각국

수도에 머물면서 주재하는 영토 안의 교회 조직을 감독했다.

주교의 다수는 귀족의 차남 이하에서 충원되었다. 그러나 일부는 미천한 신분에서 주교의 반열에 오르기도 했다. 11세기와 12세기에는 상당한 정도로 교회에서의 입신출세가 재능 있는 사람에게 열려 있었다. 사실 교회는 야심 있고 유능한 평민이 권력과 영향력 있는 지위에 오를 수 있는 거의 유일한 통로였다. 그레고리우스 7세 교황은 농민의 아들이었고, 토머스 베케트는 부르주아 집안 출신이었다. 교황 정부의 이러한 활력이 떠오르는 중앙집권적 군주정에 전이되었다. 세속 정부 역시 세습 봉건귀족에게 전적으로 의존하던 데서 벗어나, 차츰 미천한 출생의 사람들에게 비슷한 출셋길을 제공하기 시작한 것이다. 이전에 성직자가 될 수 있었던 사람이 그 대신 이제 법률가와 관료가 되었다. 14세기에 교황의 정치적 영향력이 약해진 것은 이런 변화와 무관하지 않았다.

### 3) 수도원 운동

**12세기의 수도원 운동**　　중세의 교회개혁 운동은 10세기 초에 설립된 클뤼니 수도원이 주도했는데, 그 운동은 엄청난 성과를 거두었음에도 처음에는 수도원 울타리 바깥에서는 큰 영향을 미치지 못했다. 그러다가 그 수도사들은 11세기 중엽 추기경단을 주도하면서 교황직이 세속의 개입에서 벗어나는 데 중요한 역할을 했다. 그리고 그 수도사인 힐데브란트 자신이 교황이 되어 강력하게 개혁운동을 전개했다.

그러나 수도원 운동은 역설적으로 성공 그 자체가 이미 실패를 내장內藏하고 있게 마련이었다. 수도원이 신망을 얻을수록, 사람들은 그 수도원에 재물을 희사하고 증여했다. 그런데 수도원은 부가 증대하면서 점점 더 세속사에 깊이 개입하고, 수도사들은 사치스럽고 안락한 생활에 젖어들어 버리는 것이다. 11세기 말엽에 이르면, 부와 권력에 둘러싸인 많은 클뤼니 수도사가 그러한 성공의 함정에 빠져버렸다. 이는 비단 클뤼니 수도원뿐 아니라, 뒤따르는 모든 성공한 수도원이 피하지 못한 운명이었다. 그런 가운데 많은 경건한 교회 지도자가 수도원 본연의 금욕적 이상과 수도사의 호사스러운 실제 생활 사이의 엄청난 간극에 경각심을 갖게 되었다.

11세기 말과 12세기 전반에 다시 종교적 열정의 물결이 유럽 전역을 휩쓸었고, 그 결과 몇몇 새로운 수도회가 설립되었다. 이들 수도원은 세속에서 멀리 떨어진 궁벽한 곳에 세워졌다. 브루노Bruno가 1084년 설립한 매우 금욕적인 카르투시오수도회Ordo Cartusiensis와 로베르Robert가 1098년 시토Citeaux에 설립한 시토수도회Ordo Cisterciensis가 그런 것이었다. 시토수도회 수도사들은 금식·철야 기도·육체노동·채식 등을 강조하는 엄격한 금욕적 규율을 준수했는데, 특히 클레르보Clairvaux의 성 베르나르St. Bernard(1090~1153)가 합류하면서 시토수도회는 비할 바 없는 명성을 얻었다.

성 베르나르는 12세기의 가장 위대한 종교 지도자로 꼽히고 1146년의 제2차 십자군을 추진한 인물이었는데, 그의 열정적인 노력으로 시토수도회는 놀라울 정도의 성공을 거두었다. 그가 죽을 무렵에는 유럽 전역에 340여 개의 분원 수도원이 설립되었고, 12세기 말에는 그 수가 다시 두 배 이상 늘었다. 시토 수도사들은 검은 수도복의 베네딕투스 수도사와 구별되도록 흰 수도복을 걸쳤다. 그들은 처음에 클뤼니의 부를 통렬하게 비판하면서, 토지 기증을 거부하고 황무지를 개간했다. 그렇지만 흰 수도복 역시 경제적 성공, 기증과 증여, 세속 권력 등으로 얼룩이 졌다. 수도원 설립 한 세기 만에 시토 수도사들은 클뤼니 수도사의 전철을 밟아 부의 안락에 빠져버렸다.

**이단과의 투쟁**　　종교적 열정과 영성의 부활은 수도원의 개혁 운동과 더불어 이단 운동도 불러일으켰다. 좀 더 개인적이고 깊은 종교 체험에 대한 열망을 가진 사람들은 제도적 교회에 대해 적대적 감정을 갖기도 했다. 특히 12세기 이후 빠르게 성장하는 도시는 이단이 자라기 좋은 비옥한 토양이 되었다. 세속을 멀리하고 황무지를 개간하면서 영성의 삶을 추구한 것이 시토 수도회가 성공한 요인이었지만, 그것은 또한 그 한계로도 작용했다. 농업 사회를 바탕으로 한 기존의 낡은 가르침이 도시민의 종교적 갈증을 채워주지 못하게 되면서, 도시에서 이단이 성행하게 된 것이다. 현실 사회와 격리되고 전적으로 농업적 이해에 관심을 둔 카르투시오수도회와 시토수도회는 도시민의 종교적 불만과 그 결과 나타나는 이단의 번창에 효율적으로 대처하지 못했다. 특히 카타리파Cathari와 왈도파Waldo가 그 시대의 대표적 이단이었다.

'순수'를 뜻하는 그리스어에서 유래한 카타리파는 프랑스 남부 도시 알비를 중심으로 급속하게 퍼져 나갔는데, 그래서 알비주아파라고도 불리는 그들은 세계를 선한 정신세계와 악한 물질세계가 대립하는 전쟁터로 보았다. 그들은 인간 역시 이원론적으로 이해하여 선한 영혼이 악한 육체에 갇혀 있다고 보았으며, 이 죄악의 세상에 인류를 영속화한다 하여 결혼을 비난했다. 그뿐만 아니라 그들은 가톨릭교회 역시 물질세계의 일부이며 따라서 원천적으로 악이라 주장하면서, 제도로서의 교회도 거부했다. 카타리파는 남부 프랑스와 북부 이탈리아에서 주요 귀족들의 열렬한 지지를 얻었다.

역시 남부 프랑스에서 성행한 왈도파는 라인강 유역을 따라 독일과 네덜란드까지 전해졌다. 지도자 왈도는 리옹Lyons의 부유한 상인으로, 전 재산을 자선에 바치고 복음을 전하면서 속인 교단을 설립했다. 교회 자체를 부정하는 등 극단적 견해를 가진 카타리파와 달리, 그의 가르침은 정통 교의와 근본적으로 대립하지는 않았다. 그렇지만 그는 속인도 복음을 설교할 수 있다고 믿고, 부정한 사제가 집행한 성사의 효력을 부정함으로써 가톨릭교회를 긴장시켰다.

인노켄티우스 3세 교황은 이들 집단을 재개종시키려고 노력하다가 실패하자, 1208년 북부 프랑스의 귀족들에게 카타리파가 널리 퍼진 남부의 툴루즈 지방에 대해 십자군을 일으킬 것을 호소했다. 그러나 이듬해부터 공포의 대학살을 자행하는 가운데 이 십자군은 원래의 종교적 동기는 사라지고, 이단 혐의자의 재산을 차지하려는 세속적 탐욕에 사로잡혔다. 20년에 걸친 전쟁으로 거의 괴멸하다시피 한 알비주아파는 이때 살아남은 세력마저 종교재판소의 탄압 속에서 14

세기에 완전히 사라졌다. 이 무자비한 진압 작전으로 남부 프랑스는 쑥대밭이 되었으며, 번성하던 문화도 파괴되었다. 왈도파 역시 십자군의 폭력 아래 산산이 흩어졌는데, 그러나 그들은 절멸하지 않고 지금도 알프스 계곡을 중심으로 일부 지역에서 명맥을 유지하고 있다.

이단에 대한 십자군 운동과 더불어 1233년에는 이단의 물결에 대처하기 위해 종교재판소Inquisition라는 교황 특별법정이 설치되었다. 이단 혐의로 고발된 사람은 변호인의 도움도 없이 비밀리에 재판을 받았다. 피의자의 자백을 짜내는 일반적 방법은 고문이었다. 죄를 자백하고 이단 주장을 철회하는 자는 참회를 하고 재산만 몰수당하면서 교회와 '화해'했다. 고문은 영혼을 지옥에서 구해내기 위한 수단이라는 명분으로 정당화되었다. 고문을 받고도 끝내 자백하지 않는 피의자는 이단으로 선언되고, 세속 당국으로 넘겨져서 보통 화형에 처해졌다. 종교재판소가 기능했던 곳에서는 이단을 근절하는 데 매우 성공적이었으며, 특히 탁발수도사friar의 설교 및 구호사업과 결합했을 때는 더욱 효과적이었다.

**탁발수도회**　　교회는 이단의 움직임에 종교재판소와 같은 폭압적 방법으로 대처하는 한편, 새로운 종교적 열정으로 이에 대처하기도 했다. 13세기 초에 이르러, 전 세기의 세상에서 유리되고 은둔적인 수도회와는 다른 성격의 수도회가 설립되었다. 탁발수도회ordines mendicantium라는 이 혁신적 수도회의 수도사들은 외딴 수도원에서 은둔의 삶을 사는 대신, 세속 특히 번성하는 도시에서 살면서 세상 사람들에게 복음을 설파하고, 가난한 사람들에게 봉사하고, 학교에서 학문을 가르쳤다. 그들은 서로를 형제friar라고 불렀다.

프란체스코수도회를 설립한 이탈리아 소도시 아시시Assisi의 성 프란체스코St. Francesco, Franciscus(1182~1226)는 전 재산을 헐벗은 사람들에게 기부하고, 빈손으로 구걸하는 삶을 살면서 단순 소박함의 복음을 전파하고, 가난하고 병든 사람들을 보살폈다. 그는 인류뿐 아니라 모든 피조물에 대한 사랑을 강조했다. 그리고 그는 무소유를 주장했다. 프란체스코는 그의 '형제들'이 개인으로든 수도회 차원으로든 모든 소유를 포기하기를 바랐다. 그러나 이 세상 재화의 완전 부정은 세속화하고 부유한 고위 성직자들에는 몹시 성가시고 불편한 것이었다. 인노켄티우스 3세 교황은 수도회를 통제 아래 두기 위해 1210년 수도회를 공식 기구로 승인했다. 그 10년 뒤 프란체스코는 수도회의 수장 자리에서 물러나라는 요구를 받았고, 수도회는 교황의 직접적 감독 아래 놓이게 되었다. 그리고 그가 죽은 뒤, 재산의 집단적 소유를 금지하는 수도회 규칙은 폐기되었다. 프란체스코수도회는 재산을 기부받기 시작했고, 한 세기 안에 또 하나의 부유한 수도원이 되었다. 구걸로 살아가던 탁발수도사들 역시 결국 청빈의 이상에서 멀어지게 되었다.

프란체스코는 신과의 교감을 추구하고 신의 진실을 영감과 계시를 통해 찾는, 이른바 신비주의자였다. 그래서 그의 수도회는 원래 학문과 교육에는 큰 관심이 없었다. 또 다른 탁발수도회인 도미니쿠스수도회를 설립한 성 도미니쿠스 St. Dominicus(1170~1221)는 프란체스코와는 아주 다른 인물이었다. 도미니쿠스는 지식인으로, 신의 진실에 이르는 이성적 접근을 중요하게 생각했다. 그리고 그가 창설한 교단은 주로 학문과 교육 그리고 설교에 헌신했다. 그는 이베리아 출신으로 프랑스 남부에서 알비주아파와 싸웠는데, 그때 그는 열정을 가진 이단과 싸우기 위해서는 헌신적으로 복음을 설파할 수 있는 투사가 있어야 한다고 생각했다. 그래서 그는 이단을 논박하고 개종시킬 수 있는 유능하고 학식 있는 설교사를 훈련할 의도로 교단을 설립했다. 도미니쿠스회 수도사들은 정통 교리를 수호하고 이단을 개종시키는 수단으로 설교에 헌신했다. 그리고 그들은 종교재판소 설치에 주도적 역할을 하고, 또 그 재판관이 되었다.

탁발수도사들의 열성과 헌신은 새로운 종교적 열정과 이상주의를 불러일으키면서, 교회의 세속화에 비판적이던 시대에 심대한 영향을 미쳤다. 회색 수도복의 프란체스코회 수도사나 검은 수도복의 도미니쿠스회 수도사는 13세기 유럽 도시의 거리에서 흔히 마주칠 수 있었다. 그들은 병원을 세워서 병들고 가난한 이들을 돌보고, 학교를 세워 교육에 헌신했다. 도시 주민들은 프란체스코회 수도사를 통해 처음으로 온전한 기독교 이상주의를 접하게 되었다. 그러나 그들이 종교재판소의 책임을 맡고, 대학에서 교수가 되고, 다른 여러 방식으로 교회에 봉사하고 난 뒤에는 초기의 소박함을 상당 부분 잃어버렸다. 그렇기는 하나 그들의 설교와 열정은 그 시대 교회에 절대적으로 필요했던 도덕적이고 지적인 지도력을 제공하는 데 큰 역할을 했다.

## 4) 유대인 박해

**중세의 유대인 사회**　　　중세 초기에 유대인과 그 문화는 살아남았다. 유대인은 중세 유럽에서 기독교 아닌 종교를 믿게 허용된 유일한 종교적 소수집단이었다. 그들은 기원 1000년 무렵에 서유럽 인구의 1~2% 정도로서, 무시해도 좋을 만한 소수에 불과했다. 그들은 기독공동체 바깥에 머물면서 박해와 폭력 행위를 면했다. 그들은 토지나 농노의 보유가 금지되었고, 기독교 사회 질서에서 사실상 완전히 배제된 집단이었다. 토지에서 격리된 그들은 도시에서 삶을 도모했다. 그렇지만 그들은 또한 전문직과 다른 거의 모든 직업에서도 배제되었고, 그래서 기독교도가 꺼리는 일을 하며 삶을 영위했다. 금속 세공, 도자기 제조, 바느질, 가축 도살, 행상, 대금업 등이 그런 기피 업종이었다.

유대인은 중세 도시에서 안전을 도모하고 자신의 생활 방식을 유지하기 위해 일정 구역에 모여 살았다. 거기에서 그들은 자치를 허용받았고, 시나고그 synagogue라는 회당은 유대인의 종교와 법 그리고 생활의 중심이 되었다. 행동의 제약을 받았음에도, 몇몇 유대인은 왕국의 행정에서 높은 지위에 오르거나 상업적으로 크게 성공했다. 그러나 이들은 무슬림 지도자의 후한 관용을 누린 이베리아의 유대인이 이룬 성취에는 미치지 못했다. 무슬림의 이베리아에서는 빼어난 유대인 학자, 시인, 철학자, 정치가가 유대인 역사의 황금시대를 만들었다. 그와 동시에 그들은 고대 그리스의 지혜가 서유럽에서 계승되는 데 일조함으로써 기독교 유럽의 지적 발달에 공헌했다.

**유대인 박해**　　그런데 12세기에 이단이 번창하면서 그에 대한 반작용으로 불관용이 시대정신이 되었다. 중세 성기에 종교적 열정에 사로잡힌 유럽인들은 기독교의 잠재적 적에게 관용을 베풀 아량을 잃어버렸다. 이단에 대한 투쟁에서 고삐가 풀린 광신과 공포는 또한 다른 집단, 특히 유대인도 표적으로 삼았다. 게다가 무슬림에 대한 십자군 전쟁은 종교적 광신과 폭력을 더욱 부추겼다. 불관용과 광신은 도처에서 유대인의 상대적 안전에 재앙적인 종말을 가져왔다. 앞선 시대에도 반유대 감정이 산발적으로 표출되기는 했으나, 이제 이단과의 투쟁으로 형성된 공포 분위기 속에서 유대공동체를 향한 군중의 공격이 일상사가 되었다.

　탁발수도사들은 이들 '그리스도의 살해자들'에 대한 행동을 촉구하고, 유대 서적을 공개적으로 불태웠다. 1215년의 제4차 라테라노 공의회는 유대인에게 기독교도와 구별할 수 있게 노란색 표장이나 모자 혹은 특별한 가리개 등을 착용하도록 명했다. 이 공의회는 또한 유대인을 격리하기 위해 도시 안에 특별 구역으로 게토ghetto를 설치할 것을 장려했다. 13세기 말엽에 이르러서는 유대인 박해가 국가 차원에서 시행되었다. 1290년 에드워드 1세는 모든 유대인을 영국에서 추방했으며, 1298년에는 독일 일부 지역에서, 그리고 1306년에는 프랑스의 필리프 4세도 이 선례를 따랐다. 이 정책은 중부 유럽으로 확산했고, 각국에서 쫓겨난 유대인은 대부분 폴란드나 아니면 저 멀리 튀르크 지배 지역에서 피난처를 구했다.


**동성애**　　무슬림과 이단 그리고 유대인에 대한 불관용은 또 다른 소수집단인 동성애자에게도 적용되었다. 중세 초기에 교회가 동성애를 비난하기는 했으나, 그것에 크게 신경을 쓴 것은 아니었다. 그런데 13세기에 이르러 이러한 관용적 태도가 극적으로 바뀌었다. 동성애자는 다른 혐오 집단과 동일시되었고, 동성애는 흔히 무슬림이나 알비주아파와 같은 악명 높은 이단자가 행하는 관행으로 묘사되었다. 동성애를 금하는 법은 보통 그것을 '자연에 반하는 죄악'이라 언급했는데, 이는 토마스 아퀴나스가 전개한 바로 그 논의였다. 그는 성행위의 목적이 출산이기 때문에 동성애는 자연에 역행한다고, 신이 확립한 자연 질서로부터의 일탈이라고 주장했다.


## 3. 기독교 세계의 정복 전쟁

### 1) 십자군 전쟁(1096~1291)

**십자군의 동인**　　중세 성기에 유럽을 휩쓴 종교적 열정은 또한 무슬림에 대해 일으킨 일련의 십자군 전쟁으로 표출되었다. 이 전쟁은 중세 성기의 교황이 유럽 사회에 영향력을 과시할 또 하나의 기회가 되었다. 십자군은 중세인의 두 주요 관심사인 신앙과 전쟁의 기묘한 결합이었다. 그러나 그것은 또한 중세 성기 유럽의 힘과 자신감의 표현이었다. 이제 유럽은 사방으로 포위되어 호전적 침략자에 힘겹게 맞섰던 시절로부터 한참 멀리 지나왔다. 11세기를 지나면서 서유럽은 경쟁 종교이자 문명인 이슬람에 공세를 취할 만큼 강해졌다. 어떤 면에서는 무슬림의 지배로부터 성지를 재탈환하려는 시도에서, 교회는 하나의 도구에 지나지 않았다. 그러나 십자군 시대가 끝날 즈음에 이르러 교회, 특히 교황청은 십자군 운동과 관련한 행동 때문에 심각하게 명성의 손상을 입었다.

　십자군 전쟁은 비잔티움의 알렉시오스 1세 황제가 우르바누스 2세 교황에게 셀주크 튀르크의 위협에 대처하고 잃은 영토를 되찾을 용병을 구하는 편지를 쓰면서 시작되었다. 성지 순례가 위험에 처한 상황에서 교황은 이 요청에 흔쾌히 호응했다. 그는 이를 기독교 성지를 이교도로부터 해방한다는 대의명분을 통해 교황의 영향력을 확대할 절호의 기회로 보았다. 클뤼니 개혁 운동과 그레고리우스 7세 정책의 계승자로 자처한 우르바누스는 십자군의 성공이 그의 위세를 드높여, 세속 권력에 대한 교회의 우위라는 클뤼니의 이상이 실현되리라 기대했다. 1095년 말경에 클레르몽Clermont 공의회에서 교황은 이교도에 대항해서 무기를 들고 '성전'에 참여할 것을 호소했다. 그는 감명 깊은 연설로 청중을 사로잡았고, 청중은 '그것은 신의 뜻이다'라고 외치며 호응했다. 이 외침은 십자군의 구호가 되었다.

교황의 호소에 잡다한 봉건 군대가 호응하면서 처음으로 십자군이 결성되었다. 독일 일부 지역과 시칠리아왕국에서도 호응했으나, 주력은 프랑스의 영주와 기사들이었다. 이들이 십자군에 참여하고 나선 동기는 여러 가지가 있었다. 무엇보다 교황과 수많은 설교사가 부추긴 종교적 열정이 결정적 요인이었다. 십자군이 천명한 목표는 성지를 무슬림의 지배에서 해방하는 것이었다. 그렇지만 다른 여러 동기가 여기에 보태어졌다. 새로운 땅과 전리품에 대한 욕망, 군사적 명성을 얻고자 하는 열망, 미지의 세계에 대한 모험심, 전사할 경우 그 보상으로 약속받은 죄의 사면 등이 1차 십자군에 기사들이 참여하는 동기로 작용했다. 교황과 군주들 쪽에서 보자면, 십자군은 서로 싸우면서 평화를 깨뜨리는 데 정력을 낭비하는 호전적인 기사들을 유럽 밖으로 내보내는 기회가 되었다. 이탈리아 여러 도시의 상인들은 새로운 무역의 세계가 열리기를 기대했다. 그렇지만 그 모든 것에도 불구하고, 1차 십자군은 대규모의 군사적 혹은 정치적 행동을 끌어내는 교회와 기독교 이상이 지닌 힘을 보여주는 두드러진 사례였다.

**초기 십자군**    대략 5000명에 가까운 기사와 1만 명 정도의 보병으로 구성된 1차 십자군은 1096년 육로를 취해 성지로 출발했다. 지역 여건에 대한 무지와 운영상의 혼란에도, 십자군은 성공을 거두었다. 그들은 1098년 안티오키아를 탈취한 뒤, 해안을 따라 남하하면서 요새화한 해안 도시들을 침략했고, 1099년 6월 마침내 예루살렘에 도달했다. 십자군은 5주간의 포위 끝에 예루살렘을 함락했는데, 그 와중에 그들은 무슬림과 유대인에 대해 남녀노소를 가리지 않고 참혹한 학살을 자행했다. 다른 팔레스타인 지역을 더 점령한 십자군은 잃은 영토를 되찾고 싶어 한 비잔티움 황제의 소망을 무시하고, 그곳에 네 개의 유럽 유형의 봉건국가, 곧 에데사Edessa백국·안티오키아공국·트리폴리Tripoli백국·예루살렘왕국을 건설했다. 이 성과는 여덟 번의 십자군 원정 가운데 가장 성공적인 것이었는데, 십자군과 무슬림은 1291년 그 지역을 무슬림이 최종적으로 되찾기까지 계속 전투를 벌였다.

십자군이 수립한 국가들은 주로 세 개의 기사수도회Ordo Militaris의 보호를 받았다. 수도사이자 기사들로 구성된 이 종교기사단은 순례자를 보호하고 성지를 수호하기 위해 무슬림과 싸우는 일에 헌신했다. 1차 십자군 때 설립된 성 요한기사단 혹은 구호기사단Ordo Fratrum Hospitalis은 처음에는 부상자와 환자의 구조와 간호를 위해 설립되었는데, 나중에는 성지 수호의 군사적 임무를 함께 수행했다. 주로 프랑스와 이탈리아의 수도 기사들로 구성된 구호기사단은 예루살렘왕국이 무슬림에게 다시 함락된 뒤에는 로도스를 점령하고, 이 섬을 근거지로 오래도록 이슬람 세력에 맞서 싸웠다.

튜턴기사단은 1198년 처음부터 성지를 지킬 목적으로 설립된 기사단으로, 주로 독일인으로 구성되었다. 이들은 1226년 이후 팔레스타인에서 물러나서는 독일로 돌아가 동프로이센 개척에 주력했다. 1118년 설립된 신전기사단은 첫 본부가 옛 솔로몬 신전 터에 있어서 얻은 이름인데, 3대 기사수도회 중 가장 강력한 군사력을 보유했다. 그러나 이 기사단은 비참한 최후를 맞았다. 신전기사단은 군사 활동을 하는 한편 기부와 금융업으로 막대한 부를 쌓았는데, 기사단의 부를 탐낸 프랑스 필리프 4세가 이단과 비밀결사 혐의를 씌워 그 지도자들을 화형에 처해버린 것이다. 그 후 1314년 기사단장이 처형됨으로써 신전기사단은 마침내 소멸했다.

1차 십자군의 성공에는 이탈리아 상인들의 공도 컸다. 이들은 십자군이 팔레스타인과 시리아의 해안 도시들을 공격할 때 함대로 지원하고 보급품을 제공했다. 이 도움의 대가로 이탈리아 도시들은 십자군이 점령한 지역에서 엄청난 무역 특혜를 부여받았다. 게다가 십자군 국가는 무슬림에 둘러싸여 있었기에 점점 더 이탈리아 상업 도시에 의존하게 되었다. 제노바, 피사Pisa, 그리고 특히 베네치아 같은 도시들은 그 과정에서 매우 부유해지고 강성해졌다. 1차 십자군의 성공은 서유럽에서 교황의 위세를 크게 드높였다. 십자군은 또한 폭력적 요소를 밖으로 분출함으로써 유럽 안에서 폭력성을 누그러뜨리는 데 도움이 되었다. 그리고 수많은 기사와 수행인, 순례자, 상인이 동양의 다양하고 경이로운 문물을 접하고, 돌아올 때 새로운 생각과 취향을 지니고 왔다.

그러나 십자군 국가는 존립을 유지하기가 쉽지 않았다. 한 세대도 지나기 전에 무슬림은 반격을 시작했고, 1144년에 네 나라 중 에데사가 먼저 함락되었다. 이 함락은 또 다른 십자군을 불러일으켰는데, 이번에는 주로 클레르보의 성 베르나르 수도사가 선동했다. 그는 기사들에게 호소했을 뿐 아니라, 유럽의 두 강력한 군주인 프랑스의 루이 7세와 독일의 콘라트Conrad 3세 황제를 참가하게 하는 데 성공했다. 그렇지만 2차 십자군(1147~1148)은 주요 지도자들 간의 불화로 아무런 성과를 거두지 못하고 실패로 끝났다.

3차 십자군은 1187년 이집트 술탄 살라흐 앗딘 휘하의 무슬림 군대가 예루살렘왕국을 탈취한 데 대한 대응이었다. 전 기독교 세계가 들고일어나 새 십자군을 요청했고, 가장 유명한 중세 국왕들인 독일의 프리드리히 붉은 수염과 영국의 리처드 사자심왕 그리고 프랑스의 필리프 존엄왕이 직접 십자군을 이끌기로 합의했다. 십자군이 1189년 목적지에 이르렀으나 난관에 부딪혔다. 붉은 수염 황제가 소아시아에서 익사하는 바람에 그의 군대는 급속하게 해체되었다. 영국군과 프랑스군은 각각 해로로 팔레스타인 지역에 도달했는데, 합류하여 해안 도시를 공격하는 과정에서 존엄왕은 사자심왕과 티격태격하다가 단독으로 귀국해 버렸다. 그 결과 사자심왕과 살라흐 앗딘이 주역으로 남았는데, 두 지도자는 마침내 3년간의 휴전과 기독교 순례자들의 자유로운 예루살렘 왕래에 합의했다.

**4차 십자군과 그 이후**    1193년 살라흐 앗딘이 죽은 뒤 인노켄티우스 3세 교황은 네 번째 십자군을 촉구하고 나섰다. 그러나 교황의 요청에 국왕은 아무도

응하지 않았다. 이 4차 십자군(1202~1204)은 십자군 운동이 종교적·군사적·상업적 동기가 서로 얽혀 있음을 가장 분명히 보여주었다. 4차 십자군은 성지를 향해 출발했지만, 베네치아에서 뱃삯을 치를 능력이 없었다. 베네치아 상인들은 이 원정을 그들의 최대 상업 경쟁자인 비잔티움제국을 무력화할 절호의 기회로 생각하고, 뱃삯을 흥정하면서 십자군을 설득하여 비잔티움을 공격하게 했다. 십자군은 결국 베네치아의 압박에 옆길로 빠졌다. 방향을 돌린 십자군은 1204년 수도 비잔티움을 공격하여 함락했다. 그들은 금은보화와 성물을 닥치는 대로 약탈하고, 부녀자를 폭행했다. 방화와 파괴 속에 수많은 비잔티움 미술품과 문학 작품이 결딴났다.

십자군은 한 세기 전 팔레스타인에서 그랬던 것처럼 비잔티움제국 안에 라틴제국을 수립했다. 플랑드르 백 보두앵Baudouin이 첫 제위를 차지하고, 여러 십자군 우두머리가 영토를 봉토로 나누어 가졌다. 그러나 이 기형적 제국의 수명은 예루살렘왕국보다 짧아서, 결국 1261년 비잔티움제국이 재건되었다. 베네치아 상인들은 경쟁자를 제거하고, 무역 독점과 치외법권 등의 풍성한 보상을 챙겼다. 그리고 그들은 아드리아해·에게해·지중해 일대의 섬과 해안의 땅들을 이곳저곳 집어삼키고, 그것을 교역의 확장에 이용했다.

무슬림과 싸우는 대신 형제 기독교 국가를 침략한 4차 십자군은 십자군이 표방한 이상의 타락상을 유감없이 보여주었다. 그것은 종교적 관점에서 보자면 완전한 재앙이었다. 게다가 그것은 한 번의 일탈이 아니라 이후의 사태를 위한 선례가 되었다. 이후에 교황들은 이교도만을 대상으로 하는 것이 아니라, 유럽 안에서 정치적 반대파에 대해 수많은 십자군을 선포했다. 그에 따라 십자군 이념의 유효성은 차츰 쇠퇴하고, 그와 더불어 교황의 권위도 조금씩 훼손되었다.

십자군의 이상이 형편없이 훼손된 가운데, 그 이상은 오히려 엉뚱한 방식으로 발휘되었다. 만일 무슬림에게 승리를 거두는 데 순결한 영혼이 요구된다면, 순수한 어린아이들이 십자군에 가장 어울릴 것이라는 주장이 나돌았다. 그러자 1212년 독일에서 한 청년이 '소년 십자군'을 이끌라는 신의 계시를 받았다고 주장하고 나섰다. 수천의 젊은이가 그에 합류하고, 라인강을 따라 남쪽으로 내려가 알프스를 넘어 이탈리아까지 갔다. 이들을 본 교황이 집으로 돌아가라고 타이르자, 거의 모두 그 말에 따랐다. 거의 같은 시기에 프랑스 소년 약 2만 명이 성지를 해방하겠다는 열망에 불타 마르세유Marseille로 갔고, 그곳 상인들이 이들을 성지로 보내주기로 했다. 7척의 배가 찬송가를 부르는 소년들을 가득 싣고 항구를 출발했다. 그런데 두 척은 사르데냐 부근에서 폭풍으로 침몰하고, 다른 다섯 척은 북아프리카로 갔는데, 마르세유 상인들이 거기서 소년들을 노예로 팔아 넘겨버렸다.

이 어이없는 삽화 이후 반세기 남짓 동안 네 차례 더 성인 전사들의 십자군이 조직되었으나, 이렇다 할 성공은 없었다. 1219년 5차 십자군은 이집트를 공격했으나 실패했다. 1228년의 제6차 십자군은 특이하게도 교황에게 파문당한 프리드리히 2세 황제가 조직하고 지휘했다. 그는 능란한 외교로 싸움 한 번 없이 이집트의 술탄으로부터 예루살렘과 베들레헴Bethlehem 등지를 얻는 데 성공하고, 이듬해 이탈리아로 돌아왔다. 그러나 이 협정은 1244년 무슬림이 성지를 재정복함으로써 끝났다. 그러자 1245년 인노켄티우스 4세 교황이 성지 해방을 역설했지만, 별다른 호응을 얻지 못했다. 1248년 결국 교황의 요청을 이기지 못한 프랑스의 루이 성왕만 나서서 7차 십자군을 조직했다. 그러나 그는 이집트에서 술탄에게 사로잡혔고, 엄청난 몸값을 치르고 나서야 풀려났다. 그 뒤 루이 성왕은 1270년에 다시 한 번 단독으로 십자군을 일으켰다. 그러나 그는 이번에도 아무런 성과를 거두지 못했을 뿐 아니라, 그 자신이 진중에 퍼진 전염병에 걸려 죽고 말았다. 이 8차를 마지막으로 십자군 운동은 종말을 고했다. 그리고 1291년 기독교도의 최후의 보루인 아크레가 무슬림 수중에 떨어짐으로써 성지 수복 운동은 실패로 끝났다.

**십자군 운동의 영향**   십자군은 성지 탈환이라는 애초의 목적을 달성하지 못했다. 그리고 두 세기의 긴 세월 동안 여러 차례 공격했지만, 십자군은 이슬람 세계에 거의 아무런 영향도 미치지 못했다. 기독교 문명과 이슬람 문명의 상호 교류와 접촉에서 오는 어떤 문화적 안목의 확장은 있을 수 있었다. 동방과의 접촉으로 유럽인은 고립에서 벗어나 세상에 대한 인식의 폭이 좀 더 넓어졌다. 그러나 양 문명의 상호작용은 사실 성지에서보다 이베리아와 시칠리아에서 더 깊고 의미 있게 이루어졌다.

십자군 전쟁으로 유럽에서 서로 싸웠을 상당히 많은 젊은 전사가 제거되거나 혹은 군사적 에너지가 방출됨으로써, 유럽 사회가 좀 더 안정되는 데는 도움이 되었을 가능성이 있다. 아마도 군주들은 그 결과로 좀 더 쉽게 지배권을 확립할 수 있었을 것이다. 그리고 십자군으로 지중해 무역이 촉진되고 이탈리아의 여러 항구도시가 경제적 이득을 누린 것은 분명하지만, 십자군이 아니었더라도 이탈리아 상인들은 동방 세계와 활발한 무역 접촉을 추구했을 것이다. 한편 십자군은 오랜 세월에 걸쳐 유럽 사회에 미칠 불행한 부수 효과를 가져왔다. 편협한 불관용 정신이 널리 퍼지고, '예수의 살해자' 유대인에 대한 최초의 광범한 공격이 십자군 전쟁 동안 일어났다. 이후 유대인 학살은 중세 유럽 생활의 일상적 양상이 되었다.

## 2) 튜턴기사단과 동부 유럽의 개척

십자군의 열정은 성지 예루살렘을 탈환하려는 시도에만 한정되지 않았다. 이단 박멸의 기치를 내건 내부 십자군 운동은 논외로 치더라도, 그것은 11세기 후반기에 로베르 기스카르를 지도자로 한 노르만 전사들이 무슬림으로부터 시칠리아를 빼앗는 것으로, 그리고 유럽인이 이베리아반도의 무슬림과 동유럽의 슬라브족을 정복하는 것으로도 발휘되었다. 안정을 되찾은 유럽 봉건사회에는 영주의 차남 이하 아들들과 땅 없는 기사들이 수없이 많았다. 그들은 언제든 부와 지위를 보장해 줄 봉토를 얻을 기회를 찾아 나설 준비가 되어 있었다. 그런 그들의 봉건적 토지 갈망이 종교적 명분을 얻을 때, 그때 십자군이 결성되었다.

튜턴기사단은 1226년 성지에서 물러나 발트해 지역 이교도 부족인 프로이센인을 정복하기 시작했다. 이후 이어진 반세기 동안의 전쟁을 통해 튜턴기사단은 프로이센을 정복했으며, 그사이 프로이센인은 거의 절멸하다시피 했다. 이후 그 지역은 독일인 이주민이 차지했다. 또 다른 독일인 기사단인 검의 형제 기사단 Schwertbrüder Orden 혹은 리보니아Livonia기사단은 당시 리보니아로 불리던 라트비아Latvia와 에스토니아Estonia 지역을 정복하고, 그곳 원주민을 잔인하게 학살하거나 농노의 지위로 전락시켰다. 이후 리보니아기사단은 독립적 지위를 잃고 튜턴기사단 산하의 지부로 편입되었다.

한편 오랫동안 튜턴기사단의 공격을 받아온 리투아니아는 발트해로의 진출이 막히자, 동쪽 내륙으로 영토를 확장하는 데 주력했다. 그러다가 튜턴기사단의 위협에 대처하기 위해, 리투아니아는 가톨릭교를 받아들이고 폴란드와 결혼 동맹을 맺었다. 폴란드 지배자들 역시 두 세기 동안이나 독일인 기사단과 발트해 해안의 지배권을 놓고 다투어왔다. 1386년 리투아니아의 요가일라Jogaila 대공은 폴란드 야드비가Jadwiga 여왕과 결혼하고, 리투아니아를 폴란드에 통합했다. 그리하여 18세기 말까지 지속한 폴란드와 리투아니아의 유대 관계가 시작되었다. 리투아니아를 공격한 튜턴기사단은 결국 1410년 타넨베르크Tannenberg에서 폴란드-리투아니아 연합군에게 격퇴되었다. 이것으로 발트해 지역에서 튜턴기사단의 주도로 진행된 독일의 군사적 팽창은 막을 내렸다.

그 뒤 폴란드인은 튜턴기사단이 프로이센에서 지배하고 있던 영토를 폴란드의 봉토로 지위를 격하하는 데 성공했다. 그렇지만 폴란드는 효율적인 민족국가로 발전하는 과정에서 독일인의 영향을 많이 받았다. 많은 독일인이 폴란드와 리투아니아에 정착했으며, 그들뿐 아니라 서유럽의 반유대주의를 피해 도망쳐온 유대인도 함께 정착했다. 그 결과 폴란드는 15세기부터 유럽에서 가장 큰 유대인 거주지가 되었다. 이 대량의 이주민들은 농사지을 땅을 개간하고, 크고 작은 새 도시를 건설했다. 그들은 그곳에서 부르주아지의 근간을 형성했고, 폴란드 왕이 허용하는 여러 특권을 누렸다.

이베리아반도를 제외하면, 대략 14세기 말엽에 이르러 유럽 대륙에서 서유럽 기독교 세계의 팽창은 거의 완료되었다. 스칸디나비아, 발트해 지역의 여러 나라, 폴란드, 헝가리 등은 유럽의 북부와 동부에서 변경을 이루었다. 그 너머 동북쪽으로는 아직도 몽골의 지배 아래 놓여 있는 러시아가, 동남쪽으로는 새로 건설된 오스만제국이 있었다. 이 두 나라는 많은 면에서 비잔티움의 상속자였고, 종교와 정치제도 그리고 문화 등 여러 면에서 별개의 문명에 속했다.

서유럽인의 동유럽 진출은 그 지역 지배자들과의 충돌을 초래했다. 그러나 그런 충돌은 예외적이었다. 동유럽의 지배자들은 자신의 지역적 권력과 독립을 상실할 위협을 직접 느끼지 않는 한, 대체로 서유럽인의 이주와 상업 활동을 받아들였다. 보헤미아·폴란드·헝가리의 왕들은 독일인과 유대인이 가져올 번영을 기대하면서 그들의 정착을 환영했으며, 때로는 초빙하기도 했다. 지주 귀족들은 신나게 서부에 식량과 원료를 공급했다. 그들의 주된 관심사는 농민의 생활이 아니라 서부와의 교역에서 이윤을 얻는 것이었으며, 흑사병 이후에는 작물을 재배할 충분한 노동력을 확보하는 것이었다.

동유럽에서는 사회계층이 인종적으로 나뉘는 경향이 있었다. 어느 특정 지역에서 농민은 어떤 한 인종 집단에, 도시민은 다른 인종 집단, 통상적으로는 독일인이나 유대인에 속했는데, 귀족과 지배층은 또 다른 제3의 인종 집단에 속하는 일이 드물지 않았다. 중세에 동유럽은 전반적으로 서유럽보다 종교적으로나 인종적으로 더 관용적인 사회였다. 그러나 근대에 들어와서 서유럽에서 기원하는 종교적, 민족적, 혹은 계급적 이데올로기 아래에서 동유럽은 혹독한 갈등에 시달렸다.

### 3) '재정복' 전쟁과 이베리아의 왕국들

**'재정복' 전쟁**　이베리아반도에서 기독교도의 봉건왕국이 건설된 것은 에스파냐España인들이 자랑스럽게 '재정복la Reconquista'이라 부르는 역사적 과업의 결과였다. 그들이 무슬림을 쫓아내기 위해 벌인 오랜 '재정복' 운동은 땅과 명예를 추구하는 기사들의 야망과 십자군의 강렬한 종교적 열정이 결합하면서 일어난 일이었다. 특히 9세기에 아스투리아스Asturias왕국의 산티아고 데 콤포스텔라Santiago de Compostela에서 사도 야고보의 유해가 묻힌 곳이 발견되었다고 알려지면서 종교적 열정이 크게 진작되었다.

이베리아반도는 대부분 8세기 이후 이슬람 세계에 편입되었다. 무슬림이 서고트왕국을 정복하고 반도를 차지했을 때, 서북부의 작은 지역 아스투리아스와 피레네의 일부 변경 지역은 정복을 면했다. 기독교도의 이베리아 재정복 사업은 일찍이 카롤루스 마그누스가 피레네산맥 남쪽에 히스파니아변경령Marca Hispanica을 건설하면서 시작되었다. 이후 간헐적으로 정복 전쟁이 진행되었고, 그 지방 귀족이나 북에서 온 모험적 기사들이 갈리시아Galicia·레온León·카스티야Castilla·나바라Navarra·아라곤Aragon·바르셀로나Barcelona와 같은 많은 군소 기독교 왕국을 세웠다. 이들 왕국은 서로 싸우기도 했지만, 일차적으로는 무슬림 세계인 남쪽으로 뻗어 나갔다. 이들 소규모 기독교 왕국은 11세기에 들어서서 무슬림에게 적극적으로 공세를 취하기 시작했다. 이 정복 전쟁은 대단한 성과를 거두어, 12세기 말에 이르면 반도의 북부 절반을 기독교 왕국이 차지하기에 이르렀다. 그러는 가운데 이들 기독교 왕국은 13세기 초에 이르러 포르투갈, 나바라, 아라곤 그리고 카스티야의 네 나라로 통합되었다.

포르투갈은 9세기에 아스투리아스가 추진한 재정복의 일환으로 설립된 백령으로 출발했다. 이후 포르투갈은 11세기 말에 레온의 일부가 되었는데, 부르고뉴 기사들의 도움을 받아 점차 남쪽으로 세력을 확장했다. 1139년에 포르투갈은 부르고뉴왕조 아래 레온으로부터 벗어나 독립 왕국이 되었고, 레온은 이 무렵 카스티야에 흡수되었다. 독립한 포르투갈은 교황의 봉토가 되었으며, 2차 십자군에 참가하려던 기사들의 도움으로 리스본Lisbon을 무슬림으로부터 빼앗아 왕국에 편입했다. 바스크Basque 지방의 소왕국 나바라는 이웃과 싸우면서 영토의 확장과 축소를 거듭하다가, 12세기에 카스티야와 아라곤에 막혀 남쪽으로의 진출이 차단되면서 활력을 잃었다. 그러다가 나바라는 1512년 마침내 통일된 에스파냐왕국에 흡수되었다.

아라곤은 처음에 나바라왕국에 속해 있었는데, 1035년 독립하여 왕국의 지위를 얻었다. 이후 아라곤은 차츰 남쪽으로 영토를 확장하다가, 12세기 중엽에 바르셀로나백령을 통합한 뒤 급속하게 세력을 확장했다. 아라곤은 13세기에는 무슬림으로부터 발렌시아Valencia를 탈취하고, 이후 해상으로 눈을 돌려 지중해의 여러 섬을 점령했다. 그리하여 아라곤은 중세 말기의 유럽에서 강력한 국가로 성장했다.

한편 부르고스Burgos에 중심을 둔 카스티야왕국은 11세기 말에서 13세기까지 일련의 유능한 왕들의 지배를 받으면서 재정복사업의 최전선에 나섰다. 11세기 후반에 무어인을 상대로 혁혁한 무공을 세운 엘시드El Cid의 위업은 전설이 되어, 카스티야왕국에 에스파냐 통일의 열망을 불러일으켰다. 그는 에스파냐의 위대한 서사시 『시드의 노래El Cantar de Mio Cid』에서 불멸의 인물이 되었다. 카스티야왕국은 12세기에는 레온과 아스투리아스를 병합한 뒤 남쪽으로 팽창하기 시작했다. 카스티야왕국은 1212년 라스 나바스 데 톨로사las Navas de Tolosa에서 결정적 승리를 거두고, 1236년에는 마침내 코르도바를 점령했다. 이후 무슬림 세력은 반도 동남부로 밀려나 그라나다Granada에 자리를 잡고, 1492년 최종적으로 멸망할 때까지 두 세기 반 동안 카스티야왕국에 조공을 바치면서 간신히 명맥만 유지했다.

네 왕국은 공통의 특성을 보유했다. 네 왕국은 모두 정복에 기초함으로써, 그 봉건제도는 강력한 왕권을 중심으로 형성되었다. 무어인에게서 몰수한 부는 왕실 재정을 튼실하게 했을 뿐만 아니라, 모험적 기사들을 정복 전쟁에 끌어들이는 요인이 되었다. 한편 '재정복'은 십자군의 열정을 띤 것으로서, 교회의 적극적 지원을 받았다. 교회 역시 정복한 땅을 한몫 차지함으로써 지원에 대한 보상을 받았다. 그리하여 국왕과 가톨릭교회 고위 성직자 간의 협력 관계는 에스파냐 역사의 중요한 특징이 되었다.

기독교 왕국들은 나라에 따라 정복한 무슬림 주민에 대한 정책이 조금씩 달랐지만, 대체로 그들에게 자신의 종교와 문화를 누리도록 허용해 주었다. 카스티야에서 자칭 '세 종교의 왕' 알폰소 10세Alfonso(1252~1284)는 기독교도, 유대인, 무슬림이 공유한 세계시민적 문화의 지속적 발전을 장려했다. 무슬림 상인과 장인들은 그들이 지닌 경제적 가치 때문에 보호를 받았다. 아라곤에서는 무슬림 농민들이 경작을 계속할 수 있었는데, 그 대신 매우 높은 지대를 납부해야 했다.

13세기 말 이후 '재정복' 사업은 거의 정지 상태가 되었다. 카스티야는 이따금 내부적으로 왕조적 갈등을 겪는 한편, 포르투갈과는 여러 차례 전쟁을 벌였다. 한편 아라곤은 시칠리아와 나폴리의 지배에 더 몰두했다. 그리하여 이베리아 동남부를 차지하고 있는 무슬림의 그라나다왕국은 두 세기를 더 살아남을 수 있었다.

**코르테스의 발달**  이베리아반도의 여러 왕국에는 귀족과 고위 성직자로 구성된 코르테스Cortes라는 국왕자문회의가 있었는데, 12세기에 레온왕국에서 먼저 강력해진 도시들이 코르테스에 대표를 파견하기 시작했다. 그래서 13세기에 이르면 코르테스는 나바라를 제외한 모든 왕국에서 강력한 신분제의회로 성장했다. 아라곤에서 왕은 코르테스의 동의 없이 법을 제정할 수 없었을 뿐 아니라, 카스티야와 아라곤에서는 정부가 코르테스의 감독을 받았다. 이런 면에서 코르테스는 유럽 다른 지역의 비슷한 기구보다 훨씬 더 강력했다. 그러나 귀족과 도시민 사이의 깊은 불신 때문에 영국의 의회에서 볼 수 있는 것과 같은 일종의 '국민적' 합의가 형성되지는 못했다. 그 결과 코르테스는 15세기부터 차츰 쇠퇴하여, 16세기에는 에스파냐에서 절대왕정의 도구로 전락했다.

## 4. 중세 성기의 경제적 발전

### 1) 농업의 발달

**장원 경제의 발전**　　중세 농민의 삶은 매우 고통스러웠다. 기근과 질병은 일상적 위험이었으며, 전란기에 농민은 징발이나 강제 노역 등으로 고통을 당했다. 그러나 농민이 처한 고된 삶에도 불구하고, 장원제도는 경제와 사회 조직의 매우 성공적인 형태였다. 농민의 부담과 영주의 권력이 지나치게 커 보이는 한편, 영주와 농민은 공동의 이해관계를 갖고 있기도 했다. 농민 없이는 영주의 봉토는 무용지물이었다. 그래서 영주는 농민이 절망에 빠져 도망가려고 할 만큼 못되게 굴지는 않았다. 기근 때는 영주가 곡물이나 구호품으로 농민의 생존을 돕기도 했다. 전반적으로 볼 때, 장원제도는 농민에게 매우 안정된 생활을 제공해 주었다. 자유인보다 더 안전하고 노예보다 훨씬 더 큰 재산권을 가진 농노는 가족을 형성하고 토지를 늘리는 것이 장려되었다. 영주는 농노가 그러기를 적극적으로 도와주었는데, 영주가 지배하는 노동력과 자원이 그만큼 증가하기 때문이었다.

　10세기 무렵에 장원제도가 확립된 뒤, 3세기 동안 이런저런 요인으로 농업이 꾸준히 발전했다. 장원은 10세기까지만 해도 대체로 광활하게 뻗은 숲과 황무지로 둘러싸여 있었다. 그 이후에 인구가 늘어나면서 농노들은 유럽 전역에서 숲을 베어내고, 늪에서 물을 빼내고, 초지를 쟁기질했으며, 그리하여 새 마을ville neuve이 수천 개 생겨났다. 그 결과 15세기로 접어들 무렵이 되면, 이제 숲과 황무지는 거의 사라져서 장원과 장원 사이에 있는 상대적으로 좁은 지대에만 남아 있게 되었다. 이른바 이 '대내적 식민지 건설'은 주로 영주의 주도로 추진되었다. 그는 마을이 형성되지 않은 땅에 장원을 설립하고, 농노를 그곳으로 보냈다. 그사이에 또한 인구가 극적으로 증가했다. 동유럽과 스칸디나비아반도를 포함한 전체 유럽에서, 1000년경 대략 4000만이었던 인구가 1300년 무렵에는 1억쯤으로 늘었다.

한편 '대내적 식민지 건설'은 농노제의 쇠퇴에 영향을 미쳤다. 대대적인 개간 과정에서 영주는 농노의 협력을 얻기 위해 더 넓은 경작지와 제반 봉건적 부담의 축소를 약속했다. 시간이 지나면서 영주들은 예속적 의무를 폐지하고 농노를 자유로운 소작농으로 바꾸어, 생산물이나 현금으로 지대를 받는 것이 더 유리하다는 것을 알게 되었다. 이러한 사태 발전은 중세 말기에 이르러 궁극적으로 서유럽에서 농노제가 사라지는 데 이바지했다. 도시의 발달 역시 비슷한 영향을 미쳤다. 도시 생활의 자유에 끌려 많은 농노가 장원에서 도망쳐 도시에 정착하려 했다. 잦은 탈출 때문에 장원 영주는 점점 농노제에 덜 의존하게 되고, 종종 스스로 농노를 해방해서 소작농으로 남게 유도했다.

농업 생산이 1000년 이후에 획기적으로 증가했다. 인구의 극적인 증가는 아마도 외적의 침입과 그에 따른 혼란이 멈춘 뒤에, 유럽이 상대적으로 안정과 질서를 누린 덕분일 것이다. 그러나 또한 식량 공급의 획기적 증가가 없었다면 인구 팽창은 지속하지 못했을 것이다. 식량 생산의 증가는 무엇보다 '대내적 식민지 건설'을 통해 경작지가 크게 늘어난 덕분이었지만, 삼포제 농법의 확산 역시 경작지 증대의 효과를 낳았다. 그에 더하여 농기구의 개량으로 농업 발전이 더욱 진전되었다.

카롤루스왕조 시대에는 철제 농구가 아주 귀했고, 목제 농구조차 충분하지 않았다. 그러다가 11세기 이후 목재 농구 대신 값비싼 철제 농구가 널리 보급되어 작업 효율성이 훨씬 높아졌다. 10세기 무렵 처음 도입된 가슴걸이는 쟁기를 끄는 역축이 목 부근에 받는 무게를 어깨와 가슴으로 분산해 주었다. 그리고 편자는 돌투성이 밭을 가는 말의 고통을 덜어주었다. 이 두 발명품의 도입으로 말을 이용할 수 있게 되어, 12세기 말부터 느린 소를 대신하여 말이 좀 더 빨리 발토판쟁기를 끌었다.

중세 성기 사람들은 이전에 인력이나 축력으로 하던 일을 수력과 풍력을 이용해서 하는 법을 배웠다. 그들은 흐르는 물의 힘을 이용한 물방아로 곡물을 찧고 빻았으며, 수력을 높이기 위해 댐도 쌓았다. 풍력을 이용하는 풍차도 개발되었다. 10세기 이래 장원 영주는 이런 시설을 설치하여 새로운 소득을 얻었다. 이 두 종류의 방아는 18세기 후반에 증기기관이 발명되기 전까지 동력을 이용하는 가장 중요한 발명품이었으며, 그것의 확산은 식량 생산을 늘리는 데 크게 이바지했다.

## 2) 통상의 부활과 도시의 성장

**통상의 부활**　　중세 유럽은 인구 대부분이 소규모 마을에서 농사를 지으면서 사는, 거의 전적으로 농업 사회였다. 그러나 11, 12세기에 새로운 요소가 도입되어 서양 문명의 경제적 기초를 바꾸어놓기 시작했다. 교역이 되살아나고, 화폐 유통이 크게 확대되고, 다양한 분야에서 전문적 장인들이 늘어나고, 도시가 성장하기 시작한 것이다. 이러한 변화는 정치적 안정을 회복한 가운데, 새로운 영농 방법의 확산과 그에 따른 식량 생산의 증가 때문에 가능했다. 이제 인구의 상당 부분이 식량을 생산할 필요에서 해방되었으며, 이들은 상공업에 종사하면서 식량을 살 수 있게 된 것이다.

그러나 상업의 '부활'이라는 용어는 오해의 소지가 있다. 상업은 서유럽에서 사라진 적이 없다. 중세의 장원은 결코 완전한 자급자족의 사회가 아니었다. 보습과 기타 농구를 만들기 위한 철과 소금만 하더라도 외부에서 들여와야 하는 필수품이었다. 기사들의 무기와 갑주는 오직 숙련 장인들만이 만들 수 있었다. 보석과 고급 직물 같은 사치품, 사냥개나 매, 튼튼한 전마戰馬 등은 어떠한 상황에서도 늘 수요가 있었다. 그러나 11세기에 들어서면서 교역이 급속도로 팽창했고, 이는 사실 '부활'이라 할 만했다. 각 지역에서 도시들이 차츰 상품과 용역을 교환하는 지역 거점 기능을 하게 되고, 그런 정도만큼 장원은 점점 덜 자급자족적이게 되었다.

그러나 상업의 '부활'에서 더욱 중요한 것은 원거리 통상의 발달이었다. 중세

초의 혼란기에는 이탈리아와 비잔티움 간의 접촉, 그리고 이슬람 세계와 기독교 세계를 오가는 유대인 무역상을 제외하고는 서유럽에서 대규모 통상은 거의 사라졌다. 그러다가 10세기 말엽이 되면 원거리 통상 활동을 위한 기술과 잉여상품을 가진 사람들이 나타나고 있었다. 이탈리아의 지중해 연안 도시들이 이 통상의 부활을 선도했다. 이탈리아는 서유럽 다른 어디보다 도시 생활이 살아남아 있었을 뿐 아니라, 지중해 무역에서 유리한 위치를 차지하고 있었다. 베네치아는 이미 8세기 말경에 비잔티움과 긴밀한 통상의 유대를 가진 도시로 등장했다. 베네치아는 상선대를 조직하고, 10세기 말에 이르러 비잔티움제국과 이슬람 세계를 상대로 한 서유럽 통상의 중심이 되었다.

지중해의 동부와 남부 해안 지대를 지배한 비잔티움제국과 이슬람 세계는 세련된 공산품을 생산할 뿐 아니라, 또한 활발한 상업 사회였다. 그들은 육로로 중앙아시아를 거쳐 중국까지, 해로로 인도양을 건너 인도와 동남아까지 이어지는 무역로를 통제했다. 도시 비잔티움은 사치품의 주된 공급처로서, 유럽 귀족 사이에 사치품 시장이 점점 성장했다. 지중해에서 북유럽으로 가는 가장 쉬운 통로는 마르세유로 가서 론Rhône 계곡을 타고 오르는 길이었다. 14세기 초에는 주요 통상로가 두 개 더 개발되었다. 하나는 지중해에서 지브롤터Gibralter 해협을 지나 북유럽으로 가는 해상 교역로이고, 다른 하나는 북이탈리아에서 알프스 산길을 통해 중부 유럽으로 가는 옛길을 재개한 육상 교역로였다.

11세기가 시작될 무렵 제노바, 피사, 아말피Amalfi 등 이탈리아 서부 해안에 있는 도시들이 이슬람의 해상 세력에 성공적으로 도전하고, 베네치아와 경쟁하기 시작했다. 11세기 후반에 무슬림이 시칠리아에서 밀려나고 1차 십자군 원정이 감행되면서, 이탈리아인의 지중해 무역이 훨씬 더 활발해졌다. 이탈리아인들은 처음에는 주로 중개업자였다. 그들은 비잔티움과 이슬람 세계로부터 여러 양질의 공산품과 비단·설탕·향료 등 동방의 사치품을 수입하고, 유럽의 목재·모피·모직물·어물·기타 금속 원료와 반제품을 수출했다. 그러나 오래지 않아 이탈리아 장인들은 동방의 공산품을 모방하기 시작했다. 베네치아는 12세기에 유리로 유명해지고, 비슷한 시기에 피렌체는 고급 직물 생산의 중심이 되었다. 그리하여 동방의 많은 제조 기술이 이탈리아에 전해지고, 그곳에서 차츰 북으로 확산했다.

이탈리아 도시들이 지중해 무역으로 분주할 때, 플랑드르의 도시들은 북유럽에서 같은 일을 했다. 오늘날의 벨기에와 북프랑스 해안 지대인 플랑드르는 질 좋은 모직물 생산으로 유명했는데, 이 모직물은 유럽 수출품의 대종을 이루었다. 플랑드르는 다른 많은 산업도 발달했는데, 특히 북해의 얕은 물에서 대량으로 잡은 생선의 장기 저장법을 자랑했다. 그리고 플랑드르는 그 입지 덕분에 북유럽 통상을 위한 각 지역 물산의 집산지 구실을 했다. 영국의 상인은 주석과 양모를 가지고, 발트해 지역의 상인들은 모피와 꿀 등 삼림 산물을 가지고 모직물과 바꾸기 위해 플랑드르의 도시들로 몰려들었다. 플랑드르는 중세 성기에 번영을 구가했고, 브뤼허Brugge와 헨트Gent 같은 도시는 모직물 생산과 교역의 중심이 되었다.

12세기에 이르면 플랑드르와 이탈리아 간에 내륙 통상이 발달하는 것은 거의 필연적인 일이었다. 주요 통상로에 자리를 잡은 기민한 영주는 정기시를 개설했다. 특히 이 통상의 중심 역할을 한 지역은 여러 강을 통해 사통팔달의 교통망을 가진 북프랑스의 샹파뉴Champagne였다. 통상을 증진하기 위해 샹파뉴 백작이 여섯 개 주요 도시에 1년에 한 번 정기적으로 시장을 열었는데, 이 시장은 국제 교역을 위한 주요 물산의 집산지 역할을 했다. 북쪽의 상인은 모피·모직물·주석·대마·꿀 등을 샹파뉴 시장에 가져와, 북이탈리아의 칼과 직물, 동양의 비단·설탕·향료 등과 교환했다.

정기시는 각 나라의 특정 장소에서 계절별로 혹은 연중 한 번 일정 기간 개설되는 중요한 행사였다. 정기시가 개설되는 동안에는 그 지역 봉건법이 잠정 중단되고, 대신 '상인법lex mercatoria'이라는 새로운 법이 적용되었다. 이곳의 특별법정은 상인이 재판관으로서 분쟁을 해결했다. 그러나 13세기에 각 지역에서 도시가 발달하여 상설 시장이 열리면서, 샹파뉴의 정기시는 차츰 쇠퇴하게 되었다.

교역이 증가하면서 11세기에, 특히 12세기에 금화와 은화가 다시 주조되어 널리 유통되고, 화폐의 유통은 다시 교역을 촉진하는 선순환이 이루어졌다. 은행뿐 아니라, 상품의 교환과 판매를 처리하기 위해 새로운 무역 회사가 세워졌다. 이러한 새로운 관행을 중심으로 상업자본주의, 즉 이윤을 얻기 위해 상품과 통상에 투자하는 경제 제도가 등장하기 시작했다.

**도시의 성장**    통상의 부활은 도시의 부활을 가져왔다. 중세 도시공동체는 고대 세계의 도시와는 기원이 매우 달랐다. 중세 도시는 통상의 부활과 함께 발전했고, 그 직접적 목적은 상업을 위한 것이었다. 고대 도시는 중세 초기에 특히 알프스 이북에서 크게 쇠퇴했다. 옛 로마 시대의 많은 도시가 규모와 인구는 현저하게 줄어들었으나, 영주나 주교의 행정 중심지로 살아남았다. 그러나 그런 도시는 경제적 기능을 수행하지는 않았다. 그런데 통상이 되살아나면서 떠돌이 장사꾼이 옛 도시에 모여들기 시작하고, 대장장이나 금속세공사 같은 장인들이 이들을 뒤따랐다. 11, 12세기를 거치는 동안, 옛 로마의 많은 도시가 새 인구를 받아들이면서 활기를 띤 중세 도시로 거듭났다.

10세기 말엽부터 특히 북유럽에서 많은 도시가 새로 생겨났다. 일군의 상인들이 주요 교통로나 통상로가 교차하는 곳에 있는 영주의 성이나 수도원 같은 요새화한 성채 외곽에 모여들면서 이들의 주거지가 형성되었다. 성의 영주는 모여든 새 주민을 보호해 주었다. 주거지가 번성하고 확장함에 따라 이를 보호하기 위해 새로 외벽이 축조되었다. 도시를 뜻하는 영어의 버러borough, burgh와 독어의 부르크burg는 원래 요새나 성벽으로 둘러싸인 곳을 의미했다.

초기에 도시는 지역 영주의 사법권 아래 있었다. 영주는 도시 주민을 봉신이나 농노처럼 취급하기를 바랐으나, 도시 주민은 전혀 다른 바람과 전망을 품고 있었다. 장원 법정의 법규는 상인들의 삶의 조건에는 들어맞지 않았다. 그들은 원활한 통상 활동을 위해서는 무엇보다 자유롭게 이동할 수 있어야 했으며, 계약의 분쟁을 해결할 새로운 형태의 상법이 필요했다. 그래서 그들은 자치의 특권을 원했고, 그 특권을 위해 대가를 지불할 용의가 있었다. 북유럽에서 많은 경우 봉건영주들은 도시가 매우 값진 자산이라는 점을 깨닫고, 도시가 가져다줄 수입을 기대하고 도시와 타협을 보았다.

12세기로 넘어갈 즈음이 되면, 도시들은 타협을 통해 다양한 형태의 대가를 지불하고 지역 영주로부터 도시의 자치를 보장하는 특허장을 획득했다. 때로는 도시들이 타협과 매수가 아니라 반란이라는 폭력적 과정을 통해 특허장을 얻기도 했다. 특허장을 얻는 데는 상인길드가 앞장을 섰는데, 그것이 도시민에게 부여한 구체적 특권은 도시에 따라 조금씩 달랐다. 일반적으로 도시민은 장원의 제반 의무에서 벗어나 자유를 보장받았고, 도시 구역 안에서 토지를 자유롭게 매매하거나 상속하는 것이 허용되었으며, 도시 주변 일정 지역 안에서 상업의 독점권을 확보했다. 그리하여 중세 도시는 자치도시commune의 지위를 얻었으며, 도시공동체 문제를 처리하기 위해 도시 정부를 발전시켜 나갔다.

도시민이 자치권 획득 운동에서 성공했다는 것은 중세 사회에서 새로운 계급, 강력하고 독립적이며 또한 자신만만한 집단이 성장했음을 의미했다. 왕권 강화를 위해 봉건영주와 싸우던 국왕들은 점점 더 도시민, 즉 부르주아에게 의존하게 되었다. 이들 도시민의 지위는 출생과 토지보다 돈과 부동산에 기초를 두었다. 사회 계층의 꼭대기에는 대상인과 은행 가문이, 그다음에는 적당히 부유한 상인이 있었다. 그 아래로 수공업자와 소상점주가 있고, 사회의 맨 아래쪽에는 비숙련노동자가 자리하고 있었다.

도시 정부는 참사회가 이끌었는데, 시민이 선출하는 참사들이 도시의 치안을 유지하고 행정을 처리했다. 참사는 대체로 도시에서 가장 부유하고 강력한 가문에서 선출되었다. 그러나 북유럽 도시들은 영주의 봉건적 지배로부터 완전한 독립을 얻지는 못했다. 그 대신 프랑스와 영국에서는 국왕들이 도시 특권을 뒷받침해 주었으며, 왕권과 시민의 제휴라 할 만한 것이 형성되었다. 이는 이 양자가 봉건영주의 힘을 제어하는 데서 대체로 이해관계가 일치하기 때문이었다. 이 제휴는 프랑스와 영국의 국민적 군주정의 공고화 과정에서 필수적 요소가 되었다.

그렇지만 독일과 이탈리아에서는 도시의 경제적 및 정치적 힘이 그러한 역할을 수행하지 않았다. 독일의 경우 주교도시는 사실상 주권을 가진 도시국가를 수립했는가 하면, 다른 도시는 지역의 봉건 제후에 예속되었다. 이탈리아 도시들은 대부분 인근 지역 일대를 지배했으며, 지주 귀족들이 대체로 도시에 살면서 상업 활동에 종사하는 상업귀족이 되었다. 그런 점에서 이탈리아 도시는 봉건귀족이 신흥 부르주아계급과 떨어져 시골에서 생활한 북유럽 도시와 차이를 보였다. 이는 종종 바람직하지 않은 사태를 가져오기도 했다. 오랜 원한 관계의 귀족 가문들이 한 도시 성벽 안에 함께 살면서 도시 정부의 지배권을 두고 서로 다투기도 했기 때문이다. 이탈리아 북부의 도시들은 세력을 확장하면서 결국 독립적인 도시국가로 성장했다.

**수공업과 길드**    상인과 장인은 직업적 이익을 보호하기 위해 길드를 조직했는데, 길드는 도시의 경제생활에서 주도적 역할을 담당했다. 상인길드는 도시를 중심으로 일정 지역 안에서 통상을 독점했다. 모든 외래 상인은 세세하게 감독을 받았으며, 시장세를 바쳐야 했다. 길드는 상품의 표준 품질을 요구하고, 공정한 가격을 정해서 합리적 이윤만을 허용했다. 길드는 상인 간의 분쟁도 길드법정에서 해결했다.

통상이 증대하면서 도시는 직물, 철물, 신발, 가죽 제품 등 각종 공산품 제조의 중심이 되었다. 늦어도 12세기에는 장인들이 상인길드에서 떨어져 나와 별도의 수공업길드를 조직하기 시작했다. 그러다가 장인들은 차츰 업종별로 독자적 길드를 형성했으며, 상인들 역시 비단·향료·모직물 등을 전문적으로 취급하는 집단별로 별도의 길드를 조직했다. 수공업길드 역시 특정 업종에 대해 독점권을 행사하고, 회원 간의 경쟁을 방지했다. 길드는 제품 생산의 거의 모든 측면을 규제해서 제품의 품질을 관리하고, 생산량을 규제하고, 판매 가격을 결정했다. 그리고 길드는 경제적 기능뿐만 아니라, 공제 기능과 폭넓은 사회 및 종교적 기능도 수행했다. 길드는 어려움에 빠진 회원을 돕고, 장례와 결혼 등 목돈이 드는 행사에 재정을 지원하고, 죽은 회원의 유족을 돌보았다. 그리고 길드는 교회 축제를 거행하는 등 공동체 행사도 조직했다. 그 모든 다양한 활동을 통해 길드는 중세 사회의 기본 특징인 공동체 정신을 구현했다.

수공업자가 되기 위해서는 먼저 도장인都匠人, master craftsman의 수습공apprentice이 되어야 했다. 수습공은 보통 열 살쯤에 도장인의 집에 들어가서 함께 살면서 7년 정도의 수습 과정을 거치면 숙련공journeyman이 되는데, 그때부터 그는 자유롭게 도장인에게 고용되어 임금을 받으면서 일했다. 숙련공은 기술을 통달하고 나면, 그 자신이 도장인이 되어 길드에 가입하는 길을 모색했다. 숙련공이 도장인이 되려면 능력을 입증할 심사용 작품masterpiece을 길드에 제출하고, 심사에 합격해야 했다.

작업장을 운영하고 수습공을 훈련하는 일은 도장인만 할 수 있었다. 그들만이 길드의 회원이며, 길드 운영에 참여했다. 13세기가 지나가면서, 길드는 완전히 숙련된 기술자라도 회원 자격에서 배제하는 폐쇄적 조직으로 바뀌어갔다. 그에 따라 많은 숙련공이 도장인이 되지 못하고, 임금노동자로 신분이 고정되었다. 그러자 숙련공들은 자신의 이익을 보호하기 위해 독자적인 길드를 결성했다.

**중세의 도시 생활**　　중세 도시는 오늘날의 도시에 비하면, 규모가 턱없이 작았다. 웬만한 도시는 기껏해야 인구가 5000명 정도였으며, 2만 명이 넘는 도시는 12세기 유럽에서는 매우 이례적이었다. 1300년 즈음 거대 도시 런던이 4만명쯤이었으며, 브뤼허와 헨트 같은 몇몇 상업 중심지만이 그 정도 인구를 가졌다. 다만 이탈리아의 도시는 대체로 다 커서, 인구 10만의 도시가 여럿 있었다. 그러나 유럽 최대의 도시도 비잔티움이나 바그다드 혹은 다마스쿠스와는 비교가 되지 않았다. 이후로도 오래도록 유럽은 압도적으로 농촌 사회였다.

도시는 수와 인구는 많지 않았지만, 기존의 사회관계에 큰 영향을 끼칠 수 있었다. 무엇보다 화폐경제가 확산했다. 도시 인근 장원의 농민은 농산물을 내다 팔고, 직물이나 철물 혹은 소금 같은 물품을 살 수 있었다. 봉건 영주들은 동방의 사치품을 사기 위해 화폐 소득의 필요를 느끼기 시작했다. 그들은 농노에게서 거둘 공납과 지대를 화폐 납부로 바꾸고, 직영지를 임대하기도 했다. 어떤 곳에서는 상업적 영농이 이루어졌는데, 잉글랜드 북부에서는 플랑드르에 양모를 공급하기 위해 대규모 목양장이 생겨났다. 이런 변화는 농노에게는 인신적 예속에서 해방되는 계기가 되었다. 그들은 농산물을 팔아 번 돈으로 영주에게 자유를 살 수도 있었기 때문이다. 경제적으로 활발한 지역에서는 1300년 무렵에 이르면 대체로 노동지대가 폐지되거나 화폐지대로 전환되었다.

그뿐만 아니라 도시는 팔자를 고쳐보고 싶은 농민에게 새로운 삶을 개척할 길을 열어주었다. 농노는 장원에서 도망쳐 도시에 거주함으로써, 영주의 지배에서 벗어나는 일이 가능해졌다. 일반적으로 한 도시에서 만 1년과 하루를 살면, 그는 그 도시 주민의 자격을 얻고, 따라서 옛 영주의 지배에서 벗어나 자유인이 되었다. 도시는 처음에 상당 부분 바로 그런 도망자들로 이루어졌기 때문에, 도시민은 가능한 한 그런 사람을 보호했다.

중세 도시는 방어를 위해 돌로 견고한 성벽을 쌓았는데, 방어의 효율성과 비용 문제 때문에 성벽의 둘레를 최소한으로 유지하는 게 매우 중요했다. 그래서 도시 내부 공간이 매우 비좁고 인구가 조밀했다. 이 때문에 중세 도시의 특징적 외관이 형성되었다. 길은 좁고 구불구불했으며, 길가에 늘어선 집은 서로 다닥다닥 붙고 최대한 높이 올라갔다. 더 넓은 공간을 확보하기 위해 집은 위로 올라갈수록 길 쪽으로 튀어나와, 고층 집의 경우 꼭대기 층은 맞은편과 손을 맞잡을 수 있을 지경이었다. 14세기 이전에는 주택이 대부분 목조이고, 조명과 난방을 위해 초와 장작을 사용했기 때문에, 화재의 위험성이 매우 높았다. 일단 불이 나면 도시 전체가 결딴이 났다. 주민 대부분을 차지하는 상인과 장인은 대체로 서로 다른 구역을 차지했다. 창고와 여관 그리고 술집은 보통 상인 구역에 있었으며, 장인 구역은 업종에 따라 거리가 나뉘었다.

유럽 도시는 일찍부터 오염과 위생 문제를 안고 있었다. 도시 환경은 많은 경우 쾌적하지 못했다. 종종 불결하고, 아무렇게 버린 쓰레기로 고약한 냄새가 퍼졌다. 난방을 위한 장작뿐 아니라 석회 소성燒成업자, 양조업자, 염색공 등이 사용하는 값싼 석탄으로 공기는 매캐했다. 오염되기는 물도 마찬가지였다. 푸주한은 도축한 뒤 피와 부수물을, 무두장이는 작업으로 발생한 온갖 잡동사니를 강물에 내다 버렸다. 많은 경우 도시는 오염 때문에 식수로 강물 대신 우물을 사용했다.

**교회와 도시**　　교회의 조직과 태도는 처음에 도시의 상황에 적응하지 못했으며, 13세기가 시작될 때까지도 성직자들은 도시 생활이 옛 종교 체제에 대해 제기한 문제에 효과적인 답을 찾지 못했다. 상품에 이윤을 얹어 원가보다 높은 가격에 파는 일은 많은 기독교 사상가에게는 부정행위로 여겨졌다. 더욱 심각한 것은 교회의 오랜 가르침이 대금업을 비난한 점이다. 상품에 이윤을 붙이는 것과 이자를 매개로 돈을 빌려주고 받는 것은 상인과 장인의 경제활동에 기초가 되는 일이었다. 게다가 교회의 주교구와 기초 교구parish 조직은 유럽이 거의 전적으로 농업 사회였을 때 수립되었는데, 특히 기초 교구는 새 인구 중심지의 성장에 맞추어 재조직되지 못했다. 그 결과 많은 중세 도시에서는 적절한 수의 사제가 확보되지 못했다. 이러한 결함이 시정된 것은 13세기 초에 탁발 교단인 프란체스코회와 도미니쿠스회가 설립되고 난 뒤였다.

상업적 삶이 초래한, 외래 지역 및 낯선 사상과의 접촉에다 성직자들의 냉담한 태도까지 겹쳐져서, 12세기 서유럽 도시에는 많은 이단이 나타났다. 도시민 사이에 종교에 대해 두 가지 상반된 태도가 생겨났다. 어떤 이들은 세속적이고 다소간 비종교적이거나 반反성직자적 견해를 품게 되었다. 반면에 다른 사람들은 타협을 용납하지 않고, 좀 더 엄격하고 순수한 신앙을 회복하려고 노력했으며, 그리스도와 사도의 삶을 본받고자 했다. 이들 순수한 신앙을 추구한 도시민들은 12세기에 알비주아파와 왈도파 같은 이단에 매혹되었다.

## 5. 중세 성기의 문화

### 1) 중세인의 일상생활과 기독교 신앙

**신앙과 성자숭배**  중세 성기에 꽃핀 문화는 거의 절대적으로 종교와 교회의 영향을 받았다. 기독교는 사실 중세 전 기간에 걸쳐 예술 창작을 위한 영감의 원천이었다. 신을 향한 믿음과 구원의 희망이 중세인의 마음에서 중심을 차지했고, 그것이 작품 활동으로 발현되었다. 중세인은 대체로 영원한 삶을 추구하고, 현세보다는 그 너머의 세계에 더 관심이 많았다. 교회의 기본 역할이 영혼을 구원으로 안내하는 것이었기에, 교회는 사회의 가장 기본적인 제도로 여겨졌다. 그 시대는 이른바 신앙의 시대였다. 기독교 신앙이 온 세상에 널리 퍼지고, 구원의 희망과 영원한 형벌의 공포가 사람들을 사로잡았다.

용맹한 전사들이 고대 그리스의 영웅이었듯이, 중세에는 성자가 영웅이었다. 교회는 성자가 생시뿐 아니라 사후에도 기적을 행할 권능이 있다고 가르쳤다. 하늘나라에서 그들은 신에게 탄원함으로써 지상의 생명을 위해 신의 가호를 얻을 수 있다는 것이었다. 게다가 그들의 권능 일부가 그들의 물질적 유품에 머물러 있다고 생각되었다. 그래서 성자의 뼈, 치아, 친히 쓰던 물건에 엄청난 가치가 주어졌다. 성자의 유품이 없는 교회나 수도원은 거의 없었다. 그리고 먼저 성자를 불러내지 않고서는 거의 아무런 행사도 거행되지 않았다. 선서와 조약 체결은 성자의 유물을 놓고 행해졌다. 사람들은 위험한 여행이나 캠페인을 시작하기 전에 먼저 성자에게 기도하고, 성자의 유골을 만졌다. 성자의 두개골과 머리카락이 가장 흔한 유품이었지만, 다른 많은 유품도 마찬가지로 보존되었다. '진짜 십자가'의 조각은 곳곳에 널려 있어서, 그걸 다 모으면 배를 만들 수 있을 만큼이라 말할 정도였다. 그러나 수없이 많은 유물이 진짜임을 아무도 의심하지 않았으며, 중세가 끝날 무렵에야 일부 경건한 교도가 그것의 진위에 대해 의심을 나타내기 시작했다.

**기사도와 '신의 평화'**　　11, 12세기에 교회의 영향 아래 기사도chivalry가 귀족사회에서 발전했는데, 그것은 기사가 따라야 할 윤리 규범을 이상화한 것이었다. 물론 이상적 행동 규범이란 그대로 지켜지지는 않는 법이다. 기사도에 따르면 기사는 오직 명예만을 위해서 그리고 정정당당하게 싸워야 하며, 포로는 명예를 존중하여 손님으로 환대해야 했다. 그리고 비무장 기사에 대한 공격을 수치로 여기는 관념의 발달로 기사들은 갑주에서 해방될 수 있었다. 교회가 12세기에 파괴적인 전투를 억제하는 노력을 기울이자, 기사 사회에서 마상 무술시합tournament이 조직되기 시작했다. 처음에 그것은 집단 난투 방식으로 진행되었는데, 말 탄 기사들이 끝이 뭉툭한 창이나 생명을 해치지 않을 정도의 무기로 각자가 모두를 상대해서 싸웠다. 그러다가 12세기 말이 되면 집단 난투는 두 기사 간의 일 대 일 대결로 바뀌었다. 전쟁이 거의 스포츠화 했다.

　한편 봉건적 무질서를 줄이려는 교회의 노력은 이른바 '신의 평화'라는 이름으로도 나타났다. 교회는 '신의 평화'라는 명분으로 기사들에게 무방어 상태의 농민과 부녀자, 혹은 수도사들을 해치는 것을 금했다. 나중에 '신의 휴전'이라는 추가적 조치가 마련되었는데, 이 조치로 목요일과 일요일 사이, 그리고 크리스마스와 부활절 기간에 기사들 간의 전투가 금지되었다. 제대로 시행되지는 않았으나, 이는 교회가 봉건사회에서 도덕적 지도력을 얻으려는 노력을 보여주는 사례였다.


**여성의 지위**　　여성은 법적으로 재산을 가질 수 있었지만, 거의 모든 여성은 결혼 전에는 아버지, 결혼 후에는 남편의 통제 아래 있었다. 그렇지만 귀족 여성은 중요한 역할을 수행할 기회가 많았다. 영주의 부인은 평소에 성의 식량 공급을 감독하고, 모든 보급품을 유지하는 일을 맡았다. 게다가 영주는 자주 전쟁이나 주군의 법정에 나갔기 때문에, 남편의 출타 중에는 부인이 영지를 관리했다. 영지에는 많은 수의 관리와 하인이 있어서, 이 일은 매우 큰 책임이었다.

　여성은 남성에 종속된 것으로 여겨졌지만, 많은 강한 여성이 남편에 조언하고 때로는 지배하기도 했다. 그 가장 유명한 사례가 아퀴텐 공령의 상속녀인 엘러너였다. 프랑스 왕 루이 7세와 결혼한 엘러너는 십자군에 남편과 동행했다. 그러나 그녀는 원정 도중에 벌인 삼촌과의 정사가 소문이 나는 바람에 이혼한 뒤, 앙주 백 앙리와 재혼했다. 나중에 앙리가 영국 왕 헨리 2세가 되어 영국에서 다시 왕비가 된 엘러너는 정치에 적극 개입했고, 심지어 아들들을 도와 두 번이나 부왕 헨리에게 반란을 일으키게 했다. 그 일로 유폐되었다가 헨리가 죽은 뒤, 그녀는 다시 아들들에게 영향을 미치면서 활발하게 정치적 삶을 재개했다.

## 2) 대학의 출현

**대학 이전의 교육과 학문**　　중세의 교육과 학문은 일상생활에서처럼 교회의 지배를 받았다. 서양의 역사에서 다른 어느 때도 교육과 학문이 그토록 완전히 하나의 제도나 기구의 수중에 놓인 적이 없었다. 8세기 무렵에서 12세기까지 성직자는 유일하게 글을 읽고 쓸 수 있는 집단이었고, 그 이후에도 그들은 사실상 모든 학교와 도서관 그리고 고등학문기관을 운영했다. 거의 모든 필사본과 서적은 수도원 필사실에서 생산되었다.

　　로마 멸망 이후 혼란의 수백 년 동안 유럽에서 학문과 연구가 실제로 사라질 수도 있다는 위험이 있었다. 그때 수도원이 귀중한 문헌의 보존자로 등장했고, 당시 유일하게 교육이 필요한 계층이었던 성직자에게 최소한의 기초 교육을 제공했다. 800년경 카롤루스 마그누스는 학문과 문화를 진흥하는 일에 많은 공을 들였다. 진전은 느렸으나, 1200년 무렵에 이르면 유럽 문명은 고대의 일반적 학문 수준에 도달했고, 무슬림의 학문 수준에 필적하기 시작했다. 수도원이 여전히 기초 교육을 제공했고, 성당학교가 도시의 점증하는 교육 욕구에 부응하기 시작했다. 그러나 가장 뜻깊은 발전은 대학의 출현이었다.

**대학: 교육길드**　　교육과 학문 연구 기관으로서의 대학은 중세 성기의 산물이

다. 12세기에 고전 학문이 대거 소개되고, 이를 계기로 특히 법학·철학·의학을 중심으로 활발한 연구 활동이 이루어지면서 대학이 세워졌다. 그리하여 학문과 교육의 중심이 수도원이나 성당의 부속학교에서 대학으로 옮겨졌다. 대학에 해당하는 라틴어 우니베르시타스universitas는 원래 공동 목적을 가진 사람들의 길드를 의미했는데, 차츰 교사길드나 학생길드를 지칭하는 용어가 되었다. 그러니까 대학은 곧 교육길드였던 것이다.

처음에 대학은 독자적 캠퍼스가 없었다. 교사는 세를 낸 집이나 종교 건물에서 가르쳤다. 그리고 최초의 대학들은 공식적으로 설립된 것이 아니었다. 그러나 차츰 교황이나 고위 성직자 혹은 국왕의 특허장을 획득함으로써, 대학은 법적 지위를 얻고 공식적 교육기관이 되었다. 이 특허장은 대학을 소재 도시의 사법권에서 벗어나게 해주었다. 교사와 학생은 유럽 전역에서 모였으며, 대학은 진정 '국제적'이었다. 그리고 중세 대학은 남성만을 위한 것이었다. 그 시대에는 여성은 공식적 교육이 필요 없다고 생각되었다.

최초의 대학은 11세기 말 이탈리아 남부 살레르노Salerno와 북부 볼로냐Bologna에서 설립되었는데, 살레르노대학은 의학 교육을, 볼로냐대학은 법학 교육을 담당했다. 볼로냐대학은 특히 『로마법대전』의 재발견으로 촉발된, 로마법에 대한 관심의 부활과 더불어 설립되었다. 12세기의 위대한 로마법학자 이르네리우스 Irnerius(1055~1130)가 유럽 전역에서 학생들을 볼로냐로 끌어들였다. 볼로냐대학은 이르네리우스의 영향 덕분에 법학 연구의 중심이라는 명성을 얻었다. 학생은 대부분 왕이나 제후에게 행정관으로 복무하는 사람들이었다. 그리고 13세기 교황은 대부분 볼로냐대학 출신이었다. 교황 국가가 관료제도를 발달시킴으로써, 교황의 자질로 무엇보다 법학 지식과 행정 능력이 요구되었기 때문이다.

볼로냐대학은 이른바 학생길드로서, 학생 스스로 길드, 즉 우니베르시타스를 결성했다. 볼로냐대학은 1158년에 프리드리히 1세 황제의 특허장을 얻었는데, 이로써 도시 당국의 간섭을 받지 않고 독립적으로 운영할 수 있는 특권을 인정받았다. 학생길드는 책값과 기숙사 사비를 규제하고, 교과과정과 교사 급료를 결정했으며, 교사들이 강의를 빼먹거나 늦게 시작하면 벌금을 물렸다.

북유럽 최초의 대학인 파리대학은 볼로냐대학과 반대로 교사길드로 출발했다. 그것은 노트르담Notre-Dame성당 부속학교에서 성장해 나왔는데, 그 교사들이 12세기를 거치면서 교사길드를 결성하고 독자적으로 학생을 모집하면서 대학으로 발전했다. 성당은 처음에 대학의 자율을 허용하지 않았다. 그러나 1200년에 필리프 존엄왕의 특허장을, 1231년에는 교황의 특허장을 획득함으로써, 파리대학은 주교의 권위에서 벗어나 교사가 통제하는 자율적 기구가 되었다. 파리대학은 공인된 학문의 모든 분야의 교육을 제공했는데, 특히 신학으로 명성이 높았다. 파리대학은 대학의 모델 구실을 하면서, 중세 유럽에서 가장 영향력 있는 지적 중심이 되었다.

파리대학을 본보기로 해서 조직된 옥스퍼드Oxford대학은 1208년에 생겨났다. 이듬해에는 옥스퍼드대학에서 옮겨간 학자들이 케임브리지Cambridge대학을 세웠다. 중세 말엽에는 교황과 각국의 국왕, 제후가 다투어 대학을 설립했다. 그래서 1500년에는 유럽에 80개 이상의 대학이 들어섰는데, 그 대부분이 프랑스·영국·이탈리아·독일에 있었다.

**대학의 교육과정**　　대학의 기본 교과과정은 로마제국 말기에 체계화된 전통적인 7교양학liberal arts, 즉 3학과인 문법·수사학·논리학과 4학과인 산수·기하·천문학·음악으로 구성되었다. 대학의 모든 수업은 라틴어로 행해졌으며, 기본적 교육 방법은 강의, 즉 교사가 학생에게 교재를 읽어주는 것이었다. 강의를 뜻하는 영어의 렉처lecture는 읽는 것을 의미하는 라틴어 렉시오lectio에서 나온 단어이며, 독일어에서 강의에 해당하는 포어레중Vorlesung은 말 그대로 학생 앞에서 책을 읽는다는 뜻이다. 활판인쇄술이 발달하기 전에, 책은 양피지에 손으로 베껴 쓴 것으로서 매우 비쌌다. 귀하고 비싼 책을 살 학생이 거의 없어서 교사는 교재를 읽고 해설을 덧붙였으며, 그러면 학생은 밀랍판에 강의 내용을 새긴 뒤 나중에 양피지에 옮겨 적었다.

학생은 학점을 따거나 시험을 칠 필요는 없었지만, 학위를 딸 때는 교사위원회의 종합적인 구두시험을 받았다. 3~5년 동안 3학과의 학업을 이수하고 받는 첫 학위는 문학사artium baccalaureus였는데, 이는 수공업길드의 숙련공 자격에 해당하는 것이었다. 그다음 5~6년의 과정을 거쳐 4학과를 이수하면 문학석사artium magister가 되는데, 이는 수공업길드의 도장인master에 해당하는 것으로서, 대학에서 강의할 수 있는 교사 자격이 부여되었다.

7교양학 과정을 마친 뒤 학생은 계속 박사학위 과정에서 전문 분야인 법학, 의학, 신학을 공부할 수 있었다. 박사학위는 10년 혹은 그 이상 소요되는 길고 힘든 수학 과정을 거치고 난 다음, 마지막으로 12시간이나 걸리는 구두시험을 통과해야 얻을 수 있었다. 박사는 해당 전공학문을 가르칠 자격을 가졌다. 국왕이나 제후를 위해 일하기를 원하는 사람은 법학박사 학위가 필수였다. 교황 국가와 봉건국가의 관료 기구가 성장함에 따라 대학교육을 받은 전문 관리의 수요가 큰 폭으로 증가했다. 중세대학은 교사, 행정가, 법률가, 의사 등 사회가 새로이 요구하는 인재를 공급하는 역할을 떠맡았다.

### 3) 학문의 발달

**고전 학문의 부활**　　중세 성기에 이루어진 지적 부활의 한 측면은 고전 고대 저작에의 관심이 되살아난 점이다. 12세기에 서유럽에는 그리스 과학과 철학의 저작이 대거 소개되었다. 이에는 갈레노스와 히포크라테스의 의학, 프톨레마이오스의 천문학, 그리고 에우클레이데스의 수학 관련 저작이 포함되었다. 무엇보다 이제 아리스토텔레스의 모든 저작이 이용할 수 있게 된바, 12세기 후반에 그의 모든 저작이 라틴어로 번역된 것이다. 그리스와 로마의 다른 고전과 더불어, 아리스토텔레스의 모든 저작의 도입은 서양에 엄청난 지적 자극을 주었다. 그의 이교 사상이 정신을 타락시킬 것을 우려해서, 교회 당국은 처음에 아리스토텔레스 연구를 금지했다. 그러나 이런 조치는 소용이 없었다. 그의 권위는 거의 성서

다음으로 받아들여졌으며, 그래서 학자들은 아리스토텔레스와 기독교를 조화시키는 과업에 착수했는데, 13세기의 스콜라철학자들은 주로 이 조화의 과제와 씨름했다.

그리스의 과학 및 철학 서술들이 유럽에 직접 소개되었던 것은 아니다. 서유럽에는 그리스어를 아는 사람이 거의 없었다. 서양이 아리스토텔레스를 포함하여 그리스인의 저술을 접한 것은 주로 무슬림 세계, 특히 이베리아의 무슬림 세계를 통해서였다. 고대 그리스 저작의 아랍어 번역은 빛나는 이슬람 문명의 한 측면이었는데, 12세기에 이 저작들이 아랍어에서 라틴어로 번역된 것이다. 이 번역 과정에 유대인 학자들이 매우 중요한 역할을 했다. 유대인은 이슬람과 기독교의 경계를 넘나들며 종교와 교역 분야에서 상호 관계를 유지했고, 두 문명 간의 매개체 구실을 했다.

지적인 면에서 무슬림은 번역 이상으로 서양에 공헌했다. 이슬람 세계는 9, 10세기에 과학 분야에서 서양보다 훨씬 앞섰으며, 12, 13세기에 물리학·수학·의학·광학 등에 관한 무슬림의 저작이 라틴어로 번역되어 서양에 소개되었다. 게다가 아리스토텔레스의 저작이 12세기 후반에 서양에 전해졌을 때, 그것에는 아랍 및 유대의 빼어난 철학자들의 주석이 수반되었다. 그 한 예가 아베로에스로 잘 알려진 이븐 루시드인데, 그는 코르도바에 살면서 아리스토텔레스의 모든 저작에 대해 체계적인 주석을 달았다. 중세 학자들이 무슬림 세계로부터 새로운 사상을 흡수함으로써, 유럽의 지적 삶이 한층 깊어질 수 있었다.


**스콜라철학**    기독교가 지배한 중세 사회에서 신학은 단연 지성계의 핵심적인 관심 분야였다. 신학은 대학에서 '학문의 여왕'이었다. 11세기쯤부터 이성적 혹은 논리적 주석을 기독교의 기본 교리에 적용하려는 노력이 일어나서 신학 연구에 심대한 영향을 끼쳤다. 이러한 신학 연구는 처음에 주로 성당이나 수도원에 부속된 학교schola를 중심으로 이루어져, 그 지적 성과가 스콜라철학scholasticism이라 불리게 되었다. 그것의 일차적 관심은 신앙과 이성을 조화시키려는, 그러니까 신앙상 받아들여지는 것은 이성으로 배울 수 있는 것과 조화된다는 것을 증명하려는 시도였다. 스콜라철학의 창시자로 일컬어지는 이탈리아 수도사 안셀무스Anselmus(1033~1109)는 신의 존재를 논리적으로 증명하기 위해 노력했다. 그리고 그는 이성이 기독교 신앙을 보완할 수 있다고 주장했다. 물론 모든 인물이 다 그러했던 것은 아니다. 신비주의에 기울었던 성 베르나르는 전적으로 계시를 중시하면서, 인간 이성의 힘을 거의 신뢰하지 않았다. 그는 이성으로 신을 온전히 이해할 수 있다고 주장하는 피에르 아벨라르Pierre Abélard(1079~1142)를 '이단 날조자'라며 격렬하게 비난했다.

스콜라철학자들은 광범위한 주제를 다루었는데, 특히 보편자universals에 관해서 치열한 논쟁을 벌였다. 이 이른바 보편논쟁 혹은 유명론 대對 실재론 논쟁은 이를테면 아름다움이나 진리 혹은 책상이나 개와 같은 보편관념이 사람의 마음속에서 추상적 개념으로 존재하는 것 이외에, 하나의 실체를 갖고 있느냐 하는 문제에 집중되었다. 실재론자realist는 보편관념이 실체를 갖고 실재한다고 믿었다. 반면에 유명론자nominalist는 실재하는 것은 개별적인 것뿐이며, 보편개념은 실체가 없이 단지 추상적 개념을 나타내기 위해 사용되는 명칭일 뿐이라고 주장했다. 극단적 실재론자는 개별 사물의 중요성을 인정하지 않고, 순전히 논리와 신의 계시를 통해 보편자를 알고자 했다. 극단적 유명론자는 오직 특정 사물만 보고, 사물들 사이에 통일적 관계가 존재한다는 점을 부정했다.

파리 노트르담 성당학교 교사로 명성을 날린 피에르 아벨라르는 유명론자와 실재론자의 극단적 견해를 모두 부정했다. 그는 보편논쟁에 대해 상식적 해결책을 제시했다. 그는 보편자는 마음속에서 생각이나 개념으로 존재하지만, 그러함에도 그것은 실재적이라고 주장했다. 왜냐하면, 그것은 특정의 사물에 존재하는 비슷한 특성을 관찰한 산물이기 때문이라는 것이었다. 이를테면 많은 의자를 관찰하고 그것에 앉아 봄으로써, 우리는 '의자'라는 보편개념에 도달한다. 개념론 conceptualism으로 알려진 그의 주장은 보편논쟁의 발전에 결정적 역할을 했다. 아벨라르는 또한 의심하기의 중요성을 강조함으로써 스콜라철학의 방법론을 완

성했다. 의심하기는 탐구로, 탐구는 진리로 나아가기 때문이었다. 그는 스콜라
철학의 아버지로 불리면서 중세 프랑스 철학을 대표하는 철학자가 되었다.

그러나 수많은 제자를 길러내면서 당대 최고의 학자로서 명성을 날리던 아벨
라르는 22살이나 어린 17세 제자 엘로이즈Héloise와 사랑에 빠지면서 창창하던
장래가 끝장나 버렸다. 아벨라르는 아이를 얻고 비밀리에 결혼까지 했으나, 엘
로이즈의 보호자인 삼촌이 오해가 겹친 끝에 흉한을 고용하여 그를 거세해 버렸
다. 이후 비련의 주인공들은 교회에서 안식을 구했다. 절망에 빠진 아벨라르는
수도원에 들어갔고, 엘로이즈 역시 수녀원으로 들어간 뒤 수도원장이 되었다.

아벨라르는 저서 『그렇다와 아니다Sic et Non』에서 신학에 찬반의 변증법적
방법론을 도입했는데, 이탈리아 출신으로 아벨라르의 제자인 페트루스 롬바르
두스Petrus Lombardus는 이를 더욱 발전시켰다. 롬바르두스는 『4권의 명제집Libri
Quattuor Sententiarum』에서 교리의 쟁점에 관한 선학先學들의 상충하는 진술들을 모
으고, 그런 다음 상이점을 논리적으로 조화시킴으로써 합리적 결론에 이르려고
노력했다. 그의 저서는 이후 신학 저술의 모범이 되고, 중세 신학의 교과서로서
명성을 떨쳤다.

스콜라철학은 11세기에 시작되어 13세기에 정점에 도달했다. 13세기에 스콜
라철학의 최우선 과제는 기독교의 계시와 아리스토텔레스의 저작을 조화시키
는 일이었다. 중세 성기에 서양에 밀물처럼 밀려들어 온 아리스토텔레스의 저작
은 대학에 충격을 주고 많은 신학자를 당혹하게 했다. 그의 명성은 너무나 높아,
중세 학자들이 '철학자'라 하면 그것은 곧 아리스토텔레스를 일컫는 말이었다.
그런데 그는 계시가 아니라 이성적 사고로 자신의 결론에 이르렀고, 인간 영혼
의 유한성과 같은 그의 몇몇 이론은 교회의 가르침과 명백히 배치되었다.

아리스토텔레스와 기독교 교리를 조화시키려는 노력 가운데, 가장 성공적인
시도는 성 토마스 아퀴나스Thomas Aquinas(1225~1274)에 의해 이루어졌다. 파리에
서 신학을 공부하고 가르친 이 위대한 도미니쿠스회 수도사는 저 유명한 『신학
대전Summa Theologiae』을 완성했다. 그는 스콜라철학자들의 변증법적 방법에 따라

먼저 질문을 제시하고, 그 질문에 대한 상반되는 견해들을 인용하고, 그런 다음 자신의 결론을 끌어냈다. 그는 이런 방식으로 주요 신학 문제를 남김없이 망라하여, 약 600항목 혹은 쟁점을 제기하고 논의했다. 그는 이성을 부정하는 대신 오히려 그 가치를 높이 평가하고, 아리스토텔레스의 논리를 채용하여 기독교 신앙을 변호하는 데로 돌렸다. 그는 그렇게 하여 아리스토텔레스와 기독교 교리를, 바꾸어 말하면 이성과 신앙을 멋지게 조화시키려고 노력함으로써 스콜라철학을 완성했다는 명성을 얻었다.

독일인 스승 알베르투스 마그누스Albertus Magnus는 이성을 통해 도출되는 자연 진리와 신앙으로 이해하는 계시 진리를 구별하고, 그 두 진리는 상충하지 않는다고 주장했는데, 토마스 아퀴나스는 이를 수용하고 발전시켰다. 그의 생각으로는 이성과 신앙 모두 신이 창조한 것으로서, 그 둘이 상충한다고 말하는 것은 곧 신 자신이 모순된 존재라는 것이나 다름없었다. 이성은 신앙의 도움 없이 물리적 우주에 관한 진리에 도달할 수 있지만, 신의 은총의 도움 없이 이성 단독으로는 삼위일체나 그리스도의 성육신成肉身, Incarnation과 같은 영성의 진리를 체득할 수는 없었다. 그는 그렇지만 만일 양자가 상충한다면 신앙이 우선이라고 주장했다.

이성과 신앙은 양립할 수 있다는 가정은 두 프란체스코회 수도사인 던스 스코터스Duns Scotus(1266~1308)와 윌리엄 오컴Ockham(1285~1349)의 신랄한 비판을 받았다. 이들은 어떤 종교 교리는 이성으로 발견한 것보다 우위에 있다는 아퀴나스의 믿음을 상론하면서, 만일 인간 지성이 신이 계시한 진리를 이해할 수 없다면 신의 진리의 영역은 침범하지 말아야 한다고 주장했다. 그럼으로써 그들은 궁극적으로 철학과 신학이 분리될 길을 준비했다. 그들은 또한 구체적인 개개 사물만이 실재할 뿐이라고 주장하면서, 보편적 관념이 실재한다는 실재론을 부정했다. 13세기 이후 스콜라철학은 차츰 영향력을 잃었다. 그 철학자들이 미세한 신학적 정밀성을 추구하면서 전반적으로 현실과 유리되었기 때문이다.

**법학**　　중세 성기에 법학 지식은 정부 관리가 되기 위해 매우 중요한 자질이었다. 국왕이든 교황이든 모두 권력을 강화하기 위해서는 로마법의 원칙을 효율적으로 이용할 법률가가 필요했기 때문이었다. 중세 법학은 시민법과 교회법의 양대 법체계로 구성되었다. 시민법은 로마법학자 이르네리우스에 의해 크게 발전했는데, 그는 11세기에 재발견된 『로마법대전』의 연구에 헌신하고 그 주석서를 저술했다. 그의 이런 노력은 유럽이 성문법 체계를 확립하는 데 밑거름이 되었다. 수도사 그라티아누스Gratianus는 1140년경 교황의 교서와 공의회의 결의를 포함하여 교회법과 관련한 방대한 문헌을 집대성하여 『그라티아누스 교회법령집Decretum Gratiani』을 편찬했다. 이 법령집의 출간을 계기로 교회법이 독립된 학문 영역으로 정착하게 되고, 그것은 교회법 연구의 표준적 교재가 되었다. 그래서 그라티아누스는 흔히 교회법의 아버지로 일컬어진다. 그의 법령집은 그가 사적으로 편찬한 것으로서 법전이 아니었지만, 나중에 『교회법대전Corpus Juris Canonici』에 수록됨으로써 공적 권위가 부여되었다.

**과학**　　12세기에 유럽 학자들은 무슬림이 보전한 고전 문헌을 번역하기 위해 이베리아와 시칠리아로 몰려들었다. 이들의 노력으로 과학 분야에서 많은 새로운 사상이 서양 학자에게 소개되었다. 대수학·삼각법·에우클레이데스의 기하학이 알려지고, 아라비아 숫자와 0의 기호가 도입되어 십진법 계산이 가능해졌다. 물리학은 아리스토텔레스의 물·흙·공기·불의 4원소 이론에 기초했으며, 화학 역시 마법 및 연금술과 결합한 아리스토텔레스의 개념에 기초했다. 무슬림 연금술 학자의 영향을 받은 유럽인들은 비卑금속을 금과 은의 귀금속으로 바꾸고, 마법의 불로장생약을 얻고자 했다. 그런 시도는 사람들이 자연현상과 친숙해지고, 화학 분야에서 진정한 과학적 발견이 진전되는 데 크게 이바지했다.

의학은 갈레노스와 히포크라테스의 의학 저술들과 무슬림 학자 이븐 시나의 『의학정전』 등을 바탕으로 연구되었다. 그러나 의학은 결코 법학이나 신학만큼의 지위나 중요성을 얻지 못했다. 중세 의사들은 차츰 단순히 사혈瀉血에 의존하는 수준에서 한발 더 나아갈 수는 있었으나, 괄목할 만한 새로운 의학 사상이나 의술을 발전시키지는 못했다.

12, 13세기에 과학은 철학이나 신학과 분리된 독자적인 학문 영역이 아니었다. 과학 발전에 이바지한 중세 학자들은 종합적 지식을 추구한 학자로서, 특정 분야를 파고드는 전문가가 아니었다. 게다가 그들은 '과학적 방법', 즉 관찰과 실험 그리고 검증의 과정을 지키지 못했다. 그뿐만 아니라 권위의 강조와 교회의 영향 때문에 중세의 환경은 자유로운 과학 탐구에 이롭지 못했다. 과학 연구자들은 통상 성직자였고, 그들의 발견은 신학자의 교조를 반박하기보다 해설하기 위한 것이었다. 그렇기는 하나 고대 그리스인과 무슬림에게서 넘어온 '과학적' 지식이 그들의 주의를 끌었고, 소수의 중세 학자가 학문 활동 과정에서 과학적 지식의 향상에 이바지했다.

옥스퍼드대학 총장을 지낸 로버트 그로스테스트Grosseteste는 아리스토텔레스 및 다양한 철학 주제에 대한 해설서를 쓰는 한편, 태양·날씨·조수의 간만·색채·혜성을 비롯하여 여러 자연현상에 대한 관찰 결과를 저술함으로써 과학 연구에 이바지했다. 그로스테스트의 한 세대 뒤의 제자인 프란체스코회 수도사 로저 베이컨Roger Bacon(1214~1294)은 중세의 학문 풍토에서 아주 예외적 존재였다. 그는 스콜라철학자들의 연역적 논리 전개를 과감하게 비판하면서 스승을 이어 실험적 방법을 강조하고, '실험과학experimental science이라는 용어를 만들었다. 그의 실험은 주로 광학과 관련된 것이지만, 실험의 중요성에 대한 그의 강조는 어떤 과학에도 적용될 수 있었다. 베이컨은 성서나 교회의 권위를 의심하지 않았으나, 스콜라철학 비판 때문에 위험인물로 여겨졌다.

자연 세계에 관심을 가진 또 다른 주목할 만한 인물은 프리드리히 2세 황제였다. 시칠리아에 거주하면서 이슬람 및 비잔티움 문명에 친숙했던 그는 많은 빼어난 학자들을 궁정에 불러 모았으며, 그 자신이 매사냥에 관한 책을 쓰기도 했다. 그는 그 책에서 새들이 어떻게 나는가 하는 문제를 논하고, 조류 해부에 관한 정확한 지식을 펼쳐 보였다.

## 4) 문학

**라틴어 문학**     라틴어는 중세 유럽의 유일한 학문 언어요 공용어로서, 중세 내내 성직자·학자·법률가·의사들이 사용했다. 교육받은 사람은 유럽 어디서든 라틴어로 소통할 수 있었으며, 중요한 의사소통은 주로 라틴어로 이루어졌다. 그러나 중세 라틴어는 문법이 단순해지고 어휘에 큰 변화가 일어나는 등, 키케로가 썼던 고대 로마의 고전적 표준에서 많이 벗어나 있었다. 중세 라틴어로 된 훌륭한 창작물은 예배식의 기도문과 성가였다. 라틴어는 또한 성자의 삶을 극화하거나 기독교적 도덕을 담은 새 형식의 종교극에 사용되었다. 고전 연극은 공연되지 않았으며, 15세기가 될 때까지 유럽 문학에 아무런 영향을 미치지 않았다.

라틴어가 미사의 언어이기는 하지만, 때로는 기독교 이상으로부터의 일탈을 표현하는 데도 쓰였다. 12세기에 파리에서 공부한 젊은 유랑 지식인들이 라틴어로 쓴, 성직자와 금욕적 이상을 야유하는 많은 풍자시가 나타나기 시작했다. 시대의 이단자라 할 만한 이들 유랑 지식인은 흔히 골리아르Goliard라 불렸는데, 골리아르 시가는 때때로 이교 취향을 드러내면서, 먹고 마시고 사랑하는 것의 즐거움을 노래했다.

**국어 문학**     골리아르의 시가는 라틴어를 아는 소수의 교육받은 사람들만 이해할 수 있었다. 일상생활에서는 라틴어가 사라지고 로망스어와 게르만어 계통의 다양한 지방어vernacular가 쓰였으며, 이 지방어에서 차츰 각 나라의 근대 국어가 발전해 나왔다. 그리고 각 지방어, 즉 국어로 쓴 새로운 문학 작품이 11세기 말에 시작하여 12세기 이후 전성기를 이루면서 중세 문학의 주류가 되었다. 각국의 국어 문학을 위한 새로운 시장이 12세기에 형성되었는데, 이때 부유한 봉건귀족과 도시의 교육받은 계층이 새로운 오락거리를 찾은 것이다.

이때의 작품들은 대부분 귀족의 취향에 부응하는 기사문학이었는데, 그 한 형식이 영웅들의 무예와 용맹을 노래한 영웅서사시 혹은 무훈송가chanson de geste 였다. 영웅서사시는 오랜 세월 구전되다가 대체로 11세기 말 이후 문자로 정착되었는데, 많은 경우 이교 내용의 이야기에 기독교적 색깔이 덧씌워졌다. 가장 이른 10세기 말에 나타난 앵글로색슨의 서사시 『베이어울프Beowulf』는 6세기 민족 이동기를 배경으로 하고 있다. 트루베르trouvère라 불리는 프랑스 북부의 음유시인들이 노래한 무훈송가는 주로 주군을 향한 기사의 충성을 주제로 한 서사시였다. 그 세계는 전투의 세계로서, 기사들이 왕과 주군을 위해 용감하게 싸운다. 이 문학 장르에서 여성은 아무런 역할도 없다. 1100년 무렵 프랑스 북부에서 나타난 『롤랑의 노래Chanson de Roland』는 무훈송가의 대표라 할 것이다. 위대한 카롤루스 마그누스의 용맹과 롤랑의 충성을 노래한 이 서사시는 중세 기독교 기사들의 가치를 표현했다. 비슷한 시기에 독일에서는 『니벨룽의 노래Nibelungenlied』가, 에스파냐에서는 카스티야어로 『시드의 노래』가 문자화되었다.

이와는 아주 다른 성격의 문학이 트루바두르troubadour라 불리는 프랑스 남부의 음유시인을 통해 서정시의 형태로 나타났다. 직업적 소리꾼인 이들이 11세기 말경에 프랑스 남부 프로방스 지방에서 귀족의 궁정에 나타나, 아름다운 여인과 귀부인을 향한 낭만적 기사의 고상한 사랑을 노래했다. 때로는 귀족 자신이 그런 서정시를 쓰기도 했다. 여성 취향의 이 시가들은 류트나 기타 현악기에 맞추어 노래를 부르도록 창작되었다. 처음에 프랑스 남부에서 나타난 이 음유시인의 서정시들은 곧 프랑스 북부와 이탈리아 그리고 독일로 퍼져나갔다. 독일에서는 이런 음유시인을 사랑노래꾼, 즉 미네징어Minnesinger라 불렀다. 중세의 문학 작품들이 주로 '노래'라는 이름을 가지고 있는 데서 짐작할 수 있듯이, 이 시대에 문학을 즐기는 방법은 '읽기'보다는 '듣기'였다. 책이 귀한 시절에 문학 작품은 음유시인 혹은 떠돌이 소리꾼이 이곳저곳 궁정을 찾아다니며 청중들에게 노래로 읊어 들려주는 방식으로 향수되었던 것이다.

12세기 후반 이후에는 북부의 무훈송가가 여성 취향인 남부 서정시의 영향을 받아 주군을 향한 기사의 충성 대신 귀부인, 특히 결혼한 귀부인에 대한 숭상과 충성을 노래하는 문학, 이른바 로망스가 생겨났다. 귀족들의 여흥을 위해 만들어진 이 로망스는 아서 왕, 카롤루스 마그누스, 알렉산드로스 대제 등의 인물과 관련된 전설을 바탕으로 수많은 작품이 창작되었다. 가장 인기 있는 주제의 하나는 아서 왕과 그의 원탁의 기사들에 관한 이야기로서, 그것은 금지된 사랑과 기사의 전투에 관한 이야기였다. 크레티앙 드 트루아Chrétien de Troyes의 『랑슬로트Lancelot』는 이 전설적 기사를 영웅적 모습으로 부각하는 데 일조했다. 크레티앙은 루이 7세의 왕비였다가 영국 왕 헨리 2세의 왕비가 된 저 유명한 아퀴텐의 엘러너의 후원을 받았다.

기사문학은 도시민의 흥미를 끌지는 못했다. 그런 이야기에서 자신의 삶의 모습을 거의 찾아볼 수 없었던 도시민들은 다른 장르의 문학으로 관심을 돌렸다. 우화시fabliau로 불리는 이 문학 역시 프랑스에서 비롯되었다. 기사들의 영웅적, 혹은 목가적 이야기와 달리 우화시는 일상생활에 관한 것이었다. 그것은 풍자 형식을 빌려 솔직하고 재치 있는 표현으로 궁정과 성직자의 삶을 조롱했다. 작가 미상의 『오카생과 니콜레트Aucassin et Nicolette』의 주인공 오카생은 무슬림 노예 니콜레트와의 사랑을 위해 기사의 지위도 거부한다. 영혼의 구제에도 무관심한 그는 심지어 천국보다 그녀와 함께하는 지옥을 더 원한다.

**단테와 초서**　국어 문학은 중세 말에 이르러 더욱 발전하여 위대한 두 작가, 단테 알리기에리Dante Alighieri(1265~1321)와 제프리 초서Geoffrey Chaucer(1340~1400)에게서 화려하게 꽃피었다. 피렌체의 정치가이자 시인인 단테는 깊은 종교적 감성을 스콜라철학 및 라틴 고전의 지식과 결합하면서 불멸의 걸작을 창조해 냈다. 『신곡La Divina Commedia』은 기본적으로 중세인의 가장 큰 관심사, 즉 영혼이 구원을 향해 나아가는 이야기다. 저자 자신이 로마의 시인 베르길리우스의 안내를 받아 지옥에서 연옥까지 상상적인 여행을 했다. 그러나 이성을 상징하는 이교도 베르길리우스는 단테를 거기까지만 인도할 수 있었다. 마지막으로 천국에 들어갈 때, 단테는 이교도가 아니라 그의 이상적인 기독교도 여성인 순결한 베아트

리체Beatrice의 안내를 받았다. 여행 과정에서 그는 역사적 인물들을 만나고, 그들에게서 우주의 비밀을 배웠다. 『신곡』은 중세 세계관을 완벽하게 표현했다는 점에서 자주 토마스 아퀴나스의 『신학대전』과 비교되었다.

단테가 그의 작품에 단 원래의 제목은 『희극Commedia』이었는데, 그것이 연옥과 천국의 즐거운 내용을 다루고 행복한 결말로 끝맺기 때문이었다. '신성한 divina'이라는 형용사는 나중에 그의 찬미자들이 덧붙인 것이다. 『신곡』은 많은 면에서 여전히 중세적이었지만, 그 중세성은 이미 강한 개인주의로 상당히 희석되었다. 반교황파였던 단테는 망설임 없이 교황을 조롱하고, 보니파키우스 8세를 지옥으로 보냈다. 한편 그는 피렌체 지방어를 이탈리아의 표준적 문학 언어로 만드는 데 다른 어떤 인물보다 큰 역할을 했다. 그러나 정치적으로 불운했던 그는 1302년 망명을 했고, 다시는 피렌체로 돌아가지 못했다.

중세 말의 인물인 영국 작가 초서는 『캔터베리 이야기The Canterbury Tales』에서 캔터베리로 순례를 가는 다양한 출신의 순례자 29명의 이야기를 통해, 당대 영국의 생활과 관습 그리고 사상의 단면을 드러냈다. 명문 출신에서 천한 출신에 이르는 각양각색의 순례자가 풀어놓은 이야기는 기사의 로맨스, 성자의 전기, 동화, 현학적인 풍자, 야하고 유치한 일화 등, 이야기꾼 자신들만큼 다양했다. 중세 말기의 세속화를 반영하듯, 『캔터베리 이야기』는 보카치오Boccaccio의 『데카메론Decameron』처럼 거의 음란물에 가까운 것이었다. 단테가 토스카나Toscana 방언으로 불후의 작품을 창작함으로써 이탈리아어 문학 발달에 기여했듯이, 초서는 미들랜드Midland의 방언을 근대 영어의 주된 선조로 탈바꿈시키는 데 중요한 역할을 했다. 초서와 동시대인인 윌리엄 랭글런드Langland는 『농부 피어스Piers Plowman』에서 농민의 고단한 삶에 대한 동정심을 잘 표현하는 한편, 부패한 사회와 교회를 매섭게 비판했다.

프랑스와 독일에서는 초서와 랭글런드에 견줄 만한 작가가 나타나지는 않았지만, 중세 말에 프랑스에서 주목할 만한 여성 작가가 등장했다. 중세 유럽 최초의 여성 작가로 알려진 크리스틴 드 피장Christine de Pizan(1364~1430)은 베네치아에서 태어났으나, 아버지가 프랑스 궁정 주치의로 발탁됨으로써 프랑스에서 자랐다. 프랑스어로 쓴 『여인들의 도시*La Cité des Dames*』에서 피장은 여성을 비하하는 글을 쓴 남성 작가들을 비난했다. 그녀는 여성이 처한 신체적 제약과 사회적 조건을 특수한 문제가 아니라 보편적 가치의 문제로 접근했다. 그녀는 프랑스 역사에서 집필로 생계를 유지한 첫 여성이자, 작품을 통해 여성에 대한 모독에 항의하고 여성을 변호한 최초의 여성 작가였다.

**역사 서술**  중세 성기에는 괄목할 만한 역사서도 집필되었다. 조프루아 드 빌라르두앵Geoffroi de Villehardouin은 자신이 직접 경험한 4차 십자군과 비잔티움의 함락을 『콘스탄티노플 점령*De la Conquête de Constantinople*』에서 생생한 필치로 설명했다. 그리고 장 드 주앵빌de Joinville은 루이 성왕과 함께 십자군에 참여한 동료로서, 성왕의 전기 『루이 성왕전*Vie de Saint Louis*』을 저술했다.

### 5) 미술

**로마네스크 교회**  11, 12세기에는 건축 붐이 거의 폭발적으로 일어났는데, 중세 초기에 일반적이던 목조 건물이 아니라 석조 건물이 그 대종을 이루었다. 그 시기에 영주의 성과 교회의 건축이 중세 사회의 잉여 자원을 거의 모두 빨아들였던바, 그것은 그 시대의 기본적 관심사인 전쟁과 신을 반영한 것이었다. 11, 12세기에 수천 개의 기초 교구 교회와 더불어 수백 개의 새로운 성당과 수도원이 지어졌다. 이러한 활발한 건축 활동은 되살아난 종교 문화와 함께 상업과 성장하는 도시가 생산한 그 시대의 부를 반영했다.

11, 12세기의 성당은 대체로 로마네스크romanesque 양식으로 지어졌다. 세부 구조와 장식은 지역에 따라 달랐지만, 그것은 기본 특징에서 국제적으로 통일된 양식을 갖추었다. 11세기 초에 이탈리아에서 발달하기 시작한 로마네스크 양식은 로마제국 말기의 교회 건축에 이용되었던 장방형의 바실리카basilica 형태를

취했다. 바실리카는 평평한 나무 지붕의 단순한 직사각형 건물이었다. 이 기본 구도를 바탕으로 로마네스크 건축가는 매우 중요한 혁신을 추가했다. 그들은 평평한 나무 지붕 대신, 돌로 된 긴 반⍊원통형 궁륭barrel vault 또는 그것을 서로 교차시킨 교차궁륭cross vault을 도입했다. 그리고 교회를 십자가 모양으로 만들기 위해 좌우에 익당翼堂, transept을 내어 달았다. 궁륭 지붕은 건설하기가 기술적으로 매우 어렵지만, 미학적으로 아름답고 음향효과도 뛰어났다. 로마네스크 교회의 또 하나의 특징은 종탑이었다. 이탈리아에서는 종탑이 교회에서 약간 떨어져 있었으나, 유럽 다른 데에서 종탑은 교회 건물의 불가결한 일부였다.

이 시대 건축 활동은 클뤼니에서 시작된 수도원 개혁 운동에서 많은 자극을 받았고, 가장 중요한 건물은 수도원교회들이었다. 수도원의 금욕적 이상이 건축 정신에 반영되어, 건물에 어떤 우아함이나 감각적 매력을 부여하는 시도는 거의 기울여지지 않았다. 기술적인 면에서 돌 지붕은 매우 무거웠기 때문에, 로마네스크 교회는 그것을 떠받치기 위해 두꺼운 벽과 육중한 내부 기둥이 필요했다. 이 때문에 로마네스크 교회는 창문을 넓게 내지 못하고, 내부가 탁 트이지 못했다. 어두컴컴한 내부는 신비로운 분위기를 자아내는 한편, 육중한 벽과 기둥의 외형은 교회를 영성적 삶을 위협하는 세계에 대한 견고한 요새처럼 느끼게 했다.

**고딕 성당**　　로마네스크 양식은 12세기를 거치면서 차츰 진화하여 고딕 양식으로 발전해 갔다. 서유럽 미술이 비잔티움과 다른 특징 중 하나는 그 역동성이다. 비잔티움제국에서 미술 양식은 거의 변하지 않고 1000년을 지속했으나, 유럽에서는 끊임없이 변화가 일어났다. 로마네스크 양식이 과거와의 단절을 통해 나타났는데, 두 세기가 채 지나지 않아 그것은 또 다른 양식에 밀려나기 시작한 것이다. 사회적·정신적, 그리고 기술적 변화에 상응하여 로마네스크로부터 고딕 양식이 발전해 나왔다. 이 새 양식은 1150년경 건축에서 처음 나타나 1300년 무렵 절정에 이르렀다가, 중세가 끝나면서 활력을 잃었다.

고딕 양식은 두 가지 혁신으로 가능하게 되었다. 첨두아치pointed arch 모양의 가벼운 늑골궁륭ribbed vault이 로마네스크 교회의 무거운 반半원통형 궁륭을 대체했고, 그래서 고딕 교회는 로마네스크 교회보다 더 높이 올라갈 수 있었다. 늑골궁륭과 첨두아치는 보는 이로 하여금 위로 솟는 듯한 기분을 느끼게 했다. 또 하나의 기술혁신은 벽의 외부에 덧댄 아치형의 부연벽받이flying buttress였다. 이는 궁륭 지붕의 무게를 바깥과 아래쪽으로 분산시키고, 그래서 로마네스크 교회와 달리 육중한 벽의 두께를 줄일 수 있었다. 고딕 성당은 벽이 얇아진 결과 커다란 유리창을 낼 수 있었고, 그래서 밝은 햇빛이 넓은 내부 공간을 가득 채울 수 있게 되었다.

최초의 완전한 고딕 양식 교회는 12세기 중엽 파리 인근 생드니Saint-Denis에 지어진 수도원교회이며, 이후 파리의 노트르담성당을 비롯하여 랭스Reims, 아미앵Amiens, 샤르트르Chartres 등지에 빼어난 고딕 성당이 들어섰다. 프랑스 북부에서 발전한 이 고딕 양식은 13세기 중엽에는 유럽 전 지역에 퍼졌다. 로마네스크 양식이 수도원에서 번성한 데 비해 고딕 양식은 날로 번영해 가고 있는 도시에서 번성했다. 도시에서는 주교와 그의 성당이 중심이 되었고, 이제 금욕적 정신은 좀 더 세속적 정신에 가려졌다. 고딕 성당은 물론 신의 영광을 위해 건설되었으나, 다른 한편으로 인간의 자부심 또한 반영했다. 고딕 성당은 중세 성기의 위대한 예술적 성취의 하나로 꼽힌다. 하늘에 닿으려는 듯 공중으로 높이 솟아오른 고딕 성당은 신에 깊이 경도된 중세인의 신심을, 중세 기독교공동체의 주된 관심사인 영성적 이상에 대한 헌신을 상징했다.

**조각과 그림**　　조각은 4세기에 기독교의 승리와 함께 쇠퇴해 버렸다. 처음에 교회는 조각을 이교의 우상숭배와 연결해서 인식했고, 그래서 서유럽에서 일시적으로 실물대 조각이 종말을 맞았다. 암흑시대 동안 미술 활동은 주로 작은 크기의 조각이나 필사본의 장식에 한정되었다. 중세 조각은 거의 모두 건축의 일부를 구성하고 있다는 점에서 고전 조각과 구별되었다. 조각은 교회 건축의 불가결한 일부를 구성함으로써 건축적 기능을 담당했으며, 사실 중세가 끝날 때까지 건축에 종속되었다. 성인과 사도의 상이 성당 벽감을 차지하고, 내부의 각종 공간이 성경의 이야기를 묘사하는 데 사용되었다. 그림은 주로 유리창을 장식하는 데 쓰였다. 13세기 수공업자들은 녹은 유리에 여러 광물을 섞어 화려한 색상을 얻었다. 모자이크 기법에 따라 자잘한 채색유리 조각으로 다양한 문양을 구성한 스테인드글라스는 근대에도 복제하기 어려울 만큼 뛰어난 예술이었다.

그러나 13세기 말엽이 되면 건축과 분리된 회화 작품이 많이 생산되었다. 특히 조토 디 본도네Giotto di Bondone(1266~1337)의 그림은 미술 기법상 중세 전통과 극적인 단절을 보여주어서, 그는 종종 이탈리아 르네상스의 선구자로 여겨진다. 그는 비잔티움 학교에서 공부했으나, 새로운 종류의 사실주의로 비잔티움의 영향을 뛰어넘었다. 조토는 주로 파도바Padova와 피렌체에서 작품 활동을 했다. 그는 14세기 초에 파도바의 아레나Arena 예배당에 대작의 벽화를 그려서, 이후 그런 벽화의 선례를 남겼다. 그는 명암법을 이용하여 인물들을 입체적이고 3차원적으로 표현했다. 중세 화가와 조각가는 작품에 이름을 남기지 않았으나, 그는 새 정신에 입각해서 그림에 이름을 표시했다. 조토라는 이름은 오랫동안 '화가'와 동의어로 통했다.

14세기 후반기 이후에는 흑사병과 재발하는 페스트의 영향을 받아 우울하고 병적인 작품이 쏟아져 나왔다. 이제 미술 애호가를 포함하여 많은 사람이 이전처럼 낙관적이지 않았다. 혹자는 인생을 즐기는 것에 죄의식을 느끼고, 구원을 얻는 것에 더 많은 관심을 가졌다. 페스트 이후 미술은 고통과 죽음에 관심을 집중하기 시작했다. 꽤 많은 수의 미술 작품이 '죽음의 기술ars moriendi'에 기초를 두게 되었다.

**세속 건축**　　12, 13세기에 세워진, 교회 이외의 기념비적 건물로는 성채가 유일했다. 성당이 종교 생활과 관계되듯이, 성채는 세속 생활과 관계되는 핵심 건축물이었다. 십자군이 경험한 동양의 요새에 대한 지식과 그들이 도입한 새로운 공성전 무기와 전술로 더욱 견고하고 육중한 성채가 필요해졌다. 13세기에 이르러 고딕 양식의 성당이 완성을 보았듯이, 성채 건설 역시 발전의 정점에 도달했다. 능보稜堡가 성벽을 따라 전략적 지점에 설치되었고, 성채 전체는 어느 한 부분이 탈취되더라도 나머지 요새에서 밀폐되도록 설계되었다. 전체 도시 역시 성벽, 감시탑, 해자, 도개교 등으로 요새화되었다. 그러나 중세 말경이 되면, 도시와 성채를 요새화할 필요가 줄어들었다. 성채는 좀 더 성주의 안락한 생활을 고려해서 지어졌다. 그와 동시에 상공업의 발달에 따라 증대하는 부는 세속적 고딕 건축의 발전을 고무했다. 시청이나 길드 회관, 부호들의 저택, 귀족들의 성, 이 모든 것이 성당의 고딕 양식을 빌려왔다.

제7장

# 중세 봉건사회의 변화

❖

고대 로마 세계와 달리 중세 문명은 '몰락'하지 않았다. 야만인 침입의 물결도, 사회질서와 상업의 붕괴도 없었다. 오히려 중세가 끝날 때, 서유럽은 대단한 활력과 팽창 정신을 드러냈다. 중세는 뚜렷한 단절 없이 근대로 이동했다. 그래서 우리는 어떤 역사적 사건을 내세우고, "여기서 중세가 끝났다"라고 말할 수 없으며, 오히려 현재의 문명이 중세의 연장이라 말할 수 있을 것이다. 그런데도 불구하고 분명 서유럽 생활의 가시적 양상은 크게 변해 왔으며, 그 변화는 14세기에 일련의 사회적 재난을 거치면서 속도가 빨라졌다.

중세 문명은 수백 년의 발전을 거쳐 13세기에 활짝 개화했으나, 그다음 세기에 유럽 사회는 수많은 위기에 직면했다. 미증유의 재앙인 흑사병, 교역과 수공업의 쇠퇴, 도시와 농촌에서 일어나는 반란, 끊임없는 전란, 사회의 안정을 위협하는 귀족의 당파 싸움, 아비뇽 교황의 권위 실추, 서로 상대를 적그리스도라 비난하는 두 교황의 대립 등, 이 모든 것이 재난의 시대에 유럽인을 짓눌렀다. 그렇지만 다른 한편으로 자본주의적 경제가 등장하여 경제의 틀을 바꾸어놓기 시작했다. 생산 활동이 길드의 규제에서 벗어남으로써 확대 재생산이 가능하게 되었다. 새로운 사회계층이 출현하고, 농노제는 점점 더 시대에 뒤진 것이 되었다. 집단적 유대가 느슨해지고, 개인의 자유가 늘어났다.

경제 및 사회의 변화와 함께 정치적 변화도 왔다. 유럽에 안정과 번영이 돌아왔을 때, 봉건국가는 차츰 중앙집권적 국민국가에 밀려났다. 유럽의 많은 지역에서 '새로운 군주들'이 이전 중세의 것과는 다른 국가를 창건하는 데에 주역을 맡았다. 그렇지만 국왕은 아직 한편으로는 봉건귀족의 힘을, 다른 한편으로는 교황의 힘을 완전히 뿌리 뽑을 만큼 강력하지는 못했다. 그 시대는 지역주의와 보편주의의 병존을 특징으로 하는 중세에서 이후의 국민국가의 시대로 넘어가는 전환기였다. 영국과 프랑스 두 나라의 정치적 발전은 백년전쟁의 영향을 크게 받았다. 두 나라는 백년전쟁으로 인한 파괴와 황폐화에도 불구하고, 국민국가 건설의 과업을 계속 이어갔다. 이베리아반도에서도 통일된 국민국가가 발전했으나, 독일과 이탈리아에서는 거꾸로 파편화가 더욱 빨라졌다.

많은 면에서 15세기는 중세와 근대의 분수령이었다. 그것은 중세적 요소가 남아 있는 마지막 세기이자 근대적 색채가 뚜렷하게 나타난 첫 세기였다. 이를테면 부를 바탕으로 한 중간계급의 영향이 커지는 한편, 지주 귀족이 여전히 사회의 상층계급을 차지했다. 화약과 총포가 갑주를 쓸모없는 것으로 만들기 시작했으면서도, 갑주로 무장한 기사가 여전히 이상적 전사였다. 국민적 군주정이 힘을 강화해가면서, 동시에 가톨릭교회는 더욱 중앙집권화를 시도했다. 많은 부분에서 새로운 관념과 관행이 전통적인 것과 때로는 불편하게, 때로는 조화롭게 나란히 병존했다.

세상이 변함에 따라 철학적 혹은 윤리적 견해 역시 변하게 마련이었다. 치열하게 부와 권력을 다투는 가운데, 중세의 금욕주의·청빈·겸손의 이상은 쾌락·돈·출세라는 근대적 열망에 밀려났다. 교회개혁 운동이 활발하게 일어나는 한편, 기독교 신비주의 전통 또한 번성했다. 그러나 혼란과 위기의 시대는 또한 종종 변화와 새로운 발전을 위한 비옥한 토양이기도 하다. 중세 문명의 쇠퇴에서 르네상스라는 문화의 부활이 이루어졌다. 이탈리아 도시들은 14세기 중엽부터 문학과 미술을 비롯한 문화 전반에서 눈부신 성취를 이룩했다.


## 1. 위기의 14세기와 경제적 변화

### 1) 흑사병의 창궐

**흑사병의 전파**  유럽은 수백 년 동안 경제성장과 인구 증가를 맛보았다. 그러던 유럽이 14세기에 들어와 경제 침체를 겪기 시작해서 세기 중엽에는 본격적으로 불황의 늪에 빠져들고, 중세 봉건사회가 해체의 위기로 내몰렸다. 그 고난은 이상 기후와 함께 시작되었다. 14세기 초에 기후변화가 발생해서, 광범한 흉작과 기근 사태가 벌어지고 유럽인의 삶이 위험에 처하게 되었다. 그리고 앞선 3세기 동안 인구가 꾸준히 증가하고 많은 땅이 개간되어서, 이제 더는 개간할 야생의 땅이 남아 있지 않았으며, 또한 당시의 영농 기술로는 농업 생산성이 한계에 도달했다. 나쁜 기후와 과잉 인구가 결합해서 광범한 궁핍과 기아를 가져왔다. 14세기를 고난으로 시작한 유럽에 결정타를 날린 것은 흑사병이었다.

14세기 중엽에 발생한 흑사병은 유럽 역사상 가장 참혹한 자연재해였다. 그것은 인구를 결딴내고, 정치·경제·사회·문화의 대혼란을 가져왔다. 흑사병 중 가장 흔한 형태인 선腺페스트는 박테리아의 숙주인 벼룩이 기생한 검은 쥐를 통해 전파되었다. 선페스트는 벼룩에 물린 일차 감염자의 호흡을 통해 다른 사람의 폐로 바로 전염되어, 불과 수일 안에 죽음에 이르게 하는 치명적 질병이었다. 중세 유럽이 앞선 수백 년 동안 괄목할 인구 증가를 이룬 것은 재앙 수준의 전염병이 없었던 덕분이기도 했다.

이 페스트는 중국에서 발원했다. 중세 시대에 유럽과 서아시아에서 사라진 뒤, 선페스트는 중국의 특히 격리된 농촌 지역에 꾸준히 출몰했다. 그런데 13세기 중엽 몽골군이 이 지역에 온 것이 페스트 전파의 호기가 되었다. 몽골인은 대제국을 건설하여 유라시아 교역로에 안정을 가져왔지만, 또한 쥐 떼의 장거리 이동을 돕기도 했다. 선-페스트균을 지닌 벼룩이 기생한 쥐가 몽골군의 이동과 함께 중부 및 서북부 중국과 중앙아시아로 퍼졌다. 거기서 다시 무역상들이 페스트균을 1346년 흑해 연안의 카파Caffa까지 옮겨놓았다. 이 페스트균은 제노바 상인이 카파에서 시칠리아로 옮겨놓음으로써, 1347년 10월 마침내 유럽에 상륙했다. 그 후 그것은 신속히 퍼져, 그해 말에는 이탈리아 남부와 프랑스 남부 그리고 이베리아로 확산했다. 흑사병의 확산은 무역로를 따랐다. 1348년 그것은 프랑스와 저지방Low Countries을 거쳐 독일로 전파되었으며, 그해 말 영국으로 건너가 이듬해에 영국을 쑥대밭으로 만들었다. 흑사병은 1349년 말에는 스칸디나비아에 도달했고, 동유럽과 러시아는 1351년에 전염되었는데, 다행히도 거기서는 사망률이 서부와 중부 유럽만큼 높지는 않았다.

흑사병의 피해는 상상을 초월했다. 특히 이탈리아가 큰 타격을 입어, 인구가 밀집한 도시들은 주민의 5~6할을 잃었다. 프랑스 북부에서는 농촌 마을이 3할, 루앙Rouen 같은 도시들은 4할 정도의 희생을 치렀다. 영국과 독일에서는 마을이 통째 사라지기도 했다. 유럽 전체로 보자면, 1347~1351년 사이에 인구가 3할 정도 줄어든 것으로 추산된다. 페스트는 1351년에 완전히 사라지지 않았다. 1361~1362년, 1368년, 1375년에 다시 크게 발생했고, 그다음 14세기의 남은 기간과 15세기 내내 이따금 재발했다. 유럽 인구는 15세기 후반에야 비로소 회복되기 시작했으며, 16세기 중엽에야 가까스로 흑사병 이전 수준으로 돌아갔다.

**흑사병에 대한 반응**   흑사병과 그 재발에 의한 만연한 죽음은 살아남은 사람들에게 엄청난 충격을 안겨주었다. '죽음'은 보편적 강박관념이 되었고, 많은 사람이 세상의 종말이 임박했다고 생각했다. 그들에게 흑사병은 인간의 죄악에 대한 신의 형벌이거나, 아니면 악마의 저주였다. 어떤 사람은 죄를 씻고 신의 용서를 구하기 위해 극단적 고행의 길을 택했다. 채찍질 운동이 그런 것이었는데, 1348년 특히 독일에서 널리 행해졌다. 그 고행자 집단은 서로 채찍으로 매질하면서 도시에서 도시로 돌아다녔다. 그들은 흔히 작은 쇠못이 박히거나 단단하게 매듭을 엮은 가죽 채찍을 사용했다. 채찍 고행자들은 가는 곳마다 대중 히스테리를 일으켰다. 그들이 유대인을 죽이고 반대하는 성직자를 공격하기 시작하자, 교회가 경계하게 되었다. 1349년 10월 마침내 교황이 채찍 고행자를 비난하고, 당국에 그들을 단속할 것을 요구했다. 채찍 고행 운동은 1350년 말에 이르러서야 대부분 분쇄되었다. 그리고 사람들이 흑사병의 충격에서 벗어난 것은 그 세기의 남은 절반이 다 지나고 나서의 일이었다.

흑사병은 또한 반유대주의를 불러일으켰다. 유대인들은 도시 우물에 독을 타서 페스트를 일으켰다고 고발당했다. 이 무력한 소수자에 대한 최악의 학살은 독일에서 자행되었다. 1351년까지 60개 이상의 주요 유대공동체가 독일에서 박멸되었다. 많은 유대인이 러시아와 특히 폴란드로 도망갔다. 폴란드에서는 국왕이 그들을 보호해 주었고, 동유럽은 대규모 유대공동체들의 본거지가 되었다.

## 2) 사회적·경제적 혼란

**인구 감소의 결과**　　14세기 중엽의 인구 붕괴는 비참한 사회 및 경제적 결과를 낳았다. 사회의 모든 계층이 인구 위기의 영향을 받았다. 무엇보다 유럽은 심각한 노동력 부족을 겪었고, 이는 임금의 극적인 증가를 유발했다. 잉글랜드의 한 장원에서는 1347년에 주급 2실링을 받던 농장 노동자가 2년 뒤에는 7실링을, 그다음 해에는 거의 11실링을 받았다. 동시에 인구 감소로 농산물 수요가 줄고, 그 결과 가격이 하락했다. 지주는 더 많은 임금을 지급하는 동시에 지대 소득은 줄어들었기 때문에, 생활수준의 상당한 하락을 겪기 시작했다.

지주 귀족들은 임금을 낮춤으로써 역경에 대처하려 했다. 영국에서 의회는 1351년 노동자법Statute of Laborers을 제정해서 임금을 흑사병 이전 수준으로 억제하고, 다른 업종에 종사하지 않는 성인들을 농업 노동에 종사하도록 강제했다. 그러한 법은 제대로 지켜지지는 않았으나, 임금 상승을 억제하는 효과는 있었다. 전반적으로 볼 때, 지주 귀족의 상태는 꾸준히 나빠진 반면, 농민의 처지는 전 유럽이 똑같지는 않았으나 상당한 정도로 개선되었다. 흑사병 이후 농민의 수가 줄어듦으로써 노동지대가 화폐지대로 바뀌고, 농민이 예속적 지위에서 벗어나고, 장원제도가 해체되는 등의 과정이 더욱 촉진되었다. 그렇지만 농민의 처지가 개선되는 데는 한계가 있었다. 그들 역시 영주와 같이 경제적 곤경을 겪었을 뿐만 아니라, 영주들은 임금을 제한하고 옛 형태의 노동지대를 재도입하려고 했기 때문이다. 농민의 불만은 팽배했고, 이는 곧 농민반란으로 표출되었다.

**농민반란**　　봉건영주에 대한 농민의 반란은 중세 내내 여러 때 여러 곳에서 발생했으며, 언제나 영주들에게 쉽게 분쇄되었다. 그렇지만 14세기 후반기에 일어난 사회적 소요 사태는 정치와 경제 질서의 기반 자체를 위협했다. 1358년 프랑스 북부에서 자크리의 반란La Jacquerie이 터졌다. 파리 인근 한 마을에서 시작된 반란은 들불처럼 번져, 절정일 때는 10만 명쯤이 참여했다. 흑사병으로 인한 질서의 붕괴와 뒤따르는 경제적 어려움이 반란의 중요한 요인이었지만, 백년전쟁의 참화 역시 큰 영향을 끼쳤다. 전쟁터가 된 프랑스의 농촌과 도시는 황폐해지고, 전투가 없을 때는 용병 떼가 농산물을 약탈했다. 농민의 분노는 신분 간의 긴장이 높아짐에 따라 더욱 격해졌으며, 결국 폭발했다. 성은 불타고, 귀족들은 살해되었다. 물론 그런 폭동 사태가 지배계급의 대응 없이 지나갈 리는 만무했다. 지배계급은 결속을 강화하고, 폭도들을 더욱 잔인하게 학살했다. 수많은 농민의 희생 끝에 반란은 두 달 만에 진압되었다.

시련은 프랑스만 겪은 것이 아니었다. 그 세기 동안 비슷한 봉기가 유럽 곳곳에서 벌어졌다. 한 세대 뒤인 1381년에는 영국에서 농민반란이 일어났다. 그런데 그것은 절망이 아니라, 오히려 증대하는 기대의 산물이었다. 흑사병 이후 영국 농민의 상태는 호전되어, 더 많은 자유와 더 높은 임금 그리고 더 낮은 지대를 누렸다. 그런데 지주 귀족이 노동자법으로 임금을 억제하고 장원 의무를 강화하여 더 나은 삶에 대한 농민의 기대에 찬물을 끼얹자, 농민들의 불만이 쌓였다. 여기에 인두세가 기폭제 구실을 했다. 1380년 국왕이 주로 유산계층에 부과하던 인두세를 남녀 모든 성인에게 일률적으로 부과했다. 가장 부유한 지역인 잉글랜드 동부의 농민들이 세금 납부를 거부했다.

이 갈등은 결국 반란으로 이어졌는데, 종교개혁가 위클리프Wycliffe의 추종자인 롤러드파Lollards 설교사 존 볼Ball이 농민을 선동하고, 장인으로 추정되는 와트 타일러Wat Tyler가 그들을 지도했다. 지도자의 이름을 따서 와트 타일러의 반란으로 불린 이 농민반란은 기본적으로 장원제에 대한 불만에서 비롯된 것으로서, 처음에는 꽤 성공적이었다. 농민들이 농노제의 폐지와 부역 노동의 금납화 등을 요구하면서 장원청을 약탈하고, 캔터베리 대주교를 포함하여 몇몇 중요한 관리를 살해했다. 농민들이 런던까지 진격하자, 어린 국왕 리처드 2세는 그들이 해산하고 집으로 돌아가면 요구를 들어주겠다고 약속했다. 농민들은 그 약속을 믿고 해산했다. 그러나 한숨을 돌린 왕은 귀족의 지원을 받아 반란을 진압하고, 수많은 반도를 처형했다. 그것으로 반란은 실패로 끝났다.

**도시 반란**　　　반란은 도시에서도 터졌다. 서유럽의 많은 도시가 14세기에 들어와서 성장을 멈추거나, 성장 속도가 크게 떨어졌다. 게다가 흑사병으로 도시 인구가 현저하게 줄어들었다. 숙련공이 도장인의 반열에 진입하는 것이 점점 더 어려워졌다. 그래서 평생을 임금소득자로 살아갈 도시 프롤레타리아가 형성되었다. 그런 상황에서 고용주가 임금을 낮추고 노동자의 조직 결성을 막으려 하자, 도처에서 수공업 노동자들이 반란을 일으켰다. 가장 유명한 것은 1378년 피렌체의 소모공櫛毛工이 일으킨 치옴피 폭동Il Tumulto dei Ciompi이었다. 인구 3만 명이 일했던 피렌체의 모직물 공업이 흑사병 이후 크게 침체했고, 노동자의 실질임금이 떨어졌다. 소모공인 치옴피들은 반란으로 길드 결성권과 시정 참여권을 얻는 등 약간의 성과를 거두었으나, 잠시뿐이었다. 시정부 당국의 반혁명으로 치옴피의 시정 참여는 1382년 끝나고 말았다.

　　전체적으로 보자면, 도시 주민 사이에는 계층 분화가 일어나 서로 대립과 반목이 심해졌다. 사회 상층에는 도시귀족이 있었는데, 그들은 무역·공업·은행업 등의 자본주의적 경영으로 얻은 부를 바탕으로 도시를 지배했다. 그들 아래로 상점주와 수공업자 같은 소시민이 있었는데, 이들은 대체로 지역의 소비를 위해 상품과 용역을 제공하는 일에 종사했다. 맨 아래층에는 보잘것없는 임금을 버는 노동자와 비참한 삶을 사는 실업자가 있었다. 이들은 대체로 도시 인구의 30~40%를 차지했다.

### 3) 경제의 변화와 발전

**상업자본가의 등장**　　　상업은 13세기 이후 새로운 모습을 갖추기 시작했다. 중세의 길드체제는 대체로 제한된 영역 안에서 기능했고, 지역의 규제를 받았다.

그 제도는 유럽이 아직 비교적 후진적이었을 때 상공업의 성장을 촉진했으나, 13세기에 이르러서는 바로 그 성공이 한계를 드러내기 시작했다. 지금까지 수공업은 대부분 사업 규모가 영세하고 가격은 고정되어 있어서, 작업장을 운영하는 도장인의 이윤은 크지 않았다. 그가 얻은 이윤은 작업장의 유지와 가족의 생계를 위해 쓰였을 뿐, 자본이 축적될 여지가 거의 없었다. 사업가는 여전히 제한된 시장에서 '사용을 위한 생산'에 종사할 뿐, 사업의 확장과 자본의 무한 축적이라는 관념은 갖지 못했다. '진정한 자본가'는 아직 등장하지 못한 것이다.

13세기에 자본주의적 발달을 개척한 사람들은 일찍이 원거리 통상의 부활을 선도했던 이탈리아 상인들이었다. 그들은 지중해 무역을 지배하면서 재빨리 큰 재산을 그러모았다. 그들 중 성공한 상인은 남아도는 이윤을 재투자하거나, 좀 더 야심적인 사업을 시도할 수 있게 되었다. 그래서 그는 이제 보통 상인처럼 직접 돌아다니지 않고, '자본가'로서 사업을 경영하고, 더 많은 이윤을 뽑아내기 위해 얻은 이윤을 재투자하는 데 힘을 쏟았다. 상인들이 상당한 잉여자본을 축적하기 위해서는 교역 활동을 계속 확장해야 했다. 그리하여 근대 자본주의의 특징적인 형태가 나타나기 시작했다.

이탈리아 상인이 지중해에서 한 일을 독일 항구도시의 상인들은 발트해 지역에서 해냈다. 14세기에 들어와 서유럽에서 잠시 도시 성장이 멈추었음에도, 변두리 지역에서는 14, 15세기에 새로 도시가 생겨나고, 또한 번영했다. 이를테면 독일 북부와 동부에서는 함부르크Hamburg와 뤼베크Lübeck를 비롯하여 수많은 도시가 새로이 두각을 나타냈다. 그들은 자원을 공동 출자해서 함대를 건설하고, 해외에서 공동보조를 취했다. 14세기에 북독일의 도시들은 상업 및 군사동맹인 한자동맹Hansa Bund을 결성했다.

이탈리아 상인이 흑사병의 철퇴를 맞고 상업적 우위를 잃었을 때도 한자동맹은 계속 번영했다. 한자동맹은 발트해와 북해의 무역을 독점하고, 러시아·폴란드·노르웨이·잉글랜드·저지방 등에 상관商館을 설치했다. 이들 널리 퍼진 무역망으로부터 풍성한 이윤이 북독일 자본가들에게 흘러들어 갔다. 한자동맹은 전성기에는 가맹 도시가 90곳이 넘었고, 자체의 해군도 보유하면서 거의 200년 동안 북유럽의 목재·생선·곡물·금속·꿀·포도주 등의 무역을 독점했다. 그러나 16세기 이후 대서양 항로가 개발되면서 한자동맹은 급속하게 쇠퇴했다. 저지방의 상인들 역시 번영했다. 특히 브뤼허의 부두에는 동양의 향료와 비단을 실은 베네치아 함대와 모피·목재·청어 등을 실은 한자동맹 상인의 배가 부지런히 드나들었다. 영국과 독일 라인란트Rhineland의 산업가들 역시 그들의 생산품을 저지방으로 보냈다.

15세기 말에 이르면 진정 국제적 상업이 발달하여, 이윤의 축적과 자본가계급의 성장을 위한 충분한 여건이 마련되었다. 지역 지배자들이 무역 활동을 적극 지원하고 나섰다. 포르투갈은 이탈리아인이 독점하고 있던 동방무역에 한몫을 차지하고자 하는 시도로 아프리카 서해안의 탐험 항해에 힘을 쏟았다. 국제무역을 위해 합명회사partnership가 조직되었다. 처음에는 일회성 교역을 위해 조직되었다가 차츰 항구적인 것으로 발전했으며, 이는 주식회사의 선구가 되었다. 이런 성취에 자극받아 상인 아닌 사람들도 국제 교역에 투자하게 되고, 16세기에는 대규모 무역 회사를 형성하는 길로 나아가게 되었다. 이들 무역 회사는 국왕의 특허장으로 특정 지역이나 물품의 무역 독점권을 갖게 되고, 막강한 상업적 및 정치적 권력을 행사했다. 이와 같은 상업에의 열정은 해양 탐험의 시대에 유럽의 팽창으로 이어졌다.

**기업 조직의 혁신**　　기업의 새 개척자들은 많은 전통적 사업 방법을 폐기했다. 13세기 이후 몇몇 수공업은 길드의 족쇄를 벗어던졌다. 그러나 기업가들이 단독으로 사업을 해나가기는 어려웠다. 사업은 더욱 규모가 커지고 복잡해졌으며, 자본과 경영 재능을 공동화할 필요가 있었다. 그래서 조금씩 합명회사가 기업 조직의 한 단위로서 발달하게 되었는데, 특별한 형태의 공동경영 조직으로서 가족회사가 가장 일반적 형태가 되었다. 한 혈육 집단이 비밀과 상호 신뢰가 필요한 문제를 제일 잘 처리할 수 있었고, 기업의 지속성을 담보할 수 있었기 때문이다.

원거리 무역과 더불어 자본주의적 경영을 개척한 선두 주자는 광업이었다. 광업은 대규모의 선행 투자 없이는 쉽게 추진할 수 없는 사업이었기 때문이다. 그리고 길드 통제가 일찍 사라진 좋은 예는 모직물 공업이었는데, 그 공업은 15세기에 기업가적 상인이 넘겨받기 시작했다. 이 상인은 양털을 사서 처음에 방적공에게 '선대先貸'해서 실을 잣게 하고, 그다음에 그 실을 직조공에게 선대하여 천을 짜게 하고, 이어서 차례로 염색공과 축융공縮絨工에게 일을 맡겼다. 각 공정의 장인들은 일한 양에 따라 임금을 받았으며, 물론 그 모든 과정에서 물건의 소유권은 상인에게 있었다. 이런 생산방식은 선대제putting-out system라고 불렸는데, 선대제 생산방식 속에서 이전에 독립적 존재였던 장인들은 사실상 상인에게 고용된 노동자로 전락하게 되었다. 모직물상은 완성된 옷감을 국제시장에 내다 팔았으며, 그리하여 그들은 상업과 공업 양쪽의 이윤을 거두어들였다.

길드가 이런 선대제를 금지하는 도시에서는 자본가들이 길드의 규제가 미치지 못하는 농촌으로 일감을 가져갔다. 공업이 도시에 집중되지 않고 대상인과 자본가의 경영 아래 농촌으로 옮아갔으며, 그리하여 농민이 공업 활동에 종사하는 이른바 농촌 공업이 발달하게 되었다. 이러한 선대제에 의한 가내수공업은 근대 초기 유럽의 주된 생산방식이었으며, 18세기에 정점에 이르렀다. 선대제 가내수공업은 영국에서 가장 전형적으로 발전했으나, 프랑스 북부와 플랑드르 그리고 독일 남부에서도 빠르게 발전했다. 그리고 그것은 모직물 공업에서 처음 시행되어 아마포와 면직물 같은 다른 직물공업에도 퍼지고, 나중에는 종이·가죽·유리·도자기 등 각종 공업 역시 그 영향을 받았다. 한편 농촌 공업의 성행은 플랑드르 같은 지역에서 도시 성장을 저해하는 요인이 되었다. 중세 길드의 유대 관계가 파괴되고, 이제 이윤이 기업가의 유일한 관심사가 되었다.

**은행업 및 은행가의 등장**　　유럽이 대체로 자급자족적 경제에서 교역 중심의 경제로 옮아가면서, 이전의 교환 및 재정 관련 관행이 부적절해졌다. 중세 초기에는 화폐가 거의 유통되지 않았으며, 교환은 대부분 물물교환으로 이루어졌다. 그러다가 13세기 이후 차츰 주화 공급이 늘어났다. 그렇지만 기업의 팽창은 화폐 자체보다는 교환과 신용의 새로운 수단에 의존했다. 화폐의 가장 중요한 대체 수단은 환어음이었는데, 이는 근대의 은행이 발행하는 수표와 비슷한 것이었다. 그리고 로마숫자 대신 아라비아숫자를 사용한 복식부기가 도입되고, 해상보험 제도도 발전하기 시작했다.

최초의 은행가들은 이윤을 축적하고 그것을 재투자하고자 한 성공한 상인들이었다. 그들은 대금업이 위험 부담은 있지만, 높은 수익을 안겨준다는 것을 알았다. 13세기부터 대규모 대금업이 정상적 경제활동으로 여겨지기 시작했다. 이전에는 경제 규모가 작고 교회가 이자 놀이를 고리대금이라 비난한 탓에, 대금업은 소규모로 행해졌으며, 또한 주로 사회에서 따돌림 당한 유대인이 맡아왔다. 유대인의 이 특수한 역할은 유럽에서 이따금 일어난 반유대인 폭동의 요인이 되기도 했다.

그러나 상업이 팽창하면서 많은 사람이 대금업이 사회적으로 매우 필요한 것임을 깨닫게 되었다. 이자 지급을 반대하는 전통적 논의는 곤경에 처한 사람에게 고리를 뜯는 데 대한 반감에 근거를 두었다. 그러나 이제 이윤을 얻는 기업가나 국왕과 교황에게 자금을 빌려주고 이자를 받는 것은 명백히 다른 것이었다. 이런 대금 행위는 생산에 기여하는 것이며, 또한 대금업자가 돈을 떼일 위험을 떠안는 것으로서, 그에 대한 보상은 정당하다고 여겨졌다. 많은 신학자가 이런 종류의 대금은 사악한 것이 아니라는 것을 인정했다. 그 결과 소규모 유대인 대금업이 대규모 기독교도 은행업으로 대체되었다.

이탈리아 상인들이 13세기에 처음으로 은행 사업에 뛰어들었다. 그다음 세기에 은행업은 국제적 규모로 이루어져, 특히 피렌체가 국제 금융의 중심으로 성장했다. 이때 바르디Bardi가와 페루치Peruzzi가가 영국 왕 에드워드 3세에게 거금을 대출해 주었다가, 에드워드가 갚지 않는 바람에 파산하고 피렌체가 심각한 위기에 빠지기도 했다. 그러나 15세기에 새로 메디치Medici가가 피렌체에 등장했다. 이 가문은 피렌체의 재정 능력을 회복하고, 피렌체를 다시 유럽 금융의 중심지로 확립했다. 그리고 메디치가는 부의 힘을 바탕으로 피렌체의 정치와 문화를 지배했다. 메디치가뿐만 아니라 이탈리아 은행가들은 교황청을 대신해서 수행한 재정 활동을 통해 막대한 부를 쌓았다.

은행업은 이탈리아에서 북쪽 유럽으로 확산했다. 오리엔트와의 무역으로 큰 재산을 모은 프랑스 상인 자크 쾨르Jacques Coeur는 1439년 샤를 7세의 재무관으로 임명되었다. 쾨르는 궁정 고관의 이점을 살려 광산과 토지 그리고 공장 등을 사들였고, 그리하여 유럽에서 가장 강력한 은행가가 되었다. 그러나 그는 백년전쟁을 치르느라 돈이 궁해진 샤를 7세에게 거금을 빌려주었고, 1451년 그것을 갚지 않으려는 국왕의 음모에 걸려들어 유죄 선고를 받고, 그에게 전 재산을 몰수당했다.

중세 말에 나타난 가장 부유하고 저명한 은행가는 야코프 푸거Jacob Fugger (1459~1525)였다. 15, 16세기에 남부 독일은 상업의 번영을 누렸고, 그에 더하여 동광과 은광이라는 지하자원을 가졌다. 그 무렵 처음으로 광업에 자본이 투입되어서, 광부가 개량된 도구로 더 깊이 그리고 효율적으로 파 들어갈 수 있었다. 이 광업을 선도하는 기업가들은 곧 모든 작업 지시를 소수의 수중에 집중시키면서, 채광뿐 아니라 제련과 금속가공까지 통제했다. 전에는 독립 생산자였던 노동자들은 이제 제 목소리를 잃고, 자본가의 피고용인이 되었다. 푸거가는 광업과 다른 여러 사업으로 거대한 부를 그러모았고, 이윤을 은행업에 투자했다. 야코프는 가족 기업을 유럽 전역으로 확장하여 주요 지역에 지사를 설치했다. 그는 온갖 종류의 상품을 사고팔고 투기를 했으며, 고위 성직자와 통치자에게 재정 지원을 해주었다. 훌륭한 자본가였던 야코프는 또한 훌륭한 자선가이기도 했다. 그와 형제들은 고향 아우크스부르크Augsburg에 빈민을 위한 주택을 지었다. 그것은 지금도 푸거가의 부와 자선을 알리는 기념물로 남아 있다.

**새로운 발명**    14세기에는 혼란과 고난 가운데서도 중세 성기의 특징이었던 기술혁신이 이어졌다. 이들 발명 중 가장 빼어나고, 도시민의 생활에 큰 영향을 준 것은 시계였다. 기계시계는 13세기 말에 발명되었지만, 14세기가 되어서야 완성되었다. 시계는 보통 교회의 시계탑이나 시청 건물에 설치되어, 누구나 볼 수 있었고, 매시간 자동으로 울리는 종소리를 들을 수 있었다. 시계는 유럽인의 삶에 전혀 새로운 시간 개념을 심어주었다. 중세 시대에 시간은 대체로 일출과 일몰 같은 자연의 순환이나, 세 시간 정도의 간격으로 울리는 교회 종소리로 측정되었다. 그런데 이제 시계의 도입으로, 사람들이 하루의 일과를 세밀하게 계획하고 활동을 조직하는 것이 가능해졌다.

일찍이 중국인이 발명한 화약과 대포 역시 14세기에 유럽에 전해졌다. 화약은 처음에는 군사적으로 크게 유용하지 못했으나, 결국에는 유럽의 전쟁 양상에 극적인 변화를 일으켰다. 그것은 처음에 대포로 사용되었다. 초기의 대포는 폭발하기 쉬워서, 적에게뿐 아니라 발사하는 사람에게도 마찬가지로 위험했다. 15세기 중엽에도 그러해서, 거대한 대포로 성을 공격하다가 대포가 폭발하는 바람에 스코틀랜드 제임스2세 국왕과 다수의 신하가 비명횡사한 일도 있었다. 그러나 대포 제작 기술의 지속적 개선으로, 그것은 곧 성을 공격하는 데 매우 유용한 무기가 되었다.

금속 활판인쇄와 제지술은 두말할 필요 없이 중세 말기의 발명 중 가장 영향력이 큰 것이었다. 제지술은 아마 12세기에 유럽에 도입되었을 것이지만, 널리 쓰이게 된 것은 좀 더 나중의 일이었다. 제지술은 중국인으로부터 기술을 배운 무슬림을 통해 에스파냐를 거쳐 전해진 것이었다. 인쇄술 역시 중국에서 자극을 받았을 것이다. 서양에서는 역시 중국인의 발명인 목판인쇄가 13세기 이래 행해졌는데, 이는 과정이 느리고 비효율적이었다. 그러다가 15세기 중엽에 활판인쇄술이라는 획기적 발전이 이루어졌다. 금속활자의 발명은 마인츠Mainz의 장인들, 특히 요하네스 구텐베르크Johannes Gutenberg의 공이었다. 그는 1447년 유럽에서 최초로 금속활자로 인쇄를 시작하고, 1456년 무렵에는 처음으로 성서를 인쇄했다. 활판인쇄와 제지술로 책값이 획기적으로 싸지고, 학문의 문이 훨씬 더 많은 사람에게 열리게 되었다. 지식인과 일반인의 거리가 좁혀지고, 새 사상과 기술이 그만큼 더 쉽게 확산할 수 있었다.

15세기에 이르러 유럽은 과학기술 영역에서 고전 세계를 분명하게 넘어섰다. 유럽인은 기계 발명의 재능을 드러내기 시작했는데, 이는 바로 그들 문명의 뚜렷한 특징이 되었다. 과학기술 분야에서 유럽인이 거둔 성공은 중국과 인도처럼 멀리 떨어진 지역과의 활발한 접촉에 힘입은 바가 컸다. 그리고 과학기술 영역에서는 고전 문명의 다른 분야만큼의 퇴보가 있었던 것은 아니다. 서유럽은 고대의 기술적 성취의 상당 부분을 물려받았으며, 그래서 고대 그리스인·로마인을 타고 넘으면서 출발할 수 있었다.

### 4) 농노제의 소멸

**금납화와 농노의 해방**　　자본주의의 등장으로 풀려난 힘은 길드를 무력화하고 장원제를 무너뜨림으로써, 서유럽의 사회적 및 경제적 삶을 혼란에 빠뜨렸다. 사실 장원제와 연관된 관습은 중세 후기에도 거의 흔들림이 없어 보였다. 그것은 그 존재 이유가 사라진 뒤에도 오래도록 살아남았다. 그렇기는 하나 장원제의 중요한 특징들은 자본주의 경제의 영향을 받아 곧 변해갔다.

영주와 농민의 관계에 가장 큰 영향을 미친 것은 노동지대나 현물지대가 화폐지대로 바뀐 일이다. 13세기에 이르러 도시가 성장하면서 농산물의 수요가 증가하고, 그에 따라 식품 가격이 상승했다. 이에 자극받아 장원 경영에 별로 신경을 쓰지 않던 영주들이 이윤을 얻기 위해 식량 증산에 노력을 기울이기 시작했다. 그 한 방법이 영주가 보유지를 농노에게 임대하는 것이었다. 이전에는 농노가 영주 보유지를 경작해 주었으나, 이 의무 노동은 매우 비효율적이었다. 이제 영주들은 자신의 보유지를 농민에게 임대하고, 지대를 현금으로 받는 것이 더 이득임을 깨달았다. 그리하여 지대의 금납화金納化 현상이 일어나고, 그 결과 많은 농노가 자유로운 소작농으로 탈바꿈했다. 지대의 금납화는 누이도 좋고 매부도 좋은 것이었다. 농노는 인신의 속박에서 벗어날 수 있어서 좋아했고, 영주는 언제나 날품을 구할 수 있으면서 현금을 확보할 수 있어서 좋아했다. 이런 금납화는 흑사병 이후 농민의 수가 줄어들면서 더욱 속도가 빨라졌다.

지대의 금납화는 곧 농노의 해방을 가져왔다. 영주가 강제노동에 의존할 수 없게 되자, 농노는 자연스럽게 자유로운 신분이 되었다. 금납화 관행이 확산하면서 영주는 결국 자유로운 소작농에게 지대를 받는 근대적 의미의 지주로 탈바꿈하게 되었다. 많은 소작농이 여전히 경제적으로 영주에게 의존했지만, 법적으로는 이제 더는 토지에 묶이지 않았다. 그러나 그 과정에서 농민은 경작지에 대한 이전의 세습적 권리를 잃었는데, 이는 곧 임대 기간이 끝나면 그곳에서 쫓겨날 수도 있음을 뜻했다. 그리하여 영국과 프랑스에서는 이미 14세기에 접어들면서 농민은 상당한 번영과 자유를 누렸으며, 1500년 무렵에 이르면 농노제는 전반적으로 사라졌다.

영주는 정치적 및 법적 특권을 지닌 장원 지배자라기보다 지대 수취인이 되었고, 영주가 행사하던 권력은 점점 군주의 수중으로 흡수되었다. 많은 대영지가 그대로 남아 있기는 했으나, 사회적 관계의 양상은 크게 바뀌었다. 한마디로 말하자면, 기업적 정신이 농촌까지 확산했다. 상인들이 영지를 사들여 지주 귀족 행세를 하기 시작했으며, 부르주아와 귀족의 집안이 통혼함으로써 옛 신분의 구분이 흐릿해졌다. 농노는 자유인이, 상인은 지주가, 귀족은 자본가가 되었다.

이와 같은 사회적 변화는 역사상 다른 중요한 변화와 마찬가지로, 명암과 득실을 함께 안고 있었다. 개인의 안전과 공동체의 유대는 깨어졌다. 그러나 한 계급이 더는 다른 계급에 예속되지 않게 되었다. 기회의 평등은 즉각 오지 않았다. 그러나 위로든 아래로든 사회적 이동의 폭이 더욱 커졌다. 사회의 혼돈은 윤리의 혼돈으로 이어졌다. 자본주의 현상을 예수의 가르침에 어긋나는 것으로 본 사람들은 그것을 중세의 대표적 이단으로 간주했다. 그러나 물질주의가 공공연하게 받아들여지면서, 전통적 가치가 허물어졌다.

**동유럽의 농노제 강화**    농노제가 소멸해 간 서유럽과 달리, 동유럽에서는 교역과 자본주의의 발달로 오히려 농노제가 강화되었다. 흑사병의 유행으로 농민이 확 줄어들자 동유럽의 귀족들은 15세기 이래로 농노제를 강화하기 시작했다. 특히 동부 독일에서 그런 현상이 두드러졌는데, 이곳은 수출을 위한 대규모 곡물 경작이 점점 더 중요해져 갔던 곳이었다. 이곳 농민들은 서유럽 농노와 달리 오랫동안 특별한 권리라 할 자유로운 지위를 누려왔다. 그런데 영주들이 농장을 자본주의적으로 경영하면서, 노동력 확보를 위해 농민들을 예속적 지위로 전락시킨 것이다. 그 결과 독일 동부 지역은 시대를 거슬러서, 억압적인 농노제의 본거지가 되었다. 신성로마제국의 동부 영토에서부터 폴란드와 헝가리를 거쳐 러시아까지, 농노제는 19세기까지 존속했다.


## 2. 중세 교회의 쇠락


교회는 12, 13세기에 권력의 전성기를 누렸으며, 인노켄티우스 3세에서 교황의 힘은 정점에 도달했다. 그는 국왕과 제후를 굴복시켰으며, 그때 교회의 위세와 존엄은 하늘을 찌르듯 했다. 13세기 교황청의 수입은 유럽 모든 군주의 수입을 합한 것보다 많았다. 13세기에는 장엄한 고딕 성당이 곳곳에 들어서고, 스콜라 철학이 최고의 영향력을 발휘했다. 그러나 그 이후 교회는 새로운 도전에 직면했고, 두 세기 동안 그 힘이 쇠락해 갔다. 교회는 전반적인 세속화의 물결에 직면했다. 교황권은 특히 성장하는 국민국가의 위협을 받았는데, 국가는 교회의 세속 권력과 권위에 도전하고, 세속 지배자는 국가의 문제에 대한 교황의 간섭에 반대했다. 사회적 문제에서도 권한과 책임이 조금씩 교회에서 국가로 넘어갔다. 게다가 교황은 내부 개혁가들의 비판에도 직면했다. 개혁가들은 교회의 부패와 형식주의를 질타하고, 성서의 중요성과 신과의 영적 교감을 강조했다. 14, 15세기가 지나가는 동안, 교황의 권위에 대한 이들의 도전으로 교회의 영향력은 급속도로 쇠퇴했다.


## 1) 아비뇽 교황청과 교회의 대분열


**아비뇽 유수**   보니파키우스 8세 교황이 사망한 지 2년 뒤, 필리프 4세의 입김 아래 프랑스 출신 대주교가 교황에 선출되어 클레멘스Clemens 5세가 되었다. 그는 아나니 사건을 일으킨 필리프 4세의 행위를 정당화해 주었다. 필리프 4세의 눈치를 보며 프랑스에 머물던 새 교황은 반목하는 로마의 귀족 가문들이 일으키는 소란을 핑계로 1309년에 프랑스 남부의 론강 유역에 있는 도시 아비뇽Avignon으로 교황청을 옮겼다. 그리고 그는 프랑스 성직자들을 대거 추기경으로 임명함으로써, 교황청이 그곳에 머문 1377년까지 프랑스인이 교황 자리를 독차지하게 했다. 그리하여 아비뇽 교황은 사실상 프랑스 국왕의 영향 아래 놓이는 신세가 되었다.

아비뇽 교황은 실제로는 상당히 독립적으로 행동했음에도, 이탈리아 인문주의자 페트라르카Petrarca는 아비뇽 교황청을 '바빌론 유수'라 비아냥거렸다. 그는 아비뇽 교황청을 저 옛날 유대인이 바빌론에 잡혀가 포로 생활을 한 사태에 빗댄 것이다. '아비뇽 유수壐'라고도 불리는 이 기간에 교황의 위세와 명망은 크게 훼손되었다. 로마는 보편교회의 전통적 수도였다. 그리고 교황은 원래 로마의 주교라는 자격으로 그 직책을 갖는 것이었다. 그런 로마 주교 자리를 비워둔 채, 로마교회의 수장이 로마의 바깥에 거주한다는 것은 곧 교황 스스로 베드로의 상속자라는 명분을 저버리는 것이나 다름없는 일이었다. 프랑스 이외의 나라 사람들은 프랑스인을 중심으로 움직이는 아비뇽 교황을 프랑스 국왕의 포로라고 비난했다.

아비뇽 교황들은 1330년대에 장엄한 궁정을 짓고 호화로운 생활을 즐겼다. 종교 지도자이기보다는 유능한 행정가인 교황들은 교황청의 관료 기구를 유럽에서 가장 정교한 중앙집권적 통치 기구로 발전시켰다. 그리고 그들은 조세 징수제도도 개선했다. 로마를 버림으로써 교황 국가에서 나오는 많은 수입을 잃었는데, 그들은 그 손실을 벌충하기 위해 여러 새로운 세금과 수수료를 개발하여 하급 성직자에게 부과하고, 옛 세금은 징수의 효율성을 높였다. 성직 매매도 널리 행해졌다. 아비뇽 교황들은 또한 대사부大赦符, indulgentia도 팔았다. 그것은 십자군 전쟁 때 처음 개발된 것으로 보이지만, 아비뇽 교황청 시절에 그 판매가 관행이 되었다. 대사부는 죄 자체를 사해주는 것은 아니지만, 죄에 따른 벌을 면제받는 데 필요한 참회의 선행을 대신해 주는 것으로 믿어졌다. 교황청의 이러한 행태로 인해서 개혁을 요구하는 목소리는 더욱 커졌다. 페트라르카는 교황청을 '세계의 시궁창'이라 부르면서 그 사치와 세속화를 비난했다.

**교회의 대분열**　　아비뇽에 대한 원성이 높아지자, 교황청은 마침내 1377년 로마로 돌아갔다. 이를 계기로 교황청이 신뢰를 회복할 수 있으리라는 기대도 있었으나, 상황은 오히려 더 나빠졌다. 이듬해 실시된 교황 선거에서 추기경단은 이탈리아인 교황을 요구하는 로마 민중의 위협 속에서 이탈리아인을 교황으로 선출했다. 그러나 몇 달 뒤 이에 반발한 프랑스인 추기경들이 그 선출을 무효라 선언하고, 새로 프랑스인을 교황으로 선출했다. 새 교황은 자신을 지지하는 추기경들을 데리고 아비뇽으로 돌아가 버렸다.

　교회가 두 쪽으로 쪼개지고, 그에 따라 기독교 세계도 두 쪽으로 갈라졌다. 두 명의 교황이 각자 독자적 교황청과 추기경단을 보유하고, 자신의 보편적 주권을 주장하면서 상대를 파문했다. 각 나라는 정치적 이해에 따라, 그러니까 프랑스에 우호적이냐 아니면 그와 싸우고 있는 영국에 우호적이냐에 따라 지지할 교황을 선택했다. 대체로 영국·독일·이탈리아·스칸디나비아는 로마 교황을, 프랑스·이베리아·스코틀랜드·시칠리아는 아비뇽 교황을 지지했다. 그리고 그 지지를 지키기 위해 각 교황은 지지자들에게 많은 양보를 하고, 각 나라 정치에 개입하던 관행을 포기했다. 일반 교도들은 혼란에 빠졌다. 두 교황이 서로 적그리스도라 비난하며 이전투구를 벌이는 모습을 보면서, 많은 사람이 제도로서의 교회 자체의 정통성과 신성함을 의심했다. 교황청에 대한 불만이 커짐에 따라, 교회의 제도적 문제를 해결하기 위해서는 혁명적 접근이 필요하다는 공감대 또한 커졌다.

**공의회 운동**　　공의회가 사태 해결을 위해 나섰다. 개혁가들은 교회 문제에서 최종적 권위는 교황이 아니라 모든 구성원을 대표하는 공의회에 있다고 주장했다. 파리대학 총장을 지낸 파도바의 마르실리우스Marsilius는 일찍이 1324년에 『평화의 수호자Defensor Pacis』에서 교회와 국가의 분리를 주장하고, 교회 안에서는 공의회가 교황보다 우월해야 한다고 주장했다. 그리고 그는 교황이 신이 내린 지위가 아니라 기독공동체가 만든 행정 관직일 뿐이며, 따라서 폐지도 가능한 것이라고 믿었다. 공의회 운동은 파리대학 신학 교수들의 강력한 지지를 받았으며, 그들은 1395년에 교회의 분열을 치유하기 위해 공의회를 소집할 것을 제안하기도 했다. 공의회주의는 그 세기에 인민의 대표 기구인 의회가 군주에 대한 통제권을 얻으려 노력한, 세속 세계에서 일어난 비슷한 현상에 상응하는 것이었다.

양측 추기경의 다수가 공의회 운동에 공감한 결과, 마침내 1409년 피사에서 공의회가 개최되었다. 피사 공의회는 양 교황을 모두 폐위하고, 새 교황을 선출했다. 그러나 폐위된 두 교황 모두 이에 불복했고, 결국 교황이 한 명 더 늘었다. 혹 떼려다 혹 하나 더 붙인 꼴이 되었다. 공의회를 통한 해결의 이론상의 난점은 교회법상 공의회에 교황을 폐위하고 선출할 권한이 있느냐 하는 것이었다. 폐위된 두 교황은 그 권한을 부정했다.

세 명의 교황이 정립鼎立하는 황당한 상황이 벌어지자, 이번에는 신성로마제국 황제가 해결사로 나섰다. 황제의 제안에 따라 제3의 교황인 요하네스 23세가 황제와 공동으로 1414년 콘스탄츠Konstanz에 공의회를 소집했다. 콘스탄츠 공의회는 공의회가 교회의 최고 권위로서 교황의 상위에 있음을 선언하고, 공의회 지상주의를 채택했다. 공의회 개혁가들은 교회 전체가 교황을 포함하여 어느 한 개인보다 우월하며, 교회의 궁극적 권위는 기독교 사회 전체를 대표하는 공의회에 있다고 믿었다. 콘스탄츠 공의회는 대분열 종식, 이단 척결, 교회 개혁 등 3대 과제를 떠안았다.

최대 현안인 대분열 문제는 가장 쉬운 과제임이 드러났다. 공의회는 폐위와 자진 사임의 방식으로 기존의 세 교황을 모두 물러나게 하고, 새로 교황에 마르티누스Martinus 5세를 선출했다. 이로써 마침내 교회의 대분열은 마침표를 찍었다. 그러나 이단 척결은 훨씬 더 어려운 문제였다. 공의회는 30여 년 전에 죽은 영국의 개혁가 위클리프의 견해를 이단으로 선언하고, 보헤미아의 개혁가 얀 후스Jan Hus를 공의회에 소환하여 이단으로 단죄하고 화형에 처했다. 그러나 위클리프든 후스든, 이단으로 단죄한다고 해서 그들의 사상이 민중의 마음에서 사라지는 것은 아니었다.

콘스탄츠 공의회가 천명한 또 하나의 과제인 교회 개혁 역시 단시간에 이룰 수 있는 문제가 아니었다. 공의회 운동은 교황청을 제한 군주정과 유사한 체제로 개혁하는 것을 목표로 삼았다. 그러나 교황은 자신의 절대 권력을 제한하려는 공의회와 협력하려 하지 않았다. 콘스탄츠 공의회는 결국 오래 존속하지 못하고 1418년 해산되었다. 이후 30년 동안 교황들은 공의회 운동을 무력화하기 위해 애썼다. 마르티누스 5세 교황은 자신의 지위를 보전하기 위한 방책을 취하면서, 사전에 교황의 동의를 얻지 않고 공의회에 탄원하는 것은 이단적 행위라고 선언했다. 이후 바젤Basel 공의회(1431~1447)가 소집되어 공의회 이념을 되살리고 교회 개혁을 실천하려고 애썼으나, 교황과 대립하는 가운데 온건파와 과격파가 내분을 일으키면서 별다른 개혁의 성과를 내지 못했다. 바젤 공의회의 해산과 더불어 공의회 운동은 종말을 맞이하고, 그로써 공의회를 통한 교회개혁 운동은 좌절되었다.

15세기 중엽에 이르러 교황은 마침내 공의회와의 다툼에서 승리하고 교회 수장의 지위를 다시 확립했으나, 그 승리로 인해 이전의 모든 개혁의 노력은 대체로 물거품이 되었다. 불행하게도 교황들은 개혁을 주도할 공의회를 막았을 뿐,

그들 자신이 개혁을 추진하지는 못했다. 그들은 교회 개혁보다는 이탈리아 정치에 깊이 개입하고 미술과 문학을 후원하는 데 신경을 쓰느라, 교회를 거듭나게 할 기회를 잃고 말았다. 그리고 그들의 종교 지도자로서의 위상은 추문으로 얼룩졌다. 교회 개혁을 위한 중요 공의회가 다시 소집된 것은 그로부터 거의 한 세기가 지난 1545년의 일이었다. 그때 비로소 트렌토Trento 공의회가 열렸으나, 그때는 이미 가톨릭교회가 많은 나라를 개신교에 잃은 뒤였다.

아비뇽 교황청과 대분열의 시기를 거치면서, 교황은 중세 교황이 기독교 세계에서 누려왔던 정치적 위상을 거의 다 잃었을 뿐만 아니라, 이전에는 순전히 교회 문제로 여겨졌던 사항에 대해서도 통제력을 상당히 잃어버렸다. 갈수록 성직자는 각 지역 세속 정부의 정치적 및 경제적 지배권에 예속하게 되었고, 특히 프랑스에서는 보편교회의 큰 틀 안에서 국민적 교회라는 관념, 이른바 갈리아교회gallicanisme가 뿌리내리기 시작했다.


## 2) 교회개혁 운동과 경건주의 운동

**교회개혁 운동**　　14세기 전 기간에 걸쳐 이단 사상이 공공연하게 목소리를 내는 것과 동시에, 교회의 타락상에 대한 비판의 소리가 더욱 커져갔다. 영국에서는 옥스퍼드대학의 저명한 신학 교수 존 위클리프(1320~1384)가 교회의 폐단뿐 아니라 몇몇 핵심 교리도 공격했다. 그는 구원은 인간과 신 사이의 개인적 문제라고 주장하면서, 사제의 역할에 공개적으로 의문을 제기했다. 그는 성서가 모든 교리와 실천을 위한 궁극적인 권위임을 강조하고, 성서를 영어로 번역했다. 그는 평신도가 신과 직접 소통할 수 있으며 사제의 도움 없이 구원받을 수 있다고 주장하면서, 평신도 스스로 성서를 읽을 것을 권고했다. 그는 또한 성사보다는 믿음이 더욱 중요하다고 주장하고, 빵과 포도주는 그냥 빵과 포도주일 뿐이라면서 성체성사의 교리도 부정했다.

사회적 및 정치적 문제에서 위클리프는 교황 반대 세력의 대변인이 되었다.

그는 영국이 정치적으로나 종교적으로나 교황권에서 독립해야 하며, 교회는 국가에 종속되어야 한다고 주장했다. 위클리프는 '가난한 사제들'을 조직했는데, 이들은 영국 곳곳을 누비고 다니면서 설교를 통해 교회의 부를 비난함으로써 농민들 사이에 사회적 모순에 대한 불만을 부추겼다. 그리고 롤러드라고 불리는 수많은 추종자가 위클리프의 개혁 사상을 더욱 급진화하여 전파했으며, 이단자로 처형되었다. 위클리프 자신은 와트 타일러의 반란 때 롤러드가 한 역할 때문에 대학에서 쫓겨났지만, 생전에는 영국의 정치 상황과 교회의 대분열이라는 상황 덕분에 더 엄중한 처벌을 면했다. 그러나 그는 결국 1415년 콘스탄츠 공의회에서 이단으로 단죄되고, 유해가 파헤쳐져 그의 저서와 함께 불태워졌다.

한편 보헤미아에서는 독일인의 지배에 대한 체크인의 원한과 결합한 강력한 개혁 운동이 진행되었다. 이곳에서는 위클리프의 사상이 옥스퍼드에서 그의 강의를 들은 체크 학생들을 통해 널리 퍼졌다. 위클리프의 사상은 특히 얀 후스에게 영향을 주었는데, 후스 역시 성서를 유일한 권위로 믿고 성서를 체크어로 번역했다. 그러나 신학자이기보다는 설교사요 개혁가였던 후스는 성체성사 교리를 부정하지는 않았다. 프라하대학 총장에 선임되기도 했던 그는 독일 성직자들의 권력 남용과 교회의 부패를 질타하는 열정적인 설교로 대중의 마음을 사로잡았으며, 그리하여 독일의 지배에 대한 체크인의 분노와 저항의 구심점이 되었다.

후스의 영향력 확대에 놀란 교회는 그를 파문했다. 이단 혐의로 제소된 그는 콘스탄츠 공의회에 소환되었는데, 동료의 만류에도 불구하고 신성로마제국 황제로부터 안전을 보장받고 소환에 응했다. 그러나 그는 체포되었고, 재판정에서 자신의 견해를 바꾸기를 거부했고, 결국 이단으로 단죄되어 화형에 처해졌다. 후스의 처형은 체크인의 종교적 민족주의를 자극했다. 처형에 격노한 후스파를 중심으로, 체크인은 독일 황제와 독일인 성직자가 중심이 된 교회를 상대로 반란을 일으켰다. 이른바 후스전쟁Hussitenkriege(1419~1434)이 벌어진 것이다. 후스는 나중에 체크인의 민족 영웅 혹은 수호신적 존재가 되었다. 살아남은 후스파는 그들의 항의에 귀를 막은 가톨릭교회에 대한 좌절감 속에서, 16세기에 루터의 개혁 운동과 결합했다.

　15세기 말에 이탈리아에서도 급진적 개혁 운동이 일어났다. 피렌체에서 도미니쿠스회 수도사 지롤라모 사보나롤라Girolamo Savonarola(1452~1498)가 죄악과 르네상스의 타락을, 교회의 폐단을, 그리고 메디치가와 알렉산데르 6세 교황을 질타하는 열광적인 설교를 펼쳤다. 메디치가를 피렌체에서 축출하는 데 성공한 다음, 그는 새로운 공화정을 수립하는 데 공을 세웠다. 그러나 그는 계속해서 교황을 공격했고, 교황은 그를 파문했다. 사보나롤라는 결국 정적들에게 사로잡힌 뒤, 반역죄로 기소되어 화형을 당했다. 그의 요구들은 루터 이전에 개혁을 위한 마지막 천둥과 같은 외침이었다.

**신비주의와 경건주의 운동**　　교회의 부패에 실망한 많은 경건한 교도들은 내면으로 향하기 시작하고, 그래서 14, 15세기에 특히 독일과 저지방을 중심으로 신비주의와 경건주의가 크게 발전했다. 일찍이 에크하르트Johannes Eckhardt(1260~1327)를 비롯한 많은 경건한 사람이 명상을 통해 신과의 합일에 이르고자 했다. 에크하르트는 삼라만상에 신이 깃들어 있음을 느끼고자 했는데, 이런 견해는 범신론과 맞닿는 것이었다. 그런 사람들에게 교회의 부패와 타락상은 중요하지 않았다. 그들은 신에게 이르는 개별적이고 직접적인 길이 있으며, 그 길에는 사제의 매개 역할이 필요하지 않다고 생각했다. 이러한 신비주의는 교회 당국에는 그 어떤 개혁의 요구보다 더 위험해 보였는데, 그것이 교회와 사제의 존재 기반 자체를 무너뜨릴 수 있기 때문이었다.

　헤이르트 흐로터Geert Groote(1340~1384)는 네덜란드 종교개혁가이자 근대 경건 운동의 아버지라 불리는 인물로서, 그는 무엇보다 성서에 따른 생활을 강조했다. 그가 창설한 공동생활형제회Fratres Vitae Communis는 평신도로 구성된 반半수도회로서, 그들은 기존의 의례 중심의 형식주의를 배격하고, 단순한 삶을 통해 신과의 영적 교감을 추구했다. 이 형제회의 영향을 받은 토마스 아 켐피스Thomas à

Kempis(1380~1471)는 새 신심 운동Devotio Moderna의 대표 영성 작가였는데, 그는 『그리스도 닮기De Imitatione Christi』에서 그리스도에 헌신하고 그의 소박한 삶을 닮기 위해 노력할 것을 강조했다. 이 책은 성직자와 세속인 모두에게 명상의 책으로 광범하게 읽히면서 신비주의 사상을 널리 퍼뜨렸다.

## 3. 국민국가의 발전

### 1) 백년전쟁

중세 말기에 서유럽은 국민적 통합이 이루어져 가는 과정에 있었지만, 15세기에 들어와서도 국가 문제가 왕조적 고려에 따라 좌우되는 중세적 관습이 여전히 강하게 남아 있었다. 중세 지배자들은 영토와 그 안에 사는 주민을 왕가의 사유재산처럼 생각했다. 그런 소유물은 상속자에게 상속되거나 분할될 수 있었으며, 결혼 지참금으로 줄 수도, 매각될 수도, 교환될 수도 있었다. 수많은 전쟁, 왕국의 팽창과 축소, 공국의 출현과 소멸 등등이 단순히 지배자의 결혼이나 왕가 상속자의 유무 때문에 일어났다. 백년전쟁 역시 그런 것이었다.

중세 말기에 일어난 이 길고 지루한 전쟁은 프랑스와 영국의 국민국가 형성 과정에 부정적 영향을 끼쳤다. 그 기간에 일어난 일련의 반란과 내란 역시 국민국가 발전을 방해했다. 백년전쟁은 양국에서 왕권을 약화하고 의회 권력을 강화했으며, 일시적으로 봉건귀족의 부활을 가져왔다. 그러나 길게 보면, 계속되는 전쟁의 참화와 혼란은 민족주의 감정을 자극하고, 법과 질서를 지켜줄 강력한 지도자의 필요성을 일깨웠다. 백년전쟁을 거쳐 15세기 말에 이르러, 프랑스와 영국은 근대 국민국가로 성큼 다가섰다.

**백년전쟁: 전기** 영국에서는 의회가 에드워드 1세 때 잦은 전쟁 속에서 권한

을 확대했는데, 무능한 상속자 에드워드 2세(1307~1327) 치하에서 권한을 한층
더 강화했다. 그런데 프랑스 왕 필리프 4세의 딸인 왕비 이자벨Isabelle이 국왕의
주된 정적인 모티머Roger Mortimer와 불륜을 맺고, 1327년 정부와 함께 남편 에드
워드 2세를 투옥한 뒤 실권을 장악했다. 그러자 의회는 실정으로 민심을 잃은
국왕의 폐위를 의결했는데, 이는 의회가 군주의 폐위를 선언한 최초의 일이었
다. 이후 에드워드는 곧 옥중에서 피살되고, 아들 에드워드 3세(1327~1377)가 15
세의 나이에 왕위에 올랐다.

프랑스에서는 필리프 4세의 세 아들이 연이어 왕위를 계승했으나, 모두 아들
을 남기지 못하고 죽었다. 이로써 1328년에 3세기 반 가까이 이어온 카페왕조가
마침내 대를 잇지 못하고 단절되었다. 그러자 귀족들은 새 왕으로 필리프 4세의
조카 발루아Valois 백을 필리프 6세로 선출했다. 이로써 중세 프랑스의 두 번째
왕조인 발루아왕조가 탄생했다. 그러나 필리프 4세의 외손자인 영국 왕 에드워
드 3세는 자신이 정통 상속자라 주장하면서 이 결정에 불복했다. 10년 뒤 에드
워드는 결국 왕위계승권을 내세우면서 프랑스를 침략했다. 백년전쟁이 터진 것
이다.

그러나 에드워드 3세가 내건 전쟁 명분은 왕위계승 문제였지만, 전쟁이 터진
데에는 영국과 프랑스 두 나라 왕조 간에 역사적으로 쌓인 적대관계에 더하여,
여러 왕조적 혹은 국민적 이해관계도 얽혀 있었다. 영국 왕들은 헨리 2세 시대
에 프랑스에서 갖고 있던 방대한 영지를 되찾고 싶었다. 그러나 프랑스 왕들은
존 왕으로부터 빼앗은 땅을 유지할 뿐만 아니라, 아직 영국 왕의 봉토로 남아 있
는 가스코뉴Gascogne 공령마저 빼앗고 영국을 대륙에서 완전히 축출하고 싶었
다. 유럽 최대의 포도주 산지인 가스코뉴 공령을 둘러싼 분쟁 외에도, 영국해협
English Channel의 어업 분쟁, 스코틀랜드에 대한 프랑스의 지원, 플랑드르 모직물
산업에 대한 통제권을 둘러싼 갈등 등등이 전쟁 발생의 요인으로 작용했다. 그
즈음 프랑스 왕이 플랑드르에 대한 지배력을 강화하고 있었는데, 이는 그곳 모
직물 산업에 양모를 공급하는 영국의 양모업자와 양모 수출에 부과하는 관세로

상당한 수입을 거두고 있는 영국 왕으로서는 방관할 일이 아니었다. 그래서 1337년 필리프 6세가 가스코뉴를 장악하려 하자, 이를 빌미로 에드워드 3세가 전쟁을 선언한 것이다.

전쟁의 첫 단계에서 영국 원정군은 승승장구했다. 1340년 라인강 하구의 슬로이스Sluis 해전에서 영국 함대가 프랑스 함대를 대파하여 영국해협의 지배권을 장악한 뒤, 대륙에 상륙한 영국군은 1346년 크레시Crécy에서 수적으로 우세한 프랑스군에게 빛나는 승리를 거두었다. 영국의 궁수들은 무리를 지어 달려드는 프랑스 기사들을 향해 화살을 퍼부었고, 화살을 별로 낭비하지 않고 한데 몰려오는 적의 말이나 기사를 쓰러뜨린 것이다. 프랑스의 재앙은 계속되었다. 프랑스는 이듬해에 칼레Calais항을 빼앗기고, 이후 200년 이상 되찾지 못했다. 설상가상으로 흑사병이 프랑스를 휩쓸었다. 흑사병이 휩쓸고 간 뒤 왕위를 이은 장Jean 2세는 계속 기사도의 이상을 고수하는 인물이었다. 그의 기사군은 1356년에 다시 한 번 푸아티에Poitiers에서 영국 보병에게 참패를 당하고, 왕 그 자신이 사로잡혀 런던으로 압송되었다. 마침내 1360년 브레티니Brétigny에서 강화조약이 체결되고, 영국은 프랑스에서 드넓은 영토를 차지했다.

백년전쟁은 전쟁의 양상을 바꾸어놓았다. 왜냐하면, 전투의 결과가 기사가 아니라 농민으로 구성된 보병에 의해 좌우되었기 때문이다. 프랑스의 중무장 기사들은 엘리트 전사를 자처하면서, 활과 창으로 무장한 농민 병사를 업신여겼다. 그러나 영국군은 기사도 있었지만, 주축은 보병이었다. 그들의 장궁은 프랑스의 쇠뇌보다 사정거리가 더 멀고 발사 속도도 더 빨라서 매우 위력적이었다. 영국의 궁수들은 대책 없이 돌진하는 기사들을 가까이 오기도 전에 멀리서 제압해 버렸다.

백년전쟁은 영국의 의회가 권한을 더욱 신장할 기회가 되었다. 에드워드 3세는 전쟁 재원을 마련할 필요 때문에, 새 세금을 부과하기 위해 의회에 의존하게 되었다. 과세에 대한 동의의 대가로 그는 의회에 이런저런 양보를 하지 않을 수 없었다. 그 과정에서 의회는 입법과 재정 지출을 통제하는 권한을 얻었다. 그리고 그의 치세 중에 의회는 오늘날과 같은 귀족원과 평민원의 양원 구조를 갖추게 되었다. 이때 하원은 청원서를 작성하는 관행을 시작했는데, 이 청원서는 상원과 국왕이 받아들이면 법률이 되었다. 에드워드의 치세 말경에 이르면, 의회는 영국 통치제도의 중요한 구성요소가 되었다.

프랑스에서는 어려운 상황이 지속하는 가운데, 파리 상인조합의 지도자 에티엔 마르셀Etienne Marcel이 파리 시정의 지배권을 장악했다. 뒷날 샤를 5세가 된 왕세자가 1357년 전쟁 비용과 부왕의 몸값을 마련하기 위해 신분회를 소집하자, 에티엔은 왕세자를 압박하여 프랑스판 대헌장이라 할 대칙령Grande Ordonnance을 얻어냈다. 대칙령은 국왕이 소집할 필요가 없어도 신분회를 자주 개최할 것을 규정하고, 신분회에 새 세금을 승인할 권리와 세입의 징수 및 지출을 감독할 권리를 부여하고, 행정을 개혁하기 위해 신분회가 선출하는 9인 위원회를 설치하는 등의 내용을 담고 있었다.

대헌장과 달리 시민의 권리를 다루지는 않았으나, 대칙령 그 자체로는 신분회의 군주 통제권을 확립한 듯 보였다. 그러나 대칙령을 확보한 신분회는 프랑스 전체를 대표하지 못했으며, 사실상 마르셀과 파리의 목소리에 지나지 않았다. 마르셀은 1358년 자크리 농민반란이 일어나자, 이에 호응하여 시민군을 편성하고, 파리 근교의 봉건귀족을 공격하기도 했다. 그러나 그는 영국군과 결탁하는 바람에, 파리의 보수파 시민의 반감을 사서 암살을 당했다. 이로써 신분회를 중심으로 한 프랑스 최초의 시민혁명은 좌절되고 말았다. 왕세자 샤를이 곧 사태를 장악하고, 파리를 복속시켰다.

장 2세가 런던에서 포로의 몸으로 사망하자, 왕세자는 샤를 5세(1364~1380)로 즉위한 뒤 프랑스의 지배권을 되찾고, 전세를 성공적으로 역전시켰다. 유능한 샤를 5세는 공개 전투를 피하고 소규모 접전으로 많은 지역을 되찾아서, 죽기 전까지 보르도와 칼레를 제외한 모든 곳에서 영국인을 몰아낼 수 있었다. 그는 내정에서는 신분회의 통제에서 벗어나기 시작했고, 결국 대칙령은 사문화되었다. 그는 또한 염세鹽稅를 포함하여 과세 구조도 개혁하고, 군사조직도 개혁했다.

그는 군대의 직업화를 시도하고, 포병대를 양성하고, 함대를 재건했다. 해군을 재건함으로써, 프랑스는 영국과 대립한 스코틀랜드를 지원하기도 했다.

**소강기의 양국 정세**　에드워드 3세와 샤를 5세가 사망한 뒤 전쟁은 소강상태에 들어가고, 1396년에는 협정이 맺어져 오랜 갈등이 공식적으로 종결되었다. 이 소강 기간에 양국은 모두 사회적 및 정치적 혼란에 시달렸다. 영국은 리처드 2세(1377~1399) 치하에서 농민반란과 위클리프 추종자인 롤러드파가 야기한 종교적 소요를 겪었다. 반대파 탄압과 폭정으로 민심을 잃은 리처드 2세는 결국 귀족의 반란으로 폐위된 뒤 살해되고, 반란 지도자 랭커스터Lancaster 공이 국왕 헨리 4세(1399~1413)로 왕위에 올랐다. 반란으로 사촌의 왕위를 빼앗은 헨리 4세는 그 자신이 여러 차례 귀족들의 반란에 직면했으며, 왕위 찬탈의 합법성을 얻기 위해 의회에 많은 양보를 해야만 했다. 그러나 그는 치세 후반기에 들어 온갖 난관을 극복하고, 신생 랭커스터왕조를 안정된 기반 위에 올려놓았다.

　전쟁터가 된 프랑스는 피폐해졌다. 인구는 줄어들고 상업은 쇠퇴했다. 특히 농토가 황폐해졌는데, 전투가 중단되었을 때는 통제 불능의 용병들이 농촌을 닥치는 대로 약탈했다. 게다가 이따금 정신착란을 일으키는 샤를 6세(1380~1422)의 치세로, 정정이 매우 불안정했다. 정부 개혁을 놓고 찬반 세력이 다투고, 조세 저항 사태도 벌어졌다. 왕국은 왕의 동생 오를레앙Orléans 공 루이와 왕의 삼촌 부르고뉴 공 필리프 2세의 대립으로 분열되었다. 급기야 1407년 루이가 살해된 뒤에는 대립이 내란으로 번졌다. 아르마냐크파Armagnac로도 불리는 오를레앙파는 주로 남부 귀족의 지지를 받는 강력한 반영反英 세력이었고, 부르고뉴파는 루아르강 이북에 세력 기반을 두고 영국과 동맹이나 협력을 추구했다. 1419년에는 오를레앙파가 루이의 살해에 대한 복수로 부르고뉴 공 장을 암살했다.

**백년전쟁: 후기**　영국에서 강력하고 단호한 헨리 5세(1413~1422)가 즉위하면서 오랜 휴전 상태가 깨어졌다. 헨리는 프랑스의 왕위를 요구하면서 부르고뉴

공과 동맹을 맺고 전쟁을 재개했다. 그는 1415년 아쟁쿠르Agincourt 전투에서 2만 명이 넘는 프랑스군을 상대로 6000명의 병력으로 대승을 거두었다. 프랑스의 중무장 기사들은 아무런 전략도 없이, 폭우로 진창이 된 들판을 가로질러 영국 보병을 향해 맹목적으로 공격을 감행하는 우를 범했다. 그건 영웅적이기는 했으나, 장궁 앞에서는 무모한 자살행위나 다름없었다. 7000명가량의 프랑스 기사가 진창에서 죽었다. 그 반면에 영국은 기사를 불과 500명만 잃었을 뿐이다.

몇몇 도시가 오래 포위를 버텼지만, 루앙Rouen조차 7개월을 버티다가 결국 항복했다. 프랑스 북부 일대를 정복하고 승리를 거둔 헨리 5세는 1420년에 트루아Troyes 조약으로 프랑스의 왕위 상속권을 획득했다. 헨리 5세는 프랑스 공주와 결혼하고, 샤를 6세가 죽으면 자신이 왕위를 계승하고, 그 자신이 죽으면 이 결혼에서 태어난 아들이 양국의 왕위를 상속하기로 했다. 신분회도 이를 승인했지만, 왕세자 샤를과 반영국파인 아르마냐크파는 강력하게 반발했다. 공교롭게도 2년 뒤, 정신질환을 앓던 샤를 6세뿐 아니라 건강하고 젊은 헨리 5세마저 갑자기 죽었다. 아홉 달 된 헨리의 아들이 양국의 국왕으로 선포되었다.

트루아 조약으로 세자의 지위를 박탈당한 샤를은 부왕의 사후 프랑스 왕 샤를 7세(1422~1461)를 자처했다. 그러나 그는 부르주Bourges를 거점으로, 루아르강 남쪽에 왕국 전체 영토의 1/3쯤 되는 지역만 간신히 지배했을 뿐이다. 영국군은 1428년 남진하여, 루아르 계곡으로 진출하기 위해 오를레앙시를 포위했다. 샤를 7세는 절체절명의 위기에 몰렸다. 그런데 이 위기에서 그를 구해낸 것은 전혀 뜻밖의 인물, 17세의 무지렁이 시골 처녀 잔 다르크Jeanne d'Arc였다. 그녀의 출현으로 1429년 갑자기 전황이 바뀌었다. 주도권이 프랑스 쪽으로 넘어오고, 프랑스군은 패색이 짙은 전세를 역전시켰다.

잔 다르크는 신으로부터 포위된 오를레앙을 해방하고, 왕세자가 전통적 대관식 장소인 랭스Rheims에서 대관식을 거행할 수 있게 하라는 명을 받았다고 주장했다. 그녀는 1429년 2월 샤를을 설득했고, 전혀 군사훈련을 받은 적 없는 그녀는 소규모 군대를 이끌고 오를레앙으로 가서 9일 만에 도시를 구출했다. 기적을 일으켰다는 잔 다르크의 명성은 곧장 프랑스 국민 사이에 애국적 열정을 불러일으켰다. 국민적 정체성이 일깨워지고, 외국인으로서의 영국인에 대한 반감이 고조되었다. 그녀는 연이어 승리를 거두고, 한 달 뒤 샤를을 랭스까지 호위했다. 왕세자 샤를은 7년 미뤄진 대관식을 거행하고, 왕세자의 꼬리표를 뗄 수 있었다. 사명을 완수한 잔 다르크는 사기가 높을 때 여세를 몰아 파리마저 수복하려 했으나, 그녀의 운은 딱 거기까지였다.

1430년 잔 다르크는 영국의 동맹군인 부르고뉴 군대에 사로잡혔다. 그런데 샤를 7세는 몸값을 치르고 그녀를 구할 수도 있었으나, 아무런 노력도 하지 않았다. 영국군에 팔려간 잔 다르크는 종교재판에 회부되었다. 그녀에게는 이단, 우상 숭배자, 종파분자, 악마의 배우자 등의 혐의가 씌워졌다. 넉 달이 걸린 재판 끝에, 1431년 그녀는 유죄판결을 받고 화형장에 보내졌다. 25년 뒤에 새 교회 법정이 잔 다르크의 혐의를 벗겨주었고, 순교자가 된 그녀는 프랑스 애국심의 상징으로 숭앙을 받았다. 1920년 가톨릭교회는 그녀를 성인으로 추존했다.

잔 다르크의 공헌은 결정적이었다. 전쟁은 이후에도 20년 이상 더 끌었으나, 승패의 향방은 결정되었다. 영국은 그동안 부르고뉴와 점점 사이가 벌어졌고, 국내에서는 혼란이 재연되었다. 반면에 프랑스는 1435년 부르고뉴와 강화를 체결하여 내분을 수습했으며, 군사 개혁을 단행하여 강력하고 효율적인 군대를 건설했다. 프랑스는 포병을 양성했으며, 신무기인 대포의 위력은 장궁을 압도했다. 1445년에는 서로마제국 멸망 이래 최초로 6000명 규모의 상비군이 창설되었다. 세력을 강화한 프랑스는 조금씩 영국군을 대륙에서 몰아냈고, 마침내 1453년에 칼레만 영국의 수중에 남은 채 프랑스의 최종 승리로 전쟁이 끝났다. 이제 유럽에서 가장 부강하고 가장 인구가 많은 프랑스는 유럽의 힘과 문화의 선두로 나서게 되었다.

## 2) 국민국가의 건설

오랜 전쟁으로 직업적 용병의 고용이 일반화하면서 봉건적 주종 관계가 무너졌다. 영주와 농노의 관계가 바뀐 것처럼, 봉토와 군사적 복무에 바탕을 둔 주군과 봉신의 관계는 차츰 화폐에 바탕을 둔 계약관계로 대체되었다. 특히 흑사병 창궐 이후, 점점 더 군사적 복무 대신 군역면제금scutage을 바치는 관행이 확대되었다. 좀 더 믿을 만한 직업군인을 고용할 수 있었기 때문에, 군주들은 이런 발전을 환영했다. 주군과 봉신의 인적 관계가 느슨해지면서, 정치적 고려에 기초한 새로운 관계가 형성되기 시작했다. 왕권이 강화되고 중앙집권화가 진행되면서 귀족들은 결국 궁정으로 진출하여 국왕에게 봉사하는 길을 찾고자 했다.

**프랑스의 정치적 발전**   백년전쟁으로 프랑스는 왕권의 성장이 저해되었으나, 전쟁이 끝난 뒤 프랑스 국왕들은 재빠르게 중앙집권화를 추진할 수 있었다. 국민의식이라는 새로운 정신이 널리 퍼졌으며, 국민의 다수, 특히 부르주아가 이제 안전과 경제적 번영을 기대하면서 귀족과 싸우는 국왕에게 힘을 실어주었다. 팽창하는 도시는 국왕의 확고한 동맹이 되었다. 신분회는 이따금 소집되었으나, 왕권에 대한 심각한 도전이 되지 못하고, 영국의 의회처럼 중요한 헌정 기구로 발전하지 못했다.

그뿐만 아니라 국왕은 봉건귀족과의 싸움에서 군사적으로도 절대 우위의 입장에 설 수 있었다. 귀족은 전쟁으로 수와 힘이 크게 줄어들었고, 14, 15세기를 지나면서 전쟁에서 귀족 전사가 누리던 독점적 지위가 무너져버렸다. 쇠뇌와 장궁은 기사의 갑주를 뚫었고, 화약과 대포는 영주의 성벽을 무너뜨렸다. 그 결과 귀족 기사들은 지원군으로 전락하고, 이제는 주로 포병으로 뒷받침된 보병이 전투의 주역을 맡았다. 군주정이 공고해지면서 귀족의 역할이 변했다. 15세기 말에 이르면 그들은 문민 관리나 국왕 군대 장교의 지위를 구하기 시작했다.

영국인을 대륙에서 몰아내는 과정에서 샤를 7세는 봉건적 군사 제도를 혁파하고 상비군을 창설했다. 그는 1439년 신분회를 소집하여 상비군 운용과 유지에 필요한 재정을 마련하기 위해 재산세taille를 항구적으로 징수할 권리를 확보했다. 이러한 조치는 지방 영주들이 거느리는 사병의 횡포를 막고, 궁극적으로는 영주들이 사병을 보유할 권리를 박탈하려는 것이었다. 이로써 국왕은 왕국 안에서 최강의 군사력을 보유한 주군이 되었다. 게다가 그는 이제 재정적으로 신분회에 의존할 필요성에서도 상당히 벗어났다.

그뿐만 아니라 샤를 7세의 치세에서 국가와 교회의 관계가 획기적으로 바뀌게 되었다. 프랑스 성직자들은 필리프 4세 이후로 로마에서 벗어나 독자적으로 행동하는 경향이 있었는데, 국민의식이 성장해 가면서 프랑스 교회의 독립성을 추구하는 감정이 고조되어 갔다. 그런 가운데, 샤를 7세는 바젤 공의회가 공의회 우위를 주장하며 교황과 대립하는 상황을 적절히 이용하여, 1438년 '부르주의 조칙Pragmatique Sanction de Bourges'을 공포했다. 그는 이 조칙으로 교황으로부터의 행정적 독립을 선언한 프랑스 성직자의 결의를 재가해 주었다. 이 조칙은 프랑스 교회에 대한 교황의 개입을 제한하고, 로마 법정에의 상소를 금지했다. 이로써 프랑스에서는 교회가 교황보다 국왕의 통제 아래 놓이는, 이른바 국민적인 갈리아교회의 기초가 마련되었다.

샤를 7세 치하에서 프랑스가 국왕 절대주의를 향해 큰 걸음을 내디뎠으나, 왕국이 완전히 통일된 것은 아니었다. 샤를 7세 이후 프랑수아 1세François(1515~1547) 때까지 국왕의 핵심 과업은 영토 통합을 마무리하는 일이었다. 샤를 7세의 아들 루이 11세(1461~1483)는 이런 방향으로 첫발을 내디뎠다. 그는 먼저 앙주와 그 속령을 상속받았으며, 이후 영주들을 압박하여 차례로 국왕의 통제 아래 예속시켰다. 그는 그 과정에서 목적 달성을 위해서는 폭력, 배신, 음모, 뇌물 등 수단과 방법을 가리지 않았다. 그는 노련하고 교활한 모사꾼이어서 정적들이 그를 '거미'라 불렀다. 그는 정적과 공개적으로 대결하기보다는, 정적을 함정에 빠뜨려서 파멸시키기를 좋아했기 때문이다. 긍정적으로 표현하자면, 루이는 지극히 실용주의적이고 현실주의적인 군주였다. 그는 여러 차례 귀족반란을 진압하고,

부르주아지와 우호 관계를 돈독히 했다. 그리하여 그는 백년전쟁의 여진을 잠재우고 질서를 회복했다.

그렇지만 루이 11세는 가장 강력한 정적인 부르고뉴 공과는 오랫동안 싸웠으나, 별다른 성과를 거두지 못했다. 부르고뉴의 샤를 1세 대담공le Téméraire은 부르고뉴 외에도 플랑드르를 포함한 저지방 일대, 그리고 이곳저곳을 지배한 강력한 지배자였다. 그러나 1477년 샤를 대담공이 후계자 없이 죽고 난 뒤에는 루이 11세가 부르고뉴 공령 대부분을 차지할 수 있었으며, 그리하여 브르타뉴Bretagne 공령을 제외하고 거의 전 영토를 통합했다. 브르타뉴는 왕실 방계가문의 보유 아래 어느 정도 독립을 유지하고 있었다. 미뤄진 브르타뉴의 통합은 샤를 8세 (1483~1498) 때 이루어졌다. 그는 왕비를 통해 브르타뉴를 상속받았으며, 이로써 프랑스는 거의 완전한 통합을 달성했다.

**부르고뉴공국**　　부르고뉴공국은 15세기에 그 영토가 알프스에서 북해까지 걸쳐 있었다. 1363년 프랑스 왕 장 2세가 부르고뉴 공령을 차남인 필리프에게 넘겨주었는데, 이는 프랑스에는 큰 재앙이 되었다. 부르고뉴 공 필리프 2세는 플랑드르의 상속녀와 결혼하여 그곳을 얻고, 그 후손들 역시 상속을 통해 방대한 영토를 획득했다. 그러나 그들의 정치적 지위는 모호했다. 그들은 플랑드르에서는 신성로마제국 황제의 봉신이었고, 부르고뉴에서는 프랑스 왕의 신하였다. 그렇기는 하나 그들의 영지가 지닌 부, 영국과의 동맹, 프랑스와 신성로마제국 사이에서 지닌 전략적 위치 등의 요인으로 프랑스의 샤를 7세가 부르고뉴 공을 주권적 군주로 인정할 만큼 세력이 강력했다. 부르고뉴의 공들은 프랑스와 독일 사이에 제3의 왕국을 창건할 꿈을 꾸었다. 그들은 1415~1435년 사이에는 영국과 동맹을 맺고 영국 왕 헨리 5세를 프랑스의 합법적 왕으로 인정하기도 했다.

부르고뉴공국이 가장 강력했던 때는 마지막 공작인 샤를 1세 대담공(1467~ 1477) 치세 때였다. 북부 영지와 남부 영지를 잇는 연결로를 얻기 위해, 그는 로렌Lorraine을 장악했다. 그는 공국을 공고히 하기 위해 프랑스 왕 루이 11세와 오래 싸웠으며, 왕의 지위를 인정받고자 신성로마제국의 프리드리히 3세 황제와 협상을 벌이기도 했다. 그러나 그의 무자비한 행동에 분노한 민중이 반란을 일으켰고, 이를 빌미로 이웃 여러 나라가 연합하여 부르고뉴를 공격했다. 샤를 공은 패하고, 결국 죽음을 맞았다.

샤를 대담공의 영토는 왕조적 고려에 따라 처리되었다. 프랑스의 루이 11세는 부르고뉴공국 대부분과 아르투아Artois 및 피카르디Picardie를 얻었다. 상속권을 가진 샤를의 무남독녀는 합스부르크가의 막시밀리안과 결혼했고, 그 결과 부유한 저지방을 포함하여 나머지 부르고뉴 영토는 합스부르크가로 넘어갔다. 이때 프랑스어를 쓰는 많은 변경 지역이 합스부르크가에 넘어감으로써, 이후 수백 년에 걸쳐 프랑스와 합스부르크가가 갈등을 일으킬 요인이 심어졌다.

**영국**　　백년전쟁은 프랑스와는 아주 다른 방향으로 영국에 영향을 미쳤다. 그 전쟁으로 영국인의 국민감정은 고양되었지만, 국왕의 입지는 허약해졌다. 전쟁을 계기로 귀족들은 큰 규모의 사병 집단을 육성했다. 그리고 원정군 파견에 드는 재정을 마련하기 위해 국왕은 의회에 이런저런 양보를 할 수밖에 없었다. 프랑스의 신분회는 대체로 양보를 요구하지 않고 국왕의 징세 요구에 동의해 주었다. 그러나 영국 의회는 왕의 요구에 그리 쉽게 동의해 주지 않았으며, 국왕의 돈주머니를 확고하게 움켜쥔 것이다. 그러나 영국 역시 15세기 말에 이르러서는 통합된 국민국가로 등장하게 되었다.

영국은 종종 정신착란에 빠져드는 허약한 헨리 6세(1422~1461) 치하에서 자주 혼란을 겪었다. 대귀족의 사병들이 나라를 혼란에 몰아넣었고, 마침내 장미전쟁 Wars of the Roses(1455~1485)으로 이어졌다. 전쟁은 1485년에 끝났지만, 실질적 교전은 1471년에 사실상 끝났다. 적장미 문장의 랭커스터가와 백장미 문장의 요크가를 중심으로 귀족들이 벌인 이 오랜 내란에서 귀족들은 서로를 살육했으며, 결국 전통적인 지배귀족은 치명타를 입었다. 그러나 귀족 이외의 일반인은 많이 동원되지 않았기 때문에, 전쟁의 피해가 교전 당사자 가문의 범위를 크게 넘어서지 않았다. 그리고 전쟁 때문에 국토가 황폐해지지도 않았다.

1461년 요크파는 요크 공을 에드워드 4세로 즉위시키는 데 성공했다. 에드워드 4세는 10년 만에 귀족들을 제압하고, 중간계급의 지지를 얻을 수 있었다. 이들 중간계급은 강력한 군주정이 무정부 상태에 대한 유일한 대안이라 생각하고 왕권을 뒷받침했다. 에드워드는 이를 바탕으로 강력한 왕권을 확립했다. 그러나 요크가의 지배는 오래가지 못했다. 1483년 에드워드 4세가 죽자, 그의 동생이 조카의 왕위를 찬탈하고 리처드 3세로 즉위했다. 어린 두 조카가 런던탑에 갇혔다가 살해되자, 리처드 3세에게 의심과 비난이 쏟아졌다. 1485년 요크가와 랭커스터가는 보즈워스Bosworth 들판에서 다시 한 번 대결을 벌였다. 이 전투에서 리처드 3세는 전사하고, 랭커스터 방계가문의 헨리 튜더Tudor가 왕관을 차지했다. 그는 튜더왕조를 열고, 그 첫 왕 헨리 7세가 되었다. 이로써 보즈워스 전투는 양 가문의 마지막 결전이 되었다.

오랜 혼란기 동안 의회는 힘과 위신을 더했다. 의회는 입법권뿐 아니라 재정상의 주도권도 더욱 많이 획득했다. 의회의 청원을 통한 입법권도 한층 강화되었다. 게다가 의회는 처음에 요크가의 왕들로부터, 그다음에는 랭커스터가의 헨리 7세로부터 왕위계승의 정당성을 확인해 줄 것을 요청받았다. 이러한 의회 권력의 성장이 영국에서 절대주의의 출현을 막지는 못했다. 그러나 영국의 절대주의는 프랑스와는 달리 언제나 강력한 의회의 전통이 존재한다는 것을 염두에 두지 않을 수 없었다.

새 왕조를 연 헨리 7세(1485~1509)는 혼란을 수습하고 강력한 군주정을 수립했다. 그는 영국 군주의 전통적인 소득원, 이를테면 왕령지·재판 수수료와 벌금·관세 등을 활용하여 충분한 재정을 확보하는 데 성공했다. 그리고 그는 돈이 많이 드는 전쟁을 피했다. 그래서 그는 재정 마련을 위해 의회를 소집하여 아쉬운 소리를 할 필요가 없었다. 그뿐만 아니라 그는 지주 젠트리gentry와 중간계급에게 과도한 세금 부담을 지우지 않음으로써 그들의 호의를 샀으며, 그들 또한 새 왕조에 지원을 아끼지 않았다. 헨리 7세는 영국에서 안정되고 번영하는 정부를 확립하고, 군주정의 위상을 크게 높였다.

**에스파냐왕국**    이베리아반도의 여러 기독교 국가들은 정복과 결혼으로 점차 통합되어, 15세기 말에는 에스파냐와 포르투갈 두 나라만 남았다. 에스파냐 통일 왕국의 토대가 놓인 것은 1469년 카스티야왕국의 이사벨Isabel 공주와 아라곤왕국의 페르난도Fernando 왕자의 결혼을 통해서였다. 그 후 각각 여왕과 왕이 된 이사벨과 페르난도는 결혼한 지 10년 뒤인 1479년 공동통치를 시작하고, 왕국 전역에 대해 강력한 왕권 확립에 착수했다. 그러면서 그들은 오랫동안 중단되었던 '재정복' 사업을 재개했다. 1492년 가톨릭 군주 페르난도와 이사벨이 무슬림의 마지막 거점인 그라나다를 함락함으로써 '재정복'은 비로소 완료되었다. 이해는 또한 이사벨 여왕의 후원으로 콜럼버스가 아메리카에 도달한 해이기도 하다. 페르난도는 죽기 전 1512년 마지막으로 나바라를 정복했는데, 이로써 에스파냐의 역사적 통일 과업은 마침내 완료되었으며, 포르투갈을 제외하고 반도가 단일 통치자 아래 들어갔다. 광대한 에스파냐왕국은 아메리카에서 금과 은의 귀금속이 쏟아져 들어옴으로써 더욱 부강해졌다. 그 결과 에스파냐는 16세기 내내 유럽 최강국의 지위를 누렸다.

이사벨과 페르난도는 그 무렵 다른 유럽 군주들과 마찬가지로 교회는 국왕 정부에 예속되어야 한다고 믿었다. 그들은 교황과 협약을 맺고, 에스파냐 교회의 성직자를 임명하는 등 교회에 대해 광범한 권력을 행사했다. 그들은 1478년에는 교황에게 요청하여 국왕의 통제를 받는 종교재판소를 설치했으며, 그것은 국왕 권력의 또 하나의 버팀목이 되었다. 에스파냐 종교재판소는 성직자와 일반 기독교도가 정통 기독교뿐 아니라 국왕 절대주의를 받아들이도록 겁박했다. 종교재판소는 왕권을 크게 강화했지만, 그 대신 관용 정신을 질식시키고 많은 사람이 에스파냐를 버리게 했다.

두 가톨릭 군주는 1492년 그라나다를 정복한 뒤, 모든 공개적 유대인을 추방하는 극단적 조치를 시행했다. 유대인 20만 명 중 주로 상인과 전문직인 15만 명가량의 유대인이 네덜란드, 영국, 북아프리카 혹은 오스만제국으로 도망갔다. 각지로 흩어진 이들 세파르디Sephardi(복수형은 Sephardim)라고 불리는 유대인 중 다수는 20세기까지도 에스파냐 시절의 문화를 간직했다. 무슬림 역시 개종이 요구되었으며, 이사벨 여왕은 1502년에 모든 무슬림을 왕국에서 추방하는 칙령을 공포했다.

페르난도와 이사벨은 굉장히 강력한 통치자들이었다. 이사벨 여왕은 '하나의 국왕, 하나의 법, 하나의 신앙'을 내세우면서 국왕 절대주의를 수립하고, 코르테스를 무시할 수 있었다. 12세기에 생겨난 이 대의기구는 입법 기구로서의 실질적 지위를 결코 획득하지 못했다. 페르난도와 이사벨은 무엇보다 재정적으로 독립함으로써 코르테스의 통제에서 벗어났다. 무슬림과 유대인에게서 몰수한 재산, 상인 계층이 바치는 세금, 아메리카에서 들여온 금 등이 그들에게 충분한 자원을 제공해 주었다. 그들은 또한 귀족의 압박에 대한 보호를 구하는 도시들과 제휴하여 봉건귀족들을 견제했다. 도시동맹이 보유한 민병대는 상비군과 경찰로 전용되었고, 재정복 과정에서 강력한 독립 세력으로 대두했던 기사단 역시 국왕의 지배 아래 들어갔다.

국왕 절대주의를 확립하고 통일을 이룩한 에스파냐는 아메리카에서도 영토를 획득하고, 그곳에서 쏟아져 들어오는 귀금속으로 16세기에는 유럽에서 가장 부강한 나라로 우뚝 섰다. 그렇지만 통일 과정은 몇 가지 불행한 결과를 낳았다. 수백 년에 걸친 무슬림과의 전쟁은 호전적 정신과 지나친 민족적 자존심이라는 유산을 남겼다. 종교적 열정이 목적을 위한 수단으로 동원되었고, 그 결과 종교적 편협성과 불관용의 정신이 지배하게 되었다. 에스파냐 이슬람문화의 특징이었던 관용 정신, 지적 호기심, 균형 감각 등이 사라졌다. 무슬림에 대한 혐오는 그들이 종사했던 활동, 이를테면 상업과 농업에 대한 경멸을 낳았고, 이러한 태도는 그 이후 에스파냐의 발전에 장애가 되었다.

**포르투갈**　　포르투갈에서는 14세기 말 국왕이 상인 계층과 제휴하면서 왕권을 강화했다. 포르투갈은 해군을 육성하고, 1386년에는 영국과 동맹을 맺었다. 이후 두 나라는 오랫동안 우호 관계를 유지했다. 국왕들이 왕권 강화에 힘을 쏟는 한편, 모험가들은 아프리카·아시아·아메리카 등지를 탐험하고 정복하기 시작했다. 포르투갈은 유럽의 해외 팽창에서 선도적 역할을 담당하면서 재빠르게 부강한 나라로 성장했다. 그렇지만 좁은 영토와 적은 인구 탓에 유럽에서 열강의 반열에 오르지는 못했다.

### 3) 신성로마제국과 이탈리아

**대공위시대 이후의 독일**　　호엔슈타우펜왕조의 몰락 이후 독일은 통합은커녕 더욱더 정치적 분열에 빠져들었다. 신성로마제국의 제관은 1254~1273년 사이에는 아예 주인을 찾지 못했다. 황제가 이름만으로도 존재하지 않았던 이른바 이 대공위시대Interregnum 동안 이탈리아에서 도시들은 마치 주권국가처럼 행동했고, 알프스 이북에서는 제후와 주교들이 점점 더 독립성을 강화했다. 그리하여 이탈리아와 독일은 중앙집권 국가 형성과는 정반대의 길로 갔다. 프랑스·영국·에스파냐·포르투갈이 민족 통합을 이루고 16세기에 강국으로 성장하는 길을 간 반면, 같은 시기에 독일은 더욱더 많은 지역 국가로 쪼개지고, 이탈리아 역시 르네상스로 화려한 문화를 꽃피웠으나 정치적으로는 수많은 도시국가로 분열했다.

대공위시대를 거친 뒤, 1273년에야 제관은 오스트리아의 소영주인 합스부르크Habsburg가의 루돌프Rudolf 백에게 주어졌다. 그가 선출된 주된 이유는, 그가 소영주로서 독자적 권력을 추구하는 다른 제후들의 이익을 해치지 않으리라 여겨졌기 때문이다. 실제로 루돌프(1273~1291)는 황제 권력을 제국 전역에 미치게 하려고 노력하지 않았고, 그럴 힘도 없었다. 그 대신 그와 그의 후손은 가문의 재산을 튼튼하게 다지는 데 힘을 기울였다. 그래서 이 보잘것없는 가문은 이후에 주로 결혼 정책을 통해 영토를 확장하는 데에서 놀라운 성공을 거두었다. 루돌프는 결혼으로 동방변경령인 오스트마르크, 즉 오스트리아를 얻었고, 그 이후 후계자들은 빈Wien을 가문의 본거지로 삼았다.

그러나 합스부르크가의 제관 보유는 루돌프 단대로 끝났다. 합스부르크가의 세력 팽창을 우려한 선제후Kurfürst들이 다른 가문에서 후계자를 선출했기 때문이다. 이후 제위는 이 가문 저 가문으로 끊임없이 옮아가고, 그에 따라 제국의 중심도 이리저리 이동했다. 새 황제를 선출할 때마다 제후들은 새로운 권리를 얻어냈다. 그러다가 카를Karl 4세 황제가 황제 선출 절차를 개혁했다. 그가 1356년 공포한 황금칙서Goldene Bulle는 세 명의 성직제후인 대주교와 네 명의 속인제후에게만 황제 선출권을 부여했다. 그 칙서는 또한 이들 이른바 일곱 선제후와 다른 주요 제후에게 사실상 독립된 군주의 권리를 부여하고, 황제는 중요한 사안에 대해 제국의회Reichstag의 동의를 받도록 규정했다.

황제는 황금칙서로 더욱 허약한 존재가 되었지만, 독일의 정치 상황은 상당히 안정되었다. 이로써 제위를 둘러싼 분쟁과 내란이 비로소 종결되었다. 황금칙서는 제국이 해체될 때까지 정치적 기본법 구실을 했다. 한편 이와 연관하여 독일 제후들은 제관을 세속화했다. 제후들은 황제권이 신으로부터 직접 유래한 것으로서, 그 선출에 교황의 동의나 승인이 필요 없다고 주장했다. 제국의회의 의결을 통해, 그들은 앞으로 제관은 교황의 승인이나 간섭 없이 독일의 선제후들이 수여한다고 선언했다.

이런 과정에서 제국은 크기가 줄어들면서 무게중심이 점점 동쪽으로 옮아갔다. 황제들은 이따금 이탈리아를 되찾으려 시도했으나 무위로 돌아가고, 그에 대한 통제권을 상실했다. 스위스는 독립을 선언하고, 부르고뉴와 저지방도 제국의 통제에서 빠져나갔다. 이렇게 제국이 남부와 서부에서 축소되는 반면, 동쪽과 북쪽으로는 세력을 확장했다. 속인과 성직자 그리고 귀족과 농민을 망라한 독일 이주민들이 꾸준히 동으로는 도나우 유역으로, 동북으로는 발트해 연안 쪽으로 밀고 들어갔으며, 그리하여 독일의 상업적 및 문화적 영향이 확장되었다.

이 개척 운동은 두 조직이 특히 활발하게 추진했다. 13세기와 14세기 동안 튜턴기사단은 비스툴라Vistula강 서부에서 핀란드만에 이르는 거대한 영토를 획득했다. 이 영토는 1250년 이후에는 공식적인 제국 영토에 포함되지 않았고, 이후 15세기 전반기에는 크기도 크게 줄어들었다. 그렇지만 튜턴기사단의 정복지는 이후 프로이센왕국의 출현을 위한 정치적 토대가 되었다. 그와 동시에 한자동맹은 독일의 영향력을 서쪽의 런던과 브뤼허에서 스칸디나비아를 거쳐 동으로 노브고로드까지 확장했다. 한자동맹은 북부 독일 무역 도시들의 느슨한 결사체였는데, 무역을 보호하고, 외국에 있는 공동의 물품 창고를 지키고, 때로는 군사행동으로 상업 기지를 확보하는 역할을 했다. 14세기 말에는 덴마크왕국을 물리칠 만큼 한자동맹의 힘이 막강했다.

**합스부르크가의 등장**　　신성로마제국의 제위는 1438년 다시 합스부르크 가문으로 돌아갔다. 그때부터 제국이 해체되는 1806년까지 제관은 그 가문을 떠나지 않았다. 그 기간에 합스부르크가는 제국을 강화하고 중앙집권적 통일국가를 건설하는 데는 무능했으나, 가문의 영지를 확장하고 부와 권세를 얻는 데는 기막힌 재주를 발휘했다. 다른 가문이 주로 전쟁을 통해 영토를 늘리는 반면, 그들은 결혼 정책을 통해 유럽 최고의 명문가를 일구었다.

　프리드리히 3세(1440~1493)는 반세기가 넘게 재위하는 동안 제국의 통치에는 별 관심이 없었다. 그는 오직 오스트리아 공령과 가문의 이익을 지키는 데 몰두했으며, 그것을 위해 그가 한 가장 큰 일은 황태자 막시밀리안Maximilian을 부르고뉴공국의 상속녀와 결혼시킨 일이었다. 그 덕분에 그의 가문은 플랑드르를 포함하여 부르고뉴 공령 이곳저곳을 그냥 차지했다. 이어서 막시밀리안 1세(1493~1519) 또한 아들을 신생 에스파냐왕국의 상속녀와 결혼시킴으로써, 이후 에스파냐가 통째로 그의 가문으로 굴러들어오게 했다. 게다가 이 소득에는 아메리카의 지배권이라는 엄청난 덤까지 딸려 있었다. 그렇게 몇 차례 행운의 결혼을 통해, 합스부르크가는 16세기에 들어와 유럽과 아메리카에서 방대한 영토를 지배하는 최고의 왕가가 되었다.

그러나 합스부르크가의 왕조적 성공은 독일인에게는 아무런 득이 되지 못했을 뿐 아니라, 오히려 통일국가 형성에는 방해가 되었다. 막시밀리안 1세는 지적이고 교양 있는 르네상스 군주였으나, 동시대 다른 유럽 군주들과 달리 중앙집권적 군주정을 수립하지는 못했다. 그는 효율적인 중앙행정, 제국 군대, 과세제도 등을 확립하려고 애썼으나, 독립적 제후들의 반대로 결실을 얻지 못했다. 사실 그는 이곳저곳 산재한 가문의 영토를 지키느라 바빠서 독일의 발전에 신경 쓸 겨를이 없었다. 합스부르크가의 황제들이 실질적으로 통치한 것은 오스트리아 공령에 지나지 않았다.

신성로마제국은 결국 정치적 통일을 달성하지 못하고, 각기 독자적으로 중앙집권 국가를 추구하는 수백 개의 영방국가Territorialstaat로 갈라졌으며, 시간이 흐를수록 그 경향은 강화되었다. 이들 나라에는 바이에른공국과 작센공국 같은 제후국, 뉘른베르크Nürnberg 같이 지역 제후가 아니라 황제의 직접적 통제 아래 있는 자치도시인 자유제국도시Freie Reichsstadt, 수없이 많은 소규모 제국기사령, 쾰른Köln대주교령과 같은 성직제후국 등 다양한 형태의 영방국가가 있었다. 성직제후국의 지배자인 주교나 대주교 혹은 대수도원장 같은 고위 성직자는 가톨릭 교회의 행정관리와 일정 영토의 세속 영주라는 이중적 역할을 담당했다. 이들 각양각색의 영방국가 지배자는 모두 독일 국왕 겸 신성로마제국 황제에게 일정한 의무를 지고 있었지만, 그들은 더욱더 독자적으로 행동했다.

**이탈리아 도시국가**　　　이탈리아 역시 중앙집권적 통일국가를 건설하지 못했다. 교황과 신성로마제국 황제가 벌인 오랜 싸움은 통일에 바람직하지 못한 영향을 미쳤다. 게다가 이탈리아에는 고대 그리스처럼 지역주의가 깊이 뿌리를 내리고 있었다. 이탈리아인들은 전국적 단위보다 그들 지역의 도시와 더 강한 일체감을 느꼈다. 단테는 사실 이탈리아인이기보다는 피렌체인이었다.

신성로마제국 황제들이 제국 안에 끌어들이려고 애썼던 북이탈리아는 13세기 후반에 대공위시대를 거치면서 제국의 실질적 통제에서 벗어났는데, 그곳 도시들은 차츰 저마다 주권적 도시국가로 발전하기 시작했다. 그런데 14세기를 지나면서 이들 도시국가는 대부분 전제정으로 전락했다. 북이탈리아의 거의 모든 도시는 공화정부를 가진 자유 자치도시로 출발했다. 그러나 도시들은 각각 심각한 내부 갈등을 겪었다. 급속도로 부를 늘려가는 소수의 은행가와 자본가들은 다수의 소상인과 장인들을 배제하고 지배권을 독점하려 했다. 그와 동시에 부유한 가문들은 배타적 이익을 위해 서로 다투었다.

14세기에는 부패와 폭력으로 얼룩진 갈등으로부터 전제군주가 등장했다. 전제군주들은 은행가와 자본가의 지원을 받고, 또한 그들을 지원했다. 일반 시민은 때로 봉기하기도 했지만, 대체로 전제권력을 감수했다. 그들은 무질서보다는 안정을 택했다. 전제군주들은 명목상 지배자인 신성로마제국 황제로부터 칭호를 사서 자신의 권력을 합법화하려 했다. 그런 방식으로 비스콘티Visconti가는 밀라노 공, 에스테Este가는 페라라Ferrara 공이 되었다.

전제군주들은 아무도 믿지 않았고, 아무것도 양보하지 않았고, 자신의 이익을 위해서는 무슨 수단이든 마다하지 않았다. 그들은 질서와 안정을 위해 철권을 사용했으며, 권력을 유지하기 위해 용병에 의존했다. 용병들은 대체로 고용주를 위해 결정적 승리를 거두는 일보다, 내일 또 싸우기 위해 살아남는 일에 더 큰 관심을 가졌다. 그들은 콘도티에레condottiere(복수는 condottieri)라 불리는 용병 대장의 지휘를 받았는데, 콘도티에레는 일종의 특수 '상인'으로서 군사력이라는 상품을 팔았다. 그들은 아무런 도덕적 고려나 애증의 감정 없이, 오직 최고 입찰자에게 그들의 상품을 팔았다. 이들 비정하고 교활한 모험가들은 때때로 자신을 고용한 도시의 지배권을 장악할 수도 있었다. 그 가장 유명한 사례는 밀라노의 프란체스코 스포르차Sforza였다. 그래서 전제정이 일반적인 것이 되었고, 암살이나 반란의 위험이 항상 가까이 도사리고 있었다. 콘도티에레 체제는 14세기 중엽에서 15세기 말까지 이어졌으며, 그 이후로는 대체로 스위스 용병들이 이탈리아의 군사적 필요를 충당했다.

공화정이 전제정으로 전락하는 한편, 14세기를 지나면서 상대적으로 강대한 국가들은 이웃 군소 국가를 흡수하면서 영토를 확장해 나갔다. 그리하여 15세기에 이르면 세 주요 국가가 사실상 북이탈리아를 지배하게 되었다. 포강 유역의 비옥한 평야 지대에 주요 무역로가 가로지르는 곳에 자리 잡은 밀라노는 이탈리아에서 가장 부유한 도시국가 축에 들었다. 밀라노는 13세기 말에 비스콘티가의 지배 아래 들어갔는데, 권력을 장악한 비스콘티 가문은 1395년까지는 '황제의 대리'로서, 그다음 황제로부터 공작 작위를 얻은 이후에는 '세습 공작'으로, 거의 두 세기 동안 밀라노공국을 지배했다. 밀라노의 통치권을 장악한 그들은 자식들을 유럽 여러 왕가와 혼인시키고, 세력을 확장하여 롬바르디아 평원 전역을 지배했다. 그러다가 밀라노는 1450년에 용병대장 스포르차의 지배 아래 들어갔다. 스포르차는 밀라노를 정복한 뒤 비스콘티가와 혼인을 맺고, 밀라노 공의 자리를 차지했다. 그는 시대의 유행에 따라 예술을 지원하고, 학자들을 밀라노로 끌어들였다. 스포르차와 상속자들의 민완한 지도력 아래 밀라노는 이후 반세기 동안 평화와 번영을 누렸다.

피렌체공화국은 중부 토스카나Toscana 지역을 지배했다. 14세기가 지나가는 과정에서 피렌체에서는 대상인 및 금융 가문이 하층계급의 지지를 업고 권력을 장악하여 과두정을 수립했다. 그들은 일련의 전쟁을 통해 이웃 지역을 정복하고, 피렌체를 북이탈리아에서 주요 강국으로 발전시켰다. 15세기에는 부유한 은행가인 코시모 데 메디치Cosimo de' Medici가 나타나서, 경쟁 가문을 제치고 1434년 이후 피렌체의 지배권을 장악했다. 메디치가는 공화국의 형태를 유지했으나, 배후에서 실질적으로 정부를 지배했다. 그들은 정치 동맹자의 이익을 챙겨주고, 경쟁 집단을 가혹하게 다루었다. 그럼에도 그들은 이전 시대의 혼란과 폭동 사태를 끝장냈기 때문에 시민 대다수의 지지를 받았다. 메디치가의 가장 걸출한 인물은 코시모의 손자 로렌초Lorenzo였다. 그는 조부를 이어 1469~1492년 사이 피렌체를 지배하면서, 피렌체를 전성기로 이끌었다. 동시대 피렌체인이 '대인Il Magnifico'이라 부른 그는 비상한 능력과 예술 취향을 가진 인물로서, 그의 지배 아래 피렌체는 이탈리아 르네상스의 중심이 되었다.

반도의 동북부 지역을 지배한 베네치아공화국은 이미 13세기에 무역으로 부를 축적한 상업귀족이 유력 가문에서 선출한 종신직 도제doge를 중심으로 과두정을 수립했다. 상당히 안정된 정부를 유지하면서, 베네치아는 동지중해와 북유럽에서 무역 활동으로 엄청난 부를 쌓았다. 베네치아는 또한 영토도 확장했는데, 14세기 중엽에는 숙적 제노바를 격파했으며, 이탈리아뿐 아니라 아드리아해 전역과 레반트Levant를 지배하는 일종의 상업제국을 건설했다.

**교황 국가와 남부의 왕국들**    반도 중부에 자리 잡은 교황 국가는 아비뇽 교황청과 대분열의 시기에는 명목상 교황의 지배 아래 있었으나, 실제로는 교황의 지배에서 벗어나 수많은 지역 야심가들의 먹잇감이 되었다. 15세기 르네상스 시대의 교황들은 교황 국가에 대한 지배권을 다시 확립했다. 교황이 통치했지만, 교황 국가는 세속 전제군주국과 별로 다를 것이 없었다. 교황들은 용병을 고용하여 예속 도시들을 복종케 하고, 세력 확장을 위해 동맹과 전쟁에 몰두하고, 지위를 이용하여 가문의 부와 권세를 증진하는 데 골몰했다.

교황은 세습 군주가 아니어서 왕조를 창건할 수 없었다. 그래서 그들은 충성스러운 측근을 확보하기 위해 흔히 친족, 특히 조카를 중용하는 족벌주의에 의존했다. 족벌주의를 의미하는 영어 '네포티즘nepotism'은 조카라는 뜻의 그리스어 '네포스nepos'에서 나왔는데, 식스투스 4세(1471~1484) 교황은 조카를 다섯 명이나 추기경으로 만들고, 알짜배기 교회 관직을 주었다. 방탕과 호색으로 악명을 날린 알렉산데르 6세Alexander VI(1492~1503) 교황은 아들과 조카, 그리고 정부의 오빠를 추기경으로 만들었다. 이들 중 그 자신보다 더 악명 높은 그의 사생아 체사레 보르자Cesare Borgia는 교황군 총사령관도 맡아 아버지인 교황의 권력을 강화하는 데 앞장섰다. 체사레 보르자는 목적을 위해 수단과 방법을 가리지 않는 냉혹한 인물로서, 마키아벨리는 그를 이상적 전제군주로 보았다. 후임인 율리우스 2세Julius II(1503~1513) '전사-교황'은 권력을 확장하기 위해 직접 군대를 이끌고 적과 싸웠으며, 부정부패를 다반사로 저질러 가장 타락한 교황으로 손꼽혔다. 그 무렵의 교황들은 모두 그 시대의 전형적인 전제군주였으며, 교황 국가는 진정한 전제국가였다.

한편 15세기 중엽 이후 한 세기 가까이 거의 모든 교황은 '르네상스 교황'이었는데, 이들은 인문주의를 존중하고, 미술의 통 큰 후원자였으며, 르네상스 세계가 제공하는 세속의 즐거움을 만끽했다. 그들의 노력으로 로마는 문화의 중심이 되었다. 레오 10세(1513~1521) 역시 르네상스 문화의 후원자였다. 그는 메디치 가문의 일원으로 13살에 추기경, 37살에 교황이 되었다. 전임 율리우스 2세가 교황의 위용을 더하기 위해 옛 성당을 헐고 기독교 세계 최대의 건물 성베드로 대성당을 짓기 시작했는데, 레오 10세가 그 작업에 박차를 가했다.

교황 국가 이남은 13세기 말 이후로 프랑스의 앙주가가 지배하는 나폴리왕국과 아라곤 출신이 왕좌를 차지한 시칠리아왕국으로 나뉜 채 서로 다투었다. 그러다가 1442년 아라곤 왕 알폰소 5세Alfonso V이자 시칠리아 왕 알폰소 1세가 나폴리왕국을 점령하고 왕위를 차지했다. 알폰소 1세가 지배한 두 왕국은 그 영토가 이탈리아 전체의 절반이나 되었다. 남부는 상업이 발전하지 못하고 농업이 산업의 중심이 되어, 경제적으로 후진적 상태를 면치 못했다. 그리고 나폴리왕국은 르네상스의 문화적 성취를 거의 공유하지 못한 채, 낙후한 군주정에 머물렀다.

한편 이탈리아 도시들의 거대한 부, 모진 상쟁, 내부의 사회적 갈등 등은 15세기 말에 거대 국민국가를 수립한 프랑스와 에스파냐의 개입을 초래했다. 1494년 프랑스의 샤를 8세는 나폴리 왕위를 요구하며 3만~4만의 군대를 이끌고 이탈리아를 침입, 북부 도시국가들의 군사적 저항을 쉽게 분쇄하고, 남진하여 나폴리왕국을 점령했다. 이 침입으로 이탈리아 도시국가들의 정치적 독립은 사실상 종말을 고했다. 이때 메디치 가문 역시 프랑스에 재산을 몰수당하고, 피렌체에서 축출되었다. 그러자 여러 도시국가가 에스파냐에 도움을 요청했고, 에스파냐는 기꺼이 응했다. 이후 1559년까지 지속한 '이탈리아 전쟁'에서 프랑스와 에스파냐는 이탈리아를 지배하기 위해 다투었고, 이탈리아는 두 강대국의 전쟁터가 되었다. 종교적 권위만으로는 이제 더는 세속 지배자를 통제할 수 없게 되자, 교황은 국제정치 무대에서 찬밥 신세가 되었다. 그 과정에서 1527년 에스파냐 군대가 성기 르네상스의 중심인 로마를 약탈했는데, 이로써 교황의 도덕적 및 물리적 허약성이 여실히 드러나고, 이탈리아 르네상스는 막을 내렸다.

**스위스의 독립**　　알프스 남쪽 이탈리아의 도시국가처럼, 알프스 이북에서도 13, 14세기 동안에 새로운 정치조직이 일어났다. 13세기에 합스부르크가에 소속된 세 지역이 가혹한 상전에 대한 황제의 보호를 얻었다. 그런데 프리드리히 2세 황제 때는 그 보호를 제대로 누렸으나, 대공위시대나 그들의 상전인 합스부르크가가 제위를 차지했을 때는 소용이 없었다. 그래서 독립적인 세 개의 칸톤canton이 1291년 동맹을 결성하고 합스부르크가에 저항하기 시작했다. 합스부르크가가 반란 지역을 진압하러 왔을 때, 그들은 그 군대를 철저하게 격퇴했다.

일단 합스부르크의 지배에서 벗어나자, 세 칸톤은 스위스연맹Swiss League을 결성하고 이웃 칸톤들을 규합하면서 팽창했다. 합스부르크가는 14세기에 여러 차례 재정복을 시도했으나 실패하고, 칸톤들은 사실상 독립했다. 1389년 연맹은 여덟 개 칸톤의 연방Confederation으로 발전했다. 스위스연방은 합스부르크가와 대립을 계속한 끝에 1499년 마침내 황제의 군대를 물리치고 독립을 획득했다. 그리고 연방에 가입한 칸톤의 숫자도 1513년에는 13개로 늘었다. 그러나 스위스가 유럽 다른 나라로부터 주권국가로 공식 인정을 받은 것은 그로부터도 한 세기 반이나 지난 1648년의 일이었다.

# 4. 이탈리아 르네상스

## 1) 고전의 부활과 인문주의

**르네상스의 의미**      르네상스는 '재생'이라는 뜻이다. 14세기 중엽에서 16세기 중엽 사이에 이탈리아 도시들은 활기찬 예술적 및 지적 삶의 중심 무대였다. 그 시대에 활동한 많은 문필가와 미술가들은 자신이 고대 문명의 재생을 목격하고 있다고 생각했다. 그들에게 로마제국 멸망에서 그들 자신의 시대 사이의 지난 1000년은 문화의 빛이 흐려진 어둠의 시대였는데, 이제 그들이 죽어 있던 고대 문화를 다시 되살려내고 있다고 믿었다. 뒤에 19세기 스위스 역사가 야코프 부르크하르트Jacob Burckhardt는 『이탈리아 르네상스 문화*Die Kultur der Renaissance in Italien*』(1860)에서 르네상스의 근대적 개념을 창출했다. 그는 14, 15세기의 이탈리아를 근대 세계의 출생지로 묘사하고, 고대의 부활과 개인의 중요성 그리고 세속주의를 그 중요한 특징으로 보았다.

그러나 오늘날의 학자들은 부르크하르트가 주장한 그대로, 르네상스가 중세와의 급작스럽고 극적인 문화적 단절이라고 믿지는 않는다. 르네상스는 중세에 깊숙이 뿌리를 내리고 있었으며, 두 시대 사이에는 정치·경제·사회적 삶에 많은 연속성이 있었다. 르네상스 시대에는 중세의 사회구조가 아직 남아 있었으며, 여전히 지주 귀족이 사회를 지배했다. 14, 15세기를 지나면서 많은 지주 귀족이 어려움을 겪었고 소멸도 했지만, 또한 새 피가 수혈되기도 했다. 그래서 거의 모든 나라에서 인구의 2~3%를 차지하는 귀족이 군대 장교나 정부 직책을 차지하면서, 중세 때처럼 사회를 지배했다.

그럼에도 르네상스는 중세와 구별되는 그 자체의 독특한 특징을 간직하고 있었다. 인문주의자들은 중세의 전통에 대해 새로운 의문을 제기했다. 그들은 통용되고 있는 종교적 관행을 비판하고, 여전히 강력한 영향력을 행사하고 있는 교회에 대해 근본적 문제를 제기했다. 르네상스인들은 무엇보다 인간의 존엄성을 제시하고, 개인의 가치와 중요성에 대한 근본 문제를 제기했다. 중세의 지배적 제도와 사상체계가 쇠퇴의 길을 걷고, 개인주의와 회의주의를 바탕으로 한 근대문화가 자리를 잡아가고 있었다. 어떤 면에서 모든 시대는 전환의 시대이기는 하지만, 르네상스는 중세에서 근대로 넘어가는 거대한 전환기적 현상이었다고 할 것이다.

한편 이탈리아 르네상스는 결정적 한계가 있었다. 르네상스는 당대 일반 대중들한테까지 널리 확산한 현상이 아니었으며, 전체 인구 중 극소수의 부유한 상층계급만이 그 문화를 누렸다. 르네상스 지식인과 미술가는 상층계급을 위해 쓰고 그린 것이다. 이탈리아 르네상스의 빛나는 지적 및 문화적 성취는 사실상 엘리트의, 그리고 엘리트를 위한 운동의 산물이었다. 그뿐만 아니라 르네상스는 그리스-로마 '고전'의 문학과 예술 그리고 가치에 대한 관심의 재생에 국한된 현상이며, 그래서 그것은 근대로의 전환의 단지 한 양상에 불과한 것이었다.

**이탈리아 르네상스의 배경**　　　르네상스는 기본적으로 부유하고 세속적인 도시국가의 산물이었다. 특히 북부 이탈리아의 도시국가는 정치, 경제, 사회적 삶의 중심이었다. 중세 성기에 유럽 상업의 발달에 앞장섰던 이탈리아 중부와 북부의 도시들은 14세기의 경제적 쇠퇴를 극복하면서 인구가 증가하고 영토가 팽창해서 소규모 도시국가가 되었다. 프랑스 귀족이 활기찬 궁정 생활을 즐긴 것과 달리, 이탈리아 귀족은 도시로 옮아가서 부유한 상인과 합류하여 도시 지배계급을 형성했다. 그들은 함께 독일 황제 프리드리히 1세 및 2세와 싸워 물리치는 데 성공했다. 이탈리아 상인들은 무역을 통해 엄청난 부를 쌓았으며, 그 부를 바탕으로 은행업에도 눈을 돌려 15세기까지 유럽 은행업을 거의 독점했다. 14세기의 경제 침체기에 치명타를 입었던 피렌체를 중심으로 한 모직물공업 역시 그 세기가 넘어갈 때쯤 회복되기 시작했다. 그와 동시에 여러 도시에서 레이스, 유리 제품, 보석세공품 등을 포함한 사치품 공업이 발달하기 시작했다.

경제적으로나 정치적으로 성공한 이탈리아 상류 계층은 스스로에 대해 자부심을 품고 자신만만했으며, 그들의 도시국가에 강렬한 애착심을 가졌다. 문학과 미술은 그들의 자신감을 반영했다. 화가와 조각가들은 그들의 초상을 제작했고, 건축가들은 그들의 화려한 궁전을 건설했다. 게다가 인문주의자들이 내세운 '인간의 존엄성'과 '개인의 가치'라는 주제는 도시 지배 집단의 가치관이나 지향성과 전적으로 부합하는 것이었다. 도시국가의 전제군주들과 부유한 상인 및 은행가들은 자신의 부를 과시하고 그들 도시의 위세를 증진하는 한 방편으로, 미술가와 인문주의자를 후원했다. 많은 인문주의자가 그런 사람들이 제공하는 연금으로 살았다.

강력한 가문이 지배하는 여러 도시국가가 15세기에 르네상스 문화의 빛나는 중심이 되었는데, 그 빼어난 예의 하나가 몬테펠트로Montefeltro 가문이 지배한 우르비노Urbino였다. 페데리고Federigo(1444~1482) 공은 당시에는 보기 드문 콘도티에레로서, 고전 교육을 받은 훌륭한 지배자였다. 그는 르네상스 문화의 최대 후원자의 하나로서, 그의 지배 아래 우르비노는 문화와 학문의 중심이 되었다. 여성 또한 중요한 역할을 수행했다. 에스테가의 이사벨라Isabella는 페라라 공의 딸로서, 만토바Mantova의 프란체스코 곤차가Gonzaga 후작과 결혼했다. 이들의 만토바 궁정은 르네상스 학문과 미술의 또 하나의 중요한 중심이 되었다. 지성과 정치적 지혜를 겸비하여 '세계 제일의 부인'으로 일컬어진 이사벨라는 미술가와 학자를 만토바 궁정으로 불러 모으고, 이탈리아에서 가장 훌륭한 도서관을 만드는 데 큰 역할을 했다. 그녀는 남편 사망 후는 물론이고, 생전에도 만토바를 실질적으로 지배했다.

전제군주나 대부호만 문화와 예술의 후원자가 아니었다. 이들 못지않게 세속적이었던 르네상스 시대 교황들은 거의 예외 없이 큰 손 후원자였다. 그들은 작품의 비기독교적 성격에도 불구하고 학자·시인·미술가를 초빙하고 후원했으며, 그래서 1500년 무렵에 로마는 예술과 학문의 최고 중심이었다. 교황의 후원 아래 그리스어와 라틴어 전적이 끊임없이 필사되고, 도서 구입에 아낌없이 돈이 투자되었다. 그래서 지금도 바티칸Vatican 도서관은 세계 최대급을 자랑한다. 르네상스는 북부 및 중부 이탈리아의 번영하는 도시의 세속적 분위기 속에서 생겨났다.

**고전에 대한 관심의 부활**    14세기 후반에 흑사병과 경제적 쇠퇴의 영향에서 서서히 회복하기 시작하면서, 이탈리아 지식인들은 자신의 과거 역사에의 관심과 더불어, 고대 지중해 세계의 그리스-로마 문화에 강렬한 관심을 품게 되었다. 중세에 고전에의 관심이 아주 사라진 것은 아니었다. 12세기에 이르면 많은 고대 저술이 학자들에게 알려지고 연구되었다. 그러나 중세 동안 고대 저술들은 기독교의 틀 안에서 해석되었고, 흔히 교리를 뒷받침하는 전거로 인용되어 왔다. 그것은 많은 면에서 이교적 내용을 띠고 있었기 때문에 기피되었음에도, 성직자들은 은유적으로 해석하고 기독교적 의미를 부여할 수 있는 방식으로 이교 작품을 이용했다. 따라서 고전 유산의 참된 면모가 왜곡되고 흐려졌다.

그런데 14세기 후반에 이탈리아에서 새로운 안목으로 삶을 바라보고, 역사와 철학 등을 포함한 고전문학을 새로운 각도에서 이해하려는 태도가 나타났다. 이런 태도를 지닌 사람들은 스스로를 인문주의자humanist라 불렀으며, 그들은 고전 연구를 인문주의humanism와 동일시했다. 소규모 지식인 집단인 그들은 수도원에서 스콜라철학자들이 무시했던 옛 필사본을 열성적으로 찾아냈고, 지금껏 잊혀 왔던 그리스어 저작들을 라틴어로 번역했다. 그들은 고전 작품에서 인간의 존엄성과 개인의 잠재력에 대한 믿음을 보았는데, 이것은 이탈리아 르네상스의 특징이 되었다. 겸양과 자애 혹은 인내와 같은 기독교적 덕성이 옆으로 밀려났다. 사람들은 현세의 삶을 소중하게 여기게 되었으며, 개인의 세속적 성취와 명성이 그 무엇보다 애써 추구할 삶의 목표가 되었다.

학자들뿐 아니라 미술가들 역시 고대의 조각품과 건축을 연구하고 모방하면서, 인간 중심적 세계관의 자극을 받고 영감을 얻었다. 15세기 피렌체 건축가 레온 바티스타 알베르티Leon Battista Alberti는 "인간은 하고자 한다면 모든 것을 할 수 있다"고 자신감을 피력했다. 인간의 존엄성에 대한 존중과 개인의 잠재력에 대한 인식 속에서 다재다능한 인간, 다방면에 걸쳐 능히 창조적 활동을 할 수 있는 인간인 만능인l'uomo universale이라는 새로운 사회적 이상이 생겨났다. 그런데 그것은 그에 근접하기 위해서는 여러 면에서 여유가 필요한 이상이었고, 따라서 부와 재능을 갖춘 소수의 이상이었다.

성장하는 민족의식이 고대 로마의 저술에의 관심을 더욱 북돋웠다. 이 의식은 이탈리아에서 통일국가를 창출하지는 못했으나, 이탈리아인이 전보다 더 따뜻하게 자신의 과거를 껴안게 했다. 이탈리아 인문주의자들은 라틴 고전을 연구하면서, 고대 로마의 위대함을 되살릴 꿈에 젖을 수 있었다. 로마의 과거로 되돌아가는 인문주의적 길은 이탈리아에서 가장 짧았으며, '애국적' 순례자가 그 길을 걸었다. 그러나 '재생'은 단순히 고대의 숭배에, 과거를 되살리는 것에 그치는 것이 아니었다. 르네상스 문화는 개인의 가치에의 믿음, 자유로운 존재로서 생각하고 행동할 욕망에 대한 존중심을 놀라울 정도로 드러냈다. 인문주의자는 고대의 재생을 통해 열성적으로 인간의 관심의 지평을 넓히는 데 이바지했으며, 그리하여 궁극적으로는 근대 시대를 위한 기초를 놓은 것이다. 그들은 근대 세계의 선구자였다.

**인문주의**　　르네상스 인문주의는 그리스와 로마의 고전 문학작품의 연구에 기초를 둔 지적 운동이었다. 프란체스코 페트라르카(1304~1374)는 흔히 '인문주의의 아버지'라 불리는데, 그는 누구보다 먼저 사람들에게 고전문학의 가치와 매력을 알리는 데 주된 역할을 수행했기 때문이다. 법학 공부를 하면서 키케로에 매료된 그는 결국 고전에 빠져들었다. 그는 잊힌 라틴어 필사본을 찾기 위해 사람들을 설득하여 함께 수도원 장서를 샅샅이 뒤졌으며, 이를 위해 그는 이탈리아뿐 아니라 프랑스와 독일도 찾아다녔다. 페트라르카의 열성은 전염이 되어, 고전 전적의 발굴과 수집의 붐이 일었다. 고전에 담긴 세속적 내용에 탐닉하면서, 페트라르카는 자신이 정신적 이상을 소홀히 하지는 않는지 염려하고, 자주 자신의 죄와 단점을 질책했다. 그러면서도 그는 순수한 고전 라틴어 사용의 중요성을 강조하면서, 인문주의자들이 키케로를 산문의 모범으로, 베르길리우스를 시의 모범으로 삼을 것을 권유했다. 그는 "그리스도는 나의 신, 키케로는 언어의 왕자이다"라고 말했다. 라틴어 서사시 『아프리카Africa』로 명성을 얻은 페트라르카는 1341년 계관시인이 되었다.

페트라르카는 키케로를 따라 고전 라틴어로 서사시·서신·대화 형식의 글 등을 많이 저술을 했지만, 그가 주로 기억되는 것은 속어로 치부되던 이탈리아어로 쓴 14행의 정형시인 소네트sonnet를 통해서이다. 그는 1327년 기혼녀인 라우라Laura를 만나 사랑에 빠졌다. 이후 그는 그녀를 연모하는 수백 편의 소네트를 지었고, 이 시로 그는 위대한 서정 시인의 반열에 올랐다. 이 시들을 모은 서정시집 『칸초니에레Canzoniere』의 라우라 묘사는 새롭고 신선한 접근법을 보여준다. 이전의 시인들은 여주인공을 우아한 사랑의 외피나 종교적 이상화로 둘러싸서, 그 인물을 아주 비현실적 존재로 만들었다. 그러나 페트라르카의 라우라는 모든 독자가 피와 살을 가진 인간으로 느낄 수 있는 여인이었다. 페트라르카는 중세 성기의 위대한 시인 단테보다 불과 40년쯤 뒤에 태어났다. 그러나 이 두 인물은 40년의 시차보다 훨씬 더 큰 차이를 보여준다. 단테는 고전을 알기는 했으나, 중세인으로 남았다. 페트라르카는 그것을 훨씬 더 잘 알았으며, 계속 기독교 신앙을 고백하면서도 이교의 가치를 따뜻하게 감싸 안았다.

또 한 명의 초기 인문주의자는 페트라르카와 같은 피렌체인으로서 거의 같은 시기를 산 조반니 보카치오Giovanni Boccaccio였다. 1348년 흑사병이 엄습하여 피렌체 인구의 거의 2/3를 휩쓸어갔는데, 보카치오는 이 사태를 『데카메론Decameron』의 배경으로 삼았다. 그는 역병을 피해 시골 저택에 피신한 청년 세 명과 처녀 일곱 명의 입을 통해, 중세 우화와 로맨스를 바탕으로 한 100개의 이야기를 새로운 정신으로 풀어냈다. 보카치오는 도시 주민의 입을 통해 중세 기사와 성직자의 위선을 신랄하게 풍자하고, 봉건제도의 낡아빠진 이상을 대놓고 경멸했다. 외설스럽고 음란하다는 비난이 쏟아졌지만, 『데카메론』은 르네상스 시대 삶의 생생한 모습을 제공한다. 『데카메론』과 더불어 보카치오의 창의적 작가로서의 경력은 끝났다. 주로 1350년에 만난 페트라르카의 영향으로, 보카치오는 이탈리아 국어 문학의 창작 활동을 접고 고대 연구로 돌아섰다. 그는 그리스어를 배우려고 노력했으며, 필사본 발굴을 위해 수도원에 들어갔다.

페트라르카와 보카치오가 죽을 무렵이 되면, 이탈리아 전역에서 고대 문학과 학문의 연구가 성장하고 있었다. 옛 필사본의 탐색이 열정적으로 이루어졌고, 그 결과 15세기 중엽 이전에 중요한 라틴 작가의 저작이 대부분 발견되었다. 인문주의자와 스콜라철학자의 차이는 초기 인문주의자들이 '잃어버린' 라틴문학의 걸작들을 손쉽게 찾아냈다는 점에 있다. 그것들은 수도원 도서관 안의 바로 손닿는 곳에서 수백 년의 먼지를 뒤집어쓴 채 발견되었다. 책들은 줄곧 거기에 있었다. 다만 독자의 따뜻한 관심이 없었을 뿐이다. 이들 라틴 저작에 더하여, 1453년 비잔티움이 함락된 뒤 귀중한 그리스어 필사본들이 이탈리아로 쏟아져 들어왔다.

**시민적 인문주의**　　피렌체에서 인문주의 운동은 15세기 초두에 새로운 방향을 취한바, 피렌체의 시민 정신 및 자부심과 결합하면서 이른바 '시민적 인문주의civic humanism'를 일으켰다. 페트라르카와 같은 14세기 인문주의자들은 지적 생활을 고독의 삶으로 묘사했다. 그들은 가족과 공동체 안에서 행동하는 삶을 거부했다. 그러나 피렌체의 혼란스러운 정치 상황 속에서 인문주의자들은 자신의 역할에 대해 새로운 견해를 갖기 시작했다. 그들은 문학이 삶에 대한 모든 관심을 삼켜버리지 않도록 경계하고, 문학이나 사변적 사상의 매력에 자신을 몽땅 맡겨버린 사람은 한 시민이나 혹은 군주로서 아무런 쓸모가 없다고 생각했다. 고전기 로마의 정치가이자 지식인인 키케로가 그들의 모델로 떠올랐다.

피렌체의 인문주의자 레오나르도 브루니Leonardo Bruni(1370~1444)는 키케로의 삶에서 문학 창작과 정치적 행동의 결합을 보았다. 브루니 이래로 키케로는 국가를 위해 적극적인 삶을 사는 것이 지식인의 의무라는 르네상스 이상을 고취하는 인물로 인식되었다. 개인은 오로지 국가의 삶에 참여함으로써만 지적으로 또는 도덕적으로 원숙하게 성장한다. 이러한 시민적 인문주의는 당시 이탈리아 도시국가의 가치를 반영했다. 인문주의자들은 그들의 학문 연구가 국가에 봉사하는 것이 되어야 한다고 믿기에 이르렀다. 많은 인문주의자가 고위 공직자로서 국가에 봉사한 것은 우연이 아니다.

15세기 전반기의 인문주의에서 또 하나 분명한 것은 고전 그리스문명에 대한 관심이 부쩍 커졌다는 점이다. 브루니는 그리스어를 통달한 최초의 인문주의자 가운데 한 명이었는데, 그는 14세기 마지막 수년 동안 피렌체에서 가르친 비잔티움 학자 마누엘 크리솔로라스Manuel Chrysoloras의 열성적 제자가 되었다. 페트라르카도 그리스어를 배우려고 애썼으나 보카치오와 달리 성공하지 못했다. 그리스 학자들이 비잔티움에서 이탈리아로 오기 전까지는 유능한 교사를 만나기가 쉽지 않았기 때문이다. 이탈리아에 온 최초의 그리스 학자가 바로 크리솔로라스였는데, 그는 비잔티움 황제가 오스만튀르크의 위협에 대한 서유럽의 도움을 얻기 위해 파견한 인물로서, 1393년 베네치아에 도착했다. 그는 3년 뒤에 피렌체의 초청을 받았고, 3년을 머물면서 그리스어와 문학을 가르쳤다.

그리스어와 그리스 고전이 이탈리아에 널리 알려진 것은 그로부터 반세기가 지난 뒤였다. 이탈리아 학자들은 비잔티움에서 피난 온 학자들의 도움을 받았는데, 이들은 비잔티움이 1453년 튀르크인에게 함락되기 전 탈출하기 시작했고, 그리스어 필사본을 가져오고 그리스어 교습을 제공했다. 15세기 말까지는 거의 모든 그리스 고전이 라틴어와 이탈리아어로 번역되었으며, 유럽에 널리 소개되었다. 중세 학자들이 아랍어를 통해 아리스토텔레스와 헬레니즘 과학자들의 저작에 친숙하기는 했으나, 그리스 학문에 대한 직접적 지식은 없었다. 그리스 고전을 서양의 유산으로 되살린 것은 이탈리아 인문주의자들이었다. 그들은 플라톤뿐만 아니라 중세 성기 스콜라철학자들이 무시했던 그리스의 시인·극작가·역사가, 이를테면 에우리피데스·소포클레스·투키디데스 같은 작가들의 작품을 직접 읽었다.

**인문주의와 플라톤**    15세기 후반기에 플라톤 철학에 대해 인문주의자들의 관심이 부쩍 높아졌다. 피렌체의 실질적 지배자 코시모 데 메디치가 이를 자극한 셈인데, 그는 1462년 '플라톤 아카데미Academia Platonica'를 설립하고, 그 지도자 마르실리오 피치노Marsilio Ficino(1433~1499)에게 플라톤 저작의 번역을 의뢰한 것이다. 피치노는 처음으로 플라톤의 저작을 라틴어로 완역하고, 플라톤 부흥을 주도했다.

그동안은 플라톤보다 아리스토텔레스의 저작이 더 잘 알려졌고, 또 토마스 아퀴나스를 비롯한 스콜라철학자에게는 아리스토텔레스의 논리학이 더 유용했다. 그러나 인문주의자에게는 그의 저술이 어렵고 문학적 호소력이 없었다. 그런데 플라톤의 저술을 접할 수 있게 되면서, 인문주의자들은 그것의 사상뿐 아니라 그 문체에 매료되었다. 그것은 철학이면서 문학이고, 문학이면서 철학이었다. 그리하여 그들 사이에서 플라톤은 가장 큰 영향력을 행사하는 철학자로 등장했다. 플라톤 아카데미의 영향은 특히 문학과 예술에서 매우 컸다. 후기 르네상스의 거의 모든 미술가는 플라톤주의의 영향을 받았으며, 보티첼리와 미켈란젤로 같은 몇몇 미술가는 그것에 깊이 빠져들었다. 그리고 또한 그들을 통해 플라톤의 영향은 후세대에 전해졌다.

아퀴나스가 기독교 교리와 아리스토텔레스를 종합하려 했던 것처럼, 피치노를 포함한 인문주의자들은 기독교와 플라톤을 단일 체계로 종합하려 했다. 일생을 플라톤 번역과 해설에 바친 피치노는 유럽 전역의 유력 인사들과 서신을 주고받으며, 플라톤의 가르침이 기독교와 합치한다는 것을 증명하려 했다. 그는 계시를 통해 기독교를 받아들이지 못하는 사람에게 플라톤이 다른 길을 열어줄 수 있다고 믿었다. 그리고 그는 순수한 정신적 사랑 혹은 플라톤적 사랑platonic love 이론에서, 모든 사람은 사랑으로 공통의 인류 안에서 함께 묶여 있듯이, 우주의 모든 부분은 교감하는 사랑의 끈으로 함께 결합되어 있다고 주장했다.

**헤르메스주의**    15세기 말경 피렌체의 지적 환경이 낳은 또 하나의 산물은 르네상스 헤르메스주의Hermeticism였다. 역시 코시모의 요청으로 피치노는 『헤르메스주의 전집Corpus Hermeticum』이라는 제목의 그리스어 저작을 라틴어로 번역했다. 헤르메스주의의 필사본은 일부 르네상스 지식인에게 새로운 인간관을 제공했다. 그들은 인간이 신적 창조력을 부여받은 존재로 창조되었음에도, 스스로 물질세계로 들어가는 길을 선택했다고 생각했다. 그렇지만 그들은 또한 인간이 재생의 경험이나 영혼의 정화를 통해 신성을 회복할 수 있다고 믿었다. 그들에 따르자면, 인간은 그렇게 재생하게 되면 진정한 현인, 르네상스인이 부르는 이름으로 마기magi(단수는 magus)가 된다. 마기는 신과 진리에 대한 지식을 갖고 있었다. 원래의 신성을 되찾음으로써, 그들은 자연에 대한 지식과 자연의 힘을 유용하게 쓸 능력을 회복했다.

15세기 말 이탈리아에서 가장 뛰어난 헤르메스주의자는 피치노와 그의 친구이자 제자인 조반니 피코 델라 미란돌라Giovanni Pico della Mirandola(1463~1494)였다. 지식욕에 굶주린 미란돌라는 라틴어와 그리스어에 더하여, 이용 가능한 모든 것을 읽기 위해 헤브라이어와 아랍어도 배웠다. 이 당대의 천재는 스승보다 한발 더 나아가, 동서양 모든 학문의 종합을 시도했다. 그의 저술 『인간 존엄성에 관하여De Hominis Dignitate』는 모든 르네상스 저술 중에서 인류에게 바치는 가장 강렬한 찬사의 하나이다. 이 글에서 그는 인간은 신의 창조물 가운데 최고의 작품이며 인간보다 더 경이로운 존재는 아무것도 없다고 주장하면서, 인간의 무한한 잠재력을 논했다. 그리고 그는 피치노처럼 헤르메스주의 철학에 깊은 관심을 가지고, 그것을 '신에 관한 과학'으로 받아들였다.

**아리스토텔레스주의**　　　많은 인문주의자가 플라톤 사상에 매력을 느꼈지만, 이탈리아 대학을 계속 지배한 사람은 역시 주로 자연과학·논리학·형이상학에 관심을 가진 아리스토텔레스 주석자들이었다. 그들은 아리스토텔레스가 영혼의 불멸성을 부정하고 물질이 영원하다고 주장했다는 무슬림 철학자 이븐 루시드의 주석을 받아들였다. 15세기에 이르러 파도바대학이 아리스토텔레스주의의 중심이 되었는데, 아리스토텔레스주의는 다음 세기에 절정에 이르렀다. 철학을 신학에서 분리한 세속적 합리주의를 주창함으로써, 그 추종자들은 17세기의 과학적 사고의 승리에 필요한 환경을 조성했다. 그 과학혁명의 개척자 일부는 파도바와 관련이 있었다. 천문학자 코페르니쿠스는 파도바대학에서 연구했으며, 해부학자 베살리우스는 파도바대학 교수였다. 그리고 천문학자 겸 물리학자인 갈릴레오 역시 17세기 초에 그 대학에서 수학을 가르쳤다.

**마키아벨리**　아무도 니콜로 마키아벨리Niccolo Machiavelli(1469~1527)보다 정치권력에 대한 르네상스의 관심을 더 잘 표현한 사람은 없었다. 인문주의 교육을 잘 받은 그는 피렌체의 정치판에 입문하고 외교관을 지냈으나, 결국은 단테처럼 망명을 가야 했다. 이후 그는 라틴 고전을 읽고, 이탈리아 정치 정세를 고찰하면서 여생을 보냈다. 그 결과 그는 최초의 근대적 역사 저술로 평가되는 『피렌체사 Istorie Fiorentine』와 서양 세계에서 정치권력을 논한 것 가운데 가장 영향력 큰 저작으로 꼽히는 『군주론 Il Principe』을 산출했다.

　중세의 역사 서술은 대체로 서술 형식에서는 연대기, 내용의 면에서는 보편사로 구성되어 있었다. 이러한 중세의 특징적인 역사 서술은 일찍이 4세기 전반기에 그리스 교부 에우세비오스가 그 모델을 제시한 것이었다. 소위 보편사란 기본적으로 신의 섭리를 예시하기 위해, 인류 조상의 창조에서 중세까지의 인류 역사의 전개 과정 전체를 조망한 것이었다. 그 역사는 언제나 목적론적이었는데, 모든 시대는 본질적으로 에덴동산의 추방에서 역사의 종착역인 최후의 심판까지 나아가는 필연적인 단계로 취급되었다. 그런데 마키아벨리는 역사에서 신적 요인을 배제했다. 그는 역사의 동인을 세속적인 요소 특히 정치 세력에서 구하고, 역사 서술의 범위를 국가 생활에 한정해서 근대적인 정치사를 개척했다. 그리하여 『피렌체사』에서 처음으로 '역사의 환속'이 이루어진 셈이다. 그는 또한 단순한 연대순의 나열이 아니라, 역사의 인과관계에 의한 서술을 추구했다.

　『군주론』에서 마키아벨리의 주된 관심은 당대의 혼란스러운 이탈리아 사회에서 질서를 회복하고 유지하는 수단으로서, 정치권력을 어떻게 획득·유지·확장하는가의 문제였다. 중세의 정치 이론은 기본적으로 군주의 행위에서 윤리적 측면을 강조했는데, 마키아벨리는 이러한 접근을 단호하게 논박했다. 그는 군주의 권력 행사는 인간 본성의 이해에 바탕을 두어야 한다고 생각했다. 그의 생각으로는, 인간 본성이 기본적으로 자기중심적이기 때문에, 정치 행위는 도덕적 고려를 따를 수 없었다. 그의 시대에는 한 도시국가 안에서, 그리고 도시국가 사이에서 음모와 술책, 배신과 암살, 폭력과 고문, 전쟁과 쿠데타가 난무했다. 그러한 상황에서 국가의 운명을 책임진 군주는 국가를 위해서 기꺼이 자신의 양심을 잠재워야 했다. 마키아벨리는 체사레 보르자를 이탈리아에서 필요한 새로운 군주의 표상으로 보았다. 보르자는 중부 이탈리아에 새로운 국가를 창건하기 위해 무자비한 조치를 자행한 인물이었다. 마키아벨리는 정치 행위의 분석을 위한 기초로 도덕을 버린 최초의 인물이었다.

**인문주의와 교육**　　　인문주의 운동은 교육에 깊은 영향을 끼쳤다. 인문주의자들은 인간은 교육을 통해 극적으로 변할 수 있다고 믿었으며, 그래서 그들은 교육에 관한 논문을 쓰고, 그들의 사상에 기초한 새로운 학교를 설립했다. 그들은 유럽에서 최초로 세속적 혹은 비종교적 학자 집단을 이루었다. 그들은 거의 모두 귀족이나 부르주아의 자제로서, 성직자와 아무런 관련이 없었다.

　인문주의 교육의 핵심은 '인문학liberal studies'이었다. 인문주의자들은 여전히 교육을 지배하고 있는 따분한 스콜라철학에 관심이 없었으며, 그리스와 로마의 학문과 문학이 학생에게 참된 인문학을 교육할 수단이라 보았다. 이탈리아 대학에서 스콜라철학을 제거하는 것은 꽤 쉬운 일이었다. 그것이 이탈리아에서는 깊이 뿌리를 내리지 못했기 때문이다. 그 자리에 새로운 학문이 인문주의자 수사학 교수에 의해 도입되었고, 유럽 전역에서 학생들이 이들의 강의를 듣기 위해 모여들었다. 그러나 거의 모든 북유럽 대학에서는 인문주의자가 환영을 받지 못했다. 파리, 쾰른, 하이델베르크Heidelberg 등 스콜라철학이 공고하게 둥지를 튼

대학에서는 낯선 그리스 학문이 경원시 되었다. 그런 곳에서는 16세기가 지나간 뒤에야 그리스와 로마의 고전이 인문학 교육의 기초로서 스콜라철학을 넘어섰다.

인문주의자들은 인문학이 개인의 잠재력을 완전히 개발시켜 주는, 진정한 자유의 열쇠라고 믿었는데, 그것에는 역사·도덕철학·수사학·문법·논리학·시·수학·천문학·음악 등이 포함되었다. 그뿐만 아니라 건강한 신체에 건전한 정신이 깃든다는 옛 그리스 격언에 따라, 인문주의 교육자들은 육체 교육도 중시했다. 그래서 학생들은 창던지기·활쏘기·춤추기를 배웠고, 달리기·씨름·사냥·수영도 권장되었다. 인문주의 학교의 목적은 엘리트, 곧 공동체의 지배계급을 교육하는 것이었다. 그런 학교에서는 수도사와 성자보다 페리클레스와 키케로 같은 고대 지도자들이 시민의 모델로 제시되었다. 소수의 여학생이 다니기는 했으나, 여성은 대체로 그런 학교에서 배제되었다.

인문주의 교육은 또한 새로운 유형의 인물, '신사gentleman'의 형성에도 이바지했다. 하나의 이상으로서, 신사는 중세 기사나 금욕적 수도사의 자리를 대신 차지했다. 귀족 배경이든 부르주아 출신이든 간에 이상적 신사는 자제력이 강하고, 품행이 세련되며, 취향이 고상한 사람이었다. 그런 덕성을 얻기 위한 적절한 행동 안내서가 나타나기 시작했다. 르네상스 시대 최고의 명저로 꼽히는 저서인 발다사레 카스틸리오네Baldassare Castiglione의 『궁정인 Il Cortegiano』도 그런 책이었다. 인문주의자 카스틸리오네는 16세기 초엽에 출판된 이 책에서 궁정 생활을 하는 귀족의 행동 지침을 세세하게 제시했다. 이 책은 출판되자 곧 각국어로 번역되어 유럽 전역에서 널리 읽혔으며, 19세기까지도 유럽 귀족의 교본 구실을 했다. 신사와 숙녀는 서양에서 약 400년 동안이나 훌륭한 인물 유형으로 받아들여졌다.

인문학을 중요하게 여긴 인문주의자들은 과학을 무익한 것으로 치부하고, 그들이 설립한 학교에서 가르치지 않았다. 그래서 그들은 과학의 발달에는 아무런 공헌을 하지 않았는데, 그렇기는 해도 그들은 간접적으로 이후에 찾아올 과학혁명에 기여했다. 그들의 그리스와 로마의 필사본 발굴은 고대의 많은 과학 저술의 발견을 가져왔다. 나중에 학자들의 관심이 결정적으로 과학에 쏠렸을 때, 이 저술들은 그들의 손길이 닿는 곳에 있었다. 이를테면 코페르니쿠스의 태양 중심설은 그가 고대 저술을 읽은 데서 나왔다. 게다가 근대의 비판적 학문 태도는 인문주의자가 증명된 사실을 강조한 데서 시작되었다. 그들은 오류를 제거하기 위해 필사본들을 비교, 검토했다. 그리고 그들은 역사적 신화를 밝혀내고, 초자연적 원인을 제거했다. 이러한 비판적이고 객관적인 작업은 이후의 과학 연구에 매우 가치 있는 것이었다.

**비판 정신과 경험주의**　고전 필사본을 수집한 인문주의자들은 정확한 문헌을 확보하려고 노력했는데, 그런 노력은 문헌에 대한 좀 더 '비판적' 태도와 '관찰된 사실'에 대한 더 큰 관심으로 이어졌다. 권위와 이성에 입각한 지식 체계인 스콜라철학의 쇠퇴 역시 학자들이 '경험적' 방법에 따라 진리를 탐구하는 데 도움이 되었다. 로마의 인문주의자 로렌초 발라Lorenzo Valla(1405~1457)는 근대 문헌 비판의 선구자였다. 라틴어 문체 전문가인 그는 불가타 성경의 라틴어를 비판하고, 「사도신경Symbolum Apostolicum」이 실제 사도가 쓴 것이 아니라고 주장했다. 그러나 그를 포함한 인문주의자들은 성서 번역의 정확성을 의심할 수는 있었지만, 성서 자체를 의심하는 데까지 나아가지는 않았다. 무엇보다 발라는 1440년에 교황이 세속적 지배권을 주장해 온 근거 구실을 한 「콘스탄티누스의 기증장」이 위조문서라는 사실을 밝혀내어 충격을 주었다. 발라는 「기증장」의 언어가 4세기 것이 아니라, 8세기나 9세기 것에 더 가깝다는 것을 밝혀낸 것이다. 문법 분석을 넘어, 그는 또한 그 문서에는 그것이 작성되었다는 시기에는 사용되지 않았던 용어가 포함되어 있다는 점도 지적했다.

마키아벨리의 『군주론』은 정치사상사에서 하나의 분수령이 되었는데, 그것은 그가 자신을 둘러싼 세계를 직접 관찰함으로써 얻은 성과였다. 그의 국가관은 아퀴나스와 대조되지만, 방법론의 대조는 더욱 컸다. 아퀴나스는 주로 연역법을 통해 진리를 탐구한 데 비해, 마키아벨리는 주로 귀납법, 그러니까 수집한 자료의 일반화를 통해 진리를 추구했다. 그는 분명 새로운 개념의 지식과 그 증명 쪽으로 이동하고 있었다.

## 2) 르네상스 미술

**르네상스 미술의 특징**      인문주의의 개인주의 이상은 미술에서, 그중에서도 회화에서 가장 잘 표현되었다. 이탈리아 미술은 알프스 이북과는 사뭇 달랐다. 왜냐하면, 이탈리아 사람들은 완전한 고딕 시대를 경험하지 않았으며, 언제나 어느 정도는 비잔티움 미술과 고전 고대 잔재의 영향 아래 머물러 있었기 때문이다. 르네상스 미술의 특징 중 하나는 작가가 자신의 개성을 드러냈다는 점이었다. 중세에 미술가는 작품에 자신의 이름을 내세우지 않았다. 일반적으로 누가 고딕 성당을 설계했는지, 누가 성당을 장식한 조각품을 제작했는지 알려지지 않았다. 그림은 대체로 익명이었고, 획일적인 양식 탓으로 작품의 작가를 확인하는 것이 어렵다. 그러나 15세기에 이르면 개인적 스타일이 화가의 상표가 되었으며, 화가는 자랑스레 자신의 그림에 낙관하고 날짜를 기록했다. 중세에는 사회적 지위도 낮고 장인에 불과하던 미술가가 이제는 지위가 크게 높아지고, 그 재능이 칭송되었다. 부유한 후원자들이 다투어가며 저명한 미술가를 초빙하고 나섰다.

르네상스 미술의 또 하나의 특징은 주제의 다양성이다. 중세에는 교회가 최고 후원자여서, 미술의 주제는 거의 모두 기독교와 관련되었다. 그림은 마돈나 Madonna와 성자에 집중되었고, 건축 분야에서는 교회 건설에 최고의 노력이 기울여졌으며, 조각의 기능은 그런 건물을 장식하는 것이었다. 그러나 르네상스에서는 화려한 궁전들이 건설되는 등 세속적 건축이 전면에 등장했다. 화가는 이교 신화·개인의 초상·실내 정경이나 정물을 묘사했고, 조각가는 개인 흉상을 주조하거나 혹은 가구나 소금 그릇 같은 유용한 용품의 미학적 제작에 자신의 재능을 쏟았다.

인간에 대한 르네상스의 신뢰는 미술에서 사실주의로 나타났다. 중세의 그림은 사람을 유형화해서 표현한 데 비해, 르네상스 화가들은 있는 그대로 사실적으로 그렸다. 중세의 마돈나는 통상 나이 든 현자의 축소판처럼 보이는 예수를 뻣뻣한 팔로 안고 있는, 성스럽고 상징적인 모습이었는데, 이제는 어린 아기를 흔들어 재우거나 젖을 먹이는 모성의 마리아가 되었다. 마리아가 지복至福의 상징에서 아름다운 여인으로 바뀐 것처럼, 예수도 평면적으로 표현된 수난의 화신에서 자신만만한 근육질의 남성으로 탈바꿈했다.

**르네상스의 초기 회화**　　14, 15세기에 이탈리아 바깥에서는 고딕 미술이 계속되는 한편, 이탈리아에서는 14세기부터 특히 회화에서 혁신이 일어나고 있었다. 그 혁신은 인문주의의 수도 피렌체에서 가장 먼저 나타났는데, 이후 피렌체는 약 두 세기 동안 유럽 미술의 중심 역할을 했다. 14세기의 전환기적 회화에서 가장 위대한 인물은 피렌체 회화의 창설자 조토였다. 이전의 이탈리아 화가는 비잔티움의 영향을 받아 형식화하고 비현실적인 인물을 평면적으로 묘사하는 것에 그친 데 비해, 조토는 풍부한 정서와 감정을 지닌 사람들을 있는 그대로 사실적이며 입체적으로 그렸다. 이로써 그는 회화의 역사에 한 획을 그었다. 그렇지만 그의 그림은 기본적으로 기독교적 덕성과 신앙을 표현한 것으로서, 여전히 철저하게 중세적인 정신에 머물렀다. 그가 죽은 뒤 회화는 별다른 기법상의 진전을 보지 못하다가, 15세기 초에 이르러서야 마사초Masaccio(1401~1428)가 짧은 생애 동안 조토가 시작한 기법상의 혁신을 완성했다.

마사초가 피렌체의 브란카치Brancacci 예배당에 그린 프레스코화는 오랫동안 초기 르네상스 미술의 걸작으로 여겨졌다. 그는 이 그림에서 인물과 배경 간의 사실적인 관계를 드러내기 위해 처음으로 원근법을 도입하여, 회화에서 새로운 사실주의적 양식을 만들어냈다. 원근법의 발견은 피렌체 미술가들이 이룩한 혁신 가운데 핵심적인 것으로서, 그것은 2차원적 평면을 마치 3차원적 공간처럼 보이게 했다. 오늘날이야 원근법은 회화의 기본적 기법이지만, 15세기에는 놀라움을 자아냈다. 마사초는 또한 〈에덴동산에서의 추방Cacciata dei progenitori dall'Eden〉에서 처음으로 나체 인물을 그렸다. 이는 기독교 미술의 흐름을 뒤집는 것이었는데, 기독교 미술은 로마제국 말기에 처음 출발할 때부터 인간 육체의 아름다움에는 등을 돌려왔다. 마사초 이후 인간 알몸의 사실적 묘사는 참으로 이탈리아 르네상스 미술가가 가장 심취한 것의 하나가 되었다.

마사초의 성취는 15세기 후반기의 화가들에게 깊은 영감을 주었다. 그의 사실주의의 추구는 안드레아 만테냐Andrea Mantegna와 피에로 델라 프란체스카Piero della Francesca와 같은 화가에서 절정에 이르렀다. 만테냐가 그린 대리석판 위에 누운 그리스도의 시신 그림은 평생에 걸친 원근법 연구의 성과를 보여준다. 프란체스카의 그림에 대한 태도는 과학적이고 지적이다. 그는 원근법을 수학적 정밀성으로 추구하여, 움직임의 포착을 무시했다. 그래서 그의 인물들은 절제되고, 비감정적이며, 수학적으로 정밀하다. 그의 대표작인 〈진짜 십자가의 발견과 증명Finding and Proving of the True Cross〉의 인물들은 마치 대리석에서 잘라낸 듯 정태적이다.

15세기 후반기에 마사초의 계승자들은 그들의 인물에게 입체감을 부여하고 3차원적 표현의 문제를 해결하여, 사실주의를 확립했다. 그러나 사물을 있는 그대로 표현하는 것이 반드시 메시지나 분위기 혹은 정서를 가장 효과적인 방식으로 나타내는 것은 아니었다. 초기 르네상스의 마지막 위대한 화가 산드로 보티첼리Sandro Botticelli(1444~1510)는 사물을 있는 그대로 사실적으로 재현하는 기법을 포기했다. 그 대신 그는 보는 사람의 상상력과 정서를 자극하고, 좀 더 미묘하고 복잡한 시적 분위기를 자아내려 했다. 이는 곧 사실주의보다 형태와 색채를 더 우선시함을, 심지어는 신비적 요소를 주입하는 것을 의미했다. 그 가장 성공적인 예가 로렌초 데 메디치의 의뢰를 받아 그린 〈비너스의 탄생La nascita di Venere〉이었다. 마사초가 누드화를 개척한 데 이어, 보티첼리는 〈비너스의 탄생〉으로 누드에 더하여 이교 신화의 인물을 주제로 그린 최초의 화가가 되었다. 중세에는 미술의 주된 후원자인 교회가 이교 전승을 미화하는 것을 금했다. 그렇지만 인문주의자는 고대를 찬미했으며, 피렌체에서 플라톤이 부활하는 기간에 그리스 신화는 기독교 이야기와 인기를 다투었다. 보티첼리는 〈비너스의 탄생〉에서 이교 신화와 기독교 신앙을 결합했는데, 실제 인물을 모델로 해서 그린 그의 비너스는 관능적이면서, 동시에 초연하고 숭고하며 이상화한 아름다움의 상징이 되었다.

**조각과 건축**　　15세기 피렌체 화가들의 혁명적 성취와 맞먹는 엄청난 진전이 조각과 건축에서도 일어났다. 회화처럼 조각도 15세기 초에 양식상의 완성을 보았다. 인문주의자처럼 조각가들은 고대 로마에서 닮고자 하는 모델을 찾았다. 고대의 그림이 아무것도 남아 있는 것이 없다는 사실 때문에, 화가들은 '고대의 숭배'에서 자유로웠다. 반면에 조각가들은 그렇지 않았다. 남아 있는 로마의 수많은 조상이 그들의 작업을 위한 표준과 모델이 되었다.

　　로렌초 기베르티Lorenzo Ghiberti(1378~1455)는 피렌체의 산 조반니 세례당Battistero di San Giovanni의 청동문을 장식하는 부조浮彫를 맡았다. 미켈란젤로가 '천국의 문'이라 극찬한 이 경이로운 부조는 고대 로마 조각과 건축의 형식과 정신을 되살린 것인데, 건물과 풍경을 배경으로 해서 튀어나오게 서 있는 인물들을 훌륭하게 묘사했다. 기베르티와 동시대인인 도나텔로Donato di Donatello는 로마로 가서 고대 조각을 면밀하게 연구했다. 중세 조각가는 언제나 그들의 작업을 건축가가 할당해 준 좁은 공간에 맞추어야 했고, 그래서 자신의 미술적 역량을 완전히 실현할 수 없었다. 그런데 이제 그는 조각을 건축에서 분리하여 독립된 지위로 회복시키고, 뼈·근육·힘줄 등 인체에 대한 인식을 바탕으로 대좌 위에 독자적으로 서 있는 인물상을 제작했다.

　　도나텔로는 피렌체에서 수많은 걸작을 생산했는데, 그 가운데 실물 크기의 〈다비드David〉는 고대 이후에 청동 나체입상으로는 최초의 것이었다. 〈다비드〉는 1428년 피렌체가 밀라노에 거둔 승리를 기념하기 위한 것으로, 피렌체인의 용기와 덕성을 칭송했다. 그가 베네치아 용병대장에게 로마의 갑주를 입혀 세운 〈가타멜라타 기마상Monumento equestreal Gattamelata〉은 로마에 있던 마르쿠스 아우렐리우스 황제 기마상에서 영감을 받아 제작한 것인데, 이후 르네상스 시대에 만들어진 모든 기마상의 모델이 되었다.

도나텔로의 기마상보다 더욱 극적인 것은 반세기쯤 뒤의 안드레아 델 베로키오Andrea del Verrocchio(1435~1488)의 작품, 〈콜레오니 기마상La statua equestre di Colleoni〉이다. 베로키오는 다재다능한 피렌체 화가요 조각가로서, 레오나르도 다 빈치의 스승이기도 하다. 그는 이 기마상에서 말의 앞다리 하나를 들어 올리게 구도를 잡았다. 이 유명한 베네치아 용병대장의 자세는 르네상스 시대 공적 인물들의 자신만만함을 넘어 오만함을 극적으로 표현했다.

조각보다 더 고대 로마 모델의 영향을 받은 것은 건축이었다. 르네상스 건축가들은 로마 건축 양식을 바탕으로 새로운 양식을 발전시켰다. 궁전과 같은 사적 주택이든 교회나 공공건물이든, 다 같이 고전적인 주랑柱廊과 기둥을 갖추었으며, 특히 돔은 르네상스 공공건물의 가장 중요한 특징적 요소가 되었다. 그것은 필리포 브루넬레스키Filippo Brunelleschi(1377~1446)의 작품과 함께 시작되었다.

화가이면서 조각가였던 브루넬레스키는 산 조반니 세례당의 청동문 부조 현상 공모에서 기베르티에게 밀린 뒤, 친구 도나텔로와 함께 로마로 갔다. 그는 그곳에서 고대 로마의 기념비적 건물을 섭렵하면서 고대 건축 기술을 온전히 습득했다. 그는 피렌체에 돌아온 뒤, 피렌체의 산타마리아 델 피오레 대성당Cattedrale di Santa Maria del Fiore의 미완성 돔을 완성했는데, 이는 로마 시대 이후 최초의 돔이었다. 그가 메디치가로부터 설계를 의뢰받은 산 로렌초 성당Basilica di San Lorenzo은 로마 건축 양식을 새롭고 창의적인 방식으로 재창조한 것으로서, 그리하여 르네상스 건축 양식이 탄생했다. 브루넬레스키는 이 최초의 르네상스 양식 성당에서 거대한 중세 성당과는 매우 다른 내부 공간을 창조했다. 산 로렌초 성당의 고전적 기둥, 둥근 아치, 정간井間으로 장식된 천장 등은 고딕 성당과는 달리 예배자를 물리적으로든 심리적으로든 압도하지 않는 환경을 만들어냈다. 그 대신에 그것은 신이 아니라 인간의 수준에 적합하도록 창조된 공간이었다.

**성기 르네상스의 미술**　　15세기 말경에 마지막 단계에 다다른 이탈리아 미술은 16세기 전반기까지 활짝 꽃을 피웠는데, 이는 흔히 성기 르네상스라 불린다. 이때는 피렌체와 밀라노 등이 외침으로 쇠퇴하고, 그를 대신하여 로마와 그다음에 베네치아가 문화의 새로운 중심으로 떠올랐다. 교황은 가장 통 큰 후원자였으며, 그 시대 가장 위대한 미술가들은 바티칸에서 일했다. 그들은 보티첼리에 이어 사실주의를 버리고, 화려한 색채와 인체 구조의 이상화 등을 추구했다. 교황 궁전 장식에 고대 이교의 신화적 인물들이 등장하는 일이 드물지 않았고, 그리하여 바티칸은 기독교 미술뿐 아니라 세속 미술로도 가득 채워졌다.

　　르네상스 성기의 위대한 건축가는 밀라노 출신의 도나토 브라만테Donato Bramante (1444~1514)였다. 브라만테는 1506년 율리우스 2세 교황으로부터 콘스탄티누스 황제가 지은 낡은 성베드로 성당을 르네상스 양식의 기념비적인 건물로 재건축하라는 의뢰를 받았다. 그의 구상은 가로와 세로의 길이가 같은 그리스형 십자가 위로 거대한 돔이 솟아 있는 형태의 교회로서, 르네상스 성기 건축의 정신을 대표하는 것이다. 엄청난 비용으로 공사는 더디게 진행되었고, 브라만테 자신은 건축이 크게 진척되기도 전에 죽었다. 그것을 완성하는 일은 여러 건축가를 거쳐 미켈란젤로에게로 넘어갔다. 미켈란젤로는 브라만테의 그리스형 십자가를 세로가 더 긴 라틴십자가 형태로 바꾸고 돔도 다시 설계하는 등, 원래의 설계에 수정을 가했다.

　　성기 르네상스는 세 명의 미술 거장인 레오나르도 다빈치Leonardo da Vinci(1452~ 1519), 라파엘로 산치오Raffaello Sanzio(1483~1520), 미켈란젤로 부오나로티Michelangelo Buonarroti(1475~1564)가 지배했다. 레오나르도는 '만능의 천재'라는 인문주의적 이상을 구현한, 참으로 다재다능한 인물이었다. 그는 놀라울 만큼 폭넓은 호기심을 지녔으며, 공학·수학·지질학·식물학·생리학·해부학·건축·조각·회화·음악·시 등 온갖 분야에 달통했다. 그는 성기 르네상스의 원칙으로 넘어가는 전환기적 인물을 대표했다. 그는 사실주의를 넘어설 필요성을 강조하고, 사실주의적 묘사에서 벗어나 대상을 이상화하는 작업에 앞장섰다. 레오나르도의 무엇보다 위대한 강점은 인간 본성에 대한 깊은 심리학적 통찰이다.

그가 밀라노에서 그린 〈최후의 만찬Cenacolo Vinciano〉은 주제를 3차원적으로 표현하기 위한 공간구성과 원근법 사용으로 15세기의 화풍을 훌륭하게 성취했다. 그러나 그것은 또한 그 이상이었다. 그 그림의 인물 묘사에는 깊은 심리적 차원이 함축되어 있다. 이 주제는 이전에 수도 없이 다루어졌는데, 그 그림은 대부분 예수와 사도가 식탁에 정적으로 둘러앉아 있는 모습을 보여주었다. 레오나르도는 이야기와 극적 요소를 도입했다. 그는 예수가 "너희 중 한 명이 나를 배신하리라"라고 말하는 바로 그 순간을 포착했다. 예수의 말에 대한 사도들 각자의 반응, 그들의 표정과 몸짓을 통해 레오나르도는 인물의 성격과 내면을 드러내고자 했다. 소란과 긴장의 장면임에도, 그 그림은 조화로운 전체를 이루었다. 그는 또 하나의 걸작 〈모나리자Mona Lisa〉에서 명암법을 유효적절하게 사용하여 불가사의하고 신비한 미소를 창조했다.

라파엘로는 일찍부터 화가로 입신한바, 25세에 이미 이탈리아 최고 화가의 반열에 올랐다. 그는 특히 수많은 성모 마리아상으로 갈채를 받았는데, 그것으로 그는 인간의 표준을 훨씬 뛰어넘는 아름다움의 이상을 달성하려고 시도했다. 그는 율리우스 2세 교황의 의뢰를 받아 바티칸 궁전에 그린 프레스코화로 크게 성공을 거두었는데, 거기에서 그는 고전 주제와 기독교 주제를 놀라울 만큼 조화시켰다. 그중 하나인 〈아테네 학당Scuola di Atene〉에서 그는 고대 그리스 철학자들을 한데 모으고, 그 가운데에 플라톤과 아리스토텔레스를 배치했다. 〈아테네 학당〉은 고전 그리스-로마 미술의 바탕을 이루는 원칙인 균형·조화·질서의 세계를 잘 드러냈다. 거의 모든 비평가는 그를 완벽한 디자인과 균형 잡힌 구도의 대가라고 여긴다.

화가와 조각가에 또한 건축가이기도 한 미켈란젤로는 이탈리아 르네상스의 마지막 거인이었다. 뜨거운 창작열에 불탔던 그는 많은 대형 과제에 열정과 에너지를 쏟았다. 그는 신플라톤주의의 영향을 크게 받았다. 그 점은 특히 〈천지창조〉로 알려진 〈시스티나 예배당 천장화*Sistine Chapel Ceiling*〉의 인물들에서 분명하게 나타나는데, 이 근육질의 인물들은 완벽한 비례를 갖춘 이상형의 인간을 드러낸다. 하느님이 아담에게 막 생명을 불어넣는 장면을 묘사한 〈아담의 창조〉는 그중에서도 백미로 꼽힌다. 훌륭한 신플라톤주의적 방식에서, 인물들의 미는 신의 미의 반영임을 의미한다. 육체가 아름다울수록, 그 인물은 그만큼 더 신을 닮았다.

식스투스Sixtus 4세 교황이 건립해서 그의 이름을 따 시스티나라 불리는 예배당은 이미 보티첼리를 포함한 이전의 대가들이 벽화를 그렸는데, 궁륭천장은 빈 채로 남아 있었다. 그 천장의 그림은 '전사 교황' 율리우스 2세가 피렌체인 미켈란젤로를 로마로 불러 의뢰했다. 방대한 면적의 천장에 그림을 채워 넣어야 하는 이 초유의 작업은 사실 오랫동안 조각가로 단련되어 온 사람에게는 실로 벅찬 과제였다. 그러나 한 개인의 과제로는 전무후무한 대작을 미켈란젤로는 4년에 걸쳐 초인적 에너지로 완수했으며, 아무도 도중에 작업 장면을 보지 못하게 했다. 조바심이 나서 작업을 독촉하는 교황과 작가가 날카로운 신경전을 벌이는 가운데, 서양 미술의 위대한 걸작 하나가 탄생했다.

르네상스 시대의 진정한 '만능인'이었던 미켈란젤로는 다른 무엇보다 조각가였는데, 그 시대의 가장 위대한 조각가였다. 인간의 신체, 특히 남성 나체의 미화는 그의 위대한 업적이었다. 그가 젊은 시절 제작한 〈다비드〉 같은 작품은 그리스 조각의 영향을 여실히 보여주는데, 그는 그것을 통해 인간의 존엄성과 위엄을 표현하고자 했다. 특히 높이 5m가 넘는 거대한 〈다비드〉 석상은 압제자를 몰아낸 피렌체 시민의 승리를 기념하기 위해 제작된 것으로서, 피렌체 시청사 입구에 세워졌다.

그림과 조각으로 명성을 날린 미켈란젤로는 만년에 건축으로 관심을 돌렸는데, 여기에서도 그와 겨룰 만한 사람은 아무도 없었다. 로마의 수많은 건축물이 그의 손을 거쳤는데, 그의 마지막 걸작은 성베드로대성당San Pietro Basilica이었다.

그는 1546년에 브라만테가 40년 전 시작한 성베드로대성당 건축의 책임을 넘겨받아, 혼신의 힘을 쏟았다. 그는 그 과업의 완성을 보지는 못했으나, 그가 설계한 돔은 기독교의 빛나는 상징으로 우뚝 서 있다. 그는 르네상스 성기를 훨씬 너머까지 살면서, 90세가 다 된 나이에도 창조적인 조각가로 활동했다.

**베네치아 화파**　'이탈리아 전쟁' 중인 1527년 에스파냐가 로마를 약탈한 뒤 로마를 중심으로 한 르네상스가 쇠퇴하고, 베네치아가 미술의 중심이 되었다. 이 부유한 무역도시에서 세속적 화파가 생겨났는데, 그들은 대체로 지금·여기에 만족했다. 그들은 때때로 성모 마리아를 그렸으나, 주로 부유한 상인과 귀금속으로 치장한 오만한 지배자를 그렸다. 그들은 값비싼 장식, 화려한 복장, 인상적인 나체상, 그리고 밝은 빛과 색채를 사랑했다.

베네치아 화파의 창설자인 조르조네Giorgione(1477~1510)는 보티첼리와 마찬가지로 과학적이고 사실주의적이고자 한 15세기 화가의 관심을 거부하고, 미묘하고 몽환적인 시적 서정성으로 돌아섰다. 그의 모든 그림에 공통되는 것은 권태와 풀어짐의 분위기이다. 그의 〈잠자는 비너스Venere dormente〉는 고전적 소재를 사용했지만, 비너스는 전혀 신화적 인물이지도 않고 에로틱한 분위기를 풍기지도 않는다. 그것은 아무런 이야기도 담고 있지 않은 환상적인 전원시로서, 관람자는 마음대로 그것에서 자기 자신의 의미를 끌어낼 수 있다.

단명한 조르조네와 달리, 장수한 그의 친구 베첼리오 티치아노Vecellio Tiziano (1488~1576)는 덜 시적이고 덜 미묘하다. 그의 비너스들은 포동포동한 베네치아 모델들로서, 성숙하고 에로틱하다. 그의 〈우르비노의 비너스Venere di Urbino〉는 비스듬히 기대어 누워 유혹하는 듯한 나체에 보는 사람의 시선을 집중하게 한다. 그것은 보티첼리의 정령 같은 비너스가 아니라, 자기 나신의 사랑스러움을 의식한 매혹적인 여인이다. 티치아노는 오랜 작품 활동을 통해 상층계급에서 왕실까지 이르는 많은 사람의 초상화를 그리고, 이교 신화에서 기독교까지 아우르는 온갖 주제를 다룬 대가가 되었다. 모든 것을 빛과 색채와 관련해서 다룬 티치아노는 베네치아 화파의 대표로서, 수세대에 걸쳐 근대 화가에게 큰 영향을 미쳤다.

**매너리즘: '반反르네상스' 양식**    1494년 프랑스의 침략으로 시작된 이탈리아 전쟁이 계속되고, 그 와중에 1527년에는 성기 르네상스의 중심 로마가 약탈당했다. 게다가 종교개혁의 광풍으로 상황이 더욱 어지러웠다. 그러한 상황에서 사회 일각에서는 인생관의 급격한 변화가 일어났다. 인간의 존엄성에 대한 이전의 낙관적 믿음이 인간의 사악한 본성에 대한 비관적 견해로 바뀌었다. 미켈란젤로의 〈최후의 심판/ Giudizio Universale〉에는 이런 비관주의가 반영되었다. '로마의 약탈'이 일어난 뒤인 1530년대 후반에, 그리고 〈천지창조〉 그린 지 한 세대쯤 지난 뒤에 같은 시스티나 예배당의 제단 뒷벽에 그린 〈최후의 심판〉은 진노한 하느님 앞에서 자비를 간구하는 잡다한 나체의 군상으로 채워졌다. 매너리즘의 단초를 제공한 이 작품에서 미켈란젤로는 인체의 아름다움과 힘을 나타내기보다 인간의 무력함을 드러내고, 조화보다는 격정적인 모습을 강조했다.

1530년쯤부터 그 세기가 끝날 때까지 일부 이탈리아 미술가들은 불안정한 시대의 긴장에 매너리즘mannerism, manierismo이라는 이름의 새로운 양식으로 반응했는데, 이 새로운 운동의 등장으로 르네상스 미술은 수명을 다했다. 매너리즘이라는 용어는 수법이나 방식을 뜻하는 이탈리아어 마니에라maniera에서 나왔는데, 그 미술가들은 성기 르네상스 미술이 지향했던 비례와 균형의 안정적 구도에 의식적으로 저항하면서, 신체의 비율을 무시하고 고의로 몸을 비트는 등 새로운 표현 수법을 추구했다. 그들은 그러한 수법을 통해 불안과 혼란의 정서적 분위기와 고통의 감정을 전달하고자 했다. 그리고 그들은 완성의 경지에 도달한 거장들의 작품을 따라가기보다, 자연스럽지 않고 조화롭지 못한 작품을 통해 거장의 아류에서 벗어나거나 세인의 관심을 끌려고 했다.

그 전형이 로마의 약탈 뒤 로마에서 고향 파르마Parma로 돌아온 파르미자니노Parmigianino의 그림이다. 그의 〈긴 목의 성모Madonna with the Long Neck〉는 불균형의 구도와 비현실적 묘사로 인해 매너리즘 미술의 대표 작품으로 꼽힌다. 이 그림에는 라파엘로가 이 주제를 다루면서 보여준 균형과 자연스러움이 전혀 없다. 그는 인체의 비례를 기묘한 방식으로 길게 늘여 놓았다. 비틀린 자세를 취한 마돈나는 앉은 건지 서 있는 건지 알 수가 없고, 아기 예수는 금방 무릎에서 흘러 떨어질 것 같다. 틴토레토Tintoretto(1518~1594)의 〈성 마르코 유해의 탈취*Abduction of the Body of St. Mark*〉는 르네상스 미술의 특징인 조화·중용·균형 대신에, 극적인 움직임·빛과 색채의 강렬한 대조·불균형의 구도·불안하고 동요하는 자세의 군중 등이 화폭을 채웠다.

매너리즘 조각가로 빼어난 인물은 벤베누토 첼리니Benvenuto Cellini(1500~1571)였다. 금속공예가였던 그의 〈소금 그릇*Saliera*〉에 새겨진 매끈하고 우아한 인물의 모습은 지나치게 장식적인데, 그것은 전 세대보다 더 흥미 있고 비범한 것을 만들려는 당대의 불안정하고 열광적인 노력을 보여준다. 훌륭한 플루트 연주자, 살인자, 동성애자, 도둑, 여성 편력자, 군인, 자서전 작가 등 첼리니는 참으로 다채로운 삶을 살았다. 만년에 수도 생활에 들어가기 전에는 고향 피렌체에서 메디치가의 코시모 1세를 위해 일하면서 청동상 〈메두사의 머리를 든 페르세우스 *Perseus with the Head of Medusa*〉를 제작했다.

같은 시기에 이탈리아 건축을 대표한 인물은 안드레아 팔라디오Andrea Palladio (1508~1580)였다. 팔라디오는 파도바 태생으로 처음에는 석공과 조각가로 일했으나, 로마에서 고대 건축을 공부하고 고향에 돌아온 뒤에는 베네치아를 중심으로 건축가로 활동했다. 그의 수많은 작품 중 널리 알려진 비첸차Vicenza의 빌라 로톤다Villa Rotonda는 돔 지붕을 한 정사각형 형태의 건물이다. 이 건물은 동서남북의 네 면에 서로 다른 신전 외관을 한 입구가 있는데, 이는 팔라디오가 사방에서 모두 똑같이 보이도록 설계한 최초의 작품이다. 팔라디오의 명성을 더욱 높인 것은 그의 저서 『건축 4서*Il Quattro Libri dell' Architettura*』(1570)로서, 이 저술은 다음 세기에 알프스 이북 여러 나라에 큰 반향을 불러일으켰다.

매너리즘은 오랫동안 '괴기스러운grotesque 르네상스', 혹은 '추함의 변주醜의 變奏'라고 폄하되어 왔다. 그러다가 20세기에 초현실주의와 표현주의 같은 양식이 나타나면서, 매너리즘을 새롭게 이해하고 평가하게 되었다. 그리고 매너리즘 양식은 르네상스에서 17세기의 바로크Baroque 양식으로 넘어가는 징검다리 구실을 했다.

# 제8장

# 근대 유럽의 등장

근대로의 전환은 점진적으로, 극적이지 않은 방식으로 진행되었다. 이탈리아에서 불어온 르네상스 바람이 조용히 유럽인의 마음을 흔들어놓았다. 그러나 많은 변화가 사람들이 미처 알아차리지 못하는 사이에 일어났으며, 자신이 어디로 나아가는지 아는 사람이 거의 없었다. 그렇지만 한 가지 변화는 모든 사람이 목격하고 직접 겪었다. 유럽인의 신앙의 틀이 16세기 종교개혁 운동으로 깨어졌다. 중세의 해체 과정에서 마지막으로 일어난 이 운동은 진정 새 시대가 도래했음을 사람들이 느끼게 했다. 중세 시대에 가톨릭교회가 유럽인의 삶의 중심이었다면, 그 분열이야말로 중세적 종합의 종말을 고하는 것이었기 때문이다.

루터의 개혁운동은 빠르게 유럽 전역으로 퍼져나갔던바, 이는 명백히 가톨릭교회에 대한 팽배한 불만의 방증이었다. 짧은 시간 안에 재세례파, 츠빙글리파, 칼뱅교, 영국 교회를 포함한 새로운 종교 조직들이 추종자를 끌어들였다. 개혁의 불길을 막는 일이 난망해 보이자, 가톨릭교회는 자체의 개혁을 추진하여 16세기 중엽에는 그럭저럭 활력을 되찾았다. 그러나 가톨릭교와 개신교의 대립은 끔찍한 탄압과 유혈의 종교전쟁을 가져왔으며, 17세기 중엽까지도 완전히 끝나지 않은 그 대립은 유럽의 에너지를 온통 집어삼켜 버렸다. '종교개혁'은 매우 복합적인 사태였다. 그 일차적 충동은 물론 종교적인 것이었지만, 종교 문제는 정치·사회·경제문제와 밀접하게 얽혀 있었다.

유럽은 종교적 갈등의 일대 소용돌이를 겪는 한편, 바깥 세계로 힘차게 뻗어 나가기 시작했다. 16세기에 대서양 해안 지대는 상업 활동의 중심이 되었고, 포르투갈과 에스파냐 그리고 뒤이어 네덜란드가 해외 팽창을 주도했다. 이 팽창은 유럽이 중세 농업경제에서 상공업 자본주의 체제로 이행하는 데 결정적 요인이었다. 그뿐만 아니라 유럽인들은 이 팽창으로 거의 1000년이나 갇혀 있던 중세의 장벽을 뛰어넘어 바깥 세계와 직접 접촉하게 되었으며, 이로 인해 16세기에 세계 역사의 새 시대가 열렸다. 이후 2~3세기 사이에 유럽의 힘은 세계를 삼켜버렸다. 남북

아메리카에서 유럽인들은 식민지를 세워 그들의 법과 종교를 전파했다. 그리고 그들은 동남아시아 일대와 아프리카에서는 교역 활동을 통해 지역민의 삶에 엄청난 영향을 미쳤다.

그런데 15세기에 중앙집권적 통일국가가 착실하게 형성되지 않았다면, 해외 탐험과 식민 사업은 적절한 지원을 받지 못했을 것이다. 에스파냐인과 포르투갈인이 아메리카에서 성공한 것은 이 새로운 국가가 지닌 힘에 의존한 덕분이기도 했다. 영국과 프랑스의 군주들 역시 대내적 권력을 강화하는 한편, 해외 팽창에 힘을 쏟기 시작했다. 그리하여 국가권력이 해외 팽창, 자본주의 발전, 부의 증진에 적극적 역할을 했다. 그리고 증대된 부는 거꾸로 군주들의 권력을 강화해 주었다. 국제관계에서는 유럽이 개신교와 가톨릭교의 양대 진영으로 갈라지는 경향을 보였으며 군주들은 기독교공동체를 위한 열정을 과시했으나, 이런 의례적 과시 이면에서 그들은 자신의 진짜 이익과 의도를 추구했다. 프랑스의 '가장 기독교도적인 국왕' 프랑수아 1세는 '에스파냐의 가장 가톨릭교도적인 전하' 카를로스 1세와 싸우기 위해 이교도인 튀르크인과 동맹을 맺었다.

16세기로 접어들 무렵 이미 서유럽에는 에스파냐, 프랑스, 영국 등 강력한 국민국가가 발달했다. 16세기가 지나가면서 이들 국민국가의 힘은 꾸준히 증대했고, 새로 네덜란드가 정치와 경제 무대에 중요한 세력으로 등장했다. 그렇지만 아직 유럽의 많은 지역에서는 국민국가가 형성되지 못했다. 신성로마제국의 드넓은 영토는 수백 개의 영방국가로 나뉘었으며, 이탈리아반도는 12개 이상의 독립국가로 분열되어 있었다.


## 1. 알프스 이북의 르네상스

이탈리아의 고전 인문주의자들이 그리스와 로마의 황금시대를 동경한 데 비해, 북유럽의 기독교 인문주의자들은 원전 성서의 오염되지 않은 텍스트와 이상을 추구했다. 이탈리아 인문주의자의 생각은 여러 면에서 기독교의 가르침에서 벗어났다. 그들은 원죄와 인간 본성의 사악함에 관한 교리를 거부하는 것처럼 보였다. 그들은 또한 개인이 신의 도움 없이 위업을 이룰 수 있다고 내비친다. 그렇지만 북유럽에서는 이 세속적 인문주의와 함께 기독교 인문주의가 발달했다. 몇몇 경건한 인문주의자는 고전과 고대 언어에 대한 열정을 공유했다. 그들은 또한 인간의 능력, 특히 이성과 창조적 잠재력에 대해 이탈리아 인문주의자와 공감했다. 그렇지만 그들은 인간의 모든 재능은 신의 선물이요, 이 세상의 삶은 비록 귀중하기는 하나 하늘나라의 영광에는 미치지 못한다고 믿었다. 알프스 이북에서 르네상스는 문학과 미술 모두에서 좀 더 분명한 고딕 요소를 함축하는 경향이 있었다.

## 1) 북유럽의 미술과 음악

**네덜란드 회화**　이탈리아 르네상스가 북유럽 미술계에 침투하기 전에, 저지방 화가들은 이미 자체적으로 상당한 진전을 이루어가고 있었다. 자신의 세계를 정확하게 묘사하려고 노력하는 면에서, 특히 저지방의 화가들은 이탈리아와는 다르게 접근했다. 이탈리아의 교회에는 넓은 벽면이 있어서, 그곳에서는 벽면을 활용한 프레스코 기법이 발전했다. 그러나 북유럽의 교회는 대체로 스테인드글라스 창문이 있는 고딕 성당이어서, 그 결과 북유럽의 회화는 채색 사본과 제단 뒷벽의 장식을 위한 패널화가 주종을 이루었다. 가용 공간이 제한된 이런 작품에서는 각각의 사물을 세밀하게 묘사하는 데에 역점이 주어졌다. 그래서 북유럽 화가들은 세부 묘사에 통달했다. 그들은 또한 강렬한 종교적 감성을 강조하고, 경건한 종교적 작품들을 창작했다. 그들이 이탈리아의 영향을 받은 것은 15세기 말에 이르러서였다. 그때 북유럽 화가들은 이탈리아에서 공부하기 시작했고, 그곳 미술가들이 작업하는 것의 영향을 받았다.

　15세기에 영향력 있는 화가들은 플랑드르에 모여들었다. 그 무렵 플랑드르의 도시들은 팽창하는 국제무역의 중심지로서 번영을 누리고 있었다. 이탈리아처럼 부유한 후원자가 나타나기 시작해서, 플랑드르 미술은 르네상스 시대 내내 북유럽 미술 양식을 규정했다. 플랑드르 미술의 대가는 얀 반 에이크Jan van Eyck (1385~1440)였는데, 그는 고딕 말기 회화의 전통을 대부분 준수했고, 따라서 그의 작품은 중세 말기 정신의 완전한 개화라는 평가를 받았다. 그는 〈아르놀피니의 결혼Arnolfini Marriage〉에서 뛰어난 세부 묘사의 재능을 보여주었으나, 다른 북유럽 화가들과 마찬가지로 아직 원근법 활용이 서툰 면도 드러냈다. 그의 작품은 원근법과 비례법의 측면보다는, 실물의 경험적 관찰과 정밀한 세부 묘사의 면에서 다른 북유럽 화가들의 표본이다. 세밀하게 묘사하려고 노력하는 가운데 반 에이크는 다양한 그림물감을 실험했는데, 그러다가 최초로 유화 화법을 개발했다. 이전에 화가들은 가루 물감을 물이나 달걀흰자와 섞었는데, 그것은 빨리 말라버렸다. 그는 물감을 아마인유와 섞음으로써, 좀 더 천천히 작업하면서 세부 묘사에 집중할 수 있었다.

이탈리아의 영향이 전해진 뒤임에도 네덜란드의 화가 히에로니무스 보스 Hieronymus Bosch(1480~1516)와 노老 피터르 브뤼헐Pieter Bruegel the Elder(1525~1569)은 플랑드르의 전통을 이으면서 이탈리아의 영향에서 벗어나 있었다. 〈쾌락의 정원 The Garden of Delights〉을 위시한 보스의 작품은 기괴하고 충격적인 장면으로 채워져 있는데, 그의 자유분방한 상상력과 결부된 환상의 세계는 20세기 초현실주의 화가들에게 영감을 주었다. 〈아이들의 유희Children's Games〉의 작가 브뤼헐은 풍경과 일상생활에서 일어나는 일을 묘사한 최초의 유럽 화가였다. 특히 그는 르네상스 회화의 귀족적 전통과 결별하고, 땅과 더불어 소박하고 우직하게 살아가는 농민을 높은 휴머니즘 정신과 예리한 사회 비판의 눈으로 관찰하면서 묘사하여 최초의 농민 화가가 되었다. 그는 이전의 화가들이 다루었던 종교적·고전적·역사적 주제보다, 평범하고 일상적인 풍경을 더 좋아하는 풍속화파의 선구자가 되었다.

**이탈리아의 영향**　　독일 미술은 16세기 초에 이탈리아의 영향을 받으며 발달했다. 이탈리아 미술에 깊이 영향을 받은 최초의 북유럽 화가는 독일의 알브레히트 뒤러Albrecht Dürer(1471~1528)였다. 그는 두 차례 이탈리아를 여행하면서 많은 것을 배우고, 특히 원근법과 비례 이론을 완전히 터득했다. 그러면서 동시에 그는 〈동방박사의 경배Anbetung der drei Könige〉에서처럼, 북유럽 미술가의 특징인 정확한 세부 묘사 기법을 버리지 않았다. 뒤러는 작품에서 원근법 및 비례의 이상을 세부 묘사와 더욱 조화롭게 통합하려 했으며, 성기 르네상스 이탈리아 화가들처럼 인간 외관의 세밀한 검토를 통해 이상적 미의 표준을 이룩하려고 했다. 한편 뒤러는 판화에서도 괄목할 성취를 보았다. 그의 동판화 〈아담과 이브Adam and Eve〉(1504)는 성서 장면을 이교적으로 표현한 것인데, 이러한 성·속 간의 긴밀한 상호 교착交錯은 이탈리아에서는 드문 것이었다.

또 다른 독일 화가 소小 한스 홀바인Hans Holbein the Younger(1497~1543)은 이탈리아 양식과 북유럽 양식을 결합한 작품을 생산했다. 그런데 홀바인 같은 종교개혁 시대의 개신교도 미술가는 이전과 다른 현실적 문제에 봉착했다. 종교개혁으로 인해 후원의 주된 원천이 끊긴 것이다. 미술 작품이 교회에서 금지되었고, 특히 칼뱅교 지역에서는 가정집에서조차 그림과 장식이 금기시되었다. 그들은 소득과 일감을 잃을 수 있었고, 소재도 제약을 받았다. 브뤼헐을 비롯한 많은 개신교 화가는 풍경화나 풍속화 장르를 개척했다. 그런데 홀바인은 초기에는 주로 교회 제단을 위한 그림을 그렸으나, 종교개혁과 더불어 초상화 그림으로 선회했다. 운 좋게 그는 에라스뮈스의 도움으로 영국으로 갈 수 있었고, 거기서 초상화의 대가가 되어 헨리 8세의 궁정화가로 활동했다.

16세기 중엽 이후 이탈리아에서 르네상스 정신은 변모를 겪기 시작했는데, 미술과 건축 분야에서 그것은 매너리즘이라는 새로운 양식으로 표현되었다. 매너리즘 미술은 이탈리아에서 발달했으나, 그 가장 위대한 성취는 다른 곳에서, 그리고 엘 그레코El Greco(1541~1614)의 그림에서 이루어졌다. 크레타에서 태어난 그는 베네치아와 로마로 가서 르네상스 거장들의 작품을 공부했다. 그런 다음 그는 에스파냐 톨레도에 정착했는데, 그곳에서 그는 원래의 이름 도메니코스 테오토코풀로스Doménikos Theotokópoulos 대신 그저 '그리스인', 곧 엘 그레코로 불렀다. 그곳에서 그는 틴토레토 이상으로 자연적인 형태를 과감하게 무시하고, 빛과 그늘을 뚜렷하게 대비하고, 감동적이고 극적인 환상을 강조했다. 그는 〈요한계시록의 다섯 번째 봉인의 개봉The Opening of the Fifth Seal of the Apocalypse〉에서 최후의 심판의 날의 광경을 무시무시하고 실감 나게 표현했다. 그의 작품은 비잔티움 전통과 이탈리아 르네상스, 매너리즘 양식의 요소를 결합했다.

**16세기의 음악**  음악은 서양 문화의 불가결한 일부를 형성해 왔다. 고대와 중세의 사람들은 음악이 큰 힘이 있다고 믿었으며, 종교적 목적으로도 그리고 세속적 목적으로도 음악을 사용했다. 음악 공부는 고대 그리스 교육의 기본이었으며, 아리스토텔레스는 화성과 율동의 다양한 조합이 심리에 미치는 영향을 강조했다. 중세에는 음악이 7교양학의 하나로서 대학 교육의 기본 교과였다. 그런데 고대와 중세의 역사 서술에서 음악이 생략된 것은 전적으로 그 시대의 악기와 작곡 등 음악과 관련한 정보가 거의 남아 있지 않기 때문이다. 오늘날 우리가 듣는 음악과 악기는 거의 모두 르네상스 시대 너머로 거슬러 올라가지 못한다.

16세기에는 초보적이던 악기가 개량되어 바이올린, 스피네트spinet, 트롬본trombone, 그리고 더욱 중요한 것으로서 피아노의 전신인 클라비코드clavichord와 하프시코드harpsichord 같은 새 악기들이 만들어졌다. 성가 반주에 쓰였던 파이프 오르간은 계속 조금씩 개량되었으며, 현악기로서 가장 일반적이었던 것은 만돌린과 비슷한 류트lute였다. 그리고 악기의 발달과 더불어 악기 연주를 위한 음악이 만들어졌다. 그리고 서정시는 음악과 밀접한 관계에 있었으며, 오늘날 단순히 읽기만 하는 엘리자베스 여왕 시대의 많은 서정시가 원래는 노래로 부르게 되어 있었다. 이탈리아에서는 16세기에 여러 새로운 형식의 세속 음악, 특히 목가적인 서정시에 곡을 붙인 연가인 마드리갈madrigal이 유행했다. 스틸리오네는 『궁정인』에서 노래하고, 음악을 듣고, 악기를 연주하는 능력은 신사와 숙녀에게 필수적인 것이라고 주장했다. 이탈리아의 마드리갈에 더하여, 프랑스의 샹송과 독일의 리트Lied는 세속 음악의 양을 더욱 풍성하게 했다.

다른 한편으로 교회음악 역시 매우 대중적인 것이 되었다. 그레고리오 성가Gregorian chant와 같은 중세 초기의 단선 음악과 대조적으로, 중세 말기 교회음악 작곡가들은 다성 음악을 작곡했다. 다성 음악은 한 선율에서 다른 선율로 왔다갔다 하는 대위법의 기법을 사용했다. 중세에 이어 성기 르네상스 작곡가들은 좀 더 평온하고 웅대한 방식으로 복합적인 다성 음악을 생산했다. 성기 르네상스 음악의 창시자인 플랑드르 작곡가 조스캥 데 프레Josquin des Prés(1440~1521)의 양식은 앞 시대 양식보다 좀 더 웅장하고 좀 더 단순했으며, 그 리듬과 형식은 엄격한 대칭과 수학적 비례에 기초했다.

16세기의 가장 위대한 교회음악 작곡가는 조반니 다 팔레스트리나Giovanni da Palestrina(1524~1594)였다. 그는 오르간을 합창 음악과 웅장한 방식으로 결합했다. 그는 '최초의 가톨릭교회 음악인'으로 불려왔는데, 그의 음악으로부터 영향을 받은 가톨릭교회는 미사에서 이전의 단선율 성가 대신에 악기를 사용하게 되었다. 루터 자신이 수많은 찬송가를 작곡했듯이, 개신교에서도 개혁가들이 찬송가 작곡과 노래를 매우 중요하게 생각했다. 특히 많은 찬송가가 설교 활동을 금지당한 여성들이 종교적 출구로 작곡한 것이었다.

## 2) 북유럽 인문주의

**북유럽 인문주의의 특징**　　이탈리아 르네상스는 인간을 다시 한 번 삶의 중심에 세우고, 인문주의적 가치를 확립했다. 이탈리아의 이런 새로운 사상이 차츰 알프스 북쪽으로 전파되어, 북유럽에서도 문학과 예술의 발전을 자극했다. 15세기 내내 이탈리아 대학에는 수백 명의 유럽 학생이 유학을 왔다. 그들은 주로 법학과 의학을 공부했지만, 많은 학생이 고전에 대해 새로운 열정을 품고 있는 지적 분위기의 영향을 받았다. 이들 유학생이 고향에 돌아갈 때, 종종 고대 작가와 인문주의 작가들의 필사본을 가져갔고, 나중에는 인쇄본을 가져갔다. 그리하여 북유럽에서는 16세기에 르네상스 운동이 활짝 꽃을 피웠다.

그런데 북유럽 인문주의는 이탈리아 인문주의의 영향을 받아 발전했지만, 본고장의 것과는 중요한 면에서 그 특징이 달랐다. 북유럽에서 인문주의는 그리스와 로마의 이교 고전보다 초기 기독교 고전에의 관심이 더 높았으며, 그것을 바탕으로 사회와 교회의 개혁 프로그램을 제시하는 데 초점이 맞추어졌다. 그래서 그것은 흔히 기독교 인문주의Christian Humanism로 불린다. 인간은 이성적으로 사고하고 스스로를 개선할 능력이 있다는 믿음을 가지고, 그들은 기독교 고전의 교육을 통해 교회와 사회의 개혁을 불러일으킬 내적 경건과 종교적 감수성을 심어줄 수 있다고 생각했다. 그래서 기독교 인문주의자들은 학교를 지원하고, 아우구스티누스·암브로시우스·히에로니무스 같은 교부들의 저술을 새로 편집했다. 기독교 인문주의자들은 이런 활동을 통해 중세의 잘못된 종교 관행을 제거하고 초기의 순수한 기독교를 회복하기를 기대했다.

**각국의 인문주의자들**　　　가장 영향력이 큰 기독교 인문주의자는 네덜란드 태생 학자인 데시데리위스 에라스뮈스Desiderius Erasmus(1466~1536)였다. 에라스뮈스는 서른 살 무렵 아우구스티누스 수도원에서 나온 뒤 파리대학에서 신학을 공부했다. 이후 그는 연구와 저술에 전념하는 한편, 유럽 여러 나라를 돌아다니며 수많은 저명인사와 교유했다. 에라스뮈스는 수많은 저술로 당대에 가장 영향력 있는 인물이 되었다. 그는 고전의 열렬한 찬미자로서 그리스 작가들의 작품을 번역했으며, 라틴어 문체에 정통하기 위해 평생 노력했다. 그리고 그는 한 걸음 더 나아가 성서와 초기 기독교 저술로 관심의 폭을 확대했다. 사람들이 초기 교회의 소박함으로 돌아가기 위해서는 성서의 원래 의미와 초기 교부들을 이해하는 것이 필요했다. 에라스뮈스는 불가타Vulgata 성경이 오류가 있다고 느끼고, 좀 더 정확한 판본의 성경을 마련하기 위해 애썼다. 그래서 그는 그리스어로 된 최초의 신약성경을 많이 수집하고 세심하게 대조해서 새로운 판본의 그리스어 『신약성경』을 편찬하고, 그것을 라틴어로 번역했다. 그는 또한 초기 교부들의 저술도 좀 더 개선된 판본으로 마련했다.

에라스뮈스는 내적 경건을 강조하고, 각종 의례나 금식 혹은 성자숭배 같은 종교의 외적 형식을 중요하게 여기지 않았다. 에라스뮈스에게 교회의 개혁은 예수의 가르침을 제대로 전파하고, 기독교 고전을 교육하며, 교회의 폐단을 비판하는 것을 의미했다. 그는 영국을 방문했을 때 토머스 모어Sir Thomas More의 집에 머무는 동안 라틴어로 『우신예찬Encomium Moriae』(1511)을 썼는데, 그 저술에서 그는 풍자를 이용하여 가톨릭교의 위선과 인간의 어리석음을 재치 있게 조롱했다. 그는 교회가 예수의 가르침에서 너무 멀리 표류하고 있다고 생각했다. 그는 쓸데없는 일에 몰두하는 신학자, 무지하면서도 우쭐대는 수도사, 권력을 사랑하는 주교와 교황을 모질게 비판했다.

『우신예찬』은 북유럽 인문주의와 이탈리아의 시민적 인문주의 간의 상당한 차이를 보여준다. 시민적 인문주의자는 도시국가의 지배계급을 상대로, 그리고 그들을 위해 글을 썼다. 정치 지도자들에게 정치가다움을, 사업가들에게 부의 도덕적 가치를 말할 때, 이탈리아 인문주의자들은 그들을 변호하려 했지 비난하려 했던 것이 아니었다. 반면에 북유럽 인문주의자는 에라스뮈스처럼 사회 전반에 널리 퍼진 폐단을 비판했다. 그들은 현실을 직시했고, 사회의 모순에 대한 열렬한 개혁가가 되었다.

그러나 에라스뮈스가 열망했던 교회 개혁은 그의 온건한 방식과 교육의 강조로는 이룰 수 있는 것이 아니었다. 물론 그의 노력이 종교개혁의 길을 닦는 데는 도움이 되었다. 이를테면 당대인이 말했듯이, "에라스뮈스가 낳은 달걀을 루터가 품었다"고 할 것이다. 기독교 인문주의 운동은 결국 종교개혁의 열정에 압도되었다. 루터와 동시대인인 에라스뮈스는 처음에는 교회의 폐단에 대한 루터의 공격을 환영하고, 그와 서신을 주고받기도 했다. 그러나 루터의 비타협적 태도를 보고 그는 루터의 개혁 운동과 거리를 두었다. 에라스뮈스는 보수적 가톨릭교도의 눈에는 의심적은 인물이었지만, 루터보다 훨씬 온건했다. 그가 기대했던 것은 교회 전반의 평화적 개혁이었다. 그는 정화된 교회를 원했지, 분열된 교회를 원한 게 아니었다. 두 사람은 인간관도 서로 달랐다. 사도 바울로와 성 아우구스티누스의 영향을 받은 루터는 인간의 구원을 확고하게 신의 은총에 의한 것으로 본 데 비해, 고전의 훈육을 받은 에라스뮈스는 인간이 본성은 선하다고 믿었다.

루터의 성공으로 당시의 지식인들은 종교개혁에 대해 분명한 태도를 밝혀야 할 처지에 놓였다. 루터의 종교적 개인주의의 강조는 교회 개혁의 촉구와 마찬가지로 수많은 저술가와 예술가를 매혹하는 한편, 그의 강력한 민족주의는 또 다른 부류의 사람들의 마음을 사로잡았다. 그러나 개혁 운동이 기독교 세계의 통일을 위협하는 단계에 이르자, 대부분의 기독교 인문주의자들은 루터에게 등을 돌렸다. 에라스뮈스와 그의 친구 토머스 모어는 루터의 반대파가 되었다.

인문주의는 뒤늦게 영국으로 건너왔다. 1500년까지만 해도 영국에서 인문주의는 거의 확립되지 못했으며, 곧이어 터진 종교적 혼란 속에서 사라질 뻔했다. 그 희생자 중 한 명이 토머스 모어(1478~1535)였다. 토머스 모어는 『유토피아Utopia』(1516)에서 허구적 뱃사람 한 명을 통해 그의 시대를 비판했다. 모어는 이 뱃사람이 이 세상 어디에도 없는 땅, 곧 유토피아에서 경험한 이상적 삶을 영국의 가혹한 삶의 현실과 대비했다. 그는 특히 영국에서 새로 대두하는 자본주의에 주목하고, 그 사회에서 하층계급이 겪는 불안정하고 불행한 삶을 들추어냈다. 이와 대조적으로 유토피아에서는 아무도 궁핍하지 않았는데, 왜냐하면 그 사회에서는 모두가 서로 협동해서 일하고, 재산은 공유하기 때문이었다. 『유토피아』는 플라톤의 『공화국』 이래 처음으로 이상 국가를 논한 중요한 저술이다. 모어는 근대 영국에서 최초의 사회주의자라 할 수 있을 것이지만, 그렇다고 그의 철학을 근대 사회주의의 선구로 볼 수는 없다. 그의 경제관은 중세의 유산이었고, 그가 근대의 경제적 개인주의보다 중세의 집단주의를 선호한 것은 국왕과 국가보다 교황과 교황을 수장으로 하는 교회를 더 우선시한 것과 맥을 같이한 것이었다. 가톨릭교회에 대한 이와 같은 충성심 때문에 그는 영국 교회 수장의 지위를 교황에게서 가로챈 국왕에게 충성 서약을 거부했고, 그리하여 반역 혐의로 처형되었다.

프랑스의 자크 르페브르 데타플Jacques Lefèvre d'Étaples(1450~1537), 독일의 요하네스 로이힐린Johannes Reuchilin(1455~1522)과 필리프 멜란히톤Philipp Melanchthon(1497~1560)도 열렬한 고전학도였다. 그러나 이들 역시 종교에 더 큰 관심을 가지면서 강력하게 교회의 개혁을 요구했다. 데타플은 이탈리아에서 인문주의자들과 교유하면서도 성서 원전 연구에 힘을 쏟았으며, 최초로 신약성경을 프랑스어로 완역했다. 로이힐린은 그리스어와 라틴어에 헤브라이어까지 아우르는 어학적 소양으로 독일 인문학의 폭을 확장하는 데 이바지했다. 그런데 로이힐린이 교황을 강력히 비판하면서도 루터의 종교개혁은 동조하지 않은 데 비해, 로이힐린과 에라스뮈스의 영향을 받은 멜란히톤은 루터와 친교를 맺고 그의 개혁 운동을 도왔다.

**국어 문학의 발전**　　　북유럽 르네상스 시대에는 라틴어가 여전히 학문의 언어로 쓰였고, 수많은 인문주의자가 계속 문학작품과 사회 및 종교를 비판하는 작품을 라틴어로 저술했다. 『우신예찬』과 『유토피아』는 그런 것 가운데 가장 유명한 것이었다. 종교개혁의 횃불이 된 루터의 저 유명한 '95개조 명제'도 라틴어로 작성되었다. 그러나 다른 한편으로 16세기에 이탈리아 르네상스의 사상과 이상이 북쪽으로 퍼지면서, 특히 프랑스와 영국 그리고 에스파냐에서는 국어 문학이 눈에 띄게 발달했다.

프랑스에서 가장 대중적인 작가는 프랑수아 라블레Rabelais(1494~1553)였는데, 그는 빼어난 풍자와 패러디parody의 재능을 지닌 열렬한 인문주의자였다. 그는 고전을 사랑했지만, 라틴어가 아니라 프랑스어로 저술했다. 라블레의 걸작 『가르강튀아와 팡타그뤼엘Gargantua et Pantagruel』은 프랑스 민간 설화에서 가져온 인물, 엄청난 식욕과 놀라운 묘기를 가진 거인 가르강튀아와 아들 팡타그뤼엘의 모험담이다. 라블레는 익살스러운 유머로 프랑스 사회를 풍자하고, 억압과 규제를 혐오했으며, 그러면서 교육 개혁과 인간 본성의 선함에 대한 자신의 인문주의적 견해를 개진했다. 그는 스콜라철학자와 수도사의 결함과 교회의 부패를 통렬하게 공격하는 한편, 지나치게 열정적인 개신교도에 대해서도 참지 못했다. 라블레가 그냥 두고 보지 못한 것은 위선과 억압이었으며, 이런 성향을 지닌 자에게는 아낌없이 악담을 퍼부었다.

괄목할 인문주의자 가운데 거의 마지막으로 등장한 인물은 회의주의자 미셸 드 몽테뉴Michel de Montaigne(1533~1592)였다. 사회개혁 문제에는 그다지 관심이 없었던 그는 비교적 이른 38세 나이에 공직을 접고, 고향으로 은퇴하여 연구와 저술에 몰두했다. 몽테뉴는 새로운 문학 형식을 개발하고, 수필이라는 이름을 붙였다. 그의 수필은 고대 로마 세네카의 영향을 많이 받았으나 새로운 형식의 문학이었다. 그것은 학자가 쓴 체계적인 연구가 아니라, 단순히 개인적 생각을 표현한 것이었다. 몽테뉴는 독자의 마음을 변화시키려 한 것이 아니라, 그저 자신의 만족을 위해 썼다. 94편의 수필을 모은 『수필집Essai』에서 그는 결혼·우정·교육·학문·종교·노년·죽음·기타 등등, 많은 주제에 관한 견해를 피력했다. 그는 논의한 주제에 대해 최종적 해답을 제시하는 대신, 열린 마음과 융통성 있는 사고를 권유했다. 몽테뉴는 스스로를 철학적 상대주의자라고 생각했으며, 모든 지식은 불확실하고 의심의 여지가 있으며 그래서 교조주의는 정당화될 수 없다고 믿었다. 그리고 그는 16세기 프랑스에서 광신자들이 벌인 종교적 갈등과 내란의 한가운데에서 관용을 호소했다.

에스파냐의 인문주의자 미겔 데 세르반테스Miguel de Servantes(1547~1616)는 시대착오가 된 기사도의 부적절성을 들추어냈다. 그는 『돈키호테Don Quixote』에서 대책 없는 이상주의자이면서 매력적인 인물을 창조하고, 그 인물을 통해 철 지난 기사의 생활 방식과 로망스의 이상을 조롱했다. 『돈키호테』는 중세의 낡아빠진 이데올로기를 겨냥한 최상의 풍자였으며, 또한 그 이상이었다. 세르반테스는 주인공에게 작가 자신의 야망의 삶에서 생긴 비애와 좌절된 희망을 투사했다. 그 결과 돈키호테는 낭만적 괴짜 그 이상이 된다. 그는 우리 각자가 실현하고 싶어

하지만, 현실적으로 타협할 수밖에 없는 그런 이상을 체현하는 역할을 한다.

포르투갈의 국어 문학은 국민 시인 루이스 바스 드 카몽이스Luís Vaz de Camões (1524~1580)와 함께 화려하게 꽃피었다. 카몽이스는『우스 루지아다스Os Lusíadas』로 불멸의 명성을 얻었는데, 이는 인도 항로 발견과 관련한 사건을 중심으로 포르투갈의 역사와 신화를 곁들여 그 영웅적 위업을 기리는 애국적 서사시였다. 포르투갈인이라는 뜻의『우스 루지아다스』는 포르투갈어를 문학어로 확립했을 뿐 아니라 포르투갈 애국심의 초점이 되었으며, 그 나라가 에스파냐에 문화적으로 흡수되는 것을 막는 데 크게 이바지했다.

**세속 연극의 출현과 셰익스피어**    16세기 후반기를 꽉 채운 엘리자베스 1세 여왕의 시대는 영국 르네상스의 절정이자 문학의 황금시대였다. 그 문학은 당시 영국이 이룩한 위업에 대한 자긍심과 만족감을 드러냈다. 그리고 문학의 모든 형식 중 연극보다 그 시대의 에너지와 지적 활력을 더 잘 표현한 것은 없었으며, 바로 그 중심에 윌리엄 셰익스피어Shakespeare(1564~1616)가 있었다. 그 시대 문학에서, 아니 어쩌면 유럽 문학을 통틀어서 가장 빼어난 인물은 단연 셰익스피어이다. 그는 고전학자가 아니었고, 라틴어도 그리스어도 잘 몰랐다. 그러나 그는 많은 고대 저자를 익히 알고 있었으며, 엘리자베스 시대를 물들였던 인문주의 정신으로 충만했다. 그는 풍부한 어휘와 시적 묘사로 영어권에서 최고의 소네트 작가라는 찬사를 받았지만, 사실 그가 문학적 금자탑을 쌓은 것은 희곡에서이다.

중세에는 오직 예수 수난극이나 성자의 행적을 다룬 기적극 혹은 성서 내용을 주제로 한 신비극 같은 종교적 주제의 연극이 대부분이었다. 그리고 중세 말기에 이르러서는 교훈적인 도덕극이 발달했다. 그러다가 교회와 연극 무대가 완전히 분리된 것은 15세기 중엽에 이탈리아 도시에서 고대 로마 희극이 상연되면서 연극의 르네상스가 시작되었을 때였다. 그다음 세기에 즉흥 가면 희극commedia dell'arte이 나타났다. 이는 일상생활을 통속적이고 익살맞게 재현했는데, 대강의 줄거리를 따라 배우들이 극을 즉흥적으로 이끌어갔다.

세속 연극이 인기가 높아지자 항구적 시설로 극장이 세워지고, 조명과 음향 효과뿐 아니라 무대장치에서도 기술혁신이 이루어졌다. 이러한 혁신을 구현한 극장이 이탈리아 바깥에서는 늦게 나타났는데, 런던에서는 1576년에야 처음으로 대중 극장이 세워졌다. 이탈리아와 프랑스의 작가들은 고전 모델을 모방하면서 주로 귀족들의 취향에 영합했다. 그런 데 비해 영국과 에스파냐의 극작가들은 고전 모델에 관심을 가지기보다는 상대적으로 좀 더 대중적이면서 민족적인 주제에 호의를 보였다. 엘리자베스 시대의 연극은 고전 연극에서처럼 모든 역할을 남자가 맡았다. 무대는 여성에게 적절하지 못한 곳으로 여겨졌고, '품위 있는' 여성은 거의 관람하지 않았다. 대중의 인기를 끌었던 연극은 그러나 청교도 혁명 이후 된서리를 맞기도 했다. 청교도의 종교적 엄숙함과 편협성이 지배하던 시기에 올리버 크롬웰 정부는 극장을 폐쇄해 버린 것이다.

그 자신이 배우이기도 했던 셰익스피어는 37편의 희곡을 썼는데, 그의 최고의 장기는 풍요롭고 다채로운 성격을 창조하고, 인간 본성과 심리에 대한 놀라운 통찰을 연극적 대사와 행동으로 표현하는 능력에 있었다. 특히 그가 인간의 감정과 경험의 전 영역을 다룬 것은 비극에서이다. 사랑이 『로미오와 줄리에트 Romeo and Juliet』에서, 질투가 『오셀로 Othello』에서, 야망이 『먹베스 Macbeth』에서, 가족관계가 『리어 왕 King Lear』에서, 그리고 인간의 자기 영혼과의 갈등이 『햄리트 Hamlet』에서 다루어졌다. 개별의 구체적 사실과 행동을 보편적 진리 위에 구축하는 비범한 재능으로 인해, 셰익스피어의 통찰은 오늘날도 얼마든지 통할 수 있는 것이 되었다. 그의 작품이 영어로 된 모든 작품 가운데 성서 다음으로 많이 인용되는 것은 그리 놀랄 일이 아니다. 셰익스피어의 명성에 가려졌으나, 같은 시대에 크리스토퍼 말로 Christopher Marlowe(1564~1593)와 벤 존슨 Ben Johnson(1573~1637), 그 외에 많은 극작가가 다양한 형식의 희곡을 쓰면서 연극의 융성기를 이끌었다.

연극은 에스파냐에서도 그 황금시대 동안에 가장 창의적인 문학 표현 형식이었다. 런던에서 대중 극장이 세워진 몇 년 뒤 마드리드Madrid와 세비야Sevilla에도 비슷한 극장이 건설되었고, 곧이어 여러 큰 도시와 아메리카의 멕시코시티에도 세워졌다. 에스파냐에서는 로페 데베가Lope de Vega(1562~1635)가 연극에 활력을 불어넣었다. 동년배인 셰익스피어와 마찬가지로 데베가는 중간계급 출신이었는데, 16세기까지 소수 엘리트 계층의 전유물이었던 연극을 대중의 기호에 맞춘 극작을 통해 대중화하는 데 성공했다. 그는 극작가의 최고의 의무는 대중의 요구를 만족시키는 것이라 주장하면서, 1500편이나 되는 희곡을 써냈다. 에스파냐 연극이 누구나 즐길 수 있는 대중 예술로 자리 잡은 것은 상당 부분 로페 데베가의 혁신 덕분이었다. 에스파냐 문학의 황금시대는 극작가 칼데론 데라바르카Calderon de la Barca(1600~1681)의 죽음과 더불어 막을 내렸다. 데라바르카는 특히 에스파냐의 독특한 종교극인 '성찬 신비극auto sacramental'을 완성했다는 평을 듣는다.

**활판 인쇄술의 영향**　르네상스 시대에는 인쇄술의 발전이 이루어졌는데, 이는 서양 문명에서 가장 중요한 기술혁신의 하나였다. 활판 인쇄술은 유럽인의 지적 생활과 사상에 즉각 영향을 미쳤다. 1447년 첫 인쇄를 시작한 새 인쇄 기술은 전 유럽에 빠르게 전파되어서, 불과 반세기 동안 거의 4만 종의 책 800만~1000만 권이 인쇄되었다. 이 책 중에서 절반은 종교 관련한 것이었고, 그다음 중요한 것이 로마 및 그리스의 고전·중세 문법·법률서·철학 저작 등이었으며, 대중소설이 점점 수가 늘어나고 있었다.

　인쇄업은 유럽에서 최대 공업의 하나가 되었고, 그 영향이 곧 유럽인의 삶의 많은 영역에서 나타났다. 서적의 대량 출판은 학문 연구의 발전을 자극했으며, 지식 획득의 욕구를 북돋웠다. 책값이 엄청나게 저렴해지면서 일반 시민들 역시 고전을 쉽게 접할 수 있게 됨으로써, 인문주의가 좀 더 널리 퍼지게 되었다. 이런 발전은 유럽 사회에 엄청난 충격을 주었다. 참으로 활판 인쇄술의 발전이 없었더라면, 16세기에 교회의 일대 개혁을 가져온 새로운 종교 사상이 그토록 빠르게 퍼져나가지는 못했을 것이다.


## 2. 기독교공동체의 해체


### 1) 종교개혁의 배경

**사회 및 정치 상황**　　16세기에 접어들면서 유럽의 사회 환경이 중세 교회와
어울리지 않게 되었다. 그동안 쌓인 변화로 교회의 많은 전통적 기능이 시대에
뒤지게 된 것이다. 특히 민족 감정과 국민적 군주정이 성장하면서, 보편교회의
원칙과 실행에 부정적인 분위기가 커졌다. 사람들은 점점 더 어느 한 특정 국가
에 속해 있다는 의식을 갖게 되면서, 교황을 외국인으로 여기게 되었다. 이러한
민중의 감정은 나라 안의 교회에 대한 지배권을 장악하고 '국가' 교회를 건설하
려는 군주들의 욕망을 뒷받침해 주었다. 종교개혁이 일어날 무렵에 이르면 이미
에스파냐와 프랑스의 국왕들은 사실상 이런 목표를 달성했다. 15세기를 지나는
동안 프랑스와 에스파냐의 국왕들은 봉건적 제약에서 벗어나고, 교황으로부터
독립을 획득하기 시작했다. 에스파냐에서 카를Karl 5세의 외조부모인 페르난도
와 이사벨은 교회에 대한 과세권과 주교 임명권을 확보했다. 프랑스 왕들 역시
15세기 중엽에 성직 임명권을 차지함으로써 갈리아교회에 대한 통제권을 확립
했다. 교황청과 협상하여 유리한 협약을 맺을 만큼 왕권이 강력했던 이 두 나라
에서 종교개혁이 성공하지 못했다는 것은 우연이 아닐 것이다. 그 국왕들이 종
교적 변화를 통해 얻을 게 별로 없었기 때문이다. 그 반면에 독일은 영방국가의
제후들이 로마와의 단절을 통해 자신의 정치적 및 경제적 권력을 강화하기를 기
대한 곳이었다.
　사회 상층계급도 로마와의 단절로 득을 볼 수 있다고 느끼기 시작했다. 독일
에서 교회는 전체 토지의 1/5~1/3을 보유한, 엄청나게 부유한 조직이었다. 귀족

들은 그 땅에 눈독을 들였고, 부르주아는 교회 재산이 과세 대상에서 제외되는 사실에 분개했다. 그리고 독일의 모든 계급은 교회의 수입이 로마로 흘러들어 가는 것을 애통하게 생각했다. 특히 15세기 중엽 이후의 소위 '르네상스 교황'들은 로마를 아름답게 꾸미고, 바티칸 도서관을 건립하고, 미술가와 학자를 후원하고, 또 성베드로대성당을 신축하는 데 돈을 마구 써댔다. 그들은 또한 화려한 궁전을 짓는 데에, 세력을 확장하기 위해 전쟁을 벌이는 데에 재정을 쏟아부었다. 이 모든 일에는 어마어마한 액수의 돈이 소요되었다. 많은 독일인이 그런 데 쓰인 돈이 자기들 호주머니에서 나왔다고 생각했기 때문에, 다른 어느 나라보다 독일 민중의 교황에 대한 적개심이 더 컸다. 독일의 돈이 로마로 유출되는 주요 통로의 하나가 거상이자 은행가 가문인 푸거Fugger가였다. 그들은 교황에게 돈을 빌려준 채권자로서, 교황의 재정을 관리하고 독일에서 대사부大赦符, indulgentia 판매를 조직했다. 그리하여 '외국'인 교황청이 내 나라의 부를 말려버린다는 감정이 로마에 대한 항의를 지지한 또 다른 원천이 되었다.

이런 정치 및 사회적 요인이 종교개혁 운동의 성격과 성공의 바탕에 놓여 있었다. 루터를 비롯한 개혁가들의 성공은 무엇보다 새로운 정치 및 사회 세력 덕분이었다. 개혁의 때가 무르익은 것이다. 그렇지만 교회의 정치적 입지는 동부 독일, 폴란드, 보헤미아, 헝가리 등지에서는 비교적 튼튼했다. 발트 해안 도시와의 교역에 의존하는 이들 농업 지역에서는 지역 귀족들이 장원의 농노를 지배하는 한편, 서로 간에 싸우면서 동시에 그들의 상전에게 도전했다. 교회는 이 동부 지역의 왕조들과 동맹을 맺고 안정을 도모했다. 그러나 중세 전통이 가장 강고하게 남아 있는 이곳에서조차, 이제 교회의 이해관계는 왕실 가문 간의 빈번한 분쟁과 왕위를 노리는 귀족들에 의해 더욱 제약되었다.

**카를 5세의 제국**　　루터의 개혁 운동의 운명은 처음부터 신성로마제국의 정치와 긴밀하게 엮여 있었다. 이때 제국을 지배한 합스부르크가의 영토는 최대에 이르렀다. 그 판도는 신성로마제국에 더하여 에스파냐와 그 광활한 해외 영토,

보헤미아, 헝가리, 네덜란드, 부르고뉴, 사르데냐, 나폴리, 시칠리아 등 광대한 영토를 포괄하면서 프랑스를 둘러싸고 있었다. 1519년 이 방대한 유산을 물려받은 카를 5세(1519~1556)는 치세의 거의 전 기간을 이탈리아를 주 무대로 해서 프랑스의 프랑수아François 1세와 싸우면서 보냈다. 그에 따라 16세기 전반기 유럽의 국제정치는 프랑스 발루아가와 신성로마제국 합스부르크가 간의 대립을 주축으로 해서 움직였다.

그뿐만 아니라 카를 5세는 오스만제국의 위협에도 대처해야 했다. 오스만제국은 1526년에 모하치Mohács 전투에서 헝가리군을 궤멸시키고 헝가리 대부분을 정복했다. 그들은 합스부르크가의 본거지인 오스트리아로 진격, 1529년 빈을 포위했으나 함락시키지 못한 채 철수했다. '재정복'의 연장으로서 북아프리카의 무슬림과 싸우는 일도 그의 몫이었다. 그뿐만 아니었다. 에스파냐왕국은 아메리카를 정복하고 태평양의 섬들을 차지하는 등 해외 팽창정책을 벌이고 있었다. 독일에서 일어나고 있는 종교 분쟁은 그가 해결해야 할 많고 많은 일 중 하나에 불과했다.

카를 5세의 제국은 외형적으로는 광대했으나, 내부적으로는 허약하기 짝이 없었다. 신성로마제국만 하더라도 세속제후국, 종교제후국, 자유제국도시 등 수백 개의 영방국가로 구성되어 있었다. 영방 군주들은 황제의 간섭을 거부하고 독립을 지키려 했으며, 교황의 영향을 배제하고 영방 내의 교회에 대해 좀 더 큰 통제권을 장악하려 했다. 특히 그들은 교회가 소유한 방대한 재산을 탐냈다. 그런 상황에서 플랑드르 태생으로 독일어를 잘 모르는 에스파냐 왕 카를로스Carlos 1세가 신성로마제국 황제로 선출되어 카를 5세가 된 것이다. 게다가 그는 1519년의 황제 선출 선거에서 정적 프랑스의 프랑수아 1세와 경쟁했는데, 그 선거전은 전례 없이 많은 뇌물과 공약이 난무하는 가운데 치러졌다. 결국에는 카를로스가 승리했지만, 그는 선제후들에게 그들의 주권을 존중할 것을 약속했다. 선제후뿐만 아니라 영방 군주들과 자유제국도시들은 그들의 자율권을 지킬 결의에 차 있었으며, 마침 일어난 루터의 개혁 운동은 바로 그러한 목적을 추진할 안

성맞춤의 수단으로 쓰일 수 있었다.

안팎으로 어려움에 빠진 카를 5세는 루터가 일으킨 일대 광풍에 적극적으로 대처하고 정치적 동맹인 교황을 보호할 여력이 거의 없었다. 게다가 광대한 영토는 때로는 상충하는 정책이 필요해서, 개혁에 대처하는 그의 대한 정책은 오락가락할 수밖에 없었다. 프랑스 및 오스만제국과의 전쟁으로 독일의 영방 군주와 자유제국도시의 재정적 및 군사적 지원이 필요할 때는, 황제는 루터파에 화해적 타협책을 제시했다. 그러나 외부 압박이 약해졌을 때, 그는 가톨릭 신앙과 정치적 복종을 강요하려 했다.

루터 이후 한 세기 이상 동안 유럽의 정치는 종교적 쟁점 때문에 복잡하게 얽혔다. 왕조적 및 국민적 대립에 종교적 적대가 추가되었다. 유럽은 결국 가톨릭 국가와 개신교 국가로 분열하게 되었다. 종교개혁이 초기에 거둔 성공은 상당 부분 카를 5세가 내부의 종교 문제에 전념하기보다 끊임없이 관심과 노력을 밖으로 돌린 덕분이었다. 그것은 또한 수많은 지역 제후와 지배자들의 수중에 거의 완전한 주권을 넘겨준 신성로마제국의 특이한 정치체제 때문이기도 했다.

**교회 내부의 상황** 　　대외적으로 곤궁한 처지에 더하여, 교회는 내부적으로 심각한 문제를 안고 있었다. 교회는 이미 너무나 많은 폐단으로 비난받아 왔다. 일부 기초 교구의 사제들은 너무나 무지해서 성서를 읽지도, 미사를 제대로 집전하지도 못했다. 어떤 사제들은, 심지어 교황조차 정부를 두고, 자녀를 낳았다. 르네상스 교황을 위시한 고위 성직자들은 학문, 미술품 수집, 좋은 포도주와 기름진 음식 등으로 한껏 즐거움을 누리며 살았다. 교회 직위는 공개적으로 거래되었고, 고위 성직자들은 소득을 늘리기 위해 여러 관직을 겸직했으며, 그래서 부재不在 성직제도를 낳았다. 성물 판매 역시 알짜배기 소득원이었다. 성인의 뼈라거나 순교자의 피라거나 기타 그와 비슷한 괴기스러운 물건이 성물이라는 이름으로 미신을 믿는 사람에게 팔렸다. 성직자들이 영성의 지도력을 보여주지 못할수록, 오히려 일반 사람들은 더욱 성물숭배를 통해 구원을 추구했다. 고위 성직자들이 영성적 관심사를 내팽개친 채, 권력과 이권 그리고 감각적 쾌락이라는 만연한 바이러스에 심각하게 감염되었다는 비난의 목소리가 높아졌다.

개혁가들이 보기에 교회의 폐단은 스콜라철학자와 신학자들이 성서를 오해한 탓도 컸다. 16세기 교회로서는 불행하게도, 스콜라철학의 논리가 극단화하여 구원으로 가는 많은 기계적이고 전례주의적인 길을 합리화하는 데 동원되었다. 이를테면 선업善業, good works이 지은 죄를 씻을 수 있으며, 교황은 대사부를 통해 구원의 은총을 베풀 수 있다는 것이었다. 그리고 그 논리에 따르면 성직자는 신의 대리자이며, 따라서 그들만이 성사를 집전할 수 있었다. 이런 등등의 생각을 바탕으로, 구원에는 경건함이나 진실한 믿음보다 교회와 성직자의 도움이 더 필요하다는 관념이 강화되었다.

에라스뮈스 같은 기독교 인문주의자는 스콜라철학을 현학적이라고 조소했다. 에라스뮈스는 고위 성직자와 수도원 제도 그리고 민중의 미신적 성물숭배 관행에 비난을 퍼부었다. 그러나 그의 지적 접근은 일반 대중을 부추기지는 않았으며, 그는 결코 교황의 권위에 도전하지는 않았다. 그렇기는 하지만 기독교 인문주의자와 종교개혁가들 사이에 아무런 연관이 없었던 것은 아니다. 개혁 운동의 지도자들은 에라스뮈스가 전례주의와 미신에서 벗어난 좀 더 순수한 종교를 요청한 데서 자신들의 행동이 정당함을 확인했다. 물론 그들은 에라스뮈스보다 훨씬 더 멀리 나아갔다.

좀 더 정통적인 성직자 개혁가, 이를테면 아우구스티누스회 수도사들은 스콜라철학자들을 주제넘고 세속적이라고 비난했다. 성 아우구스티누스를 따라 그들은 사람은 타락한 죄인이어서 '선업'으로는 구원받을 수 없고, 오직 회개와 신의 은총에의 믿음을 통해서만 구원받을 수 있다고 믿었다. 그들은 성직자가 천국 열쇠를 갖고 있다는 것을 강하게 부인했다. 그들은 초기 원시교회에서 벗어난 모든 것, 이를테면 성인 유골의 숭배, 성직자 독신, 중보자로서의 사제직, 성사의 필요성, 교황 무오류설 등을 비난했다. 그들은 신앙을 이성보다 우위에 두었다. 일부는 마녀의 존재를 믿었으며, 루터 같은 사람은 종종 인간이나 동물에서 악마를 보았다.

개혁가들은 결혼과 여성에 대해 교회와 견해를 달리했다. 교회의 공식 견해는 여성을 남편에 예속된 존재로 보았다. 여성은 성애 지향적 피조물로서, 건전한 도덕적 판단을 할 능력이 떨어지기 때문이라는 것이었다. 에덴동산에서 있었던 성애와 관련된 불복종이 모든 죄의 원천이기 때문에, 성직자의 경우처럼 독신생활이 구원에 이르는 가장 확실한 길이었다. 이와 달리 개혁가들은 독신을 비자연적이라고 거부하고, 결혼을 기독교도의 의무라고 주장하고, 믿음에 의한 구원을 강조했다. 이런 견해는 육체의 죄 때문에 양심의 고통을 겪는 많은 사제와 수녀에게 희망을 주었다.

## 2) 루터의 개혁 운동

**대사부 판매와 루터의 95개조 명제**　　　16세기로 접어들면 이미 종교개혁을 위한 여건이 무르익었다. 이제 필요한 것은 단지 효율적 운동을 촉발할 계기뿐이었는데, 그 계기는 마침내 대사부 판매와 더불어 왔다. 대사부는 예수와 성인의 희생으로 쌓인 은총을 교회가 관리하고 있다는 교리에 근거했는데, 그래서 교회는 그 은총을 바탕으로 대사부를 수여하여 참회한 신자에게 죄에 따르는 벌을 면하게 해줄 있다는 것이었다. 그리고 그 효험은 연옥의 영혼에게도 미쳐, 영혼이 연옥에서 속죄할 시간을 단축해 줄 수 있다는 것이었다. 대사부는 십자군 전쟁 때 처음 나타났고, 아비뇽 교황청 시절에는 널리 팔렸다. 원래 대사부는 아무렇게 팔거나 천당행 입장권이라거나 하는 게 아니었는데, 16세기에 이르러 교황의 행상인들이 그것을 마치 구매자 자신이나 죽은 영혼의 구원을 보증해 주는 것처럼 선전하며 팔러 다녔다.

이때의 대사부 판매는 특히 레오 10세 교황이 성베드로대성당 건설을 완료하기 위해 벌인 재정 마련 사업의 일환이었다. 그에 더하여 마인츠Mainz 대주교 알베르트Albert가 성직을 임명받기 위해 교황에게 뇌물을 바치려고 푸거 가문에 큰 빚을 졌는데, 그는 이 빚을 갚으려고 대사부 판매에 더욱 열을 올렸다. 대사부의 작센 총판을 위탁받은 도미니쿠스회 수도사 요하네스 테첼Tetzel은 효율적 판매를 위해 "돈궤 안의 동전 한 닢, 연옥 밖의 영혼 하나"를 구호로 내걸고, 사랑하는 죽은 사람의 영혼을 연옥에서 구해내라고 외쳤다. 그는 또한 "돈궤 안에서 동전이 쨍그랑하는 순간, 영혼이 하늘나라로 날아오른다"고 말하기도 했다. 그뿐만 아니라 대사부의 값은 죄의 경중에 따라 정해졌다. 많은 독일인이 이 '유전 천당, 무전 지옥'의 선동에 분개했다.

1517년 10월 말일 마르틴 루터Martin Luther는 비텐베르크Wittenberg에서 95개 조항에 달하는 명제를 발표하면서, 대사부 판매의 부당성을 조목조목 비판했다. 루터는 교황이 구원에 영향을 미칠 권능이 있다는 것을 부정하고, 죄를 뉘우치고 참회하는 교도에게는 대사부가 필요 없다고 주장했다. 궁극적으로 기독교공동체를 갈라놓게 될 대개혁의 봉화가 올라간 것이다. 루터가 라틴어로 작성해서 비텐베르크 교회의 대문에 게시한 이 장문의 대자보는 곧 독일어로 번역, 인쇄되어 독일 전역에 배포되었다. 그러자 엄청난 파문이 일었다. 성직자들의 비난이 쏟아졌으나, 또한 각계각층에서 그를 성원하고 나섰다. 결국 대사부 판매 사업은 망쳤고, 민중의 원성 속에서 테첼은 작센을 떠날 수밖에 없었다. 그리고 루터는 교황과 탐욕스러운 성직자를 웃음거리로 만들기 위해 신이 보낸 예언자로 환호를 받았다.

**루터의 구원에 관한 고뇌**　　　종교개혁은 전형적인 중세적 질문과 더불어 시작되었다. "구원을 받기 위해 나는 무엇을 해야 하나?" 이에 마르틴 루터는 가톨릭 교회의 전통적 가르침과는 상충하는 대답을 내어놓았다. 루터의 그 대답은 회의와 고뇌로 점철된 오랜 정신적 방황의 산물이었다. 그리고 그의 대답은 결국 유럽 기독교 세계의 종교적 통일을 파괴했다. 루터의 사상이 쉽게 받아들여진 데는 독일의 상황이 중요한 요인으로 작용했지만, 루터 자신의 독특한 개성 역시 큰 역할을 했다. 때로 광신적이고 고집불통이었으나, 그는 일가를 이룬 학자요 카리스마 넘치는 종교 지도자였다.

루터는 1483년 농민에서 부르주아로 성장한 집안에서 태어나, 엄격한 기독교적 훈육을 받았으며, 세상 죄악에 대한 처벌의 가르침을 받았다. 그런데 그는 어릴 때 공동생활의 형제단이 운영하는 학교에 다니면서 이른 나이에 깊은 정신적 공포에 빠졌다. 에르푸르트Erfurt대학을 졸업한 그는 세속적 출세를 바라는 아버지의 권유로 법학박사 과정에 진학했다. 그러나 그는 곧 그 기대를 저버리고, 22세에 아우구스티누스 수도원에 들어갔다. 그것은 사나운 천둥 번개를 만나 죽음의 공포를 겪고 난 뒤 취한 선택이었다. 영혼이 위험에 빠져 있다는 두려움에 사로잡혀 있던 그는 금욕적 삶이 더 나은 구원의 기회를 열어주리라 기대했기 때문이다.

그러나 루터는 수도원 규칙을 성심을 다해 실천했지만, 구원에 대한 강박관념을 벗어나지 못했다. 교회는 오로지 신의 은총에 의해, 그리고 성사 참여를 포함한 '선업'을 통해 구원을 얻을 수 있다고 가르쳤다. 그러나 그는 아무리 엄격하게 금식하고, 기도하고, 스스로를 벌해도, 구원을 얻을 자격에는 미치지 못한다는 감정을 떨쳐낼 수 없었다. 루터는 원죄를 안고 있는 미욱한 인간이 지고 지선의 신으로부터 은총을 얻을 자격을 갖출 만큼 선업을 쌓기는 불가능하다고 생각했다. 그는 절망했다. 수도원에서 이런 번민에 빠져 있는 동안, 루터는 작센 선제후 프리드리히가 설립한 신설 비텐베르크대학에 보내졌다. 그곳에서 그는 1512년 신학박사 학위를 받고, 신학 교수로 대학에 남았다.

그런데 비텐베르크에서 루터는 1515년 무렵 정신적 평화의 길을 발견하기 시작했다. 그는 성경을 읽던 중 「로마서」 1장 17절의 "의인은 오직 믿음으로 살리라"는 구절을 읽고 홀연 깨달음을 얻었다. 그는 그 구절을 구원은 오직 '믿음'을 통해 신의 긍휼과 은총으로 얻는 것이라고 이해했다. 그러자 성경 전체가 새로운 의미로 그에게 다가왔다. '신의 정의'가 전에는 그를 미움으로 가득 채웠는데, 이제 그것은 말할 수 없이 따뜻한 사랑이 되었다. 그는 나중에 "바울로의 이 구절은 나에게 천국 가는 문이 되었다"라고 술회했다. 인간은 본성상 믿음 아니고서는 신을 기쁘게 할 수 없다. 구원은 신이 자신을 믿는 사람에게 거저 주는 선물이었다. 루터는 우리는 착한 일을 해서가 아니라 예수를 구세주로 믿음으로써, 오직 '믿음만으로' 구원받는다고 결론지었다. 그는 신과 예수를 진정으로 믿었으며, 그래서 그는 자신의 구원을 확신할 수 있었다. 그는 비로소 영혼의 불안과 강박감에서 벗어났다. 그리하여 '믿음 천국, 불신 지옥'이 개신교의 핵심 교리가 되었다. 그렇다고 루터가 기독교도를 선업 행하기에서 해방한 것은 아니다. 다만 "착한 일이 착한 사람을 만들지 않는다. 그러나 착한 사람은 착한 일을 행한다"는 것이었다.

루터는 이 깨달음으로 오랜 고뇌에서 해방되었으나, 그것을 교회 현실에 적용했을 때 새로운 문제에 부딪혔다. 믿음만으로 구원을 얻는다면, 사제는 무슨 소용이며, 수도사의 서약과 삶의 방식은 또 무엇이란 말인가! 선업이 아무짝에도 쓸모없는 것이라면, 성사와 성지순례 혹은 대사부가 무슨 소용인가? 테첼의 대사부 판매는 루터가 그의 깨달음을 세상과 공유하는 계기가 되었다. 1517년 '95개조 명제'를 대자보로 게시함으로써, 그는 공개적 논쟁을 요청했다.

**로마교회와의 결별**　　　대사부 판매 비판을 계기로 벌어진 논쟁 과정에서 루터는 교회와 교황에게로 전선을 넓혀갔다. 그는 모든 세례 받은 기독교도는 다 사제와 같으며, 주교와 사제는 아무런 특별한 권능이 없다고 주장했다. 그는 수도원 제도를 공격하고, 사제도 결혼이 허용되어야 한다고 선언했다. 루터는 7성사 중 세례와 성체성사만 인정했는데, 그러면서도 정통 교리인 성변화는 부정했다. 그는 성찬식에서 빵과 포도주가 예수의 몸과 피로 바뀌는 기적 같은 성변화는 일어나지 않으며, 그 대신 예수는 빵과 포도주 안에 직접 존재한다고 주장했다. 신은 언제 어디에든 존재하기 때문이라는 것이었다.

예술과 사냥 그리고 정치에 더 관심이 있던 레오 10세 교황은 루터가 불러일으킨 소동을 처음에는 대수롭지 않게 여겼다. 교황은 루터를 "술이 깨면 자신이 한 일을 고칠 어떤 술 취한 독일인"쯤으로 치부했다. 그러나 대사부 논쟁이 품고 있는 의미의 심각성이 드러나자, 그는 루터를 견제하기 시작했다. 교황은 1519년 빼어난 신학자 요한 에크Eck에게 루터를 설득하게 했다. 라이프치히Leipzig에서 벌인 요한 에크와의 논쟁에서 루터는 교황의 무오류성을 부정하고, 공의회의 권위마저 의문을 제기했다. 이후 그는 성서를 유일한 정통 권위라고 선언하고, 구원은 인간의 행위가 아니라 신의 은총으로 오는 것이며, 인간은 오직 믿음으로 의롭게 된다고 주장했다. 논쟁을 거치면서 루터는 자신의 신학적 견해를 더욱 정교하게 체계화했다.

루터는 1520년까지 30편의 글을 써서 30만 부나 찍어내면서 자신의 견해를 널리 알렸으며, 논쟁은 일파만파를 일으켰다. 사실 교회 개혁의 목소리는 오래전부터 줄기차게 이어졌고, 위클리프 같은 이단자나 에라스뮈스 같은 기독교 인문주의자가 공격을 퍼부었음에도 교황청은 거의 아무런 대처를 하지 않았다. 그리하여 루터가 교황의 권위에 감히 맞섰을 때, 억눌린 불만은 폭발적으로 터져 나왔다. 그가 불러일으킨 종교적 열정은 사람들을 고무하여 급진적 개혁으로 나아가게 했다. 그가 성공한 주된 요인의 하나는 대량으로 쏟아낸 인쇄물이었는데, 그는 그것을 통해 교육받은 계층에게 쉽게 다가갈 수 있었다. 루터의 운동은 처음부터 크게 성공했는데, 그것이 종교적 전통에 충실하면서도 사회 변화를 실용적으로 받아들였기 때문이다. 그것은 소박한 신앙으로 돌아가고 싶어 한 사람들을 만족시켰으며, 또한 인문주의자처럼 교회의 폐단을 혐오한 사람들에게 먹혀들었다. 그뿐만 아니라 로마에 대한 독일인의 분노에 출구를 제공하고, 정치적 독립을 추구하는 제후들에게 명분과 기회를 마련해 주었다.

사태가 걷잡을 수 없이 커지자 마침내 1520년 6월 교황은 파문을 경고하는 교서를 보냈고, 루터는 12월에 그것을 성문 앞에서 공개적으로 불태움으로써 자신의 의지를 과시했다. 분노한 교황은 이듬해 초에 결국 전가의 보도를 꺼내 들었다. 수도사 루터에게 파문은 종교적 죽음을 뜻했다. 도미니쿠스회 수도사들은 그를 이단이라고 비난하고, 성직자들은 카를 5세 황제에게 루터의 체포를 촉구했다. 그러자 카를 5세는 루터의 견해를 직접 들어보고자 1521년 보름스

Worms에 제국의회를 소집하고, 신변 안전을 보장하면서 루터를 소환했다. 루터에게 자신의 이단설을 철회할 마지막 기회가 주어진 것이다. 지인들은 한 세기전 얀 후스의 전례를 떠올리며 불참을 권유했으나, 루터는 4월에 청문회에 참석했다.

에라스뮈스 지지자와 같은 중도적 입장의 사람들은 루터가 절충안을 제시하여 문제를 해결하기를 기대했다. 그러나 자신의 견해가 교회의 정통 교리와 같이할 수 없음이 분명해진 이상, 루터는 그것을 철회하기보다 고수하는 쪽을 선택했다. 그의 완강한 입장 때문에 '분열과 전쟁 그리고 반란'이 일어날지 모른다는 경고를 들었을 때, 그는 자신이 진실이라고 믿는 것에 대해서는 결코 타협할 수 없다고 대답했다. 청문회에 출석한 루터는 이미 표명한 자신의 견해의 그 어떤 것도 철회하기를 단호히 거부했다. "나는 아무것도 취소할 수 없고, 취소하지도 않을 것입니다. 양심을 거스르는 일은 옳지 않거니와, 안전하지도 않기 때문입니다. 여기 내가 서 있습니다. 나는 달리할 수 없습니다. 신이여 도와주소서, 아멘" 하고 말을 마쳤다.

의회는 결국 그를 이단으로 선언하고, 제국 안에서 그의 모든 새 교리를 금하는 법령을 내렸다. 루터의 완강한 태도에 격노한 황제는 루터가 의회를 떠나자, 그의 법적 보호를 박탈했다. 루터가 보름스를 떠나자, 작센의 프리드리히 선제후가 그를 보호하기 위해 비밀리에 바르트부르크Wartburg성으로 데려갔다. 루터는 거기서 일 년가량 머물면서 성경을 독일어로 번역했다. 단테의 시가 이탈리아어의 발달에 이바지했듯이, 그가 번역한 성경은 근대 독일어 발달에 크게 이바지했다.

**루터교회의 건설**　　　루터는 안전하다고 생각하자 바르트부르크를 떠나 비텐베르크로 돌아왔다. 이후 그는 작센 선제후의 보호를 받으면서 많은 시간을 독자적인 복음교회를 건설하는 데 썼다. 루터가 처음부터 교회를 분열시키거나 자신의 교회를 세울 의도가 있었던 것은 아니다. 그러나 그는 자신이 참된 교회의 전망을 지니고 있다고 믿었고, 기존의 교회가 그렇게 개혁되어야 한다고 믿었다. 그러나 기존 교회와 공존하는 일이 불가능한 것으로 드러나자, 그는 자신의 성서 해석에 부합하는 교회를 수립하는 길을 택한 것이다. 그는 교황청만큼이나 불관용적이어서, 자신과 다른 것을 용납할 수 없었기 때문이다.

루터는 자신의 교회를 영방 군주들의 수중에 맡겼다. 이 결정은 그의 운동을 살리는 일이 되었다. 그는 영방 군주들에게 자신의 영토 안에 있는 가톨릭교회의 재산을 몰수하고, 그래서 얻은 수입을 교회 건물을 유지하고 성직자에게 봉급을 주는 데 쓸 것을 강력히 촉구했다. 그리고 지금까지 교회가 수행하던 기능의 일부, 이를테면 학교·병원·보육원 등의 운영을 국가가 담당할 것을 권고했다. 그리하여 그가 세운 새로운 교회는 국가교회가 되었다. 가톨릭교회의 방대한 재산의 몰수를 포함한 그러한 제안은 당연히 영방 군주와 자유제국도시의 지배자들에게는 더할 나위 없이 매혹적인 것이었다.

루터교회의 기본 교리는 믿음에 의한 구원이었다. 루터는 오직 구세주 예수에의 믿음과 계시의 말씀을 통해서만 신을 체험하고 구원을 얻을 수 있다고 주장했다. 이러한 기본 교리에 따라 루터교는 세례와 성체성사만 남기고, 『신약성경』에 언급되지 않은 기존의 성사를 모두 폐기했다. 그리고 미사를 대체하는 새로운 예배 의식이 도입되었다. 예배 때 라틴어 대신 독일어가 사용되고, 설교의 중요성이 강조되었다. 예배 형식으로 찬송은 그대로 유지되었는데, 루터 자신이 수많은 찬송가를 작곡했다.

루터는 '만인 사제주의'를 주장했다. 그는 신과 인간 사이에 매개 역할을 할 성직자가 꼭 필요하다고 보지 않았다. 개개 기독교도는 성서에 담겨 있는 신의 계시의 도움을 받아 스스로 믿음을 얻을 수 있기 때문이었다. 그는 성직자 위계 제도는 기껏해야 필요악이라 생각했음에도 불구하고, 위계적인 교회 조직을 수립했다. 처음에는 각 회중이 스스로 문제를 처리했다. 그러나 1520년대 말경에 이르러 루터는 신앙의 통일성을 유지하고 무지와 싸우기 위해, 교회를 관리하는 관료 조직이 필요하다고 느꼈다. 그래서 작센에 중앙위원회가 설치되었고, 그

위원들이 각 지역 회중을 방문하고 지도했다. 궁극적으로 작센이 네 지구로 나뉘고, 각각 한 명의 감독 아래 놓였다. 이러한 작센 체제가 독일과 스칸디나비아에서 루터파 국가교회의 모델이 되었다. 루터는 기독교도는 두 개의 권위에 복종해야 한다고 가르쳤다. 첫째의 최고 의무는 신에 대한 것이며, 다른 하나는 세속 정부에 복종하는 것이었다.

결혼과 기독교적 평등에 관한 루터의 사상은 여성에게 새 기회를 약속하는 것이었는데, 그러나 그것은 부분적으로만 실현되었다. 루터는 성직자와 일반 교도 모두에게 아내의 중요성을 강조했다. 1520년대 동안 그의 견해는 자신의 아내를 포함하여 수많은 여성을 비텐베르크로 끌어들였던바, 거기서 그들은 수도원이나 가톨릭 남편에서 벗어날 피난처를 찾았다. 여성은 구원의 기회와 가족의 역할에서 남성과 평등하다고 가르치면서도, 루터는 후기 저술에서 아내를 남편에 예속된 존재로 서술했다.

루터교 교리의 대강은 「아우크스부르크 신앙고백*Augsburger Bekenntnis*」에 개진되었다. 이 개신교 최초의 신앙고백서는 루터의 제자이자 협력자인 멜란히톤이 교리상의 타협을 모색하려는 황제의 요청에 따라 1530년 아우크스부르크 제국의회에 제출하기 위해 작성한 것이었다. 그러나 멜란히톤이 루터의 전반적인 교리적 견해를 온건하게 진술했음에도, 그 문서는 가톨릭교와 루터파 간에 타협을 이뤄내지 못했다. 「아우크스부르크 신앙고백」은 이후 루터교의 공식적 신조가 되었다.

모든 루터파 국가에서 수도회가 해체되고, 성직자 독신주의가 폐지되었다. 루터는 1525년 파계한 수녀 카타리나 폰 보라*Katarina von Bora*와 결혼하고 자녀를 여섯이나 두었다. 교회가 성장하고 독립함에 따라 루터는 더욱 자신만만해졌으며, 1530~1535년 사이 156편의 저술을 펴내면서 적들에게 맹렬하게 언어적 공격을 퍼부었다. 그는 유대인과 가톨릭교도, 심지어는 다른 개혁가들까지 가릴 것 없이 매도했으며, 노년에 들어 더 난폭하고 거칠어졌다. 그는 1546년 죽음에 임해서, 그의 교회가 주로 북부 지역을 중심으로 독일의 절반 정도와 스칸디나비아에서 뿌리내리는 것을 만족스럽게 바라볼 수 있었다. 그러나 루터교는 유럽 다른 지역으로는 확산하지 못했다.

그러나 새로운 개혁교회를 건설하는 과정에서 루터는 혹독한 시련을 겪어야 했다. 개혁의 초기에 아주 다양한 견해를 가진 수많은 사람이 루터의 깃발 아래 모여들었다. 일부 과격한 추종자들은 그의 개혁을 폭력으로 이루려 했다. 그들은 이 교회 저 교회를 휩쓸고 다니면서 성상을 파괴하고, 성물을 모독했으며, 수도원에서 수도사와 수녀를 몰아내고, 심지어 그들을 강제로 결혼시켰다. 게다가 독일뿐 아니라 스위스와 네덜란드에서도 루터와 견해를 달리하는 수많은 종파가 나타나기 시작했다. 루터가 지배계급과 손잡고 교회 조직을 갖추어 나가자, 많은 급진파는 루터가 충분할 만큼 나아가지 않는다고 느끼고 루터의 대의를 떠나 하나씩 각자의 길을 갔다. 그 대표적 집단이 스위스에서 처음 출현한 재세례파Anabaptist였다.

루터는 자신의 교리에 동의하지 않는 개혁가들을 매도했다. 그는 그들을 '신성 모독자'로 간주하고, 국가에 반역을 저지른 사람과 마찬가지로 처형해야 한다고 믿었다. 성경을 해석할 자유를 자신에게는 허용하면서도, 그는 다른 사람에게는 그 자유를 부정했다. 그러나 사실 성서를 유일 권위로 내세우는 루터의 성서 지상주의는 종교적 분열의 씨앗을 품고 있었다. 각자가 성령의 안내를 받아 양심에 따라 성서의 진리를 깨닫고 구원의 길을 찾을 수 있다면, 구원을 가톨릭교회 바깥에서 얻을 수 있다면, 세속 권력의 박해가 아니고서는 아무것도 새로운 종파의 설립을 막을 수 없었다. 그 결과 민족적 분화에 뒤이어 나타나는 종파적 분화는 중세 보편주의 이상의 최종적 붕괴를 의미했다.

**루터교의 정치 지향**　　　루터는 작센 선제후를 비롯한 여러 제후와의 정치적 협력으로 확립한 자신의 교회를 보호할 필요를 느꼈다. 작센 선제후에게 신변 보호의 신세를 졌던 루터는 자연스럽게 자신의 종교를 세속 권력과 결합하게 되었다. 사회질서 문제에서는 극히 보수적이고 군중을 두려워한 그는 강력하게 세속 지배자를 두둔하고, 국가교회를 옹호했다. 제후와의 제휴라는 루터의 정치적 지향은 1522~1523년 제국기사들의 반란 때 여실하게 드러났다. 황제 직속의 소영주인 이들 제국기사는 장원제가 소멸하고 영방 군주 세력이 성장하는 과정에서 쇠망해 가고 있었는데, 종교개혁이 일어나자 그 바람을 타고 지위 회복을 시도했다. 그들은 자신의 영지에 루터교를 선포하고, 빼어난 인문주의자 기사인 울리히 폰 후텐Ulrich von Hutten과 프란츠 폰 지킹엔Franz von Sickingen의 지휘 아래 선제후인 트리어Trier 대주교를 공격했다. 그러나 그들은 기독교도의 종교적 자유를 주장한 루터의 가르침을 대제후의 세속적 권력을 공격하는 데 잘못 이용한 셈이 되었다. 루터는 법과 질서의 편에 섰고, 조직화하지 못한 반란은 신속히 분쇄되었다.

루터의 정치적 보수주의가 더욱 분명하게 드러난 것은 1524~1525년의 농민전쟁 때였다. 루터가 모든 기독교도의 자유와 평등을 주장한 것으로 이해하고, 그에 고무된 독일 서남부의 농민들이 종교의 자유와 사회경제적 불의의 시정을 요구하고 나섰다. 한때 루터와 함께했던 토마스 뮌처Thomas Münzer(1489~1525)가 이끄는 재세례파의 한 집단도 신의 직접적 계시는 성서의 권위보다 우월하다고 선언하면서 농민전쟁에 가담했다. 그들은 또한 농노제, 십일조, 공동지의 울타리 치기, 지나친 지대, 높은 세금, 가혹한 처벌 등의 철폐를 요구했다.

처음에 루터는 농민의 요구에 대해, 특히 각 회중이 자신의 사제를 선택할 권리에 대해 공감을 표시했다. 그런데 농민들이 장원청을 불태우고, 수도원을 약탈하고, 지주들을 살해하는 등 곳곳에서 폭동을 일으켰다. 그들은 루터에게 지지를 요청했으나, 경악한 루터는 그들에게 등을 돌리고 냉엄하게 지배자의 편에 섰다. 그는 기독교도의 평등은 신 앞에서의 정신적 평등이지, 사회경제적 평등이 아니라는 점을 강조했다. 그는 반란 지도자에게 나라의 법을 신의 뜻으로 받아들여 복종하라고 촉구했다. 그리고 그는 제후들에게 반도를 '미친개'처럼 살해하라고 촉구하고, "때려누이고, 목 졸라 죽이고 … 그리고 그토록 독을 품고, 사악하고 혹은 사탄 같은 그런 폭도는 무시하라"고 주문했다. 이로써 루터는 제후의 지지를 확보했으나, 하층계급에 대한 이전의 호소력을 잃었다. 황제와 제후의 군대는 반란군을 분쇄하고, 그 과정에서 대략 9만 명의 농민군이 살해되었다.

이후에 루터교는 좀 더 확실하게 제후와 도시 부르주아의 지지에 의존하게 되었다. 제후들은 얻을 게 많았다. 루터가 그들에게 교회를 개혁하라고 촉구했을 때, 그것은 사실은 각 영방국가가 교회 재산을 몰수할, 그리고 세속 지배자가 교회 정부에 대해 광범한 통제권을 확립할 문을 열어놓은 것이기 때문이다. 도시 부르주아들은 개인이 각자 직접 신에게 다가갈 수 있다는 주장에 매력을 느꼈다. 그들은 또한 독일 민족주의에 대한 루터의 호소에 공감하고, 독일인에게서 돈을 우려내가는 교황청에 대한 그의 분노를 공유했다. 그리하여 루터교는 수많은 제후와 도시 과두 세력의 지지를 얻었다. 이들이 없었다면, 루터의 개혁 운동은 성공하기는커녕 그 자신의 생명도 안전하지 못했을 것이다.

루터의 개혁 운동으로 황제와 루터교 제후들 사이에 종교적 지배권을 위한 대립이 격화되자, 카를 5세는 바쁜 와중에도 루터파 세력을 제압하기 위해 행동을 취했다. 그와 가톨릭파 제후들은 1529년 모든 새 교리를 금하는 보름스 제국 의회의 법령을 재확인하고, 가톨릭교 신봉을 강제하려 했다. 이에 주로 북독일의 루터파 제후들은 공식적으로 항의했다. 이후 그들은 항의하는 사람이라는 의미의 '프로테스탄트Protestant'로 불렸는데, 시간이 지나면서 이 이름은 모든 개혁파를 지칭하게 되었다.

프로테스탄트 제후들은 곧 자신을 지키기 위해 슈말칼덴 동맹Schmalkaldischer Bund을 맺었다. 그래서 독일은 가톨릭 세력과 루터파 세력의 두 군사동맹 세력으로 갈라졌다. 프랑스 및 오스만튀르크와의 전쟁에 몰두하고 있던 카를 5세 황제는 루터파 세력과 본격적으로 대적할 여유가 없었다. 게다가 프랑스 왕은 자국 안의 개혁가들은 박해하면서도 슈말칼덴 동맹을 지원했다. 프로테스탄트 군주와의 그런 동맹은 1648년까지 프랑스의 관례적인 외교정책이 되었다. 기회를 엿보던 카를 5세는 1546년 드디어 군대를 루터파 군주들을 공격하는 데로 돌릴 수 있었다. 그는 이 이른바 슈말칼덴 전쟁(1546~1547)에서 군사적으로는 성공을 거두었으나, 이미 확립된 루터교의 뿌리를 뽑아낼 수는 없었다.

카를 5세는 결국 1555년에 아우크스부르크 종교화의Augsburger Religionsfrieden로 타협의 길을 택했다. 여기서 양측의 군주들은 자신의 영토 안의 교회에 대해 루터교와 가톨릭교 간에 선택할 권리를 갖기로 합의했다. 그리고 1552년 이전에 몰수한 가톨릭교의 재산은 루터교 제후국이 그대로 보유했으며, 이 재산은 그 나라 재정에 큰 도움이 되었다. 이 화의에서 칼뱅교와 같은 다른 개신교에는 아무런 양보가 이루어지지 않았지만, 독일 내의 종교전쟁은 일단락되었다. 이로써 카를 5세의 통합 제국의 꿈은 깨어지고, 중세 기독교의 보편주의와 통일의 이상은 영원히 사라졌다.

**루터교의 확산**　　루터교는 스칸디나비아에서 국민적 군주정이 발달하는 데 종교적 자극을 제공했다. 스칸디나비아에서는 덴마크의 공주 출신으로 노르웨이 왕비가 된 마르가레테Margarete가 양국의 섭정을 거쳐 1387년에 두 나라의 여왕이 되었고, 2년 뒤에는 스웨덴의 왕위도 차지했다. 그리하여 세 왕국이 단일 지배자 아래 통합되었는데, 마르가레테 여왕은 세 나라의 통합을 꾀하기 위해 1397년에 칼마르 동맹Kalmarunionen을 결성했다. 세 나라는 각각 정부가 있고 여왕은 1412년에 죽었지만, 덴마크는 한 세기 이상 이 국가연합을 유지하면서 지배했다.

스칸디나비아에서는 통상이 발달하고 번영이 증대하면서 부르주아가 성장했으며, 이들은 교회와 귀족 세력에 맞서 국왕과 동맹을 맺으려 했다. 그런 가운데 1521년 스웨덴은 덴마크의 종주권에 반기를 들었고, 구스타프 바사Gustav Vasa가 루터교의 힘을 빌려 독립 투쟁을 성공적으로 이끌었다. 그가 1523년 구스타프 1세(1523~1560)로 독립 스웨덴왕국의 왕위에 오름으로써 칼마르 동맹은 해체되었고, 그가 세운 바사왕조는 스웨덴을 2세기 동안 다스렸다. 국왕 구스타프 1세는 가톨릭교회의 재산을 몰수하고, 루터교의 예배 형식을 도입하고, 교회를 국가에 종속시켰다. 몇 년 뒤 아직 노르웨이를 지배하고 있던 덴마크 왕 역시 가톨릭교회의 재산을 몰수하고, 두 나라에 주교를 유급의 국가 관리로 하는 국민적 루터교회를 수립했다.

스칸디나비아의 세 왕국에서 루터교의 도입은 아주 부드럽게 진행되었다. 중간계급은 루터교를 적극적으로 환영했고, 루터교 도입으로 국왕의 입지는 크게 강화되었다. 국왕은 몰수한 교회의 재산을 차지할 수 있었을 뿐 아니라, 대귀족의 편에 서서 왕권에 대립해 오던 교회 세력을 제거했기 때문이다. 그리하여 루터교는 스칸디나비아의 왕국들이 강력한 중앙집권적 군주제를 확립하는 과정에서 매우 중요한 요소가 되었다.

### 3) 칼뱅의 종교개혁

**츠빙글리와 스위스의 종교개혁**    종교개혁 시대에 스위스는 거의 독립적인 13개 칸톤으로 구성된 느슨한 연방이었다. 그 가운데 여섯 개의 산림 지역 칸톤은 민주공화정이었고, 취리히Zurich·베른Bern·바젤Basel을 포함한 일곱 개 도시 칸톤은 기본적으로 부유한 시민이 시 참사회를 지배한 과두정이었다. 오랫동안 주위의 신성로마제국·부르고뉴·밀라노 등과 싸우는 과정에서 스위스인들은 유럽 최고의 용병 군대를 발전시켰고, 병사들은 프랑스와 이탈리아에서 인기 있는 용병이 되었다. 독립의 자부심이 강한 도시들은 대단히 민족주의적이었고, 특히 로마를 비롯한 일체의 외부 간섭에 분개했다.

스위스의 종교개혁은 취리히에서 대성당 사제 울리히 츠빙글리Ulrich Zwingli(1484~1531)가 1519년 개혁을 설교하면서 시작되었다. 그는 시 참사회를 설득하여 복음주의적 개혁을 추진했다. 그는 성서의 권위를 우선시하고, 교황의 권위를 거부했다. 그리고 그는 믿음에 의한 구원을 설파하고, 수도원 제도를 공격하고, 성직자 독신을 반대했다. 취리히에서 예배 형식은 단순해지고, 성물과 성상이 폐기되고, 모든 그림과 장식이 교회에서 제거되었다.

루터의 영향을 받아 개혁 운동을 시작한 츠빙글리는 이 모든 면에서 루터와 견해를 같이했으나, 성찬식에서 예수가 빵과 포도주에 실제로 임한다는 것을 부정한 점에서 루터를 넘어섰다. 츠빙글리는 성찬식은 단지 최후의 만찬을 기념하는 것으로서, 빵과 포도주는 예수의 살과 피를 상징할 뿐이라고 주장했다. 그의 운동이 스위스 다른 도시로 확산하기 시작하자, 그는 루터와 동맹을 추구했다. 1529년 츠빙글리와 루터가 마르부르크Marburg에서 만나 담판을 했으나, 성찬식에 관한 견해의 차이를 좁히지 못하고 결국 서로 갈라섰다. 이후 정치적 발전에 따라 양자의 차이점은 더욱 커졌고, 군주의 지배를 받는 루터의 국가교회는 좀 더 민주적으로 조직된 스위스의 칸톤에서는 뿌리를 내리지 못했다.

츠빙글리의 영향이 스위스 북부의 부유한 도시 칸톤에서 급속히 커지자, 북부 도시 칸톤과 여전히 가톨릭 신앙을 고수하는 남부 산림 칸톤 사이에 종교적 분쟁이 벌어졌다. 결국 개신교 칸톤과 가톨릭 칸톤 사이에 전쟁이 벌어졌는데, 1531년 취리히 군대가 참패하고, 츠빙글리는 전사했다. 적들은 그의 신체를 절단하고, 지체를 불태우고, 재를 흩뿌렸다. 이 스위스 내란은 이후 종교적 열정이 불러일으킬 끔찍한 종교전쟁의 한 불길한 징후였다. 곧 화의가 이루어져 각 칸톤은 자유롭게 자신의 종교를 유지할 수 있게 되었지만, 이후 츠빙글리파는 개혁의 주도권을 잃고 칼뱅의 개혁 운동에 흡수되고 말았다. 그리고 이후 여러 세기 동안 많은 변화와 발전에도 불구하고, 스위스연방은 가톨릭 칸톤과 개신교 칸톤으로 나뉘어 서로 불신했다. 그래서 양측은 여러 차례 전쟁을 치렀고, 그 마지막 전쟁은 1847년에 있었다.

**칼뱅의 개혁 운동**　　루터보다 한 세대 뒤에 태어난 장 칼뱅Calvin(1509~1564)은 프랑스 출신의 완고한 개혁가였다. 그는 젊은 시절 파리에서 사제의 길을 준비했으나, 나중에 아버지의 권유로 오를레앙으로 옮아가 법학을 공부했다. 그러나 그는 법학보다 인문주의에 더 관심이 많았으며, 루터파와 이야기를 주고받고, 그러다가 개혁 사상으로 회심했다. 그는 1534년에 결국 가톨릭교회와 절연하고, 그래서 당국으로부터 이단으로 의심을 받고, 박해가 두려워 바젤로 도망쳤다. 거기서 그는 2년 뒤 개신교 신학의 고전 『기독교 강요Institutio Christianae Religionis』를 집필했다. 이것은 나중에 매우 큰 분량으로 증보되어 개신교 신학의 가장 포괄적이고 체계적인 저술이 되었다. 이 저술로 불과 스물일곱 살에 칼뱅은 일약 개신교의 새 지도자라는 명성을 얻었다.

이 명성에 힘입어 칼뱅은 종교전쟁 이후 제네바Geneva의 열성적 개혁가들의 초청을 받고, 1536년 바젤에서 제네바로 갔다. 제네바는 1520년대에 개신교의 온상이 되었고, 취리히에서 설교사들이 몰려들었다. 제네바에 온 칼뱅은 시를 개혁하는 작업에 착수했다. 그는 성직자가 도시 정부를 지배하는 체제를 수립하고, 신앙을 달리하는 모든 사람을 추방할 계획을 세웠다. 그 계획은 재세례파와 다른 종파의 폭풍 같은 반발을 불러일으켰으며, 그는 결국 1538년에 스트라스부르Strasbourg로 도망갈 수밖에 없었다. 그러나 1541년 칼뱅파가 제네바의 시정을 다시 장악했고, 칼뱅은 그 도시로 돌아왔다.

1541년 이후 칼뱅의 제2기 체제는 시 참사회와 오랜 갈등을 겪었다. 그는 성직자에게 도덕적 및 종교적 행위에 대한 완전한 통제권을 부여하는 법령을 제안했다. 그러나 참사회는 그의 제안을 수정하고, 모든 관직 임명과 법 시행을 참사회의 사법권 아래 두었다. 참사회는 성서를 최고법으로, 그리고 『기독교 강요』를 행위의 모범으로 인정하기는 했지만, 칼뱅교의 최고위원회인 장로회의Consistory의 권고를 항상 따르지는 않았다. 칼뱅은 14년 동안 참사회의 공개적 비판과 반대에 맞서 싸웠다. 그러나 그는 제네바로 쏟아져 들어오는 개신교 난민들의 지지에 힘입어 조금씩 세력을 키웠다. 그는 1555년 독일에서 아우크스부르크 종교화의가 이루어진 해에 제네바의 권력을 완전히 장악했으며, 이후 그는 죽을 때까지 제네바를 철권으로 통치했다.

**칼뱅교의 교리와 교회 행정**　칼뱅은 성서가 권위의 유일한 원천이며, 구원은 인간의 행위와 관계없이 오로지 신의 은총만으로 이루어진다고 주장한 루터와 견해를 같이했다. 그러나 루터교와 칼뱅교는 다른 점도 있었는데, 그것은 본질적인 것이라기보다 강조점의 차이에서 온 것이었다. 그렇기는 하나 그 차이는 상당한 정도여서, 양자는 협력하지 못하고 오래도록 서로 적대했다. 루터파는 신을 『신약성경』의 사랑의 아버지로 보았으나, 칼뱅교도는 『구약성경』의 징벌을 내리는 엄한 야훼로 보았다. 그리고 칼뱅교는 안식일의 철저한 준수와 같은 예에서 드러나는 것처럼, 율법의 엄격한 복종을 좀 더 강조했다.

종교개혁은 혁명적 변화를 일으키기는 했지만, 그 기본 정신은 초기 중세의 가치를 반영했다. 르네상스처럼 그것은 개인주의를 북돋우고, 교회의 폐단을 들추어냈다. 그러나 그 지도자들은 고전 저술가들보다는 성 아우구스티누스 같은 교부들과 사도 바울로에게 더 큰 존경심을 보였다. 일반적으로 개신교도는 인간을 '만물의 척도'가 아니라 타락한 존재로 보고, 이성보다는 신앙을 더 신뢰했다.

칼뱅은 무엇보다 신의 전지전능을 강조했다. 신의 전지전능함은 칼뱅의 핵심 원리였고, 그 논리적 귀결은 칼뱅교의 특징적 교리인 예정설이었다. 칼뱅은 신은 모든 것을 알고 모든 것을 행할 수 있으며, 따라서 누가 구원받을 것이며 누가 영원히 저주받을 것인지를 미리 결정한다고 단언했다. 신은 인류의 대다수를 지옥에 떨어뜨릴 만큼 불공정하고 가혹할 수 없다는 반박에 대해, 칼뱅은 아무도 구원받을 자격을 갖추지 못했으며, 일부가 구원받는 것은 오직 신의 은혜로운 자비를 통해서일 뿐이라고 대답했다. 더 나아가 그는 신의 계획과 심판에 의문을 제기하는 것 자체가 잘못이라고 주장했다. 신이 뜻한 것은 무엇이든, 그가 뜻했기 때문에 옳은 것이었다. 가톨릭교도는 칼뱅이 자유의지를 부정하고 인간을 단순한 꼭두각시로 만든다고 비난했다. 그들은 신의 은총이 구원에 필수불가결하지만, 또한 각 개인의 선택이 구원에 영향을 미칠 수 있다고 주장했다. 이에 칼뱅은 그런 주장은 신의 절대 주권을 모욕하는 것이며, 신이 전능하지 않고 은총만으로는 불충분하다는 말이 된다고 반박했다.

칼뱅교의 예정론은 사람들이 그리스도교도적 삶을 살려고 하는 의지를 꺾고, 방종한 삶에 몸을 내맡기게 한다는 비난에도 직면했다. 그러나 이런 비판에 대해 칼뱅은 사람은 누구도 신의 선택을 받았다고 확신할 수 없으므로 오히려 각 개인은 신의 은총을 입은 것처럼 더 모범적으로 행동한다고 반박했다. 그는 이러한 생각을 논리적으로 연장하여 기독교 도덕 전 분야에 적용했다. 사람의 행위가 구원의 수단은 아니지만, 택함의 여부를 판단하는 기준이 된다. 그리하여 칼뱅교의 엄격한 금욕적 교리가 형성되었다. 사치스러운 장식과 카드놀이가 비난의 대상이 되고, 음주와 춤이 금지되었다. 제네바에서는 극장이 폐쇄되었다. 예정설의 실제적인 심리적 효과는 칼뱅교도에게 자신들만이 신의 택함을 받았다는 확신을 심어준 것이었다.

칼뱅은 종교적 이견에 대해서는 교황과 똑같이 불관용으로 대응했다. 제네바의 시 참사회는 장로회의의 권고를 받아들여, 칼뱅교도가 아닌 자를 탄압하고 제네바에서 추방했다. 관헌들은 때때로 자백을 받아내기 위해 고문을 자행하고, 가끔 이단자를 처형했다. 영혼의 구원이 칼뱅교회의 구성원이 되느냐 아니냐에 달려 있다는 생각은 칼뱅의 예정설 교리와 상충하는 것처럼 보인다. 신이 이미 특정인을 구원받게 결정했다면, 왜 그가 군이 칼뱅의 교회 안에 있어야 하는가? 칼뱅의 설명은 간단했다. 택함을 받은 자가 참된 교회를 통해 구원받는 것이 곧 신의 뜻이라는 것이었다.

가톨릭교 성직자였던 루터는 자신이 세운 교회에 성직자의 제의祭衣, 정교한 교회음악, 고도로 장식된 교회 건물 등을 포함하여 가톨릭교의 요소를 많이 보존했다. 교회 조직의 면에서도 루터의 국가교회는 가톨릭교회처럼 위에서부터 아래로 위계적으로 조직되었다. 그러나 인문주의자 출신인 칼뱅은 교회 조직이나 의례와 관련해서 가톨릭과 현저하게 다른 교회를 만들었다. 교회 의례는 전적으로 성서에 근거해야 한다고 생각한 칼뱅은 루터와 마찬가지로 세례와 성찬식만 성사로 인정했다. 예배는 될 수 있는 대로 간소하게 금욕적으로 행해야 한다고 생각한 칼뱅은 찬송가와 설교 외에는 거의 아무것도 허용하지 않았다. 설교는 칼뱅교 예배의 핵심이었다. 목사는 장식이 없는 검정 옷을 입고 일상 언어로 설교했다. 칼뱅은 만인 사제주의 원칙에 따라, 목사에게 평신도와 다른 특별한 권능을 부여하지 않았다. 교회 행정은 목사가 신도들이 선출한 장로들의 도움을 받아 수행했다. 교회 조직 위계의 각 단계에서 통제권은 선출된 장로의 수중에 있으며, 칼뱅교회의 궁극적 권위는 최고위의 '장로회의'에 있었다. 그리하여 장로회 형태의 교회 정부가 발전했다.

칼뱅은 종교적 권위와 국가 권위의 결합을 반대했다. 그는 교회의 독립을 지키고 국가에 대한 교회의 우위를 확보하기 위해 양자의 법적 분리를 원했다. 그에게 정부의 목적은 신의 뜻에 따라 사회를 규제하는 것이며, 교회는 신의 뜻의 해석자였다. 제네바는 법적으로 공화국으로서, 그 주된 통치 기구는 시 참사회였다. 칼뱅은 종교와 정부 모두를 지배했지만, 공적 직책은 아무것도 갖지 않았다. 그는 참사회를 통제했고, 교황이 군주들에게 파문이라는 무기를 휘둘렀던 것처럼, 칼뱅은 그것을 제네바의 정치가들에게 이용했다. 장로회의는 그들의 공적 및 사적 행동을 면밀하게 살폈다. 칼뱅이 지배한 약 20년 동안 제네바는 교회가 국가를 지배하는 이른바 신정정치의 모델 구실을 했다. 칼뱅은 조직화한 교회는 영혼의 구원뿐 아니라 국가를 감독하는 데도 필수적이라고 주장했다.

**칼뱅교의 확산**　칼뱅은 제네바를 본거지로 그의 신앙을 전파했다. 그러나 그는 스위스를 모두 개종시키지는 못했다. 도시는 칼뱅교를 받아들였으나, 산악 지역은 가톨릭교에 그대로 남았다. 아우크스부르크 종교화의 이전에 칼뱅은 고국인 프랑스에서 가장 큰 성과를 거두었는데, 특히 알비주아 이단이 크게 번성했던 서남부 지방에서 그러했다. 거기에서 그의 가르침은 교회와 국가 모두에서 소외되었다고 느끼기 시작한 수많은 도시 중간계급과 많은 야심 찬 귀족에 먹혀들었다. 제네바에서 온 선교사들이 이들 수천 명을 조직에 끌어들였다. 여성도 큰 비중을 차지했고, 많은 교육받은 귀족 여성이 칼뱅교의 성장을 도왔다. 그 가운데 한 명이 나바라Navarra의 왕비 앙굴렘의 마르그리트Marguerite d'Angoulême(1492~1549)인데, 그녀는 나중에 프랑스에서 부르봉왕조를 열고 종교의 자유를 승인한 앙리 4세의 외할머니였다. 그녀는 동생인 프랑스 왕 프랑수아 1세에게 칼뱅교를 위해 청원하고 개혁가들을 자신의 궁정에 머무르게도 했는데, 칼뱅도 한때 그곳에서 보호를 받았다. 그녀의 딸로서 1549년 나바라의 여왕이 된 잔 달브레Jeanne d'Albret는 나바라에 칼뱅교를 확립했다. 프랑스에서 칼뱅교도는 흔히 위그노Huguenot로 불렸다.

칼뱅교는 다른 데서도 성과를 거두었다. 유럽 각지에서 개혁가들이 칼뱅의 교리를 배우기 위해 제네바로 찾아왔고, 그의 가르침을 안고 돌아갔다. 이탈리아에서는 페라라 공작부인이 개인 예배당에서 칼뱅교 예배를 보았으며, 칼뱅교도 난민에게 피난처를 제공했다. 그런데 이들 나라에서 칼뱅교는 소수에 머문데 비해, 네덜란드에서는 상업 도시의 부르주아를 중심으로 널리 퍼져나갔으며, 16세기가 지나가면서 지배적 종교로 발전했다. 그리고 스코틀랜드에서는 존 녹스John Knox가 열정적 설교를 펼쳐 왕국을 칼뱅교 국가로 바꾸어놓았다.

칼뱅교는 동유럽, 특히 헝가리와 폴란드에서도 일시적 성공을 거두었다. 그러나 16세기 말과 17세기 초에 가톨릭의 반격이 있고 난 뒤, 이들 나라는 가톨릭교로 되돌아갔다. 다만 헝가리 동부의 일부 지역은 오늘날에도 칼뱅교가 강하게 살아남았다. 그뿐만 아니라 칼뱅교는 다른 개신교에도 큰 영향을 미쳤으며, 특히 영국 국교회에서 그러했다. 전체적으로 볼 때, 16세기 중엽에 이르면 칼뱅교는 확산이 거의 멈추어가던 루터교를 대체해서 국제적 형태의 전투적인 개신교가 되었고, 제네바는 '개신교의 로마' 혹은 종교개혁의 요새로 우뚝 섰다.

칼뱅교는 특히 부르주아에게 강력한 호소력을 지녔다. 중산층 가정에서 태어난 칼뱅은 세속 직업을 기독교도의 정상적인 소명으로 받아들였다. 루터나 가톨릭 신학자와 달리, 그는 자본과 은행업 그리고 대규모 상업의 기능을 당연한 것으로 여겼다. 그는 산업을 통한 부의 창출을 긍정하고, 자본주의의 덕성인 근면·절약·자본 축적을 칭송한 최초의 신학자였다. 칼뱅의 그런 생각이 네덜란드의 암스테르담Amsterdam과 안트베르펜Antwerpen 같은 상업 중심지에서 따뜻하게 받아들여진 것은 자연스러운 일이다. 유럽 사회에서 가장 진보적이고 모험심 있는 계급이 칼뱅교에 끌렸고, 다음 세기에 뉴잉글랜드로 전파된 칼뱅교는 미국인의 삶의 형성에 깊은 영향을 미쳤다.

**재세례교**     개혁 운동이 진척되면서 극단적인 소규모 종파들이 각각 자신의 '내적인 빛'을 추구하면서 가지를 쳐나갔다. 어떤 종파는 세상의 종말을 예견하고, 어떤 종파는 부를 공유한 기독교 형제단을 주장하면서 사회적 차별과 경제적 불평등을 반대하는가 하면, 또 어떤 종파는 어떠한 성직자의 필요성도 부정했다. 그 대부분의 종파는 특히 신과 개인 간의 정서적 교감을 강조했다. 그중 대표적 종파가 재세례교Anabaptism였는데, 그들은 주로 스위스와 독일의 도시와 농촌의 가난한 사람들 사이에서 많은 추종자를 얻었다. 그들은 집합적으로 재세례파로 불렸지만, 실제로 이 급진 종파 안에는 신학적 견해를 달리하는 아주 잡다한 집단이 느슨하게 얽혀 있었다. 그런 가운데도 그들은 몇 가지 공통된 특징을 지니고 있었다. 무엇보다 재세례파는 세례는 교리를 이해할 수 있을 만큼 나이가 든 사람이 자발적으로 신앙고백을 한 다음에 받아야 의미가 있다고 믿었다. 그래서 그들은 유아 세례를 반대하고, 유아 때 세례를 받은 사람은 성인이 되어 다시 세례를 받아야 한다고 주장했다.

그리고 재세례파는 문자 그대로 초기 기독교의 관행과 정신으로 되돌아가고자 노력했다. 그들은 모든 신도가 평등하다고 여겨지던 엄격한 종류의 민주주의를 따랐다. 각 교회는 초기 교회와 같은 단순한 예배 의식을 옹호하고, 자체의 목사를 선택했으며, 모든 기독교도는 사제로 간주되었기 때문에 그 공동체 구성원은 누구든 목사가 될 수 있었다. 그들은 신학적 사변을 거부하고, 신의 순수한 말씀이라 믿는 바에 따른 단순하고 소박한 기독교적 삶을 추구했다. 그리고 대부분의 재세례파는 가톨릭교 및 다른 개신교와 달리, 교회와 국가의 완전한 분리를 주장했다. 많은 이가 살인하지 말라는 계명을 곧이곧대로 받아들여 무장하는 것을 거부하기도 했다. 종교적 신념뿐 아니라 정치적 신념 때문에 재세례파는 16세기 사회의 근간 자체를 위협하는 위험한 급진파로 여겨졌다. 참으로 역설적인 것은 가톨릭교도와 개신교도가 재세례파를 박해할 필요성에 대해서만은 합의를 볼 수 있었다는 점이다.

가톨릭교와 온건 개신교 양쪽에서 적의敵意를 샀던 재세례파는 그들에게 탄압의 빌미를 주는 사태를 저질렀다. 대부분의 재세례파는 평화주의자였으나, 어떤 급진적 집단은 그들의 이상을 폭력적 방법으로 이루려고 했다. 재세례파 극단주의자 수천 명이 1534년에 뮌스터Münster를 장악하고, 세상을 바꾸겠다는 허황한 계획을 세웠다. 그들은 시민의 재산을 몰수하고, 일부다처제를 제도화하는 등 광신적 행태를 벌였다. 그러나 불과 일 년 남짓 만에 가톨릭 군대가 도시를 함락했다. 무서운 고문과 처형이 뒤따랐다.

한 세기가 넘도록 뮌스터의 기억은 재세례파를 괴롭혔다. 그들은 유럽 전역에서 지하로 내몰렸다. 그들에 대한 박해는 그들이 폭력을 포기한 뒤에도 오래 계속되었다. 시간이 지나면서 그들은 유럽과 아메리카 곳곳으로 흩어져 메노파Mennonite, 퀘이커교, 침례교 등의 소수 종파로 되살아났다. 그중에서 메노 시몬스Menno Simons(1496~1561)는 네덜란드에서 재세례파가 활력을 되찾는 데 가장 큰 역할을 한 인물이었다. 메노는 진정 예수와 같은 삶을 살기 위해 세상과의 절연을 강조하는 평화적인 재세례교를 전파하는 데 평생을 바쳤다. 그를 따르는 메노파는 서북 독일과 폴란드로 퍼져나갔으며, 마침내 저 멀리 북아메리카까지 퍼져나가 지금도 미국과 캐나다에는 그 공동체가 잔존하고 있다.

### 4) 영국의 종교개혁

**헨리 8세와 영국교회**　　영국의 종교개혁은 특이하게도 종교적 사건보다는 정치적 사건으로 전개되었으며, 그것을 이끈 인물도 종교 사상가나 성직자가 아니라 국왕 헨리 8세(1504~1547)였다. 헨리 8세가 개혁을 이끈 일차적 동기는 신생 튜더왕조를 공고하게 하는 것이었다. 개신교 신학이나 종교 의례는 그의 주된 관심사가 아니었다. 그래서 그 결과 생겨난 영국교회Anglican Church는 개신교와 가톨릭교의 절충의 산물이며, 그 탄생 과정에서 단 한 사람의 영성적 지도자의 혼적도 간직하고 있지 않다.

대륙에서 개혁의 바람이 휘몰아칠 때, 헨리 8세의 가장 심각한 문제는 남자 상속자가 없다는 점이었다. 영국은 왕위계승 문제를 둘러싸고 벌어진 오랜 유혈의 전란에서 갓 벗어났는데, 왕국의 안정을 위해서는 무엇보다 확실한 왕위 계승권자가 필요했다. 그러나 왕비 아라곤의 캐서린Catherine과 18년의 결혼 생활 동안 헨리는 병약한 외동딸 메리Mary만 얻었을 뿐이었다. 1527년에 42세에 이른 왕비가 이제 출산의 가능성이 없어지자, 그는 새 왕비를 얻기로 마음먹었다. 왕은 교황에게 이혼을 요청했다. 신학적으로 복잡한 문제가 있었지만, 그 요청은 받아들여질 여지가 충분히 있었다. 게다가 교황은 헨리에게 어느 정도 부채 의식도 있었다. 헨리는 루터를 강력하게 규탄하고 가톨릭교의 견해를 옹호하여, 전임 교황에게서 '신앙의 수호자'라는 칭호도 얻은 터였다.

그렇지만 상황이 간단하지 않았다. 왕비 캐서린은 아주 강인한 성격의 소유자로서, 결코 이혼을 받아들이려 하지 않았다. 그런데 그녀는 합스부르크가의 카를 5세 황제의 이모였고, 카를은 그때 군대로 로마를 점령하고 있었다. 그 카를 5세가 이모의 이혼을 강력하게 반대했다. 그의 이해관계 면에서 보자면, 이 종사촌인 메리가 영국 여왕이 되면 합스부르크가의 세력권 안에 강력한 국가가 하나 더 보태어지는 것이었다.

헨리 8세는 영국의 교회에 대한 교황의 권리를 제한하는 여러 조치로 압박을 가했으나, 교황은 차일피일 결정을 미루었다. 안달이 난 헨리 8세는 1532년 마침내 토머스 크랜머Cranmer를 캔터베리 대주교로 임명하고, 이듬해 1월 서둘러 그의 주재 아래 비밀리에 앤 불린Anne Boleyn과 결혼했다. 왕비의 시녀였던 앤은 이미 임신을 하고 있었다. 이후 곧 크랜머는 헨리와 캐서린의 결혼을 무효로 하고, 헨리와 앤의 결혼을 합법화했다. 그리고 1534년 마침내 의회는 수장법Act of Supremacy을 제정하여 영국의 국왕이 영국 교회의 최고 수장임을 선언했다. 이런 일련의 과정에서 영국의 교회와 로마교황청의 모든 관계가 단절되어 영국의 교회는 독립된 영국교회가 되었다. 반가톨릭의 소용돌이 속에서 영국교회는 이제 국왕의 정책 추진의 든든한 지원군이 되었다. 엄청난 액수의 교회 소득이 왕실 금고에 쏟아져 들어갔다. 교회에 대한 통제권을 장악한 뒤, 헨리는 1539년 수도원을 폐지하고, 방대한 토지를 몰수하여 상당한 부분을 측근과 지지자들에게 분배했다. 그리하여 헨리는 쪼들리던 재정을 넉넉하게 확보했을 뿐 아니라, 로마와의 결별에 이해관계를 함께하는 든든한 지지 세력으로 지주 계층을 새로 창출했다.

헨리 8세의 개혁이 성공한 데에는 민족 감정이 고조되던 루터의 독일과 비슷한 배경이 놓여 있었다. 헨리는 가톨릭교의 교리를 옹호했으나, 국내 문제에 대한 로마의 간섭에는 분개했다. 에스파냐와 프랑스에서 국왕들은 왕국 안의 교회를 통제했으나, 영국에서는 교황이 여전히 고위 성직자 임명의 승인권을 행사했다. 그리고 영국의 교회와 관련한 최고 사법권은 로마의 교황 법정에 있었으며, 교회 수입의 상당 부분이 계속 로마로 유출되었다. 위클리프는 교회의 부패를 비판하고 개혁 운동을 펼쳤으나, 결국 실패하고 말았다.

이렇게 오랫동안 교황에 대한 민중의 불만이 쌓여온 터여서, 의회는 입법으로 국왕의 정책을 뒷받침했으며, 일반 백성들은 별다른 저항 없이 '혁명적' 대변화를 받아들였다. 그리고 사실 로마와 관계가 단절되었을 뿐, 그들의 실제 신앙생활에는 큰 변화가 없기도 했다. 물론 저항이 아예 없었던 것은 아니다. 헨리가 요구한 선서를 거부하여, 수석 대신인 토머스 모어와 다른 주교 한 명이 참수되었다. 그리고 수도원이 해산될 때는 그에 대한 종교적 불만에 사회 및 경제적 불만이 결합하여 민중 봉기가 일어났는데, 이로 인해 200여 명이 처형되고, 또한 봉기와 연루된 많은 수도원장이 죽임을 당했다.

정치적 동기에서 생겨난 영국교회는 교리와 종교 의례 면에서 바뀐 것이 거의 없었다. 영국교회의 수장 헨리 8세는 교리 문제에서 영국교회에 루터 사상을 도입하는 것을 강하게 반대했다. 오히려 그는 대륙에서 영국과 스코틀랜드로 전파되고 있던 개신교에 대해 의구심이 점점 더 커졌다. 1539년 의회가 새 신조 및 의례에 관해 제정한 6개조항법Act of Six Articles은 교황 최고권과 관련한 사항을 제외하고는 대부분의 정통 교리를 재확인했다. 그것은 빵과 포도주의 성변화를 부정하는 자를 사형에 처하도록 규정했다.

**종교적 갈등**　　헨리 8세가 죽은 뒤 10년 남짓한 기간은 종교적 광신이 나라를 뒤흔들었다. 결혼한 지 3년도 채 지나지 않아 헨리는 딸만 하나 낳은 앤 불린을 간통과 반역죄로 참수하고, 세 번째 왕비에서 후사 에드워드 6세(1547~1553)를 얻었다. 이 어리고 병약한 왕의 재위 기간에 나라를 지배한 섭정들은 영국교회에 개신교 요소를 크게 강화했다. 의회는 6개조항법을 비롯하여 이단을 탄압하는 법률들을 폐지했다. 예배 의식의 통일성을 기하기 위해 크랜머 대주교 주도로 영어로 된 『공동기도서*Book of Common Prayer*』가 제정되었는데, 상당한 정도로 개신교 색채가 가미된 이 기도서는 약간의 수정을 거쳐 지금도 영국교회에서 쓰이고 있다. 사제의 결혼이 허용되고, 또한 급진 개신교 교리를 반영한 42개조 신앙 조항도 채택되었다. 오랜 세월 삶의 일부로 녹아 있는 관행과 의식이 갑자기 바뀌자, 당혹하고 분노한 일부 농민이 반란을 일으키기도 했다. 게다가 이곳저곳에서 경제적 불만으로 인한 소요 사태도 벌어져, 시국이 몹시 어수선했다.

에드워드 6세가 성인도 되기 전에 죽고, 헨리 8세의 맏딸이 메리 1세(1553~1558)로 즉위하자 종교적 상황이 반전되었다. 독실한 가톨릭교도로 자란 여왕은 왕국을 다시 로마교회로 되돌려 놓기로 마음먹었다. 여왕은 가톨릭교의 예배를 재건하고, 영국교회에 대한 교황의 권위를 회복하고, 에스파냐와 동맹을 맺었다. 저항하는 개신교도에 대해 무시무시한 박해가 자행되었다. 전체 성직자의 약 1/4에 해당하는 2000명의 성직자가 대처帶妻 등의 이유로 쫓겨나고, 크랜머를 포함하여 300명 가까운 사람들이 화형을 당했다. 화를 면한 다른 사람들은 대륙으로 도망갔다. 여왕은 품위와 지성, 그리고 강한 도덕적 감각을 포함하여 많은 훌륭한 자질을 지닌 인물이었지만, 이 사태로 인해 '피의 메리'라는 살벌한 별명을 얻고 민심을 잃었다. 무자비한 것으로 치자면 부왕에 훨씬 못 미쳤지만, 메리는 나라를 다시 교황에 예속시킴으로써 민족 감정을 크게 훼손했기 때문이다.

에스파냐 왕 펠리페Felipe 2세와의 결혼과 친에스파냐 정책 또한 영국인의 분노를 자아냈다. 여왕은 영국을 가톨릭국가로 다시 세우려 했지만, 오히려 영국인의 마음속에 가톨릭교에 대해 더욱 깊은 증오심을 심어놓은 결과를 낳았다. 여왕은 자식도 없이 남편에게 홀대받고 백성에게도 버림받은 가운데 쓸쓸하게 죽음을 맞았다.

**국교회의 확립**    메리 여왕이 죽자, 이복동생이 엘리자베스 1세Elisabeth I(1558~1603)로 왕위에 올랐다. 반역죄로 참수된 왕비의 딸이요 의회에서 서출로 선포되기도 한 새 여왕은 고난의 성장기 동안 생존의 비결을 터득했고, 그리하여 난국을 헤쳐 나갈 준비가 되어 있었다. 개신교도로 자란 엘리자베스가 여왕이 되자, 종교의 추는 다시 개신교 쪽으로 기울었다. 여왕의 시급한 과제는 종교적 갈등을 해결하고 왕국을 통합하는 일이었다. 그녀의 종교 정책은 중용과 타협에 기반을 두었다. 여왕은 부왕처럼 능수능란하게 의회와 대신들을 다루었다. 그녀는 이복 언니의 가톨릭 법률들을 폐기하고, 1559년 수장법을 다시 제정해서 스스로 영국교회의 최고 우두머리가 되었다. 그러나 그녀는 친가톨릭적 백성들을 불필요하게 자극하는 일은 피했다. 에드워드 6세 때 사용되던 『공동기도서』는 온건한 가톨릭교도가 좀 더 쉽게 받아들일 수 있도록 개정되었다. 42개조 신앙 조항 역시 급진 개신교의 요소가 제거되어 39개조 신앙 조항으로 개정되었는데, 의회는 1571년에 그것을 영국교회의 공식 교리로 입법화했다. 이는 약간의 수정을 거치기는 했지만, 오늘날까지 영국교회의 기본 교리로 남아 있다.

이렇게 이른바 '엘리자베스의 타협'을 통해 영국교회는 공고하게 확립되었다. 그것은 극단론자를 제외한 모두를 만족시킬 수 있도록 고안되었다. 39개조 신앙 조항은 성경의 유일한 권위, 믿음에 의한 구원, 성사의 수의 제한, 성직자의 결혼 등을 포함했다. 그러나 그것은 표현이 모호해서 많은 점에서 다양하게 해석할 여지를 남겨놓았다. 그 결과 서로 상당히 다른 개신교 집단들이 영국교회 안에 함께 남아 있을 수 있었다. 그뿐만 아니라 '엘리자베스의 타협'은 교회의 전통을 존중할 것을 강조해서, 친가톨릭교도가 성자숭배와 순례를 포함하여 여러 가톨릭적 종교 관행을 계속할 수 있었다.

그러나 급진 개혁가들은 그런 타협이 만족스럽지 않았다. 엘리자베스 치세 말기에 비국교도non-conformist, 즉 국가교회에 순응conform하지 않는 사람들이 생겨났다. 그들 가운데 다수는 칼뱅교의 영향을 강하게 받았는데, 이들은 영국교회 안에 남아 있는 가톨릭교의 요소를 말끔히 씻어내어 교회를 맑게 정화purify해야 한다고 주장하여 일반적으로 청교도Puritan라고 불렸다. 17세기 전반기에 특히 상공업으로 살아가는 사람들을 중심으로 청교도는 수와 영향력이 크게 늘었다. 청교도들 사이에는 엄밀하게 어떤 형태의 교회 정부를 수립해야 하는가에 대한 명확한 합의가 없었으며, 그들 중 일부는 영국교회 안에 남아 있었고, 다른 일부는 자신의 독자적 모임을 만들기도 했다. 그들은 엘리자베스 여왕 이후, 스튜어트왕조 왕들에게 저항하는 세력의 주축이 되었다.

교회 조직의 면에서 영국교회는 가톨릭교와 매우 비슷했다. 영국교회의 주교들은 교황권의 핵심인 베드로 이론을 거부하면서, 그들의 권위를 12사도에게 구하는 사도 계승 교리를 채택했다. 영국교회가 다른 개신교와 가장 다른 점은 주교 중심의 교회 정부에 있다. 대부분의 개신교단은 장로 체제의 교회 정부를 발전시켰다. 굳이 비교하자면 장로 체제는 대의적, 주교(감독) 체제는 귀족적, 교황 체제는 군주적 정부로 규정할 수 있을 것이다.

## 5) 가톨릭교의 대응 개혁

루터가 개혁의 기치를 내건 지 반세기도 지나지 않아 많은 곳이 교황과 결별하고, 기독교 세계가 두 쪽으로 쪼개졌다. 그러자 뒤늦게 가톨릭교는 대응 종교개혁Counter Reformation에 나섰는데, 그것은 한편으로 자체의 내부 개혁과 다른 한편으로 개신교에 대한 완강한 저항과 공격으로 나타났다. 개신교 개혁이 대륙의 북부에서 일어난 반면, 가톨릭교의 개혁 노력은 주로 에스파냐와 이탈리아를 중심으로 전개되었다. 가톨릭교는 그런 노력으로 새로운 활력을 얻을 수 있었으며, 그리하여 개신교의 확산을 어느 정도 저지할 수 있었다.

**로욜라와 예수회**　　가톨릭교 개혁 운동에서, 그리고 개신교의 물결을 저지하는 데서 결정적 역할을 한 인물과 조직은 이그나티우스 데 로욜라Ignatius de Loyola (1491~1556)와 그가 설립한 예수회Societas Iesu였다. 에스파냐 귀족 출신인 이그나티우스(이냐시오) 데 로욜라는 국왕의 병사로 전투 중에 중상을 입었는데, 병상에 있는 동안 깊은 영성적 깨달음을 체험했다. 부상으로 군인의 길을 포기한 그는 그 대신 '주님의 병사'로 살기를 결심했다. 그는 종교 교육의 필요성을 느끼고 파리대학에 가서 신학을 공부하면서 1534년 동료들과 예수회를 설립했는데, 이 수도회는 1540년 교황청의 정식 인가를 받았다.

　예수회는 교황을 총사령관으로 하고 로욜라를 종신 장군으로 하는 군사 노선에 따라 조직된 일종의 군대였다. 장군은 교단의 절대적 우두머리로서, 모든 중요 직책을 임명했다. 예수회 수사들은 통상적인 수도원의 청빈·순결·순종의 서약을 하는 데 더하여, 신앙의 수호와 선교를 위해 교황에 절대 순종할 것을 특별서약했다. 로욜라가 죽을 무렵 예수회는 회원이 거의 1500명에 이를 만큼 성장했다. 모두가 까다로운 선발 과정을 거치고 엄격한 훈련을 통과한 인물로, 교황의 충직하고 믿음직한 병사였다. 그들은 16세기 중엽에 교황이 트렌토 공의회를 통제하는 데 특히 효력을 발휘했다. 그리고 그들은 또한 국왕과 제후의 고문이나 고해신부로 활동하며 정치 영역에서도 큰 영향력을 행사했다.

　예수회는 젊은이의 참된 교육이 개신교의 확산을 막는 데 가장 중요하다고 믿고 학교와 대학을 설립하고, 이단자와 이교도를 가톨릭교로 개종시키기 위해 선교사를 파견했다. 아마도 예수회의 이러한 노력이 1560년대 이후 개신교가 주춤하게 된 가장 큰 요인이었을 것이다. 예수회 선교사들은 프랑스에서 칼뱅교의 확산에 맞서 열정적으로 가톨릭교를 수호하고, 남부 독일과 폴란드를 포함한 동유럽의 여러 지역을 가톨릭교로 되돌려놓는 데 성공했으며, 개신교가 독일과 여타 지역에서 확산하는 것을 막는 데 결정적으로 이바지했다. 예수회의 해외 선교는 또한 에스파냐와 포르투갈이 식민제국을 건설하는 데도 한몫했다. 그리고 한 예수회 선교사는 일찍이 인도를 거쳐 일본으로 갔으며, 마테오 리치Matteo Ricci는 1582년 중국에 갔다. 마테오 리치는 중국에서 한자로 가톨릭교 교리서인 『천주실의天主實義』를 저술하여 기독교를 알렸다. 마테오 리치를 포함한 예수회 선교사들은 철학과 과학 등에 높은 식견이 있는 인물들로서, 시계나 기타 과학 기구를 가져가 중국 관리에게 깊은 인상을 심어주었다.

여성 교단도 가톨릭교의 개혁에 크게 이바지했다. 아빌라의 성녀 테레사Santa Teresa of Avila(1515~1582)가 설립한 카르멜회Carmelites의 수녀들은 기독교적 자선과 동정심의 모범을 보여주고 교회의 자존감과 고결함을 되살리는 데 이바지하여, 그 시대에 이미 전설이 되었다. 그러나 여성 교단에 대한 가톨릭교의 편견 때문에 성녀 테레사는 가혹한 시련을 겪어야 했다. 그녀는 수년 동안 싸웠고, 카르멜회가 승인을 받기 전에 종교재판소에 불려가기도 했다.

**파울루스 3세 교황과 트렌토 공의회**    종교개혁 초기만 해도 가톨릭교회 지도자들은 그에 대해 적극적 대응을 하지 않았다. 교황은 국제정치에 빠져 있었고, 루터의 운동을 억제하기 위해 카를 5세와 협력하기는커녕 그와 싸우기에 바빴다. 그러함에도 많은 영향력 있는 인물들이 개신교의 확산을 견제할 희망으로 개혁에 무관심하고 냉담한 교황청을 압박하기 시작했다. 그런 개혁의 요구에 부응하여 가톨릭의 자체 개혁에 나선 교황은 파울루스 3세(1534~1549)였다. 호화롭게 교황의 자리에 오른 파울루스 3세 역시 조카들을 추기경에 임명하고, 정치에 개입하고, 문필가와 미술가를 통 크게 후원하는 등 르네상스 교황의 관행을 답습했다. 그렇지만 교회가 붕괴의 위기에 직면했음을 절감한 교황은 과감한 결단을 내렸다. 그는 개혁파들을 추기경에 임명했다. 그 덕분에 추기경단은 이후 가톨릭교를 회생시킬 결의에 찬 교황들을 연이어 배출했다.

파울루스 3세 교황은 교회의 폐단을 조사하고 그 시정 방안을 제안할 위원회를 구성하는 담대한 조치를 취했다. 1537년 개혁위원회는 주교들의 세속성과 성직 매매, 몇몇 추기경의 파계 등과 같은 비위를 시정할 것을 권고하는 보고서를 제출했다. 그런데 1540년대에 들어서서 교황청의 정책이 강경 노선으로 기울었다. 기독교의 통합을 기대하면서 개신교와 타협을 모색하던 온건파가 밀려나고, 모든 타협을 이단으로 간주하는 강경파가 주도권을 잡게 되었다. 1542년 강경파 추기경인 카라파Caraffa는 교황을 설득하여 이단 사상을 단속할 교황 직속의 종교재판소를 로마에 설치했다. 이후 카라파는 자신이 교황 파울루스 4세(1555~1559)가 되자, 종교재판소의 권한을 크게 강화했으며, 그래서 온건한 추기경조차 침묵을 강요당했다. 타협을 통해 기독교를 통합하려는 일말의 희망도 사라졌다.

호전적이고 비타협적인 정신은 파울루스 3세가 소집한 트렌토 공의회(1545~1563)에서 분명하게 나타났다. 처음에 교황은 공의회 소집을 망설였다. 과거에 공의회는 자주 교황 절대주의를 부정하고, 공의회 자체를 교회의 최고권력기구로 세우려고 했기 때문이다. 그러나 교황은 결국 공의회를 소집했는데, 그는 그것을 통제할 수 있었다. 공의회가 열릴 무렵 파울루스 3세는 분명한 방향을 정했다. 그는 교리상의 타협을 거부하고, 그 대신 활력을 되찾기 위한 개혁 방책을 마련할 것을 주문했다. 트렌토 공의회는 어느 정도 예수회 수사들이 주도했고, 그들은 힘의 균형이 교황청의 정책에 유리하게 기울도록 할 수 있었다.

트렌토 공의회는 20년 가까이 활동하면서, 교회 규율과 행정상의 변화를 촉구함으로써 내부의 폐단을 제거하기 위해 힘썼다. 공의회는 성직 매매와 성직 겸직 관행을 금지했다. 주교는 사제와 수도사의 규율을 엄격하게 감독하고, 각 주교구에 신학교를 설립하여 사제를 교육하도록 요구받았다. 공의회는 또 대사부의 정신적 은총은 순수하며 신앙과 실천에 가치가 있는 것임을 확인하는 한편, 교황의 대사부 '판매'를 불법화했다.

트렌토 공의회는 갈등이 없지 않았으나 신학 쟁점에서는 모든 타협을 거부하고 가톨릭의 전통적 교리를 재확인했을 뿐 아니라, 그것을 더욱 뚜렷하게 진술했다. 그 결과 정통 교리는 더욱 명확하고 엄밀해졌으며, 신학자들은 트렌토 이전보다 해석의 자유가 더욱 좁아졌다. 종교 문제에서 교회 전통이 성서와 동등한 권위로 인정받고, 성서 해석은 오직 교회만 할 수 있었다. 구원을 위해서는 믿음뿐 아니라 선업이 필요하다는 것, 사제의 특별한 권능, 교회법 전통의 권위, 7성사의 필수불가결함, 성변화 교리, 미사에서 라틴어만 사용하기, 성자·성모 숭배·대사부·순례 등의 영성적 가치, 이 모든 것이 공의회에서 특별히 재확인되었다. 그와 동시에 공의회는 이와 상충하는 개신교 교리를 단죄했다. 공의회가 규정한 교리는 1564년 피우스 4세 교황이 『트렌토 신앙고백*Professio fidei Tridentina*』으로 공표했으며, 이 교리 요약집은 가톨릭 교리의 표준이 되었다.

트렌토 공의회는 또한 교황 최고권을 인정하고, 그리하여 교회 정부 사안에서 오랜 쟁점 하나를 해소했다. 트렌토 공의회가 교황의 승인 없는 공의회의 법령은 무효임을 가결함으로써, 교회 정부는 그 어느 때보다 더 절대군주정이 되었다. 이후 교황의 최고 권위는 한 번도 도전받지 않았다. 트렌토 공의회 이후 가톨릭교회는 명확한 교리 체계를 갖추고, 교황 최고권 아래 하나로 통일된 조직이 되었다. 16세기 후반기의 교황들은 트렌토 공의회의 성과를 바탕으로 방어 태세에서 공세로 과감하게 옮아갔다. 새로운 활력과 호전적 정신으로 무장한 가톨릭교회는 칼뱅교만큼이나 주님을 위해 싸울 준비 태세를 갖추었다. 내부를 굳건하게 다진 교황청과 그 특공대인 예수회는 개신교도와 기타 이단들에 대해 전쟁을 감행했다.

종교재판소가 오랜 침체에서 깨어나 이단을 색출하고, 고문과 비밀재판으로 그들을 처형했다. 종교재판소는 주로 에스파냐와 이탈리아에서 활발하게 활동했으며, 그곳에서는 이단을 거의 박멸하는 데 성공했다. 도서 검열은 트렌토 공의회가 기획한 '거짓' 신앙에 대한 또 다른 견제 수단이었다. 공의회는 금서 목록을 작성했는데, 여기에는 로마교회를 공격하거나 교리와 상충하는 사상을 담고 있는 모든 도서가 포함되었다. 당연히 개신교 신학자들의 모든 저작이 목록에 올랐다. 성직자는 목록에 오른 어떠한 작품도 읽어서는 안 되었다. 물론 검열은 가톨릭교와 개신교 모두 오랫동안 시행해 오던 것이었지만, 이때는 더욱 포괄적으로 그리고 전례 없이 강력하게 실시되었다. 그 조치는 1965년 제2차 바티칸 공의회의 지시로 비로소 폐기되었다. 한편 예수회 선교사들은 영국 같은 개신교 국가에서 전투적으로 선교 활동을 벌였다. 많은 선교사가 개신교 법정에서 유죄 판결을 받고 순교자로 죽었다. 아메리카와 아시아로 간 선교사들도 비슷한 운명을 겪었다.

## 6) 종교개혁의 결과

개신교의 도전에 대해 가톨릭교가 다양하게 펼친 공세적 활동 때문에, 개신교는 트렌토 공의회 이후에 가톨릭교 국가에서 더 이상 의미 있는 성과를 얻지 못했다. 16세기 중엽 무렵에 루터교는 독일 북부와 스칸디나비아에서, 칼뱅교는 스위스와 네덜란드 그리고 프랑스 및 동부 유럽의 이런저런 지역에서 뿌리를 내렸다. 영국에서는 로마와 분리된 국가교회가 수립되었다. 그러나 개신교의 팽창은 그 선에서 멈추었다. 무슬림에 대한 정복 전쟁을 통해 건설된 에스파냐는 가톨릭교의 강고한 보루로 남았다. 유럽인들 사이에서 종교적 이동은 1570년 이후에는 거의 없었다.

1570년대에 이르러 개신교는 확장을 멈추기는 했지만, 이미 넓은 지역에서 튼튼하게 뿌리를 내렸다. 그리하여 유럽 기독교 세계는 가톨릭교와 개신교의 양대 세력권으로 갈라졌으며, 이후에 처절한 종교전쟁을 치르기 위한 진영이 형성되었다. 종교적 열정의 시대를 이어 종교전쟁의 시대가 온 것이다. 그러나 개혁이 진행되는 과정에서는 가톨릭교 쪽이든 개신교 쪽이든, 누구도 이런 결과를 내다보지 못했다. 특히 개신교 개혁가들은 주변에서 점증하고 있는 세속성과 쾌락의 추구 혹은 상업주의 등의 현상에 마음이 불편했다. 그들은 이 세상에서의 행복이나 진보가 아니라 저세상에서의 구원을 추구했으며, 내면의 영성과 믿음을 통해 하늘에 가까이 가기를 기대했다.

종교개혁이 광신과 불관용을 자극했음에도, 교육의 중요성에 대한 인문주의자들의 강조는 개신교도와 가톨릭교도 모두에게 받아들여졌다. 예수회는 매우 우수하고 매력적인 학교교육 체제를 개발하여, 많은 개신교도가 그 학교에 다녔다. 루터와 칼뱅도 모두 학교를 설립하려고 애썼다. 그리고 종교개혁은 다른 많은 방식으로 근대 세계 건설에 이바지했다. 그것은 가톨릭의 종교적 독점을 깨뜨림으로써 국민적 군주정의 성장을 도왔는데, 국가교회로서의 루터교와 영국교회는 이 목적에 아주 적극적으로 이바지했다. 그리고 칼뱅교의 직업윤리는 중간계급의 이윤 추구 활동을 정당화하고, 그래서 자본주의 발달에 이바지했다.

## 3. 유럽의 해외 팽창

### 1) 신항로의 개척

**동기와 여건**      중세에는 극소수 유럽인이 향료와 비단 혹은 귀금속 등 이른바 동방 물산을 향유하기는 했지만, 유럽인들은 오랜 기간 그런 것들이 온 지중해 너머의 먼 지역에 대해서는 거의 아무것도 몰랐다. 그러나 13, 14세기에 주로 몽골제국의 등장에 힘입어, 그들은 외부 세계에 대한 무지에서 조금씩 벗어나기 시작했다. 아시아 동쪽 끝에서 서쪽으로 유럽까지 이르는 광대한 제국을 건설한 몽골인은 한 세기 동안 초원을 가로질러 동양과 서양 간에 질서와 평화를 확립했다. 몽골제국 안에서 왕래가 원활해지고, 유럽인은 처음으로 이슬람 너머의 땅을 직접 방문하고, 보고 들을 수 있었다.

유사 이래 최대의 제국을 건설한 몽골의 지배자들은 종교에 관용적이었고, 새로운 사상에 호의적이었다. 그뿐만 아니라 제국은 도로를 개설하고, 외국인을 보호하고, 교역을 장려했다. 그래서 유럽의 상인과 선교사가 대거 제국의 역내로 흘러들어 갔다. 그들은 흑해와 중앙아시아를 거쳐 불과 6주 만에 중국에 도달할 수 있었다. 그들은 시리아와 페르시아를 거쳐, 바다를 통해 인도와 중국으로 가기도 했다. 상인들, 특히 제노바의 상인들은 인도와 중국에 상관商館을 설치했고, 선교사들은 베이징까지 가서 활발하게 선교 활동을 펼쳤다.

몽골제국을 다녀온 상인과 선교사들은 보고 들은 것을 유럽에 전했다. 그 가운데 가장 유명한 여행자는 베네치아의 폴로Polo 가족이었다. 마르코Marco는 무역상인 아버지와 삼촌을 따라 1271년 원나라로 여행을 떠났고, 수도 베이징까지 갔다. 마르코는 세조(쿠빌라이 칸)의 총애를 받으며 원나라의 관리가 되고, 사신으로도 활동하면서 수많은 지역을 돌아다녔다. 그러다가 그는 동남아시아와 인도를 거쳐 1295년에야 간신히 고향에 돌아왔다. 마르코 폴로가 20여 년 동안 보고 들은 것을 이야기 작가에게 구술하여 기록하게 한 것이 일본인이 『동방견문록』이라 제목을 단 『세계의 서술Divisament dou Monde』이다. 유럽에서 다른 어떤 여행서보다 많이 읽힌 이 책은 '다른 세상'에 대한 유럽인의 호기심을 한껏 높여 놓았다. 콜럼버스가 대서양을 가로지르는 획기적 항해를 구상했을 때, 그는 마르코 폴로의 여행기를 갖고 있었다.

그로부터 그리 오래지 않아 유럽은 지금까지 알지 못한 또 다른 지역인 서아프리카에 관한 정보도 접했다. 14세기 초에 말리Mali제국의 통치자가 메카 순례를 위해 카이로를 거쳐 갔다. 카이로에는 이탈리아인의 교역 공동체가 있었는데, 이들을 통해 말리의 이 부유한 순례자가 엄청난 금을 뿌려 이집트 금화 가치가 일시적으로 폭락했다는 소식이 유럽으로 전해졌다. 그 통치자와 그의 제국 그리고 그 제국의 자원에 관한 다른 많은 이야기도 전해졌다.

중국과의 직접 접촉으로 유럽의 지평이 확장되고, 화약과 나침반을 포함한 새로운 문물이 유럽에 전해졌다. 그러나 이 넓어진 지평은 채 한 세기를 지속하지 못했다. 14세기 중엽에 몽골제국이 무너진 것이다. 중국에 명나라가 수립되고 중앙아시아에 티무르Timur제국이 들어서면서, 유럽과 중국 간에 육로를 통한 직접적인 교역 활동이 훨씬 어려워졌다. 게다가 오스만튀르크가 이슬람 세계의 새로운 주역으로 등장하여 유럽을 위협했다. 오스만튀르크가 동유럽으로 처들어오자, 유럽인은 이슬람이 기독교 세계에 이전보다 더 위험한 적이 되었다고 인식하게 되었고, 그래서 그에 대비해 유럽 바깥에서 동맹을 구하는 일이 좀 더 필요하다고 생각하게 되었다. 이를테면 아프리카에 있다는 '프레스터Prester 존'의 기독교 왕국이나 인도 남부에 사도 도마Thomas가 세웠다는 기독교공동체가 그런 것이었다.

유럽의 상인들은 무엇보다 동양과 직접 교역을 하고 싶은 열망에 차 있었다. 전통적인 지중해 무역로는 베네치아와 이슬람 상인들이 독점하고 있었는데, 이들을 배제하면 그만큼 이윤이 유럽인의 호주머니로 들어올 것이었다. 그러기 위해서는 새로운 뱃길, 대서양 항로를 개척해야만 했다. 많은 상인과 모험가들은 새 무역로를 찾을 의욕에 차 있었으며, 거리낌 없이 물질적 이득에 대한 욕망을 표현했다. 종교적 열정 또한 그에 못지않은 중요한 동기였다. 에스파냐의 한 정복자는 "하느님과 폐하께 봉사하고, 어둠 속에 있는 사람에게 빛을 주고, 부유해지기 위해" 아메리카로 간다고 말했다. 특히 무슬림과 길고 힘든 전쟁을 치른 에스파냐와 포르투갈은 이교도를 개종시키거나 파멸시키려는 충동에 사로잡혔다. 대항해 시대에는 종교적 사명감과 세속적 탐욕이 서로 긴밀하게 얽혀 있었다. 물론 지적 호기심 및 순수한 모험 정신과 더불어 명예욕 역시 유럽인의 해외 팽창에 일정한 역할을 했다. 이베리아반도의 극적인 인구 증가도 포르투갈과 에스파냐가 해외 팽창에 앞장서는 데 영향을 미쳤다. 1400~1600년 사이에 에스파냐 인구는 500만 명에서 850만 명으로 증가했고, 포르투갈 인구는 90만 명에서 200만 명으로 두 배 이상 늘었다. 곤궁한 삶에 허덕이던 많은 사람이 부의 기회를 찾아 미지의 땅으로 흘러들어 갔다.

그와 동시에 15세기 말에는 유럽의 해양 지식과 기술이 대양을 항해할 수 있는 수준에 이르렀다. 역설적이지만, 이 지식과 기술의 많은 것이 이슬람 세계를 통해 유럽에 왔다. 조선술이 착실히 개선되어 좀 더 크고 튼튼한 배가 건조되었다. 유럽인들은 나침반과 천체 관측기구 같은 믿을 만한 항해 장비도 갖추었다. 중국인의 발명품인 나침판은 1300년경 이후 항해사가 항로를 잡는 도구로 널리 사용되었으며, 그리스인의 발명품을 아랍 천문학자가 개량한 천체 관측기구의 도움으로 항해사는 위도상의 위치를 계산할 수 있었다. 여러 장비의 개량과 지식 축적의 결과, 15세기 말이 되면 육지가 시야에서 벗어난 장거리 대양 항해가 가능해졌다.

15세기에 유럽인들이 사용한 가장 중요한 세계지도는 2세기 천문학자 겸 지리학자 프톨레마이오스의 지도였다. 그의 저서 『지리학*Geographike Hiphegesis*』은 이미 8세기에 아랍 지리학자에게 알려졌는데, 그러나 라틴어로 번역된 것은 15세기가 되어서였으며, 그것의 인쇄본이 나온 것은 1477년의 일이었다. 『지리학』에 실린 세계지도는 유럽·아시아·아프리카의 세 대륙과 두 대양으로 구성되어 있었는데, 문제는 대양이 대륙보다 상당히 작게 그려졌을 뿐 아니라, 지구 둘레의 길이가 턱없이 짧게 계산되었다. 그 덕분에 콜럼버스와 다른 모험가들이 유럽에서 출발하여 서쪽으로 돌아 아시아까지 항해하는 것이 가능할 법하다고 믿게 되었다. 세계지도가 오대양 육대주의 모습을 갖추게 된 것은 다음 세기에 들어서서의 일이며, 특히 지구의 둥근 표면을 평면으로 나타내기 위한 도법이 개발되었다. 플랑드르 출신 지도제작자 헤르하르뒤스 메르카토르Gerhardus Mercator 는 1569년 지도투영법을 고안했는데, 그의 지도는 경선과 위선이 수직으로 교차하여 방위가 정확하고 등각항로等角航路, loxodrom가 직선으로 표시되기 때문에 항해용 지도로 많이 사용되었다. 다만 메르카토르 도법은 적도에 가까운 부분은 정확한데, 적도에서 멀어질수록 뒤틀리고 터무니없이 커지는 단점이 있다.

새로운 항로를 개척하는 일은 매우 위험하고 비용이 많이 드는 사업이었다. 유럽의 상인들은 새 항로를 먼저 찾아 선점하고 싶어 했지만, 선뜻 재정의 위험을 부담하고 나서기는 쉽지 않았다. 어쨌든 그 일은 국가가 훨씬 더 잘 할 수 있는 일이었고, 야심 있는 군주들이 그 일에 나선 것이었다. 그래서 유럽의 해외 팽창은 무엇보다 중앙집권적 군주정의 성장과 연결되어 있었다. 15세기 후반기에 이르러 여러 군주가 권력과 자원을 증강했고, 힘을 국경 너머로 돌릴 수 있었다. 그들은 그 사업을 통해 나라의 경제적 기초를 튼튼히 하고, 그래서 자신의 개인적 권력과 명예 또한 높일 것을 기대했다. 모험적 탐험을 후원하는 일에서 국왕은 교회의 축복과 격려를 얻었다. 교회는 유럽 바깥에서 이슬람에 맞설 동맹을 찾고, 그에 더해 새로운 개종자를 얻어 기독교가 확산되기를 갈망했다. 16세기의 종교적 혼란 속에서 기독교의 각 종단과 집단이 개종자를 확보하기 위해 서로 치열하게 경쟁했다.

**포르투갈의 항로 개척**　　지중해 무역에서 가장 소외된 지역인 소왕국 포르투갈이 가장 먼저 대서양 항로 개척에 나섰는데, 엥리케 항해 왕자Henrique o Navegador (1394~1460)의 후원으로 포르투갈은 아프리카 서부 해안을 탐험하기 시작함으로써 유럽 팽창의 시대를 선도했다. 엥리케는 그런 활동을 통해 서아프리카의 금 무역의 주도권을 무슬림에게서 빼앗고자, 무슬림에 대항할 동맹국으로 프레스터 존의 왕국 같은 기독교 왕국을 찾고자, 그리고 기독교를 널리 퍼트리고자 했다. 1419년 포르투갈 함대가 아프리카 서부 해안을 따라 남쪽으로 내려가며 탐사를 시작했다. 그 과정에서 포르투갈인은 마데이라Madeira·아소레스Azores·카보베르데Cabo Verde 등의 여러 제도를 점령하고, 서아프리카 해안을 따라 금·상아·노예 등의 무역을 여는 성과를 거두었다. 1460년 엥리케 왕자가 죽은 뒤 탐험은 활력이 떨어졌지만, 포르투갈 배들은 꾸준히 조금씩 해안을 더듬으며 내려가, 바르톨로메우 디아스Bartolomeu Diaz가 마침내 1488년 아프리카 남쪽 끝에 닿았다. 인도로 가는 직항로 발견의 꿈에 부푼 국왕은 그 남단을 희망봉Cabo da Boa Esperança이라 명명했다.

　　10년 뒤 바스쿠 다가마Vasco da Gama가 지휘하는 함대가 희망봉을 돌아, 아프리카 동부 해안에 있는 무슬림 상인들이 통제하는 여러 항구를 들르며 약탈했다. 다가마의 함대는 그런 뒤 인도양을 건너 1498년 5월 인도 서남부 해안의 캘리컷Calicut, 지금의 코지코드Kozhikode에 도달했다. 다가마는 현지인에게 '기독교와 향료'를 찾아왔다고 말했는데, 그는 첫째 것은 못 찾았지만, 둘째 것은 찾았다. 그는 후추와 계피 등을 가득 싣고 포르투갈로 돌아왔고, 이 화물은 투자자에게 60배의 이윤을 안겨주었다. 다가마의 성공적 항해는 완전히 물길만을 통한 인도와의 무역의 첫 출발이 되었다. 16세기로 넘어가면서 해마다 인도로 가는 포르투갈 선단이 베네치아인과 튀르크인의 지중해 무역을 심각하게 잠식했다.

포르투갈인들이 동양과의 향료 무역로를 찾기 위해 아프리카를 돌아 동쪽으로 항해한 데 비해, 에스파냐인들은 같은 목적을 위해 대서양을 가로질러 서쪽으로 항해했다. 에스파냐인들은 포르투갈인보다 훨씬 늦게 해상 무역로를 찾기 위한 탐험에 나섰다. 그렇지만 그들은 훨씬 더 풍부한 자원에 힘입어, 포르투갈의 제국과는 전혀 다르고 훨씬 더 방대한 해외 제국을 건설할 수 있었다.

**에스파냐의 항로 개척**　　에스파냐의 탐험의 역사에서 거보를 내디딘 인물은 제노바 출신 크리스토퍼 콜럼버스Christopher Columbus(1451~1506)였다. 유럽 식자층은 세계가 둥글다는 것을 알았지만, 그 둘레나 아시아 대륙의 크기에 대해서는 잘 알지 못했다. 콜럼버스는 아프리카를 돌아가는 대신, 서쪽으로 곧장 가면 아시아에 도달할 수 있을 거라고 믿었다. 포르투갈 국왕에게 무모한 계획이라고 퇴짜를 맞은 뒤, 그는 1492년 에스파냐 여왕 이사벨을 설득해서 원정의 재정을 지원받았다. 여왕은 그 무렵 이슬람의 마지막 국가 그라나다를 축출하고 통일 과업을 완수한 뒤, 관심을 해외로 돌리기 시작했으며, 1504년 죽을 때까지 콜럼버스의 든든한 후원자가 되었다.

콜럼버스는 1492년 8월 90명의 선원과 함께 3척의 배로 출항하여, 10월에 기막힌 우연으로 아시아 해안을 발견하리라 예상한 바로 그 지점에서 바하마Bahamas에 도달했다. 이로써 그는 자신의 지리 이론과 계산이 맞아 떨어졌다고, 그리고 찾던 목적지에 도달했다고 확신했다. 그는 쿠바 해안과 오늘날의 아이티Haiti와 도미니카Dominica인 히스파니올라Hispaniola섬의 북부 해안을 탐험했다. 그는 인도에 도달했다고 믿고, 여왕에게도 그렇게 보고했다. 콜럼버스는 이후 10년에 걸쳐 세 차례 더 카리브해의 주요 섬과 중앙아메리카 본토에도 상륙하면서 인도 본토로 가는 길을 찾아 헤맸다. 콜럼버스는 죽을 때까지 자신이 발견한 땅이 인도라고 믿었는데, 그의 착각 때문에 아메리카 원주민은 졸지에 그들이 전혀 알지도 못하는 인도인, 즉 인디언 혹은 인디오로 불리게 되었다.

해양 경쟁으로 갈등을 빚자, 1494년 포르투갈과 에스파냐는 경도 위에 분계선을 그어 양국의 세력 판도를 나누기로 했다. 양국이 맺은 토르데시야스 조약Tratado de Tordesillas은 아프리카 서쪽 끝에 있는 카보베르데 제도에서 서쪽으로 약 1800km의 자오선을 분계선으로 설정하고, 그 동쪽은 포르투갈이, 서쪽은 에스파냐가 차지하기로 규정했다. 그 결과 아메리카 대부분은 에스파냐 차지가 되었지만, 브라질의 동부 지역이 포르투갈의 판도 안에 들어갔다. 그리고 그 이후 희망봉을 도는 동쪽 항로는 포르투갈이, 대서양을 횡단하는 서쪽 항로는 에스파냐가 지배하게 되었다.

16세기 전후 수십 년 동안 많은 탐험가가 남북 아메리카의 동부 해안 지역을 탐사했다. 콜럼버스는 죽을 때까지 자신의 믿음을 고수했지만, 많은 지리학자는 곧 그가 아시아가 아니라 전혀 새로운 땅을 돌아다녔다고 확신했다. 서쪽 항로를 택한 탐험가들의 발길이 연이어 아메리카 대륙에 닿았다. 남아메리카는 포르투갈의 페드루 카브랄Pedro Cabral이 1500년에 희망봉 쪽으로 가던 중 풍랑을 만나 서쪽으로 표류하다가 브라질 서해안에 닿게 됨으로써 알려지게 되었다. 이후 피렌체의 지도제작자 아메리고 베스푸치Amerigo Vespucci는 여러 차례 항해에 참여하고, 브라질에서 플로리다에 이르는 해안을 탐험했다. 탐험의 결과 그는 그 땅이 지금까지 알지 못한 '신세계'라 결론을 내렸는데, 결국 그 땅에는 그의 이름에서 나온 아메리카라는 이름이 붙었다. 유럽인들은 인구 수천만 명이 살고 있는 번성하는 문명이 있었음에도 그 대륙을 흔히 신세계라 불렀다. 사실 아메리카는 유럽인에게는 참으로 새롭고 생소한 땅이었다.

모든 탐험의 대미를 장식하는 가장 극적인 항해는 아마도 페르난도 마젤란Fernando Magellan의 항해일 것이다. 마젤란은 서쪽으로 돌아 뱃길로 동양으로 갈 수 있다고 확신했다. 그는 포르투갈 출신이었으나 조국의 재정 지원을 얻지 못하고, 대신 에스파냐 국왕을 설득했다. 그 몇 년 전인 1513년에 에스파냐의 모험가 바스쿠 누녜스 데 발보아Vasco Nuñez de Balboa가 파나마 지협을 넘어가서 또 다른 대양이 있음을 확인한 적이 있었다. 발보아에게 자극을 받은 마젤란은 1519년 9월 배 5척으로 선원 270여 명과 함께 대서양 항해에 나섰다. 그의 선단은 일 년 남짓 만에 남아메리카 남쪽 끝에 있는 해협, 이른바 마젤란 해협을 지나 미지의 대양으로 빠져나갔다. 마젤란은 그 대양을 태평양이라 불렀다. 이후 선단은 태평양을 가로질러 항해했으나, 가도 가도 예상한 향료섬Spice Islands은 나타나지 않았다. 콜럼버스와 마찬가지로 마젤란은 그 거리를 너무나 짧게 잡은 것이었다. 쥐와 구더기를 잡아먹고, 하다못해 가죽을 뜯고 톱밥으로 과자를 만들어 먹으며 버틴 끝에, 마젤란 일행은 1521년 동양의 섬에 도달했다. 이후 그 섬은 탐험을 지원한 펠리페 2세의 이름을 따 필리핀Philippine이라 불렸다. 항해는 3년 만인 1522년 9월 마침내 끝났는데, 에스파냐로 돌아온 것은 배 1척과 선원 12명이었다. 마젤란은 필리핀에서 원주민과 싸우다 전사했으나, 그는 지구를 일주 항해한 최초의 인물이 되었다. 그리고 이로써 지구가 둥글다는 것이 실제로 증명되고, 태평양의 광대함과 지구의 크기가 극적으로 드러났다.

**서북유럽 국가들의 탐험**    포르투갈과 에스파냐가 제멋대로 지구를 양분하여 나누어 차지하려는데, 다른 나라들이 가만히 손 놓고 있을 생각은 없었다. 영국 왕 헨리 7세는 베네치아인 존 캐버트Cabot를 후원하여 인도로 가는 서북 항로를 찾게 했다. 캐버트는 1497~1498년 두 차례 항해를 통해 뉴펀들랜드Newfoundland 와 북아메리카 해안을 탐험했으며, 이는 영국이 북아메리카에 관심을 가지는 계기가 되었다.

프랑스도 뒤늦게 항로 개척에 나섰다. 피렌체 선원 조반니 다 베라차노 Verrazzano는 프랑수아 1세의 후원을 받아 노스캐롤라이나에서 뉴펀들랜드에 이르는 해안을 탐험하고, 1524년 북아메리카에 대한 권리를 프랑스 왕에게 바쳤다. 이어서 1534년에는 자크 카르티에Jacques Cartier가 세인트로렌스St. Lawrence 계곡을 탐험하고, 그곳을 프랑스 왕령이라 선언했다. 그는 이후에도 몇 차례 더 탐험하여, 나중에 프랑스가 캐나다를 식민지로 개척하는 기초를 닦았다. 네덜란드 역시 탐험에 뛰어들어 영국 탐험가 헨리 허드슨Hudson을 고용했는데, 그는 1609 년 그의 이름을 딴 허드슨강을 발견했다.

북아메리카 땅은 크게 매력적이지 못했고, 탐험가들은 오직 동양으로 가는 뱃길을 찾는 데만 관심이 있었다. 그러나 서북 항로 혹은 동북 항로를 탐색한 탐험가는 아무도 동양으로 가는 길을 찾지 못했다. 그 항로는 얼음으로 덮여 있어서 16, 17세기의 항해술로는 항해가 아예 불가능했다. 그 희망을 포기한 뒤에 영국과 프랑스는 북아메리카에 정착하는 쪽을 택했다. 1607년에야 영국은 비로소 버지니아에 식민지를 개척하는 첫걸음을 시작했고, 그에 앞서 1605년에는 프랑스인이 캐나다에 정착을 시작했다. 곧이어 네덜란드도 허드슨강 유역에 정착촌을 건설하기 시작했다.

## 2) 포르투갈의 해외 제국

**포르투갈의 아시아 무역**    바스쿠 다가마가 인도 캘리컷항에 도달함으로써, 포르투갈은 동양으로 가는 경주에서 승리했다. 그들은 그 승리를 최대한 이용해서 한 세기 이상 동방무역을 독점했다. 포르투갈 함대가 처음 인도에 왔을 때, 인도는 수많은 힌두왕국과 무슬림왕국으로 분열되어 있었다. 그러나 16세기 전반기에 무굴Mughul왕조가 등장하여 인도 전역을 통일하고 제국을 수립했다. 포르투갈인은 인도를 중심으로 해외 제국 건설에 나섰는데, 동양에서 제국 건설의 기틀을 닦은 인물은 아폰수 데 알부케르케Afonso de Albuquerque 인도 총독이었다.

알부케르케는 인도로 오기 전에 동아프리카 해안의 술탄국들을 복속시키고, 모잠비크Mozambique와 잔지바르Zanzibar에 요새화한 상관을 설치했다. 당대 최고의 해군 제독으로 평가받는 그는 1507년에는 아랍 함대를 상대로 결정적 승리를 거두고 호르무즈Hormuz섬을 탈취했다. 이후 그는 1510년 인도 서남부 말라바르Malabar 앞바다의 고아Goa섬을 정복하고, 그곳을 중심으로 상업-군사 기지를 건설하는 데 앞장섰다. 그는 이듬해에는 인도를 넘어 동남아시아를 침입하여 믈라카Melaka를 점령했다. 포르투갈인은 확보한 교역 거점을 중심으로 무슬림 상인들을 밀어내고 비단과 향료 등 사치품 교역의 지배권을 장악했다. 1530년 무렵에 이르면, 서아프리카에서 동아시아에 이르는 일대의 해안선은 포르투갈인이 지배하는 항구와 교역 거점 혹은 해군기지로 점점이 이어졌다. 이제 동양으로 가는 유럽의 관문이 베네치아가 아니라 리스본이 되었다. 국왕과 소수의 선택받은 회사는 엄청난 이윤을 거두었다.

그러나 에스파냐인이 아메리카의 토착 문명에 재앙을 안겨준 데 비해, 아시아에서 포르투갈이 미친 영향은 처음에는 거의 느끼지 못할 만큼 미미했다. 아시아 문명은 여러 면에서 유럽보다 우월했다. 그래서 유럽인은 소수의 인원으로 아시아 문명을 파괴하거나 붕괴시킬 수 없었다. 그들이 할 수 있었던 일은 고작 단일 지역에서 해전의 우위를 이용하여 아시아와 유럽 간의 사치품 무역을 독점하고, 지역 상권에 침투하는 것이었다. 상대적으로 뒤처진 필리핀을 에스파냐가 식민화한 것을 예외로 하면, 유럽인은 약간의 상업 거점 이외에는 아시아 영토 어디도 정복하지 못했으며, 아시아의 위대한 종교와 번성하는 문화에 별다른 영향을 미치지도 못했다.

포르투갈인들은 베트남에서는 쫓겨났으며, 중국 항구에서는 몇 차례 추방당한 뒤 1557년에 중국 주장珠江 하구의 마카오澳門에 한정하여 엄격히 규제된 통상권을 얻었다. 그때부터 그들은 교역과 선교 활동을 하고, 때로는 지방 당국의 자문에 응하기도 했다. 포르투갈 무역상들은 또한 1542년 이후 일본에서 다이묘大名들에게 화기를 비롯한 다양한 병기를 팔았고, 호기심 어린 일본인들이 담배·시계·안경·기타 유럽 상품에 매혹되었다. 1549년에는 로욜라와 함께 예수회를 창설한 선교사 프란치스코 하비에르Francisco Xavier가 와서 약간의 일본인을 개종시켰다. 그러나 17세기에 들어서서 중국은 유럽인과의 접촉을 엄격하게 통제하기 시작했고, 일본은 에도江戶 막부 아래 정치적으로 통일되면서 먼저 선교사를, 그다음 상인을 추방했다. 유럽인에게 상황이 점점 나빠져서 수많은 기독교 개종자가 처형되고, 마침내 1630년대에는 모든 유럽인이 일본에서 쫓겨났다. 나가사키에 있는 소규모 네덜란드 공동체만 남는 것이 허용되었는데, 그러나 그 조건이 매우 엄격했다.

초기에 포르투갈이 성공한 데는 그들의 군사력의 우위가 한몫했다. 16세기 말에 포르투갈 함대는 대포로 중무장했고, 대상 지역을 위협하거나 위해를 가할 수 있었다. 그들은 화기와 폭약의 사용을 독점하지는 않았으나, 경무장한 적에 대해 군사적 우위를 가질 수 있었다. 그러나 아시아에서 포르투갈제국은 인도와 동남아시아의 해안에 있는 일정한 통상 구역에 한정되었다. 그들은 아시아 지역을 식민지화하기에는 인구가 너무 적었고, 그럴 힘도 없었다. 게다가 1600년 이후 본국 인구가 착실하게 줄어들었다. 17세기로 넘어간 뒤 포르투갈인들은 차츰 동아프리카에서 튀르크인에게, 아시아에서 네덜란드인에게 밀려났다.

**포르투갈의 아프리카 경영**   동양에서처럼, 포르투갈인은 사하라 이남의 아프리카에도 정착민이 아니라 상인으로 왔다. 그들은 그곳에서도 파괴할 수 없는 문명과 문화를 만났다. 서아프리카에는 복잡한 관료 조직과 효율적 군사력을 갖춘 강력한 이슬람 국가들이 오랜 세월 동안 존재해 왔다. 니제르Niger강 유역을 지배한 송가이Songhai제국과 차드Chad호 연안에서 번성한 카넴-보르누Kanem-Bornu 제국이 그런 나라였다. 그리고 포르투갈인이 도래했을 때, 중앙 및 남아프리카 역시 번영하고 있었다. 동남아프리카에서는 짐바브웨Zimbabwe 같은 나라가 안정된 정부를 유지하고 있었다. 그래서 포르투갈인들은 아프리카의 왕국을 정복의 대상이 아니라 호혜의 기초 위에서 다룰 상대로 대해야 했다.

서아프리카의 지배자들은 전통적으로 그들의 권력을 금과 상아와 노예의 통제에 크게 의존했다. 유럽의 무역상은 원래 무엇보다 황금의 매력 때문에 아프리카에 끌렸는데, 그러나 그들은 곧 카리브해의 섬들과 브라질 동부 해안에 조성된 사탕수수 농장에서 일할 노예를 사기 시작했다. 16세기 이후 아메리카에는 엄청난 노동 수요가 생겼다. 유럽의 아메리카제국 지배자들은 금이 고갈된 뒤 약탈과 상업에서 새로운 부의 원천을 개발하는 쪽으로 방향을 틀었다.

아메리카에는 설탕뿐 아니라 담배와 커피 그리고 나중에는 목화와 같은 이윤이 나는 작물을 재배하기에 적합한 광활한 땅이 있었다. 그러나 그것을 경작하도록 강제할 원주민이 턱없이 부족했다. 유럽에서 유입된 질병으로 인구가 결딴이 났기 때문이다. 그런데 아프리카의 대서양 연안은 인구가 조밀한 지역으로서, 노예무역이 성행하고 있었다. 그 결과 세상에서 전에 없던, 가장 규모가 크고 체계적인 사람 장사, 즉 아프리카 노예무역이 출현했다. 초기에 포르투갈인은 주로 베냉Benin과 교역했다. 기니Guinea만에 면한 베냉은 포르투갈인이 도래했던 15세기 후반기에 막강한 군대를 보유한 제국이었으며, 유럽인도 찬탄할 금속가공 기술을 갖고 있었다. 16세기 말까지 포르투갈인은 서아프리카에서 노예 24만 명을 운송했는데, 그 대부분이 기니 지역에서 나왔다.

포르투갈인은 콩고왕국에서 아프리카 최대의 성공을 거두었다. 15세기 말 콩고는 기독교를 받아들이고 포르투갈어를 공식 언어로 삼았다. 포르투갈인들은 국왕에게 조언하고, 교회와 학교도 설립했다. 그러나 포르투갈 노예상들이 그 나라를 쑤시고 다니면서 악행을 저질러 상황이 악화되었다. 왕국은 왕위계승 분쟁과 지방 세력의 반란으로 혼란에 빠졌다. 16세기 말경 콩고에서 특권을 잃자, 포르투갈인은 남쪽 앙골라 쪽으로 활동 무대를 옮겼다. 그들은 아프리카 용병을 고용하여 노예사냥을 병행하면서 오랜 정복 전쟁을 시작했다. 1650년에 앙골라가 완전히 정복된 뒤, 이 지역에서 1400년대에 그토록 번성했던 흑인 문화와 국가들이 거의 완전히 파괴되었다. 앙골라는 성공적인 식민지가 되지 못했다. 포르투갈 정부는 식민자의 예비 아내감으로 고아와 매춘부를 보내면서 정주 식민지를 건설하려 했지만, 성공을 거두지 못했다. 그곳은 폭력과 범죄가 난무하는 가운데 주로 노예상의 피난처 구실을 했다.

동아프리카에서도 포르투갈인은 콩고와 앙골라에서와 비슷하게 착취를 자행했다. 이곳의 토착 국가들은 서부의 국가들보다 훨씬 허약했다. 잠베지Zambezi 북쪽 부유한 해안 지대조차 분열되고, 군사적으로 무력하고, 무슬림 세력권이고, 게다가 아시아아와의 무역을 위해서는 전략적으로 좋은 위치여서, 포르투갈이 침략하기에는 안성맞춤이었다. 포르투갈인들은 킬와Kilwa에서 몸바사Mombassa에 이르는 지역을 약탈했다. 그곳에서 포르투갈인은 상업을 통제하기 위해 요새화한 기지를 짓고, 공물을 거두고, 내륙과 교역했다. 모잠비크Mozambique에 세운 기지는 아시아 교역을 위한 주요 항구가 되었고, 1590년대에는 몸바사에 요새가 건설되었다.

16세기 후반에 포르투갈 모험가들이 잠베지강을 따라 내륙 깊숙이 침투해서 대농장을 경영하고 노예무역을 하다가 쫓겨나기도 했다. 그러는 한편 비슷한 시기에 포르투갈은 에티오피아와 정규 외교 관계를 수립했다. 예수회가 가톨릭교를 대중화하는 데 성공하고, 황제를 개종시키기도 했다. 그러나 1626년 이후 선교단의 오만한 열정이 반발을 불러일으켰다. 결국에는 다음 황제가 외국인을 모두 추방했고, 그럼으로써 에티오피아와 유럽의 관계는 단절되었다.

## 3) 에스파냐의 식민제국

**아메리카의 토착 문명**　　아메리카 원주민은 수레와 같은 운송 수단을 갖고 있지 않아서 원거리 부족 간의 접촉이나 교류가 거의 없었고, 따라서 문화적 차이가 컸다. 어떤 부족들은 아직 원시 수준에 머물러 있었다. 그들은 사냥·어로·채취 등으로 살아갔고, 목재나 석재 도구를 사용했다. 종교 관행은 부족마다 서로 달랐지만 많은 부족이 천체를 숭배하고, 혼령과 악령의 존재를 믿고, 최고신에게는 사람을 희생으로 바쳤다.

에스파냐인들이 정복자로 몰려오기 전에 중앙아메리카에는 여러 문명이 발전하고 있었다. 기원후 300년 무렵에 시작해서, 마야Maya인들은 유카탄Yucatan반도에 아메리카에서 가장 발달한 문명 중 하나를 건설했다. 그들은 훌륭한 신전과 피라미드를 짓고, 빼어난 예술품을 제작하고, 동시대의 어느 것에 못지않게 정확한 역법을 개발했다. 그들은 빽빽한 우림을 개간해서 농사를 짓고, 옹기종기 도시국가를 건설했다. 마야문명은 중앙아메리카 상당 부분과 멕시코 남부까지 퍼졌다. 그러나 그것은 800년경 쇠퇴하기 시작해서 한 세기가 채 지나기 전에 멸망했다. 그 후 10세기 말경에 마야족의 후손들이 다시 신마야제국을 건설했는데, 이 제국은 12세기와 13세기에 상당히 번영하다가 15세기에 여러 차례 내전을 겪으면서 쇠퇴했다. 마야제국은 결국 에스파냐 정복자들이 오기도 전에 이미 무너졌다.

중앙아메리카에서 에스파냐인을 맞이한 것은 아스테카Azteca였다. 12세기 초 어느 때쯤 아스테카로 알려진 민족이 북쪽에서 이주를 시작해서, 오랫동안 멕시코 계곡으로 흘러들어 왔다. 그들은 지금의 멕시코시티가 있는 테스코코Texcoco 호수 가운데 있는 섬 테노치티틀란Tenochtitlán에 수도를 세웠다. 이후 한 세기 동안 아스테카인은 신전과 궁전·공공건물·주택을 건설하고, 테스코코 호수를 가로질러 석조 둑길을 축조하여 많은 섬과 연결했다. 그리하여 그곳에는 13세기 중엽부터 화려한 문화의 꽃이 피었다.

아스테카인들은 뛰어난 전사였다. 수도를 건설하는 한편, 그들은 수도 주위의 전 지역을 지배하기 위한 과업에 나섰다. 15세기 초에 그들은 호수 지역에서 강력한 도시국가로 성장했다. 그리고 15세기의 나머지 기간에 그들은 지금의 멕시코 상당 부분과 남으로는 과테말라Guatemala 경계에 이르는 지역에 대한 지배를 공고히 한, 인구 500만의 제국이 되었다. 아스테카제국은 중앙집권 국가가 아니라, 지역 지배자가 통치하는 많은 반≠독립적 영토들의 집합이었다. 그러나 16세기 초에 아스테카제국에 복속된 많은 부족 간에 소요가 거세게 번졌다. 제국이 이들 부족에게 공납과 인신 희생을 바치기를 강요함으로써 원성을 샀기 때문이다.

한편 남아메리카에는 잉카Inca문명이 발달하고 있었다. 14세기 후반기에 잉카는 페루 남부 해발 3000미터 산악 지대에 자리 잡은 도시 쿠스코Cuzco에 있는 작은 공동체였다. 그러나 15세기 중엽에 파차쿠티Pachakuti(1438~1471)의 강력한 지도력 아래 잉카는 정복 전쟁을 개시하여 마침내 페루 지역 전체를 지배하게 되었다. 파차쿠티는 고도로 중앙집권화한 잉카제국을 창건했다. 수도 쿠스코는 진흙과 초가지붕의 도시에서 위풍당당한 석재 도시로 탈바꿈했다. 요새 도시 마추픽추Machu Picchu도 그의 치하에서 건설되었다. 잉카는 지배자나 군주라는 뜻인데, 9대 잉카인 파차쿠티와 연이은 계승자 투팍Tupac 잉카와 와이나 카팍 Huayna Capac의 3대의 치하에서 잉카제국은 아메리카에서 가장 크고 부유한 제국 이 되었다. 그 영토는 페루를 중심으로 북으로 에콰도르Equador와 남으로 중부 칠레, 그리고 아마존 분지 변두리까지 확장되었다. 1200만 명에 달하는 것으로 추산되는 인구가 수백 개의 산악 도시와 해안 도시에 흩어져서 살고 있었다.

잉카인들은 위대한 건설자였다. 그들은 거의 4만 킬로미터에 이르는 도로를 건설했는데, 이는 콜롬비아 변경에서 칠레 산티아고Santiago 남쪽까지 뻗쳐 있었 다. 두 간선도로가 남북으로 뻗어 있는데, 하나는 안데스Andea산맥을 따라 지나 가고, 다른 하나는 해안을 따라갔다. 그리고 그 두 도로를 연결하는 길이 곳곳에 나 있었다. 협곡과 수로에는 다양한 형태의 다리가 놓였는데, 그중에는 전근대 것으로는 가장 빼어난 현수교도 여럿 있었다. 이런 발달한 도로망 덕분에 이 광 대한 제국은 통일성을 유지할 수 있었다.

**아메리카 정복: 코르테스**　　　포르투갈이 동양 무역에 집중하는 동안, 에스파냐 는 아메리카에서 광대한 제국을 얻었다. 에스파냐의 아메리카 정복자들conquis-tadors은 명예욕과 탐욕에 종교적 열정이 결합한, 그러니까 16세기의 전형적인 동기에 따라 움직인 건장하고 담대한 개인들이었다. 국왕의 승인을 받기는 했으 나, 그들은 정부의 도움 없이 사적으로 재정과 장비를 마련했다. 우수한 무기, 조직력, 그리고 군건한 결의 등으로 그들은 믿을 수 없는 성공을 거두었다. 게다 가 그들은 원주민의 분열과 상호 경쟁으로 큰 득을 보았다.

초기에 포르투갈이 동양에서 눈부신 성공을 거듭할 때, 에스파냐의 성과는 상대적으로 초라해 보였다. 콜럼버스의 실패는 일정 기간 그들의 꿈을 깨뜨려 놓았다. 그 실패의 부수물인 서인도제도는 초기에 무역 측면에서는 별로 가치가 없었다. 그러나 아시아로의 진출이 좌절되자, 16세기 초의 20년 사이에 수많은 에스파냐인이 그곳으로 이주했다. 그들은 대부분의 큰 섬들을 개발하면서 닥치는 대로 약탈했으며, 또한 많은 모험가가 그곳에서 아메리카 본토로 뻗어 나갔다. 그중에는 하급귀족 출신인 에르난도 코르테스Hernándo Cortés(1485~1547)도 있었다. 그는 1504년 입신양명의 기회를 찾아 서인도제도에 왔다.

야심가 코르테스는 본토에 금은보화가 있다는 소문에 이끌려, 상사의 허락도 없이 독자적으로 원정대를 조직했다. 마젤란이 대항해에 나섰던 1519년, 코르테스는 병사 600명과 말 10여 필의 소규모 원정대를 이끌고 유카탄반도 베라크루스Veracruz에 상륙했다. 그는 곧장 수도 테노치티틀란으로 진격하면서, 도중에 아스테카인의 억압적 지배에 지친 부족들과 동맹을 맺었다. 11월에 그는 수도에 도착하여 목테수마Moctezuma 2세 황제의 환영을 받았는데, 처음에 목테수마는 난생처음 보는 말을 타고 나타난 방문자가 여러 세기 전에 다시 돌아오마고 약속하고 떠난 케찰코아틀Quetzalcoatl이라는 신의 화신이 아닐까 두려워했다. 그런데 에스파냐인과 아스테카인 사이에 말썽이 일어나고, 코르테스는 목테수마를 인질로 잡고 도시를 약탈하기 시작했다. 코르테스가 도착한 지 1년이 지난 1520년 가을, 주민들이 봉기하여 황제를 살해하고, 침략자를 몰아냈다. 많은 에스파냐인이 죽임을 당하고 도망을 갔다.

그러나 아스테카인은 곧 새로운 재앙을 만났다. 코르테스와 함께 온 대역병 천연두가 엄습한 것이다. 천연두나 홍역과 같은 유럽인의 질병에 대한 면역력이 전혀 없던 아스테카인이 수없이 죽어 나갔다. 한편 코르테스는 케찰코아틀 전설을 이용하고, 동맹을 맺은 세력으로부터 새로 병사를 지원받아 전열을 재정비했다. 철제 무기도 갖지 못하고 내분에 시달린 아스테카제국은 허망하게 무너졌다. 넉 달 뒤에 결국 인구 15만의 수도 테노치티틀란이 함락되고, 참혹한 살육과 파괴가 자행되었다. 피라미드·신전·궁전이 사라지고, 그 석재는 에스파냐 정부 건물과 교회를 짓는 데 사용되었다. 강과 운하는 메워졌다. 테노치티틀란은 멕시코시티로 재건되어 새로운 에스파냐, 즉 누에바 에스파냐Nueva España의 수도가 되었다. 총독이 된 코르테스는 불과 10여 년 만에 중앙아메리카 대부분을 정복했으며, 16세기 후반기에도 수많은 원정대가 꾸준히 북아메리카의 남부 일대를 탐험하면서 누에바 에스파냐의 영역을 확장했다.

아메리카의 원주민은 유럽인의 존재에 대해 전혀 아는 바가 없었으며, 그들의 도래에 대해 아무런 예비도 하지 못했다. 어느 날 홀연히 흰 피부에 낯선 복장을 한 사람들이 해안에 발을 들여놓았을 때, 그들은 마치 딴 세상에서 온 듯했다. 그들은 원주민이 평생 본 적이 없는 동물을 타고, 원주민이 지금까지 본 어떤 것보다 더 견고한 갑주를 입고, 세상을 지배한다는 '유일한 참된 신'의 이름으로 말했다. 놀라 자빠진 원주민은 자신들은 역병으로 엄청나게 죽어나가는데, 백인 기독교도가 멀쩡한 것을 보면서 쉽사리 그들의 종교를 받아들였다.

**아메리카 정복: 피사로**　　코르테스 외에도 노략질하는 많은 경쟁자가 있었지만, 아무도 정복자로서 그를 넘어서지 못했다. 그 가운데 파나마 지협 남쪽에서 가장 악명을 날린 모험가는 비천한 출신의 프란시스코 피사로Pizarro(1475~1541)였다. 코르테스가 유카탄반도에 상륙한 지 8년 만인 1527년에 피사로가 국왕의 승인을 얻어 180명가량의 부하를 이끌고 남아메리카의 태평양 해안에 상륙했다. 그는 코르테스처럼 강철 무기·화약·말이 있었으며, 이 모든 것이 잉카인에게는 아주 생소한 것이었다. 게다가 피사로에게는 행운이었던 것이, 잉카제국에는 이미 멕시코를 통해 남쪽으로 퍼진 천연두가 창궐하고 있었다. 천연두는 너무나 빠르게 번져, 마을들을 온통 폐허로 만들고 있었다. 설상가상으로 1527년 황제 와이나 카파크Huayna Capac가 천연두에 희생되었다. 황제가 죽자 두 아들이 제위를 다투었는데, 이는 격렬한 내전으로 비화했다.

기회를 엿보던 피사로는 상황의 이점을 잘 포착하여 내전에서 승리한 아타우알파Atahualpa를 사로잡았다. 개종을 거부하는 아타우알파를 살해한 뒤, 피사로는 잉카인 동맹의 도움을 받아 쿠스코로 진격, 수도를 탈취했다. 기껏 돌과 활, 가벼운 창 정도만으로 무장한 잉카의 병사들은 수적으로 압도했음에도 선진 무기로 무장한 적에게 속수무책이었다. 1535년에 이르러 피사로는 잉카의 지배권을 확보하고, 리마Lima를 수도로 한 새로운 식민지를 건설했다. 그러나 이후 정복자들 사이에 내분이 일어나고, 그 와중에 피사로는 부하에게 살해되었다. 정치적 무질서가 계속되고, 잉카인들은 수십 년 동안 정복자들에 저항했다. 그 기간은 토착 주민에 대한 잔인한 탄압과 더불어, 정복자끼리 벌이는 무자비한 투쟁과 온갖 탐욕으로 점철되었다. 16세기가 끝날 때쯤 되어서야 리마에 효율적인 정부가 확립되었다.

한편 무질서 속에서 탐험은 계속되었다. 야심가들은 남으로는 칠레까지, 북으로는 에콰도르를 거쳐 콜롬비아까지 약탈의 발길을 뻗쳤다. 칠레와 페루에서 간 탐험대는 아르헨티나에 정착해서 부에노스아이레스Buenos Aires를 건설했다. 그리하여 소규모 무장 집단이 인상적인 토착 문명을 멸망시켰다. 압도적 다수였음에도 갈라지고 찢긴 원주민들은 탐욕에 불타는 극소수의 정복자들에게 속절없이 무너지고 말았다. 정복자들의 탐욕에는 우월 의식과 종교적 광신이 따라다녔다. 그들은 기독교가 유일한 참된 신앙이며, 그들은 그것을 전파할 책무가 있다고 믿었다. 사제들이 침략자와 함께했고, 선교사와 주교들이 곧 뒤따랐다. 그들은 우월한 무기로 승리를 거두었고, 폭력·테러·속임수·전염병 등을 통해 아메리카를 정복했다.

**아메리카 식민지 경영**　　에스파냐 궁정에는 수십 년 동안 멕시코와 페루에서 수탈한 금과 은이 쏟아져 들어왔다. 왕은 자신의 몫을 차지했고, 측근 귀족들은 아메리카에 방대한 영지를 하사받았다. 그러나 약탈할 전리품은 곧 동이 났다. 그들이 차지한 '신세계'는 이루 헤아릴 수 없을 만큼 가치가 있는 것이었지만, 그러나 그 부를 얻기 위해서는 부를 생산해야 했다. 16세기 중엽 에스파냐는 아메리카에 행정의 기초를 다지기 시작했다. 정복과 약탈의 시대가 가고, 건설과 개발의 긴 시대가 시작되었다. 그리하여 물질적 이득과 기독교화라는 이중 욕망에 충동질이 된 에스파냐인들은 서양 문명을 아메리카에 이식하는 일에 착수했다.

법률가들과 철학자들은 기독교의 가르침과 자연법 및 고대 로마법에 입각한 논리로 이 과업을 정당화했다.

에스파냐 정부는 멕시코·중앙아메리카·카리브해의 섬들을 포괄하는 누에바에스파냐와 남아메리카의 페루를 별개의 행정단위로 나누고, 각각 멕시코시티와 리마를 중심으로 총독 중심의 행정제도를 수립했다. 명문가 출신의 총독은 본국에서 온 법률가로 구성된 사법 기구인 아우디엔시아Audiencia의 보좌와 제약을 받았다. 각 지방의 행정은 총독에게 책임을 지는 지방관이 수행했는데, 말단에서 정복자를 대신해서 세금을 징수하는 일은 인디오 농촌 마을의 지도자 역할을 하는 추장 카시케Cacique가 맡았다.

에스파냐의 가톨릭 군주는 교황의 동의를 얻어 아메리카에서 교회 문제에 관해 폭넓은 권리를 행사했다. 그들은 교회를 건설하고, 성직자를 임명하고, 다양한 교단이 원주민을 개종시키려는 활동을 감독할 수 있었다. 수많은 선교사, 특히 도미니쿠스회·프란체스코회·예수회 수도사들이 사방팔방으로 퍼져나가, 정복한 지 불과 몇 년 사이에 수십만 명의 원주민을 개종시켰다. 선교사들은 학교·병원·보육원을 짓고, 유럽 문명사회의 기본 요소들을 이식했다. 그런 활동을 통해 그들은 원주민의 삶을 통제하고, 그들을 제국의 유순한 신민이 되게 하는 데 이바지했다.

아메리카 원주민에 대한 에스파냐의 정책은 오도된 온정주의와 잔인한 착취가 뒤섞인 것이었다. 공식적으로는 원주민은 국왕의 신민으로 선언되어 그 권리가 인정되었다. 그러나 다른 한편으로는 에스파냐 정부가 정복자들에게 엔코미엔다encomienda를 부여했는데, 이는 유럽의 장원제도와 비슷한 것이었다. 그 보유자 엔코멘데로encomendero는 일정 토지에서 원주민으로부터 공납을 징수하고, 그들에게 강제 노역을 시킬 권리를 부여받았다. 물론 엔코멘데로는 '신민'인 원주민을 보호하고 임금을 지급할 의무가 있었지만, 실제적으로는 그것이 지켜지지 않게 마련이었다. 본국에서 수천 킬로미터 떨어진 데서, 에스파냐 정착민들은 정부의 지침을 무시하고 자신의 경제적 이익을 추구하기 위해 인디오를 잔인하게 혹사하고 착취했다. 인디오 여성들은 대체로 엔코멘데로나 감독으로 일하는 카시케의 성노예로 이용되었다. 화형을 당하기 전, 한 쿠바 인디오 추장은 "만약 천국에 에스파냐 사람들이 있다면, 나는 천국에 가고 싶지 않다"고 절규했다.

엔코미엔다의 악폐가 너무나 심하고 그에 따라 인디오의 원성이 워낙 높아서, 1550년 이후 그 제도는 차츰 사라졌다. 이런 변화는 주로 도미니쿠스회 탁발수도사 바르톨로메 데 라스 카사스Bartolomé de las Casas의 노력 덕분이었다. 그는 인디오에 대한 잔인한 대우에 항의하고, 그들이 다른 신민과 동등한 권리를 가져야 한다고 국왕을 설득했다. 그의 노력으로 1542년 엔코미엔다의 권리를 제한하는 '신법New Laws'이 제정되었다. 그러나 이 법은 거센 반발을 불러와 몇 년 뒤 폐지되고 말았다. 그 후 오랜 시간을 두고 엔코미엔다는 조금씩 없어지고, 많은 인디오가 보호구역에 수용되거나 계약 노동자로 고용되었다. 인디오의 불행은 도미니쿠스회와 예수회가 세운 구호소의 보호와 도움으로 어느 정도 경감되었는데, 라스 카사스는 그런 시설을 설립하는 데도 앞장섰다.

원주민의 저항이 아예 없었던 것은 아니다. 유카탄과 과테말라의 마야인은 1540년대까지 유혈의 싸움을 이어갔다. 멕시코 북부에서는 치치메카족Chichimeca이 말과 탈취한 총기를 사용하면서 1590년대까지 저항을 계속했고, 페루에서는 1577년에야 원주민의 반란이 간신히 진압되었다. 가장 완강한 저항은 남부 칠레의 아라우칸족Araucanian에서 나왔는데, 이들은 16세기가 끝날 때까지 에스파냐인과 성공적으로 싸웠다. 그러나 결국 1600년에 이르러 두 총독령은 체제가 확립되었고, 에스파냐 이주민과 메스티소mestizo의 인구가 20만 명에 이르렀다.

누에바 에스파냐는 나중에 필리핀의 식민화도 지원했다. 마젤란의 위업으로 에스파냐는 필리핀에 대한 권리를 내세울 수 있었는데, 그곳은 태평양을 횡단하는 무역에서 에스파냐의 주된 무역 기지가 되었다. 에스파냐인은 멕시코 광산에서 캐낸 은을 지불하고 얻은 비단과 기타 사치품을 멕시코로 실어 날랐다. 1580년에 이르러 탁발수도사들이 수도 마닐라를 중심으로 포교 활동을 시작했고,

1622년에는 개종자가 50만 명에 이르렀다. 멕시코처럼 필리핀에서도 에스파냐 남성은 소수의 엘리트로서 현지 여성과 관계를 맺고, 수많은 혼혈 인구를 생산했다.

포르투갈 판도에 편입된 브라질 동부는 오랫동안 방치되었다가, 1531년에야 상 빈센테São Vicente에 소규모 정착촌이 세워졌다. 그 정착민은 1540년대에 약 2000명에 불과했고, 16세기에 그곳은 대체로 죄수를 유배 보내는 장소로 이용되었다. 포르투갈인들은 원주민을 살육하거나 내륙으로 내쫓고, 아프리카에서 흑인 노예를 수입하여 사탕수수 재배를 시작했다. 1600년에도 유럽 주민은 대략 2만 5000명 정도에 불과했는데, 그 이후 비로소 포르투갈은 무역뿐 아니라 아메리카에서 부를 개발한다고 하는, 좀 더 장기적이고 힘든 과업으로 관심을 확대했다. 그들은 브라질에서 에스파냐인이 한 것과 비슷한 지배 체제를 수립했다.

원래 포르투갈이 토르데시야스 조약으로 남아메리카에서 차지한 땅은 브라질의 동부 지역뿐이었다. 그러나 포르투갈 개척자들이 강을 따라 에스파냐 몫인 내륙 깊숙이까지 침투하면서 지금의 브라질 영토를 대부분 차지하게 되었다. 이는 남아메리카 서부 해안 지대를 차지한 에스파냐가 브라질로 진출하는 길을 험준한 안데스산맥이 가로막고 있었기 때문에 가능한 일이었다. 그리고 에스파냐인에게는 금과 은을 비롯한 값진 지하자원이 쏟아져 나오는 칠레나 페루 지역과 달리 브라질은 별로 쓸모가 없어 보였다. 게다가 1580년 이후 60년간 포르투갈이 에스파냐에 통합되었는데, 그 덕분에 그 기간에 두 나라가 맺은 토르데시야스 조약이 사실상 무효가 되면서 포르투갈인이 내륙으로 대거 진출할 수 있었다. 17세기 전반기에는 네덜란드인이 한동안 브라질에 진출하기도 했다. 그러나 포르투갈은 1640년 에스파냐에서 독립을 되찾은 뒤, 네덜란드인을 브라질에서 몰아내고 그 방대한 식민지에 대한 지배권을 확립했다.

**아메리카 식민지의 사회와 문화**　　　포르투갈이 아프리카에 미친 영향은 에스파냐가 아메리카에 미친 영향만큼 즉각적인 재앙은 아니었다. 비록 곳곳에서 큰 피해를 보기는 했지만, 그것은 이후에 닥칠 훨씬 큰 재앙의 예고편이었을 뿐이다. 그러나 에스파냐의 아메리카 지배는 폭력과 무자비한 착취라는 점에서 유례를 찾기 어려운 것이었다. 1600년까지 한 세기 사이에 토착 문명이 철저히 파괴되었다. 예부터 이어져 온 사회 및 정치 구조가 해체되고, 유럽의 정치제도·종교·언어·문화가 이식되었다. 그뿐 아니라, 강제노동과 기아, 특히 질병 등으로 전체 인구가 거의 결딴이 나다시피 했다. 천연두·홍역·티푸스typhus 등 정복자들과 함께 온 질병이 원주민의 목숨을 수없이 앗아갔다. 히스파니올라의 경우, 콜럼버스가 왔을 때 인구는 대략 10만 명이었는데, 1570년에는 단 300명에 불과했다. 이따금 재발하는 천연두와 홍역의 재앙이 다른 전염병과 더불어 16세기 내내 라틴아메리카 인구를 고갈시켰다.

인디오의 인구가 고갈된 데는 노예화 역시 한몫했다. 가톨릭교회와 에스파냐 정부가 허용하지 않았음에도 노예화가 일어났다. 최악의 사례이지만, 히스파니올라에서는 초기 정착민이 아라와크Arawak족을 짐승처럼 부려먹었고, 그들은 곧 역병이 만연하는 가운데 멸종했다. 약 4만 명에 이르는 바하마 원주민 전체가 이웃 섬에 노예로 팔아 넘겨졌다. 포르투갈인들은 아프리카 노예가 상당한 규모로 브라질에 들어오기 전에, 노예를 얻기 위해 정글에서 '인디오 사냥'을 자행했다.

원주민의 인구 희생은 정확히 추산하기가 지극히 어려운데, 콜럼버스 도래 이후 한 세기 만에 전체 인구 6000여 만 명 가운데 대략 90% 정도가 희생된 것으로 추정된다. 이 비극적 재앙은 라틴아메리카의 인종 구조에 결정적 변화를 가져왔다. 이베리아에서 백인의 지속적 이주와 더불어 아프리카 노예의 유입으로 다채로운 인종 혼합이 이루어졌다. 일찍부터 에스파냐와 포르투갈은 유럽인과 토착 원주민의 결혼을 허용했는데, 그 결혼에서 메스티소가 생겨났다. 그리고 유럽인과 아프리카 흑인 노예의 결합도 이루어져, 그사이에서는 물라토mulatto가 생겨났다. 그 과정에서 토착 문화가 이베리아 및 아프리카 문화와 결합하면서 새로운 라틴아메리카 문화가 형성되었다. 유럽인의 도래는 생태 환경에도 영향을 미쳤다. 유럽인은 마소를 아메리카로 가져왔는데, 특히 말은 대초원의 원주민의 삶을 온통 바꾸어놓았다. 그들은 또한 밀과 사탕수수 같은 새 작물을 아메리카에 전파했다.

식민지에서는 지역 간의 교역이 조금씩 성장하고 몇몇 분야에서 공업이 발달하기도 했지만, 주요 경제활동은 농업과 목축 그리고 은광업이었다. 금은 일찍 고갈되었지만, 은은 매년 배에 실려 에스파냐로 운송되었다. 캐낼 금이 없어지면, 에스파냐 귀족이 버려진 땅을 차지해서 밀·쌀·면·커피·사탕수수 등을 재배했으며, 소·말·양이 수입되어 사육되었다. 대농장은 일부 지역에서 발달하고 있었지만, 17세기 중엽 이전에는 라틴아메리카의 전형적인 농업은 아니었다. 집약적인 단일 작물 재배에 적합한 지역에서도 자본을 모으고, 숙련기술자를 찾고, 인건비를 지급하는 것이 쉬운 일은 아니었다. 경작을 위한 노동은 원주민과 아프리카 노예가 맡았다.

**노예무역**　　아프리카 노예무역은 인류 역사에서 가장 광범한 인구 이동을 가져왔는데, 이는 오직 나중에 유럽인이 아메리카로 몰려간 것에만 뒤질 뿐이었다. 아메리카 식민제국에서 유럽인은 처음에 인디오의 노동력을 이용했다. 그러나 인구가 희박하고 상대적으로 후진적인 브라질과 서인도제도에서 인디오들이 백인의 학대와 질병으로 빠르게 무너지자, 유럽인은 그 노동력의 공백을 노예로 끌려온 수백만의 아프리카인으로 메꾸었다. 1538년 브라질에 흑인 노예가 처음 수입된 이후 그들의 유입은 기하급수적으로 증가했다.

초기에는 한 해에 2000명쯤의 노예가 아메리카로 팔려 왔는데, 17세기에는 그 수가 100만 명을 넘어섰다. 그리고 18세기에는 노예무역이 동아프리카까지 확대되면서 극적으로 성장했다. 노예무역이 최종적으로 끝난 1880년대까지 대략 1500만 명의 아프리카 흑인이 유럽인의 노예로 전락했다. 동아프리카 해안에서 아랍인들이 벌인 노예무역을 별개로 하고도 그러했다. 이때 아메리카에서 시행된 노예제는 모든 형태의 노예제 중에서 가장 야만적인 것이었다. 많은 문명사회가 노예제를 널리 시행했지만, 그것은 대체로 도를 지나치지는 않았다. 그러나 아프리카 노예제는 전혀 절제된 양상을 보이지 않았다.

유럽인이 아프리카로 몰려오기 전, 노예는 대부분 전쟁 포로였다. 그러나 수요가 증가하면서 노예의 안정적 공급을 유지하기 위해 전란과 약탈이 증가했다. 노예무역으로 획득한 총기로 무장한 아프리카의 추장과 추종자들이 이웃에 대한 침략과 전쟁에 더욱 열을 올렸기 때문이다. 적의 전사가 마을을 약탈하는 과정에서 생포된 희생자는 가까운 해안 무역소로 끌려가 유럽 노예상에게 팔렸다. 그들은 사슬에 묶인 채 노예선 선창에 짐짝처럼 빼곡히 실려 수개월을 항해했고, 예닐곱 중 한 명은 도중에 죽었다. 도착해서 일단 농장주에게 팔리면, 3년 안에 셋 중 한 명은 과로나 질병 혹은 영양실조로 죽었다. 그러나 그건 주인에게는 별로 문제가 안 되었다. 18세기 말에 가격이 오르기 전까지는, 무역상 간의 경쟁으로 언제나 헐값으로 새 노예를 살 수 있었다.

## 4) 서북유럽 국가들의 해외 개척

**해외 팽창의 2차 국면**　　　유럽의 해외 팽창은 1600년 이후 두 번째 단계에 들어섰다. 17세기 이후는 유럽이 이전 세기의 폭발적인 해외 팽창 뒤 숨 고르기를 하는 시기였다. 카리브해와 북아메리카를 제외하고는 유럽의 정복 활동은 대체로 소강상태를 맞았는데, 이런 현상은 19세기에 아시아와 아프리카에서 일어난 거대한 식민 팽창의 물결 때까지 계속되었다. 에스파냐는 국내 경제를 발전시키는 일을 소홀히 하고, 끊임없는 전쟁으로 식민지에서 얻은 부를 탕진하면서 쇠퇴했다. 포르투갈 역시 함께 쇠퇴했는데, 포르투갈은 1580년 이후 합스부르크가의 국왕을 고리로 에스파냐와 결합해 있는 데다가, 자체의 제국 문제로 어려움을 겪었다. 이런 상황이 서북쪽 유럽 국가들에게는 기회가 되었다. 눈부신 성공을 거둔 포르투갈과 에스파냐보다 뒤늦었지만, 영국·프랑스·네덜란드 역시 야심에 차 있기는 마찬가지였다. 16세기가 끝나갈 무렵 이들 세 나라는 세계 무역에서 한 몫을 차지하기 위해 본격적으로 나섰으며, 차츰 이베리아반도의 국가들이 장악한 영토와 무역도 잠식하기 시작했다.

유럽 팽창의 제2 국면은 네덜란드가 먼저 열었다. 그것은 제1 국면에서 황금시대를 구가했던 이베리아 국가들의 노골적이고 직접적인 약탈과 착취보다는, 주로 무역과 재정에 기초한 해양 제국주의에 치중했다. 네덜란드인은 17세기 초부터 적극적으로 해외 진출에 나섰다. 그들은 1630~1650년 사이에 대서양에서 에스파냐의 전함을 거의 모두 몰아내는 한편, 브라질·아프리카·아시아에서 포르투갈의 교역 기지를 대부분 넘겨받았다.

프랑스는 종교전쟁으로 국력을 너무나 많이 소모하여 밖으로 힘을 쏟을 여유가 없어서 해외 팽창에서 네덜란드와 영국에 뒤졌다. 그래서 프랑스는 네덜란드가 선두에서 밀려나고 난 다음 17세기 후반에 본격적으로 해외 진출에 뛰어들었으며, 이후 거의 한 세기에 걸쳐 영국과 식민지 경쟁을 벌였다. 영국 역시 국내 정치 상황, 특히 초기 스튜어트Stuart 왕들의 미숙한 국정 운영과 1640년대의 혼란 때문에 17세기 전반기에는 인상적인 해외 활동을 펼치지 못했다. 그러나 그 후에 네덜란드와 세 차례나 전쟁을 치르면서 점차 네덜란드를 밀어내고 상업 및 식민 경쟁에서 우위를 차지했다.

**네덜란드의 해외 진출**　동남아시아에서 포르투갈의 패권을 무너뜨린 나라는 네덜란드였다. 네덜란드인은 17세기 초에 몰루카 제도Molucca Is.로 진출하여 향료 무역에서 포르투갈인을 밀어내기 시작했다. 이후 반세기 만에 네덜란드인은 믈라카와 스리랑카를 포함하여 무역로에 있는 포르투갈의 해안 요새 대부분을 점령하고, 포르투갈의 제국적 지배권을 끝장냈다. 네덜란드의 아시아 교역은 1602년 설립된 네덜란드 동인도회사가 담당했다. 동인도회사는 처음에는 향료 무역을 독점하는 대가로 토착 지배자들과 협력하다가, 결국은 협상이나 무력 충돌을 통해 정치적 및 군사적 통제도 공고히 했다. 1619년 자카르타에 요새를 건설한 네덜란드인은 곧 자바와 수마트라 대부분을 차지하고, 그곳에서 직접 농장을 경영하여 후추·계피·차 등을 공급하면서 막대한 이윤을 거두어들였다. 버마와 태국, 베트남 등 강력한 군주국이 외세의 침략에 저항한 동남아 본토에서는 유럽인의 도래가 미친 충격이 상대적으로 작았다. 포르투갈인이 16세기에 이들 나라에서 제한적인 교역 관계를 수립했고, 뒤를 이어 17세기 초에 서북유럽 나라들이 무역과 선교를 위해 활발하게 경쟁했다. 그러나 전반적으로 본토의 나라들은 단결해서 유럽인을 몰아낼 수 있었다.

한편 네덜란드인은 1621년 서인도회사를 설립했다. 이 회사는 곧장 서아프리카에서 앙골라 북쪽의 포르투갈 기지를 모두 탈취하고, 아메리카와의 노예무역을 장악했다. 서인도회사는 카리브해에서 에스파냐인을 몰아낸 뒤, 다른 유럽 이주자를 끌어들였다. 그런 다음 그 회사는 아마존 하구에서 브라질을 정복하기 시작했다. 네덜란드인은 브라질에서 사탕수수 재배법을 익혀 카리브해에 전했다. 그리고 서인도회사는 북아메리카에서 1624년 맨해튼섬에 뉴암스테르담을 건설한 것을 시작으로, 허드슨강 하구에서 북으로 올버니Albany에 이르는 일대에 뉴네덜란드를 건설했다. 그러나 이 식민지는 정착민을 별로 끌어들이지 못했고, 결국 17세기 후반에 영국에게 빼앗기고 말았다.

네덜란드인은 17세기 중엽에 이르러, 아시아와 서아프리카 그리고 라틴아메리카 등지에 강력한 해외 제국을 건설했다. 그러나 그들은 이전의 포르투갈인처럼, 상업적으로 성공했으나 정착 식민지를 건설하지는 못했다. 그들은 대부분 재산을 한몫 챙겨서 고국으로 돌아가기를 원했다. 일부 동양에 정착한 사람들도 가정을 꾸리는 데는 관심이 없었으며, 여성 노예나 하녀와 일시적인 성적 방종에 탐닉했을 뿐이다. 네덜란드인들은 이베리아인들과 달리 기독교를 전파하는 데도 별 관심이 없었다. 결과적으로 네덜란드의 식민지에서는 라틴아메리카와 같은 인종적 혼합이 거의 없었다.

**영국과 프랑스의 아시아 진출**　　네덜란드에 이어 향료 무역에 뛰어든 영국은

1600년 동인도회사를 설립했다. 그러나 몰루카 제도에서의 활동은 네덜란드의 견제를 받아 어려움을 겪었다. 영국인은 네덜란드인과 몇 차례 충돌한 끝에, 1620년대에 결국 몰루카에서 쫓겨났다. 그러나 영국인들은 인도에서는 훨씬 더 잘 해냈다. 그들은 인도 서해안 여러 도시에 무역 기지를 설치했으며, 동해안에는 1639년 마드라스Madras에 요새화한 기지를 건설했다. 영국이 인도에서 성공하자, 네덜란드와 프랑스가 경쟁에 뛰어들었다. 네덜란드는 17세기 중엽 향료 무역에 집중하기 위해 인도에 대한 관심을 접었으나, 프랑스인은 끈질기게 노력하여 동부 해안에 기지를 건설했다. 잠시 프랑스는 영국과 성공적으로 경쟁했고, 마드라스의 영국 요새를 점령하기도 했다. 프랑스는 1674년 동남 해안에 있는 퐁디셰리Pondicherry를 획득하여 무역 거점으로 삼았다.

영국은 17세기 말경에는 중국에도 진출해서 1699년 광둥廣東에 첫 상관을 개설했다. 이후 수십 년 사이에 영국과 중국 간에 무역이 활발히 이루어졌으며, 특히 영국의 차와 비단 수입이 급격하게 증가했다. 청나라 정부는 유럽인과의 접촉을 제한하기 위해 모든 유럽 무역업자의 활동을 광둥시 성벽 바깥에 있는 작은 섬인 홍콩에 국한하고, 그들에게 10월에서 이듬해 3월까지만 머물게 했다. 18세기 말에 이르자 일부 영국 상인이 중국 해안 다른 도시와의 접촉을 요구하기 시작했고, 영국의 공산품에 문호를 개방하라고 주장했다. 1793년 머카트니Macartney 경의 인솔 아래, 영국 사절단이 베이징을 방문하고, 무역 제한을 풀라고 압박했다. 그러나 건륭제는 영국 제품에 아무런 관심도 보이지 않았다. 중국은 나중에 영국의 요청을 거절한 대가를 톡톡히 치러야 했다.

**영국과 프랑스의 북아메리카 식민지 개척**　　　17세기가 시작될 무렵 포르투갈과 에스파냐는 네덜란드, 영국, 프랑스로부터 아메리카제국에 대한 거센 도전을 받게 되었다. 에스파냐는 군주의 빈곤한 지도력과 아메리카 은광의 생산 감소로 강국으로서의 위상이 급격히 쇠퇴했다. 네덜란드가 에스파냐 식민제국의 심장부라고 할 카리브해에서 에스파냐인을 몰아내고 카리브해를 개방하자, 영국인과 프랑스인은 그곳으로 몰려가 여러 섬을 차지했다. 이 열대의 섬에 두 나라는 대농장 경제를 발전시켰는데, 아프리카 노예들이 이 농장에서 담배·목화·커피·설탕 등을 생산했다. 처음에는 담배 재배가 주된 사업이었으나, 차츰 사탕수수 농장이 더 중요해졌다. 18세기 마지막 20년 동안에 영국의 자메이카Jamaica 식민지에서는 20만 명의 흑인 노예가 매년 5만 톤의 설탕을, 그리고 나중에 아이티Haiti공화국이 된 프랑스 식민지 생도맹그Saint Domingue에서는 50만 명의 노예가 한 해에 10만 톤의 설탕을 생산했다. 이는 혹사로 인한 높은 사망률이라는 대가를 치르고 얻은 성과였다.

한편 영국인은 북아메리카 본토에 식민지를 건설하기 시작했는데, 그 첫 정착지는 1607년 버지니아에 건설된 제임스타운Jamestown이었다. 1629년 매사추세츠Massachusetts에 세워진 식민지는 신앙의 자유를 얻으려는 청교도들의 종교적 열망과 경제적 욕망이 결합하여 이루어진 좋은 성공 사례였다. 이후에 이주자들이 이곳에서 인근으로 퍼져나갔다. 1642년 이전에 영국인 2만 5000명 이상이 뉴잉글랜드로 이주했으며, 이후에도 그 수가 꾸준히 늘어났다. 그들은 영국에 아무것도 남겨놓지 않고 떠나와, 새 땅에 영주하면서 새 보금자리를 일굴 것을 기대했다.

영국은 1664년에는 네덜란드로부터 뉴네덜란드 식민지를 탈취하고, 이름을 뉴요크New York로 바꾸었다. 이후 17세기 말경에 이르러 영국인은 북아메리카 동부 연안 대부분 지역을 차지하고 13개의 식민지를 건설했다. 그곳은 차츰 인구가 늘어나서 18세기 중엽에는 200만 명에 이르렀다. 그들은 영국의 문화와 정치제도를 북아메리카에 옮겨놓았다. 프랑스 식민지는 총독을 통해 본국으로부터 면밀하게 행정상의 감독을 받았다. 그러나 영국의 13개 식민지는 런던의 간섭을 받기는 했으나, 각각 독자적인 입법부를 보유하고 폭넓은 자치권을 누렸다. 그리고 라틴아메리카는 주로 일확천금을 노리고 찾아온 모험가들이 현지에서 인종적 혼합을 통해 다인종 사회를 형성했다. 그와는 달리 북아메리카의 영국 식민지 이주민들은 대체로 종교적 자유를 찾아 가족 단위로 신천지를 찾아온 사람들이었다. 그들은 원주민과 섞이지 않고, 아니 그들을 몰아내고 순수 백인 사회를 유지했다.

프랑스인은 16세기 전반기에 여러 차례 북아메리카에 식민지를 건설하려 애썼으나 실패를 거듭한 끝에, 이후 17세기 초까지는 별다른 노력을 기울이지 않았다. 그러다가 그들은 1605년에 비로소 노바스코샤Nova Scotia의 포트 로열Port Royal에 기지를 건설했다. 그리고 프랑스인은 1620년대부터 퀘벡Quebec을 개척하려고 시도했으나, 그곳은 악조건으로 인해 성장이 매우 더뎠다. 게다가 프랑스 식민지는 가톨릭교도만 정착이 허용되어 인구 증가가 더욱 제한되었다. 1663년 그곳이 프랑스 국왕의 재산이 되고 총독이 통치했지만, 프랑스인 주민은 2500명 정도에 불과했다. 18세기 중엽에도 캐나다의 프랑스인 주민은 만 5000명가량에 불과했는데, 그들은 주로 원주민과 모피 교역을 하거나 탐험 혹은 선교 사업에 종사했다. 프랑스는 북아메리카 대륙을 정복하기 위해 벌인 영국과의 경쟁에서 우위를 잡을 수 있을 만큼 인적 및 물적 자원을 동원하지 못했다.

## 5) 해외 팽창이 유럽에 미친 영향

**경제적 변화**　아메리카 정복의 직접적 결과의 하나는 엄청난 양의 귀금속이 유럽에 유입된 사실이었다. 이는 곧바로 유럽 경제에 매우 큰 영향을 끼쳤다. 에스파냐인이 아스테카와 잉카에서 약탈하여 유럽으로 들여온 금과 은은 그리 많지 않았다. 그러나 그들은 곧 신속하게 대규모 광업을 조직했고, 그리하여 1660년까지 대략 은이 1만 6800톤, 그리고 금이 185톤이나 유럽으로 쏟아져 들어왔다. 금과 은의 가치는 떨어지고, 그만큼 물가가 올랐다. 약 한 세기 반 사이 물가는 에스파냐에서 네 배, 그 북쪽 유럽에서는 세 배 이상 뛰었다. 이른바 가격혁명이 일어난 것이다. 치솟는 인플레이션 때문에 임금노동자들이 고통을 겪었고, 채권자와 고정지대에 의존하던 봉건귀족들도 피해를 보았다. 반면에 상공업을 경영하는 자본가들은 물가 상승과 값싼 노동력 그리고 시장의 확대 덕분에 이득을 보았다. 그리하여 자본가의 사회적 지위가 향상된 동시에 봉건귀족의 경제력이 약해졌으며, 이는 유럽 대부분의 나라에서 절대군주정이 발달하는 데 영향을 끼쳤다.

대서양 무역의 발달은 번영과 세력의 지리적 분포에 급격한 변화를 가져왔다. 베네치아, 피렌체, 제노바를 비롯한 여러 이탈리아 도시들은 오랫동안 이슬람권과 유럽 사이에서 전략적 위치를 차지하면서 초기 자본주의 성장에 이바지했다. 그러나 새 무역로가 열리면서 지중해 무역은 중요성이 현저하게 줄어들었다. 아드리아해의 여왕 베네치아는 쇠퇴하고, 대서양에 면한 나라들이 지리적 이점을 누리기 시작했다. 리스본Lisboa과 카디스Cádiz, 기타 이베리아반도의 항구들이 전 세계 무역의 중계무역항이 되었다. 에스파냐로 쏟아져 들어간 엄청난 양의 귀금속은 장기적으로는 경제에 해를 끼쳤다. 물가가 다른 나라보다 더 뛴 데다가, 아메리카에서 얻은 부가 상공업의 발달에 투입되지 않고 전쟁에 탕진된 것이다. 그리고 종교의 이름으로 행해진 유대인과 무어인의 추방으로 장인과 상인 계층이 심각하게 취약해졌다.

그런데 에스파냐와 포르투갈이 새로운 부와 번영의 궁극적 주인공은 아니었다. 부는 에스파냐를 거쳐 차츰 북쪽으로 흘러들어 갔으며, 거기서 생산적 산업에 투자되었다. 그리하여 에스파냐는 다른 나라보다 산업 발달이 뒤처지게 되었다. 차츰 네덜란드 상인들이 동서양을 넘나들며 상품을 실어 날랐으며, 곧 영국과 프랑스의 상인이 그 뒤를 따랐다. 그들이 수출하는 상품은 주로 서북유럽에서 생산되었다. 이베리아 국가를 이어 네덜란드·영국·프랑스가 유럽과 세계 다른 지역 간의 무역을 주도하게 되면서, 번영과 힘의 중심이 서북유럽으로 옮아 갔다. 16세기가 지나가면서 처음에 안트베르펜, 그다음에 암스테르담과 런던이 팽창하는 상업과 금융의 중심으로 떠올랐다. 그곳에서 차관이나 대부가 이루어지고, 상품과 주식이 거래되었다.

**문화에 미친 영향과 일상생활의 변화**    유럽의 팽창 이후 세계 종교의 판도에서 기독교의 위상은 한순간에 바뀌었다. 기독교는 기나긴 중세 시대 동안 거의 전적으로 좁은 유럽의 울타리 안에 머물러 있었다. 그러나 1500~1600년의 한 세기 사이에 기독교는 세계의 광활한 여러 대륙으로 퍼져나갔다. 게다가 유럽의 세력 확장은 서양 문화의 비종교적 요소가 강화되는 효과를 낳았다. 부를 얻고 누릴 기회가 확대됨으로써, 유럽인들 사이에 물질주의가 만연해졌다. 유럽인은 또한 놀라운 성공을 거둠으로써 우월감과 낙관론이 강화되었다. 그들은 조그마한 대륙의 중세적 한계에서 벗어나 세계로 뻗어 나갔으며, 이런 성취로 변화와 진보에 대해 확신을 하게 되었다. 서양 문명은 이제 세계적 문명이 되었으며, 유럽의 가치와 사상은 세계 거의 모든 곳에서 친숙해졌다.

팽창은 유럽인의 상상력에도 엄청난 영향을 미쳤다. 번쩍이는 황금, 특이한 동식물, 낯선 사람과 관습 등 경이로운 것으로 가득 찬 거대한 새 세상이 유럽 대중의 눈앞에 펼쳐졌다. 유럽인의 호기심을 만족시키기 위해 엄청난 숫자의 여행책과 낯선 곳에 대한 설명서가 출판되었다. 게다가 유럽인들은 그들이 발견한 모든 것에 대해 우월감을 느낄 수 있는 편안한 위치에 있었다. 그들의 군사 및 경제적 우위는 지구 대부분 지역에서 충분히 저항을 압도할 만했다. 아시아의 풍요로운 문명조차 대부분의 유럽인에게는 그들의 것보다 열등해 보였다.

세계로의 진출은 또한 17세기가 지나가는 과정에서 일어난 전반적인 지적 혁명에 이바지했다. 중세 유럽에서는 기독교도와 이교도를 가릴 것 없이, 모든 고대 저자의 권위와 위신은 대단했다. 유럽인의 지적 활동 대부분은 그런 권위 있는 저자의 저술을 해석하고 주석을 다는 수준에 머물렀다. 그러나 17세기에 이르면 고대 저자들이 오류가 없지 않다는 점이 분명해졌다. 참으로 그리스·로마인도 그리고 교부들도 세계에 관해서 유럽 지식인만큼 많이 알지는 못했다고 많은 사람이 확신했다. 프랑스와 영국 같은 나라에서 근대 학문과 문학이 고대에 대해 갖는 우월성이 논쟁의 주제가 되었다. 그리고 차츰 근대인이 그 논쟁에서 이겼다.

16세기 초 이후 유럽 시장은 전에 없던 상품들로 넘쳐나기 시작했다. 아메리카에서 토마토·옥수수·감자·땅콩 등 새로운 식품이 들어와 유럽인의 식탁에 오르고, 후추와 계피 같은 향료는 음식의 맛을 더했다. 설탕은 꿀을 대체했고, 코코아·커피·담배는 유럽인의 주요 기호품이 되었다. 1650년대에 런던에서는 커피 하우스와 찻집이 처음으로 문을 열었다. 그리고 중국의 비단과 인도 및 멕시코의 면은 복장을 획기적으로 변화시켰다. 도자기와 동양의 가구 및 미술품이 특권계급 가정에 등장하기 시작했다. 한편 유럽이 천연두를 선물한 데 대한 보답으로 아메리카는 유럽에 매독을 전해주었다.

**해양 활동의 중요성**　　중세 유럽인의 생활은 기본적으로 육지 중심이었고, 해상 활동이라고 해봐야 대서양 해안과 지중해가 고작이었다. 그런데 대서양 항로의 개척과 그에 따른 대서양 열강의 등장 이후, 해양 활동은 매우 중요해졌다. 단순히 배가 더 많이 건조되고 상선단과 해군의 규모가 대폭 증가했다는 것만이 아니다. 상선과 전선을 포함해서 대함대의 존재가 유럽의 발전에 근본적인 영향을 미쳤다. 해군은 전쟁의 성격을 바꾸어놓았다. 이전에 지상전은 특정의 제한된 목적을 가진 전투로 이루어졌다. 그러나 16세기에는 전쟁이 해외에서도 치러짐으로써, 전쟁 양상이 좀 더 폭넓어지고 복잡해졌다. 상업상 및 전략상 이유로 공해의 지배가 더욱 중요해짐에 따라, 유럽의 전쟁은 전 지구적 반향을 일으키기 시작했다. 그리고 고대 그리스 시대처럼, 육군으로 육지를 지배하는 열강과 해군으로 바다를 장악하는 열강의 두 유형의 열강이 등장하기 시작했다.

　해양의 중요성은 경제에서만큼 뚜렷하게 드러나지는 않았지만, 또한 사회적 혹은 정치적 반향도 일으켰다. 육군은 일반적으로 장교직을 독점해 온 귀족들이 이끌었다. 그렇지만 해군은 전문 기술자가 필요했고, 이들은 상대적으로 중간계급에서 더 많이 충원되었다. 게다가 일정 규모의 용병은 귀족이나 제후 같은 지역 세력이 모집할 수 있었지만, 함대를 구축하고 유지하는 일은 국가적 차원이 아니고는 어려운 일이었다. 따라서 해군의 성장은 권력이 귀족에서 국왕과 중간계급으로 점진적으로 이동하는 또 하나의 단면을 보여주는 것이었다.

## 4. 16세기 국민국가의 발전

16세기를 지나는 동안 유럽 여러 나라에서는 중앙정부 권력이 착실하게 성장하면서 세습적 절대군주정이 발달했다. 국왕은 주로 부르주아지에서 인력을 충당하는 중앙집권적 관료제를 통해 자신의 의지를 실행했다. 종교개혁을 거치면서 가톨릭 국가든 개신교 국가든 교회가 좀 더 철저하게 세속 정부의 통제 아래 예속되었다. 그리고 국가의 기능이 이전보다 크게 확대된바, 경제문제가 국가의 소관 사항이 되었다. 징세와 사법 그리고 치안 등과 관련한 정부 업무 또한 엄청나게 증가했다. 대륙의 강대국들은 직업군인으로 구성된 상비군을 보유하기 시작했다. 그러나 이는 일반적 현상이고, 물론 세부적인 발전에서는 지역적 특성에 따라 지역마다 상당한 편차가 있었다.

### 1) 영국 튜더왕조

**헨리 7세와 튜더왕조**　　영국은 장미전쟁이 진행되면서 유서 깊은 대귀족 가문들이 대부분 절멸했고, 그래서 1485년 전쟁이 끝났을 때 영국의 봉건 조직은 전반적으로 무너져버렸다. 그 결과 헨리 7세(1485~1509)가 수립한 튜더왕조는 절대군주정을 확립할 수 있었다. 그는 즉위한 뒤, 요크왕조 에드워드 4세의 딸과 결혼했다. 이 결혼으로 랭커스터가와 요크가가 결합함으로써 양가의 질긴 악연이 마침내 끝이 나고, 그와 더불어 사적 전란도 끝장이 났다. 신중하면서도 단호한 통치자 헨리 7세는 법과 질서를 회복하고, 튜더 절대주의의 기초를 놓았다. 그는 여러 왕위 요구자와 싸워야 했지만, 성공적으로 왕위를 지키고 신생 왕조를 공고히 하는 데 성공했다. 그는 잔존 대귀족가문의 사병을 혁파하고, 성실청 Star Chamber의 법정을 되살려 혼란을 수습했다.

　헨리 7세는 또한 외국의 경쟁으로부터 국내 상공업을 보호하는 정책을 추진하고, 해외 시장을 확대하기 위해 외교 활동도 펼쳤다. 이런 노력을 통해 그는 궁정과 중간계급의 제휴를 이뤄냈는데, 이는 튜더왕조 통치의 중요한 특징이 되었다. 옛 귀족의 영향이 쇠퇴하면서 중간계급의 영향이 증가했다. 한편 그는 언제나 의회를 통해 일했고, 의회에서 그의 뜻은 대체로 존중되었다.

헨리 7세는 적극적인 외교정책을 추구했다. 그는 프랑스의 세력 확장에 대비하기 위해 프랑스와 경쟁 관계에 있던 에스파냐와 동맹을 맺고, 왕세자 헨리를 에스파냐 공주 캐서린과 결혼시켰다. 영국 통치자들은 오래도록 여러 차례 되풀이하여 정복이나 결혼으로 스코틀랜드를 차지하려고 애써왔고, 거의 성공할 뻔한 적도 있었다. 그러나 스코틀랜드인은 종종 프랑스의 군사 및 재정 지원을 받아 번번이 영국의 합병 계획을 좌절시켰다. 헨리 7세는 군사적 시도가 성공하지 못하자, 스코틀랜드와 평화정책을 추구하여 장녀를 스코틀랜드 제임스 4세 왕과 결혼시켰다. 물론 그가 전혀 알 수 없는 일이었지만, 이 결혼은 두 왕국의 장래에 매우 중요한 결과를 가져왔다. 한 세기쯤 뒤에 튜더의 혈통이 끊어지고 그의 딸의 증손자 제임스가 마침내 영국과 스코틀랜드의 왕위를 통합했고, 궁극적으로는 두 왕국이 통일되는 길을 열었다.

한편 헨리 7세는 아일랜드에 대한 지배를 더욱 강화했다. 영국은 아일랜드에 대해서는 저 옛날 헨리 2세 시절부터 지배권을 주장해 왔으나, 실제 영국의 지배는 더블린Dublin을 중심으로 한 페일Pale이라는 좁은 해안 지역을 넘어서지 못했다. 이곳은 영국 왕이 임명하는 총독의 지배 아래 있었는데, 헨리 7세는 새로 에드워드 포이닝스Poynings를 총독으로 파견하여 장미전쟁 기간에 약해진 통제력을 좀 더 강화했다. 포이닝스는 아일랜드 의회를 소집하여 일련의 법령을 제정했는데, 그 법령은 영국의 법이 아일랜드인에게도 똑같이 적용되고 아일랜드 의회는 영국 왕이 승인하지 않은 의제를 독자적으로 다룰 수 없다고 규정했다. 이 포이닝스 법으로 아일랜드는 튜더왕조의 법체제 안으로 들어오게 되었다.

**헨리 8세**　　영국은 헨리 8세와 더불어 르네상스와 종교개혁의 시대로 접어들었다. 그는 다재다능한 인물로서, 종종 변덕스럽고 전제적이기는 했으나 확고하게 왕국을 통치했다. 그의 치세 초기에 국왕을 도와 국정을 전반적으로 책임진 인물은 토머스 울지Thomas Wolsey였다. 울지는 대외적으로는 독일의 카를 5세와 프랑스의 프랑수아 1세 사이를 오가며 대륙 문제에 능동적으로 대처하고, 내정에서는 특히 성실청을 활성화하면서 국왕의 사법권을 확대하는 데 크게 이바지했다. 1529년 울지가 몰락한 뒤 그 역할을 물려받은 인물이 토머스 크롬웰Cromwell로서, 그는 헨리 8세를 도와 영국의 종교개혁을 완료하고 대대적인 행정개혁을 주도했다. 헨리 8세가 로마와 결별하고 영국 교회를 독립시킨 것은 단순히 그의 사적 결단에 의한 것만이 아니라, 영국인 대부분의 정서에 부합하는 것이었다. 영국은 그 무렵 민족주의적 정서가 크게 성장해 있었다.

헨리 8세 시대에 영국은 로마와의 관계를 단절함으로써 외부 권위의 간섭을 받지 않는 완전한 주권국가가 되었을 뿐만 아니라, 국왕 개인의 왕실 행정에서 탈피하여 근대의 국가적 관료 행정이 발달했다. 헨리 8세는 의회를 국정의 동반자로 인정했다. 그 덕분에 의회의 입법 기능이 획기적으로 향상되었으며, 국왕의 위상은 '의회 안의 국왕King-in-Parliament'으로 자리매김하게 되었다. 중앙정부는 추밀원Privy Council을 최고 집행 기구로 하는 행정 개혁이 이루어졌다. 15명에서 20명 규모의 국왕 측근으로 구성된 이 기구는 이전에 왕실 관리가 맡았던 기능을 넘겨받아 중앙 행정 전반을 통괄하고, 지방 관리를 통해 지방 행정도 장악했다.

헨리 8세의 정부는 지방의 통제도 강화했다. 왕국 곳곳에는 왕령이 제대로 시행되지 않는 이른바 '특권구'가 아직도 남아 있었는데, 이런 특권구들이 의회 입법을 통해 모두 폐지되었다. 이로써 잉글랜드 전역이 처음으로 국왕의 직접적인 통치를 받게 되었다. 웨일스와 아일랜드에서도 국왕의 통치권이 강화되었다. 웨일스는 오랫동안 독자적으로 조직된 공국이었는데, 1536년에 완전히 합병되어 12개 주로 개편되었으며, 1543년에는 웨일스 법이 폐지되고 잉글랜드 법이 도입되었다. 가톨릭교 국가인 아일랜드는 1534년 반란을 일으켰으나, 1년여 만에 진압되었다. 이후 영국은 아일랜드를 직접 통치하는 정책으로 선회했으며, 헨리 8세는 1541년에 더블린 의회로부터 '아일랜드의 왕'이라는 칭호를 얻어 냈다. 아일랜드인은 전통적으로 교황을 아일랜드의 왕으로, 그리고 영국의 왕은 교황으로부터 아일랜드를 봉토로 부여받은 영주로 여겨왔는데, 이 조치는 아일 랜드인에게 영국 왕이 그들의 최고 지배자임을 각인시키려는 것이었다.

**엘리자베스 여왕의 치세**　엘리자베스 여왕은 이른바 '엘리자베스의 타협'으로 종교적 갈등을 해결하고 안정을 가져왔다. 가톨릭 신앙을 고수하는 한 줌의 성직자와 일부 급진 청교도만 거부했을 뿐, 대부분의 영국인은 영국교회를 받아들였다. 여왕은 반세기 가까운 긴 치세 동안 안으로는 정국을 확실하게 장악하고 밖으로는 전쟁을 피함으로써, 왕국을 평화와 번영으로 이끌었다. 그 치세기 동안 영국은 유럽 변방의 작은 섬나라에서 유럽 개신교 국가들의 지도자가 되었고, 강국의 문턱을 넘어섰다.

엘리자베스 여왕은 부왕의 외교정책에서 탈피하여 전쟁을 피하고 실리 외교를 추구했다. 여왕은 전쟁이 자신과 왕국에 재앙이 될 것이라는 사실을 잘 알았으며, 그래서 행여 전쟁에 말려들지도 모를 동맹을 피하면서 에스파냐와 프랑스가 서로 대립하도록 공작을 꾸몄다. 그리고 그녀는 에스파냐에 타격을 가하기 위해, 은밀하게 에스파냐 상선을 상대로 한 영국인의 해적질을 부추기는 한편, 에스파냐에 반란을 일으킨 네덜란드를 지원했다. 그녀는 프랑스에 대해서는 분열을 조장하기 위해 종교전쟁에 개입하여 위그노를 지원했다. 그렇지만 영국은 결국 이해관계가 충돌하는 에스파냐와 갈등 관계에 빠져들게 되었다. 한때 에스파냐의 펠리페 2세는 부인인 영국 여왕 메리가 죽은 뒤 엘리자베스에게 청혼하기도 했다. 여왕은 거부했고, 펠리페는 결국 힘으로 영국을 차지하기로 작정했다. 그것은 그로서는 이단을 전복하고 영국을 가톨릭 국가로 복귀시키는 일이며, 분명 신의 뜻에 부합하는 일일 터였다.

펠리페 2세는 1588년 무적함대 아르마다Armada에 영국 침공을 명했다. 그는 에스파냐 군대가 영국에 상륙하면, 가톨릭교도 수천 명이 그의 기치 아래 집결하리라 기대했다. 그러나 그 침공은 곧 재앙임이 드러났다. 아르마다는 영국해협에서 영국 해군에 유린당하고, 패주 길에서는 폭풍을 만나 거의 궤멸하다시피 했다. 이후 에스파냐는 차츰 지는 해가 되었다. 그렇게 에스파냐 무적함대를 격퇴한 영국인은 바다에서 그들이 지닌 힘을 깨닫게 되었다. 엘리자베스 여왕의 치세기는 영국 역사에서 하나의 전환점을 이루었다. 그 이후 영국은 제해권, 상업 활동 그리고 외교로 유럽의 국제 무대에서 점점 더 강력한 영향력을 행사하게 되었다.

튜더왕조 왕들의 통치 방식은 에스파냐의 절대왕정을 확립한 펠리페 2세와는 상당히 달랐다. 그들은 강력한 의회의 전통을 존중했고, 어떤 의미에서는 민심을 의식하고 살폈다. 엘리자베스 역시 절대군주였지만, 튜더의 전통을 따라 의회와의 조화로운 관계를 유지했다. 구빈법Poor Law을 포함하여 여왕의 치세 때 제정된 사회입법은 정부가 최소한 하층민에 대해 일정한 관심을 갖고 있다는 점, 그리고 이전에 교회가 수행했던 사회적 기능의 일부를 정부가 떠맡아야 함을 인정했다는 점을 보여주었다. 대다수 영국인은 여왕의 궁정을 둘러싸고 있는 민족주의적 분위기 속에서 번영하고 만족스러워했다. 셰익스피어의 문학은 엘리자베스 시대 영국인의 자신감과 자부심의 소산이었다.

여왕은 여러 번 정치적 위기도 겪었다. 헨리 7세의 외증손녀인 스코틀랜드의 메리 여왕이 반역 혐의로 처형된 폐비의 딸 엘리자베스의 정통성을 문제 삼으면서 영국의 왕위계승권을 주장했는데, 야심가 귀족들이 이에 편승하여 여러 차례 역모를 꾀한 것이다. 가톨릭교도인 메리를 교황이 지원하고, 에스파냐의 펠리페가 음모자들을 도왔다. 그러나 엘리자베스는 그 모든 위기를 극복했다. 후계 문제의 불안정성을 해소하기 위해 의회는 강력하게 결혼을 간청했다. 그러나 의회의 거듭된 간청에도 불구하고 여왕은 끝내 결혼을 거부했고, 그래서 후사를 남기지 못했다. 1603년 영국의 왕위는 결국 스코틀랜드의 스튜어트왕가로, 여왕의 정적인 메리의 아들에게 넘어갔다.

**스코틀랜드왕국**    스코틀랜드에서 중앙집권적 군주정은 강력하고 독립적인 귀족계급의 존재와 잦은 미성년 군주의 출현 때문에 제대로 발전하지 못했다. 유럽에서 국민국가가 대두하는 15세기와 16세기에 스코틀랜드 국왕은 모두 어린 나이에 즉위했는데, 제임스 1세는 12살, 제임스 2세는 7살, 제임스 3세는 9살, 제임스 4세는 15살, 제임스 5세는 1살, 메리 1세는 생후 6일, 그리고 1603년에 영국 왕 제임스 1세가 된 제임스 6세는 1살 때였다. 그래서 스코틀랜드 정부는 걸핏하면 섭정 체제로 운영되었으며, 그 시기 동안 귀족들은 더욱 큰 권력을 차지하기 마련이었다.

스코틀랜드인들은 영국과 벌이는 끝없는 전쟁에 도움을 얻기 위해 오랫동안 프랑스와 긴밀한 관계를 유지해 왔다. 그 때문에 제임스 5세(1513~1542)는 프랑스 기즈Guise가의 마리Marie와 결혼했고, 그의 딸 메리 1세는 프랑스 왕자와 결혼하여 프랑수아 2세의 왕비가 되었다. 그러나 국내에서 개신교가 성장하면서 프랑스와의 동맹은 국민적 인기를 잃었다. 개신교는 스코틀랜드가 여느 때처럼 기즈의 마리가 딸 메리 여왕의 섭정으로 있던 1550년대에 빠르게 퍼졌다. 열정적인 칼뱅교 목사 존 녹스(1505~1572)가 제네바에 망명하여 수년간 칼뱅과 함께 지낸 뒤 1559년 귀국하자, 당장 나라를 장로교의 본거지로 바꾸어놓기 위한 십자군 운동을 전개했다. 이듬해 의회는 교황과의 결별을 결의했으며, 주교제가 폐지되고 각 지역 교회는 장로들의 감독 아래 자율적 운영권이 주어졌다. 그와 동시에 영국의 엘리자베스 여왕은 군대를 급파하여, 스코틀랜드인이 가톨릭교도 섭정을 지원하던 프랑스 군대를 몰아내는 일을 도왔다.

다섯 살의 어린 여왕으로 프랑스로 가서 프랑스 궁정에서 자란 메리는 1560년 남편 프랑수아 2세가 요절하자, 이듬해 18세의 나이에 스코틀랜드로 돌아왔다. 메리는 여왕으로서 가톨릭교와 강력한 국왕 정부를 재건하기를 기대했지만, 대다수 신민의 적의에 직면했을 뿐이었다. 존 녹스는 여왕의 부도덕을 맹렬하게 비난하고, 사람들에게 신의 계명과 뜻에 어긋나는 것을 요구하는 지배자에게는 저항하라고 주장했다. 귀국 이후 1567년 왕위에서 쫓겨나기까지 메리 여왕의 짧은 치세는 치정과 음모, 암살 등으로 점철되었다. 그녀는 그사이 사촌 단리 Darnley 경 헨리 스튜어트와 재혼하여 아들 제임스 6세를 낳았다. 그러나 그녀는 남편과 사이가 틀어졌고, 남편이 살해되자 곧장 남편을 살해한 정부와 세 번째로 결혼했다. 그러자 여왕의 무분별한 애정 행각에 격분한 귀족들이 반란을 일으켜 메리를 폐위하고 투옥했다. 왕위는 한 살 난 아들 제임스 스튜어트에게 넘어갔다. 일 년 뒤 탈출한 그녀는 군대를 일으켰으나 실패하고, 영국으로 도망가서 엘리자베스 여왕의 보호 아래 들어갔다. 메리는 영국 궁정에서 연금 상태로 지내면서, 여러 차례 역모에 연루된 끝에 결국 1587년 참수형을 받고 파란 많은 삶을 마감했다.

스코틀랜드는 일련의 섭정들이 통치했는데, 이들은 자주 서로 음모를 꾸미고 암투를 벌였다. 제임스 6세는 1581년 나이 15세가 되자 친정을 시도했으나, 개신교도 귀족과 가톨릭도 귀족 사이에서 운신의 폭이 좁았다. 그는 어떻게든 귀족들 세력을 약화시키고 중앙집권적 군주정을 건설하려고 애썼으며, 왕권신수설의 고전이라 할 만한 『자유 군주국의 참다운 법 The True Law of Free Monarchies』 (1598)을 직접 저술하기도 했다. 그의 왕권 강화 정책은 1603년 영국 왕위를 상속받음으로써 어느 정도 성공을 보이기 시작했다.


### 2) 프랑스왕국

**이탈리아 전쟁**  프랑스는 샤를 8세(1483~1498)가 왕비를 통해 브르타뉴를 상속받음으로써, 봉건적 분열을 극복하고 거의 완전한 영토 통합을 달성했다. 그러나 젊고 모험가 기질의 샤를 8세는 통합의 내실을 도모하기보다 거창한 정복을 꿈꾸었다. 1494년 그는 나폴리왕국의 상속권을 주장하면서 이탈리아를 침공했는데, 이는 이른바 이탈리아 전쟁(1494~1559)으로 이어졌다. 이 전쟁에서 프랑스는 나폴리와 밀라노의 지배권을 놓고 이베리아 및 합스부르크가와 맞붙었다. 이탈리아를 침공한 샤를 8세는 다섯 달 동안 승승장구하면서 차례로 밀라노, 피렌체, 로마에 입성했다. 이어서 그는 가벼운 전투 끝에 나폴리를 점령했으며, 군중으로부터 콘스탄티누스 황제 및 예루살렘 왕으로 환영을 받았다. 그러자 베네치아와 밀라노는 신성로마제국 및 에스파냐와 동맹을 맺고 반격에 나섰다. 1495년 7월 본국과의 연락망이 차단된 샤를은 서둘러 전염병으로 약해진 군대를 철수했다.

이렇게 시작된 전쟁은 양편이 여덟 차례나 맞붙으면서 1559년까지 장구하게 이어졌다. 특히 1519년 신성로마제국과 에스파냐왕국이 합스부르크왕가의 카를 5세 지배 아래 하나로 합해지자, 전쟁은 합스부르크-발루아 전쟁이 되었다. 이 전쟁은 기본적으로 합스부르크왕가의 거대한 제국에 둘러싸인 발루아왕가의 프랑스가 그 포위망을 깨뜨리려고 하는 시도로서, 16세기 전반기 유럽의 국제정치는 온통 이 두 가문의 대립으로 얼룩졌다. 싸움은 주로 이탈리아와 독일 땅에서 치러졌지만, 때때로 오스만튀르크와 영국 그리고 독일의 여러 영방국가가 개입하여 전쟁을 확대하기도 했다. 전쟁은 1559년 카토-캉브레지Cateau-Cambrésis 조약으로 끝났다. 이로써 프랑스는 합스부르크가에 치욕적인 항복을 하고 이탈리아와 네덜란드에 대한 권리를 포기했으며, 합스부르크가는 이탈리아 지배권을 장악했다.

합스부르크의 이 지배는 이후 300년 이상 지속되었다. 이탈리아는 처음에는 에스파냐의, 다음에는 오스트리아의 지배 아래에서 정치·경제·문화적 쇠퇴를 겪었다. 이탈리아반도에서 벌어진 오랜 전란과 무역로의 이동은 이탈리아의 부를 크게 무너뜨렸다. 유럽의 국민적 군주정과의 대립에서 이탈리아 지역 국가들이 드러낸 무력함을 보고, 많은 이탈리아인은 자신감을 잃었다. 그리고 가톨릭교의 대응 종교개혁은 르네상스 문화의 많은 특색 있는 표현을 억누르거나 금지했다. 그리하여 이탈리아는 조금씩 이전에 가졌던 지도적 지위를 잃었으며, 17세기 말에 이르러서는 정치적으로나 문화적으로나 2등국으로 떨어졌다.

**위그노 전쟁과 앙리 4세**      프랑수아 1세(1515~1547)와 앙리 2세(1547~1559)는

합스부르크가와 싸우는 한편, 내정에서는 강력한 중앙집권적 지배 체제를 확립했다. 그러나 프랑스는 앙리 2세가 토너먼트 시합에서 사고로 급서하는 바람에 혼란에 빠져들었고, 이 혼란으로 국왕 절대주의는 30년 이상 가로막히고 국가 체제는 거의 박살이 날 지경에 이르렀다. 16세기의 전반기를 온통 합스부르크가와 싸우느라 힘을 뺀 프랑스는 숨 돌릴 틈도 없이 곧바로 종교전쟁에 빠져들어 그 세기 후반기를 보낸 것이다. 이 혼란기 중 오랜 기간 프랑스의 명목상 통치자는 앙리 2세의 왕비로서 어린 국왕의 모후인 메디치의 카트린Catherine이었다. 그녀는 병약한 어린 아들 셋이 차례로 국왕이 되는 덕분에 오랫동안 섭정으로서 국정을 떠맡았다. 능란한 정치 수완을 갖추고 타협에도 능한 그녀는 이후 정치적 음모와 암살 등으로 악명을 날렸는데, 그러나 그러한 행동은 당시에는 그렇게 드문 일이 아니었다.

국왕이 어린 틈을 타 여러 귀족 가문이 권력투쟁을 벌인 끝에 가톨릭 강경파 지도자인 기즈 공 프랑수아가 승리하여, 기즈가와 섭정 카트린이 권력을 분점하게 되었다. 그러자 권력투쟁에 패한 반대파 지도자들은 차츰 개신교 쪽으로 쏠려 갔는데, 그리하여 대귀족 가문 간의 경쟁은 가톨릭교와 개신교의 대립과 얽히게 되었다. 프랑스의 칼뱅교는 오랜 전란을 겪는 동안 불만에 찬 사람들의 상실감과 좌절감의 주요 출구 구실을 했으며, 가톨릭교도 국왕의 박해에도 불구하고 위그노는 1560년대에 세력이 급속하게 성장했다. 그 무렵 위그노는 아직 프랑스 전체 인구의 1할 정도에 지나지 않았다. 그러나 그들은 대부분이 부유하고 활력 있는 상공업 시민과 부농으로서, 인구에 비해 상대적으로 훨씬 강력한 집단이었다. 뚜렷한 소수파로서 그들은 또한 잘 짜인 조직과 유능한 군사 지도력을 갖추었는데, 그 지도력은 주로 귀족계급에서 나왔다. 그 무렵 귀족의 40~50%가 칼뱅교를 받아들였다.

한편 기즈 가문에게 권력을 잃을 것을 우려한 섭정 카트린은 개신교 귀족과 가톨릭 귀족 사이에서 줄타기했다. 그러면서 비교적 세속적 성향이었던 그녀는 종교적 타협을 모색하기 위해 이런저런 노력을 기울였는데, 그런 노력은 별로 성공을 거두지 못했다. 이후에 종교적 적대는 정치적 대립과 뒤엉켜 양자를 분리하기가 불가능해졌다. 그런 가운데 1562년 기즈 공 프랑수아가 예배 중의 위그노를 공격함으로써, 36년 동안 아홉 차례나 잔혹한 전쟁을 벌인 위그노 전쟁(1562~1598)이 시작되었다. 양측 모두 광신에 사로잡혀 폭력과 비인간적 행위를 자행해서, 기습·암살·고문이 일상사가 되었다. 전쟁은 차츰 국제적 개입을 불러와, 위그노는 독일·제노바·네덜란드·영국의 지원을, 가톨릭교도는 에스파냐·이탈리아·교황청 등의 지원을 받았다. 전쟁 초기 8년 사이에 세 차례 내전으로 양 진영의 주요 지도자 대부분이 전사하거나 암살되었다.

3차 내전이 끝나고 일시적 휴전 상태에서, 카트린은 양 진영을 화해시키기 위해 1572년 딸 마르그리트와 위그노의 지도자 나바라 왕 앙리 3세의 혼사를 성사시켰다. 발루아왕조가 직계 상속자를 확보하지 못할 가능성이 점점 커지는 상황에서, 왕실의 가장 가까운 방계인 부르봉Bourbon가의 앙리 3세는 프랑스 왕위의 가장 유력한 계승권자였다. 그러나 화해의 기대는 곧 산산조각이 나버렸다. 상황이 복잡하게 꼬이는 바람에, 위그노의 권력 장악을 우려한 카트린이 기즈 공 앙리와 결탁하여 위그노 지도자들을 전부 제거하기로 음모를 꾸민 것이다. 때마침 결혼식과 성 바르톨로메오 축일이 겹쳐 결혼과 축일을 축하하기 위해 수많은 위그노가 파리에 모여들었는데, 그들은 그 기회를 이용하여 8월 24일 위그노 지도자들을 대량 살상했으며, 이에 편승하여 가톨릭교도들이 전국 곳곳에서 수많은 위그노를 학살하는 일이 벌어졌다. 나바라의 앙리는 가까스로 목숨을 구했으나, 이후 한 달여 동안 수만 명이 학살당했다. 이 전대미문의 '성 바르톨로메오 축일의 대학살Massacre de la Saint-Barthélemy'은 나라를 두 쪽으로 갈라놓았다. 격분한 위그노가 전국적으로 들고 일어났으며, 결국 내전이 재개되었다.

대학살이 있고 난 뒤, 1574년 카트린의 차남 샤를 9세가 죽고 삼남이 앙리 3세(1574~1589)로 왕위를 계승했다. 그리하여 국왕 앙리와 위그노 지도자인 나바라 왕 앙리 그리고 가톨릭 세력의 지도자 기즈 공 앙리, 이렇게 세 앙리가 정립하게 되었다. 이른바 '세 앙리의 전쟁'이 벌어진 것이다. 그사이 절대군주정 체제가 무너지고 일부 대귀족들은 세력을 확대하여, 왕국은 마치 봉건 시대로 되돌아가는 듯한 형국이 되었다. 아버지 프랑수아 공이 암살당한 뒤 기즈 공위를 계승한 앙리는 에스파냐의 펠리페 2세의 지원을 업고 '신성동맹'을 조직하여, 개신교를 박멸하고 위그노인 앙리의 왕위계승을 막으려 했다. 한편 이즈음 소위 정치파Politiques라는 또 하나의 정파가 등장했는데, 애국적이고 온건한 가톨릭교도인 이들은 무의미한 살육에 넌더리를 내고, 국가의 생존과 안정의 회복이 특정 신앙의 고수나 특정 가문의 영달보다 더 중요하다고 생각했다.

그런데 기즈 공 앙리의 신성동맹이 에스파냐군의 도움으로 파리를 장악하자, 국왕 앙리 3세는 기즈 공의 암살을 명했고, 기즈 공이 암살당한 뒤 자신도 결국 보복을 당했다. 앙리 3세의 사망으로 발루아가의 왕통이 끊어지고, 왕관은 마지막 남은 앙리 곧 부르봉 가문인 나바라 왕 앙리에게 넘어갔다. 그러나 프랑스 국왕 앙리 4세(1589~1610)가 된 그는 통치권을 확립하기 위해 여러 해 동안 신성동맹 및 에스파냐와 싸워야 했다. 그리고 그는 1593년 자신의 신앙을 버리고 가톨릭교로 개종한 뒤에야 비로소 이듬해에 즉위식을 거행할 수 있었다. 프랑스 왕위계승법에 따르면 프랑스 왕은 가톨릭교도여야 하기 때문이었다. 이후 앙리 4세는 신성동맹의 주요 구성원을 매수하여 복종케 하고, 프랑스 땅에서 에스파냐 군대를 몰아내는 애국 캠페인으로 국민을 결집했다.

앙리 4세는 마침내 1598년에 이르러 모든 정적을 제압했으며, 에스파냐인을 모두 축출하고 펠리페 2세와 강화를 맺었다. 그리고 그는 종교 분쟁을 해소하기 위해 낭트 칙령Édit de Nantes을 반포했다. 이 칙령은 위그노에게 신앙의 자유를 허용했으며, 또한 위그노가 어디든 거주할 수 있고 어떠한 공직도 맡을 수 있게 해 주었다. 다만 가톨릭교도와의 충돌을 막기 위해 공공 예배 의식에는 많은 제약이 따랐다. 그리하여 국내외적으로 평화를 수립한 앙리 4세는 오랜 전란으로 피폐해진 왕국의 재건에 전력을 기울일 수 있었고, 절대왕정의 건설을 재개할 수 있었다. 프랑스는 다시 한 번 합스부르크가의 주된 경쟁자로 등장했으며, 17세기 중엽 30년전쟁이 끝났을 때는 에스파냐를 밀어내고 유럽 최강국이 되었다.

## 3) 신성로마제국

합스부르크가의 판도는 카를 5세 치세 때 최대에 이르렀다. 그는 신성로마제국, 저지방, 에스파냐와 아메리카 식민지, 사르데냐, 나폴리, 시칠리아를 물려받았다. 그리고 1526년에는 헝가리왕국과 보헤미아왕국의 왕위도 차지했다. 이것은 일찍이 유럽의 어떠한 군주도 지배해 본 적이 없는, 단연 최대의 판도였다. 그러나 그 영토는 효율적으로 지배하기가 지극히 어려웠다. 카를 5세의 제국은 수많은 이질적 국가를 느슨하게 얽어놓은 뒤범벅 국가였다. 그는 오랜 치세기 동안 끊임없이 정치적 혹은 군사적 풍파를 겪고, 성공과 좌절을 되풀이했다. 그는 즉위하면서부터 은퇴할 때까지 내내 벌인 발루아가와의 전쟁을 합스부르크가의 승리로 매듭지을 수 있었다. 한편 그는 가톨릭교를 수호하고 종교개혁을 막기 위해 그토록 애썼으나, 사실 그것은 역사의 물줄기를 되돌리는 일만큼이나 애당초에 불가능한 과업이었다. 그는 결국 아우크스부르크 종교화의를 맺고, 이듬해인 1556년 한 수도원으로 은퇴했다.

신성로마제국 황제들은 한 번도 강력한 중앙집권적 정부를 수립해 보지 못했는데, 아우크스부르크 종교화의는 절대군주정 수립의 가능성을 최종적으로 봉쇄한 것이었다. 그것은 종교 문제에 대한 권한을 제후들에게 부여함으로써 그들의 신민에 대한 지배력이 증대했는데, 그렇게 제후들의 영방고권Landeshoheit이 강화됨으로써 황제는 더욱 허약해진 것이다. 그래서 작센 공, 바이에른 공, 브란덴부르크Brandenburg 공과 같은 영방국가 군주들은 완전한 주권국가의 군주처럼 행세하고, 자유로이 외국과 동맹도 체결했다. 그러므로 신성로마제국에서 절대주의는 제국 전체 차원에서가 아니라, 개별 영방국가 차원에서 발전했다.

제위에서 물러나기 전에 카를 5세는 합스부르크가의 영토를 동부와 서부로 나누었다. 카를 5세는 동부를 동생 페르디난트Ferdinand 1세에게 물려주었는데, 이미 형을 대리해서 오스트리아·보헤미아·헝가리를 통치하고 있던 페르디난트는 1558년 신성로마제국 황제에 선출됨으로써 동부 지역의 공식적 지배권을 획득했다. 그리고 서부는 아들 펠리페 2세가 물려받았는데, 이는 에스파냐와 그 방대한 해외 제국, 네덜란드 그리고 이탈리아의 합스부르크 영토로 구성되어 있었다. 광대한 영토를 좀 더 관리하기 쉽게 나눔으로써, 합스부르크왕가는 약해진 것이 아니라 오히려 강력해졌다. 에스파냐의 합스부르크왕가와 오스트리아의 합스부르크왕가는 서로 긴밀하게 협력하면서 이후 한 세기 동안 유럽을 지배했다.

제국의 분할에서 독일 혹은 오스트리아의 합스부르크가의 몫은 턱없이 적었다. 황제 칭호는 빛 좋은 개살구에 불과했고, 오스트리아는 일류 강국이 아니었으며, 헝가리는 오스만튀르크의 위협 앞에 놓여 있었다. 게다가 16세기 후반기 제국의 황제들은 상대적으로 허약했다. 오스트리아의 합스부르크가는 그들보다 훨씬 더 부유한 에스파냐 친척들의 영향 아래 있었으며, 오스트리아의 여러 왕자는 에스파냐 궁정에서 교육을 받고 그곳 왕녀와 결혼했다. 황제들이 개신교에 관대한 정책을 쓰려고 할 때, 에스파냐의 왕실은 번번이 그들의 의도를 좌절시켰다. 아우크스부르크 종교화의 이후 10년 사이에 개신교는 오스트리아와 헝가리에서도 계속 성장했다. 일부 지역에서는 단순히 가톨릭교에 루터교 사상이 섞여들기도 해서, 평신도도 빵과 포도주를 함께 나누는 양종 성찬식communio sub utraque, communion in both kinds이 행해지거나, 혹은 사제의 결혼이 허용되기도 했다. 이는 반복되는 튀르크의 침략에 대처하느라, 황제들이 종교 문제에 전념할 여유가 없는 탓이기도 했다. 그러나 1570년대에는 에스파냐 펠리페 2세의 강력한 압력 아래, 제국 황제는 반反개신교 정책을 강화했다. 루터파에 대한 양보가 취소되고, 일부 지역에서는 군대의 힘으로 가톨릭교가 재건되기도 했다. 가톨릭교의 대응 개혁이 개신교도 간의 대립, 특히 루터파와 칼뱅파의 반목 덕분에 크게 성과를 거두었다.

그리하여 17세기 초에 이르러 신성로마제국 내에서 가톨릭교와 개신교 간에 긴장이 매우 높아져서 서로 타협이 불가능해졌다. 전쟁에 대비하여 가톨릭교도는 가톨릭동맹을 조직하고, 개신교도는 루터파와 칼뱅파의 상호 불신에도 불구하고 개신교 연맹을 결성했다. 동맹Liga과 연맹Union의 핵심 쟁점은 단순히 종교적 문제뿐만 아니라, 황제가 제후들에 대한 권력을 강화하는 일에 가톨릭 대응 개혁의 추진력을 활용할 수 있는가 하는 문제이기도 했다. 양쪽 진영의 대립은 결국 30년전쟁으로 터져 나왔다.

### 4) 에스파냐왕국: 가톨릭 절대주의의 모델

**펠리페 2세의 내치**　　　펠리페 2세(1556~1598)는 침울하고 냉정한 성격의 인물이었다. 그는 스스로 강철 같은 의지를 품은 가톨릭교 수호자의 이미지를 부각했는데, 이는 효심 깊은 그가 부왕 카를 5세로부터 물려받은 유산의 하나였다. 독실한 가톨릭교도였으나, 또한 에스파냐 헤게모니의 강력한 옹호자였던 그는 가톨릭교의 이익과 에스파냐의 이익을 동일시했다. 그렇지만 그 두 이익이 상충할 때, 펠리페는 단호하게 왕국의 이익을 우선시했다. 그는 기꺼이 종교재판소를 동원해 가면서 개신교와 무슬림의 이단을 쓸어내기 위해 노력을 아끼지 않았다. 그런데 교회가 국부의 절반을 차지한 나라에서, 그는 애국심을 진작하고 국가를 강건하게 만드는 데 교회 정책의 초점을 맞추었다. 그는 국익을 위해 교황과 맞서기도 했다. 그는 왕국의 교회 법정에 교황이 개입하는 것을 거부하고, 못마땅한 교황의 교서를 무시하고, 예수회가 그의 권위에 도전했을 때 맞서 싸웠다. 독실한 가톨릭교도였지만, 펠리페는 교회를 그의 정부의 병기로 여겼다.

펠리페 2세는 긴 치세 내내 절대군주정을 확립하기 위해 애썼다. 그는 마드리드 서북쪽에 건설한 기념비적 궁전 에스코리알Escorial에서 세심하게 국정을 살폈다. 거기서 그는 왕령을 공포하고 코르테스를 입법 기구로서보다는 여론을 살피는 용도로만 이용하면서, 중앙집권체제를 확립했다. 그러나 정부 권력이 카스티야 이외의 지역까지 완전히 장악하지는 못했다. 특히 아라곤과 카탈루냐에서는 전통적 귀족 가문이 전래의 특권을 상당한 정도로 유지했다.

에스파냐는 후진적 사회체제와 더불어 많은 경제적 문제를 안고 있었다. 면세특권을 가진 인구 2% 미만의 귀족이 교회 소유를 제외한 토지의 95%를 차지하고 있었다. 농민들은 지나치게 착취를 당해서 인구를 부양하기에 충분한 식량을 생산하지 못했다. 게다가 귀족이 농경지를 목양에 이용하여 상황을 더욱 어렵게 만들었다. 그뿐만 아니라 유대인과 무어인 무슬림의 대대적인 추방에다 상공업 규제와 중과세까지 겹쳐, 에스파냐에서는 중간계급이 거의 사라져버렸다. 세입이 줄어들자, 정부는 아메리카에서 들여온 귀금속에 크게 의존했는데, 귀금속의 대량 유입은 궁극적으로 파멸적인 인플레이션을 가져왔다.

**펠리페 2세의 외교정책**　　합스부르크제국의 서부를 물려받은 펠리페 2세는 유럽 최강의 지배자였다. 에스파냐는 아메리카에 방대한 제국을 건설하면서 힘의 절정에 있었으며, 유럽에서 그의 정치적 위상은 프랑스 군주정의 약화로 더욱 높아졌다. 그렇지만 펠리페는 대외정책에서 그리 성공적이지는 못했다. 타협을 거부하고 완전한 승리를 추구하는 바람에 너무 많은 전선에 군대를 투입했으며, 이는 재정을 주름지게 했다. 그는 네 번 결혼했는데, 정략결혼이라는 것이 원래 그렇듯이 모두 정치적으로 중요한 의미가 있었다. 그는 1543년 16세에 사촌인 포르투갈의 공주 마리아와 결혼했으며, 그 결과 1580년 에스파냐 왕관에 포르투갈 왕관을 얹었다. 이후 1640년 포르투갈이 에스파냐에서 떨어져 나갈 때까지 에스파냐는 포르투갈의 식민제국을 간접 지배했으며, 그리하여 반세기가 넘는 세월 동안 세계 유일의 강대한 식민제국이 되었다.

　펠리페의 두 번째 결혼은 정치적으로 매우 민감한 문제를 안고 있었다. 그는 1554년 영국 여왕 메리 튜더와 재혼했는데, 11세 연상인 메리는 아버지의 이종사촌 누이였다. 그는 여왕이 영국을 가톨릭 국가로 되돌리는 정책을 적극 지원했다. 그러나 영국인은 그를 불신했고, 특히 그가 1556년 에스파냐 왕이 된 뒤에는 더욱 그러했다. 영국인들은 그가 영국의 이익을 에스파냐의 이익에 종속시킬 것을 두려워했기 때문이다. 메리가 1558년 사망하고 동생 엘리자베스 1세가 계승하여 개신교를 회복하자, 펠리페는 영국에 대한 영향력을 장악하거나 적어도 이단 신앙을 억눌러야겠다고 마음먹었다. 영국을 복속시키고자 하는 그의 결의는 종교적 고려 때문만은 아니었다. 에스파냐 상선에 대한 영국 사략선私掠船의 해적 행위가 점점 극심해졌으며, 엘리자베스 여왕은 배후에서 이를 은근히 부추겼다. 그리고 네덜란드에서 반란이 일어나자 영국은 노골적으로 반란 세력을 지원하고 나섰다.

처음에 펠리페는 외교적 방법을 모색했다. 그는 먼저 엘리자베스 여왕에게 청혼했으나 거절당하고, 여왕의 도움을 얻는 데도 실패했다. 그러자 그는 영국 내부의 정변에 기대를 걸었다. 그러나 그가 영국에 건 마지막 기대가 1587년 무산되었다. 그는 몇 년 동안 스코틀랜드 여왕 메리 스튜어트를 이용해서, 엘리자베스 정부를 전복하고 영국의 지배권을 장악하기 위해 노력해 왔다. 그런데 영국으로 피신해 엘리자베스 여왕의 보호를 받고 있던 메리가 여왕의 목숨을 노리는 모의에 연루된 사실이 드러나 처형을 당한 것이다. 펠리페는 마침내 무력으로 뜻을 이루기로 작정했다. 그러나 무적을 자랑하는 에스파냐 함대는 1588년 영국해협에서 영국 함대의 노련한 작전에 휘말려 참패하고, 엎친 데 덮친 격으로 영국인들이 '개신교의 신풍'이라 부른 거센 폭풍이 대재앙을 마무리했다.

펠리페의 세 번째 결혼 상대는 아들의 약혼녀였던 15살 난 발루아의 엘리자베트 공주였다. 이 결혼은 합스부르크왕가와 발루아왕가의 기나긴 전쟁이 끝난 뒤, 양국의 우호 관계를 돈독하게 하기 위한 것이었다. 그러나 그는 프랑스의 위그노 전쟁에 자주 개입하여 가톨릭 세력을 지원했다. 그의 목적은 프랑스를 가톨릭 국가로 유지하되, 약하게 만드는 것이었다. 엘리자베트는 1568년 사산 뒤 후유증으로 일찍 죽었지만, 펠리페는 이 결혼의 끈으로 1589년 발루아의 왕통이 끊겼을 때 프랑스의 왕위를 주장하고 나섰다. 그는 프랑스를 침공하여 새 국왕 앙리 4세와 오래도록 전쟁을 벌였다. 그러나 그의 프랑스 정책은 실패로 끝났다. 그는 프랑스 왕위를 얻지도, 앙리 4세의 즉위를 막지도 못했다.

영국과 프랑스에 대한 정책의 실패보다 펠리페에게 훨씬 더 뼈아팠던 것은 네덜란드 신민의 충성을 얻지 못한 점이었다. 부왕 카를 5세는 개신교도가 지배적인 네덜란드를 펠리페에게 물려주었는데, 네덜란드는 결국 가톨릭교 수호자를 자임한 펠리페에게 반란을 일으킨 것이다. 그는 그들의 반란을 진압하지 못했으며, 그가 죽은 뒤 네덜란드는 결국 독립을 쟁취했다.

한편 펠리페는 지중해에서 최고의 군사적 성공을 거두었다. 동지중해 최후의 기독교 보루인 키프로스 섬이 1570년 오스만튀르크에 함락되자, 이듬해 에스파냐 함대가 베네치아 함대와 연합하여 그리스 서해안 레판토Lepanto 앞바다에서 오스만튀르크 해군에 눈부신 승리를 거두고, 지중해 지역에 대한 오스만튀르크의 제해권을 끝장냈다. 16세기 최대 해전이라 할 이 레판토 전투 이후 오스만튀르크의 해상 세력은 다시는 기독교 세계에 주요 위협이 되지 못했다. 한편 아메리카와 필리핀을 아우르는 해외 식민제국은 더욱 공고해졌다. 그러나 에스파냐의 해군과 상선은 끊임없이 영국과 네덜란드 그리고 프랑스의 사략선의 공격을 받는 대가를 치러야 했다. 그뿐만 아니라 이 후발 국가들은 뒤늦게 해양으로 진출하면서 에스파냐의 주도권에 강력하게 도전했다.

그렇지만 에스파냐가 겪은 실패와 헤게모니에 대한 잠재적 위협도 16세기 유럽에서 가장 부유하고 강력한 군사 강국, 그리고 가톨릭교 신앙의 강고한 수호자로서의 에스파냐의 명성을 흐리지는 못했다. 프랑스가 에스파냐를 밀어내고 유럽 최강국의 지위를 차지한 것은 펠리페가 죽은 지 반세기나 더 지나서의 일이었다. 그리고 억압적 분위기에도 불구하고 펠리페의 치세는 에스파냐 예술과 문학의 빛나는 황금기이기도 했다. 엘 그레코는 활동기 거의 전 기간을 톨레도에서 보내면서 유럽에서 신비적 표현주의의 가장 빼어난 화가가 되었다. 세르반테스와 로페 데베가가 에스파냐 문학의 금자탑을 쌓은 것도 그 무렵이었다.

**네덜란드 독립전쟁**    펠리페 2세의 가톨릭 절대주의는 네덜란드에서 재앙을 몰고 왔다. 제각각 봉건적 전통을 가진 네덜란드의 17개 주province는 원래 외래 지배자인 에스파냐 통치자에게 반감을 품고 있었는데, 펠리페의 개신교 탄압 정책은 저항을 유발했고, 그것은 궁극적으로 유럽 주요 군주정에 대한 최초의 성공한 항쟁이 되었다. 물론 네덜란드인이 봉기한 것은 종교적 불만 때문만은 아니었다. 그들은 자치권을 박탈하는 에스파냐의 독재에 분개하고, 또한 높은 세금을 물면서도 아메리카 무역에서 배제되어 이등 시민 취급을 받는 것에 분노했다. 마치 점령군처럼 행동하는 에스파냐 병사들도 네덜란드인들의 불만을 증폭시켰다.

이때의 네덜란드는 지금의 네덜란드뿐 아니라 벨기에와 룩셈부르크에 더하여 320km에 걸친 북부 해안의 늪지대에 있는 몇몇 작은 봉토 등을 포함하는 지역이었다. 지리적 여건 탓으로 지역 귀족이 강력했으며, 비교적 독립적인 농민과 도시민 역시 강력한 세력을 형성하고 있었다. 중세 시절에도 도시는 팽창하는 상업의 중심이었다. 16세기 중엽 영국에서 인구 1만 명이 넘는 도시가 드물었을 때, 네덜란드에는 성벽으로 둘러싸인 도시가 300개쯤이었고, 그중 인구 1만 명이 넘는 도시가 19개나 되었다. 안트베르펜은 북유럽 상업의 중심이었다. 그래서 독립적 기질을 가진 네덜란드인들은 특히 북부 여러 주에서 일찍부터 종교개혁에 호응했는데, 처음에는 루터교, 그다음에는 재세례교, 그리고 1550년대 이후에는 칼뱅교를 받아들였다.

플랑드르 태생의 카를 5세는 개신교를 탄압하고 이따금 이단자를 불태웠으나, 은퇴할 때까지 네덜란드에서 위태롭게 정치적 안정을 유지할 수 있었다. 그러나 그를 이어 펠리페가 강압 정책을 강화하자, 분노한 칼뱅교도들은 1566년 마침내 폭동을 일으켰다. 이에 펠리페는 알바Alva 공을 총독에 임명하고, 정예 병사 1만 명을 내어주어 무력 진압을 명했다. 알바 공은 무자비한 군사독재를 펼쳤다. 1567~1573년의 알바 총독 시기에 적어도 8000명이 종교재판으로 처형당했는데, 여성과 어린이도 희생되었다. 무자비한 학살에 더하여 가톨릭교도가 테러를 자행하여, 3만 명쯤이 재산을 약탈당하고 10만 명가량이 국외로 도망갔다.

그러나 알바의 압정은 네덜란드인을 잠재우기는커녕, 1568년에 이르러 오라녀 공 빌럼Willem van Oranje이 지도하는 반란을 불러일으켰다. 침묵공de Zwijger이라는 별명을 얻은 빌럼은 젊은 시절 카를 5세 황제의 총애를 받고, 22세 나이에 북부 지역의 총독이 된 인물이었다. 그런 그가 이제 펠리페 2세와의 싸움에 모든 것을 바쳤다. 그는 초기에 겪은 패배로 곤경에 처했으나, 1572년 반격에 성공함으로써 이후 저항운동은 북부 전역으로 확산하면서 독립전쟁의 양상으로 발전했다. 빌럼은 곧 에스파냐군을 격파하기 시작했고, 결국 알바를 본국으로 소환당하게 했다. 이어진 전쟁은 잔혹한 만행과 학살로 점철되었다. 1576년에는 에스파냐 점령군의 잔혹함에 격분하여, 북부와 남부 17개 주 전체가 종교의 차이를 불문하고 서로 협력하기로 협약을 맺었다.

불행하게도 이 연대는 곧 북부의 호전적 칼뱅교도와 남부의 가톨릭교도 간의 알력과 특히 강력한 귀족 가문들 간의 종교적 차이 때문에 깨어졌다. 새 총독 파르마Parma 공은 이 갈등을 이용해서 이간책을 썼다. 그는 북부 개신교도와 싸우는 한편, 남부 귀족들에게 토지와 특권을 회복해 주고 가톨릭교의 정서에 호소했다. 회유책을 받아들인 남부 10개 주는 결국 1579년 1월 에스파냐와 강화를 맺고 독립전쟁 대열에서 빠져나갔다. 그러자 남은 북부 7개 주는 위트레흐트Utrecht 연맹을 결성하고 단합된 힘으로 탄압에 끝까지 저항할 것을 결의했다. 가톨릭교가 우세한 남부가 이탈함으로써 네덜란드 독립전쟁은 좀 더 분명하게 종교전쟁의 성격을 갖게 되었다. 위트레흐트 연맹은 1581년 드디어 독립을 선언하고 빌럼을 초대 통령stadhouder, stadholder으로 하는 네덜란드연방공화국을 창건했다. 1584년 빌럼 1세 통령이 가톨릭교도에게 암살당하자, 연맹은 1587년 빌럼의 아들 마우리츠Mauritz를 통령으로 선출한 뒤 완강하게 버티면서 힘겹게 독립전쟁을 이어갔다.

에스파냐는 개신교도를 목매달고, 참살하고, 불태우고, 생매장하면서 독립을 저지하기 위해 안간힘을 썼다. 그러나 영국과 대립하고 프랑스 종교전쟁에도 뛰어든 에스파냐로서는 네덜란드에만 매달릴 수 없었다. 그러한 국제 정세에 힘입어 네덜란드는 1609년 마침내 12년간의 휴전협정을 맺고 사실상 독립을 달성했다. 휴전 기간이 끝난 1621년 항구적 평화조약이 체결되지 못해 전쟁이 재개되었으나, 독립은 되돌릴 수 없는 사실로 굳어졌다. 이후 네덜란드는 30년전쟁에 참전하여 승전국 대열에 낌으로써, 1648년의 베스트팔렌Westfalen 조약에서 명목 상으로 유지되던 에스파냐의 지배를 완전히 벗어나 유럽 국제사회에서 공식적 으로 독립국가임을 인정받았다. 네덜란드는 어느 한 왕조가 창건한 것이 아니 라, 칼뱅교도의 호전적 정신과 대두하는 부르주아의 부와 결단 그리고 강력한 해상 세력 같은 근대적 요소가 합작하여 만들어낸 성과였다.

한편 흔히 에스파냐령 네덜란드, 그리고 나중에 벨기에라고 불린 남부 10개 주는 계속 에스파냐의 지배 아래 남았고, 철저하게 가톨릭교의 나라가 되었다. 그리고 남부 10개 주는 에스파냐 지배 아래에서 어느 정도 상업적 정체를 겪었 던 반면, 독립한 네덜란드공화국은 경제적으로 번영하면서 해양 대국으로 성장 했다. 네덜란드는 17세기에 황금시대를 구가했다.

제9장

# 절대주의의 전성

❖

17세기는 유럽에서 근대국가 체제의 발전 과정에서 중대한 전환점이었다. 전 세기부터 이어져 온 길고 소모적인 종교전쟁은 중세적인 구원의 관심을 불태워 없 애버렸다. 전쟁이 계속되면서 기독교공동체라는 이상이 희미해지고, 세속적이고 정치적인 관심이 점점 더 뚜렷해졌다. 그래서 1648년 마지막 종교전쟁이라 할 30 년전쟁이 끝났을 때, 신민의 영혼 구원보다 현세적 이해관계를 우선시하는 세속적 국민국가가 확고하게 뿌리를 내렸다.

17세기는 흔히 절대주의 시대로 불린다. 참혹한 종교전쟁을 비롯한 오랜 혼란 과 위기를 겪은 유럽인은 질서와 안정을 염원했는데, 그들은 군주 권력의 확대를 통해 그것을 얻으려고 했다. 그 결과가 흔히 말하는 절대군주정으로 나타났다. 프 랑스는 오랜 내전 끝에 점차 왕권이 강화되어 17세기 후반에 이르러서는 마침내 절대군주정의 전형으로 떠올랐으며, 루이 14세는 흔히 절대군주의 화신으로 여겨 졌다. 프랑스뿐 아니라 유럽의 다른 나라들도 너나 할 것 없이 프랑스의 뒤를 따랐 다. 그 과정에서 유럽의 변방이었던 프로이센과 러시아가 빠르게 성장하면서 유럽 의 일원으로 뚜렷한 존재감을 과시했다. 그 시대의 성공적인 지배자는 모두 중앙 집권적 관료 조직을 발전시키고, 보병뿐 아니라 포병과 공병을 포함한 대규모 상 비군을 보유했다.

그러나 절대주의 체제가 17세기 유럽 모든 나라에서 확립된 것은 아니었다. 영 국은 튜더왕조 아래에서 절대주의가 발전했지만, 17세기에 들어와서 상당 기간 종 교 분쟁과 두 차례 혁명을 겪으면서 그 시대에는 드물게 입헌군주정을 수립했다. 그 과정에서 절대군주정이 무색하게 민중에 의해 군주의 목이 달아나는 사태도 벌 어졌다. 네덜란드 역시 시대의 일반적 흐름을 거슬러갔다. 네덜란드인들은 에스파 냐의 압제에서 벗어나기 위해 오래도록 독립전쟁을 벌인 끝에 독립 공화국을 수립 했으며, 30년전쟁이 끝난 뒤 국제적으로 승인을 받았다.

세속적 주권국가가 등장하면서 국제관계가 권력정치에 좌우되었다. 그런 관행이 물론 전혀 새로운 것은 아니었지만, 중세에는 종교적 혹은 도덕적 고려 때문에 명백히 드러나지는 않았다. 그런데 이제는 각국이 힘의 정치를 추구하고 다른 나라에 견제당할 때까지 팽창하려 했기 때문에, 약소국들은 강대국에 맞서 역사적 전통이나 종교를 불문하고 서로 동맹을 맺도록 내몰렸다. 그리하여 국제관계는 흔히 '세력 균형'의 원리에 따라 형성되었고, 전쟁은 이 균형을 확보하기 위해 치러졌다. 왕조적 혹은 식민지적 경쟁 때문에 절대주의 시대 동안 유럽인은 끊임없이 싸웠다. 그들은 유럽에서뿐만 아니라 세계 곳곳에서 전쟁을 벌였다. 그 오랜 전쟁 뒤에 스웨덴·에스파냐·폴란드·오스만튀르크는 쇠퇴의 길로 빠져들고, 프랑스와 오스트리아는 안정적 위상을 확립했으며, 프로이센과 러시아는 주요 군사 강국으로 급부상했다. 그리고 영국은 세계 최대의 식민제국을 건설하기 시작했다.

절대주의 시대에는 군주의 힘을 과시하는 예술 양식으로 바로크 양식이 발달했다. 그것은 웅장한 크기와 장엄함으로 보는 이를 압도하려 했다. 그래서 바로크 양식은 특히 궁전 건축과 음악 분야에서 두드러지게 표현되었다. 한편 문학에서는 고전주의가 풍미했는데, 그것은 바로크의 힘에 대한 경외를 간직하면서도 조화와 균형을 강조했다. 고전주의 작가들은 이성의 사용을 통해 보편타당한 인간관을 확립하려 했으며, 또한 고대 작품을 모델로 해서 근대의 언어에 고전 언어의 정확성과 매력을 부여하려고 했다.

한편 17세기는 근대 서양 문명의 특징인 세속 정신과 물질주의로의 전환기였는데, 그런 길로 접어드는 데 핵심 요인으로 작용한 것은 과학혁명이었다. 유럽인은 과학혁명을 겪으면서 이전과는 현저하게 다른 우주관과 새로운 사고방식을 형성하게 되었다. 그 변화에 비교하면 정치제도의 발전은 어쩌면 사소한 것일 수 있다. 지구 중심의 아리스토텔레스적 우주관이 무너지고, 태양중심설이 확립되었다. 이제 지구는 태양의 주위를 도는 여러 행성의 하나에 지나지 않으며, 우주의 중심이 아니라 가없는 우주의 한 점에 불과했다. 그러나 대다수 사람은 인간 존엄성에의 명백한 타격에도 불구하고 여전히 낙관적이었다. 과학자들이 자연현상을 법칙으로 설명하는 데 성공함으로써, 사람들은 점점 더 인간 이성의 능력을 깊이 신뢰하게 되었다.

# 1. 절대군주정의 발달

절대군주정은 대체로 17세기와 18세기에 유럽의 지배적인 정부 형태였다. 절대
군주정 혹은 절대주의는 국가의 궁극적 권위 곧 주권이 국왕의 수중에 있음을
의미했다. 프랑스 국왕 루이 14세는 아첨하는 궁정인들에게 "내가 곧 국가다"라
고 외쳤다고 전해진다. 그가 정말 그렇게 말했든 않았든, 많은 역사가는 그를 전
형적인 절대군주요 그 시대의 상징으로 인식했다. 그리고 역사가들은 또한 통치
자가 나라를 절대적인 권력으로 지배하고, 서로 자주 왕조전쟁을 벌인 그 시대
를 절대주의 시대라고 불러 왔다.

   중앙집권적 군주정으로의 추세는 새로운 게 아니었다. 중세 말기 이래 군주
들은 봉건귀족과 교회를 희생시켜 가면서 권력을 강화하기 위해 노력해 왔다.
그렇지만 16세기와 17세기 초에는 종교 분쟁으로 정치적 쟁점이 흐려졌고, 그
로 인해 어느 정도 군주정의 발전이 저해되었다. 그런데 1648년 참혹한 종교전
쟁의 시대를 끝낸 베스트팔렌Westfalen 조약 이후에 중앙집권적 왕정 체제가 질서
회복과 안정을 약속하면서 시대의 대세가 되었다. 그러나 프로이센과 러시아 같
은 동유럽의 상대적으로 뒤진 국가를 제외하면, 절대주의는 그 체제의 존속 기
간이 길지 않았다. 절대군주와 자본가 간의 중상주의적 동맹은 18세기에 상업
경제가 통제를 벗어날 만큼 성장함에 따라 일시적인 것에 지나지 않음이 드러났
다. 참으로 절대주의는 18세기에 이르면 이미 시대에 뒤진 것이 되었다.

## 1) 절대주의 체제와 이론적 정당화

**절대주의 체제**　　절대군주는 중앙정부의 모든 중요한 정책을 최종적으로 결
정했다. 주요 대신들은 모든 정책에 대해 군주에게 직접 책임을 졌고, 그들의 모
든 정책은 주권자의 이름으로 추진되었다. 군주는 최고 입법자이자 재판관이요,
모든 행정의 우두머리였다. 그러나 무제한의 절대적 왕권이 기본 특징임을 내비

치는 절대주의라는 용어는 사실 오해의 소지가 있다. 막강한 권력을 행사하기는 했으나, 군주들은 다양한 인종 집단, 지역적 관습, 전통적 권리, 각 지역에서 여전히 강력한 영향력을 행사하는 귀족 등과 같은 요인의 제약을 받았다. 절대주의 시대의 대다수 사람에게 정부란 여전히 그들의 삶에 직접적 영향을 미치는 지역적 제도와 법정, 지역의 징세관과 군대 조직책 등을 의미했다. 왕과 대신들은 정책을 결정하고 방침을 설정할 수는 있었으나, 그 시행은 여전히 지역의 대행자에 의존해야 했고 통치자의 뜻대로 수행될 아무런 보장도 없었다. 각 지방 및 도시의 전통적 특권과 다양한 이익집단들 때문에 군주들은 추진하고자 하는 과업에 제약을 받았다.

절대주의를 확립하기 위해 군주는 무엇보다 봉건귀족의 남아 있는 힘을 제어해야 했는데, 이를 위해 그는 보통 중간계급의 도움을 받았다. 군주는 진정한 주권자가 되기 위해서는 효율적인 관료 조직과 충성스러운 상비군을 확보하는 것이 절대적으로 필요했다. 이 두 기구를 유지하기 위해서는 충분한 세입뿐만 아니라, 관료 조직에 충원할 전문성을 갖춘 인적 자원이 필요하다는 점은 두말할 필요가 없는데, 중간계급이 바로 그런 필요성을 충당해 준 것이다. 그런데 서유럽에서는 비교적 부유한 중간계급이 발달해 있었던 데 비해, 동유럽에서는 대체로 중간계급이 소규모에다 무력했다. 게다가 프랑스와 영국 같은 나라는 상대적으로 인종적 동질성과 민족적 결속력을 갖추고 있어서, 지배자가 애국심에 호소하여 체제를 지탱할 수 있었다. 그 반면에 러시아와 오스만제국은 인구 구성이 다양해서, 군주들이 억압적 조치를 사용하는 것이 더 효과적이라고 생각했다. 절대주의의 유형은 동부 유럽의 거의 완전한 전제정에서 서부의 완화된 절대주의에 이르기까지 크게 차이가 있었다.

교회 조직은 절대군주정 아래에서 독립성을 잃었으나, 이전의 영향력을 상당 부분 간직했다. 교회는 이제 가톨릭교이든 개신교이든 정부 기구가 되는 경향이 있었다. 가톨릭 국가에서조차 지배자들은 이전처럼 반대에 부딪히지 않고 교황과 함께 교회를 통제했다. 베스트팔렌 조약 이후 군주들은 민중의 지지를 끌어내기 위해 성직자를 정부 관리로 이용했다. 그렇게 통제된 교회는 국왕 정부를 떠받치면서, 공식 예배에서뿐만 아니라 사회적 및 교육적 기능에서 엄청난 영향력을 행사했다.

절대왕정은 법으로 자세하게 신분을 나누어 규정한 귀족 중심의 신분 사회였다. 세습 봉건귀족들은 토지와 장원청을 보유했고, 장원청을 통해 농민을 통제했다. 그들은 또한 지방 신분회에서 계속 영향력을 행사했다. 귀족은 지방과 중앙의 정부 관직 대부분, 국가교회의 고위직, 군대의 장교 등을 차지했다. 얼마간의 정부 관직은 부유한 상인 가문이 차지하기도 했는데, 그들은 많은 경우 관직과 귀족 작위를 돈으로 샀다. 귀족은 세금이 대부분 면제되었고, 법적 권리와 복장 혹은 생활 방식이 부유한 평민과도 현저하게 달랐다. 도시민을 포함한 평민은 세금을 거의 전적으로 부담했으며, 이 세금은 잦은 전쟁과 낭비 심한 궁정의 재정으로 쓰였다. 자영농은 보통 지방 당국에 부담금과 노역의 의무를 졌다. 서유럽에서 극빈 농민은 농업 노동자나 떠돌이 농민이었고, 동유럽에서는 농노였다.

군주의 가장 고귀한 대권인 외교정책을 수행할 때 군주들은 일반적으로 왕조의 이익을 국가의 이익과 동일시했다. 외국 영토의 획득을 합법적이고도 바람직한 것으로 여기면서, 그들은 다른 군주들과 경쟁을 벌였다. 그들은 이제 고매한 도덕성이나 종교에 구애받지 않고 왕조적이거나 국민적 이익을 추구할 수밖에 없다고 느꼈다. 강성한 국가는 그를 상대로 결성된 동맹의 견제를 받았다. 이러한 세속적 이해관계에 의한 '세력 균형'의 추구는 절대주의 시대의 기본적 외교 관행이 되었다.

절대군주정 시대에 여성의 지위는 하락했다. 종교개혁 시기에 여성들은 자아 표현과 지도력 발휘를 위한 약간의 기회를 얻었었는데, 이 상황은 베스트팔렌 조약 이후 바뀌었다. 비록 여러 여왕과 여성 섭정이 나라를 다스리기도 했으나, 대부분의 귀족 여성은 오직 수녀·작가·미술가·살롱 여주인·왕의 정부 등으로만 인정을 받았다. 왕의 정부는 이 시대에 공식적 지위를 얻었다. 평민 여성의 지위는 귀족 여성만큼 떨어지지는 않았으나, 이미 17세기 후반에 이르면 초기 자본주의의 대두와 가정 경제의 쇠퇴로 많은 공업과 사업에서 배제되었다.

**이론적 정당화**    절대군주들은 신민이 왜 군주의 덕성이나 정책과 관계없이 무조건 복종해야 하는지를 납득시키고 싶었는데, 그들은 그 근거를 주로 왕권신수설에서 찾았다. 절대주의의 빼어난 이론가는 프랑스 법률가 장 보댕Bodin(1530~1596)이었다. 내란과 종교전쟁으로 조국이 황폐해지는 것을 보면서, 보댕은 국가의 질서와 안녕을 확보하기 위해 국왕이 행사할 주권적 권력에 관해 광범하게 견해를 개진했다. 그는 주권적 군주를 신의 지상의 대리자로 생각했다. 그래서 그는 주권을 가진 지배자는 전쟁 및 강화의 권한과 신민에 대한 생살여탈권을 가질 뿐 아니라, 한마디로 왕국 전체의 운명을 결정할 수 있어야 한다고 주장했다. 그런 군주는 다른 누구의 동의도 필요 없이 신민에게 법률을 부과할 권력을 가지고 있다. 보댕은 주권을 가진 군주는 신민에게 아무런 책임을 지지 않는다는 점, 그리고 다른 주권적 군주와의 관계에서 어떠한 우월한 권력도 인정할 필요가 없다는 점 등을 제시함으로써, 17세기 절대주의를 위한 기초를 놓는 데 이바지했다.

한 세기쯤 뒤에 자크 보쉬에Jacques Bossuet(1627~1704) 주교는 『성경 말씀에서 끌어낸 정치Politique tirée des propres paroles de l'Ecriture sainte』에서 왕권신수설의 고전적 이론을 개진했다. 그는 성경을 적절히 인용하면서, 국왕의 권위는 신에게서 나온 것으로서 신성하고 절대적이라고 주장했다. 그에 따르면 국왕의 명령에 저항하는 것은 곧 신에 저항하는 것으로서, 신성모독의 죄를 범하는 것이었다. 군주는 오직 신에게 책임질 뿐, 자신의 행동에 대해 누구에게도 책임질 필요가 없었다.

장 보댕과 자크 보쉬에는 이전의 대다수 절대주의 옹호론자와 마찬가지로 무제한의 왕권을 옹호하지는 않았다. 그들은 군주가 국사에 대해 법적으로 절대적 권한을 갖고 있다고 생각했지만, 또한 신에게 복종하고 자연에 맞추어 지배하며 전통적 법, 특히 개인의 재산권을 존중해야 한다고 믿었다. 이것은 이론적으로 군주가 신민의 동의 없이 세금을 부과할 수 없음을 의미했다. 그러나 이러한 요구 조건과 군주에 가해진 다른 모든 제약이 국가적 비상 상황에서는 유예될 수 있었는데, 언제가 비상 상황인지는 군주만이 결정할 수 있었다. 한마디로 그 이론은 왕권에 대한 실제적인 법적 한계를 거의 아무것도 설정하지 않은 셈이었다. 신민은 언젠가 있을 신의 구제를 희망하면서 폭정을 받아들여야 했다.

절대주의를 위한 가장 통찰력 있는 세속적 정당화는 영국의 철학자 토머스 홉스Thomas Hobbes(1588~1679)의 『리바이어선*Leviathan*』(1651)에서 이루어졌다. 프랑스의 종교전쟁, 독일의 30년전쟁, 영국의 청교도 혁명 등의 유혈 사태를 보면서 홉스는 질서를 최고의 사회적 선으로, 무정부적 혼란을 최대의 사회적 재앙으로 여기게 되었다. 보쉬에와 달리 그는 신을 정치권력의 원천으로 보지 않았다. 홉스에 따르면 사람들은 국가가 있기 이전에 원래 만인 대 만인의 투쟁 상태인 자연 상태에서 살았는데, 자신을 보전하기 위해 계약을 맺어 국가를 수립했다. 사람들은 계약을 맺으면서 자연 상태에서 가지고 있던 자유를 몽땅 국가에 넘겼기 때문에, 오직 정부에 복종할 의무만 있을 뿐 요구할 아무런 권리도 없다. 이 주권적 존재인 국가는 어떤 형태든 취할 수 있지만, 홉스는 군주정이 질서와 안전을 유지하는 데 가장 효과적이라고 보았다. 그가 보기에는 어떤 지배자든, 아무리 나쁜 지배자라도 무정부적 혼란보다는 더 나았다. 그러므로 군주는 합법적으로 절대 권력을 가질 자격이 있었다. 그러나 절대군주들은 홉스가 전개한바 세속적 절대주의 논의에는 별 관심이 없었다.

**경제정책: 중상주의**    절대왕정은 군주와 귀족의 제휴를 한 축으로 했는데, 그에 필적하는 또 하나의 제휴가 국왕 정부와 부유한 상인 및 은행가 사이에 맺어졌다. 그 결과 중상주의라는 국가의 경제 규제 체제가 형성되었다. 국가가 경제를 규제하는 경향은 이전부터 있었으나, 17세기가 지나가면서 해외 무역의 팽창과 전쟁으로 인한 재정 지출의 증가 등의 요인 때문에 규제가 강화되었다. 각

국은 번영을 증진하고 세입을 늘리기를 기대하면서 중상주의 정책으로 눈을 돌렸다.

중상주의는 중금주의를 기본 원리로 삼았다. 중상주의자의 목표는 국가를 부강하게 만드는 것이었는데, 그들은 그 국부가 금의 보유량에 달려 있다고 믿은 것이다. 그래서 그들은 수출 초과를 통해 더 많은 금과 은을 국내로 들여오려고 했다. 중상주의자들은 정부의 경제 규제가 유리한 무역 균형을 이루는 데 절대 필요하다고 믿었다. 절대왕정의 정부들은 수출을 장려하고 수입을 억제하기 위해 보조금, 무역 독점권, 항구 사용료, 높은 수입 관세 그리고 직접적인 법적 금지 등과 같은 방법을 동원했다. 정부는 또한 공업 생산을 표준화하고, 임금을 규제하고, 가격을 정하고, 소비자의 구매를 장려하거나 제한했다. 그뿐만 아니라 정부는 상업을 촉진하기 위해 도로, 운하, 항만 시설을 건설하는 데 힘을 쏟기도 했다. 중상주의자들은 세계 시장을 국가 간의 경쟁과 관련해서 보았기 때문에, 식민지 획득의 중요성을 강조했다. 그들은 식민지를 국내 생산품의 유리한 시장 겸 값싼 원료의 공급처로 여겼다. 그런 식민지를 얻고, 치안을 유지하고, 외국 경쟁자로부터 지키기 위해서는 강력한 군사력이 필요했다. 그리하여 중상주의 정책은 종종 상업적 경쟁을 넘어 국제적 충돌로 비화하기도 했다.

## 2) 30년전쟁과 신성로마제국

**30년전쟁의 일반적 성격**　유럽의 국가 체제는 왕조적 이해관계와 국민적 감정 그리고 종교적 고려 등의 요인이 복합적으로 작용하면서 발전해 왔다. 그 세 요인 중 종교가 결정적 영향을 미친 역사적 사건으로는 30년전쟁(1618~1648)이 마지막이었다. 이른바 '최후의 종교전쟁'이라 일컬어지는 그 전쟁을 마지막으로 종교적 요인은 이제 더는 역사의 흐름을 좌우하지 못하게 되었다. 점점 세력이 커지는 호전적 칼뱅교와 개신교의 확장을 막으려는 똑같이 호전적인 가톨릭교의 종교적 열정이 결국 1618년 시작된 30년전쟁을 낳았다. 그러나 전쟁이 진행되어 가면서 세속적 이해관계, 즉 왕조적 혹은 민족적 고려가 훨씬 더 중요하다는 점이 점점 더 분명해졌다.

30년전쟁은 독일 영방국가들의 종교전쟁으로 시작했으나 북독일 제후들의 야심, 스웨덴의 팽창 야욕, 합스부르크 세력권을 깨뜨리려는 프랑스의 집요한 시도 등의 요인이 얽히면서 복잡한 국제 전쟁으로 발전했다. 서유럽의 거의 모든 나라가 이 전쟁에 발을 담갔고, 그만큼 고통을 겪었다. 자원과 인력의 낭비에 질병까지 겹쳐 유럽의 경제 발전은 더욱 더뎌지고, 인구 증가는 제동이 걸렸다. 독일의 몇몇 지역은 인구 감소를 겪는 등 특히 극심한 타격을 입었다. 끔찍한 참화에도 불구하고, 개신교와 가톨릭교 어느 쪽도 결정적 승리를 거두지 못했다. 이 끔찍한 재앙을 통해 유럽 국가들은 옛 종교적 강박관념에서 벗어나고 세속적 경쟁 관계를 분명히 드러냄으로써, 중세 체제로부터 근대로의 최종적 이행을 완료했다.

30년이나 계속된 전쟁의 결과 무역이 붕괴하고, 공업이 파괴되고, 화폐제도가 무너지고, 무엇보다 500만 명 이상의 생명이 희생되었다. 중부 유럽은 경제 침체가 이어지고, 그 침체는 너무나 혹독하여 기아가 다반사가 되었다. 굶주리고 사나워진 용병들은 종종 점령지에서 약탈, 방화, 고문, 성폭행을 일삼았다. 점령당하지 않은 지역도 전반적으로 무질서와 범죄가 농촌과 도시를 가릴 것 없이 만연했다. 그 결과 무엇보다 질서와 안정이 유럽인의 보편적 갈망이 되었다.

17세기에는 국제적 분쟁을 법의 지배 아래 넣음으로써 국제 전쟁을 막기 위한 연구가 이루어지고, 독립적인 주권국가 간의 상호 관계를 규정하기 위한 국제법이라는 관념과 관행이 나타났다. 그 선구적 업적이 『전쟁과 평화의 법De Jure Belli ac Pacis』(1625)으로 나타났는데, 이는 네덜란드 법학자 휘호 흐로티위스Hugo Grotius가 30년전쟁의 참상을 계기로 쓴 책이었다. 흐로티위스는 전쟁을 하나의 '합법적' 상태로 인정했지만, 정당한 대립과 부당한 대립을 구별하고, 전쟁 수행의 비인도적 행위를 비난하면서 '인도적인' 방법을 위한 몇 가지 지침을 제시했다. 그는 또한 중립국의 권리와 전쟁 지역 민간인의 권리를 명시했다. 흐로티위스의 진술은 나중에 수정되고 확장되어 국제법의 권위 역할을 했다.

**전쟁의 전반기: 합스부르크의 승리**　　신성로마제국에서는 1555년의 아우크스부르크 종교화의 이후 반세기 이상 불안정한 평화가 유지되는 가운데, 개신교 세력과 가톨릭 세력 간에 갈등이 조금씩 고조되어 갔다. 예수회의 공세적 십자군 운동에 자극받아 가톨릭 제후들이 자국 영토 안의 개신교를 박멸하려고 애썼다. 한편 칼뱅교가 확산하자, 루터파 제후들은 소수파 칼뱅교도와 싸움을 벌이느라 힘을 소모했다. 위험을 느낀 독일 개신교 제후들이 1608년 팔츠Pfalz 선제후 프리드리히 5세를 중심으로 개신교제후연맹Protestantische Union을 결성했다. 그러자 이듬해에는 이에 대응하여 바이에른 공이 주도하여 가톨릭제후동맹Katholische Liga을 결성했다. 이런 대치 국면을 바탕으로 전쟁은 합스부르크가의 완고한 가톨릭교도인 페르디난트 대공이 개신교 왕국인 보헤미아의 국왕이 되면서 시작되었다.

　보헤미아 인구의 대부분을 차지하는 체크인들은 후스 반란 이래 독일인의 지배에 반대하고 교황에게 적대적이었다. 16세기 동안에 그들은 온건한 가톨릭 지배자 아래 종교적 관용을 누려왔다. 그러나 1617년 페르디난트 대공이 보헤미아 왕으로 오면서 개신교를 탄압하기 시작했다. 그러자 1618년 보헤미아 귀족들이 반란을 일으켰고, 이에 페르디난트는 군대를 동원해 진압에 나서면서 전쟁이 시작되었다. 보헤미아 의회는 이듬해 페르디난트를 폐위하고, 칼뱅교도인 팔츠 선제후 프리드리히 5세를 국왕으로 선출하면서 맞섰다. 페르디난트는 같은 해에 신성로마제국 황제로 선출되었는데, 한층 위세를 더한 페르디난트 2세 (1619~1637) 황제는 바이에른을 비롯한 가톨릭제후동맹과 에스파냐의 지원을 얻었다. 그는 가톨릭의 대응 종교개혁을 강화하고, 중부 유럽에서 개신교를 쓸어내기로 작심했다. 페르디난트 2세는 전쟁 초기에 빛나는 승리를 거두었다. 루터파 제후들 대부분이 칼뱅교도인 팔츠 선제후를 불신해서 관망하고 있는 사이, 2년도 채 안 되어 황제군은 보헤미아와 팔츠 선제후 군대를 쉽게 격파했다. 황제는 팔츠 선제후 자리를 바이에른 공에게 넘겼다. 그리고 그는 지배권을 회복한 보헤미아에서 반역 귀족들을 처형하고, 그들의 토지를 몰수하여 가톨릭 귀족들에게 분배하고, 보헤미아에서 개신교를 박멸하는 일에 착수했다. 이어서 황제와 가톨릭동맹의 군대는 군소 제후들을 무찔렀고, 개신교제후연맹은 1621년 해체되었다.

황제가 개신교 세력을 무너뜨려 나가자 다른 반가톨릭, 반합스부르크 나라들이 아연 긴장하게 되었다. 그런 가운데 1625년 루터교도인 덴마크 왕 크리스티안 4세Christian IV가 독일을 침공하면서 전쟁이 재개되었다. 홀슈타인Holstein 공작이요 따라서 신성로마제국의 한 제후로서 크리스티안은 제국 내의 개신교를 보호하고, 더불어 영토도 차지하고자 했다. 지원을 얻는 면에서 그는 팔츠 선제후보다 운이 더 좋았다. 네덜란드가 에스파냐와 해전을 재개했고, 영국은 재정을 지원했으며, 독일 개신교 제후들은 황제에 대항해서 일어났다. 그러나 이 모든 노력은 허사가 되었다. 황제가 새로 총사령관에 기용한 알브레히트 폰 발렌슈타인Albrecht von Wallenstein이 눈부신 작전으로 1626년 개신교 세력을 쳐부수었다. 1629년 크리스티안 4세는 패배를 인정하고 군대를 철수했다.

1620년대의 군사적 성공으로 합스부르크가는 제국 안에서 거의 완전한 지배권을 장악했다. 승리 후 사태를 마무리하면서 페르디난트 2세는 1629년 저 유명한 교회재산회복 칙령Restitutionsedikt을 공포했는데, 이는 1552년 이후 가톨릭교회가 잃은 모든 토지는 교회에 다시 반환된다고 규정했다. 그 조치는 독일에서 개신교를 완전히 쓸어내기 위한 것이었지만, 교회 토지를 획득한 모든 사람을 적으로 만들고 개신교 제후들을 놀라게 했다. 게다가 그 칙령은 칼뱅교가 상당히 성장했음에도 루터교도만이 그들의 신앙을 인정받는다는 점을 되풀이했다.

**전쟁의 후반기: 합스부르크 우위의 종말**　　　가톨릭교와 합스부르크의 세력이 커지자, 이를 우려한 나라들이 전쟁을 재개했다. 전쟁이 급속하게 확산하고 격렬해지면서 종교적 쟁점이 차츰 세속 정치에 종속되었다. 1630년 스웨덴군이

대륙에 상륙함으로써 전쟁이 새로운 국면에 접어들었다. 루터교도인 구스타프 2세 아돌프Gustav II Adolf 왕은 개신교의 대의를 내세우면서, 중립을 지키던 브란덴부르크와 작센의 선제후들에게 신이 악마와 싸우고 있는데 신의 편에 서고자 한다면 자기에게 합류하라고 다그쳤다. 한편 그는 종교적 명분과 더불어, 무엇보다 스웨덴의 발트해 진출과 무역 활동에 대한 합스부르크가의 방해를 타파하고자 했다. 그런 구스타프 2세에게 합스부르크가의 지정학적 포위망에서 프랑스를 벗어나게 하려는 리슐리외Richelieu 추기경이 재정을 지원해 주었다. 그리하여 가톨릭 추기경과 루터교 국왕이 상호 정치적 이득을 얻을 요량으로 종교적 차이를 넘어섰다.

구스타프 2세는 독일의 동맹 세력과 더불어 2년 사이에 몇 차례 승리를 거두었다. 특히 1632년 11월 라이프치히 인근 뤼첸Lützen 전투에서 그는 발렌슈타인 군대를 결정적으로 대파했다. 그러나 개신교로서는 불행하게도 구스타프 2세는 이 전투에서 전사하고 말았다. 그러나 그의 전사 뒤에도 스웨덴 군대는 잘 싸웠다. 한편 플랑드르에 있던 네덜란드 군대는 브뤼셀Brussels로 진격했다. 에스파냐 군대가 독일로 급파되고, 발렌슈타인은 의문스러운 죽임을 당했다. 1635년에 이르러 황제는 작센 공과 강화를 맺었다. 페르디난트 2세 황제는 스웨덴군을 몰아내는 데 루터파 제후들의 지원을 얻기 위해 교회재산회복 칙령의 시행을 보류했다. 그 대신 그는 제후들 간의 동맹을 불법화하고, 모든 사병의 해산을 명했다.

바로 이 시점에서 리슐리외가 전쟁의 마지막 국면을 열었다. 그는 에스파냐와 전투를 개시하는 한편, 스웨덴과 독일 제후들을 돕기 위해 독일에 프랑스 군대를 급파했다. 프랑스는 자국 영토 안에서는 계속 개신교를 억압했으나, 가톨릭 동맹국들과 맞서 싸우는 개신교 국가들과 기꺼이 동맹을 맺었다. 종교 분쟁에서 시작한 전쟁이 이제 순전히 권력정치가 되었고, 그러면서 중세로부터 근대로의 오랜 정치적 이행이 끝나가고 있었다.

전쟁은 13년을 더 끌었다. 스웨덴과 독일 북부의 제후국들이 합스부르크 군대를 계속 독일에 묶어놓았고, 프랑스 육군과 네덜란드 해군은 에스파냐와 싸웠다. 주로 스웨덴-프랑스 군대와 황제-바이에른 군대가 싸운 수많은 전투 과정에서 새 황제 페르디난트 3세(1637~1657)는 지금까지 쟁취한 강력한 황제의 지위를 잃어버렸다. 프랑스는 1643년 벨기에 접경의 로크루아Rocroi 전투에서 결정적 승리를 거두었다. 그다음 프랑스군은 독일로 쳐들어가 황제군을 물리치고, 스웨덴 군과 함께 바이에른을 짓밟았다. 그 긴 전쟁 동안 독일은 용병 군대가 싸우는 무시무시한 전쟁터가 되어 황폐해졌다.

베스트팔렌 조약    독일 영토 안에서는 전쟁이 사실상 거의 끝났음에도 평화는 금방 오지 않았다. 강화 협상이 1644년에 시작되었으나, 리슐리외를 이은 프랑스 실권자 마자랭Mazarin이 강경한 주장을 내세우는 바람에 어려움을 겪다가 1648년에야 베스트팔렌 조약으로 매듭이 지어졌다. 베스트팔렌 조약은 근대 유럽 역사에서 하나의 중요한 이정표로 꼽힌다. 그것은 유럽이 중세 체제에서 벗어나 근대국가 체제로 넘어가는 마지막 고비였다. 그것은 30년전쟁뿐 아니라 종교개혁 시대를 끝장냈다. 통일된 기독교공동체라는 이념이 영구히 사라지고, 국제정치는 완전히 세속화했으며, 다시는 종교 문제가 유럽 외교무대에서 심각한 논쟁거리가 되지 못했다. 베스트팔렌 조약은 아우크스부르크 화의에서 인정된 제후의 종교적 자율성을 재확인했다. 그와 아울러 칼뱅교가 가톨릭교나 루터교와 똑같은 법적 지위를 부여받았으나, 아직 다른 신앙은 그런 지위를 얻지 못했다. 제후들은 이들 신앙 가운데 하나를 신민에게 부과할 권리를 인정받았는데, 그러나 이미 획일적 종교를 강요하기 위해 강제력을 쓸 수 있는 상황은 아니었다. 그리고 개신교 국가들은 1624년 이전에 차지한 모든 가톨릭교회 토지를 그대로 보유하게 되었다.

베스트팔렌 조약은 왕조적 세력 균형의 이동과 유럽의 근대국가 체제의 등장을 확인했다. 신성로마제국에서 황제는 모든 정치권력을 잃어버렸고, 승리를 거둔 제후들은 자신의 영토에 대해 완전한 지배권을 부여받았다. 신성로마제국을 구성하는 300개가 넘는 제후국과 자유제국도시는 사실상의 주권을 가지게 되어 자체 군대를 보유하고, 독자적 외교정책을 수행하고, 황제와 대립하는 것이 아닌 한 다른 제후나 외국과 동맹을 맺을 수 있었다. 그 결과 신성로마제국은 껍데기만 남게 되었다. 정치적으로 산산조각이 난 데에 더하여, 독일은 30년간 전쟁터가 됨으로써 약탈을 일삼는 군대와 부랑자 패거리들로 농촌이 황폐해졌다. 독일은 사회, 경제, 문화, 정치 등 전반적으로 퇴행을 면치 못했다. 주요 강의 하구가 네덜란드, 스웨덴, 덴마크의 수중에 들어가 독일인은 해상무역에서 차단되었다. 프랑스와 스웨덴이 독일 제국의회에서 의석을 차지하고 있어서 독일은 정치와 문화의 면에서 압도적으로 외국의 영향을 받게 되었다.

한때 유럽 최강국이었던 에스파냐는 이류 국가로 밀려났다. 그와 대조적으로 프랑스는 알자스Alsace를 얻어 라인강에 더 가까이 다가갔고, 이후 에스파냐를 대신해서 대륙의 절대 강자로, 그리고 절대군주정의 본보기로 떠올랐다. 스웨덴과 브란덴부르크-프로이센은 발트해에 면한 대륙의 영토를 얻었으며, 네덜란드와 스위스는 법적인 주권을 국제적으로 승인받았다.

## 3) 프랑스 절대군주정과 루이 14세

**부르봉왕조 초기의 발전**     부르봉왕조를 연 앙리 4세는 위그노에게 관용을 허용한 뒤 민중의 진심 어린 애정을 받는 군주가 되었다. 오랜 종교전쟁으로 황폐해진 나라를 재건하는 과업은 주로 위그노인 쉴리Sully(1560~1641) 공에게 맡겨졌다. 쉴리 공은 경제뿐 아니라 공공사업과 국방 등 국정 전반을 통괄했다. 그는 농업진흥정책을 추진했을 뿐만 아니라, 사치품 생산을 장려하고, 도로와 운하를 건설하고, 해외 진출을 권장하고, 무역을 증진했다. 왕권 강화를 위해 그는 무엇보다 재정 확충에 힘을 쏟았다. 세금징수제도를 강화하고 재정 지출을 줄이는 등의 노력으로 그는 왕실 금고를 튼튼히 했다.

그러나 쉴리는 나중에 폴레트paulette라 불린 새 세금을 도입함으로써 문제가 생겼다. 원래는 비상시의 조치로 부과되었지만, 항구적 세금이 되어버린 이 폴레트는 그것을 납부한 사법 및 재정 관리에게 그 관직을 자식에게 물려줄 권리를 부여했다. 이들 관직이 상속할 수 있게 됨으로써 국왕의 관직 임명권이 무너지고, 결과적으로 새로운 귀족의 기초가 놓이게 되었다. 법복귀족noblesse de robe이라 불리게 된 이들은 곧 중세 봉건귀족의 후손인 대검귀족noblesse d'épée과 위세를 겨루었고, 국왕 절대주의에 대한 잠재적 장애가 되었다.

앙리 4세의 절대왕정 구축 과업은 그의 돌연한 죽음으로 위기를 맞게 되었다. 그는 적극적 외교정책을 추구하여 독일 개신교 제후들을 지원하려 했는데, 그러나 1610년 독일 진군을 이틀 앞두고 가톨릭 광신도에게 암살당하고 만 것이다. 루이 13세(1610~1643)가 왕위를 물려받았을 때 그의 나이는 미처 아홉 살이 되지 못했다. 모후 마리 드 메디치Marie de Medici의 섭정 체제가 수립되었으나 다시 혼란이 찾아왔고, 섭정 기간뿐 아니라 친정 기간도 궁정 음모로 점철되었다. 특히 1614년 섭정 마리의 눈에 들어 권력의 길로 접어든 리슐리외 주교가 추기경이 되고 국왕의 신임을 얻으면서, 추기경과 모후 마리는 오랫동안 권력 암투를 벌였다. 모후 마리는 친에스파냐 및 친가톨릭 정책을 추구했고, 1617년 이후 친정을 시작한 루이 13세는 리슐리외의 조언을 따라 합스부르크가와 교황청을 프랑스에 대한 위협으로 보았다. 그러다가 1624년 리슐리외 추기경이 실권을 장악하자, 그를 표적으로 모후 마리는 에스파냐 및 가톨릭 세력과 결탁하여 끊임없이 음모를 꾸몄다. 그래서 이 시기는 뒷날 알렉상드르 뒤마Alexandre Dumas의 소설 『삼총사Les Trois Mousquetaires』와 에드몽 로스탕Edmond Rostand의 희곡 『시라노 드 베르주라크Cyrano de Bergerac』의 무대가 되기도 했다.

리슐리외는 1622년 추기경이 된 뒤에도 주된 관심은 언제나 종교적인 데보다는 정치적이고 군사적인 데 있었다. 2년 뒤 국왕의 절대적 신임을 얻은 그는 1642년 죽을 때까지 프랑스의 실질적 지배자였다. 그는 신명을 다해 왕권을 공고히 함으로써 루이 13세의 신임에 보답했다. 리슐리외는 무엇보다 먼저 야심가 귀족들에서 오는 위험을 제거해야 했다. 그는 강력한 육·해군을 육성하고,

지방정부를 국왕이 임명하는 지사intendant의 통제 아래 두고, 요새화한 귀족들의 성채를 허물고, 반란을 획책하는 귀족들을 처형했다. 그러나 그는 왕권에서 벗어나고자 하는 귀족들의 욕망을 완전히 잠재우지는 못했으며, 리슐리외의 사후 그들은 다시 반란을 도모했다.

리슐리외 추기경은 개신교 문제를 다루는 데는 더욱 단호했다. 앙리 4세가 위그노 전쟁을 종결지을 때, 그는 위그노에게 그들의 도시를 요새화할 권리를 양보했다. 그래서 위그노의 요새 도시는 국가 안의 국가 같은 존재가 되었는데, 이는 리슐리외로서는 용납할 수 없는 일이었다. 섭정 기간에 위그노가 다시 봉기를 일으켰는데, 1619년에서 1622년까지 3년에 걸친 전쟁에서 정부는 승리를 거두었다. 그러나 위그노는 전쟁은 졌으나 계속 세력을 신장했다. 그들은 자체의 군대를 보유하고 세금을 거두었으며, 라로셀La Rochelle은 그들 나라의 수도 구실을 했다. 리슐리외는 1625년 위그노의 요새들에 공격을 개시했고, 마침내 라로셀을 포위했다. 14개월을 버티면서 1만 5000명의 아사자를 낸 끝에 1628년 그 도시는 마침내 항복했고, 위그노의 저항은 분쇄되었다. 정부는 위그노에게 종교적 자유는 인정해 주었지만, 위그노는 요새화한 도시를 포기하고, 군대를 해산하고, 정치조직을 해체해야 했다. 리슐리외는 국왕의 권위에 도전할 어떠한 정치 세력의 존재도 용납하지 않았다.

리슐리외는 중앙집권화를 위한 행정 개혁도 착수했다. 대신들의 기능을 좀 더 전문화하고 각 분야에 대한 그들의 통제권을 강화하는 한편, 자신은 모든 중요한 업무를 통괄했다. 절대주의에의 잠재적 위협인 신분회는 1614년 이후 소집이 중단되었는데, 이는 1789년까지 계속되었다. 한편 리슐리외는 대외적 위신도 높이기 위해 군사력을 크게 증강했다. 루이 13세 즉위 무렵 약 1만 명이던 병력을 1640년까지 보병을 14만여 명, 기병을 약 2만 2000명으로 크게 늘렸다. 외교정책에서는 섭정 마리 드 메디치의 친에스파냐 정책을 뒤집고, 프랑수아 1세의 반합스부르크 정책으로 돌아섰다. 그는 30년전쟁에서 국내가 혼란스러운 동안은 반합스부르크 세력을 지원하는 데 그쳤으나, 혼란을 수습하고 난 뒤에는 군대를 투입하면서 전쟁에 적극적으로 개입했다. 리슐리외는 국왕을 무시하고 국정을 전횡했지만, 결과적으로 절대왕정의 기초를 튼튼하게 다져놓고 1642년에 루이 13세보다 한 해 먼저 사망했다.

**루이 14세**　　절대주의가 프랑스의 발명품은 아니지만, 17세기 프랑스에서 전형적인 형태로 나타났으며, 특히 루이 14세(1643~1715)에 이르러 가장 장엄하게 성취되었다. 그래서 루이가 "내가 곧 국가다"라고 호언장담했다는 말이 전해질 정도가 되었다. 프랑스 육군이 합스부르크가의 콧대를 꺾음으로써 부르봉왕조가 유럽에서 우뚝 섰으며, 루이 14세는 한동안 눈부신 군사적 성공을 거두었다. 부가 해외에서, 특히 카리브해의 설탕 농장에서 쏟아져 들어왔다. 베르사유Versailles의 장엄한 궁전, 사치스럽고 화려한 궁정, 격조 높은 프랑스 문화 등이 유럽인의 경탄을 자아냈다. 프랑스어는 유럽 상류사회의 언어가 되었고, 그 문화와 풍속은 유럽 사회에 두루 영향을 미쳤으며, 프랑스의 외교와 전쟁은 유럽의 국제 무대를 좌지우지했다. 루이 14세는 정치적 지혜의 정점으로 여겨졌고, 많은 군주가 그의 정치적 이미지를 모방하려 했다. 당시 뉴턴Newton 물리학에서 강조하던 태양계처럼, 프랑스는 유럽 국가 체계에서 행성에 둘러싸인 항성으로 등장했다.

　루이 14세는 부모가 결혼한 지 23년 만에 태어난 탓에, 왕위를 물려받았을 때 그의 나이는 부왕이 즉위한 나이보다 더 어린 다섯 살에 불과했다. 섭정이 된 모후 안Anne은 연인인 마자랭Mazarin(1602~1661) 추기경을 수석 대신으로 임명했다. 원래는 이탈리아인으로, 교황 특사로 프랑스에 왔다가 귀화한 마자랭은 리슐리외의 지위를 계승한 뒤 대체로 그의 정책을 답습했다. 빼어난 외교관이요 전략가였던 마자랭은 국왕을 무시한 채 죽을 때까지 국정을 이끌었다. 마자랭이 당면한 현실은 녹록지 않았다. 나라 재정은 30년전쟁으로 고갈된 데다가, 1659년까지 에스파냐와 전쟁을 이어가는 바람에 국고는 거덜 날 지경이 되었다. 농민들은 경제적 궁핍으로 고통을 겪고 있었다. 일부 귀족은 잃어버린 권력을 되찾고자 했으며, 파리 고등법원은 과세 및 국왕 대권 문제와 관련하여 더욱 통제하기 어려워졌다. 불만은 결국 프롱드의 난La Fronde(1648~1653)으로 터져 나왔다. 프롱드란 당시 청소년들이 관헌에게 돌팔매질할 때 쓰던 고무총이나 투석기를 말하는데, 궁정파에 대한 귀족의 반항에 빗대어 쓴 말이었다.

프롱드의 난은 처음에 1648년 8월 법복귀족이 장악한 파리 고등법원이 과세 통제권과 인신보호법 등을 요구하면서 왕권에 반항함으로써 시작되었다. 마자랭이 군대를 동원했고, 이에 파리 시민이 봉기했다. 한때 마자랭과 왕실은 도망 갈 수밖에 없었다. 그러나 젊은 장군 콩데Condé 공이 이듬해 1월 파리를 포위하고 석 달 만에 난을 평정했다. 두 번째 난은 1650년 대검귀족이 주도했는데, 마자랭과 지나친 보상을 요구한 야심가 콩데 공 간의 불화로 촉발되었다. 파리 고등법원 및 파리시의 지원을 받은 일부 반왕당파 귀족과 국왕의 군대 간에 격렬한 내전이 벌어졌다. 왕실과 마자랭은 다시 파리를 비우고 피신했다. 그러나 왕권이 가장 위기에 처했을 때, 파리를 장악한 콩데는 대실책을 범했다. 그는 도움을 얻기 위해 에스파냐와 협상을 벌인 것이다. 에스파냐 군대의 점령을 우려한 파리 시민들은 콩데를 버렸고, 콩데는 결국 에스파냐로 도망갔다. 1652년 10월 왕실은 파리로 돌아왔다. 귀족이 일으킨 최후의 반란인 프롱드의 난은 시골의 황폐화를 가져오고, 대검귀족의 몰락을 촉진했다.

마자랭은 외교에서 크게 성공을 거두었다. 베스트팔렌 조약에서 프랑스는 알자스 일부를 얻었다. 30년전쟁이 끝난 뒤에도 프랑스는 에스파냐와 11년이나 더 싸웠는데, 그 전쟁에서 승리하고 피레네 조약(1659)을 통해 남쪽에서는 루시용Roussillon을, 북쪽에서는 아르투아Artois와 플랑드르 및 룩셈부르크 일부를 얻었다. 신성로마제국과 에스파냐가 허약해지는 가운데 프랑스가 위세를 떨치면서 떠올랐다. 마자랭은 자신의 대륙 구상을 위해 영국 크롬웰의 공화정 체제를 외교적으로 승인했으며, 그러면서도 동시에 망명 온 미래의 찰스 2세를 따뜻하게 대하고 보조금을 베풀었다.

루이 14세는 1661년 마자랭이 죽은 뒤에야 비로소 23세의 나이에 54년간의 친정을 펼칠 수 있었다. 그는 다시는 리슐리외나 마자랭 같은 인물에 의지하지 않았다. 마자랭이 죽은 다음 날 루이는 자신이 실권을 지닌 유일한 통치자임을 선언하면서 단호한 결의를 표명했다. 유희와 놀이를 즐기고 정부의 침대를 찾기 좋아하는 아들의 성벽을 익히 아는 모후는 크게 웃어넘겼다. 그러나 루이 14세는 강력한 통치자가 되는 대가를 기꺼이 치를 것임을 증명해 보였다. 그는 자만과 허영에도 불구하고, 아침에 일어날 때부터 저녁에 침상에 들 때까지 정교한 궁정 예법과 의전을 엄격하게 지키면서 기민하고 빈틈없이 국정을 챙겼다. 루이 14세의 시기는 한 세기 이래 가장 질서가 유지된 시대였다. 그는 중앙정부를 강화하는 한편, 지역의 봉건귀족과 도시의 유력자들에게 정치적 영향력을 확대함으로써 치안을 확립했다. 그는 정부를 운영하기 위해 주로 부르주아에게 의존했고, 그들 중 일부에게는 하급 귀족 작위를 수여했다.

신수 왕권의 완고한 신봉자로서 루이 14세는 자신을 '대군주'로 돋보이게 하고 끊임없이 군주에 대한 경외심을 자아내게 하려 애썼는데, 이는 파리 근교 베르사유에 지은 장엄하고 호화로운 궁전이 잘 보여준다. 궁정에는 약 1만 4000명에 달하는 군인과 문관이 있었고, 수백 명의 귀족이 이들을 감독했다. '태양왕le Roi Soleil'이라는 이름은 단순한 별명이 아니었다. 실제 그는 태양을 자신의 문장紋章으로 선택했다. 궁정 예절에 기초한 국왕 숭배 의식은 교회 예배 의식을 닮은 것이었다.

**루이 14세의 대외정책**    루이 14세는 영토 확장의 열망과 전쟁의 영광을 추구했다. 그의 야망은 피레네산맥-알프스산맥-라인강이라는 프랑스의 '자연적 경계'를 확보하는 것이었는데, 이 정책은 말하자면 유럽 안에서 에스파냐 제국의 분할을 요구하는 것이었다. 이 과감한 야망은 세력 균형이 깨어질 것을 우려한 주요 국가들이 프랑스를 상대로 대동맹을 결성하는 결과를 초래했다. 루이 14세의 프랑스는 이런 외교정책과 그에 따른 전쟁을 훌륭하게 수행할 빼어난 장군들과 훈련된 군대, 유능한 외교관을 갖추고 있었다. 그러함에도 그는 궁극적으로 그의 원대한 야망을 실현하지 못했다. 국가의 부와 인력을 군사적 모험에 쏟아부음으로써, 그는 긴 치세 동안 거둔 성취의 많은 것을 망쳐버렸다. 1715년 그가 죽었을 때 프랑스는 국력을 탕진하고, 군사력을 다 소모하고, 빚더미 위에 올라앉아 있었다.

프랑스는 1659년 피레네 조약으로 국경을 피레네산맥까지 확장하는 데 성공했다. 이후 루이 14세는 라인강에 도달하기 위해 많은 힘을 쏟았다. 그는 긴 친정 기간의 절반 정도를 전쟁으로 보냈고, 네 차례나 큰 전쟁을 치렀다. 첫 두 전쟁은 그에게 승리의 영광을 안겨주었다. 그는 1667년 에스파냐 왕실 출신 첫 부인의 상속권을 내세우면서, 에스파냐령 네덜란드를 침공하고 부르고뉴도 점령했다. 강대한 프랑스와 국경을 맞대는 걸 원하지 않은 네덜란드가 스웨덴과 영국을 끌어들여 프랑스에 대항하는 동맹을 결성했다. 그러자 루이 14세는 1668년 에스파냐와 강화하고, 북부 접경 지역 일부를 얻는 것으로 만족해야 했다.

두 번째는 네덜란드와의 전쟁(1672~1678)이었다. 네덜란드는 에스파냐령 네덜란드를 차지하는 데 장애가 될 뿐만 아니라, 루이 14세는 그 나라의 칼뱅교와 공화정을 혐오했다. 게다가 경제적 요인까지 겹쳤다. 재무대신 콜베르Colbert는 네덜란드의 무역 독점을 깨지 않고서는 프랑스가 상업을 발전시킬 수 없다고 조언했다. 루이는 돈과 외교로 영국 왕 찰스 2세를 구워삶은 뒤, 1672년 라인강을 넘어 네덜란드를 침략했다. 기습을 당한 고립무원의 네덜란드는 제방을 헐고 국토의 상당 부분을 물에 잠기게 해서 주요 도시를 지켰다. 나중에 오라녀 공 빌럼 3세가 대프랑스 동맹을 결성함으로써 이 전쟁은 결국 유럽 전반으로 확대되었다. 전쟁은 6년을 끈 뒤 1678년 네이메헌Nijmegen 조약에서 프랑스가 에스파냐령 네덜란드 일부와 부르고뉴를 차지하는 것으로 끝났다.

루이는 '평화적인' 방법으로 야금야금 영토를 넓히다가 드디어 상속권을 내세우며 팔츠Pfalz를 요구함으로써 세 번째 전쟁을 유발했다. 루이의 끝 모를 영토 야심을 우려한 여러 나라가 아우크스부르크 동맹을 결성했다. 그러함에도 루이는 팔츠 침공을 강행했고, 그로 인해서 팔츠 계승 전쟁이라고도 불리는 아우크스부르크 동맹 전쟁(1688~1697)이 벌어졌다. 그러나 이 무렵에 루이 14세는 이미 빼어난 보좌진과 일급의 장군들 일부를 잃고, 주위에는 범용한 인물들이 진을 치고 있었다. 아우크스부르크 동맹은 처음에 신성로마제국 황제와 제국 내의 영방국가들이 맺은 것이었지만, 나중에는 에스파냐·스웨덴·네덜란드·영국·사보이아Savoia까지 가담했다. 유럽 대륙뿐만 아니라 공해에서, 그리고 북아메리카와 인도에서도 크고 작은 전투가 벌어졌다. 전쟁 초기 루이 14세는 폐위당한 영국의 제임스 2세가 아일랜드를 침공하는 것을 지원했으나, 제임스는 윌리엄 3세에게 격퇴당했다.

전쟁은 1697년 레이스베이크Rijswijk 조약으로 종결되었는데, 참전국들은 전쟁 중 정복한 땅을 대부분 원래 상태로 돌려놓았다. 루이 14세는 해외 식민지에서 약간의 성과를 얻기는 했지만, 기본적으로는 네이메헌 조약 이후에 평화적으로 차지한 많은 지역도 반환해야 했다. 그리고 그는 윌리엄 3세가 영국의 합법적 군주임을 인정하는 데 동의했다. 네덜란드는 프랑스가 에스파냐령 네덜란드 지역을 침략하는 데 대한 보호조치로 접경 지역에 몇몇 요새를 확보할 수 있게 되었다.

루이 14세는 치세 마지막 기간을 에스파냐 왕위계승 전쟁(1701~1713)에 매달렸다. 그가 싸운 전쟁 중 가장 길고 파괴적인 이 전쟁은 그가 손자 필리프에게 에스파냐 왕위를 얻어주고자 한 데서 일어난 전쟁이었다. 에스파냐 왕 카를로스 2세가 후사가 없어서, 그 왕실과 혈연관계에 있던 여러 군주가 서로 에스파냐 왕위를 탐내고 있었다. 그런데 여러 차례 유언을 바꾸었던 카를로스 2세가 마지막 순간 유언으로 방대한 왕국을 몽땅 루이의 손자 필리프에게 넘기자, 프랑스와 에스파냐 두 거대 왕국이 통합될지도 모른다는 전망에 유럽 열강이 경악했다. 루이 14세가 그 제의를 수락하자 유럽은 즉각 전쟁에 돌입했다. 프랑스는 에스파냐의 지원을 얻기는 했으나, 또다시 영국·네덜란드·오스트리아·프로이센·포르투갈 등 서유럽 대부분의 나라를 망라한 동맹에 직면했다.

앞선 전쟁에서처럼 이 전쟁에서도 영국이 동맹을 이끌었다. 이 반프랑스 제휴에서 다른 경쟁이나 갈등 요인은 세력 균형 원리에 종속되었다. 프랑스가 강해질수록 더욱 가공할 대응 동맹이 결성된 것이었다. 프랑스는 대부분의 중요한 전투에서 졌다. 루이는 자신을 상대로 결집한 유럽의 거의 모든 나라와 싸워 이길 수는 없었다. 그러나 프랑스는 열세 속에서도 전쟁을 14년이나 끌고 갔다. 그러다가 오스트리아가 에스파냐와 통합 의사를 드러내자, 거대 합스부르크제국의 부활을 보고 싶지 않은 다른 나라들이 루이 14세와 협상을 시작했다.

루이 14세는 위트레흐트 조약(1713)에서 결국 목표를 이루기는 했으나, 그 성공은 엄청난 생명과 자원을 낭비하고 많은 것을 잃은 대가로 얻은 속 빈 강정에 불과했다. 그의 손자는 에스파냐의 합법적인 국왕 펠리페 5세(1700~1746)로 승인을 받았으나, 그것에는 프랑스와 에스파냐의 왕위가 하나로 결합하지 않는다는 엄격한 조건이 붙었기 때문이다. 게다가 에스파냐는 지는 해에 불과했다. 오스트리아는 에스파냐령 네덜란드(벨기에)를 얻었으나, 이에 불만을 품고 에스파냐와 1720년까지 싸웠다. 그 결과 오스트리아는 에스파냐가 이탈리아에서 보유한 영토인 나폴리, 밀라노, 사르데냐를 추가로 차지하고 이전보다 훨씬 더 강대국이 되었다. 사보이아 공국은 시칠리아를 얻고 왕국으로 승격했는데, 1720년 오스트리아의 요구로 시칠리아를 사르데냐와 맞교환했다.

위트레흐트 조약으로 에스파냐는 가장 많은 것을 잃었다. 그 반면에 영국은 가장 많은 것을 얻었는데, 프랑스로부터 뉴펀들랜드와 노바스코샤를 넘겨받은 데다가 허드슨만 지역에의 권리도 양도받았다. 영국은 에스파냐로부터는 지브롤터Gibralter와 미노르카Minorca를 얻어 지중해에 해군기지를 갖게 되었다. 그뿐만 아니라 상업적으로 더욱 중요한 것은, 영국이 에스파냐령 아메리카에 30년간 노예를 독점적으로 공급할 권리, 이른바 아시엔토asiento를 얻었으며, 또한 파나마의 포르토벨로Porto Bello에 해마다 배 한 척 분량의 상품을 하역하도록 에스파냐의 양보를 얻어냈다는 점이다. 전쟁의 결과 유럽 제일의 강대국 자리는 프랑스에서 영국으로 넘어가게 되었다. 이렇게 조정된 위트레흐트 조약 체제는 이후 30년쯤 지속한 평화의 시대를 가져왔다.

**루이 14세 시대의 사회 및 정치 구조**　　　루이 14세가 비록 '절대군주'로서 '태양왕'의 위세를 과시했다 하더라도, 현실은 그런 칭호가 불러일으키는 느낌과는 거리가 멀었다. 리슐리외와 마자랭 두 추기경의 중앙집권화 노력에도 불구하고, 프랑스는 여전히 왕권이 침투할 수 없는 부분이 강고하게 남아 있었다. 지방 행정단위인 주province는 자체의 법체계와 지역 법정, 지방 신분회가 있었다. 방대한 영지를 가진 고위 귀족들은 여전히 상당한 권력을 행사했다. 도시와 길드 역시 쉽게 포기할 수 없는 오랜 특권과 힘을 갖고 있었다. 루이 14세의 통치권에 대한 가장 큰 위협은 고위 귀족과 왕실 인사들에서 나왔다. 이들은 정책결정에의 참여를 자신의 당연한 역할로 여겼다. 루이는 이들을 국왕자문회의에서 배제하고 그들이 정치에서 벗어난 궁정 생활에 탐닉하도록 함으로써 그들에게서 오는 위협을 제거했다.

프랑스 사회는 성직자를 별개로 치면 귀족과 평민의 두 주요 신분으로 구성되었다. 귀족은 면세특권을 누리고, 토지를 소유하고, 농민 법정을 주재하고, 지역 신분회에 큰 영향력을 행사하고, 수천을 헤아리는 지방 관직을 차지했다. 그들은 군대의 장교로 복무하고, 교회 고위직도 차지했다. 국왕의 은총을 입은 자는 베르사유로 갔고, 거기에서 더 높은 작위와 관직을 얻기 위해 서로 다투었다. 평민 가운데서 관리로 진출한 일부 중간계급은 루이 14세로부터 작위를 하사받거나 돈으로 샀다. 이들은 땅을 가진 전통적 '대검귀족'과 구별하여 '법복귀족'으로 불렸다. 이들 외의 중간계급과 상인, 장인, 농민 등의 평민은 세금 납부의 의무를 졌다. 이제 농민은 대부분 토지에 결박된 농노가 아니었지만, 그러나 아직 지주에게 용역을 포함한 일정한 부담을 지고 있었다.

루이의 시대에 중요한 통치 기구의 하나는 공문서참사회Conseil des Dépêches였다. 그들은 왕령을 해석하고, 정부 시책을 국왕에 제안하고, 주지사로부터 보고를 받으면서 4만 명에 달하는 지방 관리에게 국왕을 대변했다. 이 제도는 완벽하지는 않았지만 잘 작동해서 법을 집행하고, 검열을 부과하고, 법정에서 우호적 행동을 얻어내고, 국왕의 적들을 투옥하고, 신분회에서 교부금을 얻어냈다.

일정한 한계 안에서 그것은 과거의 어떤 제도보다 국왕의 이익을 증진하는 데
더 효율적으로 작동했다.

**루이 14세의 종교 정책**    루이 14세는 갈리아교회의 통제권을 강화하려 함으
로써 교황과 오래 갈등을 겪었다. 그는 보쉬에 주교와 프랑스 성직자 회의의 지
지를 바탕으로 공의회 우위conciliar supremacy를 내세우며 교황을 압박했다. 오랜
다툼 끝에 그는 1693년의 타협으로 공의회 우위의 명분을 포기하는 대신, 갈리
아교회에 대해 좀 더 많은 통제권을 얻어냈다. 한편 루이 14세는 개신교에 대해
서는 갈수록 비관용적이게 되었다. 그가 보기에는 독일의 군소 제후들도 신민의
종교를 결정할 권리를 갖고 있는데, 태양왕이 그런 권력을 갖지 못한다는 것은
사리에 맞지 않는 일이었다. 사실 당시 유럽에선 아직 불관용이 일반적 현상으
로, 어느 면에서 프랑스는 예외적인 경우였다.

    루이 14세는 먼저 얀센주의Jansenism를 공격했다. 네덜란드 가톨릭 신학자 코
르넬리우스 얀세니우스Cornelius Jansenius(1585~1638)의 주장에서 비롯한 이 교의는
인간의 본성을 비관적으로 보아, 인간의 자유의지를 부정하고 하느님의 은총을
강조했다. 얀세니우스의 주장은 17세기 후반에 프랑스에서 널리 퍼지면서 격렬
한 신학 논쟁을 불러일으켰는데, 특히 예수회는 그가 칼뱅교의 예정론을 가르치
고 있다고 맹렬하게 비난을 퍼부었다. 이에 수학자 파스칼이 얀센파를 열심히
변호하기도 했다. 얀센주의는 일찍이 1653년에 교황으로부터 이단 판정을 받았
는데, 얀센파에 대한 박해는 1660년에 시작되어 루이의 치세 내내 계속되었다.
얀센파는 결국 1709년 운동의 본거지인 베르사유 근교 포르 루아얄Port Royal 수
도원이 파괴되면서 강제 진압되었다. 그러나 얀센주의는 루이 15세 때 되살아
났다.

    루이 14세의 종교적 박해의 그다음 표적은 위그노였다. 루이는 처음에 낭트
칙령을 교묘히 악용하여 위그노를 괴롭히다가, 1685년 마침내 퐁텐블로 칙령Édit
de Fontainebleau을 공포했다. 이 칙령은 앙리 4세가 위그노에게 예배의 자유를 허

용한 낭트 칙령을 폐기하고, 더 나아가 위그노교회를 파괴하고 그 학교를 폐쇄하도록 했다. 루이 치세 초에 위그노가 대략 120만 명이었는데, 그 가운데 30만 명쯤이 박해를 피해 기술과 지식을 가지고 피난처를 찾아 탈출했다. 그들은 프로이센의 공업 발전에 크게 이바지했고, 영국에도 새로운 수공업 기술을 전파했다.

**콜베르의 중상주의**　　　태양왕의 위세를 유지하고 잦은 전쟁을 치르는 데는 막대한 재정이 필요했는데, 그래서 재정 확보는 루이 14세 정책의 핵심 사항의 하나였다. 그 문제의 해결은 주로 재무대신 장 밥티스트 콜베르Jean-Baptiste Colbert의 몫이었다. 야심에 찬 부르주아인 콜베르는 1662년부터 1683년 죽을 때까지 정력적으로 프랑스 경제 전반을 관장했다. 그는 중상주의의 강력한 실천가였기 때문에 중상주의는 종종 콜베르주의Colbertism와 동일시되기도 한다. 수 세기 동안 도시와 길드가 행하던 기업 규제와 경제 통제가 콜베르의 주도로 정부의 수중으로 넘어갔다.

콜베르는 수입을 억제하기 위해 수입품에 높은 관세를 부과했으며, 수입의 필요를 줄이기 위해 비단·레이스·고급 모직물·유리와 같은 사치품 산업을 장려하여 보조금을 지급하고 면세의 특권을 부여했다. 정부가 앞장서서 숙련노동자를 수입하고, 노동조건을 감독하고, 각각의 공업을 세세하게 규제했다. 그뿐만 아니라 정부는 교역을 증진하기 위해 프랑스 북부 일대에서 내국 관세를 폐지하고, 상품 운송이 원활하게 이루어지도록 도로와 운하를 건설했다. 그리고 정부는 무역 회사에 특허권을 부여하여 북아메리카, 서인도제도, 인도, 동남아시아, 서아시아 등지와의 무역에 독점권을 허용했다. 그러나 해외 무역 시장을 개척하기 위한 무역 회사 설립 시도는 네덜란드나 영국만큼 성공적이지는 못했다.

루이 14세의 대외정책은 고도로 효율적인 군사조직이 필요했다. 이를 위해 유능한 전쟁상 루부아Louvois 후작은 군대를 획기적으로 개혁했다. 보병과 기병 외에 그는 병참부대·병기부대·포병대·공병대·감찰부대 등 특수부대를 조직하고, 전투 단위·훈련·무기 등을 유럽 최초로 표준화했다. 루부아는 또한 병사의 급료를 올리고, 혜택을 늘리고, 복무 여건을 개선했으며, 전시의 병력 규모를 40만 명 수준으로 대폭 확대했다. 그는 해군도 크게 확장했는데, 1683년에 217척의 군함이 대서양 연안 항구에서 작전을 수행하고 있었다.

특히 해군력의 확대는 방대한 해외 영토를 건설하기 위한 콜베르의 야심 찬 전략의 일환이었다. 17세기의 마지막 수십 년 동안 프랑스의 해외 제국은 세 대륙에서 확장하고 있었다. 북아메리카에서는 모피 사냥꾼과 선교사들이 미시시피강을 따라 남쪽으로 밀고 들어갔다. 1683년에는 드 라살de La Salle 후작이 멕시코만에 도달하여 대륙의 내륙을 그의 국왕 루이 14세의 땅이라 주장하고 루이지애나Louisiana라는 이름을 붙였다. 서인도제도에서는 프랑스 소유의 많은 섬, 특히 마르티니크Martinique와 과들루프Guadeloupe가 폭발적 번영을 누렸다. 서아프리카 세네갈Senegal에 있는 상관은 서인도의 설탕 농장에 노예를 공급했다. 프랑스는 동아프리카와 인도에도 관심을 기울였는데, 동아프리카에서 마다가스카르Madagascar, 인도 동해안에서는 퐁디셰리 등지에서 거점을 확보했다.

콜베르는 문화 증진에도 이바지했다. 그의 주도 아래 정부는 라신·몰리에르·부알로 같은 작가들을 지원하고, 과학과 회화 등을 위한 아카데미를 설립했다. 그는 낭비를 싫어했음에도 루이 14세의 방대한 건축 프로그램을 돕지 않을 수 없었다. 회화와 조각처럼, 건축도 이탈리아와 고전 건축의 영향을 크게 받았다. 기둥, 기하학적 삼각형, 돔, 평면 지붕, 대칭적 공간 구조 등은 고대 로마의 흔적을 간직했다. 이런 고전주의로의 회귀는 미술뿐만 아니라 희곡에서도 마찬가지로 눈에 띈다.

## 2. 절대군주정의 확산

### 1) 서유럽의 왕국들

**스칸디나비아: 스웨덴**    프랑스에서 절대주의가 발전하는 동안 스웨덴과 덴마크에서도 왕권이 크게 신장했다. 스웨덴은 구스타프 1세가 1523년 덴마크의 지배에서 벗어나 독립 왕국의 바사왕조를 창건한 이래, 강력한 국가교회와 효율적인 군대의 지지를 얻은 바사왕조의 치하에서 절대왕정이 성장하고 있었다. 17세기에 들어와서 구스타프 2세 아돌프(1611~1632) 국왕은 악셀 옥센셰르나Axel Oxenstierna 대신의 조력을 받아 왕권을 강화하고, 인구 100만에 불과한 농업국이 유럽의 강국으로 발전할 기틀을 마련했다. 그는 군대를 획기적으로 개혁해서 엄격한 규율과 철저한 훈련을 통해 막강한 군대를 육성했다. 그는 덴마크·러시아·폴란드와 연이어 싸웠고, 폴란드로부터는 오랜 전쟁 끝에 1629년에 발트해 연안인 라트비아와 에스토니아 지역을 빼앗았다. 발트해를 장악한 그는 중상주의 정책으로 국력을 키웠다.

구스타프 2세는 1630년에 30년전쟁에 뛰어들었다. 그는 개신교의 대의를 내걸었지만, 실제로는 합스부르크가가 강력한 가톨릭 제국을 건설하여 스웨덴이 북부 유럽을 지배할 기회를 무산시킬 것을 우려했다. 그러나 스웨덴에서 유일하게 대왕의 칭호를 얻은 그는 1632년 서른여덟 살의 젊은 나이에 전사하고 말았다. 크리스티나 여왕Kristina(1632~1654)이 여섯 살의 어린 나이에 부왕의 뒤를 이었는데, 악셀 옥센셰르나가 섭정을 맡아 정치적 혼란을 수습하고 선왕의 정책을 이어갈 수 있었다. 1648년 전쟁이 끝났을 때, 스웨덴은 제1급의 강국으로서 서부 포메른Pommern·브레멘Bremen·페르덴Verden 등지를 신성로마제국으로부터 넘겨받았다.

그 뒤에도 스웨덴은 몇 차례 더 전쟁을 치르면서 팽창했지만, 카를 12세(1697~1718) 때 시작된 대북방전쟁Great Northern War(1700~1721)에서 발트해 연안 지방을 러시아에 빼앗겨버렸다. '북유럽의 사자'로 불린 소년 왕 카를 12세는 전쟁 초기에 혁혁한 승리를 거두었으나, 1709년 폴타바Poltava 전투에서 러시아에 대패했다. 카를 12세는 튀르크로 도망가 오스만튀르크를 전쟁에 끌어들였다. 그의 설득으로 튀르크는 1710년 러시아를 공격해서 10년 전 빼앗긴 아조프Azov를 되찾았다. 1714년 귀국한 카를 12세는 전쟁을 계속했으나, 1718년 전사하고 말았다. 그가 전사한 뒤 강화 협상이 시작되었다. 3년의 협상 끝에 조약이 체결되고, 스웨덴은 결국 북유럽 강국의 지위를 러시아에 물려주었다. 스웨덴은 주요 강국들과 장기적으로 경쟁하는 데 필수적인 자원과 인력을 갖추고 있지 못했다. 게다가 덴마크가 발트해의 길목을 장악하고 있어서 스웨덴은 쉽게 세계 무역과 식민지 획득에 나설 수도 없었다.

국내 정치에서는 카를 11세(1660~1697) 국왕 치세 때 중앙집권적 행정이 발전했다. 카를 11세는 1680년 이후 왕정에 반발하는 귀족 세력을 부수고 그들의 토지를 탈취함으로써 재정적 독립을 이루었다. 이후 스웨덴에서는 프랑스 절대왕정과 비슷한 체제가 발전했다. 특히 스웨덴은 상비군, 해군, 국가교회, 중상주의 경제 등의 면에서 프랑스를 빼닮은 체제가 수립되었다. 그러나 스웨덴의 절대주의는 미혼인 카를 12세가 갑자기 죽은 뒤 제동이 걸렸다. 그의 사후 정권을 잡은 화평파가 종전 협상을 이끌면서 카를의 누이인 새 여왕 울리카 엘레오노라Ulrika Eleonora에게 헌법의 승인을 받아냈다. 귀족·성직자·도시민·농민의 네 신분으로 구성된 의회가 다시 입법권을 부여받고, 강력한 권한을 가진 국왕자문회의가 군주의 행동을 감독할 수 있게 되었다. 그 결과 귀족은 다시 영향력을 되찾고, 절대주의는 퇴조했다.

**스칸디나비아: 덴마크**　　스웨덴처럼 덴마크 역시 종교개혁을 통해 왕권이 강화되었다. 덴마크는 노르웨이와 아이슬란드 그리고 그린란드를 지배한 큰 나라였다. 노르웨이 국왕을 겸한 강력한 지배자였던 크리스티안 4세(1588~1648)는 안으로 귀족을 제압하여 왕권을 공고히 하고, 밖으로는 발트해 지배권을 놓고 스

웨덴과 여러 차례 싸웠다. 그는 독일의 개신교도를 지원했으며, 30년전쟁이 일어나자 1625년 전쟁에 뛰어들었다. 그러나 스웨덴과 달리 덴마크는 황제군에 패하고 국제적 영향력이 쇠퇴했다.

그러나 국내적으로는 세기 후반기를 거치면서 프레데리크 3세Frederik III(1648~1670)가 스웨덴 카를 11세처럼 귀족 세력을 누르고 프랑스 절대왕정과 비슷한 체제를 수립했다. 덴마크 국왕은 노르웨이 국왕을 겸하고 있었지만, 세습인 노르웨이 왕위와 달리 덴마크 왕위는 공식적으로는 선출제였다. 그리고 크리스티안 1세(1448~1481)가 올덴부르크Oldenburg 왕조를 세운 이래 국왕은 모두 귀족의 특권을 보장하고 왕권을 제한하는 국왕 헌장에 서명하고 나서야 즉위할 수 있었다. 프레데리크 3세 역시 국왕 헌장에 서명했지만, 그는 헌장이 인정한 것보다 더 강력한 권력을 행사하면서 고위 귀족과 마찰을 빚었다. 그러다가 프레데리크 3세는 1660년 9월 신분제 의회를 소집했는데, 의회에서 세금 부담을 회피하려는 귀족에 대한 평민의 비난이 거세지는 상황을 이용하여 국왕 헌장을 폐지하고 왕위를 세습제로 만드는 데 성공했다. 그리고 그는 1665년 국왕법Kongeloven을 제정하여 왕권신수설을 바탕으로 왕권의 절대성을 선포했다.

프레데리크 3세의 뒤는 장남 크리스티안 5세(1670~1699)가 이었는데, 그는 국왕 헌장 폐지 이후 세습제로 즉위한 최초의 덴마크 왕이었다. 그는 왕자 시절에 장기간 유럽 여러 나라를 여행했는데, 특히 프랑스의 루이 14세 궁정에서 절대왕정의 모습을 보고 깊은 인상을 받았다. 그는 부왕 시절 시동을 건 절대왕정 정책을 강화하기 위해 시대착오적인 지방법을 폐지하고, 1683년 덴마크 전역에 공통으로 적용되는 최초의 법률인 덴마크법Danske Lov을 공포했다. 이 법은 4년 뒤 노르웨이법Norske Lov으로 이어졌다. 17세기 후반기를 거치면서 공고하게 확립된 덴마크 군주의 절대 권력은 19세기에 이르기까지 지속했다.

**이베리아반도: 에스파냐**　　17세기가 시작될 무렵만 해도 에스파냐는 세계에서 가장 인구가 많은 제국을 지배했다. 당시 유럽인에게 에스파냐는 여전히 최

강의 국가로 보았다. 그러나 사실 그 나라는 빛 좋은 개살구였다. 무엇보다 국고가 텅 비었다. 펠리페 2세는 전쟁에 지나치게 돈을 쏟아부어 1596년에 파산 상태가 되었고, 계승자 펠리페 3세(1598~1621) 역시 궁정에 재산을 탕진하여 1607년 같은 신세가 되었다. 정부는 비효율적이고, 군대는 노후화하고, 사제와 수도사들은 넘쳐나고, 귀족계급은 사치를 일삼고, 상업 계층은 위축되었다. 펠리페 3세의 치세 동안 에스파냐의 여러 결함이 더욱 두드러지게 드러났다. 부왕은 국정의 모든 부문을 직접 챙겼던 반면에, 그는 궁정의 사치 생활과 성물숭배의 미신에 빠져 정사를 탐욕스러운 레르마Lerma 공작에게 맡겼다. 레르마는 중요한 관직을 친척으로 채우고 부와 권력을 탐하는 등 국정을 농단했다. 그래서 대귀족들이 권력을 되찾고, 궁정 음모가 난무했다.

펠리페 4세(1621~1665) 치세 초기에는 유능하고 헌신적인 올리바레스Olivares 백작이 국정을 주도하면서 나라의 활력이 되살아날 희망이 보이기도 했다. 올리바레스는 군주정을 공고히 하기 위해 노력했다. 그는 귀족과 교회의 힘을 축소하고 권력을 군주의 수중에 더욱 집중시킬 정치 개혁을 의욕적으로 추진했다. 그렇지만 그의 노력은 실질적 성공을 거두지 못했다. 인구의 2할로 추산되는 귀족의 힘이 너무나 강해서 의미 있을 정도만큼 그들의 힘을 줄이는 것이 어려웠기 때문이다. 게다가 올리바레스와 펠리페 4세는 융통성 없는 종교 정책을 추구함으로써 개혁의 동력을 잃어버렸다. 에스파냐는 30년전쟁에 참여하면서 자원을 쓸데없이 낭비했다. 프랑스는 가톨릭 국가였으나 필요에 따라 개신교 국가나 무슬림과도 손잡았지만, 에스파냐는 그런 융통성을 보여주지 못했다.

1640년에는 전쟁을 틈타 포르투갈이 독립전쟁을 일으켜 에스파냐에서 떨어져 나갔다. 같은 해에 카탈루냐 역시 더 많은 자치를 요구하며 반란을 일으켰다. 에스파냐 정부는 카탈루냐의 반란을 진압하는 데 20년이 걸렸으며, 그런데도 그들의 독립 정신을 완전히 없애지는 못했다. 네덜란드는 베스트팔렌 조약에서 국제적으로 독립을 공인받았다. 게다가 에스파냐는 30년전쟁을 끝내지 못하고, 1659년까지 이어진 프랑스와의 기나긴 전쟁에서 지고 꽤 큰 영토를 빼앗겼다.

유럽에서 가장 부유한 지역에 속했던 에스파냐령 네덜란드조차 네덜란드와의 경쟁에서 밀리면서 경제적으로 어려움을 겪었다. 위대한 에스파냐라는 환상은 이제 송두리째 날아가 버렸다.

에스파냐는 17세기 후반기에는 심신이 미약한 카를로스 2세(1665~1700) 국왕의 치세가 오래 계속되면서, 귀족들이 이런 불행한 상황을 이용해서 잃어버린 지위를 되찾으려 했다. 카를로스 2세가 후사 없이 죽은 뒤 왕위계승 전쟁이 일어나고, 그 결과 에스파냐는 지중해의 섬 몇 개를 제외하고는 유럽에 있는 모든 영토를 잃었다. 그러나 에스파냐는 내정에서는 프랑스 루이 14세의 손자가 펠리페 5세(1700~1746)로 왕위를 계승한 이후 비로소 안정적으로 발전했다. 이후 에스파냐는 1931년까지 부르봉왕조의 지배를 받게 되었다. 에스파냐와 프랑스의 관계는 부르봉왕조의 혈연으로 맺어진 관계임에도 1733년까지 불화가 잦았다. 그러나 그 이후로 에스파냐는 프랑스 대혁명이 일어날 때까지 전쟁 때마다 프랑스 편을 들었다.

펠리페 5세는 한 무리의 프랑스인 자문단을 데려오고, 프랑스 유형의 절대주의를 추구했다. 그는 중앙과 지방의 행정을 개편하여 중앙집권을 강화했으며, 대지주들은 권력을 일부 상실했다. 중상주의 정책과 효율적 재정 정책으로 경제가 약간 개선되었다. 그와 동시에 아메리카에의 관심도 다시 커졌다. 서인도제도를 관할하는 부처가 설립되고, 남북 아메리카에 추가로 총독령이 설치되었다. 선교사들이 텍사스와 캘리포니아에 에스파냐와 가톨릭교의 영향을 확대했다. 나아가 몇몇 무역 회사가 아메리카 교역의 특허를 받았다. 그러나 이들은 대체로 성공적이지 못했고, 식민지와의 교역은 점점 쇠퇴했다. 아메리카 식민지는 여전히 막강해 보였으나, 점점 더 그 지역의 무역은 영국 상인의 손에 넘어갔다.

**이베리아반도: 포르투갈**　　　포르투갈은 1580년 에스파냐 국왕 펠리페 2세가 포르투갈의 왕위를 물려받음으로써 에스파냐와 하나로 합쳐졌는데, 에스파냐 지배를 받으면서 번영이 시들어버렸다. 그러다가 1640년 반란을 일으켜 브라간

사Bragança왕조 아래 다시 독립국이 되었다. 두 왕국은 30년전쟁을 겪은 데다가 1668년 에스파냐가 포르투갈의 독립을 받아들일 때까지 계속된 양국 간의 전쟁으로 국력을 크게 소모했다. 게다가 포르투갈은 아폰수 6세Afonso VI(1656~1683) 국왕 아래에서 왕권이 크게 약해졌다. 13세에 즉위한 아폰수 6세는 병약하고 무능했다. 그의 치세 초기 6년은 모후가 섭정을 맡았고, 1668년 독립전쟁이 끝난 뒤에는 국왕이 귀족의 압력으로 섬에 유배를 당하고 동생 페드루가 섭정을 맡았다. 형이 죽은 뒤 정식으로 왕위를 물려받은 페드루 2세Pedro II(1683~1706)는 간신히 왕권을 회복했다. 그를 이은 주앙 5세João V(1706~1750)는 브라질에서 발견한 금광과 다이아몬드광에서 나온 부에 힘입어 행정을 중앙집중화하고, 중상주의를 강력하게 추진하고, 교회 지배권을 강화했다.

**이탈리아**　　이탈리아는 교황 국가와 베네치아 그리고 피에몬테Piemonte를 차지하고 있는 사보이아만 독립을 유지하고 있었으며, 나머지 영토는 대부분 에스파냐의 지배 아래, 그리고 1720년 이후에는 오스트리아의 지배 아래 있었다. 교황들은 교황 국가를 확장하고 정부의 효율성을 증진했다. 그러나 그들은 세속 국가들에 대한 영향력의 쇠퇴를 막지는 못했다. 교황은 베스트팔렌 조약의 종교 관련 조항을 강력히 반대했지만, 그의 항의는 별 소용이 없었다. 베네치아는 경제적 침체가 깊어졌음에도 여전히 상당히 강력했다. 베네치아인들은 16세기 중엽 오스만튀르크가 일시 쇠퇴하고 페르시아에 전념하는 틈을 타 튀르크인과 오랫동안 전쟁을 치렀고, 승리를 거두었다. 그러나 결국에는 크레타섬을 양도해야만 했다.

한편 이탈리아 서북부에서는 사보이아 공들이 영토를 확대하고, 군대를 증강하고, 효율적 정부 제도를 발전시켰다. 알프스 양쪽으로 영토를 가진 그들은 때로는 밀라노의 에스파냐인과, 때로는 서쪽의 프랑스와 제휴하면서 정치적 이득을 얻는 한편, 아들과 딸들을 유럽의 왕실과 결혼시켰다. 그러면서 사보이아 공국은 서서히 세력을 확장했는데, 비토리오 아메데오 2세Vittorio Amedeo II 때 에스파냐 왕위계승 전쟁에 참전해서 1713년 위트레흐트 조약으로 시칠리아와 그 국왕 칭호를 얻었다. 시칠리아 국왕이 된 비토리오 아메데오 2세는 이후 1720년에 오스트리아의 요구로 시칠리아를 사르데냐와 맞바꾼 뒤, 사보이아·피에몬테·사르데냐를 포괄하는 사르데냐왕국을 건설하고 그 첫 국왕이 되었다. 그렇게 탄생한 사르데냐왕국은 19세기 후반에 달성되는 이탈리아 통일의 주역이 되었다.

이탈리아인들은 16세기보다는 영향력이 줄어들기는 했으나, 바로크 미술과 음악 분야에서 여전히 빼어난 성취를 보여주었다. 과학에서는 갈릴레오가 천문학과 역학 분야에서 유럽의 빛이 되었으며, 그에 대한 종교재판소의 재판은 코페르니쿠스의 태양중심설을 대중화하는 데 이바지한 유명한 소송 사건이었다.

### 2) 중부 및 동부 유럽 절대왕정의 발달

동유럽에서도 서유럽처럼 통치자들은 절대왕정을 수립하려고 노력했으며, 영토를 확장하기 위해 서로 싸웠다. 그들의 과업은 서유럽보다 귀족이 더 강력하고 더 독립적이라는 사실 때문에 좀 더 어렵고 복잡했다. 더욱이 그 지역은 종교 집단과 인종 집단이 뒤섞여 있어서 진정한 국민국가를 건설하는 일은 매우 어려운 과제였다. 한때 동유럽 강국이었던 폴란드는 18세기로 넘어가면서 쇠퇴의 길로 빠지다가 끝내 지도에서 사라지는 가혹한 운명을 맞았으며, 수 세기 동안 유럽에 심각한 군사적 위협을 가했던 오스만제국 역시 유럽 쪽 영토 일부를 잃으면서 내리막길을 걸었다. 그리하여 동부 유럽에 세력 균형의 급격한 변동이 일어날 무대가 마련되었다. 그 무대에 등장한 나라가 오스트리아, 프로이센, 러시아의 세 나라였다. 18세기가 지나가면서 그들은 적어도 군사력의 면에서는 서유럽의 부강한 나라들과 건줄 만한 국가를 건설했다.

이들 세 나라는 강대국으로 부상하는 데는 성공했음에도 불구하고, 사회 및 경제적으로는 매우 취약한 구조를 안고 있었다. 이들 나라는 무엇보다 서유럽 나라들보다 사회적으로 뒤처지고 가난했다. 그들은 대군을 양성하고 병사들을 고도로 훈련시켰지만, 프랑스나 영국의 대규모 재정 지원 없이는 전쟁을 장기간 치를 수 없었다. 동유럽 통치자들은 프랑스와 영국 중 한 나라에 군사 지원을 해주는 대가로 재정을 지원받곤 했다. 경제를 근대화하고 국가를 진정 부강하게 만들기 위해서는 중세적 농노제를 개혁하거나 폐지하는 것이 필수적이었으나, 그들은 귀족의 저항을 극복하지 못해서 그 일을 해내지 못했다. 지리적으로 대양 무역의 길이 막힌 동유럽 나라들은 해외 물산의 구입을 서유럽에 의존했다. 그 대금 지불을 위해 그들은 곡물, 목재, 가축 등을 점점 더 많이 서부로 보냈다. 통치자와 귀족들은 이들 상품을 생산하는 농민을 통제하고 착취하기 위한 노력을 더욱 강화했다. 18세기가 시작할 무렵, 동유럽에서는 농노제가 사라지기는 커녕 이전보다 더욱 압제적이게 되었다.

**신성로마제국의 영방국가**　　17세기 후반 프랑스 태양왕의 부와 힘은 유럽의 찬탄과 모방을 낳았는데, 그 가장 분명한 해바라기는 신성로마제국의 수많은 영방국가였다. 베스트팔렌 조약으로 주권을 인정받고 몰수한 교회 재산으로 금고가 두둑해진 군소 영방 군주들은 각자 권력을 강화하고 국제 외교무대에 얼굴을 내밀고자 애썼다. 그런 가운데 프랑스의 문화적 영향이 증대했다. 그들 중 많은 군주가 프랑스를 여행하고 루이 14세의 궁정에 참석했으며, 그들의 궁정에서 프랑스어가 쓰였다. 그들은 규모는 작지만 베르사유 궁전을 본뜬 궁전을 짓는 등 태양왕 흉내를 내려고 애썼다. 그리고 영방국가 지배자 대부분은 또한 효율적인 상비군과 관료 조직을 건설하는 한편, 서유럽에서는 사라진 농노제를 강화했다.

　이들 국가 가운데 가톨릭제후동맹의 주축이었던 바이에른 공국은 30년전쟁을 통해 영토를 확장하고 세력을 확대했다. 바이에른의 공작들은 가톨릭교회와 협력하여 신민에게 광범한 권력을 휘둘렀다. 바이에른 공국은 프랑스와 오스트리아 사이에서 노련하게 줄타기 외교를 함으로써, 나라의 크기와 자원에 비해 훨씬 더 큰 영향력을 가질 수 있었다. 그러나 이후 바이에른은 에스파냐 왕위계승 전쟁에 참전하면서 쇠약해지고, 다시 독일 내에서 이류 국가로 떨어졌다. 작센 공국 역시 30년전쟁에서 영토를 늘렸고, 전란의 피해에서 비교적 빠르게 회복했다. 개신교도 중간계급은 상대적으로 큰 규모였으며, 광업과 제조업 그리고 교역의 발전으로 작센은 중부 유럽에서 가장 부유한 지역의 하나가 되었다. 작센 공국은 그 선제후가 1697년 폴란드 국왕 아우구스투스 2세로 선출됨으로써 한 지배자 아래 폴란드와 결합했다. 루터파 공국이 가톨릭 왕국과 결합함으로써, 작센은 종교적 관용이 확대되고 다른 곳보다 좀 더 자유로운 지적 분위기가 조성되었다. 그러나 작센인들은 혼란스러운 폴란드 정치와 잦은 폴란드 전쟁에 휘말리게 되고, 그로 인해 절대주의가 발달하지 못하면서 쇠퇴했다. 바이에른과 작센이 쇠퇴한 반면, 제국 내에서 우위를 노리는 오스트리아와 브란덴부르크-프로이센 두 나라는 이후의 절대주의 시대에 유럽의 강대국으로 등장했다.

**오스트리아**　　중앙집권적 독일 제국을 건설하려던 꿈이 깨어진 합스부르크가는 그 대신 오스트리아를 철저하게 가톨릭적이고 더욱 강화된 나라로 만드는 데 힘을 집중했다. 합스부르크 가문이 지배하는 오스트리아 대공국은 30년전쟁의 참화를 비교적 덜 입었으며, 신성로마제국 내에서 가장 강력한 국가로 남아 있었다. 오스트리아는 여전히 16세기에 획득한 보헤미아왕국과 헝가리왕국 서북 지역을 지배하고 있었으며, 이제 동쪽과 남쪽으로 뻗어 나가는 데 주된 관심을 기울였다.

　　오스트리아는 루이 14세와 전쟁마다 싸웠으나, 좀 더 큰 관심은 발칸반도에 있었다. 황제 레오폴트 1세Leopold I(1657~1705)가 동진 정책을 추진하면서 오스만제국뿐 아니라 헝가리 귀족과도 충돌했다. 다수가 개신교도인 헝가리 귀족들은 빈Wien의 지배에 대해, 그리고 예수회가 그들을 가톨릭교로 개종시키려는 시도에 대해 분개했다. 1660년대에 짧은 전쟁을 치른 오스트리아와 오스만제국은 1682년 반란을 일으킨 헝가리인들이 오스만제국에 도움을 호소함으로써, 이번에는 1699년에야 끝나는 아주 큰 전쟁을 치르게 되었다. 빈은 1683년에 석 달이나 포위되기도 했으나, 신성로마제국의 제후국들의 도움을 받아 위기를 극복했다. 그런 다음 오스트리아는 1687년 오스만튀르크를 결정적으로 패퇴시키고, 1699년에는 마침내 전쟁을 끝냈다. 오스트리아는 카를로비츠Karlowitz 조약으로 헝가리, 트란실바니아, 크로아티아 동북부 등지를 차지하여 발칸반도 북부로 영토를 크게 넓혔다. 이후 오스트리아는 1699년의 굴욕적 조약을 받아들일 수 없었던 튀르크와 1716~1718년에 또다시 싸웠는데, 그 결과 승리한 오스트리아는 1699년에 얻은 영토를 확실하게 인정받았다. 그리하여 오스트리아는 동남부 유럽에서 지배적 강국의 지위를 확립했다. 오스트리아의 영토는 18세기에 들어 더욱 확장되었는데, 에스파냐 왕위계승 전쟁 이후 이탈리아의 남부 전역과 북부의 밀라노뿐 아니라 에스파냐령 네덜란드까지 차지했다.

레오폴트 1세는 내정에서 그 시대 다른 지배자들처럼 중앙집권적 군주정을 강화하는 데 힘을 쏟았다. 프랑스 및 오스만튀르크와 오래 전쟁을 치르면서 그는 군대를 근대화하고 병력을 늘렸을 뿐 아니라, 전문가 기질과 충성심을 장교에게 심어주었다. 그는 중앙의 행정 부서를 정비하고 각 지역에 대한 통제권도 강화했다.

**브란덴부르크-프로이센 공국**　　절대주의 시대의 가장 두드러진 정치적 발전의 하나는 호엔촐러른Hohenzollern가가 지배하는 브란덴부르크 공국의 급속한 성장이었다. 브란덴부르크는 12세기 중엽에 신성로마제국의 변경백령Markgrafschaft이 되었다가 1356년 황금칙서에서 선제후령으로 승격했는데, 1415년에 호엔촐러른가가 오스만제국을 물리친 공으로 브란덴부르크를 상속받고 선제후가 되었다. 원래 촐러른 산 위의 작은 성을 본거지로 한 별 볼 일 없는 제후였던 호엔촐러른가는 여러 세대에 걸쳐 결혼과 음모 혹은 전쟁을 통해 영토를 늘리면서 대제후로 성장한 것이다. 그들은 이후 여러 세대에 걸쳐 영토를 늘렸고, 30년전쟁 이후 독일에서 합스부르크가 다음가는 지배자가 되었다. 17세기 중엽에 그 가문이 지배한 영토는 라인강에서 네만강Neman, Niemen 사이의 북유럽에서 크게 세 부분으로 나뉘어 있었다. 저 멀리 동쪽에 떨어져 있는 영토는 동프로이센이었는데, 이곳은 이전에 튜턴기사단이 개척한 영토를 브란덴부르크 공이 1618년 상속받은 것이었다. 그리고 서쪽 영토는 여러 조각의 작지만 부유한 땅들로 이루어져 있었는데, 이곳은 대부분 가톨릭교 지역으로서 1614년에 상속으로 브란덴부르크에 포함된 지역이었다. 주민들이 루터교도와 칼뱅교도인 원래의 브란덴부르크 공령은 이 두 지역 사이에 있었다.

그런데 브란덴부르크 선제후가 동프로이센을 얻은 후로 그의 영토는 흔히 브란덴부르크-프로이센으로 불렸다. 그리고 1660년 이후로 그 선제후들은 자신의 영토 전체를 프로이센으로 부르고 싶어 했는데, 왜냐하면 그들은 다른 영토에서는 아직 적어도 이론적으로 황제에 충성을 바쳐야 하는 신하였지만, 신성로마제국에 속하지 않은 프로이센에서는 그들 자신이 절대적 주권자였기 때문이다. 30년전쟁은 호엔촐러른가에는 거의 재앙이었으나, 그들은 내핍과 인내 그리고 강철과 같은 규율로 견뎌냈다.

브란덴부르크-프로이센은 프리드리히 빌헬름Wilhelm(1640~1688) 대선제후 치세에 유럽의 주요 강국으로 떠올랐다. 군사 지도자에다 훌륭한 행정가였던 그는 30년전쟁 이후의 혼란을 극복하고, 동시대 대다수 지배자처럼 의회 권력을 축소하고 절대주의의 길을 갔다. 그는 나라가 방어를 위한 자연 경계가 없는 열린 영토임에 유의하여, 상비군을 유럽에서 네 번째 규모인 4만 명 수준으로 대폭 증강했다. 그리고 그는 이 방대한 군대를 지탱하기 위해 군사 행정을 중심에 둔, 고도로 효율적인 관료 조직을 건설했다. 루이 14세가 귀족을 무위도식하는 사회적 기생 집단으로 만든 것과 달리, 그는 대영지를 소유한 지주 귀족인 융커Junker가 정부와 군대에서 폭넓은 역할과 권력을 행사하도록 허용했다. 사실 호엔촐러른가의 절대주의는 상당한 정도로 융커의 지원에 의존했다.

대선제후는 또한 흩어져 있는 여러 영토의 주민들에게 단일 집단의 감정을 심어주기 위해 애썼다. 우편 사업을 포함하여 통신과 교통을 개선하고, 관리를 고향 아닌 타지에 임명하고, 동부 지역 귀족과 서부 지역 부르주아 간에 상호 불신감을 줄이려고 했다. 칼뱅교도였던 프리드리히 빌헬름 대선제후는 관용 정책을 폈으며, 이 정책은 프로이센 역사의 특징이 되었다. 그의 신민이 서로 다른 세 신앙을 가진 점을 생각할 때, 사방에 흩어져 있는 영토를 통합하자면 관용은 불가피한 정책이기도 했다. 루이 14세가 낭트 칙령을 폐지하자, 그는 프랑스의 위그노를 환영했다. 그의 나라는 아직 인구가 부족하고 경제도 뒤떨어졌는데, 그는 위그노의 이주를 적극 환영하고 그들의 사업을 지원해 주었다.

프리드리히 빌헬름은 30년전쟁으로 피폐해진 경제를 재건하기 위해 중상주의 정책을 추진했다. 상당한 정도로 농업과 제조업이 향상되었으며, 과세제도를 정비한 덕분에 재정이 튼실해졌다. 그러나 해외에서 무역 회사로 네덜란드와 겨루려던 시도는 성공하지 못했다. 그는 외교도 정력적으로 수행했다. 브란덴부르크-프로이센은 영토가 산재해 있어서 수많은 나라와 경계를 맞대고 있었다. 그의 나라는 아직 국력이 약했기 때문에, 프리드리히 빌헬름은 상황에 따라 황제와 프랑스, 폴란드와 스웨덴 등 여러 나라 사이를 오가며 교묘하게 우호 관계와 동맹 관계를 바꾸었다. 그러나 그는 두 가지 목표는 달성하지 못했다. 그는 동부·중부·서부의 영토를 연결하는 통로 구실을 할 땅을 얻지 못했으며, 더 나은 항구를 얻는 데 필요한 포메른에서 스웨덴을 몰아내는 일도 성공하지 못했다.

제1차 북방 전쟁Northern War(1655~1660)에서 프리드리히 빌헬름은 스웨덴에 혁혁한 군사적 승리를 거두었으나, 프랑스의 반대로 결국 정복한 땅을 차지하지는 못했다. 이후에 프랑스-네덜란드 전쟁(1672~1678) 때 그는 다시 한 번 스웨덴에 승리를 거두었지만, 이번에도 루이 14세의 개입으로 차지한 영토를 반환하지 않을 수 없었다. 그리하여 브란덴부르크-프로이센은 30년전쟁에서 얻은 동부 포메른 이외에, 그의 치세 동안에는 영토를 확장하지 못한 것이다. 그가 못 이룬 두 가지 목표는 이후 호엔촐러른 가문 지배자들의 과제로 남게 되었다. 그렇지만 1688년 그가 죽었을 때, 프로이센은 북유럽에서 새로이 강국으로 떠오르고 경제적으로도 번영하고 있었다.

**프로이센왕국**    프리드리히 빌헬름 대선제후의 뒤는 아들 프리드리히 3세 (1688~1713)가 이었는데, 원래 그는 정치적이거나 군사적인 분야보다는 예술과 학문을 애호하고 장려하는 데 더 많은 관심을 가졌다. 그래서 그는 베를린Berlin 에 바로크 양식 궁전을 짓고, 왕립 과학아카데미Akademie der Wissenschaften를 창설 하는 등 수도를 새로운 문화 중심지로 만들었다. 그렇기는 하나 그는 브란덴부르크-프로이센의 정치적 발전에서 뚜렷한 한 획을 긋는 중요한 업적을 쌓은바, 에스파냐 왕위계승 전쟁 때 신성로마제국 황제를 도와 루이 14세에 맞선 대가로 1701년 황제로부터 프로이센 국왕의 칭호를 얻은 것이다. 이 칭호는 전쟁이 끝난 뒤 1713년 위트레흐트 조약에서 국제적으로 공인되었다. 그리하여 브란덴부르크-프로이센 공국은 프로이센왕국이 되고, 프리드리히 3세 선제후는 프로이센왕국의 첫 국왕 프리드리히 1세(1701~1713)가 되었다.

위트레흐트 조약 이후 프로이센왕국은 '훈련 교관'이라는 별명을 얻은 프리드리히 빌헬름 1세(1713~1740) 치하에서 연병장이 되었다. 이 거친 군인-왕은 신민들에게 고된 일과 절대복종을 요구했다. 그는 강력한 절대 왕권으로 고도로 효율적인 관료제를 구축하고, 지주 귀족에게 세금을 부과하는 한편 전문적인 군사 경력을 쌓도록 요구했다. 융커라는 이들 지주 귀족은 많은 농노가 딸린 영지를 소유한 영주로서, 군주와 국가에 대한 복종과 희생의 의무를 받아들인 대신 농노에 대한 완전한 지배권을 보장받았다. 그들은 세습 장교로서 국왕에 봉사했는데, 군대는 프로이센의 생존에 필수적이었기 때문에 그들은 군 복무를 통해 높은 사회적 지위와 특권을 누렸다. 프리드리히 빌헬름 1세는 유럽에서 가장 훈련이 잘 되어 있고 최고의 장비를 갖춘 8만 명을 넘어서는 규모의 대군을 육성했다. 프로이센은 영토는 유럽에서 열 번째, 인구는 열세 번째였으나, 군대는 프랑스와 러시아 그리고 오스트리아에 이어 네 번째였다. 18세기를 거치면서 프로이센왕국은 근대 독일 국가의 운명인 극단적 군국주의 국가로 치닫고 있었다.

**러시아의 발전**    뭐니 뭐니 해도 절대주의 시대 동유럽에서 가장 장엄한 변화는 러시아의 대두였다. 15, 16세기에 모스크바 대공들은 조그마한 모스크바 공국을 광대한 러시아 국가로 바꾸어놓고, 러시아 전제정을 위한 토대를 마련했다. 이반 3세의 아들 바실리 3세(1505~1533) 시대에 대공의 권력이 강화되고, 손자 이반 4세(1533~1584)의 긴 치세 동안 전제정은 더욱 공고해졌다. 이반 4세는 처음으로 차르tsar(황제를 뜻하는 caesar의 파생어)를 공식 칭호로 사용했다. 일곱 번 결혼하고, 잔혹하고 끔찍하다는 뜻의 그로즈니Grozny라는 별명을 얻은 이반 4세는 기본적으로 정복자였다. 타타르족을 격퇴한 뒤, 그는 카잔Kazan과 볼가강 계곡에서 카스피해Caspian Sea에 이르는 지역을 정복했으며, 크림 칸국Crimean Khanate을 제외하고 유럽에서 타타르 세력을 끝장냈다. 러시아는 몽골의 지배가 무너짐에 따라 동쪽으로 우랄Ural 협곡을 통해 아시아로 침투하고, 시베리아를 조금씩 정복해 갔다. 대서양 세력이 해외 영토를 확장해 간 것처럼, 신생 러시아제국은 우랄산맥을 넘어 내륙으로 팽창해 갔다. 이반 4세는 또한 서쪽과 발트해 방향에서도 영토를 확장할 야망으로 폴란드 및 스웨덴과 거듭 전쟁을 벌였으나, 이 전쟁에서는 별 소득을 얻지 못했다.

끔찍한 차르 이반은 확고하게 권력을 장악했다. 그는 세 살 때 즉위했는데, 재위 초의 섭정기에 대귀족인 보야르들이 권력을 크게 신장했다. 그러나 이후 친정을 하면서 이반 4세는 이들을 의무적으로 국가에 봉사하게 하고, 충성이 의심스러운 자들은 그들의 영지에서 추방하고 다른 곳에 새 땅을 수여했다. 이는 저항의 중심을 해체하고 인구를 뒤섞는 조치였다. 이에 반발한 보야르가 봉기하자, 이반은 이들을 무자비하게 분쇄하고, 그들의 광대한 토지를 몰수하여 차르의 영지로 만들어버렸다. 비밀주의가 차츰 차르를 둘러쌌다. 러시아인도 외래인도 차르의 허가 없이 러시아에서 자유롭게 여행할 수 없었다. 고등교육은 억제되고, 여성은 사회 활동에서 격리되었다. 입법, 행정, 사법의 기능이 분화되지 않은 체제에서 차르는 사실 그 세 권력을 모두 행사할 수 있었다. 그렇지만 그가 얼마만큼이나 귀족을 예속 상태로 몰아넣었든지 간에, 그는 다른 한편으로 귀족과 군사 계급의 협력에 의존하지 않을 수 없었다. 그의 시대에는 또한 농노제가 점차 확대되었다.

이반 4세가 죽은 지 5년 뒤에 모스크바 수좌 대주교는 비잔티움과의 마지막 유대를 끊고 러시아 정교회의 총대주교라는 칭호를 차지했다. 이러한 조치는 모스크바가 제3의 로마라는 러시아인들의 믿음을 더욱 굳게 했다. 민족주의적 러시아인들은 이를 환영했는데, 왜냐하면 그들은 비잔티움 총대주교의 사절들을 오스만제국의 위장한 첩자라고 의심했기 때문이다. 한편 새로운 문제가 발생했다. 차르들이 교회에 대한 세속적 통제권을 주장하고 나섰기 때문이다. 당연히 모스크바 총대주교들은 새로 얻은 독립성을 지키고 싶어 했다. 차르와 총대주교 간에 지루한 싸움이 전개되었고, 이는 1721년 표트르 1세Pyotr I가 총대주교직을 폐지함으로써 비로소 끝났다.

러시아는 16세기 말에 혼란과 내란의 시대로 접어들었다. 1598년 류리크Ryurik 왕조가 단절되자, 러시아 의회인 젬스키 소보르Zemsky Sobor는 대귀족 보야르 중 한 명인 보리스 고두노프Boris Godunov(1598~1605)를 차르에 선출했다. 이후 음모와 유혈로 얼룩진 이른바 '고난의 시대'가 찾아왔다. 야심에 찬 보야르들은 스웨덴이나 폴란드 군대를 끌어들이면서 서로 싸웠고, 차르들은 쫓겨나고 살해되었다. 이와 같은 무질서는 보야르 가문들이 막강한 권력을 보유하고 있으며, 차르 전제정은 제도화되었다기보다는 아직 인물에 따라 좌우되는 것임을 보여주었다. 이따금 카자크Kazak인의 뒷받침을 받아 일어나는 농민봉기는 농노 신세로 전락해 가는 농민들의 불행을 드러내는 것이었다.

혼란은 미하일 로마노프Mikhail Romanov(1613~1645)가 새 차르로 선출됨으로써 조금씩 극복되었다. 이로써 이후 3세기나 이어질 왕조가 탄생했다. 미하일과 그를 이은 알렉세이Aleksei(1645~1676)는 보야르들을 국가의 귀족 제도 안으로 통합해서 어느 정도 안정을 이룩하고, 18세기에 러시아가 동유럽의 또 하나의 강대국으로 떠오를 발판을 마련했다. 알렉세이 치하에서 러시아는 카자크 군대의 도움을 받아 폴란드로부터 우크라이나Ukrayina 일부를 빼앗았다.

프로이센처럼 차르 정부와 귀족은 농노에 대한 공동의 착취에서 타협을 보았으며, 지주 귀족들은 17세기가 지나가는 과정에서 농민을 토지에 결박하고 그들에 대한 지배권을 강화했다. 러시아는 폴란드보다 유럽의 경제 중심에서 더 멀리 떨어져 있었으며 여러 면에서 더욱 후진적이었는데, 초보적인 농업경제는 귀족이 어느 정도 독립성을 유지할 수 있는 바탕이 되었다. 농민뿐 아니라 도시민 역시 자유롭지 못했다. 많은 상인이 정부의 허락 없이는 거주하는 도시를 떠날 수 없었으며, 그들의 사업을 같은 계급이 아닌 사람에게 팔 수도 없었다. 17세기에 러시아 정교회의 내부 분열에 더하여 상인과 농민의 반란으로 사회가 매우 불안정했다. 이러한 정치적이고 종교적인 혼란의 한가운데서도 러시아는 서유럽과 자주 접촉했고, 모스크바에는 상당 규모의 서유럽인 거주지가 건설되었다. 그래서 자연히 서유럽의 관념과 사상이 소수의 러시아인에게 조금씩 스며들었다. 17세기 말경 이후 표트르 1세가 이러한 서유럽화 과정에 더욱 박차를 가했다.

**표트르 대제의 러시아**　　차르 권력이 공고하게 확립되고, 러시아가 북방의 강자로 등장하게 되는 것은 대제의 칭호를 얻은 표트르 1세(1682~1725) 시대에 와서의 일이었다. 그는 열 살 때 이복형 이반 5세와 공동으로 차르가 되었는데, 그러자 이복누이 소피아Sophia가 궁정 쿠데타를 일으켜 권력을 장악하고, 7년 동안 섭정으로 러시아를 통치했다. 섭정 기간을 공포와 불안 속에 지내야 했던 표트르는 1689년 소피아와의 권력투쟁에서 승리한 뒤 친정을 시행했다. 그는 소피아를 수녀원으로 보내고, 정신착란 증세의 이반 5세는 1696년 죽을 때까지 공동 차르로 남게 했다. 표트르는 거구에다가 명석한 두뇌와 넘치는 에너지의 소유자이자, 무자비하고 엄청나게 야심에 찬 인물이었다.

　단독 차르가 된 표트르는 1697년 신분을 숨긴 채 사절단의 일원으로 유럽 여러 나라를 돌아다니며 서유럽 문물을 직접 보고 체험했다. 그는 특히 네덜란드에서는 조선소 목수로 일하면서 손수 조선술을 배우기도 했다. 그는 특히 서유럽의 과학기술을 도입하여 러시아를 서유럽화해야겠다고 마음먹고 이듬해 귀국했다. 모스크바로 돌아온 그는 광범한 개혁에 착수했다. 표트르는 먼저 유럽의 관습과 관행을 도입하고 낡은 관행을 타파하기 시작했다. 일례로 귀족에게 변화를 받아들이도록 압박하기 위해 정교회의 관습인 수염을 깎고 유럽식 복장을 착용하게 했는데, 그는 심지어 귀족을 궁정에 초대해서 직접 가위로 그들의 수염을 자르고 전통적인 긴 외투를 무릎 높이까지 자르는 등 기행에 가까운 행동도 마다하지 않았다.

표트르의 문화 개혁으로 여성이 크게 득을 보았다. 서유럽 궁정에서 여성이 남성과 자유롭게 어울리는 것을 본 표트르는 상류 계층 여성을 집 안에 갇힌 은둔 생활에서 끌어내고, 여성의 얼굴을 가린 전통적 베일을 제거하도록 명했다. 그는 또한 귀족들에게 일주일에 세 번 상트페테르부르크Sankt-Peterburg의 대저택에 모여 남녀가 어울려 대화를 하고, 카드놀이를 하고, 춤도 추도록 칙령을 내렸다. 그는 또한 여성은 자신의 자유의사에 따라 결혼할 권리가 있다고 주장하기도 했다.

표트르는 유럽의 중상주의 경제정책도 도입했다. 그는 공장·광산·조선소 등을 설립하고, 외국에서 수천 명의 노동자와 전문 기술자를 들여왔다. 국내 산업을 보호하기 위해 수입 관세가 부과되고, 출생과 결혼을 포함한 온갖 것에 세금이 매겨졌다. 그의 노력은 몇몇 분야에서 놀라운 성과를 거둔바, 치세 말경에는 러시아의 철 생산이 영국을 넘어섰고, 몇몇 공장은 서유럽의 어떤 공장보다 더 많은 노동자를 고용했다. 그러나 경제는 단기간에 큰 변화가 일어나기는 어려웠다. 방대한 잠재적 자원에도 불구하고 러시아는 경제적으로 서유럽에 크게 뒤떨어졌다. 도시는 규모가 작고 수도 많지 않았으며, 중간계급은 여전히 사회적으로 중요한 세력이 되지 못했다. 그래도 경제가 호전되고 세입이 늘어나자, 그는 그 돈으로 군비를 강화했다. 표트르는 25년 복무 기한으로 농민을 징집하여 20여만 명 규모의 상비군을 구축하고, 효율적인 서양 무기로 군비를 튼튼하게 갖추었다. 그는 또한 러시아 최초로 해군을 창설했다.

표트르는 모든 대의기구를 임명제 위원회와 대신들로 대체하면서 정부를 중앙집권화했다. 그리고 그는 효율적 지방 행정을 펼치기 위해 전국을 50개 주의 행정단위로 개편하고, 차르가 임명하는 주 장관이 지방 당국을 장악하게 했다. 이런 개혁을 통해 점차 관료 조직이 발달했다. 러시아는 훈련된 관리가 부족해서 표트르는 외국인에게 크게 의존했으며, 심지어 전쟁 포로에게 행정을 맡기기도 했다. 그런데 이런 상황이 차츰 극복되었고, 좋은 관직이 교육받은 러시아인의 중요 목표가 되었다. 표트르 대제는 또한 러시아 정교회에 대해 국가 통제를 확립하고자 했다. 1721년 그는 보수주의의 핵심을 대변하는 모스크바 총대주교직을 폐지하고, 그 대신 교회의 의사를 결정할 기구로 종무회의Holy Synod를 설치해서 차르를 대리하는 세속 관리의 책임 아래 두었다. 표트르의 개혁으로 러시아는 공고한 절대주의 국가가 되었다.

표트르 대제는 36년의 치세 중 28년을 전쟁으로 보냈는데, 그가 죽을 때 러시아는 군사 대국이자 유럽 강국의 일원이 되어 있었다. 튀르크와의 전쟁(1695~1700)에서 러시아는 돈강 하구에 있는 아조프를 점령했고, 그래서 흑해로 나아가는 출구를 얻었다. 그러나 그들은 10년 뒤 그 지역을 다시 빼앗겼다. 러시아는 남쪽에서 페르시아와 싸웠고, 카스피해 서부 해안 지대에 영토를 확장했다. 그러나 많은 전쟁 중 표트르의 가장 중요한 전쟁은 스웨덴과의 전쟁이었다. 대외정책에서 표트르의 기본 목표의 하나는 서양으로 가는 창문을 여는 것, 즉 유럽에 쉽게 다가갈 수 있는 부동항을 얻는 것이었다. 이것은 오직 발트해에서만 이루어질 수 있는 목표인데, 그곳은 스웨덴이 장악하고 있었다. 그는 스웨덴의 발트제국을 나누어 가질 목적으로 덴마크 및 폴란드-작센과 동맹을 맺고 1700년 여름 스웨덴을 공격했다. 그런데 18세 소년 왕 카를 12세가 이끄는 스웨덴군은 그의 예상보다 훨씬 강했다. 8월에 덴마크가 먼저 패하여 동맹에서 이탈했고, 11월에는 나르바Narva 전투에서 스웨덴군 1만 명에게 러시아군 4만 명이 참패를 당했다. 이렇게 시작한 대북방전쟁은 1721년까지 계속되었으며, 그 과정에서 유럽의 여러 나라가 이리저리 동맹을 맺으면서 전쟁에 끼어들었다.

전쟁의 초반은 스웨덴이 승세를 이어갔다. 그러나 스웨덴이 폴란드를 점령하고 작센 선제후이기도 한 국왕 아우구스투스 2세를 축출하는 사이, 군사력을 재정비한 표트르 대제는 반격에 나서서, 내륙 깊숙이 진격해 온 스웨덴군을 1709년 7월 폴타바 전투에서 결정적으로 쳐부수었다. 전쟁은 12년을 더 끈 끝에, 러시아가 발트해에서 이미 얻은 에스토니아와 리보니아 등지를 공식적으로 인정받는 것으로 끝났다. 이제 북방에서 스웨덴이 이류 국가로 전락하는 반면, 러시아는 유럽에서 신흥 강국으로 발돋움했다. 표트르는 이미 1703년에 발트 해안에서 얻은 영토에 새 도시 상트페테르부르크를 건설하기 시작했다. 이 도시는 서양을 향한 창문이요, 러시아가 유럽을 지향하고 있음을 보여주는 상징이었다. 표트르 대제는 꿈을 이루었다.

한편 표트르 대제 시대 전후로 러시아는 시베리아Siberia의 삼림지대로 뻗어나갔다. 특히 1580년에서 1650년 사이 카자크인과 모피상들이 시베리아의 광대한 지역을 탐험했다. 정부의 위탁을 받은 업자들이 비교적 온순한 원주민을 지배하면서 모피를 공물로 거두고, 모피상의 이윤에서 수수료를 거두었다. 정부는 모피 교역을 규제하면서, 러시아인의 시베리아 정주를 억제했다. 그러나 18세기에 정부의 규제가 약해지자 서부 시베리아에 이주자들이 늘어나기 시작했다. 죄수와 정치범 역시 그곳으로 이송되었다. 1763년까지 약 40만 명이 시베리아에 정착했다. 비슷한 시기에 청나라도 시베리아 정복에 나섰다. 러시아와 청나라의 이러한 정복 활동으로 수천 년에 걸친 유목민의 초원 지대 지배와 유럽 및 아시아의 정주 민족에 대한 유목민의 침입이 종말을 맞이했다.

**폴란드**　　14세기 말 이후 리투아니아와 결합해 있던 폴란드왕국은 16세기에 유럽 대부분의 나라와는 상반되는 사회적·정치적 발전의 길을 걸었다. 서유럽에서 농노제가 쇠퇴하고 있던 반면에, 폴란드에서는 오히려 강화되고 새 입법으로 시행되었다. 매우 독립적인 기질의 하층 귀족들이 세력을 키우고 의회를 지배하기에 이르렀다. 중간계급이 미약했기 때문에 군주와 부르주아지의 제휴는 발전하지 못했다. 종교의 분열은 특히 복잡했다. 강력한 칼뱅교 운동이 완강한 예수회의 맞바람을 맞았다. 일부 정교회 교도가 가톨릭교를 인정하는 데에는 동의했으나, 대다수 민중은 여전히 비잔티움 정교회에 충실했으며, 몇몇 소수는 모스크바 대주교에게 지도력을 기대하기도 했다.

한편 국왕들은 이웃의 러시아 및 스웨덴과 많은 전쟁을 치렀을 뿐만 아니라, 오스만튀르크와도 여러 차례 맞부딪쳤으며, 그러면서 군주정은 힘을 잃어갔다. 그들은 상비군이 없어서 군사 활동을 위해서는 언제나 귀족의 호의에 의존해야 했기 때문이다. 게다가 1572년 귀족이 지배하는 의회에서 국왕을 선출하게 되었는데, 그에 따라 국왕 선출이 뇌물과 외국의 간섭 아래 놓이게 되면서 왕권은 더욱더 허약해졌다. 1573년 선출제의 첫 왕으로 프랑스 왕자 앙리가 뽑혔는데, 그는 이듬해 형 샤를 9세가 죽자 폴란드 왕위를 버리고 프랑스 왕 앙리 3세가 되었다. 1575년에는 헝가리 대귀족인 스테판 바토리가, 1587년에는 스웨덴 바사 가문의 지그문트 3세가 폴란드의 국왕으로 선출되었다.

스테판 바토리Stefan Batory(1576~1586)는 위대하고 야심에 찬 왕으로 평가받는다. 그는 러시아의 이반 4세가 침략하자 직접 군대를 이끌고 나가 러시아군을 격퇴했으며, 나아가 러시아 여러 도시를 함락하고 1581년 프스코프까지 진격했다. 그는 조국인 헝가리를 정복한 오스만튀르크를 몰아내기 위해 군사력을 더욱 강화했으나, 그 꿈을 실현할 만큼 오래 살지는 못했다. 그러나 그의 치세 기간에 폴란드의 국제적 위상은 크게 높아졌다. 그는 전쟁을 통한 세력 확장뿐 아니라, 교육에도 관심이 많아 빌니우스Vilnius대학을 비롯하여 대학을 여럿 설립했다. 그는 종교 문제에는 관용적 자세를 견지하고, 유대인을 보호하는 법을 제정하기도 했다.

폴란드는 지그문트 3세Zygmunt III(1587~1632)가 국왕에 선출되면서 이후 1668년까지 스웨덴 바사 왕실의 지배를 받았으며, 그래서 자주 스웨덴 사태에 휘말렸다. 지그문트 3세는 동방정교회의 러시아 세력을 우려해서 가톨릭교를 강화하고자 했다. 그는 합스부르크가와의 협력을 위해 황녀 안나Anna와 결혼하고, 교황과도 긴밀하게 협력하기 위해 노력했다. 그는 1596년 수도를 남쪽으로 치우

친 크라쿠프Kraków에서 북쪽 바르샤바Warszawa로 옮겼다. 그의 치세기에 폴란드는 주변국들과 자주 전쟁을 치렀다. 지그문트는 1592년 아버지인 스웨덴 왕 얀Jan 3세가 서거한 뒤 스웨덴 왕위도 차지해서, 1599년 왕위를 박탈당할 때까지 양국의 국왕을 겸했다. 지그문트를 쫓아낸 스웨덴은 거기서 그치지 않고 이듬해 폴란드를 공격했다. 이후 두 나라는 발트해를 차지하기 위해 전쟁을 벌였는데, 이 전쟁은 1605년 폴란드군이 스웨덴군을 대파하면서 끝났다. 그러나 폴란드가 오스만튀르크와의 전쟁에 집중하는 사이 스웨덴이 1621년 다시 공격을 개시했고, 1629년 끝난 이 전쟁에서 폴란드는 라트비아와 에스토니아 지역 대부분을 스웨덴에 빼앗겼다.

폴란드는 러시아와의 싸움에서는 대단한 성공을 거두었다. 폴란드군은 1610년 러시아의 내부 분란에 힘입어 모스크바를 점령하고, 폐위된 차르 바실리 4세를 바르샤바로 압송해서 지그문트 3세에게 무릎 꿇고 충성을 맹세하게 했다. 지그문트는 차르 자리를 탐냈으나, 러시아 귀족계급은 그의 아들 브와디스와프Władysław를 블라디슬라프 4세Vladislav Ⅳ(1610~1613)로 차르 자리에 올렸다. 그러나 1612년 폴란드 지배에 반대하는 반란이 일어나고, 이듬해 로마노프가의 미하일 1세가 차르에 선출되었다. 그 후 1620년에는 오스만제국의 대군이 폴란드에 쳐들어왔는데, 다행하게도 오스만제국이 전투에 지쳐 스스로 휴전을 요청한 덕분에 이 전쟁은 1621년에 끝이 났다.

지그문트 3세에 이어 국왕에 선출된 사람은 아들 브와디스와프 4세(1632~1648)였다. 그는 일찍이 러시아의 차르에 선출된 경험도 있는데, 다양한 교육을 받아 풍부한 교양을 지닌 인물로서 군사적으로나 정치적으로 매우 뛰어난 군주였다. 그는 러시아·스웨덴·튀르크 등과 평화 협정을 체결하고, 선왕 시절에 잦은 전쟁으로 혼란스러웠던 나라를 안정시키는 데 주력했다. 그는 종교적으로는 매우 관용적이어서, 30년전쟁 때 기독교 각 종파를 불러 평화롭게 종교회의를 열기도 했다. 폴란드인은 오랜 전란의 시기를 겪은 뒤 오랜만에 비교적 평온한 시절을 누렸다.

그러나 귀족으로 구성된 의회가 국왕을 선출하는 선출제 군주국이 된 폴란드는 절대주의의 영향에서 벗어나 있었다. 정부는 귀족 공화정 비슷한 성격을 띠게 되었으며, 왕위를 노리는 후보자들이 귀족들에게 제시한 선거 공약을 통해 왕권은 계속 약해졌다. 급기야 1652년에 이르러서는 '자유 거부권liberum veto'이 제도화되었다. 폴란드 의회는 부르주아지와 농민이 배제되어, 상원은 대귀족 그리고 하원은 하급귀족으로 구성되었는데, 양원이 모두 만장일치제를 채택한 것이다. 단 한 명의 의원이 반대해도 모든 결의가 무효가 될 수 있었다. 이와 같은 의원 개인의 절대권 보장은 통치 과정을 우스꽝스러운 것으로 만들어버릴 수 있었다.

한편 폴란드의 중간계급은 서유럽 중간계급만큼 상업혁명의 혜택을 누리지 못했으며, 농민들은 농노제의 확산으로 살아가기가 더욱 어려워졌다. 인구의 약 8%에 불과한 지주 귀족들은 서유럽 상인들에게 곡물을 공급함으로써 부유해졌다. 그들은 농노의 영주요 주인이었으며, 군역과 세금을 회피했다. 50개 이상의 지방 의회가 외부의 사법권을 허용하지 않으면서 그들의 지역을 지배했다.

폴란드는 큰 나라였으나, 스웨덴과 러시아 그리고 오스만튀르크 등에 영토를 빼앗기면서 위축되기 시작했다. 17세기 말엽에 폴란드인이 몇 명 왕위에 올랐고, 그 가운데 얀 3세 소비에스키Jan III Sobieski(1674~1696)는 적극적 대외 정책을 펴서 눈부신 성공을 거두었다. 그는 오스트리아를 도와 1683년 빈을 오스만튀르크의 포위에서 해방하고, 이슬람 세력의 위협에서 유럽 기독교 세계를 지켜냈다. 그렇지만 그가 죽은 뒤 작센 선제후가 아우구스투스 2세Augustus II로 국왕에 선출되면서 폴란드는 다시 안팎으로 쇠퇴의 길을 걸었다. 한때 동유럽에서 최강국으로 손꼽혔던 폴란드는 귀족들의 지나친 권력 추구와 끊임없는 상호 대립을 극복하지 못하고 점점 혼란과 무기력 상태로 빠져들었다. 그리고 그 최종적 귀결은 국가의 소멸이었다.

**오스만제국**　　비잔티움에 중심을 둔 오스만제국은 경쟁하는 형제들끼리 벌이는 내란을 이따금 겪기는 했으나, 비교적 정상적인 제위 계승으로 정치적 안정을 유지했다. 16세기에 오스만제국은 계속 놀라울 만큼 팽창을 이어간바, 수많은 전쟁을 통해 유럽뿐 아니라 서아시아와 북아프리카에서 광대한 땅을 정복했다. 제국은 술레이만 1세Suleiman I(1520~1566) 술탄 치하에서 최전성기를 맞이했다. 유럽에서 튀르크인들은 도나우강 상류로 진격하면서 1521년 베오그라드Beograde를, 1526년까지는 헝가리의 드넓은 지역뿐 아니라 트란실바니아Transylvania와 몰다비아Moldavia도 차지했다. 그들은 1529년 빈을 포위하다 물러났고, 이탈리아 해안을 침략하면서 서부 지중해까지 세력을 확장했다. 그러나 1571년 레판토에서 튀르크의 대함대가 에스파냐에 패함으로써 지중해를 그들의 호수로 만들려던 야심이 깨어졌다.

러시아의 이반 4세처럼 술레이만 1세 역시 무자비한 군주였다. 다른 술탄들과 마찬가지로 술레이만 1세도 전제적으로 통치했지만, 종교 문제에는 관용적이었다. 그는 에스파냐에서 쫓겨난 무어인을 위해 배를 보내고, 쫓겨난 유대인이 제국 안에 정착하는 것을 허용했다. 제국의 영토가 확장되면서 모든 지역을 튀르크인이 직접 관장하는 것이 불가능해졌다. 그래서 술탄들은 튀르크인의 통제 아래 지역 지배자들을 존속시키고, 많은 기독교도를 고위 행정직에 임용했다.

유럽인들은 자주 튀르크인에 대한 새로운 십자군을 들먹이곤 했다. 그러나 17세기가 시작될 무렵에 이르러서, 오스만제국은 동맹과 무역상의 이득을 추구하는 유럽의 지배자들에게 또 하나의 유럽 열강으로 취급되고 있었다. 17세기 전반기에 오스만제국은 '잠자는 거인'이었다. 안으로는 유혈의 내분을 겪고 밖으로는 페르시아로부터 심각한 위협을 받으면서, 튀르크인은 동유럽에서 현상유지에 만족해야 했다. 그러나 17세기 후반에 들어와서 새로 위대한 수상들을 만나면서 오스만제국은 다시 공세를 취했다. 1683년 튀르크인들은 헝가리 평원을 가로지르며 진격하여 빈을 포위했다. 그러나 유럽 연합 세력의 반격을 받고 퇴각한 뒤, 헝가리에서 밀려났다. 이후 튀르크인은 제국의 핵심은 유지했으나,

두 번 다시 유럽에 위협이 되지는 못했다.


## 3. 제한군주정의 대두

서유럽에서 절대군주정이 무르익어 가는 동안, 영국의 스튜어트가와 네덜란드의 오라녀가는 절대주의를 확립하는 데 실패했다. 영국에서는 튜더왕조 아래에서 국왕 절대주의와 중앙집권화가 크게 발전했다. 국왕은 거의 언제나 의회를 통제할 수 있었다. 참으로 의회는 고무도장에 불과할 정도가 되었다. 귀족은 상원에서 너무나 무력했고, 기사와 시민은 하원에서 국왕의 정책에 깊이 공감해서 상정된 안건에 거의 아무런 제동도 걸지 않았다. 그렇지만 17세기 전반기에 프랑스에서 군주정이 종교전쟁의 위기에서 벗어나 착실하게 국왕 절대주의를 발전시키고 있을 때, 영국에서는 그와 반대되는 발전이 일어났다. 네덜란드 역시입헌 정부를 수립했는데, 이는 두 나라 모두 상업의 융성을 바탕으로 강력한 중간계급이 성장한 덕분에 가능한 일이었다. 그러나 두 나라의 선례는 그 시대와이후의 한 세기 동안 유럽 다른 나라에 거의 아무런 영향도 미치지 못했다.


### 1) 네덜란드공화국

**네덜란드 연방공화국**　　1609년 에스파냐와의 휴전 조약으로 사실상 독립을 쟁취한 네덜란드는 유럽에서 최초로 절대군주정에 도전하여 성공한 사례였다. 17세기 네덜란드 국가 체제의 가장 인상적인 특징은 중앙집권적 절대왕정이 강화되는 유럽에서 지방분권 체제를 지향했다는 점이다. 네덜란드는 거의 독립적인 7개 주가 느슨하게 연합한 연방공화국이 되었다. 각 주는 자체 재정에 대한 절대적 통제권을 갖고, 주 의회가 공적 결정을 내렸다. 귀족과 도시의 이익을 다양한 비율로 대변하는 주 의회는 주로 군대를 지휘하고 질서를 유지하는 책임을 맡은 통령stadholder과 일반 행정을 담당하는 수상pensionary을 임명했다.

헤이그Den Haag에 소재하는 중앙정부는 7개 주의 대표로 구성되는 연방의회 Staten Generaal와 연방통령stadholder general 및 대수상grand pensionary으로 구성되었다. 이론상 연방통령은 군사 지도자에 불과했는데, 그는 병력과 군수품을 전적으로 의회에 의존했다. 신생국의 연방통령은 여러 주의 통령으로 선출된 오라녀 공 마우리츠가 차지했는데, 이후 오라녀가가 연이어 그 직책을 차지하면서 그것은 사실상 오라녀가의 세습 직책이 되었다. 오라녀가의 공들은 세습 통령으로서 자신을 세습 군주로 하는 중앙집권적 정부를 발전시키고자 했다. 한편 통상적으로 대수상은 전체 연방 예산의 거의 60%를 부담하는 홀란드Holand주 — 그래서 통상적으로 '홀란드'는 네덜란드 전체를 가리키는 말로도 쓰인다 — 의 수상이 차지했는데, 대수상이 보유한 정치권력이 군사 지도자인 오라녀 공이 국왕 대권을 장악하는 것을 방지하는 버팀목 역할을 했다. 연방의회 역시 오라녀가의 야심에 반대하고, 지방분권적 혹은 공화정 형태의 정부를 옹호했다.

이러한 상황에서 공화국 초기에 심각한 내부 분열이 일어났다. 귀족과 농민층 그리고 도시 하층계급을 주된 지지층으로 한 군주정파는 각 주 간의 좀 더 긴밀한 통합을 요구하고, 연방통령에게 좀 더 강력한 권력이 집중되기를 원했다. 그들은 또한 오라녀가가 계속 군사력을 확보한 가운데 에스파냐와 전쟁을 계속하기를 바랐다. 이들과 대립한 이른바 공화정파는 도시 상인 계층의 지지를 받았다. 대수상의 지도를 받는 이 집단은 기존의 느슨한 주 연합체가 유지되기를 바라고, 무역 증진과 세금 경감에 도움이 될 평화를 원했다. 군주정파와 공화정파 간의 갈등은 요한 판 올덴바르네펠트Johan van Oldenbarnevelt가 대수상으로 있던 독립전쟁 휴전 기간에 무력 충돌로 번졌다.

종교적 쟁점 역시 이 투쟁에 끼어들었다. 루터교는 새로운 교리가 발전하여 분파해 나가지 않았으나, 칼뱅교는 칼뱅의 엄격한 추종자와 아르미니위스파로 갈라졌다. 네덜란드 신학자 야코뷔스 아르미니위스Jacobus Arminius(1560~1609)는 칼뱅의 예정론을 수정하여 구원을 받기 위해서는 인간의 합리성과 자유의지가 중요하다는 점을 강조했는데, 공화정파는 그의 가르침을 따르는 아르미니위스파의 편에 섰다. 그런데 군주정파는 칼뱅의 예정론을 엄격하게 지키는 호마뤼스Gomarus파를 지원하고, 칼뱅교를 국가교회로 확립하기를 원했다.

이 양 파의 첫 투쟁에서 오라녀파가 승리했다. 독립전쟁의 오랜 동지인 올덴바르네펠트 대수상이 지방군을 조직하여 정변을 시도하자, 연방통령 마우리츠는 1619년 그를 반역죄로 처형했다. 아르미니위스파는 장로회의에서 단죄되었다. 이후 30년전쟁 기간에 오라녀가의 강력한 통령들이 에스파냐와의 전쟁을 이끌고, 실질적으로 나라를 지배했다. 이들은 유럽의 군주에 맞먹는 지위를 획득하고, 영국 스튜어트왕가를 포함하여 유럽 왕실과 혼인 관계를 맺었다. 그러면서 네덜란드는 군주제적 공화정 형태를 띠게 되었다.

그러나 30년전쟁이 끝난 뒤 분쟁이 재개되었다. 오라녀가의 상속자가 아직 미성년일 때 연방통령직이 폐지되고, 네덜란드는 1653년부터 위대한 외교관에 유능한 행정관인 요한 드 비트Witt 대수상의 지배 아래 들어갔다. 그렇지만 다시 한 번 전쟁으로 인해 사태가 역전되었다. 1672년 프랑스 왕 루이 14세가 영국을 끌어들여 함께 네덜란드를 침략한 것이다. 21세의 빌럼 3세가 통령이 되어 루이 14세에 맞서 싸웠고, 오라녀가는 네덜란드의 지배권을 되찾았다. 통령과 대립하던 드 비트는 살해되었다. 빌럼 3세는 고도로 효율적인 군대와 중앙집권적 행정을 건설했다. 빌럼 3세 치하에서 네덜란드는 다시 군주제적 공화국이 되었으며, 빌럼 3세는 영국에서 명예혁명이 일어난 뒤 1689년 영국 국왕 자리도 차지했다.

1702년 빌럼 3세가 후사 없이 죽자, 네덜란드에 있는 그의 영지는 오라녀가의 방계인 오라녀-나사우Nassau가에 상속되었다. 그러나 새 통령은 임명되지 않았으며, 공화정파가 다시 지배권을 장악했다. 빌럼 3세가 영국 왕이 된 뒤 네덜란드에 깊은 관심을 기울일 수 없게 된 틈을 타, 대수상과 함께 실질적으로 국정을 이끌어온 연방의회가 새 통령 아래 다시 권력이 약해지는 것을 원치 않았기 때문이다. 한편 오라녀-나사우가는 차츰 새로 얻은 영지를 공고히 했다. 오스트리아 왕위계승 전쟁(1740~1748) 때 프랑스가 오스트리아령 네덜란드(벨기에)를 점령하여 네덜란드와 국경을 맞대게 되자, 위험에 직면한 네덜란드는 1747년에 공석이던 연방통령을 다시 선임했다. 이후 그 직은 오라녀-나사우가의 세습이 되었다. 그러나 연방의회는 왕관 없는 제한 군주처럼 행동하는 통령에 대해 효과적인 견제력을 보유했으며, 1795년 프랑스 혁명군의 침략을 받아 멸망할 때까지 네덜란드공화국은 군주정 세력의 심각한 위협을 받지 않았다.

**네덜란드의 황금시대**　　　　17세기는 흔히 네덜란드공화국의 황금시대로 일컬어진다. 내부 분란에도 불구하고 네덜란드는 부와 힘을 성취했다. 30년전쟁 동안 네덜란드인들은 합스부르크가에 대적하여 싸워서 뫼즈Meuse강과 스헬데Schelde강 남쪽의 에스파냐령 네덜란드 땅을 차지했다. 네덜란드인의 부는 주로 직물, 우단, 태피스트리, 렌즈, 도자기 생산과 어업, 농업, 튤립 재배에 토대를 두었다. 그들은 또한 해군의 보호를 받는 대규모 상선단을 보유함으로써 해운업의 선두를 차지했다. 무역업자들은 바다를 휘젓고 다니면서 세계 곳곳에서 교역 활동을 벌였다. 무역과 해운업에서 나오는 이윤과 항구에서 거두어들이는 통행세로 암스테르담은 17세기 세계의 금융 중심이 되었다.

　게다가 네덜란드인들은 에스파냐와 독립 투쟁을 벌이는 중에도 다른 북유럽 나라들보다 앞서 거대한 식민제국을 건설했다. 포르투갈이 에스파냐에 병합되어 식민지에의 관심을 소홀히 하는 틈을 타서, 그들은 야금야금 몇몇 포르투갈 식민지를 차지했다. 네덜란드 동인도회사는 말레이시아와 인도네시아 곳곳에 전초기지를 건설하고, 포르투갈로부터 실론Ceylon(지금의 스리랑카)과 희망봉의 식민지를 빼앗았다. 그리고 1621년 설립된 서인도회사는 아메리카 무역을 독점하면서 곳곳에 식민지를 건설했다.

　경제적 번영에 힘입어 문화와 예술 또한 크게 발전했다. 프란스 할스, 렘브란트, 요하네스 페르메이르 등과 더불어 네덜란드의 초상화나 풍경화는 유럽 미술의 선두 자리를 차지했다. 종교 문제에서 이따금 불관용의 모습을 보일 때도 있었지만, 네덜란드는 상대적으로 자유로운 지적 탐구의 분위기를 제공했다. 암스테르담은 출판업자들의 천국으로서, 절대주의 왕국에서는 검열에 걸려 빛을 못볼 책들이 출판되었다. 대학들도 유럽에서 퍼져나가던 과학적 혹은 지적 혁명에서 중요한 역할을 나누어 맡았다. 어느 한 집단이나 개인에게 권력이 집중되지않고 권력이 균형을 이룬 체제에서 모든 규제는 느슨했고, 개인은 유럽 다른 어느 곳의 시민보다 더 큰 자유를 누렸다. 그래서 네덜란드는 정치적 박해에 쫓기는 희생자들의 피난처가, 그리고 보수적 군주들에게 해로운 사상 전파의 센터가되었다.

네덜란드공화국이 누린 힘과 번영은 그 자연적 잠재력을 훨씬 넘어서는 것이었다. 그것은 에스파냐가 쇠퇴한 뒤 근대 프랑스와 영국의 힘이 온전히 성숙하기 전에 일시적으로 누린 것에 지나지 않았다. 네덜란드는 너무나 작을 뿐만 아니라 또한 너무나 지역적으로 분열되어 있어서 유럽 대륙에서는 프랑스와, 그리고 해외에서는 영국과 장기적 경쟁을 감당할 수 없었다. 반세기 사이에 영국과세 번 그리고 프랑스와 세 번 전쟁을 치르면서, 네덜란드는 장기적으로 볼 때 큰나라와의 경쟁에서 우위를 유지할 수 없다는 점이 드러나기 시작했다.

네덜란드인은 여전히 대양을 오가며 향료 무역을 장악했고 그들의 아시아 식민지는 20세기까지 존속했지만, 상업적 혹은 식민지적 우위는 17세기 후반기에사실상 끝이 났다.


## 2) 영국 입헌군주정의 수립

**스튜어트왕조**　　처녀 여왕 엘리자베스 1세가 죽어 튜더왕조의 왕통이 끊기자, 영국의 왕위는 스코틀랜드왕국의 스튜어트가로 넘어갔다. 스코틀랜드 왕 제임스 6세가 영국 왕 제임스 1세(1603~1625)로 즉위함으로써 영국에 스튜어트왕조 시대가 열렸다. 스코틀랜드는 자체의 법과 의회를 가진 독자적 왕국으로 남기는 했지만, 영국과 스코틀랜드왕국은 공동의 왕인 제임스를 통해 통일되었고,

처음으로 두 왕국 간에 평화적 관계가 수립되었다.

제임스 1세는 즉위하면서부터 종교 문제로 영국 신민과 갈등을 빚었다. 영국교회는 왕권을 지지했기 때문에, 제임스는 영국 신민에게 영국교회의 예배 참석을 강요하고 나아가 스코틀랜드까지 국교회를 확대하려 했다. 이는 스코틀랜드에서 장로교의 강력한 반발을 불러일으켰다. 영국의 청교도들은 영국교회의 교회 조직에서 주교제도를 폐지하고 국가와 교회를 분리할 것을 요구했다. 그러나 제임스는 그 요구를 거부하고 청교도를 탄압했다. 국왕과 청교도의 관계는 점점 멀어졌다. 많은 청교도가 탄압을 피해 네덜란드로 이주했는데, 이들 가운데 일부는 1620년에 다시 메이플라워호를 타고 북아메리카로 가서 식민지를 개척했다.

왕권신수설의 열렬한 신봉자로서 그 주제에 관해 책을 쓴 적도 있는 제임스는 의회와도 갈등을 빚었다. 왕권신수설은 프랑스에서 국왕 권력을 강화하는 데 쓰이고 있었으나, 영국에서 뿌리내린 의회의 전통적 역할과는 잘 들어맞지 않았다. 게다가 국왕은 의회를 거치지 않고 독자적으로 법을 제정할 수 있다는 이론은 영국의 헌정 전통과 상치하는 것이었다. 영국의 의회 제도를 혐오한 제임스는 국왕 대권을 내세우면서, 의회에 국정을 간섭하지 말 것을 요구했다. 그러나 튜더왕조 아래에서 국정의 동반자로서 국왕과 함께해 왔던 의회는 국정을 제임스와 분담하고자 했다.

작위 귀족의 바로 아래에 있는 부유한 지주인 젠트리gentry 중 많은 수가 청교도였는데, 이들 청교도 젠트리가 제임스의 첫 의회에서 다수 세력을 형성했다. 제임스가 의회에 해마다 일정 액수의 세입을 확보해 주기를 요청하자, 의회는 왕권을 더욱 제한할 것을 동의의 전제 조건으로 내세웠다. 이에 제임스는 1611년에 의회를 해산해 버렸다. 그는 재정난에 직면하여 1614년에 두 번째 의회를 소집했다가 소집 두 달 만에 해산한 뒤, 1621년까지 의회 없이 독단적으로 나라를 다스렸다. 그러나 대륙에서 30년전쟁이 터지자 그와 관련한 외교 문제를 논하기 위해 그는 1621년 어쩔 수 없이 세 번째 의회를 소집했다. 그런데 국사에 대한 간섭을 중단하라는 국왕의 경고에, 의회는 왕국의 방위와 영국교회의 수호 등에 관한 사안은 의회의 고유한 논의 대상이라고 주장하며 국왕에 맞섰다. 격노한 제임스는 의회를 해산하고, 하원 지도자들을 체포하여 투옥해 버렸다. 사실 스튜어트왕조의 역사는 국왕과 의회 간의 기나긴 투쟁으로 점철되었다.

제임스 1세는 민심을 얻지 못하고 의회와 갈등을 겪으면서도, 타협의 감각과 행정 능력으로 입헌적 위기를 피하고 23년 동안 권력을 유지할 수 있었다. 그러나 1625년 그를 계승한 찰스 1세(1625~1649)는 그러지 못했다. 아들은 아버지보다 훨씬 더 융통성이 없었고, 그래서 국왕과 의회 간에 긴장이 더욱 높아졌다. 찰스 1세 치세에 종교적 갈등 역시 더욱 심해졌다. 영국인들은 개신교를 애국심과 동일시하고, 가톨릭교를 사회 전복 세력으로 여기는 경향이 있었다. 그런데 찰스 1세는 완고한 가톨릭교도인 데다가 왕비마저 가톨릭 국가인 프랑스 왕실 출신이어서, 일반 민심과의 갈등 소지는 더욱 컸다.

스튜어트왕조는 외교정책에서도 민심을 거슬렀을 뿐만 아니라, 이런저런 전쟁에서 참패함으로써 민중의 실망과 분노를 샀다. 의회 다수 세력뿐 아니라 젠트리와 상인 계층은 종교적 이유만이 아니라 경제적 이유로도 반에스파냐, 반프랑스적이었다. 특히 청교도들은 가톨릭교의 확산을 막기 위해 영국이 대륙에서 좀 더 적극적인 역할을 해주기를 원했다. 그러나 제임스는 30년전쟁에 소극적 태도를 보여, 독일의 개신교 세력을 지원해 주기를 바라던 의회의 분노를 자아냈다. 제임스는 전쟁을 열렬하게 주장하는 의회에 떠밀려 1624년 에스파냐에 전쟁을 선포했으나, 팔츠를 구하기 위해 이듬해 초 도버를 건넌 원정대는 도중에 네덜란드에서 굴욕적인 참패를 당했다. 찰스 1세는 1627년 프랑스와도 전쟁을 일으켰으나, 위그노의 거점인 라로셸을 구원하기 위한 원정은 참담한 패배로 끝났다.

대외정책의 실패 이후 과세에 대한 의회의 협력을 얻기가 어려워지자, 찰스는 강제 차입을 비롯한 여러 편법을 동원했다. 국왕과 의회의 갈등이 깊어지자, 의회는 1628년 국왕 대권을 제한하는 권리청원Petition of Rights을 작성하고 국왕의 승인을 요청했다. 최근 국왕의 편법적 조치를 반영한 이 문서는 모든 세금과 차입금의 부과는 반드시 의회의 승인을 받아야 하며, 자유인은 자의적으로 구금할 수 없고, 병사를 민가에 숙영시킬 수 없으며, 평시에 계엄령을 선포해서는 안 된다는 규정을 담고 있었다. 찰스는 재정 문제를 해결하기 위해 어쩔 수 없이 의회의 요청을 받아들였고, 그리하여 권리청원은 대헌장과 함께 영국 헌정사의 중요한 이정표가 되었다.

**청교도 혁명: 혁명으로의 길**　　권리청원 사태 이후 찰스 1세는 1640년까지 대륙 군주정을 본뜬 강력한 절대주의를 추구하면서 의회 없이 통치했다. 그는 우선 재정 지출을 줄이기 위해 1629년에 프랑스와, 1630년에는 에스파냐와 강화 조약을 맺고 30년전쟁에서 발을 뺐다. 그러나 이것은 개신교의 대의를 저버린 인기 없는 정책이었다. 그는 재정 확보를 위해 권리청원을 무시하고 여러 편법을 씀으로써 중간계급 상인과 젠트리의 반발을 불러일으켰다. 그뿐만 아니라 그는 윌리엄 로드Laud를 캔터베리 대주교로 기용하여 강압적으로 국교회 강화 정책을 시행했는데, 이는 청교도에게는 로마 가톨릭교로 돌아가려는 시도로 보였다. 청교도에 대한 무자비한 탄압이 자행되고, 수많은 청교도가 신앙의 자유를 찾아 황량한 아메리카로 건너갔다. 자연히 민심이 이반했다. 그런데 이 국교회 강요 정책은 스코틀랜드에서 먼저 탈이 났다. 로드가 1637년 국교회 의례와 기도서를 스코틀랜드의 장로교회에 강제하려 하자, 스코틀랜드인들이 폭동을 일으키며 격렬하게 반발한 것이다. 찰스는 1639년 군대를 일으켜 스코틀랜드로 진격했으나, 이렇다 할 전투도 아무런 성과도 없이 국왕의 굴욕으로 끝났다.

　찰스에게는 대륙의 절대왕정에 필수 요소인 상비군이 없었다. 유사시 그가 소집할 수 있는 전투 병력은 고작 수십 명 수준에 불과했다. 게다가 만성적으로 세입 부족에 시달렸던 국왕은 반란을 진압할 군대를 일으킬 재정을 마련할 길이 없었다. 다시 진압을 결심한 국왕은 전비 마련을 위해 어쩔 수 없이 1640년 4월 의회를 소집했다. 그러나 11년 만에 소집된 이 의회는 재원 마련을 거부함으로써 18일 만에 해산되어 단기의회라는 이름이 붙었다. 그사이 스코틀랜드군은 남진하면서 영국의 선봉대를 무찌르고, 잉글랜드 북부 지역을 점거했다. 달리 전쟁 자금도 병력도 확보할 길이 없는 국왕은 결국 11월에 다시 의회를 소집할 수밖에 없었다. 새 의회 역시 돈에 목을 맨 찰스를 그냥 도와줄 생각이 전혀 없었다. 하원은 의회가 없는 기간이 3년을 넘을 수 없다는 3년 기한법Triennial Act과 스스로 결정하지 않는 한 현 의회는 해산되거나 정회될 수 없다는 영구의회법Act of Perpetual Parliament을 통과시키고 왕의 재가를 받아냈다. 이 영구의회법 때문에 11월에 소집된 의회는 이론적으로 20년이나 존속한 이른바 장기의회가 되었다. 왕권을 제한하는 여러 법을 제정한 데 이어 의회는 정치적 탄압 기구 구실을 해 온 국왕 대권 법정인 성실청을 폐지하고, 찰스를 압박하여 그의 수족 역할을 한 최측근 스트래퍼드Strafford 백작을 처형하고 로드 대주교를 추방하게 했다.

국왕과 의회의 대립은 아일랜드 반란을 계기로 돌이킬 수 없는 고비를 넘게 되었다. 가톨릭교도인 아일랜드인들이 저간의 상황을 압제자를 물리칠 좋은 기회로 여기고, 1641년 10월 아일랜드 북부 얼스터Ulster 지방에 정착한 영국 개신교도 수천 명을 학살했다. 영국인의 분노가 들끓었고, 왕과 의회는 쉽게 봉기의 진압에 합의했다. 그러나 찰스를 불신한 의회는 그에게 진압군의 지휘권을 맡기려 하지 않았다. 의회는 찰스가 군대 통수권을 장악한다면, 반란 진압 후에 의회를 치고 절대 왕권을 확립하는 데 그것을 이용할 것이라고 의심했다. 의회가 진압군 지휘자를 직접 임명하려 하자, 찰스는 1642년 1월 초에 의회 지도자들을 체포하기 위해 병사를 대동하고 몸소 의회에 진입했다. 그러나 의원들은 런던시로 피신했고, 런던 민병대가 소집되어 이들을 지켜 주었다.

**청교도 혁명: 내전**　　의회 지도자 체포에 실패한 찰스는 적대적 분위기의 런던을 떠나 왕에 대한 충성심이 높은 북부로 이동했다. 그는 요크를 거쳐 1642년 8월에 노팅엄Nottingham에서 자리를 잡아, 군대를 일으키고 기치를 올렸다. 일부 온건한 평민원 의원과 대다수 귀족원 의원이 국왕 편에 집결했다. 의회 역시 런

던을 중심으로 군대를 일으켰다. 그렇게 해서 마침내 내란이 시작되었다. 왕당파는 주로 잉글랜드의 북부와 서부, 가톨릭교도와 국교도 그리고 귀족과 농업적 이익집단에 기반을 두었다. 그 반면에 의회파는 잉글랜드의 남부와 동부, 장로교도와 청교도, 대다수 젠트리와 도시민 그리고 일부 귀족이 주축을 이루었다. 왕당파는 의회파가 머리를 짧게 깎은 사람이 많아 그들을 민머리의 평민이라는 경멸의 뜻으로 원두당Roundheads이라 불렀고, 의회파는 왕당파를 허세나 부리는 장교라고 비아냥거리는 의미로 기사당이라 불렀다.

그러나 양 당파의 이와 같은 구성은 내전 기간 내내 일관되게 유지되었던 것은 아니다. 상황 전개에 따라 양 당파 내의 각 집단의 이해관계는 조금씩 달랐고, 그에 따라 제휴 관계도 수시로 바뀌었다. 국왕은 의원 간의 차이점을 이용하여 분열시키려 노력하는 한편, 그 자신이 동반자를 바꿀 수밖에 없었다. 그는 철저하게 장로교를 혐오했음에도, 처음에는 스코틀랜드의 장로교도 군대의 지원에 의존해야 했다. 나중에 그는 아일랜드 가톨릭교도의 도움을 구했고, 내전 말기에는 좀 더 급진적인 독립파와 맞서기 위해 영국의 장로교도와 손잡기도 했다.

1차 내전(1642~1646)은 크고 작은 여러 전투로 이어졌다. 초기에는 기사당이 잘 훈련된 기병대의 힘으로 우세를 잡았으나, 풍부한 재정과 인력을 바탕으로 원두당이 차츰 전세를 역전시켜 나갔다. 그 과정에서 젠트리 출신의 올리버 크롬웰Oliver Cromwell이 빼어난 군사지휘관으로 등장했다. 그는 엄격한 규율로 단련되고 종교적 열정으로 고취된 '철기병Ironsides'을 이끌고 혁혁한 전과를 거두었다. 이후 크롬웰은 1645년 철기병을 중심으로 각 지역의 의회군을 통합하여 신형군New Model Army을 조직했다. 주로 청교도로 구성된 신형군은 스스로 주님을 위한 전투를 수행하고 있다고 믿었으며, 독실한 청교도인 크롬웰은 그의 군대를 '신의 손'이라고 생각했다. 청교도의 열정과 규율을 과시하며 신형군은 그해 6월 네이즈비Naseby에서 국왕군을 결정적으로 쳐부수었다. 전투는 이듬해 여름까지 계속되었지만, 그것으로 대세는 이미 결정되었다. 1646년 5월에 찰스가 스코틀랜드인에게 투항하고, 6월에 국왕군 본거지인 옥스퍼드가 함락됨으로써 마침내 내전은 일단락되었다.

의회파는 전쟁을 승리로 끝냈으나, 문제는 지금부터였다. 앞으로 무엇을 할 것이며, 어떻게 사태를 수습할 것이냐 하는 과제가 전면에 제기된 것이다. 의회파는 사태를 마무리하기 위해, 스코틀랜드로부터 국왕의 신병을 인도받은 뒤 국왕과 협상을 벌였다. 그러나 협상은 합의에 이르지 못했고, 그 과정에서 의회파는 분열상을 드러냈다. 그 무렵 의회는 상대적으로 보수적인 장로파가 지배했는데, 이들은 대체로 장로 체제의 교회 정부를 수립하기를 원했다. 이들과는 달리 의회에서는 소수였으나 군대 장교들 사이에 널리 세력을 확보한 독립파 Independents는 개별 교회의 독립성과 신앙의 자유를 더욱 중요하게 여겼다. 장로파가 주도한 의회는 크롬웰과 독립파가 장악한 군부를 불신하고 서둘러 군대를 해산하려 했다.

의회와 군부가 서로 주도권을 다투었을 뿐만 아니라, 군부 자체도 차츰 장교들을 중심으로 한 독립파와 사병들을 중심으로 한 급진적인 수평파 Levellers로 갈라졌다. 수평파는 기존 사회체제를 옹호하는 고위 장교들과 대립했다. 그들은 '인민협정 The Agreement of the People'이라는 문서를 통해 좀 더 철저한 종교적 자유와 법 앞의 평등을 요구하고, 영국은 모든 자유로운 성인 남자가 선출하는 단원제 입법부를 가진 공화국이 되어야 한다고 주장했다. 그들은 크롬웰에게 분쇄되어 독자적 세력으로는 사라졌으나, 대륙에서 절대주의가 대세에 이른 시기에 근대 민주주의 이념을 미리 보여준 선구자였다. 수평파 이외에도 참으로 다채로운 종교적·정치적 사상들이 백화제방으로 펼쳐진바, 내란기는 또한 사상의 비옥한 온상 구실을 했다.

혁명 세력이 이리저리 갈라져 다투는 틈을 타 1647년 11월 찰스는 탈출에 성공했고, 장로교 확립을 미끼로 스코틀랜드인의 군사 지원 약속을 받아냈다. 그 결과 1648년 2차 내전이 발생했다. 4월부터 이곳저곳에서 왕당파의 봉기가 일어났으나, 산발적인 봉기는 쉽게 진압되었다. 급조된 스코틀랜드 군대 역시 신형군의 적수가 되지는 못했으며, 결국 8월에 간단하게 격파되었다. 그리하여 2차 내전은 비교적 싱겁게 끝나버렸다. 2차 내전을 고비로 사태의 주도권은 완전히 크롬웰이 장악한 군부 수중으로 넘어갔다. 크롬웰은 의회에서 장로파 의원들을 대거 숙청하고, 60여 명의 독립파 의원만 남은 이른바 잔부-둔부의회殘部-臀部, Rump Parliament의 특별법정에 찰스를 반역 혐의로 재판에 회부했다. 국왕 찰스 1세는 역설적이게도 자신의 왕국에서 반역죄로 유죄 판결을 받고 1649년 1월 참수되었다. 크롬웰과 군부는 왕정과 상원을 폐지하고, 숙청 뒤 남은 잔부-둔부의회와 더불어 영국 역사에서 유일한 공화국을 수립했다.

**청교도 혁명: 크롬웰과 공화정**  절대왕정의 시대에 정통성 있는 국왕의 처형은 대다수 영국인에게 엄청난 심리적 충격을 안겨주었다. 혁명 세력은 분열했고, 스코틀랜드와 아일랜드에서 찰스의 아들을 옹립하려는 시도가 일어났다. 그러나 그들의 군대는 크롬웰의 상대가 되지 못했다. 크롬웰은 스코틀랜드와 아일랜드를 무력으로 복속시키고 세 나라를 통합했다. 그리고 그는 식민지를 포함한 국내외의 모든 반대 세력을 평정했다. 크롬웰은 특히 아일랜드 반란을 잔인하게 진압하고, 이 기회를 이용하여 아일랜드의 자치 희망을 꺾고 가톨릭교를 박멸하려 했다.

공화정 시대의 외교 및 통상 정책은 중간계급에 인기가 있었다. 전형적인 중상주의 정책인 항해법Navigation Act(1651)이 제정되었는데, 이는 네덜란드의 해운업 독점을 무너뜨리고 영국의 해운업과 무역을 증진했다. 이 정책을 추진하면서 영국은 네덜란드와 갈등을 빚고 전쟁을 치렀다. 해상 교전으로만 치러진 1차 네덜란드 전쟁(1652~1654)은 영국의 승리로 끝나고, 네덜란드는 항해법을 받아들였다. 1656년에는 프랑스-에스파냐 전쟁에 프랑스 편으로 가담하여 됭케르크Dunkerque를 획득했는데, 이로써 영국은 칼레Calais를 잃은 지 100년 만에 다시 대륙에 거점을 확보했다. 그리고 영국 해군은 아메리카에서는 에스파냐로부터 자메이카를 빼앗는 등 해외에서 영국의 위신을 크게 드높였다. 크롬웰 치하에서 영국은 강력한 해군력과 상업력을 지닌 강국으로 떠올랐다.

공화정은 여러 차례 정부 형태를 바꾸어가며 11년 동안 존속했다. 처음에 국무회의와 잔부-둔부의회가 공화정을 이끌었지만, 실권은 군부에, 좀 더 정확하게는 군부를 장악한 크롬웰의 수중에 있었다. 1653년 4월에는 잔부-둔부의회마저 강제로 해산되고, 군대가 선발한 의원으로 구성된 이른바 '지명의회Nominated Parliament로 대치되었다. 그러나 이 지명의회는 무능과 혼란으로 다섯 달 만에 해산되고 말았다. 그런 다음 크롬웰의 심복들이 '통치헌장Instrument of Government'을 작성했는데, 영국 역사상 최초이자 유일한 성문헌법인 이 통치헌장은 크롬웰에게 종신의 호국경Lord Protector 칭호와 더불어 공식적으로 막강한 권력을 부여했다. 크롬웰은 자신이 영국을 개조하라고 신이 보낸 존재라고 믿었고, 엄격한 청교적 금욕 윤리에 입각한 정책을 시행했다.

호국경 정부는 정직하고 효율적인 행정으로 꽤 많은 것을 이루었다. 그러나 그 정부는 능력과 덕성에도 불구하고 결코 기반을 탄탄하게 다지지 못했다. 통치헌장의 규정에 따라 1654년 초에 소집된 첫 의회는 호국경과 다투었고, 통치헌장의 권위를 인정하려 하지 않았다. 그러자 호국경은 이듬해 1월 의회를 해산해 버렸다. 의회 해산으로 민심은 더욱 멀어졌다. 사실 통치헌장은 왕당파든 공화파든, 또는 다른 어떤 정파든 환영하지 않았다. 공화파는 그것을 군주정으로 보았고, 왕당파는 어차피 군주정일 바에야 크롬웰가보다는 스튜어트가가 더 낫다고 생각했다. 이제 호국경 체제를 떠받치는 버팀목은 오로지 군대밖에 없어 보였다. 크롬웰은 마침내 자신에 대한 암살 음모가 드러나자 1655년 아예 직접적인 군사 통치를 시행하여, 전국을 11개 관구 체제로 개편하고 군정장관이 통치하게 했다. 그러나 군사 통치는 그리 오래가지 못했다. 1658년 그 유일한 버팀목인 크롬웰이 죽었기 때문이다.

1년 반 동안 장군들이 서로 권력을 다투고 곳곳에서 왕당파의 봉기가 일어나는 등 정국이 혼란에 빠졌다. 군사독재에 대한 혐오가 만연하고, 모든 사람이 성인처럼 살 수는 없는 노릇이어서 청교도적 엄숙주의에 대한 반감 또한 깊었다.

민중 사이에 구관이 명관이라는 정서가 널리 형성되었다. 갈팡질팡한 끝에 군 수뇌부는 군대의 자의적 지배가 더는 가능하지 않다고 판단했다. 군은 아직 살아 있는 장기의회 의원을 다시 소집하고, 그들이 자체 규정에 따라 스스로 해산하도록 했다. 그리하여 1660년 3월 장기의회는 새 의회 소집을 위한 영장을 공포한 뒤, 20년 만에 마침내 공식적으로 종말을 고했다. 4월에 새 의회를 위한 선거가 실시되었고, 국왕이 소집하지 않은 의회여서 공회Convention라 불린 이 의회는 왕당파를 포함한 왕정 지지자가 다수를 차지했다. 공회는 스튜어트왕조를 복고하기로 결정하고, 프랑스에 망명해 있던 찰스 1세의 아들을 찰스 2세로 왕좌에 복위시켰다. 사명을 다한 공회는 연말에 해산했다.

한 가지 관점에서 1640년에서 1660년에 이르는 청교도 혁명은 마지막 종교전쟁이라 부를 수 있을 것이다. 또 다른 관점에서 그것은 미국혁명과 프랑스혁명에 앞선 최초의 근대 혁명이었다. 청교도 혁명은 분명히 이 두 요소를 결합했다. 크롬웰과 그 동료들은 진실한 종교를 확립하는 데 주된 관심이 있었을지라도, 그들이 수행한 혁명의 장기적 의미는 종교적 영역보다 정치적 영역에 더 무게가 실려 있다. 그것은 절대주의 시대에 대의정부와 입헌 군주제의 이념을 실현하고자 한 투쟁이었기 때문이다. 영국의 대의정부 제도는 나중에 다른 유럽과 더 나아가 유럽 너머의 많은 나라가 통치 제도를 모색하는 데 하나의 본보기를 제공했다.

**복고 왕정**    찰스 2세(1660~1685)는 즉위 이전에 공회의 요구를 받아들여 브레다 선언Declaration of Breda을 통해 전반적 사면과 종교적 관용을 약속했다. 그는 절대주의자였으나, 적절하게 반대파나 여론과 타협하지 않을 수 없었다. 왕정복고와 더불어 청교도의 종교적 열정에 대한 광범한 반동이 영국민을 휩쓸었고, 그래서 1661년 봄에 소집된 찰스 2세의 첫 의회는 영국교회와 왕당파 정서가 지배했으며, 찰스 2세는 그 의회를 18년간이나 존속시켰다. 국왕 대권은 온전하게 회복되었다. 국왕은 의회를 자의적으로 소집하거나 해산할 수 있었다. 게다가 그는 영국 국왕으로서는 최초로 의회 가결을 통해 매년 정기적인 세입을 얻을 수 있게 되었는데, 이 세입과 외사촌형인 프랑스의 루이 14세에게서 받는 비밀 자금 덕분에 그는 의회에 아쉬운 소리를 하지 않을 수 있게 되었다.

한편 의회는 영국교회를 국가교회로 재확립하고, 국교회를 강요하고 비국교도를 처벌하는 등의 조치들을 채택했다. 왕이 비국교 개신교도와 가톨릭교도를 처벌하는 형법의 효력을 정지하려고 하자, 의회는 심사법Test Act(1673)을 제정하여 그의 시도를 꺾었다. 이 법은 신앙을 심사하여 국교회를 준수하지 않는 자는 공직을 맡지 못하게 했다. 그런데도 왕과 가톨릭교도인 왕제 제임스가 가톨릭교에 우호적인 행동을 하자, 국왕과 의회 간에 긴장이 높아졌다. 일련의 가톨릭교도 음모 사건이 터지면서 가톨릭교도에 박해가 가해졌다. 1679년 소집된 두 번째 의회는 전처럼 국왕에게 고분고분하지 않았다. 의회는 인신보호법Habeas Corpus Act을 제정해서 이유를 명시하지 않은 자의적 체포나 구금을 금지하고, 또한 구금된 자는 신속하게 재판을 받도록 했다.

찰스 2세 시대에 영국은 네덜란드와 두 번 더 전쟁하면서 제해권을 장악했다. 대부분 바다에서 해상 전투로 치러진 2차 네덜란드 전쟁(1665~1667)은 대체로 무승부로 끝났는데, 영국은 뉴암스테르담New Amsterdam을 양도받는 대신 남아메리카의 수리남Surinam을 네덜란드에 넘기고 동남아시아의 향료제도香料諸島에 대한 권리를 포기했다. 영국은 뉴암스테르담을 왕제인 요크 공 제임스의 이름을 따 뉴요크New York로 바꾸었다. 3차 네덜란드 전쟁(1672~1674)은 프랑스가 네덜란드를 공격하는 데 영국이 조연으로 가담한 전쟁이었다. 그런데 약해지는 네덜란드보다는 유럽 최강국으로 떠오르는 가톨릭 국가 프랑스를 더 두려워한 상인계급의 압력으로 영국은 중도에 전쟁에서 철수했다.

영국과 네덜란드의 세 차례에 걸친 해전은 세력 균형의 원리가 복잡한 방식으로 적용된 한 사례라 할 수 있다. 그 두 해양 국가의 상업적 및 식민지적 이해관계의 상충이 대립의 직접적 요인이었다. 그와 동시에 두 나라는 점점 더 강력하고 호전적인 프랑스의 위협을 느끼고 있었다. 특히 네덜란드는 그 위협을 직접 받았는데, 북쪽으로 라인강을 향하는 프랑스의 팽창이 네덜란드의 존속 자체를 위협했기 때문이다. 이에 대처하기 위해 네덜란드는 결국 암묵적으로 영국의 해상 우위를 받아들이면서, 루이 14세를 상대로 한 영국과의 제휴를 모색했다. 궁극적으로 영국과 네덜란드가 적대관계를 끝내는 데에는 해군 활동보다는 프랑스의 위협이 더 결정적이었다.

찰스 2세의 치세 말기가 되면서 정치적으로 심각한 쟁점으로 떠오른 것은 왕위계승 문제였다. 왕세자가 없어 유력한 계승권자로 떠오른 왕제 제임스가 공개적으로 가톨릭교도임을 천명함으로써 민중 사이에 종교적 적개심이 되살아났으며, 그래서 그의 왕위계승 문제를 놓고 두 집단이 치열한 대립을 벌였다. 그 대립 과정에서 두 정파가 생겨났다. 세습 군주정의 원칙과 국왕 대권을 옹호한 토리당Tories은 제임스의 계승을 받아들인 반면, 의회 우위와 가톨릭교에 대한 불관용을 주장한 휘그당Whigs은 제임스를 극렬하게 반대했다. 네 차례나 의회의 소집과 해산을 반복하는 무리수를 쓴 끝에 찰스는 동생에게 왕위를 물려주었다. 그러나 그것은 사실상 새로운 헌정적 위기를 촉발하는 일이었다.

**명예혁명**　　왕위를 계승한 제임스 2세(1685~1688)는 진지하고 성실했지만, 형보다 융통성이 없고 또한 완고한 절대주의자였다. 형은 망명객의 설움과 부왕이 올랐던 단두대를 잊을 수 없었다. 그래서 그는 극단적 정책을 피하고 민심을 의식했다. 그러나 동생은 그렇지 못했다. 공개적으로 가톨릭교도임을 밝힌 제임스 2세는 심사법의 효력을 정지하고 가톨릭교도를 주요 공직에 임명하는 등, 영국을 가톨릭 국가로 되돌리려는 야심을 노골적으로 드러냈다. 민중 사이에 영국이 다시 가톨릭 국가로 되돌아갈지 모른다는 공포가 엄습했다. 그리고 제임스는 국왕은 법 위에 있다고 주장하면서 의회를 무시하고, 상비군을 증강하고, 강압적 통치를 폈다.

민심이 이반한 가운데 사람들은 국왕이 죽으면 문제가 해결되리라 기대했다. 제임스는 아들이 없어서, 계승자는 첫 왕비가 낳은 맏딸로서 개신교도인 메리가 될 것이기 때문이었다. 그런데 1688년에 55세 초로의 국왕에게 덜컥 아들이 생겼다. 왕자는 가톨릭교도 부모 아래 가톨릭교도로 양육될 것이었다. 이제 가톨릭 군주의 지배와 정치적 반동이 제임스로 끝나지 않을 것이라는 전망에, 그의 즉위를 찬성했던 토리당조차 위기를 느꼈다. 마침내 위기감과 불만이 비등점에 이르자, 의회 지도자들이 비밀리에 메리와 남편인 네덜란드 통령 오라녀 공 빌럼 3세, 곧 오렌지 공 윌리엄 3세에게 초청장을 보냈다. 윌리엄은 그 제안을 수락하고, 군대를 이끌고 영국에 상륙했다. 그 소식을 들은 고립무원의 제임스는 프랑스로 달아났다. 의회는 논의 끝에 윌리엄과 메리를 공동 국왕으로 추대했다. 이로써 영국인은 군주는 신이 내리는 것이 아니라 신민과 의회가 만드는 것임을 증명했다. 영국인은 피 흘림 없이 '명예롭게' 혁명을 이룩했다.

새 국왕을 추대한 의원들은 입헌 정부 수립을 서둘렀다. 의회는 권리선언Declaration of Rights을 작성하여 공동 국왕의 동의를 받아냈고, 이 문서는 1689년 권리장전Bill of Rights으로 입법화했다. 이 역사적 문헌은 국왕에 대한 의회의 우위를 선언하고 영국인의 시민권을 명시했으며, 그로써 1642년 시작된 혁명이 완수되었다. 이제 국왕은 의회의 동의 없이는 법을 정지시키거나, 세금을 부과하거나, 군대를 일으킬 수 없게 되었다. 그 문헌은 또한 의회의 잦은 소집과 의회에서의 자유로운 토론을 규정하고, 국왕에게 청원할 권리와 적법 절차를 누릴 권리를 시민에게 보장했다. 적법 절차에는 배심에 의한 재판과 사전 영장에 의한 체포 등이 포함되었다. 권리장전은 법치와 자유롭게 선출된 의회에 기초한 정부 체제를 수립하는 데 이바지하고, 그리하여 입헌군주정의 토대를 놓았다. 그리고 의회는 같은 해에 관용법Toleration Act을 제정했다. 이 법은 완전한 종교적 자유와는 거리가 있었으나, 일정한 조건 아래에서 국교도가 아닌 개신교도에게 예배의 자유를 허용해 주었다. 그러나 가톨릭교도에 대한 차별은 계속되었다.

명예혁명으로 17세기에 진행된 국왕과 의회의 기나긴 싸움은 대체로 끝이 났다. 그것은 입헌군주정과 의회 정부로 나아가는 길에서 결정적 발걸음을 내디딘 것이었다. 국왕을 폐위하고 새 왕을 세움으로써, 의회는 왕권신수설을 깨뜨리고 국정에 참여할 권리를 확인했다. 의회는 정부에 대한 완전한 통제권을 장악하지는 않았지만, 이제 국정에 참여할 권리는 의심의 여지 없이 확보하게 되었다. 의회는 지주인 젠트리와 도시의 부유한 시민 계층을 대변했는데, 다음 세기 동안에 의회는 입헌군주정 체제 안에서 진정한 권력기관임이 점점 증명되었다.

**존 로크의 혁명 정당화**    존 로크John Locke(1632~1702)는 1690년 『정부에 관한 두 논설*Two Treatises of Government*』을 출간했다. 그는 『제1론』에서 왕권신수설을 논박하고, 『제2론』에서는 사회계약설을 바탕으로 혁명권을 변호했다. 그의 정치 사상이 완전히 독창적인 것은 아니지만, 특히 그의 『제2론』은 이후 여러 자유주의 혁명가의 이념적 교본이 되었다.

반세기쯤 전의 토머스 홉스처럼, 로크는 원래 '자연 상태'에서 살던 인간이 자기 보전의 욕구에 따라 상호계약으로 시민 정부를 수립하기에 이르렀다고 믿었다. 그렇지만 그 둘은 몇 가지 점에서 중요한 차이가 있었다. 홉스는 계약 사상을 절대군주정을 정당화하는 데 사용했다. 그는 인간의 이기적 성향 때문에 자연 상태에서의 삶이 매우 비참하고 불안했다고 보았으며, 따라서 사람들은 지배자와 계약을 맺고, 안전을 위해 자연 상태에서 누리던 모든 권리를 지배자에게 완전히 넘겼다고 주장했다. 그러므로 국가의 구성원은 지배자의 명령에 절대로 복종해야 하며, 그에게 저항하는 것은 계약의 파기이자 무정부적 혼란으로 되돌아가는 것이었다.

그러나 로크는 홉스가 주장한 치자와 피치자 간의 계약을 부정했다. 로크의 자연 상태는 자유와 평등의 상태였으며, 그곳의 사람들은 자기 보전을 위해 그들 상호 간에 계약을 맺고 그들의 자연권 중 일부만을 시민사회에 넘겼다. 로크는 이 시민사회가 양도받은 자연권을 정부에 맡겼는데, 오직 정부가 구성원들의 불가양의 권리인 생명·자유·재산을 보전해 준다는 전제 조건 아래 그렇게 했을 뿐이라고 주장했다. 그러므로 로크는 만일 정부가 그 맡은바 조건을 어기면, 시민사회 혹은 국민은 맡긴 권리를 되찾고 정부에 저항할 권리, 즉 혁명권을 보유한다고 믿었다. 말하자면 주권은 기본적으로 국민에게 있었다. 통치자가 굴복하기를 거부하면, 주권자인 국민은 '하늘에 호소할appeal to Heaven', 바꾸어 말하면 힘에 호소할 궁극적 권리를 갖고 있다는 것이었다. 그의 사회계약설은 실제 역사적 사실에 근거한 것은 아니지만, 명예혁명을 일으킨 의회의 행동을 정당화하는 데 이바지했다. 그리고 로크의 자유주의 사상은 미국혁명을 이끈 지도자들에게 지대한 영향을 끼쳤다.

**윌리엄 3세 시대**　　윌리엄 3세는 13년의 재위 기간 중 많은 시간을 루이 14세의 야망에 맞서는 과제에 바쳤다. 아우크스부르크 동맹 전쟁에서 프랑스를 저지하려는 영국의 활동은 국제 무대에서 결정적으로 중요했거니와, 윌리엄의 그런 정책은 영국의 국내 정치에도 큰 영향을 미쳤다. 그는 내정을 의회에 맡겨 두는 데에 대체로 만족했다. 주로 상인층을 기반으로 한 휘그당은 종교적 관용의 확대를 추구하고, 정부의 반프랑스 정책을 지지했다. 국교회와 지주 젠트리를 기반으로 한 토리당은 대외 문제에 좀 더 신중하고, 계속된 프랑스와의 전쟁에 피로감을 느꼈다. 윌리엄은 가능한 한 의회의 다수를 차지한 정당의 의원을 각료로 임명하는 관행을 채택했다. 그로서는 그런 조치가 의회와의 분쟁을 피하는 길이었는데, 그런 관행의 결과 의회가 행정을 통제하는 기능이 확대되었다. 그는 또한 새로운 재정적 관행과 제도를 도입했다. 정부의 세입과 세출의 연간 예산안이 작성되고, 재정 충당을 위한 국왕의 사적 차입 대신에 국채 발행이 제도화되었다. 1694년 설립된 잉글랜드 은행이 그 제도를 뒷받침했다.

　　윌리엄과 메리는 자식이 없어서 왕위는 메리의 여동생 앤Anne(1702~1714)에게 넘어갔다. 앤 여왕 때도 영국은 에스파냐 왕위계승 전쟁에 참여하여 프랑스와 싸웠다. 아우크스부르크 동맹 전쟁과 에스파냐 왕위계승 전쟁의 두 전쟁을 치르면서, 영국은 프랑스를 제치고 유럽 최강의 국가로 발돋움했다. 한편 앤 여왕 치세 때 영국과 스코틀랜드 두 왕국이 하나로 합쳐지는 헌정상의 일대 사건이 일어났다. 1603년 이래 두 왕국은 스튜어트가의 국왕을 매개로 통합되었으나, 별

개의 의회와 정부 기구를 그대로 유지해 왔다. 그런데 1707년 통합법Act of Union
의 제정으로 두 나라는 단일 의회를 가진 하나의 왕국이 되었다. 그러나 각각은
기존의 법률제도, 그리고 각자의 교회인 북쪽의 장로교와 남쪽의 영국교회는 그
대로 유지했다. 아일랜드는 튜더왕조 이래 영국 국왕에 예속되었으나, 1800년
까지 독자적인 의회와 법체계를 지닌 채 별개의 국가로 남았다.

## 4. 절대주의 시대의 사회와 문화

### 1) 자본주의의 발전

**상업의 발달과 주식회사의 출현**　　　상업적 세속주의가 17세기에 빠르게 성장
했다. 상인과 은행가는 베스트팔렌 조약 이후 이제 좀 더 마음 편하게 자본주의
적 윤리를, 그리고 이윤 획득을 인도적이거나 종교적인 관심사보다 우선시하는
윤리를 따를 수 있었다. 17세기 중엽에 이르러 유럽 경제는 상품의 대량 교환에
크게 의존했다. 동유럽과 발트해 지역은 주로 곡물·목재·생선 등을 공급하고,
서유럽은 주로 공산품을 공급했다. 아메리카 식민지의 대농장 농업, 특히 카리
브해의 설탕 재배는 해외 무역에서 최대의 이윤을 낳았다. 아프리카 노예무역
역시 그에 따른 많은 보조 산업과 더불어 유럽 경제의 불가결한 일부가 되었다.
유럽의 공업 제품, 특히 금속·석탄·직물 역시 눈에 띄게 증가했다.

　　경제 발전이 17세기에 상당히 느려지기는 했으나 몇몇 분야의 이윤은 여전히
엄청났으며, 특히 생산을 농노 노동에 의존하는 동유럽과 노예 노동에 의존하는
열대 대농장에서 그러했다. 서유럽에서는 유리한 경제적 지위를 유지한 자본가
들이 낮은 임금 덕분에 비슷한 이득을 누렸다. 한편 네덜란드와 영국 그리고 프
랑스의 상인과 은행가들은 해운과 신용을 지배했다. 유럽의 부는 착실하게 증가
하고, 상품의 종류와 양은 나날이 늘어났다. 이제 세계는 사실상 유럽의 보물창

고나 다름없게 되었다. 인류 전체 인구의 아주 작은 부분에 지나지 않는 유럽인이 지구의 방대한 지역을 장악하고 착취하는 위치에 올라서게 되었다.

상업이 팽창하면서 새로운 형태의 상업 조직이 등장했다. 17세기에 근대 주식회사의 선구인 합자회사joint-stock company가 설립되어 장기 투자를 위한 대규모 자본을 조성하는 일이 가능해졌다. 처음에 합자회사는 모험적 상업에 국한되었으나, 나중에는 광업과 제조업에서도 설립되었다. 1600년 런던 상인들이 설립한 영국 동인도회사가 대표적인 합자회사였는데, 이는 17세기 후반에 주식회사로 전환되었다. 17세기 초에는 주식회사도 탄생했다. 그것은 수많은 개인의 적은 돈을 모아 대규모 사업에 동원할 수 있었고, 또한 법적 영속성 때문에 장기적 사업을 추진할 수 있었다. 1602년에 설립된 네덜란드 동인도회사가 최초의 주식회사였다.

이런 회사들은 국왕의 특허를 받아 세워진 특허회사로서 일정한 사업 영역에서 특권적 독점을 누렸으며, 처음에는 주식 거래도 일반에게 개방되지 않았다. 그러다가 경쟁 회사가 나타나고, 결국 주식이 공개 시장에서 거래되었다. 주식의 자유로운 매매로 투자 기회가 획기적으로 확대되었으며, 주식회사의 수도 많이 늘어났다. 1715년 영국에는 140개 이상의 주식회사가 있었다. 암스테르담에서는 1602년 동인도회사가 증권거래소를 설립했는데, 17세기 전반기에 그 증권거래소는 유럽 기업계의 중심이 되었고, 암스테르담은 안트베르펜을 제치고 유럽 최고의 상업 및 금융 중심으로 떠올랐다. 런던에서는 1698년에, 파리에서는 1724년에 증권거래소가 문을 열었다. 17세기 말엽에는 증권거래소에서 주식을 사고파는 것이 흔한 일이 되었다.

주식 투자는 재앙도 가져왔다. 1711년 설립된 영국의 남해회사South Sea Company에 1720년 광적인 투기 바람이 불어 몇 달 사이에 주가가 열 배로 치솟았다가 곧바로 수직으로 곤두박질쳤다. 부풀었던 거품이 터진 것이다. 회사는 파산하고 수천의 투자자가 재산을 날렸다. 이 이른바 '남해의 거품South Sea Bubble'과 비슷한 사건이 프랑스에서는 '미시시피의 거품Mississippi Bubble'으로 터졌다. 스코틀랜드 출신으로 사기꾼 기질이 있는 존 로Law라는 인물이 프랑스에서 무역 독점권을 얻어 1717년 미시시피회사를 세웠는데, 이 회사 주가 역시 천정부지로 치솟아 1719년 액면가의 거의 70배로 오른 뒤 이듬해에 폭락했다. 회사는 파산하고 주식은 휴지 조각이 되었다. 이런 거품의 경험으로 두 나라에서는 18세기에 주식회사 불신 경향이 생겼고, 그 결과 영국 산업혁명 초기의 공장들은 주로 개인 기업가나 합명회사partnership가 소유하고 경영했다.

**은행의 발달**　위험에 대비하기 위한 제도로 보험회사도 발달했는데, 로이드가Lloyds가 1688년경 런던에서 운영하기 시작한 해상보험회사는 지금도 사업을 이어가고 있다. 한편 주식회사와 더불어 자본주의가 발달하는 데 무엇보다 큰 역할을 담당한 것은 은행이었다. 그런데 17세기에 전통적인 가족 은행이 이제 상업자본주의의 필요에 부응하지 못하면서 새로운 성격의 은행이 생겨났다. 정부의 특허를 받은 거대 공공 은행들이 아우크스부르크의 푸거가와 같은 가족이 경영하는 은행을 대체하게 되었다. 암스테르담시가 1609 설립한 암스테르담 은행이 그러한 공공적 성격을 지닌 은행의 효시였다. 이 은행의 성공에 자극을 받아 스웨덴에서는 1659년 스톡홀름 은행이, 영국에서는 1694년 민간 투자자들에 의해 잉글랜드 은행이 설립되었다. 이런 은행들은 중앙은행 구실을 하면서, 공공 세입을 보관하고 지폐 발행을 통해 신용을 창출하면서 기업이 대규모 자본을 이용할 수 있게 해주었다. 지폐는 은화가 부족했던 스웨덴에서 1661년 스톡홀름 은행이 최초로 발행했다.

　은행의 이와 같은 발달 과정에서 중요한 계기의 하나는 국가 채무 관념의 발달이었다. 17세기까지도 정부가 빌린 돈은 국왕의 개인 빚으로 여겨졌다. 그래서 새 왕은 종종 선왕이 남긴 빚을 갚기를 거부했다. 심지어 중세 말 은행가 자크 쾨르는 프랑스 국왕 샤를 7세에게 거금을 빌려주었다가, 갚지 않으려는 국왕의 음모에 걸려들어 유죄 선고를 받고 전 재산을 몰수당하기도 했다. 그런 만큼 정부와 거래하는 은행은 파산의 위험을 안고 있었다. 그래서 당연히 이자율은 그 위험도에 상응하여 높았다. 그런데 17세기에 왕이 진 빚은 왕 개인이 아니라 정부가 진 것이라는 관념, 이를테면 국가 채무 관념이 발달하기 시작했다. 이제 은행은 좀 더 안전하게 거금을 정부에 대여해 줄 수 있게 되었다. 그런 관념은 왕권이 약한 영국과 공화국인 네덜란드에서 먼저 발달했다. 그 덕분에 그 두 나라 정부는 은행에서 낮은 이율로 돈을 빌릴 수 있었으며, 이는 전시나 다른 비상시에 재정적 어려움을 해결하는 데 매우 큰 도움이 되었다.

은행의 발달을 촉진한 또 하나 중요한 요소는 은행권 사용의 증가였다. 17세기에 금과 은의 공급 감소로 만성적인 화폐 부족 현상이 일어났는데, 공적 은행의 설립과 지폐의 발행으로 신용의 확대가 가능해졌다. 은행이 보유한 금을 담보로 은행권을 발행하는 일은 새로운 게 아니었다. 그러나 화폐 발행의 양과 그에 대한 사람들의 신뢰는 새로운 효과를 얻게 되었다. 종이 화폐가 그 빼어난 편리함 때문에 대규모 거래에서 차츰 주화를 대체하게 된 것이다. 1694년 설립된 잉글랜드 은행은 그러한 은행의 발달에서 중요한 이정표가 되었다. 그 은행은 원래 일군의 금융업자가 국가 채무를 취급하기 위해 설립한 것이었다. 이후 잉글랜드 은행의 은행권은 다른 은행이 발행하는 은행권의 가치를 측정하는 표준적 가치를 갖게 되었다. 그리하여 잉글랜드 은행은 그 자체는 사기업이었지만 국가의 공적 기능도 담당했다. 소규모 은행들도 속속 생겨났다. 영국 최초의 지방 은행이 1716년 브리스틀Bristol에서 설립되었으며, 그 뒤 수많은 지방 은행이 생겨났다.

이러한 자본주의적 제도들은 떠오르는 국가 체제와 맞아 떨어졌다. 17세기의 자본주의는 해외 무역에 크게 의존했는데, 이 해외 무역에는 정부의 보호나 장려 정책이 매우 필요했다. 그래서 정부 정책은 기업의 신용이나 자본 축적에 절대적으로 영향을 미쳤다. 자본가에게 정부가 필요했다면, 정부 또한 그들이 필요했다. 강성한 국가는 점점 더 비용이 많이 들었고, 해외 무역은 세입의 주요 원천이었다. 자본가들은 또한 군주들이 군대와 관료 기구의 재정을 충당하기 위해 돈을 빌리는 일을 도와줄 수 있었다. 군주와 자본가의 이러한 암묵적 제휴는 중상주의 정책으로 나타났다.


## 2) 바로크 미술과 음악

**바로크 양식**　　16세기 말경에 시작하여 17세기로 넘어가면서 르네상스 건축
과 회화는 바로크baroque로 알려진 좀 더 장식이 많고 정교한 양식으로 발전해서
18세기 중엽까지 유럽 예술을 상당 부분 지배했다. 바로크라는 용어는 일그러
지거나 불규칙하다는 뜻의 포르투갈어 바로카barroca에서 유래한 것으로 알려졌
는데, 바로크 양식은 르네상스의 비례와 균형이 무너지고 지나치게 과장되고 왜
곡된 특징을 지녔다고 폄하는 의도에서 붙여진 이름이었다. 18세기 중후반 독
일의 미술사가 요한 빙켈만Johann Winckelmann을 위시한 고전주의 옹호론자들의
눈에는 바로크 미술이 르네상스 미술의 쇠퇴에 불과한 것으로 보인 것이다.

　　바로크 양식은 처음에 가톨릭의 대응 종교개혁에서 표출된 가톨릭교의 힘과
자신감의 과시에서 생겨났다. 개신교는 호화스러운 교회 미술에 반대했으며, 그
래서 그 지역에서는 미술에 대한 대규모 후원이 사라졌다. 그와는 달리 가톨릭
교회는 포교의 한 방편으로 미술을 더욱 적극적으로 이용했다. 가톨릭교회는 손
상된 교회의 권위를 회복하는 과정에서 단순하고 반복적인 르네상스 양식과는
달리, 복잡하고 화려한 장식과 소용돌이 같은 새로운 요소를 교회 건축에 도입
했다. 그리고 안정을 되찾은 가톨릭교회가 신도들의 시선을 압도할 만한 화려하
고 극적인 미술을 추구하면서 새로운 양식이 형성되었다.

　　로마 교황령에서 시작된 그 양식은 나중에 북쪽으로 퍼져나가면서 특히 궁정
에서 인기를 끌었는데, 그것은 궁정에서 17세기에 대두하는 군주정의 힘을 상징
했다. 바로크 양식은 움직임·힘·긴장감과 극적인 효과를 강조하고, 웅장한 크
기와 장엄함으로 보는 이를 압도하려 했다. 그래서 바로크 양식은 특히 건축과
음악 분야에서 두드러지게 표현되었다. 국왕과 군주들은 웅장하고 화려한 바로
크 궁전을 통해 신민이 그들의 힘에 대한 경외심을 갖게 되기를, 가톨릭교회는

신도들이 장엄한 교회 건물에서 그들 신앙의 우월한 힘을 느끼기를 원했다. 바로크 양식은 유럽을 넘어 라틴아메리카까지 퍼지기는 했으나, 그 시기와 강도에서 지역적으로 큰 편차가 있었다. 이탈리아가 바로크 시대로 접어들었을 때, 영국은 아직 엘리자베스 여왕 치세기의 르네상스를 꽃피우고 있었다. 프랑스에서 순수한 바로크는 드물었고, 예술은 항상 강한 신고딕 혹은 고전 기풍의 흔적을 보여주었다.

**바로크 회화**  이탈리아 초기 바로크 회화의 대표적 인물은 미켈란젤로 다 카라바조Michelangelo da Caravaggio(1571?~1610)였다. 그는 어두운 배경 속에서 주요 인물을 밝게 드러내는 등 극단적으로 명암을 대비하는 기법을 개척했는데, 그런 기법은 이후 바로크 화가들에게 큰 영향을 주었다. 이탈리아 바로크 시대를 대표하는 여성 화가는 아르테미시아 젠틸레스키Artemisia Gentileschi(1593~1652)였다. 카라바조의 영향을 크게 받은 그녀는 여성 화가의 일반적 규율을 깨고 성경과 신화의 주인공을 주제로 강력한 여성상을 그리며 화려한 성공을 거두었다. 그리하여 그녀는 서양 역사상 최초의 위대한 여성 화가이자 페미니스트 화가가 되었다. 이탈리아에서 처음 생겨난 바로크 양식은 북부로 건너가서 가톨릭 지역, 특히 에스파냐와 예수회의 영향 아래 있는 지역에서 번창했다.

플랑드르에서는 페터 파울 루벤스Peter Paul Rubens(1577~1640)와 안토니 반 다이크Anthony van Dyck(1599~1641) 같은 화가가 이탈리아 미술의 강력한 영향을 받았다. 독일 태생이나 어릴 때부터 플랑드르에 정착한 루벤스(네덜란드어로는 뤼번스)는 청년 시절 이탈리아를 여행하고 돌아와 플랑드르의 전통인 세부 묘사와 이탈리아에서 배운 바로크 양식을 결합했으며, 바로크가 이탈리아에서 유럽 다른 지역으로 퍼져나가는 데 중요한 역할을 했다. 그의 수많은 걸작은 다양한 몸동작, 육감적인 나신, 빛과 그늘의 극적인 사용, 풍부하고 심미적인 물감 등을 통해 강렬한 정서를 전달한다. 엄청나게 많은 작품을 의뢰받은 그는 잘 조직된 대규모 작업장을 운영했다. 각 부분을 그리는 전문 화가를 육성하는 한편, 그는 각 부분 작업을 감독하고 핵심 요소를 직접 그려 작품을 완성했다. 루벤스는 프랑스 루이 13세의 초청을 받아 왕비의 초상화를 그리기도 했다.

17세기 에스파냐 바로크 회화를 대표하는 위대한 화가는 디에고 벨라스케스 Diego Velasquez(1599~1660)였다. 그는 에스파냐의 공식 궁정화가로서 왕실 인물의 초상화를 사실적으로 그리는 한편, 서민의 일상생활 장면을 묘사한 정물화도 많이 그렸다. 프랑스 수석 궁정화가로 일한 샤를 르브룅Charles Le Brun(1619~1690)은 베르사유 궁전 '거울의 방' 내부 장식 작업을 지휘했으며, 루이 14세에게 '가장 위대한 미술가'라는 말을 들었다.

**네덜란드 미술**    바로크 미술이 플랑드르에서 꽃피는 동안 이웃 네덜란드인들은 자신의 독특한 미술 장르를 완성해 가고 있었는데, 그것은 정치적 및 상업적 성취에의 자부심에서 자라 나온 것이었다. 네덜란드 회화의 위대한 개화는 17세기 네덜란드 상업의 눈부신 발달과 나란히 가는 것이었다. 유럽 미술의 주요 후원자였던 궁정과 가톨릭교회 혹은 막대한 재산을 가진 세습 귀족이 없던 개신교 공화국 네덜란드에서는 미술 수요자가 상공업에 종사하는 중간계급이었는데, 이들의 취향은 이탈리아와 에스파냐에서 발달한 가톨릭적 바로크 미술과는 사뭇 달랐다. 검소한 칼뱅교도들은 역사와 신화를 주제로 한 웅장한 스케일과 화려한 장식의 그림보다는 소규모의 초상화나 일상생활과 관련한 정물화 혹은 풍경화를 선호했다. 네덜란드 회화는 대체로 세부 묘사를 중히 여기고, 색채가 따뜻하고 부드러웠다.

네덜란드에서는 거의 모든 도시가 미술학교를 지원했으며, 화가들은 지역의 전통을 살리는 데 이바지했다. 그 결과 많은 유능한 미술가가 나타났다. 프란스 할스Frans Hals(1580~1666)는 네덜란드의 '황금시대'인 17세기의 첫 거장으로서, 자연스러운 구상과 활력 넘치는 필치의 초상화로 탁월한 업적을 남겼다. 할스의 전성기인 17세기 전반은 그가 활동한 하를렘Haarlem이 네덜란드 미술을 이끌었는데, 세기 중엽이 되면 그 중심이 암스테르담으로 옮아갔다. 이때 암스테르담 미술의 중심인물은 할스보다 한 세대 뒤의 렘브란트 판 레인Rembrandt van Rijn(1606~1669)이었다.

루벤스가 가톨릭교 플랑드르의 대가였듯이, 렘브란트는 개신교 네덜란드의 가장 위대한 대가였다. 렘브란트는 한때 루벤스처럼 세속적으로 성공한 화가로서, 부유한 귀족의 초상화를 거의 독점하다시피 한 적도 있었다. 그러나 그는 중년에 들어서 아내를 잃고 빚에 시달리는 등 힘든 시절을 보냈다. 그러나 그가 가장 소중한 작업을 한 것은 바로 그 어두운 시절이었다. 그 시절에 그는 작품 소재를 주로 중간계급이나 하층계급에서 구했다. 렘브란트는 또한 성서에서 주제를 딴 그림과 대작 역사화로 큰 명성을 얻었다. 〈야경 The Nightwatch〉(1642)은 독립 투쟁을 벌이는 네덜란드 민병대를 그린 대작으로, 단체 초상화의 양식적 혁신을 이룬 그의 최고 걸작으로 꼽힌다. 그는 대상을 밝은 색채와 지나친 움직임을 피하고 명암의 대조를 잘 이용하면서 절제된 선으로 묘사했으며, 명암을 절묘하게 표현한 덕분에 '빛의 화가'라는 명성을 얻었다. 그의 작품에는 수수께끼 같은 인간 삶에의 깊은 통찰과 어떤 신비로운 정신적 특성이 깃들어 있다. 그리고 개신교가 우상 숭배의 기운을 풍긴다 하여 종교 그림을 적대시한 탓에 개신교의 성화가 많이 생산되지 못했는데, 그 덕분에 렘브란트는 17세기의 위대한 개신교 화가로도 우뚝 섰다.

네덜란드 황금시대의 세 번째 거장은 렘브란트보다 한 세대 뒤의 인물인 요하네스 페르메이르Johannes Vermeer(1632~1675)이다. 역사적 장면을 다룬 그의 초기 회화는 카라바조의 영향을 드러낸다. 그러나 후기 회화는 주로 한두 명의 여성이 등장하는 실내 풍경을 세밀하게 묘사했는데, 창문을 통해 실내에 떨어지는 부드러운 햇살을 다루는 재주는 누구도 그와 겨룰 수 없었다.

**바로크 조각과 건축**　　회화가 그렇듯이 바로크 조각과 건축 역시 그 기원은 가톨릭 대응 개혁의 중심인 로마였다. 르네상스 미술에서 이따금 고전의 이교 요소와 기독교 요소 간의 불안한 절충이 있었는데, 미켈란젤로의 프레스코화처럼 드물게는 기독교 영성과 고전 인문주의의 진정한 융합이 있었다. 그런데 그런 융합이 바로크의 특징이 되었다. 많은 바로크 화가와 조각가가 그 영성적 의미를 훼손하지 않으면서 육체를 가진 인간 속에 때로는 육감적인 방식으로 예수의 수난, 성자들의 환상, 성모의 자애를 묘사했다.

바로크 미술의 최고 거장으로는 조각가 겸 건축가 조반니 로렌초 베르니니 Giovanni Lorenzo Bernini(1598~1680)를 꼽을 수 있을 것이다. 베르니니의 가장 두드러진 공헌은 미켈란젤로 이후 쇠퇴한 이탈리아 조각의 전통을 되살린 것이다. 그의 〈성녀 테레사의 황홀경 Ecstasy of Santa Teresa〉은 천사가 미소 지으며 바라보는 가운데, 사랑의 불화살에 가슴이 꿰뚫린 에스파냐 수녀가 고통과 더불어 형언할 수 없는 희열에 사로잡힌 모습을 관능적으로 표현했다. 그는 성베드로대성당 중앙 제단 위의 거대한 청동 닫집을 제작하고, 몇 년 뒤에는 성당 앞의 광장을 설계했다. 베르니니는 바로크의 특징인 역동성을 나타내기 위해 사각형이나 원형이 아니라 타원형의 웅장한 광장을 구상하고, 그 주위를 284개의 그리스 양식 기둥으로 된 거대한 주랑으로 둘러쌌다. 광장으로 들어가는 방문객은 상징적으로 교황의 '팔'에 안기게 된다.

바로크 건축은 기둥·삼각형 박공벽·아치 같은 고전 요소들이 그대로 쓰였는데, 그러나 고대의 공식을 엄격하게 따르지는 않았다. 가톨릭 군주들이 재빨리 이 양식을 채택했다. 일찍이 에스파냐의 펠리페 2세는 1563년부터 20여 년에 걸쳐 마드리드 인근 마을 에스코리알 Escorial에 방대한 규모의 새 궁전을 지었다. 바로크 양식의 기념비적 건물은 에스코리알 궁전 한 세기 뒤 루이 14세가 지은 베르사유 궁전이다. 에스파냐의 시대가 지난 뒤, 유럽 최강의 군주국으로 우뚝 선 프랑스의 루이 14세는 기존의 모든 궁전을 압도하는 궁전을 짓고 싶었다. 베르사유 궁전은 세속 바로크 건축의 정점으로서, 이후 유럽의 군주와 제후들이 앞을 다투어가며 그것을 본뜬 궁전을 지었다.

**바로크 음악**   '근대' 음악은 르네상스 말기에 발달하기 시작해서 17세기 바로크 시대에 성숙 단계를 맞이했다. 바로크 작곡가들은 그들의 혁신이 워낙 전면적이어서 그들이 음악 혁명을 일으키고 있다고 믿었다. 16세기 다성 음악의 차분하고 평온한 주선율과 대조적으로, 바로크 작품에서는 주선율과 화음의 극적 효과가 크게 강조되었다. 그리고 음조의 폭넓은 효과를 창출하기 위해 더 많은 종류와 수의 악기들이 사용되었다. 작곡가들은 이제 부르기만을 위해서가 아니라 듣기를 위해서 기악을 작곡하기 시작했으며, 오르간과 바이올린을 위한 기악이 처음으로 성악과 동등한 인기를 얻었다. 안토니오 비발디Antonio Vivaldi(1678~1741)는 바이올린 협주곡 「사계Le Quattro Stagioni」를 포함하여 협주곡만도 400곡이 넘게 작곡했으며, 그 외에도 다양한 음악을 작곡했다. 17세기에는 부르주아의 사회적 역할 증대를 반영하여, 음악회가 왕이나 귀족의 사적 궁정뿐 아니라 공공 회관에서 열렸다. 이제 시대는 세속적 시대요, 세속 음악이 종교 음악과 매한가지로 중요해졌다.

바로크의 혁신 가운데 가장 빼어난 것은 새로운 예술 형식인 오페라였다. 오페라는 17세기 초에 이탈리아에서 처음 출현했는데, 그것은 주로 클라우디오 몬테베르디Claudio Monteverdi(1567~1643)의 업적이었다. 1607년에 그의 〈오르페오 Orfeo〉가 초연되었는데, 이 새 형식은 문학·연극·음악·무대장치의 미술 등을 이용하면서 여러 예술 장르를 통합한 종합 무대예술이었다. 오페라는 이후 세기 후반기에는 다른 나라에도 퍼져나가기 시작했는데, 장 밥티스트 륄리Baptiste Lully(1632~1687)가 프랑스에, 헨리 퍼셀Purcell(1659~1695)이 영국에 오페라를 전파했다.

음악은 18세기로 넘어가면서 헨델과 바흐라는 두 독일 천재 음악가를 만나면서 위대한 시대를 맞이한바, 이 두 거장은 바로크 음악을 완성의 경지에 올려놓았다. 음악가 집안 출신인 요한 제바스티안 바흐Johann Sebastian Bach(1685~1750)는 경건한 루터파 교도로서, 라이프치히에서 교회 전례음악 감독으로 일하면서 대작인 「마태 수난곡Matthäus-Passion」을 비롯하여 수많은 종교 음악을 작곡했다. 그뿐 아니라 그는 세속 음악에도 똑같은 재능을 타고나, 귀족 궁정 공연용의 빼어난 실내악도 창작했다. 그렇지만 바흐에게 음악은 무엇보다 신을 경외하는 수단이었다. 한편 또 한 명의 거장인 게오르크 프리드리히 헨델Georg Friedrich Händel (1685~1759)은 동갑내기인 바흐와 달리 대단히 세속적 기질의 인물이었다. 청년기에 이탈리아에서 공부하면서 오페라 작곡으로 음악 인생을 시작한 뒤, 그는 영국으로 건너가 그곳에 정착했다. 왕실의 후원을 받고 중간계급의 사랑도 받으면서, 그는 제2의 조국에서 엄청나게 성공했다. 헨델은 많은 오페라를 작곡하면서 오페라가 알프스 이북으로 확산하는 데 큰 역할을 했다. 다재다능한 그는 수없이 많은 작품에서 어떠한 상황과 정서도 음악으로 표현할 수 있었다. 그는 많은 세속 음악을 작곡했으나, 역설적이게도 세속적 헨델의 최고 걸작은 종교 오라토리오인 「메시아Messiah」이다.

### 3) 고전주의 문학과 미술

**고전주의**    고전주의classicism라는 용어는 17세기 말경과 18세기에 유럽의 문학과 예술의 지배적 형식을 일컫는 데 쓰여 왔다. 이후 18세기 말경에는 그에의 반동으로 낭만주의가 등장하기 시작하여 19세기 초기 수십 년을 풍미했다. 그런 용어의 정확한 의미를 콕 집어내기는 매우 어렵다. 그리고 사실 끊임없이 변하고 다양해지는 유럽의 문화적 표현과 경향을 그런 용어로 규정하고 분류하는 것은 부적절한 면이 있다. 그러함에도 많은 비평가는 고전주의로 불리는 희곡과 음악 혹은 회화에서 막연하나마 어떤 공통분모를 밝혀낼 수 있다고 믿는다. 낙관주의, 합리성, 중용, 세계시민주의 같은 것이 어느 정도 고전주의의 특징들이다. 이런 특징들은 낭만주의자들이 중히 여기는 감정, 자아 표현, 영감, 중세 전통이나 민족의 과거에의 찬탄 등과는 분명히 거리가 있는 것이었다.

고전주의는 17세기 후반기에 프랑스에서 먼저 발전했다. 이 무렵 프랑스는 국력을 바탕으로 이탈리아를 제치고 유럽의 문화적 선도국으로 나섰다. 많은 프랑스인들은 바로크 양식이 너무 화려하고 지나치게 강렬하다고 거부하면서, 성기 르네상스의 고전적 가치를 되살리고자 했다. 그래서 17세기 후반기로 넘어가면서 여전히 바로크 회화와 건축이 유행하기는 했으나, 차츰 되살아난 고전주의에 가려졌다. 프랑스 고전주의는 바로크의 힘에 대한 경외심을 그대로 간직하면서도 명료성, 단순성, 균형, 조화 등을 강조했다. 고전주의 작가들은 이성의 사용을 통해 보편타당한 인간관을 확립하려 했다. 그들은 또한 고대의 모델에 기초해서 정확한 표현 형식을 수립하고, 근대의 언어에 고전 언어의 정확성과 매력을 부여하려고 했다. 프랑스에서는 1635년 프랑스 아카데미Académie française가 창설되어 한 세기 이상 작가들에게 고전적 표준을 제시해 주었다. 루이 14세는 선왕에 이어 미술과 건축뿐 아니라 연극도 적극 후원했으며, 프랑스 궁정은 고전주의의 부활을 이끌었다.

**고전주의 문학**　　고전주의는 루이 14세 시대의 프랑스에서 가장 튼튼하게 뿌리를 내렸으며, 또한 프랑스 문학사에서 가장 풍요로운 시대를 열었다. 프랑스 고전 문학은 피에르 코르네유Pierre Corneille(1606~1684), 장 밥티스트 몰리에르Baptist Molière(1622~1673), 장 라신Racine(1639~1699) 같은 3대 극작가의 세련되고 우아한 드라마에서 활짝 꽃피었다. 1630년 무렵 영국과 에스파냐에서 위대한 연극의 시대가 저물어갈 때, 프랑스에서는 새로운 연극의 시대가 동트기 시작해서 1680년대까지 지속되었다. 영국과 에스파냐와는 달리 이들 프랑스 극작가는 주로 엘리트 계층을 위해 작품을 썼고, 국왕의 후원에 크게 의존했다. 그들은 흔히 고대 그리스와 로마에서 주제와 줄거리를 따오지만, 종종 주인공을 당대 궁정인의 이상화한 인물상으로 그렸다.

　코르네유와 라신은 비극 작가였으며, 그들은 드라마에 대한 아리스토텔레스의 전통적인 규칙을 따랐지만, 심리적 통찰과 언어의 아름다움으로 빼어난 작품들을 생산했다. 라신은 수도회에서 철저하게 그리스어와 라틴어 훈련을 받았으며, 많은 작품을 쓰지는 않았으나 그의 문장은 프랑스어의 모범으로 여겨졌다. 이들과 달리 희극으로 명성을 날린 몰리에르는 인물과 주제를 주로 당대 프랑스의 삶에서 가져왔다. 이들 세 작가는 모두 때때로 후원자의 비위를 거스르지 않는 선에서 기존 체제를 온건하게 비판했다. 그러나 재치 있는 희극 작가 몰리에르는 『타르튀프*Tartuffe*』에서 종교적 위선을 비웃고, 그의 최고 걸작으로 꼽히는 『인간 혐오자*Le Misanthrope*』에서는 궁정 사회의 부패를 조롱해서 때때로 궁지에 몰리기도 했다. 그는 귀족 사교계의 반감을 사서 극장에서 쫓겨나기도 하고 『타르튀프』는 공연이 금지되기도 하는 등 어려움을 겪었으나, 루이 14세의 보호로 더 가혹한 고초는 면할 수 있었다.

3대 극작가 외에도 많은 작가가 프랑스 고전주의 시대를 빛냈다. 우화 시인 장 드 라 퐁텐la Fontaine(1621~1695)은 『우화시*Fables*』(1668~1694)에서 의인화한 동물의 입을 통해 인간의 결점을 지적하고 기발하게 풍자했으며, 그의 우화는 오늘날에도 어린이에게도 잘 알려져 있다. 왕권신수설을 주장한 자크 보쉬에 주교의 『설교집*Les Sermons*』은 다른 많은 저술과 더불어 고전주의의 전형적인 문체를 보여주는 격조 높은 산문으로 평가된다. 한편 시인 니콜라 부알로Nicolas Boileau(1637~1711)는 문학 비평의 새로운 분야를 개척했다. 프랑스 문학은 18세기에도 여전히 볼테르 같은 인물을 통해 명성을 이어갔다.

영국 문학은 유럽에서 거의 유일하게 프랑스 문학의 위세에 가려지지 않았다. 존 밀턴Milton(1608~1674)은 실명 상태에서 구술로 완성한 대서사시 『실락원 *Paradise Lost*』(1667)에서 인간의 타락과 구원이라는 어려운 주제를 훌륭하게 다루었으며, 침례교 목회자 존 버니언Bunyan(1628~1688)은 『천로역정*The Pilgrim's Progress*』에서 신앙인의 구원 과정을 간결하고 소박한 문체로 그려 영국 근대 문학의 선구자가 되었다. 그리고 존 드라이든Dryden(1631~1700)은 시인이자 극작가로 17세기가 끝날 때까지 영국 문학을 장식했다.

**고전주의 건축**    18세기 중엽에 많은 건축가가 다른 분야에서 발전한 고전주의 사조의 영향을 받아 다시 그리스와 로마의 고전 모델로 관심을 돌렸다. 그런데 바로크 양식이 크게 성행하지 못한 영국에서는 고전주의로의 전환이 대륙보다 훨씬 빨리 일어났다. 영국의 건축가 크리스토퍼 렌Christopher Wren(1632~1723)은 1666년 일어난 런던 대화재로 재능을 발휘할 기회를 얻었다. 그는 세인트 폴 대성당St. Paul Cathedral 재건축을 포함하여 도시재건 계획의 책임을 맡은 것이다. 렌은 기념비적 규모인 세인트 폴 대성당을 건설할 때 높은 고딕 건물을 원하는 성직자들의 요구를 어느 정도 반영하지 않을 수 없었으나, 기본적으로 고전 양식의 구상을 관철했다.

이후에 추세는 엄격한 고전주의로 기울었는데, 르네상스 건축가 안드레아 팔라디오의 『건축 4서』가 그 교본 구실을 했다. 로마 양식의 돌출 현관, 로툰다rotunda, 돔 등을 갖춘 팔라디오 양식이 18세기 영국의 표준이 되었다. 18세기 후반기에는 로마 고대 도시 폼페이Pompeii와 베수비오Vesuvio 산기슭에 있는 헤르쿨라네움Herculaneum의 발굴로 고대 건축에의 관심이 더욱 고조되었다. 그런 고대 건물에서 드러난 아름다움과 우아함은 부유한 사람들의 주택과 가구 등에 강력한 영향을 미쳐서 프랑스에서는 신고전주의가 등장했다.

고전 양식은 미국에도 전해졌다. 토머스 제퍼슨Thomas Jefferson은 고전 양식에 매혹된 수많은 지식인 중 하나였다. 그는 1780년대에 프랑스를 방문했을 때 소도시 님Nîmes에서 고대 로마 신전 '메종 카레Maison Carrée'를 넋을 잃고 바라보았다. 본국으로 돌아간 제퍼슨은 수많은 공공 및 개인 건물을 설계하고, 그리하여 고전 양식을 미국에서 대중화했다. 리치먼드Richmond에 있는 버지니아주 의회의 사당은 그가 메종 카레에서 영감을 받아 설계한 것이며, 버지니아 대학 '로툰다'의 설계는 로마 판테온을 본뜬 것이다.

## 5. 과학혁명

### 1) 과학적 방법의 모색

중세 과학자를 가리키는 '자연철학자'는 자연 세계의 체계적 관찰보다 엄밀한 논리적 분석을 선호했다. 그러나 15세기와 16세기를 거치면서 겪은 많은 변화와 발전으로 '자연철학자'들은 차츰 낡은 견해를 버리고 새 견해를 받아들였다. 오늘날 우리는 근대 과학의 방법론을 자연스럽고 당연한 것으로 여기지만, 사실 그것은 세계 역사에서 독특한 것이며 인간 정신의 매우 특별한 창조물이다. 과학적 사고에의 최대 장벽은 감각의 판단을 진리로 받아들이는 경향이었다. 예를 들어 사람들은 보고 느끼는 대로 지구는 움직이지 않고 붙박이로 있으며, 해와 별이 회전한다고 믿었다. 과학이 '발명'된 것은 16~17세기에 관찰용 기구가 발명 혹은 개량되고, 오래 당연하게 여겨온 것을 관찰과 실험을 통해 새로운 방식으로 보는 재능이 발휘된 덕분이었다. 그 결과는 아리스토텔레스 우주의 전복이었다. 과학의 진전에는 두 가지 사유 방식이 필요했는데, 하나는 베이컨이 강조한 귀납법이고 다른 하나는 데카르트가 강조한 연역법이었다.

**프랜시스 베이컨의 귀납법**　　　프랜시스 베이컨Francis Bacon(1561~1626)은 새로운 과학 방법론을 제시하여 과학의 진보에 지대한 공헌을 했지만, 그 자신은 실제 과학 연구와는 거리가 먼 법률가요 철학자였다. 영국 정부의 최고위직까지 올랐던 그는 공직에서 물러난 뒤 학문의 올바른 방법론을 모색할 방대한 저술을 구상하고 『대혁신Instauratio Magna』의 집필을 시작했으나 완성을 보지는 못했다. 그의 유명한 『신기관Novum Organum』은 『대혁신』의 2부에 해당하는 것이다.

　베이컨은 『대혁신』에서 사람들에게 과학과 예술 그리고 모든 지식을 올바른 기초 위에 세워서 전면적으로 재건설할 것을 요청했다. 그는 세인들이 고대인 특히 아리스토텔레스의 권위를 지나치게 숭상하는 것을 비난하면서, 아리스토텔레스 사상 체계의 뿌리와 방법론을 공격했다. 베이컨은 르네상스 시기에 일어난 관찰과 실험의 관행을 지지했다. 실험 그 자체는 새로운 것이 아니었지만, 그는 그것에서 유용한 지식 구조의 기초를 보았다. 그는 아리스토텔레스가 연역법에 의존하는 것을 비판하고, 반복적 실험과 검증을 통해 일반적 진술이나 결론을 끌어내는 귀납법을 제안했다. 그의 귀납적 접근법은 망원경과 현미경을 비롯한 여러 과학 기구의 발명으로 실제 연구에서 좀 더 유용하게 되었다. 베이컨은 관찰과 실험을 통한 귀납법의 중요성을 강조함으로써 영국 경험론 철학의 토대를 놓은 한편, 그의 철학과 실천적 제안은 싹트기 시작한 17세기 과학 연구를 자극했다.

**르네 데카르트의 연역법**　　베이컨은 귀납적 방법의 중요성을 강조했지만, 연역적 추론과 수학의 중요성을 충분히 인식하지 못했다. 그가 간과한 것을 보완한 인물이 프랑스의 르네 데카르트René Descartes(1596~1650)였다. 데카르트는 고전이 된 『방법 서설Discours de la Méthode』(1637)에서 과학과 철학 모두에 새로운 방향을 제시했다. 그는 철학자이자 빼어난 수학자였다. 그는 대다수 학문이 확실성과 정확성을 갖추지 못했다고 비판하고, 그래서 의문의 여지 없는 단순하고 명료한 정리로 시작하는 수학의 방법을 다른 학문에 적용하려 했다. 데카르트의 출발점은 의심이었다. 그는 수학의 방법을 채택하려면 먼저 현재의 모든 관념을 의심하는 것에서 시작해야 하며, 어떤 이유에서든 의심할 수 있는 관념은 모두 버려야 한다고 주장했다. 그는 그런 과정을 거쳐 절대 의심할 수 없는 한 관념에 이르렀는데, 그것은 곧 그가 의심하고 있다는 사실 자체였다. 이 의심의 여지가 없는 사실에서 그는 의심하고 있는 자신이 존재한다는 사실을 연역해 냈다. 그리하여 데카르트는 "나는 생각한다, 고로 존재한다Cogito, ergo sum"라는 기본 명제에서 시작하여 논리적 단계를 거쳐 신이 존재한다는 사실, 그리고 정신계와 물질계 양자가 실재한다는 사실 등을 연역해 냈다.

　베이컨의 귀납적 접근법과 데카르트의 연역적 접근법을 결합해서 그 둘을 단일한 과학 방법론으로 종합한 인물은 뉴턴이었다. 이 과학적 방법은 사물의 체계적 관찰과 실험으로 시작해서 일반 개념에 도달하고, 다시 이 일반 개념에서 도출된 개별 사항들은 정밀한 실험을 통해 검증하고 증명할 수 있었다. 이 새로운 과학 방법론으로 실제 과학 연구에서 가장 빛나는 성과를 거둔 연구자는 천문학자들이었다. 천문학이야말로 과학혁명의 총아였다.

## 2) 천문학의 혁명

**전통적 우주관**　　과학혁명이 일어나기까지 유럽인은 우주를 2세기 그리스 천문학자 프톨레마이오스가 해석한 아리스토텔레스 체계에 따라 이해했다. 그것은 단단하고 고정된 지구를 우주의 중심에 두었다. 지구의 주위로는 스스로 빛을 내는 둥근 천체들이 완전한 원형 궤도를 그리며 지구를 돌고 있었다. 지구 가장 가까이에는 달이 있고, 그 바깥으로 차례로 수성·금성·태양·화성·목성·토성 그리고 고정된 별들이 있었다. 고정된 별들 너머에는 제1 운동자Primum Mobile가 있는데, 이 천체는 매일 서쪽에서 동쪽으로 회전함으로써 다른 모든 천체를 그 반대 방향으로 움직이게 했다. 제1 운동자 너머의 궁극에는 최고천Empyrean, Empyros이 있었다.

이 고대의 견해는 기독교 사상에 수용되었으며, 16세기까지 도전받지 않았다. 그것은 모든 사람의 일상적 관찰에 들어맞는 듯 보였고, 영리한 보정을 거쳐 관찰한 자료에도 부합하게 되었다. 게다가 그것은 중세인들의 하늘나라에 대한 경외심에도 어울렸다. 프톨레마이오스는 기원전 3세기 그리스 천문학자 아리스타르코스가 가르친 지구 자전 및 태양중심설을 알고 있었다. 그러나 그는 이 이론이 천체의 관찰 기록에 지구중심설만큼 잘 들어맞지 않는다고 생각했다.

**코페르니쿠스**　　16세기에 일찌감치 과학혁명의 발걸음을 힘차게 내디딘 인물은 니콜라우스 코페르니쿠스Nicolaus Copernicus(1473~1543)였다. 폴란드 사제 코페르니쿠스는 근대 천문학자로는 처음으로 지구가 우주의 중심이 아니라 태양 주위를 도는 행성임을 밝혔다. 수학과 천문학을 공부한 그는 자신이 직접 천체를 관찰한 것이 아니라 선인들이 관찰한 자료에 의존해서 연구했는데, 프톨레마이오스의 지구 중심 체계가 너무 복잡하고 관찰된 천체 움직임과 잘 들어맞지 않는다고 느꼈다. 코페르니쿠스는 1543년 죽기 직전 출간한 『천체 회전론*De Revolutionibus Orbium Coelestium*』에서 태양 중심 개념이 천체의 운동을 좀 더 정확하게 설명해 준다고 주장하면서, 천체의 움직임을 지구의 자전과 공전으로 설명했다. 그는 자신의 가정을 기하학적으로 뒷받침했으나, 사실 그가 작업한 자료는 부정확했고 세부적 면에서 틀리기도 했다. 이를테면 그는 행성들의 궤도가 타원형이 아니라 원형이라 생각했다.

당시의 다른 천문학자들은 프톨레마이오스 체계가 만족스럽지 못하다는 데는 공감하면서도, 코페르니쿠스의 이론은 선뜻 받아들이지 못했다. 그의 태양중심설은 지구와 태양의 위치만 바꾸어놓았을 뿐, 기존의 체계를 완전히 극복하지 못한 불완전한 것이었다. 그리고 루터와 칼뱅을 포함한 종교개혁 지도자들은 성서에 저촉된다는 이유로 『천체 회전론』을 비난했다. 종교적 비판만이 유일한 장애가 아니었다. 코페르니쿠스의 이론적 결함이 시정되어야 했으며, 그러기 위해서는 천체의 움직임에 관한 좀 더 정확한 정보가 축적되어야 했다. 코페르니쿠스의 주장이 받아들여진 것은 한 세기도 더 지나서였다.

**케플러**　16세기가 끝날 무렵 덴마크인 천문학자 티코 브라헤Tycho Brahe(1546~1601)가 천문 정보를 축적하는 데 큰 역할을 했다. 그는 아직 망원경이 발명되기 전 맨눈으로 가장 정밀한 천문 관측 자료를 남겼다. 그 자신은 지구중심설을 믿었지만, 그가 관찰한 정보는 아리스토텔레스 체계를 무너뜨리는 데 결정적 역할을 했다. 그의 조수인 독일인 요하네스 케플러Johannes Kepler(1571~1630)는 브라헤의 자료를 종합하고 분석했다. 빼어난 수학자이자 천문학자이며 또한 열성적 점성학자이기도 한 케플러는 그 자료를 코페르니쿠스 이론에 적용하여 검증한 결과, 행성이 원형이 아니라 타원형 궤도를 따라 돈다는 이른바 케플러 제1 법칙을 발견했다.

케플러는 이어서 제2, 제3의 행성 운동 법칙을 발견했는데, 그는 먼저 가정을 세우고 그런 다음 그것에서 연역한 결과를 관찰을 통해 경험적으로 검증하는 근대 과학적 방법으로 작업한 최초의 과학자가 되었다. 그는 또한 우주를 정확하고 인지 가능한 법칙에 지배되는, 광대하고 복잡한 기계라고 느낀 최초의 인물이었다. 그렇지만 그가 행성의 운동을 수학적으로 정확하게 묘사하기는 했으나, 무엇이 행성을 움직이게 하는지는 제대로 설명하지 못했다. 그는 거대 자석인 태양이 돌면서 자성을 가진 행성들을 궤도에 따라 끌어당긴다고 추측했다.

**갈릴레오**    케플러와 동시대인인 갈릴레오 갈릴레이Galileo Galilei(1564~1642)는 망원경으로 하늘을 체계적으로 관찰함으로써 천문학의 새 시대를 열었다. 그는 네덜란드의 한 렌즈 제조자가 발명한 망원경을 그 몇 년 뒤인 1609년 처음으로 하늘을 관측할 수 있는 기구로 조립했다. 그 망원경은 지금까지 알 수 없었던 세계를 인간의 눈앞에 펼쳐 보였다. 갈릴레오의 천체 관측으로 아리스토텔레스 체계는 완전히 무너졌다. 그는 달의 산맥, 목성을 도는 네 개의 달, 금성의 위상, 태양 흑점 등을 발견했다. 지구는 우주의 중심이 아니라 자신의 축으로 자전하며 태양을 공전하는 행성에 불과했다. 우주는 조그맣고 유한한 것이 아니라 끝이 없고 무한했다. 전에 보지 못한 수도 없이 많은 별이 가시권에 들어오고, 그 너머로는 또 무수한 별이 있을 것으로 짐작되었다. 하늘은 이제 정신적 세계가 아니라 물질적 세계이며, 인간은 더 이상 우주의 중심에 있지도 않았다. 지금까지 친숙했던 닫힌 우주가 사라지고, 인간과 지구는 이제 어둡고 가없는 우주 공간을 헤매는 방랑자로 보이게 되었다.

가톨릭교회는 갈릴레오의 주장을 기독교 진리에 대한 위협으로 여기고 재빨리 그를 비난하고 나섰다. 그는 1616년 이단적 '코페르니쿠스 교의'를 '견지하지도, 가르치지도, 변호하지도 않을 것'을 강요당했다. 그러다가 1633년 그는 68세의 고령에 마침내 이단 혐의로 기소되어 로마 종교재판소에 불려갔다. 그는 결국 법정에서 지구가 돈다는 자신의 견해를 공개적으로 철회하고 목숨을 구했다. 그러나 종교재판소는 갈릴레오에게 침묵을 강요할 수는 있었으나, 그의 저술이 유럽 전역에 퍼지고 과학혁명의 새 사상이 널리 전파되는 것을 막지는 못했다.

**뉴턴의 대종합**　늦어도 1640년대에 이르면 합리적 천문학자라면 누구도 케플러의 수학적 법칙과 결합한 갈릴레오의 발견들로 아리스토텔레스-프톨레마이오스 체계가 무너지고, 코페르니쿠스 체계의 합리성이 분명하게 확립되었음을 부정할 수 없었다. 그러함에도 천체의 운행을 설명하고 그동안의 천문학 성과들을 하나로 꿰는 문제는 미해결로 남았는데, 이 과제는 과학혁명의 가장 위대한 천재 아이저크 뉴턴Isaac Newton(1642~1727)의 몫이었다. 그뿐만 아니라 베이컨과 데카르트가 주장한 방법론을 통합하여 과학적 방법의 규칙을 확립한 것도 뉴턴이었다. 그는 만유인력을 수학적 방법으로 증명했지만, 또한 실제 관찰로 검증했다. 그는 최종 결론은 견고한 사실 위에 서 있어야 하며, 어떤 가정이 아무리 수학적으로 그럴 법하다 하더라도 관찰과 실험으로 실증되지 않는다면 폐기되어야 한다고 주장했다.

　갈릴레오가 죽은 해에 태어난 뉴턴은 20대에 이미 케임브리지대학 수학 교수가 되었으며, 40대에 저 유명한 『자연철학의 수학적 원리Philosophiae Naturalis Principia Mathematica』(1687)에서 만유인력의 법칙을 수학적으로 증명했다. 그의 작업은 코페르니쿠스와 케플러 그리고 갈릴레오의 이론의 정점이었다. 이들 각각의 이론은 전통적 우주론의 일부를 무너뜨렸지만, 아무도 일관성 있는 새 우주론을 종합해 내지는 못했다. 이를테면 갈릴레오는 지동설을 사실상 확립했지만, 그런 원리가 지구를 넘어 다른 천체에도 적용되는지는 논증하지 못했다. 그는 행성이 왜 직선이 아니라 곡선 궤도를 따라 움직이는지도 설명하지 못했다. 뉴턴은 우주의 모든 물체는 다른 물체를 그들의 질량의 곱에 비례하고 상호 거리의 제곱에 반비례하는 힘으로 서로 끌어당긴다는 점을 밝힘으로써 그런 문제를 해결했다.

뉴턴의 만유인력의 법칙이 널리 인정되는 데는 오랜 세월이 걸리기는 했으나, 그것이 미친 파장은 어마어마했다. 뉴턴은 수학적으로 증명된 하나의 보편 법칙이 복잡하기 짝이 없어 보이는 우주의 모든 운동을 설명할 수 있음을 보여주었다. 그와 동시에 뉴턴의 종합은 새로운 우주론을 창출했다. 그의 우주는 하나의 거대하고 규칙적인 기계로서, 절대적인 시공간 속에서 자연법에 따라 작동했다. 뉴턴은 신은 모든 곳에 편재하며, 모든 물체를 법칙에 따라 움직이는 힘으로 작용한다고 믿었다. 그의 기계론적 우주관은 20세기에 상대성 원리에 기초한 아인슈타인 혁명으로 밀려날 때까지 근대 세계관을 지배했다.

### 3) 의학과 기타 과학의 발달

**의학**　　16~17세기 과학혁명은 기본적으로 천문학의 획기적 발달과 관련되지만, 그리스 사상의 지배를 받아온 의학 역시 대변혁을 겪었다. 그때까지 의학은 2세기 그리스 의사 갈레노스Galenos의 가르침에 지배되었다. 갈레노스는 비판이 허용되지 않을 만큼 절대적 권위로 해부학, 생리학, 병리학 등에 널리 영향을 미쳤다. 그는 인체에는 밝은 적혈이 흐르는 동맥과 어두운 적혈이 흐르는 정맥이라는 별개의 두 혈액 체계가 있으며, 혈액 흐름은 간에서 시작한다고 주장했다. 그는 또한 피를 뽑아 치료하는 사혈법瀉血法을 사용하기도 했는데, 피에는 영혼과 같은 요소가 있어서 병든 사람의 피를 뽑아내면 병이 치료된다고 믿었다.

벨기에 출신 안드레아스 베살리우스Andreas Vesalius(1514~1564)는 파도바대학에서 강의하면서 직접 인간 신체를 절개함으로써 전통적 관행에서 벗어났다. 파도바대학은 상대적으로 교회의 권위가 덜 미치는 곳이어서 의학도가 사람을 직접 해부할 수 있었다. 베살리우스는 그 강의 내용을 토대로 『천체 회전론』의 출간과 같은 해에 가히 혁명적인 『인체 구조론De Humanis Corporis Fabrica』(1543)을 출간했다. 그는 이 저서에 인체의 개개 기관과 전반적 구조에 대한 세밀한 도해를 실었는데, 이는 르네상스 미술의 진전과 인쇄술의 기술적 발전이 없었다면 불가능할 뻔했다. 그는 인간 신체의 절개를 통해 갈레노스의 명백한 해부학적 잘못을 바로잡고, 근대 해부학의 기초를 놓았다. 그리고 그는 혈관이 갈레노스의 주장처럼 간에서 비롯하는 것이 아니라 심장에서 비롯한다는 사실을 밝혔다. 그러함에도 베살리우스는 여전히 동맥과 정맥에 두 가지 종류의 피가 따로 흐른다는 생각을 포함하여 갈레노스의 많은 잘못된 가르침을 그대로 따랐다. 이 잘못을 바로잡은 사람은 하비였다.

베살리우스처럼 윌리엄 하비Harvey(1578~1657) 역시 파도바대학에서 박사학위를 받았다. 그가 의학 발달에 큰 발자취를 남긴 것은 『동물의 심장과 혈액의 운동에 관한 해부학적 연구Exercitatio Anatomica de Motu Cordis et Sanguinis in Animalibus』(1628)를 통해서였다. 그는 실험을 통해 갈레노스 이론을 거부하고 혈액순환론을 제기했다. 하비는 펌프 역할을 하는 심장이 피를 뿜어낸다는 것, 심장에서 뿜어져 나온 피는 동맥을 통해 온몸으로 퍼져나갔다가 정맥을 통해 다시 심장으로 돌아온다는 것, 따라서 동맥과 정맥에는 똑같은 피가 흐르며 신체를 통과하면서 완전히 순환한다는 것 등을 논증했다. 그는 한 시간 동안 심장에서 뿜어져 나오는 피의 양이 사람의 몸무게보다 많다는 것을 계산해 내고, 피가 순환한다는 것을 밝힌 것이다. 그는 혈액순환 현상을 발견함으로써 근대 생리학의 기초를 놓았다.

그러나 하비의 주장이 널리 받아들여진 것은 그로부터 한 세대도 더 지나서였다. 아직도 갈레노스 이론이 지배하고 있어서 그는 미친 사람 취급을 받기도 했다. 그는 피가 어떻게 동맥에서 정맥으로 넘어가는지에 대한 대답을 내놓지 못했기 때문이었다. 그런데 그가 죽은 지 4년 뒤인 1661년 이탈리아 생물학자 마르첼로 말피기Marcello Malpighi가 현미경 관찰을 통해 개구리의 폐 조직에서 동맥과 정맥을 이어주는 모세혈관을 발견함으로써 혈액순환론이 비로소 완성되었다. 말피기는 현미경을 생물 해부학에 처음 사용했다.

**수학**　　오늘날 사용되는 수학 기호, 이를테면 더하기·빼기·곱하기·나누기·

제곱근·소수점 등의 기호는 16세기에 널리 쓰이게 되었다. 그것의 단순성으로 수학 계산은 엄청 편리해졌다. 수학 기수법 개선에 힘입어 수학이 급속하게 발전했다. 지롤라모 카르다노Girolamo Cardano(1501~1576)는 도박에서 나올 경우의 수를 따져 최초로 확률 이론을 연구했으며, 3차 방정식 해법을 알아냈다. 존 네이피어Napier(1550~1617)는 로그의 발명으로 수학 발전에 큰 업적을 남겼으며, 데카르트는 해석기하학을 발전시킴으로써 수학과 기하학 간의 해묵은 구분을 허물었다. 블레즈 파스칼Blaise Pascal(1623~1662)은 계산기를 발명하고, 확률을 다루는 많은 정리를 만들어내고, 원추곡선 기하학을 연구했다. 그리고 같은 연배인 뉴턴과 고트프리트 빌헬름 라이프니츠Gottfried Wilhelm Leibniz(1646~1716)는 각각 독자적으로 미분학을 발견하고 확률 이론을 완성했다.

수학은 사실 16, 17세기의 과학적 성취의 기초였다. 천문학 혁명을 이룬 위대한 천문학자들도 모두 위대한 수학자였으며, 그들은 자연의 비밀은 수학의 언어에 적혀 있다고 믿었다. 그리고 물리학은 상당한 정도로 응용수학이었던바, 물리학자들은 그들이 발견한 물리적 법칙을 수학 공식으로 나타내려고 애썼다. 그리고 그토록 복잡다단하게 보였던 자연현상들이 단순한 수학 공식으로 환원됨으로써, 이제 우주는 일목요연한 모습으로 사람들의 눈앞에 펼쳐지게 되었다.

**물리학**　천문학과 매우 밀접한 관계에 있는 물리학 역시 천문학과 함께 발달했는데, 천문학자이자 물리학자인 갈릴레오는 물리학에서도 매우 큰 업적을 남겼다. 그는 오랜 실험을 통해 무거운 물체는 가벼운 물체보다 더 빨리 떨어진다는 전통적 견해가 틀렸으며, 물체의 낙하 속도는 질량과 무관함을 증명했다. 그는 또한 움직이는 물체는 외부 힘이 가해지지 않으면 원래의 운동 상태를 유지한다는 것도 밝혀냈다. 갈릴레오는 이렇게 낙하운동의 법칙과 관성의 법칙을 발견함으로써 아리스토텔레스의 운동론마저 무너뜨렸다. 그는 또한 진자의 진동 주기가 진자의 무게나 진동 폭과는 관계가 없고 단지 진자의 길이에만 비례한다는 사실을 밝혀냈으며, 또한 소리는 공기의 파동으로 전달된다는 사실도 알아냈다.

갈릴레오의 제자 에반젤리스타 토리첼리Evangelista Torricelli(1608~1647)는 수은기 압계를 발명하고, 그것으로 기압을 측정했다. 토리첼리와 비슷한 연배의 오토 폰 귀리케Otto von Guericke(1602~1686)는 공기는 무게가 있으며 압력을 행사할 수 있음을 보여주었다. 그는 많은 저명인사 앞에서 공개적으로 이른바 마그데부르크 반구Magdeburg Hemisphere 실험을 해서 대기압의 존재와 그 힘을 증명했다. 그는 지름 40cm의 구리로 만든 반구를 서로 붙여 놓고 자신이 개발한 배기펌프로 내부 공기를 빼서 진공을 만들었다. 그러자 두 반구는 대기압에 눌려 서로 단단하게 밀착했으며, 그것을 떼어놓기 위해서는 양쪽에서 각각 여덟 마리의 말이 잡아당 겨야 했다. 네덜란드 물리학자 크리스티안 하위헌스Christiaan Huygens(1629~1695)는 진자운동을 연구하여 진자시계를 발명했으며, 빛이 파동으로 구성되어 있다는 파동설을 수립했다. 그는 진자와 파동의 운동을 수학 공식으로 나타내는 데 성공했다.

**화학과 생물학**    로버트 보일Boyle(1627~1691)은 낡은 연금술에서 벗어나 화학에 실험적 방법과 입자 철학을 도입하여 화학 자체를 과학적 수준으로 끌어올림으로써 '근대 화학의 아버지'가 되었다. 당시까지도 공기는 물·불·흙과 더불어 4원소의 하나로 여겨지고 있었는데, 보일은 이를 거부하고 공기가 미세 입자로 이루어진 유체라고 생각했다. 그는 공기를 관찰한 결과, 기체의 온도가 일정할 때 기체의 부피와 압력은 반비례한다는 이른바 보일의 법칙을 정립했다. 그러나 천문학과 물리학이 눈부시게 발전하는 동안 화학은 그에 크게 뒤져서 18세기가 될 때까지는 성숙 단계에 이르지 못했다.

생물학은 현미경의 발명으로 새로운 세계가 열렸다. 로버트 후크Hooke(1635~1703)가 처음으로 식물의 세포 구조를 묘사하면서 세포 연구가 발전하기 시작했다. 네덜란드 생물학자 안톤 판 레이우엔후크Anton van Leeuwenhoek(1632~1723)는 자신이 만든 현미경으로 원생동물, 박테리아, 정자 등을 발견하여 맨눈으로는 볼 수 없는 미생물이 있음을 밝혔다. 역시 네덜란드인인 얀 스바메르담Jan Swammerdam(1637~1680)은 개구리를 해부하고 적혈구를 발견했으며, 곤충을 변태의 정도와 유형에 따라 네 부문으로 분류한 곤충학의 원조가 되었다. 하비의 연구와 마찬가지로 이들의 초기 연구로 인해 신체를 하나의 기계로 보는 생각이 더욱 강화되었다.

## 4) 근대 과학과 여성

중세 시대에 여성들은 수녀로서의 활동을 제외하고는 학문적 삶을 추구하기가 매우 어려웠다. 딸과 아내 그리고 어머니의 역할이 여성 고유의 역할이라는 전통적 관념이 그 시대를 지배했기 때문이다. 그러나 중세 말기에 인문주의라는 새로운 세속적 학문 기풍이 이는 가운데, 여성에게 고전과 기독교 저술의 읽기와 연구가 권장되면서 엘리트 여성에게 새로운 기회가 열렸다. 인문주의 교육의 이상은 17세기까지 일부 엘리트 자녀들 사이에 남아 있었다. 그런데 몇몇 여성들은 인문주의뿐 아니라 과학에도 마음이 끌렸다. 인문주의 학교에서 공식적으로 교육받은 여성과 달리, 과학에 마음이 끌린 여성은 주로 비공식적으로 과학 교육을 받아야 했다. 귀족들은 학문 세계에 쉽게 접근할 수 있는 여가와 자원이 있었는데, 귀족 여성은 그런 부친이나 남자 가족의 비공식적 과학 활동에 참여할 수 있었다.

**마거리트 캐번디시**        17세기에 가장 빼어난 여성 과학자에 드는 인물은 뉴카슬Newcastle 공작부인인 마거리트 캐번디시Margaret Cavendish(1624~1674)였다. 그녀는 시·과학소설·희곡·수필 등 많은 문학작품을 쓴 페미니즘 작가요, 철학자였을 뿐 아니라, 과학자로서 『실험철학에 관한 관찰Observations upon Experimental Philosophy』(1666)을 포함하여 근대 과학과 관련한 방대한 저술을 통해 당대의 과학 논쟁에 적극적으로 참여했다.

그녀는 아리스토텔레스주의와 17세기의 기계론적 철학을 거부했다. 그녀는 로버트 후크의 현미경을 이용한 연구가 자연 세계에 대한 잘못된 관찰과 해석을 낳는다고 비판하고, 과학 지식에 대한 합리주의적이고 경험주의적인 접근법의 단점이라 생각하는 것을 가차 없이 공격했다. 특히 그녀는 인간이 과학을 통해 자연의 지배자master가 될 수 있다는 믿음이 커져가는 데 대해 비판적이었다. 캐번디시는 자신의 이름을 걸고 쓴 글을 출판한 최초의 여성에 속하며, 17세기에 자신의 과학 저술을 출판한 유일한 여성이었다. 그녀는 또한 런던 왕립학회에 참석한 최초의 여성이라는 기록도 세웠으나. 빼어난 업적에도 불구하고 회원으로 선출되지는 못했다.

**마리아 빙켈만**    캐번디시는 귀족으로서 과학 활동을 한 영국과 프랑스 여성의 좋은 사례였다. 그런데 독일에서 과학에 관심을 가진 여성은 출신 배경이 달랐다. 독일에서는 여성이 수공예품 생산에 참여한 전통으로 인해 일부 여성이 관찰 과학, 특히 천문학에 종사할 수 있었다. 17세기 중반에서 18세기 초반 사이에 독일 천문학자 일곱 명 중 한 명은 여성이었다.

독일의 가장 저명한 여성 천문학자는 마리아 빙켈만Maria Winkelmann(1670~1720)이었다. 그녀는 아버지와 삼촌에게 천체 관측 교육을 받고, 이웃 천문학자에게 고등 훈련을 받았다. 그리고 그녀는 독일 최고의 천문학자 고트프리트 키르히Kirch와 결혼하면서 실제 천문학을 연구할 기회를 얻었다. 그녀는 베를린 과학아카데미에서 남편의 조수로서 천문을 관찰했으며, 새 혜성을 발견하는 등 몇몇 독자적 공헌을 했다. 그러나 빙켈만은 혜성 발견을 남편의 이름으로 보고해야 했으며, 남편이 죽은 뒤 과학아카데미의 천문학자 조수직을 신청했으나 거절당했다. 빙켈만은 나중에 아들이 과학아카데미 천문학자가 되자 다시 아들의 조수로 일했으나, 아카데미 회원의 노골적인 적대와 냉대로 결국 천문대를 떠나야 했다. 그녀는 다른 수많은 여성 과학자와 마찬가지로 타고난 능력을 제대로 펴보지 못한 채 '과학자의 아내'에 머물러야만 했다.

빙켈만이 베를린 과학아카데미에서 겪었던 어려움은 남성 전유물로 여겨지던 과학 작업에 진입하는 데서 여성이 부딪혔던 장벽을 잘 보여준다. 각국의 과학학회가 여성을 배제한다는 공식 규정을 두지는 않았지만, 20세기가 될 때까지는 여성이 그 회원이 되기는 하늘의 별 따기만큼 어려웠다. 학문 활동에 헌신하는 삶이 여전히 여성에게 기대되는 가사 업무와는 상충하는 것으로 보였기 때문이다. 17세기 과학혁명기에 낡은 세계관이 무너지고 새 세계관이 등장했음에도 불구하고, 여성을 바라보는 시선은 여전히 남성보다 열등한 존재라는 전통적 사고방식에 빠져 있었다.

### 5) 과학학회와 과학 지식의 확산

광학에서도 거대한 진전이 이루어졌다. 현미경의 발명으로 탐구의 새로운 영역이 열렸으며, 식물학과 동물학이 본격적으로 발달할 계기가 마련되었다. 광학의 기기機器와 더불어 다양한 종류의 기기가 발명되어 측정의 정밀성을 기할 수 있게 되었다. 그리고 통제된 조건 아래 실험이 이루어지는 실험실의 필요성이 대두되었다. 이러한 발전은 과학 탐구자와 그들 장비의 상호 의존성이 커졌음을 반영한 것이다. 이전의 개별적 실험 관행이 새 방식에 밀려났다. 과학자들은 과학이 협동 작업을 통해 추진할 '사회적' 사업임을 깨닫게 되었다.

그런데 대학은 새로운 학문을 증진하는 데에서 대체로 굼뜬 모습을 보였다. 여전히 종교적 혹은 인문주의적 전통에 사로잡힌 대학은 전반적으로 과학에 무관심하거나 적대적이었다. 그래서 실험이 필요한 연구의 지원과 협동 작업을 위해서는 새로운 기구의 설립이 요구되었다. 연구 진흥을 위한 학회는 이탈리아에서 처음으로 설립되었다. 로마는 1603년에 아카데미를 세웠고, 갈릴레오는 그 회원으로 활동했다. 반세기 뒤 메디치가는 피렌체에 과학연구소를 설립했다. 이후 18세기가 시작될 무렵까지 유럽 전역에서 과학아카데미가 우후죽순처럼 생겨났다. 그러나 가장 영향력 있고 오래 존속한 것은 영국과 프랑스의 학회였다.

1640년대에 비공식적 과학자 모임에서 발전해 1662년 국왕의 특허장을 얻은 자연지식 증진을 위한 런던 왕립학회Royal Society of London for Improving Natural Knowledge 는 학자들의 실험을 돕고, 학술 토론을 조직하고, 외국 학회와 교류하고, 과학 잡지를 발행하여 그 성과를 널리 알렸다. 이 학회는 또한 순수 연구뿐 아니라 과학의 실제 적용에도 관심을 가졌으며, 그렇게 함으로써 진리를 탐구하는 순수과학과 자연을 통제하고 상품을 생산하는 과학기술이 결합했다. 프랑스의 과학아카데미Académie des Sciences 역시 1650년대에 시작된 파리의 비공식적 과학자 모임을 1666년 콜베르가 공식 기구로 창설하고 루이 14세가 승인했다. 프랑스의 아카데미는 국가의 지원을 풍족하게 받으면서 정부의 통제 아래 있었다. 그 회원은 국가의 임명을 받고, 봉급도 받았다. 그와 대조적으로 영국 왕립학회는 정부의 지원과 간섭을 거의 받지 않았으며, 새 회원은 기존 회원이 선출했다.

눈부신 성취 덕분에, 과학에 대한 사회적 인식과 그 역할이 완전히 바뀌었다. 오랫동안 과학에 의심스러운 눈길을 보내던 사회 지도층이 과학을 존중하고, 일부는 그 광적 애호가가 되기도 했다. 왕들은 천문대에 기금을 대고, 도시는 박물관을 건립하고, 부유한 여성은 식물원 건립을 지원했다. 이제 저명 과학자는 존경받는 영웅이 되었다. 갈릴레오는 화형의 위협을 받았지만, 농부의 아들 뉴턴은 명사 대접을 받고 기사에 서임되었다.

과학혁명을 겪은 유럽인은 이제 인간과 우주를 새로운 눈으로 보게 되었다. 뉴턴 자신은 그의 과학이 신의 전능함을 증명해 주는 것으로 믿었지만, 이후의 많은 사람은 그와 다르게 생각했다. 무한한 우주를 규칙적으로 움직이는 별들을 보면서, 그들은 이제 우주를 죄악과 구원의 인간 드라마를 위해 신이 창조한 무대장치라 여기지 않게 되었다. 천체는 인간의 목적이나 의도와는 무관하게 비인격적으로 움직였다. 뉴턴의 우주에서 인간은 보잘것없는 존재에 불과했다. 그러나 다른 한편으로 어떤 사상가들은 이전에 기독교가 자유의지의 인간에게 인정한 것보다 더 큰 인간 잠재력을 감지했다. 만일 신이 직접 인간사를 결정하지 않는다면, 인간은 이성의 힘으로 자연법을 배울 수 있을 터이고, 무한한 인간 진보를 이룰 수 있을 터이기 때문이었다. 뉴턴은 우주가 자연법의 지배를 받는 거대한 기계임을 논증하고, 그 기계를 움직이는 만유인력의 법칙을 발견하지 않았는가? 그리고 다른 많은 과학자가 또 다른 많은 법칙을 발견하지 않았는가? 그리하여 과학혁명은 다음 세기에 계몽사상의 시대로 나아갔다.

## 6) 새로운 종교 운동과 근대 철학

**새로운 종교 운동**　　새로운 과학 지식이 널리 퍼져가는 한편, 많은 유럽인은 진지하고 신실하게 그들의 신앙을 가꾸어나갔다. 그들이 좀 더 경건하고 참된 신앙을 추구하는 가운데, 17세기에 여러 새로운 종교 운동이 일어났다. 개신교에서는 퀘이커교와 경건주의 그리고 가톨릭교에서는 얀센주의와 정적靜寂주의 운동이 일어났는데, 이 모든 운동은 각자의 방식대로 의례와 형식을 배격하고 내적 체험을 강조했다.

흔히 퀘이커교Quakerism로 불린 종교친우회Religious Society of Friends는 영국인 조지 폭스George Fox(1624~1691)가 17세기 중엽에 창시했는데, 전통 종교의 외적 형식과 의례를 철저하게 부정하고 내적 체험을 중시하는 신비주의 종파였다. 퀘이커교는 특히 전쟁 참여를 단호하게 거부했다. 그런가 하면 필리프 야코프 슈페너Philipp Jakob Spener(1635~1705)의 가르침에서 비롯한 경건주의Pietism는 주로 독일에서 번성했는데, 퀘이커교와 달리 독자적 종파로 발전하지는 않았다. 슈페너는 루터교의 정통주의를 비판하면서, 신앙의 내면화와 경건한 영혼의 중요성을 강조했다.

이미 언급한 적이 있는 얀센주의는 인간의 자유의지를 부정하고 하느님의 은총을 강조했는데, 이단 판정을 받고 루이 14세 치세 내내 박해를 받았다. 얀센파는 1709년 운동의 본거지인 베르사유 근교 포르 루아얄 수도원이 파괴되면서 결국 강제 진압되었다가, 루이 15세 때 되살아났다. 얀센주의가 프랑스에서 널리 퍼진 데 비해, 정적주의Quietism는 에스파냐를 중심으로 일어났다. 사제인 미겔 데 몰리노스Miguel de Molinos(1628~1696)는 영혼의 구제는 교회의 성사뿐 아니라 신과의 신비한 합일 또한 필요하다고 믿었다. 그의 가르침 역시 이단으로 선언되었고, 몰리노스가 투옥된 뒤 그의 운동은 서서히 사라졌다. 그러나 그의 가르침은 여러 나라의 정적주의에 영향을 미쳤다.

**과학혁명 시대와 마녀 사냥**　　　역설적이지만 과학혁명이 진행되던 시기에는 마법에의 히스테리 또한 기승을 부렸다. 마법 재판은 가톨릭 지역과 개신교 지역을 가릴 것 없이 영국, 스위스, 독일, 프랑스 일부 지역, 저지방, 심지어 북아메리카의 뉴잉글랜드에서도 횡행했다. 마법은 물론 새로운 현상이 아니라 오랫동안 전통적인 마을 문화의 일부로 행해져 왔다. 그러나 중세 교회가 마법을 악마의 소행과 연결 짓고, 그리하여 뿌리 뽑아야 할 이단으로 규정하기 시작함으로써 사악하고 위험한 것으로 여겨지게 되었다. 13세기에 종교재판소가 창설된 이래 많은 사람이 마법 시행 혐의로 기소되었고, 세속 당국에 넘겨져 처형되었다.

그런데 16, 17세기의 마법이 이러한 이전의 사태와 다른 것은 마녀재판과 처형의 사례가 크게 늘었다는 점이다. 추정컨대 유럽에서 이 시기에 10만 명 이상의 사람이 마법 혐의로 기소되었다. 대도시에서 먼저 재판이 행해졌지만, 히스테리가 계속 번져가면서 소도시와 농촌 지역으로 재판이 확산했다. 기소된 마녀는 대체로 혹독한 고문을 당한 뒤에 마법 시행을 자백했다. 그들은 흔히 악마에게 충성을 맹세했을 뿐만 아니라, 마녀 연회, 즉 잔치를 벌이고 춤추고 악마와 성교도 하는 야간 집회에도 참석했다고 털어놓았다. 그러나 이보다 더욱 일반적인 것은 사악한 주문과 특수한 연고나 가루를 사용하여 이웃의 가축을 죽이고 아이들을 해친다든가 혹은 폭풍을 불러 농작물을 망침으로써, 이웃에 엄청난 해악을 끼치려 했음을 자백한 일이었다.

왜 16, 17세기에 마법 소요가 그토록 광적으로 횡행했는가를 이해하기 위해서는 몇 가지 요인을 생각해 볼 수 있다. 분명히 종교적 불안정이 일정 부분 역할을 했다. 많은 마법 재판이 개신교가 최근에 승리한 지역이나 혹은 서남부 독일처럼 개신교와 가톨릭교 사이에 논쟁이 여전히 격렬한 지역에서 행해졌다. 종교적 열정이 불타오르면서 양측은 서로 상대를 악마와 결탁했다고 비난했다. 사회 상황, 특히 혼란에 빠진 사회문제 역시 마법 히스테리에 큰 영향을 미쳤다. 공동의 이익을 위해 함께 일하는 것을 강조했던 옛 공동체적 가치가 무너져 가고 있던 때에, 유산자들은 가난뱅이의 수가 늘어나는 것에 두려움을 느끼게 되면서 심리적으로 그들을 악마의 대리인으로 여기게 되었다. 노파는 특히 의심을 받기 쉬웠으며, 문제가 생겼을 때 이런 사람들이 거의 언제나 희생양이 되었다. 여성이 마법 재판의 주된 희생자가 된 것은 결코 우연이 아니었다. 구태여 마녀사냥꾼이 아니더라도, 근대 초기 유럽에서 신학자와 법률가 그리고 철학자 대다수가 여성은 천성적으로 열등하다는 믿음을 견지했으며, 여성이 쉽게 마법에 걸려들고 사탄의 유혹에 빠져들 수 있다고 생각했다.

마법 히스테리는 17세기 중엽에 이르러 잦아들기 시작했다. 종교전쟁이 불러온 참상으로 인해 종교적 열정이 수그러들고, 사람들이 조금씩 관용의 정신을 받아들이기 시작했다. 게다가 각국 정부가 위기의 시대 이후 안정을 되찾기 시작함에 따라 마녀사냥으로 야기되는 분란과 혼란의 상황을 달가워하지 않았다. 마침내 17세기 말과 18세기 초에 이르면, 점점 더 많은 사람이 종교에 대한 옛 태도에 의문을 제기하고, 악령이 출몰하는 세계를 믿는 것이 이성에 어긋난다고 깨닫게 되었다.

**근대 철학의 탄생**　　16세기까지만 하더라도 철학은 신학과 분명하게 분리되지 않았으나, 17세기를 거치면서 과학의 성취에서 영향을 받아 철학은 좀 더 독자적이고 전문적인 학문으로 발전했다. 사실 근대 철학을 낳는 데 한몫을 한 데카르트, 스피노자, 파스칼 그리고 라이프니츠까지 모두가 빼어난 수학자였다. 과학이 이룩한 새로운 발견 아래에서 그들은 신과 인간의 관계, 우주에서의 신의 위상, 혹은 정신과 물질의 관계 등과 같은 형이상학적이고 인식론적인 문제를 근본적으로 재검토하기 시작했다.

데카르트는 어떻게 하면 기계적이고 스스로 움직이는 우주를 전지전능한 신을 믿는 전통 신앙과 조화시킬 수 있느냐 하는 문제를 고민했는데, 그는 실재하는 모든 것을 정신과 물질로 나누는 엄격한 이원론을 내세움으로써 이 문제를 해결했다. 그에 따르면, 정신과 물질의 두 영역은 모두 신의 지배를 받는데, 그러나 그 양자가 인간에게서는 상호 접속이 끊어졌다. 그래서 인간 이성은 과학을 통해 물질세계의 진리를 발견할 수 있고, 신앙과 신학을 통해서는 감각 세계를 넘어선 정신세계의 진리를 깨달을 수 있다는 것이다. 그렇게 해서 충실한 가톨릭교도인 데카르트는 옛것과 새것을 조화시키려고 노력했다. 그러나 그는 비록 비물질적 영혼 세계의 존재를 믿었지만, 이 영혼과 물질세계의 관계에 대해서는 만족스러운 설명을 찾지 못했다.

정신과 물질의 관계에 관한 논의와 더불어 근대 철학의 핵심 주제의 하나는 인간의 인식에 관한 문제였는데, 이와 관련하여 합리론과 경험론의 두 주요 철학 이론이 발전했다. 데카르트는 기존의 비이성적 지식과 지적 권위 그리고 전통적 사유 방식을 거부함으로써 세계를 보는 옛 방식을 무너뜨렸으며, 이성을 모든 인식의 기초로 내세웠다. 그는 자신이 의심하고 있다는 바로 이 의심의 여지 없는 사실에서 연역하여 모든 지식을 재구성했는데, 연역법을 통해 진리를 발견할 수 있다는 그의 철학은 근대 합리론 철학의 기초가 되었다.

네덜란드의 유대인 철학자 바뤼흐 드 스피노자Baruch de Spinoza(1632~1677) 역시 데카르트처럼 수학을 철학 논의의 모델로 삼고자 했다. 그렇지만 그의 철학이 이후 세대에게 살아 있는 자극이 된 것은 그의 방법론보다는 자연법칙의 지배를 받는 우주의 범신론적 관념이었다. 일찍이 이탈리아 수도사 조르다노 브루노Giordano Bruno(1548~1600)는 무한 무궁의 관념에 깊은 감명을 받았다. 그리고 그는 신 역시 무한한 우주의 한 부분으로서 만물에 편재한다고 추론하면서 중세에 사라진 범신론을 되살렸다. 그는 결국 이단으로 단죄되어 로마에서 화형을 당했는데, 스피노자는 브루노의 범신론적 우주 관념에 동의했다. 그런 한편 그는 기계론적 우주관의 영향도 받아서 데카르트의 정신-물질 이원론을 거부하고 신을 우주와 동일시하는 일원론을 주장했다. 그는 정신과 물질을 신과 동일체인 자연의 양면으로 본 것이다. 그의 이러한 범신론적 관념은 신을 모든 자연 과정 안에서 직접 드러나는 존재로 여기고, 신학이나 초자연적 계시의 여지를 전혀 남겨두지 않았다.

파스칼은 1654년 신비한 환영을 경험한 뒤 신이 인간의 영혼을 돌보고 있음을 확신하고, 여생을 종교 문제에 바쳤다. 그는 특히 얀센주의에 심취하고, 그것을 변호하기 위해 예수회와 치열한 종교 논쟁을 벌이기도 했다. 그는 기독교를 위한 변론을 쓰려고 계획했으나 명이 짧아 그러지 못했다. 그 대신 그는 명상의 글을 유고로 남겼는데, 그것은 죽은 뒤 『팡세*Pensées*』로 출간되었다. 파스칼은 기독교가 이성과 배치되지 않는다고 믿었으며, 『팡세』에서 그는 이성과 감성 모두에 호소함으로써 합리론자들을 기독교 신앙으로 되돌리려 했다. 그는 인간은 종종 감각에 속고, 이성에 잘못 이끌리고, 감성에 타격을 받기도 하는 연약한 존재임을 자각했다. 그러면서도 인간은 또한 생각하는 본성을 가진 존재였다. 그가 보기에 "인간은 자연에서 가장 약한, 갈대에 불과하다. 그러나 인간은 생각하는 갈대이다".

라이프니츠는 데카르트처럼 물리학의 새로운 발견들을 참작하면서도 전통 기독교의 요소를 보존하는 우주론적이고 형이상학적인 체계를 구축하려고 노력했다. 그는 신과 자연, 정신과 물질, 선과 악을 조화시킬 방법을 모색했다. 그가 제기한 독특한 관념의 하나가 단자單子, monad인데, 세계는 무수히 많은 단자로 구성되었다고 그는 주장했다. 단자는 나눌 수 없으며, 각각 서로 독립적이고 상호 관계가 없는, 말하자면 '창이 없는' 정신적 실체이다. 그러나 단자는 신의 '예정 조화'에 의해 상호 관련을 맺고 통일된 세계를 형성한다. 세계는 신의 예정 조화이며 그 자체로서 최선의 질서이기 때문에, 라이프니츠는 악의 존재도 세계 전체의 선한 질서를 위해서는 필요하다고 믿었다. 그는 또한 감각을 지식의 원천으로 보는 경험론을 거부하고, 합리론의 관점에서 단자의 표상 작용에 기초한 생득적 합리성으로 진리의 성립을 설명했다. 한편 그는 세계가 정신적 실체인 단자로 구성되었다고 봄으로써, 데카르트의 이원론을 거부하고 정신 일원론적 형이상학인 유심론을 내세웠다.

대륙에서 합리론이 발달한 데 비해, 영국에서는 존 로크가 인간 지식의 본질을 감각 경험과 연계함으로써 경험론 철학을 확립했다. 로크는 베이컨의 경험론의 연장선에서, 지식이 소크라테스와 플라톤이 가르쳤듯이 타고난다든가 기독교가 말하듯이 신의 계시로 주어진다는 오랜 견해에 도전했다. 그는 『인간 오성론An Essay Concerning Human Understanding』(1690)에서 데카르트가 믿은 본유관념을 부정하고, 사람은 마음에 아무것도 씌어 있지 않은 백지상태tabula rasa로 태어난다고 주장했다. 사람이 아무런 내재적 관념도 없이 태어난다면, 그러면 마음에 씌어 있는 그 많은 관념과 지식은 어디서 오나? 로크는 한마디로 그것은 경험에서 온다고 대답했다. 그는 감각 경험이 모든 인식의 일차적 원천이며, 인간은 이성의 작용을 통해 단순 관념에서 더욱 복합적인 관념을 발전시킬 수 있다고 주장했다.

# 찾아보기

지은이

# 송 규 범

서울대학교 인문대학 서양사학과 졸업

서울대학교 인문대학 석사, 문학박사

서원대학교 역사교육과 교수

현재 서원대학교 명예교수

역서 및 저서: 『19세기 유럽 민족주의』(1984, 공역)

『영국의 역사』 상·하(2005, 공저)

『존 로크의 정치사상』(2015)

한울아카데미 2371

**유럽인의 역사 1**

ⓒ 송규범, 2022

지은이 **송규범** ∣ 펴낸이 **김종수** ∣ 펴낸곳 **한울엠플러스(주)** ∣ 편집 **조인순**

초판 1쇄 인쇄 **2022년 4월 25일** ∣ 초판 1쇄 발행 **2022년 4월 29일**

주소 **10881 경기도 파주시 광인사길 153 한울시소빌딩 3층**

전화 **031-955-0655** ∣ 팩스 **031-955-0656**

홈페이지 **www.hanulmplus.kr** ∣ 등록번호 **제406-2015-000143호**

Printed in Korea.

ISBN 978-89-460-7371-5 94920 (양장)    978-89-460-8171-0 (양장 세트)

978-89-460-8176-5 94920 (무선)    978-89-460-8173-4 (무선 세트)